GOLF DIGEST
ALMANAC
1987

Howard R. Gill Jr., Editor
Lois Hains, Managing Editor
John P. May, Associate Editor
Karen Fecenko-Lyon,
Art Director
Steve Szurlej, Photographer
Joseph L. Mossa, Production
Larry Cafero, M.J. McGirr,
Editorial Assistants

Copyright © 1987 by Golf Digest/
Tennis, Inc. All rights reserved
including the right of reproduction in
whole or in part in any form.

Published by Golf Digest/Tennis, Inc.,
A New York Times Company
5520 Park Avenue, Box 395
Trumbull, Connecticut 06611-0395

ISBN: 0-914178-24-5
Library of Congress: 84-645998
Printed in the United States of America

William H. Davis,
Chairman and Editor-In-Chief
Howard R. Gill Jr., Vice Chairman
James W. FitzGerald, President
Nick Seitz, V.P., Editorial Director
John R. McDermott, Special Projects
Director

We welcome your suggestions.

This is the fourth edition of The Golf Digest Almanac, published primarily because we feel that it is needed in the game and that over the years its popularity and worth will make it part of golf's heritage and tradition.

These are the same reasons that caused GOLF DIGEST to create the Hole-In-One Clearing House in the early 50s, the Most Improved Player awards in the 60s, the listings of Club Champions, the naming of Rookies of the Year, and the awarding of mementos for those few golfers who are fortunate and talented enough to shoot double eagles or to shoot their ages each year. We call these various programs "service to the game."

If you have any suggestions for making The Almanac more useful, please drop us a line. We would welcome your input. Write to us at the address below.

Additional copies and information on special bulk rates can be obtained by writing to: Golf Digest/Tennis, Inc., Almanac Department, Box 395, Trumbull, Conn. 06611-0395.

                                        Howard R. Gill, Jr.
                                        Editor

CONTENTS

1987 TOURNAMENT SCHEDULES — 11
1. MEN PROFESSIONALS — 17

PGA Tour Review — 18
World Player of Year: Greg Norman — 20
The Masters: Jack Nicklaus — 22
U.S. Open: Ray Floyd — 23
British Open: Greg Norman — 24
PGA Championship: Bob Tway — 25

1986 PGA Tour Leaders — 26
1986 PGA Tour Qualifying School — 28
1986 PGA Tour Highlights — 29
PGA All-Time Records — 31

1986 PGA Tournament Results — 32
1986 PGA Tour Statistics — 64
Past Winners Major Events — 76
Past Winners PGA Tour Events — 89
Past PGA Tour Statistics — 101

2. SENIOR PROFESSIONALS — 113

Senior PGA Tour Review — 115
1986 Senior PGA Tour Leaders — 116
1986 Senior PGA Tour Highlights — 116
Senior PGA All-Time Records — 117

1986 Senior PGA Tournament Results — 118
1986 Senior PGA Tour Statistics — 133
Past Winners Senior PGA Tour Events — 135
Past Senior PGA Tour Statistics — 138

3. WOMEN PROFESSIONALS — 141

LPGA Tour Review — 143
1986 LPGA Tour Leaders — 144
1986 LPGA Tour Highlights — 145
LPGA All-Time Records — 146

1986 LPGA Tournament Results — 147
1986 LPGA Tour Statistics — 169
Past Winners Major Events — 172
Past Winners LPGA Tour Events — 176
Past LPGA Tour Statistics — 181

CONTENTS

4. MEN AMATEURS — 191
1986 Amateur Review — 193
1986 U.S. Amateur — 195
Past Winners, U.S. Amateur, Publix,
   Mid-Amateur — 196
Past Tournament Results — 199
Past Men's Amateur Rankings — 208

5. WOMEN AMATEURS — 211
1986 Women's Amateur Review — 213
1986 Women's Amateur — 215
Past Winners, Women's Amateur, Publix — 216
Past Tournament Results — 218
Past Women's Amateur Rankings — 225

6. SENIOR AMATEURS — 227
1986 Senior Amateur Review — 229
1986 Senior Amateur, Past Senior Results — 230
Past Senior Amateur Rankings — 233
Senior Women Results, Records — 234

7. COLLEGE GOLF — 237
1986 College Year Review — 239
1986 Men's Collegiate Results — 240
Past NCAA Team, Individual Winners — 241
All-American Teams — 243
1986 Women's Collegiate Results — 244

8. JUNIOR GOLF — 247
1986 Junior Amateur Review — 249
Past Junior Tournament Results — 250
Past Junior Girls' Results — 252
Past Junior Rankings — 254

CONTENTS

9. INTERNATIONAL TEAM GOLF — 255
1986 International Team Review — 257
Past Walker Cup Results — 257
Past Curtis Cup Results — 258
Past World Amateur Team Results — 259
Past Ryder Cup and World Cup Results — 261
Past Dunhill Nations Cup, Nissan Cup,
 Nichirei Ladies Cup, PGA Cup Matches — 263

10. WORLD GOLF — 265
Foreign Recap, Sony World Rankings — 267
World Top 100 Sony Ranking — 268
1986 European Tour Results — 269
1986 Safari Tour Results — 276
1986 South African Tour Results — 277
1986 Australian/New Zealand Tour Results — 279
1986 Japan PGA Tour Results — 280
1986 Asian Tour Results — 284
1986 European Ladies Tour Results — 284
Other Champions Around World — 288
1986 Canadian Champions — 290
Past Major Canadian Tournament Results — 291

11. 1986 STATE, CLUB CHAMPIONS — 299
1986 State Champions — 300
1986 Club Champions Recap — 304
1986 Club Champions — 305
1986 Miscellaneous Champions — 325

12. BIOGRAPHIES OF TODAY'S LEADING PROFESSIONALS — 329
Men Professionals — 330
Senior Professionals — 359
Women Professionals — 372
PGA Hall of Fame — 390
LPGA Hall of Fame — 395
World Golf Hall of Fame — 397

CONTENTS

13. AWARDS, RECORDS, RARITIES, ODDITIES 401

Awards: PGA, LPGA, NGF, USGA, GWAA, GCSA	402
Golf Digest Awards	405
National Long Driving Championship	408
Hole-In-One Records	410
1986 Hole-In-One Records by State	411
Double-Eagle Records	416
1986 Double-Eagles	417
Age Shooter Records	424
1986 Age Shooters	425
All-Time Records of All Kinds: Scoring, Birdies, Eagles, Putting, 4-Ball, Chip-Ins, Fastest, Marathon, Misc.	428
Rarities and Oddities	430

14. 1986 MOST IMPROVED CLUB PLAYERS 437

15. 1987 GOLF EQUIPMENT 459

16. GOLF COURSES 479

America's 100 Greatest Golf Courses	480
Best Golf Courses in Each State	484
America's 75 Best Public Courses	487
United Kingdom's 50 Greatest Golf Courses	489
Continental Europe's 25 Greatest Golf Courses	491
Directory of Courses	492
Northeast	493
Southeast	497
West	509
Midwest	518
Canada	522
Mexico	523
Europe	523
Bermuda and Caribbean	526
Other Foreign	526

CONTENTS
17. 1987 USGA RULES OF GOLF 529
Etiquette	Section I	530
Definitions	Section II	531
The Rules of Play	Section III	538
The Game	Rule 1-3	538
Clubs and The Ball	Rule 4-5	540
Player's Responsibilities	Rule 6-9	544
Order of Play	Rule 10	549
Teeing Ground	Rule 11	550
Playing the Ball	Rule 12-15	551
The Putting Green	Rule 16-17	556
The Flagstick		558
Ball Moved, Deflected, Stopped	Rule 18-19	559
Relief Situations and Procedure	Rule 20-28	563
Other Forms of Play	Rule 29-32	576
Administration	Rule 33-34	582
Local Rules, Appendix I		585
Design of Clubs, Appendix II		591
The Ball, Appendix III		593
Miscellaneous, Appendix IV		594
Rules of Amateur Status		598
Changes Since 1984		606

CONTENTS

USGA GOLF HANDICAPPING SYSTEM   **607**
Purposes and Requirements	Section 1	607
Definitions	Section 2	608
Elements of USGA System	Section 3	610
Scores Acceptable	Section 4	611
Handicap Differentials	Section 5	613
USGA Handicapping Formula	Section 6	614

USGA SLOPE SYSTEM   **616**

18. HISTORY AND GROWTH OF GOLF   621
Brief History of the Game	622
Chronology of Major Happenings	626
Growth of U.S. Facilities	628
Growth of U.S. Golfers	630
Census of World Golf	631

19. ASSOCIATIONS/TOURNAMENTS/ PLAYER'S AGENT LIST   633

1987 TOURNAMENT SCHEDULES

PGA TOUR

Jan. 7-10: MONY Tournament of Champions, La Costa C.C., Carlsbad, Calif., $500,000 (TV-NBC).
Jan. 14-18: Bob Hope Chrysler Cl., TPC at PGA West, Bermuda Dunes, Indian Wells, Tamarisk, Palm Desert, Calif., $900,000 (TV-NBC).
Jan. 22-25: Phoenix Open, TPC of Scottsdale, Ariz., $600,000 (TV-ESPN).
Jan. 29-Feb. 1: AT&T Pebble Beach Ntl. Pro-Am, Pebble Beach G.L., Spyglass Hill G.C., Cypress Point G.C., Monterey Peninsula, Calif., $600,000 (TV-CBS).
Feb. 5-8: Hawaiian Open, Waialae C.C., Honolulu, $600,000 (TV-NBC).
Feb. 12-15: Shearson Lehman Bros.-Andy Williams Open. Torrey Pines G.C., La Jolla. Calif., $500,000 (TV-NBC).
Feb. 19-22: Los Angeles Open, Riviera C.C., Pacific Palisades, Calif., $600,000 (TV-CBS).
Feb. 26-March 1: Doral Ryder Open, Doral C.C., Miami, $1,000,000 (TV-CBS).
March 5-8: Honda Cl., TPC at Eagle Trace, Coral Springs, Fla., $600,000 (TV-NBC).
March 12-15: Hertz Bay Hill Cl., Bay Hill C. and Lodge, Orlando, Fla. (TV-NBC).*
March 19-22: USF&G Cl., Lakewood C.C., New Orleans, $500,000 (TV-NBC).
March 26-29: Tournament Players Ch., TPC at Sawgrass, Ponte Vedra, Fla., $1,000,000 (TV-CBS).
April 2-5: Gr. Greensboro Open, Forest Oaks C.C., Greensboro, N.C., $600,000 (TV-ESPN).
April 9-12: The Masters, Augusta (Ga.) Natl. G.C. (TV-CBS).*
April 9-12: Deposit Guaranty Golf Cl., Hattiesburg (Miss.) C.C., $200,000.
April 16-19: MCI Heritage Cl., Harbour Town G.L., Hilton Head Island, S.C., $650,000 (TV-ABC).
April 23-26: Big I Houston Open, TPC Cse. at The Woodlands, Tex., $600,000 (TV-ABC).
April 29-May 3: Panasonic Las Vegas Inv., Las Vegas C.C., Desert Inn C.C., Spanish Trail G. & C.C., Las Vegas, $1,250,000 (TV-NBC).
May 7-10: Byron Nelson Golf Cl., TPC at Las Colinas, Irving, Tex., $600,000 (TV-CBS).
May 14-17: Colonial Ntl. Inv., Colonial C.C., Fort Worth, $600,000 (TV-CBS).
May 21-24: Georgia-Pacific Atlanta Cl., Atlanta C.C., Marietta, Ga., $600,000 (TV-CBS).
May 28-31: Memorial Tourn., Muirfield Village G.C., Dublin, Ohio (TV-CBS).*
June 4-7: Kemper Open, TPC at Avenel, Potomac, Md. (TV-CBS).*
June 11-14: Manufacturers Hanover Westchester Cl., Westchester C.C., Rye, N.Y., $600,000 (TV-ABC).
June 18-21: U.S. Open, Olympic Club, San Francisco (TV-ABC).*
June 18-21: Provident Cl., Valleybrook G. & C.C., Hixson, Tenn., $425,000.
June 25-28: Canon Sammy Davis, Jr.-Gr. Hartford Open, TPC of Connecticut, Cromwell, Conn., $700,000 (TV-CBS).
July 2-5: Canadian Open, Glen Abbey G.C., Oakville, Ont., Canada (TV-CBS).*
July 9-12: Anheuser-Busch Golf Cl., Kingsmill G.C., Williamsburg, Va., $612,000 (TV-NBC).
July 16-19: British Open, Muirfield, Scotland (TV-ABC).*
July 16-19: Hardee's Golf Cl., Oakwood C.C., Coal Valley, Ill., $500,000.
July 23-26: Buick Open, Warwick Hills G. & C.C., Grand Blanc, Mich., $600,000 (TV-CBS).
July 30-Aug. 2: Federal Express St. Jude Cl., Colonial C.C., Cordova, Tenn., $600,000 (TV-CBS).
Aug. 6-9: PGA Ch., PGA National, Palm Beach Gardens, Fla. (TV-ABC).*
Aug. 12-16: The International, Castle Pines G.C., Castle Rock, Colo. (TV-CBS).*
Aug. 20-23: Beatrice Western Open, Butler Natl. G.C., Oak Brook, Ill., $800,000 (TV-ABC).
Aug. 27-30: NEC World Series of Golf, Firestone C.C., Akron, Ohio, $800,000 (TV-CBS).
Sept. 3-6: B.C. Open, En-Joie G.C., Endicott, N.Y., $400,000.
Sept. 10-13: Bank of Boston Cl., Pleasant Valley C.C., Sutton, Mass.*
Sept. 17-20: Gr. Milwaukee Open, Tuckaway C.C., Franklin, Wis., $450,000.
Sept. 24-27: Southwest Golf Cl., Fairway Oaks G. & Racquet C., Abilene, Tex., $400,000.
Oct. 1-4: Southern Open, Green Island C.C., Columbus, Ga., $400,000.
Oct. 8-11: Pensacola Open, Perdido Bay C.C., Pensacola, Fla.*
Oct. 15-18: Walt Disney World/Oldsmobile Golf Cl., Magnolia, Palm and Buena Vista G. Cses., Lake Buena Vista, Fla. (TV-ESPN).*
Oct. 22-25: Seiko-Tucson Open, TPC at StarPass, Tucson, $600,000 (TV-ESPN).
Oct. 22-25: Tallahassee Open, Killearn G. & C.C., Tallahassee, Fla.*
Oct. 29-Nov. 1: Nabisco Ch. of Golf, Oak Hills C.C., San Antonio, Tex., $2,500,000 (TV-ESPN).
Nov. 12-15: Isuzu Kapalua Intl., Kapalua G.C., Maui, Hawaii (TV-NBC).*
Nov. 28-29: Skins Game, TPC at PGA West, La Quinta, Calif. (TV-NBC).*
Dec. 3-6: J.C. Penney Cl., Bardmoor C.C., Largo, Fla. (TV-TBA).*
Dec. 10-13: Chrysler Team Inv., Boca West C.C., Boca Raton, Fla. (TV-TBA).*
*Purse to be announced.

SENIOR PGA TOUR

Jan. 7-10: MONY Senior Tournament of Champions, La Costa C.C., Carlsbad, Calif., (TV-NBC).
Feb. 12-15: General Foods PGA Seniors Ch., PGA National, Palm Beach Gardens, Fla., (TV-TBA).
March 12-15: Del E. Webb Arizona Cl., Hillcrest G.C., Sun City West, Ariz.
March 19-22: Vintage Inv., The Vintage Club, Indian Wells, Calif. (TV-ESPN).
March 26-29: GTE Senior Cl., Wood Ranch G.C., Los Angeles.
April 2-5: Chrysler Cup, TPC at Prestancia, Sarasota, Fla. (TV-ABC).

1987 TOURNAMENT SCHEDULES

April 23-26: Liberty Mutual Legends of Golf, Onion Creek C.C., Austin, Tex. (TV-NBC).
April 30-May 3: Sunwest Bank/Charley Pride Golf Cl., Four Hills C.C., Albuquerque.
May 7-10: The Dominion, The Dominion C.C., San Antonio, Tex. (TV-ESPN).
May 14-17: United Hospitals Senior Golf Ch., Chester Valley G.C., Malvern, Pa. (TV-ESPN).
May 21-24: Silver Pages Cl., Quail Creek C.C., Oklahoma City.
May 28-31: Denver Post Champions of Golf, TPC at Plum Creek, Castle Rock, Colo.
June 4-7: Senior Players Reunion Pro-Am, Bent Tree C.C., Dallas.
June 11-14: Senior Tournament Players Ch., (Cse. to be announced.) Jacksonville, Fla. (TV-ESPN).
June 25-28: Gr. Grand Rapids Open, Elks C.C., Grand Rapids, Mich.
July 2-5: Greenbrier American Express Ch., The Greenbrier, White Sulphur Springs, W. Va. (TV-ESPN).
July 9-12: U.S. Senior Open, Brooklawn C.C., Fairfield, Conn. (TV-ABC).
July 16-19: MONY Syracuse Seniors Cl., Lafayette C.C., Jamesville, N.Y.
July 30-Aug. 2: The Commemorative, Sleepy Hollow C.C., Scarborough-on-Hudson, N.Y. (TV-TBA).
Aug. 5-9: Digital Senior Cl., Nashawtuc C.C., Concord, Mass.
Aug. 13-16: Senior Goldrush, Rancho Murieta (Calif.) G.C. (TV-ESPN).
Aug. 20-23: GTE Northwest Cl., Inglewood C.C., Kenmore, Wash.
Aug. 27-30: Showdown Cl., Jeremy Ranch G.C., Park City, Utah.
Sept. 3-6: Bank One Senior Cl., Griffin Gate G.C., Lexington, Ky.
Sept. 10-13: PaineWebber World Series Inv., Quail Hollow C.C., Charlotte, N.C. (TV-ESPN).
Sept. 17-20: United Virginia Bank Seniors, Hermitage C.C., Manakin-Sabot, Va.
Sept. 24-27: Newport Cup, Newport (R.I.) C.C.
Oct. 1-4: Vantage Cup, Tanglewood G.C., Clemmons, N.C., $1,000,000.
Oct. 8-11: Pepsi Senior Challenge, Horseshoe Bend C.C., Roswell, Ga.
Oct. 15-18: Hilton Head Srs. Intl. (Cse. to be announced.), Hilton Head, S.C.
Nov. 5-8: Las Vegas Senior Cl., Desert Inn & C.C., Las Vegas.
Nov. 11-15: Fairfield Barnett Cl., Suntree C.C., Melbourne, Fla.
Nov. 19-22: Shearson Lehman Bros. Senior Cl., Gleneagles C.C., Delray Beach, Fla. (TV-ESPN)
Dec. 9-12: Kaanapali Srs., Royal Kaanapali, Hawaii.
Dec. 17-20: Mazda Champions, Tryall G. & Beach C., Sandy Bay, Jamaica. $850,000.

LPGA TOUR

Jan. 29-Feb. 1: Mazda Cl., Stonebridge G. & C.C., Boca Raton, Fla., $200,000 (TV-ESPN).
Feb. 5-8: Sarasota Cl., Bent Tree C.C., Sarasota, Fla., $200,000.
Feb. 19-21: Hawaiian Ladies Open, Turtle Bay C.C., Oahu, Hawaii, $300,000.
Feb. 26-March 1: Women's Kemper Open, Princeville Makai G.C., Kauai, Hawaii, $300,000 (TV-NBC).
March 5-8: GNA/Glendale Federal Cl., Oakmont C.C., Glendale, Calif., $250,000.
March 19-22: Circle K Tucson Open, Randolph North G.C., Tucson, $200,000.
March 26-29: Standard Register Turquoise Cl., Moon Valley C.C., Phoenix, $300,000 (TV-ESPN).
April 2-5: Nabisco Dinah Shore, Mission Hills C.C., Rancho Mirage, Calif., $500,000 (TV-NBC).
April 9-12: Kyocera Inamori Golf Cl., Bernardo Heights C.C., San Diego, $200,000.
April 17-19: Santa Barbara Open, Sandpiper G.C., La Purisima G.C., Santa Barbara, Calif., $300,000.
April 23-26: S&H Golf Cl., Pasadena Yacht & C.C., St. Petersburg, Fla., $200,000.
May 8-10: United Virginia Bank Golf Cl., Portsmouth (Va.), Sleepy Hole G.C., $250,000.
May 15-17: Chrysler-Plymouth Cl., Navesink C.C., Middletown, N.J., $225,000.
May 21-24: LPGA Ch., Jack Nicklaus Sports Center, Kings Island, Ohio (TV-TBA).*
May 28-31: LPGA Corning Cl., Corning (N.Y.) C.C., $250,000.
June 4-7: McDonald's Ch., Du Pont C.C., Wilmington, Del., $500,000 (TV-ABC).
June 11-14: Mayflower Cl., C.C. of Indianapolis, $350,000.
June 19-21: Lady Keystone Open, Hershey (Pa.) C.C., $300,000.
June 25-28: Rochester Intl., Locust Valley C.C., Pittsford, N.Y.*
July 2-5: Jamie Farr Toledo Cl., Glengarry C.C., Toledo, Ohio, $225,000.
July 9-12: du Maurier Cl., Islesmere G.C., Laval, Quebec, $350,000 (TV-TBA).
July 16-19: Boston Five Cl., Sheraton Tara Hotel at Ferncroff, Danvers, Mass., $300,000 (TV-ESPN).
July 23-26: U.S. Women's Open, Plainfield (N.J.) C.C. (TV-ABC).*
July 30-Aug. 2: LPGA Natl. Pro-Am, Glenmoor C.C., Meridian G.C., Denver, $300,000.
Aug. 6-9: Henredon Cl., Willow Creek G.C., High Point, N.C.*
Aug. 13-16: Nestle World Ch., Stouffer Pinelsle Resort, Lake Lanier Islands, Ga., $240,000 (TV-NBC).
Aug. 13-16: MasterCard Intl. Pro-Am, Westchester Hills G.C., Ridgeway C.C., White Plains, N.Y., $200,000.
Aug. 21-23: Atlantic City LPGA Cl., Marriott Seaview C.C. & Resort, Atlantic City, N.J., $225,000.
Sept. 5-7: Rail Charity Cl., Rail G.C., Springfield, Ill., $200,000.
Sept. 11-13: Cellular One-Ping Ch., Columbia-Edgewater C.C., Portland, Ore., $225,000.
Sept. 17-20: Safeco Cl., Meridian Valley C.C., Seattle.*
Sept. 25-27: Konica San Jose Cl., Almaden G. & C.C., San Jose, Calif., $300,000.
Oct. 31-Nov. 1: Nichirei Ladies Cup U.S.-Japan Team Ch., Tsukuba C.C., Ibaraki, Japan, $200,000.

1987 TOURNAMENT SCHEDULES

Nov. 6-8: Mazda Japan Cl., Musashigaoka G.C., Japan, $350,000 (TV-ESPN).
Dec. 3-6: J.C. Penney Cl., Broadmoor C.C., Largo, Fla. (TV-ABC).*
Dec. 18-20: Mazda Champions, Tryall G. & Beach Club, Montego Bay, Jamaica (TV-ABC).*
*Purse to be announced.

MEN AMATEURS

March 3-7: Bermuda Amateur, Mid Ocean Club, Tucker's Town, Bermuda.
April 2-5: Azalea Amateur, C.C. of Charleston, S.C.
April 29-May 2: Champions Cup Inv., Champions G.C., Houston.
May 2-3: Bermuda Mixed Foursome, Riddell's Bay & C.C., Warwick, Bermuda.
May 6-9: American Amateur Cl., 5 courses in Pensacola, Fla.
May 11-17: North & South Amateur, Pinehurst (N.C.) C.C.
May 19-22: NCAA Div. II Ch., C.C. of Columbus, Ga.
May 19-22: NCAA Div. III Ch., Ohio Wesleyan U., Mansfield, Ohio.
May 20-24: French Intl. Ch., Nimes (France) G.C.
May 27-28: Walker Cup, Sunningdale G.C., Berkshire, England.
May 28-31: NAIA Ch., Tri-State U., Angola, Ind.
June 1-6: British Amateur Ch., Prestwick G.C., Prestwick, Scotland.
June 3-6: Southwestern Amateur, Paradise Hills C.C., Albuquerque.
June 4-7: Natl. Open Amateur, Lucaya C.C., Freeport, Bahamas.
June 9-12: NCAA Ch., Odessa (Tex.) C.C.
June 12-15: Bermuda Amateur Stroke Play, Port Royal G. Cse., Southampton, Bermuda.
June 17-20: Rice Planters Amateur, Snee Farm C.C., Mt. Pleasant, S.C.
June 25-28: Northeast Amateur, Wannamoisett C.C., Rumford, R.I.
June 26-28: Sunnehanna Amateur, Sunnehanna C.C., Johnstown, Pa.
June 29-July 2: Natl. Lefthanders Ch., Camelback C.C., Scottsdale, Ariz.
July 6-12: Trans-Miss Amateur, Prairie Dunes C.C., Hutchinson, Kan.
July 9-12: Eastern Amateur, Elizabeth Manor G. & C.C., Portsmouth, Va.
July 13-18: USGA Amateur Public Links, Glenview G.C., Cincinnati.
July 15-18: Southern Amateur, Crown Colony C.C., Lufkin, Tex.
July 20-26: Western Amateur, Point O'Woods G. & C.C., Benton Harbor, Mich.
July 29-Aug. 1: Porter Cup, Niagara Falls C.C., Lewiston, N.Y.
July 27-29: Northern Amateur, Sand Creek C.C., Chesterton, Ind.
July 27-Aug. 2: Broadmoor Inv., Broadmoor G.C., Colorado Springs.
Aug. 4-7: Pacific Coast Amateur, Seattle G.C., Seattle.

Aug. 6-9: Southeastern Amateur, C.C. of Columbus (Ga.).
Aug. 13-16: LaJet-Pelz Amateur, Fairway Oaks G.C., Abilene, Tex.
Aug. 14-16: Cardinal Amateur, Cardinal G.C., Greensboro, N.C.
Aug. 19-22: Canadian Amateur, Derrick G. & C.C., Edmonton, Alberta.
Aug. 25-30: USGA Amateur, Jupiter (Fla.) G.C.
Sept. 18-20: Mid-South Mid-Amateur 4-Ball, Linville (N.C.), Ridge C.C.
Oct. 1-4: Middle Atlantic Amateur, Chartwell C.C., Severna Park, Md.
Oct. 3-8: USGA Mid-Amateur, Brook Hollow G.C., Dallas.
Nov. 12-15: Bermuda 4-Ball, Port Royal G.C., Southampton, Bermuda.

SENIOR MEN AMATEURS

Jan. 20-25: Doherty Challenge Cup, Coral Ridge C.C., Ft. Lauderdale, Fla.
Feb. 8-12: Belleair Inv., Belleview Biltmore C.C., Clearwater, Fla.
Feb. 10-13: Soc. of Srs. 2-Man Satellite, Palm Beach Polo Club, W. Palm Beach, Fla.
Feb. 16-20: Intl. Srs. Amateur Society, Belleview Biltmore C.C., Belleair, Fla.
Feb. 20-25: Great Lakes Senior, Orange Lake, Kissimmee, Fla.
Feb. 23-26: ASGA Better Ball Ch., Innisbrook Resort, Tarpon Springs, Fla.
March 1-7: Great Lakes Senior, Grenelefe, Haines City, Fla.
March 22-28: Breakers Seniors, The Breakers G.C., Palm Beach, Fla.
April 5-11: ASGA Match Play Ch., Belleview Biltmore C.C., Belleair, Fla.
April 28-30: Giddings Cup, La Quinta Hotel G. & Tennis C., La Quinta, Calif.
May 3-7: Western Seniors Ch., Callaway Gardens, Pine Mountain, Ga.
May 4-7: Soc. of Srs. 4-Ball Ch., Loxahatchee Club, Jupiter, Fla.
May 10-14: Senior Masters G.A., Ironwood C.C., Palm Desert, Calif.
May 11-15: Southern Seniors, Mid Pines, Southern Pines, N.C.
May 13-15: Legendary Senior Cl., Pine Tree C.C., Birmingham, Ala.
June 23-25: PNGA Senior Men's Amateur, Manito G. & C.C., Spokane, Wash.
June 28-July 3: Great Lakes Senior G.A., Boyne Highlands, Harbor Springs, Mich.
June 30-July 3: Intl. Seniors Amateur Society, Golf de la Baule, La Baule, France.
July 9-12: USGA Senior Open, Brooklawn C.C., Fairfield, Conn.
July 12-25: U.S. Sr. Challenge-Governors Div., Birmingham (Ala.) C.C.
Aug. 26-Sept. 4: World Senior, Broadmoor G.C., Colorado Springs.

1987 TOURNAMENT SCHEDULES

Sept. 9-12: Puerto Rico Intl., Dorado Beach G.C., Dorado, Puerto Rico.
Sept. 14-17: Western Seniors G.A., 3 courses used, Spokane, Wash.
Sept. 21-26: USGA Senior Amateur, Saucon Valley C.C., Bethlehem, Pa.
Sept. 30-Oct. 2: U.S. Sr. Challenge-Grand Masters Div., Holston Hills C.C., Knoxville, Tenn.
Oct. 7-10: Curtis Person Seniors, Colonial C.C., Cordova, Tenn.
Oct. 27-30: Willow Creek Hall of Fame, Willow Creek G.C., High Point, N.C.
Nov. 9-12: Soc. of Srs. Ch., Long Cove C., Hilton Head Island, S.C. (tentative).
Nov. 30-Dec. 5: Southern Seniors, The Cloisters, Sea Island, Ga.
Dec. 1-4: ASGA Stroke Play Ch. (site to be announced).

WOMEN AMATEURS

Jan. 20-25: Doherty Challenge, Coral Ridge C.C., Ft. Lauderdale, Fla.
Jan. 28-Feb. 1: Intl. 4-Ball, Orangebrook G.C., Hollywood, Fla.
March 31-April 4: Bermuda Ladies' Amateur, Port Royal G.C., Southampton, Bermuda.
May 2-3: Bermuda Mixed Foursome, Riddell's Bay G. & C.C., Warwick, Bermuda.
May 18-22: Southern Amateur Ch., Indigo Lakes Resort, Daytona Beach, Fla.
May 24-30: North and South Amateur, Pinehurst (N.C.) C.C.
May 27-30: NCAA Women's Ch., U. of New Mexico, Albuquerque.
June 9-11: Eastern G.A. Ch., Birdwood G.C., Charlottesville, Va.
June 9-13: Ladies' British Open Amateur, Royal St. David's G.C., St. Andrews, Scotland.
June 16-18: Arizona Silver Belle, 3 area courses, Phoenix.
June 22-27: Western Natl. Amateur, Nashville G. & Athletic C., Brentwood, Tenn.
June 24-28: USGA Amateur Public Links, Cog Hill G. & C.C., Lemont, Ill.
July 13-18: Women's Trans-National, Crestview C.C., Wichita, Kan.
Aug. 10-14: Canadian Women's Amateur, Kanawki G.C., Caughnawaga, Quebec.
Aug. 17-22: USGA Women's Amateur, Rhode Island C.C., Barrington, R.I.
Oct. 10-15: USGA Women's Mid-Amateur, Southern Hills C.C., Tulsa, Okla.
Nov. 14-15: Bermuda Ladies' 4-Ball, Port Royal G.C., Southampton, Bermuda.

SENIOR WOMEN AMATEURS

July 27-30: Canadian Senior Ladies' Ch., York Downs C.C., Unionville, Ontario.
Sept. 15-17: Illinois Women's Inv., Danville (Ill.) C.C.

Sept. 23-25: Western G.A. Natl. Sr., The Breakers, Palm Beach, Fla.
Sept. 30-Oct. 2: USGA Senior Women's Amateur, Manufacturers' G. & C.C., Oreland, Pa.
Oct. 6-8: Palmetto Dunes Women's Inv., Palmetto Dunes Resort, Hilton Head, S.C.

JUNIORS

April 17-19: Woodlands Cl., Woodlands C.C., Houston.
April 21-23: Glidden Bowl, Belmont G. & C.C., Warwick, Bermuda.
April 24-26: Fairway Oaks Cl., Fairway Oaks G. & Racquet C., Abilene, Tex.
May 8-10: Oyster Reef Inv., Oyster Reef G.C., Hilton Head Island, S.C.
May 22-24: Lake Tahoe Memorial, Edgewood Tahoe G.C., Stateline, Nev.
June 8-11: Meridian Western Cl., Meridian G.C., Denver.
June 14-16: Bubba Conlee Cl., Farmington C.C., Germantown, Tenn.
June 15-18: Mission Hills Desert, Mission Hills C.C., Rancho Mirage, Calif.
June 16-18: Natl. Boys' Invitational, PGA Natl., Palm Beach Gardens, Fla.
June 16-18: Arizona Silver Belle Ch., Mountain Shadows C.C., Scottsdale, Ariz.**
June 22-24: South Atlantic Ch., Crofton (Md.) C.C.
June 22-24: Pepsi Little People's Ch., Cedar Crest C.C., Quincy, Ill.
June 22-24: All American Prep Ch., course to be announced, New Orleans.
June 22-25: USF&G Cl., Lakewood C.C., New Orleans.
June 22-25: Tar Heel Tourn., C.C. of Whispering Pines, N.C.
June 22-27: Texas-Oklahoma Jr., Weeks Park G.C., Wichita Falls, Tex.
June 26-28: Mid Pines Inv., Mid Pines Resort, Southern Pines, N.C.
June 28-July 1: Great Lakes Buick, Elks Lodge 222 G.C., Flint Mich.
July 6-9: Bobby Gorin Memorial, Woodmont C.C., Rockville Md.*
July 6-9: Midwestern Ch., (site to be announced).
July 7-11: Western Jr. Golf Ch., Michigan State U., East Lansing, Mich.*
July 9-10: Salisbury Inv. Cl., Salisbury C.C., Midlothian, Va.
July 12-15: Pinehurst Inv., Pinehurst (N.C.) C.C.
July 13-14: Tall Pines Jr., C.C. of Whispering Pines N.C.
July 13-16: Bobby Bowers Tourn., Springfield (Va.) G. & C.C.
July 13-16: Chick Evans Jr. Open, Glencoe (Ill.) G.C.
July 14-17: Optimist Jr. World Ch., Torrey Pines G.C., San Diego.
July 21-24: Oklahoma Cl., Meadowbrook C.C., Tulsa, Okla.
July 27-31: Rolex Tourn. of Champions, Horseshoe Bend C.C., Roswell, Ga.

1987 TOURNAMENT SCHEDULES

July 28-30: Keystone Jr. Open, Flying Hills G.C., Reading, Pa.
July 28-30: North and South, Pinehurst (N.C.) C.C.
Aug. 3-5: Jr. Masters Natl. Ch., Westview G.C., Quincy, Ill.
Aug 3-7: New England Open, Ponkapoag G.C., Canton, Mass.
Aug. 4-8: USGA Jr. Boys Amateur, Singletree G.C., Edwards, Colo.*
Aug. 10-13: AJGA Boys Jr. Ch., (course to be announced), Dallas.*
Aug. 10-15: USGA Girls' Junior, The Orchard G.C., S. Hadley, Mass.**
Aug. 13: Penn State Jr. Ch., Penn State, University Park, Pa.
Aug. 17-19: Southwestern Jr., U. of Mexico, Albuquerque.
Aug. 17-20: Canadian Jr. Girls, Royal Quebec G.C., Boischatel, Quebec.**
Aug. 17-21: PNGA Jr. Boys, Clarkston (Wash.) G. & C.C.*
Aug. 19-22: Girls' British Open Amateur, Barnham Broom G. & C.C., Norwich, England.**
Aug. 20-23: Natl. Jr. PGA Ch., PGA Natl. G.C., Palm Beach Gardens, Fla.
Aug. 25-28: La Paloma Team Ch., La Paloma C.C., Tucson.
Sept. 4-6: Savannah Cl., Sheraton Savannah (Ga.) Resort.
Sept. 11-13: French Lick Inv., French Lick (Ind.) Springs Resort.
Sept. 25-27: Sandestin Cl., Sandestin Beach Resort, Destin, Fla.
Oct. 2-4: Bluegrass Inv., Bellefonte C.C., Ashland, Ky.
Nov. 25-28: Rolex American Jr. Cl., Innisbrook Resort, Tarpon Springs, Fla.
Nov. 27-28: George Holliday Memorial, Myrtle Beach Natl. (S.C.) G.C.
Dec. 21-23: Doral Jr. Cl., Doral C.C., Miami.
Dec. 27-30: Orange Bowl Intl., Biltmore G.C., Coral Gables, Fla.
Dec. 27-28: Whispering Pines Christmas Cl., C.C. of Whispering Pines, N.C.
Dec. 29-Jan. 1: Bermuda Jr. Amateur, Belmont G. & C.C., Warwick, Bermuda.
* Boys only.
** Girls only.

PGA EUROPEAN TOUR

April 16-19: Suze Open, Cannes-Mougins G.C., Cannes, France.
April 23-26: Cepsa Madrid Open, Real Club de la Puerta de Hierro, Madrid, Spain.
April 30-May 3: Italian Open, G.C., Monticello, Monticello, Italy.
May 7-10: Epson Grand Prix of Europe, St. Pierre G. & C.C., Chepstow, Wales.
May 14-17: Peugeot Spanish Open, Las Brisas, Malaga, Spain.
May 22-25: Whyte & Mackay PGA Ch., Wentworth G.C., Surrey, England.
May 28-31: London Standard Four Stars Ntl., Moor Park G.C., Rickmansworth, England.
June 4-7: Dunhill British Masters, Woburn G. & C.C., Milton Keynes, England.
June 11-14: Peugeot French Open (Cse. TBA).
June 24-27: Johnnie Walker Monte Carlo Open, Monte Agel G.C., Monte Carlo.
July 2-5: Carrolls Irish Open, Portmarnock G.C., Portmarnock, Ireland.
July 8-11: Bells' Scottish Open, Gleneagles Hotel, Perthshire, Scotland.
July 16-19: British Open, Muirfield, Scotland.
July 23-26: KLM Dutch Open, Hilversumsche G.C., Hilversum, Holland.
July 30-Aug. 2: Scandinavian Enterprise Open, Ullna G.C., Stockholm, Sweden.
Aug. 6-9: PLM Open, Ljunghusens, N. Malmo, Sweden.
Aug. 13-16: Benson & Hedges Intl., Fulford G.C., York, England.
Aug. 20-23: Lawrence Batley Intl. (Cse. TBA).
Aug. 27-30: German Open, Frankfurt G.C., Frankfurt, Germany.
Sept. 3-6: Ebel European Masters-Swiss Open, G.C. Crans-surSierre, Switzerland.
Sept. 10-13: Panasonic European Open, Walton Heath G.C., Surrey, England.

SITES OF FUTURE MAJOR EVENTS

U.S. Open
1987: The Olympic C., San Francisco, Calif.
1988: The Country Club, Brookline, Mass.
1989: Oak Hill C.C., Rochester, N.Y.
1990: Medinah (Ill.) C.C.

British Open
1987: The Honourable Co. of Edinburgh Golfers, Muirfield, Scotland.
1988: Royal Lytham & St. Anne's, St. Anne's, England.
1989: Royal Troon G.C., Ayrshire, Scotland.
1990: St. Andrews G.C., St. Andrews, Scotland.
1991: Royal Birkdale G.C., Southport, England.

PGA Championship
1987: PGA Ntl. G.C., Palm Beach Gardens, Fla.
1988: Oak Tree G.C., Edmond, Okla.
1989: Kemper Lakes, Hawthorne Woods, Ill.
1990: Shoal Creek, Birmingham, Ala.

CHAPTER 1

MEN PROFESSIONALS

PGA Tour Review	18
World Player of Year: Greg Norman	20
The Masters: Jack Nicklaus	22
U.S. Open: Ray Floyd	23
British Open: Greg Norman	24
PGA Championship: Bob Tway	25
1986 PGA Tour Leaders	26
1986 PGA Tour Qualifying School	28
1986 PGA Tour Highlights	29
PGA All-Time Records	31
1986 PGA Tournament Results	32
1986 PGA Tour Statistics	64
Past Winners Major Events	76
Past Winners PGA Tour Events	89
Past PGA Tour Statistics	101

MEN PROFESSIONALS
PGA TOUR
Norman, Tway duel

For much of the 1986 professional tournament season in the United States, there were three burning questions: (1) Who will win the most money, Greg Norman or Bob Tway? (2) When will Payne Stewart win a tournament? (3) What is all that fuss about Mac O'Grady?

Norman, 31, the astonishingly-blond Australian with world class length off the tee, and Tway, 27, a tall, curly-headed product of Oklahoma State's whiz bang golf program, dueled all season.

Their first showdown came late in the year, at the PGA Championship where both stayed in or close to the lead throughout. In no other event did the two so directly confront each other, and Norman blinked. Fittingly enough, the two powerhouses were paired in the final round. Tway's holed sand shot on the last hole gave him the title and left Norman staring in disbelief.

Greg Norman, a record $653,296 in 1986.

Despite that, Norman still owned the money lead, but by only just over $44,000, not very much in view of today's wealthy purses. Norman had already announced that he intended to leave the U.S. circuit after the World Series, two weeks hence, to attend his many golf obligations around the world. So unless Norman actually won the Series, Tway, who planned to play nearly every week, would seem to have taken the rail position on the money lead by continuing to compete at home.

Tway eased by that confrontation, as he tied for ninth and won $16,800 to Norman's $8,566 (tie for 20th). That, apparently, settled it. Tway was now just $31,000 behind his rival and with more than two months of tournament golf left.

"Bob would have to break a leg not to win now," said Norman.

Well, Tway didn't do that, but he did stop scoring well. Tway won only $29,985 over the rest of the official tour and lagged exactly $516 behind Norman's leading figure, $653,296, a tour record for money won. Thus Norman, who now lives in Bay Hill, Fla., became only the second non-American to win the money title. Gary Player of South Africa was the first, in 1961.

Tway wanted the money lead, all right, but he was not observed weeping over the fact that he didn't get it. One of the reasons he wanted to play often was to protect the lead he'd taken in the year-long Vantage Cup, in which players earned points according to how they finished in each event. His reasoning was well taken; the point leader's prize was $500,000, as in a half-million dollars! Although Tway finished lamely, he did manage to stay ahead in the Vantage and collect that fat, if unofficial, bonus.

Early in the year, Tway had gained attention when he won at San Diego for the first victory of his tour career, in his second year. Later Tway won the Westchester and Atlanta Classic and, as mentioned, the PGA. His four wins led the league in this category. Fuzzy Zoeller was closest with three, while eight men won twice.

None of these was Stewart, however. The colorful Stewart, he of the knickers, was seen everywhere rattling long birdie putts as he challenged nearly every week. Trouble was, he was also spotted sinking a distressing number of one-foot putts for bogeys, or worse, late in tournaments that took him out of first place. No, Stewart didn't win, but with $535,389 trailed only the year's two leaders in money won. His total was the most ever banked by a non-winner. Stewart also placed second in the Vantage Cup, worth a handsome $300,000. His year was a financial if not artistic success.

MEN PROFESSIONALS

Bob Tway, second on the money list with $652,780.

Among those who did win was Dan Pohl, 31, who took the Colonial National Invitation and the World Series and won a fifth-ranked $463,630. For these heroics, Pohl was named the tour's Most Improved Player by Golf Digest Magazine.

The year's most heart-warming story concerned Ben Crenshaw, now 35, who in 1985 seemed at the end of his career. Seldom contending, Crenshaw won only $25,814 during that terrible year during which he suffered from a thyroid condition too long undiagnosed. In 1986, Crenshaw turned himself and his game around completely, regaining his health and winning the Buick and Vantage and a total of $388,169.

There was a record-tieing total of 12 first-time winners, equalling the marks set in 1968, 1969, 1979 and 1980. Early in the year when Donnie Hammond, Kenny Knox, Sandy Lyle and Tway registered their first career wins, there was talk about how the "unknowns" were taking over, and that the old guard was going fast. Jack Nicklaus silenced all of that when he won the Masters at age 46, and although new-comers kept winning, a pair of other older players came through later. Ray Floyd was 43 when he won the U.S. Open (and 44 when he won the Walt Disney) and Bob Murphy the Canadian Open Winner was 43. Murph hadn't won since 1975, an 11-year span between victories that equalled Bob Rosburg's tour record (1961-1972). A player who has a chance at this mark is Bobby Cole, 38, who hasn't won since 1977.

One player who reached the "you'd better believe" plateau is Ken Green, 28, whose 1985 Buick win was considered something of an accident since he'd struggled through his three previous tour years. In 1986 Green banked $317,835 (16th), winning the International at Castle Rock, Colo., an event played with a modified Stableford scoring system. Green, incidentally, sprouted a luxurious beard at the end of the season, unique on tour.

Among the rookies, Davis Love III got most of the headlines with his long hitting, but Brian Claar out-moneyed him, $117,355-$112,245 and was named Rookie of the Year by Golf Digest.

The only repeat winner from 1985 was Jim Thorpe in the Tucson-Seiko Match Play. In the tour's statistical categories, non-winner Scott Hoch was the scoring (and PGA's Vardon Cup) winner, mainly by virtue of low scoring in the events opposite the Masters and U.S. Open for which he did not qualify. Norman topped two categories, putting and par breakers, and so did improving Joey Sindelar, in eagles and birdies.

On the down side, Hale Irwin's streak of $100,000-plus seasons came to an end at 14 when he won $59,983. Tom Watson is the current leader here with 13, but did not win for the second year in succession. However, Watson did extend his tour record of $200,000-plus seasons to 10.

And what, pray, of Mr. O'Grady? Earlier in the year he had been assessed a $5,000 fine by PGA Tour Commissioner Deane Beman for "conduct unbecoming a professional golfer." O'Grady publicly criticized Beman, wouldn't pay up and was eventually suspended for six tournaments. The suspension ended with the Southern Open (Oct. 2-5), but O'Grady still couldn't play until he paid. Suddenly, he did so, with no public comment, and re-joined the tour in the Vantage (Oct. 23-26). At it happens, O'Grady was one of the first-time winners in 1986. Perhaps the comfort of the $126,000 he won for this victory, which came in Hartford, and his total take of $253,344 eventually mellowed him.

MEN PROFESSIONALS
GREG NORMAN
World Player of the Year

The 1986 World Player of the Year, selected by GOLF DIGEST and Golf World, our sister publication in Great Britain, is the game's first new superstar of the decade. Greg Norman, the dashing blond Australian, had appeared for some time now to be on the verge of breaking into golf's top strata, and in 1986, at 31, he had a sensational year. Norman won 10 tournaments round the world; became the first golfer to earn more than $1 million in prize money; was the leading money winner on two tours, the American and Australia-New Zealand; led all four of the major championships going into the final round and won one of them, the British Open.

In the voting of 24 editors, Norman received every first-place ballot. (First place was worth 10 points, second was worth nine, on down to one point for 10th place.) That gave him 240 points, against 201 for runner-up Bob Tway, who beat Norman in the PGA by holing a bunker shot on the 72nd hole; and 183 for the enigmatic Seve Ballesteros. Pat Bradley, who dominated the LPGA Tour with five wins (including three majors) and six second-place finishes, received several write-in nominations.

"It was a very good year," Norman says, "but not a great one. It'd have been great if I had won the PGA. I know I proved one thing, though—the Grand Slam is attainable. Someone is going to do it, and I want to. Believe me, it can be done."

Norman's far-reaching string of victories is worth reciting. In the U.S. he won the Panasonic in Las Vegas and the Kemper Open; in Europe the British Open, European Open, the Suntory World Match Play and the Dunhill Cup, and in Australia the Queensland Open, New South Wales Open, South Australian Open and West Australian Open.

In the process, he clashed with boorish fans in New York and England, vowing never to return (he now says he will defend his World Match Play title in England this year). His record on the American tour was absolutely phenomenal. Despite playing 38 fewer rounds than runner-up Tway, Norman won a record $653,296, or a cozy $9,073.56 *per round.*

He credits a large portion of that success to a putting adjustment he made in late 1985 at the Dunhill Cup at St. Andrews. "My putting that year had been up and down, never consistent," Norman says. "I needed to do something. So I went back to my old Wilson 8802 blade putter and returned to the way I had putted as an amateur—feet close together, stance slightly open, ball off the left foot. You know what the results were."

In the past year or so Norman has developed a deep bond of friendship with Jack Nicklaus. It was Nicklaus who came up to Norman on the night before the final round of the British Open and suggested he lighten the grip of his left hand in a pressure situation. Norman is planning to move, within the next year or so, from his home in Bay Hill to the West Palm Beach area, where Nicklaus lives. That would produce an intriguing hibernation—the Bear and the Shark.

And what of the coming year? "I'll play about 20 tournaments in the United States and a total around the world of about 30," he says. "I've worked hard on my golf the last 10 years, and I'm going to work even harder for the next 10. I still have a lot to accomplish."
—DWAYNE NETLAND

Greg Norman: World player of the year.

MEN PROFESSIONALS

GOLF DIGEST'S 1986 WORLD RANKING

NAME	CIRCUIT	PTS.	NAME	CIRCUIT	PTS.
1. Greg Norman	ANZ	240	6. Jack Nicklaus	USA	111
2. Bob Tway	USA	201	7. Tommy Nakajima	JPN	81
3. Seve Ballesteros	EUR	183	8. Andy Bean	USA	59
4. Raymond Floyd	USA	128	9. Hal Sutton	USA	43
5. Bernhard Langer	EUR	116	10. Payne Stewart	USA	22

KEY: ANZ-Australia/New Zealand; USA—United States; EUR—Europe; JPN—Japan.

GREG NORMAN'S 1986 PERFORMANCE

Tournament	Pos.	Scores				Total	Money
Spalding	T4	71	69	71	67	278	$ 9,875
Bob Hope	T53	68	73	72	65 72	350	1,370
Phoenix	T5	64	71	66	70	271	19,000
Pebble Beach	Cut	76	77	73		226	
Hawaiian	T39	71	71	72	70	284	2,050
Australian Masters	T8	74	71	74	72	291	4,505
Bay Hill	T38	70	73	70		213	2,150
USF&G	T27	74	72	73	67	286	3,550
TPC	T33	70	71	77	70	288	4,654
Masters	T2	70	72	68	70	280	70,400
Heritage	T2	70	68	69	70	277	33,600
Las Vegas	1	73	63	68	64 65	333	207,000
Memorial	T10	73	67	71	68	279	13,335
Kemper Open	1	72	69	70	66	277	90,000
U.S. Open	T12	71	68	71	75	285	11,870
Atlanta	T3	71	72	66	64	273	24,000
Canadian Open	2	72	76	62	73	283	64,800
British Open	1	74	63	74	69	280	105,000
Western Open	T5	71	74	72	70	287	16,950
PGA Championship	2	65	68	69	76	278	80,000
International	Cut	(Stableford)					
World Series	T20	68	71	72	75	286	8,567
European Open	1	67	67	69	66	269	52,500
*Dunhill Cup	1	67	67	70	73	277	100,000
World Match Play	1	(Match Play)					75,000
Queensland Open	1	67	70	70	70	277	11,700
New South Wales Open	1	65	70	67	73	275	14,625
South Australian Open	1	75	68	75	65	283	11,700
Australian PGA	2	69	69	66	73	277	12,636
*Nissan Cup	3	68	69	71	68	276	26,500
Australian Open	T7	70	72	72	68	282	5,422
West Australian Open	1	72	70	66	68	276	11,700

*Denotes team event (Australia).

Purses: US$1,094,459
Bonuses: 155,000
Pro-Ams: 6,494
Total: US$1,255,953

Rounds: 120
Strokes: 8,397
Average: 69.97

1986 PGA TOUR: World Golfer of the Year

MEN PROFESSIONALS
THE MASTERS
Nicklaus repels boarders

At every Masters those considered the leading contenders are invited to the pressroom for pre-tournament interviews. Jack Nicklaus, winner of a record five Masters at the Augusta (GA.) National Golf Club, was not so invited in 1986.

Understandable. Nicklaus hadn't won a tournament of any kind in almost two years, nor a major in six. Besides, Nicklaus was 46 years old, ancient by professional tournament standards.

Nevertheless, Nicklaus pulled off the impossible by winning his sixth Masters and 20th major with a stupendous exhibition of shot-making in the last round, especially the last nine. In winning, Nicklaus became the oldest-ever Masters winner.

What especially pleased the galleries at this 50th Masters was the way Nicklaus dispatched a seemingly unstoppable platoon of overseas competitors. The defending champion, Bernhard Langer of West Germany, was playing well. Spain's Seve Ballesteros had won in 1983 and after tieing for second in 1985 was steaming again.

Indeed, for most of the fourth round Ballesteros seemed destined to win. Starting a shot behind leader Greg Norman, Ballesteros had pulverized Augusta National with, among assorted birdies, two eagles as he stood over a 4-iron second on the par-5 15th, a hole he had eagled in the second round. He was a shot ahead of the field.

But for a moment, perhaps, Ballesteros' concentration faltered. A hole ahead, Nicklaus had just eagled 15 to draw within a stroke of the lead after being six down after eight holes earlier in the day. Ballesteros heard a thunderous roar as Nicklaus almost holed his tee shot on 16. Then the volatile Spaniard hit behind his ball and plopped it weakly into the water in front of the green. Bogey, and goodbye Seve.

Nicklaus went on to birdie 16, and 17, then par 18 for a 35-30—65 and a 279 total. Then he waited to see what Norman

Nicklaus' 65 in fourth round led to his sixth Masters win.

and Texan Tom Kite, who had intruded himself into the picture, could do. First, Kite stopped his approach on 18 just 12 feet from the cup; a birdie would tie Nicklaus. Later Kite said he "knew" he could make the putt, but he didn't. 280.

Norman, the 54-hole leader, had played some atrocious golf earlier in the fourth round. But the hard-hitter had come back, stringing together four consecutive birdies (14 through 17); one more and he would beat Nicklaus by a shot. A good drive on 18 was unfortunately followed with a pushed 4-iron that missed the green to the right, and a resultant bogey.

The defeat of the foreign "horde" had been achieved, although one of the invaders went away with a special record. Nick Price of Zimbabwe scored a tournament-record 63 (33-30) in the third round. He finished fifth. Three of the top five were foreigners.

Never mind. This was a Yankee victory, all red, white, blue and Jack Nicklaus.

THE MASTERS ($758,600).
Augusta (Ga.) National G.C. (72-6,905), Apr. 10-13.

Jack Nicklaus	1	74-71-69-65—279	$144,000
Tom Kite	T2	70-74-68-68—280	70,400
Greg Norman	T2	70-72-68-70—280	70,400
Seve Ballesteros	4	71-68-72-70—281	38,400
Nick Price	5	79-69-63-71—282	32,400
Tom Watson	T6	70-74-68-71—283	27,800

MEN PROFESSIONALS

U.S. OPEN
Floyd oldest champion

Few final rounds in the history of the U.S. Open have seen so many players with a solid chance of winning as in the 86th at the Shinnecock Hills Golf Club in Southampton, Long Island, N.Y. Ten contestants held or shared the lead during that frantic 18.

As often happens in a major championship, an older hand turned things his way over the last few holes to win. In this case it was Raymond Floyd, shaking the flagstick with laser-accurate approaches on 11, 13 and 16, following each with birdie putts of 20, 3 and 8 feet respectively. Floyd's one-under-par 279 on the 6,912-yard linksland course gave him his fourth major. The others: 1969, 1982 PGA Championship, 1976 Masters. At 43 years and nine months, Floyd became the oldest-ever Open champion, succeeding Ted Ray, 43 years and four months when he won in 1920.

As if Shinnecock's narrow fairways and fast greens were not enough, a regular nor'easter struck on the first day, when 45 players failed to break 80 and only one matched par. That was Bob Tway, in with a 70 that was one better then Greg Norman. Sentimental favorite Jack Nicklaus even lost a ball, his tee shot on 10 that faded into some high rough. No one found it before the five-minute time limit, so Nicklaus went back to the tee and eventually carded a six.

Luckily for all, after some rain early in the second round, the weather improved.

Norman took the 36-hole lead with a one-under 139 and after 54 was still ahead with an even-par 210. Lee Trevino and Hal Sutton were a shot behind, and by this time Floyd was just three back.

For most of the last round, especially during the first nine, a playoff seemed inevitable. The 10 who held or shared the lead during that time included Lanny Wadkins, Chip Beck, Ben Crenshaw, Mark McCumber, Payne Stewart, Norman, Trevino, Sutton, Tway and of course, Floyd.

Wadkins and Beck were early starters, and they slammed Shinnecock with course-record 65s to finish at 281. Later Floyd said that Wadkins had "helped" him win.

"Lanny showed me what I had to do from the 12th hole on," Floyd said.

Norman, who appeared on top of his game, started losing control of his tee shots, and then his putting went. Norman slid to a disheartening 75 to tie for 12th, six behind Floyd.

After a competent 34 going out, Floyd began his move. Floyd drew to even-par with his birdie on 11, then after birdies on 13 and 16 was two strokes ahead. No one made a serious move at the eventual champion during the stretch, although Mark Calcavecchia, one of the early starters, came in with a course-record 65.

Pars on 17 and 18 gave Floyd a 66 and his 279. He was so confident that he winked at his caddie after he made his approach putt to within a couple of feet on 18 as if to say "I've got it made." And he did.

U.S. OPEN ($700,000).
Shinnecock Hills G.C. (70-6,912), Southampton, N.Y., June 12-15.

Ray Floyd	1	75-68-70-66—279	$115,000
Lanny Wadkins	T2	74-70-72-65—281	47,646
Chip Beck	T2	75-73-68-65—281	47,646
Lee Trevino	T4	74-68-69-71—282	26,269
Hal Sutton	T4	75-70-66-71—282	26,269
Payne Stewart	T6	76-68-69-70—283	19,009
Ben Crenshaw	T6	76-69-69-69—283	19,009
Bob Tway	T8	70-73-69-72—284	14,500
Bernhard Langer	T8	74-70-70-70—284	14,500
Jack Nicklaus	T8	77-72-67-68—284	14,500
Mark McCumber	T8	74-71-68-71—284	14,500
Denis Watson	T12	72-70-71-72—285	11,870
Greg Norman	T12	71-68-71-75—285	11,870

Three birdies on back 9 sealed Floyd's victory.

MEN PROFESSIONALS

BRITISH OPEN
Norman comes through

When Greg Norman moved into the 54-hole lead at the 115th British Open, no one was particularly surprised. After all, this immensely talented Australian *cum* Floridian earlier in the year had also been the front-runner going into the last rounds of the Masters and U. S. Open.

What was surprising, however, were the identities of his closest rivals. None were exactly lockeroom names. Japan's Tommy Nakajima, strong in his homeland but never a winner in the United States or the European tour, was a shot behind. Three back were Gordon Brand and Ian Woosnam, a pair of British professionals who seldom venture away from the continent.

Golf's superstars had parted company quite a bit earlier, after the first round to be exact. Violent weather attacked Scotland's Turnberry course, prickly enough with its waist-high rough and 20-yard-wide fairways. The pre-tournament favorite, Spain's Seve Ballesteros, scored 76, and he was ahead of the likes of five-time British Open winner Tom Watson, 77, along with defender Sandy Lyle, Jack Nicklaus and Raymond Floyd, all with 78s, and Lee Trevino, 80.

What suspense remained centered around whether or not Norman could hang onto his lead. In the Masters and U.S. Open he had inventively created ways to lose, not that the respective winners, Nicklaus and Floyd, hadn't a hand in the outcomes. This time Norman just about settled things on the very first hole of the fourth round. There he birdied, then watched as his playing partner, Nakajima, agonizingly three-putted from five feet for a bogey. When Norman holed out a 70-yard sand shot for a birdie on three, there wasn't anyone else to cheer.

Norman went on to shoot a 69 for an even-par winning total of 280, five ahead of runner-up Brand. It was his first major championship. Nakajima scuttled to a 77—289. The best American showing was a tie for sixth by Gary Koch.

Before the tournament began, many players complained that because of the narrowness of the fairways from tee to green, there were no options. The usual setup finds a wider expanse if a player uses an iron off the tee, but there was no such advantage at Turnberry. Norman was not daunted, using his driver more than most of the other competitors and depending on his strength to escape from the rough should a shot go wide.

A second-round 63 helped Norman with the British Open.

Norman's daredevil outlook paid off, especially in the second round when he turned Turnberry upside down with a course-record 63. Norman could have broken the Open record mark had he not bogeyed the final hole. Even in the third round, when winds that gusted to 40 miles per hour drove heavy rain ahead of it, Norman persevered with a 74. The fourth round was played under sunny, only slightly breezy conditions.

BRITISH OPEN ($600,000).
Turnberry (Scotland) G.L. (70-6,958), July 17-20.

Greg Norman	1	74-63-74-69—280	**$105,000**
Gordon Brand	2	71-68-75-71—285	75,000
Ian Woosnam	T3	70-74-70-72—286	52,500
Bernhard Langer	T3	72-70-76-68—286	52,500
Nick Faldo	5	71-70-76-70—287	37,500

MEN PROFESSIONALS

PGA CHAMPIONSHIP
Tway edges Norman

Greg Norman seemed securely on his way to his second major title of the year in the PGA Championship. Four shots ahead of the field with only nine holes to go, Norman had to feel comfortable. After all, only three weeks earlier he had dominated the British Open.

So what happens? Norman winds up witnessing his own game's defection and watching his playing partner, Bob Tway, take advantage of the situation. Tway, 27, made many marvelous shots in winning at the Inverness Country Club that day, including a chip-in from heavy rough around the 17th green, but none was more spectacular than his last shot (70th) of that round.

Tway had stripped Norman of his lead by the time they reached the 18th, a 384-yard par-4. Norman gathered himself for one last effort and launched a gargantuan drive right down the middle. Tway's tee shot drifted into the right rough and when his second found a bunker at the green, Norman looked as if he might pull it off after all. But no. Norman's second touched down on the green, all right, but the ball had so much spin it spun backwards off the tiny green.

In the group directly ahead of these two, Payne Stewart moments before had holed a shot from the bunker where Tway's ball was for a birdie. Unbelievably, Tway duplicated that shot. His ball landed on the green, raced swiftly toward the flagstick, gave it a solid whack and dropped in. The shell-shocked Norman now had to sink his chip to tie, didn't and then scored a meaningless bogey to finish two behind Tway's winning 276.

Norman now owned the "distinction" of having led after 54 holes in every 1986 major, only to win but one—the British Open. In the PGA Norman scored a fourth-round 76 to Tway's 70, and was four over par on the last eight holes. This was Tway's fourth win of the year, and his first major.

Tway and Norman had traded course records earlier in the tournament. Norman opened with a 65, putting only 11 times on the back side. After a second-round 68, Norman enjoyed a four-stroke lead, a margin he retained through 54. Tway had heated up in the third round with a record 64 of his own to leap from 17th to second.

Tway holed a sand shot on the 72nd in winning PGA.

The leaders had played only one hole (each parred) on Sunday when the rains came, delaying play a day. On the restart the next day, Norman was still four up when they completed nine, but the rot soon set in. On 11, Norman's double bogey and Tway's par reduced the margin to two, and Tway drew even with his birdie on 13 and Norman's bogey on 14. They stayed that way until Tway's dramatic shot on 18.

PGA CHAMPIONSHIP ($800,000).
Inverness C.C. (71-6,982), Toledo, Ohio, Aug. 7-10.

Bob Tway	1	72-70-64-70—276	$140,000
Greg Norman	2	65-68-69-76—278	80,000
Peter Jacobsen	3	68-70-70-71—279	60,000
D.A. Weibring	4	71-72-68-69—280	42,865
Bruce Lietzke	T5	69-71-70-71—281	32,500
Payne Stewart	T5	70-67-72-72—281	32,500
Mike Hulbert	T7	69-68-74-71—282	20,833
Jim Thorpe	T7	71-67-73-71—282	20,833
David Graham	T7	75-69-71-67—282	20,833
Doug Tewell	10	73-71-68-71—283	15,000

MEN PROFESSIONALS
1986 PGA TOUR LEADERS

Player	Money for 1986	Money per Tour Event	Career Earnings	Tour Events	Cuts Made	1986 Finishes 1st	2nd	3rd	Scoring Avg.	Perf. Avg.[1]	Handi-cap[2]
1. Greg Norman (42)	$653,296	$34,384	$1,200,395	19	17	2	4	1	70.22	.627	+7.3
2. Bob Tway (45)	652,780	19,781	816,804	33	28	4	0	0	70.45	.534	+4.7
3. Payne Stewart (19)	535,389	18,462	1,340,810	29	22	0	3	1	70.36	.546	+6.1
4. Andy Bean (33)	491,938	18,220	2,484,032	27	22	2	2	1	70.56	.562	+4.3
5. Dan Pohl (27)	463,630	18,545	1,270,905	25	19	2	1	0	70.57	.432	+5.2
6. Hal Sutton (7)	429,434	15,337	1,686,825	28	22	2	1	0	71.06	.417	+4.0
7. Tom Kite (14)	394,164	15,160	2,919,491	26	24	1	1	1	70.99	.504	+4.2
8. Ben Crenshaw (149)	388,169	14,930	2,336,891	26	22	2	0	0	71.38	.383	+6.4
9. Ray Floyd (5)	380,508	16,544	3,249,460	23	19	2	1	0	70.66	.508	+4.9
10. B. Langer (13)	379,800	18,086	733,309	21	18	0	2	2	70.19	.598	+5.4
11. John Mahaffey (9)	378,172	14,006	1,217,256	27	23	1	1	0	70.78	.437	+4.6
12. Calvin Peete (3)	374,953	14,998	2,009,271	25	21	2	2	0	70.51	.410	+4.8
13. Fuzzy Zoeller (15)	358,115	17,906	1,993,088	20	16	3	0	0	71.17	.410	+5.6
14. Joey Sindelar (12)	341,231	9,749	740,521	35	29	0	2	2	71.16	.410	+5.5
15. Jim Thorpe (4)	326,087	12,077	1,153,241	27	19	1	1	0	71.48	.326	+6.0
16. Ken Green (52)	317,835	10,594	541,511	30	19	1	0	1	72.16	.223	+4.9
17. Larry Mize (17)	314,051	12,562	892,717	25	22	0	3	0	70.70	.412	+5.9
18. Doug Tewell (58)	310,285	10,343	1,099,803	30	20	1	1	1	70.77	.434	+4.0
19. Corey Pavin (6)	304,558	10,877	932,600	28	22	2	0	0	71.07	.417	+5.0
20. Tom Watson (18)	278,338	14,649	4,085,279	19	17	0	0	4	70.28	.592	+5.0
21. Mike Hulbert (161)	276,687	7,478	295,055	37	26	1	1	1	71.61	.266	+4.8
22. Don Pooley (46)	268,274	9,936	1,084,234	27	24	0	1	0	70.81	.403	+4.4
23. Lanny Wadkins (2)	264,931	10,190	2,589,264	26	23	0	2	0	71.08	.400	+4.6
24. Kenny Knox (146)	261,608	8,439	311,100	31	26	1	0	0	71.46	.340	+5.4
25. Mark Wiebe (36)	260,180	8,673	458,331	30	22	1	1	1	71.52	.285	+5.1
26. Mac O'Grady (20)	256,344	10,681	571,673	24	16	1	0	0	71.41	.326	+5.9
27. John Cook (106)	255,126	8,504	829,685	30	20	0	2	1	71.04	.350	+3.9
28. D. Hammond (77)	254,987	12,142	466,916	21	18	1	0	0	70.92	.442	+4.2
29. Paul Azinger (93)	254,019	8,467	373,674	30	25	0	2	2	70.76	.395	+5.5
30. Mark O'Meara (10)	252,827	10,113	1,236,668	25	22	0	1	4	71.00	.395	+5.4
31. Tim Simpson (44)	240,911	7,771	888,217	31	23	0	1	1	71.38	.354	+4.9
32. Curtis Strange (1)	237,700	9,508	2,189,548	25	19	1	0	0	71.43	.396	+4.4
33. Bobby Wadkins (90)	226,079	7,293	919,298	31	25	0	0	1	70.92	.405	+5.1
34. Jack Nicklaus (43)	226,015	15,068	4,912,295	15	11	1	0	0	71.56	.383	+5.5
35. Nick Price (80)	225,373	9,015	480,357	25	16	0	1	0	71.76	.365	+5.3
36. Scott Hoch (35)	222,077	7,931	1,066,114	28	23	0	1	3	70.08	.432	+4.4
37. Tom Purtzer (119)	218,280	7,041	1,156,879	31	25	0	0	0	70.72	.471	+5.1
38. Tony Sills (66)	216,881	7,479	479,680	29	26	0	1	1	70.73	.425	+4.7
39. Chip Beck (97)	215,140	6,940	727,293	31	21	0	1	0	71.09	.337	+4.4
40. Roger Maltbie (8)	213,206	7,897	1,231,076	27	20	0	2	0	71.35	.318	+4.6
41. Scott Simpson (39)	202,223	8,792	1,216,325	23	18	0	1	1	71.05	.339	+4.9
42. Gene Sauers (121)	199,044	5,854	284,108	34	28	1	0	0	71.51	.223	+3.7
43. Phil Blackmar (28)	191,228	6,594	389,765	29	17	0	0	2	72.22	.273	+5.6
44. Clarence Rose (63)	189,387	5,739	472,587	33	20	0	2	1	71.53	.256	+4.5
45. Jay Haas (69)	189,204	6,524	1,386,699	29	17	0	0	0	71.24	.336	+3.4
46. David Frost (70)	187,944	6,712	306,481	28	20	0	1	1	71.51	.356	+4.2
47. Bruce Lietzke (59)	183,761	8,353	2,152,147	22	20	0	0	0	70.88	.414	+5.2
48. Jodie Mudd (34)	182,812	9,141	467,436	20	16	0	2	1	71.11	.340	+4.6
49. Bob Murphy (79)	182,673	7,026	1,554,876	26	16	1	0	0	72.19	.225	+3.8
50. Gary Koch (68)	180,693	6,950	1,030,588	26	20	0	0	0	70.94	.400	+5.0
51. Steve Pate (86)	176,100	5,336	265,458	33	26	0	0	1	71.69	.276	+3.1

MEN PROFESSIONALS

52. Willie Wood (49)	172,629	5,569	442,076	31	23	0	1	2	71.53	.230 +4.8
53. Craig Stadler (11)	170,076	6,541	2,060,850	26	17	0	0	1	71.20	.374 +4.5
54. Dan Forsman (53)	169,445	6,276	409,790	27	15	1	0	0	72.42	.197 +3.9
55. D.A. Weibring (50)	167,602	6,983	895,630	24	19	0	0	1	70.88	.398 +5.2
56. Ronnie Black (109)	166,761	5,559	494,934	30	22	0	0	1	71.53	.259 +4.5
57. Howard Twitty (82)	156,119	5,204	991,697	30	24	0	0	1	71.54	.297 +4.1
58. M. Calcavecchia (162)	155,012	9,118	242,410	17	8	1	0	0	70.98	.380 +4.5
59. Wayne Levi (22)	154,777	5,528	1,460,165	28	20	0	0	0	71.40	.305 +4.6
60. Jeff Sluman (78)	154,129	4,533	268,295	34	24	0	0	0	71.33	.295 +4.9
61. Rick Fehr (133)	151,162	5,399	191,263	28	19	1	0	0	71.81	.237 +5.6
62. Mike Sullivan (127)	150,407	6,016	771,802	25	22	0	1	0	71.11	.296 +4.5
63. J.C. Snead (104)	147,882	4,770	1,709,337	31	20	0	1	1	72.01	.160 +2.8
64. Sandy Lyle (132)	143,415	11,032	183,866	13	9	1	0	0	71.40	.340 +4.2
65. Pat McGowan (89)	137,665	4,589	564,337	30	20	0	1	0	71.45	.219 +3.8
66. Mike Reid (40)	135,143	5,406	1,045,901	25	20	0	0	1	71.12	.343 +5.0
67. Danny Edwards (25)	126,139	4,350	982,776	29	20	0	0	0	71.62	.298 +4.5
68. Ernie Gonzalez (171)	124,548	4,982	137,277	25	13	1	0	1	71.93	.194 +5.7
69. Larry Nelson (54)	124,338	5,406	1,672,371	23	10	0	0	1	71.96	.188 +5.0
70. Dave Barr (65)	122,181	4,364	512,764	28	17	0	1	0	72.00	.193 +4.5
71. David Edwards (157)	122,079	5,087	692,056	24	15	0	0	0	72.38	.245 +3.9
72. Bill Glasson (29)	121,516	4,340	334,810	28	24	0	0	0	71.65	.268 +4.3
73. Hubert Green (16)	120,051	4,802	2,161,435	25	16	0	1	0	72.70	.204 +2.6
74. Mark Hayes (108)	117,837	3,928	1,133,031	30	19	1	0	0	71.61	.254 +4.6
75. Brian Claar	117,355	4,346	117,355	27	20	0	0	0	71.22	.332 +5.0
76. Fred Couples (38)	116,065	4,464	988,189	26	16	0	1	0	72.36	.245 +4.6
77. Davis Love III	113,245	3,653	113,245	31	21	0	0	1	72.25	.206 +3.3
78. Peter Jacobsen (23)	112,964	4,911	1,247,965	23	17	0	0	1	71.57	.241 +4.7
79. L. Clements (120)	112,642	4,023	284,754	28	18	0	0	0	71.60	.305 +4.1
80. M. McCumber (32)	110,442	3,944	881,800	28	21	0	0	0	71.53	.258 +4.3
81. Jim Colbert (88)	109,517	4,563	1,537,194	24	16	0	0	0	71.72	.290 +3.7
82. Mike Donald (85)	108,772	3,108	522,323	35	22	0	0	1	71.93	.197 +3.0
83. Morris Hatalsky (96)	105,543	3,639	629,292	29	20	0	0	1	71.50	.272 +5.0
84. Gil Morgan (62)	98,770	6,585	1,884,989	15	9	0	0	1	71.46	.277 +5.2
85. Bob Gilder (123)	98,181	3,167	1,189,625	31	18	0	0	0	72.13	.242 +5.5
86. Lon Hinkle (76)	97,610	3,486	1,222,039	28	15	0	1	0	72.35	.205 +3.9
87. Bobby Clampett (94)	97,178	3,037	686,212	32	22	0	0	1	72.11	.138 +4.2
88. David Graham (101)	95,109	4,755	1,661,959	20	15	0	0	0	71.69	.291 +5.0
89. Brett Upper (61)	94,918	2,966	268,887	32	19	0	0	0	72.62	.144 +3.8
90. Brad Faxon (124)	92,716	2,727	211,216	34	16	1	0	0	72.81	.094 +3.0
91. Buddy Gardner (67)	92,006	2,421	518,150	38	18	0	0	0	72.10	.167 +5.1
92. Russ Cochran (87)	89,817	2,722	318,458	33	20	0	1	0	71.71	.217 +4.6
93. Tom Byrum	89,739	2,639	89,739	34	18	0	1	0	72.45	.128 +4.8
94. Blaine McCallister	88,732	2,535	101,845	35	17	0	1	0	71.97	.112 +2.3
95. Bobby Cole (187)	88,472	5,898	395,297	15	12	0	0	1	70.73	.352 +3.6
96. Charles Bolling (150)	88,328	2,598	113,774	34	23	0	0	0	71.53	.225 +5.4
97. T.C. Chen (98)	86,590	4,557	296,052	19	12	0	0	0	71.98	.249 +5.0
98. Lee Trevino (56)	86,315	7,193	3,264,291	12	11	0	0	0	71.27	.416 +5.2
99. Bob Lohr (81)	85,949	2,456	179,600	35	18	0	0	0	72.10	.120 +2.7
100. Jack Renner (26)	84,028	3,112	1,336,256	27	14	0	0	0	71.35	.208 +3.0
101. Dan Halldorson (73)	83,876	3,226	593,894	26	13	1	0	0	71.71	.160 +4.2
102. L. Thompson (122)	83,420	2,607	1,113,324	32	15	0	0	1	72.00	.142 +4.0
103. Dave Rummells	83,227	2,601	83,227	32	16	0	0	0	72.71	.137 +2.6
104. George Archer (74)	81,700	2,635	1,709,371	31	19	0	1	0	71.97	.179 +3.9
105. Barry Jaeckel (92)	80,646	2,520	636,800	32	17	0	0	0	72.41	.140 +4.2

MEN PROFESSIONALS

106.	Larry Rinker (30)	80,635	2,520	453,186	32	18	0	0	0	71.90	.212	+4.6
107.	J. Gallagher Jr.(159)	79,967	2,221	121,277	36	21	0	0	1	72.21	.156	+4.2
108.	Curt Byrum (193)	79,454	7,945	145,005	10	6	0	0	1	70.83	.282	+4.3
109.	Dick Mast (219)	79,389	2,835	79,389	28	14	0	0	0	71.85	.206	+3.8
110.	Ken Brown (113)	79,328	3,305	186,092	24	18	b	0	0	71.61	.229	+4.5
111.	Mark Lye (72)	78,960	2,723	848,381	29	18	0	0	1	72.00	.147	+2.7
112.	George Burns (21)	77,474	2,672	1,405,319	29	15	0	0	0	72.51	.169	+3.6
113.	David Ogrin (95)	75,245	2,351	233,003	32	12	0	0	0	72.73	.152	+3.4
114.	Chris Perry (110)	75,213	2,279	136,014	33	20	0	0	0	71.93	.173	+4.2
115.	Fred Wadsworth	75,092	12,515	75,092	6	4	1	0	0	70.36	.425	+5.6
116.	Andy Dillard	73,798	2,733	73,798	27	15	0	0	0	72.03	.139	+3.9
117.	Bob Eastwood (51)	72,449	2,498	953,957	29	15	0	0	0	71.95	.174	+3.8
118.	Johnny Miller (64)	71,444	4,763	2,267,789	15	10	0	0	1	71.12	.283	+4.8
119.	Ed Fiori (71)	70,828	2,213	764,902	32	16	0	0	0	71.84	.150	+3.9
120.	Andrew Magee (99)	69,478	2,105	145,071	33	16	0	0	0	72.42	.136	+2.9
121.	Gary Hallberg (75)	68,479	2,209	631,009	31	17	0	0	0	72.20	.146	+3.7
122.	Mark Pfeil (116)	67,488	2,410	496,497	28	14	0	0	0	72.51	.152	+3.9
123.	Jay Delsing (125)	65,850	1,995	112,329	33	17	0	0	0	72.18	.130	+3.7
124.	John Adams (181)	64,906	2,164	302,989	30	19	0	0	0	72.17	.183	+4.0
125.	T. Sieckmann (143)	63,395	1,865	93,447	34	14	0	0	2	73.17	.111	+4.6
126.	Antonio Cerda	61,980	2,066	178,422	30	19	0	0	0	71.72	.170	+3.7

Event Winners: Peete (T of C, USF&G), Hammond (Hope), Sutton (Phoenix, Memorial), Zoeller (AT&T, Sea Pines, Anheuser-Busch), Tway (Andy Williams, Westchester, Atlanta, PGA), Pavin (Hawaii, Milwaukee), Tewell (Los Angeles), Knox (Honda), Bean (Doral, Byron Nelson), Forsman (Bay Hill), Mahaffey (TPC), Lyle (GGO), Nicklaus (Masters), Halldorson (Deposit Guaranty), Strange (Houston), Norman (Las Vegas, Kemper, British Open), Pohl (Colonial, World Series), Floyd (U.S. Open, Disney), Faxon (Provident Classic), Murphy (Canada), O'Grady (GHO), Wiebe (Hardee's), Crenshaw (Buick, Vantage), Kite (Western), K. Green (International), Hulbert (Memphis), Fehr (B.C.), Sauers (Boston), Calcavecchia (Southwest), Wadsworth (Southern), Gonzalez (Pensacola), Thorpe (Seiko-Tucson), Hayes (Tallahassee).
Deposit, Guaranty, Provident, Tallahassee wins do not earn exemptions.
[1]Performance Average is an exclusive Golf Digest method of measuring performance relative to the performance of other players in official events. It is calculated by dividing the number of possible points (50 points per tournament entered) into points earned (50 for first place on down to one for 50th).
Note: Figures in parentheses after players' names indicate 1985 money-winning rank.
[2]Standard U.S. Golf Association formula for computing handicaps. Prepared in conjunction with the Metropolitan Golf Association, Mamaroneck, N.Y.

QUALIFIERS FROM THE 1986 TOUR SCHOOL

TPC at PGA West (Dunes Course, 72-6,874), La Quinta, Calif.

Steve Jones	**67-65-69-67-72-75—415**	Philip Jonas	67-71-71-71-73-74—427
Steve Elkington	72-67-70-67-71-72—419	John Inman	72-75-70-72-66-73—428
Phillip Parkin	70-70-72-69-70-70—421	Ray Stewart	68-69-73-73-72-73—428
Rocco Mediate	69-69-73-71-67-72—421	Brad Fabel	67-73-70-73-71-74—428
Tom Garner	70-73-68-72-69-71—423	Jim Wilson	74-66-69-73-71-75—428
Bill Britton	68-69-70-69-75-73—424	Perry Arthur	70-76-75-69-67-72—429
Doug Johnson	76-68-66-65-75-74—424	David Canipe	73-74-69-71-68-74—429
Duffy Waldorf	73-69-73-72-68-70—425	Trevor Dodds	72-69-70-72-72-74—429
Don Shirey	69-73-73-70-69-71—425	John Horne	71-67-73-71-72-75—429
Loren Roberts	72-68-72-71-70-72—425	Jeff Lewis	74-74-71-71-72-68—430
Mark Brooks	74-73-68-70-70-71—426	Ted Lehmann	68-71-71-72-77-71—430
Sam Randolph	69-72-70-72-72-71—426	Rick Dalpos	70-77-69-73-69-72—430
David Peoples	71-74-71-70-73-68—427	Dave Eichelberger	72-69-68-72-74-75—430
Jim Carter	70-71-70-72-75-69—427	Mike Bender	68-74-72-65-75-76—430
Ted Schulz	70-71-73-71-72-70—427	Jay Don Blake	74-68-75-69-78-67—431
Keith Clearwater	71-73-70-71-71-71—427	Tim Norris	69-70-70-76-75-71—431
Ray Barr	72-69-73-70-72-71—427	Bill Sander	74-70-65-71-79-72—431
		Harry Taylor	72-73-75-69-69-73—431
		Bruce Soulsby	75-69-71-70-73-73—431

MEN PROFESSIONALS

Mike Smith	72-72-71-70-72-74—431	Denny Hepler	76-73-66-69-73-75—432
Vance Heafner	69-68-72-70-75-77—431	John McComish	70-72-74-70-68-78—432
Brad Greer	71-70-75-70-75-71—432	David Hobby	70-74-74-73-76-66—433
Kenny Perry	69-70-79-71-71-72—432	Ed Dougherty	71-78-66-73-74-72—434
John Riegger	74-70-73-70-72-73—432	Tony Grimes	72-76-68-72-73-73—434
Gary Krueger	72-72-71-69-75-73—432	Richard Zokol	71-73-70-69-75-76—434
Robert Wrenn	71-75-74-67-71-74—432	Mike McGee	71-70-75-70-71-77—434
Robert Thompson	69-69-73-72-75-74—432	Dewey Arnette	69-72-76-65-74-78—434
Aki Ohmachi	75-72-67-74-69-75—432		

HIGHLIGHTS OF THE 1986 PGA TOUR

LOWEST SCORES
9 holes: 29 (7 under), Hubert Green, Doral; Mike Sullivan, Houston; Charles Bolling, Las Vegas. 29 (6 under), Willie Wood, Westchester; Mike Smith, Hardee's; Mike Donald, Southern.
18 holes: 61 (10 under), Don Pooley, Phoenix. 61 (9 under), Rod Curl, Southern. 62 (10 under), George Burns, Las Vegas; Greg Norman, Canada.
36 holes: 128 (14 under), Hal Sutton, Phoenix; Ernie Gonzalez, Pensacola.
54 holes: 196 (17 under), Hal Sutton, Phoenix. 196 (14 under), Ben Crenshaw, Vantage. 199 (17 under), Calvin Peete, T of C.
72 holes: 267 (21 under), Calvin Peete, T of C. 267 (17 under), Hal Sutton, Phoenix; Rick Fehr, B.C.

LARGEST WINNING MARGIN
7 strokes, Doug Tewell, Los Angeles; Greg Norman, Las Vegas.

HIGHEST WINNING SCORE
287 (1 under), Kenny Knox, Honda.

LOW START BY WINNER
64 (7 under), Hal Sutton, Phoenix.

HIGH START BY WINNER
75 (5 over), Ray Floyd, U.S. Open.

LOW FINISH BY WINNER
62 (9 under), Mac O'Grady, Hartford.

Tom Kite had best come-from-behind win (7 strokes) at Western Open.

HIGH FINISH BY WINNER
71 (even), Hal Sutton, Phoenix. 71 (1 under), John Mahaffey, TPC; Bob Murphy, Canada. 71 (1 over), Dan Pohl, World Series.

LARGEST 18-HOLE LEAD
3 strokes, Fred Couples, Kemper.

LARGEST 36-HOLE LEAD
5 strokes, Sandy Lyle, Greensboro.

At Phoenix, Hal Sutton had low 36, 54 and 72 holes for 1986.

MEN PROFESSIONALS

LARGEST 54-HOLE LEAD

5 strokes, Fuzzy Zoeller, Pebble Beach (play called after 54 holes); Calvin Peete, USF&G; Mark Calcavecchia, Southwest.

BEST COME-FROM-BEHIND

7 strokes, Tom Kite, Western.

MOST CONSECUTIVE EVENTS IN THE MONEY

16, by Gene Sauers.

Monday qualifier: Kenny Knox won at Honda.

HOLES-IN-ONE

21 were made by: Wayne Levi, Bob Hope; Scott Hoch, Phoenix; Rex Caldwell, Pebble Beach; Peter Jacobsen, Mac O'Grady, Los Angeles; Ron Streck, Houston; Jim Gallagher, Brad Fabel, TPC; Tom Purtzer, Heritage; Roger Maltbie, Ken Green, Las Vegas; Clarence Rose, Memorial; Mike Donald, Westchester; Vance Heafner, Hartford; Jim Colbert, Buick; Bob Tway, World Series; Gene Elliott, Woody Blackburn, St. Jude; Paul Zurek, B.C.; David Frost, Milwaukee; Charles Bolling, Southern.

DOUBLE EAGLE

Mike Hulbert, Pebble Beach (491-yard tenth at Cypress Point with a driver, 1-iron.)

TWO EAGLES IN ONE ROUND

Seve Ballesteros, Masters; Dick Mast, Heritage; Andy Bean, Las Vegas; Bob Eastwood, Andy Williams; David Graham, Dan Forsman, Memorial; Tony DeLuca, Anheuser-Busch; Mike Smith, Hardee's; Jeff Sluman, Hawaii; Mike Sullivan, International; Bob Tway, World Series; Bill Glasson, Greg Twiggs, B.C.; Jay Delsing, Buddy Gardner, Milwaukee.

MOST CONSECUTIVE BIRDIES

6, Doug Tewell, Los Angeles; Don Pooley, USF&G; Dave Rummells, TPC; Jack Nicklaus, Memorial; Kenny Knox, Buick; Mark Calcavecchia, Milwaukee.

BEST EAGLE/BIRDIE STREAK

Ray Floyd, Bob Hope (Eagle, then 4 birdies); Denis Watson, Hartford (Birdie, eagle, then 3 birdies).

BEST BACK-TO-BACK ROUNDS

65-63—128 (16 under), Jodie Mudd, Bob Hope; 64-64—128 (14 under), Hal Sutton, Phoenix; 65-63—128 (14 under), Ernie Gonzalez, Pensacola.

MOST ROUNDS PAR OR LESS

14, by Tony Sills (5—Bob Hope, 4—Phoenix, 3—Pebble Beach, 2—Andy Williams . . . his first 14 of the year).

FIRST-TIME WINNERS

Donnie Hammond, Bob Hope; Bob Tway, Andy Williams; Kenny Knox, Honda; Sandy Lyle, Greensboro; Dan Pohl, Colonial NIT; Mac O'Grady, Hartford; Mike Hulbert, St. Jude; Rick Fehr, B.C.; Gene Sauers, Boston; Mark Calcavecchia, Southwest; Fred Wadsworth, Southern; Ernie Gonzalez, Pensacola.

Donnie Hammond: first tour win at Bob Hope.

MEN PROFESSIONALS

ALL-TIME PGA TOUR RECORDS

72 holes—257 (60-68-64-65), by Mike Souchak at Brackenridge Park G. Cse., San Antonio, Tex., in 1955 Texas Open.
54 holes—189 (63-63-63), by Chandler Harper at Brackenridge Park G. Cse., San Antonio, Tex., in last 54 holes of 1954 Texas Open; 191 (66-64-61), by Gay Brewer in 1967 Pensacola Open for first 54 holes.

Mike Souchak holds the all-time tour record for 72 holes—257.

36 holes—125 (63-62), by Ron Streck in third and fourth round of 1978 San Antonio-Texas, lowest consecutive rounds; 126 (64-62), by Tommy Bolt, Virginia Beach, 1954, lowest first two rounds.
18 holes—59, Al Geiberger in second round of 1977 Danny Thomas Memphis Classic.
9 holes—27, by Mike Souchak during his round of 60 (33-27) in the 1955 Texas Open; also by Andy North on second nine of first round at 1975 B.C. Open.
Consecutive birdies—8, by Bob Goalby in the fourth round of the 1961 St. Petersburg Open; also by Fuzzy Zoeller in the first round of the 1976 Ed McMahon Quad Cities Open.
Fewest putts (18 holes)—18, by Sam Trahan in the second round of the 1979 IVB-Philadelphia Classic.
Fewest putts (9 holes)—8, by Jim Colbert on front nine of last round of 1967 Gr. Jacksonville Open; 8, by Sam Traham on back nine of last round of 1979 IVB-Philadelphia Classic.

Fewest putts (72 holes)—94, by George Archer, at the Harbour Town Golf Links, Hilton Head Island, S.C., in the 1980 Sea Pines Heritage Classic.
Consecutive wins—11, by Byron Nelson in 1945.
Consecutive times in money—113, by Byron Nelson in the 1940s. Jack Nicklaus had a streak broken at 105 (1970-1976) at the 1976 World Open.
Most wins in a single season—18, by Byron Nelson, 1945.
Consecutive major championships—Walter Hagen's 4 PGA Championships (1924-27).
Most wins in a single event—8, by Sam Snead, Greater Greensboro Open in 1938, 1946, 1949, 1950, 1955, 1956, 1960 and 1965.
Widest winning margin—16 strokes, by Bobby Locke, 1948 Chicago Victory Natl. Champ.
Youngest tournament winner—Johnny McDermott, 19 years, 10 months when he won the 1911 U.S. Open.
Oldest tournament winner—Sam Snead was 52 years, 10 months and 7 days old when he won the 1965 Greensboro (N.C.) Open.
Most money for a single season—$653,296, by Greg Norman, 1986.
Longest sudden-death playoff—Lloyd Mangrum and Cary Middlecoff played 11 extra holes after they had tied for the 72-hole lead in the 1949 Motor City Open in Detroit without deciding the title. Darkness intervened and the players were declared co-champions. There have been longer playoffs, but all started with an 18-hole stroke round which was tied, then went on to more holes.
Youngest pro shooting age—Sam Snead at age 67 shot 66 at 1979 Quad Cities Open.

George Archer's 94 putts for 72 holes is an all-time tour record.

MEN PROFESSIONALS
1986 PGA TOUR RESULTS

MONY TOURNAMENT OF CHAMPIONS ($500,000).
La Costa C.C. (72-6,911), Carlsbad, Calif.,
Jan. 8-11.

Player	Pos	Score	Money
Calvin Pete	1	68-67-64-68—267	$90,000
Mark O'Meara	2	70-65-67-71—273	57,000
Philip Blackmar	3	74-68-66-69—277	37,000
Danny Edwards	T4	70-69-69-71—279	25,000
Bernhard Langer	T4	69-69-71-70—279	25,000
a-Scott Verplank	T4	72-67-68-72—279	0
Hal Sutton	T7	71-77-66-67—281	19,166
Jim Thorpe	T7	70-68-71-72—281	19,166
Tim Simpson	T7	72-73-66-70—281	19,166
Tom Kite	10	69-66-73-75—283	16,500
Hale Irwin	T11	72-71-69-72—284	15,000
Mark McCumber	T11	68-73-70-73—284	15,000
Sandy Lyle	T13	70-72-71-72—285	13,000
Roger Maltbie	T13	74-71-69-71—285	13,000
George Burns	T15	71-71-73-71—286	10,666
Lanny Wadkins	T15	73-73-67-73—286	10,666
Bill Glasson	T15	74-70-70-72—286	10,666
Dan Forsman	T18	72-69-76-70—287	9,000
Andy North	T18	70-70-73-74—287	9,000
Corey Pavin	T18	71-75-74-67—287	9,000
Ray Floyd	T21	73-72-72-71—288	7,800
Ken Green	T21	76-70-68-74—288	7,800
John Mahaffey	T21	73-75-68-72—288	7,800
Curtis Strange	24	70-75-71-75—291	7,400
Wayne Levi	25	70-72-73-77—292	7,200
Fuzzy Zoeller	26	71-74-69-79—293	7,000
Joey Sindelar	27	74-70-75-75—294	6,800
Mark Wiebe	28	72-75-74-75—296*	6,600
Bob Eastwood	29	75-73-70-79—297	6,400
Woody Blackburn	30	78-74-74-78—304	6,200
Hubert Green	31	75-73-80-78—306	6,000
a-Amateur			

BOB HOPE CHRYSLER CLASSIC ($600,000).
Bermuda Dunes C.C. (72-6,837), Eldorado C.C.
(72-6,708), Indian Wells C.C. (72-6,478), LaQuinta
C.C. (72-6,911), Palm Springs, Calif. area,
Jan. 15-19.

Player	Pos	Score	Money
*D. Hammond	1	69-64-68-68-66—335	$108,000
John Cook	2	68-67-65-69-66—335	64,800
Jodie Mudd	3	72-65-63-68-69—337	40,800
Hal Sutton	4	65-70-69-65-69—338	28,800
Craig Stadler	T5	67-65-69-70-68—339	21,900
Payne Stewart	T5	72-67-71-64-65—339	21,900
Gary Koch	T5	67-68-68-68-68—339	21,900
David Graham	8	69-73-63-67-68—340	18,600
Lennie Clements	T9	71-68-72-64-66—341	16,800
Ray Floyd	T9	68-70-65-73-65—341	16,800
B. Langer	T11	70-70-66-68-68—342	13,800
Wayne Levi	T11	69-69-69-68-67—342	13,800
John Mahaffey	T11	69-70-69-67-67—342	13,800
Jack Renner	T14	68-68-72-69-66—343	10,500
Jeff Sluman	T14	66-74-64-69-70—343	10,500
Paul Azinger	T14	66-71-68-70-68—343	10,500
M. McCumber	T14	69-68-67-68-71—343	10,500
Steve Pate	T18	67-69-69-68-71—344	8,100
Jim Colbert	T18	71-67-70-68-68—344	8,100
Sandy Lyle	T18	71-67-67-70-69—344	8,100
Bob Murphy	T18	70-70-69-68-67—344	8,100
Don Pooley	T22	74-70-64-67-70—345	5,133
Mike Reid	T22	70-69-70-67-69—345	5,133
Bill Kratzert	T22	68-69-74-67-67—345	5,133
Curtis Strange	T22	69-71-70-68-67—345	5,133
Jim Thorpe	T22	67-69-70-67-72—345	5,133
Clarence Rose	T22	69-69-69-71-67—345	5,133
Chip Beck	T22	71-68-67-67-72—345	5,133
Johnny Miller	T22	70-71-70-66-68—345	5,133
Ken Green	T22	71-69-68-69-68—345	5,133
Scott Simpson	T31	71-70-70-68-67—346	3,480
Tim Simpson	T31	69-73-70-65-69—346	3,480
Richard Zokol	T31	71-77-64-69-65—346	3,480
Mac O'Grady	T31	71-65-67-74-69—346	3,480
Larry Mize	T31	66-66-71-71-72—346	3,480
P. Jabobsen	T31	72-68-71-66-69—346	3,480
Tom Purtzer	T37	71-70-69-68-69—347	2,760
Joey Sindelar	T37	69-71-69-69-69—347	2,760
P. Blackmar	T37	68-71-70-68-70—347	2,760
Pat Lindsey	T37	73-68-69-71-66—347	2,760
Howard Twitty	T41	68-75-67-71-67—348	2,280
Jeff Grygiel	T41	70-69-70-71-68—348	2,280
Jay Haas	T41	70-72-67-71-68—348	2,280
Tom Kite	T41	74-69-65-71-69—348	2,280
Robert Wrenn	T45	68-70-72-68-71—349	1,651
L. Wadkins	T45	68-71-71-71-68—349	1,651
Gary McCord	T45	68-71-69-68-73—349	1,651
Fred Couples	T45	69-67-72-69-72—349	1,651
Jay Delsing	T45	68-68-70-74-69—349	1,651
D. Halldorson	T45	71-71-70-66-71—349	1,651
Scott Hoch	T45	69-73-70-66-71—349	1,651
Brian Mogg	T45	69-71-68-72-69—349	1,651
Mark O'Meara	T53	72-71-71-66-70—350	1,369
Bruce Lietzke	T53	67-75-70-69-69—350	1,369
Robert Lohr	T53	69-68-71-70-72—350	1,369
Bob Tway	T53	65-70-73-71-71—350	1,369
Brad Fabel	T53	74-70-71-65-70—350	1,369
J. Gallagher Jr.	T53	75-69-67-70-69—350	1,369
Greg Norman	T53	68-73-72-65-72—350	1,369
Ronnie Black	T60	71-70-71-67-72—351	1,284
Ed Fiori	T60	68-72-68-72-71—351	1,284
Tony Sills	T60	71-70-69-70-71—351	1,284
Gene Sauers	T60	67-71-71-70-72—351	1,284
T. Pernice Jr.	T60	71-68-71-70-71—351	1,284
Loren Roberts	T60	71-67-70-72-71—351	1,284
Calvin Peete	T60	73-68-71-69-70—351	1,284
P. Oosterhuis	T67	75-63-71-71-73—353	1,218
Ben Crenshaw	T67	72-70-72-66-73—353	1,218
Joe Inman	T67	69-73-67-70-74—353	1,218
Barry Jaeckel	T67	73-69-70-69-72—353	1,218
Hubert Green	71	71-70-71-69-73—354	1,188

*Won playoff.

PHOENIX OPEN ($500,000).
Phoenix (Ariz.) C.C. (72-6,726), Jan. 23-26.

Player	Pos	Score	Money
Hal Sutton	1	64-64-68-71—267	$90,000
Tony Sills	T2	68-68-65-68—269	44,000
Calvin Peete	T2	64-69-68-68—269	44,000

MEN PROFESSIONALS

Player	Pos	Scores	Money
Dan Forsman	4	70-68-66-66—270	24,000
Don Pooley	T5	74-61-67-69—271	19,000
Greg Norman	T5	64-71-66-70—271	19,000
Larry Mize	T7	64-71-68-70—273	14,041
Joey Sindelar	T7	69-64-69-71—273	14,041
John Mahaffey	T7	67-65-70-71—273	14,041
Andy Bean	T7	66-69-68-70—273	14,041
Ronnie Black	T7	66-66-69-72—273	14,041
Bernhard Langer	T7	69-68-67-69—273	14,041
Doug Tewell	T13	72-66-68-68—274	10,000
Bill Glasson	T13	73-66-65-70—274	10,000
Curtis Strange	T15	69-67-65-74—275	7,500
Scott Simpson	T15	69-68-69-69—275	7,500
John Cook	T15	69-70-65-71—275	7,500
Bill Kratzert	T15	68-69-67-71—275	7,500
Bob Gilder	T15	68-69-65-73—275	7,500
Lon Hinkle	T15	68-67-70-70—275	7,500
Barry Jaeckel	T15	65-70-68-72—275	7,500
Johnny Miller	T22	70-66-68-72—276	5,000
Mike Reid	T22	73-68-66-69—276	5,000
Jeff Sluman	T22	65-68-73-70—276	5,000
Howard Twitty	T22	67-63-70-76—276	5,000
Mark Wiebe	T26	68-64-72-73—277	3,700
Tom Sieckmann	T26	66-68-74-69—277	3,700
Bob Tway	T26	67-71-70-69—277	3,700
Donnie Hammond	T26	70-68-67-72—277	3,700
Sandy Lyle	T26	66-69-71-71—277	3,700
Tim Simpson	T31	68-69-70-71—278	3,031
Dan Pohl	T31	68-69-71-70—278	3,031
Tze-Ming Chen	T31	69-69-70-70—278	3,031
Scott Hoch	T31	69-69-68-72—278	3,031
Steve Pate	T35	75-66-70-68—279	2,258
Paul Azinger	T35	67-70-67-75—279	2,258
Larry Nelson	T35	71-70-68-70—279	2,258
Clarence Rose	T35	71-70-67-71—279	2,258
David Peoples	T35	68-72-71-68—279	2,258
Corey Pavin	T35	70-69-70-70—279	2,258
Lee Trevino	T35	70-69-71-69—279	2,258
Jeff Grygiel	T35	66-70-68-75—279	2,258
Peter Jacobsen	T35	70-66-70-73—279	2,258
Billy Pierot	T44	72-66-68-74—280	1,445
Jerry Pate	T44	69-72-70-69—280	1,445
Miller Barber	T44	72-69-70-69—280	1,445
Ken Brown	T44	72-68-70-70—280	1,445
Tze-Chung Chen	T44	66-66-73-75—280	1,445
Jim Gallagher, Jr.	T44	70-70-71-69—280	1,445
David Lundstrom	T44	72-67-67-74—280	1,445
Mike McCullough	T44	66-70-68-76—280	1,445
Jack Renner	T52	65-70-72-74—281	1,148
Bruce Lietzke	T52	72-67-70-72—281	1,148
Philip Blackmar	T52	67-66-71-77—281	1,148
Brad Fabel	T52	71-67-71-72—281	1,148
Al Geiberger	T52	70-70-70-71—281	1,148
David Graham	T52	66-71-76-68—281	1,148
Joe Inman	T52	66-72-71-72—281	1,148
Jodie Mudd	T52	71-69-69-72—281	1,148
Willie Wood	T60	71-69-72-70—282	1,085
George Archer	T60	66-70-73-73—282	1,085
Jack Nicklaus	T60	72-69-69-72—282	1,085
Gary McCord	T60	70-70-72-70—282	1,085
L. Thompson	T64	70-70-69-74—283	1,050
Russ Cochran	T64	73-67-71-72—283	1,050
Bill Israelson	T64	67-70-74-72—283	1,050
Bill Sander	T67	70-70-72-72—284	1,015
Rex Caldwell	T67	69-71-70-74—284	1,015
Ken Green	T67	69-68-76-71—284	1,015
Mike Hulbert	T67	71-67-70-76—284	1,015
Gene Sauers	T71	72-69-70-74—285	975
Brett Upper	T71	70-71-72-72—285	975
Tom Weiskopf	T71	68-71-70-76—285	975
Kikuo Arai	T71	71-70-70-74—285	975
a-Scott Verplank	75	73-71-67-75—286	0
David Edwards	T76	69-72-79-67—287	945
Hubert Green	T76	63-74-75-75—287	945
Danny Edwards	T78	72-68-77-71—288	925
Morris Hatalsky	T78	68-70-72-78—288	925
Ben Crenshaw	T80	70-69-74-76—289	905
Mark Lye	T80	73-68-69-79—289	905
Fuzzy Zoeller	T82	74-67-76-73—290	875
Dale Douglass	T82	72-69-76-73—290	875
Andrew Magee	T82	73-68-73-76—290	875
Dick Mast	T82	71-69-75-75—290	875
Tom Byrun	86	70-71-76-75—292	850
a-Amateur			

AT&T PEBBLE BEACH NATIONAL PRO-AM ($600,000).
Pebble Beach G.L. (72-6,799), Cypress Point G.C. (72-6,506), Spyglass Hill G.C. (72-6,810), Pebble Beach, Calif., Jan. 30-Feb. 2.

Player	Pos	Scores	Money
Fuzzy Zoeller	1	69-66-70—205	$108,000
Payne Stewart	2	71-69-70—210	64,800
Mark Wiebe	T3	70-69-72—211	31,200
Tom Watson	T3	71-67-73—211	31 200
Tony Sills	T3	72-68-71—211	31 200
Dan Pohl	T6	71-70-72—213	19,425
Mark Pfeil	T6	73-67-73—213	19,425
Ken Brown	T6	74-73-66—213	19,425
Bob Eastwood	T6	70-70-73—213	19,425
Chi Chi Rodriguez	T10	72-72-70—214	15,000
Jim Thorpe	T10	72-68-74—214	15,000
Andy Bean	T10	75-71-68—214	15,000
Lanny Wadkins	T13	71-71-73—215	11,250
John McComish	T13	69-72-74—215	11,250
Bernhard Langer	T13	78-69-68—215	11,250
David Edwards	T13	73-68-74—215	11,250
Blaine McCallister	T17	72-76-68—216	7,080
Mark O'Meara	T17	74-69-73—216	7,080
Johnny Miller	T17	77-69-70—216	7,080
John Mahaffey	T17	77-70-69—216	7,080
Bobby Wadkins	T17	77-71-68—216	7,080
Craig Stadler	T17	72-73-71—216	7,080
Kikjo Arai	T17	68-73-75—216	7,080
George Archer	T17	82-66-68—216	7,080
Rex Caldwell	T17	73-70-73—216	7,080
Jay Delsing	T17	73-70-73—216	7,080
Tom Kite	T27	76-69-72—217	3,993
Bob Tway	T27	75-73-69—217	3,993
Hal Sutton	T27	73-73-71—217	3,993
Steve Pate	T27	76-69-72—217	3,993
Mark Lye	T27	74-72-71—217	3,993
Scott Hoch	T27	71-72-74—217	3,993
Bob Gilder	T27	74-71-72—217	3,993

MEN PROFESSIONALS

Player	Pos	Scores	Prize
David Graham	T27	71-71-75—217	3,993
Corey Pavin	T35	76-68-74—218	2,649
Sandy Lyle	T35	76-73-69—218	2,649
Willie Wood	T35	68-74-76—218	2,649
Jeff Sluman	T35	76-72-70—218	2,649
Larry Mize	T35	75-68-75—218	2,649
Richard Zokol	T35	76-69-73—218	2,649
Lennie Clements	T35	73-73-72—218	2,649
Ben Crenshaw	T35	76-74-68—218	2,649
Mark Hayes	T35	73-71-74—218	2,649
Mike Gove	T35	76-71-71—218	2,649
Lee Trevino	T45	77-72-70—219	1,716
Tim Simpson	T45	73-69-77—219	1,716
Jeff Lewis	T45	72-73-74—219	1,716
Frank Conner	T45	78-70-71—219	1,716
Peter Jacobsen	T45	69-71-79—219	1,716
Dan Forsman	T45	74-75-70—219	1,716
Rocco Mediate	T51	73-70-77—220	1,375
Kris Moe	T51	73-70-77—220	1,375
Bill Israelson	T51	74-70-76—220	1,375
Rod Curl	T51	73-73-74—220	1,375
Ray Floyd	T51	72-71-77—220	1,375
Joe Inman	T51	75-69-76—220	1,375
Donnie Hammond	T51	81-70-69—220	1,375
Andrew Magee	T51	73-72-75—220	1,375
Clarence Rose	T51	74-73-73—220	1,375
Chris Perry	T51	72-73-75—220	1,375
Bill Kratzert	T51	74-71-75—220	1,375
J.C. Snead	T62	75-73-73—221	1,242
Tom Weiskopf	T62	74-73-74—221	1,242
Joey Sindelar	T62	79-67-75—221	1,242
Mike McCullough	T62	77-72-72—221	1,242
Mike McLean	T62	80-68-73—221	1,242
John Adams	T62	76-71-74—221	1,242
Tom Byrum	T62	78-70-73—221	1,242
Bill Glasson	T62	76-73-72—221	1,242
Hale Irwin	T62	76-72-73—221	1,242
Hubert Green	T62	74-72-75—221	1,242

SHEARSON LEHMAN BROTHERS ANDY WILLIAMS ($450,000).

Torrey Pines G.C. (South Cse., final round, 72-7,021), La Jolla, Calif., Feb. 6-9.

Player	Pos	Scores	Prize
*Bob Tway	1	67-68-69—204	$81,000
Bernhard Langer	2	70-66-68—204	48,600
Mike Hulbert	T3	69-69-67—205	23,400
Mark Lye	T3	70-66-69—205	23,400
Paul Azinger	T3	67-69-69—205	23,400
Gary Koch	T6	70-69-67—206	15,075
Larry Rinker	T6	66-72-68—206	15,075
Gary Hallberg	T6	70-69-67—206	15,075
Don Pooley	T9	68-70-69—207	12,600
Danny Edwards	T9	66-69-72—207	12,600
D.A. Weibring	T11	69-68-71—208	8,935
Tom Watson	T11	69-69-70—208	8,935
Richard Fehr	T11	67-69-72—208	8,935
Bill Israelson	T11	70-67-71—208	8,935
Mark Weibe	T11	66-70-72—208	8,935
Joey Sindelar	T11	70-68-70—208	8,935
John Adams	T11	69-68-71—208	8,935
Bruce Lietzke	T18	70-70-69—209	5,670
Steve Pate	T18	70-69-70—209	5,670
Larry Mize	T18	66-68-75—209	5,670
Tony Sills	T18	70-66-73—209	5,670
Bill Sander	T18	71-68-70—209	5,670
Jim Colbert	T18	69-70-70—209	5,670
Robert Wrenn	T24	66-73-71—210	3,836
Bobby Wadkins	T24	71-71-68—210	3,836
Davis Love	T24	71-71-68—210	3,836
John Cook	T24	70-66-74—210	3,836
Mac O'Grady	T28	74-68-69—211	2,578
Andy Bean	T28	71-71-69—211	2,578
Chip Beck	T28	71-71-69—211	2,578
Woody Blackburn	T28	66-74-71—211	2,578
Tze-Chung Chen	T28	71-70-70—211	2,578
Lennie Clements	T28	71-70-70—211	2,578
Barry Jaeckel	T28	70-71-70—211	2,578
Bob Eastwood	T28	70-66-75—211	2,578
Johnny Miller	T28	73-70-68—211	2,578
Doug Tewell	T28	70-72-69—211	2,578
Brian Mogg	T28	67-69-75—211	2,578
J.C. Snead	T28	73-68-70—211	2,578
Ray Floyd	T28	71-69-71—211	2,578
Howard Twitty	T41	71-72-69—212	1,492
Payne Stewart	T41	73-70-69—212	1,492
Pat McGowan	T41	68-70-74—212	1,492
Tom Pernice Jr.	T41	72-68-72—212	1,492
Curtis Strange	T41	71-71-70—212	1,492
Dan Pohl	T41	70-72-70—212	1,492
Mark Hayes	T41	69-71-72—212	1,492
Tom Kite	T41	71-70-71—212	1,492
Tom Byrum	T41	71-69-72—212	1,492
Tom Purtzer	T50	68-71-74—213	1,040
Gary McCord	T50	76-67-70—213	1,040
David Peoples	T50	69-69-75—213	1,040
Mike West	T50	70-71-72—213	1,040
Mark O'Meara	T50	72-70-71—213	1,040
Eduardo Romero	T50	72-69-72—213	1,040
Scott Simpson	T50	71-71-71—213	1,040
Leonard Thompson	T50	68-74-71—213	1,040
Andy Dillard	T50	67-71-75—213	1,040
Keith Fergus	T50	69-72-72—213	1,040
Bill Glasson	T50	67-70-76—213	1,040
Lou Graham	T50	71-71-71—213	1,040
a-Pat Duncan	T50	72-69-72—213	0
Mark McCumber	T63	72-70-72—214	958
Mark Pfeil	T63	71-72-71—214	958
Dennis Trixler	T63	71-71-72—214	958
Tateo Ozaki	T63	74-67-73—214	958
Nick Price	T67	69-74-72—215	913
Tim Norris	T67	71-72-72—215	913
Isao Aoki	T67	71-70-74—215	913
Antonio Cerda	T67	68-74-73—215	913
Bobby Clampett	T67	71-71-73—215	913
Buddy Gardner	T67	72-72-71—215	913
George Burns	T73	72-71-73—216	868
Rick Dalpos	T73	74-68-74—216	868
Ed Fiori	T73	73-69-74—216	868
Denny Hepler	T73	70-73-73—216	868
Blaine McCallister	T77	72-71-74—217	832
Bill Kratzert	T77	72-71-74—217	832
Wayne Grady	T77	70-73-74—217	832
Scott Mahlberg	T77	71-72-74—217	832

MEN PROFESSIONALS

Dan Forsman	81	70-73-75—218	810
Gene Sauers	82	70-73-76—219	801
Tom Sieckmann	T83	73-69-78—220	783
Russ Cochran	T83	71-72-77—220	783
Jim Gallagher, Jr.	T83	73-70-77—220	783

*Won playoff.
a-Amateur

HAWAIIAN OPEN ($500,000).
Waialae C.C. (72-6,975), Honolulu, Hawaii, Feb. 13-16.

Corey Pavin	1	**67-67-72-66—272**	**$90,000**
Paul Azinger	2	70-65-69-70—274	54,000
Bernhard Langer	T3	67-74-67-68—276	29,000
Tom Watson	T3	68-69-66-73—276	29,000
David Ogrin	T5	66-70-74-67—277	18,250
Andy Dillard	T5	69-71-69-68—277	18,250
Hubert Green	T5	71-68-68-70—277	18,250
Jodie Mudd	8	71-69-66-72—278	15,500
Dave Rummells	T9	68-68-72-71—279	11,571
Bob Tway	T9	70-68-68-73—279	11,571
Craig Stadler	T9	67-72-67-73—279	11,571
Bobby Wadkins	T9	68-70-71-70—279	11,571
Isao Aoki	T9	72-69-70-68—279	11,571
Jay Haas	T9	68-72-72-67—279	11,571
John Levi	T9	67-70-75-67—279	11,571
Jack Renner	T16	69-71-67-73—280	7,014
John Mahaffey	T16	69-69-71-71—280	7,014
Mac O'Grady	T16	64-69-74-73—280	7,014
George Burns	T16	63-72-73-72—280	7,014
Howard Twitty	T16	68-71-68-73—280	7,014
Tony Sills	T16	66-72-71-71—280	7,014
Russ Cochran	T16	70-68-71-71—280	7,014
Jim Thorpe	T23	70-72-66-73—281	4,016
Nick Price	T23	70-70-71-70—281	4,016
Chip Beck	T23	66-71-75-69—281	4,016
Nick Faldo	T23	70-71-67-73—281	4,016
Donnie Hammond	T23	69-68-71-73—281	4,016
Scott Hoch	T23	74-67-67-73—281	4,016
Tom Purtzer	T23	69-66-72-74—281	4,016
Tom Byrum	T23	70-67-72-72—281	4,016
Ed Fiori	T23	64-71-75-71—281	4,016
Dan Pohl	T32	68-67-73-74—282	2,958
Rex Caldwell	T32	69-73-71-69—282	2,958
George Archer	T32	68-74-70-70—282	2,958
Gene Sauers	T35	70-67-70-76—283	2,518
Calvin Peete	T35	69-71-68-75—283	2,518
Blaine McCallister	T35	72-69-68-74—283	2,518
Jim Gallagher, Jr.	T35	68-74-68-73—283	2,518
Greg Norman	T39	71-71-72-70—284	2,050
Jack Nicklaus	T39	70-69-71-74—284	2,050
Lanny Wadkins	T39	69-70-69-76—284	2,050
Jeff Sluman	T39	69-71-76-68—284	2,050
Davis Love	T39	69-69-71-75—284	2,050
Loren Roberts	T44	67-71-71-76—285	1,475
Mark Brooks	T44	67-69-74-75—285	1,475
Buddy Gardner	T44	70-70-69-76—285	1,475
Larry Mize	T44	71-69-70-75—285	1,475
Robert Lohr	T44	71-68-71-75—285	1,475
Mike Hulbert	T44	69-69-70-77—285	1,475
Gary Koch	T44	68-70-72-75—285	1,475
Jeff Grygiel	T51	68-66-78-74—286	1,203
Tateo Ozaki	T51	68-72-74-72—286	1,203
Peter Oosterhuis	T51	73-69-69-75—286	1,203
Mark Wiebe	T54	67-74-71-75—287	1,155
Dale Douglass	T54	72-68-73-74—287	1,155
Dave Stockton	T56	70-69-74-75—288	1,115
Don Pooley	T56	68-73-71-76—288	1,115
Bobby Clampett	T56	69-73-73-73—288	1,115
Frank Conner	T56	72-70-71-75—288	1,115
Lou Graham	T56	70-71-70-77—288	1,115
Hale Irwin	T56	68-74-70-76—288	1,115
Willie Wood	T62	70-72-69-78—289	1,070
Mike Reid	T62	65-77-71-76—289	1,070
Bob Murphy	T62	68-72-75-74—289	1,070
Ronnie Black	T65	71-71-72-76—290	1,040
Mark O'Meara	T65	71-71-70-78—290	1,040
Morris Hatalsky	T65	70-72-72-76—290	1,040
J.C. Snead	68	71-71-75-74—291	1,020
Tze-Ming Chin	69	72-70-73-77—292	1,010
Ben Crenshaw	70	71-71-78-77—297	1,000

LOS ANGELES OPEN ($450,000).
Riviera C.C. (71-6,946), Pacific Palisades, Calif., Feb. 20-23.

Doug Tewell	1	**69-72-66-63—270**	**$81,000**
Clarence Rose	2	73-70-66-68—277	48,600
Willie Wood	3	72-68-67-70—278	30,600
Jay Delsing	T4	66-74-71-68—279	19,800
Jim Gallagher, Jr.	T4	71-71-68-69—279	19,800
Lanny Wadkins	T6	71-70-67-72—280	14,568
Corey Pavin	T6	74-68-69-69—280	14,568
Antonio Cerda	T6	74-67-69-70—280	14,568
Barry Jaeckel	T6	73-70-67-70—280	14,568
Dennis Trixler	T10	66-71-71-73—281	10,800
Lennie Clements	T10	69-70-71-71—281	10,800
Mark Lye	T10	72-66-73-70—281	10,800
M. Kuramoto	T10	72-69-70-70—281	10,800
Bob Tway	T14	74-71-69-68—282	8,325
Fred Couples	T14	73-71-66-72—282	8,325
Bobby Wadkins	T16	71-72-70-70—283	6,975
Tony Sills	T16	72-70-70-71—283	6,975
Jim Colbert	T16	73-66-71-73—283	6,975
Keith Fergus	T16	72-71-70-70—283	6,975
Tom Purtzer	T20	71-71-74-68—284	5,058
Mac O'Grady	T20	68-68-75-73—284	5,058
Jim Dent	T20	69-74-72-69—284	5,058
Donnie Hammond	T20	72-73-69-70—284	5,058
Tom Kite	T20	71-69-70-74—284	5,058
Jodie Mudd	T25	70-72-71-72—285	3,290
Brett Upper	T25	70-74-68-73—285	3,290
Rick Dalpos	T25	72-73-71-69—285	3,290
Morris Hatalsky	T25	76-68-70-71—285	3,290
Mark Pfeil	T25	72-73-70-70—285	3,290
Billy Pierot	T25	73-70-72-70—285	3,290
Mike McCullough	T25	74-72-70-69—285	3,290
John Cook	T25	74-69-70-72—285	3,290
Larry Rinker	T33	70-73-70-73—286	2,377
Charles Bolling	T33	73-72-70-71—286	2,377
Ben Crenshaw	T33	74-70-68-74—286	2,377
Johnny Miller	T33	69-73-69-75—286	2,377

MEN PROFESSIONALS

Larry Mize	T33	69-76-70-71—286	2,377		Russ Cochran	T17	74-71-74-75—294	6,325
Peter Jacobsen	T33	70-73-72-71—286	2,377		Keith Fergus	T17	70-75-76-73—294	6,325
Scott Simpson	T39	73-67-75-72—287	1,665		Ed Fiori	T17	69-76-80-69—294	6,325
Calvin Peete	T39	73-71-68-75—287	1,665		Ray Floyd	T17	73-69-81-71—294	6,325
Chip Beck	T39	70-74-71-72—287	1,665		Buddy Gardner	T17	72-68-78-76—294	6,325
Rex Caldwell	T39	72-73-70-72—287	1,665		Roger Maltbie	T25	74-71-79-71—295	3,900
Frank Conner	T39	71-70-71-73—287	1,665		Bill Rogers	T25	72-72-76-75—295	3,900
Gary McCord	T39	73-70-72-72—287	1,665		Curtis Strange	T25	73-70-78-74—295	3,900
Mike Donald	T39	75-69-73-70—287	1,665		Ron Streck	T25	70-72-80-73—295	3,900
Pat McGowan	T39	74-70-70-73—287	1,665		Lon Hinkle	T25	75-69-80-71—295	3,900
Andrew Magee	T39	72-72-71-72—287	1,665		Mark McCumber	T30	70-72-84-70—296	2,971
Gene Sauers	T48	71-73-70-74—288	1,108		Steve Pate	T30	81-66-76-73—296	2,971
Tom Sieckmann	T48	71-71-72-74—288	1,108		Willie Wood	T30	77-71-79-69—296	2,971
Howard Twitty	T48	76-70-72-70—288	1,108		L. Thompson	T30	74-74-79-69—296	2,971
Andy Dillard	T48	69-71-75-73—288	1,108		Craig Stadler	T30	72-73-80-71—296	2,971
Craig Stadler	T48	72-74-70-72—288	1,108		Hale Irwin	T30	71-71-81-73—296	2,971
Dave Stockton	T48	72-74-72-70—288	1,108		Bill Glasson	T30	68-75-82-71—296	2,971
Buddy Gardner	T48	70-72-76-70—288	1,108		Howard Twitty	T37	77-71-81-68—297	2,250
Bill Israelson	T48	72-68-76-72—288	1,108		Billy Pierot	T37	72-73-80-72—297	2,250
Peter Senior	T56	71-74-70-74—289	985		Bobby Clampett	T37	76-70-76-75—297	2,250
Jim Thorpe	T56	71-75-71-72—289	985		Frank Conner	T37	75-70-80-72—297	2,250
Joey Sindelar	T56	72-74-75-68—289	985		Davis Love	T37	73-75-75-74—297	2,250
Jeff Sluman	T56	70-72-75-72—289	985		Loren Roberts	T42	74-74-78-72—298	1,800
Ken Brown	T56	70-75-72-72—289	985		Tom Weiskopf	T42	71-68-86-73—298	1,800
Brian Claar	T56	73-73-68-75—289	985		Mark Brooks	T42	75-72-75-76—298	1,800
Danny Edwards	T56	74-72-72-71—289	985		Ken Brown	T42	78-70-78-72—298	1,800
Steve Pate	T56	70-76-72-71—289	985		Mike Sullivan	T46	72-74-80-73—299	1,417
Bill Glasson	T56	73-73-67-76—289	985		Brad Fabel	T46	70-73-82-74—299	1,417
Robert Lohr	T56	70-72-71-76—289	985		Sandy Lyle	T46	78-67-79-75—299	1,417
Jim Woodward	T66	72-71-73-74—290	927		Bill Israelson	T46	74-73-82-70—299	1,417
Mark Brooks	T66	73-72-73-72—290	927		Tim Norris	T50	72-68-85-75—300	1,217
Danny Helper	T66	70-73-74-73—290	927		Robert Wrenn	T50	74-73-79-74—300	1,217
Tateo Ozaki	69	75-71-73-72—291	909		Dave Barr	T50	75-74-73-78—300	1,217
Mark Wiebe	70	72-74-75-72—293	900		Brad Faxon	T50	77-71-78-74—300	1,217
Bob Gilder	71	68-78-73-76—295	891		Chi Chi Rodriguez	T54	68-76-84-73—301	1,145
Kikjo Arai	72	71-72-74-79—296	882		Andy North	T54	72-74-84-71—301	1,145
Davis Love	73	71-75-76-75—297	873		Denis Watson	T54	75-72-76-78—301	1,145
					John Adams	T54	75-71-83-72—301	1,145
HONDA CLASSIC ($500,000).					Mike Nicolette	T58	72-74-84-72—302	1,115
TPC at Eagle Trace (72-7,037), Coral Springs, Fla.,					David Frost	T58	75-73-?6-78—302	1,115
Feb. 27-Mar. 2.					Brett Upper	60	74-73-82-74—303	1,100
					Chris Perry	T61	72-73-83-76—304	1,075
Kenny Knox	1	66-71-80-70—287	$90,000		Gene Sauers	T61	73-75-81-75—304	1,075
Jodie Mudd	T2	70-72-75-71—288	33,000		Danny Briggs	T61	77-70-80-77—304	1,075
Clarence Rose	T2	70-73-72-73—288	33,000		Bob Gilder	T61	72-76-77-79—304	1,075
John Mahaffey	T2	74-70-76-68—288	33,000		Brian Claar	T65	77-71-79-79—306	1,035
Adny Bean	T2	69-69-77-73—288	33,000		Jeff Lewis	T65	78-70-78-80—306	1,035
Barry Jaeckel	6	76-70-74-69—289	18,000		Fred Couples	T65	78-69-81-78—306	1,035
Tom Purtzer	7	71-71-80-68—290	16,750		Thomas Gleeton	T65	75-69-87-75—306	1,035
Payne Stewart	T8	69-74-73-75—291	15,000		Jeff Grygiel	69	75-70-84-78—307	1,010
Mike Reid	T8	69-78-72-72—291	15,000		Jim Simons	70	72-75-84-77—308	1,000
Lance Ten Broeck	T10	74-69-78-71—292	13,000		Jay Delsing	71	71-77-83-79—310	990
Bruce Lietzke	T10	70-77-70-73—292	13,000					
Pat McGowan	T12	77-71-75-70—293	9,800		**DORAL EASTERN OPEN** ($500,000).			
George Burns	T12	72-70-80-71—293	9,800		Doral C.C. (Blue Cse., 72-6,939), Miami, Fla.,			
Jim Colbert	T12	73-70-77-73—293	9,800		Mar. 6-9.			
Steve Jones	T12	73-71-81-68—293	9,800					
Gary Koch	T12	70-72-80-71—293	9,800		*****Andy Bean**	1	71-68-68-69—276	$90,000
Tim Simpson	T17	69-74-82-69—294	6,325		Hubert Green	2	70-70-64-72—276	54,000
Philip Blackmar	T17	70-75-76-73—294	6,325		Mark O'Meara	T3	70-67-74-66—277	29,000
Tom Kite	T17	75-71-78-70—294	6,325		Tom Kite	T3	66-67-73-71—277	29,000

MEN PROFESSIONALS

Mac O'Grady	T5	73-67-69-70—279	19,000		Mike Miles	67	73-70-78-74—295	1,030
Mike Sullivan	T5	71-69-69-70—279	19,000		Brad Fabel	68	70-72-74-80—296	1,020
Tom Purtzer	7	66-71-73-70—280	16,750		Tom Shaw	T69	72-71-77-77—297	1,005
Bobby Wadkins	T8	72-69-69-71—281	13,500		David Graham	T69	73-70-75-79—297	1,005
Mark Calcavecchia	T8	65-72-72-72—281	13,500		Tom Pernice, Jr.	71	73-70-79-77—299	990
Ed Fiori	T8	68-68-74-71—281	13,500		Stu Ingraham	72	70-73-79-80—302	980
David Frost	T8	69-70-73-69—281	13,500		*Won playoff.			
Bill Kratzert	T8	72-70-69-70—281	13,500					
D.A. Weibring	T13	69-67-71-75—282	8,571		**HERTZ BAY HILL CLASSIC** ($500,000).			
Paul Azinger	T13	74-67-69-72—282	8,571		Bay Hill Club & Lodge (71-7,103), Orlando, Fla.,			
Ken Brown	T13	68-68-73-73—282	8,571		Mar. 13-16.			
Mike Donald	T13	71-70-70-71—282	8,571					
Ray Floyd	T13	70-70-71-71—282	8,571					
Bob Gilder	T13	69-72-70-71—282	8,571		**Dan Forsman**	**1**	**68-67-67—202**	**$90,000**
Doug Tewell	T13	69-69-73-71—282	8,571		Ray Floyd	T2	68-69-66—203	44,000
Jim Thorpe	T20	68-69-70-76—283	5,825		Mike Hulbert	T2	70-69-64—203	44,000
Howard Twitty	T20	70-70-69-74—283	5,825		Wayne Levi	4	70-67-67—204	24,000
Greg Ladehoff	T20	68-71-73-71—283	5,825		Curtis Strange	T5	70-70-65—205	19,000
Danny Edwards	T20	69-69-72-73—283	5,825		Dan Pohl	T5	68-70-67—205	19,000
Tim Simpson	T24	68-72-70-74—284	4,150		Bernhard Langer	T7	72-66-68—206	15,583
Mark McCumber	T24	71-68-71-74—284	4,150		Corey Pavin	T7	69-70-67—206	15,583
Hal Sutton	T24	71-71-69-73—284	4,150		Mark Wiebe	T7	70-70-66—206	15,583
Lance Ten Broeck	T24	75-67-69-73—284	4,150		Bob Tway	10	66-72-69—207	13,500
Bruce Lietzke	T24	69-71-71-73—284	4,150		Tom Purtzer	T11	74-68-66—208	11,500
Tom Weiskopf	T29	73-70-70-72—285	3,325		Bruce Lietzke	T11	71-70-67—208	11,500
Larry Nelson	T29	69-72-73-71—285	3,325		Mark Lye	T11	74-65-69—208	11,500
Dave Barr	T29	70-71-72-72—285	3,325		Bobby Wadkins	T14	73-66-70—209	8,000
Ben Crenshaw	T29	73-70-70-72—285	3,325		Fuzzy Zoeller	T14	72-68-69—209	8,000
Tom Watson	T33	69-70-71-76—286	2,477		Joey Sindelar	T14	71-69-69—209	8,000
Loren Roberts	T33	72-69-69-76—286	2,477		Nick Price	T14	72-68-69—209	8,000
Mik Nicolette	T33	74-69-71-72—286	2,477		Tom Watson	T14	75-65-69—209	8,000
Tom Sieckmann	T33	66-71-76-73—286	2,477		Scott Simpson	T14	69-68-72—209	8,000
Tony Sills	T33	73-67-70-76—286	2,477		Paul Azinger	T14	71-70-68—209	8,000
Charles Bolling	T33	70-70-74-72—286	2,477		Antonio Cerda	T21	74-64-72—210	4,835
Richard Fehr	T33	69-73-73-71—286	2,477		Ben Crenshaw	T21	69-71-70—210	4,835
Chris Perry	T33	69-72-75-75—286	2,477		Scott Hoch	T21	72-69-69—210	4,835
Morris Hatalsky	T33	71-71-71-73—286	2,477		George Burns	T21	71-68-71—210	4,835
Mike McCullough	T42	71-69-76-71—287	1,750		Nick Faldo	T21	74-67-69—210	4,835
Roger Maltbie	T42	66-74-72-75—287	1,750		Mark O'Meara	T21	74-70-66—210	4,835
David Edwards	T42	75-68-73-71—287	1,750		Gary Koch	T21	73-69-68—210	4,835
Mike Hulbert	T42	72-66-75-74—287	1,750		Bob Murphy	T28	73-67-71—211	3,625
Hale Irwin	T42	69-73-69-76—287	1,750		Sandy Lyle	T28	71-72-68—211	3,625
Gene Sauers	T47	70-73-71-74—288	1,268		D.A. Weibring	T30	72-70-70—212	2,906
J.C. Snead	T47	70-73-71-74—288	1,268		Andy Bean	T30	74-66-72—212	2,906
Denis Watson	T47	71-70-71-76—288	1,268		Ken Brown	T30	73-71-68—212	2,906
George Archer	T47	68-72-73-75—288	1,268		Andy Dillard	T30	71-71-70—212	2,906
Bobby Clampett	T47	65-75-71-77—288	1,268		Keith Fergus	T30	74-67-71—212	2,906
Jay Delsing	T47	72-69-71-76—288	1,268		Don Pooley	T30	74-69-69—212	2,906
Jack Nicklaus	T47	70-70-73-75—288	1,268		Larry Mize	T30	74-68-70—212	2,906
Robert Lohr	T47	71-71-72-74—288	1,268		Tom Kite	T30	68-71-73—212	2,906
Calvin Peete	T55	70-70-72-77—289	1,130		Mac O'Grady	T38	73-70-70—213	2,150
Willie Wood	T55	71-72-72-74—289	1,130		Greg Norman	T38	70-73-70—213	2,150
Clarence Rose	T55	74-69-69-77—289	1,130		Donnie Hammond	T38	75-71-67—213	2,150
Tim Norris	T55	71-71-70-77—289	1,130		Bill Kratzert	T38	72-70-71—213	2,150
Jim Gallagher, Jr.	T55	68-72-73-76—289	1,130		Roger Maltbie	T38	69-74-70—213	2,150
Fuzzy Zoeller	60	71-69-75-75—290	1,100		Payne Stewart	T43	74-71-69—214	1,650
Jim Colbert	T61	69-72-74-76—291	1,085		Hal Sutton	T43	73-72-69—214	1,650
Jeff Lewis	T61	71-71-73-76—291	1,085		Charles Bowles	T43	70-69-75—214	1,650
Larry Rinker	T63	69-74-73-76—292	1,060		Bob Eastwood	T43	74-69-71—214	1,650
Bob Tway	T63	72-70-71-79—292	1,060		Jack Renner	T43	73-67-74—214	1,650
Barry Jaeckel	T63	71-70-74-77—292	1,060		Ronnie Black	T48	72-73-70—215	1,256
Kenny Knox	66	72-71-72-78—293	1,040		Philip Blackmar	T48	73-68-74—215	1,256

MEN PROFESSIONALS

Player	Pos	Scores	Money
Mike Nicolette	T48	73-73-69—215	1,256
Gary Hallberg	T48	74-74-67—215	1,256
Mark McCumber	T48	75-68-72—215	1,256
Jodie Mudd	T48	72-71-72—215	1,256
John Adams	T54	74-71-71—216	1,105
Kikuo Arai	T54	72-73-71—216	1,105
Dave Barr	T54	74-70-72—216	1,105
Larry Rinker	T54	75-69-72—216	1,105
Brett Upper	T54	71-74-71—216	1,105
Dave Rummels	T54	74-74-68—216	1,105
Lanny Wadkins	T54	75-72-69—216	1,105
Lon Hinkle	T54	73-73-70—216	1,105
Andy North	T54	73-70-73—216	1,105
Kenny Knox	T54	74-71-71—216	1,105
Davis Love	T54	74-69-73—216	1,105
Philip Parkin	T54	73-76-67—216	1,105
Ron Streck	T66	73-72-72—217	1,015
Russ Cochran	T66	74-74-69—217	1,015
Dave Eichelberger	T66	75-74-68—217	1,015
Wayne Grady	T66	74-74-69—217	1,015
Ken Green	T66	75-74-68—217	1,015
Lance Ten Broeck	T66	72-69-76—217	1,015
Bob Byman	T72	73-73-72—218	970
Bobby Clampett	T72	75-72-71—218	970
Mike Sullivan	T72	73-69-76—218	970
Tim Simpson	T75	74-74-71—219	945
Charles Coody	T75	74-75-70—219	945
Bill Rogers	77	75-73-72—220	930
Bill Glasson	T78	75-73-74—222	915
Bill Israelson	T78	75-74-73—222	915

USF&G CLASSIC ($500,000).
Lakewood C.C. (72-7,080), New Orleans, La., Mar. 20-23.

Player	Pos	Scores	Money
Calvin Peete	1	68-67-66-68—269	$90,000
Pat McGowan	2	69-69-68-68—274	54,000
Greg Ladehoff	T3	75-68-64-70—277	24,000
Tom Sieckmann	T3	73-70-67-67—277	24,000
Doug Tewell	T3	71-69-69-68—277	24,000
Nick Faldo	T3	68-72-68-69—277	24,000
Don Pooley	T7	71-71-70-69—281	14,550
Tom Watson	T7	71-74-66-70—281	14,550
Dick Mast	T7	72-64-71-74—281	14,550
Dave Barr	T7	73-72-67-69—281	14,550
Bill Israelson	T7	73-65-74-69—281	14,550
Lanny Wadkins	T12	71-71-69-71—282	9,500
Tony Sills	T12	72-69-71-70—282	9,500
Andrew Magee	T12	74-71-70-67—282	9,500
Ronnie Black	T12	75-70-70-67—282	9,500
Charles Bolling	T12	72-70-70-70—282	9,500
Steve Elkington	T12	74-68-68-72—282	9,500
Mike Sullivan	18	71-69-70-73—283	7,500
Kenny Knox	T19	70-68-73-73—284	6,275
Bill Glasson	T19	73-73-68-70—284	6,275
Jay Haas	T19	72-70-66-76—284	6,275
Mike Hulbert	T19	75-70-71-68—284	6,275
Mike Reid	T23	70-71-71-73—285	4,600
Fred Couples	T23	74-69-69-73—285	4,600
Robert Lohr	T23	73-69-72-71—285	4,600
Davis Love	T23	71-73-68-73—285	4,600
Greg Norman	T27	74-72-73-67—286	3,550
George Archer	T27	73-68-71-74—286	3,550
Dan Forsman	T27	73-68-73-72—286	3,550
David Graham	T27	72-70-73-71—286	3,550
Lon Hinkle	T27	70-73-72-71—286	3,550
Chris Perry	T32	70-74-69-74—287	2,958
Rod Curl	T32	76-69-70-72—287	2,958
Dan Halldorson	T32	75-69-72-71—287	2,958
Dave Rummells	T35	71-72-75-70—288	2,360
Steve Pate	T35	71-74-72-71—288	2,360
Nick Price	T35	75-70-71-72—288	2,360
David Peoples	T35	76-70-68-74—288	2,360
Ken Brown	T35	74-72-73-69—288	2,360
Ben Crenshaw	T35	71-75-70-72—288	2,360
Mike McCullough	T35	73-73-74-68—288	2,360
Tim Norris	T42	73-72-71-73—289	1,850
Mike Nicollette	T42	75-66-71-77—289	1,850
Gil Morgan	T42	74-72-74-69—289	1,850
Robert Wrenn	T45	74-70-72-74—290	1,464
Isao Aoki	T45	74-71-75-70—290	1,464
Woody Blackburn	T45	73-71-72-74—290	1,464
Andy Dillard	T45	72-74-72-72—290	1,464
Gary McCord	T45	73-71-73-73—290	1,464
Ron Streck	T50	71-75-70-75—291	1,245
Blaine McCallister	T50	71-73-73-74—291	1,245
Gary Hallberg	52	72-73-73-74—292	1,200
Tom Shaw	T53	72-73-73-75—293	1,152
Antonio Cerda	T53	74-71-73-75—293	1,152
Richard Fehr	T53	77-67-76-73—293	1,152
Jodie Mudd	T53	72-69-74-78—293	1,152
Mark Hayes	T53	70-74-73-76—293	1,152
Dennis Trixler	T58	76-70-75-73—294	1,115
Larry Nelson	T58	71-75-73-75—294	1,115
Clarence Rose	T60	75-71-75-74—295	1,095
Morris Hatalsky	T60	72-74-71-78—295	1,095
D.A. Weibring	62	73-73-73-77—296	1,080

TOURNAMENT PLAYERS CHAMPIONSHIP ($900,000).
Tournament Players Club (72-6,857), Ponte Vedra, Fla., Mar. 27-30.

Player	Pos	Scores	Money
John Mahaffey	1	69-70-65-71—275	$162,000
Larry Mize	2	66-68-66-76—276	97,200
Tim Simpson	3	72-70-66-72—280	61,200
Jim Thorpe	T4	69-68-74-70—281	37,200
Brett Upper	T4	71-65-73-72—281	37,200
Tom Kite	T4	69-69-71-72-281	37,200
Hal Sutton	T7	71-72-68-71—282	28,050
John Cook	T7	71-73-70-68—282	28,050
Jay Haas	T7	73-68-73-68—282	28,050
Doug Tewell	T10	68-68-74-73—283	21,600
Dave Rummells	T10	70-65-79-69—283	21,600
Bob Tway	T10	66-73-72-72—283	21,600
Payne Stewart	T10	71-67-75-70—283	21,600
Davis Love	T14	71-71-75-67—284	16,200
Bob Murphy	T14	69-65-74-76—284	16,200
Scott Hoch	T14	69-74-71-70—284	16,200
Joey Sindelar	T17	70-70-73-72—285	13,950
Ronnie Black	T17	70-71-74-70—285	13,950
Jim Simons	T19	69-72-70-75—286	12,150
David Edwards	T19	67-69-76-74—286	12,150
Tom Sieckmann	T21	70-69-77-71—287	7,627

MEN PROFESSIONALS

Name	Pos	Scores	Money
Larry Rinker	T21	72-70-75-70—287	7,627
Lee Trevino	T21	68-73-70-76—287	7,627
Dick Mast	T21	69-73-68-77—287	7,627
Andy Bean	T21	70-73-72-72—287	7,627
Charles Bolling	T21	73-70-73-71—287	7,627
Jim Colbert	T21	73-70-73-71—287	7,627
Danny Edwards	T21	68-72-74-73—287	7,627
Keith Fergus	T21	66-73-73-75—287	7,627
Ray Floyd	T21	67-73-75-72—287	7,627
Gary Koch	T21	72-70-72-73—287	7,627
Kenny Knox	T21	71-73-69-74—287	7,627
Tony Sills	T33	66-75-70-77—288	4,654
Ken Green	T33	66-75-76-71—288	4,654
Morris Hatalsky	T33	74-70-69-75—288	4,654
Peter Jacobsen	T33	72-69-72-75—288	4,654
D.A. Weibring	T33	70-71-74-73—288	4,654
Greg Norman	T33	70-71-77-70—288	4,654
Mark O'Meara	T33	68-74-74-72—288	4,654
David Ogrin	T40	70-74-71-74—289	3,240
Mike Sullivan	T40	72-68-75-74—289	3,240
Lanny Wadkins	T40	67-73-76-73—289	3,240
Loren Roberts	T40	70-73-73-73—289	3,240
Jeff Sluman	T40	70-74-75-70—289	3,240
Mike Donald	T40	73-71-72-73—289	3,240
Bruce Lietzke	T40	70-71-75-73—289	3,240
Bernhard Langer	T40	70-73-73-73—289	3,240
Mark Pfeil	T48	69-74-70-77—290	2,262
Tom Purtzer	T48	72-70-77-71—290	2,262
Dave Stockton	T48	72-72-76-70—290	2,262
Wayne Levi	T48	73-71-76-70—290	2,262
David Frost	T48	70-69-75-76—290	2,262
Roger Maltbie	T48	70-73-79-68—290	2,262
Chris Perry	T54	69-72-72-78—291	2,061
Mark Wiebe	T54	68-72-78-73—291	2,061
Tim Norris	T54	74-68-74-75—291	2,061
Ben Crenshaw	T54	73-71-73-74—291	2,061
Tom Watson	T58	70-74-74-74—292	1,971
Nick Price	T58	71-67-75-79—292	1,971
Corey Pavin	T58	72-78-70-72—292	1,971
Frank Conner	T58	70-73-77-72—292	1,971
Gil Morgan	T58	70-73-73-76—292	1,971
Mike Hulbert	T58	69-68-78-77—292	1,971
Paul Azinger	T64	70-71-79-73—293	1,890
Dave Barr	T64	69-72-73-79—293	1,890
T. Nakajima	T64	69-75-78-71—293	1,890
J.C. Snead	T67	68-73-74-79—294	1,818
Dennis Trixler	T67	71-73-74-76—294	1,818
Ken Brown	T67	72-71-76-75—294	1,818
Tze-Chung Chen	T67	71-69-82-72—294	1,818
Barry Jaeckel	T67	74-73-73-74—294	1,818
Greg Ladehoff	T72	73-69-78-76—296	1,755
Steve Pate	T72	71-72-78-75—296	1,755
Willie Wood	74	67-73-77-80—297	1,728
George Burns	75	71-73-75-80—299	1,710
Leonard Thompson	T3	66-72-72-69—279	29,000
Isao Aoki	T3	73-71-69-66—279	29,000
Lanny Wadkins	5	75-68-68-69—280	20,000
Tom Purtzer	T6	68-72-68-73—281	15,125
Craig Stadler	T6	69-69-71-72—281	15,125
Payne Stewart	T6	70-70-74-67—281	15,125
Chip Beck	T6	72-69-71-69—281	15,125
David Edwards	T6	67-72-74-68—281	15,125
David Forst	T6	69-72-68-72—281	15,125
Willie Wood	12	71-72-68-71—282	11,500
Dan Pohl	T13	71-69-70-73—283	9,375
Pat McGowan	T13	73-70-71-69—283	9,375
Mark O'Meara	T13	72-71-69-71—283	9,375
Mike Sullivan	T13	72-72-71-68—283	9,375
Bobby Wadkins	T17	75-69-68-72—284	7,750
Tze-Chung Chen	T17	72-70-72-70—284	7,750
Jim Simons	T19	68-69-75-73—285	6,060
Dick Mast	T19	72-68-73-72—285	6,060
Fuzzy Zoeller	T19	71-70-73-71—285	6,060
John Adams	T19	72-69-73-71—285	6,060
Lennie Clements	T19	70-73-73-69—285	6,060
John Cook	T24	72-72-74-68—286	4,262
Greg Ladehoff	T24	72-71-74-74-67—286	4,262
Buddy Gardner	T24	70-69-74-73—286	4,262
Mike Hulbert	T24	71-72-72-71—286	4,262
Tim Norris	T28	71-71-76-70—287	3,400
Steve Pate	T28	71-72-72-72—287	3,400
Wayne Levi	T28	75-69-74-69—287	3,400
Danny Edwards	T28	68-71-74-74—287	3,400
Richard Fehr	T28	73-72-73-69—287	3,400
Brett Upper	T33	69-73-75-71—288	2,425
Mark Wiebe	T33	72-71-71-74—288	2,425
Billy Pierot	T33	74-71-71-72—288	2,425
Joey Sindelar	T33	71-72-73-72—288	2,425
David Thore	T33	69-73-71-75—288	2,425
Dennis Trixler	T33	75-69-71-73—288	2,425
Howard Twitty	T33	69-73-76-70—288	2,425
Bobby Clampett	T33	71-71-80-66—288	2,425
Mark Hayes	T33	73-70-73-72—288	2,425
Vance Heafner	T33	72-71-75-70—288	2,425
Brian Mogg	T43	74-71-73-71—289	1,461
Jack Renner	T43	69-73-71-76—289	1,461
Jim Thorpe	T43	70-71-77-71—289	1,461
Larry Nelson	T43	72-68-71-78—289	1,461
Dave Rummells	T43	75-70-71-73—289	1,461
Charles Bolling	T43	72-73-73-71—289	1,461
Mark Brooks	T43	74-67-74-74—289	1,461
Fred Couples	T43	73-71-67-78—289	1,461
Andy Dillard	T43	69-71-75-74—289	1,461
Nick Faldo	T43	74-68-75-72—289	1,461
Mike West	T53	72-72-72-74—290	1,157
Gene Sauers	T53	69-73-79-69—290	1,157
Trevor Dodds	T53	71-72-78-69—290	1,157
Joe Inman	T53	78-67-73-72—290	1,157
Danny Briggs	T57	71-73-72-75—291	1,115
Jim Dent	T57	72-73-71-75—291	1,115
Mark Lye	T57	72-73-73-73—291	1,115
Wayne Grady	T57	75-67-80-69—291	1,115
Richard Zokol	T61	69-74-78-71—292	1,075
Bill Sander	T61	74-69-76-73—292	1,075
Bill Kratzert	T61	72-71-78-71—292	1,075
Mike Donald	T61	72-71-72-77—292	1,075

GREATER GREENSBORO OPEN ($500,000)

Forest Oaks C.C. (72-6,984), Greensboro, N.C., Apr. 3-6.

Sandy Lyle	1	68-64-73-70—275	$90,000
Andy Bean	2	68-70-72-67—277	54,000

1986 PGA TOUR RESULTS: USF&G • TPC • Greensboro

MEN PROFESSIONALS

David Peoples	T65	72-73-74-74—293	1,035
Andrew Magee	T65	70-75-77-71—293	1,035
Brad Faxon	T65	72-73-73-75—293	1,035
Lou Graham	T65	69-74-74-76—293	1,035
Phil Hancock	69	71-73-77-73—294	1,010
Frank Conner	70	73-71-77-74—295	1,000
George Archer	71	75-70-78-74—297	990
Eduardo Romero	72	71-72-78-78—299	980

THE MASTERS ($758,600)

Augusta (Ga.) National G.C. (72-6,905), Apr. 10-13.

Jack Nicklaus	1	74-71-69-65—279	$144,000
Tom Kite	T2	70-74-68-68—280	70,400
Greg Norman	T2	70-72-68-70—280	70,400
Seve Ballesteros	4	71-68-72-70—281	38,400
Nick Price	5	79-69-63-71—282	32,400
Tom Watson	T6	70-74-68-71—283	27,800
Jay Haas	T6	76-69-71-67—283	27,800
Payne Stewart	T8	75-71-69-69—284	23,200
Bob Tway	T8	70-73-71-70—284	23,200
Tommy Nakajima	T8	70-71-71-72—284	23,200
Donnie Hammond	T11	73-71-67-74—285	16,960
Sandy Lyle	T11	76-70-68-71—285	16,960
Mark McCumber	T11	76-67-71-71—285	16,960
Corey Pavin	T11	71-72-71-71—285	16,960
Calvin Peete	T11	71-75-69-70—285	16,960
Dave Barr	T16	70-77-71-68—286	12,000
Ben Crenshaw	T16	71-71-74-70—286	12,000
Gary Koch	T16	69-74-71-72—286	12,000
Bernhard Langer	T16	74-68-69-75—286	12,000
Larry Mize	T16	75-74-72-65—286	12,000
Fuzzy Zoeller	T21	73-73-69-72—287	9,300
Curtis Strange	T21	73-74-68-72—287	9,300
Tze-Chung Chen	T23	69-73-75-71—288	8,000
Roger Maltbie	T23	71-75-69-73—288	8,000
Scott Simpson	T25	76-72-67-74—289	6,533
Bill Glasson	T25	72-74-72-71—289	6,533
Peter Jacobsen	T25	75-73-68-73—289	6,533
David Graham	T28	76-72-74-68—290	5,666
Johnny Miller	T28	74-70-77-69—290	5,666
Danny Edwards	T28	71-71-72-76—290	5,666
Fred Couples	T31	72-77-70-72—291	4,875
Lanny Wadkins	T31	78-71-73-69—291	4,875
Bruce Lietzke	T31	78-70-68-75—291	4,875
Dan Pohl	T31	76-72-68-75—291	4,875
Wayne Levi	35	73-76-67-76—292	4,300
Larry Nelson	T36	73-73-71-76—293	3,850
Richard Fehr	T36	75-74-69-75—293	3,850
Hubert Green	T36	74-75-73-74—293	3,850
Tony Sills	T36	76-73-73-71—293	3,850
a-Sam Randolph	T36	75-73-72-73—293	0
Don Pooley	41	77-72-73-72—294	3,400
Bill Kratzert	T42	68-72-76-79—295	3,200
John Mahaffey	T42	79-69-72-75—295	3,200
Ken Green	44	68-78-74-76—296	3,000
Philip Blackmar	T45	76-73-73-76—298	2,700
Jim Thorpe	T45	74-74-73-77—298	2,700
Lee Trevino	47	76-73-73-77—299	2,500
Mark O'Meara	48	74-73-81-73—301	2,300

a-Amateur

DEPOSIT GUARANTY CLASSIC ($200,000)

Hattiesburg (Miss.) C.C. (70-6,594), Apr. 9-13.

Dan Halldorson	1	64-67-66-66—263	$36,000
Paul Azinger	2	64-69-66-66—265	21,600
Scott Hoch	3	67-69-65-67—268	13,600
John Adams	4	66-69-71-64—270	9,600
Eduardo Romero	T5	66-70-68-67—271	7,025
Ron Streck	T5	66-69-67-69—271	7,025
Tom Byrum	T5	68-65-70-68—271	7,025
Vance Heafner	T5	67-69-70-65—271	7,025
Richard Zokol	T9	64-71-71-66—272	5,000
Antonio Cerda	T9	67-67-69-69—272	5,000
Gibby Gilbert	T9	68-68-72-64—272	5,000
Gary Martin	T9	67-74-66-65—272	5,000
Rocco Mediate	T9	65-66-70-71—272	5,000
Mike West	T14	70-69-65-69—273	3,300
Steve Bowman	T14	67-70-68-68—273	3,300
Brian Claar	T14	68-68-67-70—273	3,300
Frank Conner	T14	66-70-69-68—273	3,300
Andy Dillard	T14	66-73-66-68—273	3,300
Bruce Fleisher	T14	69-69-68-67—273	3,300
Bobby Cole	T20	67-72-68-67—274	2,413
Tom Pernice Jr.	T20	67-69-68-70—274	2,413
Mike Donald	T20	69-68-66-71—274	2,413
Danny Briggs	T23	66-70-69-70—275	1,730
Mark Brooks	T23	75-67-65-68—275	1,730
Russ Cochran	T23	69-67-68-71—275	1,730
Victor Regalado	T23	71-68-72-64—275	1,730
Mike Miles	T23	68-66-72-69—275	1,730
Peter Oosterhuis	T23	64-74-68-69—275	1,730
Greg Twiggs	T29	70-69-69-68—276	1,360
Thomas Gleeton	T29	70-68-68-70—276	1,360
Mike McCullough	T29	66-77-67-66—276	1,360
Kermit Zarley	T32	70-68-68-71—277	1,183
DeWitt Weaver	T32	71-69-66-71—277	1,183
Anders Forsbrand	T32	67-69-72-69—277	1,183
Adrian Stills	35	68-70-72-68—278	1,080
Steve Elkington	T36	67-72-70-70—279	901
Danny Hepler	T36	70-66-70-73—279	901
Steve Jones	T36	70-71-69-69—279	901
Mike Blackburn	T36	73-69-68-69—279	901
Brad Bryant	T36	71-70-67-71—279	901
Ed Dougherty	T36	66-72-70-71—279	901
George Cadle	T36	69-73-73-64—279	901
Billy Pierot	T43	68-70-69-73—280	660
Rick Dalpos	T43	72-69-70-69—280	660
Ernie Gonzalez	T43	62-74-74-70—280	660
Kris Moe	T43	73-68-69-70—280	660
Robert Wrenn	T43	67-71-68-74—280	660
Larry Ziegler	T48	70-73-70-68—281	524
Jeff Lewis	T48	69-72-71-69—281	524
Mike Morley	T48	72-70-70-69—281	524
David Allen	T51	72-67-68-75—282	465
Philip Parkin	T51	67-67-73-75—282	465
Rod Curl	T51	73-70-68-71—282	465
Mike Gove	T51	69-69-70-74—282	465
Jeff Grygiel	T51	70-73-69-70—282	465
Doug Johnson	T51	70-68-70-74—282	465
John McComish	T51	68-75-70-69—282	465
Bobby Mitchell	T51	70-72-70-70—282	465
Woody Blackburn	T59	71-68-71-73—283	434

MEN PROFESSIONALS

Leigh Brannan	T59	68-73-66-76—283	434
Randy Watkins	T59	71-69-70-73—283	434
Stu Ingraham	T59	68-73-67-75—283	434
Jack Slocum	T59	66-70-76-71—283	434
Dwight Nevil	T59	70-72-70-71—283	434
a-Robert Willis		68-74-72-70—283	0
Jim Gallagher, Jr.	T65	72-70-70-73—285	416
Bobby Pancratz	T65	74-69-70-72—285	416
Babe Hiskey	T65	71-71-72-71—285	416
Marc Arnette	68	75-65-75-71—286	408
Jay Delsing	69	67-68-75-77—287	404
David Vincent	70	70-73-75-76—294	400
a-Amateur			

SEA PINES HERITAGE CLASSIC ($450,000)
Harbour Town G.L. (71-6,657), Hilton Head, S.C., Apr. 17-20.

Fuzzy Zoeller	**1**	**68-68-69-71—276**	**$81,000**
Roger Maltbie	T2	67-72-69-69—277	33,600
Greg Norman	T2	70-68-69-70—277	33,600
Chip Beck	T2	70-67-70-70—277	33,600
Jay Haas	5	71-70-66-71—278	18,000
Ray Floyd	T6	69-72-72-66—279	15,075
Ken Green	T6	71-70-71-67—279	15,075
Tom Kite	T6	70-72-70-67—279	15,075
Don Pooley	T9	69-66-75-71—281	12,150
Hal Sutton	T9	71-71-69-70—281	12,150
Danny Edwards	T9	74-70-70-67—281	12,150
Doug Tewell	T12	70-69-73-70—282	9,450
Tim Simpson	T12	72-68-71-71—282	9,450
Andy Bean	T12	69-72-70-71—282	9,450
Bob Tway	T15	72-69-71-71—283	7,425
Mike Sullivan	T15	70-69-71-73—283	7,425
Denis Watson	T15	72-71-71-69—283	7,425
Donnie Hammond	T15	75-69-72-67—283	7,425
Curtis Strange	T19	69-70-74-71—284	5,647
Larry Rinker	T19	71-75-67-71—284	5,647
Mike Donald	T19	73-68-74-69—284	5,647
Scott Hoch	T19	69-72-72-71—284	5,647
Bernhard Langer	23	72-74-64-75—285	4,680
David Ogrin	T24	74-70-71-71—286	3,481
Lanny Wadkins	T24	74-72-70-70—286	3,481
Dan Halldorson	T24	66-68-76-76—286	3,481
Gary Koch	T24	74-71-72-69—286	3,481
Howard Twitty	T24	72-70-72-72—286	3,481
Clarence Rose	T24	73-71-68-74—286	3,481
Jeff Sluman	T24	74-73-66-73—286	3,481
Mike Reid	T24	72-72-74-68—286	3,481
Chris Perry	T32	70-75-70-72—287	2,490
John Cook	T32	74-71-71-71—287	2,490
Jodie Mudd	T32	73-70-73-71—287	2,490
Hale Irwin	T32	71-73-71-72—287	2,490
Peter Jacobsen	T32	76-68-73-70—287	2,490
Pat Lindsey	T32	69-77-69-72—287	2,490
D.A. Weibring	T38	74-72-69-73—288	2,025
John Adams	T38	74-71-69-74—288	2,025
Vance Heafner	T38	75-70-70-73—288	2,025
Dick Mast	T41	76-70-71-72—289	1,665
Bill Glasson	T41	75-68-71-75—289	1,665
Tim Norris	T41	72-70-77-70—289	1,665
Kenny Knox	T41	72-68-75-74—289	1,665
Davis Love	T41	71-76-72-70—289	1,665
Joey Sindelar	T46	69-74-76-71—290	1,224
Paul Azinger	T46	73-71-73-73—290	1,224
Jim Colbert	T46	71-74-73-72—290	1,224
Ben Crenshaw	T46	74-71-71-74—290	1,224
Brad Faxon	T46	74-71-71-74—290	1,224
Billy Pierot	T46	70-74-70-76—290	1,224
Frank Conner	52	71-74-73-73—291	1,080
Scott Simpson	T53	72-74-72-74—292	1,053
Brett Upper	T53	73-67-73-79—292	1,053
Ed Sneed	T55	73-73-74-73—293	1,030
Tom Purtzer	T55	73-67-80-73—293	1,030
Russ Cochran	T57	69-75-74-76—294	1,003
David Frost	T57	70-71-76-77—294	1,003
Hubert Green	T57	74-71-77-72—294	1,003
Steve Pate	T57	71-73-74-76—294	1,003
Ed Fiori	T61	73-72-73-77—295	972
Gary Hallberg	T61	71-74-74-76—295	972
Bob Murphy	T61	73-72-77-73—295	972
Bobby Wadkins	T64	74-73-78-71—296	945
Ronnie Black	T64	74-73-74-75—296	945
Gene Sauers	T64	73-70-77-76—296	945
Dennis Trixler	67	71-75-80-71—297	927
Brad Fabel	68	73-74-77-74—298	918
Barry Jaeckel	69	72-74-78-77—301	909
Mike Schleuter	70	75-71-81-75—302	900

HOUSTON OPEN ($500,000)
TPC at the Woodlands (Tex.) (72-7,045), Apr. 23-27.

*Curtis Strange	**1**	**72-68-68-66—274**	**$90,000**
Calvin Peete	2	65-70-70-69—274	54,000
Tom Watson	3	69-68-68-71—276	34,000
Bruce Lietzke	T4	68-72-71-68—279	20,666
David Edwards	T4	73-71-66-69—279	20,666
Jay Haas	T4	68-70-67-74—279	20,666
Doug Tewell	T7	71-70-71-68—280	16,125
Payne Stewart	T7	69-73-71-67—280	16,125
Craig Stadler	T9	69-70-71-72—282	12,500
Charles Bolling	T9	73-69-72-70—282	12,500
Brian Claar	T9	74-71-67-70—282	12,500
Lennie Clements	T9	72-69-72-69—282	12,500
Bill Glasson	T9	72-71-70-69—282	12,500
Nick Price	14	70-72-69-72—283	9,500
Philip Parkin	T15	72-73-70-69—284	8,250
Chip Beck	T15	72-71-73-68—284	8,250
Nick Faldo	T15	68-69-70-77—284	8,250
Wayne Grady	T15	65-72-70-77—284	8,250
Mike Sullivan	T19	75-63-74-73—285	6,060
Steve Pate	T19	70-71-72-72—285	6,060
Mike Donald	T19	73-71-71-70—285	6,060
Donnie Hammond	T19	72-73-70-70—285	6,060
Mike Hulbert	T19	67-72-72-74—285	6,060
Gil Morgan	T24	70-73-71-72—286	4,050
Howard Twitty	T24	70-71-72-73—286	4,050
Mark Brooks	T24	71-71-72-72—286	4,050
Frank Conner	T24	73-71-70-72—286	4,050
David Frost	T24	72-70-72-72—286	4,050
Mark Hayes	T24	72-69-72-73—286	4,050

MEN PROFESSIONALS

Mike Reid	T30	71-72-73-71—287	3,250		Andy Bean	T5	70-69-66-69-68—342	43,700
David Ogrin	T30	70-75-71-71—287	3,250		Bob Tway	T7	70-71-63-68-71—343	35,843
Willie Wood	T30	72-72-69-74—287	3,250		Gil Morgan	T7	67-67-70-71-68—343	35,843
Mark Lye	T33	69-76-71-72—288	2,825		John Cook	T7	66-68-70-71-68—343	35,843
Tim Morris	T33	70-72-72-74—288	2,825		Wayne Levi	T10	69-69-68-68-70—344	25,491
Steve Bowman	T33	69-73-72-74—288	2,825		Hal Sutton	T10	67-69-69-73-66—344	25,491
Lanny Wadkins	T36	73-70-72-74—289	2,304		John Mahaffey	T10	69-70-65-71-69—344	25,491
Corey Pavin	T36	70-74-70-75—289	2,304		Tom Watson	T10	73-68-66-69-68—344	25,491
Antonio Cerda	T36	72-73-71-73—289	2,304		Robert Lohr	T10	67-65-70-72-70—344	25,491
Bobby Clampett	T36	71-70-73-75—289	2,304		Jim Colbert	T10	69-71-64-69-71—344	25,491
Steve Elkington	T36	71-73-72-73—289	2,304		D. Rummells	T16	66-70-67-69-73—345	18,400
Brad Faxon	T36	71-73-69-76—289	2,304		Fred Couples	T16	73-69-65-67-71—345	18,400
John Mahaffey	T42	71-74-74-71—290	1,700		Jay Haas	T16	71-70-68-68-68—345	18,400
Dave Rummels	T42	74-69-69-78—290	1,700		B. Langer	T19	70-70-71-69-66—346	13,938
L.Thompson	T42	72-73-73-72—290	1,700		Tom Purtzer	T19	70-69-67-69-71—346	13,938
Jack Nicklaus	T42	72-73-72-73—290	1,700		Nick Price	T19	72-67-70-66-71—346	13,938
Brett Upper	T42	69-72-73-76—290	1,700		Chris Perry	T19	69-69-66-71-71—346	13,938
John Adams	T42	71-70-71-78—290	1,700		D. Hammond	T19	70-66-66-73-71—346	13,938
John McComish	T48	73-70-75-73—291	1,256		David Ogrin	T24	71-66-70-68-72—347	9,805
Gene Sauers	T48	73-69-75-74—291	1,256		George Burns	T24	69-70-71-75-62—347	9,805
Rod Curl	T48	68-76-73-74—291	1,256		Mike Hulbert	T24	69-65-72-68-73—347	9,805
Gary Hallberg	T48	74-69-75-73—291	1,256		B. Wadkins	T28	72-66-71-70-69—348	7,822
Don Pooley	T48	72-71-74-74—291	1,256		Gary Koch	T28	65-71-74-67-71—348	7,822
J.C. Snead	T48	79-66-73-73—291	1,256		B. McCallister	T28	71-68-67-72-70—348	7,822
George Burns	T54	71-72-76-73—292	1,145		Payne Stewart	T28	69-72-70-68-69—348	7,822
David Lundstrom	T54	73-72-77-70—292	1,145		Pat McGowan	T28	71-71-69-70-67—348	7,822
Rick Dalpos	T54	71-72-71-78—292	1,145		Tony Sills	T33	68-71-70-68-72—349	5,950
Tom Kite	T54	73-71-71-77—292	1,145		Mike Reid	T33	68-72-70-71-68—349	5,950
Tom Sieckmann	T58	73-72-73-75—293	1,105		Mike Sullivan	T33	73-68-70-69-69—349	5,950
Ronnie Black	T58	75-69-72-77—293	1,105		Ken Brown	T33	69-71-69-68-72—349	5,950
Robert Lohr	T58	69-74-74-76—293	1,105		T.C. Chen	T33	67-70-71-69-72—349	5,950
Brad Bryant	T58	72-73-73-75—293	1,105		Jim Dent	T33	68-71-70-69-71—349	5,950
Billy Pierot	T62	68-75-77-74—294	1,070		Nick Faldo	T33	70-67-72-69-71—349	5,950
Lou Graham	T62	71-72-72-79—294	1,070		Roger Maltbie	T40	66-71-70-73-70—350	4,145
Blaine McCallister	T62	74-70-78-72—294	1,070		Corey Pavin	T40	68-69-71-75-67—350	4,145
Joe Inman	T65	74-71-74-76—295	1,045		Larry Rinker	T40	68-71-69-71-71—350	4,145
Pat Lindsey	T65	71-74-73-77—295	1,045		Dave Barr	T40	70-68-72-71-69—350	4,145
Andrew Magee	67	74-71-76-75—296	1,030		Chip Beck	T40	68-67-72-73-70—350	4,145
Brian Mogg	T68	73-71-74-79—297	1,015		Ken Green	T40	67-69-74-71-69—350	4,145
Bob Eastwood	T68	70-71-80-76—297	1,015		Barry Jaeckel	T40	73-66-72-68-71—350	4,145
Loren Roberts	T70	69-70-78-81—298	990		Pat Lindsey	T40	69-70-67-70-74—350	4,145
Richard Zokol	T70	69-75-73-81—298	990		Tim Simpson	T48	73-67-68-71-72—351	2,890
Russ Cochran	T70	70-75-74-79—298	990		Johnny Miller	T48	70-68-72-70-71—351	2,890
Bill Sander	73	74-71-74-80—299	970		Mac O'Grady	T48	68-72-70-71-71—351	2,890
Bobby Pancratz	T74	74-71-75-81—301	950		Tim Norris	T48	69-70-70-69-73—351	2,890
Mike Smith	T74	72-73-77-79—301	950		Bill Sander	T48	69-70-70-71-71—351	2,890
Tom Byrum	T74	72-72-77-80—301	950		Curtis Strange	T48	71-69-68-70-73—351	2,890
Davis Love	77	73-72-79-80—304	930		Gene Sauers	T54	70-70-71-71—352	2,600
Mark Pfeil	78	71-74-84-78—307	920		Craig Stadler	T54	69-67-71-75—352	2,600
*Won playoff.					Paul Azinger	T54	64-75-70-70-73—352	2,600
					Charles Bolling	T54	71-65-75-75-66—352	2,600
					Mark Brooks	T54	69-71-71-72-69—352	2,600
PANASONIC LAS VEGAS INVITATIONAL ($1,150,000).					Mark Lye	T54	71-69-69-71-72—352	2,600
Las Vegas C.C. (72-7,162), Desert Inn C.C.					B. Clampett	T54	68-70-70-72-72—352	2,600
(72-7,111), Spanish Trail C.C. (72-7,088),					Mark O'Meara	T61	71-69-70-70-73—353	2,454
Las Vegas, Nev., Apr. 30-May 4.					John Adams	T61	70-71-70-73-69—353	2,454
					Kenny Knox	T61	67-67-72-75-72—353	2,454
Greg Norman	**1**	**73-63-68-64-65—333**	**$207,000**		Mike Donald	T61	70-71-70-73-69—353	2,454
Dan Pohl	2	68-70-67-66-69—340	124,200		Jeff Grygiel	T61	64-72-75-74-68—353	2,454
Larry Nelson	T3	67-69-67-69-69—341	66,700		D. Edwards	T66	70-67-71-71-75—354	2,360
Steve Pate	T3	67-73-69-65-67—341	66,700		Bill Glasson	T66	75-68-68-73-70—354	2,360
Don Pooley	T5	70-70-67-68-67—342	43,700		Gary Hallberg	T66	69-66-74-72-73—354	2,360

MEN PROFESSIONALS

BYRON NELSON CLASSIC ($600,000).
TPC at Las Colinas (70-6,767), Irving, Tex., May 8-11.

Player	Pos	Scores	Money
Andy Bean	1	66-68-67-68—269	$108,000
Mark Wiebe	2	69-66-68-67—270	64,800
Bobby Wadkins	3	68-69-66-70—273	40,800
Craig Stadler	T4	69-69-65-71—274	23,625
Payne Stewart	T4	70-66-67-71—274	23,625
Gene Sauers	T4	71-68-66-69—274	23,625
Mark Hayes	T4	64-72-68-70—274	23,625
Robert Lohr	T8	70-70-67-68—275	16,800
D.A. Weibring	T8	71-68-68-68—275	16,800
Nick Price	T8	73-66-69-67—275	16,800
Dan Halldorson	T8	72-69-64-70—275	16,800
Andrew Magee	T12	69-68-73-66—276	11,057
Bernhard Langer	T12	72-66-66-72—276	11,057
Mike McCullough	T12	71-68-70-67—276	11,057
Jim Simons	T12	68-72-66-70—276	11,057
John Cook	T12	69-69-70-68—276	11,057
Ray Floyd	T12	73-69-65-69—276	11,057
Lon Hinkle	T12	72-69-67-68—276	11,057
Tom Purtzer	T19	74-63-69-71—277	7,020
Billy Pierot	T19	70-71-71-65—277	7,020
Tim Norris	T19	71-71-65-70—277	7,020
Mark Brooks	T19	68-73-69-67—277	7,020
George Burns	T19	68-72-63-74—277	7,020
David Graham	T19	72-67-68-70—277	7,020
a-Scott Verplank	T19	72-68-67-70—277	0
Tony Sills	T26	70-69-69-70—278	4,580
Jodie Mudd	T26	72-70-67-69—278	4,580
Bruce Lietzke	T26	71-70-67-70—278	4,580
Ken Brown	T26	67-76-67-68—278	4,580
Trevor Dodds	T26	68-72-69-69—278	4,580
Danny Edwards	T26	71-69-70-68—278	4,580
Hal Sutton	T32	72-71-69-67—279	3,260
Chris Perry	T32	70-72-68-69—279	3,260
Bill Sander	T32	69-68-70-72—279	3,260
Tom Pernice Jr.	T32	68-74-67-70—279	3,260
Lanny Wadkins	T32	76-65-69-69—279	3,260
Steve Bowman	T32	70-67-74-68—279	3,260
Peter Jacobsen	T32	70-70-72-67—279	3,260
Ed Fiori	T32	71-65-72-71—279	3,260
Jim Gallagher, Jr.	T32	68-67-71-73—279	3,260
Pat McGowan	T41	70-70-70-70—280	2,280
Scott Simpson	T41	70-66-73-71—280	2,280
David Ogrin	T41	71-69-68-72—280	2,280
Russ Cochran	T41	70-71-68-71—280	2,280
Jeff Lewis	T41	69-71-70-70—280	2,280
Greg Ladehoff	T41	74-69-69-68—280	2,280
J.C. Snead	T47	72-68-68-73—281	1,581
Willie Wood	T47	72-71-69-69—281	1,581
Denis Watson	T47	72-68-68-73—281	1,581
Paul Azinger	T47	71-70-73-67—281	1,581
Mark Lye	T47	70-69-72-70—281	1,581
Bobby Clampett	T47	70-70-70-71—281	1,581
Bob Eastwood	T47	71-68-72-70—281	1,581
Wayne Grady	T47	72-70-71-68—281	1,581
Howard Twitty	T55	74-67-69-72—282	1,350
Ron Streck	T55	71-69-73-69—282	1,350
Jim Thorpe	T55	72-69-67-74—282	1,350
Ronnie Black	T55	68-73-71-70—282	1,350
Charles Bolling	T55	71-65-69-77—282	1,350
Ben Crenshaw	T55	71-72-70-69—282	1,350
Blaine McCallister	T55	70-69-70-73—282	1,350
Doug Johnson	T55	74-69-70-69—282	1,350
Steve Pate	T63	71-71-72-69—283	1,284
Rod Curl	T63	74-69-67-73—283	1,284
Brad Faxon	T63	69-71-71-72—283	1,284
Adrian Stills	T66	72-70-69-73—284	1,248
David Edwards	T66	71-72-70-71—284	1,248
Brad Fabel	T66	70-73-69-72—284	1,248
Tommy Valentine	T69	69-71-71-74—285	1,200
Danny Briggs	T69	72-71-69-73—285	1,200
Bob Gilder	T69	72-71-74-68—285	1,200
Thomas Gleeton	T69	72-68-74-71—285	1,200
Morris Hatalsky	T69	70-72-73-70—285	1,200
Tom Sieckmann	74	70-71-67-78—286	1,164
Gary McCord	T75	75-67-69-76—287	1,134
Rick Dalpos	T75	74-69-70-74—287	1,134
Pat Lindsey	T75	71-72-74-70—287	1,134
Buddy Gardner	T75	70-69-76-72—287	1,134
Lee Trevino	T79	69-73-73-73—288	1,098
Barry Jaeckel	T79	66-71-75-76—288	1,098
Mike Smith	T81	70-71-72-76—289	1,074
Mike Donald	T81	73-70-72-74—289	1,074
Jeff Sluman	83	74-65-76-75—290	1,056
Fuzzy Zoeller	T69	72-70-68-73-72—355	2,255
Ronnie Black	T69	70-70-68-76-71—355	2,255
M.McCullough	T69	72-69-70-72-72—355	2,255
Richard Fehr	T69	67-72-72-70-74—355	2,255
David Frost	T69	68-73-69-73-72—355	2,255
Jeff Lewis	T69	68-71-71-74-71—355	2,255
D.Eichelberger	T75	72-69-70-72-73—356	2,165
Bill Israelson	T75	71-70-69-75-71—356	2,165
Billy Pierot	T77	71-67-73-71-75—357	2,120
Antonio Cerda	T77	66-69-71-74-77—357	2,120
Jay Delsing	T79	68-72-71-78-69—358	2,070
D. Halldorson	T79	66-72-71-73-76—358	2,070
Tom Byrum	81	69-69-71-77-73—359	2,040

a-Amateur

COLONIAL NATIONAL INVITATION ($600,000).
Colonial C.C. (70-7,116), Fort Worth, Tex., May 15-18.

Player	Pos	Scores	Money
*Dan Pohl	1	68-69-68—205	$108,000
Payne Stewart	2	72-67-66—205	64,800
Bill Rogers	T3	67-71-69—207	31,200
Tom Watson	T3	75-68-64—207	31,200
Bernhard Langer	T3	70-70-67—207	31,200
Mike Sullivan	T6	70-69-69—208	20,100
Gene Sauers	T6	66-72-70—208	20,100
David Frost	T6	70-71-67—208	20,100
Bob Tway	T9	69-68-72—209	15,600
Paul Azinger	T9	75-67-67—209	15,600
Ronnie Black	T9	71-68-70—209	15,600
David Edwards	T9	69-67-73—209	15,600
Bobby Wadkins	T13	70-71-69—210	10,920
Lee Trevino	T13	73-68-69—210	10,920

1986 PGA TOUR RESULTS: Panasonic • Nelson • Colonial

MEN PROFESSIONALS

Player	Pos	Scores	Total	Money
Jim Colbert	T13	72-70-68	210	10,920
Bob Gilder	T13	73-65-72	210	10,920
Barry Jaeckel	T13	72-70-68	210	10,920
Nick Price	T18	68-76-67	211	7,302
Buddy Gardner	T18	69-71-71	211	7,302
Ken Green	T18	74-66-71	211	7,302
Bruce Lietzke	T18	70-70-71	211	7,302
Steve Pate	T18	72-71-68	211	7,302
Tony Sills	T18	72-71-68	211	7,302
Howard Twitty	T18	68-68-75	211	7,302
Doug Tewell	T25	69-70-73	212	4,387
D.A. Weibring	T25	68-70-74	212	4,387
Lennie Clements	T25	68-72-72	212	4,387
Ben Crenshaw	T25	70-72-70	212	4,387
Scott Simpson	T25	68-74-70	212	4,387
Jay Haas	T25	70-70-72	212	4,387
Corey Pavin	T25	70-68-74	212	4,387
Robert Lohr	T25	69-69-74	212	4,387
Calvin Peete	T33	71-69-73	213	3,315
Wayne Grady	T33	73-69-71	213	3,315
Curtis Strange	T33	75-68-70	213	3,315
Joey Sindelar	T33	71-71-71	213	3,315
Fuzzy Zoeller	T37	74-68-72	214	2,640
Fred Couples	T37	76-68-70	214	2,640
Keith Fergus	T37	72-70-72	214	2,640
Lon Hinkle	T37	75-68-71	214	2,640
Roger Maltbie	T37	70-70-74	214	2,640
Jim Thorpe	T37	68-73-73	214	2,640
Hal Sutton	T43	70-71-74	215	1,788
Bill Glasson	T43	73-70-72	215	1,788
Tom Kite	T43	72-72-71	215	1,788
Gary Koch	T43	72-72-71	215	1,788
Mark Lye	T43	71-73-71	215	1,788
Denis Watson	T43	73-71-71	215	1,788
Larry Mize	T43	72-73-70	215	1,788
Gil Morgan	T43	72-68-71	215	1,788
Bob Murphy	T43	72-67-76	215	1,788
Charles Bolling	T52	72-67-77	216	1,392
Mark Brooks	T52	73-68-75	216	1,392
Al Geiberger	T52	74-69-73	216	1,392
Dan Halldorson	T52	72-70-74	216	1,392
Mike Hulbert	T52	73-67-76	216	1,392
Kenny Knox	T52	70-71-75	216	1,392
Tim Norris	T58	73-71-73	217	1,290
Andy North	T58	70-73-74	217	1,290
Philip Blackmar	T58	74-69-74	217	1,290
Mike Reid	T58	72-73-72	217	1,290
Ron Streck	T58	71-72-74	217	1,290
David Graham	T58	73-70-74	217	1,290
Peter Jacobsen	T58	78-68-71	217	1,290
Bill Kratzert	T58	70-73-74	217	1,290
Pat McGowan	T58	74-71-72	217	1,290
Mark Wiebe	T58	72-71-74	217	1,290
George Archer	T68	74-72-72	218	1,206
Danny Edwards	T68	68-72-78	218	1,206
Greg Ladehoff	T68	75-67-76	218	1,206
Mac O'Grady	T68	69-73-76	218	1,206
Mark Pfeil	T72	71-75-73	219	1,164
Ken Brown	T72	74-72-73	219	1,164
Hale Irwin	T72	74-72-73	219	1,164
Mike Donald	75	74-72-77	223	1,140
*Won playoff.				

MEMORIAL TOURNAMENT ($577,730)
Muirfield Village G.C. (72-7,106), Dublin, Ohio, May 22-25.

Player	Pos	Scores	Total	Money
Hal Sutton	1	68-69-66-68	271	$100,000
Don Pooley	2	69-67-70-69	275	60,000
Johnny Miller	T3	70-69-69-68	276	32,225
Mark O'Meara	T3	68-75-67-66	276	32,225
John Mahaffey	T5	68-71-69-69	277	21,110
Jack Nicklaus	T5	66-70-72-69	277	21,110
Scott Simpson	T7	70-72-68-68	278	17,313
Payne Stewart	T7	72-69-69-68	278	17,313
Chip Beck	T7	71-66-70-71	278	17,313
Craig Stadler	T10	72-69-71-67	279	13,335
Tom Purtzer	T10	68-69-73-69	279	13,335
Doug Tewell	T10	66-70-70-73	279	13,335
Greg Norman	T10	73-67-71-68	279	13,335
Ray Floyd	14	70-74-68-68	280	10,940
Bruce Lietzke	T15	69-72-70-70	281	10,110
Mark McCumber	T15	73-73-69-66	281	10,110
Phil Blackmar	T17	69-74-68-71	282	7,908
Jay Haas	T17	70-69-68-75	282	7,908
Joey Sindelar	T17	71-68-72-71	282	7,908
Andy Bean	T17	72-66-71-73	282	7,908
Lennie Clements	T17	69-68-72-73	282	7,908
Peter Jacobsen	T17	66-71-72-73	282	7,908
Fuzzy Zoeller	T23	71-72-69-71	283	5,723
Lanny Wadkins	T23	67-78-71-67	283	5,723
Dan Pohl	T23	72-71-71-69	283	5,723
Mark Wiebe	T26	75-71-69-69	284	4,666
Larry Mize	T26	69-68-73-74	284	4,666
Scott Hoch	T26	71-72-70-71	284	4,666
Bob Tway	T29	70-73-72-70	285	3,628
Clarence Rose	T29	69-73-65-78	285	3,628
Jim Colbert	T29	75-68-72-70	285	3,628
Danny Edwards	T29	74-71-68-72	285	3,628
Dan Halldorson	T29	65-71-70-79	285	3,628
Kenny Knox	T29	72-69-73-71	285	3,628
Davis Love III	T29	72-73-67-73	285	3,628
Gil Morgan	T29	70-74-70-71	285	3,628
Bob Murphy	T29	72-73-71-69	285	3,628
Andy North	T29	72-70-70-73	285	3,628
D.A. Weibring	T39	72-71-75-68	286	2,668
Jim Simons	T39	71-72-74-69	286	2,668
Curtis Strange	T39	76-69-70-71	286	2,668
Mike Sullivan	T39	71-75-69-71	286	2,668
Mac O'Grady	T39	68-77-70-71	286	2,668
George Burns	T44	69-72-72-74	287	2,220
Hale Irwin	T44	75-69-72-71	287	2,220
Mark Lye	T44	75-70-72-70	287	2,220
Tim Simpson	T47	74-71-71-72	288	1,858
Bill Glasson	T47	71-72-70-75	288	1,858
Larry Rinker	T47	74-69-71-74	288	1,858
Pat McGowan	T47	67-71-75-75	288	1,858
Tony Sills	T47	73-73-69-73	288	1,858
Paul Azinger	T52	72-69-73-75	289	1,686
Dave Barr	T52	70-73-77-69	289	1,686
Bobby Wadkins	T52	76-70-70-73	289	1,686
Mike Reid	T52	73-72-70-74	289	1,686
Jim Thorpe	T52	73-69-76-71	289	1,686
Jack Renner	T57	72-69-74-75	290	1,625
Denis Watson	T57	76-69-72-73	290	1,625

MEN PROFESSIONALS

Calvin Peete	T57	72-72-70-76—290	1,625	J.C. Snead	T39	70-72-75-72—289	1,802
Chris Perry	T57	72-72-66-80—290	1,625	Chris Perry	T39	72-73-69-75—289	1,802
Bill Rogers	T61	71-72-75-73—291	1,585	L. Thompson	T39	68-70-79-72—289	1,802
Tom Byrum	T61	72-74-71-74—291	1,585	Bob Tway	T39	72-72-72-73—289	1,802
Mike Hulbert	T61	73-68-76-74—291	1,585	Tim Simspon	T39	73-73-70-73—289	1,802
Roger Maltbie	T61	71-75-75-70—291	1,585	Brian Claar	T39	71-73-72-73—289	1,802
Hubert Green	T65	72-71-74-75—292	1,550	Charles Coody	T39	73-73-71-73—289	1,802
M. Kuramoto	T65	74-70-74-74—292	1,550	Andy Dillard	T39	75-68-77-69—289	1,802
Brett Upper	T67	72-74-74-73—293	1,512	John Mahaffey	T39	71-74-76-68—289	1,802
Dan Forsman	T67	73-72-74-74—293	1,512	Ernie Gonzalez	T39	71-74-72-72—289	1,802
David Graham	T67	73-73-75-72—293	1,512	Tom Sieckmann	T49	67-77-75-71—290	1,280
Peter Senior	T67	72-73-73-75—293	1,512	Gary Hallberg	T49	74-71-72-73—290	1,280
Bob Lohr	T67	72-71-76-74—293	1,512	Tony Sills	51	73-70-71-77—291	1,230
Tom Sieckmann	T72	70-76-70-79—295	1,500	David Peoples	T52	73-70-77-72—292	1,166
Ken Green	T72	74-71-75-75—295	1,500	John Adams	T52	70-74-76-72—292	1,166
Barry Jaeckel	T72	73-69-76-77—295	1,500	Ronnie Black	T52	73-71-77-71—292	1,166
Willie Wood	T72	75-71-72-77—295	1,500	Jim Dent	T52	76-70-71-75—292	1,166
Lou Graham	76	70-75-81-74—300	1,500	Jeff Grygiel	T52	73-70-77-72—292	1,166
				Dave Rummells	T57	72-74-75-72—293	1,100
				Dennis Trixler	T57	68-76-72-77—293	1,100

KEMPER OPEN ($500,000).
Congressional C.C. (72-7,173), Bethesda, Md., May 29-June 1.

				Joe Inman	T57	75-70-71-77—293	1,100
				Mike Nicolette	T57	72-70-75-76—293	1,100
				Bob Lohr	T57	71-71-75-76—293	1,100
*Greg Norman	1	72-69-70-66—277	$90,000	Davis Love III	T57	74-71-71-77—293	1,100
Larry Mize	2	67-71-70-69—277	54,000	Dan Halldorson	T57	70-76-74-73—293	1,100
Mike Reid	T3	68-70-71-70—279	29,000	Tommy Valentine	T64	69-75-76-74—294	1,055
John Cook	T3	72-69-71-67—279	29,000	Bobby Pancratz	T64	75-70-76-73—294	1,055
Bobby Wadkins	5	70-71-73-66—280	20,000	Harry Taylor	T66	71-75-75-74—295	1,035
Curtis Strange	6	73-67-71-71—282	18,000	Mike Gove	T66	72-71-76-76—295	1,035
Bob Gilder	T7	73-71-73-66—283	15,583	Rex Caldwell	68	75-70-78-75—298	1,020
Chip Beck	T7	74-70-68-71—283	15,583	Mark Pfeil	69	73-70-81-76—300	1,010
Buddy Gardner	T7	72-70-71-70—283	15,583	*Won playoff.			
Craig Stadler	T10	68-68-73-70—284	11,500				
David Ogrin	T10	68-74-70-72—284	11,500	**MANUFACTURERS HANOVER WESTCHESTER CLASSIC** ($600,000).			
Gil Morgan	T10	75-71-66-72—284	11,500	Westchester C.C. (71-6,723), Harrison, N.Y., June 2-8.			
Roger Maltbie	T10	71-70-73-70—284	11,500				
Donnie Hammond	T10	71-68-75-70—284	11,500				
Joey Sindelar	T15	71-73-71-70—285	8,250	**Bob Tway**	1	73-63-69-67—272	$108,800
Rick Dalpos	T15	70-74-71-70—285	8,250	Willie Wood	2	71-63-73-66—273	64,800
Dan Forsman	T15	70-69-72-74—285	8,250	Scott Simpson	T3	71-67-70-67—275	34,800
Bill Glasson	T15	71-74-70-70—285	8,250	Gil Morgan	T3	69-69-70-67—275	34,800
Greg Twiggs	T19	72-71-70-73—286	6,275	Mike Reid	5	68-69-68-72—277	24,000
Steve Pate	T19	72-70-74-70—286	6,275	Andrew Magee	T6	72-67-71-70—280	20,850
Andrew Magee	T19	73-72-71—286	6,275	Mark Wiebe	T6	68-71-73-68—280	20,850
Bobby Clampett	T19	74-64-74-74—286	6,275	Tom Watson	T8	72-70-70-69—281	16,800
Howard Twitty	T23	71-71-73-72—287	3,925	Brett Upper	T8	68-66-74-73—281	16,800
Brett Upper	T23	74-72-71-70—287	3,925	Doug Tewell	T8	70-66-74-71—281	16,800
Loren Roberts	T23	74-72-71-70—287	3,925	Jay Haas	T8	65-73-73-70—281	16,800
Willie Wood	T23	71-74-70-72—287	3,925	Roger Maltbie	T12	72-72-70-68—282	12,150
Mike McCullough	T23	73-70-68-76—287	3,925	Kenny Knox	T12	71-69-72-70—282	12,150
Charles Bolling	T23	67-70-77-73—287	3,925	Brad Faxon	T12	71-70-71-70—282	12,150
Lennie Clements	T23	72-72-74-69—287	3,925	Ray Floyd	T12	68-67-70-77—282	12,150
Russ Cochran	T23	72-72-73-70—287	3,925	D.A. Weibring	T16	73-71-69-70—283	9,900
Bob Eastwood	T23	69-73-72-73—287	3,925	Mark Pfeil	T16	70-73-70-70—283	9,900
Kenny Knox	T23	74-72-71-70—287	3,925	Tom Pernice Jr.	T18	70-67-72-75—284	7,302
Mark O'Meara	T33	71-73-74-70—288	2,641	Frank Conner	T18	70-70-74-70—284	7,302
George Archer	T33	74-72-68-74—288	2,641	Jim Dent	T18	73-72-70-69—284	7,302
Fred Couples	T33	64-77-73-74—288	2,641	Mike Hulbert	T18	75-65-70-74—284	7,302
Bill Israelson	T33	75-70-70-73—288	2,641	Mike Gove	T18	73-72-70-69—284	7,302
Jeff Lewis	T33	72-72-74-70—288	2,641	Lennie Clements	T18	74-67-74-69—284	7,302
Vance Heafner	T33	69-74-74-71—288	2,641	Hubert Green	T18	72-65-75-73—284	7,302

1986 PGA TOUR RESULTS: Memorial • Kemper • Westchester

MEN PROFESSIONALS

Name	Pos	Scores	Total	Money
Andy North	T25	69-71-72-73—285		4,387
Pat McGowan	T25	71-71-72-71—285		4,387
Don Pooley	T25	73-72-73-67—285		4,387
Rod Curl	T25	73-71-71-70—285		4,387
Joe Inman	T25	72-68-72-73—285		4,387
Mike Donald	T25	70-72-72-71—285		4,387
David Frost	T25	73-68-75-69—285		4,387
Jim Gallagher, Jr.	T25	70-73-73-69—285		4,387
Wayne Levi	T33	74-66-72-74—286		3,390
Tom Sieckmann	T33	65-69-75-77—286		3,390
Gibby Gilbert	T33	72-71-76-67—286		3,390
Mark Lye	T36	74-69-73-71—287		2,826
Chris Perry	T36	73-68-75-71—287		2,826
J.C. Snead	T36	71-73-70-73—287		2,826
Billy Pierot	T36	70-74-74-69—287		2,826
Jim Colbert	T36	70-74-73-70—287		2,826
Jeff Sluman	T41	75-67-76-70—288		2,100
Larry Rinker	T41	70-69-74-75—288		2,100
Bill Rogers	T41	74-69-75-70—288		2,100
Charles Coody	T41	76-68-73-71—288		2,100
Andy Dillard	T41	72-72-71-73—288		2,100
Ed Fiori	T41	68-71-72-77—288		2,100
Bill Israelson	T41	67-75-73-73—288		2,100
Howard Twitty	T48	73-71-76-69—289		1,477
Mike Smith	T48	74-71-71-73—289		1,477
David Peoples	T48	74-71-77-67—289		1,477
George Archer	T48	68-73-69-79—289		1,477
Rex Caldwell	T48	75-69-72-73—289		1,477
Bobby Clampett	T48	72-71-77-69—289		1,477
Lou Graham	T48	73-72-72-72—289		1,477
Jeff Grygiel	T48	69-73-73-74—289		1,477
Harry Taylor	T56	72-73-73-72—290		1,326
Larry Rentz	T56	75-69-73-73—290		1,326
Steve Bowman	T56	69-72-77-72—290		1,326
John McComish	T56	70-73-73-74—290		1,326
Rick Cramer	T56	73-72-71-74—290		1,326
Gary Koch	T56	71-74-73-72—290		1,326
Mark McCumber	T56	69-73-76-72—290		1,326
Vance Heafner	T56	74-69-70-77—290		1,326
Mark O'Meara	T64	77-68-73-73—291		1,254
Jim Simons	T64	68-75-77-71—291		1,254
Joey Sindelar	T64	78-67-74-72—291		1,254
Morris Hatalsky	T64	72-69-76-74—291		1,254
Barry Jaeckel	68	73-73-73-75—292		1,224
Chip Beck	T69	72-71-77-73—293		1,206
Pat Lindsey	T69	75-69-72-77—293		1,206
David Graham	T71	75-70-76-73—294		1,182
Bobby Mitchell	T71	69-73-80-72—294		1,182
Adrian Stills	73	73-70-74-78—295		1,164
Dave Rummells	T74	76-69-74-77—296		1,146
Danny Briggs	T74	74-70-74-78—296		1,146
Kris Moe	76	73-70-75-79—297		1,128
Steve Jones	77	71-72-77-79—299		1,116

U.S. OPEN ($700,000):
Shinnecock Hills G.C. (70-6,912), Southampton, N.Y., June 12-15.

Name	Pos	Scores	Total	Money
Ray Floyd	1	75-68-70-66—279		$115,000
Lanny Wadkins	T2	74-70-72-65—281		47,646
Chip Beck	T2	75-73-68-65—281		47,646
Lee Trevino	T4	74-68-69-71—282		26,269
Hal Sutton	T4	75-70-66-71—282		26,269
Payne Stewart	T6	76-68-69-70—283		19,009
Ben Crenshaw	T6	76-69-69-69—283		19,009
Bob Tway	T8	70-73-69-72—284		14,500
Bernhard Langer	T8	74-70-70-70—284		14,500
Jack Nicklaus	T8	77-72-67-68—284		14,500
Mark McCumber	T8	74-71-68-71—284		14,500
Denis Watson	T12	72-70-71-72—285		11,870
Greg Norman	T12	71-68-71-75—285		11,870
Mark Calcavecchia	14	75-75-72-65—287		11,028
Joey Sindelar	T15	81-66-70-71—288		8,884
Scott Verplank	T15	75-72-67-74—288		8,884
Jodie Mudd	T15	75-75-69-71—288		8,884
Bobby Wadkins	T15	75-69-72-72—288		8,884
Craig Stadler	T15	74-71-74-69—288		8,884
David Frost	T15	72-72-77-67—288		8,884
Fuzzy Zoeller	T15	75-74-71-68—288		8,884
David Graham	T15	76-71-69-72—288		8,884
Gary Koch	T15	73-73-71-71—288		8,884
Larry Mize	T24	75-71-73-70—289		6,461
Calvin Peete	T24	77-73-70-69—289		6,461
Don Pooley	T24	75-71-74-69—289		6,461
Larry Rinker	T24	77-71-70-71—289		6,461
Tom Watson	T24	72-71-71-75—289		6,461
Mike Reid	T24	74-73-66-76—289		6,461
Seve Ballesteros	T24	75-73-68-73—289		6,461
Andy Bean	T24	76-72-73-68—289		6,461
Lennie Clements	T24	75-72-67-75—289		6,461
Dave Eichelberger	T24	80-70-72-67—289		6,461
Paul Azinger	34	78-72-70-70—290		5,575
Mark McNulty	T35	75-72-68-76—291		5,170
Larry Nelson	T35	75-73-70-73—291		5,170
Phil Blackmar	T35	75-75-70-71—291		5,170
Tom Kite	T35	74-74-73-70—291		5,170
John Cook	T35	75-73-70-73—291		5,170
a-Sam Randolph	T35	79-71-68-73—291		0
Roger Maltbie	T41	76-70-73-73—292		4,566
Mark O'Meara	T41	76-73-71-72—292		4,566
Doug Tewell	T41	74-73-71-74—292		4,566
Bruce Fliesher	T41	76-73-71-72—292		4,566
Johnny Miller	T45	76-72-71-74—293		3,963
Dave Barr	T45	75-73-73-72—293		3,963
Mark Lye	T45	80-70-70-73—293		3,963
Sandy Lyle	T45	78-71-72-72—293		3,963
Kenny Knox	T45	72-76-74-71—293		3,963
Mac O'Grady	T50	75-69-73-77—294		3,427
Barry Jaeckel	T50	75-74-71-74—294		3,427
David Hobby	T50	76-74-71-73—294		3,427
Tommy Nakajima	T53	72-72-78-73—295		3,092
Bill Glasson	T53	76-74-69-76—295		3,092
Greg Powers	T55	80-70-72-74—296		2,914
Wayne Levi	T55	77-70-74-75—296		2,914
Bill Israelson	T55	79-71-72-74—296		2,914
Hubert Green	T55	75-75-75-71—296		2,914
Peter Jacobsen	T59	76-72-73-76—297		2,791
T.C. Chen	T59	76-72-75-74—297		2,791
Frank Conner	T59	75-73-77-72—297		2,791
Jeff Sluman	T62	75-74-75-74—298		2,761
David Ogrin	T62	76-73-74-75—298		2,761
Rick Fehr	T62	72-77-75-74—298		2,761
Dick Mast	65	76-74-76-74—300		2,761

MEN PROFESSIONALS

Howard Twitty	66	79-71-75-76—301	2,761
Andy North	67	79-71-77-75—302	2,761
Mike Malaska	68	74-74-80-75—303	2,761
Peter Oosterhuis	69	78-70-78-78—304	2,761
Brad Greer	70	78-72-79-76—305	2,761

a-Amateur.

PROVIDENT CLASSIC ($300,000).
Valleybrook C.C. (70-6,641), Hixson, Tenn., June 12-15.

Brad Faxon	**1**	**67-62-69-63—261**	**$54,000**
Scott Hoch	2	67-63-66-66—262	32,400
Clarence Rose	3	65-66-65-69—265	20,400
Loren Roberts	T4	67-68-69-63—267	12,400
Bill Bergin	T4	67-69-65-66—267	12,400
Gary McCord	T4	67-68-66-66—267	12,400
J.C. Snead	T7	69-68-67-64—268	9,675
Tommy Armour	T7	71-62-67-68—268	9,675
Ken Brown	T9	71-66-65-67—269	7,800
Brian Claar	T9	67-69-65-68—269	7,800
Jim Gallagher, Jr.	T9	64-68-69-68—269	7,800
Steve Jones	T9	70-67-64-68—269	7,800
Danny Briggs	T13	66-66-67-71—270	5,800
Antonio Cerda	T13	68-68-65-69—270	5,800
John McComish	T13	68-71-66-65—270	5,800
L. Thompson	T16	69-67-68-67—271	4,650
Ernie Gonzalez	T16	65-69-73-64—271	4,650
Denny Hepler	T16	69-64-69-69—271	4,650
David Peoples	T16	69-67-66-69—271	4,650
George Cadle	T20	67-66-69-70—272	3,250
Russ Cochran	T20	68-72-65-67—272	3,250
Lou Graham	T20	70-66-68-68—272	3,250
Morris Hatalsky	T20	66-67-68-71—272	3,250
Gene Sauers	T20	66-68-68-70—272	3,250
Harry Taylor	T20	67-65-70-70—272	3,250
Charles Bolling	T26	67-67-69-70—273	2,265
Steve Bowman	T26	70-66-70-67—273	2,265
David Canipe	T26	66-70-69-68—273	2,265
Gibby Gilbert	T26	68-65-71-69—273	2,265
Greg Twiggs	T30	70-68-68-68—274	1,863
Rod Curl	T30	70-66-68-69—274	1,863
Andy Dillard	T30	68-67-68-71—274	1,863
Mark Hayes	T30	68-68-66-72—274	1,863
David Lundstrom	T30	71-65-70-68—274	1,863
Rocco Mediate	T35	65-71-69-70—275	1,479
Billy Pierot	T35	70-67-67-71—275	1,479
Tim Norris	T35	69-72-68-66—275	1,479
Vance Heafner	T35	70-68-65-72—275	1,479
Blaine McCallister	T35	72-67-69-67—275	1,479
Rick Dalpos	T40	68-69-69-70—276	1,200
Robert Wrenn	T40	71-70-68-67—276	1,200
Tom Gleeton	T40	70-67-65-74—276	1,200
Stu Ingraham	T40	73-65-66-72—276	1,200
Eduardo Romero	T44	70-69-67-71—277	990
Ed Fiori	T44	69-69-69-70—277	990
Brian Mogg	T44	69-69-70-69—277	990
Bobby Cole	T47	67-69-73-69—278	846
Bill Sander	T47	70-69-71-68—278	846
Bob E. Smith	49	71-68-70-70—279	780
Richard Zokol	T50	69-70-66-75—280	718
Jeff Grygiel	T50	69-72-69-70—280	718
Gary Hallberg	T50	70-70-68-72—280	718
Ron Streck	T50	69-71-68-72—280	718
Kermit Zarley	T50	71-67-70-72—280	718
Greg Ladehoff	T50	71-66-73-70—280	718
Tommy Aaron	T56	68-72-68-73—281	666
Dennis Trixler	T56	72-67-70-72—281	666
Mike West	T56	69-69-72-71—281	666
Rick Cramer	T56	70-70-67-74—281	666
Brian Fogt	T56	70-68-69-74—281	666
Pat Lindsey	T56	72-69-70-70—281	666
Steve Lowery	T56	69-69-75-68—281	666
Tommy Valentine	T63	70-68-71-73—282	636
Jay Delsing	T63	68-70-72-72—282	636
Waddy Stokes	T63	69-72-71-70—282	636
Rex Caldwell	T66	71-67-69-76—283	615
Mike Fiddelke	T66	69-71-67-76—283	615
Doug Johnson	T66	66-75-75-67—283	615
Larry Ziegler	T66	71-70-69-73—283	615
Kris Moe	70	70-71-72-71—284	600

GEORGIA-PACIFIC ATLANTA GOLF CLASSIC ($500,000).
Atlanta C.C. (72-7,007), Marietta, Ga., June 19-22.

Bob Tway	**1**	**68-66-71-64—269**	**$90,000**
Hal Sutton	2	66-68-67-70—271	54,000
Scott Hoch	T3	67-66-70-70—273	24,000
Greg Norman	T3	71-72-66-64—273	24,000
Willie Wood	T3	67-68-70-68—273	24,000
Mark O'Meara	T3	67-67-70-69—273	24,000
Gary Koch	7	72-63-72-67—274	16,750
Tom Purtzer	8	69-69-66-71—275	15,500
Doug Tewell	T9	68-64-71-73—276	13,500
Rex Caldwell	T9	71-72-65-68—276	13,500
David Graham	T9	71-71-67-67—276	13,500
D.A. Weibring	T12	67-71-68-71—277	9,800
Tom Kite	T12	69-69-67-72—277	9,800
Paul Azinger	T12	68-71-68-70—277	9,800
Andy Bean	T12	70-72-65-70—277	9,800
Bill Bergin	T12	69-66-70-72—277	9,800
Denis Watson	T17	67-71-70-70—278	7,250
Bill Rogers	T17	72-70-69-67—278	7,250
David Frost	T17	71-65-72-70—278	7,250
Morris Hatalsky	T17	72-66-67-73—278	7,250
Jeff Sluman	T21	69-73-69-68—279	5,400
George Archer	T21	69-72-72-66—279	5,400
Chip Beck	T21	69-72-70-68—279	5,400
Danny Edwards	T21	68-69-71-71—279	5,400
Larry Mize	T25	69-73-71-67—280	3,987
Jim Simons	T25	73-69-70-68—280	3,987
Scott Simpson	T25	72-70-66-72—280	3,987
Ray Floyd	T25	70-69-71-70—280	3,987
Tim Simpson	T29	72-70-69-70—281	3,325
Larry Nesson	T29	73-69-71-68—281	3,325
Bobby Clampett	T29	72-70-67-72—281	3,325
Gibby Gilbert	T29	69-69-70-73—281	3,325
Clarence Rose	T33	72-71-72-67—282	2,762
Howard Twitty	T33	69-70-72-71—282	2,762
Dan Pohl	T33	71-70-68-73—282	2,762
Phil Blackmar	T33	71-70-72-69—282	2,762

MEN PROFESSIONALS

Name	Pos	Scores	Money
Larry Rinker	T37	74-69-69-71—283	2,150
Tim Norris	T37	72-70-70-71—283	2,150
Robert Wrenn	T37	70-73-72-68—283	2,150
David Ogrin	T37	70-73-69-71—283	2,150
Rick Fehr	T37	66-74-73-70—283	2,150
Jim Gallagher, Jr.	T37	70-72-73-68—283	2,150
Mark Hayes	T37	68-72-75-70—283	2,150
Brian Claar	T44	71-72-71-70—284	1,475
Brad Faxon	T44	73-70-71-70—284	1,475
Davis Love III	T44	68-72-72-72—284	1,475
Greg Twiggs	T44	69-69-72-74—284	1,475
T.M. Chen	T44	72-71-70-71—284	1,475
Jeff Grygiel	T44	69-72-67-76—284	1,475
Andrew Magee	T44	67-69-70-78—284	1,475
Bobby Wadkins	T51	70-69-74-72—285	1,192
Steve Jones	T51	69-70-73-73—285	1,192
Andy Dillard	T51	68-72-73-72—285	1,192
Ed Fiori	T51	72-71-70-72—285	1,192
Loren Roberts	T55	71-71-73-71—286	1,140
Rod Curl	T55	70-72-73-71—286	1,140
Jim Dent	T55	71-72-72-71—286	1,140
Jodie Mudd	T58	70-71-68-78—287	1,090
Mike Sullivan	T58	71-68-76-72—287	1,090
Don Pooley	T58	68-73-69-77—287	1,090
Harry Taylor	T58	68-72-72-75—287	1,090
Larry Ziegler	T58	67-71-71-78—287	1,090
Kris Moe	T58	76-67-71-73—287	1,090
Pat Lindsey	T58	71-71-71-74—287	1,090
Danny Hepler	T65	71-72-69-76—288	1,045
Jeff Lewis	T65	69-73-72-74—288	1,045
Mike Hulbert	T67	68-73-72-76—289	1,025
John McComish	T67	69-70-80-70—289	1,025
Richard Zokol	69	71-71-78-70—290	1,010
Ron Streck	T70	69-74-71-77—291	990
Mike Smith	T70	72-71-74-74—291	990
Antonio Cerda	T70	69-73-73-76—291	990
Rick Dalpos	73	72-71-75-75—293	970
Ernie Gonzalez	74	71-72-74-77—294	960
Mike Nicolette	75	72-70-76-78—296	950

CANADIAN OPEN ($600,000).
Glen Abbey G.C. (72-7,102), Oakville, Ontario,
June 26-29.

Name	Pos	Scores	Money
Bob Murphy	1	71-70-68-71—280	$108,000
Greg Norman	2	72-76-62-73—283	64,800
Davis Love III	T3	72-68-70-74—284	31,200
Andy Bean	T3	69-69-74-72—284	31,200
Mike Donald	T3	69-73-69-73—284	31,200
Clarence Rose	T6	69-76-70-70—285	20,100
Mac O'Grady	T6	73-68-69-75—285	20,100
Brian Claar	T6	73-73-69-70—285	20,100
David Ogrin	T9	73-71-72-70—286	13,885
Curtis Strange	T9	73-70-70-73—286	13,885
Nick Price	T9	71-71-71-73—286	13,885
Jeff Sluman	T9	72-73-70-71—286	13,885
Bob Tway	T9	70-71-72-73—286	13,885
Bobby Cole	T9	71-72-69-74—286	13,885
Jay Delsing	T9	75-69-71-71—286	13,885
Jack Nicklaus	T16	74-69-70-74—287	9,000
Paul Azinger	T16	70-69-77-71—287	9,000
Dave Barr	T16	70-71-70-76—287	9,000
Fred Couples	T16	74-71-70-72—287	9,000
Ben Crenshaw	T16	74-72-67-74—287	9,000
Pat McGowan	T21	72-70-70-76—288	6,000
Joey Sindelar	T21	74-72-70-72—288	6,000
Lee Trevino	T21	74-69-69-76—288	6,000
Ernie Gonzalez	T21	71-69-72-76—288	6,000
Dan Halldorson	T21	69-74-69-76—288	6,000
Steve Jones	T21	75-73-66-74—288	6,000
Tom Purtzer	T27	75-69-71-74—289	4,530
Johnny Miller	T27	71-72-71-75—289	4,530
Steve Pate	T29	73-74-72-71—290	3,732
John Adams	T29	73-72-71-74—290	3,732
Scott Hoch	T29	71-75-69-75—290	3,732
Dave Eichelberger	T29	71-75-71-73—290	3,732
David Graham	T29	73-72-71-74—290	3,732
Mark Wiebe	T29	71-73-70-76—290	3,732
Jim Simons	T29	73-73-71-73—290	3,732
Sam Randolph	T36	70-73-75-73—291	2,765
Robert Wrenn	T36	76-70-70-75—291	2,765
Jim Colbert	T36	74-71-72-74—291	2,765
Hale Irwin	T36	68-73-73-77—291	2,765
Gary Hallberg	T36	73-74-73-71—291	2,765
Morris Hatalsky	T36	74-69-73-75—291	2,765
Peter Oosterhuis	T42	77-70-71-74—292	2,280
Charles Bolling	T42	71-71-73-77—292	2,280
Jodie Mudd	T44	73-72-75-73—293	1,864
Corey Pavin	T44	75-70-74-74—293	1,864
Bruce Lietzke	T44	77-70-71-75—293	1,864
Brad Fabel	T44	69-76-75-73—293	1,864
Wayne Grady	T44	73-72-70-78—293	1,864
Greg Twiggs	T49	74-74-74-72—294	1,480
Harry Taylor	T49	71-75-70-78—294	1,480
John Cook	T49	73-71-76-74—294	1,480
Rocco Mediate	T49	74-74-72-74—294	1,480
Brad Faxon	T49	71-75-74-74—294	1,480
Jim Rutledge	T54	71-74-76-74—295	1,368
George Archer	T54	72-74-71-78—295	1,368
Mark McCumber	T54	74-70-74-77—295	1,368
Bob Gilder	T54	74-72-73-76—295	1,368
Blaine McCallister	T54	71-74-73-77—295	1,368
Adrian Stills	T59	71-75-73-77—296	1,326
Mike West	T59	73-74-72-77—296	1,326
Bill Sander	T61	73-73-78-73—297	1,296
Danny Talbot	T61	73-74-76-74—297	1,296
Jim Gallagher, Jr.	T61	75-73-75-74—297	1,296
Robbie Phillips	T64	73-74-76-77—300	1,254
Mike Smith	T64	74-73-75-78—300	1,254
Danny Hepler	T64	69-75-77-79—300	1,254
Dan Forsman	T64	73-71-76-80—300	1,254
Ken Brown	68	74-74-72-82—302	1,224
Jim Thorpe	T69	75-72-76-80—303	1,200
S. And'rs'n-Chapma	T69	77-71-78-77—303	1,200
Tom Gleeton	T69	75-73-76-79—303	1,200
Rex Caldwell	72	75-70-80-79—304	1,176
Gordon Smith	73	75-73-74-83—305	1,164
Dave Stockton	74	77-71-81-77—306	1,152

MEN PROFESSIONALS

CANON SAMMY DAVIS, JR.-GR. HARTFORD OPEN ($700,000).
TPC of Connecticut (71-6,786), Cromwell, Conn., July 3-6.

Player	Pos	Scores	Money
*Mac O'Grady	1	71-69-67-62—269	$126,000
Roger Maltbie	2	66-67-70-66—269	75,600
Mark O'Meara	T3	69-72-64-67—272	36,400
Paul Azinger	T3	67-70-66-69—272	36,400
Scott Hoch	T3	71-66-68-67—272	36,400
Curtis Strange	T6	71-69-65-68—273	23,450
Tom Watson	T6	65-67-70-71—273	23,450
Tim Simpson	T6	64-66-74-69—273	23,450
Chip Beck	T9	66-73-65-70—274	18,900
John Cook	T9	68-69-69-68—274	18,900
Mike Donald	T9	69-68-68-69—274	18,900
Denis Watson	T12	65-71-73-66—275	13,300
David Lundstrom	T12	69-70-67-69—275	13,300
John Mahaffey	T12	67-71-69-68—275	13,300
Steve Pate	T12	69-69-72-65—275	13,300
Mark Calcavecchia	T12	70-69-70-66—275	13,300
Dan Forsman	T12	65-68-72-70—275	13,300
Dan Pohl	T18	69-72-67-68—276	8,820
Scott Simpson	T18	68-67-72-69—276	8,820
Clarence Rose	T18	69-71-68-68—276	8,820
Jim Dent	T18	68-69-67-72—276	8,820
Jim Gallagher, Jr.	T18	71-68-72-65—276	8,820
Gary Hallberg	T18	72-67-67-70—276	8,820
Mike McCullough	T24	67-73-67-70—277	5,810
Kenny Knox	T24	66-69-67-75—277	5,810
David Edwards	T24	69-71-71-66—277	5,810
Mark Hayes	T24	70-68-73-66—277	5,810
Mike Hulbert	T24	69-72-68-68—277	5,810
Loren Roberts	T29	69-72-69-68—278	4,355
Ronnie Black	T29	69-69-71-69—278	4,355
Lee Trevino	T29	70-70-70-68—278	4,355
D.A. Weibring	T29	68-71-70-69—278	4,355
John Adams	T29	70-69-69-70—278	4,355
Brian Claar	T29	69-72-68-69—278	4,355
Tom Kite	T29	68-69-69-72—278	4,355
Corey Pavin	T36	69-69-70-71—279	3,154
Howard Twitty	T36	72-67-69-71—279	3,154
Mark Pfeil	T36	70-70-70-69—279	3,154
Peter Jacobsen	T36	73-68-67-71—279	3,154
Steve Jones	T36	71-69-70-69—279	3,154
Jodie Mudd	T36	71-70-68-70—279	3,154
Lennie Clements	T36	71-69-70-69—279	3,154
Billy Pierot	T43	73-69-68-70—280	2,045
L. Thompson	T43	69-73-69-69—280	2,045
Fuzzy Zoeller	T43	68-73-74-65—280	2,045
Sam Randolph	T43	73-67-70-70—280	2,045
Eduardo Romero	T43	74-66-71-69—280	2,045
Antonio Cerda	T43	68-73-69-70—280	2,045
Russ Cochran	T43	71-70-70-69—280	2,045
Wayne Levi	T43	70-69-72-69—280	2,045
Dave Eichelberger	T43	69-69-73-69—280	2,045
Lon Hinkle	T43	70-71-68-71—280	2,045
Frank Conner	T53	69-75-67-70—281	1,612
Rod Curl	T53	71-69-73-68—281	1,612
Rick Dalpos	T53	73-68-69-71—281	1,612
Mark McCumber	T53	67-72-72-70—281	1,612
Keith Fergus	T53	71-71-69-70—281	1,612
Bill Rogers	T58	71-67-73-71—282	1,547
Dick Mast	T58	73-69-68-72—282	1,547
Gary Koch	T58	72-69-71-70—282	1,547
Jay Haas	T58	71-66-71-74—282	1,547
Mark Wiebe	T62	74-68-65-76—283	1,498
Mark Lye	T62	70-71-74-68—283	1,498
Bill Kratzert	T62	71-70-69-73—283	1,498
Joey Sindelar	T65	71-67-68-78—284	1,456
Charles Bolling	T65	73-68-70-73—284	1,456
Lou Graham	T65	71-71-70-72—284	1,456
Dave Stockton	T68	69-71-75-70—285	1,414
Jim Thorpe	T68	69-69-71-76—285	1,414
Trevor Dodds	T68	72-70-71-72—285	1,414
George Archer	71	71-70-71-74—286	1,386
Brad Faxon	72	70-72-69-76—287	1,372
Gary McCord	T73	70-69-74-75—288	1,351
Blaine McCallister	T73	69-72-77-70—288	1,351
Payne Stewart	T75	69-70-71-80—290	1,323
Jay Delsing	T75	69-73-71-77—290	1,323
Wayne Grady	77	74-64-77-76—291	1,302
Bob Murphy	78	69-73-74-78—294	1,288

*Won playoff.

ANHEUSER-BUSCH CLASSIC ($500,000).
Kingsmill G.C. (71-6,776), Williamsburg, Va., July 10-13.

Player	Pos	Scores	Money
Fuzzy Zoeller	1	70-68-72-64—274	$90,000
Jodie Mudd	2	65-70-72-69—276	54,000
Joey Sindelar	3	70-68-72-67—277	34,000
Scott Hoch	T4	68-69-74-67—278	22,000
Mac O'Grady	T4	69-72-70-67—278	22,000
Clarence Rose	T6	69-71-70-69—279	16,187
T.C. Chen	T6	71-70-70-68—279	16,187
Rick Fehr	T6	71-67-72-69—279	16,187
David Frost	T6	68-71-72-68—279	16,187
Hale Irwin	T10	70-69-71-70—280	11,500
Tony Sills	T10	70-65-75-70—280	11,500
Jeff Sluman	T10	66-73-74-67—280	11,500
Don Pooley	T10	67-72-72-69—280	11,500
Corey Pavin	T10	70-72-69-69—280	11,500
John Mahaffey	T15	67-71-73-70—281	7,750
Davis Love III	T15	67-72-70-72—281	7,750
Mark O'Meara	T15	73-67-73-72—281	7,750
Harry Taylor	T15	69-73-70-69—281	7,750
Denis Watson	T15	69-69-71-72—281	7,750
Mark Hayes	T15	71-65-80-65—281	7,750
Mark Wiebe	T21	67-71-74-70—282	5,200
Bob Murphy	T21	71-70-70-71—282	5,200
Dick Mast	T21	67-72-76-67—282	5,200
Gary McCord	T21	73-69-73-67—282	5,200
Russ Cochran	T21	69-69-73-71—282	5,200
Scott Simpson	T26	68-72-71-72—283	3,475
Tim Simpson	T26	67-70-72-74—283	3,475
Lanny Wadkins	T26	70-71-73-69—283	3,475
Mike Sullivan	T26	70-71-69-73—283	3,475
Craig Stadler	T26	69-69-75-70—283	3,475
Roger Maltbie	T26	70-67-73-73—283	3,475
Rod Curl	T26	68-74-71-70—283	3,475
Mike Donald	T26	70-72-68-73—283	3,475
Jack Renner	T34	73-68-72-71—284	2,471

MEN PROFESSIONALS

Hal Sutton	T34	70-67-71-76—284	2,471
Willie Wood	T34	69-73-70-72—284	2,471
Richard Zokol	T34	72-66-67-79—284	2,471
Kenny Knox	T34	71-66-70-77—284	2,471
Paul Azinger	T34	72-70-72-70—284	2,471
Steve Jones	T34	72-70-71-71—284	2,471
Mike McCullough	T41	72-68-70-75—285	1,900
Mark McCumber	T41	72-68-70-75—285	1,900
Lennie Clements	T41	70-72-71-72—285	1,900
Donnie Hammond	T41	67-74-72-72—285	1,900
Robert Wrenn	T45	70-71-72-73—286	1,401
Adrian Stills	T45	65-71-73-77—286	1,401
Steve Pate	T45	67-73-75-71—286	1,401
Bill Bergin	T45	69-69-76-72—286	1,401
Tom Byrum	T45	70-71-73-72—286	1,401
Tony Deluca	T45	66-70-79-71—286	1,401
Mark Brooks	T45	73-69-75-69—286	1,401
Loren Roberts	T52	73-68-68-78—287	1,166
Gene Sauers	T52	67-70-71-79—287	1,166
Sam Randolph	T52	69-72-72-74—287	1,166
Morris Hatalsky	T52	69-72-69-77—287	1,166
Vance Heafner	T52	68-71-78-70—287	1,166
Bobby Wadkins	T57	69-72-77-70—288	1,115
Pat McGowan	T57	72-70-72-74—288	1,115
Rick Cramer	T57	73-69-76-70—288	1,115
Jim Dent	T57	71-71-76-70—288	1,115
Antonio Cerda	T61	71-68-77-73—289	1,085
Denny Hepler	T61	71-67-75-76—289	1,085
John Adams	T63	73-69-72-76—290	1,065
Bob Gilder	T63	70-72-77-71—290	1,065
Kikuo Arai	65	70-70-72-79—291	1,050
David Edwards	66	71-70-78-73—292	1,040
Dave Rummells	T67	73-67-77-77—294	1,020
David Lundstrom	T67	71-69-75-79—294	1,020
Tom Gleeton	T67	71-69-82-72—294	1,020
Jim Simons	70	74-67-81-79—301	1,000

BRITISH OPEN ($600,000).
Turnberry (Scotland) G.L. (70-6,958), July 17-20.

Greg Norman	**1**	**74-63-74-69—280**	**$105,000**
Gordon Brand	2	71-68-75-71—285	75,000
Ian Woosnam	T3	70-74-70-72—286	52,500
Bernhard Langer	T3	72-70-76-68—286	52,500
Nick Faldo	5	71-70-76-70—287	37,500
Gary Koch	T6	73-72-72-71—288	33,000
Seve Ballesteros	T6	76-75-73-64—288	33,000
Fuzzy Zoeller	T8	75-73-72-69—289	26,000
Brian Marchbank	T8	78-70-72-69—289	26,000
Tommy Nakajima	T8	74-67-71-77—289	26,000
David Graham	T11	75-73-70-72—290	21,000
J.M. Canizares	T11	76-68-73-73—290	21,000
C. O'Connor, Jr.	T11	75-71-75-69—290	21,000
Andy Bean	T14	74-73-73-71—291	17,250
Curtis Strange	T14	79-69-74-69—291	17,250
Anders Forsbrand	T16	71-73-77-71—292	13,500
J.M. Olazabal	T16	78-69-72-73—292	13,500
Raymond Floyd	T16	78-67-73-74—292	13,500
Manuel Pinero	T19	78-71-70-74—293	10,875
Bob Charles	T19	76-72-73-72—293	10,875
Robert Lee	T21	71-75-75-73—294	7,533
Philip Parkin	T21	78-70-72-74—294	7,533
Vaughan Somers	T21	73-77-72-72—294	7,533
Ben Crenshaw	T21	77-69-75-73—294	7,533
Derrick Cooper	T21	72-79-72-71—294	7,533
Ronan Rafferty	T21	75-74-75-70—294	7,533
Danny Edwards	T21	77-73-70-74—294	7,533
Vicente Fernandez	T21	78-70-71-75—294	7,533
Sam Torrance	T21	78-69-71-76—294	7,533
Ian Stanley	T30	72-74-78-71—295	5,700
John Mahaffey	T30	75-73-75-72—295	5,700
M. Kuramoto	T30	77-73-73-72—295	5,700
D.A. Weibring	T30	75-70-76-74—295	5,700
Sandy Lyle	T30	78-73-70-74—295	5,700
Mark James	T35	75-73-73-75—296	4,753
Payne Stewart	T35	76-69-75-76—296	4,753
Gary Player	T35	72-72-73-76—296	4,753
Ron Commans	T35	72-77-73-74—296	4,753
Roger Chapman	T35	74-71-78-73—296	4,753
Andrew Brooks	T35	72-73-77-74—296	4,753
Tom Watson	T35	71-77-77-71—296	4,753
Greg Turner	T35	73-71-75-77—296	4,753
Ho Ming-chung	T43	77-74-69-77—297	4,200
Roger Maltbie	T43	78-71-76-72—297	4,200
Mark O'Meara	T43	80-69-74-74—297	4,200
Larry Mize	T46	79-69-75-75—298	3,712
Jeff Hawkes	T46	78-73-72-75—298	3,712
Michael Clayton	T46	76-74-75-73—298	3,712
Mac O'Grady	T46	76-75-77-70—298	3,712
Jack Nicklaus	T46	78-73-76-71—298	3,712
Tony Charnley	T46	77-73-76-72—298	3,712
Fred Couples	T46	78-73-75-72—298	3,712
Lu Hsi-chuen	T46	80-69-73-76—298	3,712
Bob Tway	T46	74-71-76-77—298	3,712
Tommy Armour	T46	76-70-75-77—298	3,712
Carl Mason	T56	76-73-73-78—300	3,325
Sam Randolph	T56	72-76-77-75—300	3,325
Graham Marsh	T56	79-71-75-75—300	3,325
Frank Nobilo	T59	76-75-71-79—301	2,887
Tom Lamore	T59	76-71-77-77—301	2,887
Mark McNulty	T59	80-71-79-71—301	2,887
M. Mackenzie	T59	79-70-77-75—301	2,887
Lee Trevino	T59	80-71-75-75—301	2,887
Eamonn Darcy	T59	76-75-75-75—301	2,887
Martin Gray	T65	75-76-76-75—302	2,475
James Heggarty	T65	75-72-80-75—302	2,475
Andrew Chandler	T65	78-72-78-74—302	2,475
Donnie Hammond	T65	74-71-79-78—302	2,475
Scott Simpson	T65	78-71-75-78—302	2,475
Ossie Moore	T70	76-74-79-74—303	1,425
Peter Fowler	T70	80-71-77-75—303	1,425
David Jones	T72	75-76-79-75—305	600
Russ Drummond	T72	76-74-77-78—305	600
Tommy Horton	74	77-73-82-74—306	600
Gary Weir	75	78-69-80-80—307	600
Kris Moe	76	76-74-82-82—314	600

HARDEE'S GOLF CLASSIC ($400,000).
Oakwood C.C. (71-6,602), Coal Valley, Ill., July 17-20.

Mark Wiebe	**1**	**69-65-66-68—268**	**$72,000**
Curt Byrum	2	64-70-64-71—269	43,200

MEN PROFESSIONALS

Player	Pos	Scores	Money
Pat Lindsey	3	73-66-66-66—271	27,200
Bill Glasson	4	72-68-66-66—272	19,200
Bob Lohr	T5	63-71-69-70—273	14,600
Calvin Peete	T5	68-67-72-66—273	14,600
Morris Hatalsky	T5	72-68-65-68—273	14,600
Brett Upper	T8	71-70-65-68—274	11,200
George Archer	T8	69-67-68-70—274	11,200
Mark Brooks	T8	67-70-66-71—274	11,200
Russ Cochran	T8	66-67-70-71—274	11,200
Blaine McCallister	T12	69-66-69-71—275	7,371
Mike Smith	T12	73-63-66-73—275	7,371
Dick Mast	T12	66-72-67-70—275	7,371
M. Calcavecchia	T12	68-67-69-71—275	7,371
Bob Gilder	T12	70-67-66-72—275	7,371
Scott Hoch	T12	68-67-70-70—275	7,371
Brian Claar	T12	73-67-66-69—275	7,371
Jeff Sluman	T19	66-68-69-73—276	5,200
Jay Delsing	T19	68-72-68-68—276	5,200
Mark Hayes	T19	67-68-72-69—276	5,200
Larry Ziegler	T22	69-67-71-70—277	3,340
David Ogrin	T22	69-71-67-70—277	3,340
Gil Morgan	T22	69-69-66-73—277	3,340
David Peoples	T22	72-69-63-73—277	3,340
Eduardo Romero	T22	67-67-71-72—277	3,340
Dave Rummells	T22	68-69-72-68—277	3,340
John Adams	T22	69-67-70-71—277	3,340
Charles Bolling	T22	69-72-68-68—277	3,340
Jeff Lewis	T22	67-71-71-68—277	3,340
T.C. Chen	T22	71-68-66-72—277	3,340
J.C. Snead	T32	71-69-67-71—278	2,075
Tony Sills	T32	69-68-73-68—278	2,075
Victor Regalado	T32	69-72-67-70—278	2,075
Dave Stockton	T32	70-71-71-66—278	2,075
Bart Bryant	T32	68-69-67-74—278	2,075
Willie Wood	T32	70-70-66-72—278	2,075
Gene Sauers	T32	69-69-71-69—278	2,075
Tommy Valentine	T32	68-69-71-70—278	2,075
Bobby Cole	T32	67-71-68-72—278	2,075
Andy North	T41	71-67-71-70—279	1,362
Jim Rutledge	T41	68-70-71-70—279	1,362
Dave Barr	T41	68-72-66-73—279	1,362
Brad Bryant	T41	68-70-69-72—279	1,362
Pat McGowan	T41	72-67-68-72—279	1,362
Tom Gleeton	T41	68-72-67-72—279	1,362
Mike Morley	T41	71-69-70-69—279	1,362
Phil Hancock	T41	70-68-70-71—279	1,362
Mike Sullivan	T49	70-71-68-71—280	955
Jack Renner	T49	69-72-70-69—280	955
Tommy Aaron	T49	72-68-70-70—280	955
Bill Israelson	T49	73-66-66-75—280	955
Rick Dalpos	T49	67-71-70-72—280	955
L. Thompson	T49	71-69-70-70—280	955
Adrian Stills	T49	72-69-71-68—280	955
Tom Shaw	T49	71-66-71-72—280	955
Rod Curl	T49	73-67-71-69—280	955
Mike Miles	T58	70-71-68-72—281	880
Rick Fehr	T58	72-68-73-68—281	880
Ernie Gonzalez	T58	69-72-73-67—281	880
Tony Grimes	T58	73-65-71-72—281	880
Vance Heafner	T58	72-69-70-70—281	880
Rex Caldwell	T63	70-70-70-72—282	844
Chris Perry	T63	70-69-70-73—282	844
Gary Hallberg	T63	70-68-75-69—282	844
Steve Jones	T63	69-67-72-74—282	844
Clark Burroughs	T67	70-71-69-73—283	816
Ed Fiori	T67	71-69-71-72—283	816
Dan Forsman	T67	67-70-70-76—283	816
Greg Twiggs	T70	69-70-71-74—284	784
Don Pooley	T70	72-69-72-71—284	784
Bobby Clampett	T70	73-68-70-73—284	784
David Lundstrom	T70	72-67-72-73—284	784
Jim Gallagher, Jr.	T70	71-68-69-76—284	784
Gary McCord	T75	71-68-76-71—286	756
Rick Cramer	T75	70-69-73-74—286	756
Brad Faxon	T77	71-69-74-74—288	740
Doug Johnson	T77	67-70-77-74—288	740

BUICK OPEN ($500,000)

Warwick Hills C.C. (72-7,014), Grand Blanc, Mich., July 24-27.

Player	Pos	Scores	Money
Ben Crenshaw	1	69-67-66-68—270	**$90,000**
J.C. Snead	T2	67-70-68-66—271	44,000
Doug Tewell	T2	70-68-67-66—271	44,000
Ed Fiori	4	66-69-67-67—272	24,000
Bobby Wadkins	T5	69-66-70-68—273	19,000
Davis Love III	T5	65-67-70-71—273	19,000
Gene Sauers	T7	69-67-67-71—274	16,125
Steve Pate	T7	70-67-65-72—274	16,125
Tom Purtzer	T9	68-68-66-73—275	11,571
Scott Hoch	T9	70-69-66-70—275	11,571
Kenny Knox	T9	68-68-68-71—275	11,571
Wayne Levi	T9	71-67-68-69—275	11,571
Lee Trevino	T9	69-68-70-68—275	11,571
Brian Claar	T9	68-68-71-68—275	11,571
Jeff Sluman	T9	69-67-69-70—275	11,571
Jodie Mudd	T16	70-67-69-70—276	7,750
Mike Sullivan	T16	71-69-68-68—276	7,750
T.C. Chen	T16	70-71-64-71—276	7,750
Jim Colbert	T16	67-69-72-68—276	7,750
Bob Lohr	T20	72-65-71-69—277	6,250
Wayne Grady	T20	69-67-69-72—277	6,250
Andrew Magee	T22	71-65-72-70—278	4,800
Mike Hill	T22	70-69-69-70—278	4,800
Bob Eastwood	T22	69-70-69-70—278	4,800
Danny Edwards	T22	71-68-71-68—278	4,800
Morris Hatalsky	T22	70-70-69-69—278	4,800
Gary Pinns	T27	72-68-71-68—279	3,190
Bruce Lietzke	T27	69-67-72-71—279	3,190
Hal Sutton	T27	68-69-70-72—279	3,190
Tony Sills	T27	71-68-68-72—279	3,190
Mike McCullough	T27	71-68-69-71—279	3,190
L. Thompson	T27	72-69-69-69—279	3,190
Billy Pierot	T27	65-72-72-70—279	3,190
Lon Hinkle	T27	69-67-73-70—279	3,190
Peter Jocobsen	T27	68-70-70-71—279	3,190
David Graham	T27	68-70-71-70—279	3,190
Dick Mast	T37	71-67-73-69—280	2,050
Bobby Clampett	T37	69-71-69-71—280	2,050
John Cook	T37	69-71-68-72—280	2,050
Rick Cramer	T37	73-68-70-69—280	2,050
Steve Jones	T37	71-70-69-70—280	2,050
Tom Kite	T37	68-68-70-74—280	2,050

1986 PGA TOUR RESULTS: British Open • Hardee's • Buick

MEN PROFESSIONALS

Player	Pos	Rounds—Total	Money
Joe Inman	T37	69-69-72-70—280	2,050
Dave Eichelberger	T37	70-66-69-75—280	2,050
Buddy Gardner	T37	69-71-71-69—280	2,050
Scott Verplank	T46	72-68-70-71—281	1,386
Lanny Wadkins	T46	71-68-70-72—281	1,386
D.A. Weibring	T46	71-69-68-73—281	1,386
Howard Twitty	T46	67-72-72-70—281	1,386
Vance Heafner	T46	71-69-73-68—281	1,386
Rod Curl	51	69-70-74-69—282	1,230
Antonio Cerda	T52	73-68-70-72—283	1,166
Keith Clearwater	T52	71-69-71-72—283	1,166
Doug Johnson	T52	70-69-73-71—283	1,166
Mike Donald	T52	74-67-73-69—283	1,166
Dan Halldorson	T52	72-67-74-70—283	1,166
Mark Pfeil	T57	73-68-69-74—284	1,105
Jim Simons	T57	70-70-70-74—284	1,105
Tom Byrum	T57	67-71-73-73—284	1,105
Ken Green	T57	72-69-67-76—284	1,105
Mark Lye	T57	69-72-72-71—284	1,105
James Hallet	T57	71-68-70-75—284	1,105
Greg Twiggs	T63	72-68-71-74—285	1,055
Jim Rutledge	T63	67-73-72-73—285	1,055
Brad Faxon	T63	67-73-70-75—285	1,055
Jim Gallagher, Jr.	T63	72-67-72-74—285	1,055
John Adams	67	68-73-75-70—286	1,030
Harry Taylor	T68	69-72-72-74—287	1,015
Stu Ingraham	T68	70-71-72-74—287	1,015
Dennis Trixler	70	68-73-73-74—288	1,000

WESTERN OPEN ($500,000).
Butler National G.C. (72-7,097), Oakbrook, Ill., July 31-Aug. 3.

Player	Pos	Rounds—Total	Money
*Tom Kite	1	**70-75-73-68—286**	**$90,000**
Nick Price	T2	71-71-73-71—286	37,333
Fred Couples	T2	72-68-73-75—286	37,333
David Frost	T2	74-66-71-75—286	37,333
Greg Norman	T5	71-74-72-70—287	16,950
Bobby Wadkins	T5	69-69-74-75—287	16,950
L. Thompson	T5	71-73-69-74—287	16,950
Dick Mast	T5	69-73-72-73—287	16,950
Bruce Lietzke	T5	74-70-73-70—287	16,950
Mark Pfeil	T10	72-71-73-73—289	12,000
George Burns	T10	71-70-71-77—289	12,000
Tom Byrum	T10	70-70-72-77—289	12,000
Danny Edwards	T10	75-72-73-69—289	12,000
Corey Pavin	T14	73-72-76-69—290	9,000
Russ Cochran	T14	78-70-64-78—290	9,000
Gary Hallberg	T14	68-71-79-72—290	9,000
George Archer	T17	74-73-70-74—291	6,766
Ronnie Black	T17	70-73-72-76—291	6,766
Bobby Clampett	T17	72-70-73-76—291	6,766
Mark Hayes	T17	72-73-74-72—291	6,766
Isao Aoki	T17	71-73-74-73—291	6,766
Ben Crenshaw	T17	72-73-71-75—291	6,766
Bill Rogers	T23	73-73-71-75—292	4,214
Calvin Peete	T23	69-76-73-74—292	4,214
Brian Claar	T23	72-73-69-78—292	4,214
Bob Gilder	T23	68-75-76-73—292	4,214
Tom Purtzer	T23	69-70-76-77—292	4,214
Loren Roberts	T23	68-76-74-74—292	4,214
Bill Israelson	T23	75-72-72-73—292	4,214
a-Billy Andrade	T23	70-78-73-71—292	0
Tony Sills	T31	74-71-75-73—293	3,037
Brett Upper	T31	79-67-70-77—293	3,037
Scott Simpson	T31	69-71-75-78—293	3,037
Kenny Knox	T31	76-72-73-72—293	3,037
Larry Rinker	T31	76-72-73-72—293	3,037
Brad Faxon	T31	75-71-70-77—293	3,037
J.C. Snead	T37	74-74-72-74—294	2,304
Jim Simons	T37	71-77-69-77—294	2,304
Hal Sutton	T37	73-73-72-76—294	2,304
Rex Caldwell	T37	76-69-77-72—294	2,304
Trevor Dodds	T37	72-76-73-73—294	2,304
Mike Donald	T37	74-72-76-72—294	2,304
Pat Lindsey	T43	72-75-75-73—295	1,750
Lennie Clements	T43	70-74-78-73—295	1,750
Dave Eichelberger	T43	68-74-77-76—295	1,750
Nick Faldo	T43	73-70-73-79—295	1,750
Lou Graham	T43	74-74-71-76—295	1,750
David Ogrin	T48	71-71-81-73—296	1,301
Joey Sindelar	T48	78-69-75-74—296	1,301
Mark Brooks	T48	76-74-75-71—296	1,301
Bob Lohr	T48	75-73-76-72—296	1,301
Gene Sauers	T48	74-72-72-78—296	1,301
Andy Dillard	T48	71-76-77-72—296	1,301
David Peoples	T54	70-73-79-75—297	1,152
Antonio Cerda	T54	75-73-75-74—297	1,152
Hale Irwin	T54	69-75-76-77—297	1,152
David Edwards	T54	72-74-75-75—297	1,152
Dan Forsman	T54	71-74-73-79—297	1,152
Chris Perry	T59	72-76-75-75—298	1,105
Chip Beck	T59	73-73-80-72—298	1,105
Danny Briggs	T59	71-70-77-80—298	1,105
Mike Hulbert	T59	73-74-75-76—298	1,105
Paul Azinger	63	71-77-76-75—299	1,080
Robert Wrenn	T64	75-69-76-80—300	1,055
Tim Simpson	T64	69-77-77-77—300	1,055
Dave Barr	T64	71-76-78-75—300	1,055
Keith Clearwater	T64	77-71-76-76—300	1,055
Curtis Strange	T68	74-72-76-79—301	980
Wayne Levi	T68	74-71-80-76—301	980
Stu Ingraham	T68	71-75-76-79—301	980
T.C. Chen	T68	72-72-80-77—301	980
Larry Mize	T68	76-72-74-79—301	980
Jim Colbert	T68	72-76-79-74—301	980
Lon Hinkle	T68	74-74-74-79—301	980
Rick Fehr	T68	76-72-75-78—301	980
Buddy Gardner	T68	73-72-79-77—301	980
Tom Pernice Jr.	T68	74-73-74-80—301	980
Tom Gleeton	T68	76-68-82-75—301	980
Dave Rummells	79	75-71-81-75—302	920
Brad Fabel	T80	73-73-82-75—303	900
Billy Pierot	T80	71-76-77-79—303	900
Gary Groh	T80	77-70-79-77—303	900
Jeff Grygiel	83	75-72-84-73—304	880
Barry Jaeckel	84	74-73-81-80—308	870

*Won playoff.
a—Amateur.

MEN PROFESSIONALS

PGA CHAMPIONSHIP ($800,000).
 Inverness C.C. (71-6,982), Toledo, Ohio,
 Aug. 7-10.

Player	Pos	Scores	Money
Bob Tway	1	72-70-64-70—276	$140,000
Greg Norman	2	65-68-69-76—278	80,000
Peter Jacobsen	3	68-70-70-71—279	60,000
D.A. Weibring	4	71-72-68-69—280	42,865
Bruce Lietzke	T5	69-71-70-71—281	32,500
Payne Stewart	T5	70-67-72-72—281	32,500
Mike Hulbert	T7	69-68-74-71—282	20,833
Jim Thorpe	T7	71-67-73-71—282	20,833
David Graham	T7	75-69-71-67—282	20,833
Doug Tewell	10	73-71-68-71—283	15,000
Lonnie Nielsen	T11	73-69-72-70—284	12,000
Lee Trevino	T11	71-74-69-70—284	12,000
Lanny Wadkins	T11	71-75-70-68—284	12,000
Ben Crenshaw	T11	72-73-72-67—284	12,000
Donnie Hammond	T11	70-71-68-75—284	12,000
Jack Nicklaus	T16	70-68-72-75—285	8,500
Don Pooley	T16	71-74-69-71—285	8,500
Tony Sills	T16	71-72-69-73—285	8,500
Tom Watson	T16	72-69-72-72—285	8,500
Chip Beck	T16	71-73-71-70—285	8,500
Corey Pavin	T21	71-72-70-73—286	6,120
Hal Sutton	T21	73-71-70-72—286	6,120
Ronnie Black	T21	68-71-74-73—286	6,120
David Frost	T21	70-73-68-75—286	6,120
Wayne Grady	T21	68-76-71-71—286	6,120
Dan Pohl	T26	71-71-74-71—287	4,900
Ken Green	T26	71-72-71-73—287	4,900
Hale Irwin	T26	76-70-73-68—287	4,900
Tom Kite	T26	72-73-71-71—287	4,900
Calvin Peete	T30	72-73-69-74—288	4,000
Ian Woosnam	T30	72-70-75-71—288	4,000
Jeff Sluman	T30	70-71-76-71—288	4,000
Gene Sauers	T30	69-73-70-76—288	4,000
Craig Stadler	T30	67-74-73-74—288	4,000
Wayne Levi	T30	68-73-71-76—288	4,000
Brett Upper	T36	71-73-72-73—289	3,400
Isao Aoki	T36	73-69-74-73—289	3,400
Mark Lye	T36	72-71-70-76—289	3,400
Fred Couples	T36	69-73-72-75—289	3,400
Buddy Gardner	T36	72-73-71-73—289	3,400
Scott Simpson	T41	70-70-75-75—290	2,850
Jodie Mudd	T41	72-73-73-72—290	2,850
Mike Reid	T41	71-73-70-76—290	2,850
Bobby Wadkins	T41	69-74-70-77—290	2,850
Hubert Green	T41	75-70-74-71—290	2,850
Scott Hoch	T41	72-70-75-73—290	2,850
Mark Wiebe	T47	75-67-72-77—291	2,250
Dave Barr	T47	71-73-73-74—291	2,250
Davis Love III	T47	70-72-72-77—291	2,250
Mike Donald	T47	74-69-73-75—291	2,250
Tommy Nakajima	T47	71-73-71-76—291	2,250
Roger Maltbie	T47	73-70-74-74—291	2,250
Dave Stockton	T53	70-75-74-73—292	1,740
Steve Pate	T53	76-69-71-76—292	1,740
Joey Sindelar	T53	74-72-73-73—292	1,740
Andy Bean	T53	74-70-72-76—292	1,740
John Cook	T53	71-72-75-74—292	1,740
Bob Gilder	T53	69-75-73-75—292	1,740
Jay Haas	T53	69-77-74-72—292	1,740
Mark McCumber	T53	71-74-68-79—292	1,740
Mike Sullivan	T53	72-73-74-73—292	1,740
Clarence Rose	T53	73-71-72-76—292	1,740
Phil Blackmar	T53	67-73-79-73—292	1,740
Larry Mize	T53	69-76-75-72—292	1,740
James Blair	65	72-74-73-74—293	1,600
Gary Koch	66	68-77-74-75—294	1,590
Lennie Clements	67	71-75-72-77—295	1,580
David Edwards	68	72-69-76-79—296	1,570
Bob Murphy	69	73-73-74-77—297	1,560
Ken Brown	70	73-73-72-80—298	1,550
Denis Watson	71	71-74-77-77—299	1,550
J.C. Snead	72	70-76-75-79—300	1,550

THE INTERNATIONAL ($1,002,300).
 Castle Pines G.C. (72-7,503), Castle Rock, Colo.,
 Aug. 13-17.

Player	Pos	Score	Points	Money
Ken Green	1	278	12 points	$180,000
Bernhard Langer	2	277	9 points	113,000
Joey Sindelar	T3	283	8 points	63,000
J.C. Snead	T3	274	8 points	63,000
Nick Price	5	282	6 points	45,000
Howard Twitty	6	282	5 points	41,000
Bruce Lietzke	T7	282	4 points	37,250
Kenny Knox	T7	277	4 points	37,250
Andy Dillard	9	288	1 point	34,000
Tom Kite	T10	284	0 points	31,000
Donnie Hammond	T10	288	0 points	31,000
T.C. Chen	12	283	−1 point	28,000
Brett Ogle	T13			6,000
Jay Haas	T13			6,000
John Cook	T15			6,000
Jim Gallagher, Jr.	T15			6,000
Mark Hayes	T15			6,000
Corey Pavin	T18			6,000
Billy Pierot	T18			6,000
David Frost	T18			6,000
Morris Hatalsky	T18			6,000
Lon Hinkle	T18			6,000
Jack Nicklaus	T23			6,000
Ken Brown	T23			6,000
Sam Randolph	T25			6,000
Jim Simons	T25			6,000
Bob Tway	T25			6,000
Manuel Pinero	T28			6,000
John Mahaffey	T28			6,000
Mike Reid	T28			6,000
Hal Sutton	T28			6,000
Tom Watson	T28			6,000
Mark McCumber	T28			6,000
Richard Zokol	T28			6,000
Ronnie Black	T28			6,000
David Edwards	T28			6,000
Brad Faxon	T28			6,000
Keith Fergus	T28			6,000
Bill Kratzert	T28			6,000
Tim Norris	T40			2,000
Mark O'Meara	T40			2,000
Peter Oosterhuis	T40			2,000

MEN PROFESSIONALS

Steve Pate	T40		2,000
Chris Perry	T40		2,000
Don Pooley	T40		2,000
Bill Rogers	T40		2,000
Gene Sauers	T40		2,000
Scott Simpson	T40		2,000
Jeff Sluman	T40		2,000
Mike Smith	T40		2,000
Mike Sullivan	T40		2,000
Doug Tewell	T40		2,000
Lanny Wadkins	T40		2,000
D.A. Weibring	T40		2,000
Mark Wiebe	T40		2,000
Willie Wood	T40		2,000
Paul Azinger	T40		2,000
Mark Lye	T40		2,000
Tom Byrum	T40		2,000
Rex Caldwell	T40		2,000
Roger Maltbie	T40		2,000
Russ Cochran	T40		2,000
Dig Norris	T40		2,000
Rodger Davis	T40		2,000
Danny Edwards	T40		2,000
Dave Eichelberger	T40		2,000
Mike McCullough	T40		2,000
Rich Fehr	T40		2,000
Ray Floyd	T40		2,000
Davis Love III	T40		2,000
Bill Glasson	T40		2,000
Mike Hulbert	T40		2,000
Hale Irwin	T40		2,000
Bob Murphy	T40		2,000
Scott Hoch	T40		2,000

Points awarded using Stableford System.

NEC WORLD SERIES OF GOLF ($700,000).
Firestone C.C. (70-7,173), Akron, Ohio,
Aug. 21-24.

Dan Pohl	**1**	**69-66-71-71—277**	**$126,000**
Lanny Wadkins	2	68-68-70-72—278	75,600
Bobby Cole	3	74-67-68-70—279	47,600
John Mahaffey	4	71-66-72-71—280	33,600
Andy Bean	T5	72-74-69-66—281	24,550
Rodger Davis	T5	72-69-69-71—281	24,550
Donnie Hammond	T5	66-68-73-74—281	24,550
Tim Simpson	T5	71-73-72-65—281	24,550
David Ishii	T9	67-71-73-71—282	16,800
Tom Kite	T9	71-69-71-71—282	16,800
Jack Nicklaus	T9	71-69-69-73—282	16,800
Calvin Peete	T9	72-70-71-69—282	16,800
Jim Thorpe	T9	70-72-68-72—282	16,800
Bob Tway	T9	74-72-66-70—282	16,800
Ken Green	15	68-75-69-71—283	12,600
Bernhard Langer	T16	67-71-71-75—284	11,200
Corey Pavin	T16	70-69-70-75—284	11,200
Joey Sindelar	T16	71-66-73-74—284	11,200
Ed Dougherty	19	72-73-73-67—285	9,800
Danny Edwards	T20	70-70-72-74—286	8,566
David Frost	T20	72-69-72-73—286	8,566
Greg Norman	T20	68-71-72-75—286	8,566
Masahiro Kuramoto	23	68-70-77-72—287	8,000
Ben Crenshaw	T24	68-74-75-71—288	7,600
Ray Floyd	T24	66-74-74-74—288	7,600
Fuzzy Zoeller	T24	77-69-71-71—288	7,600
Roger Maltbie	T27	74-70-73-72—289	7,100
Craig Stadler	T27	71-70-77-71—289	7,100
Kenny Knox	T29	72-69-70-79—290	6,700
Mac O'Grady	T29	77-74-68-71—290	6,700
Doug Tewell	T29	76-70-71-73—290	6,700
Tommy Nakajima	T32	77-72-69-73—291	6,400
Tateo Ozaki	T32	70-71-77-73—291	6,400
Mark Wiebe	T32	66-75-71-79—291	6,400
Curtis Strange	35	69-71-80-72—292	6,200
George Burns	36	70-71-74-78—293	6,100
Dan Forsman	37	69-80-73-74—296	6,000
Bob Murphy	38	76-74-74-73—297	5,900
Greg Turner	39	72-73-77-79—301	5,800
Seiichi Kanai	T40	73-76-73-80—302	5,650
Hal Sutton	T40	71-72-79-80—302	5,650
Ove Sellberg	42	80-73-74-76—303	5,500
Hubert Green	43	77-75-79-74—305	5,400

FEDERAL EXPRESS ST. JUDE CLASSIC ($605,912).
Colonial C.C. (72-7,282), Cordova, Tenn.,
Aug. 28-31.

Mike Hulbert	**1**	**71-72-68-69—280**	**$109,064**
Joey Sindelar	2	71-71-71-68—281	65,438
Payne Stewart	3	71-70-71-70—282	41,202
Larry Nelson	4	76-70-67-70—283	29,084
Larry Mize	T5	73-70-68-73—284	23,024
Gary Koch	T5	73-69-69-73—284	23,024
Tony Sills	T7	74-70-69-72—285	17,632
Jeff Sluman	T7	74-70-70-71—285	17,632
Howard Twitty	T7	71-67-73-74—285	17,632
Fuzzy Zoeller	T7	70-74-71-70—285	17,632
Eugene Elliott	T7	76-72-68-69—285	17,632
Greg Twiggs	T12	76-73-68-69—286	12,724
Clarence Rose	T12	74-72-68-72—286	12,724
Fred Couples	T12	77-69-70-70—286	12,724
Tom Purtzer	T15	73-71-72-71—287	9,694
Mike West	T15	74-73-69-71—287	9,694
Bobby Wadkins	T15	72-73-69-73—287	9,694
Charles Bolling	T15	74-74-72-67—287	9,694
Bob Gilder	T15	75-70-69-73—287	9,694
Bob Tway	T20	76-71-69-72—288	7,311
Steve Jones	T20	77-72-71-68—288	7,311
Bill Israelson	T20	75-74-71-68—288	7,311
Jack Renner	T23	72-75-73-69—289	5,107
Mark O'Meara	T23	74-69-73-73—289	5,107
Peter Jacobsen	T23	73-74-72-70—289	5,107
Mark McCumber	T23	74-72-72-71—289	5,107
Andy Bean	T23	75-72-74-68—289	5,107
Dave Eichelberger	T23	74-74-68-73—289	5,107
Ernie Gonzalez	T23	73-72-71-73—289	5,107
Tom Pernice Jr.	30	78-70-74-68—290	4,120
Dave Rummells	T31	75-73-74-73—291	3,593
Lennie Clements	T31	78-72-71-70—291	3,593
Keith Fergus	T31	77-70-72-72—291	3,593
Bill Glasson	T31	74-69-74-74—291	3,593
Lon Hinkle	T31	72-76-74-69—291	3,593
Tim Norris	T36	76-72-71-73—292	2,426

MEN PROFESSIONALS

Bill Sander	T36	77-71-75-69—292	2,426		Chris Perry	T16	73-67-71-68—279	5,611
Gibby Gilbert	T36	73-73-72-74—292	2,426		Payne Stewart	T16	71-69-68-71—279	5,611
Phil Hancock	T36	74-71-74-73—292	2,426		Bill Israelson	T16	70-71-71-67—279	5,611
Curtis Strange	T36	74-73-72-73—292	2,426		Richard Zokol	T16	69-70-72-68—279	5,611
Chris Perry	T36	73-72-77-70—292	2,426		Rocco Mediate	T23	69-68-71-72—280	3,840
Willie Wood	T36	75-73-73-71—292	2,426		David Peoples	T23	68-71-73-68—280	3,840
Larry Ziegler	T36	73-75-70-74—292	2,426		Bobby Cole	T23	67-72-71-70—280	3,840
George Archer	T36	72-74-75-71—292	2,426		Lonnie Nielsen	T26	69-70-69-73—281	2,722
Bill Kratzert	T36	80-69-74-69—292	2,426		Mark Hayes	T26	67-71-72-71—281	2,722
Tom Byrum	T36	79-71-71-71—292	2,426		Mike Reid	T26	71-70-71-69—281	2,722
Brad Fabel	T36	78-71-68-75—292	2,426		Don Pooley	T26	71-69-72-69—281	2,722
Robert Wrenn	T48	77-72-75-69—293	1,563		Greg Twiggs	T26	71-67-71-72—281	2,722
Steve Bowman	T48	76-72-71-74—293	1,563		Mike Smith	T26	66-69-71-75—281	2,722
Ed Fiori	T48	79-70-71-73—293	1,563		Jay Delsing	T26	69-72-70-70—281	2,722
Mark Hayes	T48	77-73-72-71—293	1,563		Vance Heafner	T26	73-63-72-73—281	2,722
Hal Sutton	T52	80-69-71-74—294	1,413		Denny Hepler	T26	72-67-74-68—281	2,722
David Thorpe	T52	77-70-76-71—294	1,413		Blaine McCallister	T35	71-69-72-70—282	2,110
Mark Brooks	T52	75-75-73-71—294	1,413		Bob Eastwood	T35	74-66-73-69—282	2,110
Rick Fehr	T52	76-73-74-71—294	1,413		Bill Sander	T37	71-71-71-70—283	1,840
Bob Lohr	T52	75-75-75-69—294	1,413		Scott Verplank	T37	71-69-72-70—283	1,840
Richard Zokol	T57	78-72-72-73—295	1,363		Rick Dalpos	T37	70-70-73-70—283	1,840
Antonio Cerda	T57	76-70-78-71—295	1,363		Brad Faxon	T37	70-71-67-75—283	1,840
Dennis Trixler	T59	75-75-72-74—296	1,308		Tim Norris	T41	70-70-72-72—284	1,440
Mike Nicolette	T59	77-73-68-78—296	1,308		Brian Claar	T41	67-71-74-72—284	1,440
David Peoples	T59	74-73-75-74—296	1,308		Mike Donald	T41	72-70-71-71—284	1,440
Rod Curl	T59	75-74-77-70—296	1,308		John McComish	T41	71-70-69-74—284	1,440
Andy Dillard	T59	77-71-78-70—296	1,308		Steve Hart	T41	72-70-68-74—284	1,440
Adrian Stills	T59	75-73-73-75—296	1,308		Mark Lye	T41	72-69-72-71—284	1,440
Ronnie Black	T59	74-76-74-72—296	1,308		Charles Bolling	T47	69-72-71-73—285	1,041
Rocco Mediate	T66	72-77-74-74—297	1,254		Ed Dougherty	T47	71-70-75-69—285	1,041
Bobby Cole	T66	72-78-78-69—297	1,254		Loren Roberts	T47	69-72-74-70—285	1,041
Woody Blackburn	T68	74-75-70-79—298	1,224		Jeff Grygiel	T47	71-68-72-74—285	1,041
Andrew Magee	T68	75-75-69-79—298	1,224		Pat McGowan	T47	69-69-74-73—285	1,041
Jim Gallagher, Jr.	T68	76-73-76-73—298	1,224		Mike Hulbert	T47	69-71-72-73—285	1,041
Jim Simons	T71	76-73-73-77—299	1,194		Ronnie Black	T53	71-69-70-76—286	917
Gary Hallberg	T71	71-75-72-81—299	1,194		Kenny Knox	T53	70-70-73-73—286	917
L. Thompson	T73	75-75-74-76—300	1,169		Gene Sauers	T53	68-69-77-72—286	917
Trevor Dodds	T73	73-75-76-76—300	1,169		Mark Brooks	T53	70-72-73-71—286	917
Jeff Grygiel	75	73-75-75-83—306	1,151		Rick Cramer	T53	69-71-73-73—286	917
					Andrew Magee	T53	69-71-71-75—286	917
					Eduardo Romero	T59	73-68-72-74—287	880

B.C. OPEN ($400,000).
En-Joie G.C. (71-6,966), Endicott, N.Y., Sept. 4-7.

					Brett Upper	T59	66-70-78-73—287	880
Rick Fehr	1	65-66-67-69—267	$72,000		Wayne Levi	T59	70-68-72-77—287	880
Larry Mize	2	64-67-70-68—269	43,200		Adrian Stills	T62	71-71-73-73—288	852
Howard Twitty	3	69-68-68-66—271	27,200		Tom Byrum	T62	70-72-73-73—288	852
Bobby Wadkins	4	66-68-73-65—272	19,200		Mike Miles	T62	70-69-72-77—288	852
Calvin Peete	T5	71-67-70-66—274	15,200		David Lundstrom	T62	71-74-74-72—288	852
Bill Glasson	T5	66-70-71-67—274	15,200		Buddy Gardner	T66	69-72-76-73—290	828
Jack Renner	T7	72-68-67-68—275	12,900		Pat Lindsey	T66	72-70-75-73—290	828
Jay Haas	T7	70-69-69-67—275	12,900		Victor Regalado	T68	69-72-76-74—291	812
Tom Purtzer	9	68-67-70-71—276	11,600		Bobby Clampett	T68	70-71-74-76—291	812
Dick Mast	T10	68-69-68-72—277	10,000		Ken Green	70	69-70-74-79—292	800
Tony Sills	T10	71-67-70-69—277	10,000		Mike Colandro	71	74-68-73-78—293	792
Jeff Sluman	T10	69-68-71-69—277	10,000		Mark Carnevale	72	70-70-73-81—294	784
D.A. Weibring	T13	72-70-67-69—278	7,733					
Chip Beck	T13	68-70-68-72—278	7,733		**BANK OF BOSTON CLASSIC** ($400,000).			
Hale Irwin	T13	70-69-68-71—278	7,733		Pleasant Valley C.C. (71-7,012), Sutton, Mass.,			
Larry Rinker	T16	70-66-69-74—279	5,611		Sept. 11-14.			
Harry Taylor	T16	67-74-67-71—279	5,611		*Gene Sauers	1	70-71-64-69—274	$81,000
Tom Pernice Jr.	T16	71-69-71-68—279	5,611		Blaine McCallister	2	72-68-67-67—274	48,600

1986 PGA TOUR RESULTS: World Series • St. Jude • B.C. • Boston

MEN PROFESSIONALS

Player	Pos	Scores	Money
Curt Byrum	3	71-68-69-68—276	30,600
Jack Renner	T4	73-70-68-66—277	19,800
Wayne Levi	T4	68-71-70-68—277	19,800
Paul Azinger	6	71-71-69-67—278	16,200
Curtis Strange	T7	73-65-68-73—279	14,512
Mark Calcavecchia	T7	70-69-68-72—279	14,512
Larry Rinker	9	68-74-66-73—281	13,050
Ernie Gonzalez	T10	71-71-66-74—282	11,700
Wayne Grady	T10	66-73-71-72—282	11,700
Larry Ziegler	T12	71-70-69-73—283	8,820
Mark O'Meara	T12	71-67-69-76—283	8,820
D.A. Weibring	T12	72-68-70-73—283	8,820
Phil Blackmar	T12	74-67-73-69—283	8,820
Antonio Cerda	T12	69-71-73-70—283	8,820
John Mahaffey	T17	72-70-73-69—284	5,888
Joey Sindelar	T17	75-70-69-70—284	5,888
Tom Perinice Jr.	T17	73-71-70-70—284	5,888
Mike Reid	T17	73-72-69-70—284	5,888
George Archer	T17	74-69-66-75—284	5,888
Brian Claar	T17	66-74-72-72—284	5,888
Gary Hallberg	T17	73-71-70-70—284	5,888
Richard Zokol	T24	71-73-69-72—285	3,836
Mike McCullough	T24	70-74-71-70—285	3,836
Rich Fehr	T24	72-70-68-75—285	3,836
Donnie Hammond	T24	69-73-73-70—285	3,836
a-Billy Andrade	T24	72-69-72-72—285	0
J.C. Snead	T29	69-74-72-71—286	3,060
Bobby Cole	T29	71-71-71-73—286	3,060
Fred Couples	T29	75-69-68-74—286	3,060
Ray Floyd	T29	76-69-72-69—286	3,060
Kenny Knox	T29	71-70-73-72—286	3,060
Chris Perry	T34	75-70-70-72—287	2,377
Vance Heafner	T34	73-70-68-76—287	2,377
Bob Eastwood	T34	71-74-71-71—287	2,377
Al Geiberger	T34	69-72-72-74—287	2,377
Lon Hinkle	T34	75-68-71-73—287	2,377
Jay Haas	T34	73-69-72-73—287	2,377
Steve Pate	T40	73-72-68-75—288	1,800
Rocco Mediate	T40	71-72-68-77—288	1,800
Jim Simons	T40	72-71-71-74—288	1,800
Mark Brooks	T40	72-73-72-71—288	1,800
Mark Carnevale	T40	71-73-70-74—288	1,800
Bill Glasson	T40	68-72-73-75—288	1,800
Calvin Peete	T46	72-70-65-81—289	1,354
Mike Nicolette	T46	74-69-72-74—289	1,354
Tom Kite	T46	73-70-71-75—289	1,354
Jay Delsing	T46	72-73-72-72—289	1,354
Tom Shaw	T50	72-72-72-74—290	1,137
George Burns	T50	74-70-69-77—290	1,137
Peter Jacobsen	T50	74-71-74-71—290	1,137
Bobby Wadkins	T53	68-72-75-76—291	1,044
Chip Beck	T53	75-69-71-76—291	1,044
Bobby Clampett	T53	71-69-77-74—291	1,044
Brad Fabel	T53	75-70-72-74—291	1,044
Ken Green	T53	72-71-71-77—291	1,044
Bob Lohr	T53	69-71-76-75—291	1,044
Lanny Wadkins	59	71-74-72-75—292	1,008
Danny Briggs	T60	73-72-75-73—293	981
Brad Bryant	T60	72-73-75-73—293	981
Steve Jones	T60	74-70-70-79—293	981
Mike Donald	T60	74-69-73-77—293	981
Lou Graham	T60	69-72-73-79—293	981
Brett Upper	T65	70-71-78-75—294	949
Tim Norris	T65	74-70-74-76—294	949
Howard Twitty	67	72-73-73-77—295	936
Billy Pierot	T68	71-71-79-75—296	922
Davis Love III	T68	69-74-75-78—296	922
Stu Ingraham	T70	74-71-75-78—298	904
Rick Cramer	T70	73-72-76-77—298	904

*Won playoff.
a-Amateur.

GREATER MILWAUKEE OPEN ($400,000).

Tuckaway C.C. (72-7,010), Franklin, Wis., Sept. 18-21.

Player	Pos	Scores	Money
*Corey Pavin	1	66-72-67-67—272	$72,000
Dave Barr	2	69-64-69-70—272	43,200
David Frost	3	69-66-68-70—273	27,200
Tom Purtzer	T4	66-71-68-69—274	16,533
Roger Maltbie	T4	72-68-67-67—274	16,533
Buddy Gardner	T4	69-68-67-70—274	16,533
Joey Sindelar	T7	70-67-67-71—275	12,900
Ronnie Black	T7	68-69-68-70—275	12,900
Mark Calcavecchia	T9	73-70-63-70—276	10,800
Rick Fehr	T9	68-70-68-70—276	10,800
Morris Hatalsky	T9	68-67-70-71—276	10,800
Bob Tway	T12	69-70-67-71—277	8,400
John Adams	T12	67-73-67-70—277	8,400
Andy Bean	T12	70-66-71-70—277	8,400
Bobby Clampett	15	68-69-70-71—278	7,200
Greg Twiggs	T16	70-68-69-72—279	6,200
Chris Perry	T16	68-68-72-71—279	6,200
Tom Pernice Jr.	T16	68-71-69-71—279	6,200
Bobby Cole	T16	70-70-71-68—279	6,200
Doug Tewell	T20	71-70-70-69—280	4,171
John McComish	T20	70-67-71-72—280	4,171
Peter Oosterhuis	T20	74-66-70-70—280	4,171
Phil Blackmar	T20	68-72-69-71—280	4,171
Brian Claar	T20	70-71-70-69—280	4,171
Jay Delsing	T20	65-73-72-70—280	4,171
David Peoples	T20	71-70-67-72—280	4,171
Dean Prange	T27	74-68-69-70—281	2,780
Nick Price	T27	71-69-69-72—281	2,780
Eduardo Romero	T27	68-73-74-66—281	2,780
Pat McGowan	T27	71-71-70-69—281	2,780
Curt Byrum	T27	69-70-69-73—281	2,780
Hubert Green	T27	69-67-71-74—281	2,780
Loren Roberts	T33	68-70-71-73—282	2,160
Ron Streck	T33	73-70-70-69—282	2,160
Andrew Magee	T33	72-70-72-68—282	2,160
Jim Gallagher, Jr.	T33	69-70-70-73—282	2,160
Gary Hallberg	T33	70-71-71-70—282	2,160
Calvin Peete	T38	69-70-71-73—283	1,600
Clarence Rose	T38	74-68-66-75—283	1,600
Tommy Valentine	T38	71-70-72-70—283	1,600
Larry Mize	T38	69-74-69-71—283	1,600
Tim Simpson	T38	70-70-71-72—283	1,600
Antonio Cerda	T38	69-71-72-71—283	1,600
Frank Conner	T38	66-74-72-71—283	1,600
Dick Mast	T38	73-70-72-68—283	1,600
Mike West	T46	70-72-69-73—284	1,054
Bill Sander	T46	70-73-71-70—284	1,054
Danny Briggs	T46	71-70-73-70—284	1,054

MEN PROFESSIONALS

Keith Fergus	T46	75-68-67-74—284	1,054
Al Geiberger	T46	72-71-68-73—284	1,054
Ernie Gonzalez	T46	69-71-74-70—284	1,054
Mark Hayes	T46	71-72-69-72—284	1,054
Vance Heafner	T46	70-70-75-69—284	1,054
Richard Zokol	T54	69-73-73-70—285	912
George Archer	T54	70-70-72-73—285	912
George Burns	T54	70-72-69-74—285	912
Rick Cramer	T54	71-72-72-70—285	912
Tom Gleeton	T54	69-71-75-70—285	912
Don Pooley	T59	71-68-73-74—286	876
Steve Pate	T59	70-70-74-72—286	876
John Mahaffey	T59	71-71-71-73—286	876
Phil Hancock	T59	76-67-74-69—286	876
Robert Wrenn	T63	70-70-71-76—287	848
Clark Burroughs	T63	70-70-71-76—287	848
Andy North	T63	74-68-73-72—287	848
Bob Lohr	T66	73-70-72-73—288	816
George Cadle	T66	71-72-69-76—288	816
Pat Lindsey	T66	70-72-72-74—288	816
Eugene Elliott	T66	69-69-73-77—288	816
Brian Mogg	T66	70-72-73-73—288	816
Brett Upper	T71	73-70-71-75—289	780
Gene Sauers	T71	70-72-70-77—289	780
Jim Dent	T71	67-75-75-72—289	780
Trevor Dodds	T71	73-68-73-75—289	780
Rocco Mediate	T75	70-75-73-73—291	744
Tim Norris	T75	71-70-76-74—291	744
Tom Byrum	T75	65-71-77-78—291	744
Mike McCullough	T75	73-69-74-75—291	744
Bill Kratzert	T75	72-71-72-76—291	744
Charles Bolling	80	71-72-78-74—295	720

*Won playoff.

SOUTHWEST GOLF CLASSIC ($400,000).
Fairway Oaks G. & Racquet C. (72-7,166), Abilene, Tex., Sept. 25-28.

Mark Calcavecchia	1	68-70-66-71—275	**$72,000**
Tom Byrum	2	68-74-67-69—278	43,200
Craig Stadler	T3	72-72-72-63—279	20,800
D.A. Weibring	T3	66-76-68-69—279	20,800
Morris Hatalsky	T3	66-74-71-68—279	20,800
Ronnie Black	6	69-74-69-69—281	14,400
Jeff Maggert	7	68-73-70-71—282	13,400
Corey Pavin	T8	70-74-69-70—283	11,600
Doug Tewell	T8	69-74-69-71—283	11,600
Ben Crenshaw	T8	73-72-71-67—283	11,600
Mark Pfeil	T11	72-72-69-71—284	8,480
Dan Pohl	T11	66-80-69-69—284	8,480
Paul Azinger	T11	68-74-70-72—284	8,480
Bob Eastwood	T11	68-73-71-72—284	8,480
Gary Hallberg	T11	70-77-69-68—284	8,480
Pat McGowan	T16	71-71-72-71—285	5,430
Tony Sills	T16	69-73-71-72—285	5,430
Bob Tway	T16	72-73-68-72—285	5,430
Jack Renner	T16	71-69-74-71—285	5,430
Andy Bean	T16	70-73-70-72—285	5,430
Russ Cochran	T16	70-73-70-72—285	5,430
Bobby Cole	T16	71-77-66-71—285	5,430
Ed Fiori	T16	72-70-71-72—285	5,430
Mike McCullough	T24	68-74-74-70—286	3,320
Gene Sauers	T24	70-72-72-72—286	3,320
Gary Koch	T24	71-74-67-74—286	3,320
Charles Bolling	T24	68-75-69-74—286	3,320
David Frost	T24	67-79-67-73—286	3,320
Tim Norris	T29	71-73-74-69—287	2,720
Wayne Levi	T29	72-75-69-71—287	2,720
Andrew Magee	T29	71-76-71-69—287	2,720
Bill Sander	T32	68-75-71-74—288	2,315
Blaine McCallister	T32	74-70-71-73—288	2,315
Mike Hulbert	T32	73-71-69-75—288	2,315
Stu Ingraham	T32	71-77-71-69—288	2,315
Chris Perry	T36	69-77-69-74—289	1,925
Robert Wrenn	T36	74-73-72-70—289	1,925
Kenny Knox	T36	70-74-73-72—289	1,925
Davis Love III	T36	71-77-67-74—289	1,925
Ron Streck	T40	68-80-71-71—290	1,480
Greg Twiggs	T40	67-77-68-78—290	1,480
Frank Conner	T40	70-77-72-71—290	1,480
Trevor Dodds	T40	72-74-72-72—290	1,480
Bill Glasson	T40	72-76-71-71—290	1,480
Tom Gleeton	T40	69-72-74-75—290	1,480
Greg Ladehoff	T40	70-73-74-70—290	1,480
J.C. Snead	T47	71-74-71-75—291	995
Harry Taylor	T47	73-75-71-72—291	995
George Archer	T47	75-72-73-71—291	995
Rex Caldwell	T47	70-75-71-75—291	995
Charles Coody	T47	73-75-72-71—291	995
Dave Eichelberger	T47	67-77-74-73—291	995
Brad Fabel	T47	72-75-71-73—291	995
Vance Heafner	T47	72-75-73-71—291	995
Danny Mijovic	T47	47 69-78-71-73—291	995
Tom Jenkins	T47	68-77-71-75—291	995
Adrian Stills	T57	73-74-69-76—292	888
Danny Briggs	T57	68-78-72-74—292	888
Brad Bryant	T57	71-75-72-74—292	888
Curt Byrum	T57	74-74-70-74—292	888
Steve Pate	T57	73-73-73-73—292	888
Willie Wood	T62	68-80-74-71—293	852
Kermit Zarley	T62	70-75-74-74—293	852
Brian Claar	T62	69-77-75-72—293	852
Keith Fergus	T62	69-79-74-71—293	852
Steve Bowman	T66	72-72-73-77—294	828
Rod Curl	T66	70-77-75-72—294	828
L. Thompson	T68	73-74-78-70—295	812
Mike West	T68	73-75-75-72—295	812
Jim Gallagher, Jr.	70	71-76-73-76—296	800
Dwight Nevil	71	73-75-73-77—298	792

SOUTHERN OPEN ($350,000).
Green Island C.C. (70-6,791), Columbus, Ga., Oct. 2-5.

Fred Wadsworth	1	67-67-68-67—269	**$63,000**
Tim Simpson	T2	68-67-70-66—271	23,100
Jim Thorpe	T2	65-71-64-71—271	23,100
George Archer	T2	69-66-67-69—271	23,100
John Cook	T2	70-71-65-65—271	23,100
Jack Renner	T6	70-69-65-68—272	11,725
Joey Sindelar	T6	70-67-65-70—272	11,725
Payne Stewart	T6	66-67-68-71—272	11,725
Brad Fabel	9	70-65-69-69—273	10,150
Kenny Knox	T10	67-69-68-70—274	8,050

MEN PROFESSIONALS

Player	Pos	Scores	Money
Larry Nelson	T10	69-67-68-70—274	8,050
Mike McCullough	T10	69-65-70-70—274	8,050
Bob Gilder	T10	72-65-70-67—274	8,050
Joe Inman	T10	71-70-65-68—274	8,050
Corey Pavin	T15	70-66-69-70—275	5,775
Andy Bean	T15	68-65-74-68—275	5,775
Lennie Clements	T15	69-69-69-68—275	5,775
Hubert Green	T15	68-70-66-71—275	5,775
Bob Tway	T19	68-70-69-69—276	3,298
Gene Sauers	T19	68-68-70-70—276	3,298
Larry Mize	T19	68-72-67-69—276	3,298
Greg Twiggs	T19	69-68-70-69—276	3,298
Chris Perry	T19	69-67-68-72—276	3,298
Willie Wood	T19	71-69-66-70—276	3,298
Ken Brown	T19	69-72-69-66—276	3,298
Charles Coody	T19	68-69-72-67—276	3,298
Mike Donald	T19	66-69-67-74—276	3,298
Larry Rinker	T19	68-69-68-71—276	3,298
Charles Bolling	T19	68-71-66-71—276	3,298
Mike Hulbert	T19	72-65-68-71—276	3,298
Gary Koch	T19	74-63-70-69—276	3,298
Scott Hoch	T32	72-68-69-68—277	1,895
Barry Jaeckel	T32	73-68-72-64—277	1,895
Mark Brooks	T32	72-69-68-68—277	1,895
Frank Conner	T32	68-70-68-71—277	1,895
Rod Curl	T32	70-61-71-75—277	1,895
Jim Dent	T32	71-67-67-72—277	1,895
Wayne Grady	T32	67-69-67-74—277	1,895
Bobby Wadkins	T39	67-72-69-70—278	1,505
Davis Love III	T39	60-70-71-68—278	1,505
Buddy Gardner	T39	67-72-70-69—278	1,505
Tom Sieckmann	T42	67-66-74-72—279	1,260
Paul Azinger	T42	69-69-71-70—279	1,260
Keith Fergus	T42	67-71-70-71—279	1,260
Vance Heafner	T42	71-70-70-68—279	1,260
Dan Pooley	T46	67-68-73-72—280	910
Tom Purtzer	T46	69-67-73-71—280	910
Tommy Valentine	T46	72-64-73-71—280	910
Dave Rummells	T46	66-72-71-71—280	910
J.C. Snead	T46	66-72-69-73—280	910
Tony Sills	T46	69-69-71-71—280	910
Rick Dalpos	T46	71-69-67-73—280	910
Ed Fiori	T46	70-70-71-69—280	910
John McComish	T46	71-70-69-70—280	910
Jeff Sluman	T55	70-71-73-67—281	784
L. Thompson	T55	69-70-73-69—281	784
Mike Smith	T55	68-70-71-72—281	784
Mike Nicolette	T55	69-70-74-68—281	784
Blaine McCallister	T55	67-72-72-70—281	784
David Frost	T55	69-69-71-72—281	784
John Mahaffey	T55	68-72-71-70—281	784
John Adams	T62	68-72-73-69—282	735
Chip Beck	T62	69-71-69-73—282	735
Bobby Cole	T62	68-73-73-72—282	735
Mark McCumber	T62	71-70-69-72—282	735
Trevor Dodds	T62	67-74-69-72—282	735
Allen Miller	T62	70-71-70-71—282	735
Ernie Gonzalez	T62	68-71-73-70—282	735
Loren Roberts	T69	70-71-70-72—283	696
Scott Verplank	T69	70-71-73-69—283	696
Bill Kratzert	T69	67-72-73-71—283	696
Lou Graham	T69	72-69-71-71—283	696
Billy Pierot	T73	71-69-72-72—284	672
Antonio Cerda	T73	72-67-72-73—284	672
Lon Hinkle	T73	65-72-73-74—284	672
Mike West	T76	73-68-71-73—285	651
Greg Ladehoff	T76	69-71-74-71—285	651
Russ Cochran	T76	72-68-71-74—285	651
Rick Cramer	T79	69-71-74-72—286	630
Dave Eichelberger	T79	73-67-73-73—286	630
Tom Pernice Jr.	T79	71-69-71-75—286	630
Louis Brown	82	69-71-72-75—287	616
Mike Sullivan	83	71-70-74-73—288	609
Bobby Pancratz	84	67-74-74-75—290	602
Tom Gleeton	85	68-73-77-73—291	595

PENSACOLA OPEN ($300,000).

Perdido Bay C.C., (71-7,093), Pensacola, Fla., Oct. 9-12. (Inclement weather reduced tournament to two rounds.)

Player	Pos	Scores	Money
Ernie Gonzalez	1	65-63—128	**$40,500**
Joey Sindelar	2	67-62—129	24,300
L. Thompson	3	66-65—131	15,300
Mike Hulbert	T4	68-65—133	9,900
Kenny Knox	T4	66-67—133	9,900
Fred Wadswprth	T6	69-65—134	6,342
Tim Simpson	T6	68-66—134	6,342
Jeff Sluman	T6	65-69—134	6,342
Tom Byrum	T6	66-68—134	6,342
Rick Fehr	T6	68-66—134	6,342
Bob Gilder	T6	68-66—134	6,342
Bob Murphy	T6	66-68—134	6,342
Paul Azinger	T6	67-67—134	6,342
Mike Reid	T14	69-66—135	4,050
Phil Blackmar	T14	64-71—135	4,050
Stu Ingraham	T14	68-67—135	4,050
Jeff Lewis	T17	67-69—136	3,045
Larry Rinker	T17	69-67—136	3,045
David Lundstrom	T17	67-69—136	3,045
John Cook	T17	65-71—136	3,045
Buddy Gardner	T17	68-68—136	3,045
Wayne Grady	T17	66-70—136	3,045
Dan Pohl	T23	68-69—137	1,616
Mark McCumber	T23	69-68—137	1,616
Rocco Mediate	T23	67-70—137	1,616
Steve Pate	T23	68-69—137	1,616
Tim Norris	T23	67-70—137	1,616
Dave Eichelberger	T23	69-68—137	1,616
Keith Fergus	T23	69-68—137	1,616
Scott Hoch	T23	67-70—137	1,616
Pat Lindsey	T23	70-67—137	1,616
Loren Roberts	T23	69-68—137	1,616
Willie Wood	T23	68-69—137	1,616
Peter Jacobsen	T23	66-71—137	1,616
Brad Bryant	T23	69-68—137	1,616
Nick Faldo	T23	69-68—137	1,616
Mike McCullough	T37	70-68—138	900
Payne Stewart	T37	69-69—138	900
John Mahaffey	T37	70-68—138	900
Calvin Peete	T37	68-70—138	900
David Peoples	T37	70-68—138	900
Doug Tewell	T37	70-68—138	900
Chip Beck	T37	67-71—138	900

MEN PROFESSIONALS

Danny Briggs	T37	69-69—138	900		Chris Perry	T10	72-70-68-70—280	13,000
Frank Conner	T37	67-71—138	900		Tom Purtzer	T10	69-71-67-73—280	13,000
Steve Jones	T37	67-71—138	900		Tim Simpson	T12	67-73-68-73—281	11,000
Tommy Valentine	T47	73-66—139	536		Dave Rummells	T12	72-70-68-71—281	11,000
Dennis Trixler	T47	70-69—139	536		David Peoples	T14	67-71-71-73—282	8,500
Bobby Pancratz	T47	69-70—139	536		Dave Barr	T14	70-70-70-72—282	8,500
Bob Tway	T47	69-70—139	536		Brian Claar	T14	69-69-68-76—282	8,500
Bruce Lietzke	T47	69-70—139	536		Buddy Gardner	T14	71-70-66-75—282	8,500
Joe Inman	T47	68-71—139	536		Tom Kite	T14	73-71-69-69—282	8,500
Mike West	T47	69-70—139	536		Mike Hulbert	T19	69-72-67-75—283	5,261
Corey Pavin	T47	70-69—139	536		Bill Sander	T19	76-70-65-72—283	5,261
Bill Sander	T47	68-71—139	536		Dan Pohl	T19	72-70-70-71—283	5,261
Chris Perry	T47	68-71—139	536		Mark McCumber	T19	69-70-74-70—283	5,261
Bill Rogers	T47	68-71—139	536		Andy Bean	T19	68-72-71-72—283	5,261
Mike Smith	T47	70-69—139	536		Charles Bolling	T19	67-72-69-75—283	5,261
Ken Brown	T47	67-72—139	536		Antonio Cerda	T19	76-67-69-71—283	5,261
Curt Byrum	T47	65-74—139	536		Rick Fehr	T19	70-68-74-71—283	5,261
Wren Lum	T47	70-69—139	536		Morris Hatalsky	T19	68-71-68-76—283	5,261
Trevor Dodds	T47	68-71—139	536		Howard Twitty	T28	68-74-70-72—284	3,325
Tom Prutzer	T63	71-69—140	432		Calvin Peete	T28	68-73-69-74—284	3,325
Adrian Stills	T63	71-69—140	432		Bobby Wadkins	T28	70-66-73-75—284	3,325
Ron Streck	T63	72-68—140	432		John Mahaffey	T28	73-70-67-74—284	3,325
Mark Wiebe	T63	70-70—140	432		Russ Cochran	T28	67-70-72-75—284	3,325
Mike Sullivan	T63	69-71—140	432		Mark Hayes	T28	72-71-72-69—284	3,325
Harry Taylor	T63	71-69—140	432		Jeff Sluman	T34	72-69-73-71—285	2,418
Eduardo Romero	T63	69-71—140	432		J.C. Snead	T34	74-73-67-71—285	2,418
Clarence Rose	T63	69-71—140	432		Clarence Rose	T34	73-72-69-71—285	2,418
Robert Wrenn	T63	67-73—140	432		Fred Couples	T34	72-68-75-70—285	2,418
Bobby Wadkins	T63	74-66—140	432		Jay Delsing	T34	77-68-68-72—285	2,418
Bill Israelson	T63	68-72—140	432		Danny Edwards	T34	72-69-72-72—285	2,418
Dave Barr	T63	67-73—140	432		Dan Halldorson	T34	72-75-67-71—285	2,418
Greg Ladehoff	T63	70-70—140	432		Kenny Knox	T34	75-71-69-70—285	2,418
Pat McGowan	T63	71-69—140	432		Hal Sutton	T42	71-75-69-71—286	1,536
Charles Bolling	T63	74-66—140	432		Gene Sauers	T42	70-71-73-72—286	1,536
Mark Brooks	T63	66-74—140	432		Eduardo Romero	T42	71-70-71-74—286	1,536
Rex Caldwell	T63	66-74—140	432		Larry Rinker	T42	74-70-68-74—286	1,536
Larry Mize	T63	68-72—140	432		Wayne Levi	T42	68-70-77-71—286	1,536
Brian Claar	T63	69-71—140	432		Brad Bryant	T42	71-73-71-71—286	1,536
Bobby Clampett	T63	70-70—140	432		Rod Curl	T42	69-76-69-72—286	1,536
Jay Delsing	T63	73-67—140	432		Ken Green	T42	74-69-67-76—286	1,536
Bob Eastwood	T63	68-72—140	432		Jeff Grygiel	T42	71-69-72-74—286	1,536
Donnie Hammond	T63	66-74—140	432		Scott Hoch	T42	70-72-73-71—286	1,536
					Lanny Wadkins	T52	70-73-72-72—287	1,160
					Don Pooley	T52	69-69-75-74—287	1,160
					Jim Colbert	T52	72-74-69-72—287	1,160
					Rick Dalpos	T52	74-72-68-73—287	1,160
					Bob Eastwood	T52	71-71-70-75—287	1,160
					Joe Inman	T52	67-73-71-76—287	1,160
					Jim Simons	T58	67-72-74-75—288	1,085

WALT DISNEY WORLD/OLDSMOBILE CLASSIC ($500,000).

Magnolia (72-7,150), Palm (72-6,917), Lake Buena Vista (Fla.) Courses (72-6,655), Oct. 16-19.

*Ray Floyd	1	68-66-70-71—275	$90,000		Loren Roberts	T58	72-70-73-73—288	1,085
Mike Sullivan	T2	65-69-70-71—275	44,000		Brett Upper	T58	67-74-74-73—288	1,085
Lon Hinkle	T2	67-69-68-71—275	44,000		Bruce Lietzke	T58	67-70-74-77—288	1,085
Pat McGowan	T4	69-70-69-68—276	20,666		Bobby Clampett	T58	72-69-70-77—288	1,085
Payne Stewart	T4	65-66-74-71—276	20,666		Nick Faldo	T58	71-74-70-73—288	1,085
Gary Koch	T4	66-73-68-69—276	20,666		Dan Forsman	T58	67-71-76-74—288	1,085
Andy North	T7	71-69-69-69—278	16,125		Donnie Hammond	T58	67-72-72-77—288	1,085
Phil Blackmar	T7	67-73-68-70—278	16,125		Mike Donald	T66	71-74-70-74—289	1,030
Bob Murphy	9	68-72-69-70—279	14,500		Keith Fergus	T66	73-77-65-74—289	1,030
					Blaine McCallister	T66	72-71-69-77—289	1,030
					John Cook	69	72-71-71-76—290	1,010
					Woody Blackburn	70	73-66-73-85—297	1,000
					*Won playoff.			

1986 PGA TOUR RESULTS: Pensacola • Walt Disney

59

MEN PROFESSIONALS

VANTAGE CHAMPIONSHIP ($1,000,000).
Oak Hills C.C. (70-,6576), San Antonio, Tex., Oct. 23-26. (Inclement weather reduced the tournament to three rounds.)

Player	Pos	Scores	Money
Ben Crenshaw	1	65-67-64—196	$180,000
Payne Stewart	2	67-65-65—197	108,000
Ronnie Black	T3	68-66-67—201	48,000
Phil Blackmar	T3	66-67-68—201	48,000
Bobby Clampett	T3	67-68-66—201	48,000
Ernie Gonzalez	T3	68-67-66—201	48,000
Jeff Sluman	T7	67-67-68—202	27,071
Don Pooley	T7	70-65-67—202	27,071
Tom Kite	T7	68-67-67—202	27,071
Kenny Knox	T7	66-67-69—202	27,071
Mac O'Grady	T7	70-64-68—202	27,071
Larry Mize	T7	67-66-69—202	27,071
Nick Price	T7	67-68-67—202	27,071
Jim Thorpe	T14	68-67-68—203	14,560
Dennis Trixler	T14	68-67-68—203	14,560
Gene Sauers	T14	68-69-66—203	14,560
Tony Sills	T14	67-68-68—203	14,560
Chip Beck	T14	65-70-68—203	14,560
Scott Hoch	T14	68-68-67—203	14,560
Brian Claar	T14	67-69-67—203	14,560
Bob Eastwood	T14	66-68-69—203	14,560
Ray Floyd	T14	69-67-67—203	14,560
Buddy Gardner	T14	69-67-67—203	14,560
Wayne Levi	T24	66-71-67—204	7,914
D.A. Weibring	T24	67-66-71—204	7,914
Ken Brown	T24	65-68-71—204	7,914
Morris Hatalsky	T24	69-66-69—204	7,914
Mark O'Meara	T24	68-67-69—204	7,914
Danny Briggs	T24	67-71-66—204	7,914
Barry Jaeckel	T24	68-69-67—204	7,914
Bill Sander	T31	67-67-71—205	5,209
Mike Reid	T31	72-64-69—205	5,209
Brian Tennyson	T31	67-67-71—205	5,209
John Mahaffey	T31	68-69-68—205	5,209
Dan Pohl	T31	70-64-71—205	5,209
Tom Purtzer	T31	70-66-69—205	5,209
Charles Bolling	T31	68-67-70—205	5,209
Bernhard Langer	T31	65-70-70—205	5,209
Ken Green	T31	70-67-68—205	5,209
Gary Hallberg	T31	68-66-71—205	5,209
Dan Halldorson	T31	72-65-68—205	5,209
Willie Wood	T42	67-69-70—206	3,600
Tom Sieckmann	T42	68-68-70—206	3,600
Bob Gilder	T42	72-65-69—206	3,600
Bill Glasson	T42	67-70-69—206	3,600
Loren Roberts	T46	70-67-70—207	2,772
Richard Zokol	T46	68-68-71—207	2,772
Greg Ladehoff	T46	69-67-71—207	2,772
David Edwards	T46	68-69-70—207	2,772
Bruce Lietzke	T46	68-70-69—207	2,772
Mark McCumber	T51	67-69-72—208	2,368
Mark Pfeil	T51	67-71-70—208	2,368
Pat McGowan	T51	68-70-70—208	2,368
Mark Brooks	T51	70-68-70—208	2,368
Jim Gallagher, Jr.	T51	68-68-72—208	2,368
Jack Renner	T56	67-71-71—209	2,240
George Burns	T56	69-69-71—209	2,240
Mike Hulbert	T56	70-67-72—209	2,240
Al Geiberger	T56	70-67-72—209	2,240
Mark Hayes	T56	69-68-72—209	2,240
Fred Wadsworth	T61	66-69-75—210	2,150
Mike Sullivan	T61	72-64-74—210	2,150
Mike McCullough	T61	68-70-72—210	2,150
Rex Caldwell	T61	72-66-72—210	2,150
Charles Coody	65	70-68-74—212	2,100

SEIKO-TUCSON MATCH PLAY CH. ($700,000).
Randolph Park G. Cse. (70-6,860), Tucson, Oct. 30-Nov. 2.

First round matches
Losers win $2,500
Jim Thorpe d. Brad Faxon, 68-70
Dan Forsman d. Ronnie Black, 70-71
Ben Crenshaw d. Fred Couples, 66-73
Hubert Green d. Mike Hulbert, 68-69
Lennie Clements d. John Mahaffey, 65-70
Roger Maltbie d. Mike Sullivan, 70-73
Morris Hatalsky d. Tony Sills, 64-71
Tim Simpson d. J.C. Snead, 67-67
Bob Gilder d. Bernhard Langer, 66-68
Phil Blackmar d. Willie Wood, 68-69
Dave Barr d. David Frost, 67-67
Mac O'Grady d. Ernie Gonzalez, 68-69
Tom Purtzer d. Bobby Clampett, 66-72
Howard Twitty d. Bob Murphy, 68-69
Davis Love d. John Cook, 69-69
Don Pooley d. Mike Reid, 65-71
Bob Tway d. Brett Upper, 68-75
Steve Pate d. Craig Stadler, 65-68
Brian Claar d. Buddy Gardner, 66-67
Ken Green d. Bill Glasson, 69-71
David Edwards d. Tom Watson, 66-72
Gene Sauers d. Rick Fehr, 64-64
Mike Donald d. Scott Hoch, 65-68
Mark Calcavecchia d. Nick Price, 67-69
Lon Hinkle d. Joey Sindelar, 70-71
Gary Koch d. Jeff Sluman, 66-71
Scott Simpson d. Dan Pohl, 72-72
Danny Edwards d. Mark Wiebe, 70-71
Wayne Levi d. Clarence Rose, 65-67
Mark McCumber d. Jay Haas, 73-74
Lanny Wadkins d. Pat McGowan, 67-72
Jim Colbert d. Paul Azinger, 69-69

Second round matches
Losers win $5,000
Jim Thorpe d. Dan Forsman, 70-70
Ben Crenshaw d. Hubert Green, 72-75
Lennis Clements d. Roger Maltbie, 70-73
Tim Simpson d. Morris Hatalsky, 71-72
Phil Blackmar d. Bob Gilder, 69-69
Dave Barr d. Mac O'Grady, 71-73
Tom Purtzer d. Howard Twitty, 70-70
Don Pooley d. Davis Love, 67-70
Steve Pate d. Bob Tway, 69-73

MEN PROFESSIONALS

Ken Green d. Brian Claar, 71-73
David Edwards d. Gene Sauers, 70-72
Mark Calcavecchia d. Mike Donald, 73-73
Gary Koch d. Lon Hinkle, 71-72
Scott Simpson d. Danny Edwards, 70-74
Lanny Wadkins d. Mark McCumber, 69-74
Jim Colbert d. Wayne Levi, 72-72
Third round matches
Losers win $12,500
Jim Thorpe d. Ben Crenshaw, 65-67
Tim Simpson d. Lennie Clements, 66-67
Phil Blackmar d. Dave Barr, 65-69
Don Pooley d. Tom Purtzer, 69-70
Ken Green d. Steve Pate, 69-70
David Edwards d. Mark Calcavecchia, 67-69
Scott Simpson d. Gary Koch, 66-73
Lanny Wadkins d. Jim Colbert, 70-71
Quarterfinal matches
Losers win $25,000
Jim Thorpe d. Tim Simpson, 69-71
Ken Green d. David Edwards, 70-71
Phil Blackmar d. Don Pooley, 71-75
Scott Simpson d. Lanny Wadkins, 65-68
Semifinal matches
Jim Thorpe d. Phil Blackmar, 68-71
Scott Simpson d. Ken Green, 69-70
Championship match
Jim Thorpe ($150,000) d. Scott Simpson ($90,000), 67-71
Consolation match
Ken Green ($60,000) d. Phil Blackmar ($40,000), 67-74

TALLAHASSEE OPEN ($200,000)
Killearn G & C.C. (72-7,124), Tallahassee, Fla., Oct. 30-Nov. 2.

Player	Pos	Scores	Money
Mark Hayes	1	68-67-68-70—273	$36,000
Russ Cochran	2	66-72-66-70—274	21,600
Danny Briggs	T3	67-69-70-69—275	10,400
Jim Gallagher, Jr.	T3	73-69-68-65—275	10,400
Tom Sieckmann	T3	68-70-71-66—275	10,400
Scott Verplank	T6	68-70-68-70—276	6,950
Steve Jones	T6	68-70-69-69—276	6,950
Kenny Knox	8	71-68-68-70—277	6,200
John Adams	9	70-70-68-71—279	5,800
Charles Bolling	T10	74-67-71-68—280	4,800
Jeff Grygiel	T10	70-68-72-70—280	4,800
Dennis Trixler	T10	68-66-76-70—280	4,800
Loren Roberts	T10	72-67-70-71—280	4,800
Ed Fiori	T14	69-67-75-70—281	3,600
David Jackson	T14	72-73-69-67—281	3,600
Fred Wadsworth	T14	69-73-70-69—281	3,600
Brad Bryant	T17	72-72-70-68—282	2,900
Denis Watson	T17	71-68-73-70—282	2,900
Rick Pearson	T17	69-71-72-70—282	2,900
Bill Sander	T17	72-70-71-69—282	2,900
Mark Brooks	T21	69-73-72-69—283	2,080
Marco Dawson	T21	73-75-66-69—283	2,080
Forrest Fezler	T21	74-71-69-69—283	2,080
Tommy Valentine	T21	70-72-70-71—283	2,080
Rocco Mediate	T21	72-67-71-73—283	2,080
Rick Dalpos	T26	72-71-69-72—284	1,450
Pat Lindsey	T26	68-69-73-74—284	1,450
Tim Norris	T26	70-72-70-72—284	1,450
Mark Pfeil	T26	69-73-69-73—284	1,450
Larry Rinker	T26	73-74-67-72—284	1,450
Curt Byrum	T26	70-71-71-72—284	1,450
Antonio Cerda	T32	69-72-71-73—285	1,132
Bobby Cole	T32	69-72-74-70—285	1,132
Brad Fabel	T32	70-68-71-76—285	1,132
Wayne Grady	T32	70-69-70-76—285	1,132
Dick Mast	T32	74-73-67-71—285	1,132
Grant Turner	T37	71-77-70-68—286	940
Bob Eastwood	T37	72-71-72-71—286	940
Victor Regalado	T37	69-72-72-73—286	940
Nolan Henke	T37	72-72-71-71—286	940
Brian Mogg	T41	70-71-75-71—287	840
Bobby Pancratz	T41	73-75-71-68—287	840
Greg Twiggs	T43	75-70-70-73—288	700
Robert Wrenn	T43	69-77-68-74—288	700
Andy Dillard	T43	74-71-68-75—288	700
Doug Johnson	T43	68-74-74-72—288	700
Eduardo Romero	T43	72-74-70-72—288	700
Trevor Dodds	T48	74-70-73-72—289	538
Bill Israelson	T48	73-73-71-72—289	538
Brian Kamm	T48	70-71-72-76—289	538
Andrew Magee	T48	68-74-74-72—289	538
Steve Bowman	T52	73-70-76-71—290	468
Tom Byrum	T52	72-75-72-71—290	468
Rick Cramer	T52	71-72-75-72—290	468
Bert Yancey	T52	77-69-73-71—290	468
Bob E. Smith	T52	67-70-77-76—290	468
Denny Hepler	T52	75-68-72-75—290	468
David Peoples	T52	77-71-70-72—290	468
Rex Caldwell	T59	75-71-74-71—291	442
Jay Delsing	T59	73-70-74-74—291	442
Dave Eichelberger	T59	75-70-74-72—291	442
Jeff Lewis	T59	74-71-71-75—291	442
Ben Bates	63	78-69-70-75—292	432
Bob Lohr	64	71-70-79-73—293	428
Gary Boros	65	71-74-74-75—294	424
Larry Ziegler	66	72-75-74-74—295	420
Mark Gurnow	T67	73-74-72-78—297	414
Greg Powers	T67	76-72-75-74—297	414
Adrian Stills	T69	74-72-76-77—299	406
Blaine McCallister	T69	72-76-74-77—299	406
Dwight Nevil	71	75-72-78-76—301	400

ISUZU KAPALUA INTERNATIONAL ($600,000) (Unofficial)
Kapalua G. C. (Bay Course, 72-6,731), Maui, Hawaii, Nov. 13-16.

Player	Pos	Scores	Money
Andy Bean	1	72-68-68-70—278	$150,000
Dennis Love III	2	68-69-70-73—280	84,000
Paul Azinger	3	70-65-75-73—283	53,000
Dan Pohl	T4	70-73-73-70—286	30,333
Tom Purtzer	T4	71-68-73-74—286	30,333
Ben Crenshaw	T4	76-65-71-74—286	30,333
Nick Faldo	T7	68-71-75-73—287	14,750
David Ishii	T7	74-69-71-73—287	14,750

1986 PGA TOUR RESULTS: Vantage • Tucson • Tallahassee • Kapalua

MEN PROFESSIONALS

Player	Pos	Scores	Money
Howard Clark	T7	72-70-72-73—287	14,750
Joey Sindelar	T7	72-71-74-70—287	14,750
Lee Trevino	T11	76-72-66-74—288	9,667
Mike Hulbert	T11	73-68-72-75—288	9,667
Payne Stewart	T11	76-68-73-71—288	9,667
Bob Tway	T14	74-76-70-69—289	8,250
Don Pooley	T14	73-69-73-74—289	8,250
John Cook	T16	74-72-74-70—290	6,938
Hale Irwin	T16	75-69-75-71—290	6,938
Mark Wiebe	T16	79-70-70-71—290	6,938
Bobby Wadkins	T16	71-74-73-72—290	6,938
Jodie Mudd	T20	74-71-74-72—291	5,875
Corey Pavin	T20	74-71-74-72—291	5,875
Craig Stadler	T20	74-68-74-75—291	5,875
Scott Verplank	T20	73-70-72-76—291	5,875
Jay Haas	T24	78-70-73-71—292	5,125
Lanny Wadkins	T24	74-76-71-71—292	5,125
Nick Price	T26	75-74-71-73—293	4,500
John Mahaffey	T26	72-71-77-73—293	4,500
Anders Forsbrand	T26	76-71-78-68—293	4,500
Chip Beck	T29	79-73-70-73—295	3,875
Peter Jacobsen	T29	76-73-74-72—295	3,875
Larry Mize	T31	77-71-75-73—296	3,375
Mac O'Grady	T31	76-72-74-74—296	3,375
Tony Sills	T33	76-73-72-76—297	2,550
Mark O'Meara	T33	77-73-71-76—297	2,550
Lance Suzuki	T33	73-74-73-77—297	2,550
Roger Maltbie	T33	75-69-77-76—297	2,550
Chi Chi Rodriguez	T33	77-74-74-72—297	2,550
Steve Pate	38	77-70-76-75—298	2,250
Sandy Lyle	39	76-73-73-77—299	2,200
Neil Finch	40	78-76-75-72—301	2,150
Doug Tewell	41	78-70-78-78—304	2,075
Mark Rolfing	42	79-76-74-76—305	2,025
Warren Chancellor	43	77-80-77-77—311	2,000

J.C. PENNEY CLASSIC ($600,000) (Unofficial).
Bardmoor C.C. (72-6,957), Largo, Fla., Dec. 4-7.
Each player received money listed.

Team	Pos	Scores	Money
Tom Purtzer/ Juli Inkster	1	61-69-66-69—265	$65,000
Mike Hulbert/ Val Skinner	2	65-66-71-65—267	38,000
Curtis Strange/ Nancy Lopez	T3	65-69-70-66—270	21,650
Mike Sullivan/ Sally Little	T3	67-68-68-67—270	21,650
Jay Haas/ Hollis Stacy	5	69-69-65-68—271	14,000
Mike McCumber/ Debbie Massey	T6	68-65-68-71—272	11,000
Craig Stadler/ Lori Garbacz	T6	69-63-68-72—272	11,000
Larry Mize/ Martha Nause	T8	68-72-69-64—273	8,750
Ron Streck/ Colleen Walker	T8	66-68-71-68—273	8,750
Fred Couples/ J. Stephenson	T10	68-69-66-71—274	7,000
Tom Kite/ Beth Daniel	T10	67-72-65-70—274	7,000
Andy North/ Donna Caponi	T10	70-69-68-67—274	7,000
Jim Thorpe/ Alice Ritzman	T10	68-70-67-69—274	7,000
Denis Watson/ Spencer-Devlin	T10	68-69-69-68—274	7,000
Doug Tewell/ Betsy King	15	72-63-69-71—275	5,500
Curt Byrum/ Sherri Turner	T16	70-68-68-71—277	4,375
Brian Claar/ Lauren Howe	T16	71-69-70-67—277	4,375
Mike Donald/ Vicki Tabor	T16	71-69-67-70—277	4,375
Rick Fehr/ Janet Coles	T16	71-69-68-69—277	4,375
Joey Sindelar/ Lauri Peterson	T16	71-66-73-67—277	4,375
Jeff Sluman/ Cathy Morse	T16	70-72-69-66—277	4,375
Dave Barr/ K. Postlewait	T22	70-69-70-69—278	3,125
Mark Hayes/ Sandra Palmer	T22	68-69-67-74—278	3,125
Bill Kratzert/ Cathy Kratzert	T22	70-70-69-69—278	3,125
Larry Rinker/ Laurie Rinker	T22	68-69-74-67—278	3,125
Paul Azinger/ M. Blackwelder	T26	68-69-70-72—279	2,300
Bruce Crampton/ Chris Johnson	T26	69-68-72-70—279	2,300
Bob Gilder/ Amy Alcott	T26	65-72-69-73—279	2,300
Calvin Peete/ Beverly Klass	T26	67-69-75-68—279	2,300
Lee Elder/ Penny Hammel	T30	71-68-72-69—280	2,025
Ken Green/ Amy Benz	T30	70-70-70-70—280	2,025
Gary Koch/ Judy Dickinson	T30	68-66-74-72—280	2,025
Wayne Levi/ Dale Eggeling	T30	68-74-72-66—280	2,025
Ed Fiori/ Figueras-Dotti	T34	73-71-70-67—281	1,890
Kenny Knox/ Jane Geddes	T34	68-71-74-68—281	1,890
Jim Simons/ Marlene Hagge	T34	65-73-73-70—281	1,890
Bobby Cole/ Laura Baugh	37	72-69-72-69—282	1,830
Gay Brewer/ Jerilyn Britz	T38	69-71-72-71—283	1,755
Brad Faxon/ Jody Rosenthal	T38	69-74-69-71—283	1,755
Bill Glasson/ Rosie Jones	T38	68-73-72-70—283	1,755
Marke Wiebe/ Becky Pearson	T38	70-74-68-71—283	1,755

MEN PROFESSIONALS

Miller Barber/ K. Whitworth	T42	72-70-74-68—284	1,620
Woody Blackburn/ Cindy Mackey	T42	69-71-73-71—284	1,620
Mark Calcavecchia/ Robin Walton	T42	73-72-71-68—284	1,620
Pat McGowan/ Jane Crafter	T42	72-71-70-71—284	1,620
Brett Upper/ Penny Pulz	T42	69-67-74-74—284	1,620
Steve Pate/ Cindy Hill	47	71-69-70-75—285	1,530
Dan Forsman/ M. Zimmerman	48	73-68-73-72—286	1,500
Gene Sauers/ Bonnie Lauer	49	72-70-75-70—287	1,500
Bob Eastwood/ Vicki Fergon	50	71-75-78-70—294	1,500

CHRYSLER TEAM CH. ($600,000) (Unofficial).
Boca West Resort & C. (Cse. #1, 72-7,233; Cse. #2, 72-6,778), Boca Raton, Fla., Dec. 11-14. (Each player received money listed.)

Scott Hoch/ Gary Hallberg	1	**61-63-64-63—251**	**$65,932**
Mike Hulbert/ Bob Tway	2	59-62-64-67—252	35,784
Denny Hepler/ Brad Faxon	3	62-63-61-69—255	19,755
Tim Simpson/ Clarence Rose	T4	64-65-60-67—256	13,654
Jack Nicklaus/ Jack Nicklaus II	T4	65-63-63-65—256	13,654
Andy North/ Dan Forsman	T6	65-64-62-66—257	8,710
Bob Eastwood/ Dave Barr	T6	63-64-65-65—257	8,710
Pat Lindsey/ Mark McCumber	T8	62-65-63-68—258	6,403
Steve Jones/ Rick Cramer	T8	63-65-65-65—258	6,403
David Peoples/ Dick Mast	T10	60-69-64-67—260	4,273
Larry Rinker/ Danny Briggs	T10	62-61-68-69—260	4,273
Charles Bolling/ Brad Fabel	T10	65-63-65-67—260	4,273
Fred Couples/ Mike Donald	T10	68-62-66-64—260	4,273
Jeff Lewis/ Dave Rummells	T14	66-64-66-65—261	2,558
Mac O'Grady/ Jodie Mudd	T14	65-65-63-68—261	2,558
John Adams/ Brad Bryant	T14	69-63-60-69—261	2,558
Russ Cochran/ Ernie Gonzalez	T14	61-66-68-66—261	2,558
Mike Sullivan/ Mark Hayes	T14	63-68-63-67—261	2,558
Joe Inman/ Bob Gilder	T14	64-64-64-69—261	2,558
Tom Purtzer/ Gary Koch	T20	62-62-71-67—262	1,723
David Ogrin/ Steve Bowman	T20	65-65-63-69—262	1,723
Mark Brooks/ Andrew Magee	T20	65-64-65-68—262	1,723
George Burns/ Wayne Levi	T20	64-66-66-66—262	1,723
Buddy Gardner/ Ralph Maltbie	T20	69-66-60-67—262	1,723
Tom Pernice Jr./ T. Sieckmann	T25	66-64-65-68—263	1,483
Bob Murphy/ Mike Reid	T25	63-62-67-71—263	1,483
Lennie Clements/ Bobby Cole	T25	66-64-64-69—263	1,483
Danny Edwards/ David Edwards	T25	71-62-61-69—263	1,483
J.C. Snead/ Davis Love III	29	64-68-64-68—264	1,437
Paul Azinger/ Bob Lohr	T30	64-68-64-69—265	1,364
David Lundstrom/ Frank Conner	T30	64-66-66-69—265	1,364
Joey Sindelar/ John Cook	32	64-66-65-71—266	1,291
Chi Chi Rodriguez/ Bill Kratzert	33	65-62-68-72—267	1,242

MEN PROFESSIONALS
1986 PGA TOUR STATISTICS

AVERAGE DRIVING DISTANCE

Name	Rds.	Yards
1. Davis Love III	97	285.7
2. Greg Twiggs	64	283.9
3. John McComish	67	281.4
4. Fred Couples	81	279.9
5. Bill Glasson	91	278.4
6. Joey Sindelar	117	277.7
7. Greg Norman	72	277.5
8. Mac O'Grady	75	277.3
9. Steve Jones	67	276.4
10. Lon Hinkle	78	275.8
11. Tom Purtzer	101	275.0
12. Stu Ingraham	72	274.5
13. Andy Bean	96	273.9
14. Brad Bryant	50	273.7
15. Tommy Valentine	53	272.4
16. Jodie Mudd	73	272.3
17. Bill Sander	89	272.1
18. Jay Delsing	91	271.9
19. Craig Stadler	82	271.4
20. Trevor Dodds	58	271.1
21. Mark McCumber	87	270.1
22. David Graham	67	270.0
23. Steve Pate	108	269.7
24. Paul Azinger	100	269.2
25. Rick Dalpos	85	269.0
26. Donnie Hammond	71	268.9
27. Mike Hulbert	114	268.8
28. Tom Sieckmann	92	268.5
29. Bruce Lietzke	75	268.4
30. Blaine McCallister	98	268.3
Jim Gallagher, Jr.	107	268.3
32. Bob Tway	110	268.2
33. John Adams	89	268.1
34. Phil Blackmar	83	268.0
35. Ronnie Black	95	267.9
36. Bobby Wadkins	107	267.2
37. Dave Rummells	91	266.9
38. Keith Fergus	79	266.8
39. Fuzzy Zoeller	70	266.4
Payne Stewart	95	266.4
41. Clarence Rose	98	266.3
42. Jim Thorpe	85	266.2
43. Chip Beck	100	265.6
44. Kenny Knox	102	265.5
45. Eduardo Romero	78	265.0
Dan Halldorson	77	265.0
47. Danny Briggs	76	264.8
48. Denny Hepler	63	264.5
49. Andrew Magee	95	264.4
50. Jeff Grygiel	85	264.3
51. Leonard Thompson	93	264.2
52. Dave Eichelberger	68	264.1
53. Buddy Gardner	104	263.8
54. Barry Jaeckel	95	263.4
55. J.C. Snead	95	263.3
56. Scott Hoch	90	263.1
Mark Hayes	89	263.1
58. Tom Pernice Jr.	91	262.9
Mark Wiebe	93	262.9
John Mahaffey	90	262.9
61. Dave Barr	84	262.6
62. Rex Caldwell	88	262.4
63. Mike Nicolette	61	262.3
Brian Claar	86	262.3
65. Hal Sutton	95	262.2
66. Gene Sauers	116	262.1
Tom Gleeton	74	262.1
68. T.C. Chen	61	261.9
69. Larry Rinker	94	261.8
Roger Maltbie	88	261.8
71. Gary McCord	60	261.7
72. Charles Bolling	106	261.6
73. Ben Crenshaw	88	261.4
74. Bobby Clampett	101	261.2
75. Larry Nelson	68	261.1
76. Nick Price	72	260.9
77. Howard Twitty	100	260.7
78. Robert Wrenn	93	260.6
Kris Moe	51	260.6
Peter Jacobsen	77	260.6
81. Tony Sills	103	260.5
82. Willie Wood	96	260.4
83. Corey Pavin	92	260.3
84. Brad Fabel	92	260.2
85. Tom Byrum	95	260.0
86. Rick Cramer	71	259.8
87. Mike Sullivan	82	259.6
88. Mike Miles	59	259.0
Bill Israelson	95	259.0
Bernhard Langer	67	259.0
91. Mike West	77	258.7
Brian Mogg	73	258.7
Rick Fehr	85	258.7
94. Ray Floyd	77	258.6
95. David Ogrin	89	258.5
96. Mark O'Meara	88	258.4
Andy North	65	258.4
Brad Faxon	96	258.4
99. Curtis Strange	88	258.2
100. Bob Lohr	103	258.0
101. Ken Brown	76	257.8
102. Jeff Sluman	105	257.7
103. Greg Ladehoff	84	257.6
Wayne Levi	89	257.6
105. Lanny Wadkins	89	257.3
106. Rod Curl	92	257.2
107. Dick Mast	80	257.1
108. Antonio Cerda	90	256.8
109. John Cook	92	256.7
110. Chris Perry	106	256.6
111. Don Pooley	93	256.5
112. Woody Blackburn	72	256.1
113. Lennie Clements	83	255.7
114. David Frost	88	255.3
115. Gary Koch	88	255.2
116. Brett Upper	99	255.0
117. Larry Mize	86	254.9
118. Mark Brooks	96	254.8
119. Mike Donald	111	254.7

MEN PROFESSIONALS

		Rds.	
120.	Richard Zokol	85	254.4
	D.A. Weibring	81	254.4
	Pat Lindsey	88	254.4
123.	Harry Taylor	63	254.3
	Loren Roberts	97	254.3
125.	Tom Kite	92	253.9
126.	Danny Edwards	91	253.8
127.	Mike Smith	73	253.3
	George Archer	96	253.3
129.	Jay Haas	86	252.8
130.	Steve Bowman	55	252.4
	Hale Irwin	74	252.4
132.	Jim Colbert	75	252.2
133.	Mike McCullough	88	252.0
134.	Morris Hatalsky	92	251.4
135.	David Edwards	69	250.7
136.	Pat McGowan	93	250.6
	Mark Pfeil	77	250.6
138.	Joe Inman	76	249.7
	Ed Fiori	92	249.7
140.	Hubert Green	80	249.4
	Bob Murphy	74	249.4
142.	Scott Simpson	73	248.8
143.	Jim Simons	77	248.6
	Calvin Peete	87	248.6
145.	Mike Reid	81	246.6
146.	Lou Graham	77	246.3
147.	Tim Norris	99	246.2
148.	Dave Stockton	51	244.8
149.	Bill Rogers	56	243.7
150.	Jack Renner	79	243.4

DRIVING ACCURACY

	Name	Rds.	Pct.
1.	Calvin Peete	87	.817
2.	Mike Reid	81	.811
3.	David Edwards	69	.756
4.	Bruce Lietzke	75	.750
5.	Jack Renner	79	.749
6.	Larry Mize	86	.742
7.	Tom Kite	92	.741
8.	Peter Jacobsen	77	.738
9.	Hal Sutton	95	.737
10.	Larry Nelson	68	.733
	David Frost	88	.733
12.	Scott Simpson	73	.730
	John Cook	92	.730
14.	D.A. Weibring	81	.728
15.	Bill Rogers	56	.726
16.	Wayne Levi	89	.725
17.	Tim Norris	99	.723
18.	Tony Sills	103	.716
	Donnie Hammond	71	.716
20.	Lennie Clements	83	.708
21.	John Mahaffey	90	.707
22.	Danny Edwards	91	.706
23.	Bob Murphy	74	.703
24.	Payne Stewart	95	.702
	Jim Colbert	75	.702
26.	Lanny Wadkins	89	.701
27.	Gary Koch	88	.700
28.	Curtis Strange	88	.698
	Mark O'Meara	88	.698
	Ray Floyd	77	.698
31.	Nick Price	72	.697
32.	Jay Haas	86	.696
33.	Loren Roberts	97	.695
34.	Gene Sauers	116	.692
35.	Don Pooley	93	.691
36.	Hale Irwin	74	.690
37.	Howard Twitty	100	.685
38.	Tom Byrum	95	.683
39.	Ken Brown	76	.682
40.	Clarence Rose	98	.680
41.	Pat McGowan	93	.679
42.	Jim Simons	77	.678
43.	Chip Beck	100	.675
44.	Harry Taylor	63	.673
	Bobby Wadkins	107	.673
	Brett Upper	99	.673
	Andy Bean	96	.673
	Bernhard Langer	67	.673
49.	George Archer	96	.671
	Keith Fergus	79	.671
51.	Hubert Green	80	.667
52.	Fuzzy Zoeller	70	.665
	Leonard Thompson	93	.665
	Bob Tway	110	.665
55.	Mike Donald	111	.664
	Bob Lohr	103	.664
57.	Mike McCullough	88	.662
	Antonio Cerda	90	.662
59.	Eduardo Romero	78	.661
60.	Mark McCumber	87	.660
	Rick Fehr	85	.660
62.	Steve Bowman	55	.659
63.	Joe Inman	76	.658
64.	Greg Norman	72	.657
	Larry Rinker	94	.657
	Dave Barr	84	.657
67.	Jeff Sluman	105	.656
	Morris Hatalsky	92	.656
69.	T.C. Chen	61	.655
70.	Roger Maltbie	88	.651
	Scott Hoch	90	.651
	David Graham	67	.651
73.	Corey Pavin	92	.650
74.	Richard Zokol	85	.647
	Bill Glasson	91	.647
76.	Rod Curl	92	.646
77.	Brian Claar	86	.645
78.	Paul Azinger	100	.644
79.	Mark Pfeil	77	.643
80.	Steve Pate	108	.641
	Tom Purtzer	101	.641
82.	Pat Lindsey	88	.640
83.	Mark Wiebe	93	.638
84.	Joey Sindelar	117	.637
	Lou Graham	77	.637
	Ed Fiori	92	.637
87.	Mike Sullivan	82	.633
	Andrew Magee	95	.633

1986 PGA TOUR STATISTICS: Driving Distance • Driving Accuracy

65

MEN PROFESSIONALS

#	Name	Rds	Pct
89.	Don Halldorson	77	.632
90.	Charles Bolling	106	.631
	Brian Mogg	73	.631
92.	Jim Thorpe	85	.630
93.	Ben Crenshaw	88	.629
94.	Barry Jaeckel	95	.628
	Danny Briggs	76	.628
96.	Kenny Knox	102	.626
97.	Chris Perry	106	.625
	Mark Brooks	96	.625
	Mike Nicolette	61	.625
100.	J.C. Snead	95	.624
101.	Mike Smith	73	.620
	Bobby Clampett	101	.620
103.	Craig Stadler	82	.619
	Buddy Gardner	104	.619
105.	Dave Rummells	91	.616
	Jeff Grygiel	85	.616
107.	Blaine McCallister	98	.613
108.	Dick Mast	80	.610
109.	Mike Hulbert	114	.609
110.	Denny Hepler	63	.608
111.	John McComish	67	.607
	Jodie Mudd	73	.607
113.	Dave Eichelberger	68	.606
114.	Jim Gallagher, Jr.	107	.602
115.	John Adams	89	.600
	Andy North	65	.600
	Tom Pernice Jr.	91	.600
118.	Steve Jones	67	.595
119.	Robert Wrenn	93	.593
120.	David Ogrin	89	.592
	Rex Caldwell	88	.592
122.	Mike West	77	.591
	Willie Wood	96	.591
	Rick Cramer	71	.591
125.	Bill Israelson	95	.590
126.	Ronnie Black	95	.588
	Mac O'Grady	75	.588
128.	Trevor Dodds	58	.585
129.	Phil Blackmar	83	.579
130.	Mark Hayes	89	.578
131.	Mike Miles	59	.576
	Fred Couples	81	.576
133.	Davis Love III	97	.573
134.	Gary McCord	60	.572
135.	Jay Delsing	91	.569
	Tom Gleeton	74	.569
137.	Greg Ladehoff	84	.568
	Rick Dalpos	85	.568
139.	Brad Bryant	50	.565
	Kris Moe	51	.565
141.	Brad Fabel	92	.564
	Lon Hinkle	78	.564
143.	Brad Faxon	96	.557
144.	Greg Twiggs	64	.555
145.	Stu Ingraham	72	.546
146.	Dave Stockton	51	.545
147.	Woody Blackburn	72	.543
148.	Bill Sander	89	.537
149.	Tom Sieckmann	92	.516
150.	Tommy Valentine	53	.514

GREENS IN REGULATION

#	Name	Rds.	Pct.
1.	John Mahaffey	90	.720
2.	Calvin Peete	87	.711
3.	Tom Purtzer	101	.706
4.	Andy Bean	96	.701
5.	Tony Sills	103	.693
6.	Scott Hoch	90	.692
7.	Larry Mize	86	.685
8.	Tom Kite	92	.683
9.	Hal Sutton	95	.682
	Mark O'Meara	88	.682
	Paul Azinger	100	.682
	Bruce Lietzke	75	.682
13.	Mike Reid	81	.681
14.	Payne Stewart	95	.678
15.	Bobby Wadkins	107	.677
	Wayne Levi	89	.677
17.	Jay Haas	86	.676
	Gary Koch	88	.676
19.	Donnie Hammond	71	.675
20.	John Cook	92	.674
21.	Mark McCumber	87	.673
	Bob Tway	110	.673
	Mac O'Grady	75	.673
	Greg Norman	72	.673
25.	Joey Sindelar	117	.671
	Steve Pate	108	.671
	Blaine McCallister	98	.671
28.	Brian Claar	86	.670
29.	Lanny Wadkins	89	.668
	D.A. Weibring	81	.668
31.	Jodie Mudd	73	.666
	Fred Couples	81	.666
33.	Scott Simpson	73	.664
	Brad Bryant	50	.664
35.	Greg Twiggs	64	.662
	Danny Edwards	91	.662
	Roger Maltbie	88	.662
38.	Curtis Strange	88	.661
	Leonard Thompson	93	.661
	Jim Thorpe	85	.661
	Clarence Rose	98	.661
42.	Fuzzy Zoeller	70	.660
	Howard Twitty	100	.660
	Ben Crenshaw	88	.660
	Pat McGowan	93	.660
46.	Larry Rinker	94	.659
	Dave Barr	84	.659
	Mark Hayes	89	.659
49.	Larry Nelson	68	.658
	Ray Floyd	77	.658
51.	Ronnie Black	95	.657
52.	Loren Roberts	97	.655
53.	Mike Hulbert	114	.654
54.	Tim Norris	99	.653
	J.C. Snead	95	.653
	Gene Sauers	116	.653
	Corey Pavin	92	.653
	Bernhard Langer	67	.653
	Lennie Clements	83	.653

MEN PROFESSIONALS

60. Eduardo Romero	78	.652	
T.C. Chen	61	.652	
Keith Fergus	79	.652	
Bill Glasson	91	.652	
64. Don Pooley	93	.651	
Chris Perry	106	.651	
David Graham	67	.651	
David Edwards	69	.651	
68. Robert Wrenn	93	.650	
69. Richard Zokol	85	.649	
Chip Beck	100	.649	
David Frost	88	.649	
72. Joe Inman	76	.648	
73. Craig Stadler	82	.646	
74. Jim Colbert	75	.645	
John McComish	67	.645	
76. Peter Jacobsen	77	.644	
Dick Mast	80	.644	
78. Rick Fehr	85	.643	
79. Nick Price	72	.642	
80. Willie Wood	96	.641	
George Archer	96	.641	
Mike McCullough	88	.641	
Dave Eichelberger	68	.641	
84. Hale Irwin	74	.639	
Andrew Magee	95	.639	
86. Rick Dalpos	85	.638	
Lou Hinkle	78	.638	
88. Mark Wiebe	93	.637	
John Adams	89	.637	
Dan Halldorson	77	.637	
91. Trevor Dodds	58	.636	
92. Harry Taylor	63	.635	
Jay Delsing	91	.635	
94. Jeff Sluman	105	.634	
95. Ken Brown	76	.632	
Andy North	65	.632	
97. Barry Jaeckel	95	.631	
Ed Fiori	92	.631	
Bob Lohr	103	.631	
100. Buddy Gardner	104	.630	
101. Brett Upper	99	.629	
Tom Pernice Jr.	91	.629	
103. Bob Murphy	74	.628	
Tom Byrum	95	.628	
Mike Donald	111	.628	
106. Jack Renner	79	.627	
107. Rex Caldwell	88	.626	
Gary McCord	60	.626	
Brian Mogg	73	.626	
110. Charles Bolling	106	.625	
111. Rod Curl	92	.624	
112. Mike Sullivan	82	.623	
Mike Nicolette	61	.623	
Mark Pfeil	77	.623	
115. Bill Sander	89	.622	
Steve Bowman	55	.622	
Kenny Knox	102	.622	
118. Danny Briggs	76	.621	
119. Bill Israelson	95	.620	
Dave Rummells	91	.620	
Mark Brooks	96	.620	
122. Phil Blackmar	83	.619	
Antonio Cerda	90	.619	
124. Jim Gallagher, Jr.	107	.617	
125. Steve Jones	67	.616	
Stu Ingraham	72	.616	
127. Bill Rogers	56	.615	
128. Pat Lindsey	88	.614	
129. Davis Love III	97	.613	
130. Bobby Clampett	101	.612	
131. Lou Graham	77	.610	
132. Hubert Green	80	.609	
133. David Ogrin	89	.608	
134. Tom Sieckmann	92	.607	
135. Morris Hatalsky	92	.606	
136. Jim Simons	77	.605	
Mike Smith	73	.605	
138. Rick Cramer	71	.603	
139. Dave Stockton	51	.601	
140. Denny Hepler	63	.596	
141. Tommy Valentine	53	.593	
Jeff Grygiel	85	.593	
143. Brad Faxon	96	.592	
144. Greg Ladehoff	84	.588	
145. Mike West	77	.584	
146. Brad Fabel	92	.583	
147. Kris Moe	51	.581	
148. Tom Gleeton	74	.577	
149. Mike Miles	59	.575	
150. Woody Blackburn	72	.566	

PUTTING LEADERS

	Name	Rds.	Avg.
1.	Greg Norman	72	1.736
2.	Ray Floyd	77	1.758
3.	Rick Fehr	85	1.761
4.	Bob Tway	110	1.764
	Bernhard Langer	67	1.764
6.	Hal Sutton	95	1.766
	Lanny Wadkins	89	1.766
8.	Fuzzy Zoeller	70	1.767
	Jack Renner	79	1.767
10.	Payne Stewart	95	1.768
	Craig Stadler	82	1.768
	Kenny Knox	102	1.768
	Calvin Peete	87	1.768
	Jim Colbert	75	1.768
15.	Charles Bolling	106	1.769
16.	Gary Koch	88	1.771
17.	Larry Mize	86	1.776
	Don Pooley	93	1.776
19.	Danny Edwards	91	1.777
20.	Mike Sullivan	82	1.778
	Ben Crenshaw	88	1.778
22.	Bruce Lietzke	75	1.780
23.	Bobby Wadkins	107	1.781
	Scott Simpson	73	1.781
	Chip Beck	100	1.781
26.	Jim Simons	77	1.782

MEN PROFESSIONALS

27.	D.A. Weibring	81	1.783			T.C. Chen	61	1.813
	Jeff Sluman	105	1.783			David Edwards	69	1.813
	Hubert Greene	80	1.783		91.	Dan Halldorson	77	1.814
30.	Jim Thorpe	85	1.784		92.	Woody Blackburn	72	1.815
31.	Bobby Clampett	101	1.785			Lennie Clements	83	1.815
32.	Tom Kite	92	1.787		94.	Andy North	65	1.816
	Curtis Strange	88	1.787			Robert Wrenn	93	1.816
34.	John Cook	92	1.789			Brian Claar	86	1.816
	David Graham	67	1.789		97.	Jim Gallagher, Jr.	107	1.819
36.	Dick Mast	80	1.790		98.	Loren Roberts	97	1.821
37.	Willie Wood	96	1.791		99.	Blaine McCallister	98	1.822
	Wayne Levi	89	1.791			Peter Jacobsen	77	1.822
	Rod Curl	92	1.791		101.	Andrew Magee	95	1.823
40.	Morris Hatalsky	92	1.792		102.	Larry Nelson	68	1.824
	Corey Pavin	92	1.792			Mark McCumber	87	1.824
42.	Mark O'Meara	88	1.793			Brad Faxon	96	1.824
	Tom Purtzer	101	1.793		105.	J.C. Snead	95	1.825
	Brad Fabel	92	1.793			Bill Glasson	91	1.825
45.	Mark Wiebe	93	1.794		107.	Gene Sauers	116	1.827
46.	Mike Hulbert	114	1.795		108.	Mac O'Grady	75	1.828
47.	Clarence Rose	98	1.796			John Adams	89	1.828
	Larry Rinker	94	1.796			Antonio Cerda	90	1.828
	Paul Azinger	100	1.796		111.	Steve Pate	108	1.830
	David Frost	88	1.796		112.	Bill Rogers	56	1.831
51.	Tony Sills	103	1.797			Hale Irwin	74	1.831
52.	Bill Sander	89	1.798			Tom Byrum	95	1.831
	Pat McGowan	93	1.798			Greg Ladehoff	84	1.831
	Bob Lohr	103	1.798		116.	Mark Pfeil	77	1.833
	Rex Caldwell	88	1.798		117.	Mike Smith	73	1.834
56.	Ed Fiori	92	1.799		118.	Tom Pernice Jr.	91	1.835
	Mark Hayes	89	1.799			Richard Zokol	85	1.835
58.	Nick Price	72	1.800			Rick Dalpos	85	1.835
59.	Joey Sindelar	117	1.801		121.	Keith Fergus	79	1.836
60.	Phil Blackmar	83	1.802		122.	Pat Lindsey	88	1.837
61.	Steve Jones	67	1.803			Fred Couples	81	1.837
	Dave Stockton	51	1.803			Dave Eichelberger	68	1.837
	Ronnie Black	95	1.803		125.	Greg Twiggs	64	1.838
64.	George Archer	96	1.804			Brett Upper	99	1.838
	Jay Haas	86	1.804			Dave Barr	84	1.838
66.	Jeff Grygiel	85	1.805		128.	Mike West	77	1.839
	Scott Hoch	90	1.805		129.	Harry Taylor	63	1.840
68.	Roger Maltbie	88	1.806		130.	Leonard Thompson	93	1.841
69.	Jodie Mudd	73	1.807		131.	Tommy Valentine	53	1.843
	Davis Love III	97	1.807			Barry Jaeckel	95	1.843
	Andy Bean	96	1.807		133.	Steve Bowman	55	1.844
	Lon Hinkle	78	1.807		134.	Jay Delsing	91	1.845
73.	David Ogrin	89	1.808		135.	Mike Miles	59	1.847
	Howard Twitty	100	1.808		136.	Joe Inman	76	1.849
	Ken Brown	76	1.808		137.	Tim Norris	99	1.850
76.	Mike Donald	111	1.809			Lou Graham	77	1.850
	Buddy Gardner	104	1.809		139.	Trevor Dodds	58	1.853
78.	Dave Rummells	91	1.810		140.	Brad Bryant	50	1.857
	Mike McCullough	88	1.810		141.	Mike Nicolette	61	1.860
	John Mahaffey	90	1.810		142.	Eduardo Romero	78	1.867
81.	Gary McCord	60	1.811			Danny Briggs	76	1.867
	Bill Israelson	95	1.811			John McComish	67	1.867
	Donnie Hammond	71	1.811		145.	Rick Cramer	71	1.878
84.	Mike Reid	81	1.812		146.	Brian Mogg	73	1.882
	Chris Perry	106	1.812			Tom Gleeton	74	1.882
	Bob Murphy	74	1.812		148.	Kris Moe	51	1.887
	Tom Sieckmann	92	1.812		149.	Denny Hepler	63	1.892
88.	Mark Brooks	96	1.813		150.	Stu Ingraham	72	1.931

MEN PROFESSIONALS

SCORING LEADERS

	Name	Rds.	Avg.
1.	Scott Hoch	90	70.08
2.	Bernhard Langer	67	70.19
3.	Greg Norman	72	70.22
4.	Payne Stewart	95	70.36
5.	Bob Tway	110	70.45
6.	Calvin Peete	87	70.51
7.	Andy Bean	96	70.56
8.	Ray Floyd	77	70.66
9.	Larry Mize	86	70.70
10.	Tom Purtzer	101	70.72
11.	Tony Sills	103	70.73
12.	Paul Azinger	100	70.76
13.	John Mahaffey	90	70.78
14.	Don Pooley	93	70.81
15.	D.A. Weibring	81	70.88
	Bruce Lietzke	75	70.88
17.	Bobby Wadkins	107	70.92
	Donnie Hammond	71	70.92
19.	Gary Koch	88	70.94
20.	Tom Kite	92	70.99
21.	Mark O'Meara	88	71.00
22.	John Cook	92	71.04
23.	Scott Simpson	73	71.05
24.	Hal Sutton	95	71.06
25.	Corey Pavin	92	71.07
26.	Lanny Wadkins	89	71.08
27.	Chip Beck	100	71.09
28.	Mike Sullivan	82	71.11
	Jodie Mudd	73	71.11
30.	Mike Reid	81	71.12
31.	Joey Sindelar	117	71.16
32.	Fuzzy Zoeller	70	71.17
33.	Craig Stadler	82	71.20
34.	Brian Claar	86	71.22
35.	Jay Haas	86	71.24
36.	Greg Twiggs	64	71.33
	Jeff Sluman	105	71.33
38.	Roger Maltbie	88	71.35
	Jack Renner	79	71.35
40.	Ben Crenshaw	88	71.38
41.	Wayne Levi	89	71.40
42.	Mac O'Grady	75	71.41
43.	Curtis Strange	88	71.43
44.	Pat McGowan	93	71.45
45.	Kenny Knox	102	71.46
46.	Jim Thorpe	85	71.48
47.	Morris Hatalsky	92	71.50
48.	Gene Sauers	116	71.51
	David Frost	88	71.51
50.	Mark Wiebe	93	71.52
51.	Willie Wood	96	71.53
	Mark McCumber	87	71.53
	Clarence Rose	98	71.53
	Ronnie Black	95	71.53
	Charles Bolling	106	71.53
56.	Howard Twitty	100	71.54
57.	Mike McCullough	88	71.55
58.	Peter Jacobsen	77	71.57
59.	Lennie Clements	83	71.60
60.	Mark Hayes	89	71.61
	Mike Hulbert	114	71.61
	Ken Brown	76	71.61
63.	Danny Edwards	91	71.62
64.	Steve Jones	67	71.64
65.	Bill Glasson	91	71.65
66.	Steve Pate	108	71.69
	David Graham	67	71.69
68.	Dan Halldorson	77	71.71
69.	Antonio Cerda	90	71.72
	Jim Colbert	75	71.72
71.	Nick Price	72	71.76
72.	Rick Fehr	85	71.81
73.	Ed Firori	92	71.84
74.	Dick Mast	80	71.85
75.	Loren Roberts	97	71.86
76.	Larry Rinker	94	71.90
	Rod Curl	92	71.90
78.	Chris Perry	106	71.93
	Gary McCord	60	71.93
	Mike Donald	111	71.93
81.	Larry Nelson	68	71.96
82.	Blaine McCallister	98	71.97
	George Archer	96	71.97
84.	T.C. Chen	61	71.98
85.	Leonard Thompson	93	72.00
	Dave Barr	84	72.00
87.	J.C. Snead	95	72.01
	Tim Norris	99	72.01
89.	Keith Fergus	79	72.09
90.	Bob Lohr	103	72.10
	Buddy Gardner	104	72.10
92.	Steve Bowman	55	72.11
	Bobby Clampett	101	72.11
94.	Mark Brooks	96	72.14
95.	Richard Zokol	85	72.15
96.	Robert Wrenn	93	72.17
	John Adams	89	72.17
98.	Jay Delsing	91	72.18
99.	Bob Murphy	74	72.19
100.	Jim Gallagher, Jr.	107	72.21
101.	John McComish	67	72.22
	Phil Blackmar	83	72.22
103.	Davis Love III	97	72.25
104.	Brad Bryant	50	72.30
105.	Bill Sander	89	72.34
106.	Lon Hinkle	78	72.35
107.	Fred Couples	81	72.36
108.	David Edwards	69	72.38
109.	Eduardo Romero	78	72.41
	Barry Jaeckel	95	72.41
111.	Andrew Magee	95	72.42
	Andy North	65	72.42
113.	Pat Lindsey	88	72.43
114.	Dave Eichelberger	68	72.44
115.	Tom Byrum	95	72.45
	Hale Irwin	74	72.45
117.	Mark Pfeil	77	72.51
118.	Jim Simons	77	72.55
119.	Harry Taylor	63	72.57
	Rex Caldwell	88	72.57
121.	Jeff Grygiel	85	72.58

1986 PGA TOUR STATISTICS: Scoring Leaders

MEN PROFESSIONALS

	Name	Rds	Avg
	Rick Dalpos	85	72.58
123.	Dave Stockton	51	72.61
124.	Brett Upper	99	72.62
	Bill Israelson	95	72.62
	Joe Inman	76	72.62
127.	Tom Pernice Jr.	91	72.64
128.	Trevor Dodds	58	72.67
129.	Hubert Green	80	72.70
130.	Dave Rummells	91	72.71
131.	Brad Fabel	92	72.72
132.	David Ogrin	89	72.73
133.	Brad Faxon	96	72.81
134.	Lou Graham	77	72/84
135.	Mike Nicolette	61	72.85
136.	Bill Rogers	56	72.89
137.	Mike West	77	72.96
138.	Mike Smith	73	73.00
139.	Danny Briggs	76	73.01
140.	Tom Sieckmann	92	73.17
141.	Greg Ladehoff	84	73.25
142.	Tommy Valentine	53	73.26
143.	Denny Hepler	63	73.44
144.	Rick Cramer	71	73.45
145.	Brian Mogg	73	73.47
146.	Tom Gleeton	74	73.62
147.	Kris Moe	51	74.02
148.	Stu Ingraham	72	74.04
149.	Mike Miles	59	74.12
150.	Woody Blackburn	72	74.18

SAND SAVES

	Name	Rds	Pct.
1.	Paul Azinger	100	.638
2.	Mark Brooks	96	.615
3.	Morris Hatalsky	92	.604
4.	Dave Stockton	51	.603
5.	Payne Stewart	95	.601
	Pat McGowan	93	.601
7.	Chip Beck	100	.600
8.	Mike Nicolette	61	.596
9.	Kenny Knox	102	.595
10.	Greg Norman	72	.590
11.	Bernhard Langer	67	.588
12.	Nick Price	72	.585
13.	Andy North	65	.584
14.	Jodie Mudd	73	.583
15.	Willie Wood	96	.580
16.	Bobby Wadkins	107	.572
17.	John Cook	92	.567
18.	Mike Sullivan	82	.550
19.	Antonio Cerda	90	.545
20.	Jeff Sluman	105	.540
21.	Corey Pavin	92	.539
22.	Tom Kite	92	.538
23.	David Frost	88	.536
24.	Don Pooley	93	.531
25.	Ronnie Black	95	.530
26.	Jim Simons	77	.529
	Jeff Grygiel	85	.529
28.	Dick Mast	80	.526

	Name	Rds	Pct.
29.	Larry Mize	86	.525
30.	Brad Faxon	96	.522
31.	Mark Hayes	89	.520
	Lou Graham	77	.520
33.	Pat Lindsey	88	.519
34.	Bill Glasson	91	.518
35.	Calvin Peete	87	.517
36.	Larry Rinker	94	.516
37.	Brad Fabel	92	.513
38.	Mike Donald	111	.512
39.	Bob Murphy	74	.511
	T.C. Chen	61	.511
41.	David Ogrin	89	.509
42.	Ken Brown	76	.507
	Trevor Dodds	58	.507
44.	Mike Hulbert	114	.506
45.	Jack Renner	79	.504
46.	Leonard Thompson	93	.500
	Mark Pfeil	77	.500
	Tony Sills	103	.500
	Tim Norris	99	.500
	Mark O'Meara	88	.500
	Scott Hoch	90	.500
	Barry Jaeckel	95	.500

BIRDIE LEADERS

	Name	Rds	Total
1.	Joey Sindelar	117	415
2.	Bob Tway	110	402
3.	Tom Purtzer	101	375
4.	Andy Bean	96	371
5.	Bobby Wadkins	107	369
6.	Mike Hulbert	114	363
7.	Charles Bolling	106	360
8.	Payne Stewart	95	358
9.	Gene Sauers	116	356
10.	Hal Sutton	95	352
11.	Kenny Knox	102	350
12.	Chip Beck	100	346
13.	Tony Sills	103	344
14.	Bobby Clampett	101	339
15.	Steve Pate	108	336
16.	Paul Azinger	100	332
17.	Howard Twitty	100	328
	Jeff Sluman	105	328
19.	Davis Love III	97	326
20.	Clarence Rose	98	324
21.	Buddy Gardner	104	321
22.	Don Pooley	93	319
23.	Lanny Wadkins	89	314
	Mark Wiebe	93	314
	Gary Koch	88	314
	Jim Gallagher, Jr.	107	314
27.	Larry Mize	86	313
	Mike Donald	111	313
29.	Greg Norman	72	310
30.	Bob Lohr	103	309
31.	Chris Perry	106	308
	Blaine McCallister	98	308
	Mark O'Meara	88	308

MEN PROFESSIONALS

34. Larry Rinker	94	307	
35. Willie Wood	96	303	
Ronnie Black	95	303	
37. John Cook	92	302	
38. Craig Stadler	82	301	
39. Calvin Peete	87	298	
40. Scott Hoch	90	297	
Danny Edwards	91	297	
42. John Mahaffey	90	294	
Corey Pavin	92	294	
Mark Hayes	89	294	
45. Tom Kite	92	293	
46. Jim Thorpe	85	292	
Pat McGowan	93	292	
Ben Crenshaw	88	292	
49. Curtis Strange	88	291	
50. Rick Fehr	85	288	

42. Tom Sieckmann	92	6	
Tony Sills	103	6	
Brett Upper	99	6	
Bobby Wadkins	107	6	
Don Pooley	93	6	
Payne Stewart	95	6	
Mark Wiebe	93	6	
Mark O'Meara	88	6	
Curtis Strange	88	6	
Larry Rinker	94	6	
Hal Sutton	95	6	
Dick Mast	80	6	
Charles Bolling	106	6	
John McComish	67	6	
Ben Crenshaw	88	6	
David Graham	67	6	
Peter Jacobsen	77	6	
Jerr Grygiel	85	6	
Steve Jones	67	6	

EAGLE LEADERS

Name	Rds.	Total
1. Joey Sindelar	117	16
2. Greg Norman	72	12
Mark McCumber	87	12
Robert Wrenn	93	12
Mike Hulbert	114	12
6. Jim Gallagher, Jr.	107	11
7. Clarence Rose	98	10
John Adams	89	10
Dan Halldorson	77	10
10. Roger Maltbie	88	9
Jodie Mudd	73	9
Blaine McCallister	98	9
Steve Pate	108	9
Andy Bean	96	9
Phil Blackmar	83	9
Fred Couples	81	9
Buddy Gardner	104	9
Bill Glasson	91	9
Denny Hepler	63	9
20. Bill Sander	89	8
Bob Tway	110	8
Jeff Sluman	105	8
Mac O'Grady	75	8
Tom Purtzer	101	8
Bobby Clampett	101	8
Davis Love III	97	8
Jim Colbert	75	8
Kenny Knox	102	8
Bruce Lietzke	75	8
Greg Ladehoff	84	8
31. Corey Pavin	92	7
Greg Twiggs	64	7
Howard Twitty	100	7
Craig Stadler	82	7
Paul Azinger	100	7
Chip Beck	100	7
Ronnie Black	95	7
Rex Caldwell	88	7
Jay Delsing	91	7
Scott Hoch	90	7
Ray Floyd	77	7

PAR BREAKERS

Name	Rds.	Pct.
1. Greg Norman	72	.248
2. Andy Bean	96	.220
3. Payne Stewart	95	.213
4. Tom Purtzer	101	.211
5. Mac O'Grady	75	.210
6. Hal Sutton	95	.209
Craig Stadler	82	.209
8. Bob Tway	110	.207
Fuzzy Zoeller	70	.207
10. Ray Floyd	77	.206
11. Joey Sindelar	117	.205
Donnie Hammond	71	.205
13. Larry Mize	86	.204
Bernhard Langer	67	.204
15. Bruce Lietzke	75	.203
16. Gary Koch	88	.201
17. Lanny Wadkins	89	.199
18. Mark O'Meara	88	.198
19. Paul Azinger	100	.196
Chip Beck	100	.196
Scott Hoch	90	.196
22. Bobby Wadkins	107	.195
Kenny Knox	102	.195
24. Don Pooley	93	.194
Jim Thorpe	85	.194
26. D.A. Weibring	81	.193
27. Calvin Peete	87	.192
Charles Bolling	106	.192
29. Mark Wiebe	93	.191
Bobby Clampett	101	.191
Fred Couples	81	.191
Davis Love III	97	.191
Rick Fehr	85	.191
34. Tony Sills	103	.189
Clarence Rose	98	.189
36. Curtis Strange	88	.188
Jodie Mudd	73	.188
Jim Colbert	75	.188
Ben Crenshaw	88	.188

MEN PROFESSIONALS

	Name		Rds.	Avg.
40.	Mike Sullivan		82	.187
	Jay Hass		86	.187
	Mark Hayes		89	.187
43.	Howard Twitty		100	.186
	Roger Maltbie		88	.186
45.	Larry Rinker		94	.185
	John Mahaffey		90	.185
	Phil Blackmar		83	.185
48.	David Graham		67	.184
	John Cook		92	.184
50.	Greg Twiggs		64	.183
	Scott Simpson		73	.183
	Blaine McCallister		98	.183
	Mike Hulbert		114	.183
	Danny Edwards		91	.183

SCORING AVERAGE BEFORE CUT

	Name	Rds.	Avg.
1.	Tom Purtzer	101	70.29
2.	Scott Hoch	90	70.30
3.	Larry Mize	86	70.47
4.	Calvin Peete	87	70.52
5.	Tony Sills	103	70.53
6.	Ray Floyd	77	70.58
7.	Payne Stewart	95	70.62
8.	Don Pooley	93	70.63
	Bruce Lietzke	75	70.63
10.	Mike Sullivan	82	70.64
	Andy Bean	96	70.64
12.	Bernhard Langer	67	70.65
13.	Bob Tway	110	70.69
14.	Greg Norman	72	70.72
15.	Bobby Wadkins	107	70.74
16.	Paul Azinger	100	70.75
17.	Gary Koch	88	70.79
18.	Tom Kite	92	70.84
19.	Kenny Knox	102	70.88
20.	Donnie Hammond	71	70.93
21.	John Mahaffey	90	70.98
22.	Scott Simpson	73	71.02
	D.A. Weibring	81	71.02
24.	Gene Sauers	116	71.03
25.	Mark O'Meara	88	71.04
26.	Jodie Mudd	73	71.07
27.	Jim Thorpe	85	71.13
	Joey Sindelar	117	71.13
29.	Fuzzy Zoeller	70	71.15
30.	Craig Stadler	82	71.16
31.	David Frost	88	71.17
32.	Corey Pavin	92	71.18
33.	Wayne Levi	89	71.19
34.	Mark Wiebe	93	71.28
	Mark McCumber	87	71.28
36.	Roger Maltbie	88	71.29
37.	Howard Twitty	100	71.31
38.	Jeff Sluman	105	71.34
39.	Mike Hulbert	114	71.35
	Chip Beck	100	71.35
41.	Mike Reid	81	71.37
42.	Lanny Wadkins	89	71.41
	Ronnie Black	95	71.41
44.	Charles Bolling	106	71.42
45.	Morris Hatalsky	92	71.44
46.	John Cook	92	71.46
47.	Brian Claar	86	71.51
	Danny Edwards	91	71.51
49.	Hal Sutton	95	71.52
50.	Greg Twiggs	64	71.53

SCORING AVERAGE—3RD ROUND

	Name	Rds.	Avg.
1.	Bernhard Langer	67	68.64
2.	Clarence Rose	98	69.00
3.	Calvin Peete	87	69.16
4.	Greg Norman	72	69.19
5.	Hal Sutton	95	69.33
6.	Scott Hoch	90	69.35
7.	Bob Tway	110	69.48
8.	Nick Price	72	69.70
9.	D.A. Weibring	81	69.87
10.	Larry Nelson	68	69.91
11.	Payne Stewart	95	70.00
	Mike Reid	81	70.00
13.	Brian Claar	86	70.06
14.	Jay Haas	86	70.07
15.	Greg Twiggs	64	70.08
16.	Dan Halldorson	77	70.09
17.	Jack Renner	79	70.17
18.	Rick Dalpos	85	70.25
19.	Larry Rinker	94	70.27
20.	Morris Hatalsky	92	70.28
21.	John Cook	92	70.31
22.	Jodie Mudd	73	70.33
23.	Tony Sills	103	70.38
24.	Larry Mize	86	70.44
25.	Lanny Wadkins	89	70.58
26.	Keith Fergus	79	70.60
27.	Mike West	77	70.63
28.	Mike McCullough	88	70.67
29.	Fred Couples	81	70.71
	Bill Glasson	91	70.71
	Donnie Hammond	71	70.71
32.	Willie Wood	96	70.72
33.	Peter Jacobsen	77	70.79
34.	John Mahaffey	90	70.83
	Chip Beck	100	70.83
36.	Scott Simpson	73	70.85
37.	Curtis Strange	88	70.88
	Mark O'Meara	88	70.88
	Ben Crenshaw	88	70.88
40.	Andy Bean	96	70.89
41.	Mac O'Grady	75	70.91
42.	Jim Thorpe	85	70.93
43.	Joe Inman	76	71.00
	Corey Pavin	92	71.00
45.	Tom Kite	92	71.06
	Gary Koch	88	71.06
	J.C. Snead	95	71.06
48.	Steve Jones	67	71.08
	Phil Blackmar	83	71.08
50.	Harry Taylor	63	71.11
	Gary McCord	60	71.11

MEN PROFESSIONALS

SCORING AVERAGE—FINAL ROUND

	Name	Rds.	Avg.
1.	Payne Stewart	95	69.90
2.	Greg Norman	72	70.06
	Ray Floyd	77	70.06
4.	Andy Bean	96	70.09
5.	Scott Hoch	90	70.10
6.	Bernhard Langer	67	70.13
7.	John Mahaffey	90	70.20
8.	John Cook	92	70.29
9.	Jeff Sluman	105	70.38
10.	Paul Azinger	100	70.45
11.	Chip Beck	100	70.50
12.	Craig Stadler	82	70.56
13.	Mac O'Grady	75	70.60
14.	Bob Tway	110	70.64
15.	Don Pooley	93	70.68
	Roger Maltbie	88	70.68
17.	Lanny Wadkins	89	70.76
	Bobby Wadkins	107	70.76
19.	Jack Renner	79	70.79
20.	Leonard Thompson	93	70.80
	Corey Pavin	92	70.80
	Jay Haas	86	70.80
23.	Fuzzy Zoeller	70	70.81
24.	Lennie Clements	83	70.82
25.	Joey Sindelar	117	70.92
26.	Mark O'Meara	88	71.00
27.	Tom Purtzer	101	71.04
28.	Donnie Hammond	71	71.06
29.	Mark Hayes	89	71.11
30.	Ben Crenshaw	88	71.14
31.	Pat McGowan	93	71.16
32.	Bruce Lietzke	75	71.17
33.	Mike McCullough	88	71.18
34.	Rod Curl	92	71.19
35.	Eduardo Romero	78	71.20
	David Graham	67	71.20
37.	John McComish	67	71.22
38.	Blaine McCallister	98	71.24
39.	Gary Koch	88	71.25
40.	Tom Kite	92	71.26
41.	Steve Pate	108	71.30
42.	Scott Simpson	73	71.31
	David Ogrin	89	71.31
44.	D.A. Weibring	81	71.32
45.	Hal Sutton	95	71.33
	Jim Colbert	75	71.33
47.	Lon Hinkle	78	71.38
48.	Greg Ladehoff	84	71.40
49.	Mike Reid	81	71.41
	Mark Brooks	96	71.41

BIRDIE CONVERSION %
(Percentage of one-putts on greens hit in regulation.)

	Name	Rds.	Pct.
1.	Greg Norman	72	.356
2.	Craig Stadler	82	.316
3.	Charles Bolling	106	.314
4.	Payne Stewart	95	.309
5.	Fuzzy Zoeller	70	.308
6.	Gary McCord	60	.306
	Andy Bean	96	.306
	Bernhard Langer	67	.306
	Kenny Knox	102	.306
10.	Bobby Clampett	101	.305
	Davis Love III	97	.305
	Ray Floyd	77	.305
13.	Mac O'Grady	75	.304
14.	Bob Tway	110	.302
	Hal Sutton	95	.302
16.	Donnie Hammond	71	.300
17.	Morris Hatalsky	92	.299
18.	Jeff Grygiel	85	.298
19.	Chip Beck	100	.296
20.	Mike Sullivan	82	.295
	Larry Mize	86	.295
	Rex Caldwell	88	.295
23.	Mark Wiebe	93	.294
24.	Don Pooley	93	.293
	Lanny Wadkins	89	.293
	Joey Sindelar	117	.293
	Jay Delsing	91	.293
	Rick Fehr	85	.293
	Gary Koch	88	.293
30.	Tom Purtzer	101	.292
31.	Mark Hayes	89	.291
	Scott Hoch	90	.291
33.	Clarence Rose	98	.290
	Phil Blackmar	83	.290
35.	Jim Thorpe	85	.289
	Bruce Lietzke	75	.289
37.	D.A. Weibring	81	.286
	Greg Twiggs	64	.286
	Jim Gallagher, Jr.	107	.286
40.	Mark O'Meara	88	.285
41.	Bobby Wadkins	107	.283
	Steve Jones	67	.283
43.	Bill Sander	89	.282
	Paul Azinger	100	.282
	Ken Brown	76	.282
	Jim Colbert	75	.282
47.	Tommy Valentine	53	.281
	Brian Claar	86	.281
	Rod Curl	92	.281
	Brad Fabel	92	.281
	Ed Fiori	92	.281

PAR 3 BIRDIE LEADERS

	Name	Rds.	Pct.
1.	Larry Mize	86	.192
2.	Lanny Wadkins	89	.185
3.	Greg Norman	72	.173
	Mike Sullivan	82	.173
5.	Mark O'Meara	88	.169
6.	Don Pooley	93	.164
7.	Jim Simons	77	.158
	Mike McCullough	88	.158
	Andy Bean	96	.158
10.	Scott Hoch	90	.156
11.	Fuzzy Zoeller	70	.155
12.	Ray Floyd	77	.154

1986 PGA TOUR STATISTICS: Scoring Averages • Birdie Conversion • Par 3 Birdie Leaders

MEN PROFESSIONALS

		Rds.	Pct.
13.	Scott Simpson	73	.153
	Blaine McCallister	98	.153
	Morris Hatalsky	92	.153
16.	Mike Reid	81	.151
	Gary Koch	88	.151
18.	Payne Stewart	95	.150
	Bernhard Langer	67	.150
20.	Hal Sutton	95	.149
	Kenny Knox	102	.149
22.	T.C. Chen	61	.148
23.	Roger Maltbie	88	.147
24.	Dick Mast	80	.145
	D.A. Weibring	81	.145
26.	Bob Tway	110	.144
	Brad Bryant	50	.144
28.	Jeff Sluman	105	.143
	Gene Sauers	116	.143
30.	Peter Jacobsen	77	.141
	Bob Lohr	103	.141
32.	Tom Kite	92	.140
	John Mahaffey	90	.140
34.	Pat McGowan	93	.139
	Kris Moe	51	.139
36.	Tom Purtzer	101	.138
	Bobby Wadkins	107	.138
	Lon Hinkle	78	.138
	Mike Hulbert	114	.138
40.	Charles Bolling	106	.137
41.	Rick Dalpos	85	.136
42.	Larry Rinker	94	.135
	Calvin Peete	87	.135
	Chip Beck	100	.135
	Mike Donald	111	.135
	Buddy Gardner	104	.135
	Bruce Lietzke	75	.135
48.	Bill Rogers	56	.134
	Leonard Thompson	93	.134
	Ronnie Balck	95	.134
	Phil Blackmar	83	.134
	Gary McCord	60	.134

PAR 4 BIRDIE LEADERS

	Name	Rds.	Pct.
1.	Greg Norman	72	.194
2.	Hal Sutton	95	.174
3.	Bob Tway	110	.172
	Payne Stewart	95	.172
5.	Fuzzy Zoeller	70	.169
	Andy Bean	96	.169
7.	Clarence Rose	98	.168
8.	Jim Colbert	75	.167
9.	Craig Stadler	82	.164
	Paul Azinger	100	.164
11.	Jim Thorpe	85	.163
	Ben Crenshaw	88	.163
	Ray Floyd	77	.163
14.	Howard Twitty	100	.162
	Lennie Clements	83	.162
16.	Calvin Peete	87	.161
	Rick Fehr	85	.161

		Rds.	Pct.
18.	Tom Purtzer	101	.160
	Scott Hoch	90	.160
20.	Mac O'Grady	75	.159
21.	D.A. Weibring	81	.158
	Larry Mize	86	.158
23.	Tony Sills	103	.157
24.	Mark Wiebe	93	.156
	Joey Sindelar	117	.156
26.	Jack Renner	79	.155
27.	Gary Koch	88	.154
	Mark Hayes	89	.154
	Bernhard Langer	67	.154
30.	Lanny Wadkins	89	.152
	Bobby Wadkins	107	.152
	Danny Edwards	91	.152
	Donnie Hammond	71	.152
34.	Charles Bolling	106	.151
35.	Don Pooley	93	.150
	Phil Blackmar	83	.150
	David Graham	67	.150
	Rod Curl	92	.150
39.	Corey Pavin	92	.149
	Wayne Levi	89	.149
	John Mahaffey	90	.149
42.	Bob Murphy	74	.148
	Ed Fiori	92	.148
44.	Nick Price	72	.147
	Curtis Strange	88	.147
	Bobby Clampett	101	.147
	Roger Maltbie	88	.147
	John Cook	92	.147
49.	Larry Nelson	68	.146
	Kenny Knox	102	.146

PAR 5 BIRDIE LEADERS

	Name	Rds.	Pct.
1.	Donnie Hammond	71	.456
2.	Greg Norman	72	.451
3.	Mac O'Grady	75	.450
4.	Bruce Lietzke	75	.441
5.	Chip Beck	100	.434
6.	Joey Sindelar	117	.430
7.	Craig Stadler	82	.425
8.	Andy Bean	96	.422
9.	Davis Love III	97	.421
10.	Tom Purtzer	101	.419
11.	Bernhard Langer	67	.415
12.	Dan Halldorson	77	.402
	Fred Couples	81	.402
14.	Jay Haas	86	.401
15.	Payne Stewart	95	.396
16.	Mike McCullough	88	.392
	Brian Claar	86	.392
18.	Gary Koch	88	.391
19.	Jay Delsing	91	.383
	Kenny Knox	102	.383
21.	Blaine McCallister	98	.382
22.	Mark Wiebe	93	.381
	Lon Hinkle	78	.381
	Bill Glasson	91	.381
25.	Greg Twiggs	64	.379

MEN PROFESSIONALS

26. Bobby Wadkins	107	.377	
Ray Floyd	77	.377	
28. Mike Sullivan	82	.375	
29. Hal Sutton	95	.374	
30. Bobby Clampett	101	.373	
31. Andy North	65	.372	
32. Bob Tway	110	.370	
Fuzzy Zoeller	70	.370	
Gary McCord	60	.370	
35. Mark O'Meara	88	.368	
36. Larry Rinker	94	.365	
37. Jodie Mudd	73	.363	
Paul Azinger	100	.363	
Charles Bolling	106	.363	

40. John Cook	92	.359	
41. Jim Thorpe	85	.358	
Danny Edwards	91	.358	
Mark McCumber	87	.358	
44. Curtis Strange	88	.356	
45. Ken Brown	76	.355	
Dick Mast	80	.355	
47. Rex Caldwell	88	.353	
48. Tom Pernice Jr.	91	.352	
Barry Jaeckel	95	.352	
Larry Mize	86	.352	

1986 PGA TOUR STATISTICS: Par 4 and Par 5 Bridie Leaders

MEN PROFESSIONALS
PAST WINNERS OF MAJOR EVENTS

U.S. OPEN

Year	Winner, runner-up, site	Score
1895	Horace Rawlins	173
	Willie Dunn	175
	Newport G.C.,	
	Newport, R.I.	
1896	James Foulis	152
	Horace Rawlins	155
	Shinnecock Hills, G.C.,	
	Southampton, N.Y.	
1897	Joe Lloyd	162
	Willie Anderson	163
	Chicago G.C.,	
	Wheaton, Ill.	
1898	Fred Herd	328
	Alex Smith	335
	Myopia Hunt Club,	
	S. Hamilton, Mass	
1899	Willie Smith	315
	George Low	326
	Val Fitzjohn	326
	W. H. Way	326
	Baltimore C.C.,	
	Baltimore, Md.	
1900	Harry Vardon	313
	J. H. Taylor	315
	Chicago G.C.,	
	Wheaton, Ill.	
1901	Willie Anderson	331-85
	Alex Smith	331-86
	Myopia Hunt Club,	
	S. Hamilton, Mass.	
1902	Lawrence Auchterlonie	307
	Stewart Gardner	313
	†W. J. Travis	313
	Garden City G.C.,	
	Garden City, N.Y.	
1903	Willie Anderson	307-82
	David Brown	307-84
	Baltusrol G.C.,	
	Springfield, N.J.	
1904	Willie Anderson	303
	Gilbert Nicholls	308
	Glen View Club,	
	Golf, Ill.	
1905	Willie Anderson	314
	Alex Smith	316
	Myopia Hunt Club,	
	S. Hamilton, Mass.	
1906	Alex Smith	295
	William Smith	302
	Onwentsia Club,	
	Lake Forest, Ill.	
1907	Alex Ross	302
	Gilbert Nicholls	305
	Philadelphia Cricket C.	
	Philadelphia, Pa.	
1908	Fred McLeod	322-77
	Willie Smith	322-83
	Myopia Hunt Club,	
	S. Hamilton, Mass.	
1909	George Sargent	290
	Tom McNamara	294
	Englewood G.C.,	
	Englewood, N.J.	
1910	Alex Smith	298-71
	John J. McDermott	298-75
	Macdonald Smith	298-77
	Philadelphia Cricket C.	
	St. Martins, Pa.	
1911	John J. McDermott	307-80
	Michael J. Brady	307-82
	George O. Simpson	307-85
	Chicago G.C.,	
	Wheaton, Ill.	
1912	John J. McDermott	294
	Tom McNamara	296
	C.C. of Buffalo,	
	Buffalo, N.Y.	
1913	†Francis Ouimet	304-72
	Harry Vardon	304-77
	Edward Ray	304-78
	The Country Club,	
	Brookline, Mass.	
1914	Walter Hagen	290
	†Charles Evans Jr.	291
	Midlothian C.C.,	
	Blue Island, Ill.	
1915	†Jerome D. Travers	297
	Tom McNamara	298
	Baltusrol G.C.,	
	Springfield, N.J.	
1916	†Charles Evans Jr.	286
	Jock Hutchison	288
	Minikahda Club,	
	Minneapolis, Minn.	
1917-18	No championships	
1919	Walter Hagen	301-77
	Michael J. Brady	301-78
	Brae Burn C.C.,	
	West Newton, Mass.	
1920	Edward Ray	295
	Harry Vardon	296
	Jack Burke	296
	Leo Diegel	296
	Jock Hutchison	296
	Inverness Club,	
	Toledo, Ohio	
1921	James M. Barnes	289
	Walter Hagen	298
	Fred McLeod	298
	Columbia C.C.,	
	Chevy Chase, Md.	
1922	Gene Sarazen	288
	†Robert T. Jones Jr.	289
	John L. Black	289
	Skokie C.C.,	
	Glencoe, Ill.	
1923	†Robert T. Jones Jr.	296-76
	R.A. Cruickshank	296-78
	Inwood C.C.,	
	Inwood, N.Y.	
1924	Cyril Walker	297
	†Robert T. Jones Jr.	300
	Oakland Hills C.C.,	
	Birmingham, Mich.	
1925	William Macfarlane	291-75-72
	†Robert T. Jones Jr.	291-75-73
	Worcester C.C.,	
	Worcester, Mass.	
1926	†Robert T. Jones Jr.	293
	Joe Turnesa	294
	Scioto C.C.,	
	Columbus, Ohio	
1927	Tommy Armour	301-76
	Harry Cooper	301-79
	Oakmont C.C.,	
	Oakmont, Pa.	
1928	Johnny Farrell	294-143
	†Robert T. Jones Jr.	294-144
	Olympia Fields C.C.,	
	Mateson, Ill.	
1929	†Robert T. Jones Jr.	294-141
	Al Espinosa	294-164
	Winged Foot G.C.,	
	Mamaroneck, N.Y.	
1930	†Robert T. Jones Jr.	287
	Macdonald Smith	289
	Interlachen C.C.,	
	Minneapolis, Minn.	
1931	Billy Burke	292-149-148
	George Von Elm	292-149-149
	Inverness Club,	
	Toledo, Ohio	
1932	Gene Sarazen	286
	R. A. Cruickshank	289
	T. Philip Perkins	289
	Fresh Meadow C.C.,	
	Flushing, N.Y.	
1933	†John G. Goodman	287
	Ralph Guldahl	288
	North Shore G.C.,	
	Glen View, Ill.	
1934	Olin Dutra	293
	Gene Sarazen	294
	Merion Cricket C.,	
	Ardmore, Pa.	
1935	Sam Parks Jr.	299
	Jimmy Thomson	301
	Oakmont C.C.,	
	Oakmont, Pa.	

MEN PROFESSIONALS

PAST WINNERS: U.S. Open

1936 Tony Manero 282
　　　Harry E. Cooper 284
　　　Baltusrol G.C.,
　　　(Upper Course),
　　　Springfield, N.J.
1937 Ralph Guldahl 281
　　　Sam Snead 283
　　　Oakland Hills C.C.,
　　　Birmingham, Mich.
1938 Ralph Guldahl 284
　　　Dick Metz 290
　　　Cherry Hills C.C.,
　　　Denver, Colo.
1939 Byron Nelson 284-68-70
　　　Craig Wood 284-68-73
　　　Denny Shute 284-76
　　　Philadelphia C.C.,
　　　West Conshohocken, Pa.
1940 Lawson Little 287-70
　　　Gene Sarazen 287-73
　　　Canterbury G.C.,
　　　Cleveland, Ohio
1941 Craig Wood 284
　　　Denny Shute 287
　　　Colonial C.C.,
　　　Fort Worth, Tex.
1942-45 No championships
1946 Lloyd Mangrum 284-72-72
　　　Byron Nelson 284-72-73
　　　Victor Ghezzi 284-72-73
　　　Canterbury G.C.,
　　　Cleveland, Ohio
1947 Lew Worsham 282-69
　　　Sam Snead 282-70
　　　St. Louis C.C.,
　　　Clayton, Mo.
1948 Ben Hogan 276
　　　Jimmy Demaret 278
　　　Riviera C.C.,
　　　Los Angeles, Calif.
1949 Cary Middlecoff 286
　　　Sam Snead 287
　　　Clayton Heafner 287
　　　Medinah C.C.,
　　　Medinah, Ill.
1950 Ben Hogan 287-69
　　　Lloyd Mangrum 287-73
　　　George Fazio 287-75
　　　Merion G.C.,
　　　Ardmore, Pa.
1951 Ben Hogan 287
　　　Clayton Heafner 289
　　　Oakland Hills C.C.,
　　　Birmingham, Mich.
1952 Julius Boros 281
　　　Edward S. Oliver Jr. 285
　　　Northwood Club,
　　　Dallas, Tex.
1953 Ben Hogan 283
　　　Sam Snead 289
　　　Oakmont C.C.,
　　　Oakmont, Pa.
1954 Ed Furgol 284
　　　Gene Littler 285
　　　Baltusrol G.C.,
　　　(Lower Course),
　　　Springfield, N.J.
1955 Jack Fleck 287-69
　　　Ben Hogan 287-72
　　　Olympic Club,
　　　(Lake Course),
　　　San Francisco, Calif.
1956 Cary Middlecoff 281
　　　Julius Boros 282
　　　Ben Hogan 282
　　　Oak Hill C.C.,
　　　Rochester, N.Y.
1957 Dick Mayer 282-72
　　　Cary Middlecoff 282-79
　　　Inverness Club,
　　　Toledo, Ohio
1958 Tommy Bolt 283
　　　Gary Player 287
　　　Southern Hills C.C.,
　　　Tulsa, Okla.
1959 Bill Casper Jr. 282
　　　Robert R. Rosburg 283
　　　Winged Foot G.C.,
　　　Mamaroneck, N.Y.
1960 Arnold Palmer 280
　　　†Jack Nicklaus 282
　　　Cherry Hills C.C.,
　　　Englewood, Colo.
1961 Gene A. Littler 281
　　　Doug Sanders 282
　　　Bob Goalby 282
　　　Oakland Hills C.C.,
　　　Birmingham, Mich.
1962 Jack Nicklaus 283-71
　　　Arnold Palmer 283-74
　　　Oakmont C.C.,
　　　Oakmont, Pa.
1963 Julius Boros 293-70
　　　Jacky Cupit 293-73
　　　Arnold Palmer 293-76
　　　The Country Club,
　　　Brookline, Mass.
1964 Ken Venturi 278
　　　Tommy Jacobs 282
　　　Congressional C.C.,
　　　Washington, D.C.
1965 Gary Player 282-71
　　　Kel Nagle 282-74
　　　Bellerive C.C.,
　　　St. Louis, Mo.
1966 Bill Casper Jr. 278-69
　　　Arnold Palmer 278-73
　　　Olympic Club,
　　　(Lake Course),
　　　San Francisco, Calif.
1967 Jack Nicklaus 275
　　　Arnold Palmer 279
　　　Baltusrol G.C.,
　　　(Lower Course),
　　　Springfield, N.J.
1968 Lee Trevino 275
　　　Jack Nicklaus 279
　　　Oak Hill C.C.,
　　　(East Course),
　　　Rochester, N.Y.
1969 Orville Moody 281
　　　Deane Beman 282
　　　Al Geiberger 282
　　　Robert R. Rosburg 282
　　　Champions G.C.,
　　　(Cypress Creek Cse.),
　　　Houston, Tex.
1970 Tony Jacklin 281
　　　Dave Hill 288
　　　Hazeltine Ntl. G.C.,
　　　Chaska, Minn.
1971 Lee Trevino 280-68
　　　Jack Nicklaus 280-71
　　　Merion G.C.,
　　　(East Course),
　　　Ardmore, Pa.
1972 Jack Nicklaus 290
　　　Bruce Crampton 293
　　　Pebble Beach G.L.,
　　　Pebble Beach, Calif.
1973 John Miller 279
　　　John Schlee 280
　　　Oakmont C.C.,
　　　Oakmont, Pa.
1974 Hale Irwin 287
　　　Forrest Fezler 289
　　　Winged Foot G.C.,
　　　(West Course),
　　　Mamaroneck, N.Y.
1975 Lou Graham 287-71
　　　John Mahaffey 287-73
　　　Medinah C.C.,
　　　(No. 3 Course),
　　　Medinah, Ill.
1976 Jerry Pate 277
　　　Tom Weiskopf 279
　　　Al Geiberger 279
　　　Atlanta Athletic Club,
　　　(Highlands Course),
　　　Duluth, Ga.
1977 Hubert Green 278
　　　Lou Graham 279
　　　Southern Hills C.C.,
　　　Tulsa, Okla.
1978 Andy North 285
　　　J. C. Snead 286
　　　Dave Stockton 286
　　　Cherry Hills C.C.,
　　　Englewood, Colo.
1979 Hale Irwin 284

MEN PROFESSIONALS

Gary Player	286	
Jerry Pate	286	
Inverness Club, Toledo, Ohio		
1980 Jack Nicklaus	272	
Isao Aoki	274	
Baltusrol G.C., (Lower Course), Springfield, N.J.		
1981 David Graham	273	
Bill Rogers	276	
George Burns	276	
Merion G.C., (East Course), Ardmore, Pa.		
1982 Tom Watson	282	
Jack Nicklaus	284	
Pebble Beach G.L., Pebble Beach, Calif.		
1983 Larry Nelson	280	
Tom Watson	281	
Oakmont C.C., Oakmont, Pa.		
1984 Fuzzy Zoeller	276-67	
Greg Norman	276-75	
Winged Foot G.C., Mamaroneck, N.Y.		
1985 Andy North	279	
Tze-chung Chen	280	
Dave Barr	280	
Denis Watson	280	
Oakland Hills C.C., Birmingham, Mich.		
1986 Ray Floyd	279	
Lanny Wadkins	281	
Chip Beck	281	
Shinnecock Hills G.C., Southampton, N.Y.		

†Amateur.

U.S. OPEN SCORING RECORDS

Lowest 9-hole score
30, James B. McHale Jr. (amateur), first nine, third round, 1947; Arnold Palmer, first nine, final round, 1960; Steve Spray, second nine, third round, 1964; Ken Venturi, first nine, third round, 1964; Tom Shaw, first nine, first round, 1971; Bob Charles, first nine, last round, 1971; Raymond Floyd, first nine, first round, 1980; George Burns, first nine, second round, 1982; Danny Edwards, back nine, second round, 1986; Lennie Clements, front nine, third round, 1986; Chip Beck, back nine, fourth round, 1986.

Lowest 18-hole score
63, Johnny Miller, fourth round, Oakmont (Pa.) C.C., 1973; Jack Nicklaus and Tom Weiskopf, first round, Lower Course of Baltusrol G.C., Springfield, N.J., 1980.

Lowest first 36 holes; Tze-chung Chen, 1985.
134, Jack Nicklaus, 1980.

Lowest first 54 holes
203, George Burns, 1981; Tze-chung Chen, 1985.

Lowest 72-hole score
272, Jack Nicklaus, 1980.

Lowest last 36 holes
132, Larry Nelson, 1983.

Lowest 18-hole score (amateurs)
65, James B. McHale, third round, 1947; James Simons, third round, 1971.

Lowest 72-hole score (amateur)
282, Jack Nicklaus, 1960.

Highest 18-hole lead score
89, Willie Dunn, James Foulis, Willie Campbell, 1895.

Highest 36-hole lead score
173, Horace Rawlins, 1895.

Highest 54-hole lead score
249, Stewart Gardner, 1901.

Highest 72-hole score to lead field
331, Willie Anderson and Alex Smith, 1901 (Anderson won playoff).

Highest 72-hole score
393, John Harrison, 1900.

Foreign player's best 72-hole score
273, David Graham, 1981.

Best start by champion
63, Jack Nicklaus, 1980.

Best finish by champion
63, Johnny Miller, 1973.

Poorest start by champion
91, Horace Rawlins, 1895.

Poorest finish by champion
84, Fred Herd, 1898.

Largest winning margin
11 strokes, Willie Smith, 1899.

Largest margin in 18-hole playoff
8 strokes, by Fuzzy Zoeller over Greg Norman in 1984, 67-75.

Largest margin in 36-hole playoff
23 strokes, by Bobby Jones over Al Espinosa, in 1929, 141-164.

Four rounds under 70
Lee Trevino, 1968 (69-68-69-69).

Lowest 18-hole playoff score
67, Fuzzy Zoeller, 1984.

Most sub-par rounds by player in Open
4, Lee Trevino, 1968; Billy Casper, 1966.

Most sub-par 72-hole total in single Open
9, Canterbury G.C., Cleveland, Ohio, 1946; Oakmont (Pa.) C.C., 1973; Pebble Beach (Calif.) G. Links, 1982.

Under-70 finishes by champions
Gene Sarazen, 68, 1922; and 66, 1932; Tony Manero, 67, 1936; Ralph Guldahl, 69, 1937-38; Byron Nelson, 68, 1939; Ben Hogan, 69, 1948; 67, 1951; Jack Fleck, 67, 1955; Arnold Palmer, 65, 1960; Gene Littler, 68, 1961; Jack Nicklaus, 69, 1962; 65, 1967; 68, 1980; Billy Casper, 68, 1966; Lee Trevino, 69, 1968 and 1971; Johnny Miller, 63, 1973; Jerry Pate, 68, 1976; David Graham, 67, 1981; 67, Larry Nelson, 1983; Ray Floyd, 66, 1986.

MEN PROFESSIONALS

U.S. OPEN NOTES OF INTEREST

Most victories
4, Willie Anderson, 1901-03-04-05; Robert T. Jones Jr., 1923-26-29-30; Ben Hogan, 1948-50-51-53; Jack Nicklaus, 1962-67-72-80.

Champions who led all the way
Walter Hagen, 1914; Jim Barnes, 1921; Ben Hogan, 1953; Tony Jacklin, 1970.

Consecutive winners
Willie Anderson, 1904-05; John J. McDermott, 1911-12; Robert T. Jones Jr., 1929-30; Ralph Guldahl, 1937-38; Ben Hogan, 1950-51.

Finishes in first ten
Jack Nicklaus, 18; Walter Hagen, 16; Ben Hogan, 15; Arnold Palmer, 13; Sam Snead, 12; Julius Boros, 11; Gary Player, 9.

Foreign winners
Harry Vardon, England, 1900; Ted Ray, England, 1920; Gary Player, South Africa, 1965; Tony Jacklin, England, 1970; David Graham, Australia, 1981.

Holes-in-one
Zell Eaton, Upper Course, Baltusrol G.C., Springfield, N.J., 1936; Dick Chapman and Johnny Weitzel, Lower Course at Baltusrol, 1954; Billy Kuntz, Oak Hill C.C., Rochester, N.Y., 1956; Jerry McGee and Bobby Mitchell, Pebble Beach (Calif.) G.L., 1972; Pat Fitzsimons, Medinah (Ill.) C.C., 1975; Bobby Wadkins and Tom Weiskopf, Cherry Hills C.C., Englewood, Colo, 1978; Gary Player, Inverness C., Toledo, Ohio, 1979; Tom Watson, Baltusrol G.C., Springfield, N.J., 1980; Johnny Miller, Bill Brodell, and Tom Weiskopf, Pebble Beach (Calif.) G.L., 1982; Scott Simpson, Oakmont (Pa.) C.C., 1983; Mark McCumber, Winged Foot G.C., Mamaroneck, N.Y., 1984; Ben Crenshaw, Oakland Hills C.C., Birmingham, Mich., 1985.

Double eagle
By Tze-Chung Chen, a 2 on the 527-yard, par-5 second hole first round at Oakland Hills C.C. in 1985.

Most consecutive birdies
6, George Burns, second through seventh holes, second round, Pebble Beach (Calif.) G.L., 1982.

Most consecutive Opens
31, Gene Sarazen, 1920-54 (no championships 1942-45).

Most consecutive Opens completed
22, Walter Hagen, 1913-36 (no championships 1917-18).

Most Opens completed
27, Sam Snead, between 1937-73.

Most times runner-up
4, Sam Snead, Robert T. Jones Jr., Arnold Palmer, Jack Nicklaus.

Most sub-par rounds in career
29, Jack Nicklaus.

Most rounds under 70 in career
24, Jack Nicklaus.

Birdie on 72nd hole to win by one
Bobby Jones, 1926, Scioto C.C., Columbus, Ohio, from within two feet to beat Joe Turnesa, 293-294.

Longest putt on 72nd hole to win by one
15 feet (for a par), by Walter Hagen, 1914, at Midlothian C.C., Blue Island, Ill., to beat Chick Evans, 290-291.

Fewest putts for 72 holes
114, Billy Casper, 1959.

Fewest 3-putts for 72 holes
None, Gene Littler, 1961.

Shortest missed putt on 72nd to lose by one
Three feet, Bob Rosburg, 1969.

Shortest missed putt on 72nd
Two inches; Harry Vardon, 1900; he whiffed, but won by two shots anyway.

Longest putt on 72nd to tie
40 feet (for a par), Greg Norman, 1984. Norman putted from the fringe, a few inches off putting surface.

Most strokes on one hole
19, Ray Ainsley on par-4 16th, second round, Cherry Hills C.C., Englewood, Colo., 1938.

Youngest champion
John J. McDermott, 19 years, 10 months, 14 days in 1911 (first U.S.-born Open champion).

Oldest champion
Ray Floyd, 43 years, 9 months, 11 days in 1986.

Amateur champions
Francis Ouimet, 1913; Jerome D. Travers, 1915; Charles Evans Jr., 1916; Robert T. Jones Jr., 1923-26-29-30; John Goodman, 1933.

Club most often host
Baltusrol G.C., Springfield, N.J., six times, 1903-15-36-54-67-80; Oakmont (Pa.) C.C., six times, 1927-35-53-62-73-83.

Shortest Open course
Shinnecock Hills G.C., Southampton, N.Y., 4,423 yards, 1896.

Longest Open course
Bellerive C.C., St. Louis, Mo., 7,191 yards, 1965.

Course with highest score
Myopia Hunt C., South Hamilton, Mass., yielded no 72-hole score under 314 in four Opens.

Highest attendance
113,084 for four days at Atlanta A.C., Duluth, Ga., 1976

MEN PROFESSIONALS

BRITISH OPEN

Year Winner, runner-up, site Score

1860 Willie Park 174
    Tom Morris Sr. 176
    Prestwick G.C.,
    Aryshire, Scotland
1861 Tom Morris Sr. 163
    Willie Park 167
    Prestwick G.C.,
    Aryshire, Scotland
1862 Tom Morris Sr. 163
    Willie Park 176
    Prestwick G.C.,
    Ayrshire, Scotland
1863 Willie Park 168
    Tom Morris Sr. 170
    Prestwick G.C.,
    Aryshire, Scotland
1864 Tom Morris Sr. 167
    Andrew Strath 169
    Prestwick, G.C.
    Aryshire, Scotland
1865 Andrew Strath 162
    Willie Park 164
    Prestwick G.C.,
    Ayrshire, Scotland
1866 Willie Park 169
    David Park 171
    Prestwick G.C.,
    Aryshire, Scotland
1867 Tom Morris Sr. 170
    Willie Park 172
    Prestwick G.C.,
    Aryshire, Scotland
1868 Tom Morris Jr. 157
    Tom Morris Sr. 158
    Prestwick G.C.
    Aryshire, Scotland
1869 Tom Morris Jr. 154
    Tom Morris Sr. 157
    Prestwick G.C.
    Aryshire, Scotland
1870 Tom Morris Jr. 149
    David Strath 161
    Bob Kirk 161
    Prestwick G.C.,
    Ayrshire, Scotland
1871 No championship
1872 Tom Morris Jr. 166
    David Strath 169
    Prestwick, G.C.,
    Aryshire, Scotland
1873 Tom Kidd 179
    Jamie Anderson #
    Royal & Ancient G.C.,
    St. Andrews, Scotland
1874 Mungo Park 159
    Tom Morris Jr. 161
    Musselburgh G. C.
    Musselburgh, Scotland
1875 Willie Park 166
    Robert Martin 168
    Prestwick G.C.,
    Aryshire, Scotland
1876 *Robert Martin 176
    David Strath 176
    (refused playoff)
    Royal & Ancient G.C.,
    St. Andrews, Scotland
1877 Jamie Anderson 160
    Bob Pringle 163
    Musselburgh G.C.,
    Musselburgh, Scotland
1878 Jamie Anderson 157
    Robert Kirk 158
    Prestwick G.C.,
    Ayrshire, Scotland
1879 Jamie Anderson 170
    Andrew Kirkaldy 172
    James Allen 172
    Royal & Ancient G.C.,
    St. Andrews, Scotland
1880 Robert Ferguson 162
    P. Paxton 167
    Musselburgh G.C.,
    Musselburgh, Scotland
1881 Robert Ferguson 170
    Jamie Anderson 173
    Prestwick G.C.,
    Ayrshire, Scotland
1882 Robert Ferguson 171
    Willie Fernie 174
    Royal & Ancient G.C.,
    St. Andrews, Scotland
1883 *Willie Fernie 159
    Robert Ferguson 159
    Musselburgh G.C.,
    Musselburgh, Scotland
1884 Jack Simpson 160
    D. Rolland 164
    Willie Fernie 164
    Prestwick G.C.,
    Ayrshire, Scotland
1885 Bob Martin 171
    Archie Simpson 173
    Royal & Ancient G.C.,
    St. Andrews, Scotland
1886 David Brown 157
    Willie Campbell 159
    Musselburgh G.C.,
    Musselburgh, Scotland
1887 Willie Park Jr. 161
    Bob Martin 162
    Prestwick G.C.,
    Ayrshire, Scotland
1888 Jack Burns 171
    B. Sayers 172
    D. Anderson 172
    Royal & Ancient G.C.,
    St. Andrews, Scotland
1889 *Willie Park Jr. 155
    Andrew Kirkaldy 155
    Musselburgh G.C.,
    Musselburgh, Scotland
1890 John Ball 164
    Willie Fernie 167
    Andrew Simpson 167
    Prestwick G.C.,
    Ayrshire, Scotland
1891 Hugh Kirkaldy 166
    Andrew Kirkaldy 168
    Willie Fernie 168
    Royal & Ancient G.C.
    St. Andrews, Scotland
1892 Harold H. Hilton 305
    John Ball 308
    Hugh Kirkaldy 308
    Alexander Herd 308
    Muirfield G.C.,
    Gullane, Scotland
1893 William Auchterlonie 322
    John E. Laidlay 324
    Prestwick, G.C.
    Ayrshire, Scotland
1894 John H. Taylor 326
    Douglas Rolland 331
    Royal St. George's G.C.,
    Sandwich, England
1895 John H. Taylor 322
    Alexander Herd 326
    Royal & Ancient G.C.,
    St. Andrews, Scotland
1896 *Harry Vardon 316
    John H. Taylor 316
    Muirfield G.C.,
    Gullane, Scotland
1897 Harold H. Hilton 314
    James Braid 315
    Royal Liverpool G.C.,
    Hoylake, England
1898 Harry Vardon 307
    Willie Park Jr. 308
    Prestwick G.C.,
    Ayrshire, Scotland
1899 Harry Vardon 310
    Jack White 315
    Royal St. George's G.C.,
    Sandwich, England
1900 John H. Taylor 309
    Harry Vardon 317
    St. Andrews G.C.,
    St. Andrews, Scotland
1901 James Braid 309
    Harry Vardon 312
    Muirfield G.C.,
    Gullane, Scotland
1902 Alexander Herd 307
    Harry Vardon 308
    Royal Liverpool G.C.,
    Hoylake, England
1903 Harry Vardon 300
    Tom Vardon 306
    Prestwick G.C.,
    Ayrshire, Scotland
1904 Jack White 296
    John H. Taylor 297

MEN PROFESSIONALS

PAST WINNERS: British Open

James Braid	297	
Royal St. George's G.C., Sandwich, England		
1905 James Braid	318	
John H. Taylor	323	
Rolland Jones	323	
St. Andrews G.C., St. Andrews, Scotland		
1906 James Braid	300	
John H. Taylor	304	
Muirfield G.C., Gullane, Scotland		
1907 Arnaud Massy	312	
John H. Taylor	314	
Royal Liverpool G.C., Hoylake, England		
1908 James Braid	291	
Tom Ball	295	
Prestwick G.C., Ayrshire, Scotland		
1909 John H. Taylor	295	
James Braid	301	
Tom Ball	301	
Royal Cinque Ports G.C., Deal, England		
1910 James Braid	299	
Alexander Herd	303	
St. Andrews G.C., St. Andrews, Scotland		
1911 *Harry Vardon	303	
Arnaud Massy	303	
Royal St. George's G.C., Sandwich, England		
1912 Edward (Ted) Ray	295	
Harry Vardon	299	
Muirfield G.C., Gullane, Scotland		
1913 John H. Taylor	304	
Edward Ray	312	
Royal Liverpool G.C., Hoylake, England		
1914 Harry Vardon	306	
John H. Taylor	309	
Prestwick G.C., Ayrshire, Scotland		
1915-19 No championships		
1920 George Duncan	303	
Alexander Herd	305	
Royal Cinque Ports G.C., Deal, England		
1921 *Jock Hutchison	296	
Roger Wethered	296	
St. Andrews G.C., St. Andrews, Scotland		
1922 Walter Hagen	300	
George Duncan	301	
James M. Barnes	301	
Royal St. George's G.C., Sandwich, England		
1923 Arthur G. Havers	295	
Walter Hagen	296	
Troon G.C., Ayrshire, Scotland		
1924 Walter Hagen	301	
Ernest Whitcombe	302	
Royal Liverpool G.C., Hoylake, England		
1925 James M. Barnes	300	
Archie Compston	301	
Ted Ray	301	
Prestwick G.C., Ayrshire, Scotland		
1926 Robert T. Jones Jr.	291	
Al Watrous	291	
Royal Lytham & St. Anne's G.C., St. Anne's, England		
1927 Robert T. Jones Jr.	285	
Aubrey Boomer	291	
St. Andrews G.C., St. Andrews, Scotland		
1928 Walter Hagen	292	
Gene Sarazen	294	
Royal St. George's G.C., Sandwich, England		
1929 Walter Hagen	292	
Johnny Farrell	298	
Muirfield G.C., Gullane, Scotland		
1930 Robert T. Jones Jr.	291	
Macdonald Smith	293	
Leo Diegel	293	
Royal Liverpool G.C., Hoylake, England		
1931 Tommy D. Armour	296	
J. Jurado	297	
Carnoustie G.C., Carnoustie, Scotland		
1932 Gene Sarazen	283	
Macdonald Smith	288	
Princes G.C., Princes, England		
1933 *Denny Shute	292	
Craig Wood	292	
St. Andrews G.C., St. Andrews, Scotland		
1934 Henry Cotton	283	
S. F. Brews	288	
Royal St. George's G.C., Sandwich, England		
1935 Alf Perry	283	
Alfred Padgham	287	
Muirfield G.C., Gullane, Scotland		
1936 Alfred Padgham	287	
J. Adams	288	
Royal Liverpool G.C., Hoylake, England		
1937 T. Henry Cotton	290	
R. A. Whitcombe	292	
Carnoustie G.C., Carnoustie, Scotland		
1938 R. A. Whitcombe	295	
James Adams	297	
Royal St. George's G.C., Sandwich, England		
1939 Richard Burton	290	
Johnny Bulla	292	
St. Andrews G.C., St. Andrews, Scotland		
1940-45 No championships		
1946 Sam Snead	290	
Bobby Locke	294	
Johnny Bulla	294	
St. Andrews G.C., St. Andrews, Scotland		
1947 Fred Daly	293	
R. W. Horne	294	
Frank Stranahan	294	
Royal Liverpool G.C., Hoylake, England		
1948 T. Henry Cotton	284	
Fred Daly	289	
Muirfield G.C., Gullane, Scotland		
1949 *Bobby Locke	283	
Harry Bradshaw	283	
Royal St. George's G.C., Sandwich, England		
1950 Bobby Locke	279	
R. De Vicenzo	281	
Troon G.C., Ayrshire, Scotland		
1951 Max Faulkner	285	
A. Cerda	287	
Royal Portrush G.C., Portrush, Ireland		
1952 Bobby Locke	287	
Peter W. Thomson	288	
Royal Lytham & St. Anne's G.C., St. Anne's, England		
1953 Ben Hogan	282	
Frank Stranahan	286	
D.J. Rees	286	
Peter Thomson	286	
A. Cerda	286	
Carnoustie G.C., Carnoustie, Scotland		
1954 Peter W. Thomson	283	
S. S. Scott	284	
D. J. Rees	284	
Bobby Locke	284	
Royal Birkdale G.C., Southport, England		
1955 Peter W. Thomson	281	
John Fallon	283	
St. Andrews G.C., St. Andrews, Scotland		
1956 Peter W. Thomson	286	
Flory Van Donck	289	
Royal Liverpool G.C., Hoylake, England		
1957 Bobby Locke	279	
Peter Thomson	282	
St. Andrews G.C.,		

81

MEN PROFESSIONALS

	St. Andrews, Scotland	
1958	*Peter Thomson	278
	Dave Thomas	278
	Royal Lytham &	
	St. Anne's G.C.	
	St. Anne's, England	
1959	Gary Player	284
	Fred Bullock	286
	Flory Van Donck	286
	Muirfield G.C.,	
	Gullane, Scotland	
1960	Kel Nagle	278
	Arnold Palmer	279
	St. Andrews G.C.,	
	St. Andrews, Scotland	
1961	Arnold Palmer	284
	Dai Rees	285
	Royal Birkdale G.C.,	
	Southport, England	
1962	Arnold Palmer	276
	Kel Nagle	282
	Troon G.C.,	
	Ayrshire, Scotland	
1963	*Bob Charles	277
	Phil Rodgers	277
	Royal Lytham &	
	St. Anne's G.C.,	
	St. Anne's, England	
1964	Tony Lema	279
	Jack Nicklaus	284
	St. Andrews G.C.,	
	St. Andrews, Scotland	
1965	Peter Thomson	285
	Brian Huggett	287
	Christy O'Connor	287
	Royal Birkdale G.C.,	
	Southport, England	
1966	Jack Nicklaus	282
	Doug Sanders	283
	Dave Thomas	283
	Muirfield G.C.,	
	Gullane, Scotland	
1967	Roberto De Vicenzo	278
	Jack Nicklaus	280
	Royal Liverpool G.C.,	
	Hoylake, England	
1968	Gary Player	289
	Jack Nicklaus	291
	Bob Charles	291
	Carnoustie G.C.,	
	Carnoustie, Scotland	
1969	Tony Jacklin	280
	Bob Charles	282
	Royal Lytham &	
	St. Anne's G.C.,	
	St. Anne's, England	
1970	*Jack Nicklaus	283
	Doug Sanders	283
	St. Andrews G.C.,	
	St. Andrews, Scotland	
1971	Lee Trevino	278
	Lu Liang Huan	279
	Royal Birkdale G.C.,	
	Southport, England	
1972	Lee Trevino	278
	Jack Nicklaus	279
	Muirfield G.C.,	
	Gullane, Scotland	
1973	Tom Weiskopf	276
	Johnny Miller	279
	N. C. Coles	279
	Troon G.C.,	
	Ayrshire, Scotland	
1974	Gary Player	282
	Peter Oosterhuis	286
	Royal Lytham &	
	St. Anne's G.C.,	
	St. Anne's, England	
1975	*Tom Watson	279
	Jack Newton	279
	Carnoustie G.C.,	
	Carnoustie, Scotland	
1976	Johnny Miller	279
	Jack Nicklaus	285
	S. Ballesteros	285
	Royal Birkdale G.C.,	
	Southport, England	
1977	Tom Watson	268
	Jack Nicklaus	269
	Turnberry G.C.,	
	Turnberry, Scotland	
1978	Jack Nicklaus	281
	Ben Crenshaw	283
	Tom Kite	283
	Ray Floyd	283
	Simon Owen	283
	St. Andrews G.C.,	
	St. Andrews, Scotland	
1979	Seve Ballesteros	283
	Ben Crenshaw	286
	Jack Nicklaus	286
	Royal Lytham &	
	St. Anne's G.C.,	
	St. Anne's, England	
1980	Tom Watson	271
	Lee Trevino	275
	Muirfield G.C.,	
	Gullane, Scotland	
1981	Bill Rogers	276
	Bernhard Langer	280
	Royal St. George's G.C.,	
	Sandwich, England	
1982	Tom Watson	284
	Nick Price	285
	Peter Oosterhuis	285
	Troon G.C.,	
	Ayrshire, Scotland	
1983	Tom Watson	275
	Hale Irwin	276
	Andy Bean	276
	Royal Birkdale G.C.,	
	Southport, England	
1984	Seve Ballesteros	276
	Tom Watson	278
	Bernhard Langer	278
	St. Andrews G.C.,	
	St. Andrews, Scotland	
1985	Sandy Lyle	282
	Payne Stewart	283
	Royal St. George's G.C.,	
	Sandwich, England	
1986	Greg Norman	280
	Gordon Brand	285
	Turnberry G.C.,	
	Turnberry, Scotland	

*Won playoff.
#Not recorded.

BRITISH OPEN SCORING RECORDS

Lowest 9-hole score
28 (6 under par), Denis Duynian, 1983; 29 (7 under par), Tony Jacklin, 1970, and Bill Longmuir, 1979; 29 (6 under par), Tom Haliburton and Peter Thomson, 1963.

Lowest 18-hole score
63, Mark Hayes, Turnberry, 1977; Isao Aoki, Muirfield, 1980; Greg Norman, 1986.

Lowest 18 holes at Birkdale
64, Craig Stadler, Graham Marsh, 1983.

Lowest 18 holes at Carnoustie
65, Jack Newton, 1975.

Lowest 18 holes at Hoylake
67, Roberto De Vicenzo and Gary Player, 1967.

Lowest 18 holes at Lytham
65, Eric Brown and Leopoldo Ruiz, 1958; Christy O'Connor, 1969; Bill Longmuir and Severiano Ballesteros, 1979.

Lowest 18 holes at Muirfield
63, Isao Aoki, 1980.

Lowest 18 holes at Prince's
68, Arthur Havers, 1932.

Lowest 18 holes at St. Andrew's
65, Neil Coles, 1970.

MEN PROFESSIONALS

Lowest 18 holes at St. George's
64, Christy O'Connor, Jr., 1985.

Lowest 18 holes at Troon
65, Jack Nicklaus, 1973.

Lowest 18 holes at Turnberry
63, Mark Hayes, 1977; Greg Norman, 1986.

Lowest first 36 holes
132, Henry Cotton, St. George's, 1934.

Lowest second 36 holes
130, Tom Watson, Turnberry, 1977.

Lowest 72 holes over all
268, Tom Watson, Turnberry, 1977.

Lowest 72 holes at Birkdale
275, Tom Watson, 1983.

Lowest 72 holes at Carnoustie
279, Tom Watson and Jack Newton, 1975.

Lowest 72 holes at Hoylake
278, Roberto De Vicenzo, 1967.

Lowest 72 holes at Lytham
277, Bob Charles and Phil Rodgers, 1963.

Lowest 72 holes at Muirfield
271, Tom Watson, 1980.

Lowest 72 holes at Prince's
283, Gene Sarazen, 1932.

Lowest 72 holes at St. Andrews
276, Seve Ballesteros, 1984.

Lowest 72 holes at St. George's
276, Bill Rogers, 1981.

Lowest 72 holes at Troon
276, Arnold Palmer, 1962; Tom Weiskopf, 1973.

Lowest 72 holes at Turnberry
268, Tom Watson, 1977.

Lowest score in qualifying round
63, Frank Jowle, St. Andrews, 1955; Peter Thomson, Lytham, 1958; Maurice Bembridge, Delamere Forest, 1967; Malcolm Gunn, Gullane No. 2, 1972.

Lowest qualifying round by an amateur
65, Ronnie Shade, St. Andrews, 1964.

Lowest 18-hole score by an amateur
66, Frank Stranahan, Troon, 1950.

BRITISH OPEN NOTES OF INTEREST

Most victories
6, Harry Vardon, 1896-98-99-1903-11-14.

Most times runner-up
7, Jack Nicklaus, 1964-67-68-72-76-77-79.

Largest margin of victory
13 strokes, Old Tom Morris, 1862.

Consecutive winners
4: Young Tom Morris, 1868-72 (no championship 1871).
3: Jamie Anderson, 1877-79; Bob Ferguson, 1880-82; Peter Thomson, 1954-56.
2: Old Tom Morris, 1861-62; J. H. Taylor, 1894-95; Harry Vardon, 1898-99; James Braid, 1905-06; Bobby Jones, 1926-27; Walter Hagen, 1928-29; Bobby Locke, 1949-50; Arnold Palmer, 1961-62; Lee Trevino, 1971-72; Tom Watson, 1982-83.

Most victories by amateur
3, Bobby Jones, 1926-27-30.

Highest under-70 rounds
28, Jack Nicklaus.

Most holes-in-ones
2, Charles H. Ward, 8th hole, St. Andrews, 1946; and 13th hole, Muirfield, 1948.

First American winner
Jock Hutchison, 1921.

Best start by champion
66, Peter Thomson, Royal Lytham, 1958.

Best finish by champion
65, Tom Watson, Turnberry, 1977.

Oldest champion
Old Tom Morris, 46 years, 99 days in 1867.

Youngest champion
Young Tom Morris, 17 years, 5 months, 8 days in 1868.

Longest course
Carnoustie, 7,257 yards, 1968.

MASTERS

Site: Augusta National G.C., Augusta, Ga.

Year	Winner, runner-up	Score
1934	Horton Smith	284
	Craig Wood	285
1935	*Gene Sarazen (144)	282
	Craig Wood (149)	282
1936	Horton Smith	285
	Harry Cooper	286
1937	Byron Nelson	283
	Ralph Guldahl	285
1938	Henry Picard	285
	Ralph Guldahl,	
	Harry Cooper	287
1939	Ralph Guldahl	279
	Sam Snead	280
1940	Jimmy Demaret	280
	Lloyd Mangrum	284
1941	Craig Wood	280
	Byron Nelson	283
1942	*Byron Nelson (69)	280
	Ben Hogan (70)	280
1943-45	No tournaments	
1946	Herman Keiser	282
	Ben Hogan	283
1947	Jimmy Demaret	281
	Byron Nelson,	
	Frank Stranahan	283
1948	Claude Harmon	279
	Cary Middlecoff	284
1949	Sam Snead	282
	Johnny Bulla,	
	Lloyd Mangrum	285
1950	Jimmy Demaret	283
	Jim Ferrier	285

MEN PROFESSIONALS

1951 Ben Hogan	280	
Skee Riegel	282	
1952 Sam Snead	286	
Jack Burke Jr.	290	
1953 Ben Hogan	274	
Ed Oliver Jr.	279	
1954 *Sam Snead (70)	289	
Ben Hogan (71)	289	
1955 Cary Middlecoff	279	
Ben Hogan	286	
1956 Jack Burke Jr.	289	
Ken Venturi	290	
1957 Doug Ford	282	
Sam Snead	286	
1958 Arnold Palmer	284	
Doug Ford,		
Fred Hawkins	285	
1959 Art Wall Jr.	284	
Cary Middlecoff	285	
1960 Arnold Palmer	282	
Ken Venturi	283	
1961 Gary Player	280	
Charles R. Coe,		
Arnold Palmer	281	
1962 *Arnold Palmer (68)	280	
Gary Player (71)	280	
Dow Finsterwald (77)	280	
1963 Jack Nicklaus	286	
Tony Lema	287	
1964 Arnold Palmer	276	
Dave Marr,		
Jack Nicklaus	282	
1965 Jack Nicklaus	271	
Arnold Palmer,		
Gary Player	280	
1966 *Jack Nicklaus (70)	288	
Tommy Jacobs (72)	288	
Gay Brewer Jr. (78)	288	
1967 Gay Brewer Jr.	280	
Bobby Nichols	281	
1968 Bob Goalby	277	
Roberto De Vicenzo	278	
1969 George Archer	281	
Billy Casper,		
George Knudson,		
Tom Weiskopf	282	
1970 *Billy Casper (69)	279	
Gene Littler (74)	279	
1971 Charles Coody	279	
Johnny Miller,		
Jack Nicklaus	281	
1972 Jack Nicklaus	286	
Bruce Crampton,		
Bobby Mitchell,		
Tom Weiskopf	289	
1973 Tommy Aaron	283	
J. C. Snead	284	
1974 Gary Player	278	
Tom Weiskopf,		
Dave Stockton	280	
1975 Jack Nicklaus	276	
Johnny Miller,		
Tom Weiskopf	277	
1976 Ray Floyd	271	
Ben Crenshaw	279	
1977 Tom Watson	276	
Jack Nicklaus	278	
1978 Gary Player	277	
Hubert Green,		
Rod Funseth,		
Tom Watson	278	
1979 *Fuzzy Zoeller (70)	280	
Ed Sneed (76)	280	
Tom Watson (71)	280	
1980 Seve Ballesteros	275	
Gibby Gilbert,		
Jack Newton	279	
1981 Tom Watson	280	
Johnny Miller,		
Jack Nicklaus	282	
1982 *Craig Stadler	284	
Dan Pohl	284	
1983 Seve Ballesteros	280	
Ben Crenshaw,		
Tom Kite	284	
1984 Ben Crenshaw	277	
Tom Watson	279	
1985 Bernhard Langer	282	
Curtis Strange	284	
Seve Ballesteros	284	
Ray Floyd	284	
1986 Jack Nicklaus	279	
Greg Norman	280	
Tom Kite	280	

*Winner in playoff; figures in parentheses indicate playoff scores. Sudden-death 1982 on.

MASTERS TOURNAMENT SCORING RECORDS

Lowest 9-hole score
30, Jimmy Demaret, second nine, first round, 1940; Gene Littler, second nine, third round, 1966; Ben Hogan, second nine, third round, 1967; Miller Barber, second nine, fourth round, 1970; Maurice Bembridge, second nine, fourth round, 1974; Gary Player, second nine, fourth round, 1978; Johnny Miller, first nine, third round, 1975; Jack Nicklaus, second nine, fourth round, 1986.

Lowest 18-hole score
63, Nick Price, third round, 1986.

Lowest first 36 holes
131, Ray Floyd, 1976.

Lowest first 54 holes
201, Ray Floyd, 1976.

Lowest 72-hole score
271, Jack Nicklaus, 1965; Ray Floyd, 1976.

Lowest 18-hole score (amateur)
66, Ken Venturi, 1956.

Lowest 72-hole score (amateur)
281, Charles R. Coe, 1961.

Highest 18-hole leading score
71, Jack Burke Jr., 1957.

Highest 36-hole leading score
144, Billy Joe Patton, 1954; Craig Stadler and Curtis Strange, 1982.

Highest 54-hole leading score
216, Jack Nicklaus and Tommy Jacobs, 1966.

Highest 72-hole winning score
289, Sam Snead, 1954; Jack Burke, 1956.

Foreign player's best 72-hole score
275, Severiano Ballesteros, 1980.

Best start by champion
65, Ray Floyd, 1976.

Best finish by champion
64, Gary Player, 1978.

Poorest start by champion
75, Craig Stadler, 1982

Poorest finish by champion
75, Arnold Palmer, 1962.

Largest winning margin
9 strokes, Jack Nicklaus, 1965.

Most sub-par rounds by individual
4, Jimmy Demaret, 1947; Claude Harmon, 1948; Ben Hogan, 1953; Gary Player, 1962-74-80; Arnold Palmer,

MEN PROFESSIONALS

1964; Jack Nicklaus, 1965; Bob Goalby, 1968; Ray Floyd, 1968-76; Tom Weiskopf, 1969-74; Gene Littler, 1970; Fuzzy Zoeller, 1979.

Most sub-par 72-hole total
20, Jack Nicklaus (10 in a row).

Most par-or-better 18-hole rounds
70, Jack Nicklaus.

Highest 72-hole sub-par total for entire field in one tournament
25, 1974.

Lowest 72-hole sub-par total for entire field in one tournament
0, 1954-56-66.

Highest 72-hole par-or-better total for entire field in one tournament
28, 1974.

Lowest 72-hole par-or-better total for entire field in one tournament
0, 1954 and 1956.

Most 72-hole totals under 300
29, Sam Snead.

Most 72-hole totals under 290
20, Jack Nicklaus.

Most 72-hole totals under 280
4, Jack Nicklaus.

Most par-or-better 18-hole rounds
64, Sam Snead.

Most 18-hole rounds under par
55, Jack Nicklaus

Most 18-hole rounds under 70
32, Jack Nicklaus.

Most eagles, one event
12, Jack Nicklaus.

Highest 36-hole cut score
154, 1982.

Lowest 36-hole cut score
145, 1979.

Highest score on one hole
13, Tom Weiskopf, 1980, 12th hole; Tsuneyuki Nakajima, 1978, 13th hole.

MASTERS TOURNAMENT NOTES OF INTEREST

Most victories
6, Jack Nicklaus, 1963-65-66-72-75-86.

Champions who led all the way
Craig Wood, 1941; Arnold Palmer, 1960; Jack Nicklaus, 1972; Ray Floyd, 1976.

Consecutive winner
Jack Nicklaus, 1965-66.

Foreign winners
Gary Player, 1961; Severiano Ballesteros, 1983; Bernhard Langer, 1985.

Most Masters played
44, Sam Snead, 1937-83.

Most Masters completed in succession
24, Sam Snead, 1937-60.

Most times in top 5
Jack Nicklaus, 15.

Most times in top 10
Jack Nicklaus, 19.

Youngest champion
Severiano Ballesteros, 23 years, 4 days in 1980.

Oldest champion
Jack Nicklaus, 46 in 1986 (when he won for the sixth time).

Oldest first-time champion
Craig Wood, 39 years, 4 months, 18 days in 1941.

Best comeback in last round to win
Jack Burke, 9 strokes, 1956.

Most birdies in one round
10, Nick Price, 1986.

Most consecutive birdies
6, Johnny Miller, 1975 (holes 2-7).

Amateur champions
No amateur has ever won.

Amateurs who went on to become champions
Tommy Aaron, Charles Coody, Cary Middlecoff, Jack Nicklaus, Craig Stadler, Tom Watson.

Playoff frequency
One every 6 years.

Playoff winners
Gene Sarazen, 1935; Byron Nelson, 1942; Sam Snead, 1954; Arnold Palmer, 1962; Jack Nicklaus, 1966; Billy Casper, 1970; Fuzzy Zoeller, 1979; Craig Stadler, 1982.

PGA CHAMPIONSHIP

Year	Winner, runner-up, site	Score
1916	James M. Barnes d. Jock Hutchison Siwanoy C.C., Bronxville, N.Y.	1 up
1917-1918	No tournaments	
1919	James M. Barnes d. Fred McLeod Engineers C.C., Roslyn, L.I., N.Y.	6 & 5
1920	Jock Hutchison d. J. Douglas Edgar Flossmoor C.C., Flossmoor, Ill.	1 up
1921	Walter Hagen d. James M. Barnes Inwood C.C., Far Rockaway, N.Y.	3 & 2

MEN PROFESSIONALS

1922 Gene Sarazen
    d. Emmet French   4 & 3
  Oakmont C.C.,
  Oakmont, Pa.
1923 Gene Sarazen
    d. Walter Hagen   1 up
  Pelham C.C.,   (38)
  Pelham, N.Y.
1924 Walter Hagen
    d. James M. Barnes 2 up
  French Lick C.C.,
  French Lick, Ind.
1925 Walter Hagen
    d. William Mehlhorn 6 & 5
  Olympia Fields C.C.,
  Olympia Fields, Ill.
1926 Walter Hagen
    d. Leo Diegel   5 & 3
  Salisbury G.C.,
  Westbury, L.I., N.Y.
1927 Walter Hagen
    d. Joe Turnesa   1 up
  Cedar Crest C.C.,
  Dallas, Tex.
1928 Leo Diegel
    d. Al Espinosa   6 & 5
  Five Farms C.C.,
  Baltimore, Md.
1929 Leo Diegel
    d. Johnny Farrell   6 & 4
  Hillcrest C.C.,
  Los Angeles, Calif.
1930 Tommy Armour
    d. Gene Sarazen   1 up
  Fresh Meadow C.C.,
  Flushing, N.Y.
1931 Tom Creavy
    d. Denny Shute   2 & 1
  Wannamoisett C.C.,
  Rumford, R.I.
1932 Olin Dutra
    d. Frank Walsh   4 & 3
  Keller G.C.,
  St. Paul, Minn.
1933 Gene Sarazen
    d. Willie Goggin   5 & 4
  Blue Mound C.C.,
  Milwaukee, Wis.
1934 Paul Runyan
    d. Craig Wood   1 up
  Park C.C.,   (38)
  Williamsville, N.Y.
1935 Johnny Revolta
    d. Tommy Armour   5 & 4
  Twin Hills C.C.,
  Oklahoma City, Okla.
1936 Denny Shute
    d. Jimmy Thomson 3 & 2
  Pinehurst C.C.,
  Pinehurst, N.C.
1937 Denny Shute
    d. Harold McSpaden 1 up
  Pittsburgh F.C.   (37)
  Aspinwall, Pa.
1938 Paul Runyan
    d. Sam Snead   8 & 7
  Shawnee C.C.,
  Shawnee-on-
  Delaware, Pa.
1939 Henry Picard
    d. Byron Nelson   1 up
  Pomonok C.C.,   (37)
  Flushing, L.I., N.Y.
1940 Byron Nelson
    d. Sam Snead   1 up
  Hershey C.C.,
  Hershey, Pa.
1941 Vic Ghezzi
    d. Byron Nelson   1 up
  Cherry Hills C.C.,   (38)
  Denver, Colo.
1942 Sam Snead
    d. Jim Turnesa   2 & 1
  Seaview C.C.,
  Atlantic City, N.J.
1943 No tournament
1944 Bob Hamilton
    d. Byron Nelson   1 up
  Manito G. & C.C.,
  Spokane, Wash.
1945 Byron Nelson
    d. Sam Byrd   4 & 3
  Morraine C.C.,
  Dayton, Ohio
1946 Ben Hogan
    d. Ed Oliver   6 & 4
  Portland G.C.,
  Portland, Ore.
1947 Jim Ferrier
    d. Chick Harbert   2 & 1
  Plum Hollow C.C.,
  Detroit, Mich.
1948 Ben Hogan
    d. Mike Turnesa   7 & 6
  Norwood Hills C.C.,
  St. Louis, Mo
1949 Sam Snead
    d. Johnny Palmer   3 & 2
  Hermitage C.C.,
  Richmond, Va.
1950 Chandler Harper
    d. Henry Williams Jr. 4 & 3
  Scioto C.C.,
  Columbus, Ohio
1951 Sam Snead
    d. Walter Burkemo   7 & 6
  Oakmont C.C.,
  Oakmont, Pa.
1952 Jim Turnesa
    d. Chick Harbert   1 up
  Big Spring C.C.,
  Louisville, Ky.
1953 Walter Burkemo
    d. Felice Torza   2 & 1
  Birmingham C.C.,
  Birmingham, Mich.
1954 Chick Harbert
    d. Walter Burkemo   4 & 3
  Keller G.C.,
  St. Paul., Minn.
1955 Doug Ford
    d. Cary Middlecoff   4 & 3
  Meadowbrook C.C.,
  Detroit, Mich.
1956 Jack Burke
    d. Ted Kroll   3 & 2
  Blue Hill C.C.,
  Boston, Mass.
1957 Lionel Hebert
    d. Dow Finsterwald   2 & 1
  Miami Valley C.C.,
  Dayton, Ohio
1958 Dow Finsterwald   276
  Bill Casper   277
  Llanerch C.C.,
  Havertown, Pa.
1959 Bob Rosburg   277
  Jerry Barber   278
  Doug Sanders   278
  Minneapolis G.C.,
  St. Louis Park, Minn.
1960 Jay Hebert   281
  Jim Ferrier   282
  Firestone C.C.,
  Akron, Ohio
1961 *Jerry Barber (67)   277
  Don January (68)   277
  Olympia Fields C.C.,
  Olympia Fields, Ill.
1962 Gary Player   278
  Bob Goalby   279
  Aronimink G.C.,
  Newtown Square, Pa.
1963 Jack Nicklaus   279
  Dave Ragan Jr.   281
  Dallas Athletic Club,
  Dallas, Tex.
1964 Bobby Nichols   271
  Jack Nicklaus   274
  Arnold Palmer   274
  Columbus C.C.,
  Columbus, Ohio
1965 Dave Marr   280
  Billy Casper   282
  Jack Nicklaus   282
  Laurel Valley C.C.,
  Ligonier, Pa.
1966 Al Geiberger   280
  Dudley Wysong   284
  Firestone C.C.,
  Akron, Ohio
1967 *Don January (69)   281
  Don Massengale (71) 281
  Columbine C.C.,
  Littleton, Colo.

MEN PROFESSIONALS

1968 Julius Boros	281	
Bob Charles	282	
Arnold Palmer	282	
Pecan Valley C.C.,		
San Antonio, Tex.		
1969 Ray Floyd	276	
Gary Player	277	
NCR C.C.,		
Dayton, Ohio		
1970 Dave Stockton	279	
Arnold Palmer	281	
Bob Murphy	281	
Southern Hills C.C.,		
Tulsa, Okla.		
1971 Jack Nicklaus	281	
Billy Casper	283	
PGA National G.C.,		
Palm Beach Gardens, Fla.		
1972 Gary Player	281	
Tommy Aaron	283	
Jim Jamieson	283	
Oakland Hills C.C.,		
Birmingham, Mich.		
1973 Jack Nicklaus	277	
Bruce Crampton	281	
Canterbury G.C.,		
Cleveland, Ohio		
1974 Lee Trevino	276	
Jack Nicklaus	271	
Tanglewood G.C.,		
Winston-Salem, N.C.		
1975 Jack Nicklaus	276	
Bruce Crampton	278	
Firestone C.C.,		
Akron, Ohio		
1976 Dave Stockton	281	
Ray Floyd	282	
Don January	282	
Congressional C.C.,		
Bethesda, Md.		
1977 *Lanny Wadkins	282	
Gene Littler	282	
Pebble Beach G.L.,		
Pebble Beach, Calif.		
1978 *John Mahaffey	276	
Jerry Pate	276	
Tom Watson	276	
Oakmont C.C.,		
Oakmont, Pa.		
1979 *David Graham	272	
Ben Crenshaw	272	
Oakland Hills C.C.,		
Birmingham, Mich.		
1980 Jack Nicklaus	274	
Andy Bean	281	
Oak Hill C.C.,		
Rochester, N.Y.		
1981 Larry Nelson	273	
Fuzzy Zoeller	277	
Atlanta Athletic Club,		
Duluth, Ga.		
1982 Raymond Floyd	272	
Lanny Wadkins	275	
Southern Hills C.C.,		
Tulsa, Okla.		
1983 Hal Sutton	274	
Jack Nicklaus	275	
Riviera C.C.,		
Pacific Palisades, Calif.		
1984 Lee Trevino	273	
Lanny Wadkins	277	
Gary Player	277	
Shoal Creek G. C.,		
Birmingham, Ala.		
1985 Hubert Green	278	
Lee Trevino	280	
Cherry Hills C.C.,		
Englewood, Colo.		
1986 Bob Tway	276	
Greg Norman	278	
Inverness C.C.		
Toledo, Ohio		

*Winner in playoff. Figures in parentheses indicate scores.

PGA CHAMPIONSHIP SCORING RECORDS

Lowest 9-hole score
29, Fred Couples, back nine, first round, 1982; Gibby Gilbert, front nine, second round, 1983.

Lowest 18-hole score
63, Bruce Crampton, second round, 1975; Ray Floyd, first round, 1982; Gary Player, second round, 1984.

Lowest first 36 holes
131, Hal Sutton, 1983.

Lowest first 54 holes
200, Ray Floyd, 1982.

Lowest 72-hole score
271 (9 under par), Bobby Nichols, 1964; 273 (15 under par), Lee Trevino, 1984.

Best start by champion
63, Raymond Floyd, 1982.

Poorest start by champion
75, John Mahaffey, 1978.

Largest winning margin
7 strokes, Jack Nicklaus, 1980.

Largest 18-hole lead
3 strokes, Bobby Nichols, 1964; Ray Floyd, 1982.

Largest 36-hole lead
4 strokes, Tommy Aaron, 1967; Gil Morgan, 1976; Tom Watson, 1978; Greg Norman, 1986.

Largest 54-hole lead
5 strokes, Ray Floyd, 1969; Tom Watson, 1978; Ray Floyd, 1982.

Best comeback by champion in last round
7 strokes, John Mahaffey, 1978.

Best finish by champion
65, David Graham, 1979; Hal Sutton, 1983.

Poorest finish by champion
73, Jack Nicklaus, 1971.

Most times in top 10
(stroke play)
15, Jack Nicklaus.

Four rounds under 70
Lee Trevino, 1984 (69-68-67-69); Ben Crenshaw, 1979 (69-67-69-67).

PGA CHAMPIONSHIP NOTES OF INTEREST

Most victories
5, Walter Hagen, 1921-24-25-26-27; Jack Nicklaus, 1963-71-73-75-80.

Consecutive winners
Jim Barnes, 1916 and 1919 (no championship played 1917-18); Gene Sarazen, 1922-23; Walter Hagen, 1924-25-26-27; Leo Diegel, 1928-29; Denny Shute, 1936-37.

MEN PROFESSIONALS

Youngest champion
Gene Sarazen, 20 years old in 1922; Tom Creavy, 20 years old in 1931.

Oldest champion
Julius Boros, 48 years old in 1968.

Most times in final (match play 1916-57)
6, Walter Hagen, 1921-24-25-26-27 (winner); 1923 (runner-up).

Most consecutive times in finals (match play 1916-57)
5, Walter Hagen, 1923-24-25-26-27.

Most matches won (match play 1916-57)
51, Gene Sarazen.

Most consecutive matches won (match play 1916-57)
22, Walter Hagen, 1924-28.

Largest winning margin in finals (match play 1916-57)
8 and 7, Paul Runyan over Sam Snead, 1938.

Most consecutive championships
4, Walter Hagen, 1924-25-26-27.

Most times runner-up
4, Jack Nicklaus, 1964-65-74-83; 3, Arnold Palmer, 1964-68-70; Byron Nelson, 1939-40-44; Billy Casper, 1958-65-71.

Holes-in-one
Harry McCarthy, 4th hole, second round, Llanerch C.C., Havertown, Pa., 1958; Dick Hart, 16th hole, first round, DAC C.C., Dallas, Tex., 1963; George Knudson, 8th hole, second round, Laurel Valley G.C., Ligonier, Pa., 1965; Jim Turnesa, 8th hole, fourth round, NCR C.C., Dayton, Ohio, 1969; Hale Irwin, 12th hole, second round, Firestone C.C., Akron, Ohio, 1975; Peter Oosterhuis, 16th hole, fourth round, Congressional C.C., Bethesda, Md., 1976; Bob Zender, 12th hole, second round, Pebble Beach (Calif.) G.L., 1977; Tom Nieporte, 5th hole, second round, Pebble Beach (Calif.) G.L., 1977; Gil Morgan, 8th hole, fourth round, Oakmont (Pa.) C.C., 1978; Frank Conner, 9th hole, first round, Oakland Hills, C.C., Birmingham, Mich., 1978; Ron Streck, 17th hole, second round, Oakland Hills C.C., Birmingham, Mich., 1978; Bob Eastwood, 4th hole, third round, Atlanta (Ga.) A.C., 1981; Woody Blackburn, 11th hole, second round, Southern Hills C.C., Tulsa, Okla., 1982; Peter Oosterhuis, 8th hole, fourth round, Southern Hills C.C., Tulsa, Okla., 1982; Bobby Nichols, 6th hole, second round, Riviera C. C., Pacific Palisades, Calif., 1983.

MEN PROFESSIONALS

PAST WINNERS OF PGA TOUR EVENTS

MONY-TOURNAMENT OF CHAMPIONS
Site: Carlsbad, Calif.

Year	Winner	Score
1953	Al Besselink	280
1954	Art Wall	278
1955	Gene Littler	280
1956	Gene Littler	281
1957	Gene Littler	285
1958	Stan Leonard	275
1959	Mike Souchak	281
1960	Jerry Barber	268
1961	Sam Snead	273
1962	Arnold Palmer	276
1963	Jack Nicklaus	273
1964	Jack Nicklaus	279
1965	Arnold Palmer	277
1966	*Arnold Palmer	283
1967	Frank Beard	278
1968	Don January	276
1969	Gary Player	284
1970	Frank Beard	273
1971	Jack Nicklaus	279
1972	*Bobby Mitchell	280
1973	Jack Nicklaus	276
1974	Johnny Miller	280
1975	*Al Geiberger	277
1976	Don January	277
1977	*Jack Nicklaus	281
1978	Gary Player	281
1979	Tom Watson	275
1980	Tom Watson	276
1981	Lee Trevino	273
1982	Lanny Wadkins	280
1983	Lanny Wadkins	280
1984	Tom Watson	274
1985	Tom Kite	275
1986	Calvin Peete	267

BOB HOPE CHRYSLER CLASSIC
Site: Palm Springs, Calif.

Year	Winner	Score
1960	Arnold Palmer	338
1961	Billy Maxwell	345
1962	Arnold Palmer	342
1963	*Jack Nicklaus	345
1964	*Tommy Jacobs	348
1965	Billy Casper	348
1966	*Doug Sanders	349
1967	Tom Nieporte	349
1968	*Arnold Palmer	348
1969	Billy Casper	345
1970	Bruce Devlin	339
1971	*Arnold Palmer	342
1972	Bob Rosburg	344
1973	Arnold Palmer	343
1974	Hubert Green	341
1975	Johnny Miller	339
1976	Johnny Miller	344
1977	Rik Massengale	337
1978	Bill Rogers	339
1979	John Mahaffey	343
1980	Craig Stadler	343
1981	Bruce Lietzke	335
1982	*Ed Fiori	335
1983	Keith Fergus	335
1984	*John Mahaffey	340
1985	Lanny Wadkins	333
1986	*Donnie Hammond	335

PHOENIX OPEN
Site: Phoenix, Ariz.

Year	Winner	Score
1935	Ky Laffoon	281
1936-38	No tournaments	
1939	Byron Nelson	198
1940	Ed Oliver	205
1941-43	No tournaments	
1944	*Harold McSpaden	273
1945	Byron Nelson	274
1946	*Ben Hogan	273
1947	Ben Hogan	270
1948	Bobby Locke	268
1949	*Jimmy Demaret	278
1950	Jimmy Demaret	269
1951	Lew Worsham	272
1952	Lloyd Mangrum	274
1953	Lloyd Mangrum	272
1954	*Ed Furgol	272
1955	Gene Littler	275
1956	Cary Middlecoff	276
1957	Billy Casper	271
1958	Ken Venturi	274
1959	Gene Littler	268
1960	*Jack Fleck	273
1961	*Arnold Palmer	270
1962	Arnold Palmer	269
1963	Arnold Palmer	273
1964	Jack Nicklaus	271
1965	Rod Funseth	274
1966	Dudley Wysong	278
1967	Julius Boros	272
1968	George Knudson	272
1969	Gene Littler	263
1970	Dale Douglass	271
1971	Miller Barber	261
1972	Homero Blancas	273
1973	Bruce Crampton	268
1974	Johnny Miller	271
1975	Johnny Miller	260
1976	Bob Gilder	268
1977	*Jerry Pate	277
1978	Miller Barber	272
1979	‡Ben Crenshaw	199
1980	Jeff Mitchell	272
1981	David Graham	268
1982	Lanny Wadkins	263
1983	Bob Gilder	271

MEN PROFESSIONALS

Year	Winner	Score
1984	Tom Purtzer	268
1985	Calvin Peete	270
1986	Hal Sutton	267

AT&T PEBBLE BEACH NTL. PRO-AM

Site: Pebble Beach, Calif.

Year	Winner	Score
1937	Sam Snead	68
1938	Sam Snead	139
1939	Dutch Harrison	138
1940	Ed Oliver	135
1941	Sam Snead	136
1942	Tie-Lloyd Mangrum	133
	Leland Gibson	133
1943-46	No tournaments	
1947	Tie-Ed Furgol	213
	George Fazio	213
1948	Lloyd Mangrum	205
1949	Ben Hogan	208
1950	Tie-Sam Snead	214
	Jack Burke Jr.	214
	Smiley Quick	214
	Dave Douglas	214
1951	Byron Nelson	209
1952	Jimmy Demaret	145
1953	Lloyd Mangrum	204
1954	Dutch Harrison	210
1955	Cary Middlecoff	209
1956	Cary Middlecoff	202
1957	Jay Hebert	213
1958	Billy Casper	277
1959	Art Wall	279
1960	Ken Venturi	286
1961	Bob Rosburg	282
1962	*Doug Ford	286
1963	Billy Casper	285
1964	Tony Lema	284
1965	Bruce Crampton	284
1966	Don Massengale	283
1967	Jack Nicklaus	284
1968	*Johnny Pott	285
1969	George Archer	283
1970	Bert Yancey	278
1971	Tom Shaw	278
1972	*Jack Nicklaus	284
1973	*Jack Nicklaus	282
1974	Johnny Miller	208
1975	Gene Littler	280
1976	Ben Crenshaw	281
1977	Tom Watson	273
1978	*Tom Watson	280
1979	Lon Hinkle	284
1980	George Burns	280
1981	*John Cook	209
1982	Jim Simons	274
1983	Tom Kite	276
1984	*Hale Irwin	278
1985	Mark O'Meara	283
1986	‡Fuzzy Zoeller	205

HAWAIIAN OPEN

Site: Honolulu, Hawaii

Year	Winner	Score
1965	Gay Brewer	281
1966	Ted Makalena	271
1967	*Dudley Wysong	284
1968	Lee Trevino	272
1969	Bruce Crampton	274
1970	No tournament	
1971	Tom Shaw	273
1972	*Grier Jones	274
1973	John Schlee	273
1974	Jack Nicklaus	271
1975	Gary Groh	274
1976	Ben Crenshaw	270
1977	Bruce Lietzke	273
1978	*Hubert Green	274
1979	Hubert Green	267
1980	Andy Bean	266
1981	Hale Irwin	265
1982	Wayne Levi	277
1983	Isao Aoki	268
1984	*Jack Renner	271
1985	Mark O'Meara	267
1986	Corey Pavin	272

KEY *= Won Playoff. †= Amateur. ‡= Rain-curtailed.

SHEARSON-LEHMAN BROS.—ANDY WILLIAMS OPEN

Site: San Diego, Calif.

Year	Winner	Score
1952	Ted Kroll	276
1953	Tommy Bolt	274
1954	†Gene Littler	274
1955	Tommy Bolt	274
1956	Bob Rosburg	270
1957	Arnold Palmer	271
1958	No tournament	
1959	Marty Furgol	274
1960	Mike Souchak	269
1961	*Arnold Palmer	271
1962	*Tommy Jacobs	277
1963	Gary Player	270
1964	Art Wall	274
1965	*Wes Ellis	267
1966	Billy Casper	268
1967	Bob Goalby	269
1968	Tom Weiskopf	273
1969	Jack Nicklaus	284
1970	Pete Brown	275
1971	George Archer	272
1972	Paul Harney	275
1973	Bob Dickson	278
1974	Bobby Nichols	275
1975	*J. C. Snead	279
1976	J. C. Snead	272
1977	Tom Watson	269

MEN PROFESSIONALS

Year	Winner	Score
1978	Jay Haas	278
1979	Fuzzy Zoeller	282
1980	*Tom Watson	275
1981	*Bruce Lietzke	278
1982	Johnny Miller	270
1983	Gary Hallberg	271
1984	*Gary Koch	272
1985	*Woody Blackburn	269
1986	*‡Bob Tway	204

LOS ANGELES OPEN
Site: Los Angeles, Calif.

Year	Winner	Score
1926	Harry Cooper	279
1927	Bobby Cruickshank	282
1928	Mac Smith	284
1929	Mac Smith	285
1930	Densmore Shute	296
1931	Ed Dudley	285
1932	Mac Smith	281
1933	Craig Wood	281
1934	Mac Smith	280
1935	*Vic Ghezzi	285
1936	Jimmy Hines	280
1937	Harry Cooper	274
1938	Jimmy Thomson	273
1939	Jimmy Demaret	274
1940	Lawson Little	282
1941	Johnny Bulla	281
1942	*Ben Hogan	282
1943	No tournament	
1944	Harold McSpaden	278
1945	Sam Snead	283
1946	Byron Nelson	284
1947	Ben Hogan	280
1948	Ben Hogan	275
1949	Lloyd Mangrum	284
1950	*Sam Snead	280
1951	Lloyd Mangrum	280
1952	Tommy Bolt	289
1953	Lloyd Mangrum	280
1954	Fred Wampler	281
1955	Gene Littler	276
1956	Lloyd Mangrum	272
1957	Doug Ford	280
1958	Frank Stranahan	275
1959	Ken Venturi	278
1960	Dow Finsterwald	280
1961	Bob Goalby	275
1962	Phil Rodgers	268
1963	Arnold Palmer	274
1964	Paul Harney	280
1965	Paul Harney	276
1966	Arnold Palmer	273
1967	Arnold Palmer	269
1968	Billy Casper	274
1969	*Charles Sifford	276
1970	*Billy Casper	276
1971	*Bob Lunn	274
1972	*George Archer	270
1973	Rod Funseth	276
1974	Dave Stockton	276
1975	Pat Fitzsimons	275
1976	Hale Irwin	272
1977	Tom Purtzer	273
1978	Gil Morgan	278
1979	Lanny Wadkins	276
1980	Tom Watson	276
1981	Johnny Miller	270
1982	*Tom Watson	271
1983	Gil Morgan	270
1984	David Edwards	279
1985	Lanny Wadkins	264
1986	Doug Tewell	270

DORAL-RYDER OPEN
Site: Miami, Fla.

Year	Winner	Score
1962	Billy Casper	283
1963	Dan Sikes	283
1964	Billy Casper	277
1965	Doug Sanders	274
1966	Phil Rodgers	278
1967	Doug Sanders	275
1968	Gardner Dickinson	275
1969	Tom Shaw	276
1970	Mike Hill	279
1971	J. C. Snead	275
1972	Jack Nicklaus	276
1973	Lee Trevino	276
1974	Brian Allin	272
1975	Jack Nicklaus	276
1976	Hubert Green	270
1977	Andy Bean	277
1978	Tom Weiskopf	272
1979	Mark McCumber	279
1980	*Ray Floyd	279
1981	Ray Floyd	273
1982	Andy Bean	278
1983	Gary Koch	271
1984	Tom Kite	272
1985	Mark McCumber	284
1986	*Andy Bean	276

HONDA CLASSIC
Site: Coral Springs, Fla.

Year	Winner	Score
1972	Tom Weiskopf	278
1973	Lee Trevino	279
1974	Leonard Thompson	278
1975	Bob Murphy	273
1976	Hosted TPC	
1977	Jack Nicklaus	275
1978	Jack Nicklaus	276
1979	Larry Nelson	274
1980	Johnny Miller	274

MEN PROFESSIONALS

Year	Winner	Score
1981	Tom Kite	274
1982	Hale Irwin	269
1983	Johnny Miller	278
1984	*Bruce Lietzke	280
1985	*Curtis Strange	275
1986	Kenny Knox	287

HERTZ BAY HILL CLASSIC
Site: Orlando, Fla.

Year	Winner	Score
1966	Lionel Hebert	279
1967	Julius Boros	274
1968	Dan Sikes	274
1969	Ken Still	278
1970	Bob Lunn	271
1971	Arnold Palmer	270
1972	Jerry Heard	276
1973	Brian Allin	265
1974	Jerry Heard	273
1975	Lee Trevino	276
1976	*Hale Irwin	270
1977	Gary Koch	274
1978	Mac McLendon	271
1979	*Bob Byman	278
1980	Dave Eichelberger	279
1981	Andy Bean	266
1982	*Tom Kite	278
1983	Mike Nicolette	283
1984	*Gary Koch	272
1985	Fuzzy Zoeller	275
1986	‡Dan Forsman	202

USF&G CLASSIC
Site: New Orleans, La.

Year	Winner	Score
1938	Harry Cooper	285
1939	Henry Picard	284
1940	Jimmy Demaret	286
1941	Henry Picard	276
1942	Lloyd Mangrum	281
1943	No tournament	
1944	Sam Byrd	285
1945	*Byron Nelson	284
1946	Byron Nelson	277
1947	No tournament	
1948	Bob Hamilton	280
1949-57	No tournaments	
1958	*Billy Casper	278
1959	Bill Collins	280
1960	Dow Finsterwald	270
1961	Doug Sanders	272
1962	Bo Wininger	281
1963	Bo Wininger	279
1964	Mason Rudolph	283
1965	Dick Mayer	273
1966	Frank Beard	276

Year	Winner	Score
1967	George Knudson	277
1968	George Archer	271
1969	*Larry Hinson	275
1970	*Miller Barber	278
1971	Frank Beard	276
1972	Gary Player	279
1973	*Jack Nicklaus	280
1974	Lee Trevino	267
1975	Billy Casper	271
1976	Larry Ziegler	274
1977	Jim Simons	273
1978	Lon Hinkle	271
1979	Hubert Green	273
1980	Tom Watson	273
1981	Tom Watson	270
1982	‡Scott Hoch	206
1983	Bill Rogers	274
1984	Bob Eastwood	272
1985	‡Seve Ballesteros	205
1986	Calvin Peete	269

TOURNAMENT PLAYERS CHAMPIONSHIP
Site: Ponte Vedra, Fla.

Year	Winner	Score
1974	Jack Nicklaus	272
1975	Al Geiberger	270
1976	Jack Nicklaus	269
1977	Mark Hayes	269
1978	Jack Nicklaus	289
1979	Lanny Wadkins	283
1980	Lee Trevino	278
1981	*Ray Floyd	285
1982	Jerry Pate	276
1983	Hal Sutton	283
1984	Fred Couples	277
1985	Calvin Peete	274
1986	John Mahaffey	275

KEY *=Won Playoff. †=Amateur. ‡=Rain-curtailed.

GR. GREENSBORO OPEN
Site: Greensboro, N.C.

Year	Winner	Score
1938	Sam Snead	272
1939	Ralph Guldahl	280
1940	Ben Hogan	270
1941	Byron Nelson	276
1942	Sam Byrd	279
1942-44	No tournaments	
1945	Byron Nelson	271
1946	Sam Snead	270
1947	Vic Ghezzi	286
1948	Lloyd Mangrum	278
1949	*Sam Snead	276
1950	Sam Snead	269
1951	Art Doering	279
1952	Dave Douglas	277

MEN PROFESSIONALS

Year	Winner	Score
1953	*Earl Stewart	275
1954	*Doug Ford	283
1955	Sam Snead	273
1956	*Sam Snead	279
1957	Stan Leonard	276
1958	Bob Goalby	275
1959	Dow Finsterwald	278
1960	Sam Snead	270
1961	Mike Souchak	276
1962	Billy Casper	275
1963	Doug Sanders	270
1964	*Julius Boros	277
1965	Sam Snead	273
1966	*Doug Sanders	276
1967	George Archer	267
1968	Billy Casper	267
1969	*Gene Littler	274
1970	Gary Player	271
1971	*Bud Allin	275
1972	*George Archer	272
1973	Chi Chi Rodriguez	267
1974	Bob Charles	270
1975	Tom Weiskopf	275
1976	Al Geiberger	268
1977	Danny Edwards	276
1978	Seve Ballesteros	282
1979	Ray Floyd	282
1980	Craig Stadler	275
1981	*Larry Nelson	281
1982	Danny Edwards	285
1983	Lanny Wadkins	275
1984	Andy Bean	280
1985	Joey Sindelar	285
1986	Sandy Lyle	275

DEPOSIT GUARANTY

Site: Hattiesburg, Miss.

Year	Winner	Score
1968	*B.R. McLendon	269
1969	Larry Mowry	272
1970	Chris Blocker	271
1971	Roy Pace	270
1972	Mike Morley	269
1973	Dwight Nevil	268
1974	‡Dwight Nevil	133
1975	Bob Wynn	270
1976	Dennis Meyer	271
1977	Mike McCullough	269
1978	Craig Stadler	268
1979	Bobby Walzel	272
1980	‡Roger Maltbie	65
1981	*Tom Jones	268
1982	Payne Stewart	270
1983	Russ Cochran	203
1984	*Lance Ten Broeck	201
1985	‡Jim Gallagher, Jr.	131
1986	Dan Halldorson	263

Note: 1983-85 TPS Event

HERITAGE CLASSIC

Site: Hilton Head Island, S.C.

Year	Winner	Score
1969	Arnold Palmer	283
1970	Bob Goalby	280
1971	Hale Irwin	279
1972	Johnny Miller	281
1973	Hale Irwin	272
1974	Johnny Miller	276
1975	Jack Nicklaus	271
1976	Hubert Green	274
1977	Graham Marsh	273
1978	Hubert Green	277
1979	Tom Watson	270
1980	*Doug Tewell	280
1981	Bill Rogers	278
1982	*Tom Watson	280
1983	Fuzzy Zoeller	275
1984	Nick Faldo	270
1985	*Bernhard Langer	273
1986	Fuzzy Zoeller	276

HOUSTON OPEN

Site: Houston, Tex.

Year	Winner	Score
1946	Byron Nelson	274
1947	Bobby Locke	277
1948	No tournament	
1949	John Palmer	272
1950	Cary Middlecoff	277
1951	Marty Furgol	277
1952	Jack Burke Jr.	277
1953	*Cary Middlecoff	283
1954	Dave Douglas	277
1955	Mike Souchak	273
1956	Ted Kroll	277
1957	Arnold Palmer	279
1958	Ed Oliver	281
1959	*Jack Burke Jr.	277
1960	*Bill Collins	280
1961	*Jay Hebert	276
1962	*Bobby Nichols	278
1963	Bob Charles	268
1964	Mike Souchak	278
1965	Bobby Nichols	273
1966	Arnold Palmer	275
1967	Frank Beard	274
1968	Roberto De Vicenzo	274
1969	No tournament	
1970	*Gibby Gilbert	282
1971	*Hubert Green	280
1972	Bruce Devlin	278
1973	Bruce Crampton	277
1974	Dave Hill	276
1975	Bruce Crampton	273
1976	Lee Elder	278
1977	Gene Littler	276
1978	Gary Player	270
1979	Wayne Levi	268

PAST WINNERS: PGA Tour Events

MEN PROFESSIONALS

Year	Winner	Score
1980	*Curtis Strange	266
1981	‡Ron Streck	198
1982	*Ed Sneed	275
1983	David Graham	275
1984	Corey Pavin	274
1985	Ray Floyd	277
1986	*Curtis Strange	274

PANASONIC LAS VEGAS INVITATIONAL

Site: Las Vegas, Nev.

Year	Winner	Score
1983	Fuzzy Zoeller	340
1984	Denis Watson	341
1985	Curtis Strange	338
1986	Greg Norman	333

BYRON NELSON CLASSIC

Site: Dallas, Tex.

Year	Winner	Score
1944	Byron Nelson	276
1945	Sam Snead	276
1946	Ben Hogan	284
1947-55	No tournaments	
1956	Don January (1st tournament)	268
1956	*Peter Thomson (2nd tournament)	267
1957	Sam Snead	264
1958	*Sam Snead	272
1959	Julius Boros	274
1960	*Johnny Pott	275
1961	Earl Stewart Jr.	278
1962	Billy Maxwell	277
1963	No tournament	
1964	Charles Coody	271
1965	No tournament	
1966	Roberto De Vicenzo	276
1967	Bert Yancey	274
1968	Miller Barber	270
1969	Bruce Devlin	277
1970	*Jack Nicklaus	274
1971	Jack Nicklaus	274
1972	Chi Chi Rodriguez	273
1973	*Lanny Wadkins	277
1974	Brian Allin	269
1975	Tom Watson	269
1976	Mark Hayes	273
1977	Ray Floyd	276
1978	Tom Watson	272
1979	Tom Watson	275
1980	Tom Watson	274
1981	*Bruce Lietzke	281
1982	Bob Gilder	266
1983	Ben Crenshaw	273
1984	Craig Stadler	276
1985	*Bob Eastwood	272
1986	Andy Bean	269

COLONIAL NTL. INVITATION

Site: Fort Worth, Tex.

Year	Winner	Score
1946	Ben Hogan	279
1947	Ben Hogan	279
1948	Clayton Heafner	272
1949	No tournament	
1950	Sam Snead	277
1951	Cary Middlecoff	282
1952	Ben Hogan	279
1953	Ben Hogan	282
1954	Johnny Palmer	280
1955	Chandler Harper	276
1956	Mike Souchak	280
1957	Roberto De Vicenzo	284
1958	Tommy Bolt	282
1959	*Ben Hogan	285
1960	Julius Boros	280
1961	Doug Sanders	281
1962	*Arnold Palmer	281
1963	Julius Boros	279
1964	Billy Casper	279
1965	Bruce Crampton	276
1966	Bruce Devlin	280
1967	Dave Stockton	278
1968	Billy Casper	275
1969	Gardner Dickinson	278
1970	Homero Blancas	273
1971	Gene Littler	283
1972	Jerry Heard	275
1973	Tom Weiskopf	276
1974	Rod Curl	276
1975	Hosted TPC	
1976	Lee Trevino	273
1977	Ben Crenshaw	272
1978	Lee Trevino	268
1979	Al Geiberger	274
1980	Bruce Lietzke	271
1981	Fuzzy Zoeller	274
1982	Jack Nicklaus	273
1983	Jim Colbert	278
1984	*Peter Jacobsen	270
1985	Corey Pavin	266
1986	*‡Dan Pohl	205

KEY *=Won Playoff. †=Amateur. ‡=Rain-curtailed.

GEORGIA-PACIFIC ATLANTA CLASSIC

Site: Atlanta, Ga.

Year	Winner	Score
1967	Bob Charles	284
1968	Bob Lunn	280
1969	*Bert Yancey	277
1970	Tommy Aaron	275
1971	*Gardner Dickinson	275
1972	Bob Lunn	275
1973	Jack Nicklaus	272
1974	Hosted TPC	
1975	Hale Irwin	271
1976	Hosted U.S. Open	

1977	Hale Irwin	273
1978	Jerry Heard	269
1979	Andy Bean	265
1980	Larry Nelson	270
1981	*Tom Watson	277
1982	*Keith Fergus	273
1983	‡Calvin Peete	206
1984	Tom Kite	269
1985	*Wayne Levi	273
1986	Bob Tway	269

MEMORIAL TOURNAMENT

Site: Dublin, Ohio

Year	Winner	Score
1976	*Roger Maltbie	288
1977	Jack Nicklaus	281
1978	Jim Simons	284
1979	Tom Watson	285
1980	David Graham	280
1981	Keith Fergus	284
1982	Ray Floyd	281
1983	Hale Irwin	281
1984	*Jack Nicklaus	270
1985	Hale Irwin	281
1986	Hal Sutton	271

KEMPER OPEN

Site: Washington, D.C. (1983)

Year	Winner	Score
1968	Arnold Palmer	276
1969	Dale Douglass	274
1970	Dick Lotz	278
1971	*Tom Weiskopf	277
1972	Doug Sanders	275
1973	Tom Weiskopf	271
1974	*Bob Menne	270
1975	Ray Floyd	278
1976	Joe Inman	277
1977	Tom Weiskopf	277
1978	Andy Bean	273
1979	Jerry McGee	272
1980	John Mahaffey	275
1981	Craig Stadler	270
1982	Craig Stadler	275
1983	Fred Couples	287
1984	Greg Norman	280
1985	Bill Glasson	278
1986	*Greg Norman	277

MANUFACTURERS HANOVER WESTCHESTER CLASSIC

Site: Harrison, N.Y.

Year	Winner	Score
1967	Jack Nicklaus	272
1968	Julius Boros	272
1969	Frank Beard	275
1970	Bruce Crampton	273
1971	Arnold Palmer	270
1972	Jack Nicklaus	270
1973	*Bobby Nichols	272
1974	Johnny Miller	269
1975	*Gene Littler	271
1976	David Graham	272
1977	Andy North	272
1978	Lee Elder	274
1979	Jack Renner	277
1980	Curtis Strange	273
1981	Ray Floyd	275
1982	Bob Gilder	261
1983	Seve Ballesteros	276
1984	Scott Simpson	269
1985	*Roger Maltbie	275
1986	Bob Tway	272

PROVIDENT CLASSIC

Site: Hixson, Tenn.

Year	Winner	Score
1983	Jim Dent	276
1984	*David Canipe	200
1985	*Billy Pierot	200
1986	Brad Faxon	261

Note: 1983-85 TPS Event

CANON SAMMY DAVIS JR.—GR. HARTFORD

Site: Hartford, Conn.

Year	Winner	Score
1952	Ted Kroll	273
1953	Bob Toski	269
1954	*Tommy Bolt	271
1955	Sam Snead	269
1956	*Arnold Palmer	274
1957	Gardner Dickinson	272
1958	Jack Burke	268
1959	Gene Littler	272
1960	Arnold Palmer	270
1961	*Billy Maxwell	271
1962	Bob Goalby	271
1963	Billy Casper	271
1964	Ken Venturi	273
1965	*Billy Casper	274
1966	Art Wall	266
1967	Charles Sifford	272
1968	Billy Casper	266
1969	*Bob Lunn	268
1970	Bob Murphy	267
1971	*George Archer	266
1972	*Lee Trevino	269
1973	Billy Casper	264
1974	Dave Stockton	268
1975	*Don Bies	267
1976	Rik Massengale	266
1977	Bill Kratzert	265
1978	Rod Funseth	264
1979	Jerry McGee	267

MEN PROFESSIONALS

Year	Winner	Score
1980	*Howard Twitty	266
1981	Hubert Green	264
1982	Tim Norris	259
1983	Curtis Strange	268
1984	Peter Jacobsen	269
1985	*Phil Blackmar	271
1986	*Mac O'Grady	269

ANHEUSER-BUSCH CLASSIC

Site: Williamsburg, Va.

Year	Winner	Score
1968	Kermit Zarley	273
1969	Miller Barber (1st tournament)	135
1969	*Jack Nicklaus (2nd tournament)	273
1970	*Ken Still	278
1971	Billy Casper	269
1972	George Knudson	271
1973	*Ed Sneed	275
1974	Johnny Miller	271
1975	Johnny Miller	272
1976	J. C. Snead	274
1977	Miller Barber	272
1978	Tom Watson	270
1979	John Fought	277
1980	Ben Crenshaw	272
1981	John Mahaffey	276
	(Moved from Napa, Calif. to Williamsburg, Va., in 1981)	
1982	‡Calvin Peete	203
1983	Calvin Peete	276
1984	Ronnie Black	267
1985	*Mark Wiebe	273
1986	Fuzzy Zoeller	274

HARDEE'S GOLF CLASSIC

Site: Coal Valley, Ill.

Year	Winner	Score
1972	Deane Beman	279
1973	Sam Adams	268
1974	Dave Stockton	271
1975	Roger Maltbie	275
1976	John Lister	268
1977	Mike Morley	267
1978	Vic Regalado	269
1979	D.A. Weibring	266
1980	Scott Hoch	266
1981	*Dave Barr	270
1982	Payne Stewart	268
1983	Danny Edwards	266
1984	Scott Hoch	266
1985	Dan Forsman	267
1986	Mark Wiebe	268

(Formerly Lite Quad Cities.)

KEY *=Won Playoff. †=Amateur. ‡=Rain-curtailed

BUICK OPEN

Site: Grand Blanc, Mich.

Year	Winner	Score
1958	Billy Casper	285
1959	Art Wall	282
1960	Mike Souchak	282
1961	Jack Burke Jr.	284
1962	Bill Collins	284
1963	Julius Boros	274
1964	Tony Lema	277
1965	Tony Lema	280
1966	Phil Rodgers	284
1967	Julius Boros	283
1968	Tom Weiskopf	280
1969	Dave Hill	277
1970-74	No tournaments	
1975	Spike Kelley	208
1976	Ed Sabo	279
1977	Bobby Cole	271
1978	*Jack Newton	280
1979	*John Fought	280
1980	Peter Jacobsen	276
1981	*Hale Irwin	277
1982	Lanny Wadkins	273
1983	Wayne Levi	272
1984	Denis Watson	271
1985	Ken Green	268
1986	Ben Crenshaw	270

ST. JUDE MEMPHIS CLASSIC

Site: Memphis, Tenn.

Year	Winner	Score
1958	Billy Maxwell	267
1959	*Don Whitt	272
1960	*Tommy Bolt	273
1961	Cary Middlecoff	266
1962	*Lionel Hebert	267
1963	*Tony Lema	270
1964	Mike Souchak	270
1965	*Jack Nicklaus	271
1966	Bert Yancey	265
1967	Dave Hill	272
1968	Bob Lunn	268
1969	Dave Hill	265
1970	Dave Hill	267
1971	Lee Trevino	268
1972	Lee Trevino	281
1973	Dave Hill	283
1974	Gary Player	273
1975	Gene Littler	270
1976	Gibby Gilbert	273
1977	Al Geiberger	273
1978	*Andy Bean	277
1979	*Gil Morgan	278
1980	Lee Trevino	272
1981	Jerry Pate	274
1982	Raymond Floyd	271
1983	Larry Mize	274
1984	Bob Eastwood	280
1985	*Hal Sutton	279
1986	Mike Hulbert	280

MEN PROFESSIONALS

WESTERN OPEN
Site: Benton Harbor, Mich.

Year	Winner	Score
1899	*Willie Smith	156
1900	No tournament	
1901	Laurie Auchterlonie	160
1902	Willie Anderson	299
1903	Alex Smith	318
1904	Willie Anderson	304
1905	Arthur Smith	278
1906	Alex Smith	306
1907	Robert Simpson	307
1908	Willie Anderson	299
1909	Willie Anderson	288
1910	Charles Evans Jr.	6 & 5
1911	Robert Simpson	2 & 1
1912	Mac Smith	299
1913	John McDermott	295
1914	Jim Barnes	293
1915	Tom McNamara	304
1916	Walter Hagen	286
1917	Jim Barnes	283
1918	No tournament	
1919	Jim Barnes	283
1920	Jock Hutchison	296
1921	Walter Hagen	287
1922	Mike Brady	291
1923	Jock Hutchison	281
1924	Bill Mehlhorn	293
1925	Mac Smith	281
1926	Walter Hagen	279
1927	Walter Hagen	281
1928	Abe Espinosa	291
1929	Tommy Armour	273
1930	Gene Sarazen	278
1931	Ed Dudley	280
1932	Walter Hagen	287
1933	Mac Smith	282
1934	*Harry Cooper	274
1935	John Revolta	290
1936	Ralph Guldahl	274
1937	*Ralph Guldahl	288
1938	Ralph Guldahl	279
1939	Byron Nelson	279
1940	*Jimmy Demaret	293
1941	Ed Oliver	275
1942	Herman Barron	276
1943-45	No tournaments	
1946	Ben Hogan	271
1947	Johnny Palmer	270
1948	*Ben Hogan	281
1949	Sam Snead	268
1950	Sam Snead	282
1951	Marty Furgol	270
1952	Lloyd Mangrum	274
1953	Dutch Harrison	278
1954	*Lloyd Mangrum	277
1955	Cary Middlecoff	272
1956	*Mike Fetchick	284
1957	*Doug Ford	279
1958	Doug Sanders	275
1959	Mike Souchak	272
1960	*Stan Leonard	278
1961	Arnold Palmer	271
1962	Jacky Cupit	281
1963	*Arnold Palmer	280
1964	Chi Chi Rodriguez	268
1965	Billy Casper	270
1966	Billy Casper	270
1967	Jack Nicklaus	274
1968	Jack Nicklaus	273
1969	Billy Casper	276
1970	Hugh Royer	273
1971	Bruce Crampton	279
1972	Jim Jamieson	271
1973	Billy Casper	272
1974	Tom Watson	287
1975	Hale Irwin	283
1976	Al Geiberger	288
1977	Tom Watson	283
1978	*Andy Bean	282
1979	*Larry Nelson	286
1980	Scott Simpson	281
1981	Ed Fiori	277
1982	Tom Weiskopf	276
1983	Mark McCumber	284
1984	*Tom Watson	280
1985	*Scott Verplank	279
1986	Tom Kite	286

NEC WORLD SERIES OF GOLF
Site: Firestone C.C., Akron, Ohio

Year	Winner	Score
1962	Jack Nicklaus	135
1963	Jack Nicklaus	140
1964	Tony Lema	138
1965	Gary Player	139
1966	Gene Littler	143
1967	Jack Nicklaus	144
1968	Gary Player	143
1969	Orville Moody	141
1970	Jack Nicklaus	136
1971	Charles Coody	141
1972	Gary Player	142
1973	Tom Weiskopf	137
1974	Lee Trevino	139
1975	Tom Watson	140
1976	Jack Nicklaus	275
1977	Lanny Wadkins	267
1978	*Gil Morgan	278
1979	Lon Hinkle	272
1980	Tom Watson	270
1981	Bill Rogers	275
1982	*Craig Stadler	278
1983	Nick Price	270
1984	Denis Watson	271
1985	Roger Maltbie	268
1986	Dan Pohl	277

From 1962 through 1975, the World Series was played as a four-man, 36-hole exhibition. All monies won in the tournament were unofficial.

MEN PROFESSIONALS

B.C. OPEN
Site: Endicott, N.Y.

Year	Winner	Score
1973	Hubert Green	266
1974	*Richie Karl	273
1975	Don Iverson	274
1976	Bob Wynn	271
1977	Gil Morgan	270
1978	Tom Kite	267
1979	Howard Twitty	270
1980	Don Pooley	271
1981	Jay Haas	270
1982	Calvin Peete	265
1983	*Pat Lindsey	268
1984	Wayne Levi	275
1985	Joey Sindelar	274
1986	Rick Fehr	267

BANK OF BOSTON CLASSIC
Site: Sutton, Mass.

Year	Winner	Score
1965	Tony Lema	279
1966-67	No tournaments	
1968	Arnold Palmer	276
1969	Tom Shaw	280
1970	Billy Casper	277
1971	Dave Stockton	275
1972	Bruce Devlin	275
1973	Lanny Wadkins	279
1974	Vic Regalado	278
1975	Roger Maltbie	276
1976	Bud Allin	277
1977	Ray Floyd	271
1978	John Mahaffey	270
1979	Lou Graham	275
1980	Wayne Levi	273
1981	Jack Renner	273
1982	Bob Gilder	271
1983	*Mark Lye	273
1984	George Archer	270
1985	George Burns	267
1986	*Gene Sauers	274

GR. MILWAUKEE OPEN
Site: Milwaukee, Wis.

Year	Winner	Score
1968	Dave Stockton	275
1969	Ken Still	277
1970	Deane Beman	276
1971	Dave Eichelberger	270
1972	Jim Colbert	271
1973	Dave Stockton	276
1974	Ed Sneed	276
1975	Art Wall	271
1976	Dave Hill	270
1977	Dave Eichelberger	278
1978	*Lee Elder	275
1979	Calvin Peete	269
1980	Bill Kratzert	266
1981	Jay Haas	274
1982	Calvin Peete	274
1983	Morris Hatalsky	275
1984	Mark O'Meara	272
1985	Jim Thorpe	274
1986	*Corey Pavin	272

SOUTHWEST CLASSIC
Site: Abilene, Tex.

Year	Winner	Score
1981	Tom Weiskopf	278
1982	Wayne Levi	271
1983	*Rex Caldwell	282
1984	Curtis Strange	273
1985	*Hal Sutton	273
1986	Mark Calcavecchia	275

KEY *=Won Playoff. †=Amateur. ‡=Rain-curtailed.

SOUTHERN OPEN
Site: Columbus, Ga.

Year	Winner	Score
1970	Mason Rudolph	274
1971	Johnny Miller	267
1972	*DeWitt Weaver	276
1973	Gary Player	270
1974	Forrest Fezier	271
1975	Hubert Green	264
1976	Mac McLendon	274
1977	Jerry Pate	266
1978	Jerry Pate	269
1979	*Ed Fiori	274
1980	Mike Sullivan	269
1981	*J.C. Snead	271
1982	Bobby Clampett	266
1983	*Ronnie Black	271
1984	Hubert Greene	265
1985	Tim Simpson	264
1986	Fred Wadsworth	269

PENSACOLA OPEN
Site: Pensacola, Fla.

Year	Winner	Score
1929	Horton Smith	274
1930	John Farrell	287
1931	John Farrell	286
1932-44	No tournaments	
1945	Sam Snead	267
1946	*Ray Mangrum	277
1947-55	No tournaments	
1956	Don Fairfield	275
1957	Art Wall	273
1958	Doug Ford	278
1959	Paul Harney	269
1960	Arnold Palmer	273
1961	Tommy Bolt	275

MEN PROFESSIONALS

Year	Winner	Score
1962	Doug Sanders	270
1963	Arnold Palmer	273
1964	*Gary Player	274
1965	*Doug Sanders	277
1966	Gay Brewer	272
1967	Gay Brewer	262
1968	George Archer	268
1969	Jim Colbert	267
1970	Dick Lotz	275
1971	Gene Littler	276
1972	Dave Hill	271
1973	Homero Blancas	277
1974	*Lee Elder	274
1975	Jerry McGee	274
1976	Mark Hayes	275
1977	Leonard Thompson	268
1978	*Mac McLendon	272
1979	Curtis Strange	271
1980	Dan Halldorson	265
1981	Jerry Pate	271
1982	Calvin Peete	268
1983	Mark McCumber	266
1984	Bill Kratzert	270
1985	Danny Edwards	269
1986	‡Ernie Gonzalez	128

WALT DISNEY WORLD CLASSIC

(Individual Play)
Site: Lake Buena Vista, Fla.

Year	Winner	Score
1971	Jack Nicklaus	273
1972	Jack Nicklaus	267
1973	Jack Nicklaus	275
1974-81	No tournaments	
1982	*Hal Sutton	269
1983	Payne Stewart	269
1984	Larry Nelson	266
1985	Lanny Wadkins	267
1986	*Ray Floyd	275

WALT DISNEY TEAM

Year	Winner, site	Score
1965	Gay Brewer	
	Butch Baird	259
	Palm Beach Gardens, Fla.	
1966	Arnold Palmer	
	Jack Nicklaus	256
	Palm Beach Gardens, Fla.	
1967	No tournament	
1968	Bobby Nickaus	
	George Archer	265
	Oklahoma City, Okla.	
1969	No tournament	
1970	Arnold Palmer	
	Jack Nicklaus	259
	Ligonier, Pa.	
1971	Arnold Palmer	
	Jack Nicklaus	257
	Ligonier, Pa.	
1972	Babe Hiskey	
	Kermit Zarley	262
	Ligonier, Pa.	
1973	No tournament	
1974	Hubert Green	
	Mac McLendon	255
	Lake Buena Vista, Fla.	
1975	Jim Colbert	
	Dean Refram	252
	Lake Buena Vista, Fla.	
1976	*Woody Blackburn	
	Bill Kratzert	260
	Lake Buena Vista, Fla.	
1977	Grier Jones	
	Gibby Gilbert	253
	Lake Buena Vista, Fla.	
1978	Wayne Levi	
	Bob Mann	254
	Lake Buena Vista, Fla.	
1979	George Burns	
	Ben Crenshaw	255
	Lake Buena Vista, Fla.	
1980	Danny Edwards	
	David Edwards	253
	Lake Buena Vista, Fla.	
1981	Vance Heafer	
	Mike Holland	246
	Lake Buena Vista, Fla.	

Walt Disney has been conducted as an individual event since 1982.

SEIKO/TUCSON MATCH PLAY CHAMPIONSHIP

Site: Tucson, Ariz.
(Stroke play 1946-1983; match play 1984 on)

Year	Winner	Score
1945	Ray Mangrum	268
1946	Jimmy Demaret	268
1947	Jimmy Demaret	264
1948	Skip Alexander	264
1949	Lloyd Mangrum	263
1950	Chandler Harper	267
1951	Lloyd Mangrum	269
1952	Henry Williams	274
1953	Tommy Bolt	265
1954	No tournament	
1955	Tommy Bolt	265
1956	Ted Kroll	264
1957	Dow Finsterwald	269
1958	Lionel Hebert	265
1959	Gene Littler	266
1960	Don January	271
1961	*Dave Hill	269
1962	Phil Rodgers	263
1963	Don January	266
1964	Jack Cupit	274

MEN PROFESSIONALS

Year	Winner	Score
1965	Bob Charles	271
1966	*Joe Campbell	278
1967	Arnold Palmer	273
1968	George Knudson	273
1969	Lee Trevino	271
1970	*Lee Trevino	275
1971	J. C. Snead	273
1972	Miller Barber	273
1973	Bruce Crampton	277
1974	Johnny Miller	272
1975	Johnny Miller	263
1976	Johnny Miller	274
1977	*Bruce Lietzke	275
1978	Tom Watson	276
1979	Bruce Lietzke	265
1980	Jim Colbert	270
1981	Johnny Miller	265
1982	Craig Stadler	266
1983	Gil Morgan	271
1984	Tom Watson	
1985	Jim Thorpe	
1986	Jim Thorpe	

TALLAHASSEE OPEN
Site: Tallahassee, Fla.

Year	Winner	Score
1969	Chuck Courtney	282
1970	Harold Henning	277
1971	Lee Trevino	273
1972	Bob Shaw	273
1973	Hubert Green	277
1974	Allen Miller	274
1975	Rik Massengale	274
1976	Gary Koch	277
1977	*Ed Sneed	276
1978	*Barry Jaeckel	273
1979	Juan Rodriguez	269
1980	Mark Pfeil	277
1981	*Dave Eichelberger	271
1982	Bob Shearer	272
1983	*Bob Charles	282
1984	*Kermit Zarley	271
1985	Jeff Sluman	269
1986	Mark Hayes	273

Note: 1983-85 TPS Event

VANTAGE CHAMPIONSHIP
Site: San Antonio, Tex.

Year	Winner	Score
1922	Bob MacDonald	281
1923	Walter Hagen	279
1924	Joe Kirkwood	279
1925	Joe Turnesa	284
1926	Mac Smith	288
1927	Bobby Cruickshank	272
1928	Bill Melbourne	297
1929	Bill Melbourne	277
1930	Denny Shute	277
1931	Abe Espinosa	281
1932	Clarence Clark	287
1933	No tournament	
1934	Wiffy Cox	283
1935-38	No tournaments	
1939	Dutch Harrison	271
1940	Byron Nelson	271
1941	Lawson Little	273
1942	*Chick Harbert	272
1943	No tournament	
1944	Johnny Revolta	273
1945	Sam Byrd	268
1946	Ben Hogan	264
1947	Porky Oliver	265
1948	Sam Snead	264
1949	Dave Douglas	268
1950	Sam Snead	265
1951	*Dutch Harrison	265
1952	Jack Burke	260
1953	Tony Holguin	264
1954	Chandler Harper	259
1955	Mike Souchak	257
1956	Gene Littler	276
1957	Jay Hebert	271
1958	Bill Johnston	274
1959	Wes Ellis	276
1960	Arnold Palmer	276
1961	Arnold Palmer	270
1962	Arnold Palmer	273
1963	Phil Rodgers	268
1964	Bruce Crampton	273
1965	Frank Beard	270
1966	Harold Henning	272
1967	Chi Chi Rodriguez	277
1968	No tournament	
1969	*Deane Beman	274
1970	Ron Cerrudo	273
1971	No tournament	
1972	Mike Hill	273
1973	Ben Crenshaw	270
1974	Terry Diehl	269
1975	*Don January	275
1976	*Butch Baird	273
1977	Hale Irwin	266
1978	Ron Streck	265
1979	Lou Graham	268
1980	Lee Trevino	265
1981	*Bill Rogers	266
1982	Jay Haas	262
1983	Jim Colbert	261
1984	Calvin Peete	266
1985	*John Mahaffey	268
1986	‡Ben Crenshaw	196

(Formerly Texas Open.)

KEY * = Won playoff. † = Amateur. ‡ = Rain-curtailed.

MEN PROFESSIONALS

JC PENNEY CLASSIC (Unofficial)
Site: Largo, Fla.

Year	Winner	Score
1960	*Jim Turnesa Gloria Armstrong	+139
1961	Dave Ragan Mickey Wright	272
1962	Mason Rudolph Kathy Whitworth	272
1963	Dave Ragan Mickey Wright	273
1964	Sam Snead Shirley Englehorn	272
1965	Gardner Dickinson Ruth Jessen	281
1966	Jack Rule Sandra Spuzich	276
1976	Chi Chi Rodriguez JoAnn Washam	275
1977	Jerry Pate Hollis Stacy	270
1978	*Lon Hinkle Pat Bradley	267
1979	Dave Eichelberger Murle Breer	268
1980	Curtis Strange Nancy Lopez	268
1981	Tom Kite Beth Daniel	270
1982	John Mahaffey JoAnne Carner	268
1983	Fred Couples Jan Stephenson	264
1984	Mike Donald Vicki Alvarez	270
1985	Larry Rinker Laurie Rinker	267
1986	Tom Purtzer Juli Inkster	265

CHRYSLER TEAM INVITATIONAL (Unofficial)
Site: Boca Raton, Fla.

Year	Winner	Score
1983	Jack Nicklaus Johnny Miller	191
1984	Phil Hancock Ron Streck	255
1985	Hal Sutton Raymond Floyd	260
1986	Gary Hallberg Scott Hoch	251

KAPALUA INTERNATIONAL (Unofficial)
Site: Maui, Hawaii.

Year	Winner	Score
1983	Greg Norman	268
1984	Sandy Lyle	266
1985	Mark O'Meara	275
1986	Andy Bean	278

SKINS GAME (Unofficial)
Site: La Quinta, Calif.

Year	Winner	Money
1983	Gary Player	$170,000
1984	Jack Nicklaus	$240,000
1985	Fuzzy Zoeller	$255,000
1986	Fuzzy Zoeller	$370,000

PAST PGA TOUR STATISTICS

PAST LEADING MONEY WINNERS

1934

Player	Money
1. Paul Runyan	$6,767
2. Ky Laffoon	6,419
3. Horton Smith	5,794
4. Denny Shute	5,032
5. Harry Cooper	4,733
6. Craig Wood	4,333
7. Wiffy Cox	3,990
8. Johnny Revolta	3,709
9. Willie MacFarlane	3,292
10. Olin Dutra	3,252

1935

Player	Money
1. Johnny Revolta	$9,543
2. Henry Picard	8,417
3. Horton Smith	7,790
4. Harry Cooper	7,132
5. Ky Laffoon	6,185
6. Paul Runyan	5,498
7. Vic Ghezzi	5,496
8. Ray Mangrum	4,405
9. Denny Shute	3,916
10. Harold McSpaden	3,380

1936

Player	Money
1. Horton Smith	$7,682
(Other leaders not available.)	

1937

Player	Money
1. Harry Cooper	$14,138
2. Henry Picard	10,866
3. Sam Snead	10,243
4. Ralph Guldahl	8,671
5. Horton Smith	8,648
6. Johnny Revolta	8,270
7. Byron Nelson	6,734
8. Jimmy Hines	5,990
9. Gene Sarazen	5,508
10. Jimmy Thomson	5,243

1938

Player	Money
1. Sam Snead	$19,534
2. Johnny Revolta	9,553

MEN PROFESSIONALS

3. Henry Picard	8,050
4. Harry Cooper	7,840
5. Paul Runyan	7,550
6. Ky Laffoon	6,265
7. Ralph Guldahl	5,967
8. Jimmy Hines	5,680
9. Harold McSpaden	5,590
10. Byron Nelson	5,455

1939

1. Henry Picard	$10,303
2. Sam Snead	9,712
3. Ralph Guldahl	9,477
4. Byron Nelson	9,444
5. Dick Metz	8,675
6. Harold McSpaden	6,804
7. Ben Hogan	5,600
8. Dutch Harrison	5,750
9. Denny Shute	5,325
10. Horton Smith	5,099

1940

1. Ben Hogan	$10,655
2. Byron Nelson	9,653
3. Sam Snead	9,206
4. Jimmy Demaret	8,652
5. Lawson Little	5,717
6. Ralph Guldahl	5,715
7. Clayton Heafner	5,500
8. Craig Wood	5,408
9. Dick Metz	5,187
10. Horton Smith	5,121

1941

1. Ben Hogan	$18,358
2. Sam Snead	12,848
3. Byron Nelson	12,025
4. Craig Wood	9,364
5. Johnny Bulla	8,309
6. Clayton Heafner	6,943
7. Lloyd Mangrum	6,825
8. Horton Smith	4,430
9. Jimmy Demaret	5,018
10. Lawson Little	4,981

1942

1. Ben Hogan	$13,143
2. Byron Nelson	9,601
3. Sam Snead	8,078
4. Lloyd Mangrum	6,689
5. Lawson Little	6,647
6. Chick Harbert	4,829
7. E. J. Harrison	4,408
8. Sam Byrd	3,905
9. Chandler Harper	3,732
10. Jimmy Thomson	3,410

1943
(Records not compiled—World War II)

1944

1. Byron Nelson	$37,967*
2. Harold McSpaden	23,855
3. Sam Byrd	14,595
4. E. J. Harrison	10,077
5. Craig Wood	9,596
6. Bob Hamilton	6,211
7. Sam Snead	5,755
8. Ed Dudley	5,670
9. Johnny Revolta	5,163
10. Johnny Bulla	3,975

*War Bonds

1945

1. Byron Nelson	$63,335
2. Harold McSpaden	36,299
3. Ben Hogan	26,902
4. Sam Snead	24,436
5. Sam Byrd	17,553
6. Jimmy Hines	15,939
7. Ky Laffoon	11,645
8. Vic Ghezzi	10,734
9. Denny Shute	10,729
10. E. J. Harrison	8,730

1946

1. Ben Hogan	$42,556
2. Herman Barron	23,003
3. Byron Nelson	22,270
4. Jimmy Demaret	19,406
5. Herman Keiser	18,934
6. Sam Snead	18,341
7. Lloyd Mangrum	14,622
8. Dick Metz	13,498
9. Jim Ferrier	13,311
10. E. J. Harrison	12,420

1947

1. Jimmy Demaret	$27,936
2. Bobby Locke	24,327
3. Ben Hogan	23,310
4. Ed Oliver	17,941
5. Jim Ferrier	16,973
6. Johnny Palmer	16,704
7. Lloyd Mangrum	15,924
8. Ed Furgol	14,168
9. Lew Worsham	13,743
10. Herman Keiser	12,703

1948

1. Ben Hogan	$32,112
2. Lloyd Mangrum	31,289
3. Jimmy Demaret	23,699
4. Bobby Locke	20,010
5. Skip Alexander	18,173
6. Johnny Palmer	14,865
7. Cary Middlecoff	14,621
8. E. J. Harrison	14,312
9. Clayton Heafner	12,652
10. Vic Ghezzi	11,432

1949

1. Sam Snead	$31,593
2. Cary Middlecoff	24,604
3. Johnny Palmer	24,512

MEN PROFESSIONALS

4. Lloyd Mangrum	22,248	
5. Jimmy Demaret	17,367	
6. E. J. Harrison	11,752	
7. Jim Ferrier	11,660	
8. Bob Hamilton	9,819	
9. Fred Haas Jr.	9,817	
10. Jim Turnesa	8,181	

1950

1. Sam Snead — $35,758
2. Jim Ferrier — 27,156
3. Lloyd Mangrum — 22,467
4. Henry Ransom — 18,885
5. Jack Burke Jr. — 18,291
6. Cary Middlecoff — 18,205
7. Jimmy Demaret — 16,268
8. Skip Alexander — 14,505
9. E. J. Harrison — 11,556
10. Johnny Palmer — 11,267

1951

1. Lloyd Mangrum — $26,088
2. Cary Middlecoff — 24,075
3. Jim Ferrier — 22,890
4. Ben Hogan — 20,400
5. Jack Burke Jr. — 18,033
6. Sam Snead — 15,072
7. Doug Ford — 11,005
8. Skee Riegel — 10,882
9. Clayton Heafner — 10,340
10. Ed Oliver — 9,959

1952

1. Julius Boros — $37,032
2. Cary Middlecoff — 30,884
3. Jack Burke Jr. — 21,003
4. Sam Snead — 19,908
5. Ted Kroll — 17,500
6. Jim Ferrier — 15,811
7. Dave Douglas — 15,173
8. Doug Ford — 14,566
9. Lloyd Mangrum — 13,422
10. Ed Oliver — 13,359

1953

1. Lew Worsham — $34,002
2. Doug Ford — 26,815
3. Lloyd Mangrum — 20,636
4. Chandler Harper — 19,938
5. Cary Middlecoff — 19,446
6. E. J. Harrison — 19,298
7. Ed Oliver — 18,125
8. Ted Kroll — 18,057
9. Ben Hogan — 16,604
10. Tommy Bolt — 16,030

1954

1. Bob Toski — $65,819
2. Jack Burke Jr. — 20,213
3. Marty Furgol — 19,837
4. Jerry Barber — 18,885
5. Cary Middlecoff — 17,593
6. Lloyd Mangrum — 17,272
7. Julius Boros — 16,987
8. Doug Ford — 16,415
9. Tommy Bolt — 16,407
10. Earl Stewart Jr. — 16,341

1955

1. Julius Boros — $63,121
2. Cary Middlecoff — 39,567
3. Doug Ford — 33,503
4. Mike Souchak — 29,462
5. Gene Littler — 28,974
6. Ted Kroll — 25,117
7. Sam Snead — 23,464
8. Tommy Bolt — 22,585
9. Fred Haas — 22,372
10. Jerry Barber — 18,865

1956

1. Ted Kroll — $72,835
2. Dow Finsterwald — 29,513
3. Cary Middlecoff — 27,352
4. Fred Hawkins — 24,805
5. Jack Burke — 24,085
6. Gene Littler — 23,833
7. Ed Furgol — 23,125
8. Mike Souchak — 21,486
9. Peter Thomson — 20,413
10. Doug Ford — 19,389

1957

1. Dick Mayer — $65,835
2. Doug Ford — 45,378
3. Dow Finsterwald — 32,872
4. Sam Snead — 28,260
5. Arnold Palmer — 27,802
6. Paul Harney — 21,735
7. Art Wall — 20,831
8. Al Balding — 20,824
9. Bill Casper — 20,807
10. Ken Venturi — 18,761

1958

1. Arnold Palmer — $42,607
2. Bill Casper — 41,323
3. Ken Venturi — 36,267
4. Dow Finsterwald — 35,393
5. Art Wall — 29,841
6. Julius Boros — 29,817
7. Tommy Bolt — 26,940
8. Jay Hebert — 26,834
9. Bob Rosburg — 25,170
10. Doug Ford — 21,874

1959

1. Art Wall — $53,167
2. Gene Littler — 38,296
3. Dow Finsterwald — 33,906
4. Bill Casper — 33,899
5. Arnold Palmer — 32,461
6. Mike Souchak — 31,807
7. Bob Rosburg — 31,676

PAST PGA TOUR STATISTICS: Leading Money Winners

MEN PROFESSIONALS

8. Doug Ford		31,009
9. Jay Hebert		26,034
10. Ken Venturi		25,886

1960
1. Arnold Palmer — $75,262
2. Ken Venturi — 41,230
3. Dow Finsterwald — 38,541
4. Bill Casper — 31,060
5. Jay Hebert — 29,748
6. Mike Souchak — 28,903
7. Doug Ford — 28,411
8. Gene Littler — 26,837
9. Bill Collins — 26,496
10. Doug Sanders — 26,470

1961
1. Gary Player — $64,450
2. Arnold Palmer — 61,191
3. Doug Sanders — 57,428
4. Bill Casper — 37,776
5. Jay Hebert — 35,583
6. Johnny Pott — 32,267
7. Gay Brewer — 31,149
8. Bob Goalby — 30,918
9. Gene Littler — 29,245
10. Billy Maxwell — 28,335

1962
1. Arnold Palmer — $81,448
2. Gene Littler — 66,200
3. Jack Nicklaus — 61,868
4. Bill Casper — 61,842
5. Bob Goalby — 46,240
6. Gary Player — 45,838
7. Doug Sanders — 43,385
8. Dave Ragan — 37,327
9. Bobby Nichols — 34,311
10. Dow Finsterwald — 33,619

1963
1. Arnold Palmer — $128,230
2. Jack Nicklaus — 100,040
3. Julius Boros — 77,356
4. Tony Lema — 67,112
5. Gary Player — 55,455
6. Dow Finsterwald — 49,862
7. Mason Rudolph — 39,120
8. Al Geiberger — 34,126
9. Don January — 33,754
10. Bobby Nichols — 33,604

1964
1. Jack Nicklaus — $113,284
2. Arnold Palmer — 113,203
3. Bill Casper — 90,653
4. Tony Lema — 74,130
5. Bobby Nichols — 74,012
6. Ken Venturi — 62,465
7. Gary Player — 61,449
8. Mason Rudolph — 52,568
9. Chi Chi Rodriguez — 48,338
10. Mike Souchak — 39,559

1965
1. Jack Nicklaus — $140,752
2. Tony Lema — 101,816
3. Bill Casper — 99,931
4. Doug Sanders — 72,182
5. Gary Player — 69,964
6. Bruce Devlin — 67,657
7. Dave Marr — 63,375
8. Al Geiberger — 59,699
9. Gene Littler — 58,898
10. Arnold Palmer — 57,770

1966
1. Bill Casper — $121,944
2. Jack Nicklaus — 111,419
3. Arnold Palmer — 110,467
4. Doug Sanders — 80,096
5. Gay Brewer — 75,687
6. Phil Rodgers — 68,360
7. Gene Littler — 68,345
8. R. H. Sikes — 67,348
9. Frank Beard — 66,041
10. Al Geiberger — 63,220

1967
1. Jack Nicklaus — $188,988
2. Arnold Palmer — 184,065
3. Bill Casper — 129,423
4. Julius Boros — 126,785
5. Dan Sikes — 111,508
6. Doug Sanders — 109,455
7. Frank Beard — 105,778
8. George Archer — 84,344
9. Gay Brewer — 78,548
10. Bob Goalby — 77,106

1968
1. Bill Casper — $205,168
2. Jack Nicklaus — 155,285
3. Tom Weiskopf — 152,946
4. George Archer — 150,972
5. Julius Boros — 148,310
6. Lee Trevino — 132,127
7. Arnold Palmer — 114,602
8. Dan Sikes — 108,330
9. Miller Barber — 105,845
10. Bob Murphy — 105,595

1969
1. Frank Beard — $175,223
2. Dave Hill — 156,423
3. Jack Nicklaus — 140,167
4. Gary Player — 123,897
5. Bruce Crampton — 118,955
6. Gene Littler — 112,737
7. Lee Trevino — 112,417
8. Ray Floyd — 109,956
9. Arnold Palmer — 105,128
10. Bill Casper — 104,689

1970
1. Lee Trevino — $157,037
2. Bill Casper — 147,372

MEN PROFESSIONALS

3. Bruce Crampton	142,609
4. Jack Nicklaus	142,148
5. Arnold Palmer	128,853
6. Frank Beard	124,690
7. Dick Lotz	124,539
8. Larry Hinson	120,897
9. Bob Murphy	120,639
10. Dave Hill	118,415

1971
1. Jack Nicklaus	$244,490
2. Lee Trevino	231,202
3. Arnold Palmer	209,603
4. George Archer	147,769
5. Gary Player	120,916
6. Miller Barber	117,359
7. Jerry Heard	112,389
8. Frank Beard	112,337
9. Dave Eichelberger	108,312
10. Bill Casper	107,276

1972
1. Jack Nicklaus	$320,542
2. Lee Trevino	214,805
3. George Archer	145,027
4. Grier Jones	140,177
5. Jerry Heard	137,198
6. Tom Weiskopf	129,422
7. Gary Player	120,719
8. Bruce Devlin	119,768
9. Tommy Aaron	118,924
10. Lanny Wadkins	116,616

1973
1. Jack Nicklaus	$308,362
2. Bruce Crampton	274,266
3. Tom Weiskopf	245,463
4. Lee Trevino	210,017
5. Lanny Wadkins	200,455
6. Miller Barber	184,014
7. Hale Irwin	130,388
8. Bill Casper	129,474
9. Johnny Miller	127,833
10. John Schlee	118,017

1974
1. Johnny Miller	$353,021
2. Jack Nicklaus	238,178
3. Hubert Green	211,709
4. Lee Trevino	203,422
5. J. C. Snead	164,486
6. Dave Stockton	155,105
7. Hale Irwin	152,520
8. Jerry Heard	145,788
9. Brian Allin	137,950
10. Tom Watson	135,474

1975
1. Jack Nicklaus	$298,149
2. Johnny Miller	226,118
3. Tom Weiskopf	219,140
4. Hale Irwin	205,380

5. Gene Littler	182,883
6. Al Geiberger	175,693
7. Tom Watson	153,795
8. John Mahaffey	141,475
9. Lee Trevino	134,206
10. Bruce Crampton	132,532

1976
1. Jack Nicklaus	$266,438
2. Ben Crenshaw	257,759
3. Hale Irwin	252,718
4. Hubert Green	228,031
5. Al Geiberger	194,821
6. J. C. Snead	192,645
7. Ray Floyd	178,318
8. David Graham	176,174
9. Don January	163,622
10. Jerry Pate	153,102

1977
1. Tom Watson	$310,653
2. Jack Nicklaus	284,509
3. Lanny Wadkins	244,882
4. Hale Irwin	221,456
5. Bruce Lietzke	202,156
6. Tom Weiskopf	197,639
7. Ray Floyd	163,261
8. Miller Barber	148,320
9. Hubert Green	140,255
10. Bill Kratzert	134,758

1978
1. Tom Watson	$362,429
2. Gil Morgan	267,459
3. Andy Bean	267,241
4. Jack Nicklaus	256,672
5. Hubert Green	247,406
6. Lee Trevino	228,723
7. Hale Irwin	191,666
8. Bill Kratzert	183,683
9. Gary Player	177,336
10. Jerry Pate	172,999

1979
1. Tom Watson	$462,636
2. Larry Nelson	281,022
3. Lon Hinkle	247,693
4. Lee Trevino	238,732
5. Ben Crenshaw	236,770
6. Bill Rogers	230,500
7. Andy Bean	208,253
8. Bruce Lietzke	198,439
9. Fuzzy Zoeller	196,951
10. Lanny Wadkins	195,710

1980
1. Tom Watson	$530,808
2. Lee Trevino	385,814
3. Curtis Strange	271,888
4. Andy Bean	269,033
5. Ben Crenshaw	237,727
6. Jerry Pate	222,976

PAST PGA TOUR STATISTICS: Leading Money Winners

MEN PROFESSIONALS

7. George Burns	219,928	
8. Craig Stadler	206,291	
9. Mike Reid	206,097	
10. Ray Floyd	192,993	

1981

1. Tom Kite	$375,699
2. Ray Floyd	359,360
3. Tom Watson	347,660
4. Bruce Lietzke	343,446
5. Bill Rogers	315,411
6. Jerry Pate	280,627
7. Hale Irwin	276,499
8. Craig Stadler	218,829
9. Curtis Strange	201,513
10. Larry Nelson	193,342

1982

1. Craig Stadler	$446,462
2. Ray Floyd	386,809
3. Tom Kite	341,081
4. Calvin Peete	318,470
5. Tom Watson	316,483
6. Bob Gilder	308,648
7. Lanny Wadkins	306,827
8. Wayne Levi	280,681
9. Jerry Pate	280,141
10. Curtis Strange	263,378

1983

1. Hal Sutton	$426,668
2. Fuzzy Zoeller	417,597
3. Lanny Wadkins	319,271
4. Calvin Peete	313,845
5. Gil Morgan	306,133
6. Rex Caldwell	284,434
7. Ben Crenshaw	275,474
8. Mark McCumber	268,294
9. Tom Kite	257,066
10. Jack Nicklaus	256,158

1984

1. Tom Watson	$476,260
2. Mark O'Meara	465,873
3. Andy Bean	422,995
4. Denis Watson	408,562
5. Tom Kite	348,640
6. Bruce Lietzke	342,853
7. Fred Couples	334,573
8. Craig Stadler	324,241
9. Greg Norman	310,230
10. Peter Jacobsen	295,025

1985

1. Curtis Strange	$542,321
2. Lanny Wadkins	446,893
3. Calvin Peete	384,489
4. Jim Thorpe	379,091
5. Ray Floyd	378,989
6. Corey Pavin	367,506
7. Hal Sutton	365,340
8. Roger Maltbie	360,554
9. John Mahafffey	341,595
10. Mark O'Meara	340,840

1986

1. Greg Norman	$653,296
2. Bob Tway	652,780
3. Payne Stewart	535,389
4. Andy Bean	491,938
5. Dan Pohl	463,630
6. Hal Sutton	429,434
7. Tom Kite	394,164
8. Ben Crenshaw	388,169
9. Ray Floyd	380,508
10. Bernhard Langer	379,800

PAST VARDON TROPHY LEADERS

Year	Winner	Score
1937	Harry Cooper	500
1938	Sam Snead	520
1939	Byron Nelson	473
1940	Ben Hogan	423
1941	Ben Hogan	494

1942-46 No award—World War II
(Note: The above based on points. The following, 1947 to 1985, includes the top five players for each year who have played a minimum of 80 rounds).

1947

Player	Average
1. Jimmy Demaret	69.80
2. Ben Hogan	69.84
3. Ed Oliver	70.34
4. John Palmer	70.48
5. Ed Furgol	70.67

1948

1. Ben Hogan	69.30
2. Clayton Heafner	70.43
3. Johnny Palmer	70.54
4. Skip Alexander	70.65
*Bobby Locke	69.83

*Ineligible, not a member of the PGA of America.

1949

1. Sam Snead	69.37
2. Johnny Palmer	69.73
3. Lloyd Mangrum	69.80
4. Jimmy Demaret	70.18
5. Henry Ransom	70.58

1950

1. Sam Snead	69.23
2. Jim Ferrier	70.27
3. Jack Burke Jr.	70.46
4. Lloyd Mangrum	70.53
5. Henry Ransom	71.01

MEN PROFESSIONALS

1951
1. Lloyd Mangrum 70.05
2. Jim Ferrier 70.29
3. E.J. Harrison 70.88
4. Lew Worsham 71.10
5. Jimmy Demaret 71.11

1952
1. Jack Burke Jr. 70.54
2. Ted Kroll 70.74
3. Sam Snead 69.93
4. Roberto De Vicenzo 70.52
5. Cary Middlecoff 70.72

Snead, De Vicenzo, Middlecoff not eligible.

1953
1. Lloyd Mangrum 70.22
2. E.J. Harrison 70.42
3. Ted Kroll 70.64
4. Fred Haas 70.92
5. Marty Furgol 71.94

1954
1. E.J. Harrison 70.41
2. Jack Burke Jr. 70.75
3. Marty Furgol 70.77
4. Fred Haas Jr. 70.79
5. Lloyd Mangrum 70.80

1955
1. Sam Snead 69.86
2. Doug Ford 70.12
3. Cary Middlecoff 70.16
4. Jay Hebert 70.33
5. Ted Kroll 70.36

1956
1. Cary Middlecoff 70.35
2. Ed Furgol 70.43
3. Ted Kroll 70.59
4. Doug Ford 70.82
5. Jack Burke Jr. 70.86

1957
1. Dow Finsterwald 70.30
2. Doug Ford 70.45
3. Art Wall Jr. 70.93
4. Mike Souchak 71.03
5. Jay Hebert 71.05

1958
1. Bob Rosburg 70.11
2. Dow Finsterwald 70.18
3. Art Wall Jr. 70.50
4. Jack Burke Jr. 70.85
5. Julius Boros 70.96

1959
1. Art Wall Jr. 70.35
2. Mike Souchak 70.64
3. Jay Hebert 70.65
4. Doug Ford 70.74
5. Bob Rosburg 70.81

1960
1. Billy Casper 69.95
2. Dow Finsterwald 70.322
3. Art Wall Jr. 70.329
4. Gene Littler 70.90
5. Ted Kroll 71.03

1961
1. Arnold Palmer 69.85
2. Billy Casper 70.92
3. Art Wall Jr. 70.69
4. Jay Hebert 70.74
5. Ted Kroll 70.83

1962
1. Arnold Palmer 70.27
2. Billy Casper 70.70
3. Gene Littler 70.88
4. Dave Ragan Jr. 71.054
5. Tony Lema 71.058

1963
1. Billy Casper 70.58
2. Julius Boros 70.73
3. Tony Lema 70.89
4. Dow Finsterwald 71.24
5. Don January 71.34

1964
1. Arnold Palmer 70.01
2. Billy Casper 70.35
3. Ken Venturi 70.94
4. Chi Chi Rodriguez 71.07
5. Gene Littler 71.15

1965
1. Billy Casper 70.58
2. Tony Lema 70.92
3. Al Geiberger 70.96
4. Dave Marr 70.99
5. Gene Littler 71.10

1966
1. Billy Casper 70.27
2. Gay Brewer 71.11
3. Gene Littler 71.19
   Johnny Pott 71.19
5. Julius Boros 71.20

1967
1. Arnold Palmer 70.18
2. Julius Boros 70.78
3. Dan Sikes 70.88
4. Gay Brewer 70.89
5. Billy Casper 70.93

1968
1. Billy Casper 69.82
2. Frank Beard 70.66
3. Al Geiberger 70.70
4. Dan Sikes 70.73
5. Miller Barber 70.76

PAST PGA TOUR STATISTICS: Vardon Trophy Leaders

MEN PROFESSIONALS

1969
1. Dave Hill — 70.34
2. Frank Beard — 70.52
3. Tommy Aaron — 70.72
4. Don January — 70.88
5. Dan Sikes — 70.92

1970
1. Lee Trevino — 70.64
2. Dave Hill — 70.81
3. Frank Beard — 70.94
4. Bruce Crampton — 70.95
5. Homero Blancas — 71.00

1971
1. Lee Trevino — 70.27
2. Arnold Palmer — 70.71
3. Frank Beard — 70.853
4. Bobby Nichols — 70.855
5. Lou Graham — 71.12

1972
1. Lee Trevino — 70.89
2. Bruce Crampton — 71.03
3. Doug Sander — 71.28
4. Chi Chi Rodriguez — 71.31
5. Lou Graham — 71.46

1973
1. Bruce Crampton — 70.57
2. Lee Trevino — 70.74
3. Dan Sikes Jr. — 70.96
4. Gay Brewer — 71.28
5. Arnold Palmer — 71.32

1974
1. Lee Trevino — 70.53
2. J.C. Snead — 70.88
3. Ray Floyd — 70.90
4. Bruce Crampton — 71.00
5. Gene Littler — 71.11

1975
1. Bruce Crampton — 70.60
2. Tom Watson — 70.88
3. Hale Irwin — 70.90
4. Gene Littler — 70.93
5. John Mahaffey — 71.00

1976
1. Don January — 70.56
2. Hale Irwin — 70.65
3. Lee Trevino — 70.67
4. Hubert Green — 70.76
5. Ray Floyd — 70.87

1977
1. Tom Watson — 70.32
2. Hale Irwin — 71.04
3. Tom Weiskopf — 71.07
4. Tom Kite — 71.08
5. Miller Barber — 71.22

1978
1. Tom Watson — 70.16
2. Lee Trevino — 70.32
3. Hale Irwin — 70.65
4. Hubert Green — 70.80
5. Grier Jones — 70.83

1979
1. Tom Watson — 70.27
2. Bill Rogers — 70.76
3. Lee Trevino — 70.93
4. Ben Crenshaw — 71.22
5. Keith Fergus — 71.25

1980
1. Lee Trevino — 69.73
2. Tom Watson — 69.95
3. Jerry Pate — 70.72
4. Andy Bean — 70.73
5. Ben Crenshaw — 70.93

1981
1. Tom Kite — 69.80
2. Bruce Lietzke — 70.01
3. Ray Floyd — 70.20
4. Jerry Pate — 70.47
5. Curtis Strange — 70.60

1982
1. Tom Kite — 70.21
2. Calvin Peete — 70.33
3. Curtis Strange — 70.39
4. Tom Watson — 70.45
5. Wayne Levi — 70.64

1983
1. Ray Floyd — 70.61
2. Calvin Peete — 70.62
3. Don Pooley — 70.80
4. Hale Irwin — 70.82
5. Lanny Wadkins — 70.88

1984
1. Calvin Peete — 70.56
2. Jack Nicklaus — 70.75
3. Mark O'Meara — 70.77
4. Craig Stadler — 70.78
5. Greg Norman — 70.84
   Tom Kite — 70.84

1985
1. Don Pooley — 70.36
2. Lanny Wadkins — 70.44
3. John Mahafffey — 70.44
4. Corey Pavin — 70.49
5. Ray Floyd — 70.53

1986
1. Scott Hoch — 70.08
2. Bernhard Langer — 70.19
3. Greg Normant — 70.22
4. Payne Stewart — 70.36
5. Bob Tway — 70.45

MEN PROFESSIONALS

MEN'S PAST PERFORMANCE AVERAGE LEADERS

Performance Average is an exclusive Golf Digest method of measuring the performance of players relative to the performance of other players in official events. It is calculated by dividing the number of possible points (50 per tournament entered) into points earned (50 for first place on down to one for 50th).

1954

Player	Perf. Avg.
1. Gene Littler (16)	.696
2. Cary Middlecoff (19)	.632
3. Lloyd Mangrum (17)	.572
4. Dutch Harrison (18)	.542
5. Jack Burke (22)	.493

1955

1. Cary Middlecoff (20)	.659
2. Gene Littler (26)	.564
3. Mike Souchak (29)	.542
4. Ted Kroll (27)	.537
5. Bob Rosburg (26)	.497

1956

1. Ed Furgol (22)	.550
2. Ted Kroll (21)	.530
3. Dow Finsterwald (33)	.516
4. Gene Littler (22)	.478
5. Jack Burke (19)	.449

1957

1. Dow Finsterwald (27)	.643
2. Doug Ford (31)	.631
3. Billy Casper (29)	.434
4. Arnold Palmer (30)	.431
5. Art Wall (33)	.407

1958

1. Billy Casper (26)	.611
2. Ken Venturi (26)	.598
3. Dow Finsterwald (33)	.574
4. Arnold Palmer (31)	.499
5. Art Wall (34)	.462

1959

1. Gene Littler (29)	.603
2. Arnold Palmer (29)	.570
3. Art Wall (31)	.548
4. Mike Souchak (25)	.536
5. Billy Casper (26)	.522

1960

1. Arnold Palmer (26)	.706
2. Ken Venturi (25)	.618
3. Dow Finsterwald (23)	.575
4. Billy Casper (24)	.558
5. Don January (23)	.542

1961

1. Arnold Palmer (20)	.725
2. Gary Player (26)	.645
3. Billy Casper (25)	.628
4. John Pott (34)	.472
5. Doug Sanders (36)	.443

1962

1. Jack Nicklaus (26)	.601
2. Billy Casper (25)	.595
3. Gene Littler (27)	.527
4. Doug Sanders (33)	.514
5. Bob Goalby (34)	.439

1963

1. Gary Player (22)	.864
2. Jack Nicklaus (25)	.732
3. Tony Lema (26)	.715
4. Julius Boros (26)	.693
5. Mason Randolph (32)	.673

1964

1. Jack Nicklaus (24)	.875
2. Arnold Palmer (24)	.857
3. Billy Casper (31)	.743
4. Mason Rundolph (26)	.735
5. Tony Lema (26)	.631

1965

1. Jack Nicklaus (20)	.828
2. Bruce Devlin (23)	.680
3. Billy Casper (28)	.619
4. Tony Lema (22)	.615
5. Doug Sanders (27)	.603

1966

1. Billy Casper (22)	.791
2. Arnold Palmer (19)	.725
3. Gene Littler (24)	.623
4. Julius Boros (21)	.619
5. Frank Beard (29)	.610

1967

1. Arnold Palmer (23)	.739
2. Jack Nicklaus (20)	.712
3. Julius Boros (25)	.663
4. Billy Casper (23)	.624
5. Al Geiberger (24)	.613

1968

1. Billy Casper (23)	.803
2. Jack Nicklaus (21)	.770
3. George Archer (29)	.651
4. Julius Boros (22)	.641
5. Miller Barber (31)	.629

1969

1. Jack Nicklaus (23)	.633
2. Dave Hill (26)	.618
3. Bob Charles (23)	.595
4. Frank Beard (23)	.590
5. Dan Sikes (27)	.579

PAST PGA TOUR STATISTICS: Performance Leaders

MEN PROFESSIONALS

1970
1. Dave Hill (25) .673
2. Arnold Palmer (21) .663
3. Tom Weiskopf (23) .628
4. Lee Trevino (30) .600
5. Bruce Crampton (29) .564

1971
1. Arnold Palmer (22) .737
2. Lee Trevino (29) .641
3. Frank Beard (29) .594
4. Bobby Nichols (23) .551
5. Billy Casper (20) .529

1972
1. Jack Nicklaus (18) .801
2. Gary Player (14) .704
3. Bruce Crampton (27) .611
4. Lee Trevino (29) .589
5. Arnold Palmer (20) .574

1973
1. Jack Nicklaus (17) .894
2. Tom Weiskopf (20) .683
3. Bruce Crampton (28) .631
4. Lanny Wadkins (25) .620
5. Johnny Miller (24) .595

1974
1. Jack Nicklaus (17) .841
2. Johnny Miller (21) .697
3. Lee Trevino (25) .655
4. Hale Irwin (22) .620
5. Tom Watson (29) .578

1975
1. Jack Nicklaus (16) .909
2. Hale Irwin (22) .678
3. Tom Watson (25) .672
4. Johnny Miller (21) .663
5. Gene Littler (22) .611

1976
1. Jack Nicklaus (16) .795
2. Hale Irwin (21) .733
3. Don January (24) .662
4. Hubert Green (26) .646
5. Ben Crenshaw (28) .634

1977
1. Jack Nicklaus (18) .800
2. Tom Watson (23) .789
3. Tom Weiskopf (22) .634
4. Gary Player (18) .621
5. Hubert Green (23) .562

1978
1. Tom Watson (24) .758
2. Jack Nicklaus (15) .736
3. Hale Irwin (22) .735
4. Lee Trevino (25) .677
5. Hubert Green (22) .586

1979
1. Tom Watson (21) .799
2. Hubert Green (23) .567
3. Lee Trevino (24) .566
4. Bill Rogers (28) .565
5. Ben Crenshaw (26) .538

1980
1. Tom Watson (21) .868
2. Lee Trevino (21) .730
3. Jerry Pate (26) .624
4. Andy Bean (27) .611
5. Johnny Miller (16) .558

1981
1. Tom Kite (26) .815
2. Jerry Pate (24) .727
3. Ray Floyd (23) .724
4. Jack Nicklaus (16) .713
5. Bruce Lietzke (24) .708

1982
1. Tom Kite (25) .514
2. Tom Watson (20) .499
3. Jack Nicklaus (15) .468
4. Craig Stadler (25) .442
5. Jerry Pate (22) .426

1983
1. Tom Watson (17) .481
2. Ray Floyd (22) .458
3. Hale Irwin (20) .442
4. Jack Nicklaus (27) .440
5. Gil Morgan (25) .399

1984
1. Tom Watson (20) .634
2. Greg Norman (16) .586
3. Craig Stadler (22) .581
   Fred Couples (26) .581
5. Gil Morgan (23) .564

1985
1. Lanny Wadkins (24) .598
2. Ray Floyd (22) .580
3. Corey Pavin (27) .578
4. John Mahaffey (29) .523
   Tom Watson (19) .523

1986
1. Greg Norman (19) .627
2. Bernhard Langer (21) .598
3. Tom Watson (19) .592
4. Andy Bean (27) .562
5. Payne Stewart (29) .546

(Figures in parentheses indicate number of events played.)

MEN PROFESSIONALS

ALL-TIME TOURNAMENT WINNERS
(In tour events, 1930-1985)

Player	Since	Total
1. Sam Snead*	1937	84
2. Jack Nicklaus	1962	71
3. Ben Hogan*	1938	62
4. Arnold Palmer*	1955	61
5. Byron Nelson*	1935	54
6. Billy Casper*	1955	51
7. Cary Middlecoff*	1947	37
8. Lloyd Mangrum**	1939	34
9. Jimmy Demaret**	1935	31
Tom Watson	1971	31
11. Gene Littler*	1954	29
12. Lee Trevino	1966	27
13. Johnny Miller	1969	22
14. Jim Ferrier*	1944	21
Gary Player*	1957	21
Ray Floyd	1963	21
17. Doug Sanders*	1957	20
18. Doug Ford*	1950	19
Hubert Green	1970	19
20. Julius Boros*	1950	18
21. Harold McSpaden*	1932	17
Hale Irwin	1968	17
23. Mike Souchak*	1953	16
24. Dutch Harrison**	1930	15
Paul Runyan*	1929	15
Tommy Bolt*	1946	15
Jack Burke Jr.*	1947	15
Bruce Crampton*	1957	15
Tom Weiskopf	1964	15
Lanny Wadkins	1971	15

*Not active on regular tour.
**Deceased.

TOURNAMENT PRIZE MONEY
(Not pro-am, team event money)

Year	Events	Total Purses	Average Purse
1945	36	$ 435,380	12,094
1946	37	411,533	11,123
1947	31	352,500	11,371
1948	34	427,000	12,559
1949	25	338,200	13,528
1950	33	459,950	13,938
1951	30	460,200	15,340
1952	32	498,016	15,563
1953	32	562,704	17,585
1954	26	600,819	23,108
1955	36	782,010	21,723
1956	36	847,070	23,530
1957	32	820,360	25,636
1958	39	1,005,800	25,789
1959	43	1,102,474	25,639
1960	41	1,187,340	28,959
1961	45	1,461,830	32,485
1962	49	1,790,320	36,537
1963	43	2,044,900	47,497
1964	41	2,301,063	56,123
1965	36	2,848,515	79,403
1966	36	3,074,445	85,401
1967	37	3,979,162	108,356
1968	45	5,077,600	112,835
1969	47	5,465,875	116,295
1970	47	6,259,501	133,181
1971	52	6,587,976	126,689
1972	47	6,954,649	151,188
1973	47	8,657,225	184,196
1974	43	7,764,449	180,568
1975	41	7,402,750	180,555
1976	44	8,648,852	196,564
1977	44	9,015,000	204,886
1978	44	9,216,832	219,448
1979	42	11,679,802	278,090
1980	42	12,279,349	292,365
1981	43	13,420,867	312,322
1982	44	14,078,597	319,968
1983	42	16,086,714	383,017
1984	42	19,137,000	455,285
1985	43	21,229,076	493,699
1986	47	26,024,542	553,713

ALL-TIME MONEY WINNERS
(in tour events, 1930-1986)

Player	Year	Total
1. Jack Nicklaus	1962	$4,912,295
2. Tom Watson	1971	4,085,279
3. Lee Trevino	1966	3,264,291
4. Ray Floyd	1963	3,249,460
5. Tom Kite	1972	2,919,491
6. Hale Irwin	1968	2,811,034
7. Lanny Wadkins	1971	2,589,264
8. Andy Bean	1976	2,484,032
9. Ben Crenshaw	1973	2,336,891
10. Johnny Miller	1969	2,267,789
11. Tom Weiskopf	1964	2,222,066
12. John Mahaffey	1971	2,217,256
13. Curtis Strange	1977	2,189,548
14. Hubert Green	1970	2,161,435
15. Bruce Lietzke	1975	2,152,147
16. Craig Stadler	1976	2,060,850
17. Calvin Peete	1976	2,009,271
18. Fuzzy Zoeller	1975	1,993,088
19. Arnold Palmer	1955	1,891,020
20. Gil Morgan	1973	1,884,989

PAST PGA TOUR STATISTICS: All-Time Winners • Tour Prize Money

111

MEN PROFESSIONALS

21. Gary Player	1957	1,795,994
22. George Archer	1964	1,709,371
23. J.C. Snead	1968	1,709,337
24. Hal Sutton	1982	1,686,825
25. Billy Casper	1955	1,686,458
26. Larry Nelson	1974	1,672,371
27. David Graham	1971	1,661,959
28. Miller Barber	1959	1,602,408
29. Gene Littler	1954	1,578,626
30. Bob Murphy	1968	1,554,876
31. Jim Colbert	1966	1,537,194
32. Jerry Pate	1976	1,484,828
33. Wayne Levi	1977	1,460,165
34. George Burns	1976	1,405,319
35. Jay Haas	1977	1,386,699
36. Bruce Crampton	1957	1,374,294
37. Lou Graham	1964	1,360,019
38. Bill Rogers	1975	1,345,263
39. Payne Stewart	1979	1,340,810
40. Jack Renner	1977	1,336,256
41. Dan Pohl	1977	1,270,905
42. Al Geiberger	1960	1,256,548
43. Peter Jacobsen	1977	1,247,965
44. Mark O'Meara	1980	1,236,668
45. Roger Maltbie	1973	1,231,077
46. Lon Hinkle	1972	1,222,039
47. Scott Simpson	1977	1,216,325
48. Dave Stockton	1964	1,203,469
49. Charles Coody	1963	1,201,994
50. Greg Norman	1983	1,200,395

ALL-TIME LEADING MONEY WINNER LEADERS

Player	Total
1. Jack Nicklaus	8
2. Tom Watson	5
Ben Hogan	5
4. Arnold Palmer	4
5. Sam Snead	3
6. Julius Boros	2
Billy Casper	2
Byron Nelson	2

ALL-TIME VARDON TROPHY WINNER LEADERS

Player	Total
1. Billy Casper	5
Lee Trevino	5
3. Arnold Palmer	4
Sam Snead	4
5. Ben Hogan	3
Tom Watson	3
7. Bruce Crampton	2
Tom Kite	2
Lloyd Mangrum	2

ALL-TIME PERFORMANCE AVERAGE WINNER LEADERS

Player	Total
1. Jack Nicklaus	10
2. Tom Watson	5
3. Arnold Palmer	4
4. Billy Casper	3
5. Gene Littler	2
Tom Kite	2

MAJOR-CHAMPIONSHIP LEADERS

	U.S. Open	British Open	PGA	Masters	U.S. Amateur	British Amateur	Total Titles
Jack Nicklaus	4	3	5	6	2	0	20
Bobby Jones	4	3	0	0	5	1	13
Walter Hagen	2	4	5	0	0	0	11
John Ball	0	1	0	0	0	8	9
Ben Hogan	4	1	2	2	0	0	9
Gary Player	1	3	2	3	0	0	9
Arnold Palmer	1	2	0	4	1	0	8
Tom Watson	1	5	0	2	0	0	8
Harold Hilton	0	2	0	0	1	4	7
Gene Sarazen	2	1	3	1	0	0	7
Sam Snead	0	1	3	3	0	0	7
Harry Vardon	1	6	0	0	0	0	7

CHAPTER 2

SENIOR PROFESSIONALS

Senior PGA Tour Review	115
1986 Senior PGA Tour Leaders	116
1986 Senior PGA Tour Highlights	116
Senior PGA All-Time Records	117
1986 Senior PGA Tournament Results	118
1986 Senior PGA Tour Statistics	133
Past Winners Senior PGA Tour Events	135
Past Senior PGA Tour Statistics	138

SENIOR PROFESSIONALS

SENIOR PGA TOUR
Crampton leads surge of "rookie" senior pros

What many had long predicted finally came about on the Senior PGA Tour in 1986. That is, the younger players would dominate. Five of the top seven money-winners, including the leader, Bruce Crampton, were playing their first full year as senior professionals. Crampton was followed by rookie seniors Chi Chi Rodriguez (second), Dale Douglass (third), Gary Player (fifth) and Bob Charles (seventh). Between them these "youngsters" won 17 of 28 tournaments played, and $1,715,581 of the record total money of $7,800,000 offered.

Crampton was quite a story in himself. After a successful 20-year PGA Tour career (1957-1977), during which he won 15 times and pocketed a career total of $1,374,294, Crampton retired from competitive golf and moved from his native Australia to Dallas. Obviously he was storing up his energy for the senior tour, and was he ready! Turning 50 in late 1985, Crampton entered three tournaments and while he did not win, played well.

Then in 1986 Crampton established an all-time senior prize-winning count of $454,299, winning seven tournaments, including three of his last four. In his best regular tour year, 1973, Crampton won four times and $274,266 in prize money. In addition, Crampton led in the Mazda Series and earned a $125,000 bonus.

The only individual honor Crampton did not win went to the popular Rodriguez, who took the Byron Nelson Trophy with a 69.65 scoring average. Crampton was second with 69.89. Rodriguez won three tournaments and $399,172. Incidentally, Player was third in scoring with 69.94. A tough league.

The most surprising senior was Douglass. Only moderately successful on the regular tour (three wins between 1963 and 1985), Douglass began the 1986 senior tour with a rush by winning twice and placing second in his first three outings. Then when he won the prestigious USGA Senior Open in June, Douglass took on the color of a wunderkind.

Bruce Crampton established a senior money record with $454,299

After that, however, he won just once, although he often contended.

That old ranch hand, Don January, kept coming at 'em with three regular victories, another in the unofficial Legends of Golf (teaming with Gene Littler) and $299,795 in money. One thing January gave up was the scoring average title. He'd won it every year from 1982 through 1985.

When Player won his first senior event, the 1985 Quadel, it was thought he might run away from everyone. But while he triumphed three times in 1986, Player didn't quite live up to expectations if you consider "only" $291,190 in money not so hot.

Elder, who's played well every year since he became a senior in 1984, did so again, winning his second straight Commemorative and $283,645. Charles, the left-hander from New Zealand, won $261,160 (although with no wins) despite not becoming eligible until March 14.

Perhaps the nicest story of the year belonged to Charlie Owens, who at 56 suddenly became a winner after five nondescript senior years. Owens, whose left knee is fused stiff as the result of a service injury, won twice and totaled a satisfying $207,813. He'd never won as a senior before, and his best money year was 1985, $78,158.

SENIOR PROFESSIONALS
1986 SENIOR PGA TOUR LEADERS

Player	Money for 1986	Money per Tour Event	Sr. Career Earnings	Tour Events	1986 Finishes 1st	2nd	3rd	Scoring Avg.	Perf. Avg.[1]
1. Bruce Crampton (57)	$454,299	$16,826	$ 468,549	27	7	1	3	69.89	.897
2. Chi Chi Rodriguez (71)	399,172	15,967	406,872	25	3	7	3	69.65	.896
3. Dale Douglass	309,760	13,468	309,760	23	4	2	2	70.16	.830
4. Don January (3)	299,795	15,779	1,338,791	19	3	4	1	70.98	.819
5. Gary Player (44)	291,190	17,129	321,190	17	3	4	2	69.94	.887
6. Lee Elder (2)	283,645	11,819	720,164	24	1	4	4	70.41	.833
7. Bob Charles	261,160	12,436	261,160	21	0	3	3	70.32	.867
8. Charles Owens (18)	207,813	8,659	318,081	24	2	0	1	70.91	.794
9. Miller Barber (4)	204,837	7,587	1,166,970	27	1	2	1	71.06	.783
10. Gene Littler (5)	189,465	7,287	749,216	26	2	1	1	71.91	.652
11. Jim Ferree (9)	184,667	7,387	544,169	25	1	1	3	71.63	.668
12. Harold Henning (6)	173,034	6,409	377,158	27	0	0	1	71.51	.740
13. Gay Brewer (7)	134,487	5,173	574,675	26	0	0	0	71.83	.689
14. Billy Casper (8)	133,002	5,783	682,020	23	0	0	0	71.17	.757
15. Peter Thomson (1)	131,723	5,727	838,535	23	0	0	0	72.04	.634
16. Orville Moody (12)	128,755	4,952	447,319	26	0	1	0	71.68	.698
17. George Lanning (16)	109,396	4,052	219,075	27	0	1	0	72.63	.567
18. Ben Smith (17)	103,863	4,328	185,641	24	0	0	0	72.60	.556
19. Walter Zembriski (35)	103,551	4,142	150,574	25	0	0	1	72.19	.591
20. Butch Baird	101,686	8,474	101,686	12	1	1	0	70.63	.757
21. Arnold Palmer (11)	99,056	6,604	679,054	15	0	1	1	71.92	.691
22. Joe Jimenez	92,459	3,556	101,215	26	0	0	0	72.64	.553
23. Doug Sanders (37)	84,498	4,024	238,627	21	0	0	2	72.69	.519
24. Charles Sifford (13)	78,945	3,036	411,283	26	0	0	0	73.06	.496
25. Bob Goalby (19)	69,016	3,632	464,572	19	0	1	0	72.54	.534
26. Mike Fetchick (15)	68,329	2,531	309,943	27	0	0	0	74.11	.409
27. Howie Johnson (20)	67,175	2,488	311,629	27	0	0	0	73.36	.436
28. Al Balding (21)	62,989	2,423	210,515	26	0	0	0	73.44	.415
29. Art Wall (31)	60,456	3,023	285,602	20	0	0	0	73.78	.444
30. Jim King (48)	59,294	3,706	94,422	16	0	0	1	73.50	.494
31. Bob Brue	59,023	3,279	59,023	18	0	0	0	73.04	.482
32. Roberto De Vicenzo (24)	58,809	8,401	235,752	7	0	2	0	71.13	.731
33. Al Chandler (53)	58,555	2,342	77,646	25	0	0	0	73.30	.462
34. Jack Fleck (22)	57,538	2,502	252,402	23	0	0	0	73.39	.442
35. Art Silvestrone (26)	57,109	2,197	184,540	26	0	0	0	73.49	.407

(These statistics do not include the following tournaments: The Legends of Golf and Shootout at Jeremy Ranch.)
Event Winners: M. Barber (Sr. T of C), Owens (Treasure Coast, Sr. Roundup), Player (PGA Srs., United Hospitals, Denver Post), Douglass (Vintage, Johnny Mathis, Sr. Open, Fairfield Barnett), January/Littler (Legends), Littler (Sunwest Bank/Charley Pride, Bank One), Crampton (Benson & Hedges, Syracuse, GTE Northwest, PaineWebber World Seniors, Pepsi Sr., Las Vegas, Shearson-Lehman Brothers), January (Sr. Players Reunion, Greenbrier/Am. Express, Seiko-Tucson), Rodriguez (Sr. TPC, Digital, United Va. Bank), Ferree (Grand Rapids), Elder (Commemorative), Nichols (Jeremy Ranch), Baird (Cuyahoga).
[1]Performance Average is an exclusive Golf Digest method of measuring performance relative to the performance of other players in official events. It is calculated by dividing the number of possible points (50 points per tournament entered) into points earned (50 for first place on down to one for 50th).
Note: Figures in parentheses after players' names indicate 1985 money-winning rank.

HIGHLIGHTS OF THE 1986 SENIOR PGA YEAR
LOWEST SCORES
9 holes: 30 (6 under par), Lee Elder, Treasure Coast Cl.; Chi Chi Rodriguez, Sr. Reunion; Bruce Crampton, Syracuse Srs.; Gene Littler, Bank One. 30 (5 under par), Dale Douglass, Grand Rapids; Littler, Grand Rapids; Rodriguez, Commemorative; Buck Adams, Commemorative.

18 holes: 63 (8 under par), Littler, Bank One; Miller Barber, Bank One. 64 (8 under par), Elder, Treasure Coast

SENIOR PROFESSIONALS

Cl.; Charles Owens, Sr. Roundup.
36 holes: 131 (13 under par), Littler, Charley Pride. 131 (9 under par), Elder, Commemorative.
54 holes: 200 (16 under par), Crampton, Shearson Lehman Bros. 201 (12 under par), Littler, Barber and Bob Goalby, Bank One. 199 (11 under par), Elder, Commemorative.
72 holes: 273 (16 under par), Dale Douglass, The Vintage.

HIGHEST WINNING SCORE
282 (6 under par), Miller Barber, MONY T of C.

LARGEST WINNING MARGIN
5 strokes, Miller Barber, MONY T of C.

LARGEST 36-HOLE LEAD
7 strokes, Gary Player, PGA Championship.

LARGEST 54-HOLE LEAD
5 strokes, Miller Barber, MONY T of C.

BEST START BY WINNER
65, Charles Owens, Treasure Coast Cl.; Gene Littler, Charley Pride; Bruce Crampton, Pepsi Senior, Shearson Lehman Bros.

WORST START BY WINNER
71, Charles Owens, Sr. Roundup; Gene Littler, Bank One.

BEST FINISH BY A WINNER
66, Dale Douglass, Vintage; Chi Chi Rodriguez, Digital and United Virginia Bank.

WORST FINISH BY A WINNER
73, Dale Douglass, USGA Seniors.

BEST BIRDIE STREAK
6, Lee Elder, Treasure Coast Cl.

Dale Douglass had lowest 72-hole score of 273 at The Vintage.

BEST BIRDIE/EAGLE STREAK
1 eagle, 4 birdies, Charles Owens, Greenbrier.

TWO EAGLES IN ONE ROUND
Dale Douglass, Vintage; Miller Barber, Charley Pride; Chi Chi Rodriguez, Denver Post, Syracuse Seniors.

MOST CONSECUTIVE ROUNDS PAR OR LESS
22, Bob Charles.

HOLES-IN-ONE
13—Art Wall, Sr. Roundup; Dale Douglass, Vintage and Legends of Golf; Charlie Sifford, Johnny Mathis; Tommy Jacobs, Charley Pride; Jim Ferree, Greenbrier; Walt Zembriski, Greenbrier; Mike Fetchick, Bank One; Arnold Palmer (2), Chrysler Cup; Al Balding, Chrysler Cup; Bob Goalby, Bank One; Chi Chi Rodriguez, Shearson Lehman Bros.

WIRE-TO-WIRE WINNERS
Miller Barber, MONY T of C; Charles Owens, Treasure Coast Cl.; Gary Player, PGA Ch. and United Hospitals; Dale Douglass, Johnny Mathis and USGA Srs.; Gene Littler, Charley Pride.

ALL-TIME PGA SENIOR TOUR RECORDS

72 holes—264 (66-66-66-66) by Miller Barber at Suntree C.C., Melbourne, Fla. in 1982 Suntree Classic.
54 holes—194 (65-63-66) by Don January at Royal Ottawa G.C., Quebec, Canada, in 1984 du Maurier Champions.
36 holes—128 (65-63) by Don January at Royal Ottawa G.C., Quebec, Canada, in 1984 du Maurier Champions.
18 holes—61, Lee Elder in first round of 1985 Merrill Lynch-Golf Digest Commemorative Pro-Am.
9 holes—28, Gene Littler on first nine of third round of 1983 Suntree Classic.
Consecutive birdies—7, by Gene Littler in third round of 1983 Suntree Classic.
Most victories—25, by Don January; 19, by Miller Barber; 11, by Peter Thomson; 9, by Arnold Palmer.
Most victories in a single event: 3, by Miller Barber, 1982, 1984, 1985 USGA Senior Open.

Don January has 25 victories to his credit.

SENIOR PROFESSIONALS
1986 SENIOR PGA TOUR RESULTS

MONY SENIOR TOURNAMENT OF CHAMPIONS ($500,000)
La Costa C.C. (72-6,911) Carlsbad, Calif., Jan. 8-11.

Player	Pos	Scores	Money
Miller Barber	1	70-70-70-72—282	$30,000
Arnold Palmer	2	72-73-70-72—287	21,000
Lee Elder	3	69-74-73-72—293	16,000
Don January	4	76-72-76-69—293	11,500
Harold Henning	5	73-76-71-75—295	9,000
Peter Thomson	6	74-73-74-77—298	7,000
Mike Fetchick	7	83-79-75-81—318	5,500

TREASURE COAST CLASSIC ($225,000)
TPC at Monte Carlo (72-6,649), Ft. Pierce Fla., Feb. 7-9.

Player	Pos	Scores	Money
Charles Owens	1	65-69-68—202	$33,750
Lee Elder	T2	70-71-64—205	18,562
Don January	T2	72-66-67—205	18,562
Chi Chi Rodriguez	4	71-69-66—206	14,062
Gay Brewer	T5	68-71-70—209	9,187
Gary Player	T5	74-70-65—209	9,187
Walter Zembriski	T5	67-69-73—209	9,187
Harold Henning	T8	66-73-71—210	6,482
Billy Casper	T8	68-70-72—210	6,482
Paul Harney	T8	66-70-74—210	6,482
Bob Brue	T8	76-68-66—210	6,482
Jim Ferree	12	72-69-70—211	5,231
Bruce Crampton	T13	71-70-72—213	4,725
Orville Moody	T13	71-72-70—213	4,725
Miller Barber	15	73-72-69—214	4,275
Gordon Jones	T16	68-74-73—215	3,712
Gene Littler	T16	70-74-71—215	3,712
Billy Maxwell	T16	71-71-73—215	3,712
Arnold Palmer	T16	74-71-70—215	3,712
George Lanning	T20	72-70-75—217	2,962
Ben Smith	T20	69-72-76—217	2,962
Ken Still	T20	71-74-72—217	2,962
Joe Jimenez	23	71-70-77—218	2,700
Art Silvestrone	24	70-73-76—219	2,587
John Brodie	25	75-71-74—220	2,475
George Bellino	T26	72-74-75—221	2,306
Dick King	T26	75-69-77—221	2,306
Al Balding	T28	73-76-73—222	1,968
Jerry Barber	T28	76-73-73—222	1,968
Bill Collins	T28	76-74-72—222	1,968
Mike Souchak	T28	70-78-74—222	1,968
Al Chandler	T32	71-75-77—223	1,659
Dan Sikes	T32	75-75-73—223	1,659
Buck Adams	T34	78-75-71—224	1,462
Dow Finsterwald	T34	74-77-73—224	1,462
Doug Ford	T34	73-76-75—224	1,462
Howie Johnson	T34	74-78-72—224	1,462
Sam Snead	T34	74-73-77—224	1,462
Julius Boros	T39	75-77-73—225	1,265
Pete Brown	T39	77-74-74—225	1,265
Gardner Dickinson	T41	73-76-77—226	1,125
Lionel Hebert	T41	78-73-75—226	1,125
Charles Sifford	T41	75-76-75—226	1,125
George Bayer	T44	76-78-73—227	984
Bill Johnston	T44	78-77-72—227	984
Al Besselink	T46	74-79-75—228	871
Fred Hawkins	T46	76-79-73—228	871
Ted Kroll	48	80-77-72—229	787
Fred Haas	49	76-79-78—233	731
Mike Fetchick	T50	78-77-79—234	646
Art Wall	T50	77-79-78—234	646

GENERAL FOODS PGA SENIORS CHAMPIONSHIP ($250,000)
PGA National (72-6,520), Palm Beach Gardens, Fla., Feb. 14-16.

Player	Pos	Scores	Money
Gary Player	1	68-68-73-72—281	$45,000
Lee Elder	2	70-73-69-71—283	28,500
Charles Owens	T3	72-72-74-72—290	15,250
Jim King	T3	74-73-70-73—290	15,250
Chi Chi Rodriguez	T5	73-76-69-73—291	10,500
Billy Casper	T5	75-70-72-74—291	10,500
Gay Brewer	T7	76-75-71-70—292	8,500
Billy Maxwell	T7	74-70-75-73—292	8,500
Orville Moody	9	74-72-73-75—294	7,000
Doug Sanders	T10	74-74-72-75—295	6,250
Bruce Crampton	T10	72-73-75-75—295	6,250
Miller Barber	12	68-77-80-71—296	5,500
George Lanning	13	74-72-72-77—297	5,000
Tom Nieporte	14	77-74-73-74—298	4,500
Al Chandler	T15	73-77-76-73—299	3,900
Don January	T15	78-72-72-77—299	3,900
Stan Thirsk	17	74-75-77-74—300	3,600
Ken Still	T18	75-74-75-77—301	3,000
Al Balding	T18	78-75-75-74—301	3,000
Mal McMullen	T18	72-81-75-73—301	3,000
Bob Bruno	T18	76-74-73-78—301	3,000
Jim Ferree	T18	75-75-74-77—301	3,000
Billy Farrell	T23	74-77-74-77—302	2,200
Harold Henning	T23	77-73-77-75—302	2,200
Dick Howell	T23	78-75-76-73—302	2,200
Al Mengert	T26	75-76-75-77—303	1,800
G. Dickinson	T26	75-76-79-73—303	1,800
Dick Hendrickson	T26	79-74-72-78—303	1,800
Bill Collins	T29	76-73-77-78—304	1,462
Jack Fleck	T29	75-76-80-73—304	1,462
Joe Jimenez	T29	75-71-81-77—304	1,462
Al Kelley	T29	79-76-74-75—304	1,462
Pete Hessemer	33	80-77-74-74—305	1,300
Ralph Terry	T34	77-77-73-79—306	1,150
Ray Montgomery	T34	73-76-84-73—306	1,150
Dow Finsterwald	T34	73-77-78-78—306	1,150
Bob Ross	T34	79-78-76-73—306	1,150
Gene Littler	T34	76-74-80-76—306	1,150
Mack Briggs	T39	81-76-76-74—307	950
Howie Johnson	T39	79-78-72-78—307	950
George Kallish	T39	77-74-79-77—307	950
Joe Campbell	T42	78-75-79-76—308	812
David Findlay	T42	78-77-79-74—308	812
Fred Hawkins	T42	69-76-81-82—308	812
Doug Higgins	T42	81-76-77-74—308	812
Charles Sifford	T46	77-75-80-77—309	755
Fred Haas	T46	78-75-78-78—309	755

SENIOR PROFESSIONALS

George Bayer	T48	79-76-75-80—310	735
J.C. Goosie	T48	80-74-75-81—310	735
Pat Chartrand	T50	79-74-75-83—311	715
Buddy Overholser	T50	78-73-79-81—311	715
Pete Brown	52	75-74-83-80—312	700
Jerry Barber	T53	81-75-76-81—313	655
Al Besselink	T53	77-79-81-76—313	655
Mike Fetchick	T53	77-76-78-82—313	655
Lionel Hebert	T53	79-78-74-82—313	655
Harold Kolb	T53	78-77-77-81—313	655
John Langford	T53	77-78-81-77—313	655
Ralph Montoya	T53	79-75-83-76—313	655
John Zontek	T53	81-76-75-81—313	655
Ken Towns	T61	77-75-85-78—315	595
Bill Ezinicki	T61	76-78-86-75—315	595
Sam Harvey	T61	78-79-77-81—315	595
Mike Souchak	T61	80-75-82-78—315	595
Bart Haltom	65	78-77-80-82—317	575
Robert Crowley	T66	78-74-84-82—318	567
Bill Eggers	T66	80-77-85-76—318	567
Jimmy Bellizzi	T68	80-76-84-81—321	555
Don Johnson	T68	78-77-81-85—321	555
Walker Inman	70	78-78-81-87—324	550

SENIOR PGA ROUNDUP ($200,000)

Hillcrest G.C. (72-6,672), Sun City West, Ariz., Mar. 14-16.

*Charles Owens	1	71-64-67—202	$30,000
Dale Douglass	2	67-67-68—202	18,000
Doug Sanders	3	67-68-68—203	15,000
Chi Chi Rodriguez	4	69-67-68—204	12,500
Peter Thomson	5	66-69-70—205	10,000
Gay Brewer	T6	68-70-68—206	7,250
Billy Casper	T6	71-68-67—206	7,250
Lou Elder	T8	74-67-66—207	6,250
Joe Jimenez	T8	66-71-70—207	6,250
Bruce Crampton	10	67-70-71—208	5,500
Miller Barber	T11	67-72-71—210	4,850
George Lanning	T11	70-73-67—210	4,850
Charles Sifford	T13	71-69-71—211	4,200
Walter Zembriski	T13	69-73-69—211	4,200
Bob Brue	T15	70-71-71—212	3,400
Paul Harney	T15	72-70-70—212	3,400
Fred Hawkins	T15	70-71-71—212	3,400
Bob Rosburg	T15	74-70-68—212	3,400
Dan Sikes	T15	72-72-68—212	3,400
Orville Moody	T20	71-70-72—213	2,633
Harold Henning	T20	73-67-73—213	2,633
Art Wall	T20	71-70-72—213	2,633
Jerry Barber	T23	67-75-72—214	2,300
Jim Ferree	T23	71-74-69—214	2,300
Don January	T23	72-72-70—214	2,300
Stan Dudas	T26	69-71-75—215	2,050
Fred Haas	T26	75-69-71—215	2,050
Al Balding	T28	72-74-70—216	1,750
Hulen Coker	T28	72-72-72—216	1,750
Gordon Jones	T28	69-74-73—216	1,750
Ken Still	T28	75-69-72—216	1,750
Al Chandler	T32	73-72-72—217	1,425
Doug Ford	T32	75-72-70—217	1,425
Lionel Hebert	T32	71-71-75—217	1,425
Ted Kroll	T32	73-70-74—217	1,425
Jack Fleck	T36	74-76-68—218	1,250
Howie Johnson	T36	71-73-74—218	1,250
Jim King	T36	73-73-72—218	1,250
Bob Erickson	T39	75-73-71—219	1,075
Mike Fetchick	T39	73-73-73—219	1,075
Dow Finsterwald	T39	70-76-73—219	1,075
Tommy Jacobs	T39	73-74-72—219	1,075
Julius Boros	T43	73-74-74—221	900
Bill Johnston	T43	73-74-74—221	900
Art Silvestrone	T43	71-75-75—221	900
Jim Cochran	T46	72-77-74—223	775
Gene Littler	T46	72-73-78—223	775
Billy Maxwell	48	74-75-75—224	700
Ben Smith	49	75-79-72—226	650
Johnny Pott	T50	76-76-77—229	575
Mike Souchak	T50	75-83-71—229	575
George Bayer	T52	76-79-77—232	250
Mason Rudolph	T52	78-75-79—232	250

*Won Playoff

THE VINTAGE INVITATIONAL ($300,000)

The Vintage Club (72-6,213), Indian Wells, Calif., Mar. 20-23.

Dale Douglass	1	67-70-69-66—272	$40,500
Gary Player	2	71-69-68-68—276	24,300
Jim Ferree	T3	70-68-69-71—278	18,562
Chi Chi Rodriguez	T3	69-71-70-68—278	18,562
Lee Elder	5	69-70-70-70—279	13,500
Billy Casper	T6	73-66-68-73—280	9,787
Arnold Palmer	T6	68-71-68-73—280	9,787
Dan Sikes	8	69-69-73-71—282	8,775
Bob Charles	9	71-73-72-67—283	8,100
Harold Jennings	T10	72-74-71-67—284	7,121
Howie Johnson	T10	69-68-71-76—284	7,121
Bruce Crampton	12	72-77-69-67—285	6,277
Mike Souchak	13	76-70-67-74—287	5,872
Gay Brewer	T14	75-74-70-69—288	4,873
Bob Goalby	T14	72-73-71-72—288	4,873
Orville Moody	T14	71-74-68-75—288	4,873
Charles Owens	T14	73-72-73-70—288	4,873
Ben Smith	T14	74-72-76-68—288	4,873
Miller Barber	T19	73-75-69-72—289	3,780
Paul Harney	T19	77-67-71-74—289	3,780
Christy O'Connor	T19	76-72-70-71—289	3,780
George Lanning	22	68-73-74-75—290	3,375
Tommy Bolt	T23	74-77-68-72—291	2,985
Don January	T23	71-75-68-77—291	2,985
Bill Johnston	T23	78-68-70-75—291	2,985
Gene Littler	T23	74-72-71-74—291	2,985
Harvie Ward	T23	72-76-74-69—291	2,985
Bob Rosburg	28	73-69-74-76—292	2,590
R. DeVicenzo	T29	74-71-73-75—293	2,320
Gordon Jones	T29	75-68-76-74—293	2,320
Al Mengert	T29	72-69-75-77—293	2,320
Al Balding	T32	77-70-75-73—295	1,982
Jerry Barber	T32	75-74-74-72—295	1,982
Kel Nagle	T32	73-75-75-72—295	1,982

1986 SENIOR PGA TOUR: T of C • Treasure Coast • PGA • Roundup • Vintage

SENIOR PROFESSIONALS

Mike Fetchick	35	73-71-74-78—296	1,847
Bill Collins	T36	73-77-72-75—297	1,678
Doug Ford	T36	76-74-72-75—297	1,678
Charles Sifford	T36	76-77-74-70—297	1,678
Art Wall	T36	75-74-73-75—297	1,678
Doug Sanders	T40	77-73-72-76—298	1,476
Peter Thomson	T40	75-74-74-75—298	1,476
Lionel Hebert	T42	75-76-76-74—301	1,341
Ken Still	T42	73-75-78-75—301	1,341
John Brodie	44	78-75-72-77—302	1,240
Kyle Burton	T45	74-74-75-80—303	1,138
Sam Snead	T45	78-75-75-75—303	1,138
G. Dickinson	47	78-71-77-78—304	1,037
George Bayer	48	79-79-73-74—305	970
Julius Boros	49	80-74-80-74—308	902
Don Fairfield	50	77-79-76-77—309	835
Dow Finsterwald	51	79-81-74-76—310	767

JOHNNY MATHIS SENIORS CLASSIC ($251,250).
Mountain Gate C.C. (72-6,407), Los Angeles, Calif., Mar. 27-30.

Dale Douglass	1	67-69-66—202	$37,500
Chi Chi Rodriguez	2	70-69-66—205	22,500
Bruce Crampton	3	69-69-69—207	18,750
Peter Thomson	4	69-72-67—208	15,625
Bob Charles	T5	71-69-70—210	10,208
Bob Brue	T5	71-70-69—210	10,208
Mike Fetchick	T5	70-69-71—210	10,208
Charles Owens	8	71-70-70—211	8,125
Ben Smith	T9	68-71-73—212	5,964
Roberto DeVicenzo	T9	71-73-68—212	5,964
Gay Brewer	T9	73-69-70—212	5,964
Ken Still	T9	71-72-69—212	5,964
Lee Elder	T9	70-71-71—212	5,964
Harold Henning	T9	70-70-72—212	5,964
Al Chandler	T9	71-71-70—212	5,964
Charles Sifford	16	73-69-71—213	4,500
Al Balding	T17	75-69-70—214	4,125
Ted Kroll	T17	70-72-72—214	4,125
Orville Moody	T19	72-73-70—215	3,406
Billy Maxwell	T19	73-72-70—215	3,406
Art Wall	T19	71-69-75—215	3,406
Bob Rosburg	T19	71-74-70—215	3,406
Miller Barber	T23	71-71-74—216	2,875
Mike Souchak	T23	68-76-72—216	2,875
Fred Hawkins	T23	75-73-68—216	2,875
Paul Harney	26	70-73-74—217	2,625
Billy Casper	T27	74-73-71—218	2,375
Bob Goalby	T27	71-73-74—218	2,375
John Brodie	T27	70-71-77—218	2,375
Jim Ferree	T30	74-75-70—219	1,953
George Lanning	T30	74-72-73—219	1,953
Jimmy Powell	T30	75-71-73—219	1,953
Joe Jimenez	T30	74-74-71—219	1,953
Fred Haas	T34	74-72-74—220	1,656
Don January	T34	75-68-77—220	1,656
Gene Littler	T34	74-74-72—220	1,656
Howie Johnson	T34	77-73-70—220	1,656
Walter Zembriski	T38	70-73-78—221	1,468
Art Silvestrone	T38	75-73-73—221	1,468
Jack Fleck	40	73-77-72—222	1,375
Jim Cochran	T41	77-71-75—223	1,218
Dow Finsterwald	T41	74-78-71—223	1,218
Jerry Barber	T41	79-74-70—223	1,218
Tommy Atchison	T41	77-73-73—223	1,218
Doug Sanders	45	78-72-74—224	1,062
George Bayer	46	72-79-74—225	1,000
James Barber	T47	78-72-76—226	875
Bill Johnston	T47	76-75-75—226	875
Doug Ford	T47	74-77-75—226	875
Gordon Jones	T50	76-78-73—227	718
Jay Hyon	T50	72-81-74—227	718
Julius Boros	52	76-76-78—230	625
Jim Cowan	53	78-73-80—231	625

LIBERTY MUTUAL LEGENDS OF GOLF ($500,000).
Onion Creek C.C. (70-6,584), Austin, Tex., Apr. 24-27

Gene Littler/			
Don January	1	65-61-65-64—255	$50,000
Jim Ferree/			
Charles Sifford	2	66-64-65-62—257	27,000
Chi Chi Rodgriguez/			
Lee Elder	3	65-63-67-63—258	15,000
Harold Henning/			
Peter Thomson	T4	67-64-64-66—261	11,166
Gary Player/			
Arnold Palmer	T4	70-64-64-63—261	11,166
Mike Fetchick/			
Bob Toski	T4	66-64-65-66—261	11,166
Doug Sanders/			
Christy O'Connor	7	64-66-66-66—262	8,500
Bruce Crampton/			
Orville Moody	8	63-66-67-67—263	8,000
Gay Brewer/			
Billy Casper	T9	66-63-70-65—264	6,666
Dale Douglass/			
Dow Finsterwald	T9	67-65-66-66—264	6,666
Bob Goalby/			
Miller Barber	T9	65-64-68-67—264	6,666
Jack Fleck/			
Fred Hawkins	T12	64-69-66-66—265	5,500
Howie Johnson/			
Billy Maxwell	T12	69-67-64-65—265	5,500
Paul Harney/			
Jack Burke, Jr.	T12	61-70-67-67—265	5,500
Bobby Nichols/			
Julius Boros	T15	66-67-68-66—267	5,500
Doug Ford/			
Jerry Barber	T15	68-68-67-64—267	5,500
Ken Venturi/			
Mike Souchak	T17	66-68-65-69—268	5,166
Al Balding/			
Art Wall	T17	66-64-70-68—268	5,166
Tommy Bolt/			
Sam Snead	T17	66-68-66-68—268	5,166
Ken Still/			
R. De Vicenzo	20	68-67-70-64—269	5,000
Bob Charles/			
Kel Nagle	21	65-65-72-68—270	5,000

SENIOR PROFESSIONALS

Tom Nieporte/ George Bayer	22	68-67-68-72—275	5,000
Lionel Hebert/ Jay Hebert	23	69-71-67-69—276	5,000
Dave Marr/ Tommy Jacobs	24	70-68-71-68—277	5,000
Gardner Dickinson/ Bob Rosburg	25	71-68-69-72—280	5,000
Fred Haas/ Chick Harbert	T26	71-69-71-71—282	5,000
Bill Collins/ Dan Sikes	T26	68-68-72-74—282	5,000
Paul Runyan/ Bob Hamilton	28	76-73-73-73—295	5,000

Each player received amount of money designated.

SUNWEST BANK/CHARLEY PRIDE SR. CLASSIC ($251,250).
Four Hills C.C. (72-6,722), Albuquerque, N.M., May 2-4.

Gene Littler	**1**	**65-66-71—202**	**$37,500**
Don January	2	69-67-68—204	22,500
Bob Charles	3	69-68-71—208	18,750
Harold Henning	T4	69-72-68—209	14,062
Chi Chi Rodriguez	T4	68-69-72—209	14,062
Al Balding	T6	67-73-71—211	9,062
George Lanning	T6	70-69-72—211	9,062
Charles Sifford	8	71-70-71—212	8,125
Miller Barber	T9	71-71-71—213	7,187
Lee Elder	T9	74-69-70—213	7,187
Ken Still	11	69-73-72—214	6,312
Dale Douglass	T12	71-71-73—215	5,265
Jim Ferree	T12	72-72-71—215	5,265
Charles Owens	T12	74-69-72—215	5,265
Bob Toski	T12	72-69-74—215	5,265
Jack Fleck	T16	72-74-70—216	4,125
Gary Player	T16	69-70-77—216	4,125
Peter Thomson	T16	71-74-71—216	4,125
Walter Zembriski	T16	73-73-70—216	4,125
Bruce Crampton	T20	74-71-72—217	3,218
Mike Fetchick	T20	69-75-73—217	3,218
Jim King	T20	72-73-72—217	3,218
Orville Moody	T20	72-73-72—217	3,218
Howie Johnson	T24	71-75-72—218	2,750
Bill Johnston	T24	71-73-74—218	2,750
Doug Sanders	T24	76-69-73—218	2,750
Paul Harney	T27	74-72-74—220	2,375
Joe Jimenez	T27	73-72-75—220	2,375
Jimmy Powell	T27	78-69-73—220	2,375
Dave Marr	T30	74-74-73—221	1,953
Bobby Nichols	T30	72-75-74—221	1,953
Billy Casper	T30	75-75-71—221	1,953
Fred Hawkins	T30	70-72-79—221	1,953
Fred Haas	T34	71-77-74—222	1,718
Art Wall	T34	75-72-75—222	1,718
Jerry Barber	T36	70-78-75—223	1,500
Bob Brue	T36	76-77-70—223	1,500
Gordon Jones	T36	73-78-72—223	1,500
Art Silvestrone	T36	76-78-69—223	1,500
Ben Smith	T36	74-74-75—223	1,500
Doug Ford	41	70-74-80—224	1,312
John Brodie	T42	74-74-77—225	1,187
Jim Cochran	T42	75-75-75—225	1,187
Billy Maxwell	T42	75-76-74—225	1,187
Don Klein	T45	74-76-76—226	1,031
Billy Moya	T45	76-76-74—226	1,031
Kel Nagle	47	74-77-77—228	937
Dow Finsterwald	48	75-76-78—229	875
Tommy Jacobs	49	77-79-74—230	812
Pete Brown	50	72-80-79—231	750
George Bayer	T51	75-79-78—232	656
Hulen Coker	T51	77-74-81—232	656
Ted Kroll	T53	79-74-80—233	625
Mason Rudolph	T53	80-77-76—233	625

BENSON & HEDGES INVITATIONAL ($250,000).
The Dominion (72-6,772), San Antonio, Tex., May 9-11.

Bruce Crampton	**1**	**67-67-68—202**	**$37,500**
Bob Charles	2	67-65-72—204	22,500
Dale Douglass	T3	66-69-72—207	15,625
Gary Player	T3	70-67-70—207	15,625
Doug Sanders	T3	69-68-70—207	15,625
Billy Casper	6	68-71-69—208	9,375
Chi Chi Rodriquez	7	69-71-69—209	8,750
Ben Smith	8	71-68-71—210	8,125
Don January	T9	70-72-70—212	7,187
Charles Owens	T9	70-72-70—212	7,187
Mike Fetchick	T11	73-72-68—213	5,854
Bob Toski	T11	69-73-71—213	5,854
Peter Thomson	T11	69-71-73—213	5,854
Lee Elder	14	71-72-71—214	5,062
Gay Brewer	T15	70-73-72—215	4,500
Harold Henning	T15	74-69-72—215	4,500
George Lanning	T15	72-68-75—215	4,500
Gordon Jones	T18	72-72-72—216	3,750
Orville Moody	T18	72-71-73—216	3,750
Art Silvestrone	T18	72-69-75—216	3,750
Miller Barber	T21	74-71-72—217	3,062
Joe Jiminez	T21	71-72-74—217	3,062
Kel Nagle	T21	73-72-72—217	3,062
Walter Zembriski	T21	73-73-71—217	3,062
Jerry Barber	T25	74-70-74—218	2,562
Bob Erickson	T25	70-72-76—218	2,562
James Hatfield	T25	74-73-71—218	2,562
Gene Littler	T25	72-78-68—218	2,562
Bill Johnston	T29	73-72-74—219	2,062
Bobby Nichols	T29	71-74-74—219	2,062
Jimmy Powell	T29	73-74-72—219	2,062
Art Wall	T29	70-75-74—219	2,062
Al Balding	T33	74-76-70—220	1,625
Jim Cochran	T33	74-72-74—220	1,625
Jack Fleck	T33	74-74-72—220	1,625
Doug Ford	T33	72-75-73—220	1,625
Bob Goalby	T33	73-71-76—220	1,625
Fred Hawkins	T33	77-70-73—220	1,625
Arnold Palmer	T33	74-69-77—220	1,625
Buck Adams	T40	72-69-80—221	1,281

1986 SENIOR PGA TOUR RESULTS: Mathis • Legends • Pride • Benson & Hedges

SENIOR PROFESSIONALS

Jim Ferree	T40	74-74-73—221	1,281	Howard Brown	44	77-72-76—225	900
Lionel Hebert	T40	76-73-72—221	1,281	Gordon Waldespuhl	45	79-74-73—226	850
Howie Johnson	T40	69-77-75—221	1,281	Dow Finsterwald	T46	78-75-74—227	750
Al Chandler	44	76-74-72—222	1,125	Jim Ferree	T46	74-75-78—227	750
Dave Marr	T45	75-77-71—223	1,031	Al Balding	T46	77-73-77—227	750
Charles Sifford	T45	76-76-71—223	1,031	Doug Ford	49	76-77-75—228	650
George Bayer	47	73-76-75—224	937	Julius Boros	50	74-77-78—229	600
Bob Brue	T48	80-73-72—225	843	Bill Johnston	51	77-74-79—230	550
Billy Maxwell	T48	75-74-76—225	843	Mason Rudolph	52	78-79-75—232	500
Fred Haas	50	79-73-75—227	750	John Brodie	53	77-77-80—234	500
Dow Finsterwald	T51	78-77-75—230	656	Fred Hawkins	54	77-79-84—240	500
Ted Kroll	T51	73-79-78—230	656				
Mason Rudolph	53	77-78-79—234	625				

UNITED HOSPITAL SR. GOLF CHAMPIONSHIP ($200,000).
Chester Valley G.C. (70-6,406), Malvern, Pa., May 15-18.

THE DENVER POST CHAMPIONS OF GOLF ($250,000).
TPC at Plum Creek (72-6,700), Castle Rock, Colo., May 29-June 1.

Gary Player	1	66-70-70—206	**$30,000**	**Gary Player***	1	70-67-71—208	**$37,500**
Lee Elder	T2	71-69-67—207	16,500	Roberto De Vicenzo	2	66-71-71—208	22,500
Bob Charles	T2	69-71-67—207	16,500	Bruce Crampton	T3	70-70-71—211	17,187
Bruce Crampton	4	72-65-71—208	12,500	Dale Douglass	T3	75-67-69—211	17,187
Arnold Palmer	5	74-66-69—209	10,000	Charles Owens	5	72-68-72—212	12,500
Dale Douglass	6	70-69-72—211	7,500	Bob Smith	6	73-69-71—213	9,375
Miller Barber	7	69-75-69—213	7,000	Lee Elder	7	74-72-68—214	8,750
Orville Moody	T8	73-70-71—214	6,250	Ken Still	8	73-71-71—215	8,125
Don January	T8	74-68-72—214	6,250	Miller Barber	9	74-71-71—216	7,500
Harold Henning	T10	75-70-70—215	5,066	Chi Chi Rodriquez	10	69-67-81—217	6,875
Paul Harney	T10	72-72-71—215	5,066	Mike Fetchick	11	69-74-75—218	6,312
Charles Owens	T10	71-73-71—215	5,066	Al Balding	T12	73-74-72—219	5,265
Walter Zembriski	T13	69-73-74—216	3,733	Peter Thomson	T12	73-73-73—219	5,265
Gardner Dickinson	T13	69-76-71—216	3,733	Ben Smith	T12	75-73-71—219	5,265
Mike Fetchick	T13	70-75-71—216	3,733	Walter Zembriski	T12	72-77-70—219	5,265
Gay Brewer	T13	72-72-72—216	3,733	Gay Brewer	16	71-73-76—220	4,500
Jerry Barber	T13	70-73-73—216	3,733	Bob Erickson	T17	69-84-68—221	4,125
Bob Ross	T13	70-73-73—216	3,733	Joe Jimenez	T17	75-70-76—221	4,125
Billy Maxwell	T19	76-71-70—217	2,800	Bob Goalby	T19	75-73-74—222	3,406
Gene Littler	T19	72-75-70—217	2,800	Paul Harney	T19	74-72-76—222	3,406
Billy Casper	T19	77-71-69—217	2,800	George Lanning	T19	74-72-76—222	3,406
Al Chandler	T22	72-76-70—218	2,450	Gene Littler	T19	73-72-77—222	3,406
Joe Jimenez	T22	76-70-72—218	2,450	Bob Brue	T23	73-72-78—223	2,875
Ken Still	T24	77-74-68—219	2,050	Bill Collins	T23	71-78-74—223	2,875
Gordon Jones	T24	68-74-77—219	2,050	Art Silvestrone	T23	73-77-73—223	2,875
Dick Hendrickson	T24	77-72-70—219	2,050	Buck Adams	T26	71-75-78—224	2,437
Pete Brown	T24	71-72-76—219	2,050	James Barber	T26	72-74-78—224	2,437
Jack Fleck	T24	72-73-71—219	2,050	John Brodie	T26	71-80-73—224	2,437
Doug Sanders	T24	75-73-71—219	2,050	Jim Ferree	T26	80-73-71—224	2,437
Charles Sifford	T30	73-74-73—220	1,600	Jim Cochran	T30	75-74-76—225	2,062
Bobby Nichols	T30	76-76-68—220	1,600	Bobby Nichols	T30	72-78-75—225	2,062
George Bayer	T30	71-77-72—220	1,600	Doug Ford	T32	80-75-71—226	1,843
Buck Adams	T33	79-68-74—221	1,375	Bob Stone	T32	75-74-77—226	1,843
Lionel Hebert	T33	75-76-70—221	1,375	Al Chandler	T34	76-74-77—227	1,718
Peter Thompson	T33	75-73-73—221	1,375	Gardner Dickinson	T34	77-72-78—227	1,718
Ben Smith	T33	71-75-75—221	1,375	James Hatfield	T36	82-72-74—228	1,593
Howie Johnson	37	75-75-72—222	1,250	Charles Sifford	T36	75-72-81—228	1,593
Art Wall	T38	78-73-72—223	1,125	Ralph Haddad	T38	75-76-78—229	1,437
Jim Cochran	T38	73-74-76—223	1,125	Howie Johnson	T38	79-76-74—229	1,437
Bill Collins	T38	73-79-71—223	1,125	Bill Johnston	T38	78-77-74—229	1,437
Jim King	T38	75-76-72—223	1,125	Lionel Hebert	T41	77-79-74—230	1,281
George Lanning	T42	75-77-72—224	975	Jimmy Powell	T41	84-73-73—230	1,281
Art Silvestrone	T42	78-70-76—224	975	Tommy Atchison	T43	77-78-77—232	1,156
				Gordon Jones	T43	74-79-79—232	1,156

SENIOR PROFESSIONALS

Tommy Jacobs	T45	80-80-74—234	1,031	Jimmy Powell	T45	80-71-77—228	700
Pat Rea	T45	79-79-76—234	1,031	Bob Stone	T45	78-76-74—228	700
Dow Finsterwald	T47	80-79-77—236	875	Gordon Jones	T48	74-79-77—230	590
Fred Hawkins	T47	77-80-79—236	875	Mike Souchak	T48	76-76-78—230	590
Gordon Waldespuhl	T47	88-77-71—236	875	Ted Kroll	50	81-73-78—232	525
Jim King	50	78-82-79—239	750	Art Wall	51	77-79-77—233	481
Pete Brown	51	81-79-81—241	687	Rex Baxter	T52	74-82-78—234	437
George Bayer	52	82-81-79—242	625	Dow Finsterwald	T52	75-83-76—234	437
George Schneiter	53	85-77-82—244	625	Keith Duff	54	81-78-78—237	437
Jack Fleck	54	84-82-82—248	625				

*Won playoff.

SR. PLAYERS REUNION PRO-AM ($175,000).
Bent Tree C.C. (72-6,804), Dallas, Tex., June 6-8

SENIOR TOURNAMENT PLAYERS CHAMPIONSHIP ($300,000).
Canterbury G.C. (72-6,615), Cleveland, Ohio, June 18-22.

Don January	1	66-68-69—203	**$26,250**	**Chi Chi Rodriguez**	1	69-67-70—206	**$45,000**
Chi Chi Rodriguez	2	66-69-70—205	15,750	Bruce Crampton	2	72-69-67—208	27,000
Walter Zembriski	3	69-69-68—206	13,125	Lee Elder	T3	69-71-70—210	18,750
Peter Thomson	4	72-65-72—209	10,937	Don January	T3	73-67-70—210	18,750
Charles Owens	5	71-69-70—210	8,750	Arnold Palmer	T3	72-71-67—210	18,750
Billy Casper	T6	68-69-74—211	5,906	Gay Brewer	T6	68-71-72—211	10,500
Bob Charles	T6	71-71-69—211	5,906	Howie Johnson	T6	69-73-69—211	10,500
Bruce Crampton	T6	68-71-72—211	5,906	Charles Owens	T6	70-72-69—211	10,500
Dale Douglass	T6	74-66-71—211	5,906	Bob Toski	9	71-71-70—212	9,000
Bobby Nichols	10	68-70-74—212	4,812	Dale Douglass	T10	71-71-71—213	7,331
Bob Goalby	T11	75-68-70—213	4,097	Gene Littler	T10	72-71-70—213	7,331
Gene Littler	T11	71-71-71—213	4,097	Charles Sifford	T10	72-70-71—213	7,331
Gary Player	T11	70-72-71—213	4,097	Peter Thomson	T10	71-69-73—213	7,331
Gay Brewer	T14	71-74-69—214	3,434	Jim Ferree	T14	73-71-70—214	5,887
Orville Moody	T14	73-72-69—214	3,434	Gary Player	T14	68-74-72—214	5,887
Miller Barber	T16	73-69-73—215	2,712	Bob Charles	16	74-71-70—215	5,400
Al Chandler	T16	67-70-78—215	2,712	Harold Henning	T17	74-71-71—216	4,800
Harold Henning	T16	75-70-70—215	2,712	Ken Still	T17	74-71-71—216	4,800
Joe Jimenez	T16	71-72-72—215	2,712	Walter Zembriski	T17	74-73-69—216	4,800
Ben Smith	T16	75-69-71—215	2,712	Bob Brue	T20	71-71-75—217	4,050
Ken Still	T16	73-69-73—215	2,712	Bob Erickson	T20	73-71-73—217	4,050
Jim Cochran	T22	73-70-73—216	2,143	George Lanning	22	72-72-74—218	3,750
Gardner Dickinson	T22	72-71-73—216	2,143	Miller Barber	23	74-70-75—219	3,600
Buck Adams	T24	71-75-71—217	1,837	Al Balding	T24	74-75-71—220	3,375
Tommy Bolt	T24	75-69-73—217	1,837	Doug Sanders	T24	71-75-74—220	3,375
Pete Brown	T24	73-73-71—217	1,837	Gordon Jones	T26	72-74-75—221	3,075
Doug Ford	T24	76-69-72—217	1,837	Art Wall	T26	75-71-75—221	3,075
Charles Sifford	T24	73-71-73—217	1,837	Mike Fetchick	T28	76-72-74—222	2,625
Bill Johnston	T29	72-73-73—218	1,408	Jack Fleck	T28	75-73-74—222	2,625
George Lanning	T29	74-72-72—218	1,408	Bob Goalby	T28	75-73-74—222	2,625
Arnold Palmer	T29	71-75-72—218	1,408	Orville Moody	T28	73-73-76—222	2,625
Doug Sanders	T29	73-71-74—218	1,408	Al Chandler	T32	74-69-80—223	2,137
Art Silvestrone	T29	75-72-71—218	1,408	Bill Collins	T32	74-74-75—223	2,137
Mike Fetchick	34	73-75-71—219	1,225	Billy Maxwell	T32	79-74-70—223	2,137
Paul Harney	T35	71-75-74—220	1,159	Art Silvestrone	T32	74-75-74—223	2,137
George Bayer	T35	74-73-73—220	1,159	Fred Hawkins	T36	75-77-72—224	1,912
Jack Fleck	37	69-71-81—221	1,093	Joe Jimenez	T36	79-74-71—224	1,912
Billy Maxwell	38	75-74-73—222	1,050	Jim Cochran	T38	77-75-73—225	1,725
John Brodie	T39	71-77-75—223	962	Bobby Nichols	T38	72-77-76—225	1,725
Bill Collins	T39	74-73-76—223	962	Ben Smith	T38	74-76-75—225	1,725
Howie Johnson	T39	77-73-73—223	962	George Bayer	41	77-74-75—226	1,575
Al Balding	42	72-78-74—224	875	Jim King	T42	76-75-76—227	1,462
Lionel Hebert	43	77-73-75—225	831	Mike Souchak	T42	76-74-77—227	1,462
Fred Hawkins	44	75-77-75—227	787	Jerry Barber	T44	74-80-74—228	1,200
Jerry Barber	T45	79-75-74—228	700	Pete Brown	T44	78-78-72—228	1,200
				Lionel Hebert	T44	78-73-77—228	1,200

SENIOR PROFESSIONALS

Bill Johnston	T44	79-75-74—228	1,200
Ted Kroll	T44	75-80-73—228	1,200
Doug Ford	T49	76-79-74—229	900
Jimmy Powell	T49	77-77-75—229	900
Sam Snead	T49	74-80-75—229	900
Fred Haas	52	78-77-76—231	750
Dan Sikes	53	82-75-83—240	750

USGA SENIOR OPEN ($275,000).
Scioto C.C. (71-6,709), Columbus, Ohio, June 26-29.

Dale Douglass	**1**	**66-72-68-73—279**	**$42,500**
Gary Player	2	71-73-66-70—280	22,000
Harold Henning	3	70-72-70-69—281	15,592
Peter Thomson	T4	71-73-70-69—283	10,165
Bruce Crampton	T4	70-72-73-68—283	10,165
Jim Ferree	6	69-72-71-72—284	7,778
Miller Barber	7	72-72-73-68—285	6,934
Gene Littler	8	72-76-69-69—286	6,336
Orville Moody	9	73-75-71-68—287	5,765
Bob Toski	T10	70-73-73-72—288	4,759
Chi Chi Rodriguez	T10	74-72-70-72—288	4,759
Billy Casper	T10	71-76-71-70—288	4,759
Bob Charles	T10	72-75-70-71—288	4,759
Jack Fleck	T10	71-74-71-72—288	4,759
Lee Elder	15	68-75-74-73—290	4,060
Doug Sanders	T16	73-73-73-72—291	3,786
Walker Inman	T16	75-67-77-72—291	3,786
Ken Still	T18	69-72-76-75—292	3,392
Al Chandler	T18	78-70-71-73—292	3,392
Jim King	T18	71-79-69-73—292	3,392
Chuck Workman	T21	70-72-73-78—293	3,045
Buck Adams	T21	70-74-76-73—293	3,045
Quinton Gray	T21	73-73-73-74—293	3,045
Charles Sifford	24	72-75-72-75—294	2,842
Arnold Palmer	T25	78-74-73-70—295	2,602
Art Silvestrone	T25	72-75-73-75—295	2,602
Gay Brewer	T25	72-72-78-73—295	2,602
Bob Bruno	T25	72-78-75-70—295	2,602
Joe Campbell	T25	73-72-74-76—295	2,602
Art Wall	T30	75-76-72-73—296	2,289
Joe Jimenez	T30	73-76-77-70—296	2,289
Howie Johnson	T30	75-77-71-73—296	2,289
Ken Mast	T30	75-73-73-75—296	2,289
Billy Maxwell	34	73-76-73-75—297	2,158
El Collins	T35	72-78-75-73—298	2,079
Stan Dudas	T35	74-76-73-75—298	2,079
Jerry Barber	T37	73-79-75-72—299	2,001
a-Bob Hoff	T37	76-75-71-77—299	0
Hulen Coker	T39	71-77-77-75—300	1,922
Gordon Jones	T39	73-73-75-79—300	1,922
a-John Cain	T39	75-76-76-73—300	0
Al Balding	T42	76-73-76-76—301	1,688
Ralph Montoya	T42	78-75-73-75—301	1,688
Bob Goalby	T42	78-75-71-77—301	1,688
Charles Green	T42	75-78-73-75—301	1,688
Bobby Nichols	T42	71-79-75-76—301	1,688
George Lanning	T42	75-73-76-77—301	1,688
Dean Lind	T42	75-73-76-77—301	1,688
a-Bob Lowry	T42	75-77-73-76—301	0
Dick Plummer	T50	74-74-76-78—302	1,455
James Hatfield	T50	69-77-79-77—302	1,455
Walter Zembriski	T52	76-75-75-77—303	1,377
a-M. Beecroft	T52	75-76-76-76—303	0
a-John Harbottle	T52	73-80-77-73—303	0
Bill Ezinicki	T55	76-76-78-75—305	1,300
Dow Finsterwald	T55	77-75-76-77—305	1,300
G. Waldespuhl	T57	71-76-77-82—306	1,196
Dick Sarta	T57	75-76-78-77—306	1,196
Jack Webb	T59	76-77-76-79—308	1,135
John Woodard	T59	74-79-76-79—308	1,135
M.C. Fitts	T59	74-79-79-76—308	1,135
George Clark	62	75-77-76-82—310	1,106
Hap Rose	63	75-78-84-77—314	1,093
Allen Cross	64	77-76-81-83—317	1,080
a-Clifford Taylor	65	78-75-84-81—318	0

a—amateur

GREENBRIER AMERICAN EXPRESS CHAMPIONSHIP ($200,000).
Greenbrier C.C. (72-6,709), White Sulphur Springs, W. Va., July 10-13.

*Don January	1	70-66-71—207	$30,000
Jim Ferree	2	74-67-66—207	18,000
Miller Barber	T3	70-72-67—209	13,750
Lee Elder	T3	70-69-70—209	13,750
Chi Chi Rodriguez	5	70-72-68—210	10,000
Bruce Crampton	T6	68-70-73—211	7,250
Dale Douglass	T6	70-70-71—211	7,250
Bob Toski	8	70-72-70—212	6,500
Harold Henning	9	71-73-69—213	6,000
Mike Souchak	10	71-72-72—215	5,500
James Barber	T11	75-73-68—216	4,850
Gay Brewer	T11	74-70-72—216	4,850
Walter Zembriski	13	76-72-69—217	4,350
Charles Sifford	14	72-74-72—218	4,050
Buck Adams	T15	73-75-72—220	3,500
Jack Fleck	T15	74-73-73—220	3,500
Joe Jimenez	T15	74-73-73—220	3,500
Arnold Palmer	T15	71-75-74—220	3,500
Pete Brown	T19	75-77-69—221	2,542
Al Chandler	T19	74-71-76—221	2,542
Billy Maxwell	T19	69-74-78—221	2,542
Orville Moody	T19	71-76-74—221	2,542
Art Wall	T19	73-75-73—221	2,542
George Lanning	T19	74-76-71—221	2,542
Charles Owens	T19	68-78-75—221	2,542
James Hatfield	T26	73-72-77—222	1,900
Howie Johnson	T26	73-73-76—222	1,900
Jim King	T26	77-72-73—222	1,900
Bob Ross	T26	74-73-75—222	1,900
Ben Smith	T26	74-73-75—222	1,900
Jerry Barber	T31	77-75-71—223	1,550
Bill Johnston	T31	74-76-73—223	1,550
Julius Boros	T33	73-77-74—224	1,400
Gene Littler	T33	78-74-72—224	1,400
Jimmy Powell	T33	70-77-77—224	1,400
Bill Collins	T36	74-73-78—225	1,250

SENIOR PROFESSIONALS

Name	Pos	Scores	Money
Art Silvestrone	T36	72-78-75—225	1,250
Peter Thomson	T36	75-76-74—225	1,250
Gardner Dickinson	T39	76-77-73—226	1,125
Ted Kroll	T39	78-73-75—226	1,125
Bob Erickson	41	74-81-72—227	1,050
Jim Cochran	42	73-79-76—228	1,000
Mike Fetchick	43	75-78-77—230	950
Bob Brue	T44	75-79-77—231	800
Doug Ford	T44	77-78-76—231	800
Quinton Gray	T44	78-76-77—231	800
Gordon Jones	T44	77-76-78—231	800
Bobby Nichols	T44	79-76-76—231	800
George Bayer	49	80-76-79—235	650
Fred Hawkins	T50	77-80-82—239	575
Lionel Hebert	T50	79-84-76—239	575
John Murphy	52	78-90-76—244	500
Dow Finsterwald	53	86-80-79—245	500

*Won playoff

GR. GRAND RAPIDS OPEN ($250,000).
Elks C.C. (71-6,453), Grand Rapids, Mich., July 17-20.

Name	Pos	Scores	Money
*Jim Ferree	1	68-66-70—204	$37,500
Gene Littler	T2	68-67-69—204	20,625
Chi Chi Rodriquez	T2	68-68-68—204	20,625
Ben Smith	4	68-69-68—205	15,625
Harold Henning	T5	73-67-66—206	10,208
Charles Owens	T5	67-68-71—206	10,208
Bob Toski	T5	74-68-64—206	10,208
Bruce Crampton	T8	68-67-72—207	7,500
Dale Douglass	T8	71-69-67—207	7,500
Orville Moody	T8	72-68-67—207	7,500
Billy Casper	11	72-79-66—208	6,312
Miller Barber	T12	72-69-68—209	5,437
Gardner Dickinson	T12	69-67-73—209	5,437
Lee Elder	T12	72-69-68—209	5,437
Al Balding	T15	71-69-70—210	4,625
Bob Brue	T15	69-70-71—210	4,625
Gay Brewer	T17	69-67-75—211	3,875
Jim King	T17	72-70-69—211	3,875
Dan Sikes	T17	72-71-68—211	3,875
Peter Thomson	T17	73-69-69—211	3,875
Al Chandler	T21	73-72-67—212	3,062
Jack Fleck	T21	69-71-72—212	3,062
Gordon Jones	T21	71-70-71—212	3,062
Art Silvestrone	T21	72-69-71—212	3,062
James Barber	T25	69-73-71—213	2,687
John Brodie	T25	74-66-73—213	2,687
Bob Erickson	T27	72-71-71—214	2,312
Quinton Gray	T27	71-70-73—214	2,312
George Lanning	T27	74-72-68—214	2,312
Billy Maxwell	T27	73-71-70—214	2,312
Joe Jimenez	T31	72-69-74—215	1,791
Charles Sifford	T31	74-71-70—215	1,791
Gordon Waldespuhl	T31	72-73-70—215	1,791
Walter Zembriski	T31	73-71-71—215	1,791
Doug Ford	T31	75-71-69—215	1,791
Bob Goalby	T31	70-76-69—215	1,791
Ted Kroll	T37	74-69-73—216	1,531
Bobby Nichols	T37	71-69-76—216	1,531
Jerry Barber	39	69-73-75—217	1,437
Bill Collins	T40	73-73-72—218	1,312
Howie Johnson	T40	72-70-76—218	1,312
Doug Sanders	T40	76-70-72—218	1,312
Dow Finsterwald	43	71-72-26—219	1,187
Pete Brown	T44	70-73-77—220	968
Jim Cochran	T44	76-75-69—220	968
Mike Fetchick	T44	74-75-71—220	968
J.C. Goosie	T44	73-75-72—220	968
Alex Redmond	T44	78-69-73—220	968
Sam Snead	T44	73-74-73—220	968
Fred Hawkins	50	73-77-71—221	750
Bill Johnston	51	79-70-73—222	687
George Bayer	52	75-75-73—223	625
Al Besselink	T53	75-78-77—230	625
Jimmy Powell	T53	73-80-77—230	625

*Won playoff.

MONY SYRACUSE SENIORS CLASSIC ($200,000).
Lafayette C.C.(72-6,540), Syracuse, N.Y., July 24-27.

Name	Pos	Scores	Money
Bruce Crampton	1	70-65-71—206	$30,000
Roberto De Vicenzo	T2	69-71-67—207	15,166
Orville Moody	T2	68-68-71—207	15,166
Chi Chi Rodriquez	T2	68-73-66—207	15,166
Butch Baird	T5	70-68-70—208	8,166
Billy Casper	T5	70-70-68—208	8,166
Bob Charles	T5	70-70-68—208	8,166
Gene Littler	8	69-71-69—209	6,500
Miller Barber	T9	70-73-67—210	5,750
Ben Smith	T9	69-69-72—210	5,750
Jack Fleck	11	72-71-68—211	5,050
Dale Douglass	T12	72-67-73—212	4,090
Bob Erickson	T12	67-71-74—212	4,090
Harold Henning	T12	71-71-70—212	4,090
Charles Owens	T12	72-72-68—212	4,090
Art Silvestrone	T12	69-71-72—212	4,090
Al Balding	T17	73-70-71—214	3,300
Joe Jimenez	T17	72-69-73—214	3,300
James Barber	T19	69-74-72—215	2,487
Gay Brewer	T19	73-74-68—215	2,487
Pete Brown	T19	70-72-73—215	2,487
Jim Ferree	T19	75-67-73—215	2,487
Doug Ford	T19	73-70-72—215	2,487
Casmere Jawor	T19	75-68-72—215	2,487
Howie Johnson	T19	71-72-72—215	2,487
Peter Thomson	T19	72-72-71—215	2,487
Buck Adams	T27	71-75-70—216	1,950
Quinton Gray	T27	72-70-74—216	1,950
Bill Collins	T29	70-75-72—217	1,650
Mike Fetchick	T29	74-71-72—217	1,650
Bill Johnston	T29	73-71-73—217	1,650
George Lanning	T29	76-71-70—217	1,650
Jim Cochran	33	74-74-70—218	1,450
Howard Brown	T34	73-72-74—219	1,325
Al Chandler	T34	74-73-72—219	1,325
Lionel Hebert	T34	75-73-71—219	1,325
Billy Maxwell	T34	71-72-76—219	1,325
Don Hoenig	T38	72-71-77—220	1,150
Jimmy Powell	T38	71-74-75—220	1,150
Walter Zembriski	T38	72-75-73—220	1,150

SENIOR PROFESSIONALS

Player	Pos	Scores	Money
Jim King	41	74-75-72—221	1,050
Pete Hessemer	T42	76-73-73—222	975
Gordon Waldespuhl	T42	75-74-73—222	975
Julius Boros	44	75-70-78—223	900
George Bayer	T45	75-75-74—224	800
Ted Kroll	T45	75-74-75—224	800
Jerry Steelsmith	T45	77-75-72—224	800
Dick Peacock	48	71-73-81—225	700
Gordon Jones	T49	77-74-75—226	600
Mike Kelly	T49	77-76-73—226	600
Bob Stone	T49	76-72-78—226	600
Jerry Barber	52	78-73-76—227	500
Keith Duff	53	74-76-78—228	500
Fred Hawkins	54	75-74-80—229	500

THE COMMEMORATIVE ($250,000).
Sleepy Hollow C.C. (70-6,545), Scarborough, N.Y., July 31-Aug. 3

Player	Pos	Scores	Money
Lee Elder	1	67-64-68—199	$37,500
Chi Chi Rodriguez	2	64-71-66—201	22,500
Gene Littler	3	67-68-67—202	18,750
Bob Charles	4	67-70-67—204	15,625
Dale Douglass	5	66-70-69—205	12,500
Buck Adams	T6	73-69-64—206	8,750
Harold Henning	T6	70-68-68—206	8,750
Charles Owens	T6	74-66-66—206	8,750
Gay Brewer	T9	68-69-70—207	6,387
Bruce Crampton	T9	71-69-67—207	6,387
Roberto De Vicenzo	T9	69-68-70—207	6,387
Bob Goalby	T9	68-70-69—207	6,387
Orville Moody	T9	69-71-67—207	6,387
Miller Barber	T14	68-69-71—208	4,906
George Lanning	T14	68-73-67—208	4,906
Howie Johnson	T16	70-71-69—210	4,250
Bobby Nichols	T16	68-70-72—210	4,250
Peter Thomson	T16	68-71-71—210	4,250
Billy Casper	T19	72-70-69—211	3,500
Al Chandler	T19	70-72-69—211	3,500
Ben Smith	T19	70-70-71—211	3,500
Bob Brue	T22	68-76-68—212	3,062
Arnold Palmer	T22	67-72-73—212	3,062
Jim Cochran	T24	72-66-75—213	2,687
Gordon Jones	T24	71-70-72—213	2,687
Charles Sifford	T24	72-72-69—213	2,687
Art Silvestrone	T24	70-67-76—213	2,687
Gardner Dickinson	T28	73-71-70—214	1,984
Jim Ferree	T28	72-67-75—214	1,984
Dan Morgan	T28	72-72-70—214	1,984
Bob Toski	T28	69-73-72—214	1,984
Butch Baird	T28	70-75-69—214	1,984
Jack Fleck	T28	71-76-67—214	1,984
Billy Maxwell	T28	70-73-71—214	1,984
Doug Sanders	T28	73-69-72—214	1,984
Al Balding	T36	70-72-73—215	1,562
Bill Johnston	T36	75-69-71—215	1,562
Walter Zembriski	T36	69-73-73—215	1,562
Jerry Barber	T39	73-71-73—217	1,406
Bill Collins	T39	67-73-77—217	1,406
Lionel Hebert	T41	73-75-70—218	1,218
Dick Hendrickson	T41	71-74-73—218	1,218
Joe Jimenez	T41	76-74-68—218	1,218
Dan Sikes	T41	74-73-71—218	1,218
Doug Ford	T45	74-72-73—219	1,000
Fred Hawkins	T45	77-71-71—219	1,000
Tom Nieporte	T45	73-73-73—219	1,000
Mike Souchak	48	75-72-73—220	875
Sam Snead	49	73-76-72—221	812
Mike Fetchick	T50	80-71-71—222	718
Fred Haas	T50	71-73-78—222	718
George Bayer	52	78-73-73—224	625
Ted Kroll	53	71-79-77—227	625

DIGITAL SENIORS CLASSIC ($200,000).
Nashawtuc C.C. (72-6,453), Concord, Mass., Aug. 8-10.

Player	Pos	Scores	Money
Chi Chi Rodriguez	1	70-67-66—203	$30,000
Gary Player	2	71-75-68—204	18,000
Bob Charles	3	65-69-71—205	15,000
Bruce Crampton	T4	72-64-70—206	10,000
Harold Henning	T4	72-68-66—206	10,000
Peter Thomson	T4	68-71-67—206	10,000
Bob Erickson	7	68-71-69—208	7,000
Miller Barber	T8	69-71-70—210	6,250
Lee Elder	T8	72-72-66—210	6,250
Jim Ferree	T10	72-71-68—211	5,066
Charles Owens	T10	75-66-70—211	5,066
Joe Jimenez	T10	75-70-66—211	5,066
Buck Adams	T13	70-76-66—212	4,200
Dale Douglass	T13	73-67-72—212	4,200
Butch Baird	T15	68-73-72—213	3,600
Gay Brewer	T15	65-73-75—213	3,600
Casmere Jawor	T15	72-69-72—213	3,600
Al Balding	T18	71-71-72—214	3,100
Orville Moody	T18	73-70-71—214	3,100
Bobby Nichols	T20	72-73-70—215	2,700
Ben Smith	T20	72-72-71—215	2,700
George Lanning	T22	74-74-68—216	2,400
Charles Sifford	T22	72-73-71—216	2,400
Walter Zembriski	T22	73-73-70—216	2,400
Jack Fleck	25	72-73-72—217	2,200
James Barber	T26	72-70-76—218	2,050
Pete Brown	T26	69-72-77—218	2,050
Bob Goalby	T28	74-72-73—219	1,750
Fred Haas	T28	74-73-72—219	1,750
Bill Johnston	T28	75-74-70—219	1,750
Gordon Jones	T28	72-75-72—219	1,750
Jerry Barber	T32	74-72-74—220	1,425
Bob Brue	T32	71-71-78—220	1,425
Howie Johnson	T32	72-72-76—220	1,425
Jimmy Powell	T32	73-74-73—220	1,425
John Brodie	T36	79-72-70—221	1,175
Al Chandler	T36	69-82-70—221	1,175
Mike Fetchick	T36	75-73-73—221	1,175
Doug Ford	T36	76-74-71—221	1,175
Jerry Mackedon	T36	74-71-76—221	1,175
Art Silvestrone	T36	72-76-73—221	1,175
Ted Kroll	42	78-73-71—222	1,000
Jim Cochran	T43	74-77-72—223	925

SENIOR PROFESSIONALS

Player	Pos	Scores	Money
Dan Morgan	T43	74-77-72—223	925
Dow Finsterwald	45	78-73-73—224	850
Pete Hessemer	T46	74-76-75—225	775
Howard Pierson	T46	79-75-71—225	775
George Bayer	48	76-74-76—226	700
Al Besselink	49	76-76-76—228	650
Stan Dudas	50	76-76-77—229	600
Ed Furgol	51	78-77-82—237	550
Fred Hawkins	52	76-81-83—240	500

GTE NORTHWEST CLASSIC ($250,000)

Sahalee C.C. (72-6,696), Redmond, Wash., Aug. 15-17.

Player	Pos	Scores	Money
Bruce Crampton	**1**	**67-71-72—210**	**$37,500**
Don January	T2	71-67-74—212	20,625
George Lanning	T2	69-73-70—212	20,625
Miller Barber	T4	68-72-73—213	14,062
Gary Player	T4	70-74-69—213	14,062
Butch Baird	T6	73-69-72—214	8,437
Billy Casper	T6	70-71-73—214	8,437
Harold Henning	T6	69-74-71—214	8,437
Gene Littler	T6	69-73-72—214	8,437
Gay Brewer	T10	71-74-70—215	5,900
Joe Jimenez	T10	75-70-70—215	5,900
Bill Johnston	T10	73-73-69—215	5,900
Art Silvestrone	T10	70-74-71—215	5,900
Art Wall	T10	70-74-71—215	5,900
Bob Brue	T15	72-69-75—216	4,500
Jim King	T15	74-71-71—216	4,500
Walter Zembriski	T15	67-72-77—216	4,500
John Brodie	T18	72-76-69—217	3,875
Charles Sifford	T18	69-73-75—217	3,875
Al Balding	20	74-72-73—219	3,500
Al Chandler	T21	72-76-72—220	3,062
Jack Fleck	T21	69-74-77—220	3,062
Gordon Jones	T21	69-76-75—220	3,062
Bobby Nichols	T21	73-75-72—220	3,062
Bob Charles	T25	77-74-70—221	2,687
Howie Johnson	T25	73-78-70—221	2,687
Tommy Atchison	T27	72-78-72—222	2,437
G. Waldespuhl	T27	74-72-76—222	2,437
Jerry Barber	T29	75-76-72—223	2,125
Jim Cochran	T29	73-78-72—223	2,125
Orville Moody	T29	77-77-69—223	2,125
Peter Thomson	32	73-76-75—224	1,875
Pete Brown	T33	71-82-72—225	1,750
Mike Fetchick	T33	73-78-74—225	1,750
Doug Sanders	T33	76-78-71—225	1,750
Buck Adams	T36	72-78-77—227	1,500
Billy Derickson	T36	79-76-72—227	1,500
Bob Erickson	T36	77-78-72—227	1,500
Fred Haas	T36	75-80-72—227	1,500
Bob Rosburg	T36	73-73-81—227	1,500
George Bayer	41	76-80-72—228	1,312
David Miles	42	77-75-77—229	1,250
Lloyd Harris	T43	78-76-76—230	1,156
Pat Rea	T43	79-78-73—230	1,156
Gordon Hepp	T45	73-77-81—231	1,000
Dick King	T45	75-83-73—231	1,000
Jim Neale	T45	78-77-76—231	1,000
Quniton Gray	48	83-73-77—233	875
Jay Hyon	49	73-82-83—238	812
Al Besselink	50	83-81-79—243	750
Ray Bennett	T51	76-88-82—246	656
Howard Brown	T51	78-83-85—246	656
Chester Hillhouse	53	80-82-88—250	625

THE SHOWDOWN CLASSIC ($450,000)

Jeremy Ranch G.C. (72-6,947), Park City, Utah, Aug. 21-24.

Player	Pos	Scores	Money
Bobby Nichols/ Curt Byrum	1	61-65-61-62—249	$33,750
Harold Henning/ Denis Watson	2	67-63-60-61—251	20,250
Gary Player/ Wayne Player	T3	62-64-66-60—252	15,468
Bob Goalby/ Jay Haas	T3	64-62-63-63—252	15,468
Orville Moody/ Jay Delsing	5	67-62-63-62—254	11,250
Gene Littler/ Andy North	T6	65-65-62-63—255	8,156
Ben Smith/ Mike Smith	T6	68-63-62-62—255	8,156
Don January/ Brian Claar	8	64-60-64-68—256	7,312
Miller Barber/ Fred Couples	T9	66-61-64-66—257	6,468
Bruce Crampton/ Lon Hinkle	T9	63-68-64-62—257	6,468
Howie Johnson/ H. Johnson, Jr.	T11	65-66-62-65—258	5,456
Chi Chi Rodriguez/ Bill Kratzert	T11	63-65-66-64—258	5,456
Quinton Gray/ Steve Pate	T13	64-65-63-67—259	4,725
Butch Baird/ Ed Fiori	T13	65-64-64-66—259	4,725
Lionel Hebert/ L. Thompson	15	66-69-59-67—261	4,275
Al Chandler/ Dick Mast	T16	67-66-66-63—262	3,937
Tom Nieporte/ M. McCullough	T16	63-67-64-68—262	3,937
Dale Douglass/ Charles Coody	T18	66-63-70-64—263	3,375
Pete Brown/ Greg Hickman	T18	67-67-68-61—263	3,375
Jim Cochran/ M. Calcavecchia	T18	64-67-65-67—263	3,375
Gordon Waldespuhl/ Larry Ziegler	T21	67-62-66-69—264	2,868
Lanny Nielson/ Jimmy Blair	T21	66-66-64-68—264	2,868
Gordon Jones/ Steve Liebler	T23	65-70-64-66—265	2,418
Walter Zembriski/ Russ Cochran	T23	65-66-66-68—265	2,418
George Bayer/ Tim Norris	T23	66-66-65-68—265	2,418

SENIOR PROFESSIONALS

Player	Pos	Scores	Money
George Lanning/ Bill Sander	T23	69-66-68-62—265	2,418
Billy Casper/ Bobby Casper	T23	68-68-64-65—265	2,418
Gordon Schneider/ Dennis Trixler	T23	66-66-63-70—265	2,418
Mike Fetchick/ John Adams	T29	67-66-68-65—266	1,912
Dick King/ Phil Hancock	T29	66-64-66-70—266	1,912
Jimmy Powell/ Greg Powers	T29	68-66-67-65—266	1,912
Jack Fleck/ Victor Regalado	32	67-66-66-68—267	1,687
John Brodie/ Frank Connor	T33	67-66-67-68—268	1,575
Pat Rea/ Mark Brooks	T33	66-71-64-67—268	1,575
John Geersten, Jr./ Johnny Miller	T33	71-63-67-67—268	1,575
Don Fairfield/ Jim Fairfield	T36	68-69-66-67—270	1,378
Bob McCallister/ Rod Curl	T36	65-64-66-75—270	1,378
Robert Brue/ Bob Menne	T36	67-62-69-72—270	1,378
Fred Haas/ Richard Zokol	T36	68-69-66-67—270	1,378
Joe Jimenez/ Jim Colbert	T40	66-67-68-70—271	1,209
Tommy Williams/ Bob Betley	T40	69-67-68-67—271	1,209
Bob Erickson/ Keith Clearwater	42	65-70-65-72—272	1,125
Marty Furgol/ Jim Nelford	T43	67-72-70-65—274	1,040
Pete Hessemer/ Jeff Frygiel	T43	70-69-67-68—274	1,040
Jim King/ Jeff Lewis	45	68-71-70-67—276	956
Jerry Barber/ Tommy Barber	T46	72-71-67-67—277	871
Al Besselink/ Skeeter Heath	T46	69-72-69-67—277	871
Don Johnson/ Mike Milaska	T48	73-70-66-70—279	759
Dick Peacock/ John Fought	T48	68-73-66-72—279	759

BANK ONE SENIOR CLASSIC ($200,000).
Griffin Gate G.C. (71-6,640), Lexington, Ky., Aug. 28-31.

Player	Pos	Scores	Money
*Gene Littler	1	71-63-67—201	$30,000
Miller Barber	T2	70-63-68—201	16,500
Bob Goalby	T2	67-67-67—201	16,500
Bob Charles	4	67-65-71—203	12,500
Charles Sifford	5	69-67-70—206	10,000
Bruce Crampton	T6	70-68-69—207	6,500
Bob Erickson	T6	65-72-70—207	6,500
Jim King	T6	68-70-69—207	6,500
Jimmy Powell	T6	65-69-73—207	6,500
Art Wall	T6	71-71-65—207	6,500
George Lanning	11	72-69-67—208	5,050
Gay Brewer	T12	70-69-70—209	4,090
Billy Casper	T12	73-70-66—209	4,090
Dale Douglass	T12	70-68-71—209	4,090
Bobby Nichols	T12	69-71-69—209	4,090
Ben Smith	T12	75-67-67—209	4,090
Howie Johnson	17	71-71-68—210	3,400
Butch Baird	T18	71-71-69—211	3,000
Jim Barber	T18	73-68-70—211	3,000
Walter Zembriski	T18	71-69-71—211	3,000
Buck Adams	T21	71-69-72—212	2,450
John Brodie	T21	70-70-72—212	2,450
Jack Fleck	T21	73-68-71—212	2,450
Orville Moody	T21	69-70-73—212	2,450
Jerry Barber	T25	73-69-71—213	1,850
Pete Brown	T25	71-72-70—213	1,850
Mike Fetchick	T25	73-70-70—213	1,850
Doug Ford	T25	70-69-74—213	1,850
Bill Johnston	T25	72-72-69—213	1,850
Charles Owens	T25	74-67-72—213	1,850
Chi Chi Rodriguez	T25	72-76-67-70—213	1,850
Bob Stone	T25	69-70-74—213	1,850
Gordon Jones	T33	70-73-71—214	1,425
Art Silvestrone	T33	70-73-71—214	1,425
Al Chandler	T35	75-72-68—215	1,300
Gordon Leishman	T35	72-75-68—215	1,300
Billy Maxwell	T35	70-71-74—215	1,300
Al Balding	T38	72-72-72—216	1,150
George Bayer	T38	73-70-73—216	1,150
Jim Ferree	T38	70-69-77—216	1,150
Jim Cochran	T41	68-73-77—218	950
Lionel Hebert	T41	71-72-75—218	950
Joe Jimenez	T41	73-76-69—218	950
Doug Sanders	T41	73-69-76—218	950
Eddie Tyree	T41	72-73-73—218	950
Harold Henning	46	70-73-76—219	800
Fred Haas	T47	77-74-69—220	700
Fred Hawkins	T47	73-72-75—220	700
Ted Kroll	T47	72-77-71—220	700
Bob Brue	T50	75-79-70—224	575
Mason Rudolph	T50	73-72-79—224	575
Buddy Demling	52	76-77-74—227	500

*Won playoff.

UNITED VIRGINIA BANK SENIORS ($300,000).
Hermitage C.C. (72-6,640), Manakin-Sabot, Va., Sept. 12-14.

Player	Pos	Scores	Money
Chi Chi Rodriguez	1	69-67-66—202	$45,000
Don January	2	71-68-66—205	27,000
Gary Player	3	69-68-69—206	22,500
Bruce Crampton	4	70-69-68—207	18,750
Bob Charles	T5	67-73-70—210	12,250
Jimmy Powell	T5	69-69-72—210	12,250
Peter Thomson	T5	69-70-71—210	12,250
Orville Moody	T8	69-71-72—212	9,375
Charles Owens	T8	71-70-71—212	9,375
Harold Henning	10	72-69-72—213	8,250
Butch Baird	T11	72-75-67—214	7,025

SENIOR PROFESSIONALS

Billy Casper	T11	68-74-72—214	7,025
Lee Elder	T11	74-70-70—214	7,025
Buck Adams	T14	70-73-72—215	5,725
Arnold Palmer	T14	69-73-73—215	5,725
Art Silvestrone	T14	74-73-68—215	5,725
Jim King	T17	73-69-74—216	4,950
Mike Souchak	T17	72-74-70—216	4,950
Jim Ferree	T19	70-73-74—217	4,200
Dow Finsterwald	T19	72-74-71—217	4,200
Walter Zembriski	T19	75-70-72—217	4,200
Roberto De Vicenzo	T22	72-73-73—218	3,450
Bob Goalby	T22	70-72-76—218	3,450
Bobby Nichols	T22	70-72-76—218	3,450
Doug Sanders	T22	69-77-72—218	3,450
Ben Smith	T22	72-72-74—218	3,450
Al Chandler	T27	74-72-73—219	2,850
Gene Littler	T27	75-72-72—219	2,850
Art Wall	T27	71-74-74—219	2,850
Jim Cochran	30	74-76-70—220	2,550
James Barber	T31	75-73-73—221	2,275
Jack Fleck	T31	69-83-69—221	2,275
Howie Johnson	T31	73-75-73—221	2,275
John Brodie	T34	73-73-76—222	2,025
Bob Brue	T34	76-73-73—222	2,025
Mike Fetchick	T34	72-73-77—222	2,025
Jerry Barber	T37	76-74-73—223	1,762
Gay Brewer	T37	77-75-71—223	1,762
Pete Brown	T37	76-75-72—223	1,762
Ted Kroll	T37	73-77-73—223	1,762
Quinton Gray	41	72-77-75—224	1,575
Gordon Jones	T42	70-84-71—225	1,462
Billy Maxwell	T42	81-75-69—225	1,462
Doug Ford	T44	75-77-74—226	1,200
Fred Hawkins	T44	77-70-79—226	1,200
George Lanning	T44	76-74-76—226	1,200
Charles Sifford	T44	74-76-76—226	1,200
Bob Stone	T44	76-76-74—226	1,200
Gardner Dickinson	T49	77-75-75—227	937
Bill Johnston	T49	80-73-74—227	937
Lionel Hebert	T51	77-76-76—229	787
Joe Jimenez	T51	79-78-72—229	787
George Bayer	53	73-79-79—231	750

PAINEWEBBER WORLD SENIORS INV. ($200,000).
Quail Hollow C.C. (72-6,894), Charlotte, N.C., Sept. 18-21.

Bruce Crampton	1	68-69-72-70—279	$30,021
Lee Elder	T2	70-74-65-71—280	16,521
Chi Chi Rodriguez	T2	70-71-71-68—280	16,521
Peter Thomson	4	65-72-72-73—282	12,521
Jim Ferree	5	70-72-71-70—283	10,021
Billy Casper	T6	71-73-72-70—286	6,279
Jimmy Powell	T6	69-74-71-72—286	6,279
Miller Barber	T6	71-71-70-74—286	6,279
John Brodie	T6	70-73-74-69—286	6,279
Joe Jimenez	T6	70-73-72-71—286	6,279
Gary Player	T6	70-72-73-71—286	6,279
Bob Goalby	T12	71-72-70-74—287	4,521
Doug Sanders	T12	77-71-70-69—287	4,521

Bob Charles	T14	71-73-70-74—288	3,946
Gene Littler	T14	71-76-68-73—288	3,946
Jim King	T16	71-71-73-75—290	3,421
Orville Moody	T16	72-74-70-74—290	3,421
Christy O'Connor	T16	71-75-74-70—290	3,421
R. De Vicenzo	19	75-76-68-72—291	3,021
Don January	T20	73-73-71-75—292	2,541
Charles Owens	T20	74-70-75-73—292	2,541
Arnold Palmer	T20	72-76-71-73—292	2,541
Ben Smith	T20	75-74-70-73—292	2,541
Bob Toski	T20	72-74-75-71—292	2,541
Mike Fetchick	T25	70-73-74-76—293	2,171
Art Wall	T25	72-76-72-73—293	2,171
Gay Brewer	27	71-72-77-74—294	2,021
Dale Douglass	T28	71-73-75-76—295	1,871
Harvie Ward	T28	72-76-71-76—295	1,871
Buck Adams	T30	76-73-73-75—297	1,671
George Lanning	T30	74-81-72-70—297	1,671
Bob Erickson	T32	71-76-77-75—299	1,496
Dow Finsterwald	T32	78-72-75-74—299	1,496
Jerry Barber	T34	73-75-74-78—300	1,346
Howie Johnson	T34	76-74-75-75—300	1,346
Bobby Nichols	T34	78-77-72-73—300	1,346
Art Silvestrone	T34	74-73-78-75—300	1,346
Al Balding	T38	75-76-74-77—302	1,146
Al Chandler	T38	75-73-77-77—302	1,146
Charles Sifford	T38	73-74-77-78—302	1,146
Walter Zembriski	T38	73-81-73-75—302	1,146
Harold Henning	T42	75-77-77-74—303	996
Mike Souchak	T42	78-77-74-74—303	996
Bob Brue	44	79-75-73-78—305	921
George Bayer	45	78-76-76-77—307	871
Pete Brown	T46	76-80-74-78—308	796
Fred Hawkins	T46	77-81-77-73—308	796
Billy Maxwell	48	78-80-73-78—309	721
Gordon Jones	49	77-83-76-76—312	671

FAIRFIELD BARNETT CLASSIC ($175,000).
Suntree C.C. (72-6,533), Melbourne, Fla., Oct. 10-12.

*Dale Douglass	1	68-67-68—203	$26,250
Miller Barber	2	68-68-68—204	15,750
Chi Chi Rodriguez	3	68-69-71—208	13,125
James Barber	4	70-69-70—209	10,937
Bob Charles	T5	71-69-70—210	6,197
Bruce Crampton	T5	70-71-69—210	6,197
Gordon Jones	T5	71-68-71—210	6,197
Bobby Nichols	T5	71-70-69—210	6,197
J.C. Goosie	T5	72-69-69—210	6,197
Joe Jimenez	T5	70-72-68—210	6,197
Butch Baird	T11	71-69-71—211	4,097
Jim Ferree	T11	69-71-71—211	4,097
Charles Owens	T11	70-70-71—211	4,097
Mike Fetchick	T14	71-72-70—213	3,339
Billy Casper	T14	69-76-68—213	3,339
Bob Erickson	T14	68-72-73—213	3,339
Bob Goalby	T17	74-72-68—214	2,887
Charles Sifford	T17	70-72-72—214	2,887

SENIOR PROFESSIONALS

Al Chandler	T19	71-70-74—215	2,537		Al Balding	T22	74-74-79—227	2,450
Harold Henning	T19	74-72-69—215	2,537		George Lanning	T22	74-75-78—227	2,450
Gene Littler	T21	74-73-69—216	2,231		Gordon Jones	T24	75-74-79—228	2,250
Bob Stone	T21	71-70-75—216	2,231		Doug Sanders	T24	77-75-76—228	2,250
Jim Cochran	T23	74-71-72—217	2,056		George Bayer	T26	77-76-76—229	2,050
Harvie Ward	T23	72-72-73—217	2,056		Jim Cochran	T26	73-81-75—229	2,050
Howie Johnson	T25	71-72-75—218	1,793		Dow Finsterwald	T28	74-81-75—230	1,800
George Lanning	T25	77-71-70—218	1,793		Lionel Hebert	T28	72-84-74—230	1,800
Billy Maxwell	T25	70-73-75—218	1,793		Ken Still	T28	76-77-77—230	1,800
Orville Moody	T25	73-74-71—218	1,793		Bill Collins	T31	81-74-76—231	1,516
Al Balding	T29	74-69-76—219	1,487		Mike Fetchick	T31	74-79-78—231	1,516
Art Silvestrone	T29	76-73-70—219	1,487		Mike Souchak	T31	81-76-74—231	1,516
Bob Toski	T29	76-73-70—219	1,487		Gardner Dickinson	T34	76-82-74—232	1,350
Walter Zembriski	32	72-74-74—220	1,312		Fred Hawkins	T34	73-87-72—232	1,350
Peter Thomson	T33	75-72-74—221	1,246		Howie Johnson	T34	75-79-78—232	1,350
Doug Sanders	T33	75-75-71—221	1,246		Ben Smith	37	73-79-81—233	1,250
Jerry Barber	T35	78-72-72—222	1,159		Al Chandler	T38	78-80-76—234	1,125
Dow Finsterwald	T35	70-76-76—222	1,159		Bob Goalby	T38	77-77-80—234	1,125
Gay Brewer	37	74-73-76—223	1,093		Art Silvestrone	T38	78-76-80—234	1,125
Buck Adams	T38	77-71-76—224	1,028		Peter Thomson	T38	81-79-74—234	1,125
Ben Smith	T38	72-74-78—224	1,028		Julius Boros	T42	70-80-78—235	975
Fred Hawkins	T40	73-77-75—225	940		John Brodie	T42	74-84-77—235	975
Dick Peacock	T40	75-73-77—225	940		Walker Inman	44	80-81-75—236	900
George Bayer	T42	75-77-74—226	809		Buck Adams	T45	80-77-80—237	800
Jimmy Powell	T42	75-76-75—226	809		Ted Kroll	T45	79-75-83—237	800
Bill Johnston	T42	74-79-73—226	809		Art Wall	T45	80-82-75—237	800
Mike Souchak	T42	76-75-75—226	809		Billy Maxwell	48	77-80-81—238	700
Ken Still	46	80-71-77—228	700		Jim King	49	77-84-78—239	650
Julius Boros	T47	74-77-78—229	612		Jerry Barber	50	81-80-79—240	600
Pete Brown	T47	72-80-77—229	612		Pete Brown	51	76-84-81—241	550
Ted Kroll	T47	75-77-77—229	612		Doug Ford	52	85-78-80—243	500
Bill Collins	50	84-83-74—241	525					
Ed Furgol	51	83-78-81—242	481					

*Won playoff.

CUYAHOGA SENIORS INTERNATIONAL ($200,000).

Harbour Town G.L. (71-6,435), Hilton Head Island, S.C., Oct. 16-19.

Butch Baird	1	70-71-69—210	**$30,000**
Chi Chi Rodriguez	2	72-75-67—214	18,000
Joe Jimenez	3	71-76-70—217	15,000
Miller Barber	T4	74-70-74—218	8,700
Gay Brewer	T4	72-74-72—218	8,700
Lee Elder	T4	71-75-72—218	8,700
Orville Moody	T4	73-73-72—218	8,700
Walter Zembriski	T4	70-72-76—218	8,700
Harold Henning	T9	73-73-73—219	5,516
Arnold Palmer	T9	70-75-74—219	5,516
Charles Owens	T9	71-77-71—219	5,516
Bob Brue	T12	76-72-73—221	4,212
Bruce Crampton	T12	72-74-75—221	4,212
Jim Ferree	T12	74-73-74—221	4,212
Bobby Nichols	T12	73-78-70—221	4,212
Bob Charles	16	77-69-76—222	3,600
Billy Casper	T17	72-75-76—223	3,300
Jack Fleck	T17	76-73-74—223	3,300
Dale Douglass	T19	72-78-75—225	2,800
Gene Littler	T19	71-75-79—225	2,800
Charles Sifford	T19	74-75-76—225	2,800

PEPSI SENIOR CHALLENGE ($250,000).

Horseshoe Bend C.C. (72-6,760), Rosewell, Ga., Oct. 23-26. (Inclement weather reduced the tournament to two rounds.)

Bruce Crampton	1	65-71—136	**$37,500**
Gary Player	2	67-70—137	22,500
Jim Ferree	3	68-70—138	18,750
Butch Baird	T4	70-71—141	12,500
Bob Charles	T4	71-70—141	12,500
Art Wall	T4	70-71—141	12,500
Don January	7	72-70—142	8,750
Billy Casper	T8	71-72—143	7,500
George Lanning	T8	70-73—143	7,500
Gene Littler	T8	71-72—143	7,500
Gay Brewer	T11	74-70—144	5,656
John Brodie	T11	72-72—144	5,656
Charles Owens	T11	71-73—144	5,656
Walter Zembriski	T11	73-71—144	5,656
Harold Henning	T15	73-72—145	4,500
Billy Maxwell	T15	73-72—145	4,500
Jimmy Powell	T15	74-71—145	4,500
Miller Barber	T18	70-76—146	3,437
Bill Johnson	T18	73-73—146	3,437
Orville Moody	T18	73-73—146	3,437
Arnold Palmer	T18	73-73—146	3,437
Charles Sifford	T18	73-73—146	3,437
Ben Smith	T18	73-73—146	3,437
Jim Cochran	T24	74-73—147	2,687

SENIOR PROFESSIONALS

Lee Elder	T24	72-75—147	2,687
Howie Johnson	T24	75-72—147	2,687
Art Silvestrone	T24	75-72—147	2,687
Chi Chi Rodriguez	28	78-70—148	2,375
Jerry Barber	T29	76-73—149	2,125
Gardner Dickinson	T29	73-76—149	2,125
Dow Finsterwald	T29	75-74—149	2,125
Bill Byars	T32	74-76—150	1,812
Al Chandler	T32	75-75—150	1,812
Joe Jimenez	T32	74-76—150	1,812
Al Balding	T35	78-73—151	1,593
George Bayer	T35	74-77—151	1,593
Dale Douglass	T35	76-75—151	1,593
Bob Toski	T35	73-78—151	1,593
Mike Fetchick	T39	74-78—152	1,375
Bob Goalby	T39	75-77—152	1,375
Ken Still	T39	80-72—152	1,375
Bill Collins	T42	76-77—153	1,156
Lionel Hebert	T42	78-75—153	1,156
Gordon Jones	T42	79-74—153	1,156
Bobby Nichols	T42	74-79—153	1,156
Doug Ford	T46	77-77—154	968
Fred Hawkins	T46	84-70—154	968
Julius Boros	T48	80-76—156	843
Mike Souchak	T48	81-75—156	843
Buck Adams	50	75-82—157	750
Ted Kroll	51	81-81—162	687
James Hatfield	52	81-82—163	625

SEIKO-TUCSON MATCH PLAY CH. ($300,000).

Randolph Park G. Cse. (70-6,860), Tucson, Oct. 30-Nov. 2.

First round matches
Losers win $1,687
Harold Henning d. Al Chandler, 69-75
George Lanning d. Orville Moody, 68-73
Bob Brue d. Bob Goalby, 70-76
Bob Charles d. Mike Fetchick, 74-78
Jim King d. Gary Player, 70-71
Ben Smith d. Peter Thomson, 73-76
Dale Douglass d. Bobby Nichols, 71-75
Jim Ferree d. Butch Baird, 69-74
Chi Chi Rodriguez d. Art Silvestrone, 72-73
Gay Brewer d. Walt Zembriski, 69-73
Bruce Crampton d. Art Wall, 72-77
Billy Casper d. Joe Jimenez, 72-75
Lee Elder d. Al Balding, 71-76
Gene Littler d. Charles Sifford, 69-73
Don January d. Howie Johnson, 70-73
Miller Barber d. Doug Sanders, 69-74

Second round matches
Losers win $6,000
Gay Brewer d. Chi Chi Rodriguez, 70-74
Don January d. Miller Barber, 66-70
Bruce Crampton d. Billy Casper, 70-79
Lee Elder d. Gene Littler, 70-74
Harold Henning d. George Lanning, 71-74

Bob Charles d. Bob Brue, 74-75
Ben Smith d. Jim King, 69-71
Dale Douglass d. Jim Ferree, 73-73 (playoff)

Quarterfinal matches
Losers win $12,500
Bob Charles d. Harold Henning, 70-73
Ben Smith d. Dale Douglass, 73-75
Don January d. Gay Brewer, 69-73
Bruce Crampton d. Lee Elder, 68-69

Semifinal matches
Don January d. Bruce Crampton, 71-73
Bob Charles d. Ben Smith, 71-74

Championship match
Don January ($75,000) d. Bob Charles ($50,000), 70-71

Consolation match
Bruce Crampton ($30,000) d. Ben Smith ($20,000), 70-72

LAS VEGAS SENIOR CL. ($250,000).

Desert Inn & C.C. (72-6,700), Las Vegas, Nov. 7-9.

Bruce Crampton	**1**	**71-67-68—206**	**$37,500**
Dale Douglass	2	68-71-69—208	22,500
Bob Charles	T3	66-71-72—209	17,187
Lee Elder	T3	69-72-68—209	17,187
Don January	T5	71-65-74—210	10,937
Chi Chi Rodriguez	T5	73-69-68—210	10,937
Jack Fleck	T7	69-73-69—211	8,437
Gary Player	T7	70-71-70—211	8,437
Miller Barber	T9	69-75-70—214	6,387
Harold Henning	T9	71-71-72—214	6,387
Orville Moody	T9	73-71-70—214	6,387
Arnold Palmer	T9	70-74-70—214	6,387
Art Wall	T9	75-70-69—214	6,387
George Lanning	14	70-73-72—215	5,062
Walter Zembriski	15	73-72-71—216	4,750
Bob Goalby	16	73-73-71—217	4,500
Mike Fetchick	17	75-72-71—218	4,250
Joe Jimenez	T18	69-71-79—219	3,750
Bill Johnston	T18	74-71-74—219	3,750
Charles Owens	T18	72-75-72—219	3,750
Butch Baird	T21	73-75-72—220	3,187
Bobby Nichols	T21	72-72-76—220	3,187
Jim Ferree	23	75-73-73—221	3,000
Billy Casper	T24	77-72-73—222	2,562
Dow Finsterwald	T24	77-71-74—222	2,562
Howie Johnson	T24	76-71-75—222	2,562
Larry Mowry	T24	78-75-69—222	2,562
Doug Sanders	T24	74-72-76—222	2,562
Charles Sifford	T24	72-75-75—222	2,562
Gene Littler	T30	73-76-74—223	2,062
Ben Smith	T30	76-76-71—223	2,062
Tommy Bolt	T32	72-73-79—224	1,843
Al Chandler	T32	76-74-74—224	1,843
Mike Souchak	T34	76-77-72—225	1,718

SENIOR PROFESSIONALS

Ken Still	T34	73-75-77—225	1,718
George Bayer	T36	73-77-76—226	1,500
John Brodie	T36	78-72-76—226	1,500
Fred Hawkins	T36	74-80-72—226	1,500
Lionel Hebert	T36	75-74-77—226	1,500
Bob Rosburg	T36	75-74-77—226	1,500
Al Balding	T41	78-73-76—227	1,218
Jerry Barber	T41	75-74-78—227	1,218
Gay Brewer	T41	75-74-78—227	1,218
Eddie Draper	T41	75-81-71—227	1,218
Gordon Jones	45	75-79-74—228	1,062
Bill Collins	46	73-77-79—229	1,000
Doug Ford	T47	74-78-78—230	906
Art Silvestrone	T47	81-74-75—230	906
Gardner Dickinson	49	76-77-78—231	812
Billy Maxwell	50	77-75-81—233	750
Jim Cochran	51	78-81-75—234	687
Julius Boros	52	84-78-79—241	625

Charles Sifford	T28	71-69-76—216	1,800
Jim Cochran	T31	72-74-71—217	1,516
Billy Maxwell	T31	72-72-73—217	1,516
Bob Brue	T31	72-73-72—217	1,516
Lionel Hebert	T34	74-70-74—218	1,375
Ben Smith	T34	75-70-73—218	1,375
George Lanning	36	74-72-73—219	1,300
Jack Fleck	T37	73-74-73—220	1,225
Gordon Jones	T37	74-75-71—220	1,225
Fred Hawkins	T39	72-75-74—221	1,125
Ted Kroll	T39	73-72-76—221	1,125
Fred Haas	41	76-73-75—222	1,050
Jerry Barber	T42	76-71-77—224	975
Mickey Gallagher	T42	72-77-75—224	975
Doug Ford	T44	74-74-77—225	875
Tom Nieporte	T44	73-75-77—225	875
Bob Stone	46	78-72-76—226	800
Al Balding	T47	75-75-77—227	700
Julius Boros	T47	73-77-77—227	700
Pete Brown	T47	73-78-76—227	700
Ray Bold	50	79-77-74—230	600

SHEARSON LEHMAN BROTHERS SR. CL. ($200,000).
Gleneagles C.C. (72-6,750), Delray Beach, Fla., Nov. 20-23.

Bruce Crampton	**1**	**65-67-68—200**	**$30,000**
Butch Baird	2	68-68-68—204	18,000
Jim Ferree	T3	69-70-67—206	13,750
Chi Chi Rodriguez	T3	70-68-68—206	13,750
Doug Sanders	5	68-72-68—208	10,000
Lee Elder	T6	71-71-67—209	7,000
Orville Moody	T6	72-68-69—209	7,000
Walter Zembriski	T6	71-70-68—209	7,000
Gay Brewer	T9	70-73-67—210	5,300
Billy Casper	T9	70-68-72—210	5,300
Dale Douglass	T9	66-74-70—210	5,300
Bob Erickson	T9	68-71-71—210	5,300
Bob Toski	13	71-67-73—211	4,350
Harold Henning	T14	68-71-73—212	3,925
Joe Jimenez	T14	72-72-68—212	3,925
Al Chandler	T16	69-73-71—213	3,100
Gardner Dickinson	T16	70-74-69—213	3,100
Don January	T16	73-72-68—213	3,100
Howie Johnson	T16	71-70-72—213	3,100
Bobby Nichols	T16	73-73-67—213	3,100
Charles Owens	T16	71-71-71—213	3,100
Miller Barber	T22	74-73-67—214	2,350
Bob Goalby	T22	69-74-71—214	2,350
Dan Sikes	T22	72-72-70—214	2,350
Art Silvestrone	T22	71-70-73—214	2,350
Gene Littler	T26	77-70-68—215	2,050
Ken Still	T26	73-68-74—215	2,050
Buck Adams	T28	69-76-71—216	1,800
Dow Finsterwald	T28	69-75-72—216	1,800

MAZDA CHAMPIONS ($720,000) (Unofficial).
Tryall G. & Beach C. (71-6,235), Sandy Bay, Jamaica, Dec. 19-21. (Each player received money listed.)

Amy Alcott/			
Bob Charles	***1**	**64-65-64—193**	**$250,000**
Ayako Okamoto/			
Jim Ferree	T2	65-63-65—193	14,500
Jan Stephenson/			
Billy Casper	T2	65-62-66—193	14,500
Chris Johnson/			
Arnold Palmer	T4	65-64-65—194	12,500
Becky Pearson/			
Gene Littler	T4	64-64-66—194	12,500
Pat Bradley/			
Bruce Crampton	6	63-65-67—195	11,000
Judy Dickinson/			
Miller Barber	T7	63-67-66—196	9,500
Jane Geddes/			
Charles Owen	T7	67-61-68—196	9,500
Juli Inkster/			
Dale Douglass	9	65-67-68—200	8,000
Patty Sheehan/			
Don January	10	67-67-67—201	7,000
Betsy King/			
Chi Chi Rodriguez	11	67-68-67—202	6,000
M.B. Zimmerman/			
Lee Elder	12	69-68-66—203	5,000

*Won playoff.

SENIOR PROFESSIONALS

1986 SENIOR PGA TOUR STATISTICS

OFFICIAL MONEY LEADERS

	Player	Money
1.	Bruce Crampton	$454,299
2.	Chi Chi Rodriguez	399,172
3.	Dale Douglass	309,760
4.	Don January	299,795
5.	Gary Player	291,190
6.	Lee Elder	283,645
7.	Bob Charles	261,160
8.	Charles Owens	207,813
9.	Miller Barber	204,837
10.	Gene Littler	189,465
11.	Jim Ferree	184,667
12.	Harold Henning	173,034
13.	Gay Brewer	134,487
14.	Billy Casper	133,002
15.	Peter Thomson	131,723
16.	Orville Moody	128,755
17.	George Lanning	109,396
18.	Ben Smith	103,863
19.	Walter Zembriski	103,551
20.	Butch Baird	101,686
21.	Arnold Palmer	99,056
22.	Joe Jimenez	92,459
23.	Doug Sanders	84,498
24.	Charles Sifford	78,945
25.	Bob Goalby	69,016
26.	Mike Fetchick	68,329
27.	Howie Johnson	67,175
28.	Al Balding	62,989
29.	Art Wall	60,456
30.	Jim King	59,294
31.	Bob Brue	59,023
32.	Roberto De Vicenzo	58,809
33.	Al Chandler	58,555
34.	Jack Fleck	57,538
35.	Art Silvestrone	57,109
36.	Bobby Nichols	56,676
37.	Bob Toski	53,544
38.	Ken Still	50,054
39.	Gordon Jones	49,958
40.	Bill Maxwell	47,404
41.	Buck Adams	45,563
42.	Bob Erickson	44,401
43.	Jimmy Powell	44,211
44.	Jerry Barber	39,302
45.	Bill Johnston	39,037
46.	John Brodie	37,801
47.	Jim Cochran	33,517
48.	James Barber	31,600
49.	Mike Souchak	31,149
50.	Gardner Dickinson	28,430

LIFETIME SENIOR MONEY WINNERS
Includes purses on Senior PGA Tour

	Player	Money
1.	Don January	$1,338,791
2.	Miller Barber	1,166,970
3.	Peter Thomson	838,535
4.	Gene Littler	749,216
5.	Lee Elder	720,164
6.	Billy Casper	682,620
7.	Arnold Palmer	679,054
8.	Gay Brewer	574,675
9.	Jim Ferree	544,167
10.	Dan Sikes	486,970
11.	Bruce Crampton	468,549
12.	Bob Goalby	464,572
13.	Orville Moody	447,319
14.	Charles Sifford	411,283
15.	Chi Chi Rodriguez	406,872
16.	Harold Henning	377,158
17.	Gary Player	321,190
18.	Charles Owens	318,081
19.	Howie Johnson	311,629
20.	Mike Fetchick	309,943
21.	Dale Douglass	309,760
22.	Art Wall	285,602
23.	Bob Charles	261,160
24.	Jack Fleck	252,402
25.	Bill Collins	242,702
26.	Doug Sanders	238,627
27.	Roberto De Vicenzo	235,752
28.	Rod Funseth*	235,462
29.	Paul Harney	232,525
30.	Bill Johnston	229,435
31.	Jerry Barber	228,689
32.	George Lanning	219,075
33.	Al Balding	210,515
34.	Fred Hawkins	191,904
35.	Bob Erickson	191,056
36.	Billy Maxwell	190,983
37.	Doug Ford	187,014
38.	Gardner Dickinson	185,785
39.	Ben Smith	185,641
40.	Art Silvestrone	184,540
41.	George Bayer	181,474
42.	Bob Stone	174,033
43.	Bob Toski	172,121
44.	Gordon Jones	166,364
45.	Fred Haas	156,216
46.	Walter Zembriski	150,574
47.	Lionel Hebert	143,739
48.	Ken Still	143,469
49.	Dow Finsterwald	142,713
50.	Julius Boros	138,604

*Deceased.

LIFETIME CAREER MONEY WINNERS
Includes purses on PGA Tour and Senior PGA Tour

	Player	Money
1.	Miller Barber	$2,769,378
2.	Arnold Palmer	2,570,074
3.	Don January	2,479,717
4.	Billy Casper	2,369,078
5.	Gene Littler	2,327,842
6.	Gary Player	2,117,183
7.	Bruce Crampton	1,842,843
8.	Lee Elder	1,741,613

SENIOR PROFESSIONALS

9. Chi Chi Rodriguez	1,443,977
10. Gay Brewer	1,375,638
11. Dan Sikes	1,306,570
12. Julius Boros	1,143,464
13. Bob Goalby	1,109,585
14. Bobby Nichols	1,049,681
15. Doug Sanders	1,011,621
16. Art Wall	924,419
17. Peter Thomson	903,476
18. Rod Funseth	882,272
19. Dale Douglass	879,952
20. Orville Moody	837,234
21. Bob Charles	800,278
22. Charles Sifford	752,628
23. Sam Snead	726,700
24. Gardner Dickinson	720,134
25. Jim Ferree	651,886
26. Ken Still	648,020
27. Doug Ford	601,677
28. Mason Rudolph	595,079
29. Paul Harney	594,409
30. Harold Henning	594,205
31. Howie Johnson	592,526
32. Billy Maxwell	566,581
33. Lionel Hebert	552,194
34. Dow Finsterwald	544,814
35. Bob Rosburg	517,159
36. Bill Collins	432,032
37. Butch Baird	431,476
38. Roberto De Vicenzo	424,044
39. Jerry Barber	406,537
40. Mike Souchak	399,204
41. Fred Hawkins	388,275
42. Mike Fetchick	387,927
43. Jack Fleck	382,299
44. Al Balding	377,492
45. Dave Marr	377,206
46. Johnny Pott	371,972
47. George Bayer	370,342
48. Ted Kroll	368,011
49. Tommy Bolt	349,609
50. Charles Owens	333,543

SCORING LEADERS 1986

Player	Rounds	Average
1. Chi Chi Rodriguez	75	69.65
2. Bruce Crampton	81	69.89
3. Gary Player	51	69.94
4. Dale Douglass	68	70.16
5. Bob Charles	62	70.32
6. Lee Elder	71	70.41
7. Charles Owens	74	70.91
8. Don January	57	70.98
9. Miller Barber	82	71.06
10. Billy Casper	69	71.17
11. Harold Henning	82	71.51
12. Jim Ferree	75	71.63
13. Orville Moody	78	71.68
14. Gay Brewer	78	71.83
15. Gene Littler	78	71.91
16. Arnold Palmer	48	71.92
17. Peter Thomson	68	72.04
18. Walter Zembriski	73	72.19
19. Bob Erickson	40	72.30
20. Bob Goalby	56	72.54
21. Ben Smith	70	72.60
22. George Lanning	81	72.63
23. Joe Jimenez	77	72.64
24. Doug Sanders	64	72.69
25. Bob Brue	52	73.04
26. Charles Sifford	78	73.06
27. Bobby Nichols	61	73.10
28. Ken Still	52	73.27
29. Al Chandler	74	73.30
30. Howie Johnson	81	73.36
31. Jack Fleck	69	73.39
32. Al Balding	77	73.44
33. Art Silverstrone	75	73.49
34. Jim King	48	73.50
35. Buck Adams	57	73.60
36. Jimmy Powell	45	73.62
37. Art Wall	58	73.78
38. Billy Maxwell	68	73.87
39. John Brodie	49	73.92
40. Bill Johnston	65	74.03
41. Jim Cochran	64	74.09
42. Mike Fetchick	80	74.11
43. Gordon Jones	79	74.24
44. Gardner Dickinson	45	74.27
45. Jerry Barber	78	74.41
46. Doug Ford	66	74.82
47. Bill Collins	52	74.92
48. Mike Souchak	49	74.96
49. Fred Haas	39	75.00
50. Lionel Hebert	56	75.14

PERFORMANCE AVERAGE LEADERS 1986

Player	Average
1. Bruce Crampton (27)	.897
2. Chi Chi Rodriguez (25)	.896
3. Gary Player (17)	.887
4. Bob Charles (21)	.867
5. Lee Elder (24)	.833
6. Dale Douglass (23)	.830
7. Don January (19)	.819
8. Charles Owens (24)	.794
9. Miller Barber (27)	.783
10. Billy Casper (23)	.757
Butch Baird (12)	.757
12. Harold Henning (27)	.740
13. Orville Moody (26)	.698
14. Arnold Palmer (15)	.691
15. Gay Brewer (26)	.689
16. Jim Ferree (25)	.668
17. Gene Littler (26)	.652
18. Peter Thomsom (23)	.634
19. Walter Zembriski (25)	.591
20. George Lanning (16)	.567
21. Ben Smith (24)	.556
22. Joe Jimenez (26)	.553
23. Bob Goalby (19)	.534

SENIOR PROFESSIONALS

24. Doug Sanders (21) .519
25. Charles Sifford (26) .496

(Figures in parentheses indicate number of events played.)
Performance Average is an exclusive Golf Digest method of measuring performance relative to the performance of other players in official events. It is calculated by dividing the number of possible points (50 points per tournament entered) into points earned (50 for first place on down to one for 50th).

MAZDA SERIES LEADERS 1986

Player	Points
1. Bruce Crampton	2,293.699
2. Chi Chi Rodriguez	1,939.528
3. Gary Player	1,422.742
4. Dale Douglass	1,387.501
5. Lee Elder	1,376.017
6. Don January	1,309.706
7. Bob Charles	1,128.247
8. Charles Owens	1,085.543
9. Miller Barber	968.649
10. Jim Ferree	846.750
11. Gene Littler	838.020
12. Harold Henning	750.762
13. Gay Brewer	624.978
14. Billy Casper	620.037
15. Orville Moody	613.245
16. Peter Thomson	552.708
17. Butch Baird	551.549
18. Walter Zembriski	523.365
19. Arnold Palmer	484.625
20. George Lanning	462.074
21. Doug Sanders	442.624
22. Joe Jimenez	439.392
23. Ben Smith	414.311
24. Charles Sifford	344.293
25. Mike Fetchick	319.044

Mazda points for year-end $300,000 bonus pool distribution are awarded in this manner: 150 to the winner of each official Senior PGA Tour event; 98 for second; 90 for third and on down to one for 60th place. The top 10-point winners at year end team with the top ten LPGA Tour point winners to compete in the $730,000 Mazda Champions tournament in December in Jamaica.

PAST WINNERS OF SENIOR PGA TOUR EVENTS

USGA SENIOR OPEN

Year	Winner, runner-up	Site	Score
1980	Robert De Vicenzo	Winged Foot G.C.	285
	Bill Campbell	Mamaroneck, N.Y.	289
1981	*Arnold Palmer	Oakland Hills C.C.	289
	Bill Casper	Birmingham, Mich.	289
	Bob Stone		289
1982	Miller Barber	Portland C.C.	282
	Gene Littler	Portland, Ore.	286
	Dan Sikes		286
1983	*Bill Casper	Hazeltine Ntl. G.C.	288
	Rod Funseth	Chaska, Minn.	288
1984	Miller Barber	Oak Hill C.C.	286
	Arnold Palmer	Rochester, N.Y.	288
1985	Miller Barber	Edgewood Tahoe G. Cse.	285
	Roberto De Vicenzo	Stateline, Nev.	289
1986	Dale Douglass	Scioto C.C.	279
	Gary Player	Columbus, Ohio	280

*Won playoff.

USGA SENIOR OPEN CHAMPIONSHIP SCORING RECORDS

Lowest 18-hole score
65, Miller Barber, 1982.
Lowest first round
66, by Dale Douglass.
Lowest first 36 holes
138, Dale Douglass, 1986.
Lowest first 54 holes
206, Dale Douglass, 1986.
Lowest 72-hole score
279, Dale Douglass, 1986.
Amateur's best finish
289, William C. Campbell, second in inaugural Open, 1980.
Highest 18-hole lead score
72, Mike Fetchick, Ted Kroll, Charles Sifford and Bill Trombley (amateur), 1980.
Highest 36-hole lead score
144, William C. Campbell, 1980.
Highest 54-hole lead score
216, Arnold Palmer, Billy Casper and Art Wall, 1981; Dan Sikes Jr., 1982.
Highest 72-hole winning score
289, Arnold Palmer, Billy Casper and Bob Stone, 1981.
Largest winning margin
4 strokes, Roberto De Vicenzo, 1980; Miller Barber, 1982; Arnold Palmer (in playoff), 1981.
Best start by champion
66, Dale Douglass, 1986.
Best finish by champion
65, Miller Barber, 1982.
First score in 60s
68, William C. Campbell, 1980.
Most sub-par rounds, single Open
31, 1986.
Fewest sub-par rounds, single Open
2, 1981.
Most sub-par rounds by player in single Open
3, Miller Barber, 1985; Harold Henning, 1986.

USGA SENIOR OPEN NOTES OF INTEREST

Youngest champion
Dale Douglass, 50 years, 3 months and 24 days in 1986.
Oldest champion
Roberto De Vicenzo, 57 years, 2 months and 15 days in 1980.
Foreign champions
Roberto De Vicenzo, 1980.

SENIOR PROFESSIONALS

Longest Course
Edgewood Tahoe G. Cse., Stateline, Nev., 7,055 yards, 1985.
Hole-in-one
Mac Main, 1985.

U.S. NATIONAL SENIOR OPEN G.A. CH.

Year	Winner	Year	Winner
1957	*Fred Wood	1972	Tommy Bolt
1958	Willie Goggin	1973	Manuel de la Torre
1959	*Willie Goggin	1974	Willie Barber
1960	Chas. Congdon	1975	Willie Barber
1961	Dutch Harrison	1976	Willie Barber
1962	Dutch Harrison	1977	John Kalinka
1963	Dutch Harrison	1978	Art Wall Jr.
1964	Dutch Harrison	1979	Bill Johnston
1965	Chandler Harper	1980	Harvie Ward
1966	Dutch Harrison	1981	Billy Casper
1967	Pete Fleming	1982	Bob Erickson
1968	Tommy Bolt	1983	Dean Lind
1969	Tommy Bolt	1984	Stan Thirsk
1970	Tommy Bolt	1985	Not held
1971	Tommy Bolt	1986	Not held.

*Won playoff.

PGA SENIORS' CHAMPIONSHIP

Year	Winner	Year	Winner
1937	Jock Hutchison	1963	Herman Barron
1938	Fred McLeod	1964	Sam Snead
1939	Not held	1965	Sam Snead
1940	Otto Hackbarth	1966	Fred Haas
1941	Jack Burke	1967	Sam Snead
1942	Eddie Williams	1968	Chandler Harper
1943	Not held	1969	Tommy Bolt
1944	Not held	1970	Sam Snead
1945	Eddie Williams	1971	Julius Boros
1946	Eddie Williams	1972	Sam Snead
1947	Jock Hutchison	1973	Sam Snead
1948	Charles McKenna	1974	Robert De Vicenzo
1949	Marshall Crichton	1975	*Charlie Sifford
1950	Al Watrous	1976	Pete Cooper
1951	*Al Watrous	1977	Julius Boros
1952	Ernest Newnham	1978	*Joe Jimenez
1953	Harry Schwab	1979	*Jack Fleck; Don January
1954	Gene Sarazen	1980	*Arnold Palmer
1955	Mortie Dutra	1981	Miller Barber
1956	Pete Burke	1982	Don January
1957	Al Watrous	1983	Not held
1958	Gene Sarazen	1984	Arnold Palmer; Peter Thomson
1959	Willie Goggin	1985	Not held
1960	Dick Metz	1986	Gary Player
1961	Paul Runyan		
1962	Paul Runyan		

*Won playoff.
Two championships held in 1979, 1984.

LEGENDS OF GOLF

Site: Onion Creek C.C., Austin, Tex.

Year	Winners	Score
1978	Sam Snead-Gardner Dickinson	193
1979	Roberto De Vicenzo-Julius Boros	195
1980	Tommy Bolt-Art Wall	187
1981	Gene Littler-Bob Rosburg	257
1982	Sam Snead-Don January	183
1983	Roberto De Vicenzo-Rod Funseth	258
1984	Gay Brewer-Billy Casper	258
1985	Don January-Gene Littler	257
1986	Don January-Gene Littler	255

THE COMMEMORATIVE

Site: Newport (R.I.) C.C.

Year	Winner, runner-up	Hometown	Score
1980	Sam Snead	Hot Springs, Va.	136
	Bob Goalby	Belleville, Ill.	137
1981	*Doug Ford	Longwood, Fla.	208
	Sam Snead	Hot Springs, Va.	208
1982	*Billy Casper	Mapleton, Utah	206
	Bob Toski	Boca Raton, Fla.	206
1983	Miller Barber	Sherman, Tex.	200
	Gay Brewer	Palm Springs, Calif.	205
1984	Roberto De Vicenzo	Buenos Aires	206
	Gardner Dickinson	No. Palm Beach, Fla.	208
1985	*Lee Elder	Washington, D.C.	133
	Peter Thomson	Melbourne, Australia	133

Site: Sleepy Hollow C.C., Scarborough, N.Y.

1986	Lee Elder	Washington, D.C.	199
	Chi Chi Rodriguez	Dorado Beach, P.R.	201

*Won playoff.

CITIZENS UNION SENIOR CLASSIC

Site: Lexington, Ky.

Year	Winner	Score
1983	Don January	269
1984	Gay Brewer	204
1985	*Lee Elder	135

UNITED VIRGINIA BANK SENIOR CLASSIC

Site: Manakin-Sabot, Va.

Year	Winner	Score
1983	Miller Barber	211
1984	Dan Sikes	207
1985	Peter Thomson	207
1986	Chi Chi Rodriguez	202

PAINEWEBBER WORLD SENIOR

Site: Charlotte, N.C.

Year	Winner	Score
1980	Gene Littler	211
1981	Miller Barber	282
1982	Gene Littler	280
1983	Doug Sanders	283
1984	Peter Thomson	281
1985	Miller Barber	277
1986	Bruce Crampton	279

SENIOR PROFESSIONALS

CUYAHOGA SENIORS INTERNATIONAL
Site: Hilton Head, S.C.

Year	Winner	Score
1982	*Miller Barber/Dan Sikes	138
1983	Miller Barber	281
1984	Lee Elder	203
1985	Mike Fetchick	210
1986	Butch Baird	210

*Won playoff.

BARNETT SUNTREE CLASSIC
Site: Melbourne, Fla.

Year	Winner	Score
1980	Charlie Sifford	279
1981	Miller Barber	204
1982	Miller Barber	264
1983	Don January	274
1984	Lee Elder	200
1985	Peter Thomson	207
1986	Dale Douglass	203

SEIKO/TUCSON
Site: Tucson, Ariz.

Year	Winner
1984	Gene Littler
1985	Harold Henning
1986	Don January

SENIOR TPC
Site: Cleveland, Ohio

Year	Winner	Score
1983	Miller Barber	278
1984	Arnold	276
1985	Arnold Palmer	274
1986	Chi Chi Rodriguez	206

VINTAGE INTERNATIONAL
Site: Indian Wells, Calif.

Year	Winner	Score
1981	Gene Littler	271
1982	Miller Barber	282
1983	Gene Littler	280
1984	Don January	280
1985	Peter Thomson	280
1986	Dale Douglass	272

SENIOR PGA TOUR ROUNDUP

Year	Winners	Score
1984	Billy Casper	202
1985	Don January	198
1986	*Charles Owens	202

*Won playoff.

MONY SYRACUSE SENIORS CLASSIC

Year	Winners	Score
1982	Bill Collins	285
1983	Gene Littler	275
1984	Miller Barber	206
1985	Peter Thomson	204
1986	Bruce Crampton	206

MONY TOURNAMENT OF CHAMPIONS

Year	Winner	Score
1984	Orville Moody	288
1985	Peter Thomson	284
1986	Miller Barber	282

DENVER POST CHAMPIONS
Site: Castle Rock, Colo.

Year	Winner	Score
1982	Arnold Palmer	275
1983	Don January	217
1984	Miller Barber	208
1985	Lee Elder	213
1986	*Gary Player	208

*Won playoff.

DIGITAL SENIOR CLASSIC
Site: Concord, Mass.

Year	Winner	Score
1981	Bob Goalby	208
1982	Arnold Palmer	276
1983	Don January	273
1984	Don January	209
1985	*Lee Elder	208
1986	Chi Chi Rodriguez	203

*Won playoff.

DU MAURIER CHAMPIONS
Site: Coquitlam, Canada

Year	Winner	Score
1981	*Miller Barber	204
1982	Bob Goalby	273
1983	Don January	274
1984	Don January	194
1985	Peter Thomson	203
1986	Not held.	

*Won playoff.

THE SHOWDOWN CLASSIC
Site: Park City, Utah

Year	Winner	Score
1982	Billy Casper	279
1983	Bob Goalby/Mike Reid	256
1984	Don January/Mike Sullivan	250
1985	*Miller Barber/Ben Crenshaw	257
1986	Bobby Nichols/Curt Byrum	249

*Won playoff.

SENIOR PROFESSIONALS
PAST SENIOR PGA TOUR STATISTICS
PAST SENIOR LEADING MONEY WINNERS

1981
Player	Money
1. Gene Littler	$137,427
2. Bob Goalby	110,677
3. Miller Barber	97,386
4. Don January	95,600
5. Arnold Palmer	72,100
6. Doug Ford	70,444
7. Art Wall	54,406
8. Sam Snead	53,133
9. Bob Rosburg	50,180
10. Kel Nagle	49,168

1982
Player	Money
1. Miller Barber	$172,590
2. Don January	158,508
3. Bob Goalby	137,473
4. Arnold Palmer	108,347
5. Gene Littler	100,370
6. Billy Casper	94,473
7. Dan Sikes	90,944
8. Art Wall	86,024
9. Sam Snead	80,956
10. Gay Brewer	61,511

1983
Player	Money
1. Miller Barber	$283,545
2. Don January	253,608
3. Ron Funseth	182,067
4. Gene Littler	181,215
5. Billy Casper	172,749
6. Paul Harney	125,148
7. Gay Brewer	125,136
8. Roberto De Vicenzo	118,487
9. Arnold Palmer	117,650
10. Dan Sikes	92,082

1984
Player	Money
1. Don January	$328,597
2. Miller Barber	299,099
3. Peter Thomson	228,940
4. Arnold Palmer	184,582
5. Orville Moody	183,920
6. Dan Sikes	173,815
7. Billy Casper	170,796
8. Gay Brewer	133,769
9. Gene Littler	131,122
10. Lee Elder	128,723

1985
Player	Money
1. Peter Thomson	$386,724
2. Lee Elder	307,795
3. Don January	247,006
4. Miller Barber	241,999
5. Gene Littler	200,981
6. Harold Henning	197,624
7. Gay Brewer	173,604
8. Billy Casper	154,232
9. Jim Ferree	153,087
10. Dan Sikes	138,700

1986
Player	Money
1. Bruce Crampton	$454,299
2. Chi Chi Rodriguez	399,172
3. Dale Douglass	309,760
4. Don January	299,795
5. Gary Player	291,190
6. Lee Elder	283,645
7. Bob Charles	261,160
8. Charles Owens	207,813
9. Miller Barber	204,837
10. Gene Littler	189,465

TOURNAMENT PRIZE MONEY
Year	Events	Total Purses	Average Purse
1980	2	$ 250,000	$125,000
1981	5	750,000	150,000
1982	11	1,572,500	142,954
1983	18	3,364,768	186,931
1984	28	6,025,000	214,833
1985	26	5,965,000	229,423
1986	30	7,800,000	260,000

PAST SENIOR SCORING LEADERS

1982
Player	Rds.	Avg.
1. Don January	30	70.03
2. Miller Barber	38	70.68
3. Bob Goalby	37	70.95
4. Gene Littler	27	71.00
5. Dan Sikes	37	71.41
6. Arnold Palmer	28	71.61
7. Billy Casper	29	71.69
8. Art Wall	28	71.86
9. Peter Thomson	27	71.93
10. Gay Brewer	26	72.00

1983
Player	Rds.	Avg.
1. Don January	52	69.46
2. Miller Barber	59	70.15
3. Doug Sanders	27	70.44
4. Billy Casper	48	70.75
5. Gene Littler	51	70.81
6. Gay Brewer	48	70.88
7. Arnold Palmer	45	70.93
8. Rod Funseth	48	71.15
9. Peter Thomson	44	71.27
10. Jim Ferree	40	71.28

SENIOR PROFESSIONALS

1984
Player	Rds.	Avg.
1. Don January	53	70.68
2. Miller Barber	70	71.13
3. Peter Thomson	63	71.59
4. Arnold Palmer	46	71.80
5. Dan Sikes	57	71.86
6. Orville Moody	66	71.94
7. Billy Casper	55	72.00
8. Gay Brewer	53	72.09
9. Bob Goalby	61	72.18
10. Jim Ferree	55	72.20

1985
Player	Rds.	Avg.
1. Don January	54	70.11
2. Peter Thomson	65	70.17
3. Lee Elder	68	70.63
4. Miller Barber	68	71.10
5. Gene Littler	64	71.19
6. Arnold Palmer	42	71.40
7. Billy Casper	61	71.46
8. Jim Ferree	64	71.55
9. Gay Brewer	65	71.69
10. Harold Henning	66	71.70

1986
Player	Rds.	Avg.
1. Chi Chi Rodriguez	75	69.95
2. Bruce Crampton	81	69.95
3. Gary Player	51	69.94
4. Dale Douglass	68	70.16
5. Bob Charles	62	70.32
6. Lee Elder	71	70.14
7. Charles Owens	74	70.91
8. Don January	57	70.98
9. Miller Barber	82	71.06
10. Billy Casper	69	71.17

CHAPTER 3

WOMEN PROFESSIONALS

LPGA Tour Review	143
1986 LPGA Tour Leaders	144
1986 LPGA Tour Highlights	145
LPGA All-Time Records	146
1986 LPGA Tournament Results	147
1986 LPGA Tour Statistics	169
Past Winners Major Events	172
Past Winners LPGA Tour Events	176
Past LPGA Tour Statistics	181

WOMEN PROFESSIONALS

LPGA TOUR
Bradley sweeps nearly all of LPGA's awards, honors

There were those who thought that Nancy Lopez' all-time money-winning record of $416,473 set in 1985 might stand for many years. After all, it was the first time any LPGA competitor had topped $400,000, and only the second total over $300,000.

Forget it. Turns out there was a time bomb waiting to explode in the form of Pat Bradley, who at 35 and in her 13th tour year ground Lopez' numbers to dust. Perhaps it would be foolhardy to predict that Bradley's year is not likely to be surpassed for awhile, but whoever does it is going to have to come up with some kind of golf.

Pat Bradley won three majors, record-setting $492,021

Contemplate these Bradley accomplishments:
- All all-time record of $492,021 in prize money.
- First to reach $2 million in career earnings (total, $2,286,218).
- First to have won all four majors in her career; Nabisco Dinah Shore, LPGA Championship and du Marier Classic, all in 1986, and the U.S. Open in 1981.
- Second to win the LPGA's three major awards in one year: Vare Trophy (71.10 scoring average), Player-of-the-Year and the Mazda Series (worth a bonus award of $125,000). Lopez did this is 1985.
- Most wins by a competitor in 1986, five; besides the three majors, she won the S&H Classic and the Nestle World Championship.

Bradley's statistical domination continued to her league-leading number of top-10 finishes, 17, and her scoring average was the second-lowest in LPGA history. That's one mark she did not wrest from Lopez, whose 70.73 in 1985 remains the all-time mark. Incidentally, Lopez played in only four 1986 events, taking a "pregnancy" leave of absence; she plans a full 1987 schedule.

Although Bradley did almost blanket the year, there were others who had noteworthy seasons. Juli Inkster was second behind Bradley in wins, with four, and two-time winner Betsy King placed second in money with a tidy $290,195. Other multiple winners were Patty Sheehan, with three; Mary Beth Zimmerman, Amy Alcott, Jane Geddes, Judy Dickinson and Ayako Okamoto, all with two.

The year's best surge was recorded by Geddes, who emerged as a genuine contender. In only her fourth tour year, Geddes, 26, made the U.S. Open her first victory, then won again the next week, in the Boston Five. Geddes, who totaled a fifth-ranked $221,255 in prize money, won Golf Digest's Most Improved Professional award. Geddes has moved to her present status from 94th in money in 1983, 36th in 1984 and 17th in 1985.

Jody Rosenthal earned rookie honors, edging another talented newcomer, Deb Richard, $106,523 (18th) to $98,451 (22nd). Rosenthal capped her year by winning the unofficial Japanese Women's Open late in the season. A scattering of LPGA regulars was in the field.

WOMEN PROFESSIONALS
1986 LPGA TOUR LEADERS

Player	Money for 1986	Money per Tour Event	Career Earnings	Tour Events	Cuts Made	1986 Finishes 1st	2nd	3rd	Scoring Avg.	Perf. Avg.[1]
1. Pat Bradley (2)	$492,021	$18,223	$2,286,218	27	26	5	6	2	71.10	.788
2. Betsy King (6)	290,125	10,364	1,098,219	28	26	2	4	2	71.75	.702
3. Juli Inkster (19)	285,293	12,404	623,665	23	23	4	1	2	72.15	.640
4. Amy Alcott (4)	244,410	10,627	1,806,648	23	22	2	2	1	71.99	.664
5. Jane Geddes (17)	221,255	7,902	397,663	28	26	2	1	0	72.39	.591
6. M.B. Zimmerman (22)	221,072	8,503	347,705	26	21	2	2	1	72.82	.483
7. Patty Sheehan (5)	214,281	8,928	1,309,962	24	23	3	1	0	72.17	.574
8. Chris Johnson (29)	200,648	7,717	465,175	26	25	1	2	2	72.26	.563
9. Ayako Okamoto (23)	198,362	8,265	767,597	24	21	2	2	2	72.07	.568
10. Judy Dickinson (9)	195,834	8,160	670,749	25	25	2	0	1	72.04	.644
11. Val Skinner (14)	165,243	6,885	350,056	24	22	1	1	0	72.19	.612
12. Jan Stephenson (10)	165,238	5,901	1,265,443	28	26	0	1	1	72.06	.646
13. Becky Pearson (51)	155,244	5,363	328,664	29	27	1	1	1	72.62	.527
14. Sandra Palmer (57)	148,422	5,301	1,074,823	28	27	1	1	0	72.71	.480
15. Debbie Massey (35)	122,495	5,104	594,772	24	21	0	2	1	72.99	.457
16. Laurie Rinker (39)	111,756	4,139	315,506	27	25	1	0	0	73.16	.429
17. Cathy Kratzert (77)	107,638	4,306	135,895	25	19	0	3	0	73.10	.336
18. Jody Rosenthal	106,523	4,631	106,523	23	21	0	2	0	72.84	.478
19. Hollis Stacy (18)	104,286	4,534	1,151,766	23	22	0	1	1	73.29	.559
20. M. Spencer-Devlin (12)	104,034	4,523	388,416	23	17	1	1	0	73.55	.350
21. Beth Daniel (8)	103,547	4,314	1,301,111	24	20	0	1	0	72.71	.506
22. Deb Richard	98,451	3,646	98,451	27	19	0	2	0	73.18	.402
23. Patti Rizzo (24)	88,936	3,421	370,187	26	24	0	1	0	72.81	.455
24. Lauren Howe (64)	86,951	3,105	217,230	28	19	0	1	0	73.60	.311
25. Alice Ritzman (50)	84,443	3,248	345,625	26	21	0	1	0	b3.29	.401
26. JoAnne Carner (11)	82,802	4,600	2,013,992	18	17	0	1	1	72.65	.498
27. Cathy Morse (25)	82,406	3,296	414,909	25	23	0	0	0	72.92	.470
28. Jane Crafter (32)	79,431	3,177	235,566	25	22	0	0	1	73.04	.429
29. Ok-Hee Ku	79,327	3,606	79,327	22	16	0	0	1	73.70	.388
30. Penny Pulz (36)	77,652	3,530	487,770	22	14	1	0	0	73.54	.345
31. Colleen Walker (52)	73,314	2,820	151,680	26	21	0	1	0	72.71	.411
32. Amy Benz (31)	72,407	2,785	188,824	26	19	0	0	1	73.44	.352
33. Rosie Jones (30)	71,399	3,245	287,322	22	21	0	0	0	72.72	.515
34. M. Figueras-Dotti (43)	68,081	2,348	217,830	29	22	0	0	0	73.82	.305
35. Nancy Lopez (1)	67,700	16,925	1,711,079	4	4	0	2	1	70.29	.907
36. Cindy Hill (45)	63,715	3,186	304,434	20	16	0	1	0	73.72	.353
37. Bonnie Lauer (16)	63,417	2,883	434,136	22	18	0	0	0	73.74	.273
38. Penny Hammel (27)	62,135	2,301	133,327	27	19	0	0	0	73.56	.335
39. Lori Garbacz (15)	61,160	3,058	429,733	20	16	0	0	0	73.30	.386
40. Janet Coles (34)	61,141	2,446	489,192	25	21	0	1	0	73.72	.258
41. Sherri Turner (38)	56,773	2,103	165,978	27	23	0	0	0	73.74	.311
42. Cindy Mackey (74)	56,581	2,358	109,425	24	14	1	0	0	74.05	.192
43. Kathy Postlewait (20)	56,320	2,166	557,154	26	20	0	0	0	73.24	.350
44. Sally Little (42)	55,802	2,657	1,056,108	21	14	0	1	0	73.83	.287
45. Myra Blackwelder (40)	55,648	1,987	323,810	28	19	0	0	1	74.00	.237
46. Kathy Whitworth (21)	54,774	2,107	1,666,762	26	22	0	0	0	73.80	.294
47. Dawn Coe (67)	54,332	2,090	108,800	26	22	0	0	0	73.26	.328
48. Lisa Young (70)	53,411	2,136	123,059	25	18	0	0	0	73.83	.288
49. Robin Walton (62)	52,784	1,955	181,832	27	21	0	0	0	73.61	.293
50. Dale Eggeling (66)	52,684	1,882	384,838	28	21	0	0	0	73.71	.314

WOMEN PROFESSIONALS

51. Laura Baugh (46)	50,412	3,151	449,640	16	11	0	1	0	73.81	.227
52. Vicki Fergon (60)	50,324	2,013	372,761	25	16	0	0	0	74.44	.228
53. Nancy Scranton (105)	49,409	1,765	62,884	28	16	0	0	1	74.65	.206
54. Kathy Baker (13)	47,069	2,241	235,581	21	18	0	0	0	73.26	.333
55. Lauri Peterson (55)	45,967	1,768	246,415	26	24	0	0	0	73.59	.300
56. Barb Thomas (59)	44,239	1,702	102,213	26	13	0	1	0	74.72	.199
57. Jerilyn Britz (63)	43,953	1,628	400,307	27	18	0	0	1	74.01	.185
58. Anne-Marie Palli (75)	42,516	1,635	190,798	26	19	0	0	0	73.89	.222
59. Allison Finney (33)	38,348	1,322	110,947	29	21	0	0	0	74.30	.238
60. Donna Caponi (47)	37,975	1,808	1,339,445	21	10	0	1	0	74.70	.160

Event Winners: V. Skinner (Mazda), Okamoto (Arden, Ping), Sheehan (Sarasota, Inamori, Konica), Zimmerman (Samaritan, Uniden). Inkster (Kemper, McDonald's, Lady Keystone, Atlantic City), Johnson (GNA), Pulz (Tucson), Bradley (Nabisco, S&H, LPGA, du Maurier, World Championship), Spencer-Devlin (United Va. Bank), B. Pearson (Chrysler-Plymouth), Rinker (Corning), Dickinson (Rochester, Safeco), Palmer (Mayflower), Alcott (Hall of Fame, LPGA Pro-Am), Geddes (U.S. Open, Boston), King (Henredon, Rail), Mackey (MasterCard), Ai-Yu Tu (Mazda Japan).

[1]Performance Average is an exclusive Golf Digest method of measuring performance relative to the performance of other players in official events. It is calculated by dividing the number of possible points (50 points per tournament entered) into points earned (50 for first place on down to one for 50th).

Note: Figures in parentheses after players' names indicate 1985 money-winning rank.

HIGHLIGHTS OF THE 1986 LPGA TOUR

LOWEST SCORES

9 holes: 29 (7 under par), Cindy Rarick, Lady Keystone.
18 holes: 63 (9 under par), Pat Bradley, Nestle; Betsy King, Rail; Judy Dickinson, Safeco.
36 holes: 133 (11 under par), Pat Bradley, Circle K.
54 holes: 204 (12 under par), Juli Inkster, McDonald's; Janet Coles, S & H.
72 holes: 272 (16 under par), Pat Bradley, S & H.

BEST START BY WINNER

68 (4 under par), Patty Sheehan, Sarasota; Mary Beth Zimmerman, Samaritan; Juli Inkster, McDonald's; Sandra Palmer, Mayflower.

WORST START BY WINNER

76 (4 over par), Muffin Spencer-Devlin, United Virginia Bank.

BEST FINISH BY WINNER

63 (9 under par), Pat Bradley, Nestle.

WORST FINISH BY WINNER

77 (5 over par), Juli Inkster, McDonald's.

WIRE-TO-WIRE WINNERS

Patty Sheehan, Sarasota; Mary Beth Zimmerman, Uniden; Pat Bradley, Nabisco; Juli Inkster, McDonald's; Cindy Mackey, MasterCard; Juli Inkster, Atlantic City.

LARGEST WINNING MARGINS

14 strokes, Cindy Mackey, MasterCard.

HIGHEST WINNING SCORES

72 holes: 287 (1 under par), Jane Geddes and Sally Little, U.S. Women's Open. 54 holes: 214 (2 under par), Muffin Spencer-Devlin, United Virginia Bank.

LOWEST WINNING SCORES

72 holes: 272 (16 under par), Pat Bradley, S & H. 54 holes: 205 (11 under par), Betsy King, Rail.

MOST CONSECUTIVE BIRDIES

6, Juli Inkster, Sarasota and Kemper.

Juli Inkster had six consecutive birdies at both Sarasota and Kemper.

WOMEN PROFESSIONALS

MOST CONSECUTIVE HOLES WITHOUT A BOGEY
51, Kathy Postlewait, Kemper.

MOST EAGLES DURING SEASON
8, Jane Geddes and Chris Johnson.

MOST BIRDIES PER ROUND
3.13, Betsy King.

MOST ROUNDS UNDER PAR
54, by Pat Bradley.

FIRST-TIME WINNERS
Jane Geddes, U.S. Women's Open; Becky Pearson, Chrysler-Plymouth; Cindy Mackey, MasterCard; Mary Beth Zimmerman, Samaritan Turquoise.

LPGA ALL-TIME TOUR RECORDS

(Scores under "preferred lie" rule not admitted.)
72 holes—268 (66-67-69-66), by Nancy Lopez, 1985 Henredon Classic.

Nancy Lopez holds all-time tour record for 72 holes—268.

54 holes (in 72-hole tournament)—201 (69-68-64), by Patti Rizzo, 1985 Corning Classic.
54 holes (in 54-hole tournament)—198 (18 under par), by Jan Stephenson in 1981 Mary Kay Cl.
36 holes (in 72-hole tournament)—129 (64-65), by Judy Dickinson, 1985 S&H Golf Classic.

36 holes (in 54-hole tournament)—131 (66-65), by Kathy Martin, 1976 Birmingham Cl.; also by Silvia Bertolaccini (66-65), 1977 Lady Keystone Open.
18 holes—62 (11 under par), by Vicki Fergon in second round, 1984 San Jose Classic; 62 (9 under par), by Mickey Wright in first round, 1964 Tall City Open.
9 holes—28 (8 under par), by Mary Beth Zimmerman on the second nine of the second round in the 1984 Rail Charity; 28 (7 under par) by Pat Bradley on the first nine of the second round in the 1984 Columbia Savings Cl; 28 (7 under par) by Muffin Spencer-Devlin on the back nine of the last round in 1985 MasterCard Int'l.
Most wins in single season—13, by Mickey Wright in 1963.
Most consecutive victories—5, by Nancy Lopez, 1978 (skipped one scheduled event after three wins); 4, by Mickey Wright, twice, in 1962 and 1963, and Kathy Whitworth, 1969 (4 consecutive scheduled events), and by Shirley Englehorn, 1970 (skipped one scheduled event after first win).
Most official money in a single season—$492,021, by Pat Bradley, 1986.

11 birdies in one round by Vicki Fergon is an all-time tour record.

Most birdies in one round—11, by Vicki Fergon in second round, 1984 San Jose Cl.
Consecutive birdies—8, by Mary Beth Zimmerman in second round, 1984 Rail Charity Cl.
Fewest putts in one round—17, by Joan Joyce, 1982 Lady Michelob, third round.
Youngest winner—Marlene Hagge, 18 when she won 1952 Sarasota Open.
Oldest winner—JoAnne Carner, 46, when she won 1985 Safeco Classic.

WOMEN PROFESSIONALS

1986 LPGA TOUR RESULTS

MAZDA CLASSIC ($200,000).
Stonebridge G.&C.C. (72-6,368), Boca Raton, Fla., Jan. 23-26.

Player	Pos	Score	Prize
Val Skinner	1	74-69-68-69—280	$30,000
Sandra Palmer	2	70-69-72-70—281	18,500
Becky Pearson	T3	71-70-71-71—283	12,000
Hollis Stacy	T3	70-70-71-72—283	12,000
Barb Thomas	5	72-70-66-76—284	8,500
Patty Sheehan	6	75-70-66-76—285	7,000
Pat Bradley	7	72-71-71-72—286	5,900
Judy Dickinson	8	68-74-70-76—288	5,200
Alice Ritzman	T9	73-73-72-71—289	4,234
Patti Rizzo	T9	75-68-73-73—289	4,233
Pat Meyers	T9	74-67-71-77—289	4,233
Penny Hammel	T12	76-69-72-73—290	3,200
Jan Stephenson	T12	71-74-71-74—290	3,200
Jane Crafter	T12	69-73-72-76—290	3,200
Sally Little	T12	71-71-67-81—290	3,200
Ayako Okamoto	T16	76-70-72-73—291	2,550
M.B. Zimmerman	T16	73-73-74-71—291	2,550
Debbie Massey	T16	75-71-71-74—291	2,550
Jo Ann Washam	T16	71-67-76-77—291	2,550
Jane Geddes	T20	77-71-74-70—292	2,153
Cathy Morse	T20	74-71-74-73—292	2,153
Shirley Furlong	T20	73-73-71-75—292	2,152
Kathy Whitworth	T20	70-72-75-75—292	2,152
Betsy King	T24	68-79-73-73—293	1,850
Lauri Peterson	T24	74-72-71-76—293	1,850
Pia Nilsson	T24	70-71-75-77—293	1,850
Allison Finney	T24	72-70-70-81—293	1,850
M. Figueras-Dotti	T28	75-73-72-74—294	1,451
LeAnn Cassaday	T28	72-74-70-76-74—294	1,451
Lori Garbacz	T28	76-74-69-75—294	1,451
Kim Shipman	T28	75-74-70-75—294	1,451
Jane Blalock	T28	73-69-77-75—294	1,451
S. Bertolaccini	T28	72-71-78-75—294	1,451
Deb Richard	T28	75-67-76-76—294	1,451
Sally Quinlan	T28	72-71-74-77—294	1,451
Cindy Mackey	T28	73-72-71-78—294	1,451
Colleen Walker	T28	72-72-72-78—294	1,451
Cathy Kratzert	T38	74-74-72-75—295	1,120
Missie Berteotti	T38	74-69-77-75—295	1,120
Laurie Rinker	T38	76-70-73-76—295	1,120
M. Spencer-Devlin	T41	72-72-77-75—296	920
Rosie Jones	T41	72-71-78-75—296	920
Amy Benz	T41	71-75-74-76—296	920
Heather Farr	T41	74-71-75-76—296	920
Dale Eggeling	T41	74-72-71-79—296	920
Robin Walton	T41	70-69-71-86—296	920
JoAnne Carner	T47	73-76-74-74—297	740
Beth Daniel	T47	69-75-75-78—297	740
T. Fredrickson	T47	69-72-76-80—297	740
Jerilyn Britz	T50	74-73-75-76—298	630
C. Montgomery	T50	78-72-70-78—298	630
Debbie Hall	T50	72-74-74-78—298	630
Judy Ellis-Sams	T53	71-76-77-75—299	555
Myra Blackwelder	T53	76-74-73-76—299	555
Barb Bunkowsky	T55	75-73-78-74—300	425
Donna White	T55	72-78-75-75—300	425
Kathy Hite	T55	71-79-74-76—300	424
Linda Hunt	T55	72-77-75-76—300	424
Cathy Reynolds	T55	75-75-73-77—300	424
Dawn Coe	T55	70-79-73-78—300	424
Lynn Stroney	T55	75-72-74-79—300	424
Nancy Rubin	T62	76-74-76-75—301	314
Vicki Fergon	T62	73-72-73-83—301	314
Sherrin Galbraith	T62	70-75-72-84—301	313
Missie McGeorge	T65	74-76-76-77—303	275
Deedee Lasker	T65	77-73-74-79—303	275
Sue Ertl	T65	74-73-75-81—303	275
D. Howe Chanc'lor	T65	74-72-76-81—303	275
Cindy Hill	69	75-74-74-80—304	250
Susan Sanders	T70	77-71-80-77—305	189
Cathy Johnston	T70	73-77-77-78—305	189
Patricia Jordan	T70	73-76-78-78—305	189
Ok-Hee Ku	T70	73-77-74-81—305	189
Elaine Crosby	T70	73-77-73-82—305	188
Beverley Davis	T70	73-76-74-82—305	188
Stephanie Farwig	T70	72-74-77-82—305	188
Jackie Bertsch	77	71-76-76-83—306	0
Denise Strebig	78	78-69-76-85—308	0
Nina Foust	79	73-77-78-85—313	0
N. White-Brewer	T80	74-76-79-85—314	0
Carolyn Hill	T80	75-75-77-87—314	0

ELIZABETH ARDEN CLASSIC ($200,000).
Turnberry Isle C.C. (72-6,103), Miami, Fla., Jan. 30-Feb. 2.

Player	Pos	Score	Prize
Ayako Okamoto	1	69-67-73-71—280	$30,000
M. Spencer-Devlin	2	69-71-72-69—281	18,500
Debbie Massey	3	68-72-71-72—283	13,500
Lisa Young	T4	73-71-71-70—285	7,420
Pat Bradley	T4	70-74-71-70—285	7,420
Lori Garbacz	T4	75-67-71-72—285	7,420
Hollis Stacy	T4	72-68-72-73—285	7,420
Beth Daniel	T4	70-69-71-75—285	7,420
Sally Quinlan	T9	75-66-75-70—286	4,234
Betsy King	T9	74-68-73-71—286	4,233
Juli Inkster	T9	70-71-72-73—286	4,233
JoAnne Carner	T12	74-75-69-69—287	3,300
Amy Benz	T12	75-67-73-72—287	3,300
Beverly Klass	T12	70-72-72-73—287	3,300
Chris Johnson	T15	73-76-69-70—288	2,734
Lynn Adams	T15	78-71-66-73—288	2,733
Nancy Ledbetter	T15	70-73-71-74—288	2,733
Sally Little	T18	69-74-74-72—289	2,350
Marlene Floyd	T18	73-73-69-74—289	2,350
Becky Pearson	T18	70-71-74-74—289	2,350
Dawn Coe	T18	69-72-73-75—289	2,350
Patty Sheehan	T22	73-73-72-72—290	2,055
Ok-Hee Ku	T22	75-72-69-74—290	2,055
Jan Stephenson	T24	76-73-70-72—291	1,820
Lauri Peterson	T24	74-75-70-72—291	1,820
Jane Blalock	T24	71-72-75-73—291	1,820
Atsuko Hikage	T24	73-68-75-75—291	1,820
Beth Solomon	T24	70-75-70-76—291	1,820
Jane Geddes	T29	77-75-75-69—292	1,373
Barb Thomas	T29	76-71-75-70—292	1,373

WOMEN PROFESSIONALS

Player	Pos	Scores	Prize
Val Skinner	T29	74-74-73-71—292	1,373
Allison Finney	T29	73-70-77-72—292	1,373
Elaine Crosby	T29	69-74-77-72—292	1,373
Vicki Alvarez	T29	77-69-73-73—292	1,373
Penny Pulz	T29	69-75-75-73—292	1,373
Jody Rosenthal	T29	72-72-73-75—292	1,373
Kay Kennedy	T29	70-73-74-75—292	1,372
Judy Dickinson	T29	70-72-75-75—292	1,372
Anne-Marie Palli	T29	71-69-76-76—292	1,372
Kathy Postlewait	T40	75-72-75-71—293	1,045
Robin Walton	T40	72-70-77-74—293	1,045
Amy Alcott	T42	76-73-73-72—294	940
Janet Coles	T42	74-75-70-75—294	940
Nancy Rubin	T42	70-77-72-75—294	940
Colleen Walker	T45	71-78-74-72—295	780
Mindy Moore	T45	77-72-72-74—295	780
Kris Monaghan	T45	74-71-75-75—295	780
LeAnn Cassaday	T45	71-75-73-76—295	780
Pat Meyers	T45	71-72-75-77—295	780
Barb Bunkowsky	T50	75-74-77-70—296	630
M.J. Smith	T50	72-76-72-76—296	630
Laurie Rinker	T50	73-73-71-77—296	630
M. Figueras-Dotti	T53	77-72-78-70—297	555
Patti Rizzo	T53	72-75-74-76—297	555
Cathy Morse	T55	73-76-72-77—298	495
Cindy Mackey	T55	73-73-72-80—298	495
Lori West	T57	73-75-77-74—299	420
Rosie Jones	T57	78-71-73-77—299	420
Sandra Palmer	T57	70-75-74-82—299	420
T. Fredrickson	T60	75-73-76-76—300	350
Karin Mundinger	T60	76-71-74-79—300	350
Dale Eggeling	T60	75-72-74-79—300	350
Barbra Mizrahie	T63	73-76-78-74—301	295
Donna Caponi	T63	74-74-78-75—301	295
Denise Strebig	T63	76-71-77-77—301	295
Alice Miller	T63	73-72-77-79—301	295
J. Kohlhaas	T67	70-75-82-75—302	260
Mary Murphy	T67	79-70-77-76—302	260
Jackie Bertsch	T67	74-74-76-78—302	260
Donna White	T70	75-74-78-76—303	230
Mary Dwyer	T70	72-74-79-78—303	230
Susan Tonkin	T70	73-75-76-79—303	230
Carolyn Hill	T73	76-73-76-79—304	213
Stephanie Farwig	T73	74-72-78-80—304	212
Cathy Mant	T75	78-71-78-78—305	103
Nancy Scranton	T75	77-70-73-85—305	102

SARASOTA CLASSIC ($200,000).
Bent Tree C.C. (72-6,124), Sarasota, Fla., Feb. 6-9.

Player	Pos	Scores	Prize
Patty Sheehan	1	68-69-71-71—279	$30,000
Pat Bradley	T2	73-70-70-69—282	16,000
Juli Inkster	T2	74-72-64-72—282	16,000
Stephanie Farwig	4	70-68-72-73—283	10,500
Beth Daniel	T5	71-75-68-70—284	7,134
Becky Pearson	T5	73-70-71-70—284	7,133
Lori Garbacz	T5	74-68-72-70—284	7,133
Amy Benz	8	74-68-71-73—286	5,200
Heather Farr	T9	77-69-69-72—287	4,050
Jane Geddes	T9	75-66-72-74—287	4,050
Lisa Young	T9	73-70-69-75—287	4,050
Barb Thomas	T9	71-70-70-76—287	4,050
M.B. Zimmerman	T13	75-69-75-69—288	2,850
Sherrin Galbraith	T13	75-70-73-70—288	2,850
Cathy Morse	T13	75-69-73-71—288	2,850
Lenore Muraoka	T13	73-73-70-72—288	2,850
Patti Rizzo	T13	71-70-74-73—288	2,850
Val Skinner	T13	76-67-68-77—288	2,850
Lauren Howe	T19	73-71-73-72—289	2,250
Jane Crafter	T19	73-71-72-73—289	2,250
Rosie Jones	T19	71-71-72-75—289	2,250
Allison Finney	T19	71-68-73-77—289	2,250
JoAnne Carner	23	76-71-71-72—290	2,010
Chris Johnson	T24	73-76-71-71—291	1,820
Jane Blalock	T24	77-70-72-72—291	1,820
Jan Stephenson	T24	76-72-70-73—291	1,820
Pat Meyers	T24	76-70-72-73—291	1,820
M. Spencer-Devlin	T24	75-73-69-74—291	1,820
Sally Quinlan	T29	72-76-72-72—292	1,526
Myra Blackwelder	T29	72-74-74-72—292	1,526
Cindy Figg	T29	75-71-73-73—292	1,526
Margaret Ward	T29	77-71-70-74—292	1,526
Deedee Lasker	T29	73-74-69-76—292	1,526
Deb Richard	T34	72-76-75-70—293	1,270
Donna Caponi	T34	77-72-73-71—293	1,270
Laurie Rinker	T34	72-75-74-72—293	1,270
T. Fredrickson	T34	74-71-74-74—293	1,270
Jody Rosenthal	T34	76-70-71-76—293	1,270
Alice Miller	T39	74-74-73-73—294	1,026
Janet Coles	T39	76-70-75-73—294	1,026
Missie McGeorge	T39	73-73-74-74—294	1,026
Beverly Klass	T39	76-70-72-76—294	1,026
Colleen Walker	T39	73-72-71-78—294	1,026
Lauri Peterson	T44	76-73-75-71—295	780
Kay Kennedy	T44	75-74-73-73—295	780
C. Charbonnier	T44	75-73-74-73—295	780
Lori West	T44	76-71-75-73—295	780
Heather Drew	T44	75-71-75-74—295	780
Alice Ritzman	T44	73-74-73-75—295	780
Kim Shipman	T44	73-70-71-81—295	780
Shirley Furlong	T51	78-70-75-73—296	555
Penny Hammel	T51	73-73-77-73—296	555
Anne-Marie Palli	T51	72-72-75-77—296	555
Ayako Okamoto	T51	75-71-72-78—296	555
Lynn Adams	T51	71-73-74-78—296	555
Betsy King	T51	72-74-70-80—296	555
Sandra Palmer	T57	77-72-74-74—297	375
Kathy Postlewait	T57	76-72-75-74—297	375
S. Bertolaccini	T57	73-74-76-74—297	374
Karin Mundinger	T57	74-73-74-76—297	374
M.J. Smith	T57	73-75-72-77—297	374
Marci Bozarth	T57	74-70-76-77—297	374
Cathy Johnston	T57	74-72-74-81—297	374
Beverley Davis	T64	73-76-74-75—298	285
M. Figueras-Dotti	T64	77-72-72-77—298	285
Nancy Scranton	T64	74-75-71-78—298	285
Missie Berteotti	T64	74-78-70-80—298	285
Caroline Gowan	T68	75-74-74-76—299	250
Jo Ann Washam	T68	74-74-75-76—299	250
Dale Eggeling	T68	72-77-71-79—299	250
Cathy Reynolds	T71	75-74-77-74—300	180
Sherri Turner	T71	75-74-76-75—300	180

WOMEN PROFESSIONALS

Mindy Moore	T71	76-73-75-76—300	180
Atsuko Hikage	T71	74-74-76-76—300	180
Cathy Mant	T71	74-75-73-78—300	180
Vicki Alvarez	T71	75-73-73-79—300	180
Barbara Barrow	T77	74-74-77-76—301	0
Susan Tonkin	T77	75-74-75-77—301	0
Lynn Connelly	79	75-72-76-79—302	0
Dianne Dailey	80	76-70-78-79—303	0
Linda Hunt	T81	74-74-76-81—305	0
Lynn Stroney	T81	74-72-78-81—305	0
Mitzi Edge	T81	78-70-73-84—305	0

STANDARD REGISTER/SAMARITAN TURQUOISE CLASSIC ($250,000).
Arizona Biltmore C.C. (72-6,210), Phoenix, Ariz., Feb. 20-23.

M.B. Zimmerman	1	68-69-70-71—278	$37,500
Donna Caponi	T2	74-67-69-69—279	20,000
Cathy Kratzert	T2	74-69-66-70—279	20,000
Betsy King	4	73-69-70-69—281	13,125
Vicki Fergon	T5	74-68-73-67—282	9,688
Alice Ritzman	T5	71-74-69-68—282	9,687
Deb Richard	T7	72-76-70-65—283	6,250
Pat Bradley	T7	69-73-72-69—283	6,250
Jerilyn Britz	T7	74-68-70-71—283	6,250
Amy Alcott	T7	69-70-72-72—283	6,250
Allison Finney	T11	75-69-76-64—284	4,151
Patti Rizzo	T11	75-71-69-69—284	4,151
Sandra Haynie	T11	75-68-71-70—284	4,151
Jane Crafter	T11	69-71-71-73—284	4,151
Jane Geddes	T11	70-71-69-74—284	4,151
Jan Stephenson	T16	73-71-73-68—285	3,126
Stephanie Farwig	T16	75-70-69-71—285	3,126
C. Charbonnier	T16	74-70-69-72—285	3,126
Sherri Turner	T16	68-72-73-72—285	3,126
Pat Meyers	T16	71-68-73-73—285	3,126
Shelley Hamlin	T21	68-77-72-69—286	2,449
Kathy Baker	T21	73-71-73-69—286	2,449
Cathy Reynolds	T21	71-70-74-71—286	2,448
Val Skinner	T21	74-72-68-72—286	2,448
N. White-Brewer	T21	75-69-70-72—286	2,448
Jane Blalock	T21	71-71-71-73—286	2,448
Debbie Hall	T21	71-71-71-73—286	2,448
Chris Johnson	T28	73-72-73-69—287	2,013
Cindy Mackey	T28	69-75-72-71—287	2,013
Juli Inkster	T28	67-74-73-73—287	2,012
Rosie Jones	T28	68-72-73-74—287	2,012
Janet Coles	T32	75-73-70-70—288	1,650
Colleen Walker	T32	74-73-71-70—288	1,650
Beverly Klass	T32	73-71-73-71—288	1,650
S. Bertolaccini	T32	72-74-70-72—288	1,650
Sandra Palmer	T32	72-72-72-72—288	1,650
Jody Rosenthal	T32	69-72-75-72—288	1,649
Atsuko Hikage	T32	75-69-71-73—288	1,649
Judy Dickinson	T39	74-72-73-70—289	1,310
Beth Solomon	T39	76-72-70-71—289	1,309
Dianne Dailey	T39	72-70-74-73—289	1,309
Hollis Stacy	T39	73-73-69-74—289	1,309
Laurie Rinker	T43	72-75-72-71—290	1,000
Kim Shipman	T43	74-72-73-71—290	1,000
Beverley Davis	T43	73-70-76-71—290	1,000
T. Fredrickson	T43	76-70-72-72—290	1,000
Therese Hession	T43	71-74-73-72—290	1,000
Susan Sanders	T43	73-71-74-72—290	1,000
Patty Sheehan	T43	70-70-76-74—290	1,000
Missie Berteotti	T43	68-75-72-75—290	1,000
Amy Benz	T51	73-74-74-70—291	656
Janet Anderson	T51	71-75-75-70—291	656
Becky Pearson	T51	71-72-77-71—291	656
K. Postlewait	T51	73-74-72-72—291	656
Lauri Peterson	T51	72-74-73-72—291	656
Penny Hammel	T51	76-71-71-73—291	656
C. Montgomery	T51	73-72-71-75—291	656
Anne-Marie Palli	T51	71-73-71-76—291	656
Dawn Coe	T59	74-74-75-69—292	462
Vicki Alvarez	T59	74-74-71-73—292	462
Denise Strebig	T59	74-72-71-75—292	462
Nancy Ledbetter	T62	77-69-76-71—293	392
Robin Walton	T62	73-73-75-72—293	391
Debbie Massey	T62	76-70-74-73—293	391
Bonnie Lauer	T65	74-73-77-70—294	350
Susan Tonkin	T65	73-75-72-74—294	350
Laura Baugh	T65	72-74-74-74—294	349
Barbra Mizrahie	68	74-72-75-74—295	325
Barbara Barrow	T69	71-76-75-74—296	306
D.Howe Chancellor	T69	73-74-71-78—296	306
Gail Lee Hirata	71	73-72-72-80—297	287
Marci Bozarth	T72	76-72-76-74—298	269
Shirley Furlong	T72	76-71-75-76—298	268
Kathy Hite	T72	73-75-72-78—298	268
Kathryn Young	75	73-75-76-75—299	256
Elaine Crosby	76	77-71-74-83—305	0

UNIDEN LPGA INVITATIONAL ($330,000).
Mesa Verde C.C. (72-6,105), Costa Mesa, Calif., Feb. 27-Mar. 2

M.B. Zimmerman	1	70-70-70-71—281	$49,500
Pat Bradley	T2	72-70-71-69—282	26,400
Laura Baugh	T2	68-70-68-76—282	26,400
Val Skinner	4	69-74-70-70—283	17,325
Cathy Kratzert	T5	70-72-76-67—285	12,788
Alice Ritzman	T5	72-70-71-72—285	12,787
Donna Caponi	T7	74-68-72-72—286	9,158
Beth Daniel	T7	69-74-70-73—286	9,157
Jan Stephenson	T9	69-72-74-72—287	7,343
Patty Sheehan	T9	68-73-70-76—287	7,342
Patty Hammel	T11	71-71-76-70—288	6,053
Penny Pulz	T11	73-72-72-71—288	6,052
Kathy Baker	T13	71-71-74-73—289	5,145
Barbara Mizrahie	T13	71-70-75-73—289	5,145
Hollis Stacy	T13	69-72-74-74—289	5,145
Amy Benz	T16	68-75-77-70—290	4,238
Ayako Okamoto	T16	76-72-71-71—290	4,238
Lisa Young	T16	73-71-73-73—290	4,237
Atsuko Hikage	T16	73-71-73-73—290	4,237

WOMEN PROFESSIONALS

Judy Dickinson	T20	72-74-75-70—291	3,660	Chris Johnson	T3	69-66-73-70—278	18,000
Amy Alcott	T20	73-74-73-71—291	3,660	Marci Bozarth	T3	67-70-69-72—278	18,000
Cindy Figg	T20	71-74-73-73—291	3,660	JoAnne Carner	5	70-70-73-66—279	12,750
Robin Walton	T23	73-72-74-73—292	3,186	Betsy King	6	70-68-72-71—281	10,500
Dale Eggeling	T23	70-79-69-74—292	3,186	Patty Sheehan	T7	71-71-72-68—282	7,900
Marci Bozarth	T23	72-72-74-74—292	3,185	Sherrin Galbraith	T7	73-70-68-71—282	7,900
Cathy Morse	T23	68-73-74-77—292	3,185	Jan Stephenson	T7	71-70-70-71—282	7,900
Jane Crafter	T27	75-71-77-70—293	2,600	Myra Blackwelder	T10	71-70-73-69—283	6,001
Janet Coles	T27	75-72-73-73—293	2,600	Kathy Postlewait	T10	68-70-75-70—283	6,000
S. Bertolaccini	T27	73-74-73-73—293	2,600	Lisa Young	T12	75-70-70-69—284	4,800
Shelley Hamlin	T27	74-72-74-73—293	2,600	Jane Geddes	T12	71-72-71-70—284	4,800
Patti Rizzo	T27	72-74-74-73—293	2,600	Atsuko Hikage	T12	69-72-72-71—284	4,800
Kathy Whitworth	T27	74-72-72-75—293	2,600	Cathy Morse	T12	71-71-68-74—284	4,800
Becky Pearson	T27	69-73-74-77—293	2,599	Jody Rosenthal	T16	73-70-69-73—285	3,975
Cindy Rarick	T27	69-73-74-77—293	2,599	Beth Daniel	T16	68-70-73-74—285	3,975
Sherri Turner	T35	74-74-75-71—294	1,961	Rosie Jones	T18	71-74-70-71—286	3,378
Ming Yen Wu	T35	76-70-77-71—294	1,961	Jane Blalock	T18	74-69-72-71—286	3,378
Colleen Walker	T35	73-73-77-71—294	1,960	Colleen Walker	T18	71-70-73-72—286	3,378
Barb Bunkowsky	T35	73-75-73-73—294	1,960	Cindy Figg	T18	71-69-74-72—286	3,377
Beth Solomon	T35	73-72-76-73—294	1,960	Dale Eggeling	T18	73-69-71-73—286	3,377
Juli Inkster	T35	75-71-73-75—294	1,960	Alice Miller	T18	69-69-73-75—286	3,377
Janet Anderson	T35	74-70-73-77—294	1,960	Hollis Stacy	24	74-70-75-68—287	2,910
Shirley Furlong	T42	75-74-70-76—295	1,581	Therese Hession	T25	71-72-74-71—288	2,685
Martha Nause	T42	72-77-69-77—295	1,581	Patti Rizzo	T25	68-74-74-72—288	2,685
M. Spencer-Devlin	T42	70-69-76-80—295	1,581	Heather Farr	T25	73-70-72-73—288	2,685
Pat Meyers	T45	74-73-77-72—296	1,317	Sandra Palmer	T25	72-73-69-74—288	2,685
Marlene Hagge	T45	77-71-75-73—296	1,317	Val Skinner	T29	75-71-74-69—289	2,212
Heather Farr	T45	77-70-75-74—296	1,317	M.B. Zimmerman	T29	75-69-75-70—289	2,212
Debbie Massey	T45	77-68-74-77—296	1,317	Ok-Hee Ku	T29	72-74-72-71—289	2,212
N. White-Brewer	T45	72-72-74-78—296	1,317	Lori Garbacz	T29	72-74-71-72—289	2,211
Mindy Moore	T50	73-74-77-73—297	1,094	Alice Ritzman	T29	75-69-72-73—289	2,211
Allison Finney	T50	74-71-75-77—297	1,094	Lauri Peterson	T29	72-72-70-75—289	2,211
Heather Drew	T52	75-72-78-73—298	946	Cindy Rarick	T29	70-71-72-76—289	2,211
Chris Johnson	T52	71-78-73-76—298	946	Pat Bradley	T36	77-68-74-71—290	1,830
Laurie Rinker	T52	73-74-73-78—298	945	Deedee Lasker	T36	74-71-72-73—290	1,830
Deedee Lasker	T52	73-76-71-78—298	945	Susie Berning	T36	70-72-69-79—290	1,830
Lori West	T56	74-75-75-75—299	748	Sandra Haynie	T39	70-76-74-71—291	1,572
Jody Rosenthal	T56	74-74-76-75—299	748	Jerilyn Britz	T39	69-75-73-74—291	1,571
Marlene Floyd	T56	72-74-74-79—299	747	Janet Coles	T39	72-71-73-75—291	1,571
Sally Little	T56	72-73-73-81—299	747	Judy Dickinson	T39	70-69-76-76—291	1,571
JoAnne Carner	60	73-74-75-78—300	640	M. Spencer-Devlin	T43	71-73-75-73—292	1,320
LeAnn Cassaday	T61	76-69-79-77—301	551	Heather Drew	T43	74-72-74—292	1,320
Barb Thomas	T61	79-69-75-78—301	550	Lenore Muraoka	T43	71-70-75-76—292	1,320
Jackie Bertsch	T61	72-77-73-79—301	550	Lauren Howe	T43	74-69-71-78—292	1,320
Cathy Johnston	T61	75-72-75-79—301	550	Vicki Fergon	T47	77-69-72-75—293	1,053
Judy Ellis-Sams	T61	74-74-72-81—301	550	Laurie Rinker	T47	75-71-72-75—293	1,053
Caroline Gowan	T66	73-75-79-76—303	483	Becky Pearson	T47	72-71-75-75—293	1,053
Nancy Ledbetter	T66	74-75-77-77—303	482	Deb Richard	T47	73-72-72-76—293	1,053
Kristi Arrington	68	74-75-77-78—304	458	Penny Hammel	T47	73-70-72-78—293	1,053
Beverly Klass	69	71-75-81-79—306	441	Beverley Davis	T52	72-71-79-72—294	855
Deborah McHaffie	70	74-75-75-84—308	425	Anne-Marie Palli	T52	74-71-74-75—294	855
				Bonnie Lauer	T52	74-69-73-78—294	855
				Mary DeLong	T55	76-70-75-74—295	720
				Shirley Furlong	T55	73-71-76-75—295	720
				Shelley Hamlin	T55	72-71-77-75—295	720
WOMEN'S KEMPER OPEN ($300,000).				Kathy Baker	T58	70-74-79-73—296	574
Princeville Makai G.C. (72-6,210), Princeville, Kauai, Hawaii, Mar. 6-9.				Jane Crafter	T58	74-70-78-74—296	574
				Sherri Turner	T58	71-74-75-76—296	574
Juli Inkster	1	**72-64-70-70—276**	**$45,000**	Robin Walton	T58	73-71-76-76—296	573
Amy Alcott	2	70-69-69-69—277	27,750	Stephanie Farwig	62	73-72-74-79—298	495
				Nancy Tomich	63	72-73-79-75—299	465
				Lynn Adams	64	77-69-79-76—301	450

WOMEN PROFESSIONALS

GNA/GLENDALE FEDERAL CLASSIC ($250,000)
Oakmont C.C. (72-6,256), Glendale, Calif.,
Mar. 13-16.

Chris Johnson	1	75-70-67—212	$37,500
Jane Geddes	2	72-71-71—214	23,125
Juli Inkster	3	73-72-71—216	16,875
Amy Alcott	T4	71-74-72—217	11,875
Laurie Rinker	T4	72-69-76—217	11,875
Sandra Palmer	T6	73-75-70—218	7,125
Hollis Stacy	T6	73-75-70—218	7,125
Allison Finney	T6	75-71-72—218	7,125
Linda Hunt	T6	74-70-74—218	7,125
Cathy Morse	10	72-72-75—219	5,250
Jody Rosenthal	T11	74-71-75—220	4,592
Pat Bradley	T11	72-72-76—220	4,591
Penny Pulz	13	73-75-73—221	4,154
Betsy King	T14	78-72-72—222	3,561
Val Skinner	T14	76-73-73—222	3,560
Heather Farr	T14	77-71-74—222	3,560
Shelley Hamlin	T14	71-70-81—222	3,560
K. Postlewait	T18	76-75-72—223	3,028
Penny Hammel	T18	77-73-73—223	3,028
Robin Walton	T18	73-74-76—223	3,028
Dale Eggeling	T21	76-73-75—224	2,716
Sherri Turner	T21	72-73-79—224	2,715
M. Spencer-Devlin	T23	74-77-74—225	2,497
Lisa Young	T23	74-73-78—225	2,496
Rosie Jones	T25	76-75-75—226	2,228
Mindy Moore	T25	76-75-75—226	2,228
Vicki Fergon	T25	79-71-76—226	2,228
Cindy Mackey	T25	78-71-77—226	2,228
Colleen Walker	T25	73-75-78—226	2,228
Lauren Howe	T30	79-74-74—227	1,742
Anne-Marie Palli	T30	77-75-75—227	1,742
Bonnie Lauer	T30	76-76-75—227	1,742
Cathy Mant	T30	77-74-76—227	1,742
Beth Daniel	T30	79-71-77—227	1,742
Jane Blalock	T30	75-75-77—227	1,742
Judy Dickinson	T30	79-70-78—227	1,741
Kathy Whitworth	T30	73-76-78—227	1,741
Therese Hession	T30	77-71-79—227	1,741
Shirley Furlong	T39	79-75-74—228	1,338
Dawn Coe	T39	79-74-75—228	1,337
Ok-Hee Ku	T39	78-72-78—228	1,337
Deedee Lasker	T39	73-77-78—228	1,337
Betsy Barrett	T43	78-76-75—229	1,053
Nancy Ledbetter	T43	77-77-75—229	1,053
Missie McGeorge	T43	77-77-75—229	1,053
C. Charbonnier	T43	78-74-77—229	1,053
Amy Benz	T43	77-75-77—229	1,053
Pat Meyers	T43	78-73-78—229	1,053
Becky Pearson	T43	74-76-78—229	1,053
Barbara Mizrahie	T50	79-74-77—230	778
Mitzi Edge	T50	78-75-77—230	778
Deb Richard	T50	76-77-77—230	778
Denise Strebig	T50	79-72-79—230	778
Janet Anderson	T50	75-75-80—230	777
Joan Joyce	T55	80-74-77—231	609
Cathy Johnston	T55	76-77-78—231	609
J. Kohlhass	T55	79-73-79—231	609
Stephanie Farwig	T55	76-74-81—231	609
Myra Blackwelder	T59	75-78-79—232	503
JoAnne Carner	T59	75-76-81—232	502
Beverly Klass	T61	78-76-79—233	431
M. Figueras-Dotti	T61	76-78-79—233	431
LeAnn Cassaday	T61	77-76-80—233	431
Kristi Arrington	T61	71-80-82—233	430
Mary Dwyer	T65	80-74-81—235	378
Kim Shipman	T65	76-78-81—235	378
Janet Coles	T65	79-74-82—235	377
Deborah McHaffie	T68	77-76-83—236	347
Nancy Rubin	T68	78-74-84—236	346

CIRCLE K TUCSON OPEN ($200,000)
Randolph North G.C. (72-6,214), Tucson, Ariz.,
Mar. 20-23.

Penny Pulz	1	72-71-69-64—276	$30,000
Betsy King	2	73-71-70-66—280	18,500
Jerilyn Britz	T3	70-69-72-70—281	10,834
Myra Blackwelder	T3	70-69-69-73—281	10,833
Pat Bradley	T3	65-68-72-76—281	10,833
Vicki Fergon	6	75-74-68-65—282	7,000
Amy Alcott	7	73-69-69-72—283	5,900
Jan Stephenson	T8	71-74-70-69—284	4,700
Judy Dickinson	T8	69-71-71-73—284	4,700
Rosie Jones	T8	70-73-65-76—284	4,700
Chris Johnson	T11	70-74-73-68—285	3,320
Alice Ritzman	T11	70-72-73-70—285	3,320
Jody Rosenthal	T11	73-70-71-71—285	3,320
Barb Bunkowsky	T11	69-73-72-71—285	3,320
Barb Thomas	T11	70-71-71-73—285	3,320
Atsuko Hikage	T16	71-76-70-69—286	2,500
Sandra Spuzich	T16	74-71-72-69—286	2,500
Debbie Massey	T16	69-75-73-69—286	2,500
Bonnie Lauer	T16	71-71-73-71—286	2,500
Anne-Marie Palli	T16	70-70-70-76—286	2,500
Patti Rizzo	T21	74-71-70-72—287	2,104
Cindy Mackey	T21	71-73-71-72—287	2,103
Pat Meyers	T21	71-73-69-74—287	2,103
Betsy Barrett	T24	74-73-73-68—288	1,760
Lori Garbacz	T24	74-73-70-71—288	1,760
Dawn Coe	T24	73-71-73-71—288	1,760
Shelley Hamlin	T24	75-70-71-72—288	1,760
Missie McGeorge	T24	73-71-71-73—288	1,760
Nancy Ledbetter	T24	78-68-68-74—288	1,760
Alice Miller	T24	74-70-70-74—288	1,760
Sandra Haynie	T31	75-72-72-70—289	1,470
Ayako Okamoto	T31	69-74-75-71—289	1,470
Sherri Turner	T31	68-72-74-75—289	1,470
J. Kimball-Simon	T34	71-75-74-70—290	1,320
Sandra Palmer	T34	75-72-72-71—290	1,320
Julie Cole	T34	72-74-73-71—290	1,320
Donna Caponi	T37	74-73-73-71—291	1,120
Sue Ertl	T37	71-75-73-72—291	1,120
Kathryn Young	T37	74-72-72-73—291	1,120
Kathy Baker	T37	73-70-75-73—291	1,120
M. J. Smith	T37	73-71-72-75—291	1,120
Stephanie Farwig	T42	76-71-74-71—292	920

WOMEN PROFESSIONALS

Name	Pos	Scores	Money
Nancy Rubin	T42	74-73-73-72—292	920
Deborah Skinner	T42	72-74-72-74—292	920
Deedee Lasker	T42	70-75-72-75—292	920
Heather Drew	T46	75-72-74-72—293	655
Penny Hammel	T46	73-76-71-73—293	655
Debbie Hall	T46	72-75-73-73—293	655
Connie Chillemi	T46	74-70-76-73—293	655
Kathy Hite	T46	74-75-70-74—293	655
Jo Ann Prentice	T46	76-72-71-74—293	655
Donna White	T46	76-73-69-75—293	655
Debbie Meisterlin	T46	70-78-70-75—293	655
Lisa Young	T46	75-72-71-75—293	655
Kathy Postlewait	T46	74-71-73-75—293	655
Carole Jo Callison	T56	76-73-73-72—294	450
Kathy Whitworth	T56	74-72-75-73—294	450
Sherrin Galbraith	T56	73-72-72-77—294	450
Heather Farr	T59	77-70-76-72—295	370
Denise Strebig	T59	73-75-72-75—295	370
Cathy Johnston	T59	73-73-73-76—295	370
Kristi Arrington	T62	74-74-75-73—296	308
Martha Nause	T62	73-76-72-75—296	308
Mary Dwyer	T62	73-76-72-75—296	307
Karin Mundinger	T62	75-72-73-76—296	307
Lauren Howe	T66	74-75-73-75—297	270
C. Montgomery	T66	77-72-72-76—297	270
Lauri Peterson	T66	73-74-74-76—297	270
Therese Hession	T69	74-72-81-71—298	235
Laura Baugh	T69	69-77-80-72—298	235
Sue Fogleman	T69	75-73-75-75—298	235
Elaine Crosby	T69	73-73-73-76—298	235
Debbie Austin	T73	73-74-77-75—299	213
Susie Berdoy	T73	75-72-74-78—299	212
Susan Tonkin	75	74-75-75-76—300	205
Pam Allen	T76	74-75-76-76—301	0
Marci Bozarth	T76	73-73-79-76—301	0
Amy Benz	T17	75-73-73-71—292	4,360
Cathy Reynolds	T17	73-73-74-72—292	4,360
Kathy Postlewait	T17	71-73-75-73—292	4,360
Mindy Moore	T17	70-73-75-74—292	4,360
Laura Baugh	T17	72-69-77-74—292	4,360
Beth Daniel	T17	71-75-69-77—292	4,360
Judy Dickinson	T24	74-74-74-71—293	3,505
Colleen Walker	T24	72-73-75-73—293	3,505
Jane Crafter	T24	72-72-76-73—293	3,505
Rosie Jones	T24	72-71-75-75—293	3,504
Lori Garbacz	T28	77-68-79-71—295	2,946
Sandra Spuzich	T28	74-77-72-72—295	2,946
Barb Bunkowski	T28	74-76-72-73—295	2,946
Anne-Marie Palli	T28	76-72-73-74—295	2,946
Bonnie Lauer	T28	73-75-72-75—295	2,945
M. Spencer-Devlin	T28	75-72-72-76—295	2,945
Jane Blalock	T34	77-73-72-74—296	2,453
Penny Pulz	T34	70-78-74-74—296	2,453
Debbie Massey	T34	77-74-70-75—296	2,453
M. Figueras-Dotti	T34	74-72-73-77—296	2,453
Patty Sheehan	T38	74-75-75-73—297	2,216
a-K. Williams	T38	74-75-73-77—297	0
Cathy Kratzert	T40	76-75-74-73—298	2,075
Kathy Baker	T40	75-75-72-76—298	2,074
JoAnne Carner	T42	75-78-76-70—299	1,819
Sandra Haynie	T42	74-76-74-71—299	1,819
Lauri Peterson	T42	78-71-79-71—299	1,818
Sally Quinlan	T42	77-73-74-75—299	1,818
Kim Shipman	T46	79-75-77-69—300	1,516
Dale Eggeling	T46	78-75-75-72—300	1,515
Cindy Hill	T46	77-77-73-73—300	1,515
Janet Anderson	T46	75-76-73-76—300	1,515
C. Montgomery	T50	78-76-75-72—301	1,227
Chris Johnson	T50	74-78-76-73—301	1,226
Nancy Rubin	T50	74-79-73-75—301	1,226
Betty Burfeindt	T50	70-80-75-76—301	1,226
Alice Miller	T54	78-75-75-74—302	1,051
Beth Solomon	T54	75-77-73-77—302	1,051
a-D. Ammaccapane	T54	73-70-78-81—302	0
A. Reinhardt	T57	77-77-75-74—303	938
Susie Berning	T57	74-78-72-79—303	937
Kathy Whitworth	T59	75-78-72-79—304	824
Alice Ritzman	T59	71-79-75-79—304	823
Connie Chillemi	T61	78-76-75-76—305	701
S. Bertolaccini	T61	74-75-80-76—305	701
Cathy Morse	T61	75-76-76-78—305	700
Donna Caponi	T64	75-78-76-77—306	594
Beverly Klass	T64	75-77-77-77—306	593
Cathy Mant	T64	74-76-78-78—306	593
Allison Finney	T67	76-76-83-72—307	521
Jo Ann Washam	T67	77-75-79-76—307	521
Marci Bozarth	T67	72-76-81-78—307	520
Ok-Hee Ku	T67	74-75-76-82—307	520
Sherri Turner	71	72-82-78-76—308	518
Daedee Lasker	72	79-73-74-83—309	515
Jo Ann Prentice	T73	78-75-84-73—310	512
Vicki Fergon	T73	80-73-76-81—310	512
Lynn Adams	T73	76-76-77-81—310	512
Jane Lock	T76	77-77-79-79—312	508
Pat Meyers	T76	76-75-76-85—312	508
Sharon Barrett	78	76-77-76-84—313	0

a-amateur

NABISCO DINAH SHORE ($430,000).
Mission Hills C.C. (72-6,275), Rancho Mirage, Calif., Apr. 3-6.

Name	Pos	Scores	Money
Pat Bradley	1	68-72-69-71—280	$75,000
Val Skinner	2	71-72-70-69—282	40,000
M.B. Zimmerman	3	70-73-72-70—285	25,000
Betsy King	4	74-71-74-72—287	17,385
Jan Stephenson	T5	71-72-76-69—288	12,980
Jane Geddes	T5	75-73-70-70—288	12,980
Juli Inkster	T5	69-71-72-76—288	12,980
Penny Hammel	T8	72-74-73-70—289	9,379
Patty Rizzo	T8	74-70-71-74—289	9,378
Jerilyn Britz	T10	72-74-75-69—290	7,010
Myra Blackwelder	T10	72-72-72-74—290	7,010
Becky Pearson	T10	72-76-67-75—290	7,010
Sandra Palmer	T10	72-70-73-75—290	7,009
Amy Alcott	T14	72-74-74-71—291	5,494
Hollis Stacy	T14	74-71-74-72—291	5,494
Janet Coles	T14	72-72-73-74—291	5,494
Laurie Rinker	T17	71-73-78-70—292	4,360

WOMEN PROFESSIONALS

KYOCERA INAMORI CLASSIC ($200,000).
Bernardo Heights C.C. (72-6,391), San Diego, Calif., Apr. 10-13.

Player	Pos	Scores	Prize
Patty Sheehan	1	69-71-68-70—278	$30,000
Pat Bradley	2	69-68-74-68—279	18,500
JoAnne Carner	T3	72-70-71-70—283	12,000
Jan Stephenson	T3	71-72-69-71—283	12,000
M. Figueras-Dotti	T5	71-72-74-68—285	6,550
Jane Geddes	T5	73-71-72-69—285	6,650
Val Skinner	T5	69-75-72-69—285	6,650
Deb Richard	T5	70-71-71-73—285	6,650
Pat Meyers	T9	74-70-71-71—286	4,054
Laurie Rinker	T9	69-74-73-286	4,054
Atsudo Hikage	T9	69-73-70-74—286	4,053
Ayako Okamoto	T9	72-70-69-75—286	4,053
Lori Garbacz	T13	72-76-70-69—287	3,107
Juli Inkster	T13	73-72-71-71—287	3,107
Robin Walton	T13	70-73-73-71—287	3,107
Rosie Jones	T16	71-74-74-69—288	2,607
Cathy Morse	T16	73-70-73-72—288	2,607
Caroline Gowan	T16	73-74-66-75—288	2,607
Dale Eggeling	T19	74-70-76-69—289	2,307
Betsy King	T19	71-72-72-74—289	2,307
Mindy Moore	T19	66-73-76-74—289	2,307
Stephanie Farwig	T22	72-74-74-70—290	1,990
Becky Pearson	T22	72-73-75-70—290	1,990
Kathy Postlewait	T22	73-72-74-71—290	1,989
Missie McGeorge	T22	72-72-73-73—290	1,989
Allison Finney	T26	73-75-74-69—291	1,737
Ok-Hee Ku	T26	73-71-76-71—291	1,737
Sherri Turner	T26	73-73-73-72—291	1,737
Sandra Spuzich	T26	71-75-73-72—291	1,737
Susie McAllister	T30	77-70-74-71—292	1,505
Bonnie Lauer	T30	76-72-72-72—292	1,505
Janet Anderson	T30	72-74-73-73—292	1,504
Susie Berning	T30	73-72-72-75—292	1,504
Marlene Floyd	T34	75-72-75-71—293	1,252
Janet Coles	T34	72-73-75-73—293	1,252
Sandra Palmer	T34	71-76-72-74—293	1,252
Barbara Moxness	T34	75-67-76-75—293	1,252
Anne-Marie Palli	T34	74-72-70-77—293	1,252
Penny Hammel	T34	70-70-75-78—293	1,252
Debbie Meisterlin	T40	74-73-73-74—294	1,010
Carole Jo Callison	T40	72-74-73-75—294	1,010
Barb Thomas	T40	75-72-71-76—294	1,009
Shirley Furlong	T40	71-74-70-79—294	1,009
Hollis Stacy	T44	69-77-76-73—295	887
Kim Shipman	T44	73-71-76-75—295	887
Dawn Coe	T46	73-74-76-73—296	646
LeAnn Cassaday	T46	74-74-74-74—296	646
Lenore Muraoka	T46	75-72-75-74—296	646
Linda Hunt	T46	74-72-76-74—296	645
Debbie Massey	T46	72-73-77-74—296	645
Cindy Rarick	T46	73-75-73-75—296	645
Laura Baugh	T46	73-73-75-75—296	645
Kathy Whitworth	T46	71-75-73-77—296	645
Nancy Scranton	T46	75-70-74-77—296	645
Jody Rosenthal	T46	74-73-74-79—296	645
Cathy Kratzert	T46	74-70-72-80—296	645
Beth Solomon	T57	72-75-77-73—297	371
Debbie Austin	T57	71-74-78-74—297	371
Sherri Steinhauer	T57	76-72-73-76—297	371
M.B. Zimmerman	T57	76-71-74-76—297	371
Nancy Ledbetter	T57	73-74-74-76—297	371
Shelley Hamlin	T57	71-75-75-76—297	371
Patti Rizzo	T57	70-78-72-77—297	371
Lauri Peterson	T57	72-72-76-77—297	371
Deedee Lasker	T65	71-75-79-73—298	276
Jerilyn Britz	T65	74-73-75-76—298	276
Cindy Mackey	T65	76-72-73-77—298	276
Cindy Hill	T65	71-77-73-77—298	276
Kathryn Young	T65	70-75-76-77—298	276
M.J. Smith	70	70-76-77-77—300	246
Deborah Skinner	T71	75-73-81-72—301	0
Sharon Barrett	T71	73-74-77-77—301	0
Kristi Arrington	73	75-72-75-81—303	0

S&H GOLF CLASSIC ($200,000).
Pasadena Yacht & C.C. (72-6,013), St. Petersburg, Fla., Apr. 24-27.

Player	Pos	Scores	Prize
Pat Bradley	1	69-67-71-65—272	$30,000
Janet Coles	2	68-69-67-69—273	18,500
Jane Crafter	3	68-69-67-69—273	13,500
Betsy King	T4	71-71-71-67—280	7,975
Cathy Kratzert	T4	67-72-72-69—280	7,975
Jan Stephenson	T4	70-70-70-70—280	7,975
Betsy Barrett	T4	74-70-65-71—280	7,975
Lauren Howe	T8	73-70-71-67—281	4,700
Amy Benz	T8	70-69-71-71—281	4,700
Lori Garbacz	T8	70-64-76-71—281	4,700
Mindy Moore	11	74-70-69-69—282	3,807
JoAnne Carner	12	69-72-71-71—283	3,507
Deb Richard	T13	73-73-70-68—284	3,107
Martha Nause	T13	69-72-71-72—284	3,107
Kathy Whitworth	T13	70-68-71-75—284	3,107
Jerilyn Britz	T16	72-73-69-71—285	2,657
Janet Anderson	T16	71-69-73-72—285	2,657
Kathy Baker	T18	72-71-74-69—286	2,135
Denise Strebig	T18	74-71-71-70—286	2,135
Sue Fogleman	T18	73-71-72-70—286	2,135
Dale Eggeling	T18	71-70-75-70—286	2,135
Cindy Hill	T18	74-69-72-71—286	2,135
Beth Daniel	T18	74-72-68-72—286	2,135
Shelley Hamlin	T18	72-70-72-72—286	2,135
Laurie Rinker	T18	68-75-70-73—286	2,134
Allison Finney	T18	69-67-74-76—286	2,134
Mitzi Edge	T27	73-73-73-68—287	1,707
Stephanie Farwig	T27	71-75-70-71—287	1,707
Colleen Walker	T27	73-71-71-72—287	1,707
Pat Meyers	T30	80-68-72-68—288	1,404
Beth Solomon	T30	71-76-71-70—288	1,404
Dawn Coe	T30	72-74-71-71—288	1,403
Robin Walton	T30	68-70-78-72—288	1,403
Hollis Stacy	T30	72-72-71-73—288	1,403
Rosie Jones	T30	73-70-72-73—288	1,403
Penny Pulz	T30	69-74-72-73—288	1,403
Kim Shipman	T30	69-74-70-75—288	1,403
Carolyn Hill	T38	72-74-73-70—289	1,057
Mary Dwyer	T38	71-74-74-70—289	1,057
Jane Geddes	T38	74-69-75-71—289	1,057

WOMEN PROFESSIONALS

Name	Pos	Scores	Total	Money
Debbie Austin	T38	71-71-76-71	289	1,057
Anne-Marie Palli	T38	74-67-77-71	289	1,057
Alice Miller	T38	74-68-72-75	289	1,057
Cathy Morse	T44	71-71-79-69	290	807
Linda Hunt	T44	70-78-72-70	290	807
Beverly Klass	T44	69-73-78-70	290	807
Lenore Muraoka	T44	72-75-72-71	290	807
Shirley Furlong	T44	72-73-73-72	290	806
M.J. Smith	T44	69-73-76-72	290	806
Cindy Rarick	T50	72-76-73-70	291	621
Cindy Mackey	T50	79-68-72-72	291	621
LeAnn Cassaday	T50	73-74-71-73	291	621
Heather Farr	T50	71-72-75-73	291	621
Connie Chillemi	T54	76-68-77-71	292	471
Susie Berdoy	T54	76-72-72-72	292	471
Sally Little	T54	75-70-75-72	292	471
Denise Hermida	T54	75-71-73-73	292	471
Deedee Lasker	T54	70-75-74-73	292	471
Margaret Ward	T54	70-68-77-77	292	471
N. White-Brewer	T60	74-74-71-74	293	366
Sherrin Smyers	T60	69-74-74-76	293	366
Barb Thomas	T62	73-75-75-71	294	314
Caroline Gowan	T62	72-75-76-71	294	314
Cindy Figg	T62	72-75-76-71	294	313
Dianne Dailey	T62	70-72-78-74	294	313
Joan Delk	T66	76-72-74-73	295	271
Barb Bunkowsky	T66	72-75-74-74	295	271
Kris Monaghan	T66	71-75-75-74	295	271
Debbie Hall	T66	74-72-74-75	295	271
Beverley Davis	70	69-75-77-75	296	246
Lisa Young	71	73-70-74-80	297	236
Sharon Barrett	T72	73-75-75-75	298	224
Donna Caponi	T72	76-72-74-76	298	223
Sherri Steinhauer	T23	77-74-69	220	2,391
Rosie Jones	T23	74-75-71	220	2,391
Denise Strebig	T23	76-72-72	220	2,390
Pat Meyers	T23	75-72-73	220	2,390
Nancy Rubin	T27	75-77-69	221	1,785
Shelley Hamlin	T27	74-78-69	221	1,785
C. Montgomery	T27	75-75-71	221	1,785
Susan Sanders	T27	74-76-71	221	1,785
Sally Quinlan	T27	76-73-72	221	1,785
Martha Nause	T27	76-72-73	221	1,785
Lori West	T27	74-74-73	221	1,784
Jane Crafter	T27	73-73-74	221	1,784
Missie McGeorge	T27	74-73-74	221	1,784
Jane Geddes	T27	77-69-75	221	1,784
Pia Nilsson	T27	73-73-75	221	1,784
Cindy Hill	T27	72-73-76	221	1,784
Sally Little	T27	74-70-77	221	1,784
A. Reinhardt	T40	74-77-71	222	1,253
M.B. Zimmerman	T40	74-76-72	222	1,253
Kathy Postlewait	T40	75-74-73	222	1,253
Pam Allen	T40	76-70-76	222	1,253
Alice Ritzman	T44	75-76-72	223	975
Becky Pearson	T44	73-78-72	223	975
Jane Blalock	T44	77-72-74	223	975
Joan Delk	T44	76-73-74	223	975
Nancy Ledbetter	T44	74-74-75	223	975
Sandra Palmer	T44	73-75-75	223	975
Sue Fogleman	T44	73-73-77	223	975
Judy Dickinson	T51	78-74-72	224	675
Sherri Turner	T51	78-74-72	224	675
Shirley Furlong	T51	73-79-72	224	675
Lori Garbacz	T51	79-72-73	224	675
Kris Monaghan	T51	74-76-74	224	675
Stephanie Farwig	T51	73-77-74	224	674
Ayako Okamoto	T51	75-73-76	224	674
Juli Inkster	T58	79-73-73	225	452
Sherrin Smyers	T58	74-78-73	225	452
Mitzi Edge	T58	75-76-74	225	452
Mary Dwyer	T58	74-77-74	225	452
Cathy Johnston	T58	72-78-75	225	451
Patty Hayes	T58	75-74-76	225	451
Anne-Marie Palli	T64	79-73-74	226	363
Cindy Mackey	T64	77-74-75	226	362
Betsy Barrett	T64	74-72-80	226	362
Alice Miller	T67	81-71-75	227	313
Lenore Muraoka	T67	75-77-75	227	312
Myra Blackwelder	T67	75-77-75	227	312
Lauri Peterson	T67	75-77-75	227	312
Lauri Rinker	T67	76-73-78	227	312
Robin Walton	72	81-70-77	228	275
Margaret Ward	73	79-73-78	230	268
Beverly Klass	74	78-73-81	232	262
Susan Tonkin	75	75-76-82	233	256

UNITED VIRGINIA BANK CLASSIC ($250,000).
Portsmouth Sleepy Hole G.C. (72-6,151), Suffolk, Va., May 9-11.

Name	Pos	Scores	Total	Money
M. Spencer-Devlin	1	76-69-69	214	$37,500
Barb Thomas	T2	74-71-70	215	17,709
Jody Rosenthal	T2	72-73-70	215	17,708
Debbie Massey	T2	75-69-71	215	17,708
Patty Sheehan	T5	77-70-69	216	7,396
Lauren Howe	T5	73-72-71	216	7,396
Deb Richard	T5	69-76-71	216	7,396
Amy Benz	T5	73-71-72	216	7,396
Kathy Whitworth	T5	72-72-72	216	7,396
Bonnie Lauer	T5	69-73-74	216	7,395
Heather Farr	T11	73-74-70	217	4,283
Beth Daniel	T11	74-72-71	217	4,282
Janet Coles	T11	71-74-72	217	4,282
Betsy King	T11	71-74-72	217	4,282
Karin Mundinger	T15	74-74-70	218	3,210
Colleen Walker	T15	75-72-71	218	3,210
Dot Germain	T15	73-74-71	218	3,209
Amy Alcott	T15	73-71-74	218	3,209
Allison Finney	T15	72-71-75	218	3,209
Lynn Connelly	T15	72-71-75	218	3,209
Patti Rizzo	T21	75-74-70	219	2,688
Jan Stephenson	T21	73-71-75	219	2,688

CHRYSLER-PLYMOUTH CLASSIC ($200,000).
Fairmount C.C. (73-6,265), Chatham Township, N.J., May 16-18.

Name	Pos	Scores	Total	Money
Becky Pearson	1	71-70-71	212	$30,000
Deb Richard	T2	73-69-71	213	16,000

WOMEN PROFESSIONALS

Player	Pos	Scores	Money
Betsy King	T2	67-72-74—213	16,000
Judy Dickinson	T4	73-71-70—214	9,500
Dawn Coe	T4	70-70-74—214	9,500
Cathy Morse	6	69-74-72—215	7,000
Sally Quinlan	T7	73-74-69—216	5,000
Penny Hammel	T7	72-73-71—216	5,000
Sandra Palmer	T7	71-74-71—216	5,000
Janet Anderson	T7	69-73-74—216	5,000
Jan Stephenson	T11	75-73-69—217	3,425
Pat Bradley	T11	74-71-72—217	3,425
Betsy Barrett	T11	74-70-73—217	3,425
Ayako Okamoto	T11	73-71-73—217	3,425
Marci Bozarth	T15	75-74-69—218	2,675
Barb Thomas	T15	74-75-69—218	2,675
Jane Geddes	T15	75-73-70—218	2,675
Rosie Jones	T15	75-72-71—218	2,675
Lauri Peterson	T19	75-73-71—219	2,202
Amy Benz	T19	74-72-73—219	2,202
Chris Johnson	T19	71-74-74—219	2,202
Robin Walton	T19	73-71-75—219	2,202
Kathy Postlewait	T19	71-73-75—219	2,202
Nancy Scranton	T24	75-73-72—220	1,850
Patti Rizzo	T24	73-75-72—220	1,850
Mitzi Edge	T24	74-73-73—220	1,850
Alice Ritzman	T24	72-75-73—220	1,850
Stephanie Farwig	T28	73-77-71—221	1,529
Janet Coles	T28	75-73-73—221	1,529
C. Charbonnier	T28	74-73-74—221	1,529
M.B. Zimmerman	T28	73-73-75—221	1,529
LuLong Radler	T28	70-76-75—221	1,528
Ok-Hee Ku	T28	71-74-76—221	1,528
Cathy Reynolds	T28	74-70-77—221	1,528
Martha Nause	T35	77-74-71—222	1,295
Amy Alcott	T35	74-72-76—222	1,295
Joan Joyce	T37	73-79-71—223	1,120
Pam Allen	T37	76-75-72—223	1,120
Margaret Ward	T37	73-76-74—223	1,120
Beth Solomon	T37	77-71-75—223	1,120
Cindy Rarick	T37	74-74-75—223	1,120
M. Figueras-Dotti	T42	78-73-73—224	920
Karen Permezel	T42	77-73-74—224	920
Debbie Massey	T42	71-75-78—224	920
Allison Finney	T42	69-76-79—224	920
D. Howe Chancellor	T46	76-75-74—225	655
Mindy Moore	T46	75-75-75—225	655
Myra Blackwelder	T46	74-76-75—225	655
Patty Hayes	T46	74-76-75—225	655
Jackie Bertsch	T46	77-72-76—225	655
Kristi Arrington	T46	76-73-76—225	655
Kim Shipman	T46	75-73-77—225	655
Lauren Howe	T46	75-72-78—225	655
Connie Chillemi	T46	74-71-80—225	655
Susie Pager	T46	74-71-80—225	655
Susie Berdoy	T56	75-77-74—226	399
Lynn Connelly	T56	75-77-74—226	399
C. Montgomery	T56	81-70-75—226	399
Cindy Hill	T56	74-76-76—226	399
Sherrin Smyers	T56	76-73-77—226	398
Jeanette Kohlhaas	T56	74-75-77—226	398
Pat Meyers	T56	75-72-79—226	398
Therese Hession	T63	79-73-75—227	275
Barb Bunkowsky	T63	77-75-75—227	275
Donna White	T63	76-76-75—227	275
Kathy Whitworth	T63	76-76-75—227	275
Sherri Steinhauer	T63	75-76-76—227	275
Shelly Hamlin	T63	75-75-77—227	275
Barbara Pendergast	T63	75-75-77—227	275
Kathy Hite	T63	77-71-79—227	275
Pia Nilsson	T71	77-75-76—228	222
Cathy Johnston	T71	76-76-76—228	222
Carolyn Hill	T71	78-73-77—228	221
Jerilyn Britz	T74	76-76-77—229	208
Sharon Barrett	T74	75-76-78—229	207
Nicky LeRoux	T76	78-74-78—230	0
Jane Blalock	T76	67-85-78—230	0
Nancy White-Brewer	T76	72-75-83—230	0

LPGA CORNING CLASSIC ($250,000).

Corning (N.Y.) C.C. (72-6,023), Corning, N.Y., May 22-25.

Player	Pos	Scores	Money
Laurie Rinker	1	72-70-70-66—278	$37,500
Pat Bradley	T2	70-70-70-74—281	20,000
Beth Daniel	T2	67-70-70-74—281	20,000
Linda Hunt	T4	76-72-69-65—282	11,875
Lauren Howe	T4	72-71-72-67—282	11,875
M.B. Zimmerman	T6	72-74-68-70—284	7,542
Ayako Okamoto	T6	72-70-71-71—284	7,542
Cindy Hill	T6	73-65-73-73—284	7,541
Denise Strebig	T9	71-70-74-70—285	5,063
Sherrin Smyers	T9	70-70-74-71—285	5,063
Robin Walton	T9	72-70-70-73—285	5,063
Judy Dickinson	T9	71-68-73-73—285	5,063
Kathy Postlewait	T13	72-75-72-67—286	4,001
Deedee Lasker	T13	73-69-74-70—286	4,001
JoAnne Carner	T15	72-71-75-69—287	3,345
Sandra Palmer	T15	76-67-72-72—287	3,345
Sally Quinlan	T15	71-69-74-73—287	3,345
C. Montgomery	T15	77-70-66-74—287	3,344
Chris Johnson	T19	71-74-78-65—288	2,699
Beth Solomon	T19	74-70-74-70—288	2,699
Val Skinner	T19	70-74-74-70—288	2,698
Sally Little	T19	75-70-71-72—288	2,698
Jane Crafter	T19	72-72-70-74—288	2,698
Penny Hammel	T19	71-69-73-75—288	2,698
Penny Pulz	T25	75-73-72-69—289	2,163
Patty Sheehan	T25	76-70-70-73—289	2,163
Becky Pearson	T25	74-71-71-73—289	2,163
Myra Blackwelder	T25	75-69-72-73—289	2,162
Dawn Coe	T25	75-70-70-74—289	2,162
Ok-Hee Ku	T25	70-71-74-74—289	2,162
Alice Ritzman	31	70-72-73-75—290	1,900
Missie Berteotti	T32	72-73-74-72—291	1,775
Cindy Mackey	T32	74-72-72-73—291	1,775
Sherri Turner	T32	71-69-75-76—291	1,774
Susan Sanders	T35	73-76-72-71—292	1,525
Lauri Peterson	T35	72-73-74-73—292	1,525
Jackie Bertsch	T35	75-73-70-74—292	1,525
Barb Bunkowsky	T35	72-73-73-74—292	1,525
Patti Rizzo	T35	71-70-72-79—292	1,524
Mary Dwyer	T40	75-72-73-73—293	1,253
Heather Farr	T40	72-72-74-75—293	1,253

1986 LPGA TOUR RESULTS: United Virginia • Chrysler-Plymouth • Corning

WOMEN PROFESSIONALS

Player	Pos	Scores	Money
Sharon Barrett	T40	72-73-72-76—293	1,253
Cindy Rarick	T40	71-69-76-77—293	1,253
Debbie Meisterlin	T44	75-72-75-72—294	1,050
Nancy Ledbetter	T44	74-74-73-73—294	1,050
Sue Fogleman	T44	76-72-71-75—294	1,050
LeAnn Cassaday	T44	73-74-72-75—294	1,050
Lynn Adams	T48	71-77-75-72—295	833
Colleen Walker	T48	76-71-75-73—295	833
Shirley Furlong	T48	76-71-74-74—295	832
Cathy Morse	T48	74-73-73-75—295	832
S. Steinhauer	T48	76-71-71-77—295	832
Mindy Moore	T53	79-70-78-69—296	638
Mitzi Edge	T53	73-75-76-72—296	637
Sandra Spuzich	T53	78-71-74-73—296	637
Janet Coles	T53	71-76-74-75—296	637
Karen Permezel	T53	75-72-72-77—296	637
Cathy Kratzert	T58	77-72-77-71—297	422
Jerilyn Britz	T58	76-71-78-72—297	422
Janet Anderson	T58	76-71-75-75—297	422
Kathryn Young	T58	72-72-78-75—297	422
Gail Lee Hirata	T58	74-73-74-76—297	422
Dale Eggeling	T58	72-74-75-76—297	422
M. Figueras-Dotti	T58	74-75-71-77—297	422
Atsuko Hikage	T58	74-74-72-77—297	422
Susie Berdoy	T58	72-72-76-77—297	421
Kathy Hite	67	74-73-75-76—298	337
Cindy Ferro	68	75-70-80-74—299	325
Jo Ann Washam	T69	74-75-77-74—300	306
Juli Inkster	T69	76-73-75-76—300	306
Debbie Austin	T71	73-74-80-74—301	281
Kim Shipman	T71	76-73-77-75—301	281
Kris Monaghan	T73	76-73-75-78—302	265
Cathy Mant	T73	76-72-76-78—302	265
Margaret Ward	T75	78-70-79-76—303	86
Heather Drew	T75	76-72-76-79—303	85
Lori Garbacz	T75	74-75-74-80—303	85
Kay Kennedy	78	75-74-78-77—304	

LPGA CHAMPIONSHIP($300,000).
Jack Nicklaus Sports Center (72-6,242) Kings Island, Ohio, May 29-June 1.

Player	Pos	Scores	Money
Pat Bradley	1	**67-72-70-68—277**	**$45,000**
Patty Sheehan	2	72-70-69-67—278	27,750
Juli Inkster	T3	70-72-68-69—279	18,000
Ayako Okamato	T3	66-70-69-74—279	18,000
M. Spencer-Devlin	5	72-67-74-68—281	12,750
Cindy Mackey	6	70-70-68-74—282	10,500
M. Blackwelder	7	71-71-71-70—283	8,850
Penny Pulz	8	71-71-70-72—284	7,800
Connie Chillemi	T9	68-74-75-68—285	6,354
Lori Garbacz	T9	65-74-74-72—285	6,353
Sharon Barrett	T9	72-70-69-74—285	6,353
M. Figueras-Dotti	T12	72-73-73-68—286	4,960
Patti Rizzo	T12	74-71-71-70—286	4,960
Ok-Hee Ku	T12	68-71-73-74—286	4,960
Lauri Peterson	T15	71-74-73-69—287	3,704
Penny Hammel	T15	75-72-70-70—287	3,704
Beth Daniel	T15	73-73-70-71—287	3,704
Laura Baugh	T15	70-73-71-73—287	3,704
Amy Alcott	T15	73-71-71-72—287	3,704
Rosie Jones	T15	72-72-71-72—287	3,704
Anne-Marie Palli	T15	72-71-70-74—287	3,703
Mindy Moore	T15	73-66-70-78—287	3,703
Deb Richard	T23	72-75-69-72—288	2,833
Alice Ritzman	T23	72-69-75-72—288	2,833
Dale Eggeling	T23	70-73-72-73—288	2,833
Lauren Howe	T23	73-69-73-73—288	2,833
Becky Pearson	T23	74-66-73-75—288	2,833
Shirley Furlong	T28	73-72-73-71—289	2,383
Sandra Palmer	T28	74-70-74-71—289	2,383
Robin Walton	T28	69-72-77-71—289	2,383
Hollis Stacy	T28	69-72-74-74—289	2,383
Vicki Fergon	T28	72-70-69-78—289	2,383
Kathy Baker	T33	70-74-78-68—290	1,990
Chris Johnson	T33	77-71-71-71—290	1,990
Dawn Coe	T33	71-73-74-72—290	1,990
Jan Stephenson	T33	70-73-74-73—290	1,990
Sally Quinlan	T33	73-72-70-75—290	1,990
Val Skinner	T38	73-74-74-70—291	1,728
Atsuko Hikage	T38	74-73-72-72—291	1,727
Beverly Klass	T40	73-75-72-72—292	1,453
JoAnne Carner	T40	71-73-76-72—292	1,453
Jody Rosenthal	T40	71-73-76-72—292	1,453
Judy Dickinson	T40	76-70-73-73—292	1,452
Cathy Reynolds	T40	74-72-73-73—292	1,452
Patty Hayes	T40	69-74-72-77—292	1,452
Cathy Kratzert	T46	76-72-75-70—293	1,120
Janet Anderson	T46	74-74-74-71—293	1,120
Caroline Gowan	T46	74-73-74-72—293	1,120
Mitzi Edge	T46	73-75-72-73—293	1,120
Martha Nause	T46	70-75-74-74—293	1,120
Bonnie Lauer	T51	73-74-74-73—294	933
Kathryn Young	T51	75-73-70-76—294	932
Silvia Bertolaccini	T53	72-74-76-73—295	843
Nancy Ledbetter	T53	73-72-74-76—295	842
Deedee Lasker	T55	74-74-76-72—296	665
Denise Strebig	T55	74-74-74-74—296	665
Missie Berteotti	T55	73-71-78-74—296	665
Barb Thomas	T55	72-72-77-75—296	665
Dianne Dailey	T55	71-75-74-76—296	665
Therese Hession	T55	74-73-71-78—296	665
Jane Geddes	T61	76-69-80-72—297	494
Vicki Tabor	T61	71-76-76-74—297	494
Deborah McHaffie	T61	73-71-78-75—297	494
T. Fredrickson	T61	74-73-72-78—297	494
Jane Blalock	T65	73-73-81-71—298	438
Jane Crafter	T65	73-74-77-74—298	437
Mary Dwyer	67	76-68-80-75—299	414
Kristi Arrington	T68	71-76-78-75—300	384
Debbie Massey	T68	78-69-77-76—300	384
Marlene Floyd	T68	74-73-73-80—300	384
Sue Fogleman	71	73-75-76-78—302	354
Melissa Whitmire	72	72-76-76-79—303	339
Deborah Skinner	73	69-77-80-79—305	331

McDONALD'S CHAMPIONSHIP ($450,000).
White Manor C.C. (72-6,313), Malvern, Pa., June 5-8.

Player	Pos	Scores	Money
Juli Inkster	1	**68-67-69-77—281**	**$67,500**
M.B. Zimmerman	2	70-69-73-72—284	41,625
Amy Alcott	3	70-72-73-70—285	30,375

WOMEN PROFESSIONALS

Becky Pearson	T4	78-72-68-69—287	19,500
Bonnie Lauer	T4	70-73-73-71—287	19,500
Ok-Hee Ku	T4	73-70-71-73—287	19,500
Patty Sheehan	T7	70-71-74-73—288	12,488
Judy Dickinson	T7	72-74-68-74—288	12,487
Ayako Okamato	T9	73-71-73-72—289	10,013
Jane Geddes	T9	72-70-74-73—289	10,012
Penny Pulz	T11	75-70-72-73—290	8,228
Val Skinner	T11	73-74-67-76—290	8,227
JoAnne Carner	T13	73-74-72-72—291	7,215
Cathy Morse	T13	71-75-71-74—291	7,215
Colleen Walker	T15	76-70-75-71—292	6,165
Dawn Coe	T15	73-73-71-75—292	6,165
Carolyn Hill	T15	77-68-72-75—292	6,165
Martha Nause	T18	75-75-72-71—293	5,415
Denise Strebig	T18	75-72-74-72—293	5,415
Debbie Massey	T18	76-74-69-74—293	5,415
Betsy King	T21	74-76-72-72—294	4,574
Jerilyn Britz	T21	77-72-72-73—294	4,574
Jane Crafter	T21	73-72-74-75—294	4,573
Jody Rosenthal	T21	75-69-75-75—294	4,573
Rosie Jones	T21	72-74-71-77—294	4,573
Sally Quinlan	T26	76-72-75-72—295	3,975
M. Figueras-Dotti	T26	70-79-73-73—295	3,975
Amy Benz	T26	71-71-73-80—295	3,975
Dale Eggeling	T29	72-72-77-75—296	3,570
Judy Ellis-Sams	T29	76-72-73-75—296	3,570
M.Spencer-Devlin	T29	71-76-73-76—296	3,570
Kim Shipman	T32	73-76-75-73—297	3,098
Jane Blalock	T32	78-72-71-76—297	3,097
Deb Richard	T32	76-72-73-76—297	3,097
Laurie Rinker	T32	75-74-72-76—297	3,097
Jan Stephenson	T32	73-73-73-78—297	3,097
Atsuko Hikage	T37	73-77-77-71—298	2,335
Sandra Palmer	T37	78-73-74-73—298	2,335
Janet Anderson	T37	77-75-72-74—298	2,335
Alice Miller	T37	78-74-72-74—298	2,335
Nancy Rubin	T37	75-77-72-74—298	2,335
Robin Walton	T37	74-76-74-74—298	2,335
Hollis Stacy	T37	79-70-72-77—298	2,335
Pat Meyers	T37	74-72-72-80—298	2,335
Kathy Postlewait	T37	75-70-72-81—298	2,334
Anne-Marie Palli	T46	77-74-75-73—299	1,680
Lauren Howe	T46	73-73-78-75—299	1,680
Chris Johnson	T46	74-75-75-75—299	1,680
Mindy Moore	T46	78-72-74-75—299	1,680
Patti Rizzo	T46	72-72-77-78—299	1,680
Susie Berning	T51	76-74-80-70—300	1,365
Sally Little	T51	78-74-78-70—300	1,365
Pia Nilsson	T51	79-73-75-73—300	1,364
Lori Garbacz	54	77-74-79-71—301	1,230
Kathryn Young	T55	75-77-74-76—302	1,061
Kathy Baker	T55	76-76-73-77—302	1,061
Susie McAllister	T55	76-74-75-77—302	1,061
Silvia Bertolaccini	T55	77-73-74-78—302	1,061
Marlene Hagge	T59	76-74-78-75—303	847
B. Pendergast	T59	78-73-76-76—303	847
Myra Blackwelder	T59	76-76-73-78—303	847
Mitzi Edge	T62	75-77-76-76—304	735
Karen Permezel	T62	78-73-76-77—304	734
Debbie Meisterlin	T64	76-76-77-76—305	668
Marci Bozarth	T64	77-74-77-77—305	667
Debbie Austin	T64	74-78-75-78—305	667
Mary DeLong	T67	78-74-79-75—306	600
Allison Finney	T67	77-71-78-80—306	600
Sherri Turner	T67	77-73-74-82—306	599
Vicki Fergon	70	79-69-80-79—307	555
Barbara Barrow	71	78-74-78-80—310	532
Caroline Gowan	72	75-77-78-82—312	510
Cathy Johnston	73	75-76-83-81—315	497

LADY KEYSTONE OPEN ($250,000).
Hershey, C.C. (72-6,348), Hershey, Pa., June 13-15.

*Juli Inkster	1	70-70-70—210	$37,500
Cindy Hill	T2	72-68-70—210	20,000
Debbie Massey	T2	72-66-72—210	20,000
Jane Crafter	T4	73-69-69—211	10,834
Lisa Young	T4	70-71-70—211	10,833
Sherri Turner	T4	69-70-71—211	10,833
Sandra Palmer	T7	71-75-66—212	6,250
Kim Shipman	T7	76-68-68—212	6,250
Betsy King	T7	71-71-70—212	6,250
Nancy Scranton	T7	73-66-73—212	6,250
Becky Pearson	T11	72-72-69—213	4,039
Pat Bradley	T11	71-73-69—213	4,039
Patty Sheehan	T11	74-69-70—213	4,039
Jo Ann Washam	T11	70-73-70—213	4,039
Jan Stephenson	T11	73-69-71—213	4,039
Alice Miller	T11	70-70-73—213	4,038
Colleen Walker	T17	72-73-69—214	2,956
Cindy Rarick	T17	68-77-69—214	2,956
Dale Eggeling	T17	72-72-70—214	2,956
Sally Quinlan	T17	75-68-71—214	2,955
Janet Anderson	T17	73-70-71—214	2,955
Penny Hammel	T17	71-72-71—214	2,955
Hollis Stacy	T23	77-68-70—215	2,409
Marta Figueras-Dotti	T23	75-70-70—215	2,409
Martha Nause	T23	74-71-70—215	2,409
Amy Alcott	T23	72-73-70—215	2,409
Susan Sanders	27	71-76-69—216	2,218
Atsuko Hikage	T28	75-73-69—217	1,896
Cathy Kratzert	T28	77-70-70—217	1,896
Jody Rosenthal	T28	74-73-70—217	1,896
Kathy Baker	T28	69-77-71—217	1,896
Sharon Barrett	T28	71-74-72—217	1,896
Anne-Marie Palli	T28	73-72-72—217	1,896
Sandra Spuzich	T28	73-71-73—217	1,896
Kathy Whitworth	T28	73-71-73—217	1,896
Dawn Coe	T36	77-70-71—218	1,481
Marlene Floyd	T36	76-71-71—218	1,480
Lynn Connelly	T36	73-73-72—218	1,480
Ok-Hee Ku	T36	73-72-73—218	1,480
Barbara Pendergast	T36	73-71-74—218	1,480
Pia Nilsson	T41	74-74-71—219	1,143
Susie Berdoy	T41	74-74-71—219	1,143
Shirley Furlong	T41	73-75-71—219	1,143
Judy Ellis-Sams	T41	75-72-72—219	1,143
Beth Solomon	T41	75-72-72—219	1,143
Val Skinner	T41	72-75-72—219	1,142
Lauri Peterson	T41	72-73-74—219	1,142
Deborah Skinner	T41	74-73-73—220	830

1986 LPGA TOUR RESULTS: LPGA Championship • McDonald's • Keystone

157

WOMEN PROFESSIONALS

Player	Pos	Scores	Money
Joanne Pacillo	T41	72-75-73—220	830
Mary Murphy	T41	71-76-73—220	829
Nancy White	T41	75-71-74—220	829
Jerilyn Britz	T41	73-73-74—220	829
Pat Meyers	T41	72-72-76—220	829
Missie Berteotti	T54	74-74-73—221	581
Cathy Johnston	T54	72-76-73—221	581
Joan Joyce	T54	77-70-74—221	581
Bonnie Lauer	T54	73-74-74—221	581
Mindy Moore	T54	72-75-74—221	581
Kris Monaghan	T54	74-72-75—221	581
Karen Permezel	T54	74-72-75—221	581
Caroline Gowan	T61	76-72-74—222	412
Patty Jordan	T61	76-72-74—222	412
Susie Berning	T61	75-73-74—222	412
Myra Blackwelder	T61	75-72-75—222	411
Jackie Bertsch	T61	73-74-75—222	411
Sherrin Smyers	66	72-74-77—223	367
Carolyn Hill	T67	75-73-76—224	342
Cindy Figg	T67	74-74-76—224	342
Carole Charbonnier	T67	73-74-77—224	341
Shelley Hamlin	70	76-72-77—225	317
Alexandra Reinhardt	71	76-70-80—226	304

*Won playoff

ROCHESTER INTERNATIONAL ($255,000)

Locust Hill C.C. (72-6,162) Pittsford, N.Y., June 19-22

Player	Pos	Scores	Money
Judy Dickinson	1	74-69-68-70—281	$38,250
Pat Bradley	2	72-73-69-68—282	23,587
Chris Johnson	3	75-72-70-66—283	17,212
Jan Stephenson	4	73-71-68-72—284	13,387
Laura Baugh	5	72-72-72-69—285	10,837
M. Figueras-Dotti	T6	71-74-70-71—286	8,224
Val Skinner	T6	74-71-66-75—286	8,224
Laurie Rinker	8	69-75-71-72—287	6,630
Dale Eggeling	T9	71-76-71-70—288	5,171
Alice Ritzman	T9	77-74-64-73—288	5,171
Jane Blalock	T9	72-74-68-74—288	5,170
Hollis Stacy	T9	70-72-71-75—288	5,170
Cathy Morse	13	74-70-72-73—289	4,221
Sherri Turner	T14	73-73-73-71—290	3,711
Patti Rizzo	T14	70-72-77-71—290	3,711
Lenore Muraoka	T14	74-73-69-74—290	3,711
Mary Dwyer	T17	77-72-73-69—291	3,138
Kathy Whitworth	T17	71-75-75-70—291	3,138
Carolyn Hill	T17	72-71-75-73—291	3,137
Kathy Hite	T17	72-72-75-72—291	3,137
Nancy Rubin	21	74-75-72-71—292	2,819
Robin Walton	T22	77-71-76-69—293	2,460
Missie McGeorge	T22	75-74-72-72—293	2,460
Kim Shipman	T22	72-74-72-75—293	2,460
Marlene Floyd	T22	70-76-74-73—293	2,459
Jerilyn Britz	T22	73-72-72-76—293	2,459
Barb Bunkowsky	T22	73-71-73-76—293	2,459
Atsuko Hikage	T28	75-73-75-71—294	2,143
Patty Hayes	T28	76-71-75-72—294	2,143
Nancy Scranton	T30	75-73-78-69—295	1,956
Jane Crafter	T30	72-74-77-72—295	1,956
Beth Solomon	T30	75-74-73-73—295	1,956
Becky Pearson	T33	73-74-73-76—296	1,792
Linda Hunt	T33	76-74-69-77—296	1,792
Pia Nilsson	T35	74-74-76-73—297	1,664
Connie Chillemi	T35	77-74-72-74—297	1,664
Jane Geddes	T37	75-75-74-74—298	1,536
Sherrin Smyers	T37	74-75-74-75—298	1,536
Leslie Pearson	T39	74-77-74-74—299	1,377
Lynn Connelly	T39	77-73-75-74—299	1,377
Nina Foust	T39	71-74-79-75—299	1,377
Kristi Arrington	T42	76-77-75-72—300	1,186
Susie Berdoy	T42	72-76-80-72—300	1,186
Sue Fogleman	T42	72-75-80-73—300	1,185
Martha Nause	T42	75-74-77-74—300	1,185
Marlene Hagge	T46	77-74-76-74—301	911
Cindy Rarick	T46	77-73-77-74—301	911
Joanne Pacillo	T46	74-75-77-75—301	911
Beverly Klass	T46	75-73-78-75—301	911
Cathy Kratzert	T46	77-73-74-77—301	910
Missie Berteotti	T46	74-73-77-77—301	910
Alice Miller	T46	71-75-74-81—301	910
Lynn Adams	T53	77-75-78-72—302	644
Joan Joyce	T53	73-78-79-72—302	644
Melissa Whitmire	T53	80-70-77-75—302	644
Debbie Meisterlin	T53	78-75-73-76—302	644
Cindy Ferro	T53	79-73-74-76—302	643
Gail Lee Hirata	T53	72-79-75-76—302	643
Cathy Mant	T59	77-73-78-75—303	485
Judy Ellis-Sams	T59	75-78-73-77—303	484
Lauri Peterson	T59	73-74-76-80—303	484
Cathy Marino	62	78-74-74-78—304	433
Nancy Tomich	T63	75-78-77-75—305	395
Jo Ann Washam	T63	74-78-78-75—305	395
Pat Meyers	T63	74-77-77-77—305	395
B. Pendergast	T66	77-76-77-76—306	357
Lori Brock	T66	75-76-77-78—306	357
M.J. Smith	T66	76-76-75-79—306	357
Mary Murphy	69	74-77-77-79—307	331
Beverly Davis	70	75-76-76-81—308	319
LuLong Radler	71	77-74-79-80—310	306
Debbie Hall	72	75-78-83-80—316	293

MAYFLOWER CLASSIC ($350,000)

C.C. of Indianapolis (72-6,186), Indianapolis, Ind., June 26-29.

Player	Pos	Scores	Money
*Sandra Palmer	1	68-68-72-72—280	$52,500
Jan Stephenson	T2	68-71-69-72—280	28,000
Chris Johnson	T2	72-70-70-68—280	28,000
Jody Rosenthal	4	73-71-71-67—282	18,375
Bonnie Lauer	T5	73-69-71-70—283	13,563
Judy Dickinson	T5	72-69-71-71—283	13,562
Kathy Whitworth	7	73-68-72-71—284	10,325
Betsy King	T8	70-75-72-68—285	7,500
Nancy Rubin	T8	71-73-72-69—285	7,500
Ok-Hee Ku	T8	74-72-69-70—285	7,500
Debbie Massey	T8	67-78-70-70—285	7,500
Rosie Jones	T8	71-70-70-74—285	7,500
Betsy Barrett	T13	72-70-74-70—286	5,275
Shirley Furlong	T13	71-74-70-71—286	5,275

WOMEN PROFESSIONALS

Beth Daniel	T13	70-72-73-71—286	5,275
Cindy Hill	T13	73-71-69-73—286	5,275
Juli Inkster	T17	74-73-70-70—287	4,400
Deb Richard	T17	70-74-73-70—287	4,400
Becky Pearson	T17	72-77-67-71—287	4,400
Kathy Baker	T20	74-73-73-68—288	3,875
Hollis Stacy	T20	70-77-72-69—288	3,875
Carolyn Hill	T20	74-70-67-77—288	3,875
C. Montgomery	T23	71-73-73-72—289	3,372
Kristi Arrington	T23	73-73-70-73—289	3,372
Patty Sheehan	T23	69-76-71-73—289	3,372
Robin Walton	T23	71-72-73-72—289	3,371
Marlene Floyd	T27	70-76-74-70—290	2,895
Jane Crafter	T27	69-76-75-70—290	2,895
Mitzi Edge	T27	72-75-70-73—290	2,895
Janet Coles	T27	70-75-72-73—290	2,895
Alice Miller	T27	69-71-72-78—290	2,895
Sally Quinlan	T32	75-74-74-68—291	2,335
Jane Blalock	T32	74-75-72-70—291	2,335
Denise Strebig	T32	72-75-73-71—291	2,335
Martha Nause	T32	70-74-76-71—291	2,335
Cathy Mant	T32	75-73-71-72—291	2,335
Pia Nilsson	T32	72-72-73-74—291	2,334
Marci Bozarth	T32	74-68-73-76—291	2,334
Missie Berteotti	T39	75-72-73-72—292	1,784
Colleen Walker	T39	75-72-74-71—292	1,784
Kathy Postlewait	T39	75-72-73-72—292	1,784
Kim Shipman	T39	73-74-72-73—292	1,783
Myra Blackwelder	T39	70-76-72-74—292	1,783
Barb Thomas	T39	70-72-76-74—292	1,783
Jerilyn Britz	T45	71-76-74-72—293	1,424
Judy Ellis-Sams	T45	71-73-77-72—293	1,424
Missie McGeorge	T45	70-74-77-72—293	1,424
A. Reinhardt	T45	71-72-77-73—293	1,424
a-Martha Foyer	T49	74-74-74-72—294	0
Sherri Turner	T49	75-71-75-73—294	1,130
Atsuko Hikage	T49	71-74-76-73—294	1,130
Kris Monaghan	T49	73-76-71-74—294	1,130
Cathy Johnston	T49	71-75-72-76—294	1,130
Amy Alcott	T49	72-74-71-77—294	1,129
Cindy Mackey	T55	71-75-75-74—295	890
Deedee Lasker	T55	72-77-70-76—295	890
Lynn Adams	T55	72-75-72-77—295	890
Susan Sanders	T55	70-73-72-80—295	890
M. Figueras-Dotti	T59	74-75-74-73—296	712
Therese Hession	T59	71-76-76-73—296	712
M.J. Smith	T59	78-71-73-74—296	712
Alice Ritzman	T62	72-75-76-74—297	619
Jane Geddes	T62	75-74-68-80—297	618
Shelley Hamlin	T64	71-78-75-74—298	549
Nancy Scranton	T64	73-74-77-74—298	549
Susie Berning	T64	74-73-73-78—298	548
Lauren Howe	T67	76-73-74-76—299	497
Cathy Morse	T67	75-72-73-79—299	496
Joan Joyce	T67	72-75-73-79—299	496
Pam Allen	70	75-74-78-74—301	461
D. H. Chancellor	T71	72-77-82-72—303	435
Susie Berdoy	T71	71-75-75-82—303	435
a-Amateur			
*Won playoff			

MAZDA HALL OF FAME CHAMPIONSHIP($300,000).
Sweetwater C.C. (72-6,472) Sugar Land, Tex.,
July 3-6.

*Amy Alcott	1	70-70-72-72—284	$45,000
Lauren Howe	2	69-73-74-68—284	27,750
Amy Benz	3	67-71-75-73—286	20,250
Lori Garbacz	4	74-73-73-67—287	15,750
Missie Berteotti	T5	73-74-74-68—289	11,625
Janet Coles	T5	75-70-73-71—289	11,625
Vicki Fergon	7	72-72-73-73—290	8,850
Sally Little	T8	74-71-75-71—291	6,421
Lisa Young	T8	71-73-75-72—291	6,420
Ok-Hee Ku	T8	76-73-69-73—291	6,420
Cindy Hill	T8	72-73-73-73—291	6,420
Rosie Jones	T8	71-71-75-74—291	6,420
Laurie Rinker	T13	73-74-75-70—292	4,500
Chris Johnson	T13	73-73-72-74—292	4,500
Kathy Baker	T13	71-74-72-75—292	4,500
Penny Hammel	T13	70-73-71-78—292	4,500
Judy Dickinson	17	69-75-72-77—293	3,900
Sandra Palmer	T18	74-77-71-72—294	3,525
Lauri Peterson	T18	73-73-76-72—294	3,525
Ayako Okamoto	T18	72-73-75-74—294	3,525
Pat Bradley	T18	72-71-76-75—294	3,525
Susie McAllister	T22	72-77-74-72—295	2,878
Shirley Furlong	T22	70-76-77-72—295	2,878
Jody Rosenthal	T22	79-73-70-73—295	2,878
Dawn Coe	T22	72-78-72-73—295	2,877
Juli Inkster	T22	75-74-72-74—295	2,877
Jane Geddes	T22	75-70-73-77—295	2,877
Sherri Turner	T28	77-76-71-72—296	2,373
Cathy Johnston	T28	76-76-70-74—296	2,373
Cindy Rarick	T28	72-77-71-76—296	2,373
Patty Sheehan	T28	73-74-73-76—296	2,373
Deedee Lasker	T28	73-71-75-77—296	2,373
Denise Strebig	T33	79-74-72-72—297	2,018
Debbie Massey	T33	76-73-73-75—297	2,018
M.B. Zimmerman	T33	70-75-75-77—297	2,017
Deb Richard	T33	71-70-79-77—297	2,017
B. Pendergast	T37	74-76-78-70—298	1,680
Anne-Marie Palli	T37	76-77-73-72—298	1,680
Nina Foust	T37	74-77-73-74—298	1,680
Betsy King	T37	76-74-74-74—298	1,680
Alice Ritzman	T37	75-75-74-74—298	1,680
LeAnn Cassaday	T42	78-75-74-72—299	1,320
Missie McGeorge	T42	74-77-76-72—299	1,320
Sue Ertl	T42	75-76-76-72—299	1,320
Jackie Bertsch	T42	71-79-75-74—299	1,320
Marci Bozarth	T42	71-76-78-74—299	1,320
Carolyn Hill	T42	77-71-73-78—299	1,320
Cathy Marino	48	72-78-74-76—300	1,110
Vicki Tabor	T49	77-75-79-70—301	972
Beth Daniel	T49	73-78-77-73—301	971
Margaret Ward	T49	75-76-74-76—301	971
LuLong Radler	T49	73-77-75-76—301	971
Marlene Hagge	T53	78-72-76-76—302	810
Sally Quinlan	T53	75-74-75-78—302	810
Therese Hession	T53	75-72-75-80—302	810
Lynn Connelly	T56	74-78-75-76—303	698
Barb Thomas	T56	78-73-76-76—303	697
Mitzi Edge	58	75-78-77-74—304	630

1986 LPGA TOUR RESULTS: Rochester • Mayflower • Hall of Fame

WOMEN PROFESSIONALS

Allison Finney	T59	77-76-77-75—305	555		Jane Blalock	T35	73-77-73-76—299	2,582
Jo Ann Washam	T59	79-74-77-75—305	555		Alice Miller	T40	77-76-76-71—300	2,294
Kristi Arrington	T59	76-76-78-75—305	555		Alice Ritzman	T40	76-74-74-76—300	2,294
Susie Berdoy	T62	77-76-78-75—306	445		Jane Crafter	T40	74-73-73-80—300	2,294
Lynn Adams	T62	76-73-82-75—306	445		Jerilyn Britz	T40	72-74-78-76—300	2,294
Leslie Pearson	T62	75-77-77-77—306	445		Sandra Palmer	T44	75-76-76-74—301	1,917
Joanne Pacillo	T62	75-75-79-77—306	445		Becky Pearson	T44	78-71-77-75—301	1,917
Patty Jordan	T62	73-74-78-81—306	445		a-Tracy Novak	T44	75-74-76-76—301	0
Deborah Skinner	T62	73-74-77-82—306	445		Amy Benz	T44	71-78-76-76—301	1,917
Lenore Muraoka	68	76-76-80-76—307	390		Betsy Barrett	T44	74-77-74-76—301	1,917
Terry-Jo Myers	T69	74-78-82-74—308	368		Barb Bunkowsky	T44	74-74-76-77—301	1,917
Susie Berning	T69	73-78-78-79—308	367		Denise Strebig	T44	76-73-75-77—301	1,917
Sharon Barrett	71	75-75-83-76—309	345		Pia Nelson	T44	74-76-74-77—301	1,917
Nancy White	72	79-74-81-76—310	330		Patty Sheehan	T44	73-77-72-79—301	1,917
Gail Lee Hirata	T73	79-72-85-75—311	319		LeAnn Cassaday	T53	77-76-77-72—302	1,507
Debbie Meisterlin	T73	79-74-81-77—311	318		Penny Pulz	T53	73-77-78-74—302	1,507
Stephanie Farwig	75	73-76-84-79—312	307		Nancy Rubin	T53	77-74-76-75—302	1,507
*Won playoff					Beth Solomon	T53	76-74-75-77—302	1,507
					Missie McGeorge	T53	76-74-73-79—302	1,507
					Janet Coles	T58	73-77-78-75—303	1,389
					a-Kimberly Gardner	T58	75-76-75-77—303	0
U.S. WOMEN'S OPEN ($300,000).					a-M.A. Michanowcz	T58	78-73-74-78—303	0
NCR G.C. (72-6,243) Dayton, Ohio, July 10-13					Bonnie Lauer	T61	76-77-74-77—304	1,364
					a-Robin Hood	T61	77-72-77-78—304	0
*Jane Geddes	1	74-74-70-69—287	$50,000		a-Michiko Hattori	T61	76-76-73-79—304	0
Sally Little	2	73-72-72-70—287	25,000		Lisa Young	T61	81-72-72-79—304	1,364
Ayako Okamoto	T3	76-69-69-74—288	16,535		a-Page Dunlop	T65	76-76-78-75—305	0
Betsy King	T3	72-71-70-75—288	16,535		Martha Foyer	T65	79-73-77-76—305	1,324
Pat Bradley	T5	76-71-74-69—290	9,197		Kathy Whitworth	T65	76-75-77-77—305	1,324
Jody Rosenthal	T5	72-76-71-71—290	9,197		Sally Quinlan	T65	76-72-79-78—305	1,324
Amy Alcott	T5	75-69-74-72—290	9,197		Juli Inkster	T69	80-72-78-76—306	1,310
Judy Dickinson	T5	72-71-74-73—290	9,197		Kathy Postlewait	T69	76-74-79-77—306	1,310
Cathy Morse	T9	75-71-75-70—291	6,801		M.B. Zimmerman	T71	78-75-81-73—307	1,310
Deb Richard	T9	76-69-72-74—291	6,801		Kahryn Young	T71	73-77-80-77—307	1,310
Laura Davies	T11	75-73-73-72—293	5,806		Sue McAllister	T71	77-73-79-78—307	1,310
Jan Stephenson	T11	72-78-70-73—293	5,806		a-Cathy Edelen	T71	78-72-79-78—307	0
Hollis Stacy	T11	73-72-73-75—293	5,806		JoAnn Washam	75	77-73-83-75—308	1,310
Tammie Green	T14	72-79-71-72—294	4,874		a-Caroline Keggi	76	77-75-76-85—313	0
Silvia Bertolaccini	T14	71-77-73-73—294	4,874		Jill Briles	77	78-74-82-80—314	1,310
Ok-Hee Ku	T14	74-74-72-74—294	4,874		a-Dottie Pepper	78	75-76-84-80—315	0
Lauren Howe	T14	74-75-70-75—294	4,874		Adele Lukken	79	74-79-85-78—316	1,310
a-Joan Pitcock	T14	77-69-72-76—294	0		a-Amateur			
Chris Johnson	T19	76-71-73-75—295	4,244		*Won playoff.			
Nancy Scranton	T19	78-71-71-75—295	4,244					
C. Montgomery	T21	75-74-75-72—296	3,677					
Sherri Turner	T21	72-73-78-73—296	3,677		**BOSTON FIVE CLASSIC** ($275,000).			
Kathy Baker	T21	74-72-77-73—296	3,677		Sheraton Tara Hotel & Resort at Ferncroft (72-			
Beth Daniel	T21	70-76-75-75—296	3,677		6,008) Danvers, Mass, July 17-20.			
Laurie Rinker	T21	77-71-73-75—296	3,677					
Val Skinner	T21	74-75-71-76—296	3,677		**Jane Geddes**	1	71-70-72-68—281	$41,250
Patti Rizzo	T27	76-75-74-72—297	3,191		Deb Richard	2	70-68-73-71—282	25,437
M. Spencer-Devlin	T27	77-76-70-74—297	3,191		Ok-Hee Ku	T3	68-68-76-71—283	16,500
Lenore Muraoka	T27	73-73-75-76—297	3,191		Pat Bradley	T3	71-66-74-72—283	16,499
a-Michele Redman	T30	71-77-79-71—298	0		Cindy Hill	T5	71-69-71-74—285	10,656
Lori Garbacz	T30	73-79-74-72—298	2,879		Val Skinner	T5	73-66-72-74—285	10,656
Martha Nause	T30	72-75-72-79—298	2,879		M. Spencer-Devlin	7	76-72-68-70—286	8,112
Debbie Massey	T30	75-73-71-79—298	2,879		Colleen Walker	T8	74-70-76-67—287	6,155
Penny Hammel	T30	76-74-69-79—298	2,879		Becky Pearson	T8	73-69-75-70—287	6,154
JoAnne Carner	T35	75-78-74-72—299	2,582		Kathy Baker	T8	72-68-73-74—287	6,154
Cathy Kratzert	T35	73-74-78-74—299	2,582		Cathy Morse	T8	70-70-73-74—287	6,154
Rosie Jones	T35	77-75-73-74—299	2,582		Lauri Peterson	T12	75-72-72-69—288	4,267
Cindy Mackey	T35	78-73-73-75—299	2,582					

WOMEN PROFESSIONALS

Name	Pos	Scores	Money
Jane Crafter	T12	71-74-72-71—288	4,267
Dot Germain	T12	73-70-74-71—288	4,267
Patti Rizzo	T12	74-71-70-73—288	4,267
Alice Ritzman	T12	72-70-73-73—288	4,267
Anne-Marie Palli	T17	73-70-75-71—289	3,443
Sandra Palmer	T17	70-75-72-72—289	3,442
Mindy Moore	T17	70-72-75-72—289	3,442
Lisa Young	T20	75-72-72-71—290	2,906
Therese Hession	T20	71-70-78-71—290	2,906
Vicki Tabor	T20	73-70-73-74—290	2,906
Marlene Floyd	T20	72-71-72-75—290	2,906
Jane Blalock	T20	73-71-70-76—290	2,905
Judy Dickinson	T25	73-71-76-71—291	2,425
Betsy Barrett	T25	71-77-70-73—291	2,425
Alice Miller	T25	71-74-73-73—291	2,425
Penny Hammel	T25	69-74-74-74—291	2,425
Penny Pulz	T25	69-70-74-78—291	2,424
Laurie Rinker	T30	71-74-75-72—292	2,100
Cathy Kratzert	T30	73-73-71-75—292	2,099
M. Figueras-Dotti	T30	73-69-75-75—292	2,099
Dale Eggeling	T33	72-76-74-71—293	1,786
Martha Nause	T33	74-71-75-73—293	1,785
Betsy King	T33	75-71-73-74—293	1,785
Karen Permezel	T33	73-73-73-74—293	1,785
Silvia Bertolaccini	T33	70-76-72-75—293	1,785
Jackie Bertsch	T33	75-69-74-75—293	1,785
Vicki Fergon	T39	73-73-73-75—294	1,416
Dawn Coe	T39	70-76-73-75—294	1,416
Cindy Rarick	T39	71-71-77-75—294	1,415
Jan Stephenson	T39	73-72-73-65—294	1,415
Joan Joyce	T39	75-73-67-79—294	1,415
Robin Walton	T44	72-70-81-72—295	1,160
Jerilyn Britz	T44	73-72-76-74—295	1,160
Susie Berning	T44	71-72-76-76—295	1,159
Nancy Tomich	T44	72-70-76-77—295	1,159
Kathy Whitworth	T48	76-72-76-72—296	856
Kathy Hite	T48	74-73-76-73—296	856
LeAnn Cassaday	T48	74-72-77-73—296	856
Laura Baugh	T48	75-73-74-74—296	855
A. Reinhardt	T48	72-74-76-74—296	855
Nancy Rubin	T48	72-76-73-75—296	855
Beverly Klass	T48	75-72-72-77—296	855
Mary Murphy	T48	72-69-77-78—296	855
Pia Nilsson	T56	73-73-75-76—297	624
Cathy Johnston	T56	74-72-73-78—297	623
T. Fredrickson	T56	75-71-72-79—297	623
Gail Lee Hirata	T59	76-70-78-74—298	514
Lenore Muraoka	T59	70-72-82-74—298	513
Nancy Scranton	T59	70-74-77-77—298	513
Joanne Pacillo	T62	75-71-81-72—299	436
Susie McAllister	T62	75-73-76-75—299	435
Kathryn Young	T62	69-75-75-80—299	435
Cindy Ferro	T65	74-73-79-74—300	382
Lori West	T65	74-72-79-75—300	382
Caroline Gowan	T65	76-71-76-77—300	382
Barbara Barrow	T65	69-75-75-81—300	381
Deborah Skinner	T69	74-73-80-74—301	341
Patty Jordan	T69	75-71-78-77—301	340
Patty Hayes	71	74-72-77-80—303	320
Kris Managhan	72	73-73-79-79—304	306
Allison Finney	T73	69-76-81-80—306	296
Sue Fogleman	T73	74-74-77-81—306	295

du MAURIER CLASSIC ($350,000).
Board of Trade C.C. (72-6,107) Toronto, Canada, July 24-27

Name	Pos	Scores	Money
*Pat Bradley	1	73-70-67-66—276	$52,500
Ayako Okamoto	2	73-70-69-64—276	32,375
Nancy Scranton	T3	70-64-78-69—281	21,000
Betsy King	T3	72-67-71-71—281	21,000
Cathy Morse	T5	70-73-68-71—282	13,563
Chris Johnson	T5	67-68-74-73—282	13,562
Rosie Jones	7	72-72-71-68—283	10,325
Sherri Turner	T8	71-71-73-69—284	8,225
Amy Alcott	T8	75-72-68-69—284	8,225
Patti Rizzo	T8	74-69-70-71—284	8,225
Dot Germain	T11	75-70-69-72—285	6,185
Debbie Massey	T11	72-68-74-71—285	6,184
Alice Ritzman	T11	72-68-72-73—285	6,184
Martha Nause	T14	74-70-74-68—286	5,076
Jane Geddes	T14	74-68-74-70—286	5,076
JoAnne Carner	T14	69-71-74-72—286	5,076
Judy Dickinson	T17	73-74-69-71—287	4,464
Sandra Palmer	T17	71-73-71-72—287	4,463
Val Skinner	T19	74-68-74-72—288	4,026
Jo Ann Washam	T19	74-71-71-72—288	4,026
Missie Berteotti	T19	71-69-73-75—288	4,026
Jan Stephenson	T22	71-72-75-71—289	3,413
Allison Finney	T22	74-72-72-71—289	3,413
Patty Sheehan	T22	70-73-73-73—289	3,412
Juli Inkster	T22	71-68-77-73—289	3,412
Barb Bunkowsky	T22	73-73-70-73—289	3,412
Beth Daniel	27	75-74-72-69—290	3,080
Stephanie Farwig	T28	76-72-74-69—291	2,722
Lynn Adams	T28	76-71-73-71—291	2,721
Penny Pulz	T28	74-74-71-72—291	2,721
M. Figueras-Dotti	T28	73-71-74-73—291	2,721
Amy Benz	T28	75-71-72-73—291	2,721
Pat Meyers	T28	75-69-72-75—291	2,721
Kim Shipman	T34	72-74-76-70—292	2,310
Cathy Kratzert	T34	72-76-73-71—292	2,310
Kathy Whitworth	T34	73-71-74-74—292	2,309
Mindy Moore	T37	73-74-77-69—293	1,842
Deb Richard	T37	76-73-74-70—293	1,842
Dawn Coe	T37	73-76-74-70—293	1,842
Heather Farr	T37	73-75-72-73—293	1,842
LeAnn Cassaday	T37	71-76-75-71—293	1,842
Vicki Fergon	T37	75-74-72-72—293	1,842
Laurie Rinker	T37	73-75-71-74—293	1,841
Sally Little	T37	75-70-71-77—293	1,841
Anne-Marie Palli	T45	77-70-75-72—294	1,400
Shirley Furlong	T45	72-72-74-76—294	1,400
Mary Murphy	T45	71-71-76-76—294	1,400
Nancy White	T45	71-76-70-77—294	1,400
Jane Crafter	T49	72-77-77-69—295	1,190
D. Howe Chancellor	T49	74-75-75-71—295	1,190
Bonnie Lauer	T51	78-70-77-71—296	945
Cindy Rarick	T51	77-71-75-73—296	945
Leslie Pearson	T51	73-71-78-74—296	945
Deborah McHaffie	T51	74-71-77-74—296	945
Laura Baugh	T51	71-76-75-74—296	945
Kathy Baker	T51	72-74-74-76—296	944
Susie McAllister	T51	71-75-72-78—296	944
Myra Blackwelder	T58	76-73-77-71—297	651

161

WOMEN PROFESSIONALS

Lisa Young	T58	76-73-75-73—297	651
Patty Hayes	T58	75-74-74-74—297	651
M. Spencer-Devlin	T58	72-76-73-76—297	650
Lauren Howe	T58	71-76-74-76—297	650
Lauri Peterson	T63	76-73-75-74—298	525
Carolyn Hill	T63	75-73-75-75—298	525
Robin Walton	T63	75-74-73-76—298	524
Sandra Spuzich	T66	71-77-79-72—299	464
Janet Coles	T66	73-75-77-74—299	464
Susan Sanders	T66	73-74-76-76—299	463
Cathy Reynolds	T66	74-74-73-78—299	463
Lori Garbacz	T70	71-74-81-74—300	411
Deborah Skinner	T70	73-75-74-78—300	411
Heather Drew	72	75-74-76-76—301	385
Melissa Whitmire	73	79-69-78-78—304	376
Barbara Barrow	T74	77-72-78-79—306	363
Cindy Hill	T74	77-70-79-80—306	362
Cathy Johnston	76	70-78-79-80—307	0
Sharon Barrett	77	73-74-77-84—308	0

*Won playoff.

LPGA NATIONAL PRO-AM ($300,000).

Lone Tree C.C. (72-6,540), Glenmoor Country Club (72-6,151) Littleton, Colo., July 31-Aug. 3

Amy Alcott	1	72-69-72-70—283	**$45,000**
Pat Bradley	T2	71-75-67-71—284	24,000
Chris Johnson	T2	70-70-72-72—284	24,000
Debbie Massey	4	68-73-70-74—285	15,750
Anne-Marie Palli	5	70-76-70-70—286	12,750
Vicki Fergon	T6	72-74-72-69—287	9,675
Penny Hammel	T6	70-74-73-70—287	9,675
Lynn Adams	T8	70-74-75-69—288	6,718
Jody Rosenthal	T8	71-75-72-70—288	6,718
Jan Stephenson	T8	75-72-70-71—288	6,718
Myra Blackwelder	T8	72-73-71-72—288	6,717
Dawn Coe	T12	72-74-73-70—289	5,121
Hollis Stacy	T12	72-72-72-73—289	5,121
Betsy Barrett	14	74-76-68-72—290	4,671
M. Figueras-Dotti	T15	73-75-71-72—291	3,951
Amy Benz	T15	70-76-71-74—291	3,951
Sally Little	T15	70-77-70-74—291	3,951
Becky Pearson	T15	69-78-70-74—291	3,951
Nancy White	T15	73-72-72-74—291	3,951
Rosie Jones	T20	75-72-74-71—292	3,186
M.B. Zimmerman	T20	71-79-71-71—292	3,186
Judy Dickinson	T20	68-77-75-72—292	3,186
Lauri Peterson	T20	72-74-73-73—292	3,186
Barb Bunkowsky	T20	71-72-74-75—292	3,186
Marlene Floyd	T25	75-73-73-72—293	2,706
Cindy Rarick	T25	70-77-73-73—293	2,706
Carolyn Hill	T25	75-76-68-73—293	2,706
Mitzi Edge	T25	72-73-76-72—293	2,706
Sandra Spuzich	T29	72-75-75-72—294	2,195
Therese Hession	T29	75-74-73-72—294	2,194
LeAnn Cassaday	T29	72-74-74-74—294	2,194
Sherri Turner	T29	72-74-74-74—294	2,194
Nina Foust	T29	73-73-74-74—294	2,194
Dale Eggeling	T29	73-73-72-76—294	2,194
Cathy Kratzert	T29	72-73-72-77—294	2,194
Shirley Furlong	T29	71-73-73-77—294	2,194
Marci Bozarth	T37	74-75-73-73—295	1,739
Janet Coles	T37	74-74-74-73—295	1,739
Susie Berning	T37	71-75-74-75—295	1,738
D. Howe Chancellor	T37	73-73-74-75—295	1,738
Missie Berteotti	T41	71-78-75-72—296	1,401
Patty Sheehan	T41	72-77-74-73—296	1,401
Sherrin Smyers	T41	69-79-75-73—296	1,401
Heather Farr	T41	70-80-72-74—296	1,401
Bonnie Lauer	T41	76-73-73-74—296	1,401
Susie McAllister	T41	71-76-74-75—296	1,401
Connie Chillemi	T47	75-76-71-75—297	1,131
Beth Solomon	T47	73-74-74-76—297	1,131
A. Reinhardt	T47	73-78-68-78—297	1,131
Kim Shipman	T50	76-72-78-72—298	944
Marlene Hagge	T50	74-77-74-73—298	944
Terry-Jo Myers	T50	79-71-72-76—298	943
Sally Quinlan	T50	74-75-72-77—298	943
Carole Charbonnier	T54	76-73-77-73—299	809
Heather Drew	T54	76-74-74-75—299	808
Patty Jordan	56	73-76-72-79—300	741
Kris Monaghan	T57	77-74-75-75—301	651
Joan Joyce	T57	73-78-73-77—301	651
Kathy Ahern	T57	75-74-72-80—301	651
Debbie Meisterlin	T60	74-77-75-76—302	531
Margaret Ward	T60	73-78-73-78—302	531
Barbara Pendergast	T60	77-68-79-78—302	531
Julie Cole	T60	72-76-76-78—302	531
Susie Berdoy	T64	74-75-77-77—303	464
Kathryn Young	T64	74-75-76-78—303	463
Allison Finney	T66	78-72-78-76—304	410
Kristi Arrington	T66	73-76-78-77—304	410
Sherri Steinhauer	T66	75-76-76-77—304	410
Lori Brock	T66	73-75-77-79—304	410
Sue Fogleman	T66	68-74-80-82—304	410
Linda Hunt	71	73-77-83-75—308	365

HENREDON CLASSIC ($230,000).

Willow Creek G.C. (72-6,244) High Point, N.C., Aug. 7-10.

*Betsy King	1	70-67-70-70—277	**$34,500**
JoAnne Carner	2	69-69-70-69—277	21,275
Nancy Lopez	T3	71-69-70-69—279	13,800
Robin Walton	T3	68-69-68-74—279	13,800
Cathy Kratzert	5	71-69-72-68—280	9,775
Kathy Whitworth	T6	71-72-68-70—281	7,418
Debbie Massey	T6	71-70-67-73—281	7,417
Ayako Okamoto	8	73-70-69-70—282	5,980
Hollis Stacy	T9	72-76-70-66—284	4,349
Kathy Postlewait	T9	68-72-73-71—284	4,349
Jody Rosenthal	T9	72-69-71-72—284	4,349
Kris Monaghan	T9	69-69-74-72—284	4,349
Sandra Palmer	T9	73-69-69-73—284	4,349
Sherri Turner	T9	72-70-69-73—284	4,349
Terry-Jo Myers	15	76-69-69-71—285	3,361
M.B. Zimmerman	T16	74-72-70-70—286	2,901
Cindy Rarick	T16	73-74-68-71—286	2,901
Val Skinner	T16	72-70-73-71—286	2,901
Jane Geddes	T16	71-68-72-75—286	2,901

WOMEN PROFESSIONALS

Chris Johnson	T16	72-66-73-75—286	2,901
Amy Benz	T21	68-76-73-70—287	2,398
Colleen Walker	T21	73-72-71-71—287	2,398
Alice Ritzman	T21	71-73-71-72—287	2,398
Laurie Rinker	T21	70-75-67-75—287	2,397
Mindy Moore	25	74-72-72-70—288	2,188
Dawn Coe	T26	73-71-74-71—289	1,947
Jane Crafter	T26	76-72-69-72—289	1,947
Patty Hayes	T26	73-73-71-72—289	1,947
Myra Blackwelder	T26	73-72-70-74—289	1,946
Judy Ellis-Sams	T26	74-72-68-75—289	1,946
Beverly Klass	T26	70-71-72-76—289	1,946
Nancy Scranton	T32	74-72-77-67—290	1,573
Marci Bozarth	T32	73-73-72-72—290	1,573
Mitzi Edge	T32	74-69-73-74—290	1,573
Missie McGeorge	T32	75-71-69-75—290	1,572
Rosie Jones	T32	70-74-71-75—290	1,572
Lauri Peterson	T32	70-71-72-77—290	1,572
C. Montgomery	T38	74-76-73-68—291	1,285
Sally Little	T38	75-75-69-72—291	1,285
Shelley Hamlin	T38	73-73-71-74—291	1,285
Cindy Mackey	T38	70-71-75-75—291	1,285
M.J. Smith	T42	74-71-76-71—292	1,130
Penny Pulz	T42	75-71-71-75—292	1,130
Kim Shipman	44	71-73-71-78—293	1,061
Lynn Adams	T45	75-73-72-74—294	969
Heather Farr	T45	73-72-75-74—294	969
Beth Daniel	T45	73-71-74-76—294	969
Margaret Ward	T48	74-76-72-73—295	792
Jerilyn Britz	T48	76-73-73-73—295	792
Dot Germain	T48	74-73-75-73—295	792
Kathy Hite	T48	71-78-72-74—295	792
Shirley Furlong	T48	76-71-73-75—295	791
Deedee Lasker	T53	77-73-75-71—296	647
Martha Nause	T53	79-70-70-77—296	647
Patti Rizzo	T53	75-68-72-81—296	646
M. Figueras-Dotti	56	73-73-76-75—297	578
Susan Sanders	T57	76-74-76-72—298	495
Beverley Davis	T57	73-76-76-73—298	494
Susie McAllister	T57	76-72-73-77—298	494
Jo Ann Washam	T57	74-74-73-77—298	494
Caroline Gowan	T61	74-72-78-75—299	405
Vicki Tabor	T61	72-76-75-76—299	405
Laura Baugh	T61	71-78-73-77—299	404
Connie Chillemi	64	76-74-74-77—300	370
Janet Anderson	T65	75-73-78-75—301	347
Joan Delk	T65	74-76-75-76—301	347
Cindy Figg-Currier	T65	76-72-73-80—301	346
Susie Pager	68	77-73-74-79—303	324
Susan Smith	69	74-76-78-77—305	312

*Won playoff.

NESTLE WORLD CHAMPIONSHIP ($240,000).
Stouffer Pinelsle Resort (72-6,027), Buford, Ga., Aug. 14-17

Pat Bradley	**1**	**72-72-72-63—279**	**$78,000**
Nancy Lopez	T2	73-66-73-69—281	34,800
Betsy King	T2	69-68-71-73—281	34,800
Chris Johnson	4	69-74-68-71—282	19,000
Jane Geddes	5	73-67-71-73—284	14,400
Patty Sheehan	T6	67-72-76-70—285	9,000
M.B. Zimmerman	T6	71-73-66-75—285	9,000
Amy Alcott	8	73-69-72-73—287	6,200
Val Skinner	T9	70-74-74-70—288	5,100
Jan Stephenson	T9	73-71-73-71—288	5,100
Ayako Okamoto	11	70-75-70-74—289	4,200
Juli Inkster	12	73-72-76-71—292	3,600

MASTERCARD INTERNATIONAL PRO-AM ($200,000).
Knollwood C.C. (72-6,028), Elmsford, N.Y. Westchester Hills G.C. (72-6,004), Ridgeway C.C. (72-6,187), White Plains, N.Y., Aug. 14-17

Cindy Mackey	**1**	**71-70-65-70—276**	**$30,000**
Jody Rosenthal	T2	76-70-73-71—290	16,000
Cathy Johnston	T2	76-72-70-72—290	16,000
Lauren Howe	4	76-72-73-70—291	10,500
Lynn Adams	T5	78-73-72-69—292	7,134
Missie Berteotti	T5	72-74-74-72—292	7,133
Kathryn Young	T5	74-74-73-72—292	7,133
Sue Ertl	8	67-81-74-73—293	5,200
Becky Pearson	9	73-75-70-76—294	4,700
Cindy Rarick	10	73-71-77-74—295	4,200
Nancy Scranton	T11	78-71-79-68—296	3,255
Donna Caponi	T11	76-75-73-72—296	3,255
Judy Ellis-Sams	T11	75-75-74-72—296	3,255
Susie Berdoy	T11	76-76-69-75—296	3,255
Kathy Postlewait	T11	72-76-73-75—296	3,254
Dale Eggeling	T11	73-70-75-78—296	3,254
Deb Richard	T17	77-74-74-72—297	2,438
Margaret Ward	T17	75-80-69-73—297	2,438
Jo Ann Washam	T17	72-75-77-73—297	2,438
M. Spencer-Devlin	T17	75-74-69-79—297	2,438
Connie Chillemi	T17	71-73-74-79—297	2,438
Heather Farr	T22	73-74-77-74—298	2,021
Kathy Hite	T22	76-74-76-72—298	2,021
Caroline Gowan	T22	77-70-75-76—298	2,020
Marci Bozarth	T22	75-72-72-79—298	2,020
Lori West	26	74-75-78-72—299	1,858
Loretta Alderette	T27	74-77-77-72—300	1,678
Susan Sanders	T27	76-76-75-73—300	1,678
Sherri Steinhauer	T27	73-78-76-73—300	1,678
Julie Cole	T27	78-75-73-74—300	1,678
Laura Baugh	T27	73-77-75-75—300	1,678
Beverly Klass	T32	79-74-75-73—301	1,383
Melissa Whitmire	T32	70-77-79-75—301	1,383
Barb Thomas	T32	76-76-72-77—301	1,383
Missie McGeorge	T32	71-74-79-77—301	1,383
Joanne Pacillo	T32	72-77-74-78—301	1,383
Carolyn Hill	T32	74-70-79-78—301	1,383
Lauri Peterson	T38	74-77-77-74—302	1,133
Myra Blackwelder	T38	77-72-76-77—302	1,132
Laurie Rinker	T38	78-72-74-78—302	1,132
Therese Hession	T38	75-73-75-79—302	1,132
Joan Delk	T42	75-82-72-74—303	937
Nancy White	T42	77-79-73-74—303	937
Sherri Turner	T42	75-75-78-75—303	937
Allison Finney	T42	74-78-73-78—303	937
Robin Walton	T42	80-70-75-78—303	937
Kathy Whitworth	T47	82-73-72-77—304	739

1986 LPGA TOUR RESULTS: Ntl. Pro-Am • Henredon • World Ch. • Mastercard

WOMEN PROFESSIONALS

Debbie Meisterlin	T47	81-75-70-78—304	739
Lynn Connelly	T47	70-77-79-78—304	739
Jackie Bertsch	T47	72-79-74-79—304	739
Terry-Jo Myers	T47	73-74-75-82—304	739
Gail Lee Hirata	T52	74-76-80-75—305	592
Barbara Pendergast	T52	77-76-76-76—305	592
Pat Meyers	T52	77-77-74-77—305	592
Laura Hurlbut	T52	78-76-73-78—305	592
Vicki Fergon	T56	78-74-77-77—306	472
Carla Glasgow	T56	75-77-75-79—306	472
Lisa Young	T56	77-75-74-80—306	472
LeAnn Cassaday	T56	75-76-73-82—306	472
Elaine Crosby	T60	79-78-72-78—307	377
M.J. Smith	T60	78-78-73-78—307	377
Sis Seman	T60	74-76-77-80—307	377
D. Howe Chancellor	T60	72-79-75-81—307	377
Jeannette Kohlhaas	T64	76-78-76-78—308	332
Patty Hayes	T64	76-80-73-79—308	332
LuLong Radler	66	81-72-76-84—313	317

ATLANTIC CITY LPGA CLASSIC ($225,000).
Marriott Seaview C.C. & Resort (71-6,005), Atlantic City, N.J., Aug. 22-24.

Juli Inskster	1	67-71-71—209	$33,750
Patti Rizzo	2	70-68-74—212	20,812
Judy Dickinson	3	69-72-72—213	15,187
Marta Figueras-Dotti	4	73-69-72—214	11,812
Beth Daniel	5	70-71-74—215	9,562
Beth Solomon	6	72-73-71—216	7,875
Penny Pulz	T7	69-78-70—217	6,244
Laurie Rinker	T7	71-69-77—217	6,243
Alice Ritzman	T9	72-75-71—218	4,099
Sally Little	T9	71-76-71—218	4,099
Nancy Scranton	T9	77-69-72—218	4,099
Kathy Postlewait	T9	74-71-73—218	4,099
Dawn Coe	T9	75-70-73—218	4,098
Amy Alcott	T9	76-68-74—218	4,098
Val Skinner	T9	70-73-75—218	4,098
Jane Geddes	T16	69-77-73—219	2,870
Margaret Ward	T16	73-72-74—219	2,870
Hollis Stacy	T16	71-74-74—219	2,869
Becky Pearson	T16	74-70-75—219	2,869
Jo Ann Washam	T20	74-74-72—220	2,332
Connie Chillemi	T20	73-74-73—220	2,332
Nancy White	T20	71-76-73—220	2,331
Colleen Walker	T20	73-74-73—220	2,331
Lynn Adams	T20	75-71-74—220	2,331
Deb Richard	T20	69-73-78—220	2,331
Kathy Whitworth	T26	76-75-70—221	1,848
Jane Crafter	T26	76-75-70—221	1,848
Shelley Hamlin	T26	76-73-72—221	1,847
Allison Finney	T26	79-70-72—221	1,847
Shirley Furlong	T26	76-72-73—221	1,847
Sherri Turner	T26	72-74-75—221	1,847
Penny Hammel	T26	76-70-75—221	1,847
Marlene Floyd	T33	76-74-72—222	1,458
Karin Mundinger	T33	74-76-72—222	1,458
M.J. Smith	T33	75-74-73—222	1,458
Bonnie Lauer	T33	74-74-74—222	1,457
Sandra Palmer	T33	75-72-75—222	1,457
Cathy Morse	T33	70-72-80—222	1,457
Sue Fogleman	T39	73-78-72—223	1,154
Cindy Figg-Currier	T39	75-75-73—223	1,154
Dot Germain	T39	72-76-75—223	1,154
Jane Blalock	T39	74-74-75—223	1,154
Sherri Steinhauer	T39	79-68-76—223	1,154
D. Howe Chancellor	T44	76-74-74—224	922
Linda Hunt	T44	77-72-75—224	922
M. Spencer-Devlin	T44	71-78-75—224	922
Lisa Young	T44	71-75-78—224	922
Ayako Okamoto	T44	69-75-80—224	922
Julie Cole	T49	75-76-74—225	711
Kathryn Young	T49	73-78-74—225	711
Terry-Jo Myers	T49	78-72-75—225	711
Cindy Rarick	T49	72-77-76—225	710
Missie Berteotti	T49	72-73-80—225	710
Sue Ertl	T54	75-76-75—226	523
Therese Hession	T54	75-76-75—226	523
Denise Strebig	T54	76-74-76—226	523
Jackie Bertsch	T54	74-75-77—226	523
LeAnn Cassaday	T54	71-78-77—226	522
Mary Dwyer	T54	77-69-80—226	522
Joan Joyce	T60	74-77-76—227	358
Debbie Massey	T60	75-75-77—227	358
Cindy Ferro	T60	75-74-78—227	358
Kris Monaghan	T60	73-76-78—227	358
Gail Lee Hirata	T60	72-76-79—227	358
Deedee Lasker	T60	75-73-79—227	358
Susan Sanders	T60	73-74-80—227	358
Heather Farr	T67	74-77-77—228	287
Silvia Bertolaccini	T67	78-73-77—228	287
Judy Ellis-Sams	T67	74-75-79—228	286
Amy Benz	T67	72-77-79—228	286
Joanne Pacillo	T71	73-75-81—229	253
Caroline Gowan	T71	75-73-81—229	252
Nina Foust	T73	76-75-79—230	177
Deborah Skinner	T73	77-74-79—230	177
Debbie Meisterlin	T73	78-72-80—230	177
Elaine Crosby	T73	72-77-81—230	176
Kathy Hite	77	75-76-80—231	0
Amelia Rorer	78	73-77-82—232	0
Karen Permezel	T79	76-75-82—233	0
Nancy Tomich	T79	79-72-82—233	0

RAIL CHARITY CLASSIC ($200,000).
Rail C.C. (72-6,281), Springfield, Ill., Aug. 30-Sept. 1.

*Betsy King	1	70-72-63—205	$30,000
Alice Ritzman	T2	68-68-69—205	16,000
Cathy Kratzert	T2	65-70-70—205	16,000
Judy Dickinson	4	67-72-67—206	10,500
Kathy Postlewait	T5	67-72-68—207	7,750
Lauri Peterson	T5	70-65-72—207	7,750
Martha Nause	7	72-70-66—208	5,900
Chris Johnson	T8	69-72-68—209	4,475
Cathy Morse	T8	72-68-69—209	4,475
Janet Anderson	T8	71-69-69—209	4,475
Susie McAllister	T8	66-73-70—209	4,475
Jo Ann Washam	12	70-70-70—210	3,500
Kathryn Young	T13	69-75-67—211	3,100
Nancy Lopez	T13	71-70-70—211	3,100

WOMEN PROFESSIONALS

Name	Pos	Scores	Money
Connie Chillemi	T13	67-73-71—211	3,100
Vicki Fergon	T16	72-73-67—212	2,600
Amy Alcott	T16	75-69-68—212	2,600
Marlene Floyd	T16	71-70-71—212	2,600
M. B. Zimmerman	T19	71-71-71—213	2,350
Shirley Furlong	T19	70-70-73—213	2,350
Margaret Ward	T21	69-75-70—214	2,150
Missie McGeorge	T21	72-70-72—214	2,150
Cindy Hill	T23	74-71-70—215	1,944
Nancy Scranton	T23	72-73-70—215	1,943
Mindy Moore	T23	72-71-72—215	1,943
Susie Pager	T26	77-71-68—216	1,614
Mitzi Edge	T26	72-76-68—216	1,614
Laura Hurlbut	T26	73-72-71—216	1,614
Judy Ellis-Sams	T26	71-74-71—216	1,614
Beth Solomon	T26	73-71-72—216	1,614
Lauren Howe	T26	70-73-73—216	1,614
Heather Drew	T26	74-67-75—216	1,613
Lenore Muraoka	T26	69-72-75—216	1,613
Deedee Lasker	T34	72-75-70—217	1,270
Dale Eggeling	T34	72-74-71—217	1,270
Julie Cole	T34	73-71-73—217	1,270
Barb Bunkowsky	T34	72-72-73—217	1,270
Sue Ertl	T34	69-72-76—217	1,270
Janet Coles	T39	74-72-72—218	964
Cindy Ferro	T39	73-73-72—218	964
Patti Rizzo	T39	71-74-73—218	964
Patty Hayes	T39	72-72-74—218	964
Allison Finney	T39	71-73-74—218	964
Karen Permezel	T39	74-69-75—218	964
Denise Strebig	T39	70-73-75—218	963
Kristi Arrington	T39	68-75-75—218	963
Gail Lee Hirata	T47	73-75-71—219	653
Pat Bradley	T47	74-73-72—219	653
Becky Pearson	T47	73-74-72—219	653
Marlene Hagge	T47	72-75-72—219	653
Nancy Ledbetter	T47	74-72-73—219	652
Lynn Connelly	T47	73-72-74—219	652
Sandra Palmer	T47	72-72-75—219	652
Missie Berteotti	T47	70-74-75—219	652
Joanne Pacillo	T55	73-75-72—220	382
Jackie Bertsch	T55	72-76-72—220	382
LeAnn Cassaday	T55	77-70-73—220	382
Carolyn Hill	T55	72-75-73—220	382
Susan Tonkin	T55	71-76-73—220	382
Susie Berdoy	T55	75-71-74—220	382
Shelley Hamlin	T55	71-75-74—220	382
Lynn Adams	T55	73-72-75—220	382
Cindy Rarick	T55	72-73-75—220	382
M.J. Smith	T55	70-73-77—220	381
Elaine Crosby	T55	75-67-78—220	381
Betsy Barrett	T66	72-76-73—221	275
Barbara Pendergast	T66	71-76-74—221	275
Mary Murphy	T68	74-74-74—222	236
Patty Jordan	T68	75-72-75—222	236
Carole Charbonnier	T68	72-75-75—222	236
Stephanie Farwig	T68	69-78-75—222	236
Deborah McHaffie	T68	72-74-76—222	236
Alice Miller	T68	75-70-77—222	235
Marci Bozarth	T74	73-75-75—223	208
Joan Delk	T74	73-72-78—223	207
Barbara Barrow	76	75-71-80—226	0
Becky Larson	77	74-73-83—230	0

*Won playoff.

CELLULAR ONE PING GOLF CHAMPIONSHIP ($200,000).

Columbia-Edgewater C.C. (72-6,260), Portland, Ore., Sept. 5-7.

Name	Pos	Scores	Money
Ayako Okamoto	**1**	**70-71-66—207**	**$30,000**
Colleen Walker	T2	72-68-73—213	16,000
Nancy Lopez	T2	70-70-73—213	16,000
Jane Crafter	T4	74-71-69—214	9,500
Dale Eggeling	T4	71-71-72—214	9,500
Mary Murphy	T6	74-70-71—215	6,450
M.J. Smith	T6	66-73-76—215	6,450
Hollis Stacy	T8	75-69-72—216	4,480
Becky Pearson	T8	69-74-73—216	4,480
Jan Stephenson	T8	70-72-74—216	4,479
Marta Figueras-Dotti	T8	70-72-74—216	4,479
Denise Strebig	12	75-70-72—217	3,518
Cathy Morse	T13	74-71-73—218	3,218
Juli Inkster	T13	73-72-73—218	3,218
Allison Finney	T15	74-75-70—219	2,585
Sandra Palmer	T15	74-74-71—219	2,585
Barbara Barrow	T15	74-74-71—219	2,585
Nina Foust	T15	73-75-71—219	2,585
Betsy King	T15	74-72-73—219	2,584
Deborah McHaffie	T15	71-75-73—219	2,584
JoAnne Carner	T21	74-76-70—220	1,913
Elaine Crosby	T21	73-76-71—220	1,913
Anne-Marie Palli	T21	77-69-74—220	1,913
Cindy Hill	T21	73-73-74—220	1,913
Sandra Spuzich	T21	72-74-74—220	1,912
Missie McGeorge	T21	72-73-75—220	1,912
Jane Geddes	T21	68-77-75—220	1,912
Patty Sheehan	T21	71-73-76—220	1,912
Laurie Peterson	T21	68-75-77—220	1,912
Mitzi Edge	T30	73-78-70—221	1,440
Laurie Rinker	T30	78-72-71—221	1,440
Deedee Lasker	T30	72-78-71—221	1,440
Lynn Connelly	T30	73-74-74—221	1,439
Patti Rizzo	T30	74-72-75—221	1,439
Marci Bozarth	T30	72-74-75—221	1,439
Amy Benz	T30	75-70-76—221	1,439
Gail Lee Hirata	T37	73-76-73—222	1,115
Lisa Young	T37	71-78-73—222	1,115
M. B. Zimmerman	T37	75-73-74—222	1,115
Margaret Ward	T37	72-76-74—222	1,115
Kathy Whitworth	T37	74-72-76—222	1,114
Barb Bunkowsky	T37	70-75-77—222	1,114
Dawn Coe	T43	76-75-72—223	878
Joan Delk	T43	73-78-72—223	878
Chris Johnson	T43	73-76-74—223	878
Donna Caponi	T43	72-77-74—223	878
Heather Farr	T43	69-76-78—223	878
Amy Alcott	T48	76-75-73—224	622
Betsy Barrett	T48	76-74-74—224	622
Sherri Steinhauer	T48	75-75-74—224	622
Sally Quinlan	T48	76-73-75—224	621
Mindy Moore	T48	75-74-75—224	621
Susan Tonkin	T48	74-75-75—224	621

1986 LPGA TOUR RESULTS: Atlantic City • Rail • Ping

WOMEN PROFESSIONALS

Shirely Furlong	T48	74-74-76—224	621
Penny Hammel	T48	72-75-77—224	621
Kathy Baker	T48	71-75-78—224	621
Bonnie Lauer	T57	79-72-74—225	426
Patty Hayes	T57	76-74-75—225	426
Missie Berteotti	T57	73-75-77—225	425
Connie Chillemi	T57	71-74-80—225	425
Susie Berdoy	T61	75-76-75—226	358
Jerilyn Britz	T61	73-76-77—226	358
Nancy Ledbetter	T63	78-73-76—227	318
Deborah Skinner	T63	76-75-76—227	318
Julie Cole	T63	72-75-80—227	318
Therese Hession	T66	74-77-79—230	288
Kristi Arrington	T66	72-79-79—230	288
Melissa Whitmire	T66	73-77-80—230	288
D. Howe Chancellor	69	73-78-80—231	268
Martha Nause	70	71-77-84—232	258

SAFECO CLASSIC ($200,000).
Meridian Valley C.C. (72-6,222) Kent, Wash., Sept. 11-14.

Judy Dickinson	1	71-73-63-67—274	$30,000
Hollis Stacy	2	68-73-68-69—278	18,500
Jan Stephenson	3	69-67-71-73—280	13,500
Kris Monaghan	T4	67-72-71-72—282	9,500
Beth Daniel	T4	71-67-70-74—282	9,500
Patty Sheehan	6	73-72-72-66—283	7,000
Betsy King	T7	69-71-76-68—284	5,550
Becky Pearson	T7	72-69-72-71—284	5,550
Dawn Coe	T9	73-72-72-68—285	4,234
Kathy Postlewait	T9	72-70-74-69—285	4,233
Kathy Whitworth	T9	73-73-68-71—285	4,233
Susan Tonkin	T12	76-70-72-68—286	3,300
Deb Richard	T12	69-74-73-70—286	3,300
Pat Bradley	T12	74-70-71-71—286	3,300
Jane Crafter	T15	73-75-71-68—287	2,675
JoAnne Carner	T15	77-67-74-69—287	2,675
Sally Quinlan	T15	72-75-70-70—287	2,675
Ellen Walker	T15	75-71-70-71—287	2,675
Juli Inkster	T19	68-73-72-75—288	2,350
Robin Walton	T19	74-65-72-77—288	2,350
Laurie Rinker	T21	72-76-71-70—289	2,063
Cindy Hill	T21	75-72-72-70—289	2,063
Lauren Howe	T21	69-74-73-73—289	2,062
Lauri Peterson	T21	73-70-72-74—289	2,062
Jane Geddes	25	75-70-76-69—290	1,880
Dale Eggeling	T26	75-73-71-72—291	1,790
Sherri Turner	T26	73-73-73-72—291	1,790
Kathy Baker	T28	76-71-72-73—292	1,610
Missie McGeorge	T28	72-73-73-74—292	1,610
Joan Joyce	T28	72-72-74-74—292	1,610
M.J. Smith	T28	70-73-73-76—292	1,610
Cathy Morse	T32	78-70-72-73—293	1,445
M.B. Zimmerman	T32	70-76-73-74—293	1,445
Sandra Palmer	T34	75-74-74-71—294	1,295
Nancy Tomich	T34	72-74-76-72—294	1,295
Cathy Kratzert	T34	73-76-72-73—294	1,295
Bonnie Lauer	T34	70-73-78-73—294	1,295
Cindy Rarick	T38	73-74-75-73—295	1,145
Chris Johnson	T38	75-74-72-74—295	1,145
Lisa Young	T40	77-73-77-69—296	1,003
Patti Rizzo	T40	76-72-77-71—296	1,003
Linda Hunt	T40	73-76-75-72—296	1,002
Marci Bozarth	T40	73-72-77-74—296	1,002
Susie McAllister	T44	76-74-74-73—297	800
Nancy White	T44	74-73-77-73—297	800
C. Charbonnier	T44	75-75-73-74—297	800
C. Montgomery	T44	76-73-73-75—297	800
Mitzi Edge	T44	74-72-76-75—297	800
Janet Anderson	T44	70-75-76-76—297	800
Kim Shipman	T50	76-72-78-72—298	555
Lori West	T50	76-74-75-73—298	555
Ayako Okamoto	T50	75-75-74-74—298	555
Nancy Scranton	T50	76-72-76-74—298	555
Jody Rosenthal	T50	74-74-76-74—298	555
Martha Nause	T50	72-75-75-76—298	555
Pam Allen	T50	75-72-74-77—298	555
Vicki Fergon	T50	74-73-74-77—298	555
Kathryn Young	T58	73-72-81-73—299	383
Deedee Lasker	T58	75-75-73-76—299	383
Janet Coles	T58	75-72-75-77—299	382
Lynn Adams	T58	75-72-73-79—299	382
Sharon Barrett	T62	77-71-80-72—300	308
Cathy Marino	T62	78-72-76-74—300	308
Lenore Muraoka	T62	71-79-71-79—300	307
Shirely Furlong	T62	74-73-74-79—300	307
Patty Jordan	T66	74-75-78-74—301	260
Susie Berning	T66	72-75-80-74—301	260
M. Figueras-Dotti	T66	78-72-75-76—301	260
Melissa Whitmire	T66	77-73-75-76—301	260
Denise Strebig	T66	78-71-73-79—301	260
Nancy Rubin	T71	72-74-81-75—302	222
Sue Ertl	T71	75-73-78-76—302	222
C. Figg-Currier	T71	74-75-76-77—302	221
Nancy Ledbetter	74	77-73-76-77—303	210
Jerilyn Britz	75	75-75-79-75—304	205
Elaine Crosby	76	74-76-78-77—305	0
LuLong Radler	T77	75-73-85-73—306	0
Heather Farr	T77	79-69-77-81—306	0
Shelley Hamlin	T79	74-76-77-80—307	0
Marlene Hagge	T79	73-77-77-80—307	0
Leslie Pearson	81	77-73-80-78—308	0
J. Kohlhaas	82	74-76-85-75—310	0

KONICA SAN JOSE CLASSIC ($275,000).
Almaden G. & C.C. (72-6,287) San Jose, Calif., Sept. 19-21.

*Patty Sheehan	1	71-70-71—212	$41,250
Betsy King	T2	72-71-69—212	19,479
Amy Alcott	T2	72-68-72—212	19,479
Ayako Okamoto	T2	69-71-72—212	19,478
Judy Dickinson	T5	76-69-68—213	10,656
Jane Geddes	T5	69-74-70—213	10,656
Laurie Rinker	7	71-74-69—214	8,112
M. Figueras-Dotti	T8	73-72-70—215	6,463
Colleen Walker	T8	74-71-70—215	6,462
Nancy Ledbetter	T8	73-69-73—215	6,462
M. Spencer-Devlin	T11	75-73-68—216	4,566
M.B. Zimmerman	T11	73-75-68—216	4,566
Beverly Klass	T11	75-72-69—216	4,566

WOMEN PROFESSIONALS

Name	Pos	Scores	Prize
Lori West	T11	72-74-70—216	4,565
Jan Stephenson	T11	71-73-72—216	4,565
C. Montgomery	T16	73-76-68—217	3,301
Chris Johnson	T16	72-74-71—217	3,301
Myra Blackwelder	T16	72-73-72—217	3,301
Mitzi Edge	T16	70-74-73—217	3,301
Shirley Furlong	T16	70-74-73—217	3,301
Val Skinner	T16	70-74-73—217	3,300
Pat Bradley	T16	72-70-75—217	3,300
Debbie Massey	T23	73-74-71—218	2,631
Linda Hunt	T23	70-76-72—218	2,630
Sue Ertl	T23	74-68-76—218	2,630
Lauren Howe	T23	71-69-78—218	2,630
Juli Inkster	T27	75-74-70—219	2,180
Beth Daniel	T27	75-73-71—219	2,179
Heather Drew	T27	74-73-72—219	2,179
Deedee Lasker	T27	74-73-72—219	2,179
Becky Pearson	T27	73-74-72—219	2,179
S. Bertolaccini	T27	73-71-75—219	2,179
Lisa Young	T27	71-70-78—219	2,179
Nina Foust	T34	75-74-71—220	1,644
Cathy Morse	T34	72-76-72—220	1,644
Hollis Stacy	T34	76-72-72—220	1,644
Dawn Coe	T34	72-75-73—220	1,644
Kim Shipman	T34	73-74-73—220	1,643
Kathy Postlewait	T34	73-73-74—220	1,643
Marlene Hagge	T34	73-72-75—220	1,643
Sandra Palmer	T34	71-73-76—220	1,643
Vicki Fergon	T42	77-72-72—221	1,182
Sally Quinlan	T42	76-73-72—221	1,182
Dale Eggeling	T42	71-77-73—221	1,182
Cathy Kratzert	T42	77-71-73—221	1,182
Donna Caponi	T42	74-72-75—221	1,182
Cindy Hill	T42	74-72-75—221	1,182
Karin Mundinger	T42	74-72-75—221	1,182
Elaine Crosby	T49	78-71-73—222	890
Lauri Peterson	T49	74-75-73—222	890
Kathy Baker	T49	72-75-75—222	890
Kris Monaghan	T49	72-75-75—222	890
Barb Bunkowsky	T53	77-72-74—223	590
Susan Sanders	T53	77-72-74—223	590
Therese Hession	T53	76-72-75—223	590
Sally Little	T53	73-75-75—223	590
Susie McAllister	T53	75-73-75—223	590
Nancy Scranton	T53	73-75-75—223	590
Vicki Tabor	T53	74-74-75—223	589
Nancy White	T53	71-77-75—223	589
Marci Bozarth	T53	74-73-76—223	589
Jody Rosenthal	T53	71-76-76—223	589
M.J. Smith	T53	73-74-76—223	589
Sherri Turner	T64	71-78-75—224	378
Heather Farr	T64	73-75-76—224	378
Stephanie Farwig	T64	76-72-76—224	378
LeAnn Cassaday	T64	74-73-77—224	378
Cathy Reynolds	T64	73-74-77—224	377
Allison Finney	T64	73-73-78—224	377
Patty Hayes	T70	76-73-76—225	316
Denise Strebig	T70	76-73-76—225	316
C. Figg-Currier	T70	73-73-79—225	316
Pia Nilsson	T73	75-74-77—226	173
Sherrin Smyers	T73	76-73-77—226	173
Sandra Spuzich	T73	74-75-77—226	173
Deborah McHaffie	T73	71-77-78—226	173
Janet Coles	T73	77-70-79—226	172
Nancy Tomich	T78	76-73-78—227	0
Kathy Whitworth	T78	72-77-78—227	0

*Won playoff.

MAZDA JAPAN CLASSIC ($300,000).
Lions C.C. (72-6,208), Osaka, Japan, Nov. 7-9.

Name	Pos	Scores	Prize
*Ai-Yu Tu	1	68-69-76—213	$45,000
Becky Pearson	T2	71-72-70—213	21,250
Cathy Kratzert	T2	68-74-71—213	21,250
M.B. Zimmerman	T2	74-71-68—213	21,250
Jane Geddes	T5	72-73-69—214	9,975
Chako Higuchi	T5	71-74-69—214	9,975
Debbie Massey	T5	72-72-70—214	9,975
Sandra Palmer	T5	69-71-74—214	9,975
Kathy Baker	T9	72-73-70—215	6,354
Ok-Hee Ku	T9	73-71-71—215	6,353
Bie-Shyn Huang	T9	68-74-73—215	6,353
Jody Rosenthal	T12	73-71-72—216	4,660
Tatsuko Ohsako	T12	72-72-72—216	4,660
Colleen Walker	T12	70-73-73—216	4,660
Bonnie Lauer	T12	69-73-74—216	4,660
Michiko Okada	T12	68-73-75—216	4,660
Yuen-Chyn Huang	T17	75-72-70—217	3,685
Beth Daniel	T17	73-72-72—217	3,685
Akane Oshiro	T17	72-72-73—217	3,685
Betsy King	T17	72-72-73—217	3,685
Val Skinner	T21	76-72-70—218	3,049
Lori Garbacz	T21	74-73-71—218	3,049
Patti Rizzo	T21	75-70-73—218	3,049
Rosie Jones	T21	73-71-74—218	3,049
Atsuko Hikage	T21	71-73-74—218	3,049
Kayoko Ikoma	T26	74-77-68—219	2,272
Pat Bradley	T26	74-75-70—219	2,272
Ayako Okamoto	T26	73-75-71—219	2,272
Therese Hession	T26	72-76-71—219	2,271
Aiko Takasu	T26	75-72-72—219	2,271
Ming-Yeh Wu	T26	75-72-72—219	2,271
Juli Inkster	T26	73-73-73—219	2,271
Fusako Nagata	T26	71-74-74—219	2,271
Robin Walton	T26	71-74-74—219	2,271
Judy Dickinson	T26	69-76-74—219	2,271
Laurie Rinker	T26	74-68-77—219	2,271
M. Figueras-Dotti	T26	73-69-77—219	2,271
Lauren Howe	T38	74-75-71—220	1,653
Janet Coles	T38	76-72-72—220	1,653
Hollis Stacy	T38	74-73-73—220	1,652
Lisa Young	T38	71-75-74—220	1,652
Gail Lee Hirata	T42	75-73-73—221	1,450
Amy Benz	T42	73-75-73—221	1,450
Chris Johnson	T44	74-78-70—222	1,300
Stephanie Farwig	T44	76-74-72—222	1,300
Patty Sheehan	T44	72-75-75—222	1,300
Cathy Morse	T47	75-76-72—223	1,038
Hiromi Takamura	T47	79-71-73—223	1,038
Nayoko Yoshikawa	T47	71-79-73—223	1,038
Mei-Chi Cheng	T47	73-76-74—223	1,037
Shihomi Suzuki	T47	74-74-75—223	1,037
Mieko Suzuki	T47	73-74-76—223	1,037

WOMEN PROFESSIONALS

Yoko Kobayashi	T53	79-73-72—224	753
Jane Crafter	T53	73-79-72—224	753
Anne-Marie Palli	T53	77-74-73—224	753
M. Spencer-Devlin	T53	74-77-73—224	752
Jan Stephenson	T53	78-71-75—224	752
Erika Nakajima	T53	74-75-75—224	752
Hiroko Inoue	T59	76-76-73—225	550
Li-Ying Chen	T59	74-76-75—225	550
Su-Ching Liu	T59	73-77-75—225	550
Ritsu Imahori	T59	76-72-77—225	550
Tomiko Ikebuchi	T63	77-75-74—226	453
Myra Blackwelder	T63	74-75-75—226	453
Miki Oda	T63	75-75-76—226	452
C. Charbonnier	T63	75-74-77—226	452
Mariko Ohtani	67	77-74-76—227	414
Satoko Sawada	T68	74-78-76—228	384
Kathy Whitworth	T68	74-76-78—228	384
Dawn Coe	T68	72-78-78—228	384
C. Figg-Currier	71	80-72-77—229	354
Midori Wakaura	72	75-75-81—231	339
Alice Ritzman	73	75-75-82—232	331
*Won playoff.			

J.C. PENNEY CLASSIC ($600,000) (Unofficial).
Bardmoor C.C. (72-6,957), Largo, Fla., Dec. 4-7.
Each player received money listed.

Tom Purtzer/			
Juli Inkster	1	**61-69-66-69—265**	**$65,000**
Mike Hulbert/			
Val Skinner	2	65-66-71-65—267	38,000
Curtis Strange/			
Nancy Lopez	T3	65-69-70-66—270	21,650
Mike Sullivan/			
Sally Little	T3	67-68-68-67—270	21,650
Jay Haas/			
Hollis Stacy	5	69-69-65-68—271	14,000
Mike McCumber/			
Debbie Massey	T6	68-65-68-71—272	11,000
Craig Stadler/			
Lori Garbacz	T6	69-63-68-72—272	11,000
Larry Mize/			
Martha Nause	T8	68-72-69-64—273	8,750
Ron Streck/			
Colleen Walker	T8	66-68-71-68—273	8,750
Fred Couples/			
J. Stephenson	T10	68-69-66-71—274	7,000
Tom Kite/			
Beth Daniel	T10	67-72-65-70—274	7,000
Andy North/			
Donna Caponi	T10	70-69-68-67—274	7,000
Jim Thorpe/			
Alice Ritzman	T10	68-70-67-69—274	7,000
Denis Watson/			
Spencer-Devlin	T10	68-69-69-68—274	7,000
Doug Tewell/			
Betsy King	15	72-63-69-71—275	5,500
Curt Byrum/			
Sherri Turner	T16	70-68-68-71—277	4,375
Brian Claar/			
Lauren Howe	T16	71-69-70-67—277	4,375
Mike Donald/			
Vicki Tabor	T16	71-69-67-70—277	4,375
Rick Fehr/			
Janet Coles	T16	71-69-68-69—277	4,375
Joey Sindelar/			
Lauri Peterson	T16	71-66-73-67—277	4,375
Jeff Sluman/			
Cathy Morse	T16	70-72-69-66—277	4,375
Dave Barr/			
K. Postlewait	T22	70-69-70-69—278	3,125
Mark Hayes/			
Sandra Palmer	T22	68-69-67-74—278	3,125
Bill Kratzert/			
Cathy Kratzert	T22	70-70-69-69—278	3,125
Larry Rinker/			
Laurie Rinker	T22	68-69-74-67—278	3,125
Paul Azinger/			
M. Blackwelder	T26	68-69-70-72—279	2,300
Bruce Crampton/			
Chris Johnson	T26	69-68-72-70—279	2,300
Bob Gilder/			
Amy Alcott	T26	65-69-72-73—279	2,300
Calvin Peete/			
Beverly Klass	T26	67-69-75-68—279	2,300
Lee Elder/			
Penny Hammel	T30	71-68-72-69—280	2,025
Ken Green/			
Amy Benz	T30	70-70-70-70—280	2,025
Gary Koch/			
Judy Dickinson	T30	68-66-74-72—280	2,025
Wayne Levi/			
Dale Eggeling	T30	68-74-72-66—280	2,025
Ed Fiori/			
Figueras-Dotti	T34	73-71-70-67—281	1,890
Kenny Knox/			
Jane Geddes	T34	68-71-74-68—281	1,890
Jim Simons/			
Marlene Hagge	T34	65-73-73-70—281	1,890
Bobby Cole/			
Laura Baugh	37	72-69-72-69—282	1,830
Gay Brewer/			
Jerilyn Britz	T38	69-73-72-71—283	1,755
Brad Faxon/			
Jody Rosenthal	T38	69-74-69-71—283	1,755
Bill Glasson/			
Rosie Jones	T38	68-73-72-70—283	1,755
Marke Wiebe/			
Becky Pearson	T38	70-74-68-71—283	1,755
Miller Barber/			
K. Whitworth	T42	72-70-74-68—284	1,620
Woody Blackburn/			
Cindy Mackey	T42	69-71-73-71—284	1,620
Mark Calcavecchia/			
Robin Walton	T42	73-72-71-68—284	1,620
Pat McGowan/			
Jane Crafter	T42	72-71-70-71—284	1,620
Brett Upper/			
Penny Pulz	T42	69-67-74-74—284	1,620
Steve Pate/			
Cindy Hill	47	71-69-70-75—285	1,530
Dan Forsman/			
M. Zimmerman	48	73-68-73-72—286	1,500

WOMEN PROFESSIONALS

Gene Sauers/ Bonnie Lauer	49	72-70-75-70—287	1,500
Bob Eastwood/ Vicki Fergon	50	71-75-78-70—294	1,500

MAZDA CHAMPIONS ($720,000) (Unofficial).
Tryall G. & Beach C. (71-6,235), Sandy Bay, Jamaica, Dec. 19-21. (Each player received money listed.)

Amy Alcott/ **Bob Charles**	*1	64-65-64—193	$250,000
Ayako Okamoto/ Jim Ferree	T2	65-63-65—193	14,500
Jan Stephenson/ Billy Casper	T2	65-62-66—193	14,500
Chris Johnson/ Arnold Palmer	T4	65-64-65—194	12,500
Becky Pearson/ Gene Littler	T4	64-64-66—194	12,500
Pat Bradley/ Bruce Crampton	6	63-65-67—195	11,000
Judy Dickinson/ Miller Barber	T7	63-67-66—196	9,500
Jane Geddes/ Charles Owen	T7	67-61-68—196	9,500
Juli Inkster/ Dale Douglass	9	65-67-68—200	8,000
Patty Sheehan/ Don January	10	67-67-67—201	7,000
Betsy King/ Chi Chi Rodriguez	11	67-68-67—202	6,000
M.B. Zimmerman/ Lee Elder	12	69-68-66—203	5,000

*Won playoff.

1986 LPGA TOUR STATISTICS

MONEY LEADERS

Player	Money
1. Pat Bradley	$492,021
2. Betsy King	290,195
3. Juli Inkster	285,293
4. Amy Alcott	244,410
5. Jane Geddes	221,255
6. Mary Beth Zimmerman	221,072
7. Patty Sheehan	214,281
8. Chris Johnson	200,648
9. Ayako Okamoto	198,362
10. Judy Dickinson	195,834
11. Val Skinner	165,243
12. Jan Stephenson	165,238
13. Becky Pearson	155,244
14. Sandra Palmer	148,422
15. Debbie Massey	122,495
16. Laurie Rinker	111,756
17. Cathy Kratzert	107,638
18. Jody Rosenthal	106,523
19. Hollis Stacy	104,286
20. Muffin Spencer-Devlin	104,034
21. Beth Daniel	103,547
22. Debra A. Richard	98,451
23. Patti Rizzo	88,936
24. Lauren Howe	86,951
25. Alice Ritzman	84,443
26. JoAnne Carner	82,802
27. Cathy Morse	82,406
28. Jane Crafter	79,431
29. Ok-Hee Ku	79,327
30. Penny Pulz	77,652
31. Collen Walker	73,314
32. Amy Benz	72,407
33. Rosie Jones	71,399
34. Marta Figueras-Dotti	68,081
35. Nancy Lopez	67,700
36. Cindy Hill	63,715
37. Bonnie Lauer	63,417
38. Penny Hammel	62,135
39. Lori Garbacz	61,160
40. Janet Coles	61,141
41. Sherri Turner	56,773
42. Cindy Mackey	56,581
43. Kathy Postlewait	56,320
44. Sally Little	55,802
45. Myra Blackwelder	55,648
46. Kathy Whitworth	54,774
47. Dawn Coe	54,332
48. Lisa Young	53,411
49. Robin Walton	52,784
50. Dale Eggeling	52,684
51. Laura Baugh	50,412
52. Vicki Fergon	50,324
53. Nancy Scranton	49,409
54. Kathy Baker	47,069
55. Lauri Peterson	45,967
56. Barb Thomas	44,239
57. Jerilyn Britz	43,953
58. Anne-Marie Palli	42,516
59. Allison Finney	38,348
60. Donna Caponi	37,975
61. Sally Quinlan	37,969
62. Marci Bozarth	37,914
63. Martha Nause	37,850
64. Shirley Furlong	34,426
65. Michelle M. Berteotti	34,092
66. Jane Blalock	33,768
67. Mindy Moore	32,049
68. Atsuko Hikage	31,941
69. Pat Meyers	30,058
70. Betsy Barrett	29,755
71. Denise Strebig	29,418
72. Cindy Rarick	29,093
73. Kim Shipman	28,455
74. Lynn Adams	27,699
75. Linda Hunt	27,587
76. Beth Solomon	26,960
77. Stephanie Farwig	26,893
78. Heather E. Farr	26,835
79. Janet Anderson	26,734
80. Barb Bunkowsky	25,295
81. Alice Miller	24,011
82. Catherine J. Johnston	23,969
83. Missie McGeorge	23,436

WOMEN PROFESSIONALS

84.	Jo Ann Washam	22,716
85.	Deedee Lasker	22,301
86.	Mitzi Edge	22,238
87.	Carolyn Hill	21,326
88.	Sherrin Smyers	21,269
89.	Marlene Floyd	21,237
90.	Nancy Rubin	20,769
91.	Charlotte Montgomery	20,746
92.	Connie Chillemi	20,506
93.	Shelley Hamlin	20,035
94.	Kris Monaghan	19,756
95.	Beverly Klass	19,624
96.	Therese Hession	18,027
97.	Silvia Bertolaccini	17,805
98.	Kathryn Young	17,602
99.	Nancy Ledbetter	17,300
100.	M.J. Smith	16,240

SCORING AVERAGE LEADERS

	Player	Rounds	Average
1.	**Nancy Lopez**	14	**70.29**
2.	Pat Bradley	100	71.10
3.	Betsy King	100	71.75
4.	Amy Alcott	82	71.99
5.	Judy Dickinson	93	72.04
6.	Jan Stephenson	103	72.06
7.	Ayako Okamoto	86	72.07
8.	Juli Inkster	85	72.15
9.	Patty Sheehan	89	72.17
10.	Val Skinner	86	72.19
11.	Chris Johnson	96	72.26
12.	Hollis Stacy	84	72.29
13.	Jane Geddes	101	72.39
14.	Becky Pearson	103	72.62
15.	JoAnne Carner	68	72.65
16.	Beth Daniel	82	72.71
	Sandra Palmer	101	72.71
	Colleen Walker	90	72.71
19.	Rosie Jones	82	72.72
20.	Patti Rizzo	93	72.81
21.	Mary Beth Zimmerman	88	72.82
22.	Jody Rosenthal	83	72.84
23.	Cathy Morse	89	72.92
24.	Debbie Massey	84	72.99
25.	Jane Crafter	89	73.04
26.	Sandra Haynie	18	73.06
27.	Cathy Kratzert	84	73.10
28.	Atsuko Hikage	58	73.14
29.	Laurie Rinker	98	73.16
30.	Debra A. Richard	88	73.18
31.	Kathy Postlewait	86	73.24
32.	Kathy Baker	74	73.26
	Dawn Coe	89	73.26
34.	Alice Ritzman	89	73.29
35.	Lori Garbacz	70	73.30
36.	Amy Benz	84	73.44
37.	Penny Pulz	70	73.54
38.	Dot Germain	22	73.55
	Muffin Spencer-Devlin	73	73.55
40.	Penny Hammel	87	73.56
41.	Laurie Peterson	94	73.59
42.	Lauren Howe	87	73.60
43.	Robin Walton	92	73.61
44.	Shirley Furlong	87	73.66
45.	Ok-Hee Ku	71	73.70
46.	Dale Eggeling	93	73.71
47.	Janet Coles	85	73.72
	Cindy Hill	65	73.72
49.	Jane Blalock	68	73.74
	Bonnie Lauer	74	73.74
	Sherri Turner	95	73.74
52.	Sally Quinlan	74	73.77
53.	Janet Anderson	63	73.78
54.	Kathy Whitworth	87	73.80
55.	Laura Baugh	54	73.81
56.	Marta Figueras-Dotti	95	73.82
57.	Sally Little	66	73.83
	Lisa Young	80	73.83
59.	Anne-Marie Palli	85	73.89
60.	Martha Nause	77	73.90
61.	Alice Miller	63	73.92
62.	Myra Blackwelder	87	74.00
63.	Jerilyn Britz	86	74.01
64.	Beth Solomon	65	74.02
65.	Cindy Mackey	73	74.05
66.	Mindy Moore	84	74.07
67.	Heather E. Farr	77	74.08
68.	Pat Meyers	74	74.18
69.	Barb Bunkowsky	72	74.24
	Cindy Rarick	84	74.24
71.	Connie Chillemi	58	74.29
	Kim Shipman	85	74.29
73.	Mitzi Edge	74	74.30
	Allison Finney	93	74.30
75.	Deedee Lasker	86	74.34
76.	Charlotte Montgomery	69	74.35
77.	Shelley Hamlin	70	74.39
78.	Vicki Fergon	79	74.44
	Marlene Floyd	57	74.44
80.	Missie McGeorge	82	74.48
81.	Marci Bozarth	80	74.50
82.	Judy Ellis-Sams	49	74.51
	Denise Strebig	82	74.51
84.	Michele M. Berteotti	79	74.57
85.	Nancy Scranton	83	74.65
86.	Sherrin Smyers	59	74.69
87.	Donna Caponi	60	74.70
88.	Barb Thomas	76	74.72
89.	Barbra Mizrahie	19	74.74
90.	M.J. Smith	72	74.76
91.	Julie Cole	29	74.79
92.	Susie Berning	45	74.80
	Kris Monaghan	66	74.80
94.	Pia Nilsson	52	74.83
95.	Sandra Spuzich	55	74.85
96.	Silvia Bertolaccini	64	74.86
97.	Susie McAllister	60	74.88
98.	Betsy Barrett	64	74.89
99.	Stephanie Farwig	82	74.94
100.	Therese Hession	78	74.95

WOMEN PROFESSIONALS

PERFORMANCE AVERAGE LEADERS

Player	Average
1. Pat Bradley (27)	.788
2. Betsy King (28)	.702
3. Amy Alcott (23)	.664
4. Jan Stephenson (28)	.646
5. Judy Dickinson (25)	.644
6. Juli Inkster (23)	.640
7. Val Skinner (24)	.612
8. Jane Geddes (28)	.591
9. Patty Sheehan (24)	.574
10. Ayako Okamoto (24)	.568
11. Chris Johnson (26)	.563
12. Hollis Stacy (23)	.559
13. Becky Pearson (29)	.527
14. Rosie Jones (22)	.515
15. Beth Daniel (24)	.506
16. JoAnne Carner (18)	.498
17. M.B. Zimmerman (26)	.483
18. Sandra Palmer (28)	.480
19. Jody Rosenthal (23)	.478
20. Cathy Morse (25)	.470
21. Debbie Massey (24)	.457
22. Patti Rizzo (26)	.455
23. Jane Crafter (25)	.429
Laurie Rinker (27)	.429
25. Colleen Walker (26)	.411

(Figures in parentheses indicate number of events played.)

Performance Average is an exclusive Golf Digest method of measuring performance relative to the performance of other players in official events. It is calculated by dividing the number of possible points (50 points per tournament entered) into points earned (50 for first place on down to one for 50th).

MAZDA SERIES LEADERS

Player	Points
1. Pat Bradley	1,510.83
2. Betsy King	1,090.84
3. Juli Inkster	997.54
4. Mary Beth Zimmerman	839.89
5. Patty Sheehan	835.20
6. Amy Alcott	822.25
7. Jane Geddes	815.43
8. Judy Dickinson	801.27
9. Ayako Okamoto	800.75
10. Becky Pearson	749.88
11. Chris Johnson	674.17
12. Jan Stephenson	646.84
13. Sandra Palmer	616.74
14. Val Skinner	599.21
15. Cathy Kratzert	562.86
16. Debbie Massey	536.31
17. Hollis Stacy	463.21
18. Laurie Rinker	448.68
19. Beth Daniel	441.13
20. Debra A. Richard	406.31
21. Muffin Spencer-Devlin	404.94
22. Patti Rizzo	382.29
23. Jody Rosenthal	372.63
24. Alice Ritzman	348.22
25. JoAnne Carner	342.98

Mazda points for year-end $300,000 bonus pool distribution are awarded in this manner; 150 to the winner of each official LPGA Tour event, 98 for second, 90 for third and on down to one for 60th place. The top 10-point winners at year end team with the top ten Senior PGA Tour point winners to compete in the $730,000 Mazda Champions tournament in December in Jamaica.

WOMEN PROFESSIONALS
PAST WINNERS OF MAJOR EVENTS

USGA WOMEN'S OPEN

Year	Winner, runner-up, site	Score
1946	Patty Berg	
	Betty Jameson	5 and 4
	Spokane C.C.,	
	Spokane, Wash.	
1947	Betty Jameson	295
	†Sally Sessions	301-4
	†Polly Riley	301-5
	Starmount Forest C.C.,	
	Greensboro, N.C.	
1948	Babe Zaharias	300
	Betty Hicks	308
	Atlantic City C.C.,	
	Northfield, N.J.	

Conducted by Ladies Professional Golf Ass'n 1949-52.

1949	Louise Suggs	291
	Babe Zaharias	305
	Prince Georges G. & C.C.,	
	Landover, Md.	
1950	Babe Zaharias	291
	†Betsy Rawls	300
	Rolling Hills C.C.,	
	Wichita, Kan.	
1951	Betsy Rawls	293
	Louise Suggs	298
	Druid Hills G.C.,	
	Atlanta, Ga.	
1952	Louise Suggs	284
	Marlene Bauer	291
	Betty Jameson	291
	Bala G.C.,	
	Philadelphia, Pa.	

Conducted by United States Golf Association as of 1953.

1953	Betsy Rawls	302-71
	Jacqueline Pung	302-77
	C.C. of Rochester,	
	Rochester, N.Y.	
1954	Babe Zaharias	291
	Betty Hicks	303
	Salem C.C.,	
	Peabody, Mass.	
1955	Fay Crocker	299
	Louise Suggs	303
	Mary Lena Faulk	303
	Wichita C.C.,	
	Wichita, Kan.	
1956	Kathy Cornelius	302-75
	†Barbara McIntire	302-82
	Northland C.C.,	
	Duluth, Minn.	
1957	Betsy Rawls	299
	Patty Berg	305
	Winged Foot G.C.,	
	(East Course)	
	Mamaroneck, N.Y.	
1958	Mickey Wright	290
	Louise Suggs	295
	Forest Lake C.C.,	
	Bloomfield Hills, Mich.	
1959	Mickey Wright	287
	Louise Suggs	289
	Churchill Valley C.C.,	
	Pittsburgh, Pa.	
1960	Betsy Rawls	292
	Joyce Ziske	293
	Worcester C.C.,	
	Worcester, Mass.	
1961	Mickey Wright	293
	Betsy Rawls	299
	Baltusrol G.C.,	
	(Lower Course)	
	Springfield, N.J.	
1962	Murle Lindstrom	301
	Ruth Jessen	303
	Jo Ann Prentice	303
	Dunes G. & Beach Club,	
	Myrtle Beach, S.C.	
1963	Mary Mills	289
	Sandra Haynie	292
	Louise Suggs	292
	Kenwood C.C.,	
	Cincinnati, Ohio	
1964	Mickey Wright	290-70
	Ruth Jessen	290-72
	San Diego C.C.,	
	Chula Vista, Calif.	
1965	Carol Mann	290
	Kathy Cornelius	292
	Atlantic City C.C.,	
	Northfield, N.J.	
1966	Sandra Spuzich	297
	Carol Mann	298
	Hazeltine National G.C.,	
	Chaska, Minn.	
1967	†Catherine Lacoste	294
	Susie Maxwell	296
	Beth Stone	296
	Virginia Hot Springs G. & T.C.,	
	(Cascades Course)	
1968	Susie Maxwell Berning	289
	Mickey Wright	292
	Moselem Springs G.C.,	
	Fleetwood, Pa.	
1969	Donna Caponi	294
	Peggy Wilson	295
	Scenic Hills C.C.,	
	Pensacola, Fla.	
1970	Donna Caponi	287
	Sandra Haynie	288
	Sandra Spuzich	288
	Muskogee C.C.,	
	Muskogee, Okla.	
1971	JoAnne Carner	288
	Kathy Whitworth	295
	Kahkwa Club,	
	Erie, Pa.	
1972	Susie Maxwell Berning	299
	Kathy Ahern	300
	Pam Barnett	300
	Judy Rankin	300

WOMEN PROFESSIONALS

	Winged Foot G.C., (East Course) Mamaroneck, N.Y.	1985	Kathy Baker 280 Judy Clark Dickinson 283 Baltusrol G. C. (Upper Course) Springfield, N.J.
1973	Susie Maxwell Berning 290 Shelley Hamlin 295 Gloria Ehret 295 C.C. of Rochester, Rochester, N.Y.	1986	*Jane Geddes 287 Sally Little 287 NCR Club Dayton, Ohio

†Amateur
*Won playoff.

1974	Sandra Haynie	295
	Beth Stone	296
	Carol Mann	296
	La Grange C.C., La Grange, Ill.	
1975	Sandra Palmer	295
	†Nancy Lopez	299
	JoAnne Carner	299
	Sandra Post	299
	Atlantic City C.C., Northfield, N.J.	
1976	JoAnne Carner	292-76
	Sandra Palmer	292-78
	Rolling Green G.C., Springfield, Delaware Co., Pa.	
1977	Hollis Stacy	292
	Nancy Lopez	294
	Hazeltine National G.C., Chaska, Minn.	
1978	Hollis Stacy	289
	JoAnne Carner	290
	Sally Little	290
	C.C. of Indianapolis, Indianapolis, Ind.	
1979	Jerilyn Britz	284
	Debbie Massey	286
	Sandra Palmer	286
	Brooklawn C.C., Fairfield, Conn.	
1980	Amy Alcott	280
	Hollis Stacy	289
	Richland C.C., Nashville, Tenn.	
1981	Pat Bradley	279
	Beth Daniel	280
	La Grange C.C., La Grange, Ill.	
1982	Janet Alex	283
	Sandra Haynie	289
	Donna H. White	289
	JoAnne Carner	289
	Beth Daniel	289
	Del Paso C.C., Sacramento, Calif.	
1983	Jan Stephenson	290
	JoAnne Carner	291
	Patty Sheehan	291
	Cedar Ridge C.C., Broken Arrow, Okla.	
1984	Hollis Stacy	290
	Rosie Jones	291
	Salem C.C., Peabody, Mass.	

U.S. WOMEN'S OPEN CHAMPIONSHIP SCORING RECORDS

Lowest 18-hole score
65, Sally Little, fourth round, 1978 (6 under par); Judy Clark, third round, 1985 (7 under par).
Lowest first 36 holes
139, Donna Caponi, 1970; Carol Mann, 1970; Kathy Whitworth, 1981; Bonnie Lauer, 1981; JoAnne Gunderson Carner, 1982.
Lowest first 54 holes
208, Amy Alcott, 1980.
Lowest 72-hole score
279, Pat Bradley, 1981.
Amateur's lowest score
294, Catherine Lacoste (winner), 1967; Cynthia Hill, 1970; Joan Pitcock, 1986.
Highest 18-hole lead score
74, Fay Crocker, 1955; Mickey Wright, 1958.
Highest 36-hole lead score
149, Sandra Spuzich, 1966; Mickey Wright, 1966.
Highest 54-hole lead score
225, Fay Crocker, 1955; Sandra Spuzich, 1966.
Highest 72-hole winning score
302, Besty Rawls, 1953; Jacqueline Pung, 1953; Kathy Cornelius, 1956; Barbara McIntire, 1956.
Best start by champion
69, Susie Maxwell Berning, 1968; Donna Caponi, 1970.
Best finish by champion
66, Pat Bradley, 1981.
Poorest start by champion
79, Susie Maxwell Berning, 1972.
Poorest finish by champion
79, Kathy Cornelius, 1956; Catherine Lacoste, 1967.
Largest winning margin
14 strokes, Louise Suggs, 1949.
Most sub-par 72-hole total by player in single Open
9 under, Pat Bradley, 1981.
Most sub-par rounds in single Open
41, Baltusrol G.C. (Upper Cse.), Springfield, N.J., 1985.

U.S. WOMEN'S OPEN CHAMPIONSHIP NOTES OF INTEREST

Most victories
4, Mickey Wright, 1958-59-61-64.
Champions who led all the way
Babe Zaharias, 1954; Fay Crocker, 1955; Betsy Rawls, 1957; Mickey Wright, 1958 and 1964; Mary Mills, 1963; Susie Maxwell Berning, 1968; Donna Caponi, 1970;

WOMEN PROFESSIONALS

JoAnne Gunderson Carner, 1971; Hollis Stacy, 1977; Amy Alcott, 1980.

Finishes in first ten
14, Louise Suggs (11 straight times); 13, Mickey Wright; 13, Kathy Whitworth; 11, JoAnne Gunderson Carner; 9, Donna Caponi; 9, Sandra Haynie.

Consecutive winners
Mickey Wright, 1958-59; Donna Caponi, 1969-70; Susie Maxwell Berning, 1972-73; Hollis Stacy, 1977-78.

Foreign champions
Fay Crocker, Uruguay, 1955; Catherine Lacoste, France, 1967; Jan Stephenson, Australia, 1983.

Holes-in-one
Nancy Porter (amateur), 6th hole, East Course, Winged Foot G.C., Mamaroneck, N.Y., 1972; and 16th hole, Rolling Green G.C., Springfield, Delaware County, Pa., 1976; Patty Berg, 7th hole, Churchill Valley C.C., Pittsburgh, Pa., 1959; Gerda Whalen, 7th hole, Scenic Hills C.C., Pensacola, Fla., 1969; Amy Geithner, 14th hole, first round, La Grange (Ill.) C.C., 1981; Julie Stanger, 17th hole, fourth round, La Grange (Ill.) C.C., 1981; Sarah DeKraay (amateur), 8th hole, NCR Club, Dayton, Ohio, 1986.

Most consecutive Opens completed
21, Marilynn Smith, 1953-74.

Most championships participated
28, Marlene Bauer Hagge.

Most times runner-up
4, Louise Suggs, 1955-58-59-63.

Youngest champion
Catherine Lacoste, 22 years, 5 days in 1967.

Oldest champion
Fay Crocker, 40 years, 11 months in 1955.

Amateur champion
Catherine Lacoste, 1967.

Shortest course
Brooklawn C.C., Fairfield, Conn., 6,010 yards, 1979.

Longest course
San Diego C.C., Chula Vista, Calif., 6,470 yards, 1964.

LPGA CHAMPIONSHIP

Year	Winner, runner-up, site	Score
1955	Beverly Hanson	220
	Louise Suggs	223
	Orchard Ridge C.C., Fort Wayne, Ind.	
1956	*Marlene Hagge	291
	Patty Berg	291
	Forest Lake C.C., Detroit, Mich	
1957	Louise Suggs	285
	Wiffi Smith	288
	Churchill Valley C.C., Pittsburgh, Pa.	
1958	Mickey Wright	288
	Fay Crocker	294
	Churchill Valley C.C., Pittsburgh, Pa.	
1959	Betsy Rawls	288
	Patty Berg	289
	Sheraton Hotel C.C., French Lick, Ind.	
1960	Mickey Wright	292
	Louise Suggs	295
	Sheraton Hotel C.C., French Lick, Ind.	
1961	Mickey Wright	287
	Louise Suggs	296
	Stardust C.C., Las Vegas, Nev.	
1962	Judy Kimball	282
	Shirley Spork	286
	Stardust C.C., Las Vegas, Nev.	
1963	Mickey Wright	294
	Mary Lena Faulk	296
	Mary Mills	296
	Louise Suggs	296
	Stardust C.C., Las Vegas, Nev.	
1964	Mary Mills	278
	Mickey Wright	280
	Stardust C.C., Las Vegas, Nev.	
1965	Sandra Haynie	279
	Clifford Ann Creed	280
	Stardust C.C., Las Vegas, Nev.	
1966	Gloria Ehret	282
	Mickey Wright	285
	Stardust C.C., Las Vegas, Nev.	
1967	Kathy Whitworth	284
	Shirley Englehorn	285
	Pleasant Valley C.C., Sutton, Mass.	
1968	*Sandra Post	294
	Kathy Whitworth	294
	Pleasant Valley C.C., Sutton, Mass.	
1969	Betsy Rawls	293
	Susie Berning	295
	Carol Mann	295
	Concord G.C., Kiamesha Lake, N.Y.	
1970	*Shirley Englehorn	285
	Kathy Whitworth	285
	Pleasant Valley C.C., Sutton, Mass.	
1971	Kathy Whitworth	288
	Kathy Ahern	292
	Pleasant Valley C.C., Sutton, Mass.	
1972	Kathy Ahern	293
	Jane Blalock	299
	Pleasant Valley C.C., Sutton, Mass.	
1973	Mary Mills	288
	Betty Burfeindt	289
	Pleasant Valley C.C., Sutton, Mass.	

WOMEN PROFESSIONALS

Year	Winner/Runner-up	Score
1974	Sandra Haynie	288
	JoAnne Carner	290
	Pleasant Valley C.C., Sutton, Mass.	
1975	Kathy Whitworth	288
	Sandra Haynie	289
	Pine Ridge C.C., Baltimore, Md.	
1976	Betty Burfeindt	287
	Judy Rankin	288
	Pine Ridge C.C., Baltimore, Md.	
1977	Chako Higuchi	279
	Pat Bradley	282
	Sandra Post	282
	Judy Rankin	282
	Bay Tree Plantation, N. Myrtle Beach, S.C.	
1978	Nancy Lopez	275
	Amy Alcott	281
	Jack Nicklaus G.C., King's Island, Ohio	
1979	Donna Caponi	279
	Jerilyn Britz	282
	Jack Nicklaus G.C., King's Island, Ohio	
1980	Sally Little	285
	Jane Blalock	288
	Jack Nicklaus G.C., King's Island, Ohio	
1981	Donna Caponi	280
	Jerilyn Britz	281
	Jack Nicklaus G.C., King's Island, Ohio	
1982	Jan Stephenson	279
	JoAnne Carner	281
	Jack Nicklaus G.C., King's Island, Ohio	
1983	Patty Sheehan	279
	Sandra Haynie	281
	Jack Nicklaus G.C., King's Island, Ohio	
1984	Patty Sheehan	272
	Beth Daniel	282
	Pat Bradley	282
	Jack Nicklaus G.C., King's Island, Ohio	
1985	Nancy Lopez	273
	Alice Miller	281
	Jack Nicklaus G.C., King's Island, Ohio	
1986	Pat Bradley	277
	Patty Sheehan	278
	Jack Nicklaus G.C., King's Island, Ohio	

*Won playoff.TR

LPGA CHAMPIONSHIP SCORING RECORDS

Lowest 9-hole score
31, Patty Sheehan, 1984.
Lowest 18-hole score
63, Patty Sheehan, 1984.
Lowest 36-hole score
135, Alexandra Reinhardt, 1983.
Lowest 54-hole score
204, Patty Sheehan, 1984.
Lowest 72-hole score
272 Patty Sheehan, 1984.
Largest winning margin
10 strokes, Patty Sheehan, 1984.

NABISCO DINAH SHORE INVITATIONAL

Site: Mission Hills C.C., Rancho Mirage, Calif.

Year	Runner-up	Score
1972	Jane Blalock	213
	Carol Mann	216
	Judy Rankin	216
1973	Mickey Wright	284
	Joyce Kazmierski	286
1974	*Jo Ann Prentice	289
	Jane Blalock	289
	Sandra Haynie	289
1975	Sandra Palmer	283
	Kathy McMullen	284
1976	Judy Rankin	285
	Betty Burfeindt	288
1977	Kathy Whitworth	289
	JoAnne Carner	290
	Sally Little	290
1978	*Sandra Post	283
	Penny Pulz	283
1979	Sandra Post	276
	Nancy Lopez	277
1980	Donna Caponi	275
	Amy Alcott	277
1981	Nancy Lopez	277
	Carolyn Hill	279
1982	Sally Little	278
	Hollis Stacy	281
	Sandra Haynie	281
1983	Amy Alcott	282
	Beth Daniel	284
	Kathy Whitworth	284
1984	*Juli Inkster	280
	Pat Bradley	280
1985	Alice Miller	275
	Jan Stephenson	278
1986	Pat Bradley	280
	Val Skinner	282

*Won playoff.

NABISCO-DINAH SHORE INVITATIONAL SCORING RECORDS

Lowest 9-hole score
31, JoAnne Carner, 1978; Sandra Post, 1978.
Lowest 18-hole score
65, Sandra Post, 1978.
Lowest 36-hole score
137, Judy Clark, 1985

WOMEN PROFESSIONALS

Lowest 54-hole score
204, Donna Caponi, 1980.
Lowest 72-hole score
275, Donna Caponi, 1980; Alice Miller, 1985.
(Note: Designated as major championship commencing 1983.)

DU MAURIER CLASSIC

Year	Winner, runner-up, site	Score
1973	*Jocelyne Bourassa	214
	Sandra Haynie	214
	Judy Rankin	214
	Montreal G.C., Montreal, Que.	
1974	Carole Jo Skala	208
	JoAnne Carner	211
	Candiac G.C., Montreal, Que.	
1975	*JoAnne Carner	214
	Carol Mann	214
	St. George's C.C., Toronto, Ont.	
1976	*Donna Caponi	212
	Judy Rankin	212
	Cedar Brae C.C., Toronto, Ont.	
1977	Judy Rankin	214
	Pat Meyers	215
	Sandra Palmer	215
	Lachute G. & C.C., Montreal, Que.	
1978	JoAnne Carner	278
	Hollis Stacy	286
	St. George's C.C., Toronto, Ont.	
1979	Amy Alcott	285
	Nancy Lopez	288
	Richelieu Valley G.C., Montreal, Que.	
1980	Pat Bradley	277
	JoAnne Carner	278
	St. George's C.C., Toronto, Ont.	
1981	Jan Stephenson	278
	Nancy Lopez	279
	Pat Bradley	279
	Summerlea C.C., Dorion, Que.	
1982	Sandra Haynie	280
	Beth Daniel	281
	St. George's G.C., Toronto, Ont.	
1983	Hollis Stacy	277
	Alice Miller	279
	JoAnne Carner	279
	Beaconsfield G.C., Montreal, Que.	
1984	Juli Inkster	279
	Ayako Okamoto	280
	St. George's G.C., Toronto, Ont.	
1985	Pat Bradley	278
	Jane Geddes	279
	Beacons Field C.C., Montreal, Que.	
1986	*Pat Bradley	276
	Ayako Okamoto	276
	Board of Trade C.C., Toronto, Ont.	

*Won playoff.
(Note: Formerly La Canadienne, 1973; Peter Jackson 1974-1983.)

DU MAURIER CLASSIC SCORING RECORDS

Lowest 9-hole score
31, JoAnne Carner, 1978.
Lowest 18-hole score
64, JoAnne Carner, 1978; Ayako Okamoto, Nancy Scranton, 1986.
Lowest 36-hole score
135, JoAnne Carner, 1978.
Lowest 54-hole score
205, JoAnne Carner, 1978.
Lowest 72-hole score
276, Pat Bradley, Ayako Okamoto, 1986.
(Note: Designated as major championship commencing 1979.)

PAST WINNERS OF LPGA TOUR EVENTS

MAZDA CLASSIC

Site: Boca Raton, Fla. (1986)

Year	Winner	Score
1980	JoAnne Carner	282
1981	Sandra Palmer	284
1982	*Hollis Stacy	282
1983	Pat Bradley	272
1984	Silvia Bertolaccini	280
1985	Hollis Stacy	280
1986	Val Skinner	280

Formerly Whirlpool Championship of Deer Creek 1980-1982. Mazda Classic of Deer Creek, 1983, 1985.

SARASOTA CLASSIC

Site: Sarasota, Fla.

Year	Winner	Score
1976	Kathy Whitworth	209
1977	Judy Rankin	209
1978	Nancy Lopez	289
1979	Sally Little	278
1980	JoAnne Carner	280
1981	Amy Alcott	276
1982	Beth Daniel	276
1983	Donna White	284
1984	Alice Miller	280
1985	Patty Sheehan	278
1986	Patty Sheehan	279

Formerly Bent Tree Ladies Classic (1976-1982).

WOMEN PROFESSIONALS

WOMEN'S KEMPER OPEN
Site: Maui, Hawaii

Year	Winner	Score
1979	JoAnne Carner	286
1980	Nancy Lopez	284
1981	Pat Bradley	284
1982	Amy Alcott	286
1983	Kathy Whitworth	288
1984	Betsy King	283
1985	Jane Blalock	287
1986	Juli Inkster	276

KEY † = Amateur. ‡ = Rain-curtailed. ☐ = Unofficial event. * = Won sudden-death playoff.

CIRCLE K TUCSON OPEN
Site: Tucson, Ariz.

Year	Winner	Score
1981	Nancy Lopez	278
1982	*Ayako Okamoto	281
1983	Jan Stephenson	207
1984	Chris Johnson	272
1985	Amy Alcott	279
1986	Penny Pluz	276

SAMARITAN TURQUOISE CLASSIC
Site: Phoenix, Ariz.

Year	Winner	Score
1980	Jan Stephenson	275
1981	Patty Hayes	277
1982	*Beth Daniel	278
1983	Anne-Marie Palli	205
1984	Chris Johnson	276
1985	*Betsy King	280
1986	M. B. Zimmerman	278

Formerly Sun City Classic (1980-1982).

KYOCERA INAMORI GOLF CLASSIC
Site: San Diego, Calif.

Year	Winner	Score
1980	Amy Alcott	280
1981	*Hollis Stacy	286
1982	Patty Sheehan	277
1983	Patty Sheehan	209
1984	Not played	
1985	Beth Daniel	286
1986	Patty Sheehan	278

S&H GOLF CLASSIC
Site: St. Petersburg, Fla.

Year	Winner	Score
1954	*Beverly Hanson	217
1955	Patty Berg	286
1956	Kathy Cornelius	287
1957	Mary Lena Faulk	279
1958	Betsy Rawls	291
1959	Louise Suggs	282
1960	Beverly Hanson	287
1961	Mickey Wright	279
1962	Louise Suggs	280
1963	Mickey Wright	288
1964	Mary Lena Faulk	289
1965	Kathy Whitworth	281
1966	Marilynn Smith	285
1967	Marilynn Smith	283
1968	Kathy Whitworth	213
1969	Kathy Whitworth	216
1970	Kathy Whitworth	216
1971	Jan Ferraris	218
1972	Carol Mann	213
1973	Sandra Haynie	216
1974	Kathy Whitworth	216
1975	Amy Alcott	207
1976	*JoAnne Carner	209
1977	Judy Rankin	208
1978	Jane Blalock	212
1979	Jane Blalock	205
1980	Dot Germain	209
1981	*JoAnne Carner	215
1982	*Hollis Stacy	204
1983	Hollis Stacy	277
1984	Vicki Fergon	275
1985	Alice Miller	272
1986	Pat Bradley	272

Formerly St. Petersburg Classic (1954-1966).
Formerly Orange Blossom Classic (1967-1979).

UNITED VIRGINIA BANK CLASSIC
Site: Portsmouth, Va.

Year	Winner	Score
1979	Amy Alcott	286
1980	Donna Caponi	277
1981	Jan Stephenson	205
1982	*Sally Little	208
1983	Lenore Muraoka	212
1984	Amy Alcott	210
1985	Kathy Whitworth	207
1986	M. Spencer-Devlin	214

CHRYSLER-PLYMOUTH CLASSIC
Site: Clifton, N.J. (1983)

Year	Winner	Score
1976	Amy Alcott	209
1977	Kathy Whitworth	202
1978	*Nancy Lopez	210
1979	*Nancy Lopez	216
1980	*Donna H. White	217
1981	*Kathy Whitworth	211
1982	Cathy Morse	216
1983	Pat Bradley	212
1984	Barb Bunkowsky	209
1985	Nancy Lopez	210
1986	Becky Pearson	212

Formerly Coca-Cola Classic 1976-1981.

PAST WINNERS: du Maurier • du Maurier Records • LPGA Tour Events

WOMEN PROFESSIONALS

CORNING CLASSIC

Site: Corning, N.Y.

Year	Winner	Score
1979	Penny Pulz	284
1980	Donna Caponi	281
1981	Kathy Hite	282
1982	Sandra Spuzich	280
1983	Patty Sheehan	272
1984	JoAnne Carner	281
1985	Patti Rizzo	272
1986	Laurie Rinker	278

McDONALD'S CLASSIC

Site: Malvern, Pa.

Year	Winner	Score
1981	Sandra Post	282
1982	JoAnne Carner	276
1983	*Beth Daniel	286
1984	Patty Sheehan	281
1985	Alice Miller	272
1986	Juli Inkster	281

MAYFLOWER CLASSIC

Site: Indianapolis, Ind.

Year	Winner	Score
1976	Sandra Palmer	209
1977	Judy Rankin	212
1978	Jane Blalock	209
1979	Hollis Stacy	213
1980	Amy Alcott	275
1981	Debbie Austin	279
1982	Sally Little	275
1983	Lauren Howe	280
1984	Ayako Okamoto	281
1985	Alice Miller	280
1986	*Sandra Palmer	280

Formerly Bloomington Classic 1976.

LADY KEYSTONE

Site: Hershey, Pa.

Year	Winner	Score
1975	Susie Berning	142
1976	Susie Berning	215
1977	Sandra Spuzich	201
1978	Pat Bradley	206
1979	Nancy Lopez	212
1980	JoAnne Carner	207
1981	JoAnne Carner	203
1982	Jan Stephenson	211
1983	Jan Stephenson	205
1984	Amy Alcott	208
1985	Juli Inkster	209
1986	*Juli Inkster	210

ROCHESTER INTERNATIONAL

Site: Rochester, N.Y.

Year	Winner	Score
1973	Kathy Whitworth	219
1974	Carol Mann	209
1975	Sandra Haynie	211
1976	Jan Stephenson	218
1977	Jane Blalock	282
1978	Donna Caponi	282
1979	Jane Blalock	280
1980	Nancy Lopez	283
1981	Nancy Lopez	285
1982	Sandra Haynie	276
1983	Ayako Okamoto	282
1984	*Kathy Whitworth	281
1985	Pat Bradley	280
1986	Judy Dickinson	281

Formerly Lely Classic 1973-1975.
Formerly Sarah Coventry 1976-1981.

JAMIE FARR TOLEDO CLASSIC

Site: Toledo, Ohio

Year	Winner	Score
1984	Lauri Peterson	278
1985	Penny Hammel	278
1986	Not held	

BOSTON FIVE CLASSIC

Site: Danvers, Mass.

Year	Winner	Site
1980	Dale Lundquist	276
1981	Donna Caponi	276
1982	Sandra Palmer	281
1983	Patti Rizzo	277
1984	Laurie Rinker	286
1985	Judy Clark	280
1986	Jane Geddes	281

LPGA NATIONAL PRO-AM

Site: Denver, Colo.

Year	Winner	Score
1972	Sandra Haynie	207
1973	Sandra Palmer	210
1974	Sandra Haynie	213
1975	Judy Rankin	207
1976	Sandra Palmer	206
1977	JoAnne Carner	210
1978	Kathy Whitworth	211
1979	Sally Little	209
1980	Beth Daniel	276

WOMEN PROFESSIONALS

Year	Winner	Score
1981	JoAnne Carner	278
1982	Beth Daniel	276
1983	*Pat Bradley	277
1984	Betsy King	281
1985	*Pat Bradley	284
1986	Amy Alcott	283

Formerly National Jewish Hospital Open 1972-1978; Columbia Savings Classic, 1979-1984.

HENREDON CLASSIC

Site: High Point, N.C.

Year	Winner	Score
1981	Sandra Haynie	281
1982	*JoAnne Carner	282
1983	Patty Sheehan	272
1984	Patty Sheehan	277
1985	Nancy Lopez	268
1986	*Betsy King	277

NESTLE WORLD CHAMPIONSHIP

Site: Lake Lanier Islands, Ga.

Year	Winners	Site
1980	Beth Daniel	282
1981	Beth Daniel	284
1982	JoAnne Carner	284
1983	JoAnne Carner	282
1984	Nancy Lopez	281
1985	*Amy Alcott	274
1986	Pat Bradley	279

MASTERCARD INT'L PRO-AM

Site: New Rochelle, N.Y., area

Year	Winner	Score
1984	Sally Quinlan	284
1985	Muffin Spencer-Devlin	209
1986	Cindy Mackey	276

RAIL CHARITY CLASSIC

Site: Springfield, Ill.

Year	Winner	Score
1976	*Sandra Palmer	213
1977	Hollis Stacy	271
1978	Pat Bradley	276
1979	Jo Ann Washam	275
1980	Nancy Lopez	275
1981	JoAnne Carner	205
1982	JoAnne Carner	202
1984	Cindy Hill	207
1985	Betsy King	205
1986	*Betsy King	205

PORTLAND PING CH.

Site: Portland, Ore.

Year	Winner	Score
1972	Kathy Whitworth	212
‡1973	Kathy Whitworth	144
1974	JoAnne Carner	211
1975	Jo Ann Washam	215
1976	*Donna Caponi	217
1977	*JoAnne Carner/ Judy Rankin	202
1978	*Donna Caponi/ Kathy Whitworth	203
1979	Nancy Lopez/ Jo Ann Washam	198
1980	Donna Caponi/ Kathy Whitworth	195
1981	*Donna Caponi/ Kathy Whitworth	203
1982	Sandra Haynie/ Kathy McMullen	196
1983	*JoAnne Carner	212
1984	Amy Alcott	212
1985	*Nancy Lopez	215
1986	Ayako Okamoto	207

Formerly Portland Classic 1972-76.
Formerly Portland Ping Team Ch. 1977-82.

SAFECO CLASSIC

Site: Seattle, Wash. (1983)

Year	Winner	Score
1982	Patty Sheehan	276
1983	Julie Inkster	283
1984	Kathy Whitworth	279
1985	JoAnne Carner	279
1986	Judy Dickinson	274

MAZDA JAPAN CLASSIC

Site: Kyoto, Japan (1983)

Year	Winner	Score
☐1973	*Jan Ferraris	216
☐1974	*Chako Higuchi	218
☐1975	Shelley Hamlin	218
1976	Donna Caponi	217
1977	Debbie Massey	220
1978	*Michiko Okada	216
1979	Amy Alcott	211
1980	Tatsuko Ohsako	213
1981	Patty Sheehan	213
1982	Nancy Lopez	207
1983	Pat Bradley	206
1984	Nayoko Yoshikawa	210
1985	Jane Blalock	206
1986	*Ai-Yu Tu	213

PAST WINNERS: LPGA Tour Events

WOMEN PROFESSIONALS

JC PENNY CLASSIC
Site: Largo, Fla.

Year	Winner	Score
1976	Jo Ann Washam/ Chi Chi Rodriguez	275
1977	Hollis Stacy/ Jerry Pate	270
1978	Pat Bradley/ Lon Hinkle	267
1979	Murle Breer/ Dave Eichelberger	268
1980	Nancy Lopez/ Curtis Strange	268
1981	Beth Daniel/ Tom Kite	270
1982	JoAnne Carner/ John Mahaffey	268
1983	Jan Stephenson/ Fred Couples	264
1984	Vicki Alvarez/ Mike Donald	270
1985	Laurie Rinker/ Larry Rinker	267
1986	Julie Inkster/ Tom Purtzer	265

Formerly Pepsi-Cola Mixed Team Championship 1976-77.

NICHIREI CUP TEAM MATCH
Site: Ibaragi-Ken, Japan

Year	Winner	Score
1979	Yuko Moriguchi	137
1980	Amy Alcott	224
‡1981	*Chako Higuchi	180
1982	Nayako Yoshikawa	141
1983	Chako Higuchi	142
1984	*Hollis Stacy	138
1985	*Jan Stephenson	138
1986	Ayako Okamoto	140

Formerly Pioneer Cup, 1979-82.
Formerly Sports Nippon Team Match, 1982-1983.

UNIDEN INVITATIONAL
Site: Costa Mesa, Calif.

Year	Winner	Score
1984	Nancy Lopez	284
1985	Bonnie Lauer	277
1986	M. B. Zimmerman	281

MOSS CREEK WOMEN'S INVITATIONAL
Site: Hilton Head Island, S.C.

Year	Winner	Score
1976	Sally Little	281
1977	Sandra Palmer	281
1978	Jan Stephenson	283
1979	Nancy Lopez	282
1980	*Hollis Stacy	279
1981	*Sally Little	287
1982	Kathy Whitworth	281
1983	Hollis Stacy	285
1984	Not held	
1985	Amy Alcott	284
1986	Not held	

Formerly Women's International, 1976-1980; CPC International, 1981-1983.

J&B SCOTCH PRO-AM
Site: Las Vegas, Nev.

Year	Winner	Score
1979	Nancy Lopez	274
1980	Donna Caponi	286
1981	Donna Caponi	286
1982	Nancy Lopez	279
1983	Nancy Lopez	283
1984	Ayako Okamoto	275
1985	Patty Sheehan	275
1986	Not held	

Formerly Sahara National Pro-Am 1979.
Formerly LPGA Desert Inn Pro-Am 1980-1981.

POTAMKIN CADILLAC CLASSIC
Site: Atlanta, Ga.

Year	Winner	Score
1968	Carol Mann	200
1969	Kathy Whitworth	212
1970	Jane Blalock	221
1971	Jane Blalock	214
1972	Jan Ferraris	221
1973	Mary Mills	217
1974	*Sandra Spuzich	219
1975	Donna Caponi	214
1976	JoAnne Carner	209
1977	Hollis Stacy	209
1978	*Janet Coles	211
1979	Sandra Post	210
1980	Pam Higgins	208
1981	Amy Alcott	209
1982	Kathy Whitworth	207
1983	Janet Coles	206
1984	Sharon Barrett	213
1985	Not held	
1986	Not held	

WEST VIRGINIA LPGA CLASSIC
Site: Wheeling, W. Va.
Year	Winner	Score
1974	Carole Jo Skala	212
1975	Susie McAllister	212
1976	*Jane Blalock	217
1977	Debbie Austin	209
1978	Jane Blalock	207
1979	*Debbie Massey	219
1980	*Sandra Post	211
1981	*Hollis Stacy	212
1982	*Hollis Stacy	209
1983	*Alice Miller	216
1984	Alice Miller	209
1985	Not held	
1986	Not held	

Formerly Wheeling Classic (1974-1979).

FREEDOM ORLANDO CLASSIC
Site: Orlando, Fla.
Year	Winner	Score
1979	Jane Blalock	286
1980	Donna H. White	283
1981	*Beth Daniel	281
1982	*Patty Sheehan	209
1983	Lynn Adams	208
1984	Betsy King	202
1985	Not held	
1986	Not held	

ELIZABETH ARDEN CLASSIC
Site: Miami, Fla.
Year	Winner	Score
1969	†JoAnne Carner	216
1970	*Carol Mann	216
1971	Sandra Haynie	219
1972	Marlene Hagge	211
1973	Jo Ann Prentice	212
1974	Sandra Palmer	215
1975	Donna Caponi	208
1976	Judy Rankin	213
1977	*Pam Higgins	212
1978	Debbie Austin	212
1979	Amy Alcott	285
1980	Jane Blalock	283
1981	*Sally Little	283
1982	JoAnne Carner	283
1983	Nancy Lopez	285
1984	Patty Sheehan	280
1985	JoAnne Carner	280
1986	Ayako Okamoto	280

Formerly Burdines Invitational 1969-76.
American Cancer Society Classic 1977-78.

PAST LPGA TOUR STATISTICS

PAST LPGA LEADING MONEY WINNERS

1950
Player	Money
1. Babe Zaharias	$14,800
2. Patty Berg	5,442
3. Louise Suggs	5,181
4. Betty Jameson	3,512
5. Marilynn Smith	1,269
6. Marlene Bauer	1,170
7. Helen Dettweiler	1,070
8. Alice Bauer	1,008
9. Betty Mims Danoff	937
10. Shirley Spork	620

1951
Player	Money
1. Babe Zaharias	$15,087
2. Patty Berg	13,237
3. Louise Suggs	6,237
4. Betsy Rawls	4,545
5. Marlene Bauer	4,079
6. Betty Jameson	2,925
7. Alice Bauer	2,833
8. Beverly Hanson	2,462
9. Peggy Kirk	2,185
10. Betty Bush	2,110

1952
Player	Money
1. Betsy Rawls	$14,505
2. Betty Jameson	12,660
3. Louise Suggs	10,083
4. Patty Berg	7,588
5. Babe Zaharias	7,503
6. Marlene Bauer	5,823
7. Marilynn Smith	4,736
8. Peggy Kirk	3,147
9. Alice Bauer	2,910
10. Betty Bush	2,870

1953
Player	Money
1. Louise Suggs	$19,816
2. Patty Berg	18,623
3. Betsy Rawls	12,435
4. Jackie Pung	7,837
5. Betty Jameson	7,255
6. Babe Zaharias	6,345
7. Beverly Hanson	4,704
8. Marilynn Smith	4,226
9. Betty Hicks	3,762
10. Betty MacKinnon	3,492

1954
Player	Money
1. Patty Berg	$16,011
2. Babe Zaharias	14,452
3. Louise Suggs	12,736
4. Betsy Rawls	8,852
5. Betty Jameson	8,749
6. Betty Hicks	7,054
7. Beverly Hanson	6,415

WOMEN PROFESSIONALS

8. Jackie Pung	6,291
9. Betty Dodd	6,277
10. Fay Crocker	5,270

1955

Player	Money
1. Patty Berg	$16,497
2. Louise Suggs	13,729
3. Fay Crocker	12,679
4. Betty Jameson	10,699
5. Mary Lena Faulk	10,390
6. Beverly Hanson	10,338
7. Jackie Pung	9,259
8. Betty Hicks	8,334
9. Marlene Bauer	7,051
10. Betsy Rawls	6,967

1956

Player	Money
1. Marlene Hagge	$20,235
2. Patty Berg	12,560
3. Louise Suggs	12,434
4. Fay Crocker	10,107
5. Joyce Ziske	9,733
6. Betty Jameson	9,056
7. Mickey Wright	8,253
8. Kathy Cornelius	7,336
9. Mary Lena Faulk	7,077
10. Beverly Hanson	7,032

1957

Player	Money
1. Patty Berg	$16,272
2. Fay Crocker	12,019
3. Mickey Wright	11,131
4. Marlene Hagge	10,260
5. Wiffi Smith	10,251
6. Betsy Rawls	9,812
7. Louise Suggs	9,207
8. Betty Dodd	8,570
9. Beverly Hanson	7,073
10. Betty Jameson	7,017

1958

Player	Money
1. Beverly Hanson	$12,639
2. Marlene Hagge	11,890
3. Louise Suggs	11,862
4. Mickey Wright	11,775
5. Fay Crocker	11,570
6. Jackie Pung	8,493
7. Patty Berg	8,014
8. Wiffi Smith	7,870
9. Betsy Rawls	7,600
10. Mary Lena Faulk	7,290

1959

Player	Money
1. Betsy Rawls	$26,774
2. Mickey Wright	18,182
3. Louise Suggs	16,936
4. Bev Hanson	14,018
5. Marlene Hagge	12,056
6. Patty Berg	11,495
7. Joyce Ziske	11,452
8. Fay Crocker	9,667
9. Mary Lena Faulk	9,150
10. Bonnie Randolph	8,578

1960

Player	Money
1. Louise Suggs	$16,892
2. Mickey Wright	16,380
3. Betsy Rawls	14,928
4. Joyce Ziske	12,886
5. Fay Crocker	12,128
6. Mary Lena Faulk	9,629
7. Wiffi Smith	9,265
8. Patty Berg	9,019
9. Kathy Cornelius	8,886
10. Marlene Hagge	7,212

1961

Player	Money
1. Mickey Wright	$22,236
2. Betsy Rawls	15,672
3. Louise Suggs	15,339
4. Mary Lena Faulk	12,968
5. Marilynn Smith	10,687
6. Ruth Jessen	9,886
7. Barbara Romack	8,895
8. Marlene Hagge	8,245
9. Jo Ann Prentice	8,162
10. Kathy Cornelius	7,915

1962

Player	Money
1. Mickey Wright	$21,641
2. Kathy Whitworth	17,044
3. Mary Lena Faulk	14,949
4. Ruth Jessen	14,937
5. Marilynn Smith	12,075
6. Shirley Englehorn	11,719
7. Patty Berg	10,682
8. Betsy Rawls	10,428
9. Jo Ann Prentice	9,184
10. Barbara Romack	8,639

1963

Player	Money
1. Mickey Wright	$31,269
2. Kathy Whitworth	26,858
3. Marilynn Smith	21,691
4. Betsy Rawls	17,864
5. Clifford Ann Creed	13,843
6. Sandra Haynie	13,683
7. Marlene Hagge	13,570
8. Shirley Englehorn	13,082
9. Ruth Jessen	10,777
10. Jo Ann Prentice	9,401

1964

Player	Money
1. Mickey Wright	$29,800
2. Ruth Jessen	23,431
3. Kathy Whitworth	20,434
4. Betsy Rawls	19,350
5. Marlene Hagge	18,843
6. Shirley Englehorn	18,582
7. Sandra Haynie	17,061
8. Clifford Ann Creed	15,443
9. Mary Mills	13,963
10. Marilynn Smith	12,738

1965

Player	Money
1. Kathy Whitworth	$28,658

WOMEN PROFESSIONALS

PAST LPGA TOUR STATISTICS: Leading Money Winners

2. Marlene Hagge	21,532	
3. Carol Mann	20,875	
4. Clifford Ann Creed	20,795	
5. Sandra Haynie	17,722	
6. Marilynn Smith	16,692	
7. Mary Mills	13,007	
8. Susie Maxwell	12,982	
9. Judy Torluemke	12,237	
10. Betsy Rawls	10,898	

1966
Player	Money
1. Kathy Whitworth	$33,517
2. Sandra Haynie	30,157
3. Mickey Wright	26,672
4. Carol Mann	23,246
5. Clifford Ann Creed	21,089
6. Marilynn Smith	16,412
7. Judy Torluemke	15,180
8. Judy Kimball	13,571
9. Shirley Englehorn	13,405
10. Mary Mills	12,823

1967
Player	Money
1. Kathy Whitworth	$32,937
2. Sandra Haynie	26,543
3. Carol Mann	24,666
4. Mickey Wright	20,613
5. Susie Maxwell	19,537
6. Clifford Ann Creed	17,940
7. Judy Kimball	14,722
8. Marilynn Smith	13,045
9. Shirley Englehorn	11,786
10. Margie Masters	11,725

1968
Player	Money
1. Kathy Whitworth	$48,379
2. Carol Mann	45,921
3. Sandra Haynie	25,992
4. Marilynn Smith	20,945
5. Sandra Spuzich	19,325
6. Clifford Ann Gordon	17,619
7. Mickey Wright	17,147
8. Sandra Palmer	16,906
9. Shirley Englehorn	15,579
10. Donna Caponi	14,563

1969
Player	Money
1. Carol Mann	$49,152
2. Kathy Whitworth	48,171
3. Donna Caponi	30,067
4. Shirley Englehorn	24,486
5. Sandra Haynie	24,276
6. Sandra Spuzich	20,339
7. Susie Berning	19,966
8. Murle Lindstrom	19,630
9. Sandra Palmer	18,319
10. Mickey Wright	17,851

1970
Player	Money
1. Kathy Whitworth	$30,235
2. Sandra Haynie	26,626
3. Shirley Englehorn	22,727
4. Marilynn Smith	22,391
5. Judy Rankin	22,195
6. Carol Mann	20,907
7. Donna Caponi	19,369
8. Sandra Palmer	18,424
9. Betsy Rawls	17,897
10. Mary Mills	15,055

1971
Player	Money
1. Kathy Whitworth	$41,181
2. Sandra Haynie	36,219
3. Jane Blalock	34,492
4. Sandra Palmer	34,035
5. Donna Caponi	23,069
6. JoAnne Carner	21,604
7. Jo Ann Prentice	20,138
8. Pam Barnett	18,801
9. Judy Rankin	17,294
10. Marlene Hagge	16,514

1972
Player	Money
1. Kathy Whitworth	$65,063
2. Jane Blalock	57,323
3. Judy Rankin	49,183
4. Betty Burfeindt	47,548
5. Sandra Haynie	39,701
6. Kathy Ahern	38,072
7. Sandra Palmer	36,715
8. Carol Mann	36,452
9. Marilynn Smith	29,910
10. Jo Ann Prentice	27,583

1973
Player	Money
1. Kathy Whitworth	$82,864
2. Judy Rankin	72,989
3. Sandra Palmer	55,439
4. Betty Burfeindt	51,030
5. Carol Mann	47,734
6. Mary Mills	47,638
7. Sandra Haynie	47,353
8. Kathy Cornelius	44,246
9. Jane Blalock	40,710
10. Joyce Kazmierski	38,973

1974
Player	Money
1. JoAnne Carner	$87,094
2. Jane Blalock	86,422
3. Sandra Haynie	74,560
4. Jo Ann Prentice	67,227
5. Sandra Palmer	54,873
6. Kathy Whitworth	52,024
7. Carol Mann	47,721
8. Carole Jo Skala	47,691
9. Judy Rankin	45,882
10. Donna Young	38,075

1975
Player	Money
1. Sandra Palmer	$76,374
2. JoAnne Carner	64,842
3. Carol Mann	64,727
4. Sandra Haynie	61,614
5. Judy Rankin	50,174

WOMEN PROFESSIONALS

6. Jane Blalock	45,478	
7. Donna Young	43,291	
8. Kathy McMullen	39,555	
9. Kathy Whitworth	36,422	
10. Sandra Post	34,853	

1976

Player	Money
1. Judy Rankin	$150,734
2. Donna Young	106,553
3. JoAnne Carner	103,275
4. Jane Blalock	93,616
5. Sandra Palmer	88,417
6. Pat Bradley	84,288
7. Amy Alcott	71,122
8. Jan Stephenson	64,827
9. Kathy Whitworth	62,013
10. Chako Higuchi	57,389

1977

Player	Money
1. Judy Rankin	$122,890
2. JoAnne Carner	113,712
3. Kathy Whitworth	108,541
4. Jane Blalock	102,013
5. Hollis Stacy	89,155
6. Debbie Austin	86,393
7. Sandra Palmer	82,920
8. Pat Bradley	78,710
9. Sandra Post	77,728
10. Sally Little	67,433

1978

Player	Money
1. Nancy Lopez	$189,814
2. Pat Bradley	118,057
3. Jane Blalock	117,768
4. JoAnne Carner	108,093
5. Donna Young	95,993
6. Hollis Stacy	95,800
7. Sandra Post	92,118
8. Sally Little	84,896
9. Amy Alcott	75,516
10. Penny Pulz	71,011

1979

Player	Money
1. Nancy Lopez	$197,489
2. Sandra Post	178,751
3. Amy Alcott	144,839
4. Pat Bradley	132,429
5. Donna Young	125,494
6. Sally Little	119,501
7. Jane Blalock	115,227
8. Judy Rankin	108,512
9. JoAnne Carner	98,219
10. Beth Daniel	97,027

1980

Player	Money
1. Beth Daniel	$231,000
2. Donna Young	220,620
3. Amy Alcott	219,887
4. Nancy Lopez	209,078
5. JoAnne Carner	185,916
6. Pat Bradley	183,377
7. Sally Little	139,128
8. Jane Blalock	127,874
9. Jo Ann Washam	107,063
10. Sandra Post	102,823

1981

Player	Money
1. Beth Daniel	$206,978
2. JoAnne Carner	206,649
3. Pat Bradley	197,050
4. Donna Caponi	193,917
5. Jan Stephenson	180,529
6. Nancy Lopez	165,680
7. Amy Alcott	149,090
8. Sally Little	142,251
9. Hollis Stacy	138,909
10. Kathy Whitworth	134,938

1982

Player	Money
1. JoAnne Carner	$310,399
2. Sandra Haynie	245,432
3. Sally Little	228,941
4. Patty Sheehan	225,032
5. Beth Daniel	223,635
6. Amy Alcott	169,581
7. Nancy Lopez	166,474
8. Hollis Stacy	161,379
9. Kathy Whitworth	136,698
10. Jan Stephenson	133,212

1983

Player	Money
1. JoAnne Carner	$291,404
2. Patty Sheehan	250,399
3. Pat Bradley	240,208
4. Jan Stephenson	193,365
5. Kathy Whitworth	191,492
6. Beth Daniel	167,404
7. Alice Miller	157,321
8. Amy Alcott	157,721
9. Hollis Stacy	149,036
10. Ayako Okamoto	131,215

1984

Player	Money
1. Betsy King	$266,771
2. Patty Sheehan	255,185
3. Ayako Okamoto	251,108
4. Pat Bradley	220,478
5. Amy Alcott	220,412
6. Juli Inkster	186,501
7. Nancy Lopez	183,756
8. Kathy Whitworth	146,401
9. JoAnne Carner	144,900
10. Donna White	129,971

1985

Player	Money
1. Nancy Lopez	$416,472
2. Pat Bradley	387,377
3. Alice Miller	334,525
4. Amy Alcott	283,111
5. Patty Sheehan	227,908
6. Betsy King	214,411
7. Jane Blalock	192,426
8. Beth Daniel	177,235

WOMEN PROFESSIONALS

9. Judy Dickinson	167,809	
10. Jan Stephenson	148,029	

1986
Player	Money
1. Pat Bradley	$492,021
2. Betsy King	290,195
3. Juli Inkster	285,293
4. Amy Alcott	244,410
5. Jane Geddes	221,255
6. Mary Beth Zimmerman	221,072
7. Patty Sheehan	214,281
8. Chris Johnson	200,648
9. Ayako Okamoto	198,362
10. Judy Dickinson	195,834

PAST VARE TROPHY LEADERS

1953
Player	Average
1. Patty Berg	75.00

(Note: Additional four leaders for this year unavailable. Since 1973, the top five players with a minimum of 70 rounds are eligible.)

1954
1. Babe Zaharias	75.48
2. Louise Suggs	75.57
3. Patty Berg	76.19
4. Betsy Rawls	76.73
5. Beverly Hanson	77.05

1955
1. Patty Berg	74.47
2. Louise Suggs	74.79
3. Marlene Bauer	75.71
4. Fay Crocker	75.76
5. Jackie Pung	75.87

1956
1. Patty Berg	74.57
2. Marlene Hagge	74.74
3. Louise Suggs	74.91
4. Fay Crocker	75.44
5. Betty Jameson	75.65

1957
1. Louise Suggs	74.64
2. Patty Berg	74.82
3. Wiffi Smith	75.17
4. Fay Crocker	75.24
5. Betsy Rawls	75.36

1958
1. Beverly Hanson	74.92
2. Marlene Hagge	75.01
3. Mickey Wright	75.03
4. Louise Suggs	75.10
5. Patty Berg	75.15

1959
*Louise Suggs	73.58
1. Betsy Rawls	74.03
2. Mickey Wright	74.51
3. Patty Berg	74.95
4. Beverly Hanson	74.99

1960
1. Mickey Wright	73.25
2. Louise Suggs	73.69
3. Betsy Rawls	74.24
4. Joyce Ziske	74.58
*Wiffi Smith	74.89

1961
1. Mickey Wright	73.55
*Louise Suggs	73.87
2. Betsy Rawls	74.38
3. Mary Lena Faulk	75.03
4. Marilynn Smith	75.20

1962
1. Mickey Wright	73.67
2. Kathy Whitworth	74.32
3. Ruth Jessen	74.47
4. Mary Lena Faulk	74.74
5. Marilynn Smith	75.09

1963
1. Mickey Wright	72.81
2. Kathy Whitworth	73.90
3. Marilynn Smith	74.14
4. Betsy Rawls	74.83
5. Shirley Englehorn	75.08

1964
1. Mickey Wright	72.46
2. Shirley Englehorn	73.25
3. Ruth Jessen	73.43
4. Kathy Whitworth	73.60
5. Marlene Hagge	73.78

1965
1. Kathy Whitworth	72.61
*Mickey Wright	73.10
2. Clifford Ann Creed	73.38
3. Marlene Hagge	73.39
4. Marilynn Smith	73.69
5. Sandra Haynie	73.94

1966
*Mickey Wright	72.40
1. Kathy Whitworth	72.60
2. Sandra Haynie	73.09
3. Carol Mann	73.81
4. Clifford Ann Creed	73.82
5. Marilynn Smith	74.38

1967
*Mickey Wright	72.65
1. Kathy Whitworth	72.74
2. Sandra Haynie	72.81
3. Carol Mann	73.12
4. Clifford Ann Creed	73.47
*Shirley Englehorn	73.56
5. Susie Maxwell	73.84

PAST LPGA TOUR STATISTICS: Vare Trophy Winners

WOMEN PROFESSIONALS

1968
1. Carol Mann	72.04
2. Kathy Whitworth	72.16
*Mickey Wright	72.31
*Ann Casey Johnstone	72.33
*Judy Rankin	72.75
3. Sandra Haynie	73.36
*Shirley Englehorn	73.46
4. Marilynn Smith	73.89
5. Sandra Spuzich	74.11

1969
1. Kathy Whitworth	72.38
2. Carol Mann	72.88
*Sandra Haynie	73.15
*Shirley Englehorn	73.19
*Judy Rankin	73.79
*Mickey Wright	73.92
3. Murle Lindstrom	73.93
4. Donna Caponi	73.98
*Sue Berning	74.29
5. Sandra Spuzich	74.31

1970
1. Kathy Whitworth	72.26
2. Shirley Englehorn	72.90
3. Sandra Haynie	72.95
4. Judy Rankin	73.33
5. Sandra Palmer	73.53

1971
1. Kathy Whitworth	72.88
2. Sandra Haynie	73.03
3. Jane Blalock	73.22
*Mickey Wright	73.35
4. Donna Caponi	73.90
5. Sandra Palmer	73.92

1972
1. Kathy Whitworth	72.38
2. Sandra Haynie	72.93
3. Betty Burfeindt	72.99
4. Judy Rankin	73.08
5. Sandra Palmer	73.32

1973
1. Judy Rankin	73.08
2. Kathy Whitworth	73.12
3. Sandra Palmer	73.24
*Sandra Haynie	73.43
*Sue Berning	73.55
4. Jane Blalock	73.59
5. Mary Mills	73.63

1974
*Sandra Haynie	72.75
1. JoAnne Carner	72.87
2. Jane Blalock	73.11
3. Kathy Whitworth	73.50
*Carole Jo Skala	73.64
4. Donna Caponi Young	73.65
5. Judy Rankin	73.68

1975
*Sandra Haynie	72.00
*Judy Rankin	72.32
1. JoAnne Carner	72.40
*Carol Mann	72.48
2. Sandra Palmer	72.72
*Donna Caponi Young	72.87
*Kathy Whitworth	72.97
*Sandra Post	72.99
*Jane Blalock	73.00
*Chako Higuchi	73.13
*Shirley Englehorn	73.14
*Jo Ann Washam	73.33
*Bonnie Bryant	73.37
3. Pat Bradley	73.40
*Amy Alcott	73.52
*Murle Breer	73.79
*Carole Jo Skala	73.85
4. Kathy McMullen	73.92
*Gail Dennenberg	73.93
5. Susie McAllister	73.98

1976
1. Judy Rankin	72.25
2. JoAnne Carner	72.38
3. Jane Blalock	72.52
4. Sandra Palmer	72.81
*Sandra Haynie	72.82
5. Pat Bradley	73.28

1977
1. Judy Rankin	72.16
2. Jane Blalock	72.48
3. JoAnne Carner	72.51
4. Jan Stephenson	72.52
5. Sandra Post	72.55

1978
1. Nancy Lopez	71.76
2. Jane Blalock	71.98
3. JoAnne Carner	72.01
*Julie Stanger	72.25
4. Pat Bradley	72.31
5. Hollis Stacy	72.53

1979
1. Nancy Lopez	71.20
2. Jane Blalock	72.15
*Chako Higuchi	72.17
3. Sandra Post	72.30
4. Pat Bradley	72.31
*JoAnne Carner	72.40
5. Amy Alcott	72.43

1980
1. Amy Alcott	71.51
2. Beth Daniel	71.59
3. Donna C. Young	71.80
4. Nancy Lopez-Melton	71.81
5. JoAnne Carner	71.89

WOMEN PROFESSIONALS

1981
1. JoAnne Carner	71.75
2. Beth Daniel	71.87
3. Nancy Lopez-Melton	72.10
4. Pat Bradley	72.16
5. Donna Caponi	72.21

1982
1. JoAnne Carner	71.49
2. Beth Daniel	71.66
3. Patty Sheehan	71.72
4. Sandra Haynie	71.86
5. Sally Little	72.06

1983
1. JoAnne Carner	71.41
2. Patty Sheehan	71.72
3. Pat Bradley	72.06
4. Jan Stephenson	72.22
5. Beth Daniel	72.29

1984
1. Patty Sheehan	71.40
2. Betsy King	71.77
3. JoAnne Carner	71.79
4. Ayako Okamoto	71.92
*Nancy Lopez	72.00
5. Pat Bradley	72.05

1985
1. Nancy Lopez	70.73
2. Pat Bradley	71.30
3. Alice Miller	71.55
4. Patty Sheehan	71.59
5. Amy Alcott	71.78

1986
*Nancy Lopez	70.29
1. Pat Bradley	71.10
2. Betsy King	71.75
3. Amy Alcott	71.99
4. Judy Dickinson	72.04
5. Jan Stephenson	72.06

* Ineligible. Did not compete in required number of rounds or was "picked up" before a round was completed.

WOMEN'S PAST PERFORMANCE AVERAGE LEADERS

Performance Average is an exclusive Golf Digest method of measuring the performance of players in official events relative to the performance of other players. It is calculated by dividing the number of possible points (50 per tournament entered) into points earned (50 for first place on down to one for 50th).

1955
Player	Perf. Avg.
1. Patty Berg (20)	.894
2. Louise Suggs (20)	.883
3. Jackie Pung (19)	.817
4. Marlene Bauer (17)	.775
5. Mary Lena Faulk (27)	.766

1956
1. Patty Berg (22)	.882
2. Marlene Hagge (26)	.854
3. Louise Suggs (25)	.840
4. Fay Crocker (25)	.793
5. Betty Jameson (24)	.733

1957
1. Patty Berg (20)	.830
2. Louise Suggs (18)	.790
3. Betty Dodd (22)	.748
4. Wiffi Smith (24)	.747
5. Fay Crocker (26)	.745

1958
1. Mickey Wright (17)	.819
2. Louise Suggs (20)	.809
3. Marlene Hagge (24)	.805
4. Beverly Hanson (25)	.800
5. Patty Berg (16)	.799

1959
1. Louise Suggs (21)	.905
2. Betsy Rawls (27)	.815
3. Patty Berg (23)	.789
4. Mickey Wright (27)	.768
5. Beverly Hanson (27)	.738

1960
1. Mickey Wright (21)	.883
2. Louise Suggs (21)	.859
3. Betsy Rawls (23)	.777
4. Joyce Ziske (22)	.756
5. Mary Lena Faulk (23)	.732

1961
1. Mickey Wright (24)	.891
2. Louise Suggs (17)	.872
3. Betsy Rawls (24)	.819
4. Mary Lena Faulk (24)	.743
5. Marilynn Smith (23)	.730

1962
1. Ruth Jessen (24)	.798
2. Mickey Wright (29)	.792
3. Mary Lena Faulk (26)	.786
4. Kathy Whitworth (28)	.785
5. Shirley Englehorn (25)	.694

1963
1. Mickey Wright (28)	.907
2. Kathy Whitworth (32)	.850
3. Marilynn Smith (32)	.771

WOMEN PROFESSIONALS

4. Betsy Rawls (32)	.746
5. Shirley Englehorn (25)	.682

1964
1. Mickey Wright (27)	.838
2. Shirley Englehorn (28)	.781
3. Ruth Jessen (32)	.772
4. Kathy Whitworth (31)	.770
5. Betty Rawls (32)	.759

1965
1. Kathy Whitworth (30)	.862
2. Marlene Hagge (30)	.792
3. Clifford Ann Creed (29)	.752
4. Marilynn Smith (28)	.721
5. Carol Mann (30)	.704

1966
1. Mickey Wright (22)	.900
2. Kathy Whitworth (31)	.861
3. Sandra Haynie (30)	.843
4. Clifford Ann Creed (28)	.751
5. Carol Mann (30)	.707

1967
1. Sandra Haynie (27)	.826
2. Kathy Whitworth (28)	.801
3. Mickey Wright (21)	.788
4. Carol Mann (25)	.762
5. Clifford Ann Creed (25)	.700

1968
1. Kathy Whitworth (30)	.883
2. Carol Mann (31)	.860
3. Sandra Haynie (26)	.734
4. Marilynn Smith (30)	.732
5. Clifford Ann Creed (26)	.620

1969
1. Kathy Whitworth (28)	.855
2. Carol Mann (29)	.807
3. Sandra Haynie (20)	.694
4. Shirley Englehorn (21)	.663
5. Mickey Wright (21)	.589

1970
1. Kathy Whitworth (21)	.831
2. Shirley Englehorn (16)	.728
3. Sandra Haynie (19)	.717
4. Judy Rankin (19)	.616
5. Sandra Palmer (20)	.594

1971
1. Kathy Whitworth (20)	.740
2. Sandra Haynie (19)	.708
Jane Blalock (19)	.708
4. Donna Caponi (19)	.586
5. Sandra Palmer (20)	.583

1972
1. Kathy Whitworth (27)	.782
2. Betty Burfeindt (26)	.710
3. Judy Rankin (27)	.671
4. Sandra Haynie (23)	.640
5. Sandra Palmer (27)	.591

1973
1. Judy Rankin (33)	.668
2. Kathy Whitworth (31)	.651
3. Sandra Palmer (33)	.627
4. Sandra Haynie (25)	.598
5. Sue Berning (19)	.564

1974
1. Jane Blalock (29)	.707
2. Sandra Haynie (23)	.673
3. JoAnne Carner (28)	.660
4. Kathy Whitworth (24)	.582
5. Sandra Palmer (29)	.562

1975
1. Sandra Haynie (19)	.751
2. Judy Rankin (22)	.655
3. JoAnne Carner (23)	.650
4. Carol Mann (21)	.635
5. Sandra Palmer (25)	.599

1976
1. JoAnne Carner (27)	.763
2. Judy Rankin (26)	.693
3. Sandra Palmer (26)	.639
4. Jane Blalock (24)	.601
5. Sandra Haynie (18)	.577

1977
1. Judy Rankin (27)	.668
2. Jane Blalock (27)	.638
3. JoAnne Carner (25)	.620
Jan Stephenson (26)	.620
5. Sandra Post (26)	.595

1978
1. Nancy Lopez (25)	.748
2. Jane Blalock (26)	.698
3. Pat Bradley (29)	.646
4. JoAnne Carner (23)	.632
5. Sally Little (24)	.548

1979
1. Nancy Lopez (19)	.816
2. Amy Alcott (26)	.648
3. Sandra Post (27)	.624
4. Jane Blalock (25)	.619
5. Pat Bradley (28)	.613

1980
1. Beth Daniel (27)	.736
2. Nancy Lopez (24)	.700
3. Amy Alcott (28)	.693
4. Pat Bradley (31)	.688
5. Donna Young (30)	.648

WOMEN PROFESSIONALS

1981
1. Beth Daniel (27) .681
2. JoAnne Carner (28) .679
3. Nancy Lopez (24) .628
4. Pat Bradley (31) .585
5. Amy Alcott (26) .571

1982
1. JoAnne Carner (26) .602
2. Patty Sheehan (25) .589
3. Nancy Lopez (22) .568
4. Kathy Whitworth (25) .563
5. Sally Little (27) .554

1983
1. JoAnne Carner (22) .667
2. Patty Sheehan (26) .626
3. Jan Stephenson (28) .599
4. Pat Bradley (28) .578
5. Sandra Haynie (23) .552

1984
1. Patty Sheehan (22) .662
2. Betsy King (30) .628
3. Pat Bradley (28) .600
4. JoAnne Carner (18) .582
5. Ayako Okamoto (27) .568

1985
1. Nancy Lopez (25) .802
2. Pat Bradley (28) .735
3. Patty Sheehan (23) .573
4. Amy Alcott (22) .564
5. Alice Miller (26) .548

1986
1. Pat Bradley (27) .788
2. Betsy King (28) .702
3. Amy Alcott (23) .664
4. Jan Stephenson (28) .646
5. Judy Dickinson (25) .644

(Figures in parentheses indicate number of events played.)

ALL-TIME TOURNAMENT WINNERS

Player	Since	Total
1. Kathy Whitworth	1959	88
2. Mickey Wright*	1956	82
3. Betsy Rawls*	1951	55
4. Louise Suggs*	1949	50
5. Sandra Haynie	1961	42
JoAnne Carner	1970	42
7. Patty Berg*	1948	41
8. Carol Mann*	1961	38
9. Nancy Lopez	1977	34
10. Babe Zaharias**	1948	31
11. Jane Blalock	1969	29
12. Judy Rankin	1962	26
Amy Alcott	1975	26
14. Marlene Hagge	1950	25
15. Donna Caponi	1965	24
16. Marilynn Smith*	1950	22
17. Sandra Palmer	1964	21
Pat Bradley	1974	21
19. Hollis Stacy	1974	17
Patty Sheehan	1980	17
21. Sally Little	1971	14
Beth Daniel	1979	14

*Not active on tour.
**Deceased.

ALL-TIME MONEY LEADERS

Player	Since	Money
1. Pat Bradley	1974	$2,286,218
2. JoAnne Carner	1970	2,013,991
3. Amy Alcott	1975	1,806,648
4. Nancy Lopez	1977	1,711,078
5. Kathy Whitworth	1959	1,666,762
6. Donna Caponi	1965	1,339,444
7. Patty Sheehan	1980	1,309,962
8. Beth Daniel	1979	1,301,110
9. Jane Blalock	1969	1,288,300
10. Jan Stephenson	1974	1,265,443
11. Hollis Stacy	1974	1,151,766
12. Betsy King	1977	1,098,219
13. Sandra Palmer	1964	1,074,823
14. Sally Little	1971	1,056,107
15. Sandra Haynie	1961	990,970
16. Judy Rankin	1962	887,600
17. Ayako Okamoto	1981	767,597
18. Sandra Post	1968	746,714
19. Alice Miller	1978	733,528
20. Judy Dickinson	1978	670,749
21. Juli Inkster	1983	623,665
22. Jo Ann Washam	1973	613,896
23. Debbie Massey	1977	594,772
24. Donna White	1977	567,854
25. Kathy Postlewait	1974	557,154
26. Debbie Austin	1968	532,972
27. Carol Mann	1961	506,666
28. Sandra Spuzich	1962	503,428
29. Silvia Bertolaccini	1975	489,279
30. Janet Coles	1977	489,192
31. Penny Pulz	1974	487,769
32. Chris Johnson	1980	465,175
33. Marlene Hagge	1950	460,895
34. Laura Baugh	1973	449,640
35. Bonnie Lauer	1975	434,136
36. Lori Garbacz	1979	429,733
37. Cathy Morse	1978	414,909
38. Dot Germain	1974	403,881
39. Janet Anderson	1978	401,216
40. Jerilyn Britz	1974	400,306

PAST LEADING MONEY WINNERS

Year	Player	Money
1948	Babe Zaharias	$3,400

WOMEN PROFESSIONALS

Year	Player	Earnings	Year	Events	Total	Avg
1949	Babe Zaharias	4,650	1968	34	550,185	16,181
1950	Babe Zaharias	14,800	1969	29	597,290	20,596
1951	Babe Zaharias	15,087	1970	21	435,040	20,716
1952	Betsy Rawls	14,505	1971	21	558,550	26,597
1953	Louise Suggs	19,816	1972	30	988,400	32,946
1954	Patty Berg	16,011	1973	36	1,471,000	40,861
1955	Patty Berg	16,492	1974	35	1,752,500	50,071
1956	Marlene Hagge	20,235	1975	33	1,742,000	52,787
1957	Patty Berg	16,272	1976	32	2,527,000	78,968
1958	Beverly Hanson	12,639	1977	35	3,058,000	87,371
1959	Betsy Rawls	26,774	1978	37	3,925,000	106,081
1960	Louise Suggs	16,892	1979	38	4,400,000	115,789
1961	Mickey Wright	22,236	1980	40	5,150,000	128,750
1962	Mickey Wright	21,641	1981	40	5,800,000	145,000
1963	Mickey Wright	31,269	1982	38	6,400,000	168,421
1964	Mickey Wright	29,800	1983	36	7,000,000	194,444
1965	Kathy Whitworth	28,658	1984	38	8,000,000	210,526
1966	Kathy Whitworth	33,517	1985	38	9,000,000	236,842
1967	Kathy Whitworth	32,937	1986	36	10,000,000	277,777
1968	Kathy Whitworth	48,379				
1969	Carol Mann	49,152				
1970	Kathy Whitworth	30,235				
1971	Kathy Whitworth	41,181				
1972	Kathy Whitworth	65,063				
1973	Kathy Whitworth	82,864				
1974	JoAnne Carner	87,094				
1975	Sandra Palmer	76,374				
1976	Judy Rankin	150,734				
1977	Judy Rankin	122,890				
1978	Nancy Lopez	189,814				
1979	Nancy Lopez	197,489				
1980	Beth Daniel	231,000				
1981	Beth Daniel	206,998				
1982	JoAnne Carner	310,399				
1983	JoAnne Carner	291,404				
1984	Betsy King	266,771				
1985	Nancy Lopez	416,472				
1986	Pat Bradley	492,021				

TOURNAMENT PRIZE MONEY

(Not pro-am, team event money)

Year	Events	Total Purses	Average Purse
1950	9	$ 45,000	$ 5,000
1951	14	70,000	5,000
1952	21	150,000	7,142
1953	24	120,000	5,000
1954	21	105,000	5,000
1955	27	135,000	5,000
1956	26	140,000	5,384
1957	26	147,830	5,685
1958	25	158,600	6,344
1959	26	202,500	7,788
1960	25	186,700	7,468
1961	24	288,750	12,031
1962	32	338,450	10,576
1963	34	345,300	10,155
1964	33	351,000	10,636
1965	33	356,316	10,797
1966	37	509,500	13,770
1967	32	435,250	13,601

CHAPTER 4

MEN AMATEURS

1986 Amateur Review	193
1986 U.S. Amateur	195
Past Winners, U.S. Amateur, Publix, Mid-Amateur	196
Past Tournament Results	199
Past Men's Amateur Rankings	208

MEN AMATEURS

Reinstated amateur Alexander wins U.S. championship

Buddy Alexander now knows that while dreams might not work out exactly, sometimes things can turn out quite well. Alexander, 30, son of one-time touring professional Skip Alexander, had always hoped for a PGA Tour career. When he easily made the varsity team at Georgia Southern in the mid-1970s, Alexander's career seemed to be progressing on target. After a few years coaching there after his graduation, Alexander decided to make his break.

In 1980, at age 27, Alexander quit his coaching job, turned professional and set out to conquer the golfing world. It didn't happen—at least in the professional world. In about two years of struggling, Alexander had not won an event. Coaching began to look good once again. When the golf position at Louisiana State University became available, Alexander applied and was accepted. Comfortable once again with himself, Alexander coached his team to the Southeastern Conference title in 1986. Unlike many other college coaches, however, this one practiced a lot with his team, secretly trying to be low man in every match.

In the meantime, Alexander had applied for reinstatement of his amateur status—he wanted to play in major amateur tournaments. The reinstatement came through in July, 1986, just in time for him to compete in the U.S. Amateur at Shoal Creek, near Birmingham, Ala.

The rest, as they say, is history. Alexander easily qualified, then went on to win the Amateur, beating one of the nation's best collegians, Chris Kite of Wake Forest, in the final, 5 and 3. In that match, Alexander went two up after the first 18 and never allowed Kite to draw even. In the semifinals, Alexander stopped a fellow reinstated amateur, Bob Lewis, while Kite eliminated one of the youngest entrants, 17-year-old Brian Montgomery, who earlier in the year had won the USGA and PGA junior titles.

Alexander, ranked No. 1 by Golf Digest

Buddy Alexander, U.S. Amateur champion.

among men amateurs, did not otherwise play much major amateur golf. Most of the leading titles were singly divided among other competitors, although collegians Billy Andrade of Wake Forest and Brian Watts of Oklahoma State won a pair each. Andrade took the Sunnehanna and the North and South, while Watts won the LaJet and Trans-Miss. Greg Parker, a senior at North Carolina, captured the Western Amateur, generally considered to be the toughest amateur event to win outside the national championship.

The Mid-Amateur, limited to entrants 25 years of age and older, was dominated by reinstated amateurs and won by one of them, Bill Loeffler, 30, of Littleton, Colo. Alexander, incidentally, played in this tournament held at Annandale in Madison, Miss., and was eliminated in the third round. Well, dreams can carry you only so far.

MEN AMATEURS

UNITED STATES GOLF ASSOCIATION
MEN'S AMATEUR CHAMPIONSHIP
Shoal Creek, Alabama, Aug. 26-31

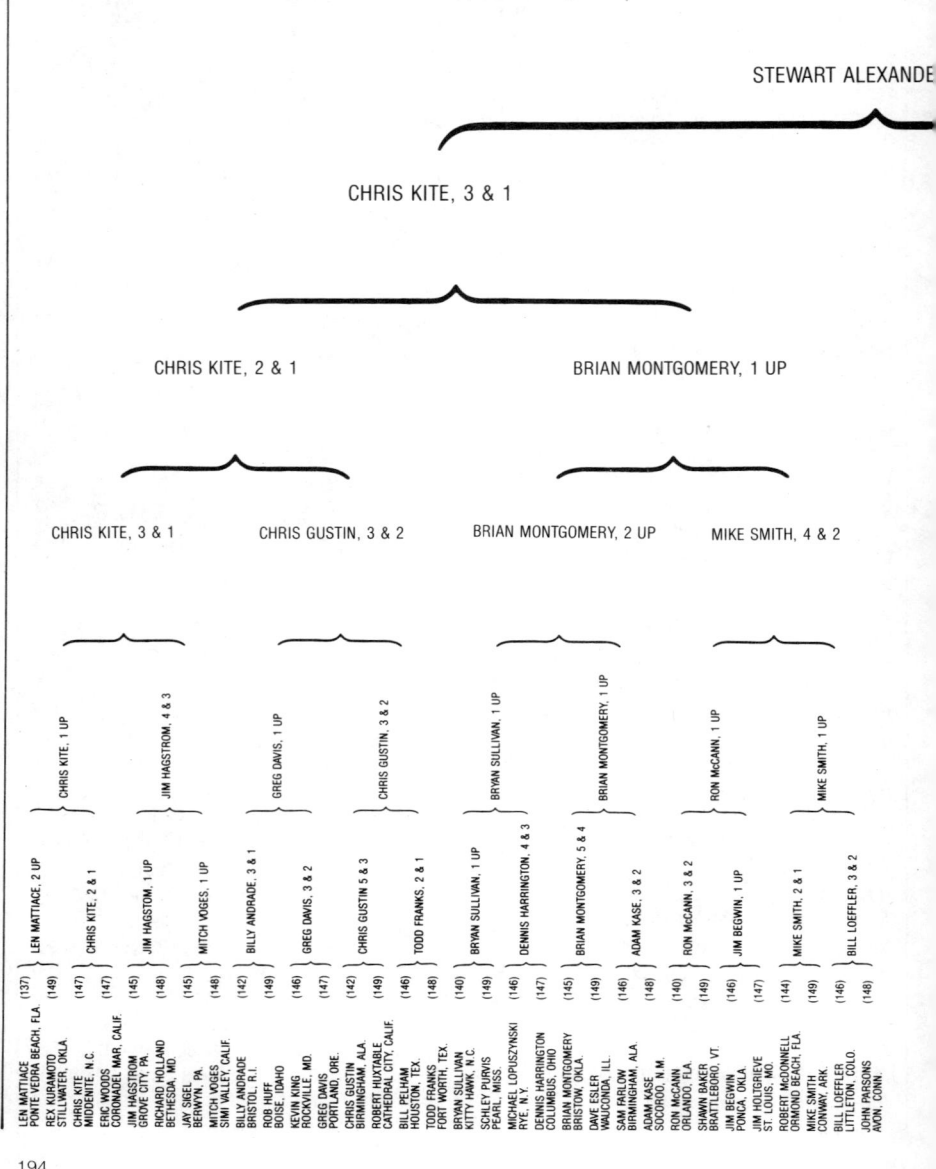

STEWART ALEXANDER

CHRIS KITE, 3 & 1

CHRIS KITE, 2 & 1 — BRIAN MONTGOMERY, 1 UP

CHRIS KITE, 3 & 1 — CHRIS GUSTIN, 3 & 2 — BRIAN MONTGOMERY, 2 UP — MIKE SMITH, 4 & 2

CHRIS KITE, 1 UP — JIM HAGSTROM, 4 & 3 — GREG DAVIS, 1 UP — CHRIS GUSTIN, 3 & 2 — BRYAN SULLIVAN, 1 UP — BRIAN MONTGOMERY, 1 UP — RON McCANN, 1 UP — MIKE SMITH, 1 UP

LEN MATTIACE, 2 UP (137) — CHRIS KITE, 2 & 1 (149) — JIM HAGSTROM, 1 UP (147) — MITCH VOGES, 1 UP (145) — BILLY ANDRADE, 3 & 1 (148) — GREG DAVIS, 3 & 2 (145) — CHRIS GUSTIN, 5 & 3 (148) — TODD FRANKS, 2 & 1 (142) — BRYAN SULLIVAN, 1 UP (149) — DENNIS HARRINGTON, 4 & 3 (146) — BRIAN MONTGOMERY, 5 & 4 (148) — ADAM KASE, 3 & 2 (140) — RON McCANN, 3 & 2 (146) — JIM BEGWIN, 1 UP (149) — MIKE SMITH, 2 & 1 (140) — BILL LOEFFLER, 3 & 2 (145)

LEN MATTIACE, PONTE VEDRA BEACH, FLA. (137)
REX KURAMOTO, STILLWATER, OKLA. (149)
CHRIS KITE, MIDDENITE, N.C. (147)
ERIC WOODS, CORONADEL MAR, CALIF. (147)
JIM HAGSTROM, GROVE CITY, PA. (145)
RICHARD HOLLAND, BETHESDA, MD. (148)
JAY SIGEL, BERWYN, PA. (145)
MITCH VOGES, SIMI VALLEY, CALIF. (148)
BILLY ANDRADE, BRISTOL, R.I. (142)
ROB HUFF, BOISE, IDAHO (149)
KEVIN KING, ROCKVILLE, MD. (146)
GREG DAVIS, PORTLAND, ORE. (147)
CHRIS GUSTIN, BIRMINGHAM, ALA. (142)
ROBERT HUXTABLE, CATHEDRAL CITY, CALIF. (149)
BILL PELHAM, HOUSTON, TEX. (146)
TODD FRANKS, FORT WORTH, TEX. (148)
BRYAN SULLIVAN, KITTY HAWK, N.C. (140)
SCHLEY PURVIS, PEARL, MISS. (149)
MICHAEL LOPUSZYNSKI, RYE, N.Y. (146)
DENNIS HARRINGTON, COLUMBUS, OHIO (147)
BRIAN MONTGOMERY, BRISTOW, OKLA. (145)
DAVE ESLER, WAUCONDA, ILL. (149)
SAM FARLOW, BIRMINGHAM, ALA. (146)
ADAM KASE, SOCORRO, N.M. (148)
RON McCANN, ORLANDO, FLA. (140)
SHAWN BAKER, BRATTLEBORO, VT. (146)
JIM BEGWIN, PONCA, OKLA. (147)
JIM HOLTGRIEVE, ST. LOUIS, MO. (149)
ROBERT McDONNELL, ORMOND BEACH, FLA. (144)
MIKE SMITH, CONWAY, ARK. (149)
BILL LOEFFLER, LITTLETON, COLO. (146)
JOHN PARSONS, AVON, CONN. (148)

MEN AMATEURS

Winner: Stewart Alexander, Baton Rouge, La. (5 & 3)

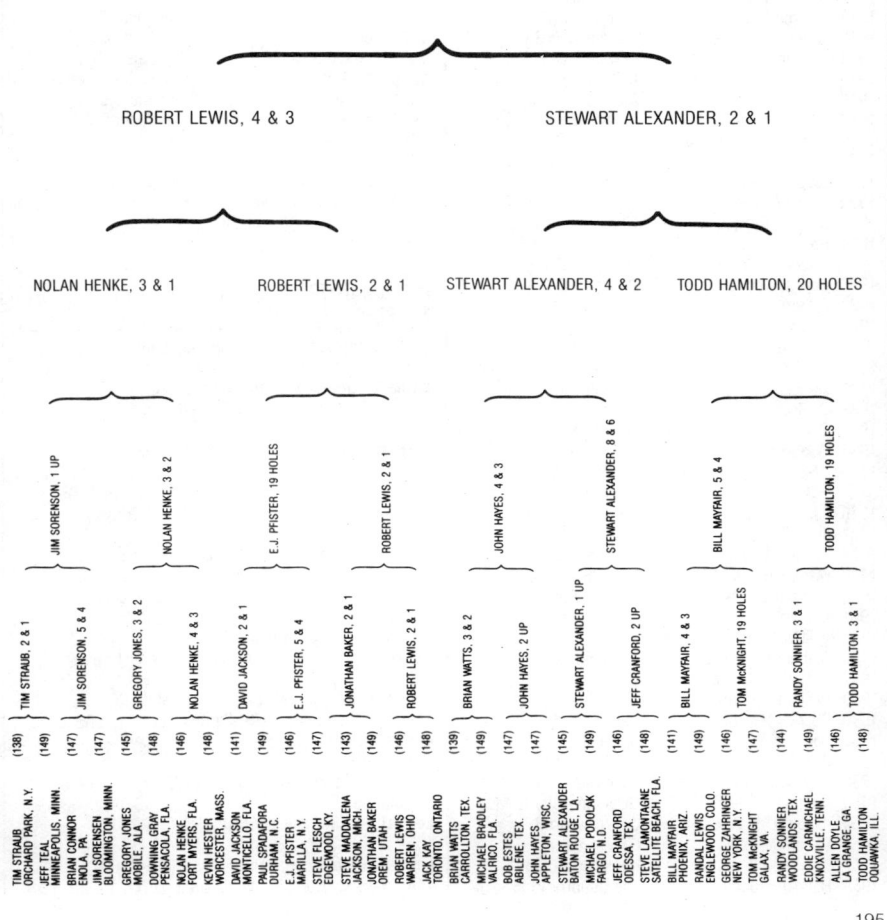

1986 USGA MEN'S AMATEUR CHAMPIONSHIP

Bracket

- **STEWART ALEXANDER, 6 & 4**
  - ROBERT LEWIS, 4 & 3
    - NOLAN HENKE, 3 & 1
      - JIM SORENSON, 1 UP
        - TIM STRAUB, 2 & 1 — TIM STRAUB, ORCHARD PARK, N.Y. (138)
        - JIM SORENSON, 5 & 4 — JEFF TEAL, MINNEAPOLIS, MINN. (149); BRIAN CONNOR, ENOLA, PA. (147); JIM SORENSEN, BLOOMINGTON, MINN. (147)
      - NOLAN HENKE, 3 & 2
        - GREGORY JONES, 3 & 2 — GREGORY JONES, MOBILE, ALA. (145)
        - NOLAN HENKE, 4 & 3 — DOWNING GRAY, PENSACOLA, FLA. (148); NOLAN HENKE, FORT MYERS, FLA. (146); KEVIN HESTER, WORCESTER, MASS. (148)
    - ROBERT LEWIS, 2 & 1
      - E.J. PFISTER, 19 HOLES
        - DAVID JACKSON, 2 & 1 — DAVID JACKSON, MONTICELLO, FLA. (141); PAUL SPADAFORA, DURHAM, N.C. (149)
        - E.J. PFISTER, 5 & 4 — E.J. PFISTER, MARILLA, N.Y. (146); STEVE FLESCH, EDGEWOOD, KY. (147)
      - ROBERT LEWIS, 2 & 1
        - JONATHAN BAKER, 2 & 1 — STEVE MADDALENA, JACKSON, MICH. (143); JONATHAN BAKER, OREM, UTAH (149)
        - ROBERT LEWIS, 2 & 1 — ROBERT LEWIS, WARREN, OHIO (146); JACK KAY, TORONTO, ONTARIO (148)
  - STEWART ALEXANDER, 2 & 1
    - STEWART ALEXANDER, 4 & 2
      - JOHN HAYES, 4 & 3
        - BRIAN WATTS, 3 & 2 — BRIAN WATTS, CARROLLTON, TEX. (139); MICHAEL BRADLEY, VALRICO, FLA. (149)
        - JOHN HAYES, 2 UP — BOB ESTES, ABILENE, TEX. (147); JOHN HAYES, APPLETON, WISC. (147)
      - STEWART ALEXANDER, 8 & 6
        - STEWART ALEXANDER, 1 UP — STEWART ALEXANDER, BATON ROUGE, LA. (145); MICHAEL PODOLAK, FARGO, N.D. (149)
        - JEFF CRANFORD, 2 UP — JEFF CRANFORD, ODESSA, TEX. (146); STEVE LAMONTAGNE, SATELLITE BEACH, FLA. (148)
    - TODD HAMILTON, 20 HOLES
      - BILL MAYFAIR, 5 & 4
        - BILL MAYFAIR, 4 & 3 — BILL MAYFAIR, PHOENIX, ARIZ. (141); RANDAL LEWIS, ENGLEWOOD, COLO. (149)
        - TOM McKNIGHT, 19 HOLES — GEORGE ZAHRINGER, NEW YORK, N.Y. (146); TOM McKNIGHT, GALAX, VA. (147)
      - TODD HAMILTON, 19 HOLES
        - RANDY SONNIER, 3 & 1 — RANDY SONNIER, WOODLANDS, TEX. (144); EDDIE CARMICHAEL, KNOXVILLE, TENN. (149)
        - TODD HAMILTON, 3 & 1 — ALLEN DOYLE, LA GRANGE, GA. (146); TODD HAMILTON, OQUAWKA, ILL. (148)

MEN AMATEURS

USGA MEN'S AMATEUR

Year	Winner	Site
1895	Charles B. Macdonald	Newport, G.C.
1896	H.J. Whigham	Shinnecock G.C.
1897	H.J. Whigham	Chicago G.C.
1898	Findlay S. Douglas	Morris Co. G.C.
1899	H.M. Harriman	Onwentsia Club
1900	Walter J. Travis	Garden City G.C.
1901	Walter J. Travis	C.C. of Atlantic City
1902	Louis N. James	Glen View Club
1903	Walter J. Travis	Nassau C.C.
1904	H. Chandler Egan	Baltusrol G.C.
1905	H. Chandler Egan	Chicago G.C.
1906	Eben M. Byers	Englewood
1907	Jerome D. Travers	Garden City G.C.
1908	Jerome D. Travers	Garden City G.C.
1909	Robert A. Gardner	Chicago G.C.
1910	William C. Fownes, Jr.	The Country Club
1911	Harold H. Hilton	Apawamis C.
1912	Jerome D. Travers	Chicago, G.C.
1913	Jerome D. Travers	Garden City G.C.
1914	Francis Ouimet	Ekwanok C.C.
1915	Robert A. Gardner	C.C. of Detroit
1916	Chick Evans	Merion Cricket C.
1917-18	—No championships	
1919	S. Davidson Herron	Oakmont C.C.
1920	Chick Evans	Engineers C.C.
1921	Jesse P. Guilford	St. Louis C.C.
1922	Jess W. Sweetser	The Country Club
1923	Max R. Marston	Flossmoor C.C.
1924	Robert T. Jones, Jr.	Merion Cricket C.
1925	Robert T. Jones, Jr.	Oakmont C.C.
1926	George Von Elm	Baltusrol G.C.
1927	Robert T. Jones, Jr.	Minikahda Club
1928	Robert T. Jones, Jr.	Brae Burn C.C.
1929	Harrison R. Johnston	Del Monte G. & C.C.
1930	Robert T. Jones, Jr.	Merion Cricket C.
1931	Francis Ouimet	Beverly C.C.
1932	C. Ross Somerville	Baltimore C.C.
1933	George T. Dunlap, Jr.	Kenwood C.C.
1934	W. Lawson Little, Jr.	The Country Club
1935	W. Lawson Little, Jr.	The Country Club (Cleveland)
1936	John W. Fischer	Garden City G.C.
1937	John Goodman	Alderwood C.C.
1938	William P. Turnesa	Oakmont C.C.
1939	Marvin H. Ward	North Shore C.C.
1940	Richard D. Chapman	Winged Foot G.C.
1941	Marvin H. Ward	Omaha Field C.
1942-45	—No championships	
1946	Stanley E. Bishop	Baltusrol G.C.
1947	Robert H. Riegel	Del Monte G. & C.C.
1948	William P. Turnesa	Memphis C.C.
1949	Charles R. Coe	Oak Hill C.C.
1950	Sam Urzetta	Minneapolis G.C.
1951	Billy Maxwell	Saucon Valley C.C.
1952	Jack Westland	Seattle G.C.
1953	Gene A. Littler	Oklahoma City G.&C.C.
1954	Arnold D. Palmer	C.C. of Detroit
1955	E. Harvie Ward	C.C. of Virginia
1956	E. Harvie Ward	Knollwood Club
1957	Hillman Robbins	The Country Club
1958	Charles Coe	Olympic C.
1959	Jack Nicklaus	Broadmoor G.C.
1960	Deane Beman	St. Louis C.C.
1961	Jack Nicklaus	Pebble Beach G.C.
1962	Labron Harris, Jr.	Pinehurst C.C.
1963	Deane Beman	Wakonda C.C.
1964	Bill Campbell	Canterbury G.C.
1965	Bob Murphy	Southern Hills C.C.
1966	Gary Cowan	Merion G.C.
1967	Bob Dickson	Broadmoor G.C.
1968	Bruce Fleisher	Scioto C.C.
1969	Steve Melnyk	Oakmont C.C.
1970	Lanny Wadkins	Waverley C.C.
1971	Gary Cowan	Wilmington C.C.
1972	Vinny Giles	Charlotte C.C.
1973	Craig Stadler	Inverness Club
1974	Jerry Pate	Ridgewood C.C.
1975	Fred Ridley	C.C. of Virginia
1976	Bill Sander	Bel-Air C.C.
1977	John Fought	Aronimink G.C.
1978	John Cook	Plainfield C.C.
1979	Mark O'Meara	Canterbury G.C.,
1980	Hal Sutton	C.C. of N. Carolina
1981	Nathaniel Crosby	Olympic Club
1982	Jay Sigel	The Country Club
1983	Jay Sigel	North Shore C.C.
1984	Scott Verplank	Oak Tree G.C.
1985	Sam Randolph	Montclair C.C.
1986	Stewart Alexander	Shoal Creek

U.S. AMATEUR CHAMPIONSHIP SCORING RECORDS

Highest percentage of match-play wins
.843, Robert T. Jones Jr., 43 wins-8 losses.
Largest winning margin, final match
12 and 11, Charles B. MacDonald over Charles E. Sands, 1895.
Largest winning margin, 18-hole matches
9 and 8, Harry Todd over Matthew Zadalis, 1941; Gerald Kesselring over Russell Brothers, 1950; Don Keith over Thomas W. Beck, 1958; Bill Rogers over Rick Cain, 1973.
Largest winning margin, 36-hole matches
14 and 13, Robert T. Jones Jr. over John B. Beck, 1928; Jerome D. Travers over George A. Crump, 1915.
Largest total winning margin, last three rounds of match play
37 holes for last three rounds, Robert T. Jones Jr., 1928.
Lowest qualifying total, 36-hole match play
134, Bob Clampett, 1979; Sam Randolph, 1985.
Lowest cutoff score, 36-hole match play
146, 1979.
Lowest 18 holes, stroke play (1965-72)
65, Marvin Giles III, 1968, Kurt Cox, 1970.
Lowest first 36 holes, stroke play (1965-72)
136, Tom Kite Jr., 1970.
Lowest 36-hole cut, stroke play (1965-72)
148, Waverley C.C., Portland, Ore., 1970.

MEN AMATEURS

Lowest first 54 holes, stroke play (1965-72)
207, Tom Kite Jr., 1970.
Lowest 72-hole score, stroke play (1965-72)
279, Lanny Wadkins, 1970.

U.S. AMATEUR CHAMPIONSHIP
NOTES OF INTEREST

Most victories
5, Robert T. Jones Jr., 1924-25-27-28-30.
Consecutive winners
H. J. Whigham, 1896-97; Walter J. Travis, 1900-01; H. Chandler Egan, 1904-05; Jerome D. Travers, 1907-08 and 1912-13; Robert T. Jones Jr., 1924-25 and 1927-28; W. Lawson Little Jr., 1934-35; E. Harvie Ward Jr., 1955-56; Jay Sigel, 1982-83.
Champions who led all the way, stroke play (1965-72)
Robert B. Dickson, 1967; Steven N. Melnyk, 1969.
Champions who won twice on same course
Robert T. Jones Jr., Merion G.C., Ardmore, Pa., 1924 and 1930; Jerome D. Travers, Garden City (N.Y.) G.C., 1908 and 1913.
Foreign-born champions
H. J. Whigham, Tarbolton, Scotland, 1896-97; Findlay S. Douglas, St. Andrews, Scotland, 1898; Walter J. Travis, Malden, Victoria, Australia, 1900-01-03; Harold H. Hilton, Liverpool, England, 1911; C. Ross (Sandy) Somerville, London, Ontario, Canada, 1932; Gary Cowan, Kitchener, Ontario, Canada, 1966 and 1971.
Most appearances in championship
50, Charles Evans Jr., 1962.
Most times runner-up
3, Charles Evans Jr., 1912-22-27; Raymond E. Billows, 1937-39-48; Marvin Giles III, 1967-68-69.
Most matches won
57, Charles Evans Jr.
Most extra-hole matches by player in one championship
5, Reynolds Smith, 1934.
Most times in final match
7, Robert T. Jones Jr., 1919-24-25-26-27-28-30.
Most times in semifinals match
10, Charles Evans Jr.
Most years between playing in finals, match play
21 years, Jack Westland, 1931-52.
Most appearances, stroke play (1965-72)
William C. Campbell, played in every stroke play, 1965-72.
Most times made 36-hole cut
8, William C. Campbell.
Most sub-par rounds in single championship
29, Wilmington (Del.) C.C., 1971.
Youngest champion
Robert A. Gardner, 19 years, 5 months in 1909.
Youngest player to qualify
Robert T. Jones Jr., 14 years, 5 1/2 months in 1916.
Oldest champion
Jack Westland, 47 years, 8 months, 9 days in 1952.
Club most often host
The Country Club, Brookline, Mass., five times, 1910-22-34-57-82.

Shortest course
Shinnecock Hills G.C., Southampton, N.Y., 4,423 yards, 1896.
Longest course
The Country Club of North Carolina, Pinehurst, N.C., 7,161 yards, 1980.

USGA AMATEUR PUBLIC LINKS

Year	Winner	Site
1922	Edmund R. Held	Ottawa Park
1923	Richard J. Walsh	E. Potomac Park
1924	Joseph Coble	Community C.C.
1925	Raymond J. McAuliffe	Salisbury C.C.
1926	Lester Bolstad	Grover Cleveland Park
1927	Carl F. Kauffmann	Ridgewood G.L.
1928	Carl F. Kauffmann	Cobb's Creek
1929	Carl F. Kauffmann	Forest Park
1930	Robert E. Wingate	Jacksonville Mun.
1931	Charles Ferrera	Keller G.C.
1932	R.L. Miller	Shawnee G.C.
1933	Charles Ferrera	Eastmoreland G.C.
1934	David A. Mitchell	S. Park Allegheny C.L.
1935	Frank Strafaci	Collin Mun. G.C.
1936	B. Patrick Abbott	Bethpage State Park
1937	Bruce N. McCormick	Harding Park G.C.
1938	Al Leach	Highland Park G.C.
1939	Andrew Szwedko	Mt. Pleasant Park G.C.
1940	Robert C. Clark	Rackham G.C.
1941	William M. Welch, Jr.	Indian Canyon G.C.
1942-45	No tournaments	
1946	Smiley L. Quick	Wellshire G.C.
1947	Wilfred Crossley	Meadowbrook G.C.
1948	Michael R. Ferentz	North Fulton Park G.C.
1949	Kenneth J. Towns	Rancho G.C.
1950	Stanley Bielat	Seneca G.C.
1951	Dave Stanley	Brown Deer Park G.C.
1952	Omer L. Bogan	Miami C.C.
1953	Ted Richards, Jr.	West Seattle G.C.
1954	Gene Andrews	Cedar Crest G.C.
1955	Sam D. Kocsis	Coffin Mun. G.C.
1956	James H. Buxbaum	Harding Park G.C.
1957	Don Essig, III	Hershey Park G.C.
1958	Daniel D. Sikes, Jr.	Silver Lake G.C.
1959	William A. Wright	Wellshire G.C.
1960	Verne Callison	Ala Wai G.C.
1961	Richard H. Sikes	Rackham G.C.
1962	Richard H. Sikes	Sheridan Park G.C.
1963	Robert Lunn	Haggin Oaks Mun. G.C.
1964	William McDonald	Francis A. Gross G.C.
1965	Arne Dokka	North Park G.C.
1966	Lamon Kaser	Brown Deer Park G.C.
1967	Verne Callison	Jefferson Park G.C.
1968	Gene Towry	Tenison Mem. Mun. G.C.
1969	John M. Jackson, Jr.	Downing G. Cse.
1970	Robert Risch	Cog Hill G.C.
1971	Fred Haney	Papago G.C.
1972	Bob Allard	Coffin Mun. G.C.
1973	Stan Stopa	Flanders Valley G.C.
1974	Charles Barenaba, Jr.	Brookside G.C.
1975	Randyn Barenaba	Wailua G.C.
1976	Eddie Mudd	Bunker Hills G.C.

MEN AMATEURS

Year	Winner	Site
1977	Jerry Vidovic	Brown Deer Park G.C.
1978	Dean Prince	Bangor Mun. G.C.
1979	Dennis Walsh	West Delta G.C.
1980	Jodie Mudd	Edgewood Tahoe G.C.
1981	Jodie Mudd	Bear Creek Golf World
1982	Billy Tuten	Eagle Creek G.C.
1983	Billy Tuten	Hominy Hill G.C.
1984	Bill Malley	Indian Canyon G.Cse
1985	James Sorenson	Wailua C.C.
1986	Billy Mayfair	Tanglewood Park

All held at match play except 1967-1974, stroke play.

AMATEUR PUBLIC LINKS TEAM

Year	Winner	Site
1923	Chicago	E. Potomac Park
1924	Washington, D.C.	Community C.C.
1925	New York	Salisbury C.C.
1926	Chicago	Grover Cleveland Park
1927	Pittsburgh	Ridgewood G.L.
1928	Pittsburgh	Cobb's Creek
1929	New York	Forest Park
1930	Brooklyn, N.Y.	Jacksonville (Fla.) Mun.
1931	San Francisco	Keller G.C.
1932	Louisville, Ky.	Shawnee G.C.
1933	Los Angeles	Eastmoreland G.C.
1934	Los Angeles	S. Park Allegheny C.L.
1935	San Antonio, Tex.	Coffin Mun. G.C.
1936	Seattle	Bethpage State Park
1937	Sacramento, Calif.	Harding Park G.C.
1938	Los Angeles	Highland Park G.C.
1939	Los Angeles	Mt. Pleasant Park G.C.
1940	San Francisco	Rackham G.C.
1941	Detroit	Indian Canyon G.C.
1942-45	—No tournaments	
1946	Long Beach, Calif.	Wellshire G.C.
1947	Atlanta	Meadowbrook G.C.
1948	Raleigh, N.C.	N. Fulton Park G.C.
1949	San Francisco	Rancho G.C.
1950	Los Angeles	Seneca G.C.
1951	Dayton, Ohio	Brown Deer Park G.C.
1952	Chicago	Miami C.C.
1953	Jacksonville, Fla.	West Seattle G.C.
1954	Dallas	Cedar Crest G.C.
1955	Miami	Coffin Mun G.C.
1956	Memphis, Tenn.	Harding Park G.C.
1957	Honolulu	Hershey Park G.C.
1958	St. Paul	Silver Lake G.C.
1959	Dallas	Wellshire G.C.
1960	Pasadena, Calif.	Al Wai G.C.
1961	Honolulu	Rackham G.C.
1962	Seattle	Sheridan Park G.C.
1963	Toledo, Ohio	Haggin Oaks Mun. G.C.
1964	Los Angeles	Francis A. Gross G.C.
1965	Phoenix	North Park G.C.
1966	Pittsburgh	Brown Deer Park G.C.
1967	Dayton, Ohio	Jefferson Park G.C.
1968	Dallas	Tenison Mem. Mun. G.C.
1969	Pasadena, Calif.	Downing G.Cse.
1970	Chicago	Cog Hill G.C.
1971	Portland, Ore.	Papago G.C.
1972	Portland, Ore.	Coffin Mun. G.C.
1973	Seattle	Flanders Valley G.C.
1974	San Francisco	Brookside G.C.
1975	Honolulu	Wailua G.C.
1976	Detroit	Bunker Hills G.C.
1977	Tacoma, Wash.	Brown Deer Park G.C.
1978	Louisville, Ky.	Bangor Municipal G.C.
1979	Phoenix	West Delta G.C.
1980	Los Angeles	Edgewood Tahoe G.C.
1981	Chicago	Bear Creek Golf World
1982	Phoenix	Eagle Creek G.C.
1983	Los Angeles	Hominy Hill G.C.
1984	Phoenix	Indian Canyon G.C.
1985	Phoenix	Wailua C.C.
1986	Clemmons, N.C.	Tanglewood Park

U.S. AMATEUR PUBLIC LINKS CHAMPIONSHIP SCORING RECORDS

Largest winning margin, final match
12 and 11, James Sorenson over Jay Cooper, 1985.
Largest margin, semifinal match
12 and 11, Irving B. Cooper over Edward J. Hart, 1953.
Lowest 9-hole score
30, Claude B. Rippy, 1936.
Lowest 18-holes, stroke play (1967-74)
66, Richard Ehrmanntraut, 1972.
Lowest first 36 holes, stroke play (1967-74)
138, Mike Zimmerman, 1967; Dan Elliot, 1972.
Lowest first 54 holes, stroke play (1967-74)
212, Mike Zimmerman, 1967.
Lowest 72-hole score, stroke play (1967-74)
285, Bob Allard and Rick Schultz, 1972 (Allard won playoff, 71-74).
Lowest qualifying score
132, Jim Carter, 1984.

U.S. AMATEUR PUBLIC LINKS CHAMPIONSHIP NOTES OF INTEREST

Most victories
3, Carl F. Kauffmann, 1927-28-29.
Most times runner-up
2, William F. Serrick, 1925 and 1927.
Most extra-hole matches by player in one championship
4, Stanley Bielat, 1950.
Double eagles
James Sosinski, double eagle 2,538-yard, par-5 14th hole, Eagle Creek G.C., Indianapolis, Ind., 1982.
Holes-in-one
Galen Cole, 204-yard, par-3, 4th hole, Eagle Creek G.C., Indianapolis, Ind., 1982.
Most champions from one state
19, California.
Youngest champion
Les Bolstad, 16 years, 3 months, in 1926.
Oldest champion
Verne Callison, 48 years old in 1967.
Shortest course
Hershey Park G.C., Hershey, Pa., 6,055 yards, 1957.
Longest course
Edgewood Tahoe G.C., Stateline, Nev., 7,127 yards, 1980.

MEN AMATEURS

U.S. AMATEUR PUBLIC LINKS TEAM CHAMPIONSHIP SCORING RECORDS

Lowest team score, three men, 36 holes
425, Dallas team (Hal McCommas, C. Patak, and Gene Towry), 1959.

Most team victories, one city
11, Los Angeles,
1933-34-38-39-46-50-60-64-69-80-83..

Most team victories, one state
16, California,
1931-33-34-37-38-39-40-46-49-50-60-64- 69-74-80-83.

USGA MID-AMATEUR

Year	Winner, site
1981	Jim Holtgrieve, Bellerive C.C.
1982	William Hoffer, Knollwood Club
1983	Jay Sigel, Cherry Hills C.C.
1984	Mike Podolak, Atlanta Ath. C.
1985	Jay Sigel, The Vintage Club
1986	Bill Loeffler, Annandale

BROADMOOR INVITATIONAL

Site: Broadmoor G.C., Colorado Springs, Colo.

Year	Winner, hometown
1921	J.H. Potter, Colorado Springs, Colo.
1922	Allen West, St. Louis, Mo.
1923	Don Anderson, St. Louis, Mo.
1924	Harold Ingersoll, Colorado Springs, Colo.
1925	Harold Ingersoll, Colorado Springs, Colo.
1926	Howard Creel, Pueblo, Colo.
1927	Harry Strasburger, Coffeyville, Kan.
1928	N.C. Morris, Denver, Colo.
1929	George Cornes, Hollywood, Calif.
1930	Neil White, Topeka, Kan.
1931	L.B. Maytag, Newton, Iowa
1932	W. Lawson Little, Jr., San Francisco, Calif.
1933	Harry Strasburger, Coffeyville, Kan.
1934	L.B. Maytag, Newton, Iowa
1935	E.J. Rogers, Oklahoma City, Okla.
1936	E.J. Rogers, Oklahoma City, Okla.
1937	Jack Malloy, Tulsa, Okla.
1938	Howard Creel, Pueblo, Colo.
1939	Eddie Stokes, Denver, Colo.
1940	Harry Todd, Dallas, Tex.
1941	John Kraft, Denver, Colo.
1942	John Kraft, Denver, Colo.
1943	Lt. Matt Palacio, San Francisco, Calif.
1944	O.H. Hofmeister, St. Louis, Mo.
1945	Capt. Matt Palacio, San Francisco, Calif.
1946	Fred Newton, Denver, Colo.$TR
1947	Charles Coe, Ardmore, Okla.
1948	Charles Coe, Ardmore, Okla.
1949	Claude Wright, Denver, Colo.
1950	Gene Zuspann, Goodland, Kan.
1951	Bob Goldwater, Phoenix, Ariz.
1952	John Dawson, Palm Springs, Calif.
1953	E.J. Rogers, Jr., Oklahoma City, Okla.
1954	No tournament
1955	James English, Topeka, Kan.
1956	Fred Brown, Los Angeles, Calif.
1957	Howard Creel, Colorado Springs, Colo.
1958	Gene Elstun, Kansas City, Kan.
1959	Fred Brown, Los Angeles, Calif.
1960	Fred Brown, Los Angeles, Calif.
1961	Claude Wright, Denver, Colo.
1962	Fred Brown, Arcadia, Calif.
1963	John Liechty, Marshalltown, Iowa
1964	James English, Denver, Colo.
1965	Gary Wright, Denver, Colo.
1966	Robert Dickson, McAlester, Okla.
1967	Hale Irwin, Boulder, Colo.
1968	Grier Jones, Wichita, Kans.
1969	Warren Simmons, Colorado Springs, Colo.
1970	Ronald Moore, Denver, Colo.
1971	Paul Purtzer, Phoenix, Ariz.
1972	Jack Sommers, Grand Junction, Colo.
1973	Tom Purtzer, Phoenix, Ariz.
1974	Warren Simmons, Colorado Springs, Colo.
1975	John Paul Cain, Houston, Texas
1976	Bill Loeffler, Denver, Colo.
1977	John Fought, Portland, Ore.
1978	Bill Loeffler, Denver, Colo.
1979	Jim Kane, Sam Mateo, Calif.
1980	Rod Nuckolls, Wichita, Kans.
1981	Jim Kane, San Mateo, Calif.
1982	John Slaughter, Abilene, Tex.
1983	Willie Wood, Stillwater, Okla.
1984	Duffy Waldorf, Tarzana, Calif.
1985	Tracy Nakazaki, Manhattan Beach, Calif.
1986	Jim Begwin, Ponca City, Okla.

MEN AMATEURS

DIXIE AMATEUR
Site: Miami C.C., 1924-1981,
except for 1962-64, 1982-84.
Year Winner, Site
1924 Capt. H.C.C. Tippett
1925 Fred Knight
1926 Lee Chase, Sr.
1927 Lee Chase, Sr.
1928 Ben Stevenson
1929 James W. West
1930 Harcourt Brice
1931 T. Phillip Perkins
1932 Tommy Goodwin
1933 Tommy Goodwin
1934 Curtis Bryan
1935 Charles Whitehead
1936 Arthur Lynch
1937 Frank Allen
1938 Earl Christianson
1939 Bill Holt
1940 Frank Strafaci
1941 Frank Strafaci
1942 Earl Christianson
1943 Earl Christianson
1944 Arnold Minckley
1945 B.B. Lotspeich
1946 Doug Ford
1947 Bob Servis
1948 Frank Perpich
1949 Al Besselink
1950 Frank Stanahan
1951 Bill Stembler
1952 Dub Pagan
1953 George Victor
1954-1961—Not held
1962 Paul DesJardins
  Palmetto C.C.
1963 Harvey Breaux
  Palmetto C.C.
1964 Dave Smith
  Palmetto C.C.
1965 Bill Hyndman III
1966 Bill Harvey
1967 Wes Smith Jr.
1968 Bill Hyndman III
1969 Bruce Fleisher
1970 John Birmingham
1971 Lanny Wadkins
1972 Charles Krenkel
1973 Bill Hyndman III
1974 Denny Sullivan
1975 Andy Bean
1976 Buddy Gardner
1977 Joe Walter
1978 Hal Sutton
1979 Hal Sutton
1980 Tim Norris
1981 Bill Tuten
1982 Bill Wrobbel
  Key Biscayne G.Cse.
1983 Steve Greek
  Key Biscayne G.Cse.
1984 Len Mattiace
  Key Biscayne G.Cse.
1985 Louis Brown
  Key Biscayne G.Cse.
1986 Phil McCormick
  Key Biscayne G. Cse.

EASTERN AMATEUR
Site: Elizabeth Manor G.& C.C.
  Portsmouth, Va.
Year Winner, hometown
1957 Tom Strange
  Virginia Beach, Va.
1958 Ward Wettlaufer
  Buffalo, N.Y.
1959 Ward Wettlaufer
  Buffalo, N.Y.
1960 Deane Beman
  Bethesda, Md.
1961 Deane Beman
  Bethesda, Md.
1962 Charles Smith
  Gastonia, N.C.
1963 Deane Beman
  Bethesda, Md.
1964 Deane Beman
  Bethesda, Md.
1965 George Boutell
  Phoenix, Ariz.
1966 Marty Fleckman
  Port Arthur, Tex.
1967 Hal Underwood
  Del Rio, Tex.
1968 Bob Barbarrosa
  Osseo, Minn.
1969 Lanny Wadkins
  Richmond, Va.
1970 Steve Melnyk
  Jacksonville, Fla.
1971 Ben Crenshaw
  Austin, Tex.
1972 Ben Crenshaw
  Austin, Tex.
1973 Vinny Giles
  Richmond, Va.
1974 Andy Bean
  Lakeland, Fla.
1975 Curtis Strange
  Virginia Beach, Va.
1976 Vance Heafner
  Cary, N.C.
1977 Buddy Alexander
  St. Petersburg, Fla.
1978 Vance Heafner
  Cary, N.C.
1979 Greg Chapman
  Springfield, Va.
1980 Mike West
  Burlington, N.C.
1981 Steve Liebler
  Portsmouth, Va.
1982 John Inman
  Greensboro, N.C.
1983 J.P. Leigh III
  Virginia Beach, Va
1984 Fred Wadsworth
  Columbus, Ga.
1985 Phil McCormick
  Augusta, Ga.
1986 Ralph Howe III
  Sayville, N.Y.

PORTER CUP
Site: Niagara Falls C.C.,
  Lewiston, N.Y.
Year Winner, hometown
1959 John Konsek
  Clarence, N.Y.
1960 Ward Wettlaufer
  Buffalo, N.Y.
1961 John Konsek
  Clarence, N.Y.
1962 Ed Tutwiler
  Indianapolis
1963 Bill Harvey
  Greensboro, N.C.
1964 Deane Beman
  Bethesda, Md.
1965 Ward Wettlaufer
  Atlanta
1966 Bob Smith
  Sacramento, Calif.
1967 Bob Smith
  Sacramento, Calif.
1968 Randy Wolff
  Beaumont, Tex.
1969 Gary Cowan
  Kitchener, Ont.
1970 Howard Twitty
  Phoenix
1971 Cameron Quinn
  Providence, R.I.
1972 Ben Crenshaw
  Austin, Tex.
1973 Vinny Giles
  Richmond, Va.
1974 George Burns
  East Williston, N.Y.
1975 Jay Sigel
  Berwyn, Pa.
1976 Scott Simpson
  San Diego, Calif.
1977 Vance Heafner
  Gary, N.C.
1978 Bobby Clampett
  Carmel, Calif.
1979 John Cook
  Rolling Hills, Calif.
1980 Tony DeLuca
  Vienna, Va.
1981 Jay Sigel
  Berwyn, Pa.

MEN AMATEURS

1982 Nathaniel Crosby
　　　Hillsborough, Calif.
1983 Scott Verplank
　　　Dallas
1984 Danny Mijovic
　　　Willowdale, Ont.
1985 Scott Verplank
　　　Dallas, Tex.
1986 Nolan Henke
　　　Ft. Myers, Fla.

SUNNEHANNA AMATEUR
Site: Sunnehanna C.C.,
　　　Johnstown, Pa.
Year　Winner, hometown
1954　Don Cherry
　　　New York
1955　Hillman Robbins Jr.
　　　Memphis
1956　Gene Dahlbender
　　　Atlanta
1957　Joe Campbell
　　　Anderson, Ind.
1958　Bill Hyndman III
　　　Huntingdon Valley, Pa.
1959　Tommy Aaron
　　　Gainesville, Ga.
1960　Gene Dahlbender
　　　Atlanta
1961　Dick Siderowf
　　　Westport, Conn.
1962　Dr. Ed Updegraff
　　　Tucson
1963　Roger McManus
　　　Hartville, Ohio
1964　Gary Cowan
　　　Kitchener, Ont., Canada
1965　Bobby Greenwood
　　　Cookeville, Tenn.
1966　Jack Lewis Jr.
　　　Florence, S.C.
1967　Bill Hyndman III
　　　Huntingdon Valley, Pa.
1968　Bobby Greenwood
　　　Cookeville, Tenn.
1969　Len Thompson
　　　Laurinburg, N.C.
1970　Howard Twitty
　　　Phoenix
1971　Bob Zender
　　　Chicago
1972　Mark Hayes
　　　Stillwater, Okla.
1973　Ben Crenshaw
　　　Austin, Tex.
1974　David Strawn
　　　Charlotte, N.C.
1975　Jaime Gonzales
　　　Rio de Janeiro, Brazil
1976　Jay Sigel
　　　Berwyn, Pa.

1977　John Cook
　　　Rolling Hills, Calif.
1978　Jay Sigel
　　　Berwyn, Pa.
1979　John Cook
　　　Rollings Hills, Calif.
1980　Bobby Clampett
　　　Monterey, Calif.
1981　Jodie Mudd
　　　Louisville, Ky.
1982　Brad Faxon
　　　Somerset, Mass.
1983　Dillard Pruitt
　　　Greenville, S.C.
1984　Scott Verplank
　　　Dallas, Tex.
1985　Scott Verplank
　　　Dallas, Tex.
1986　Billy Andrade
　　　Bristol, R.I.

TRANS-MISSISSIPPI G.A.
Year　Winner, site
1901　John Stuart
　　　Kansas City C.C.
1902　R.R. Kimball
　　　Omaha C.C.
1903　John R. Maxwell
　　　Waveland Park G.C.
1904　H.P. Bend
　　　Minikahda Club
1905　Warren Dickinson
　　　Glen Echo C.C.
1906　C.T. Jaffrey
　　　Omaha Field Club
1907　Sprague Abbot
　　　Rock Island Arsenal G.C.
1908　E.H. Seaver
　　　Evanston G.C.
1909　H.G. Legg
　　　Kansas City C.C.
1910　H.G. Legg
　　　Denver C.C.
1911　H.G. Legg
　　　Omaha C.C.
1912　H.G. Legg
　　　Minikahda Club
1913　Stuart Stickney
　　　Glen Echo C.C.
1914　J.D. Cady
　　　Evanston G.C.
1915　Alden B. Swift
　　　Memphis C.C.
1916　H.G. Legg
　　　Interlachen C.C.
1917　Sam W. Reynolds
　　　St. Joseph C.C.
1918　G.L. Conley
　　　Hillcrest C.C.
1919　Nelson Whitney
　　　St. Louis C.C.

1920　Robert McKee
　　　Rock Island Arsenal G.C.
1921　George Von Elm
　　　Denver C.C.
1922　R. Knepper
　　　Omaha C.C.
1923　Eddie Held
　　　Minikahda Club
1924　James Manion
　　　St. Joseph C.C.
1925　Clarence Wolff
　　　Omaha Field Club
1926　Eddie Held
　　　Algonquin G.C.
1927　John Goodman
　　　Broadmoor G.C.
1928　Arthur Barlett
　　　Wakonda C.C.
1929　Robert McCrary
　　　Omaha Field Club
1930　Robert McCrary
　　　Broadmoor G.C.
1931　John Goodman
　　　Golden Valley G.C.
1932　Gus Moreland
　　　Oklahoma City G&C.C.
1933　Gus Moreland
　　　Broadmoor G.C.
1934　Leland Hamman
　　　Brook Hollow G.C.
1935　John Goodman
　　　Wakonda C.C.
1936　John Dawson
　　　Wichita C.C.
1937　Don Schmacher
　　　Cherry Hills C.C.
1938　Vene Savage
　　　C.C. of Lincoln
1939　Chick Harbert
　　　Broadmoor G.C.
1940　Arthur Doering
　　　Southern Hills C.C.
1941　Frank R. Stranahan
　　　Sunset G.C.
1942　John Kraft
　　　Blue Hills C.C.
1943-1945—No tournament
1946　Skee Riegel
　　　Denver C.C.
1947　Charles Coe
　　　Wichita C.C.
1948　Skee Riegel
　　　Mission Hills C.C.
1949　Charles Coe
　　　Broadmoor G.C.
1950　James English
　　　Happy Hollow G.C.
1951　L.M. Crannel, Jr.
　　　Brook Hollow G.C.
1952　Charles Coe
　　　Lakewood C.C.
1953　Joe Conrad

MEN AMATEURS: Dixie • Eastern • Porter Cup • Sunnehanna • Trans-Mississippi

MEN AMATEURS

Kansas City C.C.
1954 James Jackson
Cherry Hills C.C.
1955 James Jackson
Wakonda C.C.
1956 Charles Coe
Oklahoma City G.&C.C.
1957 Rex Baxter, Jr.
Brook Hollow G.C.
1958 Jack Nicklaus
Prairie Dunes C.C.
1959 Jack Nicklaus
Woodhill C.C.
1960 Deane Beman
Wichita C.C.
1961 Herb Durham
Twin Hills G.&C.C.
1962 Bob Ryan
Old Warson C.C.
1963 George Archer
Phoenix C.C.
1964 Wright Garrett
Broadmoor G.C.
1965 George Boutell
Kansas City C.C.
1966 Jim Weichers
Edina C.C.
1967 Hal Greenwood
San Antonio C.C.
1968 Bill Hyndman III
Southern Hills C.C.
1969 Allen Miller
Cherry Hills C.C.
1970 Allen Miller
Oklahoma City C.C.
1971 Allen Miller
Spyglass Hill G.C.
1972 Ben Crenshaw
Brook Hollow C.C.
1973 Gary Koch
Prairie Dunes C.C.
1974 Tom Jones
Cedar Ridge C.C.
1975 Tim Wilson
Kansas City C.C.
1976 Doug Clarke
Spyglass Hill G.C.
1977 John Fought
Midland C.C.
1978 Bob Tway
Brook Hollow C.C.
1979 Mark Brooks
Hardscrabble C.C.
1980 Raymond Barr
Denver C.C.
1981 Robert Wrenn
Minikahda C.C.
1982 John Sherman
Oklahoma City C.C.
1983 Greg Chapman
Kansas City C.C.
1984 John Pigg
Hills of Lakeway
1985 Bob Estes
Hardscrabble C.C.
1986 Brian Watts
Crown Colony

WESTERN AMATEUR

Year Winner, site
1899 David Forgan
Glen View Club
1900 William Waller
Onwentsia Club
1901 Phelps Hoyt
Midlothian C.C.
1902 H.C. Egan
Chicago G.C.
1903 Walter Egan
Euclid Club
1904 H.C. Egan
Exmoor C.C.
1905 H.C. Egan
Glen View Club
1906 D.E. Sawyer
Glen Echo C.C.
1907 H.C. Egan
Chicago G.C.
1908 Mason Phelps
Arsenal G.C.
1909 Chick Evans
Homewood C.C.
1910 Mason Phelps
Minikahda Club
1911 Albert Seckel
Detroit G.C.
1912 Chick Evans
Denver C.C.
1913 Warren Wood
Homewood C.C.
1914 Chick Evans
Kent C.C.
1915 Chick Evans
Mayfield C.C.
1916 Heinrich Schmidt
Del Monte G. & C.C.
1917 Francis Ouimet
Midlothian C.C.
1918 No championship
1919 Harry Legg
Sunset Hill C.C.
1920 Chick Evans
Memphis C.C.
1921 Chick Evans
Westmoreland C.C.
1922 Chick Evans
Hillcrest C.C.
1923 Chick Evans
Mayfield C.C.
1924 H.R. Johnston
Hinsdale C.C.
1925 Keefe Carter
Lochmoor Club
1926 Frank Dolp
White Bear Yacht C.
1927 Bon Stein
Seattle G.C.
1928 Frank Dolp
Bob O'Link G.C.
1929 Don Moe
Mission Hills C.C.
1930 John Lehman
Beverly C.C.
1931 Don Moe
Portland G.C.
1932 Gus Moreland
Rockford C.C.$TR
1933 Jack Westland
Memphis C.C.
1934 Zell Eaton
Twin Hills G.C.
1935 Charles Yates
Broadmoor G.C.
1936 Paul Leslie
Happy Hollow Club
1937 Wilford Wehrle
Los Angeles G.C.
1938 Bob Babbish
South Bend C.C.
1939 Harry Todd
Oklahoma City G.C.
1940 Marvin Ward
Minneapolis G.C.
1941 Marvin Ward
Broadmoor G.C.
1942 Pvt. Pat Abbott
Manito G. & C.C.
1943-1945—No championships
1946 Frank Stranahan
Northland C.C.
1947 Marvin Ward
Wakonda C.C.
1948 Skee Riegel
Wichita C.C.
1949 Frank Stranahan
Bellerive C.C.
1950 Charles Coe
Dallas C.C.
1951 Frank Stranahan
South Bend C.C.
1952 Frank Stranahan
Exmoor C.C.
1953 Dale Morey
Blythefield C.C.
1954 Bruce Cudd
Broadmoor G.C.
1955 Eddie Merrins
Rockford C.C.
1956 Mason Rudolph
Belle Meade C.C.
1957 Dr. Ed Updegraff
Old Warson C.C.
1958 James (Billy) Key
C.C. of Florida
1959 Dr. Ed Updegraff
Waverly C.C.
1960 Tommy Aaron
Northland C.C.

MEN AMATEURS

Year	Winner, hometown
1961	Jack Nicklaus, New Orleans C.C.
1962	Art Hudnutt, Orchard Lake C.C.
1963	Tom Weiskopf, Point O'Woods C.C.
1964	Steve Oppermann, Tucson C.C.
1965	Bob Smith, Point O'Woods C.C.
1966	Jim Weichers, Pinehurst C.C.
1967	Bob Smith, Milburn G. & C.C.
1968	Rik Massengale, Grosse Ile G. & C.C.
1969	Steve Melnyk, Rockford C.C.
1970	Lanny Wadkins, Wichita C.C.
1971	Andy North, Point O'Woods G. & C.C.
1972	Gary Sanders, Point O'Woods G. & C.C.
1973	Ben Crenshaw, Point O'Woods G. & C.C.
1974	Curtis Strange, Point O'Woods G. & C.C.
1975	Andy Bean, Point O'Woods G. & C.C.
1976	John Stark, Point O'Woods G. & C.C.
1977	Jim Nelford, Point O'Woods G. & C.C.
1978	Bob Clampett, Point O'Woods G. & C.C.
1979	Hal Sutton, Point O'Woods G. & C.C.
1980	Hal Sutton, Point O'Woods G. & C.C.
1981	Frank Fuhrer, Point O'Woods G. & C.C.
1982	Rick Fehr, Point O'Woods G. & C.C.
1983	Billy Tuten, Point O'Woods G. & C.C.
1984	John Inman, Point O'Woods G. & C.C.
1985	Scott Verplank, Point O'Woods G. & C.C.
1986	Greg Parker, Point O'Woods G. & C.C.

LEFT-HANDED AMATEUR CHAMPIONSHIP

Year	Winner, hometown
1934	Ben Richter, St. Louis, Mo.
1935	Ben Richter, St. Louis, Mo.
1936	Howard Creel, Colorado Springs, Colo.
1937	Arthur Thoerner, Philadelphia, Pa.
1938	Alex Antonio, Linden, N.J.
1939	Alvin Everett, Rome, Ga.
1940	Alvin Everett, Rome, Ga.
1941	Alex Antonio, Linden, N.J.
1942-1945	No tournaments
1946	Alex Antonio, Linden, N.J.
1947	Bob Buchanan, Indianapolis, Ind.
1948	Loddie Kempa, Okmulgee, Okla.
1949	Alvin Everett, Rome, Ga.
1950	Bob Buchanan, Indianapolis, Ind.
1951	Ross Collins, Dallas, Tex.
1952	Ross Collins, Dallas, Tex.
1953	Jack Walters, Tacoma, Wash.
1954	Don Wearley, Toledo, Ohio
1955	Jim Metrovich, Reno, Nev.
1956	Harry Shoemaker, Signal Mtn., Tenn.
1957	Harry Shoemaker, Signal Mtn., Tenn.
1958	Harry Shoemaker, Signal Mtn., Tenn.
1959	Ed Sweetman, Greensboro, N.C.
1960	Jack Walters, Tacoma, Wash.
1961	Ed Sweetman, Greensboro, N.C.
1962	Alvin Odom, Beaumont, Tex.
1963	Bob Wilson, Lyle, Wash.
1964	Stuart Chancellor, Midland, Tex.
1965	Fred Blackmar, Imperial Beach, Calif.
1966	Tim Reisert, Las Vegas, Nev.
1967	Dr. G.N. Noss, Paducah, Ky.
1968	Bill Whitaker, Bangor, Maine
1969	Gary Terry, Shawnee, Okla.
1970	Richard Tinsley, Myrtle Beach, S.C.
1971	Bob Dargen, Camden, S.C.
1972	Richard Tinsley, Myrtle Beach, S.C.
1973	Jack Ruhs, Bellport, N.Y.
1974	Bob Michael, Sarasota, Fla.
1975	Bobby Malone, Fort Worth, Tex.
1976	Ray Cragan, Albuquerque, N.M.
1977	Bob Michael, Sarasota, Fla.
1978	Bob Michael, Sarasota, Fla.
1979	Bob Michael, Sarasota, Fla.
1980	Bob Cooper, Monroe, La.
1981	Bob Cooper, Monroe, La.
1982	Hall Fowler, Woodstock, Ga.
1983	Chuck Davis, Honolulu, Hawaii
1984	Chuck Davis, Honolulu, Hawaii
1985	Stan Sill, Spartanburg, S.C.
1986	Al Jernigan, Macon, GA.

NATIONAL AMPUTEE GOLF ASS'N

Year	Winner, hometown
1949	John Cipriani, Buffalo, N.Y.
1950	George Campbell Jr., Marshfield, Mass.
1951	George Campbell Jr., Marshfield, Mass.
1952	John Cipriani, Buffalo, N.Y.
1953	Jack Harrison, Grand Rapids, Mich.
1954	Jack Harrison, Grand Rapids, Mich.
1955	Jack Harrison, Grand Rapids, Mich.
1956	Robert Sandler, Des Moines, Iowa
1957	Randol Womack, Clovis, N.M.
1958	George Campbell Jr., Marshfield, Mass.
1959	Thomas Hunt, Ambler, Pa.
1960	Randol Womack, Clovis, N.M.
1961	Louis Monge, Silver City, N.M.
1962	Thomas Cremer, Phoenix

MEN AMATEURS

Year	Winner, site
1963	Wally Baskovich, Clearwater, Fla.
1964	Richard O'Neal, Newark, N.J.
1965	Stanley Zakas, Cleveland
1966	Wally Baskovich, Clearwater, Fla.
1967	Louis Monge, Silver City, N.M.
1968	Bert Shepard, Van Nuys, Calif.
1969	Mondo Lombardi, Columbus, Ohio
1970	Frank Cothran, Selma, Ala.
1971	Bert Shepard, Westminster, Calif.
1972	Richard Ferdinand, Las Vegas, Nev.
1973	Bick Long, Stoneville, N.C.
1974	Dave DeHebreard, Indianapolis
1975	Bick Long, Stoneville, N.C.
1976	Frank Cothran, Selma, Ala.
1977	Frank Cothran, Selma, Ala.
1978	Bill Harding, Union City, Mich.
1979	Bill Harding, Union City, Mich.
1980	Corbin Cherry, Washington, D.C.
1981	Bick Long, Stoneville, N.C.
1982	Bick Long, Stoneville, N.C.
1983	Bick Long, Stoneville, N.C.
1984	Frank Cothran, Selma, Ala.
1985	Corbin Cherry, Mill Valley, CalIF.
1986	Corbin Cherry, Mill Valley, Calif.

SOUTHERN AMATEUR

Year	Winner, site
1902	A.F. Schwartz, Nashville, Tenn.
1903	A.W. Gaines, Asheville, N.C.
1904	Andrew Manson, Louisville, Ky.
1905	A.H. Manson, Savannah, Ga.
1906	Leigh Carroll, New Orleans, La.
1907	Nelson Whitney, Atlanta, Ga.
1908	Nelson Whitney, Memphis, Tenn.
1909	J.P. Edrington, Memphis, Tenn.
1910	F.G. Byrd, Atlanta, Ga.
1911	W.P. Stewart, Nashville, Tenn.
1912	W.P. Stewart, Chattanooga, Tenn.
1913	Nelson Whitney, Montgomery, Ala.
1914	Nelson Whitney, Memphis, Tenn.
1915	C.L. Dexter, Atlanta, Ga.
1916	R.G. Bush, Dallas, Texas
1917	R.T. Jones, Jr., Birmingham, Ala.
1918	No tournament
1919	Nelson Whitney, New Orleans, La.
1920	R.T. Jones, Jr., Chattanooga, Tenn.
1921	Perry Adair, Nashville, Tenn.
1922	R.T. Jones, Jr., Atlanta, Ga.
1923	Perry Adair, Birmingham, Ala.
1924	Jack Wenzler, Louisville, Ky.
1925	Glenn Crisman, Biltmore, N.C.
1926	R.E. Spicer, Jr., Memphis, Tenn.
1927	Harry Ehle, Charlotte, N.C.
1928	Watts Gunn, Dallas, Texas
1929	Sam Perry, Belle Mead C.C.
1930	R.E. Spicer, Jr., Sedgefield C.C.
1931	Chasteen Harris, Chattanooga G.&C.C.
1932	Sam Perry, C.C. of Birmingham
1933	Ralph Redmond, East Lake C.C.
1934	Fred Haas, Jr., New Orleans C.C.
1935	Bobby Rigel, C.C. of Virginia
1936	Jack Munger, Memphis C.C.
1937	Fred Haas, Jr., Charlotte C.C.
1938	Carl Dann, Jr., Ponte Vedra C.C.
1939	Bobby Dunkelberger, Belle Meade C.C.
1940	Neil White, Chattanooga G.&C.C.
1941	Sam Perry, C.C. of Birmingham
1942-'45	No tournaments
1946	George Hamer, C.C. of Birmingham
1947	Tommy Barnes, Audubon C.C.
1948	Gene Dahlbender, Capital City C.
1949	Tommy Barnes, Biltmore Forest C.C.
1950	Dale Morey, New Orleans C.C.
1951	Arnold Blum, C.C. of Columbus
1952	Gay Brewer, Holston Hills C.C.
1953	Joe Conrad, Lakewood C.C.
1954	Joe Conrad, Memphis C.C.
1955	Charles Harrison, Linville G.C.
1956	Arnold Blum, Druid Hills G.C.
1957	Ed Brantley, La Gorce C.C.
1958	Hugh Royer, Jr., C.C. of Birmingham
1959	Richard Crawford, Jackson C.C.
1960	Charles B. Smith, Dunes G.& B.C.
1961	Billy Joe Patton, Holston Hills C.C.
1962	Bunky Henry, Ellinor Village C.C.
1963	Mike Malarkey, Coosa C.C.
1964	Dale Morey, Shreveport C.C.
1965	Billy Joe Patton, Pinehurst C.C.
1966	Hubert Green, C.C. of Birmingham
1967	Vinny Giles, James River C.
1968	Lanny Wadkins, Lost Tree C.
1969	Hubert Green, Bill Meade C.C.
1970	Lanny Wadkins, Lakewood C.C.
1971	Ben Crenshaw, C.C. of North Carolina
1972	Bill Rogers, Green Island C.C.
1973	Ben Crenshaw, Champions G.C.

MEN AMATEURS

1974 Danny Yates
 Bay Hill C.
1975 Vinny Giles
 Pinehurst C.C.
1976 Tim Simpson
 Colonial C.C.
1977 Lindy Miller
 Snee Farm C.C.
1978 Jim Woodward
 Innisbrook Resort
1979 Rafael Alarcon
 C.C. of North Carolina
1980 Bob Tway
 Champions G.C.
1981 Mark Brooks
 Innisbrook Resort
1982 Steve Lowery
 Moss Creek Plantation
1983 Pat Stephens
 Holston Hills C.C.
1984 Scott Dunlap
 Bay Hill C.
1985 Len Mattiace
 C.C. of North Carolina
1986 Rob McNamara
 Honors Course

SOUTHEASTERN AMATEUR
Site: C.C. of Columbus (Ga.)
Year Winner, hometown
1946 Tommy Barnes
 Atlanta, Ga.
1947 Arnold Blum
 Macon, Ga.
1948 Press Thornton
 Dothan, Ala.
1949 Jack Key, Jr.
 Columbus, Ga.
1950 Gilbert Wesley
 Greenville, Ala.
1951 George Hamer
 Columbus, Ga.
1952 George Hamer
 Columbus, Ga.
1953 Doug Sanders
 Cedartown, Ga.
1954 Doug Sanders
 Cedartown, Ga.
1955 Cecil Calhoun
 Columbus, Ga.
1956 Sonny Swift
 Columbus, Ga.
1957 Sonny Swift
 Columbus, Ga.
1958 Tommy Aaron
 Gainesville, Ga.
1959 Frank Eldridge
 Valdosta, Ga.
1960 Tommy Aaron
 Gainesville, Ga.
1961 Howell Fraser
 Panama City, Fla.

1962 Billy Key
 Columbus, Ga.
1963 Sonny Swift
 Columbus, Ga.
1964 Gene Dahlbender
 Atlanta, Ga.
1965 Gene Dahlbender
 Atlanta, Ga.
1966 Earl Bowden, Jr.
 Macon, Ga.
1967 Steve Eichstaedt
 Miami Lakes, Fla.
1968 Jack Key, Jr.
 Columbus, Ga.
1969 Bob Barbarosa
 Houston, Tex.
1970 Allen Miller
 Pensacola, Fla.
1971 Allen Miller
 Pensacola, Fla.
1972 Danny Edwards
 Edmond, Okla.
1973 Curtis Strange
 Virginia Beach, Va.
1974 Bo Trotter
 Columbus, Ga.
1975 Ed Davis
 Lanett, Ala.
1976 Terry Anton
 Ft. Benning, Ga.
1977 Kenny Knox
 Tallahassee, Fla.
1978 Terry Anton
 Atlanta, Ga.
1979 Rafael Alarcon
 Guadalajara, Mex.
1980 John Spelman
 Hilton Head, S.C.
1981 Elliott Kirven
 Columbus, Ga.
1982 John Spelman
 Hilton Head Island, S.C.
1983 Allen Doyle
 LaGrange, Ga.
1984 Allen Doyle
 LaGrange, Ga.
1985 Not held.
1986 Hugh Royer III
 Columbus, Ga.

SOUTHWESTERN AMATEUR
Year Winner, hometown
1915 E.C. Robinson
 Chandler, Ariz.
1916 James Vance
 El Paso, Tex.
1917 James Vance
 El Paso, Tex.
1918 Kim Bannister, Sr.
 Phoenix, Ariz.
1919 Kim Bannister, Sr.
 Phoenix, Ariz.

1920 H.S. Corbett
 Tucson, Ariz.
1921 James Vance
 El Paso, Tex.
1922 James Vance
 El Paso, Tex.
1923 James Vance
 El Paso, Tex.
1924 Charles McArthur
 Phoenix, Ariz.
1925 F.C. Jordan
1926 B.J. Ryerson
1927 Bob Goldwater
 Phoenix, Ariz.
1928 Kim Bannister, Sr.
 Phoenix, Ariz.
1929 James Vance
 El Paso, Tex.
1930 K.D. Harrison
1931 Vern Stewart
 Albuquerque, N.M.
1932 Vern Stewart
 Albuquerque, N.M.
1933 Vern Stewart
 Albuquerque, N.M.
1934 Vern Stewart
 Albuquerque, N.M.
1935 Jack Harden
 El Paso, Tex.
1936 Kim Bannister, Jr.
 Phoenix, Ariz.
1937 Kim Bannister, Jr.
 Phoenix, Ariz.
1938 Ralph Petty
 Albuquerque, N.M.
1939 Kim Bannister, Jr.
 Phoenix, Ariz.
1940 Vern Stewart
 Albuquerque, N.M.
1941 Blaine McNutt
 El Paso, Tex
1942 Bob Goldwater
 Phoenix, Ariz.
1943-1945—No tournament.
1946 Vic Blalack, Sr.
 Yuma, Ariz.
1947 Vern Stewart
 Albuquerque, N.M.
1948 Richard Taylor
 Phoenix, Ariz.
1949 Richard Taylor
 Phoenix, Ariz.
1950 Fred Chavez
 Albuquerque, N.M.
1951 Bob Goldwater
 Phoenix, Ariz.
1952 Pat Rea
 Albuquerque, N.M.
1953 Bill Knick
 Phoenix, Ariz.
1954 Ed Updegraff
 Tucson, Ariz.

MEN AMATEURS

1955 Ed Updegraff
   Tucson, Ariz.
1956 Johnny Dawson
   Palm Springs, Calif.
1957 Frank Redman
   El Paso, Tex.
1958 Billy Moya
   Albuquerque, N.M.
1959 Jim Bernard
   Tempe, Ariz.
1960 Ralph Quiroz
   Mexicali, Mexico
1961 Ed Updegraff
   Tucson, Ariz.
1962 George Boutell
   Phoenix, Ariz.
1963 Wayne Breck
   Tempe, Ariz.
1964 Terry Dear
   Albuquerque, N.M.
1965 Dan Sommers
   Grand Junction, Colo.
1966 Bill McCormick
   Los Angeles, Calif.
1967 Wayne Vollmer
   Vancouver, B.C.
1968 Allen Miller
   Pensacola, Fla.
1969 Dr. Ed Updegraff
   Tucson, Ariz.
1970 Bruce Ashworth
   Las Vegas, Nev.
1971 Gary Sanders
   Fullerton, Calif.
1972 Guy Cullins
   Denton, Tex.
1973 Dub Huckabee
   Monahans, Tex.
1974 Stan Lee
   Heberville, Ark.
1975 Craig Stadler
   La Jolla, Calif.
1976 Jay Haas
   Belleville, Ill.
1977 Jeff Kern
   Tucson, Ariz.
1978 Mitch Mooney
   Albuquerque, N.M.
1979 Lennie Clements
   Poway, Calif.
1980 Mark O'Meara
   El Niguel, Calif.
1981 Corey Pavin
   Oxnard, Calif.
1982 Tom Pernice, Jr.
   Kansas City, Mo.
1983 Jim Carter
   Mesa, Ariz.
1984 Jim Carter
   Mesa, Ariz.
1985 John O'Neill
   Arcadia, Calif.

1986 John O'Neill
   Arcadia, Calif.
Note: Match play 1915-1965,
stroke play thereafter.

NORTH AND SOUTH CHAMPIONSHIP

Site: Pinehurst (N.C.) C.C.
Year Winner
1901 G. C. Dutton
1902 Charles B. Corey
1903 T. S. Beckwith
1904 Walter J. Travis
1905 Dr. L. Lee Harban
1906 Warren K. Wood
1907 Allan Lard
1908 Allan Lard
1909 James D. Standish Jr.
1910 Walter J. Travis
1911 Charles Evans Jr.
1912 Walter J. Travis
1913 Henry J. Topping
1914 R.S. Worthington
1915 Filmore K. Robeson
1916 Phillip V. G. Carter
1917 Norman H. Maxwell
1918 Irving S. Robeson
1919 Edward Beall
1920 Francis Ouimet
1921 B. P. Merriman
1922 Henry J. Topping
1923 Frank C. Newton
1924 Frank W. Knight
1925 Arthur Yates
1926 Page Huffy
1927 George Voight
1928 George Voight
1929 George Voight
1930 Eugene Homans
1931 George T. Dunlap
1932 M. P. Warner
1933 George T. Dunlap Jr.
1934 George T. Dunlap Jr.
1935 George T. Dunlap Jr.
1936 George T. Dunlap Jr.
1937 Bobby Dunkelberger
1938 Frank Strafaci
1939 Frank Strafaci
1940 George T. Dunlap
1941 Skip Alexander
1942 George T. Dunlap Jr.
1943 H. Offut
1944 Mal Galletta
1945 Ed Furgol
1946 Frank Stranahan
1947 Charles B. Dudley
1948 Harvie Ward
1949 Frank Stranahan
1950 William C. Campbell
1951 Hobart Manley
1952 Frank Stranahan

1953 William C. Campbell
1954 Billy Joe Patton
1955 Don Bisplinghoff
1956 Hillman Robbins Jr.
1957 William C. Campbell
1958 Dick Chapman
1959 Jack Nicklaus
1960 Charlie Smith
1961 Bill Hyndman
1962 Billy Joe Patton
1963 Billy Joe Patton
1964 Dale Morey
1965 Tom Draper
1966 Ward Wettlaufer
1967 Bill Campbell
1968 Jack Lewis
1969 Joe Inman Jr.
1970 Gary Cowan
1971 Eddie Pearce
1972 Danny Edwards
1973 Mike Ford
1974 George Burns III
1975 Curtis Strange
1976 Curtis Strange
1977 Gary Hallberg
1978 Gary Hallberg
1979 John McGough
1980 Hal Sutton
1981 Corey Pavin
1982 Keith Clearwater
1983 Bryan Sullivan
1984 Davis Love III
1985 Jack Nicklaus
1986 Billy Andrade

NORTHEAST AMATEUR

Site: Wannamoisett, C.C.,
   Rumford, R.I.
Year Winner, hometown
1962 Dick Siderowf
   Westport, Conn.
1963 Gene Francis
   Wheatley Hills, N.Y.
1964 Ronnie Quinn
   West Warwick, R.I.
1965 Ronnie Quinn
   West Warwick, R.I.
1966 Dick Siderowf
   Westport, Conn.
1967 Marty Fleckman
   Port Arthur, Tex.
1968 Pete Bostwick Jr.
   Jericho, N.Y.
1969 Jerry Courville
   Norwalk, Conn.
1970 Allen Miller
   Pensacola, Fla.
1971 Vinny Giles
   Richmond, Va.
1972 Wally Kuchar
   Edgewater, Pa.

MEN AMATEURS

1973 Ben Crenshaw
     Austin, Tex
1974 Bill Hyndman
     Huntingdon Valley, Pa.
1975 Rocky Waitt
     Wichita, Kan.
1976 Bob Byman
     Boulder, Colo.
1977 Scott Hoch
     Raleigh, N.C.
1978 John Cook
     Rolling Hills, Calif.
1979 John Cook
     Rolling Hills, Calif.
1980 Hal Sutton
     Shreveport, La.
1981 Dick Von Tacky
     Titusville, Pa.
1982 Chris Perry
     Edina, Minn.
1983 Bill Hadden
     Hamden, Conn.
1984 Jay Sigel
     Berwyn, Pa.
1985 Jay Sigel
     Berwyn, Pa.
1986 Bob Friend
     Pittsburgh, Pa.

PACIFIC NORTHWEST MEN'S AMATEUR

Year Winner, hometown
1899 Charles H. Malcott
     Tacoma, Wash.
1900 P. B. Gifford
     Portland, Ore.
1901 A. H. Goldfinch
     Victoria, B.C.
1902 F. C. Newton
     Seattle, Wash.
1903 R. L. Macleay
     Portland, Ore.
1904 R. L. Macleay
     Portland, Ore.
1905 R. L. Macleay
     Portland, Ore.
1906 C. K. Magill
     Victoria, B.C.
1907 T. S. Lippy
     Seattle, Wash.
1908 George Ladd Munn
     Seattle, Wash.
1909 Douglas Grant
     San Francisco, Calif.
1910 R. L. Macleay
     Portland, Ore.
1911 W. B. Mixter
     Portland, Ore.
1912 R. N. Kincks
     Victoria, B.C.
1913 A. V. Macan
     Victoria, B.C.
1914 Jack Neville
     San Francisco, Calif
1915 H. C. Egan
     Portland, Ore.
1916 S. R. Smith
     Portland, Ore.
1917 Rudolph Wilheim
     Portland, Ore.
1918 H. A. Fleager
     Seattle, Wash.
1919 Clare Griswold
     Seattle, Wash.
1920 H. C. Egan
     Portland, Ore.
1921 George Von Elm
     Salt Lake City, Utah
1922 George Von Elm
     Salt Lake City, Utah
1923 H.C. Egan
     Portland, Ore.
1924 Dr. O. F. Willing
     Portland, Ore.
1925 H. C. Egan
     Portland, Ore.
1926 Forest Watson
     Spokane, Wash.
1927 Rudolph Wilheim
     Portland, Ore.
1928 Dr. O. F. Willing
     Portland, Ore.
1929 Frank Dolp
     Portland, Ore.
1930 Eddie Hogan
     Portland, Ore.
1931 Frank Dolp
     Portland, Ore.
1932 H. C. Egan
     Portland, Ore.
1933 Albert Campbell
     Seattle, Wash.
1934 Kenneth Storey
     Spokane, Wash.
1935 Albert Campbell
     Seattle, Wash.
1936 Harry Givan
     Seattle, Wash.
1937 Harry Givan
     Seattle, Wash.
1938 Jack Westland
     Everett, Wash.
1939 Jack Westland
     Seattle, Wash.
1940 Jack Westland
     Seattle, Wash.
1941 Bud Ward
     Spokane, Wash.
1942-44—No tournament
1945 Harry Givan
     Seattle, Wash.
1946 Harry Givan
     Seattle, Wash.
1947 Ray Weston
     Portland, Ore.
1948 Glen Sherriff
     Seattle, Wash.
1949 Bruce McCormick
     Los Angeles, Calif.
1950 Al Mengert
     Spokane, Wash.
1951 Jack Westland
     Everett, Wash.
1952 Bill Mawhinney
     Vancouver, B.C.
1953 Dick Yost
     Portland, Ore.
1954 Bob Fleming
     Victoria, B.C.
1955 Dick Yost
     Portland, Ore.
1956 Bob Kidd
     Vancouver, Wash.
1957 Bill Warner
     Spokane, Wash.
1958 George Holland
     Seattle, Wash.
1959 Ron Willey
     Vancouver, B.C.
1960 Ron Willey
     Vancouver, B.C.
1961 Harry Givan
     Seattle, Wash.
1962 Kermit Zarley Jr.
     Yakima, Wash.
1963 Ken Storey
     Seattle, Wash.
1964 Mickey Shaw
     Milwaukie, Ore.
1965 George Holland
     Bellevue, Wash.
1966 Elwin Fanning
     Seattle, Wash.
1967 Donny Power
     Litchfield Park, Ark.
1968 Allen Brooks
     Eugene, Ore.
1969 Jim McLean
     Seattle, Wash.
1970 Pat Welch
     Spokane, Wash.
1971 Jim McLean
     Seattle, Wash.
1972 Jim McLean
     Seattle, Wash.
1973 Dave Mick
     Victoria, B.C.
1974 Ed Jonson
     Bellevue, Wash.
1975 Bob Mitchell
     Vancouver, B.C.
1976 Bill Snader
     Seattle, Wash.
1977 Jeff Coston
     Seattle, Wash.
1978 Scott Tuttle
     Eugene, Ore.

MEN AMATEURS

1979 Mark Weibe
     Escondido, Calif
1980 Brian Haugen
     Tacoma, Wash.
1981 Rick Fehr
     Seattle, Wash.

1982 Eric Johnson
     Eugene, Ore.
1983 Dave DeLong
     Portland, Ore.
1984 Jeff Ellis
     Oak Harbor, Wash.

1985 Mike Hegarty
     Eugene, Ore.
1986 Jim Strickland
     Edmonds, Wash.

PAST MEN'S AMATEUR RANKINGS

1955
1. Harvie Ward
2. Joe Conrad
3. Doug Sanders
4. Hillman Robbins
5. Eddie Merrins
6. Don Cherry
7. Don Bisplinghoff
8. Jimmy Jackson
9. Joe Campbell
10. Bill Hyndman

1956
1. Harvie Ward
2. Ken Venturi
3. Arnold Blum
4. Doug Sanders
5. Billy Joe Patton
6. Joe Campbell
7. Jerry Magee
8. Moe Norman
9. Bill Campbell
10. Chuck Kocsis

1963
1. Deane Beman
2. R. H. Sikes
3. George Archer
4. Charles Coe
5. Billy Joe Patton
6. Labron Harris Jr.
7. Dr. Ed Updegraff
8. Johnny Lotz
9. Dick Lotz
10. Tom Weiskopf

1964
1. Bill Campbell
2. Deane Beman
3. Dale Morey
4. Ed Tutwiler
5. Steve Oppermann
6. Jim Grant
7. Gary Cowan
8. Wright Garrett
9. Dave Eichelberger
10. Dr. Ed Updegraff

1957
1. Hillman Robbins
2. Dr. F. Taylor
3. Rex Baxter
4. Billy Joe Patton
5. Bill Campbell
6. Dr. Ed Updegraff
7. Bill Hyndman
8. Joe Campbell
9. Phil Rodgers
10. Mason Rudolph

1958
1. Charles Coe
2. Bill Hyndman
3. Dick Chapman
4. Billy Joe Patton
5. Phil Rodgers
6. Jack Nicklaus
7. Harvie Ward
8. James Key
9. Tommy Aaron
10. Hugh Royer

1965
1. George Boutell
2. Bob Murphy
3. Don Allen
4. Jim Wiechers
5. Deane Beman
6. Downing Gray
7. Bob Dickson
8. Bob Smith
9. Jim Grant
10. Bob Greenwood

1966
1. Gary Cowan
2. Jim Wiechers
3. Marty Fleckman
4. Ron Cerrudo
5. Deane Beman
6. Jack Lewis
7. Bob Smith
8. Downing Gray
9. Ward Wettlaufer
10. Bob Murphy

1959
1. Jack Nicklaus
2. Charles Coe
3. Deane Beman
4. Bill Hyndman
5. Dick Crawford
6. Ward Wettlaufer
7. Dr. Ed Updegraff
8. Tommy Aaron
9. Gene Andrews
10. Billy Joe Patton

1960
1. Jack Nicklaus
2. Deane Beman
3. Charlie Smith
4. Bob Cochran
5. Tommy Aaron
6. Bill Hyndman
7. Bob Gardner
8. Gene Dahlbender
9. Billy Joe Patton
10. Dick Crawford

1967
1. Bob Dickson
2. Bob Smith
3. Hal Underwood
4. Marty Fleckman
5. Bill Campbell
6. Vinny Giles
7. Ron Cerrudo
8. Bill Hyndman
9. Hale Irwin
10. Verne Callison

1968
1. Vinny Giles
2. Jack Lewis
3. Bruce Fleisher
4. Bill Hyndman
5. Bill Barbarossa
6. Rik Massengale
7. Dick Siderowf
8. Bob Greenwood
9. Lanny Wadkins
10. Gene Towry

1961
1. Jack Nicklaus
2. Bill Hyndman
3. Charles Coe
4. Deane Beman
5. Bob Gardner
6. Dudley Wysong
7. Richard Chapman
8. Billy Joe Patton
9. R. H. Sikes
10. Dick Siderowf

1962
1. Labron Harris
2. Billy Joe Patton
3. R. H. Sikes
4. Deane Beman
5. Dr. Ed Updegraff
6. Charlie Smith
7. Kermit Zarley
8. Homero Blancas
9. Downing Gray
10. Art Hudnutt

1969
1. Steve Melnyk
2. Allen Miller
3. Vinny Giles
4. Joe Inman
5. Lanny Wadkins
6. Leonard Thompson
7. Hubert Green
8. Gary Cowan
9. Wayne MacDonald
10. Michael Bonallack

1970
1. Lanny Wadkins
2. Allen Miller
3. Howard Twitty
4. Gary Cowan
5. Tom Kite
6. Steve Melnyk
7. John Mahaffey
8. John Birmingham
9. Jim Simons
10. Bob Risch

MEN AMATEURS

1971
1. Gary Cowan
2. Eddie Pearce
3. Ben Crenshaw
4. Vinny Giles
5. Allen Miller
6. Bob Zender
7. Steve Melnyk
8. Andy North
9. Jim Simons
10. Ronnie Quinn

1972
1. Ben Crenshaw
2. Vinny Giles
3. Mark Hayes
4. Danny Edwards
5. Gary Sanders
6. Bill Rogers
7. Marty West
8. Guy Cullins
9. Wally Kuchar
10. Dale Morey

1979
1. John Cook
2. Mark O'Meara
3. Hal Sutton
4. Rafael Alarcon
5. Jay Sigel
6. Gary Hallberg
7. John McGough
8. Lennie Clements
9. Bobby Clampett
10. Scott Hoch

1980
1. Hal Sutton
2. Jay Sigel
3. Fred Couples
4. Jay Don Blake
5. Bobby Clampett
6. Jodie Mudd
7. Dave Ogrin
8. Bob Tway
9. Gary Hallberg
10. Bob Lewis

1973
1. Ben Crenshaw
2. Vinny Giles
3. Craig Stadler
4. Gary Koch
5. Dick Siderowf
6. Danny Edwards
7. David Strawn
8. George Burns
9. Mike Ford
10. Bill Rogers

1974
1. Jerry Pate
2. Curtis Strange
3. George Burns
4. Bill Hyndman
5. Gary Koch
6. David Strawn
7. Andy Bean
8. Danny Yates
9. Tom Jones
10. John Grace

1981
1. Jodie Mudd
2. Frank Fuhrer
3. Nathaniel Crosby
4. Corey Pavin
5. Jay Sigel
6. Ron Commans
7. Joe Rassett
8. Jim Holtgrieve
9. Bob Lewis
10. Willie Wood

1982
1. Jay Sigel
2. Rick Fehr
3. Nathaniel Crosby
4. Brad Faxon
5. John Slaughter
6. Willie Wood
7. Chris Perry
8. John Spelman
9. Tom Lehman
10. Steve Lowery

1975
1. Andy Bean
2. Fred Ridley
3. Curtis Strange
4. Vinny Giles
5. Phil Hancock
6. Jay Haas
7. Keith Fergus
8. Jay Sigel
9. Rocky Waitt
10. Jaime Gonzalez

1976
1. Scott Simpson
2. Bob Byman
3. Bill Sander
4. Jay Sigel
5. Dick Siderowf
6. John Fought
7. Mike Reid
8. John Stark
9. Curtis Strange
10. Fred Ridley

1983
1. Jay Sigel
2. Billy Tuten
3. Scott Verplank
4. Brandel Chamblee
5. Dillard Pruit
6. Jim Carter
7. John Inman
8. Willie Wood
9. Bill Hadden
10. Chris Perry

1984
1. Scott Verplank
2. John Inman
3. Jay Sigel
4. Davis Love
5. Danny Mijovic
6. Scott Dunlap
7. Fred Wadsworth
8. Peter Persons
9. Steve Elkington
10. Greg Sweatt

1977
1. John Fought
2. Gary Hallberg
3. Jim Nelford
4. Scott Simpson
5. John Cook
6. Vance Heafner
7. Scott Hoch
8. Lindy Miller
9. Jay Sigel
10. Mike Brannan

1978
1. Bobby Clampett
2. John Cook
3. Vance Heafner
4. Scott Hoch
5. Jay Sigel
6. Gary Hallberg
7. Hal Sutton
8. Bob Tway
9. Jim Woodward
10. David Edwards

1985
1. Scott Verplank
2. Sam Randolph
3. Jay Sigel
4. Clark Burroughs
5. Peter Persons
6. Todd Hamilton
7. Duffy Waldorf
8. Len Mattiace
9. Davis Love III
10. Billy Andrade

1986
1. Stewart Alexander
2. Scott Verplank
3. Sam Randolph
4. Chris Kite
5. Billy Andrade
6. Bill Loeffler
7. Greg Parker
8. Brian Watts
9. Billy Mayfair
10. Jay Sigel

CHAPTER 5

WOMEN AMATEURS

1986 Women's Amateur Review	213
1986 Women's Amateur	215
Past Winners, Women's Amateur, Publix	216
Past Tournament Results	218
Past Women's Amateur Rankings	225

WOMEN AMATEURS

Shannon most frequent winner, but Cockerill takes Amateur

In the exclusive world of top-level women's amateur golf, 38-year-old Leslie Shannon is an anachronism. She is a power in the upper reaches of the game where youngsters, including teenagers, frequently win with their wrap-around swings. Even more unusual, Shannon did not start making much noise on the national amateur circle until she was 32 years old.

In 1986, Shannon was at perhaps her most effective form ever and captured Golf Digest's No. 1 ranking among women amateurs. She won the North and South, the South Atlantic and the Western titles, and with partner Robin Weiss took the Women's International Four Ball. Since 1981, and including 1986, Shannon has been ranked out of the top 10 by Golf Digest only once, in 1983.

The thing about Shannon is that she works hard at her avocation, staying in shape with arduous health club workouts, watching her diet and then keeping her cool on the course. All of this work came in especially handy at the Women's Western Amateur at the Flossmoor (Ill.) Country Club. Shannon had to go into extra holes in each of her five matches on the way to the scheduled 36-hole final. Two rounds are always scheduled on the third day of this tournament. On that day, Shannon was forced to play 23 holes against each of her opponents—46 holes of competitive golf! In the final, Shannon finally cruised. She went "only" 28 holes in beating Lois Ledbetter, 22, 9 and 8.

Oddly enough, Shannon, a Connecticut native who now lives in Plantation, Fla., has never done well in the U.S. Women's Amateur, and 1986 was no exception. There she tied for the highest qualifying score, 162, and lost in the first round. The Amateur was won by Kay Cockerill, 21, of Los Gatos, Calif., a standout on the UCLA team who grew up 10 miles away from the Amateur course, the Pasatiempo Golf Club in Santa Cruz, Calif. Cockerill birdied five times early in her final match with Kathleen McCarthy, Fresno, Calif., and went on to win easily, 9 and 7. It was the most decisive Amateur final since JoAnne Gunderson (now JoAnne Carner) buried Ann Baker, 9 and 8, in 1962.

Pasatiempo proved a rugged test for the Amateur field, which included both current Curtis Cup teams. No one matched par in the 36-hole qualifying rounds, and medalists Pearl Sinn and Michiko Hattori (the 1985 champion) were four over at 148. The course was designed by Masters architect Alister Mackenzie and was opened in 1929.

Perhaps the most engaging amateur newcomer was tiny Vicki Goetz of Hull, Ga., who lost to Cindy Schreyer, Peachtree City, Ga., in the final of the U.S. Women's Amateur Public Links Championship. Goetz is 13, 25 years younger than Leslie Shannon!

Leslie Shannon, No. 1-ranked women's amateur.

WOMEN AMATEURS

UNITED STATES GOLF ASSOCIATION
WOMEN'S AMATEUR CHAMPIONSHIP
Pasatiempo G.C., Santa Cruz, Calif., Aug. 11-16

KAY COCKERILL

KATHLEEN McCARTHY, 1 UP

KATHLEEN McCARTHY, 1 UP   DANIELLE AMMACCAPANE, 4 & 2

DANIELLE AMMACCAPANE, 6 & 5   CAROLINE KEGGI, 4 & 3

CAROL THOMPSON, 1 UP   KATHLEEN McCARTHY, 7 & 6

PEARL SINN, 5 & 3
CAROL THOMPSON, 3 & 2
KIMBERLY GARDNER, 21 holes
KATHLEEN McCARTHY, 5 & 4
DANIELLE AMMACCAPANE, 2 & 1
DANA ARNOLD, 2 & 1
CAROLINE KEGGI, 2 & 1
KIM CATHREIN, 2 & 1

PEARL SINN, 3 & 2
CATHY EDELEN, 4 & 3
CAROL THOMPSON, 2 & 1
MARY McKENNA, 2 up
KIMBERLY GARDNER, 1 up
TRACY KERDYK, 4 & 3
KATHLEEN KOSTAS, 4 & 3
KATHLEEN McCARTHY, 4 & 3
DANIELLE AMMACCAPANE, 4 & 2
CATHY MOCKETT, 2 & 1
CLAIRE HOURIHANE, 3 & 2
DANA ARNOLD, 20 holes
CAROLINE KEGGI, 3 & 2
CINDY SCHREYER, 19 holes
SARAH LEBRUN, 2 & 1
KIM CATHREIN, 2 up

PEARL SINN, BELL FLOWER, CALIF. (148)
LORIE WILKES, BARTON, FLA. (162)
CHRIS NEWTON, WHITE FISH, MONT. (157)
CATHY EDELEN, LEXINGTON, KY. (157)
CAROL SEMPLE THOMPSON, PITTSBURGH, PA. (154)
LYNDA WIMBERLY, APOPKA, FLA. (160)
KIMBERLY WILLIAMS, POTOMAC, MD. (154)
MARY McKENNA, COUNTY DUBLIN, IRELAND (160)
KIMBERLY GARDNER, LARCHMONT, N.Y. (151)
LYNNE SCALBERG, APTOS, CALIF. (161)
CINDY SCHOLEFIELD, MALIBU, CALIF. (155)
TRACY KERDYK, CORAL GABLES, FLA. (159)
DANA LOFLAND, OXNARD, CALIF. (152)
KATHLEEN KOSTAS, PALMDALE, CALIF. (161)
KATHLEEN McCARTHY, FRESNO, CALIF. (155)
MELISSA McNAMARA, TULSA, OKLA. (159)
DANIELLE AMMACCAPANE, PHOENIX, ARIZ. (150)
KATHY OUELLAND, BERLIN, MD. (162)
CATHY MOCKETT, NEWPORT BEACH, CALIF. (157)
JODI ANN LOGAN, NORWALK, OHIO (159)
CLAIRE HOURIHANE, COUNTY DUBLIN, IRELAND (153)
MILDRED M. STANLEY, ESCONDIDO, CALIF. (160)
SARAH DEKRAAY, RACINE, WISC. (154)
DANA ARNOLD, MODESTO, CALIF. (160)
CAROLINE KEGGI, MIDDLEBURY, CONN. (151)
LOIS LEDBETTER, ROCKVILLE, MD. (162)
CINDY SCHREYER, PEACHTREE CITY, GA. (156)
BRENDA CORRIE, DOMINICAN REPUBLIC (159)
SARAH LEBRUN, OWINGS MILLS, MD. (152)
VALERIE PAMARD, PARIS, FRANCE (161)
GINGER BROWN, HOPE, ARK. (154)
KIM CATHREIN, SALINAS, CALIF. (160)

214

WOMEN AMATEURS

Winner: Kay Cockerill, Los Gatos, Calif. (9 & 7)

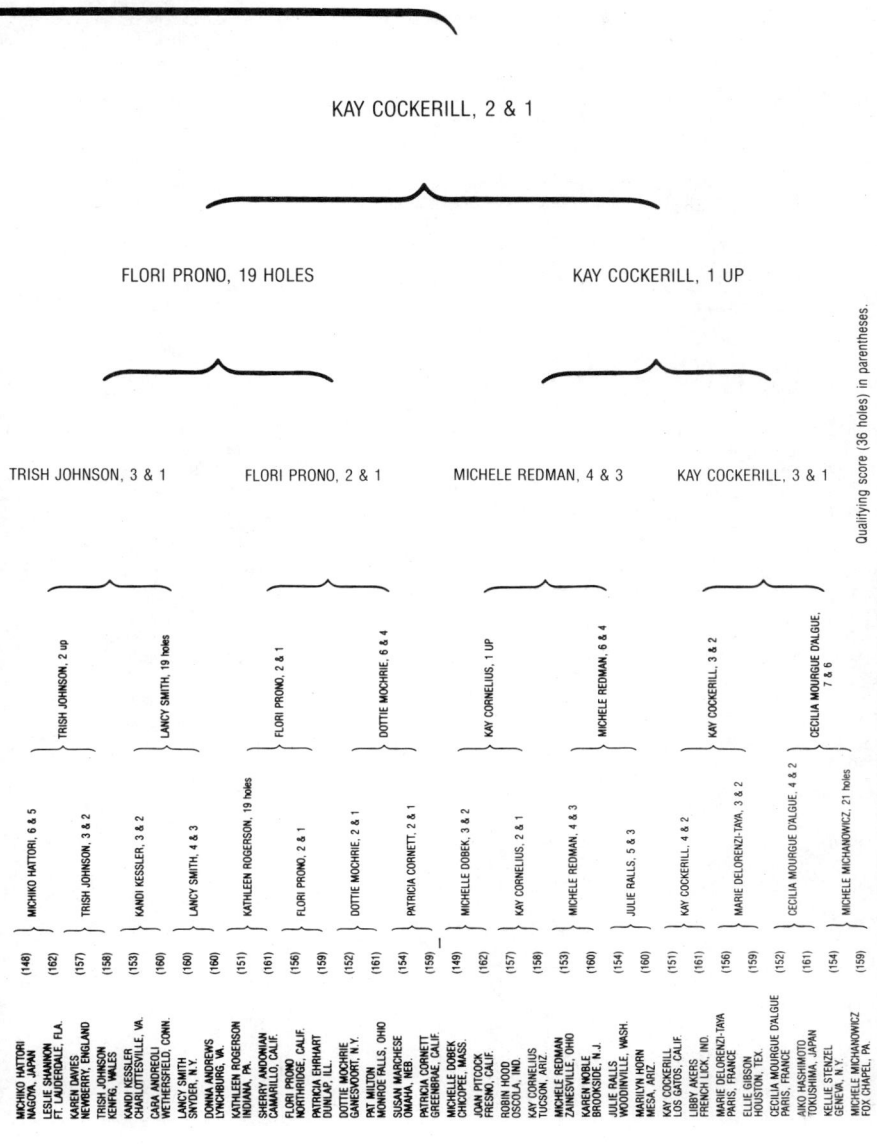

1986 USGA WOMEN'S AMATEUR CHAMPIONSHIP

Qualifying score (36 holes) in parentheses.

- KAY COCKERILL, 2 & 1
  - FLORI PRONO, 19 HOLES
    - TRISH JOHNSON, 3 & 1
      - TRISH JOHNSON, 2 up
        - MICHIKO HATTORI, 6 & 5 — Michiko Hattori, Nagoya, Japan (148)
        - LESLIE SHANNON — Ft. Lauderdale, Fla. (162)
      - TRISH JOHNSON, 3 & 2
        - KAREN DAVIES — Newberry, England (157)
        - TRISH JOHNSON — Kenfig, Wales (158)
    - FLORI PRONO, 2 & 1
      - LANCY SMITH, 19 holes
        - KANDI KESSLER, 3 & 2 — Charlottesville, VA. (153)
        - LANCY SMITH, 4 & 3 — Wethersfield, Conn. (160)
      - KATHLEEN ROGERSON, 19 holes
        - DONNA ANDREWS — Snyder, N.Y. (160)
        - KATHLEEN ROGERSON — Lynchburg, VA. (151)
      - FLORI PRONO, 2 & 1
        - SHERRY ANDONIAN — Indiana, PA. (161)
        - FLORI PRONO — Camarillo, Calif. (156)
    - DOTTIE MOCHRIE, 6 & 4
      - DOTTIE MOCHRIE, 2 & 1
        - PATRICIA EHRHART — Northridge, Calif. (159)
        - DOTTIE MOCHRIE — Dunlap, Ill. (152)
      - PATRICIA CORNETT, 2 & 1
        - PAT MILTON — Gainesvoort, N.Y. (161)
        - SUSAN MARCHESE — Monroe Falls, Ohio (159)
        - PATRICIA CORNETT — Omaha, Neb. (154)
  - KAY COCKERILL, 1 UP
    - MICHELE REDMAN, 4 & 3
      - KAY CORNELIUS, 1 UP
        - MICHELE DOBEK, 3 & 2
          - MICHELE DOBEK — Greenbrae, Calif. (149)
          - JOAN PITCOCK — Chicopee, Mass. (162)
        - KAY CORNELIUS, 2 & 1
          - ROBIN HOOD — Fresno, Calif. (157)
          - KAY CORNELIUS — Osceola, Ind. (158)
      - MICHELE REDMAN, 6 & 4
        - MICHELE REDMAN, 4 & 3
          - MICHELE REDMAN — Tucson, Ariz. (153)
          - KAREN NOBLE — Zainesville, Ohio (160)
        - JULIE RALLS, 5 & 3
          - JULIE RALLS — Brookside, N.J. (154)
          - MARILYN HORN — Woodinville, Wash. (160)
    - KAY COCKERILL, 3 & 1
      - KAY COCKERILL, 3 & 2
        - KAY COCKERILL, 4 & 2
          - KAY COCKERILL — Los Gatos, Calif. (151)
          - LIBBY AKERS — Mesa, Ariz. (161)
        - MARIE DELORENZI-TAYA, 3 & 2
          - MARIE DELORENZI-TAYA — French Lick, Ind. (156)
          - ELLIE GIBSON — Paris, France (159)
      - CECILIA MOURGUE D'ALGUE, 7 & 6
        - CECILIA MOURGUE D'ALGUE, 4 & 2
          - CECILIA MOURGUE D'ALGUE — Houston, Tex. (152)
          - AIKO HASHIMOTO — Paris, France (161)
        - MICHELE MICHANOWICZ, 21 holes
          - KELLIE STENZEL — Tokushima, Japan (154)
          - MICHELE MICHANOWICZ — Geneva, N.Y. / Fox Chapel, Pa. (159)

WOMEN AMATEURS

PAST WOMEN AMATEUR RESULTS

USGA WOMEN'S AMATEUR

Year	Winner, site
1895	Mrs. Charles S. Brown, Meadow Brook C.
1896	Beatrix Hoyt, Morris County G.C.
1897	Beatrix Hoyt, Essex County C.
1898	Beatrix Hoyt, Ardsley C.
1899	Ruth Underhill, Philadelphia C.C.
1900	Frances C. Griscom, Shinnecock Hills G.C.
1901	Genevieve Hecker, Baltusrol G.C.
1902	Genevieve Hecker, The Country Club
1903	Bessie Anthony, Chicago G.C.
1904	Georgianna M. Bishop, Merion Cricket C.
1905	Pauline Mackay, Morris County G.C.
1906	Harriot S. Curtis, Brae Burn C.C.
1907	Margaret Curtis, Midlothian C.C.
1908	Katherine C. Harley, Chevy Chase C.
1909	Dorothy I. Campbell, Merion Cricket C.
1910	Dorothy I. Campbell, Homewood C.C.
1911	Margaret Curtis, Baltusrol G.C.
1912	Margaret Curtis, Essex County C.
1913	Gladys Ravenscroft, Wilmington C.C.
1914	Katherine Jackson, Nassau C.C.
1915	Florence Vanderbeck, Onwentsia C.
1916	Alexa Stirling, Belmont Springs C.C.
1917-18	—No championships
1919	Alexa Stirling, Shawnee C.C.
1920	Alexa Stirling, Mayfield C.C.
1921	Marion Hollins, Hollywood G.C.
1922	Glenna Collett, Greenbrier G.C.
1923	Edith Cummings, Westchester-Biltmore C.C.
1924	Dorothy Campbell Hurd, Rhode Island C.C.
1925	Glenna Collett, St. Louis C.C.
1926	Helen Stetson, Merion Cricket Club
1927	Miriam Burns Horn, Cherry Valley C.
1928	Glenna Collett, Va. Hot Springs G. & T.C.
1929	Glenna Collett, Oakland Hills C.C.
1930	Glenna Collett, Los Angeles C.C.
1931	Helen Hicks, C.C. of Buffalo
1932	Virginia Van Wie, Salem C.C.
1933	Virginia Van Wie, Exmoor C.C.
1934	Virginia Van Wie, Whitemarsh Valley C.C.
1935	Glenna Collett Vare, Interlachen C.C.
1936	Pamela Barton, Canoe Brook C.C.
1937	Estelle Lawson Page, Memphis C.C.
1938	Patty Berg, Westmoreland C.C.
1939	Betty Jameson, Wee Burn C.
1940	Betty Jameson, Del Monte G. & C.C.
1941	Elizabeth Hicks Newell, The Country Club
1942-45	—No championships
1946	Babe Zaharias, Southern Hills C.C.
1947	Louise Suggs, Franklin Hills C.C.
1948	Grace S. Lenczyk, Del Monte G. & C.C.
1949	Dorothy Porter, Merion G.C.
1950	Beverly Hanson, Atlanta A.C. (East Lake)
1951	Dorothy Kirby, Town & C.C.
1952	Jacqueline Pung, Waverley C.C.
1953	Mary Lena Faulk, Rhode Island C.C.
1954	Barbara Romack, Allegheny C.C.
1955	Patricia A. Lesser, Myers Park C.C.
1956	Marlene Stewart, Meridian Hills C.C.
1957	JoAnne Gunderson, Del Paso C.C.
1958	Anne Quast, Wee Burn C.C.
1959	Barbara McIntire, Congressional C.C.
1960	JoAnne Gunderson, Tulsa C.C.
1961	Anne Quast Decker, Tacoma C. & G.C.
1962	JoAnne Gunderson, C.C. of Rochester
1963	Anne Quast Welts, Taconic G.C.
1964	Barbara McIntire, Prairie Dunes C.C.
1965	Jean Ashley, Lakewood C.C.
1966	JoAnne Carner, Sewickley Heights G.C.
1967	Mary Lou Dill, Annandale G.C.
1968	JoAnne Carner, Birmingham C.C.
1969	Catherine Lacoste, Las Colinas C.C.
1970	Martha Wilkinson, Wee Burn C.C.
1971	Laura Baugh, Atlanta C.C.
1972	Mary Budke, St. Louis C.C.
1973	Carol Semple, Montclair G.C.
1974	Cynthia Hill, Broadmoor G.C.
1975	Beth Daniel, Brae Burn C.C.
1976	Donna Horton, Del Paso C.
1977	Beth Daniel, Cincinnati C.C.
1978	Cathy Sherk, Sunnybrook G.C.
1979	Carolyn Hill, Memphis C.C.
1980	Juli Inkster, Prairie Dunes C.C.
1981	Juli Inkster, Waverley C.C.
1982	Juli Inkster, Broadmoor G.C.
1983	Joanne Pacillo, Canoe Brook C.C.
1984	Deb Richard, Broadmoor G.C.
1985	Michiko Hattori, Fox Chapel G.C.
1986	Kay Cockerill, Pasatiempo G.C.

WOMEN AMATEURS

U.S. WOMEN'S AMATEUR SCORING RECORDS

Largest winning margin, final match
14 and 13, Anne Quast Decker over Phyllis Preuss, 1961 (all-time USGA record for winning margin in a final match).
Lowest 18-hole qualifying score
69, Barbara White Boddie, first round, 1969; Amy Benz, second round, 1982; Catherine Conheady, first round, 1983.
Lowest 36-hole qualifying score
143, Shelley Hamlin, 1966; Catherine Lacoste, 1968; Penny Hammel, 1982.

U.S. WOMEN'S AMATEUR NOTES OF INTEREST

Most victories
6, Glenna Collett Vare, 1922-25-28-29-30-35.
Consecutive winners
Beatrix Hoyt, 1896-97-98; Genevieve Hecker, 1901-02; Dorothy I. Campbell, 1909-10; Margaret Curtis, 1911-12; Alexa Stirling, 1916-19-20 (no championships held 1917-18); Glenna Collett Vare, 1928-29-30; Virginia Van Wie, 1932-33-34; Betty Jameson, 1939-40; Juli Simpson Inkster, 1980-81-82.
Foreign winners
Dorothy Campbell Hurd, North Berwick, Scotland, 1909-10-24; Gladys Ravenscroft, Cheshire, England, 1913; Pamela Barton, London, England, 1936; Marlene Stewart, Fonthill, Ontario, Canada, 1956; Catherine Lacoste, Chantaco, France, 1969; Cathy Sherk, Colborne, Ontario, Canada, 1978; Michiko Hattori, Japan, 1985.
Most times runner-up
3, Margaret Gavin, 1915-19-22; Alexa Stirling Fraser, 1921-23-25; Anne Quast Sander, 1965-68-73.
Most extra holes in single match
9, Mae Murray over Fay Crocker, 27th hole, fourth round, 1950; Denise Hermida over Carole Caldwell, 27th hole, first round, 1978.
Most times in final
8, Glenna Collett Vare, 1922-25-28-29-30-31-32-35.
Youngest champion
Laura Baugh, 16 years, 2 months, 21 days in 1971.
Oldest champion
Dorothy Campbell Hurd, 41 years, four months in 1924.
Club most often host
Merion G.C., Ardmore, Pa., four times, 1904-09-26-49.

USGA WOMEN'S AMATEUR PUBLIC LINKS INDIVIDUAL

Year	Winner, site
1977	Kelly Fuiks, Yahara Hills G.C.
1978	Kelly Fuiks, Myrtlewood G.C.
1979	Lori Castillo, Braemar G.C.
1980	Lori Castillo, Center Square G.C.
1981	Mary Enright, Emerald Valley G.C.
1982	Nancy Taylor, Alvamar G.C.
1983	Kelli Antolock, Ala Wai G.C.
1984	Heather Farr, Meadowbrook G. Cse.
1985	Danielle Ammaccapane, Flanders Valley G. Cse.
1986	Cindy Schreyer, SentryWorld G.C.

TEAM

Year	Winner, site
1977	Phoenix, Ariz., Yahara Hills G.C.
1978	Miami, Fla., Myrtlewood G.C.
1979	Chicago, Ill., Braemar G.C.
1980	Chicago, Ill., Center Square G.C.
1981	Phoenix, Ariz., Emerald Valley G.C.
1982	Portland, Ore., Alvamar G.C.
1983	Chicago, Ill., Ala Wai G.C.
1984	Athens, Ca., Meadowbrook G. Cse.
1985	Phoenix, Ariz., Flanders Valley G. Cse.
1986	Phoenix, Ariz., SentryWorld G.C.

U.S. WOMEN'S AMATEUR PUBLIC LINKS CHAMPIONSHIP SCORING RECORD

Largest winning margin
9 and 7, Lori Castillo over Ginger Fulton, 1980.
Lowest 18-hole qualifying score
70, Marci Bozarth, 1983.
Lowest qualifying score at site
142, Danielle Ammaccapane, 1986.
Lowest team score (three women, 36 holes)
459, Miami, Fla., 1978; Chicago, Ill., 1980.

U.S. WOMEN'S AMATEUR PUBLIC LINKS CHAMPIONSHIP NOTES OF INTEREST

Most Victories
2, Kelly Fuiks, 1977-78; Lori Castillo, 1979-80.
Consecutive winners
Kelly Fuiks, 1977-78; Lori Castillo, 1979-80.
Youngest champion
Lori Castillo 18 years old in 1979.
Longest course
Myrtlewood G.C. (Palmetto Course), Myrtle Beach, S.C., 6,211 yards, 1978.

WOMEN AMATEURS

BROADMOOR LADIES INVITATIONAL

Site: Broadmoor G. Cse., Colorado Springs, Colo.

Year	Winner, home
1942	Mrs. Murray Gose, Colorado Springs, Colo.
1943	Mrs. Murray Gose, Colorado Springs, Colo.
1944	Betty Jean Rucker, Spokane, Wash.
1945	Babe Zaharias, Denver, Colo.
1946	Babe Zaharias, Denver, Colo.
1947	Babe Zaharias, Denver, Colo.
1948	Mary Sargent, Carmel, Calif.
1949	Patty Blanton, Enid, Okla.
1950	Betsy Rawls, Austin, Tex.
1951	Mrs. Russell Mann, Omaha, Neb.
1952	Bee McWane, Birmingham, Ala.
1953	Lesbia Lobo, San Antonio, Tex.
1954	No tournament
1955	Jean Ashley, Chanute, Kan.
1956	Patty Blanton, Enid, Okla.
1957	Judy Bell, Wichita, Kan.
1958	Judy Bell, Wichita, Kan.
1959	Natasha Matson, Wichita, Kan.
1960	Judy Bell, Wichita, Kan.
1961	Natasha Matson Fife, Wichita, Kan.
1962	Barbara McIntire, Colorado Springs, Colo.
1963	Natasha Matson Fife, Wichita, Kan.
1964	Barbara Fay White, Shreveport, La.
1965	Barbara McIntire, Colorado Springs, Colo.
1966	Dorothy Germain, Blytheville, Ark.
1967	Carmen Piasecki, South Bend, Ind.
1968	Jane Bastanchury, Whittier, Calif.
1969	Jane Bastanchury, Whittier, Calif.
1970	Jane Bastanchury, Whittier, Calif.
1971	Phyllis Preuss, Pompano Beach, Fla.
1972	Nancy Roth Syms, Colorado Springs, Colo.
1973	Cynthia Hill, Colorado Springs, Colo.
1974	Judith Oliver, Pittsburgh, Pa.
1975	Nancy Roth Syms, Colorado Springs, Colo.
1976	Debbie Massey, Bethlehem, Pa.
1977	Cynthia Hill, Colorado Springs, Colo.
1978	Phyllis Preuss, Colorado Springs, Colo.
1979	Mari McDougall, Midlothian, Ill.
1980	M.B. Zimmerman, Hillboro, Ill.
1981	Chris Monaghan, Albuquerque, N.M.
1982	Dana Howe, Colorado Springs, Colo.
1983	Jody Rosenthal, Edina, Minn.
1984	Danielle Ammaccapane, Phoenix, Ariz.
1985	Kim Gardner, Cannes, France
1986	Kim Saiki, Costa Mesa, Calif.

DOHERTY CHALLENGE CUP CHAMPIONS

Year	Winner, home
1933	Opal S. Hill, Kansas City, Mo.
1934	Maureen Orcutt, Englewood, N.J.
1935	Jean Bauer, Metacomet, R.I.
1935	Jean Bauer, Metacomet, R.I.
1936	Patty Berg, Minneapolis, Minn.
1937	Patty Berg, Minneapolis, Minn.
1938	Patty Berg, Minneapolis, Minn.
1939	Patty Berg, Minneapolis, Minn.
1940	Patty Berg, Minneapolis, Minn.
1941	Elizabeth Hicks, Virginia, Calif.
1942	Georgia Tainter, Fargo, N.D.
1943	Billie Harting, Miami, Fla.
1944	Marjorie Row, Windsor, Ont., Can.
1945	Louise Suggs, Carrollton, Ga.
1946	Louise Suggs, Carrollton, Ga.
1947	Mildred (Babe) Zaharias, Dallas, Tex.
1948	Louise Suggs, Carrollton, Ga.
1949	Dorothy Kirby, Capital City, Ga.
1950	Polly Riley, River Crest, Tex.
1951	Claire Doran, Westwood, Ohio
1952	Mary Lena Faulk, Glen Arven, Ga.
1953	Mary Lena Faulk, Glen Arven, Ga.
1954	Grace DeMoss Smith, Corvallis, Ore.
1955	Patricia Ann Lesser, Seattle, Wash.
1956	Joanne Goodwin, Haverhill, Mass.
1957	Anne Quast, Maryville, Wash.
1958	Mary Ann Downey, Baltimore, Md.
1959	Marlene Stewart Streit, Canada
1960	Marlene Stewart Streit, Canada
1961	Marlene Stewart Streit, Canada
1962	Phyllis (Tish) Preuss, Pompano Beach, Fla.
1963	Nancy Roth, Elkhart, Ind.
1964	Nancy Roth, Elkhart, Ind.
1965	Marlene Stewart Streit, Canada
1966	Nancy Roth Syms, Hollywood, Fla.
1967	Alice Dye, Indianapolis, Ind.
1968	JoAnne Gunderson Carner, Palm Beach Gardens, Fla.
1969	Barbara McIntire, Colorado Springs, Colo.
1970	Martha Wilkinson, Anaheim, Calif.
1971	Phyllis Preuss, Pompano Beach, Fla.
1972	Jane Bastanchury Booth, Palm Beach Gardens, Fla.
1973	Jane Bastanchury Booth, Palm Beach Gardens, Fla.

WOMEN AMATEURS

Year	Winner, site
1974	Debbie Massey, Bethlehem, Pa.
1975	Cynthia Hill, Colorado Springs, Colo.
1976	Phyllis Preuss, Colorado Springs, Colo.
1977	Lancy Smith, Williamsville, N.Y.
1978	Carolyn Hill, Placentia, Calif.
1979	Lancy Smith, Snyder, N.Y.
1980	Nancy Rubin, New Kensington, Pa.
1981	Leslie Shannon, Hialeah, Fla.
1982	Laurie Rinker, Stuart, Fla.
1983	Gina Hull, Jacksonville, Fla.
1984	Leslie Shannon, Hialeah, Fla.
1985	Kim Williams, Bethesda, Md.
1986	Cindy Scholefield, Malibu, Calif.

EASTERN AMATEUR

Year	Winner, site
1906	Fanny Osgood, Nassau C.C.
1907	Mary B. Adams, Atlantic City C.C.
1908	Fanny Osgood, Oakley C.C.
1909	Mary B. Adams, Baltusrol G.C.
1910	#, Huntingdon Valley
1911	Nonna Barlow, Brae Burn C.C.
1912	Nonna Barlow, Philadelphia Cricket C.
1913	Nonna Barlow, Brae Burn C.C.
1914	Katherine Harley Jackson, Greenwich C.C.
1915	Florence Vanderbeck, Merion Cricket C.C.
1916	Margaret Gavin, Essex C.C.
1917-18	No tournaments
1919	Nonna Barlow, Apawamis C.
1920	Nonna Barlow, Philadelphia Cricket C.
1921	Nonna Barlow, The Country Club
1922	Glenna Collett, West Biltmore C.
1923	Glenna Collett, Whitemarsh C.C.
1924	Glenna Collett, Brae Burn C.C.
1925	Maureen Orcutt, Greenwich C.C.
1926	Helen Stetson, Philmont C.C.
1927	Glenna Collett, Belmont Springs
1928	Maureen Orcutt, Montclair G.C.
1929	Maureen Orcutt, Aronimink C.C.
1930	Frances Williams, The Country Club
1931	Helen Hicks, Engineers C.
1932	Glenna C. Vare, Merion Cricket C.
1933	Charlotte Glutting, Brae Burn C.C.
1934	Maureen Orcutt, Wee Burn C.C.
1935	Glenna C. Vare, Huntingdon Valley
1936	Edith Quier, Winchester C.C.
1937	Charlotte Glutting, Plainfield C.C.
1938	Maureen Orcutt, Philadelphia C.C.
1939	Mrs. Warren Beard, Charles River C.C.
1940	Grace Amory, Baltimore C.C.
1941	Marion McNaughton, Westchester C.C.
1942-45	No tournaments
1946	Laddy Irwin, Aronimink C.C.
1947	Maureen Orcutt, Brae Burn C.C.
1948	Pat O'Sullivan, Montclair G.C.
1949	Maureen Orcutt, Philmont C.C.
1950	Peggy Kirk, Belmont C.C.
1951	Pat O'Sullivan, Montclair G.C.
1952	Helen Sigel, Philadelphia C.C.
1953	Mary Ann Downey, Congressional C.C.
1954	Mae Murray Jones, Wethersfield C.C.
1955	Mary Ann Downey, Farmington C.C.
1956	Mrs. Norman Woolworth, Nassau C.C.
1957	Joanne Goodwin, Agawam Hunt C.
1958	Mary P. Janssen, Allegheny C.C.
1959	Mrs. Edward McAuliffe, Baltimore C.C.
1960	Carolyn Cudone, Tedesco C.C.
1961	Marjorie Burns, Century C.C.
1962	Mrs. Charles Wilson, Merion G.C.
1963	Phyllis Preuss, Pleasant Valley C.C.
1964	Nancy Roth, Wee Burn C.C.
1965	Nancy Roth, Hollywood C.C.
1966	Nancy Roth Syms, Philmont C.C.
1967	Phyllis Preuss, Allegheny C.C.
1968	JoAnne Carner, Rhode Island C.C.
1969	Dorothy Porter, Gulph Mills C.C.
1970	Lancy Smith, Round Hill C.C.
1971	Lancy Smith, Wellesley C.C.
1972	Alice Dye, C.C. of North Carolina
1973	Lancy Smith, Fox Chapel G.C.
1974	Lancy Smith, C.C. of South Carolina
1975	Debbie Massey, Atlantic City C.C.
1976	Judy Oliver, Monroe G.C.
1977	Noreen Uihlein, Mid Pines C.
1978	Julie Greene, Hill & Dale C.C.
1979	Kathy Baker, Ridgewood C.C.
1980	Patti Rizzo, Savannah G.C.
1981	Mary Hafeman, Mid Pines C.C.
1982	Kathy Baker, Sewickley G.C.
1983	Mary Ann Widman, Seabrook Island C.
1984	Tina Tombs, Rhode Island C.C.
1985	Kim Williams, Prince Georges C.C.
1986	Nancy Porter, Gulph Mills G.C.

Not recorded.

WOMEN AMATEURS: Broadmoor • Doherty • Eastern

WOMEN AMATEURS

HARDER HALL CHAMPIONSHIP

Site: Harder Hall Golf Resort,
    Sebring, Fla.

Year	Winner, home
1956	Evelyn Glick #
1957	Evelyn Glick #
1958	Marge Burns Greensboro, S.C.
1959	#
1960	Marge Burns Greensboro, S.C.
1961	Marge Burns Greensboro, S.C.
1962	Ellen Gery #
1963	Tish Preuss Pompano Beach, Fla.
1964	Barbara White Shreveport, La.
1965	Marge Burns Greensboro, S.C.
1966	Tish Preuss Pompano Beach, Fla.
1967	Tish Preuss Pompano Beach, Fla.
1968	JoAnne Carner Seekonk, Mass.
1969	Tish Preuss Pompano Beach, Fla.
1970	Martha Wilkinson Anaheim, Calif.
1971	Tish Preuss Pompano Beach, Fla.
1972	Jane Booth Palm Beach Gardens, Fla.
1973	Jane Booth Palm Beach Gardens, Fla.
1974	Debbie Massey Bethlehem, Pa.
1975	Nancy Hager Dallas, Tex.
1976	Judith Oliver Pittsburgh, Pa.
1977	Debbie Raso Cape Coral, Fla.
1978	Mary Murphy Naples, Fla.
1979	Debbie Raso Tampa, Fla.
1980	Lancy Smith Snyder, N.Y.
1981	Patti Rizzo Hialeah, Fla.
1982	Lancy Smith Snyder, N.Y.
1983	Lancy Smith Snyder, N.Y.
1984	Kim Gardner Garches, France
1985	Lancy Smith Snyder, N.Y.
1986	Adele Lukken Tulsa, Okla.

Not recorded.

PACIFIC NORTHWEST LADIES' AMATEUR

Year	Winner, home
1899	Mrs. Melbourne Bailey Tacoma, Wash.
1900	Mrs. W.B. Ayer Portland, Ore.
1901	#Miss Drake Victoria, B.C., Canada
1902	Anna Griggs Tacoma, Wash.
1903	F.D. Warner Portland, Ore.
1904	#Mrs. Burton Victoria, B.C., Canada
1905	V. Pooley Victoria, B.C., Canada
1906	#Miss Garrett Seattle, Wash.
1907	#Mrs. Anderson Spokane, Wash.
1908	Mrs. Walter Langley Victoria, B.C., Canada
1909	V. Pooley Victoria, B.C., Canada
1910	N. Combe Victoria, B.C., Canada
1911	N. Combe Victoria, B.C., Canada
1912	Mrs. W.H. Ricardo Victoria, B.C., Canada
1913	Mrs. E.A. Earle Butte, Mont.
1914	V. Pooley Victoria, B.C., Canada
1915	Mrs. T.B. Curran Tacoma, Wash.
1916	Agnes Ford Seattle, Wash.
1917	Agnes Ford Seattle, Wash.
1918	Mrs. Robert Gellety Vancouver, B.C., Canada
1919	Mrs. E. Curran Tacoma, Wash.
1920	Mrs. S.C. Sweeny Vancouver, B.C., Canada
1921	Phoebe Tidmarsh Seattle, Wash.
1922	Vera Hutchings Winnipeg, Man., Canada
1923	Mrs. S.C. Sweeny Vancouver, B.C., Canada
1924	Mrs. H.O. Young Seattle, Wash.
1925	Vera Hutchings Winnipeg, Man., Canada
1926	Mrs. Guy Riegel Spokane, Wash.
1927	Mrs. S.C. Sweeny Vancouver, Wash.
1928	Mrs. S.C. Sweeny Vancouver, Wash.
1929	Vera Hutchings Vancouver, B.C., Canada
1930	Vera Hutchings Vancouver, B.C., Canada
1931	Mrs. Brent Potter San Jose, Calif.
1932	Vera Hutchings Vancouver, B.C., Canada
1933	Vera Hutchings Vancouver, B.C., Canada
1934	Marion McDougall Portland, Ore.
1935	Barbara Thompson San Mateo, Calif.
1936	Marion McDougall Portland, Ore.
1937	Marion McDougall Portland, Ore.
1938	Marion McDougall Portland, Ore.
1939	Marion McDougall Portland, Ore.
1940	Mary Mozel Wagner Portland, Ore.
1941	Betty Jameson San Antonio, Tex.
1942-44	—No tournaments
1945	Betty Jean Rucker Spokane, Wash.
1946	Betty Jean Rucker Spokane, Wash.
1947	Carol Freese Bowman Seattle, Wash.
1948	Marion Herron Portland, Ore.
1949	Edean Anderson Helena, Mont.
1950	Grace DeMoss Corvallis, Ore.
1951	Edean Anderson Helena, Mont.
1952	Pat Lesser Seattle, Wash.
1953	Pat Lesser Seattle, Wash.
1954	Ruth Jessen Seattle, Wash.
1955	Ruth Jessen Seattle, Wash.
1956	JoAnne Gunderson Seattle, Wash.
1957	Carole Jo Kabler Sutherlin, Ore.

WOMEN AMATEURS

Year	Winner, site
1958	Joanne Gunderson, Seattle, Wash.
1959	Shirley Englehorn, Caldwell, Idaho
1960	Judy Hoetmer, Seattle, Wash.
1961	Marianne Gable, Arcadia, Calif.
1962	Edean Ihlanfeldt, Seattle, Wash.
1963	Edean Ihlanfeldt, Seattle, Wash.
1964	Edean Ihlanfeldt, Seattle, Wash.
1965	Pat Harbottle, Tacoma, Wash.
1966	Judy Hoetmer, Seattle, Wash.
1967	Sue Jennett, Renton, Wash.
1968	Cathy Gaughan, Eugene, Ore.
1969	Shelley Hamlin, Fresno, Calif.
1970	Jo Ann Washam, Auburn, Wash.
1971	Jo Ann Washam, Auburn, Wash.
1972	Peggy Conley, Spokane, Wash.
1973	Marilyn Palmer, Vancouver, B.C., Canada
1974	Terri Thoreson, Snoqualmie, Wash.
1975	Flo McFall, Vancouver, B.C., Canada
1976	Mary Budke, McMinnville, Ore.
1977	Robin Walton, Lewiston, Idaho
1978	Liz Culver, Seattle, Wash.
1979	Nancy Peck, Eugene, Ore.
1980	Lynn Cooke, Vancouver, B.C., Canada
1981	Kelli Antolock, Port Angeles, Wash.
1982	Mary DeLong, Hayden Lake, Idaho
1983	Mimi Racicot, Bellevue, Wash.
1984	Connie Guthrie, Spokane, Wash.
1985	Theresa Schreck, Spokane, Wash.
1986	Michelle Wooding, Tacoma, Wash.

First names not recorded.

TRANS-NATIONAL AMATEUR

Year	Winner, site
1927	Miriam Burns Horn, Blue Hills C.C.
1928	Opal Hill, Minikahda C.C.
1929	Opal Hill, Denver C.C.
1930	Mrs. Hulbert Clarke, Tulsa C.C.
1931	Opal Hill, St. Louis C.C.
1932	Mrs. J.W. Beyer, Hot Springs C.C.
1933	Phyllis Buchanan, Denver, Colo.
1934	Opal Hill, Blue Hills C.C.
1935	Marion Miley, Omaha Field Club
1936	Marion Miley, Denver C.C.
1937	Betty Jameson, San Antonio C.C.
1938	Patty Berg, Oakhurst C.C.
1939	Patty Berg, The Country Club
1940	Betty Jameson, Glen Echo C.C.
1941	Mrs. R.C. Mann, River Oaks C.C.
1942-45	No tournaments
1946	Babe Zaharias, Denver C.C.
1947	Polly Riley, Metairie C.C.
1948	Polly Riley, Peninsula G. & C.C.
1949	Betsy Rawls, C.C. of Lincoln
1950	Marjorie Lindsay, Lakewood C.C.
1951	Mary A. Downey, Quincy C.C.
1952	Carol Bowman, Arizona C.C.
1953	Edean Anderson, Arizona C.C.
1954	Vonnie Colby, Glen Arven C.C.
1955	Polly Riley, Twin Hills C.C.
1956	Wiffi Smith, Monterey Peninsula C.C.
1957	Marge Ferrie, Desert Inn C.C.
1958	Marjorie Lindsay, Hickory Hills C.C.
1959	Ann C. Johnstone, C.C. of Hot Springs
1960	Sandra Haynie, Kenwood C.C.
1961	JoAnne Gunderson, Eugene C.C.
1962	Jeannie Thompson, Wichita C.C.
1963	Judy Bell, Pinehurst C.C.
1964	Carol Sorenson, Arizona C.C.
1965	Sharon Miller, Dubuque G. & C.C.
1966	Roberta Albers, Hardscrabble C.C.
1967	Jane Bastanchury, Rochester G. & C.C.
1968	Carol Jo Skala, Battle Creek C.C.
1969	Jane Bastanchury, Midland C.C.
1970	Martha Wilkinson, Manor C.C.
1971	Jane Bastanchury, San Diego C.C.
1972	Michelle Walker, Omaha C.C.
1973	Liana Zambresky, Mt. Snow C.C.
1974	Barbara Barrow, Eugene C.C.
1975	Beverley Davis, Oaks C.C.
1976	Nancy Lopez, Mission Viejo C.C.
1977	Catherine Reynolds, Mid Pines Club
1978	Nancy Roth Syms, Wolferts Roose C.C.
1979	Brenda Goldsmith, Diamond Head Y. & C.C.
1980	Patti Rizzo, C.C. of Lincoln
1981	Amy Benz, The Ranch C.C.
1982	Cindy Figg, Fairway Oaks G. & R.C.
1983	Sherri Steinhauer, Mid Pines C.
1984	Claire Waite, Torresdale-Frankfort C.C.
1985	Leslie Shannon, Wintergreen-Devil's Knob G.C.
1986	Carol S. Thompson, Del Rio C.C.

WOMEN AMATEURS: Harder Hall • Pacific Northwest • Trans-National

WOMEN AMATEURS

WOMEN'S WESTERN AMATEUR

Year	Winner, site
1901	Bessie Anthony, Onwentsia C.
1902	Bessie Anthony, Onwentsia C.
1903	Bessie Anthony, Exmoor C.C.
1904	Frances Everett, Glen View C.
1905	Mrs. C.L. Dering, *Homewood C.C.
1906	Mrs. C.L. Dering, Exmoor C.C.
1907	Lillian French, Midlothian C.C.
1908	Mrs. W.F. Anderson, St. Louis C.C.
1909	Vida Llewellyn, *Homewood C.C.
1910	Mrs. Thurston Harris, Skokie C.C.
1911	Caroline Painter, Midlothian C.C.
1912	Caroline Painter, Hinsdale G.C.
1913	Myra B. Helmer, Memphis C.C.
1914	Mrs. H.D. Hammond, Hinsdale G.C.
1915	Elaine V. Rosenthal, Midlothian C.C.
1916	Mrs. F.C. Letts Jr., Kent C.C.
1917	Mrs. F.C. Letts Jr., Flossmoor C.C.
1918	Elaine V. Rosenthal, Indian Hill C.
1919	Mrs. Perry W. Fiske, Detroit G.C.
1920	Mrs. F.C. Letts Jr., Oak Park C.C.
1921	Mrs. Melvin Jones, Westmoreland C.C.
1922	Mrs. David Gaut, Glen Echo C.C.
1923	Miriam Burns, Exmoor C.C.
1924	Edith Cummings, Onwentsia C.
1925	Mrs. S.L. Reinhardt, White Bear Y.C.
1926	Dorothy Page, Olympia Fields C.C.
1927	Leona Pressler, Lake Geneva C.C.
1928	Leona Pressler, Indian Hill C.
1929	Opal Hill, Mayfield C.C.
1930	Miriam B. Tyson, Hillcrest C.C.
1931	Opal Hill, Exmoor C.C.
1932	Opal Hill, C.C. of Peoria
1933	Lucille Robinson, Oak Park C.C.
1934	Leona Cheney, Los Angeles C.C.
1935	Marion Miley, Westwood C.C.
1936	Dorothy Traung, South Bend C.C.
1937	Marion Miley, Town & Country C.
1938	Patty Berg, Olympia Fields C.C.
1939	Edith Estabrooks, Oakland Hills C.C.
1940	Betty Jameson, Seattle G.C.
1941	Mrs. Russell Mann, Exmoor C.C.
1942	Betty Jameson, Sunset Ridge C.C.
1943	Dorothy Germain, Evanston G.C.
1944	Dorothy Germain, Onwentsia Club
1945	Phyllis Otto, Knollwood C.
1946	Louise Suggs, The Country Club
1947	Louise Suggs, Evanston G.C.
1948	Dot Kielty, Olympic Club
1949	Helen Sigel, Westmoreland C.C.
1950	Polly Riley, Exmoor C.C.
1951	Marjorie Lindsay, Plum Hollow G.C.
1952	Polly Riley, Los Angeles C.C.
1953	Claire Doran, The Camargo Club
1954	Claire Doran, Broadmoor C.C.
1955	Pat Lesser, Olympia Fields C.C.
1956	Anne Quast, Guyan G. & C.C.
1957	Meriam Bailey, Omaha C.C.
1958	Barbara McIntire, Oak Park C.C.
1959	JoAnne Gunderson, Exmoor C.C.
1960	Ann Casey Johnstone, Mission Hills C.C.
1961	Anne Quast Decker, Annandale G.C.
1962	Carol Sorenson, South Bend C.C.
1963	Barbara McIntire, Broadmoor C.C.
1964	Barbara Fay White, Oak Park C.C.
1965	Barbara Fay White, Wayzata C.C.
1966	Peggy Conley, Barrington Hills C.C.
1967	Dorothy Porter, Bellefonte C.C.
1968	Catherine Lacoste, Broadmoor G.C.
1969	Jane Bastanchury, Oak Park C.C.
1970	Jane Bastanchury, Rockford C.C.
1971	Beth Barry, Flossmoor C.C.
1972	Debbie Massey, Blue Hills C.C.
1973	Mrs. Gordon Falk, Maple Bluff C.C.
1974	Lancy Smith, C.C. of Indianapolis
1975	Debbie Massey, Tanglewood G.C.
1976	Nancy Lopez, C.C. of Colorado
1977	Lauren Howe, Flossmoor C.C.
1978	Beth Daniel, Fox Chapel G.C.
1979	Mary Hafeman, Maple Bluff C.C.
1980	Kathy Baker, Shaker Heights C.C.
1981	Amy Benz, Moss Creek-Devils Elbow S.
1982	Lisa Stanley, Waterwood Ntl. G.C.
1983	Tammy Welborn, Industry Hills G.C.
1984	Joanne Pacillo, New Haven C.C.
1985	Kathleen McCarthy, Travis Pointe C.C.
1986	Leslie Shannon, Flossmoor C.C.

*Club named changed to Flossmoor C.C. in 1914.

WOMEN AMATEURS

WOMEN'S NORTH AND SOUTH

Site: Pinehurst (N.C.) C.C.

Year	Winner
1903	Mrs. M.D. Paterson
1904	Mrs. M.D. Paterson
1905	Mary H. Dutton
1906	Mrs. M.D. Paterson
1907	Molly B. Adams
1908	Julia Mix
1909	Mary Fownes
1910	Florence Vanderbeck
1911	Louise Elkins
1912	Mrs. J.R. Price
1913	Lillian Hyde
1914	Florence Harvey
1915	Nonna Barlow
1916	Nonna Barlow
1917	Elaine Rosenthal
1918	Mrs. J.V. Hurd
1919	Nonna Barlow
1920	Mrs. J.V. Hurd
1921	Mrs. J.V. Hurd
1922	Glenna Collett
1923	Glenna Collett
1924	Glenna Collett
1925	Mrs. M. Jones
1926	Louise Fordyce
1927	Glenna Collett
1928	Opal S. Hill
1929	Glenna Collett
1930	Glenna Collett
1931	Maureen Orcutt
1932	Maureen Orcutt
1933	Maureen Orcutt
1934	Charlotte Glutting
1935	Estelle Lawson
1936	Deborah Verry
1937	Mrs. E.L. Page
1938	Jane Cothran
1939	Mrs. E.L. Page
1940	Mrs. E.L. Page
1941	Mrs. E.L. Page
1942	Louise Suggs
1943	Dorothy Kirby
1944	Mrs. E.L. Page
1945	Mrs. E.L. Page
1946	Louise Suggs
1947	Babe Zaharias
1948	Louise Suggs
1949	Peggy Kirk
1950	Pat O'Sullivan
1951	Pat O'Sullivan
1952	Barbara Romack
1953	Pat O'Sullivan
1954	Joyce Ziske
1955	Wiffi Smith
1956	Marlene Stewart
1957	Barbara McIntire
1958	Carolyn Cudone
1959	Ann Casey Johnstone
1960	Barbara McIntire
1961	Barbara McIntire
1962	Clifford Ann Creed
1963	Nancy Roth
1964	Phyllis Preuss
1965	Barbara McIntire
1966	Nancy Roth Syms
1967	Phyllis Preuss
1968	Alice Dye
1969	Barbara McIntire
1970	Hollis Stacy
1971	Barbara McIntire
1972	Jane Booth
1973	Beth Barry
1974	Marlene Streit
1975	Cynthia Hill
1976	Carol Semple
1977	Marcia Dolan
1978	Cathy Sherk
1979	Julie Gumlia
1980	Charlotte Montgomery
1981	Patti Rizzo
1982	Anne Sander
1983	Anne Sander
1984	Susan Pager
1985	Lee Ann Hammack
1986	Leslie Shannon

WOMEN'S SOUTH ATLANTIC

Site: Oceanside C.C., Ormond Beach, Fla.

Year	Winner
1926	Dot Klotz
1927	Dot Klotz Pardue
1928	Virginia Van Wie
1929	Virginia Van Wie
1930	Virginia Van Wie
1931	Martha Parker
1932	Frances Williams
1933	Frances Williams
1934	Virginia Van Wie
1935	Marion Miley
1936	Lucille Robinson
1937	Katherine Hemphill
1938	Patty Berg
1939	Patty Berg
1940	Betty Hicks
1941	Jane Cothran
1942	Georgia Tainter
1943-1946	No tournaments
1947	Babe Zaharias
1948	Carol Diringer
1949	Marjorie Lindsay
1950	Mary Agnes Wall
1951	Polly Riley
1952	Barbara Romack
1953	Barbara Romack
1954	Pat Lesser
1955	Pat Lesser
1956	Ann Quast
1957	Barbara Romack
1958	Judy Bell
1959	Mrs. Maurice Glick
1960	Barbara McIntire
1961	Doris Phillips
1962	Clifford Ann Creed
1963	Tish Preuss
1964	Barbara Fay White
1965	Tish Preuss
1966	Tish Preuss
1967	Tish Preuss
1968	Sandra Post
1969	Tish Preuss
1970	Lancy Smith
1971	Lancy Smith
1972	Nancy Hager
1973	Lancy Smith
1974	Debbie Massey
1975	Cynthia Hill
1976	Pat Myers
1977	Cynthia Hill
1978	Debbie Raso
1979	Lancy Smith
1980	Sherrie Ann Keblish
1981	Patti Rizzo
1982	Lisa Stanley
1983	Claire Hourihane
1984	Claire Waite
1985	Lancy Smith
1986	Leslie Shannon

WOMEN'S SOUTHERN

Year	Winner, home
1911	Mrs. Roger Smith, Nashville, Tenn.
1912	Mrs. Frank G. Jones, Memphis, Tenn.
1913	Mrs. E.W. Daley, Nashville, Tenn.
1914	Mrs. Frank Jones, Memphis, Tenn.
1915	Alexa Stirling, Atlanta, Ga.
1916	Alexa Stirling, Atlanta, Ga.
1917	Mrs. K.G. Duffield, Memphis, Ga.
1918	No tournament
1919	Alexa Stirling, Atlanta, Ga.
1920	Mrs. Dave Gaut, Memphis, Tenn.
1921	Mrs. Dave Gaut, Memphis, Tenn.
1922	Helen D. Lowndes, Atlanta, Ga.
1923	Mrs. Dave Gaut, Memphis, Tenn.
1924	Helen D. Lowndes, Atlanta, Ga.

WOMEN AMATEURS

Year	Winner				
1925	Mrs. John Armstrong, Jackson, Miss.	1948	Polly Riley, Fort Worth, Tex.	1968	Phyllis Preuss, Shreveport, La. / Pompano Beach, Fla.
1926	Marion Turpie, New Orleans, La.	1949	Margaret Gunther, Memphis, Tenn.	1969	Mrs. John Rathmell, Houston, Tex.
1927	Ruth Reymond, Baton Rouge, La.	1950	Polly Riley, Fort Worth, Tex.	1970	Kathy Hite, Florence, S.C.
1928	Marion Turpie, New Orleans, La.	1951	Polly Riley, Fort Worth, Tex.	1971	Beth Barry, Mobile, Ala.
1929	Margaret Maddox, Atlanta, Ga.	1952	Katherine McKinnon, Lake Worth, Fla.	1972	Beth Barry, Mobile, Ala.
1930	Mrs. Dave Gaut, Memphis, Tenn.	1953	Polly Riley, Fort Worth, Tex.	1973	Beth Barry, Mobile, Ala.
1931	Marion Turpie Lake, New Orleans, La.	1954	Polly Riley, Fort Worth, Tex.	1974	Martha Jones, Decatur, Ala.
1932	Mrs. Ben FitzHugh, Vicksburg, Miss.	1955	Betty Probasco, Lookout Mountain, Tenn.	1975	Beth Barry, Mobile, Ala.
1933	Aniela Gorczyca, Fort Worth, Tex.	1956	Mary Ann Downey, Baltimore, Md.	1976	Brenda Goldsmith, San Antonio, Texas
1934	Betty Jameson, San Antonio, Tex.	1957	Clifford Ann Creed, Opelousas, La.	1977	Ceil Maclaurin, Savannah, Ga.
1935	Mary Rogers, Jacksonville, Fla.	1958	Mary Ann Reynolds, Albany, Ga.	1978	Mrs. Sam Furrow, Knoxville, Tenn.
1936	Mrs. Mark McGarry, St. Petersburg, Fla.	1959	Judy Eller, Old Hickory, Tenn.	1979	Brenda Goldsmith, San Antonio, Texas
1937	Dorothy Kirby, Atlanta, Ga.	1960	Judy Eller, Old Hickory, Tenn.	1980	Martha Jones, Houston, Texas
1938	Marion Miley, Lexington, Ky.	1961	Polly Riley, Fort Worth, Tex.	1981	Toni Weisner, Fort Worth, Texas
1939	Marion Miley, Lexington, Ky.	1962	Clifford Ann Creed, Alexandria, La.	1982	Beth Barry, Mobile, Ala.
1940	Aniela G. Goldthwaite, Fort Worth, Tex.	1963	Mrs. Paul Hendrix, Shreveport, La.	1983	Lynda Brown, N. Fort Myers, Fla.
1941	Louise Suggs, Atlanta, Ga.	1964	Nancy Roth, Hollywood, Fla.	1984	Robin Weiss, Ft. Pierce, Fla.
1942-45	No tournaments	1965	Tish Preuss, Pompano Beach, Fla.	1985	Kim Williams, Bethesda, Md.
1946	Estelle Lawson Page, Chapel Hill, N.C.	1966	Nancy Roth Syms, Hollywood, Fla.	1986	Kim Williams, Bethesda, Md.
1947	Louise Suggs, Atlanta, Ga.	1967	Mrs. Teddie Boddie		

WOMEN'S INTERNATIONAL FOUR BALL

Site: Orange Brook C.C., Hollywood, Fla.

Year	Winners
1946	Louise Suggs-Jean Hopkins
1947	Peggy Kirk-Babe Zaharias
1948	Marjorie Lindsey-Pat Devany
1949	Bee McWane-Polly Riley
1950	Alice Bauer-Marlene Bauer
1951	Betsy Rawls-Betty Dodd
1952	Bee McWane-Polly Riley
1953	Mary Lena Faulk-Mary Ann Downey
1954	Cookie Swift Berger-Connie Colby
1955	Joyce Ziske-Wiffie Smith
1956	Ann Quast-Ruth Jessen
1957	Marjorie Lindsey-Mary Ann Downey
1958	Marjorie Lindsey-Mary Ann Downey
1959	Marlene Streit-Ann Casey Johnstone
1960	Doris Phillips-Joanne Goodwin
1961	Tish Preuss-Barbara Williams
1962	Cookie Swift Berger-Carolyn Cudone
1963	Nancy Roth-Margo Michaels
1964	Janey Woodworth-Gloria Ehret
1965	Nancy Roth-Maureen Crum
1966	Janis Ferraris-Jeanie Butler
1967	Sharon Moran-Roberta Albers
1968	Jane Bastanchury-Martha Wilkinson
1969	Jane Bastanchury-Martha Wilkinson
1970	Jane Bastanchury-Martha Wilkinson
1971	Marcia Dolan-Nancy Roth Syms
1972	Marilyn Palmer-Dale Shaw
1973	Jane Bastanchury Booth-Cindy Hill
1974	Jane Bastanchury Booth-Cindy Hill
1975	Dale Shaw-Lancy Smith
1976	Tish Preuss-Cindy Hill
1977	Nancy Roth Syms-Marcia Dolan
1978	Lancy Smith-Jeanne Marie Boylan
1979	Cookie English-Alice Dye
1980	Reggie Hawes-Barbara Charles
1981	Diane Headings-Rene Headings
1982	Debbie Stubb-Penny Hammel
1983	Lancy Smith-Leslie Shannon
1984	Lancy Smith-Nancy Rutter
1985	Donna Moir-Deborah McHaffie
1986	Leslie Shannon-Robin Weiss

WOMEN AMATEURS

PAST WOMEN'S AMATEUR RANKINGS

1955
1. Pat Lesser
2. Wiffi Smith
3. Jackie Yates
4. Polly Riley
5. Barbara Romack
6. Betty Probasco
7. Jane Nelson
8. Marlene Stewart
9. Mary Ann Downey
10. Anne Quast

1956
1. Marlene Stewart
2. JoAnne Gunderson
3. Wiffi Smith
4. Anne Quast
5. Wanda Sanches
6. Barbara McIntire
7. Pat Lesser
8. Clifford Ann Creed
9. Ann C. Johnstone
10. Mary J. Janssen

1957
1. JoAnne Gunderson
2. Ann C. Johnstone
3. Barbara McIntire
4. Anne Richardson
5. Mary Ann Downey
6. Clifford Ann Creed
7. Anne Quast
8. Meriam Bailey
9. Marge Ferrie
10. Carole Jo Kabler

1958
1. Anne Quast
2. Barbara McIntire
3. Barbara Romack
4. JoAnne Gunderson
5. Carolyn Cudone
6. Meriam Bailey
7. Mary Ann Downey
8. Mary A. Reynolds
9. Polly Riley
10. Marge Lindsay

1959
1. Barbara McIntire
2. Ann C. Johnstone
3. Joanne Goodwin
4. JoAnne Gunderson
5. Anne Quast
6. Marlene Streit
7. Judy Eller
8. Marge Burns
9. Sherry Wheeler
10. Judy Bell

1960
1. JoAnne Gunderson
2. Barbara McIntire
3. Ann C. Johnstone
4. Judy Eller
5. Anne Quast
6. Marlene Streit
7. Sandra Haynie
8. Jean Ashley
9. Barbara Fitton
10. Judy Bell

1961
1. Anne Quast Decker
2. Barbara McIntire
3. Phyllis Preuss
4. Judy Bell
5. Barbara Williams
6. JoAnne Gunderson
7. Judy Eller
8. Ruth Miller
9. Polly Riley
10. Marlene Streit

1962
1. JoAnne Gunderson
2. Clifford Ann Creed
3. Phyllis Preuss
4. Ann C. Johnstone
5. Carol Sorenson
6. Sandra Spuzich
7. Marge Burns
8. Maureen Crum
9. Jeannie Thompson
10. Ann Baker

1963
1. Anne Quast Welts
2. Nancy Roth
3. JoAnne Gunderson
4. Peggy Conley
5. Janis Ferraris
6. Carol Sorenson
7. Phyllis Preuss
8. Judy Bell
9. Barbara McIntire
10. Natasha Fife

1964
1. Barbara McIntire
2. Carol Sorenson
3. Barbara Boddie
4. Nancy Roth
5. Phyllis Preuss
6. JoAnne Gunderson
7. Patti Shook
8. Peggy Conley
9. Judy Bell
10. Alice Dye

1965
1. Nancy Roth Syms
2. Marlene Streit
3. Jean Ashley
4. Phyllis Preuss
5. Barbara McIntire
6. Barbara Fay White
7. Anne Quast Welts
8. Doris Phillips
9. Roberta Albers
10. Carolyn Cudone

1966
1. JoAnne Carner
2. Nancy Roth
3. Shelley Hamlin
4. Roberta Albers
5. Peggy Conley
6. Marlene Streit
7. Barbara Boddie
8. Phyllis Preuss
9. Joyce Kazmierski
10. Dorothy Germain

1967
1. Mary Lou Dill
2. Phyllis Preuss
3. Jane Bastanchury
4. Martha Wilkinson
5. Dorothy Porter
6. Jean Ashley
7. Alice Dye
8. Maureen Crum
9. Roberta Albers
10. Barbara Boddie

1968
1. JoAnne Carner
2. Catherine LaCoste
3. Alice Dye
4. Jane Bastanchury
5. Phyllis Preuss
6. Martha Wilkinson
7. Anne Quast Welts
8. Carole Jo Skala
9. Gail Sykes
10. Connie Day

1969
1. Catherine LaCoste
2. Jane Bastanchury
3. JoAnne Carner
4. Barbara McIntire
5. Phyllis Preuss
6. Shelley Hamlin
7. Martha Wilkinson
8. Mrs. John Rathmell
9. Dorothy Porter
10. Carole Jo Skala

1970
1. Martha Wilkinson
2. Jane Bastanchury
3. Cynthia Hill
4. Lancy Smith
5. Hollis Stacy
6. Kathy Gaughan
7. Kathy Hite
8. Shelley Hamlin
9. Alice Dye
10. Nancy Hager

1971
1. Laura Baugh
2. Beth Barry
3. Phyllis Preuss
4. Lancy Smith
5. Barbara McIntire
6. Jane Booth
7. Martha Wilkinson
8. Hollis Stacy
9. Nancy Roth Syms
10. Shelley Hamlin

1972
1. Jane Booth
2. Mary Budke
3. Mickey Walker
4. Debbie Massey
5. Beth Barry
6. Nancy Hager
7. Alice Dye
8. Nancy Roth Syms
9. Cynthia Hill
10. Lancy Smith

1973
1. Carol Semple
2. Jane Booth
3. Beth Barry
4. Liana Zambresky
5. Anne Sander
6. Cynthia Hill
7. Lancy Smith
8. Bonnie Lauer
9. Debbie Massey
10. Kathy Falk

1974
1. Debbie Massey
2. Cynthia Hill
3. Lancy Smith
4. Carol Semple
5. Marlene Streit
6. Barbara Barrow
7. Mary Budke
8. Martha Jones
9. Jane Booth
10. Beth Barry

WOMEN AMATEURS

1975
1. Debbie Massey
2. Beth Daniel
3. Cynthia Hill
4. Nancy Lopez
5. Nancy Roth Syms
6. Beverley Davis
7. Lancy Smith
8. Nancy Hager
9. Donna Horton
10. Judith Oliver

1976
1. Nancy Lopez
2. Donna Horton
3. Debbie Massey
4. Carol Semple
5. Marianne Bretton
6. Barbara Barrow
7. Judith Oliver
8. Phyllis Preuss
9. Cynthia Hill
10. Betsy King

1981
1. Juli Inkster
2. Patti Rizzo
3. Amy Benz
4. Leslie Shannon
5. Mary Hafeman
6. Rose Jones
7. Mari McDougall
8. Lancy Smith
9. Kris Monaghan
10. Penny Hammel

1982
1. Juli Inkster
2. Kathy Baker
3. Amy Benz
4. Cathy Hanlon
5. Anne Sander
6. Lisa Stanley
7. Lancy Smith
8. Carol Semple
9. Cindy Figg
10. Leslie Shannon

1977
1. Beth Daniel
2. Cathy Reynolds
3. Cynthia Hill
4. Marcia Dolan
5. Lancy Smith
6. Debbie Raso
7. Cathy Sherk
8. Lauren Howe
9. Cathy Morse
10. Nancy Hammer

1978
1. Cathy Sherk
2. Beth Daniel
3. Nancy Syms
4. Judith Oliver
5. Carolyn Hill
6. Mary B. Murphy
7. Cynthia Hill
8. Julie Green
9. Debbie Raso
10. Kelly Fuiks

1983
1. Penny Hammel
2. Jody Rosenthal
3. Joanne Pacillo
4. Anne Sander
5. Tammy Welborn
6. Lancy Smith
7. Sherri Steinhauer
8. Mary Anne Widman
9. Kelli Antolock
10. Lynda Brown

1984
1. Claire Waite
2. Leslie Shannon
3. Deb Richard
4. Jody Rosenthal
5. Danielle Ammaccappane
6. Kim Williams
7. Heather Farr
8. Joanne Pacillo
9. Susan Pager
10. Tina Tombs

1979
1. Carolyn Hill
2. Lancy Smith
3. Brenda Goldsmith
4. Mary Hafeman
5. Julie Gumlia
6. Patty Sheehan
7. Mari McDougall
8. Lori Castillo
9. Debbie Raso
10. Kathy Baker

1980
1. Patti Rizzo
2. Juli Inkster
3. Carol Semple
4. Lori Castillo
5. Kathy Baker
6. Lancy Smith
7. Pam Miller
8. Mari McDougall
9. Patty Sheehan
10. Mary B. Zimmerman

1985
1. Danielle Ammaccappane
2. Kim Williams
3. Michiko Hattori
4. Kathleen McCarthy
5. Leslie Shannon
6. Kim Gardner
7. Lancy Smith
8. LeeAnn Hammack
9. Kandi Kessler
10. Cheryl Stacy

1986
1. Leslie Shannon
2. Kay Cockerill
3. Carol Semple Thompson
4. Lancy Smith
5. Cindy Scholefield
6. Kim Williams
7. Page Dunlap
8. Kim Saiki
9. Cindy Schreyer
10. Kathleen McCarthy

CHAPTER 6

SENIOR AMATEURS

1986 Senior Amateur Review 229
1986 Senior Amateur, Past Senior Results 230
Past Senior Amateur Rankings 233
Senior Women Results, Records 234

SENIOR AMATEURS

Rawlins ranked No. 1 for 2nd time in 3 years

MEN

Third-year senior Bob Rawlins, 58, has become the man to beat in the 55-and-over competition. Rawlins won four leading tournaments in 1986 and did not finish lower than third in his other outings to claim his second No. 1 Golf Digest senior ranking in three years. An insurance and real estate planning executive from Dallas, Rawlins placed first in 1984 and was second the next year.

Bob Rawlins placed first in four leading senior events.

Rawlins topped his rivals in the Wild Dunes Senior, the Senior Masters and the American Seniors Stroke Play in individual play, and teamed with veteran Dale Morey, 68, of High Point, N.C., for the Society of Seniors 4-Ball title.

In choosing Morey for a partner, Rawlins picked the golfer whose overall senior records are the best in the business since 1974. For 12 years (1974-1985), Morey never missed being ranked among the top 10 and was chosen No. 1 a record six times, the last in 1983. Morey's best performance in 1986 was in the 4-Ball with Rawlins.

Two automobile dealers, R.S. (Bo) Williams, 57, of Ocala, Fla., and vetrean Ed Tutwiler, 67, of Indianapolis, gave Rawlins his toughest competition. Williams won the prestigious USGA Senior Amateur at the historic Interlachen Country Club in Edina, Minn., and was ranked second. Williams failed to qualify in the USGA Senior in his first try, in 1985. Williams limited his play and in his only other appearance in leading senior competition placed third in the Hall of Fame at Willow Creek.

Tutwiler won twice and attended the highest senior ranking of his lengthy and illustrious career. Tutwiler captured the Society of Seniors 54-hole stroke play event and the United States Senior Golf Association championship; he also was third in the American Seniors Stroke. Tut, as he is known, has been around for awhile. He was first ranked (seventh) in 1976, and his best year previous to 1986 came in 1978, when he was ranked fourth.

Only one "rookie" senior made inroads during the year. Joe Faison, 55, of Fayetteville, Tenn., took the North and South Senior at Pinehurst, N.C., and was ranked 10th. However, he did not play elsewhere, Jim Frost, 58, topped an excellent field at Willow Creek, where Rawlins was second and Williams third.

WOMEN

There are not as many tournaments for senior women, but Connie Guthrie, 52, Spokane, Wash., clearly had the best record. Mrs. Guthrie was a consistent winner in her native Northwest in her younger days but seldom played far afield until she became a senior. Now she travels and wins. Guthrie whipped a stellar field in the USGA Senior Women's, knocking out a six-stroke championship edge over three tied for second place. Mrs. Guthrie also won the Women's Western Senior. Other winners of top senior events included Ceil Maclaurin, Savannah, Ga., who won the Canadian Senior Women's event, Palmetto Dunes and for the fifth time the North and South; Nita McMaster in Women's Southern; Edean Ihlanfeldt in Pacific Northwest.

SENIOR AMATEURS

USGA SENIOR AMATEUR

Year	Winner	Site
1955	J. Wood Platt	Belle Meade C.C.
1956	Frederick J. Wright	Somerset C.C.
1957	J. Clark Espie	Ridgewood C.C.
1958	Thomas C. Robbins	Monterey Peninsula C.C.
1959	J. Clark Espie	Memphis C.C.
1960	Michael Cestone	Oyster Harbors C.
1961	Dexter H. Daniels	Southern Hills C.C.
1962	Merrill L. Carlsmith	Evanston G.C.
1963	Merrill L. Carlsmith	Sea Island G.C.
1964	William D. Higgins	Waverley C.C.
1965	Robert B. Kiersky	Fox Chapel G.C.
1966	Dexter H. Daniels	Tucson National G.C.
1967	Ray Palmer	Shinnecock Hills G.C.
1968	Curtis Person Sr.	Atlanta C.C.
1969	Curtis Person Sr.	Wichita C.C.
1970	Gene Andrews	California G.C.
1971	Tom Draper	Sunnybrook G.C.
1972	Lewis W. Oehmig	Sharon G.C.
1973	William Hyndman III	Onwentsia C.
1974	Dale Morey	Harbour Town G.L.
1975	William F. Colm	Carmel Valley G. & C.C.
1976	Lewis W. Oehmig	Cherry Hills C.C.
1977	Dale Morey	Salem C.C.
1978	K. K. Compton	Pine Tree G.C.
1979	William C. Campbell	Chicago G.C.
1980	William C. Campbell	Virginia Hot Springs G. & T.C.
1981	Ed Updegraff	Seattle G.C.
1982	Alton Duhon	Tucson C.C.
1983	Bill Hyndman	Crooked Stick G.C.
1984	Bob Rawlins	Birmingham C.C.
1985	Lewis W. Oehmig	Wild Dunes Cse.
1986	R. S. (Bo) Williams	Interlachen C.C.

U.S. SENIOR AMATEUR CHAMPIONSHIP SCORING RECORDS

Largest winning margin, final match
5 and 4, J. Wood Platt over George Studinger, 1955.
Largest winning margin, any match
8 and 7, Christopher A. Carr over J. Wood Platt, 1957; George Dawson over Dewey P. Bowen, 1959.
Lowest 18-hole score in qualifying round
70, Roger McManus, second round, 1982.
Lowest 36-hole qualifying score
142, Roger McManus, 1982.

U.S. SENIOR AMATEUR CHAMPIONSHIP NOTES OF INTEREST

Most victories
Lewis W. Oehmig, 3 (1972, 1976, 1985).
Closest final matches
1-up, Michael Cestone over David E. Rose, 20th hole, 1960; Lewis W. Oehmig over Ernest Pieper Jr., 20th hole, 1972; Lewis W. Oehmig over Ed Hopkins, 20th hole, 1985.
Most times in finals
6, Lewis W. Oehmig, 1972-74-76-77-79, 1985.

Holes-in-one
Eugene Brown, 6th hole, Waverley C.C., Portland, Ore., 1964; George Trainor, 16th hole, California G.C. of San Francisco, 1970; Robert S. Johnson, 7th hole, Harbour Town G.L., Hilton Head Island, S.C., 1974.
Youngest champion
Bob Rawlins, 55 years, 7 months in 1983; Ray Palmer, 55 years, 8 months in 1967.
Oldest champion
Lewis Oehmig, 69, in 1985.
Shortest course
Monterey Peninsula C.C., Pebble Beach, Calif., 6,236 yards, 1958.
Longest course
Sharon G.C., Sharon Center, Ohio, 6,750 yards, 1972.

U.S. SENIOR G.A.

Site: Apawamis C., Rye, N.Y.

Year	Winner	Hometown
1905	James D. Foot	Rye, N.Y.
1906	James D. Foot	Rye, N.Y.
1907	Dr. Carl E. Martin	Fairfield, Conn.
1908	James D. Foot	Rye, N.Y.
1909	James D. Foot	Rye, N.Y.
1910	Frank A. Wright	Springfield, N.J.
1911	James D. Foot	Rye, N.Y.
1912	James A. Tyng	Springfield, N.J.
1913	Walter Fairbanks	Denver, Colo.
1914	Frank A. Wright	Springfield, N.J.
1915	James A. Tyng	Springfield, N.J.
1916	C. W. Waldo	Fairfield, Conn.
1917	W. E. Truesdale	Garden City, N.Y.
1918	W. E. Truesdale	Garden City, N.Y.
1919	William Clark	Watch Hill, R.I.
1920	Hugh Halsell	Dallas, Tex.
1921	Martin J. Condon	Memphis, Tenn.
1922	Frederick Snare	Garden City, N.Y.
1923	Hugh Halsell	Dallas, Tex.
1924	Claude M. Hart	Purchase, N.Y.
1925	Frederick Snare	Garden City, N.Y.
1926	Frank H. Hoyt	Roslyn Harbor, N.Y.
1927	Hugh Halsell	Dallas, Tex.
1928	Dr. Charles H. Walter	Oakland, Calif.
1929	Dr. George T. Gregg	Oakmont, Pa.
1930	Dr. George T. Gregg	Oakmont, Pa.
1931	John D. Chapman	Greenwich, Conn.
1932	Findlay S. Douglas	Rye, N.Y.
1933	Raleigh W. Lee	Columbus, Ohio
1934	Charles H. Jennings	Roaring Gap, N.C.
1935	Christopher W. Deibel	Youngstown, Ohio
1936	Richard H. Doughty	Detroit, Mich.
1937	Raleigh W. Lee	Columbus, Ohio
1938	Raleigh W. Lee	Columbus, Ohio
1939	Charles H. Jennings	Roaring Gap, N.C.
1940	Charles H. Jennings	Roaring Gap, N.C.
1941	Alvah H. Pierce	Purchase, N.Y.
1942	John Ellis Knowles	Rye, N.Y.
1943	John Ellis Knowles	Rye, N.Y.
1944	John Ellis Knowles	Rye, N.Y.
1945	John Ellis Knowles	Rye, N.Y.

SENIOR AMATEURS

Year	Winner	Hometown
1946	John Ellis Knowles	Rye, N.Y.
1947	Col. M.S. Lindgrove	Springfield, N.J.
1948	John R. Riddell	Garden City, N.Y.
1949	Joseph M. Wells	East Liverpool, Ohio
1950	Alfred C. Ulmer	Jacksonville, Fla.
1951	Thomas C. Robbins	Mamaroneck, N.Y.
1952	Thomas C. Robbins	Mamaroneck, N.Y.
1953	Frank D. Ross	West Hartford, Conn.
1954	John Ellis Knowles	Rye, N.Y.
1955	John W. Roberts	Columbus, Ohio
1956	Frank G. Clement	Rye, N.Y.
1957	Frank G. Clement	Rye, N.Y.
1958	John W. Dawson	Palm Springs, Calif.
1959	John W. Dawson	Palm Springs, Calif.
1960	John W. Dawson	Palm Springs, Calif.
1961	John Merrill Jr.	Gr. Barrington, Mass.
1962	George Dawson	Glen Ellyn, Ill.
1963	Jack Westland	Seattle, Wash.
1964	J. Wolcott Brown	Sea Girt, N.J.
1965	Fred Brand	Pittsburgh, Pa.
1966	George Haggarty	Detroit, Mich.
1967	Robert Kiersky	Winnetka, Ill.
1968	Curtis Person	Memphis, Tenn.
1969	William Scott	San Francisco, Calif.
1970	David Goldman	Dallas, Tex.
1971	Jim Knowles	Greenwich, Conn.
1972	David Goldman	Dallas, Tex.
1973	Robert Kiersky	Delray Beach, Fla.
1974	James Knowles	So. Londonderry, Vt.
1975	Dale Morey	High Point, N.C.
1976	Dale Morey	High Point, N.C.
1977	Dale Morey	High Point, N.C.
1978	Ed Tutwiler	Indianapolis, Ind.
1979	Ed Updegraff	Tucson, Ariz.
1980	Bill Zimmerman	Columbus, Ga.
1981	Bill Hyndman	Huntingdon Valley, Pa.
1982	Lew Oehmig	Lookout Mountain, Tenn.
1983	John Kline	Houston, Tex.
1984	Bill Hyndman	Huntingdon Valley, Pa.
1985	Robert J.K. Hart	Cedarhurst, N.Y.
1986	Ed Tutwiler	Indianapolis

AMERICAN SENIORS G.A.
Match Play Championship

Year	Winner	Hometown
1935	Raleigh W. Lee	Columbus, Ohio
1936	Charles H. Jennings	Miami Beach, Fla.
1937	Charles H. Jennings	Miami Beach, Fla.
1938	Charles H. Jennings	Miami Beach, Fla.
1939	Charles H. Jennings	Miami Beach, Fla.
1940	Raleigh W. Lee	Columbus, Ohio
1941	Raymond L. Williams	Miami Beach, Fla.
1942	Raleigh W. Lee	Columbus, Ohio
1943	J. W. Dodge	Syosset, N.Y.
1944	Peter W. Herkner	Cleveland, Ohio
1945	William A. Ryan	Detroit, Mich.
1946	J. W. Dodge	Syosset, N.Y.
1947	Peter W. Herkner	Cleveland, Ohio
1948	Allen R. Rankin	Columbus, Ohio
1949	George E. Edmondson	Tampa, Fla.
1950	Allen R. Rankin	Columbus, Ohio
1951	M. E. Stephens Jr.	Sebring, Fla.
1952	Allen R. Rankin	Columbus, Ohio
1953	Thomas C. Robbins	Mamaroneck, N.Y.
1954	Judd L. Brumley	Greeneville, Tenn.
1955	Edward R. Randall	Rochester, N.Y.
1956	Judd L. Brumley	Greeneville, Tenn.
1957	Leon R. Sikes Sr.	West Palm Beach, Fla.
1958	Edward H. Randall	Rochester, N.Y.
1959	Leon R. Sikes Sr.	Palm Beach, Fla.
1960	Egon F. Quittner	Rydal, Pa.
1961	Jack Russell	Clearwater, Fla.
1962	John W. Roberts	Chicago, Ill.
1963	Bruce A. Coffin	Marblehead, Mass.
1964	Robert B. Kiersky	Boynton Beach, Fla.
1965	Dr. John C. Mercer	Sarasota, Fla.
1966	Walter A. Dowell	Walnut Ridge, Ark.
1967	Joel M. Shepherd	Kalamazoo, Mich.
1968	Walter A. Dowell	Walnut Ridge, Ark.
1969	Curtis Person Sr.	Memphis, Tenn.
1970	J. Wolcott Brown	Sea Girt, N.J.
1971	Truman Connell	Boynton Beach, Fla.
1972	Howard Everitt	Tequesta, Fla.
1973	William Hyndman III	Huntingdon Valley, Pa.
1974	Raymond E. Palmer	Clearwater, Fla.
1975	Edward W. Ervasti	London, Ontario, Canada
1976	Neil Croonquist	Edina, Minn.
1977	William Hyndman III	Huntingdon Valley, Pa.
1978	Dale Morey	High Point, N.C.
1979	C. C. Hightower	Duluth, Ga.
1980	Edward W. Ervasti	London, Ontario, Canada
1981	Neil Croonquist	Edina, Minn.
1982	Orvis Milner	Knoxville, Tenn.
1983	Ed Ervasti	London, Ontario, Canada
1984	Allan Sussel	Bala-Cynwyd, Pa.
1985	Ed Ervasti	London, Ont.
1986	C. C. Hightower	Duluth, Ga.

AMERICAN SENIORS G.A.
Stroke-play Championship

Year	Winner	Hometown
1965	J. Wolcott Brown	Sea Girt, N.J.
1966	J. Wolcott Brown	Sea Girt, N.J.
1967	Alan S. Howard	Davenport, Iowa
1968	Walter A. Dowell	Walnut Ridge, Ark.
1969	Curtis Person Sr.	Memphis, Tenn.
1970	Walter D. Bronson	Oak Brook, Ill.
1971	William Hyndman III	Huntingdon Valley, Pa.
1972	William Hyndman III	Huntingdon Valley, Pa.
1973	Walter D. Bronson	Oak Brook, Ill.
1974	William Hyndman III	Huntingdon Valley, Pa.
1975	Dale Morey	High Point, N.C.
1976	Edgar M. Tutwiler	Indianapolis, Ind.
1977	Dale Morey	High Point, N.C.
1978	William Hyndman III	Huntingdon Valley, Pa.
1979	Dale Morey	High Point, N.C.
1980	William Hyndman III	Huntingdon Valley, Pa.
1981	Dale Morey	High Point, N.C.
1982	Dale Morey	High Point, N.C.
1983	Dale Morey	High Point, N.C.
1984	Bob Rawlins	Dallas, Tex.
1985	Bob Rawlins	Dallas, Tex.
1986	Bob Rawlins	Dallas, Tex.

SENIOR AMATEURS

NORTH AND SOUTH SENIORS
Site: Pinehurst (N.C.) C.C.

Year	Winner	Hometown
1952	Judd Brumley	Greeneville, Tenn.
1953	O.V. Russell	Pinehurst, N.C.
1954	Spencer S. Overton	Baltimore, Md.
1955	Benjamin K. Kraffert	Titusville, Pa.
1956	Thomas C. Robbins	Mamaroneck, N.Y.
1957	J. Wood Platt	Philadelphia, Pa.
1958	J. Wolcott Brown	Sea Girt, N.J.
1959	Walter Pease	Plainfield, N.J.
1960	Thomas C. Robbins	Mamaroneck, N.Y.
1961	Robert Bell	Worthington, Ohio
1962	William K. Lanman	Glenview, Ill.
1963	James McAlvin	Lake Forest, Ill.
1964	James McAlvin	Lake Forest, Ill.
1965	David Goldman	Dallas, Tex.
1966	Curtis Person	Memphis, Tenn.
1967	Bob Cochran	St. Louis, Mo.
1968	Curtis Person	Memphis, Tenn.
1969	Curtis Person	Memphis, Tenn.
1970	Bob Cochran	St. Louis, Mo.
1971	David Goldman	Dallas, Tex.
1972	Bill Hyndman	Huntington Valley, Pa.
1973	Ray Palmer	Grosse Ile, Mich.
1974	David Goldman	Dallas, Tex.
1975	Harry Welch	Salisbury, N.C.
1976	Paul Severin	Richmond, Va.
1977	George Pottle	Southern Pines, N.C.
1978	Ed Ervasti	London, Ontario, Canada
1979	Dale Morey	High Point, N.C.
1980	Dale Morey	High Point, N.C.
1981	Dick Remsen	Locust Valley, N.Y.
1982	Brown McDonald	Warner Robins, Ga.
1983	Ed Ervasti	London, Ontario, Canada
1984	Howard Derrick	Huntsville, Ala.
1985	Fred Zinn	Petoskey, Mich.
1986	Joe Faison	Fayetteville, Tenn.

SOUTHERN SENIORS G.A.

Year	Winner	Hometown
1930	A. Paul Bagby	Williamsburg, Ky.
1931	Howard G. Phillips	Pinehurst, N.C.
1932	Charles H. Jennings	Miami Beach, Fla.
1933	Charles H. Jennings	Miami Beach, Fla.
1934	Francis C. Robertson	Pinehurst, N.C.
1935	Francis C. Robertson	Pinehurst, N.C.
1936	Bryson W. Biggs	Raleigh, N.C.
1937	Bryson W. Biggs	Raleigh, N.C.
1938	Robert Lowry	Shamokin, Pa.
1939	James T. Kilpatrick	Greensboro, N.C.
1940	No tournament	
1941	Bryson W. Biggs	Raleigh, N.C.
1942-46	No tournaments	
1947	W. Latimer Brown	Charlotte, N.C.
1948	Richard S. Tufts	Pinehurst, N.C.
1949	Arthur F. Lynch	Scarsdale, N.Y.
1950	Ben F. Kraffert Jr.	Titusville, Pa.
1951	Ben F. Kraffert Jr.	Titusville, Pa.
1952	Ben F. Kraffert Jr.	Titusville, Pa.
1953	Frank B. Edwards	Spartanburg, S.C.
1954	John W. Roberts	Columbus, Ohio
1955	J. Wolcott Brown	N. Palm Beach, Fla.
1956	John W. Roberts	Columbus, Ohio
1957	J. Wolcott Brown	N. Palm Beach, Fla.
1958	J. Wolcott Brown	N. Palm Beach, Fla.
1959	Quentin G. McCombs	Burlington, N.C.
1960	William S. Terrell	Charlotte, N.C.
1961	Dorsey Nevergall	Pompano Beach, Fla.
1962	Dorsey Nevergall	Pompano Beach, Fla.
1963	James Edwards	Kingsport, Tenn.
1964	John S. Connolly	Arlington, Va.
1965	Nolan S. Hatcher	Florence, Ala.
1966	Nolan S. Hatcher	Florence, Ala.
1967	Curtis Person	Memphis, Tenn.
1968	Curtis Person	Memphis, Tenn.
1969	Norton Harris	Key West, Fla.
1970	Elliott B. Smith	Greeneville, Tenn.
1971	Norton Harris	Key West, Fla.
1972	Norton Harris	Key West, Fla.
1973	B. C. McCall	Chattanooga, Tenn.
1974	George W. Pottle	Southern Pines, N.C.
1975	Neil Croonquist	Edina, Minn.
1976	Dale Morey	High Point, N.C.
1977	John P. Morrell	Charlotte, N.C.
1978	Harry Lee Welch	Salisbury, N.C.
1979	W. Brown McDonald	Warner Robins, Ga.
1980	Dale Morey	High Point, N.C.
1981	W. Brown McDonald	Warner Robins, Ga.
1982	John P. Morrell	Clover, S.C.
1983	John P. Morrell	Clover, S.C.
1984	John P. Morrell	Lake Wylie, S.C.
1985	John P. Morrell	Lake Wylie, S.C.
1986	Tom Green	Houston

WORLD SENIOR
Site: Broadmoor G.C., Colorado Springs, Colo.

Year	Winner	Hometown
1960	Harry Stransburger	Coffeyville, Kan.
1961	Howard Creel	Colorado Springs, Colo.
1962	Howard Creel	Colorado Springs, Colo.
1963	George Haggarty	Grosse Pointe, Mich.
1964	Dorsey Nevergall	Pompano Beach, Fla.
1965	Jack Barkel	Sydney, Australia
1966	Cecil Dees	Glendale, Calif.
1967	Cecil Dees	Glendale, Calif.
1968	David Goldman	Dallas, Tex.
1969	David Goldman	Dallas, Tex.
1970	Merrill Carlsmith	Hilo, Hawaii
1971	Jude Poynter	Beverly Hills, Calif.
1972	Howard Everitt	Tequesta, Fla.
1973	Bill Colm	Bakersfield, Calif.
1974	Larry Pendleton	Glendale, Calif.
1975	Truman Connell	Pompano Beach, Fla.
1976	Robert Willits	Kansas City, Mo.
1977	Earl Burt	Paradise Valley, Ariz.
1978	Earl Burt	Paradise Valley, Ariz.
1979	Earl Burt	Paradise Valley, Ariz.
1980	Richard Jennings	Lubbock, Tex.
1981	Young Chang Kim	Seoul, Korea
1982	Robert Baker	Fort Collins, Colo.
1983	William Trombley	Dallas, Tex.

SENIOR AMATEURS

1984 Robert Baker — Fort Collins, Colo.
1985 John Kline — Houston, Tex.
1986 Hong Soo Kim — Kyoto, Japan

INTERNATIONAL TEAM MATCHES

Site: Broadmoor G.C., Colorado Springs, Colo.

Year Winner (team members)
1964 United States (Howard Creel, Adrian French, Adrian McManus, George Haggarty).
1965 United States (Dorsey Nevergall, Merrill Carlsmith, Walter Bolton, Joe Dyer).
1966 United States (Ben Cowdery, Adrian French, Merrill Carlsmith, Bill Higgins, David Goldman).
1967 United States (Merrill Carlsmith, Egon Quittner, Cecil Dees, Walter Dowell).
1968 United States (Charles Selby, Egon Quittner, Walter Dowell, Len Scannell, James Quinn).
1969 United States (Len Scannell, Walter Bronson, Walter Dowell, David Goldman).
1970 United States (Walter Dowell, Curtis Person, David Goldman); Venezuela (Louis Murray, O.H. Snyder, John Bogart, L.W. Raichle, William Waldrip; tie.
1971 United States (Merrill Carlsmith, Howard Creel, Walter Dowell, Curtis Person).
1972 Philippines (Roberto Laperal, Ramon Escano, Albert Margolles, Francisco Manalac).
1973 United States (Wally Sezna, David Goldman, Tom Draper, Curtis Person).
1974 Australia (W. R. Edgar, James Grant, H. Clare Higson, Jack McCarthy, F. W. Gluth).
1975 Australia (Kevin Allen, Ken King, Lloyd Prest, Thomas Roberts).
1976 Chile (Joaquine Harnecker, Armando Chellew, Rudolfo Bullrich, Francis Reutter).
1977 Philippines (Lorenzo Guarin, Jaime Roxas, Conrado Lacson, Lauro Pacis).
1978 United States (Robert Willits, Truman Connell, Frank Hardison, Earl Burt).
1979 Panama (Roy Glickenhaus, Mel Brown, Anibal Galindo, Manuel Arias).
1980 Panama (Manuel Arias, William De La Mater, Roy Glickenhaus, Bolivar Vallarino).
1981 United States (Red Hogan, Ed Hopkins, Jim Wilson, Earl Burt).
1982 Australia (O. T. Sidwell, Max Dale, Philip Kennedy, Ernest Sheahan).
1983 Canada (Gordon Verley, Bob Dunbar, Robert Leaper, Jake Peters).
1984 Philippines (Honorio Zapata, Pete Abad, Eufracio Santos, Felicisimo San Luis).
1985 United States (Dennis Sullivan, Robert Baker, Dick Luke, Tom Messinger); Philippines (Eufracio Santos, Honorio Zapata, Pete Abab, Felicisimo San Luis).
1986 Republic of China (Peter Lim, Kim Shaw, Tong-Chan Chang, Yuan-Yuan Wuang).

BELLEAIR SENIOR

Site: Belleview-Biltmore Hotel C.C., Clearwater, Fla.

Year	Winner	Year	Winner
1959	R.M. Owen	1973	Myron Jilek
1960	George Abrams	1974	Raymond Palmer
1961	Richard Henry	1975	Raymond Palmer
1962	George Haggarty	1976	Karl Schmidt
1963	Clyde M. Haynie	1977	Edward Ervasti
1964	George Haggarty	1978	George Pottle
1965	Thurston Pettis	1979	Bud Chapman
1966	J. Wolcott Brown	1980	William J. Koressel
1967	Curtis Person	1981	Edward Hopkins Jr.
1968	Walter Dowell	1982	George Pottle
1969	Walter Dowell	1983	George Pottle
1970	Walter Dowell	1984	Edward Ervasti
1971	J. Bishop Davis	1985	Bud Chapman
1972	James Quinn	1986	Bud Chapman

PAST SENIOR AMATEUR RANKINGS

1963
1. Merrill Carlsmith
2. George Haggarty
3. James McAlvin
4. Bruce Coffin
5. Bill Higgins
6. Dexter Daniels
7. Jack Westland
8. Jack Russell
9. Adrian French
10. Fred Siegel

1964
1. Bill Higgins
2. J. Wolcott Brown
3. James McAlvin
4. Dorsey Nevergall
5. Dexter Daniels
6. John Mercer
7. Ed Murphy
8. Bob Kiersky
9. Ben Merwin
10. Bud McKinney

1965
1. Bob Kiersky
2. David Goldman
3. Curtis Person
4. John Mercer
5. Bill Terrell
6. George Beechler
7. J. Wolcott Brown
8. Bill Higgins
9. George Haggarty
10. Fred Brand Jr.

1966
1. Curtis Person
2. Dexter Daniels
3. David Goldman
4. Cecil Dees
5. Walter Dowell
6. George Haggarty
7. George Beechler
8. Merrill Carlsmith
9. J. Wolcott Brown
10. Adrian McManus

1967
1. Curtis Person
2. Raymond Palmer
3. Bob Kiersky
4. Richard Chapman
5. Joel Shepherd
6. Cecil Dees
7. Robert Cochran
8. Harold March
9. David Goldman
10. J. Wolcott Brown

1968
1. Curtis Person
2. Walter Dowell
3. David Goldman
4. Alan Howard
5. Mickey Bellande
6. J. Wolcott Brown
7. Mack Brothers
8. Bob Kiersky
9. Robert Loufek
10. Ben Goodes

SENIOR AMATEURS

1969
1. Curtis Person
2. David Goldman
3. Robert Loufek
4. Walter Dowell
5. Joel Shepherd
6. Merrill Carlsmith
7. William Scott Jr.
8. Mack Brothers
9. Raymond Palmer
10. J. Wolcott Brown

1970
1. Curtis Person
2. Gene Andrews
3. Bob Cochran
4. David Goldman
5. Tom Draper
6. Merrill Carlsmith
7. Norton Harris
8. J. Wolcott Brown
9. Walter Dowell
10. Jim Ferrie

1979
1. Dale Morey
2. Bill Campbell
3. Lew Oehmig
4. Ed Ervasti
5. Buck Hightower
6. W. B. McDonald
7. Wally Sezna
8. Ed Updegraff
9. Ed Tutwiler
10. Jack Purdum

1980
1. Bill Campbell
2. Dale Morey
3. Bill Hyndman III
4. Ed Hopkins
5. Tom Forkner
6. Ed Ervasti
7. Bill Trombley
8. Ed Tutwiler
9. Earl Burt
10. Brown McDonald

1971
1. Tom Draper
2. Truman Connell
3. Curtis Person
4. David Goldman
5. Norton Harris
6. Walter Bronson
7. J. Bishop Davis
8. Ernie Pieper
9. Jim Knowles
10. Raymond Palmer

1972
1. Lew Oehmig
2. Bill Hyndman III
3. Howard Everitt
4. David Goldman
5. Walter Sezna
6. Truman Connell
7. Curtis Person
8. James Quinn
9. Ernest Pieper
10. Tom Draper

1981
1. Ed Hopkins
2. Dale Morey
3. Neil Croonquist
4. Dick Remsen
5. Ed Updegraff
6. Roger McManus
7. Bill Hyndman III
8. Brown McDonald
9. James Wilson
10. Ed Tutwiler

1982
1. Dale Morey
2. Alton Duhon
3. Brown McDonald
4. Ed Ervasti
5. Orvis Milner
6. Lew Oehmig
7. Ed Hopkins
8. Charles Morgan
9. Ed Updegraff
10. Bill Hyndman III

1973
1. Bill Hyndman III
2. Ray Palmer
3. David Goldman
4. Harry Welch
5. Tom Draper
6. Norton Harris
7. Walter Bronson
8. Byron Jilek
9. W. F. Colm
10. Bob Kiersky

1974
1. Dale Morey
2. Ray Palmer
3. Harry Welch
4. David Goldman
5. Tom Forkner
6. Tom Draper
7. George Pottle
8. John Pottle
9. Norton Harris
10. Bill Hyndman III

1983
1. Dale Morey
2. Bill Hyndman III
3. Ed Ervasti
4. Ed Hopkins
5. Bill Trombley
6. Allan Sussel
7. Jack Van Ess
8. John Kline
9. John Owens
10. Jim Brennan

1984
1. Bob Rawlins
2. Allan Sussel
3. Howard Derrick
4. Don Adderton
5. Bill Hyndman III
6. Dale Morey
7. Frank Campbell
8. Chris Kappas
9. Glenn Johnson
10. John Owens

1975
1. William Colm
2. Harry Welch
3. Dale Morey
4. Ray Palmer
5. Neil Croonquist
6. Truman Connell
7. Ed Ervasti
8. Charles Hightower
9. Karl Schmidt
10. Herb Jackish

1976
1. Lew Oehmig
2. Karl Schmidt
3. Dale Morey
4. Charles Hightower
5. Neil Croonquist
6. Paul Severin
7. Ed Tutwiler
8. Ed Ervasti
9. Robert Willits
10. John Richardson

1985
1. Lew Oehmig
2. Bob Rawlins
3. Fred Zinn
4. Dale Morey
5. Ed Hopkins
6. Frank Campbell
7. Keith Compton
8. John Kline
9. Bill Hyndman III
10. Bud Chapman

1986
1. Bob Rawlins
2. R. S. Williams
3. Ed Tutwiler
4. Jim Frost
5. C. C. Hightower
6. John Harbottle
7. John Kline
8. Lew Oehmig
9. Tom Forkner
10. Joe Faison

1977
1. Dale Morey
2. Bill Hyndman III
3. Lew Oehmig
4. George Pottle
5. Neil Croonquist
6. Harry Welch
7. John Morell
8. Ed Ervasti
9. Richard Remsen
10. Earl Burt

1978
1. Dale Morey
2. Keith Compton
3. Ed Ervasti
4. Ed Tutwiler
5. Bill Hyndman III
6. George Pottle
7. Earl Burt
8. Glenn Johnson
9. Harry Welch
10. Tom Forkner

USGA SENIOR WOMEN'S AMATEUR

Year	Winner	Site
1962	Maureen Orcutt	Manufacturers' G. & C.C.
1963	Sis Choate	C.C. of Florida
1964	Loma Smith	Del Paso C.C.
1965	Loma Smith	Exmoor C.C.
1966	Maureen Orcutt	Lakewood C.C.
1967	Marge Mason	Atlantic City C.C.
1968	Carolyn Cudone	Monterey Peninsula C.C.
1969	Carolyn Cudone	Ridglea C.C.
1970	Carolyn Cudone	Coral Ridge C.C.

SENIOR AMATEURS

Year	Winner	Site
1971	Carolyn Cudone	Sea Island G.C.
1972	Carolyn Cudone	Manufacturers' G. & C.C.
1973	Gwen Hibbs	San Marcos C.C.
1974	Justine Cushing	Lakewood G.C.
1975	Alberta Bower	Rhode Island C.C.
1976	Cecile H. Maclaurin	Monterey Peninsula C.C.
1977	Dorothy Porter	Dunes G. & Beach Club
1978	Alice Dye	Rancho Bernardo G.C.
1979	Alice Dye	Hardscrabble C.C.
1980	Dorothy Porter	Sea Island G.C.
1981	Dorothy Porter	Spring Lake G.C.
1982	Edean Ihlanfeldt	Kissing Camels G.C.
1983	Dorothy Porter	Gulph Mills G.C.
1984	Constance Guthrie	Tacoma C. & G.C.
1985	Marlene Streit	Savannah C.C.
1986	Connie Guthrie	Lakewood G.C.

U.S. SENIOR WOMEN'S AMATEUR CHAMPIONSHIP SCORING RECORDS

Lowest single-round score
70, Alice Dye, 1979; Janice Calin, 1984; Marlene Streit, 1985.
Lowest score
223, Alice Dye, 1979.
Largest margin of victory
10 strokes, Carolyn Cudone, 1968.

U.S. SENIOR WOMEN'S AMATEUR CHAMPIONSHIP NOTES OF INTEREST

Most victories
5, Carolyn Cudone, 1968-69-70-71-72.
Consecutive winners
Loma Smith, 1964-65; Carolyn Cudone, 1968-69-70-71-72; Alice Dye, 1978-79; Dorothy Porter, 1980-81.
Shortest course
Ridgelea C.C., Fort Worth, Tex., 5,650 yards, 1969.
Longest course
The Country Club of Florida, Delray Beach, Fla., 6,225 yards, 1963.

"DOUBLE" WINNER
Dorothy Porter is the only winner of both the U.S. Women's Amateur (1949) and the U.S. Senior Women (1977, 1980, 1981, 1983).

USGA SENIOR WOMEN'S G.A.

Year	Winner	Site
1924	Mrs. G.W. Roope	Westchester C.C.
1925	Georgianna Bishop	Westchester C.C.
1926	Georgianna Bishop	Westchester C.C.
1927	Leila DuBois	Westchester C.C.
1928	Georgianna Bishop	Westchester C.C.
1929	Mrs. G.W. Roope	Westchester C.C.
1930	Mrs. S.S. Laird Jr.	Westchester C.C.
1931	Leila DuBois	Westchester C.C.
1932	Leila DuBois	Westchester C.C.
1933	Mrs. Clarence Vanderbeck	Westchester C.C.
1934	Mrs. Clarence Vanderbeck	Westchester C.C.
1935	Leila DuBois	Westchester C.C.
1936	Mrs. Edward Stevens	Westchester C.C.
1937	Mrs. J.H. Lapham	Westchester C.C.
1938	Mrs. E.L. Howe	Westchester C.C.
1939	Mrs. E.L. Howe	Westchester C.C.
1940	Mrs. Edward Stevens	Westchester C.C.
1941	Mrs. Edward Stevens	Westchester C.C.
1942-1943	—No Tournament.	
1944	Mrs. Edward Stevens	Westchester C.C.
1945	Mrs. S. Hinman Bird	Westchester C.C.
1946	Mrs. Edward Stevens	Westchester C.C.
1947	Katherine Foster	Westchester C.C.
1948	Mrs. Robert B. Meckley	Westchester C.C.
1949	Mrs. Robert F. Beard	Westchester C.C.
1950	Mrs. Robert B. Meckley	Westchester C.C.
1951	Mrs. Walter A. Reynolds	Westchester C.C.
1952	Mrs. Richard Hellman	Westchester C.C.
1953	Mrs. Henri Prunaret	Westchester C.C.
1954	Mrs. J. Walker Hoopes	Westchester C.C.
1955	Mrs. Harrison F. Flippin	Westchester C.C.
1956	Mrs. Harrison F. Flippin	Westchester C.C.
1957	Mrs. Harrison F. Flippin	Westchester C.C.
1958	Mrs. Harrison F. Flippin	Westchester C.C.
1959	Mrs. Harrison F. Flippin	Westchester C.C.
1960	Mrs. Edwin H. Vare Jr.	Westchester C.C.
1961	Mrs. Theodore W. Hawes	Westchester C.C.
1962	Mrs. Harrison F. Flippin	Westchester C.C.
1963	Mrs. Charles F. Bartholomew	Westchester C.C.
1964	Mrs. Allison Choate	Westchester C.C.
1965	Mrs. Allison Choate	Westchester C.C.
1966	Mrs. Allison Choate	Westchester C.C.
1967	Mrs. Wiliam K. Stripling Jr.	Westchester C.C.
1968	Mrs. Allison Choate	Westchester C.C.
1969	Mrs. Allison Choate	Westchester C.C.
1970	Mrs. E.C. Kip Finch	Westchester C.C.
1971	Mrs. Donald O'Brien	Buck Hill G.C.
1972	Mrs. John Haskell	Buck Hill G.C.
1973	Mrs. Robert Lyle	Buck Hill G.C.
1974	Mrs. Mark A. Porter	Buck Hill G.C.
1975	Mrs. Harton S. Semple	Mid Pines Resort
1976	Mrs. Mark A. Porter	Mid Pines Resort
1977	Mrs. William E. Gilmore	Mid Pines Resort
1978	Mrs. William E. Gilmore	Mid Pines Resort
1979	Mrs. Mark A. Porter	Mid Pines Resort
1980	Mrs. William E. Gilmore	Mid Pines Resort
1981	Mrs. Mark A. Porter	Mid Pines Resort
1982	Mrs. John B. Eshelman	Mid Pines Resort
1983	Mrs. Mark A. Porter	Mid Pines Resort
1984	Mrs. Betty Probasco	Mid Pines Resort
1985	Mrs. Betty Probasco	Mid Pines Resort
1986	Mrs. Betty Probasco	Mid Pines Resort

SOUTHERN SENIORS G.A. WOMEN

Year	Winner	Site
1972	Bunny MacAlpine	Summit, N.J.
1973	Bunny MacAlpine	Summit, N.J.
1974	Betty Brady	Hilton Head Island, S.C.
1975	Virginia LaCour	Daytona Beach, Fla.
1976	Shirley Selman	Whispering Pines, N.C.
1977	Louise Hightower	Duluth, Ga.
1978	Louise Hightower	Duluth, Ga.
1979	Goody Manzone	Ocala, Fla.

SENIOR AMATEURS

1980 Anne Coupe — Rochester, N.Y.
1981 Harriet Null — Corpus Christi, Tex.
1982 Marjorie Kennoy — Fort Myers, Fla.
1983 Blossom McBride — Sea Island, Ga.
1984 Laverta Cassady — Vero Beach, Fla.
1985 Laverta Cassady — Vero Beach, Fla.
1986 Deborah Leeming — Hilton Head Island, S.C.

WOMEN'S WESTERN SENIOR

Year	Winner	Site
1979	Alice Dye	Arizona Biltmore C.C.
1980	Alice Dye	Barrington, Hills C.C.
1981	Alice Dye	Breakers Hotel C.C.
1982	Alice Dye	La Quinta Hotel G.C.
1983	Alice Dye	La Quinta Hotel G.C.
1984	Janice Calin	John's Island C.
1985	Janice Calin	Wakonda C.
1986	Connie Guthrie	Mid Pines Resort

WOMEN'S NORTH AND SOUTH SENIOR

Site: Pinehurst (N.C.) C.C.

Year	Winner	Hometown
1958	Mrs. Harrison Flippin	Merion, Pa.
1959	Mrs. Charles Bartholomew	Dedham, Mass.
1960	Maureen Orcutt	White Beeches, N.J.
1961	Maureen Orcutt	White Beeches, N.J.
1962	Maureen Orcutt	White Beeches, N.J.
1963	—No tournament	
1964	Mrs. John Haskell	Wanango, Pa.
1965	Mrs. Reinert Torgerson	Cherry Valley, N.Y.
1966	Mrs. John Pennington	Buffalo, N.Y.
1967	Mrs. Frederic Paffard Jr.	Allegheny, Pa.
1968	Mrs. Douglass Couple	Schuyler Meadows, N.Y.
1969	Carolyn Cudone	Myrtle Beach, S.C.
1970	Carolyn Cudone	Myrtle Beach, S.C.
1971	Mrs. Harton Semple	Sewickley, Pa.
1972	Carolyn Cudone	Myrtle Beach, S.C.
1973	Carolyn Cudone	Myrtle Beach, S.C.
1974	Carolyn Cudone	Myrtle Beach, S.C.
1975	Carolyn Cudone	Myrtle Beach, S.C.
1976	Ceil Maclaurin	Savannah, Ga.
1977	Ceil Maclaurin	Savannah, Ga.
1978	Mrs. I. Wayne Rutter	Williamsville, N.Y.
1979	Ceil Maclaurin	Savannah, Ga.
1980	Ceil Maclaurin	Savannah, Ga.
1981	Betty Probasco	Lookout Mtn., Tenn.
1982	Jan Calin	Edina, Minn.
1983	Barbara Young	Westport, Conn.
1984	Barbara Young	Westport, Conn.
1985	Barbara Young	Westport, Conn.
1986	Ceil Maclaurin	Savannah, Ga.

CHAPTER 7

COLLEGE GOLF

1986 College Year Review	239
1986 Men's Collegiate Results	240
Past NCAA Team, Individual Winners	241
All-American Teams	243
1986 Women's Collegiate Results	244

COLLEGE GOLF

Wake Forest Rallies to Top Oklahoma State in NCAA

MEN

It's been awhile, but Wake Forest once again is back atop the nation's collegiate golf circles. The Demon Deacons produced a terrific rally over the final nine holes of the 1986 Division 1 championship to defeat favored Oklahoma State by four strokes, 1,156-1,160. It was Wake Forest's first NCAA crown since the Curtis Strange/Jay Haas-powered teams of 1974 and 1975.

Coach Jesse Haddock's team went into the competition at the Bermuda Run Golf and Country Club in its hometown, Winston-Salem, N.C., on a high note. A few weeks earlier the Deacons had swamped a strong field, including Oklahoma State, in winning the Chris Schenkel Intercollegiate.

For 63 holes Oklahoma State and its star, Scott Verplank, played as expected. The Cowboys were 12 strokes ahead of the field and Verplank the individual leader with nine holes to go. However, Wake Forest gained 16 strokes on Oklahoma State over the final nine, and Verplank, although he won the individual title with a 282, didn't help with an incoming 40. Verplank turned professional after this event, but not before being awarded the Fred Haskins Award as the nation's outstanding collegiate golfer.

Wake Forest's team included seniors Chris Kite (289) and Billy Andrade (290) and freshmen Len Mattiace (290), Tim Straub (294) and Barry Fabyan (302). Houston's Standly placed second in the individual.

Florida Southern won its second straight NCAA Division II title, and the winner's Lee Janzen took the individual. In Division III, Cal State-Stanislaus won its third straight title, while the individual went to Worcester Polytech's Eric Meebach. Defending champion Huntington College won the NAIA; Rob Odom of Guilford and Jon Hough of Kennesaw tied for the individual.

WOMEN

In the NCAA women's, the University of Florida won its second straight title, the first to do so. Florida's Page Dunlap, a junior, took the individual with a 291. Michelle Estill, Arizona State, and Caroline Keggi, New Mexico, tied for second at 292. Other Lady Gators were freshmen Karen Davies (296) and Lisa Nedoba (297), junior Cheryl Mosley (302) and senior Lisa Stanley (304).

Florida was two strokes behind Miami (Fla.) with nine holes to go, but the Lady Gators outscored their rivals by 10 through 18 to win, 1,180-1,188. Florida coach Mimi Ryan, voted the National Golf Coaches Association coach of the year, led her team to victories in nine of 11 events, with an average margin of 19 strokes.

Members of the 1986 All-American Collegiate golf team are (from left) Philip Jones, Lamar; Peter Persons, Georgia; Jim Benepe, Northwestern; Scott Verplank, Oklahoma State; Chris Kite, Wake Forest; Sam Randolph, Southern California; Brent Franklin, Brigham Young. Not pictured: Brian Watts, Oklahoma State.

COLLEGE GOLF
1986 COLLEGIATE RESULTS

MEN
ALABAMA INTERCOLL.: Auburn; Greg Jones, S. Ala.
ALL-AMERICA: Okla.; Todd Hamilton, Okla.
ARIZ. INV.: Ariz. St.; Rick Todd, Tex.-El Paso.
ASU INTERCOLL.: N. Mex. Military; Derek Crawford, N. Mex. Military.
ATLANTIC COAST: UNC; John Hughes, UNC.
AUBREY APPLE: UNC-Charlotte; Chris Hunsucker, UNC-Charlotte.
BALL STATE: Ball State; Jeff Wilson, Louisville.
BAYLOR INV.: Texas Christian; Jim Sorenson, Texas Christian.
BIG EAST: St. Johns; Shane Drury, Providence C.
BIG 8: Oklahoma St.; Brian Watts, Oklahoma St.
BIG 10: Ohio St.; Jim Benepe, Northwestern, and Steve Stricker, Illinois (tie).
BIG SOUTH: Augusta C.; Taylor Smith, Augusta C.
BILL BRYANT: Tex.-El Paso; Rick Todd, Tex.-El Paso.
BLACK KNIGHT: Army; Kevin Giancola, Central Conn.
BORDER OLYMPICS: Okla. St.; Philip Jonas, Lamar.
BRONCO: N. Mex.; John Kienle, N. Mex.
BUCKEYE: Okla. St.; Michael Bradley, Okla. St.
BUTLER: Ohio St.; Tom Stankowski, Ariz. St.
CAPE CORAL: Miss.; Carl Stromberg, Jacksonville.
CHRIS SCHENKEL: Wake Forest; Chris Kite, Wake Forest.
COLONIAL AA: Richmond; Rob Gai, Richmond.
COUGAR: BYU; Steve Schneiter, BYU.
CROWN COLONY: Houston; Mike Standly, Houston, Todd Franks, Texas, Mark Pendaries, Houston (3-way tie).
DELTA ST.: Tenn.-Martin; Creed Caudill, Delta St.
DIXIE: Ga. Tech; Lan Gooch, Miss.
DRAKE RELAYS: Iowa; Steven Madsen, Kansas and Rob Self, Wichita (tie).
ECAC: Central Conn.; John Parsons, Hartford.
ELK RIVER: Wake Forest; Tim Straub, Wake Forest.
FLA. INTERCOLL.: Fla. St.; Nolan Henke, Fla. St.
FLA. GATOR: LSU; John Fridge, Auburn.
FOREST HILLS: Augusta C.; Roger Rowland, Augusta C.
FRESNO ST.: Ariz. St.; Brent Franklin, BYU.
FRIPP ISLAND: Ball St.; Joel Padfield, Ball St.
FURMAN INTERCOLL.: Furman; Jack Kay, Furman.
GAMECOCK: Clemson; Bryan Sullivan, UNC.
GOLF WORLD INTERCOLL: Okla. St.; Michael Bradley, Okla. St.
GOODYEAR: W. Ky.; Eddie Carmichael, W. Ky.
GR. BOSTON: Tufts; Chris Vandevelde, B.C.
HARVEY PENICK: Texas; Bob Estes, Texas.
HAWK CL.: Hartford; John Parsons, Hartford.
HENRY HOMBERG: Okla St.; Colin Montgomerie, Houston-Baptist.
HILTON HEAD: Ga. Tech; Jeff Lankford, NC St.
IMPERIAL LAKES: Fla.; Peter Persons, Ga.
INDIANAPOLIS: Ball St.; Joel Padfield, Ball St.
IRON DUKE: Ga. Tech; Bill McDonald, Ga. Tech.
IVY LEAGUE: Princeton; Jim Bird, Cornell.
JAMES MADISON: (Spring) Va. Commonwealth; Rea Keller, Va. Commonwealth. (Fall) Richmond; Russ Frickie, Richmond.
JAMES McIVER: Sam Houston St.; Kirk Johnson, Sam Houston St.
JERRY PATE: Columbus C.; Peter Dyson, W. Fla.
JOHN BURNS: Southern Cal.; Philip Jonas, Lamar.
JOHN RYAN: Ga. Tech; John Hughes, UNC.
KANSAS: Missouri; Brian McGrevey, Kansas.
KINGSMILL: UNC-Charlotte; Dave Teem, UNC-Wilmington.
KINGWOOD: Houston; Marc Pendaries, Houston.
LSU CL.: Okla. St.; Jorge Coghlan, Texas A&M.
LSU INV.: Fla.; Philip Jonas, Lamar.
LU ELLEN GIBBS: Sam Houston St.; Colin Montgomerie, Houston Baptist.
MASS. INTERCOLL.: Salem St.; Eric Meerbach, Worcester Poly.
MIAMI/DORAL: Miami; Bob McDonnell, Ga. Tech.
MID-AMER. CONF.: Ball St.; Mark Brewer, Miami (Ohio).
MID-AMER. INV.: Ohio St.; Jim Benepe, Northwestern.
MIDWEST C.: Evansville C.; Tom Nelson, Evansville C.
MO. VALLEY: Wichita St.; Doug Brenneman, Wichita St.
MORRIS WILLIAMS: Houston; Jeff Maggert, Texas A&M.
NAIA: Huntingdon (Ala.); Jon Hough, Kennesaw and Rod Odum, Guilford (tie).
NAT'L JC: Fla. JC; John Lindberg, Fla. JC.
NCAA DIV. I: Wake Forest; Scott Verplank, Okla. St.
NCAA DIV. II: Fla. Southern; Lee Janzen, Fla. Southern.
NCAA DIV. III: Cal. State-Stanislaus; Eric Meerbach, Worcester Poly.
NEW ENGLAND: Hartford; Tim Petrovic, Hartford.
NEW MEX. ST.: Fresno St.; Tim Loustalot, Fresno St.
NORTHERN IOWA: Illinois; Steve Stricker, Illinois.
OHIO VALLEY: E. Ky.; Bruce Oldendick, E. Ky.
OREGON ST.: Oregon St.; Bo Davies, Idaho.
PAC 10: Southern Cal.; Don Walsworth, Stanford.
PACIFIC COAST: Fresno St.; Kevin Sutherland, Fresno St.
PALMETTO: NC St.; John Hughes, UNC.
PAN AMERICAN: Texas A&M; Roy MacKenzie, Texas A&M.
PANHANDLE: Columbus C.; Hugh Royer, Columbus C.
PURDUE: Miami (Ohio); Mark Brewer, Miami (Ohio).
RAFAEL ALARCON: Okla. St.; Chris Kite, Wake Forest.
RAYBURN: Sam Houston St.; Daryl Walker, Sam Houston St.
SEMINOLE: Miami; Woody Austin, Miami.
SHOCKER: Tulsa; Andre Bossert, Tulsa.
SHORTER: Ga. C.; Fritz Johnson, Ga. C.
SILVERADO: Stanislaus; Glenn Andrade, Stanislaus.
SE REGIONAL: Fla. Southern; Lee Janzen, Fla. Southern.
SE INTERCOLL: Ga.; Jeremy Robinson, Fla. St.
SOUTHERN CONF.: Furman; Tim Kies, Marshall.
SOUTHERN JR.-SR.: W. Fla.; Joe Hamorski, W. Fla. (Sr.); Brevard (Fla.); Johan Rystrom, Fla. JC. (Jr.).
SOUTHLAND: Lamar; Philip Jonas, Lamar.
S. FLORIDA CL.: Fla.; Adam Armagost, Fla.

COLLEGE GOLF

SW CONF.: Texas Christian; Jim Sorenson, Texas Christian.
SW INTERCOLL.: Ariz. St.; Larry Silveira, Ariz.
STANFORD INTERCOLL.: Fresno St.; Bill Mayfair, Ariz. St.
STANISLAUS: Sacramento St.; Frank Schiro, Sacramento St
SUGAR CREEK: Houston; Steve Jackson, Houston.
SUN DEVIL/THUNDERBIRDS: BYU; Eduardo Herrera, BYU.
SUN BELT: S. Fla.; Dean Hiers, S. Fla.
TAR HEELS: UNC; Kurt Beck, UNC.
TOSKI: Hartford; John Parsons, Hartford.
USA/JAPAN: Okla.; Todd Hamilton, Okla.
VIRGINIA ST.: Old Dominion; John McHenry, William & Mary (U. Div.); Liberty C.; Richard Hardy, Longwood C. (C. Div.).
WALT McLAUGHLIN: Penn St.; Terry Hertzog, Penn St.
WEST COAST: San Francisco; Jay Jackson, San Francisco.
WEST POINT: Temple; Chuck Crawford, Kent St.
WM. TUCKER: BYU; Kevin Gai, Texas-El Paso.
WISCONSIN ST. CONF.: Eau Claire; Ron Clark, La Crosse.
WOODLANDS: Houston; Marc Pendaries, Houston.
YALE INTERCOLL.: Hartford, Geoff Sisk, Temple.

NCAA DIVISION I
INDIVIDUAL CHAMPIONS

Year	Winner	School
1897	Louis Bayard Jr.	Princeton
1898	John Reid Jr.	Yale
	James Curtis	Harvard
1899	Percy Pyne	Princeton
1901	H. Lindsley	Harvard
1902	Charles Hitchcock Jr.	Yale
	Chandler Egan	Harvard
1903	F.O. Reinhart	Princeton
1904	A.L. White	Harvard
1905	Robert Abbott	Yale
1906	W.E. Clow Jr.	Yale
1907	Ellis Knowles	Yale
1908	H.H. Wilder	Harvard
1909	Albert Seckel	Princeton
1910	Robert Hunter	Yale
1911	George Stanley	Yale
1912	F.C. Davison	Harvard
1913	Nathaniel Wheeler	Yale
1914	Edward Allis	Harvard
1915	Francis Blossom	Yale
1916	J.W. Hubbell	Harvard
1917-18	No tournaments	
1919	A.L. Walker Jr.	Columbia
1920	Jess Sweetster	Yale
1921	Simpson Dean	Princeton
1922	Pollack Boyd	Dartmouth
1923	Dexter Cummings	Yale
1924	Dexter Cummings	Yale
1925	Fred Lamprecht	Yale
1926	Fred Lamprecht	Yale
1927	Watts Gunn	Georgia Tech
1928	Maurice McCarthy	Georgetown
1929	Tom Aycock	Yale
1930	G.T. Dunlap Jr.	Princeton
1931	G.T. Dunlap Jr.	Princeton
1932	J.W. Fischer	Michigan
1933	Walter Emery	Oklahoma
1934	Charles Yates	Georgia Tech
1935	Ed White	Texas
1936	Charles Kocsis	Michigan
1937	Fred Haas Jr.	Louisiana State
1938	John Burke	Georgetown
1939	Vincent D'Antoni	Tulane
1940	Dixon Brooke	Virginia
1941	Earl Stewart	Louisiana State
1942	Frank Tatum Jr.	Stanford
1943	Wallace Ulrich	Carleton
1944	Louis Lick	Minnesota
1945	John Lorms	Ohio State
1946	George Hamer	Georgia
1947	Dave Barclay	Michigan
1948	Bob Harris	San Jose State
1949	Harvie Ward	North Carolina
1950	Fred Wampler	Purdue
1951	Tom Nieporte	Ohio State
1952	Jim Vickers	Oklahoma
1953	Earl Moeller	Oklahoma State
1954	Hillman Robbins	Memphis State
1955	Joe Campbell	Purdue
1956	Rick Jones	Ohio State
1957	Rex Baxter Jr.	Houston
1958	Phil Rodgers	Houston
1959	Dick Crawford	Houston
1960	Dick Crawford	Houston
1961	Jack Nicklaus	Ohio State
1962	Kermit Zarley	Houston
1963	R.H. Sikes	Arkansas
1964	Terry Small	San Jose State
1965	Marty Fleckman	Houston
1966	Bob Murphy	Florida
1967	Hale Irwin	Colorado
1968	Grier Jones	Oklahoma State
1969	Bob Clark	Los Angeles State
1970	John Mahaffey	Houston
1971	Ben Crenshaw	Texas
1972	Ben Crenshaw	Texas
	Tom Kite	Texas
1973	Ben Crenshaw	Texas
1974	Curtis Strange	Wake Forest
1975	Jay Haas	Wake Forest
1976	Scott Simpson	Southern California
1977	Scott Simpson	Southern California
1978	David Edwards	Oklahoma State
1979	Gary Hallberg	Wake Forest
1980	Jay Don Blake	Utah State
1981	Ron Commans	Southern California
1982	Billy Ray Brown	Houston
1983	Jim Carter	Arizona State
1984	John Inman	North Carolina
1985	Clark Burroughs	Ohio State
1986	Scott Verplank	Oklahoma State

Note: 1898, 1902 had spring and fall championships.

COLLEGE GOLF

TEAM CHAMPIONS (DIV. I)

Year	Winner
1897	Yale University
1898	Harvard University
	Yale University
1899	Harvard University
1900	No meet
1901	Harvard University
1902	Yale University
	Harvard University
1903	Harvard University
1904	Harvard University
1905	Yale University
1906	Yale University
1907	Yale University
1908	Yale University
1909	Yale University
1910	Yale University
1911	Yale University
1912	Yale University
1913	Yale University
1914	Princeton University
1915	Yale University
1917-18	No tournaments
1919	Princeton University
1920	Princeton University
1921	Dartmouth University
1922	Princeton University
1923	Princeton University
1924	Yale University
1925	Yale University
1926	Yale University
1927	Princeton University
1928	Princeton University
1929	Princeton University
1930	Princeton University
1931	Yale University
1932	Yale University
1933	Yale University
1934	Michigan University
1935	Michigan University
1936	Yale University
1937	Princeton University
1938	Stanford University
1939	Stanford University
1940	Princeton, Louisiana State
1941	Stanford University
1942	Stanford, Louisiana State
1943	Yale University
1944	Notre Dame University
1945	Ohio State University
1946	Stanford University
1947	Louisiana State University
1948	San Jose State University
1949	North Texas State University
1950	North Texas State University
1951	North Texas State University
1952	North Texas State University
1953	Stanford University
1954	Southern Methodist University
1955	Louisiana State University
1956	University of Houston
1957	University of Houston
1958	University of Houston
1959	University of Houston
1960	University of Houston
1961	Purdue University
1962	University of Houston
1963	Oklahoma State University
1964	University of Houston
1965	University of Houston
1966	University of Houston
1967	University of Houston
1968	Florida University
1969	University of Houston
1970	University of Houston
1971	Texas University
1972	Texas University
1973	Florida University
1974	Wake Forest University
1975	Wake Forest University
1976	Oklahoma State University
1977	University of Houston
1978	Oklahoma State University
1979	Ohio State University
1980	Oklahoma State University
1981	Brigham Young University
1982	University of Houston
1983	Oklahoma State University
1984	University of Houston
1985	University of Houston
1986	Wake Forest University

NCAA COLLEGE DIVISION II
INDIVIDUAL CHAMPIONS

Year	Winner	School
1963	Gary Head	Middle Tenn. State
1964	John Kurzynowski	Aquinas
1965	Larry Gilbert	Middle Tenn. State
1966	Bob Smith	Sacramento State
1967	Larry Hinson	East Tenn. State
1968	Mike Nugent	Lamar
1969	Mike Spang	Portland State
	Corky Bassler	Northridge State
1970	Gary McCord	California (Riverside)
1971	Stan Stopa	New Orleans
1972	Jim Hilderbrand	Ashland
1973	Paul Wise	Fullerton State
1974	Matt Bloom	California (Riverside)
1975	Jerry Wisz	California (Irvine)
1976	Mike Nicolette	Rollins
1977	David Thornally	Arkansas (Little Rock)
1978	Thomas Brannen	Columbus
1979	Tom Gleeton	Florida Southern
1980	Paul Perini	Troy State
1981	Tom Patri	Florida Southern
1982	Vic Wilk	Northridge State
1983	Greg Chapman	Stephen F. Austin
1984	Greg Cate	Central Connecticut
1985	Hugh Royer	Columbus
1986	Lee Janzen	Florida Southern

COLLEGE GOLF

TEAM CHAMPIONS (DIV. II)

Year	Winner
1963	Southwest Missouri State
1964	Southern Illinois
1965	Middle Tennessee State
1966	Chico State
1967	Lamar
1968	Lamar
1969	Northridge State
1970	Rollins
1971	New Orleans
1972	New Orleans
1973	Northridge State
1974	Northridge State
1975	California (Irvine)
1976	Troy State
1977	Troy State
1978	Columbus
1979	California (Davis)
1980	Columbus
1981	Florida Southern
1982	Florida Southern
1983	Southwest Texas State
1984	Troy State
1985	Florida Southern
1986	Florida Southern

NCAA COLLEGE DIVISION III
INDIVIDUAL CHAMPIONS

Year	Winner	School
1975	Charles Baskervill	Hampden-Sydney
1976	Dan Lisle	Stanislaus State
1977	David Downing	Southeast Massachusetts
1978	Jim Quinn	Oswego State
1979	Mike Bender	Stanislaus State
1980	Mike Bender	Stanislaus State
1981	Ryan Fox	North Carolina (Greensboro)
1982	Cliff Smith	Stanislaus State
1983	Matt Clarke	Allegheny State
1984	Bob Osborn	Redlands
1985	Brian Goldsworthy	Central (Ia.)
1986	Eric Meerbach	Worcester Poly

TEAM CHAMPIONS (DIV. III)

Year	Winner	Year	Winner
1975	Wooster College	1976	Stanislaus State
1977	Stanislaus State	1978	Stanislaus State
1979	Stanislaus State	1980	Stanislaus State
1981	Stanislaus State	1982	Ramapo College
1983	Allegheny College	1984	Stanislaus State
1985	Stanislaus State	1986	Stanislaus State

ALL-AMERICAN COLLEGIATE TEAMS
Selected by the All-American Collegiate Golf Foundation

1965
Marty Fleckman, Houston; Randy Petri, Houston; Bob Dickson, Oklahoma State; Sherman Finger, Southern California; Laurie Hammer, Florida; James Wiechers, Santa Clara.

1966
Bob Murphy, Florida; Sherman Finger, Southern California; Bob Dickson, Oklahoma State; Vinny Giles, Georgia; George Boutell, Arizona State; Arne Dokka, California State.

1967
Bunky Henry, Georgia Tech; Hale Irwin, Colorado; Johnny Miller, Brigham Young; B.R. McLendon, Louisiana State; Hal Underwood, Houston; Ross Randall, San Jose State.

1968
Hal Underwood, Houston; Grier Jones, Oklahoma State; Ben Kern, New Mexico; Jack Lewis, Wake Forest; Steve Melnyk, Florida; Mike Morley, Arizona State; Kemp Richardson, Southern California; Bill Brask, Minnesota.

1969
Bob Clark, California State at Los Angeles; Joe Inman, Wake Forest; Drue Johnson, Arizona; Wayne McDonald, Indiana; Steve Melynk, Florida; John Mahaffey, Houston; Jack Lewis, Wake Forest; Gary Sanders, Southern California.

1970
John Mahaffey, Houston; Bob Clark, California State at Los Angeles; Wayne McDonald, Indiana; Howard Twitty, Arizona State; Tom Valentine, Georgia; Mark Hayes, Oklahoma State; Bruce Ashworth, Houston; Lanny Wadkins, Wake Forest.

1971
Jim Simons, Wake Forest; Lanny Wadkins, Wake Forest; Ben Crenshaw, Texas; Gary Sanders, Southern California; Mark Hayes, Oklahoma State; Bill Hoffer, Purdue; Ray Leach, Brigham Young; John Mills, Houston; Andy North, Florida.

1972
Ben Crenshaw, Texas; Tom Kite, Texas; Jim Simons, Wake Forest; Danny Edwards, Oklahoma State; Craig Griswold, Oregon; Steve Groves, Ohio State; Gary Koch, Florida; Howard Twitty, Arizona State.

1973
Ben Crenshaw, Texas; Danny Edwards, Oklahoma State; Jimmy Ellis, Georgia Southern; Steve Groves, Ohio State; Gary Koch, Florida; Craig Stadler, Southern California; Lance Suzuki, Brigham Young; Bill Rogers, Houston.

1974
Keith Fergus, Houston; John Harris, Minnesota; Tom Jones, Oklahoma State; Gary Koch, Florida; Bill Kratzert,

COLLEGE GOLF

Georgia; Mike Reid, Brigham Young; Craig Stadler, Southern California; Curtis Strange, Wake Forest.

1975
Andy Bean, Florida; Keith Fergus, Houston; Jaime Gonzalez, Oklahoma; Jay Haas, Wake Forest; Mark Lye, San Jose State; Mike Reid, Brigham Young; Phil Hancock, Florida; Jerry Pate, Alabama; Kelly Roberts, Indiana; Curtis Strange, Wake Forest.

1976
Curtis Strange, Wake Forest; Jay Haas, Wake Forest; Keith Fergus, Houston; Phil Hancock, Florida; Mike Brannan, Brigham Young; Ralph Guarasci, Ohio State; Lindy Miller, Oklahoma State; Scott Simpson, Southern California.

1977
Scott Simpson, Southern California; Lee Mikles, Arizona State; Buddy Gardner, Auburn; Ed Fiori, Houston; David Edwards, Oklahoma State; Chip Beck, Georgia; John Cook, Ohio State; Gary Hallberg, Wake Forest.

1978
Lindy Miller, Oklahoma State; David Edwards, Oklahoma State; Bobby Clampett, Brigham Young; Curt Worley, San Diego State; Gary Hallberg, Wake Forest; Chip Beck, Georgia; John Cook, Ohio State; John Stark, Houston; Mike Gove, Weber State.

1979
Fred Couples, Houston; Bob Tway, Oklahoma State; Scott Watkins, Arizona State; Wayne DeFrancesco, Louisiana State; Bobby Clampett, Brigham Young; John Cook, Ohio State; Gary Hallberg, Wake Forest; Corey Pavin, UCLA.

1980
Bob Tway, Oklahoma State; Bobby Clampett, Brigham Young; Joey Sindelar, Ohio State; Gary Hallberg, Wake Forest; Jay Don Blake, Utah State; Tim Norris, Fresno State; Hal Sutton, Centenary; Fred Couples, Houston.

1981
Keith Clearwater, Brigham Young; Joey Sindelar, Ohio State; Ray Barr, Houston; Bob Tway, Oklahoma State; Jay Don Blake, Utah State; Ron Commans, Southern California; Joe Rassett, Oral Roberts; Jodie Mudd, Georgia Southern.

1982
Billy Ray Brown, Houston; John Slaughter, Houston; Corey Pavin, UCLA; Jay Delsing, UCLA; Jeff Hart, Southern California; Willie Wood, Oklahoma State; Brad Faxon, Furman; Chris Perry, Ohio State; Rich Fehr, Brigham Young.

1983
Mark Brooks, Texas; Jim Carter, Arizona State; Brandel Chamblee, Texas; Andrew Magee, Oklahoma; Steve Pate, UCLA; Chris Perry, Ohio State; Greg Twiggs, San Diego State; Willie Wood, Oklahoma State; Brad Faxon, Furman; Nolan Mills, North Carolina State; Tommy Moore, Oklahoma State.

1984
Philip Parkin, Texas A&M; Steve Elkington, Houston; Sam Randolph, Southern California; Dave Peege, Mississippi; Scott Verplank, Oklahoma State; Rich Fehr, Brigham Young; Bob Wolcott, Georgia; Chris Perry, Ohio State; John Inman, North Carolina.

1985
L. Duffy Waldorf, UCLA; Clark Burroughs, Ohio State; Trevor Dodds, Lamar; Steve Elkington, Houston; Davis Love, North Carolina; Dave Peege, Mississippi; Sam Randolph, Southern California; Scott Verplank, Oklahoma State.

1986
Sam Randolph, Southern California; Scott Verplank, Oklahoma State; Jim Benepe, Northwestern; Philip Jonas, Lamar; Chris Kite, Wake Forest; Peter Persons, Georgia; Brian Watts, Oklahoma State; Brent Franklin, Brigham Young.

1986 COLLEGIATE RESULTS

WOMEN

ATLANTIC COAST: Wake Forest; Brenda Corrie, Wake Forest.
ALL-COLLEGE KICK-OFF: Okla. St.; Sarah Killeen, Okla. St.
BETSY RAWLS: Tulsa; Martha Foyer, Southern Methodist and Jennifer Wyatt, Lamar (co-champs.).
BIG 8: Okla. St.; Robin Hood, Okla. St.
BIG 10: Indiana; Sarah DeKraay, Indiana.
BRIGHAM YOUNG: N. Mex.; Caroline Keggi, N. Mex.
DESERT CL: Ariz. St.; Pam Wright, Ariz. St.
DICK McGUIRE: N. Mex.; Karen Davies, Fla.
DUKE INV.: UNC; Katie Peterson, UNC (Spring); Duke; Evelyn Orley, Duke (Fall).
ECAC: James Madison; Beth O'Kelly, Hartford.
FLORIDA ST.: Fla.; Karen Davies, Fla.
FORD: Miami; Tracy Kerdyk, Miami.
GATEWAY: Southern Ill.; Jane Hawkins, Ill. St.
GUADALAJARA: Tulsa; Melissa McNamara, Tulsa.
HUDSON INDS.: Fla.; Jenny Lidback, LSU.
HUSKIE: Ohio St.; Cathy Bothe, Ohio St.
ILL. STATE: Ind.; Michele Redman, Ind.
IHLANFELDT: Southern Cal.; Flori Prono, Southern Cal.
IOWA INV'L: Indiana; Dee Forsberg, Minnesota.

COLLEGE GOLF

JAMES MADISON: Longwood C.; Angie Ridgeway, Appalachian St.
JAYHAWK: Kan.; Penny Peters, Iowa St.
LADY AZTEC: Ariz. St.; Danielle Ammaccapane, Ariz. St.
LADY CARDINAL: Southern Methodist; Audrey Bendick, Okla.
LADY GATOR: Fla.; Page Dunlap, Fla.
LADY KAT: Ky.; Tracy Chapman, Ind.
LADY LION: Longwood C.; Kirston Stone, Penn St.
LADY NORTHERN: Indiana; Sarah DeKraay, Indiana.
LADY SUN DEVIL: Fla.; Karen Davies, Fla.
LADY TARHEEL: Miami; Sarah LeBrun, Duke.
LADY WILDCAT: Weber St.; Jacque Vigil, Weber St.
MEMPHIS ST.: Duke; Sarah LeBrun, Duke.
NANCY LOPEZ: Ariz. St.; Danielle Ammaccapane, Ariz. St.
NAT'L SMALL C.: Troy St. (Ala.); Tina Barrett, Longwood C. (Div. II); Methodist C.; Holly Anderson, Methodist C. (Div. III).
NAT'L SMALL C. (DUBUQUE): N. Dakota; Karen Zupetz, N. Dakota (Div. II); Loras C.; Cindy Kline, Central C. (Div. III).
NCAA: Fla.; Page Dunlap, Fla.
NORTHERN: Indiana; Sarah DeKraay, Indiana.
NORTHERN IOWA: Neb.; Laura Gunia, Neb.
PAT BRADLEY: Fla.; Cheryl Morley, Fla.
PATTY SHEEHAN: San Jose St.; Kristal Parker, UCLA.
ROADRUNNER: N. Mex.; Caroline Keggi, N. Mex.
SIU NORTH-SOUTH: Kan.; Lorna Miedema, Purdue.
SE CONF.: Fla.; Karen Davies, Fla.
SMU ROUNDUP: Fla.; Danielle Ammaccapane, Ariz. St.
SMU FALL CL.: Texas; Jennifer Wyatt, Lamar.
STANFORD INTERCOLL.: Ind.; Michele Redman, Ind.
SOUTHERN: LSU; Laurette Maritz, U.S. Int'l.
WESTERN: San Jose St.; Julie Ralls, San Jose St. ('85).
WILLIAM & MARY: Longwood C.; Kim Davis, UNC-Wilmington.

NATIONAL WOMEN'S COLLEGIATE
TEAM CHAMPIONS

Year	Winner
1970	Miami (Fla.)
1971	UCLA
1972	Miami (Fla.)
1973	N.C. State-Greensboro
1974	Rollins
1975	Arizona State
1976	Furman
1977	Miami (Fla.)
1978	Miami (Fla.)
1979	So. Methodist
1980	Tulsa
1981	Florida State
1982	Tulsa
1983	Tulsa
1984	Miami (Fla.)
1985	Florida
1986	Florida

No team event held 1941-1969.

NATIONAL WOMEN'S COLLEGIATE
INDIVIDUAL CHAMPIONS

Year	Winner	School
1941	Eleanor Dudley	Alabama
1942-45	No tournaments	
1946	Phillis Otto	Northwestern
1947	Shirley Spork	Michigan State
1948	No tournament	
1949	Grace Lenczyk	Stetson
1950	Marilynn Smith	Kansas
1951	Barbara Bruning	Wellesley
1952	Mary Ann Villega	Ohio State
1953	Patricia Lesser	Seattle
1954	Nancy Reed	Georgia Peabody
1955	Jackie Yates	Redlands
1956	Marlene Stewart	Rollins
1957	Miriam Bailey	Northwestern
1958	Carole Pushing	Carleton
1959	Judy Eller	Miami (Florida)
1960	JoAnne Gunderson	Arizona State
1961	Judy Hoetmer	Washington
1962	Carol Sorenson	Arizona State
1963	Claudia Lindor	Western Wash. St.
1964	Patti Shook	Valparaiso
1965	Roberta Albers	Miami (Florida)
1966	Joyce Kazmierski	Michigan State
1967	Martha Wilkinson	Cal. State-Fullerton
1968	Gail Sykes	Odessa
1969	Jane Bastanchury	Arizona State
1970	Cathy Gaughan	Arizona State
1971	Shelley Hamlin	Stanford
1972	Ann Laughlin	Miami (Florida)
1973	Bonnie Lauer	Michigan State
1974	Mary Budke	Oregon State
1975	Barbara Barrow	San Diego State
1976	Nancy Lopez	Tulsa
1977	Cathy Morse	Miami (Florida)
1978	Deborah Petrizzi	Texas-Austin
1979	Kyle O'Brien	Southern Methodist
1980	Patty Sheehan	San Jose State
1981	Terri Moody	Georgia
1982	Amy Benz (AIAW)	Southern Methodist
	Kathy Baker (NCAA)	Tulsa
1983	Penny Hammel	Miami (Florida)
1984	Cindy Schreyer	Georgia
1985	D. Ammaccapane	Arizona State
1986	Page Dunlap	Florida

COLLEGE: Women's Results • NCAA

CHAPTER 8

JUNIOR GOLF

1986 Junior Amateur Review	249
Past Junior Tournament Results	250
Past Junior Girls' Results	252
Past Junior Rankings	254

JUNIOR GOLF

Montgomery, Moore face down peers to top junior rankings

Brian Montgomery's build and roots suggest football. A sturdy 5'-9" and 170 pounds, Montgomery is from pigskin-mad Oklahoma and indeed did play football for awhile. But he left the grid-iron for the golf course, and in 1986 this switch was to his immense benefit.

Montgomery muscled his way to the USGA Junior Amateur and the PGA Junior championships and captured Golf Digest's No. 1 boys junior rating for the year. Montgomery also did well against his elders in the U.S. Amateur, where he reached the semifinals.

Among the girls, Adele Moore of Trophy, Tex., a Dallas suburb, seized the No. 1 ranking with victories in the PGA Junior and the Western Girls', along with a runner-up finish in the USGA Girls'. Moore bolstered her rating by placing second in the American Junior Golf Association's USF&G, fifth in the AJGA's Tournament of Champions, eighth in the Hudson Cup and by reaching the quarter-finals of the American Junior Classic.

Both of these talented youngsters were seriously challenged. Montgomery had to fight off the rugged Muirfield Village course in Dublin, Ohio, in the USGA Junior. This is the site of the PGA Tour's Memorial and played to 7,042 yards, longest in the Junior's history. Montgomery defeated two ranked juniors in the USGA, Bryan Pemberton of Pleasanton, Calif., (ranked fourth) in the semi-finals and Nicky Goetze, Hull, Ga., (ranked fifth) in the final.

In the PGA Junior, Montgomery birdied the 72nd hole to win by a single stroke. Tied for third in this tournament was Phil Mickelson, a left-hander from San Diego. Mickelson finished second to Montgomery in the rankings, winning the AJGA's Tournament of Champions and the Hudson Cup, the latter by a startling 10 strokes.

Other major junior boys' titles went to Chris Cain, Knoxville, Tenn., in the Junior Masters; Chris Smith of Rochester, Ind., in the Big "I" Insurance; Carito Villaroman of the Philippines in the Junior World; Jon Worrell of Douglas, Ga. in the Western; Dee Green of Roswell, N.M. in the International and Gene Beard of Conroe, Tex. in the All-Prep.

In girls' competition, Adele Moore was the most active as well as the most successful. She clinched her top ranking by winning the PGA Junior, going birdie-par on the last two holes to win by one stroke. She also won the Western Girls', lost in the USGA Junior final, the American Junior Classic quarters and placed second in the USF&G, fifth in the Tournament of Champions and eighth in the Hudson Cup.

Moore eagled the 18th hole in her USGA Junior final match against Pat Hurst of San Leandro, Calif., to force a playoff. Hurst, however, kept her cool to win the title with a birdie on the 20th hole. Hurst thus became the fourth consecutive Californian to win this title.

Other leading junior winners were Amy Fruhwirth of Cypress, Calif. in the Tournament of Champions; Stefanie Croce of Italy in the American Junior Classic; Michelle McGann of Riviera Beach, Fla. in the 1985 Orange Bowl, considered in these rankings.

Brian Montgomery won both the USGA and PGA junior crowns.

JUNIOR GOLF

USGA JUNIOR BOYS

Year	Winner	Site
1948	Dean Lind	Univ. of Mich. G.C.
1949	Gay Brewer	Congressional C.C.
1950	Mason Rudolph	Denver C.C.
1951	Tommy Jacobs	Univ. of Illinois G.C.
1952	Don Bisplinghoff	Yale G.C.
1953	Rex Baxter	Southern Hills C.C.
1954	Foster Bradley	Los Angeles C.C.
1955	William Dunn	Purdue G.C.
1956	Harlan Stevenson	Taconic C.C.
1957	Larry Beck	Manor C.C.
1958	Buddy Baker	Univ. of Minn. G.C.
1959	Larry Lee	Stanford Univ.
1960	Bill Tindall	Milburn G. & C.C.
1961	Charles McDowell	Cornell Univ.
1962	Jim Weichers	Lochmoor C.
1963	Gregg McHatton	Florence C.C.
1964	John Miller	Eugene C.C.
1965	James Masserio	Wilmington C.C.
1966	Gary Sanders	California C.C.
1967	John Crooks	Twin Hills G. & C.C.
1968	Eddie Pearce	The Country Club
1969	Aly Trompas	Spokane C.C.
1970	Gary Koch	Athens C.C.
1971	Mike Brannan	Manor C.C.
1972	Bob Byman	Brookhaven C.C.
1973	Jack Renner	Singing Hills C.C.
1974	David Nevatt	Brooklawn C.C.
1975	Brett Mullin	Richland C.C.
1976	Madden Hatcher III	Hiwan G.C.
1977	Willie Wood Jr.	Ohio State Univ. G.C.
1978	Don Hurter	Wilmington C.C.
1979	Jack Larkin	Moss Creek G.C.
1980	Eric Johnson	Pine Lake C.C.
1981	Scott Erickson	Sunnyside C.C.
1982	Rich Marik	Crooked Stick G.C.
1983	Tim Straub	Saucon Valley C.C.
1984	Doug Martin	Wayzata C.C.
1985	Charles Rymer	Brookfield C.C.
1986	Brian Montgomery	Muirfield Village G.C.

U.S. JUNIOR AMATEUR CHAMPIONSHIP SCORING RECORDS

Largest winning margin, final match
8 and 6, Gary Koch over Mike Nelms, 1970.
Largest winning margin, any match
9 and 8, Donald M. Bisplinghoff over Eric Jones, 1952; Ronald L. Wright over Gary E. Allen, 1959; Richard Meissner over John Diesing Jr., 1962; West Gilliland over Brian E. Butler, 1968; Jack Renner over Jim Russell, 1972; Mitch Allenspatch over Michael Frey, 1977.
Lowest 9-hole score
31 scored by Donald Bisplinghoff in 1952 is the lowest official 9-hole score on record.
Lowest 18-hole score in a qualifying round
66, Kurt Beck, 1980.
Lowest 36-hole qualifying score
139, Johnny Miller, 1964; Robert Donald, 1973; Ralden Chang, 1980.

Longest extra-hole match
28 holes in 1960. Michael Eiserman defeated Patrick Honeycutt after 10 extra holes in the first round. (This ties the USGA record for extra holes set in the 1930 Amateur Championship.)
Longest final match
21 holes in 1978. Donald Hurter defeated Keith Banes.

U.S. JUNIOR AMATEUR CHAMPIONSHIP NOTES OF INTEREST

Consecutive champions from same club
Scott Erickson (1981) and Rich Marik (1982), Yorba Linda (Calif.) C.C.
Holes-in-one
Terry Thomas, 14th hole, Southern Hills C.C., Tulsa, Okla., 1953; Lloyd S. Monroe, 5th hole, Taconic G.C., Williamstown, Mass., 1956; Terry Hurst, 4th hole, Lochmoor C., Grosse Pointe, Mich., 1962.
Youngest champion
Mike Brannan, 15 years, 8 months in 1971.
Shortest course
South Course, Purdue University G.C., Lafayette, Ind., 6,337 yards, 1955.
Longest course
Muirfield Village G.C., Dublin, Ohio, 7,042 yards, 1986.

AMERICAN JUNIOR CLASSIC

Site: Innisbrook Resort, Tarpon Springs, Fla.
Year Winners
1978 Boys: Tracy Phillips, Tulsa, Okla.
   Girls: Jenny Lidback, Baton Rouge, La.
1979 Boys: Tracy Phillips, Tulsa, Okla.
   Girls: Heather Farr, Phoenix, Ariz.
1980 Boys: Adam Armagost, N. Palm Beach, Fla.
   Girls: Amy Benz, Clearwater, Fla.
1981 Boys: Sam Randolph, Santa Barbara, Calif.
   Girls: Jenny Lidback, Baton Rouge, La.
1982 Boys: Peter Jordan, Wood Dale, Ill.
   Girls: Tracy Kerdyk, Coral Gables, Fla.
1983 Boys: Michael Bradley, Sanibel, Fla.
   Girls: Page Dunlap, Sarasota, Fla.
1984 Boys: Brian Watts, Carrolltown, Tex.
   Girls: Cheryl Morley, Warner Springs, Fla.
1985 Boys: Steve Termeer, Conroe, Tex.
   Girls: Kristin Parker, Woodlands, Tex.
1986 Boys: Bryan Pemberton, Pleasanton, Calif.
   Girls: Stefania Croce, Milan, Italy

AMERICAN JUNIOR G.A. TOURNAMENT OF CHAMPIONS

Site: Horse Shoe Bend C.C., Roswell, Ga.
Year Winners
1978 Boys: Willie Wood, Tucson, Ariz.
   Girls: Denise Hermida, Brandon, Fla.
1979 Boys: Andy Dillard, Tyler, Tex.
   Girls: Amy Benz, Clearwater, Fla.
1980 Boys: Tommy Moore, New Orleans, La.
   Girls: Jody Rosenthal, Edina, Minn.

JUNIOR GOLF

1981 Boys: Tommy Moore, New Orleans, La.
     Girls: Jenny Lidback, Baton Rouge, La.
1982 Boys: Louis Brown, Newman, Ga.
     Girls: Heather Farr, Phoenix, Ariz.
1983 Boys: Brian Nelson, Tyler, Tex.
     Girls: Chris Tschetter, Sioux Falls, S.D.
1984 Boys: Bob May, LaHabra, Calif.
     Girls: Page Dunlap, Sarasota, Fla.
1985 Boys: Dudley Hart, Miami Beach, Fla.
     Girls: Katie Peterson, Plantation, Fla.
1986 Boys: Phil Mickelson, San Diego, Calif.
     Girls: Amy Fruhwirth, Cypress, Calif.

ALL-AMERICAN PREP CHAMPIONSHIP

Year	Winner	Site
1977	Thad Daber	Kingsmill G.C.
1978	Todd McGrew	LaFortune Park G.C.
1979	Tim Krapfel	Walt Disney World
1980	Mike Schuchart Kelli Antolock	Fircrest G. & C.C.
1981	Todd Smith Kelly Skalicky	Diamondhead Yacht & C.C.
1982	Jett Rich Heather Farr	Old Oakland G. & C.C.
1983	Kyle Coody Danielle Ammaccapone	Univ. of New Mexico
1984	Bobby Lasken Susan Pager	Lakeside G.C.
1985	Tim Hval Pearl Sinn	Gleneagle C.C.
1986	Gene Beard Krista Tucek	Bay Hill C., Orange Lake C.C.

(Note: No girls champion 1977-1979.)

BIG "I" INSURANCE YOUTH CLASSIC

Year	Winner	Site
1969	Eddie Pearce	Otter Creek C.C.
1970	Steve Scrafford	Twin Hills C.C.
1971	Bob Burton	Craig Hills C.C.
1972	John Elam	Crestwood C.C.
1973	Curt McMaster	Westfield C.C.
1974	Rod Nuckolls	Alpine C.C.
1975	Bobby Clampett	Eisenhower C.C.
1976	Robert Tway	Reston C.C.
1977	Mark Taylor	Silverado C.C.
1978	Larry Gosewehr	Silver Lake C.C.
1979	Tracy Phillips	Radrick Farms G.C.
1980	Bill Andrade	Yale Univ. G.C.
1981	Bill Andrade	Forest Hills G.C. & Augusta C.C.
1982	Stuart Hendley	Bear Creek G. World
1983	Blair Manasse	Vista Valley C.C.
1984	Doug Martin	C.C. of Jackson
1985	Kevin Wentworth	Otter Creek G.C.
1986	Chris Smith	Springfield C.C.

FUTURE LEGENDS

Site: Onion Creek C., Austin, Tex.
Year Winners
1979 Boys: Willie Wood, Tucson, Ariz.; Talbert Griffin III, Montgomery, Ala.
     Girls: Jackie Bertram, Austin, Tex.; Marcie Bozarth, Lampasas, Tex.
1980 Boys: Peter Persons, Macon, Ga.; Jack Larkin, Atlanta, Ga.
     Girls: Viveca Vandergriff, Arlington, Tex.; Kim Shipman, Dallas, Tex.
1981 Boys: tommy Moore, New Orleans, La.; Tracy Phillips, Tulsa, Okla.
     Girls: Heather Farr, Phoenix, Ariz.; Jenny Lidback, Baton Rouge, La.
1982 Boys: Mark Howell, New Orleans, La.; Scott Verplank, Dallas, Tex.
     Girls: Heather Farr, Phoenix, Ariz.; Cathy Johnston, Enfield, N.C.
1983 Boys: Robert Huxtable, Cathedral City, Calif.; Kevin Leach, Rolling Hills Estate, Calif.
     Girls: Heather Farr, Phoenix, Ariz.'; Missy Farr, Phoenix, Ariz.
1984 Boys: Brian Watts, Carrollton, Tex.; John Daly, Dardanelle, Ark.
     Girls: susan Pager, Daphne, Ala.; Stephanie Kondik, Houston, Tex.
1985   Not held.
1986   Not held.

OPTIMIST JUNIOR WORLD

Site: Torrey Pine G.C., San Diego, Calif.
Year Winners
1968 Boys: Bob Martin, La Jolla, Calif.
     Girls: Susan Rapp, San Diego, Calif.
1969 Boys: Dale Hayes, South Africa
     Girls: Jane Renner, San Diego, Calif.
1970 Boys: Craig Stadler, La Jolla, Calif.
     Girls: Louise Bruce, La Mesa, Calif.
1971 Boys: Charles Barenaba Jr., Honolulu
     Girls: Denis Bebernes, Santa Barbara, Calif.
1972 Boys: Jack Renner, San Diego, Calif.
     Girls: Anne-Marie Palli, France
1973 Boys: Randy Barenaba, Honolulu
     Girls: Suzanne Cadden, Scotland
1974 Boys: Nicky Price, Rhodesia
     Girls: Lori Nelson, West Chester, Pa.
1975 Boys: John Cook, Rolling Hills, Calif.
     Girls: Debrah Spencer, Honolulu
1976 Boys: Chip Larson, Scottsdale, Ariz.
     Girls: Carolyn Hill, Placentia, Calif.
1977 Boys: Corey Pavin, Oxnard, Calif.
     Girls: LuLong Hartley, Oceanside, Calif.
1978 Boys: Monty Leong, San Diego, Calif.
     Girls: Sharon Barrett, Spring Valley, Calif.
1979 Boys: Tim Robinson, Coronado, Calif.
     Girls: Sharon Barrett, Spring Valley, Calif.
1980 Boys: Taijiro Tanaka, Japan
     Girls: Kim Shipman, Dallas, Tex.
1981 Boys: Sam Randolph, Santa Barbara, Calif.
     Girls: Flori Prono, Northridge, Calif.
1982 Boys: Stuart Hendley, Dallas, Tex.
     Girls: Kristal Parker, Cable, Ohio
1983 Boys: Desmond Terblanche, South Africa
     Girls: Kim Saiki, Westminster, Calif.
1984 Boys: David Toms, Bossier City, La.
     Girls: Joan Pitcock, Fresno, Calif.

JUNIOR GOLF

1985: Boys: Carito Villaroman, Philippines
       Girls: Dana Lofland, Oxnard, Calif.
1985: Boys: Carito Villaroman, Philippines
       Girls: Michele Lyford, Redlands, Calif.

PGA NATIONAL
JUNIOR CHAMPIONSHIPS

Site: PGA Ntl. G.C., Palm Beach Gardens, Fla.
Year Winners
1976 Boys: Lawrence Field, Oklahoma City, Okla.
      Girls: Nancy Rubin, New Kensington, Pa.
1977 Boys: 15-17, Raqndy Watkins, Jackson, Miss.
      Boys: 12-14, John Inman, Greensboro, N.C.
      Girls: 15-17, Debbie Hall, Corpus Christi, Tex.
      Girls: 12-14, Lise Anne Russell, New City, N.Y.
1978 Boys: Willie Wood, Tucson, Ariz.
      Girls: Kathy Baker, Clover, S.C.
1979 Boys: Rick Fehr, Seattle, Wash.
      Girls: Penny Hammel, Decatur, Ill.
1980 Boys: Tracy Phillips, Tulsa, Okla.
      Girls: Heather Farr, Phoenix, Ariz.
1981 Boys: Bill Andrade, Bristol, R.I.
      Girls: Cathy Johnston, Enfield, N.C.
1982 Boys: Bill Mayfair, Phoenix, Ariz.
      Girls: Heather Farr, Phoenix, Ariz.
1983 Boys: Michael Bradley, Sanibel, Fla.
      Girls: Tracy Kerdyk, Coral Gables, Fla.
1984 Boys: David Toms, Bossier City, La.
      Girls: Claire Dolan, Gaithersburg, Md.
1985 Boys: Steve Termeer, Conroe, TEx.
      Girls: Jean Zedlitz, Pleasonton, Calif.
1986 Boys: Brian Montgomery, Bristow, Okla.
      Girls: Adele Moore, Dallas, Tex.

WESTERN JUNIOR

Year	Winner	Site
1914	Charles Grimes	Chicago G.C.
1915	DeWitt Balch	Midlothian C.C.
1916	John Simpson	Hinsdale G.C.
1917	Frederick Wright	Exmoor C.C.
1918	No championship	
1919	Howard Sassman	Flossmoor C.C.
1920	Harold Martin	Bob O'Link G.C.
1921	Burton Mudge Jr.	Belle Meade C.C.
1922	Kenneth Hisert	Olympia Fields C.C.
1923	Ira Couch	Westmoreland C.C.
1924	Eldridge Robinson	Briargate G.C.
1925	Emerson Carey Jr.	Big Oaks G.C.
1926	Sam Alpert	Edgewater G.C.
1927	Albert Hakes	Indian Hill C.
1928	Dick Mullin	Glen View C.
1929	Fred Lyon	LaGrange C.C.
1930	C. K. Collins	Flossmoor C.C.
1931	Robert Cochran	Midlothian C.C.
1932	John Banks	Medinah C.C.
1933	Frank Bredall	Normandie G.C.
1934	Fred Haas Jr.	Hinsdale G.C.
1935	Fred Haas Jr.	Oakland Hills C.C.
1936	Sid Richardson	Sunset Ridge C.C.
1937	John Holmstrom	Cherry Hills G.C.
1938	Charles Betcher	Univ. of Minnesota
1939	Sam Kocsis	Univ. of Michigan
1940	Ben Downing	Mill Road Farm G.C.
1941	Ben Downing	Iowa State College
1942	William Witzleb	Elmhurst C.C. & Ridgemoor C.C.
1943-1945—No championships.		
1946	Mac Hunter	Iowa State College
1947	Tom Veech	Northwestern Univ.
1948	Gene Coulter	Purdue Univ.
1949	Dean Lind	Univ. of Michigan
1950	Dean Lind	Univ. of Notre Dame
1951	Hillman Robbins Jr.	Univ. of Iowa
1952	Don Nichols	Univ. of Minnesota
1953	Henry Loeb	Stanford Univ.
1954	Herbert Klontz	Univ. of Illinois
1955	Gerald McFerren	Manor C.C.
1956	Dick Foote	Univ. of Michigan
1957	Don Essig III	Purdue Univ.
1958	Jack Rule	Univ. of Iowa
1959	Steve Spray	Univ. of Illinois
1960	Labron Harris Jr.	Univ. of New Mexico
1961	Phil Marston	Mich. State Univ.
1962	George Shortridge	Univ. of Minnesota
1963	George Boutell	Ohio State Univ.
1964	Jim Wiechers	Air Force Academy
1965	John Richart	Univ. of Iowa
1966	Ross Elder	Indiana Univ.
1967	Mike Goodart	Purdue Univ.
1968	Don Hawken	Stanford Univ.
1969	Jim Simons	Univ. of Illinois
1970	Jeff Reaume	Univ. of Michigan
1971	Richard Brooke	Univ. of Iowa
1972	Dennis Sullivan	Ohio State Univ.
1973	Tommy Jones	Duke Univ.
1974	Edwin Fisher Jr.	Univ. of Minnesota
1975	Britt Harrison	Oklahoma State Univ.
1976	Gary Hallberg	Eugene C.C.
1977	Gary Wilks	Purdue Univ.
1978	Bobby Clampett	Univ. of New Mexico
1979	Willie Wood	Univ. of Alabama
1980	Eugene Elliott	Purdue Univ.
1981	Gregg Von Thaden	Ohio State Univ.
1982	Jim Benepe	Travis Point C.C.
1983	Brad Meek	Lincolnshire Fields C.C.
1984	Steve Lamontagne	Lone Palm G.C.
1985	Don Edwards	Ohio State Univ. G.C.
1986	Jon worrell	Duke Univ. G.C.

USGA JUNIOR GIRLS

Year	Winner	Site
1949	Marlene Bauer	Philadelphia C.C.
1950	Patricia Lesser	Wanakah C.C.
1951	Arlene Brooks	Onwentsia C.
1952	Mickey Wright	Monterey Peninsula C.C.
1953	Millie Meyerson	The Country Club
1954	Margaret Smith	Gulph Mills C.C.
1955	Carole Jo Kabler	Florence C.C.
1956	JoAnne Gunderson	Heather Downs C.C.
1957	Judy Eller	Lakewood C.C.

JUNIOR GOLF

Year	Winner	Site
1958	Judy Eller	Greenwich C.C.
1959	Judy Rand	Manor C.C.
1960	Carol Sorenson	Oaks C.C.
1961	Mary Lowell	Broadmoor G.C.
1962	Mary Lou Daniel	C.C. of Buffalo
1963	Janis Ferraris	Woolfert's Roost C.C.
1964	Peggy Conley	Leavenworth C.C.
1965	Gail Sykes	Hiwan G.C.
1966	Claudia Mayhew	Longue Vue C.
1967	Elizabeth Story	Hacienda G.C.
1968	Peggy Harmon	Flint G.C.
1969	Hollis Stacy	Brookhaven C.C.
1970	Hollis Stacy	Apawamis C.
1971	Hollis Stacy	Augusta C.C.
1972	Nancy Lopez	Jefferson City C.C.
1973	Amy Alcott	Somerset Hills C.C.
1974	Nancy Lopez	Columbia Edgewater C.C.
1975	Dayna Benson	Dedham C.
1976	Pilar Dorado	Del Rio G. & C.C.
1977	Althea Tome	Guyan G. & C.C.
1978	Lori Castillo	Wilmington C.C.
1979	Penny Hammel	Little Rock C.C.
1980	Laurie Rinker	Crestview C.C.
1981	Kay Cornelius	Illahe C.C.
1982	Heather Farr	Greeley C.C.
1983	Kim Saiki	Somerset Hills C.C.
1984	Cathy Mockett	Mill Creek C.C.
1985	Dana Lofland	St. Clair C.C.
1986	Pat Hurst	Peach Tree C.C.

U.S. GIRLS' JUNIOR CHAMPIONSHIP SCORING RECORDS

Largest winning margin, final match
7 and 5, Nancy Lopez over Lauren Howe 1974.
Lowest 18-hole score in qualifying round
68, Michiko Hattori, second round, 1986.
Lowest 36-hole qualifying score
140, Michiko Hattori, 1986.
Lowest 36-hole total to qualify for match play
158, 1977.

U.S. GIRLS' JUNIOR CHAMPIONSHIP NOTES OF INTEREST

Most victories
3, Hollis Stacy, 1969-70-71.
Consecutive winners
Judy Eller, 1957-58; Hollis Stacy, 1969-70-71.
Most championships participated
7, Margot Morton, 1954-60
Consecutive eagles
Kathy McCarthy, par-5 4th hole, and par-4 5th hole, first round qualifying match, Greeley (Colo.) C.C., 1982.
Holes-in-one
Debra Miller, 6th hole, Augusta (Ga.) C.C., 1971; Cathy Mockett, 13th hole, Illahe Hills (Ore.) C.C., 1981; Colleen Draeger, 5th hole, Illahe Hills (Ore.) C.C., 1981.
Youngest champion
Kay Cornelius, 14 years, 7 months, 10 days in 1981.

Shortest course
Leavenworth (Kans.) C.C., 5,801 yards, 1964.
Longest course
Heather Downs C.C., Toledo, Ohio, 6,348 yards, 1956.

WOMEN'S WESTERN JUNIOR

Year	Winner	Site
1920	Mercedes Bush	Skokie C.C.
1921	Katherine Bryant	Skokie C.C.
1922	Mercedes Bush	Westmoreland C.C.
1923	Josephine Morse	Indian Hill C.C.
1924	Dorothy Page	South Shore C.C.
1925	Virginia Van Wie	Beverly C.C.
1926	Mildred Hackl	Westmoreland C.C.
1927	Jean Armstrong	South Shore C.C.
1928	Rena Nelson	South Shore C.C.
1929	Ariel Vilas	Evanston G.C.
1930	Priscilla Carver III	Evanston G.C.
1931	Dorothy Foster	LaGrange C.C.
1932	Janey Humphreys	Flossmoor C.C.
1933	Alice Ann Anderson	Evanston G.C.
1934	Shirley Johnson	Park Ridge C.C.
1935	Eleanor Dudley	Westmoreland C.C.
1936	Edith Estabrooks	Oakland Hills C.C.
1937	Muriel Veatch	Hinsdale G.C.
1938	Jane Goodsill	Midlothian C.C.
1939	Mary Wilder	Exmoor C.C.
1940	Georgia Tainter	South Bend C.C.
1941	Jeanne Cline	St. Charles C.C.
1942-1948	—No championships	
1949	Marlene Bauer	Onwentsia C.C.
1950	Patricia Lesser	Indian Hill C.C.
1951	Virginia Dennehy	St. Charles C.C.
1952	Barbara McIntire	Lake Shore C.C.
1953	Anne Richardson	Sunset Ridge C.C.
1954	Anne Quast	LaGrange C.C.
1955	JoAnne Gunderson	Lake Geneva C.C.
1956	Clifford Ann Creed	Chicago G.C.
1957	Sherry Wheeler	Barrington Hills C.C.
1958	Carol Ann Mann	Inverness G.C.
1959	Carol Sorenson	Lake Geneva C.C.
1960	Sharon Fladdos	Glen Flora C.C.
1961	Ann Baker	Sunset Ridge C.C.
1962	Mary Lou Daniel	Lake Geneva C.C.
1963	Janis Ferraris	Rockford C.C.
1964	Janis Ferraris	Glen Flora C.C.
1965	Jane Bastanchury	Onwentsia C.C.
1966	Kathy Ahern	Evanston G.C.
1967	Candace Michaeloff	Knollwood C.C.
1968	Jane Fassinger	Lake Geneva C.C.
1969	Jane Fassinger	Woodland C.C.
1970	Mary Budke	Cincinnati C.C.
1971	Mary Budke	Pinehurst C.C.
1972	Nancy Lopez	Prestwick C.C.
1973	Nancy Lopez	Lake Geneva C.C.
1974	Nancy Lopez	Sands Point G.C.
1975	Connie Chillemi	Cincinnati C.C.
1976	Lauren Howe	River Plantation G. & C.C.
1977	Mari McDougall	Lake Geneva C.C.
1978	Cathy Hanlon	Diamondhead Yacht & C.C.
1979	Sharon Barrett	Rockford C.C.

JUNIOR GOLF

1980 Joanne Pacillo	Sunnyside C.C.
1981 Kathy Kostas	Champaign C.C.
1982 Carey Ruffer	Scenic Hills C.C.
1983 Caroline Keggi	Janesville C.C.
1984 Lisa Nedoba	Blue Hills C.C.
1985 Pearl Sinn	Hills of Lakeway
1986 Adele Moore	Dubuque G. & C.C.

3. Chris Cain
4. Bryan Pemberton
5. Nicky Goetze
6. Carito Villaroman
7. Jon Worrell
8. Chris Smith
9. Dee Green
10. Gene Beard

PAST JUNIOR AMATEUR RANKINGS
BOYS

1978
1. Willie Wood
2. Don Hurter
3. Larry Gosewehr
4. Monty Leong
5. Tracy Phillips
6. Talbert Griffin
7. Mark Calcavecchia
8. Mark Brooks
9. Mark Esler
10. John Pallot

1979
1. Tracy Phillips
2. Jack Larkin
3. Rick Fehr
4. Andy Dillard
5. Willie Wood
6. Tim Robinson
7. Tommy Moore
8. Billy Tuten
9. John Ryan
10. Mark Brooks

1980
1. Tommy Moore
2. Tracy Phillips
3. Eric Johnson
4. Adam Armagost
5. Bill Andrade
6. Taijiro Tanaka
7. Bruce Soulsby
8. Eugene Elliott
9. Fred Wadsworth
10. Peter Persons

1981
1. Sam Randolph
2. Bill Andrade
3. Tommy Moore
4. Scott Erickson
5. Jerry Haas
6. Stuart Hendley
7. Todd Smith
8. Scott Verplank
9. Adam Armagost
10. Tracy Phillips

1982
1. Stuart Hendley
2. Scott Verplank
3. Rich Mark
4. Bill Mayfair
5. Peter Jordan
6. Louis Brown
7. Doug McLeod
8. Jim Benepe
9. Arnold Cutrell
10. Vance Veazy

1983
1. Michael Bradley
2. Brian Nelson
3. Tim Straub
4. E. J. Pfister
5. Bill McDonald
6. Blair Manesse
7. Mark Turlington
8. Kevin Whipple
9. Kevin Leach
10. Bill Mayfair

1984
1. Doug Martin
2. Brian Watts
3. David Toms
4. Bob May
5. Blair Manasse
6. Brian Nelson
7. Bob Estes
8. E. J. Pfister
9. Neil Simms
10. Clark Dennis

1985
1. Len Mattiace
2. Steve Termeer
3. Charles Rymer
4. Dudley Hart
5. Kevin Wentworth
6. Bobby May
7. Gregory Lesher
8. Mark Cero
9. Michael Finney
10. Nicky Goetz

1986
1. Brian Montgomery
2. Phil Mickelson

PAST JUNIOR AMATEUR RANKINGS
GIRLS

1979
1. Penny Hammel
2. Sharon Barrett
3. Amy Benz
4. Heather Farr
5. Viveca Vandergriff
6. Lenny Lidback
7. Laurie Burns
8. Rae Rothfelder
9. Joanne Pacillo
10. Susie Ashdown

1980
1. Laurie Rinker
2. Heather Farr
3. Kim Shipman
4. Jody Rosenthal
5. Joanne Pacillo
6. Amy Benz
7. Jenny Lindback
8. Viveca Vandergriff
9. Kandi Kessler
10. Libby Akers

1981
1. Jenny Lidback
2. Cathy Johnston
3. Kay Cornelius
4. Flori Prono
5. Kathy Kostas
6. Heather Farr
7. Martha Foyer
8. Jamie DeWeese
9. Libby Akers
10. Cheryl Stacy

1982
1. Heather Farr
2. Tracy Kerdyk
3. Carey Ruffer
4. Robin Gamester
5. Kristal Parker
6. Tammy Towles
7. Michele Michanowicz
8. Martha Foyer
9. Rita Moore
10. Melissa McNamara

1983
1. Kim Saiki
2. Page Dunlap
3. Melissa McNamara
4. Kris Tschetter
5. Tracy Kerdyk
6. Carey Ruffer
7. Pearl Sinn
8. Caroline Keggi
9. Danielle Ammaccapane
10. Kathy McCarthy

1984
1. Susan Pager
2. Lisa Nedoba
3. Cheryl Morley
4. Cathy Mockett
5. Carey Ruffer
6. Clare Dolan
7. Joan Pitcock
8. Tracy Kerdyk
9. Page Dunlap
10. Pearl Sinn

1985
1. Michiko Hattori
2. Dana Lofland
3. Pearl Sinn
4. Jean Zedlitz
5. Kristin Parker
6. Katie Peterson
7. Margaret Platt
8. Lisa Nedoba
9. Cathy Mockett
10. Cathy Stevens

1986
1. Adele Moore
2. Pat Hurst
3. Michele Lyford
4. Amy Fruhwirth
5. Michelle McGann
6. Stefania Croce
7. Vicki Goetze
8. Tina Trimble
9. Krista Tucek
10. Dana Arnold

CHAPTER 9

INTERNATIONAL TEAM GOLF

1986 International Team Review	257
Past Walker Cup Results	257
Past Curtis Cup Results	258
Past World Amateur Team Results	259
Past Ryder Cup and World Cup Results	261
Past Dunhill Nations Cup, Nissan Cup, Nichirei Ladies Cup, PGA Cup Matches	263

INTERNATIONAL TEAM GOLF

U.S. A NON-WINNER IN MOST 1986 TEAM EVENTS

It was an "off" year for Ryder Cup and Walker Cup matches in 1986, they being scheduled in odd-numbered years. Nor was the World Cup contested in 1986 due to sponsor problems.

However, the Curtis Cup (women) and World Team Amateur events continued the recent demise of United States domination of the international scene as the women of Great Britain stunned the American girls 13 to 5 at Prairie Dunes C.C., Hutchinson, Kansas, in Curtis Cup play. It was Britain's first victory on American soil and the first since 1956 (the teams did tie in 1958 at Brae Burn C.C. in Massachusetts).

Both the men and the women from the United States lost in World Team Amateur competition at Caracas, Venezuela, the men being edged out by Canada (their first win) 838 to 841. In women's play Spain won by three shots over France, 580 to 583. The United States finished 3rd at 584.

In the second annual Dunhill Nations Cup at St. Andrews' Old Course, Australia trounced Japan 3-0, and the United States was relegated to 4th place by Scotland, who prevailed 2-1 over Mark O'Meara, Lanny Wadkins and Ray Floyd.

The Nissan Cup found the U.S. dead last, having been beaten by Australia-New Zealand, 7-5; Europe, 8-4, Japan 7-5, and Australia-New Zealand again in the consolation, 11-1.

Only bright spot in the year was the United States defeat of Great Britain/Ireland, 16-9, in the PGA Cup Matches for teams of club professionals at Knollwood Club in Illinois, and the LPGA's 19 to 17 win over Japan for the Nichirei Ladies Cup.

1986 United States PGA Cup Team: Kneeling; Ken Allard, Ray Freeman. Standing; Bill Schumaker, Rick Acton, Charlie Epps, Jim White, Mark Kizziar (non-playing captain), Scott Bess, Wheeler Stewart, Kevin Morris.

WALKER CUP MATCHES

Men amateur team competition every other year between United States and Great Britain. U.S. team members selected by U.S.G.A.

Year Winner, scores, site
1922 United States, 8; Great Britain, 4
      Ntl. Golf Links, Southhampton, N.Y.
1923 United States, 6; Great Britain, 5
      one match halved
      St. Andrews, Scotland
1924 United States, 9; Great Britain, 3
      Garden City G.C., Garden City, N.Y.
1926 United States, 6; Great Britain, 5
      one match halved

INTERNATIONAL TEAM GOLF

St. Andrews, Scotland
1928 United States, 11; Great Britain, 1
Chicago G.C., Wheaton, Ill.
1930 United States, 10; Great Britain, 2
Royal St. George's G.C., Sandwich, England
1932 United States, 8; Great Britain, 1
three matches halved
The Country Club; Brookline, Mass.
1934 United States, 9; Great Britain, 2
one match halved
St. Andrews, Scotland
1936 United States, 9; Great Britain, 0
three matches halved
Pine Valley G.C., Clementon, N.J.
1938 Great Britain, 7; United States, 4
one match halved
St. Andrews, Scotland
1940-42-44-46—No competition
1947 United States, 8; Great Britain, 4
St. Andrews, Scotland
1949 United States, 10; Great Britain, 2
Winged Foot G.C., Mamaroneck, N.Y.
1951 United States, 6; Great Britain, 3
three matches halved
Birkdale G.C., Southport, England
1953 United States, 9; Great Britain, 3
The Kittansett Club, Marion, Mass.
1955 United States, 10; Great Britain, 2
St. Andrews, Scotland
1957 United States, 8; Great Britain, 3
one match halved
Minikahda Club, Minneapolis, Minn.
1959 United States, 9; Great Britain, 3
Hon. Co. of Edinburgh Golfers; Muirfield, Scotland
1961 United States, 11; Great Britain, 1
Seattle G.C., Seattle, Wash.
1963 United States, 12; Great Britain, 8
four matches halved
Alisa Course, Turnberry, Scotland
1965 Great Britain, 11; United States, 11
two matches halved
Baltimore C.C., Baltimore, Md.
1967 United States, 13; Great Britain, 7
four matches halved
Royal St. George's G.C., Sandwich, England
1969 United States, 10; Great Britain, 8
six matches halved
Milwaukee C.C., Milwaukee, Wis.
1971 Great Britain, 13; United States, 11
St. Andrews, Scotland
1973 United States, 14; Great Britain, 10
The Country Club, Brookline, Mass.
1975 United States, 15½; Great Britain, 8½
St. Andrews, Scotland
1977 United States, 16; Great Britain, 8
Shinnecock Hills G.C., Southampton, N.Y.
1979 United States, 15½; Great Britain, 8½
Hon. Co. of Edinburgh Golfers, Muirfield, Scotland
1981 United States, 15; Great Britain, 9
Cypress Point Club, Pebble Beach, Calif.
1983 United States, 13½; Great Britain, 10½
Royal Liverpool G.C., Hoylake, England
1985 United States, 13; Great Britain, 11
Pine Valley G.C., Clementon, N.J.

WALKER CUP MATCHES SCORING RECORDS

Largest winning team margin
11-1, United States, 1928 and 1961.
Largest winning margin in singles
9 and 7, Scott Hoch, U.S., over James Buckley, 1979.

WALKER CUP MATCHES NOTES OF INTEREST

Team victories
27, United States; 2, Great Britain-Ireland; 1, tie.
Most consecutive team victories
9, United States, 1922-36 and 1947-63.
Best individual record
William C. Campbell, U.S., seven singles matches won, one halved and none lost.

CURTIS CUP MATCHES

Women amateur team competition every other year between the United States and Great Britain. U.S. team members selected by U.S.G.A.

Year Winner, site, points
1932 United States, 5½; British Isles, 3½
Wentworth G.C., Wentworth, England
1934 United States, 6½; British Isles, 2½
Chevy Chase C., Chevy Chase, Md.
1936 United States, 4½; British Isles, 4½
King's Course, Gleneagles, Scotland
1938 United States, 5½; British Isles, 3½
Essex C.C., Manchester, Mass.
1940-42-44-46—No tournaments
1948 United States, 6½; British Isles, 2½
Birkdale G.C., Southport, England
1950 United States, 7½; British Isles, 1½
C.C. of Buffalo, Williamsville, N.Y.
1952 British Isles, 5; United States, 4
Hon. Co. of Edinburgh Golfers, Muirfield, Scotland
1954 United States, 6; British Isles, 3
Merion G.C., Ardmore, Pa.
1956 British Isles, 5; United States, 4
Prince's G.C., Sandwich Bay, England
1958 British Isles, 4½; United States, 4½
Brae Burn C.C., West Newton, Mass.
1960 United States, 6½; British Isles, 2½
Lindrick G.C., Worksop, England
1962 United States, 8; British Isles, 1
Broadmoor G.C., Colorado Springs, Colo.
1964 United States, 10½; British Isles, 7½
Royal Porthcawl G.C., Porthcawl, South Wales
1970 United States, 11½; British Isles, 6½
Brae Burn C.C., West Newton, Mass.
1972 United States, 10; British Isles, 8
Western Gailes, Ayrshire, Scotland
1974 United States, 13; British Isles, 5
San Francisco G.C., San Francisco, Calif.

INTERNATIONAL TEAM GOLF

1976 United States, 11½; British Isles, 6½
Royal Lytham & St. Anne's G.C., Lancashire, England
1978 United States, 12; British Isles, 6
Apawamis Club, Rye, N.Y.
1980 United States, 13; British Isles, 5
St. Pierre G. & C.C., Chepstow, Wales
1982 United States, 14½; British Isles, 3½
Denver C.C., Denver, Colo.
1984 United States, 9½; British Isles, 8½
Hon. Co. of Edinburgh Golfers, Muirfield, Scotland
1986 British Isles, 13; United States, 5
Prairie Dunes C.C., Hutchinson, Kan.

1966 United States, 13; British Isles, 5
Virginia Hot Springs G. & T.C., Hot Springs, Va.
1968 United States, 10½; British Isles, 7½
Royal County Down G.C., Newcastle, No. Ireland

CURTIS CUP MATCHES SCORING RECORDS

Largest winning team margin
14½-3½, United States over Great Britain and Ireland, 1982.
Largest winning margin, foursomes
8 and 7, Jean Ashley and Mrs. Les Johnstone, United States, over Mrs. Alistair Frearson and Ruth Porter, 1962.
Largest winning margin, singles
9 and 8, Margaret (Wiffi) Smith, United States, over Philomena Garvey, 1956; also Polly Riley, United States, over Elizabeth Price, 1954.

CURTIS CUP MATCHES NOTES OF INTEREST

Team victories
19, United States; 3, British Isles; 2, Ties.
Team winning all foursomes
United States, 1932-54-62.
Most 18-hole foursome matches halved, one event
2, 1980.
Most 18-hole singles matches halved, one event
4, 1968.
Most 36-hole foursome matches halved, one event
1, 1934-36-38.
Most 36-hole singles matches halved, one event
1, 1932-48-50-58-60.
Most times competed, British Isles
7, Mrs. George (Jessie Anderson) Valentine; Mary McKenna.
Most times competed, United States
7, Anne Quast Sander.

MEN'S WORLD AMATEUR TEAM CHAMPIONSHIP

Four-man teams from countries throughout the world compete over 72-holes (using best 3 scores daily) every even year.

Year	Winner, runner-up	Score	Site
1958	*Australia	918	St. Andrews G.C.,
	United States	918	Scotland

*Won playoff, 222-224.
Winning team: Doug Bachli, Bruce Devlin, Bob Stevens, Peter Toogood.
1960 United States 834 Merion G.C.,
Australia 876 Ardmore, Pa.
Winning team: Jack Nicklaus, Deane Beman, Billy Hyndman, Bob Gardner.
1962 United States 854 Kawana Fuji G. Cse.,
Canada 862 Ito, Japan
Winning team: Deane Beman, Labron Harris, Dick Sikes, Billy Joe Patton.
1964 Great Britain 895 Olgiata C.C.,
Canada 899 Rome, Italy
Winning team: Ronnie Shade, Rodney Foster, Michael Bonallack, Michael Lunt.
1966 Australia 877 C. de Golf Mexico,
United States 879 Mexico City, Mex.
Winning team: Kevin Donahue, Kevin Hartley, Harry Berwick Phil Billings.
1968 United States 868 Royal Melbourne
Great Britain 869 G.C., Australia
Winning team: Bruce Fleisher, Jack Lewis Jr., Marvin Giles III, Dick Siderowf.
1970 United States 857 Real C.,
New Zealand 869 Madrid, Spain
Winning team: Lanny Wadkins, Vinny Giles, Allen Miller, Tom Kite.
1972 United States 865 Olivos C.,
Australia 870 Buenos Aires, Argentina
Winning team: Ben Crenshaw, Vinny Giles, Mark Hayes, Marty West.
1974 United States 888 Cajuiles Cse., La Romana,
Japan 898 Dominican Republic
Winning team: Jerry Pate, Gary Koch, George Burns, Curtis Strange.
1976 Gr. Britain &
Ireland 892 Penina G.C.,
Japan 894 Portimao, Portugal
Winning team: Ian Hutcheon, Michael Kelly, John Davies, Steve Martin.
1978 United States 873 Pacific Harbour G. Cse.,
Canada 886 Fiji
Winning team: Bob Clampett, John Cook, Scott Hoch, Jay Sigel.
1980 United States 848 Pinehurst C.C.,
South Africa 875 Pinehurst, N.C.
Winning team: Hal Sutton, Jim Holtgrieve, Bob Tway, Jay Sigel.
1982 United States 859 Lausanne G.C.,
Japan 866 Switzerland
Winning team: Jay Sigel, Jim Holtgrieve, Nathaniel Crosby, Bob Lewis.
1984 Japan 870 Royal Hong Kong G.C.,
United States 877 Hong Kong
Winning team: Tetsuo Sakata, Kazuhiko Kato, Noriaki Kimura, Kiyotaka Oie.
1986 Canada 838 Laquinta C.C.
United States 841 Caracas, Venezuela
Winning team: Mark Brewer, Brent Franklin, Jack Kay Jr.

INTERNATIONAL TEAM GOLF

MEN'S WORLD AMATEUR TEAM SCORING RECORDS

Lowest 9-hole score
31, William Hyndman III, United States, 1960.
Lowest 18-hole individual score
66, Jack Nicklaus, United States, 1960.
Lowest 36-hole individual score
66, Ronald D. B. M. Shade, Great Britain and Ireland, 1962.
Lowest 54-hole individual score
66, Michael F. Bonallack, Great Britain and Ireland, 1968.
Lowest 72-hole individual score
269, Jack Nicklaus, United States, 1960.
Lowest score not counted for team
69, Deane Beman, United States, third round, 1960.
Lowest team total
834, United States, 1960.
Smallest 18-hole lead
219, Great Britain, Ireland, and South Africa (all tied), 1976.
Smallest 36-hole lead
443, Great Britain, Ireland, and South Africa (all tied), 1976.
Smallest 54-hole lead
1 stroke, South Africa, 1966.
Smallest 72 hole lead
Tie (918), Australia and United States, 1958.
Largest 18-hole lead
9 strokes, United States, 1960.
Largest 36-hole lead
20 strokes, United States, 1960.
Largest 54-hole lead
38 strokes, United States, 1960.
Largest 72-hole lead
42 strokes, United States, 1960.
Most sub-par rounds in first round
8, 1968.
Most sub-par rounds in second round
14, 1968.
Most sub-par rounds in third round
14, 1968.
Most sub-par rounds in fourth round
9, 1970.
Most sub-par rounds in one championship
41, 1970.

WORLD AMATEUR TEAM NOTES OF INTEREST

Oldest player
W. J. Gibb, Malaya, 58 years old in 1958.
Playoffs
Australia over United States (222-224), 1958.

WOMEN'S WORLD AMATEUR TEAM CHAMPIONSHIP

Three-woman teams from countries throughout the world compete over 72-holes (using best 2 scores daily) every even year.

Year	Winner, runner-up	Score	Site
1964	France	588	St. Germain G.C.,
	United States	589	Paris, France
	Winning team: Claudine Cros, Catherine Lacoste, Brigitte Varangot.		
1966	United States	580	Mexico City C.C.,
	Canada	589	Mexico City, Mex.
	Winning team: Mrs. Teddy Boddie, Shelley Hamlin, Mrs. David Welts.		
1968	United States	616	Royal Melbourne
	Australia	621	G.C., Australia
	Winning team: Jane Bastanchury, Shelley Hamlin, Mrs. David Welts.		
1970	United States	598	C. de Campo,
	France	599	Madrid, Spain
	Winning team: Martha Wilkinson, Jane Bastanchury, Cynthia Hill.		
1972	United States	583	Hindu Club,
	France	587	Buenos Aires, Argentina
	Winning team: Laura Baugh, Jane Booth, Mary Budke.		
1974	United States	620	Cajuiles Cse.,
	Gr. Britain-Ireland	636	La Romana, Dominican Republic
	Winning team: Cynthia Hill, Debbie Massey, Carol Semple.		
1976	United States	605	Vilamoura G.C.,
	France	622	Vilamoura, Portugal
	Winning team: Nancy Lopez, Debbie Massey, Donna Horton.		
1978	Australia	596	Pacific Harbour G. Cse.,
	Canada	597	Fiji
	Winning team: Edwina Kennedy, Lindy Goggin, Jane Lock.		
1980	United States	588	Pinehurst C.C.,
	Australia	595	Pinehurst, N.C.
	Winning team: Patti Rizzo, Juli Simpson Inkster, Carol Semple.		
1982	United States	579	Geneva G.C.,
	New Zealand	596	Switzerland
	Winning team: Juli Inkster, Kathy Baker, Amy Benz.		
1984	United States	585	Royal Hong Kong G.C.,
	France	597	Hong Kong
	Winning team: Deb Richard, Jody Rosenthal, Heather Farr.		
1986	Spain	580	Laquinta C.C.
	France	583	Caracas, Venezuela
	Winning team: Macarena Campormanes, Mary Carmen Navarro, Maria Orueta.		

WOMEN'S WORLD AMATEUR TEAM CHAMPIONSHIP SCORING RECORDS

Lowest 18-hole individual score
68, Jane Bastanchury Booth, United States, 1972; Marlene Stewart Streit, Canada, 1972.
Lowest 36-hole individual score
70, Patti Rizzo, United States, 1980; Marta Figueras-Dotti, Spain, 1980.
Lowest 54-hole individual score
68, Claudine Cros Rubin, France, 1972.
Lowest 72-hole individual score
289, Marlene Stewart Streit, Canada, 1966.

INTERNATIONAL TEAM GOLF

Lowest team total
579, United States, 1982.
Smallest 18-hole lead
1 stroke, France, 1964; United States, 1966; Italy, 1974; Great Britain and Ireland, 1978; Australia, 1980.
Smallest 36-hole lead
United States and Australia, tied, 1980.
Smallest 54-hole lead
United States and Australia, tied, 1968.
Smallest 72-hole lead
1 stroke, France, 1964; United States, 1970; Australia, 1978.
Largest 18-hole lead
5 strokes, United States, 1972 and 1982.
Largest 36-hole lead
13 strokes, United States, 1972.
Largest 54-hole lead
10 strokes, United States, 1974.
Largest 72-hole lead
17 strokes, United States, 1976 and 1982.
Most sub-par rounds in first round
3, 1970 and 1972.
Most sub-par rounds in second round
6, 1980.
Most sub-par rounds in third round
3, 1966 and 1972.
Most sub-par rounds in fourth round
4, 1980.
Most sub-par rounds in one championship
14, 1980.

WOMEN'S WORLD AMATEUR TEAM CHAMPIONSHIP NOTES OF INTEREST

Most teams to compete
28, 1980.
Playoffs
None have taken place.
Youngest players
Maria de la Guardia and Silvia Corrie, Dominican Republic, 14 years old in 1974.

RYDER CUP MATCHES

Team matches held every odd year between U.S. professionals and those of Great Britain/Europe (since 1979, prior to which was U.S. vs. G.B.). Team members selected on basis of points earned in PGA Tour events.

Year Winner, scores, site
1927 United States, 9½; Great Britain, 2½
       Worcester C.C., Worcester, Mass.
1929 Great Britain, 7; United States, 5
       Moortown G.C., Leeds, England
1931 United States, 9; Great Britain, 3
       Scioto C.C., Columbus, Ohio
1933 Great Britain, 6½; United States, 5½
       Southport and Ainsdale Cses., Southport, England
1935 United States, 9; Great Britain, 3
       Ridgewood C.C., Ridgewood, N.J.
1937 United States, 8; Great Britain, 4
       Southport and Ainsdale Cses., Southport, England
1939-1945—No competition
1947 United States, 11; Great Britain, 1
       Portland G.C., Portland, Ore.
1949 United States, 7; Great Britain, 5
       Ganton G. Cse., Scarborough, England
1951 United States, 9½; Great Britain, 2½
       Pinehurst C.C., Pinehurst, N.C.
1953 United States, 6½; Great Britain, 5½
       Wentworth C., Surrey, England
1955 United States, 8; Great Britain, 4
       Thunderbird Ranch & C.C., Palm Springs, Calif.
1957 Great Britain, 7½; United States, 4½
       Lindrick G.C., Yorkshire, England
1959 United States, 8½; Great Britain, 3½
       Eldorado C.C., Palm Desert, Calif.
1961 United States, 14½; Great Britain, 9½
       Royal Lytham & St. Anne's G.C., St. Anne's-on-The-Sea, England
1963 United States, 23; Great Britain, 9
       East Lake C.C., Atlanta, Ga.
1965 United States, 19½; Great Britain, 12½
       Royal Birkdale G.C., Southport, England
1967 United States, 23½; Great Britain, 8½
       Champions G.C., Houston, Tex.
1969 United States, 16; Great Britain, 16
       Royal Birkdale G.C., Southport, England
1971 United States 18½; Great Britain 13½
       Old Warson C.C.; St. Louis, Mo.
1973 United States, 18; Great Britain, 13
       Hon. Co. of Edinburgh Golfers, Muirfield, Scotland
1975 United States, 21; Great Britain, 11
       Laurel Valley G.C., Ligonier, Pa.
1977 United States, 12½; Great Britain, 7½
       Royal Lytham & St. Anne's G.C., St. Anne's-on-The-Sea, England
1979 United States, 17; Europe, 11
       The Greenbrier, White Sulphur Springs, W. Va.
1981 United States, 18½; Europe, 9½
       Walton Heath G.C., Surrey, England
1983 United States, 14½; Europe, 13½
       PGA National G.C., Palm Beach Gardens, Fla.
1985 Europe, 16½; United States, 11½
       Belfry G.C., Sutton Coldfield, England
Recapitulation: 26 events—United States, 21 wins, Great Britain/Europe, 4 wins; one tie.

WORLD CUP

Two-man professional teams from countries throughout the world compete over 72-holes, combined scores.

Year Winner   Score Site
       runner-up
1953 Argentina   287   Beaconsfield G.C.,
      Canada   297   Montreal
      Winning team: Tony Cerda, Robert De Vicenzo
      Individual: Cerda, 140
1954 Australia   556   Laval-sur-le-Lac Club,
      Argentina   560   Montreal, Que.
      Winning team: Peter Thomson, Kel Nagle
      Individual: Stan Leonard, Canada, 275

INTERNATIONAL TEAM GOLF

1955 United States 560 Columbia, C.C.
Australia 569 Washington, D.C.
Winning team: Ed Furgol, Chick Harbert
Individual: Furgol, 279
1956 United States 567 Wentworth C.,
South Africa 581 England
Winning team: Ben Hogan, Sam Snead
Individual: Hogan, 277
1957 Japan 557 Kasumigaseki C.C.
United States 566 Tokyo, Japan
Winning team: Torakichi Nakamura, Koichi Ono
Individual: Nakamura, 274
1958 Ireland 579 Club de Golf
Spain 582 Mexico City, Mexico
Winning team: Harry Bradshaw, Christy O'Connor
Individual: Angel Miguel, Spain, 286
1959 Australia 563 Royal Melbourne C.,
United States 573 Melbourne, Australia
Winning team: Kel Nagle, Peter Thomson
Individual: Stan Leonard, Canada, 275
1960 United States 565 Portmarnock G.C.
England 573 Ireland
Winning team: Arnold Palmer, Sam Snead
Individual: Flory Van Donck, Belgium, 279
1961 United States 560 Dorado Beach G.C.,
Australia 572 Dorado, Puerto Rico
Winning team: Sam Snead, Jimmy Demaret
Individual: Snead, 272
1962 United States 557 Jockey C., Buenos
Argentina 559 Aires, Argentina
Winning team: Arnold Palmer, Sam Snead
Individual: Roberto De Vicenzo, Argentina, 276
1963 United States 482 Saint Nom La Breteche
Spain 485 C., Versailles, France
Winning team: Jack Nicklaus, Arnold Palmer
Individual: Nicklaus, 237 (63 holes)
1964 United States 554 Royal Kaanapali G.
Argentina 564 Cse., Maui, Hawaii
Winning team: Jack Nicklaus, Arnold Palmer
Individual: Nicklaus, 276
1965 South Africa 571 C. de Campo
Spain 579 Madrid, Spain
Winning team: Gary Player, Harold Henning
Individual: Player, 281
1966 United States 548 Yomiuri C.C.,
South Africa 553 Tokyo, Japan
Winning team: Arnold Palmer, Jack Nicklaus
Individual: George Knudson, Canada, 272 (won playoff from Hideyo Sugimoto, Japan)
1967 United States 557 C. de Golf Mexico
New Zealand 570 Mexico City, Mex.
Winning team: Arnold Palmer, Jack Nicklaus
Individual: Palmer, 276
1968 Canada 569 Olgiata G.C.
United States 571 Rome, Italy
Winning team: George Knudson, Al Balding
Individual: Balding, 274
1969 United States 552 Singapore Island C.C.,
Japan 560 Singapore
Winning team: Lee Trevino, Orville Moody
Individual: Trevino, 275

1970 Australia 545 Jockey Club,
Argentina 555 Buenos Aires, Argentina
Winning team: David Graham, Bruce Devlin
Individual: Roberto De Vicenzo, Argentina, 269.
1971 United States 555 PGA Ntl. G.C.
South Africa 567 Palm Beach Gardens, Fla.
Winning team: Jack Nicklaus, Lee Trevino
Individual: Nicklaus, 271
1972 Taiwan 438 Royal Melbourne C.C.,
Japan 440 Melbourne, Australia
Winning team: Hsieh Min-Nan, Lu Liang-Huan.
Individual: Hsieh Min-Nan, 217
1973 United States 558 Nueva Andalucia Cse.,
South Africa 564 Marbella, Spain
Winning team: Johnny Miller, Jack Nicklaus
Individual: Miller, 277
1974 South Africa 554 Lagunita C.C.
Japan 559 Caracas, Venezuela
Winning team: Bobby Cole, Dale Hayes
Individual: Cole, 271
1975 United States 554 Navatanee G.Cse.,
Taiwan 564 Bangkok, Thailand
Winning team: Johnny Miller, Lou Graham
Individual: Miller, 275
1976 Spain 574 Mission Hills C.C.
United States 576 Palm Springs, Calif.
Winning team: S. Ballesteros, Manuel Pinero
Individual: E. Acosta, Mexico, 282
1977 Spain 591 Wack Wack G.C.,
Philippines 594 Manila, Philippines
Winning team: S. Ballesteros, Tony Garrido
Individual: Gary Player, South Africa, 289
1978 United States 564 Princeville G. Cse.,
Australia 574 Kauai, Hawaii
Winning team: Andy North, John Mahaffey
Individual: Mahaffey, 281
1979 United States 575 Glyfada G.C.,
Scotland 580 Athens, Greece
Winning team: John Mahaffey, Hale Irwin.
Individual: Irwin, 285
1980 Canada 572 El Rincon C.,
Scotland 575 Bogota, Columbia
Winning team: Dan Halldorson, Jim Nelford
Individual: Sandy Lyle, Scotland, 282
1981 Not held
1982 Spain 563 Pierre Marques Cse.,
United States 566 Acapulco, Mexico
Winning team: Manuel Pinero, Jose Canizares
Individual: Pinero, 281
1983 United States 565 Pondok Indah G.&C.C.,
Canada 572 Jakarta, Indonesia
Australia 572
Winning team: Rex Caldwell, John Cook
Individual: Caldwell, 279
1984 Spain 414 Olgiata G.C.,
Scotland 422 Rome, Italy
Taiwan 422
Winning team: Jose-Maria Canizares, Jose Rivero.
Individual: Canizares, 205

INTERNATIONAL TEAM GOLF

1985 Canada 559 LaQuinta Hotel
England 563 & C.C.
United States 564 Palm Desert, Calif.
Winning team: Dan Halldorson, Dave Barr
Individual: Howard Clark, 272

1986 Not held.

DUNHILL NATIONS CUP

Sixteen three-man teams vie in a medal-match elimination format (4 rounds). Eight seeded teams, six qualifying teams and two invitee teams, each from a different nation. Played in the fall at the Old Course at St. Andrews. Purse $1,000,000 with $300,000 to winners team members, $50,000 to runners-up.

Year Winner, scores
1985 Australia 3 United States 0
(Norman 65, O'Meara 71; Marsh 71, Floyd 74; Graham 69, Strange 72)

1986 Australia 3 Japan 0
(Davis 76, T. Ozaki 81; Graham 81, N. Ozaki 82; Norman 73, Nakajima 76)

NISSAN CUP

Six-man professional teams from the U.S., Japan, Europe and Australia-New Zealand vie in medal-match play. Winning team members receive $50,000 each. Medalist receives $25,000.

Year Winner, scores
1985 Finals: Kapalua Bay G.C., Maui, Hawaii
1. U.S. def. 2. Europe 10-2 Sandy Lyle, Eur., was low individual
1986 Finals: Yomiuri C.C., Japan
1. Japan def. 2. Europe 8-4
3. Austr.-N.Z. def. 4. U.S. 11-1
Individual scores:
1. T.Nakajiima, Jap. 68-68-66-68 270
2. B.Langer, Eur. 68-66-70-68 272
3. N.Ozaki, Jap. 69-68-70-67 274
4. I.Baker-Finch, Aus-N.Z. 67-69-72-67 275
B. Tway, U.S. 69-65-70-71 275
6. K.Suzuki, Jap. 67-69-71-69 276
G.Norman, Aus-N.Z. 68-69-71-68 276
8. J.Mahaffey, U.S. 68-68-69-73 278
H.Sutton, U.S. 67-69-70-72 278
S.Lyle, Eur. 68-70-68-72 278

NICHIREI LADIES CUP

U.S. vs. Japan women's medal-match play, with 12-member teams (16 in 1985). Also individual competition.

Year Winner, scores
1985 LPGA 32 JLPGA 16
Jan Stephenson, 138, won play-off over Alice Miller for individual title.
1986 LPGA 19 JLPGA 17
Ayako Okamoto, 140, won individual title.

PGA CUP MATCHES

Now held every other year, these matches are now between 9-man PGA club professional teams from the United States and Great Britain/Ireland.

Year Winner, scores
1973 U.S. 13, GB/I. 3; Pinehurst, N.C.
1974 U.S. 11½, GB/I. 4½; Pinehurst, N.C.
1975 U.S. 9½, GB/I. 6½; Southport, England
1976 U.S. 9½, GB/I. 6½; Leeds, England
1977 U.S. 8½, GB/I. 8½; Mission Hills, Calif.
1978 GB/I. 10½, U.S. 6½; Plymouth, England
1979 GB/I. 12½, U.S. 4½; Castletown, Isle of Man
1980 U.S. 15, GB/I. 6; Oak Tree C.C., Edmond, Okla.
1981 U.S. 10½, GB/I. 10½; Turnberry Isle, Fla.
1982 U.S. 13½, GB/I. 7½; Holston Hills, Knoxville, Tenn.
1983 GB/I. 14½, U.S. 6½; Muirfield, Scotland
1984 GB/I. 12½, U.S. 8½; Turnberry, Scotland
1985 (Format of play changed to every other year)
1986 U.S. 16, GB/I. 9; Knollwood Club, Lake Forest, Ill.

CHAPTER 10

WORLD GOLF

Foreign Recap, Sony World Rankings	267
World Top 100 Sony Ranking	268
1986 European Tour Results	269
1986 Safari Tour Results	276
1986 South African Tour Results	277
1986 Australian/New Zealand Tour Results	279
1986 Japan PGA Tour Results	280
1986 Asian Tour Results	284
1986 European Ladies Tour Results	284
Other Champions Around World	288
1986 Canadian Champions	290
Past Major Canadian Tournament Results	291

WORLD GOLF

WORLDWIDE INTEREST GROWING IN ALL OF THE GOLF TOURS

With bigger and often better fields playing on the various tours around the world, the game has truly become international in interest everywhere.

The choosing of the World Golfer of the Year by GOLF DIGEST and GOLF WORLD U.K. editors (see Men Professionals Section) enhances that interest as do the Sony World Rankings which are explained and listed here for 1986.

The established tours, which often overlap, include the PGA Tour (U.S.), European Tour, Safari Tour (Africa), Australia/New Zealand Circuit, Asian Tour and Japanese Tour for the men.

The women are also becoming more international with the WPGA Tour expanding in Europe and a growing tour in Japan and the Far East which supplement the LPGA Tour in the U.S.

SONY WORLD RANKINGS

Reluctant as many of us have been to admit it, there now seems little doubt that many foreign golfers are as good as Americans and that some are even better. And to take these comparisons out of the realm of pure conjecture there is a method of determining just how good these golfers are: the Sony World Rankings.

The system is the culmination of years of study and experimentation by members of Mark McCormack's International Management Group. It has been endorsed by the Royal and Ancient Golf Club of St. Andrews and appears to be the answer to those seeking an objective way to give exemptions to foreign players.

So far, so good, but there's a catch to it. Players are ranked not only on their performance this year, but, to a lesser degree, on what they did the two previous 52-week periods. What at first glance appears to be a player-of-the-year ranking is really a player-of-the-last-three-years—something else again.

"There may have to be some adjustments," says McCormack. "I won't argue with you that, say, the Spanish Open ranks as the Pensacola Open. But over all, it's a step in the right direction."

How the Sony Ranking works

The Sony Ranking, a specially developed computerized ranking, will be the authoritative reference source on the relative performance of the top 200 players in the world, based on results from all official tournaments (nearly 160 in all).

1. Tournament Grading

The basic concept involves looking at each of the geographic tours and circuits, and then grading the events according to their status and the strength of the field playing in each tournament. There are four grades:

Grade 1: Major Championships (U.S. Open, U.S. Masters, British Open, USPGA).

Grade 2: Leading tournaments and championships (the majority of U.S. tour events fall into this category, together with some of the leading events in Europe and Japan, plus the Australian Open).

Grade 3: Intermediate tournaments and major invitational events (most of the remaining events on the European and Japanese tours, together with the leading events on the Australian/New Zealand, South African, and Asian tours plus invitational events such as the World Match Play Championship, etc.).

Grade 4: Other tournaments and invitational events (remaining events on the U.S., Europe, and Japan tours; remaining events on the Australian/New Zealand, South African, and Asian tours; Safari and South American events; individual events attached to team competitions such as World Cup, etc.).

Points are awarded to the top 25 (and ties) in Grade 1, top 10 in Grade 2, top 5 in Grade 3, and top 3 in Grade 4 in proportion to the standard prize money distribution with a minimum of 50 points, 20 points, 10 points, and 5 points for 1st place in each grade respectively.

2. Bonus Points

However, to take into account the strength of the field in any event in Grades 2, 3, or 4, additional weighting (or bonus) points are awarded depending on the number of "top 20 ranked players" competing in the tournament. This allows some lower grade events with high quality fields in a particular year to, in effect, be raised to the grade above. For example, if all the players in the "top 20" competed in the (Grade 2) U.S. Tournaments Players Championship, its 1st place value would be raised to 35 points. Should an event have consistently high weighting, its status would be reviewed in succeeding years.

The bonus points system is not applied to Major Championships (Grade 1) as the larger differential in basic Ranking Points, relative to the other three grades, has in effect already been weighted to reflect the higher quality of the event and the field participating.

3. SONY RANKING Adjustments

The SONY RANKING is based on a rolling three year period. This allows a genuinely good player to remain in the ranking for a reasonable time despite a period of poor form, injury, etc. In addition, the three years are also weighted in favor of the more recent years, thus allowing a new star to get into the rankings on good current form, but not to get too high a position until he has proved himself over a reasonable period of time. Current year points are tripled, last year's doubled, and previous year's at face value.

Any changes in tournament grading or adjustments of the SONY RANKING system itself must be sanctioned by The Royal & Ancient Golf Club of St. Andrews.

WORLD GOLF

WORLD TOP 100 SONY RANKING
As of December 10, 1986

Position		Player	Circuit		Points
1	(4)	Norman, Greg	ANZ	1	1,212
2	(2)	Langer, Bernhard	Eur	1	1,051
3	(1)	Ballesteros, Seve	Eur	2	1,033
4	(9)	Nakajima, Tsun'ki	Jpn	1	797
5	(6)	O'Meara, Mark	USA	1	592
6	(7)	Lyle, Sandy	Eur	3	588
7	(12)	Sutton, Hal	USA	2	572
8	(8)	Strange, Curtis	USA	3	570
9	(19)	Stewart, Payne	USA	4	548
10	(3)	Watson, Tom	USA	5	540
11	(17)	Floyd, Ray	USA	6=	526
	(5)	Wadkins, Lanny	USA	6=	526
13	(15)	Peete, Calvin	USA	8	520
14	(16)	Bean, Andy	USA	9	512
15	(10)	Pavin, Corey	USA	10	511
16	(14)	Aoki, Isao	Jpn	2	505
17	(116=)	Tway, Bob	USA	11	495
18	(13)	Kite, Tom	USA	12	486
19	(20)	Zoeller, Fuzzy	USA	13	435
20	(11)	Stadler, Craig	USA	14	427
21	(24)	Mahaffey, John	USA	15	406
22	(25)	Nicklaus, Jack	USA	16	392
23	(23)	Kuramoto, Masah'o	Jpn	3	366
24	(38=)	Clark, Howard	Eur	4	358
25	(66=)	Davis, Rodger	ANZ	2	356
26	(60)	Pohl, Dan	USA	17	340
27	(90)	Ozaki, Masashi	Jpn	4	335
28	(37)	Woosnam, Ian	Eur	5	325
29	(49)	Baker-Finch, Ian	ANZ	3	320
30	(35)	Thorpe, Jim	USA	18	318
31	(18)	Trevino, Lee	USA	19	316
32	(104)	McNulty, Mark	SAf	1	307
33	(47)	Ozaki, Tateo	Jpn	5	306
34	(50)	Mize, Larry	USA	20	299
35	(28)	Green, Hubert	USA	21	298
36	(34)	Graham, David	ANZ	4	297
37	(52)	Sindelar, Joey	USA	22	295
	(55)	Ozaki, Naomichi	Jpn	6	295
39	(22)	Torrance, Sam	Eur	6	278
40	(40)	Koch, Gary	USA	23=	276
	(26)	Simpson, Scott	USA	23=	276
	(66=)	Frost, David	SAf	2	276
43	(21)	Faldo, Nick	Eur	7	272
44	(41)	Crenshaw, Ben	USA	25	271
45	(85)	Tewell, Doug	USA	26	261
46	(74)	Beck, Chip	USA	27	260
47	(48)	Maltbie, Roger	USA	28	258
48	(32)	Marsh, Graham	ANZ	5	255
49	(36)	Hoch, Scott	USA	29	249
	(45)	Price, Nick	SAf	3	249
51	(27)	Jacobsen, Peter	USA	30	248
52	(116=)	Brand, Gordon J.	Eur	8	231
53	(87)	Pooley, Don	USA	31	229
54	(43)	Lietzke, Bruce	USA	32	219
55	(132)	Ishii, David	USA	33	218
56	(69)	Brand, Gordon Jr.	Eur	9	214
57	(31)	Watson, Denis	SAf	4	210
58	(469=)	Olazabel, J.-Maria	Eur	10	209
59	(53)	Chung, Chen Tze	Asa	1	208
60	(91)	O'Grady, Mac	USA	34	205
61	(72=)	Weibring, D.A.	USA	35	203
62	(30)	Couples, Fred	USA	36=	202
	(75)	Simpson, Tim	USA	36=	202
64	(98)	Weibe, Mark	USA	38	197
65	(44)	Levi, Wayne	USA	39	196
66	(125)	Green, Ken	USA	40	190
67	(116=)	Mudd, Jodie	USA	41	188
68	(210=)	Hammond, Donnie	USA	42	182
69	(68)	Haas, Jay	USA	43	179
70	(54)	Canizarez, J.-Mar.	Eur	11	177
	(63)	Nakamura, Toru	Jpn	7	177
72	(81=)	Wood, Willie	USA	44	176
73	(38=)	McCumber, Mark	USA	45	170
74	(29)	Morgan, Gil	USA	46	168
75	(84)	Rivero, Jose	Eur	12	166
76	(70)	James, Mark	Eur	13	165
77	(62)	Gale, Terry	ANZ	6	164
78	(78=)	Sugihara, Teruo	Jpn	8	162
79	(103)	Sills, Tony	USA	47	159
80	(33)	Irwin, Hale	USA	48=	158
	(42)	Miller, Johnny	USA	48=	158
	(51)	Nelson, Larry	USA	48=	158
	(135=)	Wadkins, Bobby	USA	48=	158
84	(148=)	Forsman, Dan	USA	52	155
85	(58)	North, Andy	USA	53	154
86	(108=)	Blackmar, Phil	USA	54	152
87	(105)	Rafferty, Ronan	Eur	14	151
88	(46)	Renner, Jack	USA	55	149
89	(523=)	Hulbert, Mike	USA	56	147
90	(61)	Grady, Wayne	ANZ	7	145
91	(56)	Burns, George	USA	57	144
92	(72=)	Pinero, Manuel	Eur	15	143
93	(77)	Maeda, Shinsaku	Jpn	9	142
	(59)	Chen, Tze Ming	Asa	2	142
95	(130=)	Jones, Brian	ANZ	8	140
96	(99)	Baiocchi, Hugh	SAf	5	139
97	(95)	Barr, Dave	USA	58	138
	(65)	Arai, Kikuo	Jpn	10	138
99	(161=)	Forsbrand, Anders	Eur	16	137
100	(78=)	Edwards, Danny	USA	59	134

( ): Figures in brackets indicate 1985 year-end position.
=: Tied for position.

WORLD GOLF

EUROPEAN TOUR

Worth $8 million at stake in 28 tournaments from April to October—including the $1 million Dunhill Cup at St. Andrews in September—the European Tour may be poorer than its Japanese counterpart but it has had a considerably greater impact on the game worldwide, spawning three recent major championship winners in Seve Ballesteros, Bernhard Langer and Sandy Lyle. Exactly half the tour is played outside the British Isles and, aside from the British Open, it is the circuit's richest event: The Ebel-European Masters-Swiss Open, with $65,000 (as opposed to a normal range of $24,000 to $48,000) going to the winner. The enforced absence of Ballesteros from the U.S. Tour in 1986 has been good news for European sponsors, if not for European pros; he won five tournaments in 10 starts, never finishing worse than sixth and collecting $340,000.

1986 EUROPEAN ORDER OF MERIT (EPSON)

1.	Severiano Ballesteros	£242,208
2.	Jose-Maria Olazabel	136,775
3.	Howard Clark	121,902
4.	Ian Woosnam	111,798
5.	Gordon J. Brand	106,314
6.	Mark McNulty	101,327
7.	Rodger Davis	95,428
8.	Anders Forsbrand	84,706
9.	Ronan Rafferty	80,335
10.	Gordon Brand Jr.	78,639
11.	Ian Baker-Finch	76,304
12.	Des Smyth	68,905
13.	Hugh Baiocchi	66,243
14.	Jose-Maria Canizares	66,225
15.	Nick Faldo	65,418
16.	Ove Sellberg	64,175
17.	Sam Torrance	63,341
18.	David Feherty	62,569
19.	John Bland	58,306
20.	Mark James	57,822
21.	Robert Lee	55,173
22.	Christy O'Connor Jr.	53,433
23.	Jose Rivero	50,210
24.	Sandy Lyle	48,639
25.	Greg Turner	47,652
26.	Vicente Fernandez	46,894
27.	Antonio Garrido	45,510
28.	Brian Marchbank	45,132
29.	Ian Mosey	42,975
30.	Mark Mouland	42,148
31.	Peter Senior	40,359
32.	Manuel Pinero	39,437
33.	Philip Parkin	35,905
34.	Ross Drummond	35,438
35.	John Morgan	33,568
36.	Carl Mason	30,224
37.	Eamonn Darcy	29,424
38.	Roger Chapman	26,941
39.	Mark Roe	26,601
40.	Rick Hartmann	26,079
41.	Michael McLean	25,048
42.	Miguel Martin	24,441
43.	Mats Lanner	24,387
44.	Andrew Chandler	23,935
45.	Neil Hansen	23,504
46.	Tony Johnstone	23,434
47.	Vaughan Somers	23,054
48.	Peter Fowler	22,062
49.	Stephen Bennett	20,538
50.	Tommy Armour III	20,512
51.	Mike Clayton	20,023
52.	John O'Leary	19,783
53.	Philip Walton	19,335
54.	Paul Thomas	18,051
55.	Bernard Gallacher	18,050
56.	Jeff Hawkes	17,893
57.	Grant Turner	17,773
58.	David Williams	17,222
59.	Derrick Cooper	16,924
60.	Chris Moody	15,889

PAST EUROPEAN ORDER OF MERIT WINNERS (VARDON TROPHY)

The Harry Vardon Trophy is awarded annually by the PGA to the leading player on the official money list.

Year	Winner	Year	Winner
1937	Charles Whitcombe	1964	Peter Allis
1938	Henry Cotton	1965	Bernard Hunt
1939	Reg Whitcombe	1966	Peter Alliss
1940-45	No award due to War	1967	Malcolm Gregson
		1968	Brian Huggett
1946	Bobby Locke	1969	Bernard Gallacher
1947	Norman Von Nida	1970	Neil Coles
1948	Charlie Ward	1971	Peter Oosterhuis
1949	Charlie Ward	1972	Peter Oosterhuis
1950	Bobby Locke	1973	Peter Oosterhuis
1951	John Panton	1974	Peter Oosterhuis
1952	Harry Weetman	1975	Dale Hayes
1953	Flory van Donck	1976	Seve Ballesteros
1954	Bobby Locke	1977	Seve Ballesteros
1955	Dai Rees	1978	Seve Ballesteros
1956	Harry Weetman	1979	Sandy Lyle
1957	Eric Brown	1980	Sandy Lyle
1958	Bernard Hunt	1981	Bernhard Langer
1959	Dai Rees	1982	Greg Norman
1960	Bernard Hunt	1983	Nick Faldo
1961	Christy O'Connor	1984	Bernhard Langer
1962	Christy O'Connor	1985	Sandy Lyle
1963	Neil Coles	1986	Seve Ballesteros

EUROPEAN CAREER MONEY LEADERS

	Player	Since	Total £
1.	**Severiano Ballesteros**	1974	959.936
2.	Bernhard Langer	1976	651,272
3.	Sandy Lyle	1978	640,515
4.	Sam Torrance	1971	540,396
5.	Nick Faldo	1976	539,634
6.	Howard Clark	1974	484,584
7.	Greg Norman	1977	455,867

WORLD GOLF

8. Jose-Maria Canizares	1971	432,702
9. Manuel Pinero	1971	399,502
10. Mark James	1976	392,654
11. Ian Woosnam	1978	365,941
12. Bernard Gallacher	1968	352,682
13. Hugh Baiocchi	1972	345,326
14. Neil Coles	1955	339,537
15. Graham Marsh	1970	327,446
16. Des Smyth	1974	323,638
17. Eamonn Darcy	1971	308,082
18. Ken Brown	1976	304,469
19. Brian Barnes	1965	291,251
20. Gordon J. Brand	1975	279,340
21. Brian Waites	1964	268,509
22. Gordon Brand Jr.	1981	267,963
23. Antonio Garrido	1971	263,004
24. John Bland	1975	250,037
25. Bob Charles	1962	237,525

R. Rafferty	70-70-71-71—282	3,370
R. Drummond	71-73-71-67—282	3,370
G. Ralph	73-71-68-70—282	3,370
G. Brand Jr.	69-70-71-73—283	2,160
S. Torrance	70-71-73-69—283	2,160
M. King	70-67-73-73—283	2,160
A. Chandler	73-70-70-70—283	2,160
C. Mason	69-73-70-72—284	1,860
J. Heggarty	70-69-72-74—285	1,760
A. Saavedra	70-76-69-71—286	1,546
J. O'Leary	70-71-72-73—286	1,546
M. Martin	71-73-70-72—286	1,546
J. Rivero	74-69-73-70—286	1,546
G. Brand	72-71-73-70—286	1,546
M. McNulty	72-69-74-71—286	1,546
P. Thomas	73-70-73-71—287	1,360
R. Lee	70-72-74-71—287	1,360
I. Mosey	69-72-72-74—287	1,360

1986 EUROPEAN TOUR RESULTS
SUZE OPEN CHAMPIONSHIP

Cannes Mougins C.C., Cannes, £102,000, April 17-20

J. Bland	**68-71-70-67—276**	**£17,003**
S. Ballesteros	70-69-68-73—280	11,326
N. Hansen	73-68-69-72—282	6,391
D. Smyth	70-71-70-72—283	5,102
M. Pinero	74-71-73-66—284	3,947
I. Woosnam	70-72-69-73—284	3,947
M. Mouland	75-73-67-70—285	2,806
G. Brand Jr.	74-70-70-71—285	2,806
H. Clark	75-71-72-68—286	2,065
A. Forsbrand	72-76-67-71—286	2,065
M. Roe	70-74-70-72—286	2,065
B. Marchbank	71-75-67-74—287	1,762
J. O'Leary	71-76-70-71—288	1,539
L. Carbonetti	74-72-71-71—288	1,539
M. Martin	71-74-72-71—288	1,539
M. Persson	67-74-72-75—288	1,539
C. Moody	75-73-73-68—289	1,345
D. Russell	70-71-72-76—289	1,345
N. Coles	75-74-74-67—290	1,244
S. Bennett	76-72-70-72—290	1,244
D. Llewellyn	73-72-71-74—290	1,244
M. McLean	73-77-73-68—291	1,096
M. Wolseley	73-76-72-70—291	1,096
B. Waites	76-74-70-71—291	1,096
A. Chandler	68-75-76-72—291	1,096
R. Rafferty	71-74-73-73—291	1,096
J. Ferenz	73-74-69-75—291	1,096

CEPSA MADRID OPEN

Puerta de Hierro, Madrid, £120,000, April 24-27

H. Clark	**70-68-67-69—274**	**£20,000**
S. Ballesteros	69-67-69-70—275	13,320
I. Woosnam	69-69-70-71—279	7,520
J.M. Olazabal	72-68-71-69—280	6,000
O. Sellberg	67-70-72-72—281	5,080
B. Waites	71-69-69-73—282	3,370

ITALIAN OPEN

Isola di Albarella, £99,535, May 1-4

***D. Feherty**	**69-67-66-68—270**	**£16,587**
R. Rafferty	69-69-68-64—270	11,048
A. Chandler	72-69-65-66—272	6,236
E. Darcy	73-67-69-64—273	4,595
S. Ballesteros	70-67-65-71—273	4,595
J. Slaughter	67-72-71-64—274	2,634
M. Harwood	68-70-68-68—274	2,634
R. Lee	72-66-71-65—274	2,634
M. James	65-71-67-71—274	2,634
A. Sowa	67-69-68-70—274	2,634
B. Lane	68-72-70-65—275	1,676
S. Torrance	70-69-70-66—275	1,676
J.M. Canizares	67-73-71-64—275	1,676
R. Stewart	71-69-68-67—275	1,676
A. Saavedra	70-68-71-67—276	1,346
R. Stelten	70-66-70-70—276	1,346
G. Brand Jr.	68-69-68-71—276	1,346
M. McNulty	71-68-66-71—276	1,346
J. Morgan	68-70-68-70—276	1,346
M. Roe	72-69-67-69—277	1,171
S. Luna	71-71-69-66—277	1,171
J. O'Leary	70-68-70-69—277	1,171
O. Sellberg	70-68-69-70—277	1,171

*Won playoff.

PEUGEOT SPANISH OPEN

Campo de Golf La Moraleja, Madrid, £150,000, May 15-18

H. Clark	**68-71-66-67—272**	**£25,000**
I. Baker-Finch	69-68-68-68—273	16,670
S. Ballesteros	74-66-68-68—276	9,380
R. Lee	72-70-65-71—278	7,500
R. Drummond	68-72-72-68—280	5,805
M. Pinero	73-69-70-68—280	5,805
J. Rivero	72-68-67-74—281	4,500
R. Davis	75-71-72-64—282	3,557

WORLD GOLF

I. Mosey	74-70-68-70—282	3,557
P. Parkin	72-70-71-70—283	2,890
M. McNulty	73-71-68-71—283	2,890
J. Mudd	73-69-73-69—284	2,620
V. Fernandez	74-68-76-67—285	2,363
M. Aparacio	68-74-71-72—285	2,363
J.M. Olazabel	69-71-72-73—285	2,363
A. Forsbrand	74-68-76-68—286	1,925
G. Turner	72-71-74-69—286	1,925
G. Brand	77-68-72-69—286	1,925
S. Torrance	77-69-71-69—286	1,925
A. Garrido	71-69-75-71—286	1,925
M. Harwood	74-74-67-71—286	1,925

WHYTE & MACKAY PGA CHAMPIONSHIP

Wentworth Club, Surrey, £210,000, May 23-26

*R. Davis	73-70-68-70—281	£34,990
D. Smyth	70-72-71-68—281	23,310
N. Faldo	68-74-74-68—284	13,150
S. Torrance	74-71-71-69—285	9,700
P. Walton	71-72-77-65—285	9,700
G. Brand	74-74-70-68—286	6,825
G. Taylor	71-71-74-70—286	6,825
M. McLean	72-71-73-71—287	4,716
I. Woosnam	74-70-72-71—287	4,716
S. Lyle	69-78-72-68—287	4,716
R. Drummond	77-70-72-69—288	3,280
H. Clark	71-71-73-73—288	3,280
G. Turner	73-68-74-73—288	3,280
K. Waters	71-71-75-71—288	3,280
R. Rafferty	69-72-76-71—288	3,280
H. Balocchi	72-74-70-72—288	3,280
R. Boxall	72-72-73-71—288	3,280
C. Mason	72-75-73-69—289	2,450
J. Morgan	72-74-73-70—289	2,450
J.M. Canizares	72-71-75-71—289	2,450
A. Chandler	73-73-72-71—289	2,450
I. Mosey	75-70-74-70—289	2,450
B. Gallacher	74-70-71-74—289	2,450
J. Bland	71-72-71-75—289	2,450
W. Humphreys	71-76-72-70—289	2,450

*Won playoff.

LONDON STANDARD FOUR STARS PRO-CELEBRITY

Moor Park, Rickmansworth, £138,500, May 29-June 1.

A. Garrido	69-67-71-68—275	£21,660
R. Rafferty	71-67-68-70—276	11,290
J. Olazabal	68-68-72-68—276	11,290
M. Clayton	69-72-67-69—277	6,500
H. Baiocchi	71-65-74-69—279	5,510
M. McNulty	70-70-71-69—280	4,225
P. Parkin	73-68-69-70—280	4,225
B. Marchbank	70-72-69-70—281	2,788
H. Clark	71-69-74-67—281	2,788
T. Johnstone	72-72-69-68—281	2,788

I. Woosnam	68-71-74-68—281	2,788
M. Martin	70-70-72-70—282	2,200
R. Hartmann	73-71-71-67—282	2,200
V. Somers	74-71-69-69—283	2,030
J. Morgan	74-73-69-68—284	1,920
C. Moody	74-67-70-74—285	1,743
C. Mason	73-66-77-69—285	1,743
B. Brand Jr.	72-74-69-70—285	1,743
E. Dussart	67-76-72-71—286	1,501
R. Chapman	72-71-71-72—286	1,501
K. Brown	71-74-71-70—286	1,501
D. Feherty	70-71-70-75—286	1,501
K. Waters	68-74-76-68—286	1,501
S. Bennett	75-70-72-69—286	1,501
J. O'Leary	70-73-74-69—286	1,501

DUNHILL BRITISH MASTERS

Woburn, £200,000, June 5-8.

S. Ballesteros	67-68-70-70—275	£33,333
G. Brand Jr.	70-71-69-67—277	21,117
B. Langer	68-68-72-70—278	10,690
R. Lee	69-65-73-71—278	10,690
B. Marchbank	73-70-68-70—281	6,810
C. O'Connor Jr.	68-73-69-71—281	6,810
R. Hartmann	66-72-70-73—281	6,810
A. Chandler	72-70-69-71—282	4,570
S. Torrance	70-73-68-72—283	3,728
N. Faldo	73-70-72-68—283	3,728
M. McNulty	71-70-73-69—283	3,728
J. Rivero	70-73-74-66—283	3,728
O. Sellberg	71-73-70-70—284	3,065
D. Feherty	74-69-70-71—284	3,065
W. Westner	74-74-65-72—285	2,609
H. Baiocchi	72-70-74-69—285	2,609
J. Anderson	72-72-71-70—285	2,609
V. Fernandez	70-67-74-74—285	2,609
E. Darcy	71-70-68-76—285	2,609
R. Davis	72-69-71-74—286	2,135
I. Baker-Finch	74-72-69-71—286	2,135
J. Bland	74-73-71-68—286	2,135
S. Lyle	70-70-73-73—286	2,135
B. McColl	75-68-72-71—286	2,135

JERSEY OPEN

La Moye, £80,000, June 12-15.

*J. Morgan	65-68-71-71—275	£13,330
P. Fowler	65-71-70-69—275	8,890
H. Clark	68-68-75-66—277	4,500
G. Brand Jr.	62-70-75-70—277	4,500
I. Mosey	72-70-69-67—278	2,866
R. Davis	64-73-69-72—278	2,866
H. Baiocchi	72-64-69-73—278	2,866
B. Marchbank	73-68-69-69—279	2,000
N. Hansen	67-70-74-69—280	1,700
C. Moody	69-70-72-69—280	1,700
C. Mason	68-71-72-70—281	1,440
A. Stubbs	70-68-70-73—281	1,440

WORLD GOLF: European Tour

271

WORLD GOLF

D. Llewellyn	73-71-70-68—282	1,186
V. Somers	69-70-74-69—282	1,186
J. Anderson	67-74-71-70—282	1,186
P. Senior	69-71-72-70—282	1,186
G. Turner	70-69-71-72—282	1,186
P. Thomas	70-70-69-73—282	1,186
M. McLean	70-70-71-72—283	985
S. Bennett	67-68-71-77—283	985
T. Charnley	69-72-75-68—284	851
M. Poxon	73-70-72-69—284	851
D. Feherty	70-68-76-70—284	851
R. Cromwell	71-71-72-70—284	851
B. Gallacher	73-69-72-70—284	851
B. Malley	72-70-68-74—284	851

*Won playoff.

CARROLLS IRISH OPEN

Portmarnock, £190,275, June 19-22.

S. Ballesteros	**68-75-68-74—285**	**£31,699**
M. McNulty	74-72-71-70—287	16,515
R. Davis	74-73-71-69—287	16,515
W. Riley	67-78-71-74—290	8,080
J. M. Olazabal	68-78-73-71—290	8,080
H. Clark	74-75-70-71—290	8,080
R. Lee	66-79-73-73—291	4,406
G. Turner	71-76-72-72—291	4,406
G. Brand	71-78-72-70—291	4,406
R. Chapman	72-79-70-70—291	4,406
D. Jones	74-73-73-71—291	4,406
I. Woosnam	73-79-71-70—293	3,272
P. Senior	68-79-77-70—294	2,923
B. Langer	74-76-70-74—294	2,923
H. Baiocchi	69-76-75-74—294	2,923
M. Roe	73-76-72-74—295	2,516
R. Rafferty	70-76-74-75—295	2,516
V. Somers	73-77-72-73—295	2,516
A. Murray	71-78-74-72—295	2,516
M. Pinero	72-79-71-74—296	2,283
B. McColl	73-77-71-76—297	2,197
C. Mason	71-75-76-75—297	2,197
B. Smith	76-71-81-70—298	2,026
J. M. Canizares	71-76-76-75—298	2,026
F. Nobilo	74-75-74-75—298	2,026
R. Boxall	72-75-78-73—298	2,026

JOHNNIE WALKER MONTE CARLO OPEN

Mont Agel G. C., £158,215, June 25-28.

S. Ballesteros	**66-71-64-64—265**	**£26,365**
M. NcNulty	68-69-63-67—267	17,561
J. Bland	66-68-65-69—268	7,515
A. Garrido	67-66-65-70—268	7,515
M. McLean	67-64-67-70—268	7,515
P. Senior	66-67-66-69—268	7,515
G. Call	70-67-63-69—269	3,850
J. Rivero	68-68-66-67—269	3,850
M. Martin	72-63-66-68—269	3,850
S. Elkington	67-66-66-70—269	3,850
R. Commans	66-63-67-74—270	2,819
F. Allem	71-67-66-66—270	2,819
G. Brand	73-66-65-67—271	2,508
J. M. Canizares	71-67-70-63—271	2,508
C. Moody	65-69-70-68—272	2,177
M. Roe	70-68-67-67—272	2,177
O. Sellberg	69-65-70-68—272	2,177
S. Lyle	65-67-71-69—272	2,177
R. Stelten	66-67-68-72—273	1,911
G. Brand Jr.	71-69-66-67—273	1,911
R. Drummond	69-69-66-69—273	1,911
B. Smith	65-70-68-70—273	1,911

PEUGEOT FRENCH OPEN

La Boulie G.C., Paris, £125,000, July 3-6.

S. Ballesteros	**65-66-69-69—269**	**£20,181**
V. Fernandez	69-65-69-68—271	13,454
B. Langer	71-65-68-68—272	7,584
N. Faldo	66-70-68-70—274	6,056
R. Hartmann	71-69-67-68—275	4,686
S. Saavedra	71-68-66-70—275	4,686
R. Stewart	68-66-77-65—276	3,122
M. Roe	70-68-70-68—276	3,122
R. Lee	68-70-66-72—276	3,122
W. Westner	69-69-72-72—277	2,422
M. Mouland	71-68-71-68—278	2,056
I. Baker-Finch	71-69-67-71—278	2,056
G. Levenson	71-64-71-72—278	2,056
O. Moore	71-70-68-69—278	2,056
B. Lane	71-71-71-66—279	1,636
V. Sommers	71-67-71-70—279	1,636
R. Rafferty	71-69-68-71—279	1,636
S. Torrance	71-71-66-71—279	1,636
R. Chapman	72-70-66-71—279	1,636

CAR CARE PLAN INTERNATIONAL

Moortown, £110,000 July 9-12.

M. Mouland	**72-71-65-64—272**	**£18,330**
A. Forsbrand	69-70-68-66—273	12,210
S. Torrance	68-72-67-67—274	6,890
V. Somers	70-67-69-69—275	5,500
J. M. Canizares	69-68-70-69—276	4,660
C. Mason	70-71-67-69—277	3,300
J. Quiros	68-71-73-65—277	3,300
H. Baiocchi	72-70-69-66—277	3,300
D. Edwards	69-71-69-69—278	2,073
M. James	69-72-67-70—278	2,073
M. Clayton	70-71-67-70—278	2,073
L. Stephen	65-67-76-70—278	2,073
V. Fernandez	70-68-72-68—278	2,073
B. Malley	70-67-69-73—279	1,551
N. Faldo	71-68-67-73—279	1,551
J. Morgan	67-70-75-67—279	1,551
J. Bland	69-70-72-68—279	1,551
M. McNulty	71-67-72-69—279	1,551
M. Bembridge	71-71-67-71—280	1,323
M. Mackenzie	71-69-70-70—280	1,323
D. Durnian	69-68-72-71—280	1,323

WORLD GOLF

G. J. Brand	73-68-67-72—280	1,323
G. Levenson	71-65-74-71—281	1,200
I. Young	70-71-69-71—281	1,200
G. Marsh	70-70-66-75—281	1,200

KLM DUTCH OPEN

Noordwijk G.C., £140,000, July 24-27.

S. Ballesteros	**69-63-71-68—271**	**£23,330**
J. Rivero	72-66-69-72—279	16,550
V. Fernandez	68-69-71-72—280	7,880
P. Parkin	71-64-73-72—280	7,880
I. Baker-Finch	72-66-71-72—281	4,336
G. Brand Jr.	71-67-69-74—281	4,336
B. Marchbank	73-66-71-74—281	4,336
M. Pinero	70-66-71-74—281	4,336
D. Smyth	75-63-73-70—281	4,336
G. Marsh	72-66-75-69—282	2,800
M. Allen	70-64-74-75—283	2,440
G. Turner	74-66-72-71—283	2,440
I. Woosnam	73-64-76-70—283	2,440
S. Bennett	71-66-72-75—284	2,047
T. Gale	73-67-73-71—284	2,047
C. O'Connor Jr.	74-69-69-72—284	2,047
J. Olazabel	70-66-76-72—284	2,047
N. Faldo	74-69-71-71—285	1,770
A. Garrido	72-68-70-75—285	1,770
C. Moody	71-65-75-74—285	1,770
M. McNulty	75-68-71-72—286	1,583
M. Roe	76-66-71-73—286	1,583
P. Senior	73-66-75-72—286	1,583

SCANDINAVIAN OPEN

Sven Tumba G.C., Sweden, £150,000, July 31-August 3.

***G. Turner**	**69-62-69-70—270**	**£25,536**
C. Stadler	66-66-66-72—270	17,030
I. Baker-Finch	65-67-71-71—274	9,578
J. Rivero	70-67-67-72—276	7,088
R. Rafferty	67-66-68-75—276	7,088
H. Clark	72-70-66-70—278	5,363
M. James	66-71-71-72—280	4,597
O. Sellberg	71-72-72-66—281	3,065
R. Stewart	71-70-71-69—281	3,065
M. Lanner	69-73-70-69—281	3,065
M. Clayton	71-71-69-70—281	3,065
T. Gale	70-67-72-72—281	3,065
R. Davis	73-65-71-72—281	3,065
C. O'Connor Jr.	68-75-71-68—282	2,078
A. Forsbrand	72-71-71-69—282	2,078
D. Cooper	71-68-73-70—282	2,078
M. Roe	71-71-70-70—282	2,078
D. Smyth	73-69-69-71—282	2,078
S. Lyle	67-71-72-72—282	2,078
P. Walton	71-70-70-71—282	2,078
S. Torrance	69-69-70-74—282	2,078
R. Hartmann	72-69-73-69—283	1,628
P. Senior	70-72-70-71—283	1,628
B. Marchbank	71-71-70-71—283	1,628
E. Webber	70-70-68-75—283	1,628

*Won playoff.

PLM OPEN

Falsterbo, Sweden, £105,000, August 7-10.

P. Senior	**69-72-64-68—273**	**£19,512**
M. Lanner	73-70-65-67—275	12,995
O. Sellberg	76-66-68-66—276	7,336
T. Armour III	70-68-70-69—277	5,853
M. Persson	71-70-71-66—278	3,873
G. J. Brand	69-70-70-69—278	3,873
D. A. Russell	71-65-70-72—278	3,873
G. Turner	68-66-72-72—278	3,873
E. Darcy	76-70-65-68—279	2,367
R. Stewart	74-68-69-68—279	2,367
R. Rafferty	72-68-73-66—279	2,367
G. Marsh	70-75-66-69—280	1,709
M. Mouland	72-72-71-65—280	1,709
S. Torrance	73-68-69-70—280	1,709
I. Baker-Finch	73-67-72-68—280	1,709
T. Lamore	75-65-69-71—280	1,709
M. Högberg	73-67-68-72—280	1,709
M. Persson (D. Durnian)	73-66-67-74—280	1,709
R. Hartmann	68-69-73-70—280	1,709
D. Feherty	73-70-73-65—281	1,346
C. Moody	71-72-66-72—281	1,346
M. McLean	71-70-70-70—281	1,346
B. Marchbank	71-67-72-71—281	1,346
B. Lane	65-73-69-74—281	1,346
B. E. Smith	68-69-73-71—281	1,346

BENSON AND HEDGES INTERNATIONAL OPEN

Fulford G.C., York, £180,000, August 14-17.

***M. James**	**65-70-69-70—274**	**£30,000**
H. Baiocchi	66-70-70-68—274	15,650
L. Trevino	66-67-73-68—274	15,650
G. Brand Jr.	65-67-72-71—275	9,000
M. McNulty	68-69-72-67—276	6,466
J. O'Leary	66-69-72-69—276	6,466
I. Woosnam	71-68-70-67—276	6,466
C. O'Connor Jr.	72-65-72-68—277	4,130
J. Olazabal	67-71-67-72—277	4,130
R. Lee	68-69-71-70—278	3,400
J. Canizares	68-72-68-70—278	3,400
N. Faldo	71-70-71-67—279	3,100
I. Baker-Finch	70-72-70-68—280	2,860
M. Roe	67-72-72-69—280	2,860
V. Fernandez	67-74-72-68—281	2,600
B. Waites	72-69-71-69—281	2,600
G. Marsh	69-71-71-70—281	2,600
T. Armour III	68-73-70-71—282	2,320
H. Clark	66-73-71-72—282	2,320
J. Heggarty	69-69-70-74—282	2,320
J. Hawkes	69-72-74-67—282	2,320
P. Walton	70-71-71-71—282	1,920

WORLD GOLF

T. Gale	68-76-71-68—283	1,920
O. Sellberg	68-73-71-68—283	1,920
A. Saavedra	71-73-72-67—283	1,920
J. Anderson	74-68-72-69—283	1,920
A. Forsbrand	73-70-73-67—283	1,920

*Won playoff.

BELL'S SCOTTISH OPEN

Haggs Castle G.C., Glasgow, £130,000 August 21-24.

*D. Feherty	69-68-66-67—270	£21,660
C. O'Connor Jr.	67-66-69-68—270	11,290
I. Baker-Finch	66-66-66-72—270	11,290
R. Drummond	71-71-65-65—272	6,500
H. Baiocchi	68-68-67-70—273	5,510
P. Thomas	72-66-68-68—274	4,550
S. Lyle	70-69-66-71—276	3,575
B. Waites	67-69-72-68—276	3,575
M. Roe	73-68-71-65—277	2,752
G. Brand Jr.	69-70-71-67—277	2,752
J. Bland	70-70-68-70—278	2,266
R. Chapman	66-74-70-68—278	2,266
G. Turner	73-67-69-69—278	2,266
D. Smyth	72-67-69-71—279	1,801
G. Levenson	74-67-71-67—279	1,801
F. Nobilo	65-76-68-70—279	1,801
M. McNulty	72-70-68-69—279	1,801
A. Sowa	69-74-69-67—279	1,801
P. Harrison	71-73-68-67—279	1,801
D. Cooper	67-67-75-71—280	1,500
O. Moore	69-75-65-71—280	1,500
C. Mason	69-72-70-69—280	1,500
P. Senior	71-69-70-70—280	1,500
C. Moody	69-74-67-70—280	1,500
A. Oldcorn	74-70-72-65—281	1,340
T. Armour III	71-71-72-67—281	1,340
S. Torrance	69-70-70-72—281	1,340

*Won playoff.

GERMAN OPEN

Hubbelrath, Dusseldorf, £140,000, August 28-31.

*B. Langer	75-65-66-67—273	£27,446
R. Davis	68-73-68-64—273	18,286
M. McNulty	67-72-69-67—275	9,275
S. Lyle	70-71-68-66—275	9,275
M. Mouland	68-73-68-69—276	6,375
I. Woosnam	74-68-68-66—276	6,375
I. Baker-Finch	68-68-70-72—278	4,250
G. Brand Jr.	71-71-66-70—278	4,250
D. Smyth	73-67-70-68—278	4,250
P. Baker	67-70-70-72—279	3,053
I. Mosey	72-67-70-70—279	3,053
S. Ballesteros	69-69-73-68—279	3,053
D. Feherty	68-71-68-73—280	2,586
R. Stewart	68-73-71-68—280	2,586
A. Johnstone	70-70-72-69—281	2,372
C. Mason	68-74-70-69—281	2,372
M. Lanner	70-75-67-70—282	2,174
D. Williams	73-69-70-70—282	2,174

N. Crosby	70-69-72-72—283	2,009
J. Rivero	72-74-68-69—283	2,009
R. Chapman	74-66-73-71—284	1,902
T. Webber	75-72-69-68—284	1,902
S. Torrance	70-73-67-75—285	1,803
R. Lee	72-74-68-71—285	1,803

*Won playoff.

EBEL EUROPEAN MASTERS

Crans G.C., Switzerland, £230,000, September 4-7.

J. M. Olazabal	64-66-66-66—262	£43,846
A. Forsbrand	69-68-63-65—265	29,230
G. Brand	68-65-63-71—267	14,817
I. Baker-Finch	70-63-65-69—267	14,817
R. Rafferty	64-66-68-70—268	10,182
H. Baiocchi	65-68-68-67—268	10,182
M. McNulty	69-66-68-66—269	6,097
J. M. Canizares	71-68-69-61—269	6,097
S. Torrence	66-70-69-64—269	6,097
T. Armour III	71-69-64-65—269	6,097
C. Stadler	67-67-65-70—269	6,097
D. Williams	66-69-67-69—271	4,574
R. Commans	70-69-68-65—272	3,902
D. Smyth	71-69-67-65—272	3,902
S. Lyle	69-69-68-66—272	3,902
B. Longmuir	66-71-65-70—272	3,902
M. Pinero	65-67-68-72—272	3,902
P. Parkin	68-67-69-69—273	3,299
G. Brand Jr.	72-64-65-72—273	3,299
S. Randolph	68-69-67-69—273	3,299
L. Stephen	71-67-70-66—274	3,036
H. Clark	68-71-67-68—274	3,036
P. Thomas	66-70-69-69—274	3,036
J. Bland	66-73-70-66—275	2,834
A. Russell	69-71-69-66—275	2,834

PANASONIC EUROPEAN OPEN CHAMPIONSHIP

Sunningdale, Berkshire, £210,000, September 11-14.

*G. Norman	67-67-69-66—269	£35,000
K. Brown	67-67-68-67—269	23,310
B. Langer	69-68-66-68—271	13,150
S. Ballesteros	64-72-72-65—273	8,916
N. Faldo	62-72-71-68—273	8,916
J. M. Olazabal	68-67-72-66—273	8,916
R. Davis	71-67-69-67—274	5,775
P. Fowler	65-68-73-68—274	5,775
J. Bland	68-72-67-68—275	4,253
B. Gallacher	65-68-73-69—275	4,253
M. Martin	67-73-67-68—275	4,253
B. Longmuir	71-70-69-66—276	3,413
I. Mosey	70-65-70-71—276	3,413
E. Rodriguez	68-71-70-67—276	3,413
J. Hawkes	70-70-68-69—277	3,020
S. Lyle	66-72-71-68—277	3,020
H. Baiocchi	69-71-72-66—278	2,635
H. Clark	67-68-67-76—278	2,635

WORLD GOLF

V. Fernandez	69-70-71-68—278	2,635
R. Rafferty	67-73-72-66—278	2,635
A. Stevens	69-69-68-72—278	2,635
G. Brand Jr.	68-70-68-73—279	2,345
R. Drummond	70-73-70-66—279	2,345
M. McNulty	71-69-71-68—279	2,345
J. M. Canizares	70-70-68-72—280	2,117
N. Coles	68-72-70-70—280	2,117
C. O'Connor Jr.	69-67-73-71—280	2,117
R. Stelten	71-71-72-66—280	2,117

*Won playoff.

LAWRENCE BATLEY TOURNAMENT PLAYERS' CHAMPIONSHIP

The Belfrey, Sutton Coldfield, £130,000, September 18-21.

I. Woosnam	**71-71-66-69—277**	**£21,660**
K. Brown	73-70-70-71—284	11,290
J. M. Canizares	70-72-71-71—284	11,290
M. Allen	70-72-72-72—286	4,742
R. Drummond	76-67-70-73—286	4,742
N. Hansen	73-71-71-71—286	4,742
J. Hawkes	69-71-73-73—286	4,742
J. Rivero	70-71-70-75—286	4,742
A. Forsbrand	75-68-70-74—287	2,905
S. Bennett	71-71-73-73—288	2,286
C. O'Connor Jr.	75-72-73-68—288	2,286
M. Pinero	73-72-71-72—288	2,286
G. Powers	72-72-72-72—288	2,286
R. Stelten	71-69-74-74—288	2,286
C. Mason	71-75-71-72—289	1,700
J. M. Olazabal	71-72-71-72—289	1,700
M. Persson	75-70-69-75—289	1,700
R. Rafferty	73-67-73-76—289	1,700
N. Ratcliffe	75-73-71-70—289	1,700
G. Turner	69-74-74-72—289	1,700
I. Young	73-70-71-75—289	1,700
A. Chandler	77-68-73-72—290	1,420
V. Fernandez	74-69-71-76—290	1,420
T. Johnstone	73-70-74-73—290	1,420
B. Malley	75-70-73-72—290	1,420
B. Marchbank	74-70-73-73—290	1,420

DUNHILL NATIONS CUP

Old Course, St. Andrews, September 25-28.
(See International Team section)

SUNTORY WORLD MATCHPLAY CHAMPIONSHIP

Wentworth, Surrey, £180,000, October 2-5.
First Round
R. Davis d. **N. Price** 2 & 1
S. Lyle d. **H. Clark** 1 up
J. M. Olazabal d. **L. Wadkins** 2 & 1
J. Ozaki d. **B. Crenshaw** 7 & 6
(each loser received £7,500)

Second Round
R. Davis d. **S. Ballesteros** 7 & 6
S. Lyle d. **T. Nakajima** 38th hole
J. Nicklaus d. **J.M. Olazabal** 5 & 4
G. Norman d. **J. Ozaki** 4 & 2
(each loser received £10,000)

Semi-Finals
S. Lyle d. **R. Davis** 2 & 1
G. Norman d. **J. Nicklaus** 1 up

3rd and 4th place play-off
J. Nicklaus d. **R. Davis** 2 & 1
(Winner received £20,000, loser £15,000)

Final
G. Norman d. **S. Lyle** 2 & 1
(Winner received £50,000, runner-up £25,000)

SANYO OPEN

El Prat, Barcelona, £175,000 October 9-12.

J. Olazabal	**69-68-69-67—273**	**£29,150**
H. Clark	72-68-69-67—276	19,440
I. Mosey	73-67-68-69—277	10,950
S. Ballesteros	67-67-73-71—278	7,433
O. Sellberg	70-71-65-72—278	7,433
I. Woosnam	71-68-69-70—278	7,433
J. Anglada	67-74-67-71—279	4,056
G. Brand Jr.	69-70-68-72—279	4,056
E. Darcy	71-70-70-68—279	4,056
A. Oldcorn	73-67-71-68—279	4,056
R. Rafferty	69-71-70-69—279	4,056
G. J. Brand	72-69-69-70—280	2,940
M. Pinero	71-68-70-71—280	2,940
M. Aparicio	72-69-68-72—281	2,595
T. Johnstone	71-72-71-67—281	2,595
M. Persson	72-69-70-70—281	2,595
R. Chapman	69-71-71-71—282	2,273
R. Gallardo	72-67-74-69—282	2,273
R. Lee	73-66-72-71—282	2,273
J. M. Canizares	71-72-68-72—283	1,908
D. Feherty	73-70-69-71—283	1,908
P. Harrison	73-67-71-72—283	1,908
J. Heggarty	70-69-74-70—283	1,908
W. Humphreys	70-69-70-71—283	1,908
C. O'Connor Jr.	71-67-73-72—283	1,908
A. Russell	74-67-67-75—283	1,908
D. Williams	70-71-68-74—283	1,908

LANCOME TROPHY

St. Nom-la-Breteche, Paris, £170,000, October 16-19.

***S. Ballesteros**	**67-69-68-70—274**	**£27,272**
B. Langer	73-66-66-69—274	27,272
D. Smyth	72-69-68-66—275	12,834
S. Torrance	71-64-74-67—276	9,625
S. Lyle	70-66-70-70—276	9,625
J. Bland	72-71-68-66—277	5,811

WORLD GOLF: European Tour

275

WORLD GOLF

G. J. Brand	69-69-68-71—277	5,811
J. M. Olazabal	71-69-66-71—277	5,811
C. Strange	69-67-70-72—278	4,705
H. Baiocchi	69-70-73-67—279	4,278
A. Forsbrand	72-67-68-73—280	3,957
R. Rafferty	73-69-71-69—282	3,556
M. James	70-67-72-73—282	3,556
I. Woosnam	70-69-75-70—284	3,121
M. McNulty	70-72-70-72—284	3,121
O. Sellberg	72-71-68-73—284	3,121
G. Brand Jr.	72-70-64-78—284	3,121
J. M. Canizares	73-70-73-71—287	2,780
A. Garrido	71-74-67-75—287	2,780
W. Humphreys	73-71-71-73—288	2,620

*Won playoff.

PORTUGUESE OPEN

Quinta do Lago, Algarve, £100,000, October 23-26.

M. McNulty	**66-69-69-66—270**	**£16,660**
I. Mosey	69-69-69-67—274	11,100
J. M. Canizares	68-70-72-66—276	5,630
J. Bland	67-66-71-72—276	5,630
A. Forsbrand	72-66-71-68—277	3,580
A. Johnstone	69-71-66-71—277	3,580
S. Lyle	66-67-71-73—277	3,580
R. Chapman	73-71-69-66—279	2,246
G. J. Brand	68-70-72-69—279	2,246
J. Higgins	72-67-68-72—279	2,246
G. Cali	70-71-72-67—280	1,596
G. Turner	70-73-68-69—280	1,596
R. Gunn	71-74-66-69—280	1,596
D. Smyth	74-68-68-70—280	1,596
M. Allen	70-70-69-71—280	1,596
M. Pinero	71-72-64-73—280	1,596

SAFARI TOUR

This is perhaps the main winter tune-up destination for European Tour players. The governments of the countries involved (Nigeria, Ivory Coast, Kenya, Zambia and Zimbabwe) will not permit golfers who have played in South Africa to compete in their tournaments, so there can be no overlap. The five events on the 1986 tour, played in February and March, carried a total prize fund of about $375,000. Winners earned about $13,300, but in Nigeria, which hosts the richest tournament, Gordon Brand collected $24,000. The tour attracts the inevitable barbs, such as, "a good flight is one that lands safely and a good tournament is one survived without food poisoning," but they are all part of a golfer's education on Safari. The Safari Circuit in Africa is under the direction of the European Tour which immediately follows it.

1986 SAFARI TOUR MONEY LIST

(Final positions after Zimbabwe Open)

1. Gordon Brand	**£31,538**
2. Garry Cullen	14,322
3. Bill Longmuir	13,662
4. Malcolm Mackenzie	12,764
5. Ian Woosnam	12,055
6. Stephen Bennett	11,733
7. Brian Marchbank	8,915
8. Paul Kent	7,842
9. Stuart Reese	7,134
10. Andrew Murray	7,116
11. Neil Hansen	6,811
12. Eamonn Darcy	6,110
13. Gary Smith	5,793
14. Bill McColl	5,097
15. Paul Carrigill	4,926
16. John Morgan	4,878
17. Keith Waters	4,731
18. Joe Higgins	4,616
19. Glenn Ralph	4,519
20. Paul Thomas	4,405
21. David Jones	4,051
22. Gordon Brand Jr.	3,876
23. Ronan Rafferty	3,865
24. David Llewellyn	3,681
25. Simon Bishop	3,555
26. Jose-Maria Canizares	3,552
27. Grant Turner	3,465
28. Jose-Maria Olazabal	3,438
29. Mark Roe	3,427
30. David Ray	3,418

1986 SAFARI TOUR RESULTS
NIGERIAN OPEN

Ikoyi Club, Lagos, £100,650, February 13-16

G. Brand	**70-67-65-70—272**	**£16,581**
M. Mackenzie	70-70-70-70—280	11,052
N. Hansen	67-75-73-68—283	5,141
G. Smith	70-75-69-69—283	5,141
P. Kent	68-70-71-74—283	5,141
P. Carrigill	72-72-70-71—285	2,781
A. Murray	70-70-74-71—285	2,781
D. Jones	74-72-66-73—285	2,781
J. Omoruah	69-71-70-75—285	2,781
J. Higgins	72-68-72-74—286	1,891
B. Marchbank	72-69-70-75—286	1,891
M. Johnson	73-72-74-68—287	1,468
D. Jagger	77-69-71-70—287	1,468
P. Akakaslaka	72-73-72-70—287	1,468
D. Ray	71-74-71-71—287	1,468
D.J. Russell	74-71-69-73—287	1,468
G. Turner	71-70-72-74—287	1,468
C. Mason	72-68-73-74—287	1,468
D. Williams	69-72-71-75—287	1,468

IVORY COAST OPEN

President GC, Yamoussoukro, £44,000, February 20-23

G. Brand	**71-67-66-69—273**	**£9,737**
B. Marchband	68-67-68-72—275	6,484

WORLD GOLF

A. Murray	72-67-70-67—276	3,661
B. Longmuir	72-67-68-72—279	2,921
G. Cullen	73-68-66-73—280	2,473
J. Morgan	72-71-70-68—281	1,640
S. Bennett	70-70-69-72—281	1,640
R. Cowen	73-71-67-70—281	1,640
J. Higgins	73-74-70-64—281	1,640
E. Dussart	69-70-74-69—282	1,084
D. Ray	71-70-74-67—282	1,084
P. Thomas	69-75-69-70—282	1,084
M. Mouland	72-68-72-71—283	929
P. Barber	71-69-72-71—283	929

555 KENYA OPEN

Muthaiga Club, Nairobi, Kenya, £56,750, March 6-9

I. Woosnam	**70-64-67-72—273**	**£9,455**
B. Longmuir	68-70-69-66—273	6,304
J. Canizares	68-66-72-70—276	3,552
J. Olazabal	73-70-66-68—277	2,626
G. Brand Jr.	69-70-68-70—277	2,626
G. Cullen	69-73-72-64—278	1,471
G. Brand	70-69-71-68—278	1,471
B. Mitchell	72-68-69-69—278	1,471
P. Kent	70-71-66-71—278	1,471
B. Gallacher	68-71-68-71—278	1,471
E. Dussart	70-69-73-67—279	1,001
M. Lanner	68-74-67-70—279	1,001
P. Carrigill	70-72-69-69—280	847
D. Llewellyn	72-68-70-70—280	847
G. Ralph	71-67-72-70—280	847
R. Chapman	72-65-73-70—280	847
J. Rivero	69-68-72-71—280	847
M. Roe	72-73-71-65—281	735
P. Harrison	67-72-70-72—281	735

ZAMBIAN OPEN

Lusaka GC, Zambia, £55,000, March 13-16

G. Cullen	**70-69-75-69—283**	**£9,160**
E. Darcy	73-68-73-69—283	6,110
B. Longmuir	71-73-69-71—284	3,220
G. Brand	72-74-66-72—284	3,220
I. Woosman	71-67-74-73—285	2,600
P. Thomas	70-68-76-72—286	2,050
B. McColl	77-71-67-71—286	2,050
G. Ralph	71-73-69-74—287	1,250
J. Morgan	72-73-69-73—287	1,250
T. Horton	74-69-74-70—287	1,250
G. Brand Jr.	71-69-76-71—287	1,250
J. Olazabal	71-74-72-71—288	812
C. Mason	75-72-68-73—288	812
M. Lanner	71-72-71-74—288	812
R. Chapman	72-70-73-73—288	812
R. Boxall	69-75-72-72—288	812
S. Reese	74-71-70-75—290	671
C. Maltman	81-68-72-69—290	671
J. Fowler	73-75-76-66—290	671
M. Poxon	76-72-69-74—291	601
D. Jones	73-76-70-72—291	601
M. Ingham	74-73-74-70—291	601

ZIMBABWE OPEN

Chapman GC, Harare, Zimbabwe, £54,585, March 20-23

S. Bennett	**68-69-71-69—277**	**£9,096**
S. Reese	69-72-66-72—279	6,061
S. Bishop	69-73-71-67—280	3,074
R. Rafferty	73-70-69-68—280	3,074
K. Waters	69-70-71-71—281	2,312
B. McColl	70-70-71-71—282	1,910
S. Stephen	70-73-72-68—283	1,328
R. Drummond	74-69-68-72—283	1,328
P. Brown	71-71-67-74—283	1,328
G. Ralph	72-69-72-70—283	1,328
P. Walton	68-70-73-73—284	975
R. Chapman	72-72-74-66—284	975
T. Horton	72-71-72-70—285	807
D. Llewellyn	69-69-73-74—285	807
M. Mackenzie	70-71-72-72—285	807
C. Mason	73-70-68-74—285	807
J. Morgan	70-75-71-69—285	807
T. Lamore	73-73-70-70—286	669
M. Roe	73-71-73-69—286	669
B. Waites	71-73-69-73—286	669
S. Cipa	71-72-73-70—286	669
D. Jones	70-73-71-72—286	669

SOUTH AFRICAN TOUR

The 1986-'87 Sunshine Tour will run from November to February with 11 events worth $450,000 and with an average first prize of $7,000. This excludes the Sun City Million Dollar Challenge and its $300,000 winner's check, which in December 1985 was banked by Langer, and a new seniors tournament worth $300,000 at Gary Player's Sun City course in January 1986. Mark McNulty dominated the tour in the last campaign, winning five times, while David Frost walked off with the most prestigious title, the South African Open. Denis Watson won once but a winless Nick Price only played twice. All these names are familiar in the U.S., but the tour also depends on the attendance of European players who like to winter in South Africa for the sun, the fine courses and the relatively cheap cost of living.

1985-6 SOUTH AFRICAN TOUR MONEY LIST

1.	**Mark McNulty**	**R113,526**
2.	Fulton Allem	80,876
3.	David Frost	66,564
4.	Tony Johnstone	44,120
5.	Bobby Cole	39,684
6.	Gavin Levenson	36,076
7.	Hugh Baiocchi	32,939
8.	Trevor Dodds	31,645

WORLD GOLF

9. Warren Humphreys		26,890
10. John Bland		26,824
11. Allen Henning		23,176
12. Teddy Webber		23,094
13. Ian Mosey		20,623
14. Jack Ferenz		20,429
15. Bobby Lincoln		20,018
16. David Feherty		19,400
17. Simon Hobday		16,223
18. Mark Hartness		16,196
19. Tienie Britz		15,233
20. Wayne Westner		14,950

1985-6 SOUTH AFRICAN TOUR RESULTS

SAFMARINE SA MASTERS
Milnerton, Cape Town, December 11-14

M. McNulty	**69-71-68-70—278**	**R16,000**
F. Edmonds	67-70-71-74—282	7,833
D. Frost	67-67-68-80—282	7,833
F. Allem	68-67-72-75—282	7,833
B. Lincoln	75-70-71-69—285	3,900
T. Britz	68-71-71-75—285	3,900
I. Mosey	71-69-70-76—286	3,000

GOODYEAR CLASSIC
Homewood GC, Port Elizabeth, December 18-21

D. Watson	**71-70-72-69—282**	**R16,000**
T. Dodds	71-72-74-66—283	9,250
D. Frost	68-76-69-70—283	9,250
N. Price	70-74-71-70—285	5,000
F. Allem	69-70-77-70—286	4,200

ICL INVITATION
Zwartkop CC, Pretoria, January 15-18

G. Levenson	**71-65-67-67—270**	**R16,000**
D. Frost	66-69-68-68—271	11,500
F. Allem	69-69-68-68—274	6,000
M. McNulty	66-67-69-72—274	6,000
T. Britz	72-69-67-67—275	4,200

LEXINGTON PGA CHAMPIONSHIP
Wanderers, GC, Johannesburg, January 22-25

B. Cole	**66-65-66-68—265**	**R17,000**
D. Frost	68-70-63-69—270	10,175
T. Webber	66-70-64-70—270	10,175
M. McNulty	66-68-69-68—271	5,500
A. Henning	68-69-68-70—275	4,620

WILD COAST PRO-AM
Wild Coast Country Club, January 29-Feb. 1

M. McNulty	**66-66-71-64—267**	**R15,000**
D. Frost	70-66-69-68—273	11,500
T. Johnstone	71-64-75-66—276	7,000
D. Feherty	73-67-68-70—278	4,600
R. Hartmann	69-66-72-71—278	4,600

SOUTH AFRICA OPEN
Royal Johannesburg, February 5-8

D. Frost	**72-70-66-67—275**	**R16,306**
T. Johnstone	68-67-74-69—278	11,698
T. Dodds	70-69-71-70—280	7,123
B. Cole	70-69-71-71—281	5,089
M. Hartness	73-71-70-68—282	3,970
T. Webber	71-69-73-69—282	3,970

AECI CHARITY CLASSIC
Randpark GC, Johannesburg, February 12-15

F. Allem	**70-63-66-67—266**	**R16,000**
M. McNulty	69-67-64-67—267	11,500
M. Hartness	69-69-70-67—275	7,000
I. Mosey	66-69-73-68—276	4,600
A. Henning	68-69-71-68—276	4,600

BARCLAYS BANK CLASSIC
Sun City, February 19-22

M. McNulty	**73-66-71-69—279**	**R16,000**
F. Allem	69-70-73-73—285	11,500
D. Feherty	73-70-71-72—286	7,000
W. Westner	74-76-67-70—287	4,600
M. Wiltshire	73-74-66-74—287	4,600

PALABORA CLASSIC
Hans Merensky GC, Phalaborwa, February 26-March 1

F. Allem	**69-67-69-65—270**	**R19,200**
H. Baiocchi	68-67-70-68—273	13,800
J. Townsend	68-68-67-71—274	8,400
C. Williams	69-67-69-70—275	5,520
A. Henning	66-69-69-71—275	5,520

SWAZI SUN PRO-AM
Royal Swazi, Mbabane, March 5-8

***M. McNulty**	**64-66-68-65—263**	**R16,000**
F. Allem	67-63-67-66—263	11,500
G. Levenson	65-69-68-64—266	7,000
H. Baiocchi	68-67-69-67—271	4,266

WORLD GOLF

W. Humphreys	70-65-67-69—271	4,266
J. Bland	70-71-63-67—271	4,266

*Won playoff.

TRUST BANK TOURNAMENT OF CHAMPIONS

Kensington GC, Johannesburg, March 12-15

M. McNulty	**70-68-68-66—272**	**R20,000**
J. Ferenz	70-71-70-67—278	10,489
T. Johnston	69-70-70-69—278	10,489
J. Bland	71-72-66-70—279	5,216
W. Humphreys	69-70-70-70—279	5,216

AUSTRALIAN/NZ TOUR

Australia and New Zealand have long produced world-class golfers—Peter Thomson and Bob Charles, for example—and continue to do so. Witness Greg Norman's performance on the PGA Tour and in the majors this year, but it all has little to do with the domestic scene. The season begins in October and ends the last of February, a rambling trek of 14 tournaments worth (U.S.) $1.5 million, with average first prizes of $20,000. However, the Order of Merit is figured from January thru December. Norman, David Graham and overseas stars like Bernhard Langer and Tom Watson can be lured to Australia only with huge offers of appearance money.

1986 AUST/NZ ORDER OF MERIT

1. Greg Norman	$111,211
2. Rodger Davis	84,036
3. Ossie Moore	61,059
4. Bob Shearer	58,935
5. Ian Baker-Finch	58,346
6. Ian Stanley	56,343
7. Mike Harwood	55,147
8. Terry Gale	53,103
9. Lyndsay Stephen	44,207
10. Brett Ogle	43,070
11. Peter Senior	40,064
12. Greg Turner	35,178
13. Vaughan Somers	34,570
14. Wayne Riley	33,250
15. Mike Clayton	31,422
16. Peter Fowler	28,975
17. Jeff Senior	27,371
18. Magnus Persson	25,838
19. Wayne Smith	25,708
20. Stewart Ginn	24,510
21. Frank Nobilo	24,466
22. Roger Mackay	23,280
23. Gerry Taylor	22,404
24. Mike Colandro	21,979
25. Peter Jones	21,834
26. Steve Elkington	20,716
27. John Clifford	20,387
28. Peter McWhinney	17,139
29. George Serhan	15,609
30. Mike Ferguson	13,774

1986 AUSTRALIAN/NZ TOUR RESULTS
TASMANIAN OPEN

Royal Hobart GC, January 30-February 2

*S. Ginn	70-71-69-71—281	$9,000
M. Persson	73-69-65-74—281	5,500
T. Gale	73-69-71-70—283	3,525
S. Elkington	71-73-69-71—284	2,020
P. Fowler	69-72-71-72—284	2,020
J. Senior	68-71-71-74—284	2,020
V. Somers	72-77-69-66—284	2,020
G. Turner	74-72-69-69—284	2,020

*Won playoff.

VICTORIAN OPEN

Yarra Yarra GC, Melbourne, February 6-9

O. Moore	**71-67-70-72—280**	**$18,000**
G. Turner	73-70-72-66—281	8,850
V. Somers	68-66-72-75—281	8,850
P. Fowler	71-71-69-72—283	4,980
M. Colandro	71-71-69-72—284	3,990
R. Shearer	70-71-73-70—284	3,990

ROBERT BOYD TRANSPORTER AUSTRALIAN MATCH-PLAY CHAMPIONSHIP

Kingston Heath GC, Melbourne, February 15-16

Round 1: O. Moore d B. King (a) 3&2, A. Forsbrand d W. Riley 5&3, P. Fowler d G. Marsh 2&1, S. Ginn d I. Stanley 5&4, R. Shearer d I. Baker-Finch 5&4 R. Davis d F. Nobilo 4&3, M. Clayton d T. Gale 4&2, B. Jones d G. Taylor 3&2
Quarterfinals: A. Forsbrand d O. Moore 2&1, P. Fowler d S. Ginn at 20th, R. Shearer d R. Davis 2 up, M. Clayton d B. Jones 2&1.
Semi-finals: P. Fowler d A. Forsbrand 3&2, R. Shearer d M. Clayton at 19th.
Final: P. Fowler d R. Shearer 6&5.
Play off for 3rd: A. Forsbrand d M. Clayton 3&2.
Fowler: $16,000, Shearer $10,000, Forsbrand $7,000, Clayton $5,000.

AUSTRALIAN MASTERS

Huntingdale GC, Melbourne, February 20-23

M. O'Meara	**74-66-71-73—284**	**$49,500**
D. Graham	69-71-71-74—285	29,700
I. Stanley	70-70-71-75—286	18,975
B. Langer	72-73-71-71—287	12,567

WORLD GOLF

I. Baker-Finch	70-72-72-73—287	12,567
T. Gale	73-69-71-75—288	10,505
T.C. Chen	72-69-74-74—289	9,415

QUEENSLAND PGA

Indooroopilly GC, Brisbane, October 2-5

O. Moore	69-70-66-72—277	**$18,000**
B. Ogle	68-71-73-75—287	8,850
P. Senior	73-73-69-72—287	8,850
P. Foley	74-70-72-72—288	4,570
W. Riley	68-72-75-73—288	4,570
J. Clifford	71-74-71-73—289	3,820

QUEENSLAND OPEN

Coolangatta-Tweed Heads GC, October 9-12

G. Norman	67-70-70-70—277	**$18,000**
P. Senior	71-68-73-71—283	8,850
J. Woodland	64-73-68-78—283	8,850
B. Ogle	69-66-73-76—284	4,980
S. Elkington	71-73-71-71—286	4,160

NATIONAL PANASONIC NSW OPEN

Concord GC, Sydney, October 16-19

G. Norman	65-70-67-73—275	**$22,500**
L. Stephen	72-67-69-72—280	13,500
S. Elkington	69-73-70-69—281	8,625
I. Stanley	75-68-69-70—282	6,225
R. Mackay	70-72-70-71—283	4,494
F. Nobilo	69-69-69-76—283	4,494
O. Moore	69-69-71-74—283	4,494
G. Taylor	71-73-67-72—283	4,494

SOUTH AUSTRALIAN OPEN

Kooyonga GC, Adelaide, October 22-25

G. Norman	75-68-75-65—283	**$18,000**
D. Graham	72-69-74-71—286	10,800
R. Shearer	72-69-77-70—288	5,347
P. Senior	73-70-75-70—288	5,347
I. Baker-Finch	70-75-73-70—288	5,347

AUSTRALIAN PGA CHAMPIONSHIP

Castle Hill GC, Sydney, October 30-November 2

M. Harwood	69-69-73-64—275	**$32,400**
G. Norman	69-69-66-73—277	19,400
G. Marsh	68-69-70-71—278	12,420
G. Turner	76-68-65-70—279	8,964
I. Baker-Finch	68-71-71-70—280	7,488

VICTORIAN PGA CHAMPIONSHIP

Warrnambool GC, November 6-9

W. Smith	67-68-70-70—275	**$20,000**
T. Gale	72-69-67-69—277	11,000
O. Moore	65-73-71-70—279	6,500
I. Stanley	70-70-71-69—280	4,000
G. Turner	70-72-69-70—281	3,000

AUSTRALIAN OPEN

Metropolitan GC, Melbourne, November 13-16

R. Davis	67-71-72-68—278	**$50,000**
G. Marsh	70-71-69-69—279	21,000
I. Baker-Finch	66-69-72-72—279	21,000
R. Shearer	69-71-70-69—279	21,000
M. Persson	67-71-72-70—280	10,000

WEST AUSTRALIAN OPEN

Lake Karrinyup, November 20-23

G. Norman	72-70-66-68—276	**$20,000**
T. Gale	68-70-68-71—277	11,000
P. Senior	64-75-70-74—283	6,500
M. O'Meara	75-71-73-66—285	3,500
L. Stephen	76-71-69-69—285	3,500

AIR NEW ZEALAND SHELL OPEN

Titirangi G.C., Auckland, Nov. 27-30

R. Davis	63-65-67-72—267	**$27,000**
B. Shearer	69-70-65-66—270	13,275
C. Strange	67-67-63-73—270	13,275
P. Senior	65-67-73-68—273	6,855
D.A. Weibring	66-68-65-74—273	6,855

NISSAN-MOBIL NEW ZEALAND OPEN

Grange G.C., Auckland, Dec. 4-7

R. Davis	67-62-65-68—262	**$21,600**
B. Shearer	68-65-69-68—270	12,960
I. Baker-Finch	66-70-69-70—275	8,280
J. Senior	67-67-72-71—277	5,184
V. Somers	67-65-74-71—277	5,184
F. Nobilo	73-66-66-72—277	5,184

JAPAN PGA TOUR

Second only to the American tour in terms of riches, the 40 official tournaments in Japan have total purses of 1.8 billion yen, which sound enough to equip the U.S. Air Force but is actually $11.5 million. The schedule runs from late March to December and—with the exception of

WORLD GOLF

a few T.C. Chens of Taiwan—is primarily a domestic affair. Top man these days is Tsuneyuki (Tommy) Nakajima, who won six times in 1985 to head the money list with about $650,000 and has added four more titles already in 1986. But Nakajima's strength also illustrates the weakness of the tour. He has never won outside Japan and, when he captured the Dunlop Phoenix title last November, he was the first native to collect Japan's largest tournament check—worth $135,000, double the average figure—in the 13 years since the Phoenix's inception. Normally it goes to an American or European invader, as do most of Japan's other lucrative fall tournaments. Jack Nicklaus says, "The Japanese tour is where the U.S. tour was 20 years ago."

1986 JAPAN TOUR RESULTS

SHIZUOKA OPEN

Shizuoka C.C., Shizuoka Pref., March 20-23

*A. Omachi	71-71-76-36—254	Y6,300,000
T. Sugihara	76-71-71-36—254	3,500,000
H. Min-Nan	76-69-73-37—255	2,380,000
S. Kanai	74-73-71-38—256	1,446,000
T. Murakami	74-73-72-37—256	1,446,000
Y. Yamamoto	77-69-73-37—256	1,446,000

*Won playoff.

POKARISWEAT HAKURYUKO OPEN

Hakuryuko C.C., Hiroshima Pref., April 10-13

H. Meshiai	71-68-73-65—277	Y7,200,000
N. Yuhara	73-68-68-69—278	3,360,000
I. Baker-Finch	67-74-70-67—278	3,360,000
M. Ferguson	76-66-68-69—279	1,760,000
O. Moore	72-72-71-64—279	1,760,000
A. Omachi	71-68-69-72—280	1,160,000
Y. Yamamoto	70-72-67-71—280	1,160,000
T. Ozaki	67-72-71-70—280	1,160,000

BRIDGESTONE ASO OPEN

Aso G.C., Kumamoto Pref., April 17-20

B. Jones	70-69-67-34—240	Y6,300,000
N. Yuhara	69-69-68-35—241	3,500,000
M. Ozaki	70-70-69-34—243	2,380,000
M. Takasu	67-69-72-36—244	1,540,000
N. Ozaki	68-70-70-36—244	1,540,000

DUNLOP INTERNATIONAL OPEN

Ibaragi C.C., Ibaragi Pref., April 24-27

H. Shigenobu	74-67-68-72—281	Y9,000,000
D. Ishii	69-72-72-70—283	4,200,000
M. Kuramoto	64-70-75-74—283	4,200,000
W. Smith	72-68-68-76—284	2,400,000
M. Ozaki	70-67-70-78—285	1,630,000
E. Deguchi	67-74-74-70—285	1,630,000
N. Sugai	67-70-71-77—285	1,630,000
G. Marsh	69-72-68-76—285	1,630,000

THE CROWNS

Nagoya C.C., Aichi Pref., May 1-4

D. Ishii	68-67-71-68—274	Y16,200,000
T. Nakajima	72-68-71-67—278	9,300,000
D. Weibring	70-69-69-71—279	6,120,000
N. Ozaki	71-68-73-68—280	3,720,000
K. Suzuki	73-70-73-64—280	3,720,000
T. Gale	69-73-72-66—280	3,720,000

FUJI SAKEI CLASSIC

Kawana Hotel G.C., Shizuoka Pref., May 8-11

M. Ozaki	65-72-71-71—279	Y7,200,000
D. Ishii	67-72-71-70—280	4,000,000
M. Kuramoto	65-75-73-69—282	2,320,000
H. Ishii	65-70-75-72—282	2,320,000
T. Gale	69-71-73-70—283	1,600,000

JAPAN PGA MATCHPLAY

Mito C.C., Ibaragi Pref., May 15-18

Final: **T. Nakajima** (Y10,000,000) d. **K. Kobayashi** (Y5,000,000) 6 & 5. 3rd place play-off: **K. Uehara** (Y3,000,000) d. **K. Suzuki** (Y2,000,000) 2 up.

PEPSI-UBE

Ube C.C., Yamaguchi Pref., May 22-25

N. Ozaki	71-69-68-68—276	Y7,200,000
F. Kobayashi	71-68-68-70—277	4,000,000
H. Min-Nan	72-74-65-69—280	2,720,000
S. Kanai	72-66-73-70—281	1,920,000
H. Makino	71-72-70-70—283	1,440,000
Y. Akitomo	75-70-68-70—283	1,400,000

MITSUBISHI GALANT

Oaria G.C., Ibaragi Pref., May 29-June 1

T. Nakajima	73-68-69-70—280	Y10,080,000
M. Chen	70-69-76-66—281	5,600,000
T. Gale	71-72-67-72—282	3,808,000
M. Ozaki	72-73-69-69—283	2,688,000
K. Aria	73-73-69-69—284	2,128,000
I. Aoki	72-69-73-70—284	2,128,000

TOHOKU CLASSIC

Nishisendai C.C., Miyagi Pref., June 5-8

T. Sugihara	70-69-70-71—280	Y7,200,000

WORLD GOLF

M. Takasu	73-73-66-70—282	4,000,000
G. Marsh	71-70-70-72—283	2,320,000
I. Aoki	73-71-69-70—283	2,320,000
K. Arai	69-71-72-72—284	1,440,000
T. Ozaki	72-68-71-73—284	1,440,000
T. Inagaki	69-69-74-72—284	1,440,000

SAPPORO TOKYU

Sapporo Kokusai C.C., Hokkaido, June 12-15

I. Aoki	**65-67-72-69—273**	**Y7,200,000**
S. Maeda	69-68-70-69—276	4,000,000
S. Kanai	67-70-73-67—277	2,720,000
S. Kusakabe	67-71-70-70—278	1,920,000
T. Sugihara	68-71-71-70—280	1,520,000
K. Kono	74-70-68-68—280	1,520,000

YOMIURI SAPPORO BEER OPEN

Yomiuri C.C., Osaka, June 19-22

K. Suzuki	**68-69-67-69—273**	**Y9,000,000**
B. Jones	69-68-69-69—275	5,000,000
T. Nakajima	71-67-69-69—276	2,900,000
T. Sugihara	71-69-69-67—276	2,900,000
N. Niizeki	69-71-68-69—277	2,000,000

MIZUNO TOURNAMENT

Tokinodai C.C., Ishikawa Pref., June 26-29

T. Nakajima	**69-65-68-37—239**	**Y9,000,000**
T. Watanabe	67-71-70-37—245	5,000,000
T. Irie	70-71-69-36—246	2,900,000
S. Ebihara	68-67-70-41—246	2,900,000
B. Jones	74-68-69-36—247	1,800,000
H. Shigenobu	71-66-71-39—247	1,800,000
H. Makino	71-76-66-34—247	1,800,000

KANTO (EASTERN JAPAN) P.G.A. CHAMPIONSHIP

Miyagino G.C., Miyagino Pref., July 3-6

T. Nakajima	**68-69-65-67—269**	**Y5,400,000**
N. Ozaki	69-68-67-68—272	3,000,000
I. Aoki	68-68-66-71—273	2,040,000
A. Omachi	68-66-71-69—274	1,440,000
S. Fujiki	71-68-65-71—275	1,200,000

KANSAI (WESTERN JAPAN) P.G.A. CHAMPIONSHIP

Kibi C.C., Okayama Pref., July 3-6

T. Sugihara	**68-68-67—203**	**Y2,700,000**
H. Ishii	67-68-70—205	1,260,000
K. Yoshimura	70-68-67—205	1,260,000
M. Kuramoto	68-70-68—206	660,000
S. Maeda	66-69-71—206	660,000

JPGA CHAMPIONSHIP

Nihon Rhine G.C., July 24-27

I. Aoki	**66-68-69-69—272**	**Y9,000,000**
M. Ozaki	71-68-67-70—276	5,000,000
T. Nakamura	74-68-70-65—277	3,400,000
S. Kusakabe	66-70-72-70—278	2,400,000
T. Nakajima	69-72-73-66—280	1,900,000

NST NIIGATA OPEN

Nagaoka C.C., July 31-August 3

D. Ishii	**68-70-66-72—276**	**Y6,300,000**
T. Ozaki	68-68-71-70—277	3,500,000
J. Furuki	71-72-65-71—279	2,030,000
I. Shirahama	64-74-69-72—279	2,030,000
A. Omachi	70-75-68-67—280	1,198,000
S. Kanai	69-67-70-74—280	1,198,000

NIKKEI-CUP TORAKICHI NAKAMURA MEMORIAL

Gammo G.C., August 14-17

M. Ozaki	**68-66-68-66—268**	**Y7,200,000**
T. Shirahama	68-69-65-70—272	4,000,000
H. Makino	67-69-69-68—273	2,720,000
K. Yoshimura	66-66-70-72—274	1,920,000
K. Hasegawa	67-67-73-68—275	1,600,000

MARUMAN NIHONKAI OPEN

Katayamazu G.C., August 21-24

M. Ozaki	**64-72-70-70—276**	**Y9,000,000**
N. Ozaki	71-65-72-71—279	4,200,000
S. Fujiki	72-71-71-65—279	4,200,000
H. Min-Nan	71-71-72-66—280	2,200,000
L. Liang-hung	72-67-72-69—280	2,200,000

KBC AUGUSTA

Kyushu Shima G.C., August 28-31

I. Aoki	**74-72-69-67—282**	**Y8,000,000**
M. Ozaki	70-72-69-72—283	3,350,000
K. Kuramoto	72-71-70-70—283	3,350,000
N. Yuhara	70-68-76-71—285	1,360,000
S. Kusakabe	73-72-70-70—285	1,360,000
T. C. Chen	73-73-72-67—285	1,360,000

WORLD GOLF

KANTO OPEN
Central G.C., September 4-7

I. Aoki	**72-69-70-68—279**	**Y6,000,000**
M. Ozaki	71-68-74-67—280	3,000,000
T. Nakajima	72-77-69-65—283	1,800,000
T. Ozaki	70-74-73-69—286	1,200,000

KANSAI OPEN
Rokko Kokusai G.C., September 4-7

Y. Isomura	**69-72-69-74—284**	**Y5,000,000**
S Maeda	73-70-71-73—287	1,633,000
K. Yoshikawa	70-73-70-74—287	1,633,000
Y. Ichikawa	73-69-72-73—287	1,633,000
H. Inoue	72-71-71-74—288	900,000

SUNTORY OPEN
Narashino C.C., September 11-14

***G. Marsh**	**67-69-67-72—275**	**Y10,800,000**
I. Aoki	70-67-69-69—275	6,000,000
M. Ozaki	66-71-69-70—276	3,480,000
K. Takahashi	68-70-69-69—276	3,480,000
S. Noguchi	66-72-72-68—278	2,400,000
*Won playoff.		

ANA SAPPORO OPEN
Sapporo G.C., September 18-21

M. Kuramoto	**73-72-66-70—281**	**Y9,000,000**
I. Aoki	71-72-70-70—283	5,000,000
K. Suzuki	72-69-70-73—284	3,400,000
Y. Iwashita	73-73-72-68—286	2,000,000

JUN CLASSIC
Jun Classic C.C., September 25-28

M. Ozaki	**69-72-68-70—279**	**Y10,800,000**
M. Kuramoto	70-70-67-73—280	5,600,000
I. Aoki	70-71-70-70—281	3,808,000
Y. Niizeki	69-67-76-71—283	2,688,000
D. Ishii	71-73-72-68—284	1,648,000
B. Jones	65-68-72-79—284	1,648,000
N. Yuhara	71-73-71-69—284	1,648,000
K. Hasegawa	72-73-69-70—284	1,648,000
T. Irie	69-69-74-72—284	1,648,000
T. C. Chen	72-70-72-70—284	1,648,000

TOKAI CLASSIC
Miyoshi C.C., October 2-5

M. Kuramoto	**68-69-65-69—271**	**Y9,000,000**
S. Maeda	71-73-68-68—280	5,000,000

T. Kawada	69-67-70-75—281	3,400,000
G. Marsh	68-71-71-72—282	2,400,000
N. Yuhara	72-71-71-69—283	2,000,000

JAPAN OPEN CHAMPIONSHIP
Totsuka C.C., October 9-12

T. Nakajima	**70-73-72-69—284**	**Y10,000,000**
M. Ozaki	71-71-74-69—285	5,000,000
I. Aoki	74-68-72-71—285	5,000,000
T. Ozaki	73-73-71-69—286	2,750,000
Y. Isomura	70-72-75-69—286	2,750,000

POLAROID CUP GOLF DIGEST
Tomei C.C., October 16-19

***T. Nakajima**	**68-68-67-72—275**	**Y10,800,000**
D. Ishii	67-68-71-69—275	6,000,000
T. Watanabe	68-72-70-67—277	3,480,000
T. Inagaki	68-68-69-71—277	3,480,000
A. Omachi	72-69-66-71—278	2,160,000
Y. Yamamoto	67-66-72-73—278	2,160,000
I. Futoshi	69-69-69-71—278	2,160,000
*Won playoff.		

BRIDGESTONE TOURNAMENT
Sodegaura C.C., October 23-26

T. Ozaki	**71-67-68-70—276**	**Y12,600,000**
N. Ozaki	69-72-72-65—278	7,000,000
S. Verplank	71-70-68-70—279	4,760,000
S. Maeda	77-67-67-69—280	3,080,000
K. Arai	70-69-72-69—280	3,080,000

TAIHEIYO CLUB MASTERS
Gotemba G.C., November 13-16

Funatogawa	**67-68-79-69—274**	**Y45,000,000**
L. Nelson	72-69-68-67—276	9,000,000
D. Graham	69-70-68-70—277	6,500,000
K. Knox	72-65-71-70—278	3,500,000
I. Woosnam	68-74-67-69—278	3,500,000

DUNLOP PHOENIX
Miyakaki G.C., November 20-23

B. Wadkins	**69-73-67-68—277**	**Y18,000,000**
G. Marsh	67-73-68-70—278	13,000,000
T. Nakajima	67-70-69-74—280	8,500,000
I. Aoki	72-69-71-69—281	6,500,000
M. Ozaki	69-71-69-74—278	5,000,000

WORLD GOLF: Japan PGA Tour

WORLD GOLF

ASIAN TOUR

This is an unusual amalgam of exotic national opens; a cosmopolitan circuit traveled from February to April by a motley bunch of professionals from Japan, Taiwan, Antipodes, Europe and even the United States. The tour includes stops in such ports as Hong Kong, Malaysia, Singapore, Indonesia, Thailand, India, Taiwan, South Korea and Japan. The purses amount to approximately $1.5 million and the winners receive anything from $20,000 in Indonesia to $55,000 in Japan. The Asian tour is popular with Eastern golfers as a place to play before the Japanese season gets into full swing, while for those from the West it is generally a more lucrative alternative to Australia or Africa prior to the start of the European Tour.

1986 ASIAN TOUR RESULTS

HONG KONG OPEN ($150,000 U.S.)
Fanling, Feb. 27-Mar. 2

Seichi Kanai	**72-73-70-70—285**	**$25,000**
Ian Baker-Finch	76-68-71-71—286	16,660
Hsieh Yu-Shu	69-71-75-72—287	9,390
Greg Turner	68-72-77-72—289	6,370
Brian Jones	73-71-74-71—289	6,370
Jim Rutledge	68-72-75-74—289	6,370

MALAYSIAN OPEN ($150,000 U.S.)
Kuala Lumpur, Mar. 6-9

Stewart Ginn	**70-69-67-70—276**	**$25,000**
Brian Jones	68-71-67-71—277	16,665
Lu-Hsi-Chuen	69-68-73-68—278	9,390
Chen Tze-Chung	69-69-68-73—279	6,930
Sam Torrance	67-71-72-69—279	6,930
Choi Sang Ho	70-68-73-69—280	5,250
Mario Siodina	71-74-69-67—281	4,500

SINGAPORE OPEN ($125,000 U.S.)
Singapore, Mar. 13-16

Greg Turner	**65-70-65-71—271**	**$20,825**
Tony Grimes	69-66-70-70—275	10,857
Duffy Waldorf	69-70-69-67—275	10,857
Chen Tze-Chung	71-69-68-69—277	6,250
Kurt Byrum	68-68-71-71—278	5,300

INDONESIAN OPEN ($100,000 U.S.)
Jakarta, Mar. 20-23

Frankie Minoza	**69-68-67-66—270**	**$16,660**
Hsieh Yu-Shu	65-67-69-70—271	11,110
Stewart Ginn	69-67-65-71—272	5,167
Ho Ming Chung	65-71-65-71—272	5,167
Lin Chia	68-68-66-70—272	5,167
Wayne Smith	68-71-68-68—275	3,500

THAILAND OPEN ($100,000 U.S.)
Bangkok, Mar. 27-30

Ho Ming-Chung	**72-72-72-72—288**	**$16,660**
Lu Chien-Soon	74-73-71-71—289	11,110
Peter Fowler	71-72-75-72—290	5,166
Ray Stewart	73-74-74-69—290	5,166
Lu Hsi-Chuen	74-72-71-73—290	5,166
Saneh Sangsui	70-73-74-74—291	2,810
Frankie Minoza	74-72-74-71—291	2,810
Stewart Ginn	72-77-71-71—291	2,810
Kyi Hla Han	76-71-73-71—291	2,810

INDIAN OPEN ($100,000 U.S.)
Calcutta, Apr. 3-6

Lu Hsi-Chuen	**69-68-70-72—279**	**$16,660**
Lu Chien-Soon	67-72-65-75—281	11,110
Srisanga Somsak	69-72-75-69—285	6,660
Jim Carter	71-72-71-73—287	5,000
Basad Ali	69-72-75-72—288	4,240
Stewart Ginn	72-75-68-74—289	3,500

TAIWAN OPEN ($120,000 U.S.)
Taipei, Apr. 10-13

Lu Hsi-Chuen	**67-76-69—212**	**$17,000**
John Jacobs	70-76-67—213	8,335
Curt Byrum	70-71-72—213	8,335
Shen Chung-Shyan	70-75-69—214	4,712
Lu Chien-Soon	69-73-72—214	4,712

KOREAN OPEN ($130,000 U.S.)
Seoul, Apr. 17-20

Tsao Chien Teng	**71-67-71-71—280**	**$21,500**
Hsieh Yu Shu	68-73-69-71—281	14,400
Oh Jong-man	73-71-71-67—282	8,100
Peter Fowler	73-66-73-73—285	6,500
Lu Hsi Chuen	71-71-71-75—288	4,275
Chen Tze Chung	72-70-71-75—288	4,275

DUNLOP INTERNATIONAL (See Japan Tour)
Ibaraki, Apr. 24-27

WPGA EUROPEAN TOUR

The 1986 Order of Merit winner was decided in the last event of the season at La Manga, where 23-year-old Laura Davies had to win and year-long merit leader Lotte Neumann had to finish worse than seventh. It happened as Davies squeaked through with nearly £500 to spare on the rain-soaked course. The European Ladies Tour should continue to grow with the very long-hitting and attractive Miss Davies as a feature attraction. "We have been pining for a star and Laura fits the bill perfectly," says Andrew Clark, a tour director. "She is a super golfer and a super person."

1986 WPGA ORDER OF MERIT

(Final Standings)

1. Laura Davies	£37,500
2. Liselotte Neumann	37,006
3. Corinne Dibnah	26,969
4. Gillian Stewart	26,395
5. Debbie Dowling	25,495

WORLD GOLF

6. Peggy Conley		25,229
7. Muriel Thomson		24,960
8. Dale Reid		23,892
9. Penny Grice-Wittaker		22,654
10. Alison Nicholas		21,585
11. Karen Lunn		19,440
12. Kitrina Douglas		17,292
13. Kelly Leadbetter		16,939
14. Cathy Panton		16,180
15. Beverly Huke		15,611
16. Beverly New		15,421
17. Jane Forrest		14,914
18. Jane Cannachan		14,676
19. Marie Wennersten		10,146
20. Rica Comstock		10,017
21. Suzanne Strudwick		9,746
22. Alison Sheard		9,725
23. Meredith Marshall		9,577
24. Elizabeth Glass		8,881
25. Brenda Lunsford		8,669
26. Venessa Marvin		8,154
27. Patricia Gonzalez		7,570
28. Julie Brown		6,906
29. Karine Espinasse		6,725
30. Diane Heinicke		6,297

FORD LADIES' CLASSIC

Woburn G. & C.C., Milton Keynes, £30,000, April 30-May 3.

M. Thomson	**73-74-70-73—290**	**£4,500**
A. Nicholas	70-73-71-77—291	3,075
V. Marvin	73-71-75-74—293	2,250
J. Brown	76-71-74-73—294	1,830
P. Nilsson	81-68-70-76—295	1,470
M. Walker	75-71-80-70—296	1,155
L. Newmann	73-72-79-72—296	1,155
L. Davies	75-76-72-74—297	915
B. Lewis	72-75-76-75—298	795
G. Stewart	76-74-75-74—299	705

HENNESSY COGNAC LADIES' CUP

Chantilly G.C., France, £60,000, May 8-11.

K. Leadbetter	**73-71-73-76—293**	**£9,000**
K. Lunn	76-72-71-75—294	6,100
S. Connachan	75-74-74-72—295	4,500
K. Douglas	76-77-72-72—297	3,030
B. Lunsford	77-75-72-73—297	3,030
M. Thomson	76-74-73-74—297	3,030

PORTUGUESE LADIES' OPEN

Vilamoura G.C., £25,000, May 15-18.

C. Panton	**74-69-71-72—286**	**£3,750**
K. Leadbetter	74-73-71-68—286	2,217
G. Stewart	73-74-69-70—286	2,217

B. New	77-74-70-67—288	1,525
C. Dibnah	79-70-71-71—291	1,225
L. Neumann	72-72-73-75—292	1,035
M. Wennersten	77-76-73-67—293	822
E. Glass	74-77-71-71—293	822
B. Huke	76-72-74-72—294	660
J. Forrest	75-73-73-74—295	510
D. Barnard	72-76-74-73—295	510
J. Connachan	73-74-73-75—295	510
A. Nicholas	72-74-74-75—295	510
P. Gonzalez	78-70-75-72—295	510

BRITISH OLIVETTI TOURNAMENT

Moor Hall G.C., Sutton, Coldfield, £20,000, May 21-24.

D. Reid	**73-71-70-71—285**	**£3,000**
L. Davies	73-70-69-73—285	2,050
A. Nicholas	79-74-69-68—290	1,500
M. Thomson	77-76-68-72—293	1,220
C. Dibnah	75-73-72-74—294	980
P. Gonzalez	83-70-71-71—295	770
K. Espinasse	72-73-74-76—295	770
J. Connachan	73-76-76-71—296	570
P. Conley	78-73-72-73—296	570
P. Grice-Whittaker	77-73-74-73—297	433
S. Austin	71-75-77-74—297	433
G. Stewart	75-74-74-74—297	433

ULSTER VOLKSWAGEN CLASSIC

Belvoir Park G.C., Belfast, £20,000, May 30-June-1.

B. Huke	**74-70-69—213**	**£3,000**
P. Conley	74-71-69—214	2,050
S. Van Wyk	72-76-70—218	1,132
M. Thomson	76-69-73—218	1,132
D. Hermida	73-71-74—218	1,132
D. Reid	71-72-75—218	1,132
A. Sheard	74-72-73—219	616
B. New	76-70-73—219	616
R. Comstock	73-72-74—219	616
K. Espinasse	73-73-74—220	450
V. Marvin	74-71-75—220	450

BRITISH MIDLAND LADIES' IRISH OPEN

City of Derry G.C., £25,000, June 5-8.

M. Thomson	**71-72-75-72—290**	**£3,750**
L. Neumann	76-73-72-75—296	2,560
R. Comstock	74-77-73-73—297	1,275
L. Davies	74-73-76-75—298	1,525
K. Lunn	79-72-74-75—300	976
D. Heinicke	74-73-79-74—300	976
D. Reid	78-73-72-77—300	976
M. Burton	75-74-72-79—300	976
E. Glass	77-75-74-75—301	660

WORLD GOLF: Asian Tour • European Ladies Tour

WORLD GOLF

M. Wennersten	80-73-78-71—302	585
M. Jones	75-76-76-76—303	517
S. Strudwick	74-78-75-76—303	517

McEWAN'S WIRRAL CLASSIC

Caldy G.C., £20,000, June 11-14.

L. Davies	**72-71-70-72—285**	**£3,000**
D. Reid	71-72-75-70—288	1,590
B. New	69-76-72-71—288	1,590
P. Grice-Whittaker	73-75-68-72—288	1,590
A. Sheard	76-74-67-72—289	980
G. Stewart	73-72-75-71—291	770
D. Dowling	76-71-73-71—291	770
J. Connachan	73-72-75-72—292	610
P. Conley	73-69-76-75—293	500
P. Gonzalez	76-72-70-75—293	500
C. Dibnah	76-71-75-72—294	430
M. Burton	73-73-76-73—295	381
J. Forrest	72-73-75-75—295	381
L. Mullard	72-75-73-75—295	381

BELGIAN LADIES' OPEN

Royal Waterloo G.C., £50,000, June 19-22.

P. Grice-Whittaker	**70-65-72-68—275**	**£7,500**
G. Stewart	73-69-75-67—284	5,125
P. Gonzalez	71-73-74-67—285	3,400
L. Neumann	71-72-70-72—285	3,400
A. Nicholas	67-75-73-71—286	2,450
P. Dowling	71-71-73-72—287	1,925
K. Leadbetter	70-67-76-74—287	1,925
M. Thomson	75-74-70-69—288	1,342
L. Davies	79-69-69-71—288	1,342

DUTCH LADIES' OPEN

Hilversum G.C., £40,000, June 26-29.

J. Forrest	**72-74-66-70—282**	**£6,750**
L. Neumann	73-73-70-71—287	4,612
D. Chudzinski	73-72-75-68—288	3,375
C. Panton	72-70-75-72—289	2,475
G. Stewart	72-69-76-72—289	2,475
K. Douglas	70-74-75-71—290	1,732
M. Thomson	74-73-73-70—290	1,732
K. Espinasse	71-75-71-71—292	1,372
P. Grice-Whittaker	75-69-74-74—292	1,072
D. Reid	75-73-72-72—292	1,072
C. Sharp	72-71-76-73—292	1,072

TRUSTHOUSE FORTE LADIES' CLASSIC

Cologne G.C., Germany, £40,000, July 3-6.

C. Dibnah	**75-69-67-69—280**	**£6,000**
G. Stewart	75-68-69-70—282	4,100
K. Leadbetter	71-74-71-67—283	2,466
L. Neumann	67-70-75-71—283	2,466
D. Dowling	74-67-71-71—283	2,466
L. Davies	72-73-68-71—284	1,540
J. Connachan	72-73-67-72—284	1,540
K. Douglas	67-75-74-69—285	1,073
P. Grice-Whittaker	71-73-70-71—285	1,073
D. Reid	70-70-73-72—285	1,073
J. Howard	72-74-69-71—286	860
M. Scobling	72-74-73-69—288	762
T. Fernando	71-74-73-70—288	762
C. Panton	75-74-68-71—288	762

BLOOR HOMES CLASSIC

Fleming Park G.C., Eastleigh, £15,000, July 30-August 2.

D. Dowling	**62-65-63-64—254**	**£3,000**
A. Nicholas	64-66-63-67—260	2,050
K. Lunn	63-69-67-63—262	1,500
K. Douglas	72-65-62-66—265	935
D. Reid	68-68-62-67—265	935
J. Smith	65-67-65-68—265	935
B. Huke	70-70-65-61—266	536
S. Strudwick	65-67-70-64—266	536
E. Glass	66-66-66-68—266	536
V. Marvin	69-65-72-61—267	430
P. Conley	69-72-66-61—268	390
B. Boozer	69-64-65-70—268	390
A. Wilson	68-69-68-64—269	357
M. Walker	67-69-67-66—269	357
J. Connachan	71-65-67-67—270	340
C. Panton	71-65-68-67—271	320
B. Lunsford	67-69-66-69—271	320
J. Miles	67-70-64-70—271	320
S. Allison	67-68-72-65—272	285
B. New	68-69-70-65—272	285
A. Sheard	67-68-68-69—272	285
M. Marshall	66-69-68-69—272	285

BMW GERMAN OPEN

Olching, Munich, £45,000, August 7-10.

L. Neumann	**71-72-72-67—282**	**£6,750**
A. Nicholas	73-73-68-70—284	4,612
P. Conley	73-73-69-70—285	3,060
G. Stewart	75-67-71-72—285	3,060
D. Dowling	77-71-69-70—287	2,205
L. Davies	68-78-74-68—288	1,867
M. Wennersten	79-71-69-70—289	1,597
D. Reid	70-74-74-71—291	1,372
B. Lunsford	72-74-74-71—291	1,124
K. Lunn	74-73-72-72—291	1,124
M. Marshall	74-74-75-69—292	967
†M. Koch	71-75-71-75—292	
D. Heinicke	77-75-72-69—293	840
B. Boozer	76-73-72-72—293	840
L. Mullard	75-74-70-74—293	840
C. Dibnah	71-71-76-75—293	840
B. New	75-74-74-71—294	753
P. Grice-Whittaker	77-73-72-72—294	753

WORLD GOLF

V. Marvin	77-73-73-72—295	708
J. Forrest	77-71-73-74—295	708
†Amateur.		

KRISTIANSTAD OPEN

Kristianstad, Sweden, £40,000, August 21-24.

C. Dibnah	**75-72-71-70—288**	**£6,000**
L. Neumann	75-71-71-72—289	4,100
D. Dowling	76-71-75-68—290	2,467
M. Thomson	76-73-70-71—290	2,467
B. Huke	70-72-75-73—290	2,467
G. Stewart	74-75-71-71—291	1,540
P. Conley	75-70-71-75—291	1,540
K. Douglas	74-74-70-74—292	1,073
K. Forrest	72-75-71-74—292	1,073
M. Wennersten	72-72-73-75—292	1,073

BORLANGE OPEN

Borlange, Sweden, £40,000, August 27-30.

K. Lunn	**70-71-71—212**	**£6,000**
L. Neumann	72-71-71—214	3,550
P. Conley	72-71-71—214	3,550
M. Wennersten	74-73-69—216	2,440
L. Davies	71-76-70—217	1,960
P. Grice-Whittaker	73-72-73—218	1,660
M. Thomson	75-75-71—221	1,233
J. Connachan	75-73-73—221	1,233
C. Panton	75-73-73—221	1,233
J. Forrest	75-75-72—222	900
D. Reid	74-75-73—222	900
D. Dowling	76-77-70—223	780
G. Stewart	75-74-74—223	780
P. Nilsson	73-78-73—224	714
B. New	74-77-73—224	714

BOWRING SCOTTISH WOMEN'S OPEN

Dalmahoy, Edinburgh, £30,000, September 3-6.

M. Marshall	**71-72-69-71—283**	**£4,500**
L. Davies	70-75-72-73—290	3,075
S. Strudwick	70-74-76-71—291	1,572
B. New	72-75-72-72—291	1,572
L. Neumann	73-72-72-74—291	1,572
P. Conley	72-74-71-74—291	1,572
D. Reid	75-72-72-72—291	1,572
R. Comstock	74-74-70-75—293	915
D. Dowling	77-77-68-73—295	750
K. Espinasse	72-77-72-74—295	750
G. Stewart	72-78-73-73—296	605
C. Panton	78-76-69-73—296	605
K. Douglas	73-78-70-75—296	605
N. McCormack	74-77-72-74—297	546
J. Soulsby	71-78-74-75—298	517
A. Nicholas	73-76-73-76—298	517
C. Dibnah	74-77-75-73—299	473
J. Connachan	74-78-73-74—299	473
P. Whittaker	80-74-70-75—299	473
K. Lunn	74-73-76-76—299	473

GREATER MANCHESTER TOURNAMENT

Haigh Hall, Wigan, £20,000, September 10-13.

L. Davies	**63-70-67-68—268**	**£3,000**
P. Whittaker	69-68-67-67—271	2,050
D. Reid	69-67-71-71—278	1,500
A. Sheard	74-64-68-73—279	1,220
E. Glass	68-70-71-71—280	980
K. Douglas	72-70-69-70—281	830
M. Burton	68-70-73-71—282	660
M. Comstock	69-72-69-72—282	660
B. New	72-74-69-68—283	429
L. Neumann	73-66-74-70—283	429
R. Rumsey	70-71-72-70—283	429
D. Dowling	70-69-72-72—283	429
B. Lunsford	72-69-69-73—283	429
K. Espinasse	68-70-70-75—283	429
P. Conley	69-69-74-72—284	345
J. Connachan	71-69-69-75—284	345
M. Wennersten	70-72-72-71—285	325
J. Forrest	71-71-71-72—285	325
K. Lunn	72-74-69-71—286	305
C. Dibnah	73-72-67-74—286	305
C. Panton	74-71-75-67—287	275
M. Garner	71-73-72-71—287	275
D. Heinicke	74-70-72-71—287	275
C. Sharp	71-71-72-73—287	275

MITSUBISHI COLT CARS JERSEY OPEN

Royal Jersey, £20,000, September 30-October 3.

K. Douglas	**71-67-71-69—278**	**£3,000**
P. Conley	70-71-72-71—284	2,050
C. Dibnah	70-70-76-69—285	1,500
G. Stewart	74-70-70-72—286	1,100
F. Dassu	76-65-72-73—286	1,100
S. Van Wyk	75-66-79-67—287	670
B. New	74-75-67-71—287	670
C. Panton	75-69-72-71—287	670
D. Dowling	73-76-65-73—287	670
A. Nicholas	73-73-73-69—288	470
B. Huke	74-73-73-70—290	403
M. Thomson	70-76-74-70—290	403
M. Wennersten	73-72-71-74—290	403
L. Davies	76-67-77-71—291	364
T. Fernando	75-74-69-74—292	350
E. Glass	73-73-75-72—293	330
J. Brown	75-73-72-73—293	330
S. Strudwick	76-71-73-73—293	330
M. Burton	74-76-75-69—294	290
S. Mackenzie	71-76-75-72—294	290
L. Lunn	71-74-76-73—294	290
S. Moon	73-72-76-73—294	290
A. Sheard	74-78-70-78—294	290

WORLD GOLF: European Ladies Tour

WORLD GOLF

LADIES' BRITISH OPEN
Royal Birkdale, Southport, £60,000, October 9-12.

L. Davies	71-73-69-70—283	£9,000
M. Figueras-Dotti	68-72-74-73—287	5,050
P. Conley	70-69-71-77—287	5,050
B. New	69-77-76-66—288	3,600
†V. Thomas	75-73-71-70—289	
B. King	73-71-72-74—290	2,900
D. Dowling	70-70-75-76—291	2,600
L. Neumann	71-73-74-74—292	2,250
D. Massey	76-71-72-74—293	2,000
P. Grice-Whittaker	75-74-75-70—294	1,725
†C. Duffy	73-73-73-75—294	
M. Thomson	73-77-73-72—295	1,305
A. Sheard	73-72-75-75—295	1,305
D. Reid	73-73-74-75—295	1,305
S. Strudwick	78-69-73-75—295	1,305
K. Douglas	72-74-70-79—295	1,305
C. Panton	69-75-73-79—296	1,050
N. Nause	70-76-77-74—297	975
A. Nicholas	72-72-78-75—297	975
E. Glass	75-76-71-76—298	875
J. Connachan	76-71-69-82—298	875
J. Forrest	75-70-77-77—299	775
B. Huke	71-75-71-82—299	775
C. Sharp	73-76-75-76—300	725
B. Thomas	75-75-73-77—300	725
N. McCormack	76-74-74-77—301	665
G. Stewart	74-72-77-78—301	665

†Amateur.

LAING LADIES' CLASSIC
Stoke Poges, £25,000, October 15-18.

D. Dowling	69-66-69-70—274	£3,750
C. Dibnah	71-65-70-69—275	2,560
D. Reid	72-69-66-69—276	1,875
B. Huke	66-70-70-73—279	1,525
G. Stewart	71-71-70-69—281	1,130
R. Comstock	71-70-71-69—281	1,130
C. Panton	70-72-69-72—283	822
P. Conley	69-71-70-73—283	822
M. Garner	69-70-76-69—284	570
A. Sheard	71-70-74-69—284	570
A. Nicholas	70-73-70-71—284	570
P. Grice-Whittaker	74-68-70-72—284	570
J. Soulsby	73-72-73-68—286	448
E. Glass	71-72-74-69—286	448
D. Heinicke	74-71-71-70—286	448
S. Strudwick	70-75-68-73—286	448
B. New	77-69-74-67—287	399
L. Davies	69-69-77-72—287	399
S. Van Wyk	73-73-68-73—287	399
M. Burton	73-70-74-71—288	362
N. McCormack	70-71-74-73—288	362
C. Waite	74-74-67-73—288	362

SPANISH OPEN
La Manga, Spain, £25,000, October 21-24.

L. Davies	72-72-68-74—286	£3,750
C. Dibnah	70-76-74-70—290	2,560
D. Reid	72-71-74-74—291	1,875
P. Grice-Whittaker	72-76-73-72—293	1,261
A. Sheard	72-76-73-72—293	1,261
S. Strudwick	69-69-79-76—293	1,261
D. Heinicke	75-74-71-74—294	654
G. Stewart	73-76-73-72—294	654
J. Connachan	73-73-74-74—294	654
D. Dowling	73-76-71-74—294	654
C. Panton	73-76-71-74—294	654

OTHER CHAMPIONS AROUND THE WORLD

MEN PROFESSIONALS

AFRICA—$1 Million Sun City Challenge, Mark McNulty; Ibadan Open, David Llewellyn.
AUSTRALIA—Seniors PGA, Orville Moody; Mutual Assts., K. Strachan.
BERMUDA—Open, Pat Horgan Jr.
BRAZIL—Open, Eduardo Caballero.
CANADA—Open, Bob Murphy; PGA Ch., Dan Halldorson; Seniors PGA, Frank Fowler; Club Pros, Cecil Ferguson; Windsor Charity, Dave Tentis.
FRANCE—Ch. de France/PFA, Michel Tapia; Grand Priz Lemta, Marc A. Farry.
GREAT BRITAIN—PGA Seniors, Neil Coles; PGA Under-25, David Ray; PGA North Region, Donald Stirling; Dunbar Pro Ch., Mike Miller; Guinness Int'l Pro-Am, P. Thomas; Peugot Talbot Assts., John Brennand; Scottish PGA Pro-Am, Lindsay Mann; Scottish Professionals, R. Drummond; Scottish Assts., Phil Helsby; East of Scotland Assts., Jim White; Sunningdale 4-Somes, Ronan Rafferty and Roger Chapman; Welsh PGA, Philip Parkin; Wilson Club, David Huish; Clydesdale Bank Northern Open, Russell Weir; PGA European Assoc. Members Cup, Neal Briggs; FutureMaster, Ron Commans; Midland Better Ball, Mark Mouland and David Russell. Granite City Cl., Kevin Stables; Bass Leeds Cup, Chris Gray. Carnoustie Ch., Adam Hunter.
IRELAND—World Pro-Am, Bill Ryan; Jack Mulcahy Cl., Philip Walton.
JAPAN—Open, Tsuneyuki (Tommy) Nakajima; PGA Ch., Isao Aoki; ABC Cup, Curtis Strange; Bridgestone Aso Open, Brian Jones; Bridgestone Open, Tateo Ozaki; Casio World Open, Scott Hoch; Chunichi Crowns, David Ishii; Coca-Cola Sr. Grand Slam, Lee Elder; Dunlop Phoenix, Bobby Wadkins; Dunlop Int'l, Hideto Shigenobu; Gene Sarazen Jun Cl., Masashi Ozaki; Inter (Mito) Tourn., Tommy Nakajima; Kanto Open, Isao Aoki; KBC Augusta, Isao Aoki; Mizuno Open, Tommy Nakajima; Narashino Open, Graham Marsh; Nihonkai Open, Masashi Ozaki; Niigata Open, David Ishii; Nissan Cup, Tommy Nakajima; Sapporo Tourn., Isao Aoki; Suntory Open, Graham Marsh; Taiheiyo Masters, Y. Funatogawa; Tokyu Open, Isao Aoki; T. Nakamura Mem., Masashi Ozaki; UBE Tourn., Naomichi Ozaki.
REP. OF CHINA—Chiang Kai-shek Centennial, K.

WORLD GOLF

Chi-hsiung.
SPAIN—PGA Ch., Seve Ballesteros.
SWITZERLAND—Rolex Pro-Am, Jeff Hart.
TOBAGO—Mt. Irvine Bay Pro-Am, Ronan Rafferty.

WOMEN PROFESSIONALS

JAPAN—Open, Ai-Yu Tu; Bridgestone Open, Jody Rosenthal; Elleair Open, Jody Rosenthal; Dunlop Ladies, Nayoko Yoshikawa; Japan/U.S. Team, U.S. (team), Ayako Okamoto (indiv.).

MEN AMATEURS

AUSTRIA—Int'l Am., David Carrick (Scotland); Am., Dr. Klaus Nierlich (match and stroke); Sr., Hermann Thurnher; Under-22, Fritz Poppmeier; Under-19, Matthias Nemes; Under-15, Georg Stumpf.
AUSTRALIA—Am., David Ecob; Jr., Peter O'Malley; Victorian Am., Paul Moloney; NSW Jr., Peter O'Malley.
BERMUDA—Am Dick Horne (match), Scott Mayne (stroke); Sr., L.E. (Peter) Tucker; 4-Ball, Clyde Burgess and David Purcell.
FRANCE—Sr., R. Vignal, Jr., Lago Beamonte.
GERMANY—Am., Sven Struver; Sr., Herbert Noldt; Jr., Ekkehart Schieffer.
GR. BRITAIN—Am., David Curry; Sr., Noel Sturrock; Boys, Leslie Walker; Youths, David Gilford; English Am., Jonathan Langmead; English Sr., Ronnie Hiatt; English Boys Int'l, David Bathgate; West of England, Peter Baker (stroke), J. Bennett (match); English Int'l, Stephen Edgley; English Pub. Cses., Paul Hutchinson; Gr. London, David Reid; London Jr., Steven Pipe; North of England Youths, J. Robinson; Golf Found. Under-15, Anthony Wesson; Welsh Am., Christopher Rees (match), Michael Calvert (stroke); Welsh Sr., E. Mills; Welsh Under-15, Anthony Wesson; Welsh Boys, Calvin O'Carroll; N. Wales Am., R.M. Morris; Antlers, Mark Gerrard; Berkhamsted Tr., Peter McEvoy; Berkshire Tr., Richard Muscroft; Brabazon Tr., Richard Kaplan; Cathay Pacific Club, Gerald McCabe; Carris Tr., Gary Evans; Davis/Rees Mem. Jr., Mark Hall; Duncan Cup, David Wood; Gold Vase, Bobby Eggo; Grand Challenge Cup, Russell Claydon; Lytham Tr., Steven McKenna; Peter McEvoy Tr., Cameron Mitchell; President's Putter, Jeremy Caplan; Prince of Wales Tr., Andrew Rogers; Midland Open, Gary Wolstenholme, W. Midlands Open, Steve Perry.
IRELAND—Am., John McHenry; North of Ireland, Dessie Ballentine; West of Ireland, Paul Rayfus; South of Ireland, John McHenry; Castletroy Scratch Cup, Dennis White;
ITALY—Am., Alberto Binaghi; Sr., Rodolfo Corno; Jr. Luigi Figari; Grand Primo, C. Brooks; Topolino Tr., Massimo Florioli.
JAPAN—Am., Yoshihiro Ito; Sr., Kinji Ando; Students, Yoshihiro Azuma; Boys High, Tetsu Nishikawa; Boys Jr. High, Kazuyoshi Yonekura.
NETHERLANDS—Am., Barend van Dam; Sr. Godard van Reede; Jr., Constant Smits van Waesberghe.
NEW ZEALAND—Am., Brad King (stroke), Peter O'Malley (match).
SCOTLAND—Am, Colin Brooks (match), Kenny Walker (stroke); Sr., Reg Glading; Boys, Alan Tait (match), Evan McIntosh (stroke); Youths, Adam Mednick; East of Scotland, Scott Knowles; West of Scotland (Wishaw), Stewart Savage, (Glencorse) Colin Brooks; South of Scotland I. Semple; North of Scotland, S. Cruickshank; One-Armed Open, M. O'Grady; Champion of Champions, Ian Hutcheon; Coca-Cola Schoolboys, Martin Hastie; Doug Sanders Int'l, Alan Tait; Bell's Jr. PGA, Alan Tait; North-East Boys, S. Henderson; West of Scotland Boys, G. King; Glasgow Matchplay, Graham Shaw; Eden Tr., Scott Davidson, South-East of Scotland, J. Yuille.
SOUTH AFRICA—Am., Ernie Els.; Riverdale Cup, Mike Sammells.
SPAIN—Am., Borja Queipo de Llano; Sr., Ivan Maura; Jr., Felix Ortiz Laynez; Tivoli World Golf, David Crumpler.
SWEDEN—Am., Magnus Grankvist (match); Mats Lanner (stroke); Sr., Lillvar Stensel; Jr., Olle Nordberg.
VENEZUELA—World Am. Team, Canada (Mark Brewer, Brent Franklin, Jack Kay Jr. and Warren Sye.)
ZIMBABWE—Am., John Pritchard.

WOMEN AMATEURS

AUSTRIA—Int'l Am., Li Wen-lin (Taiwan); Am., Daniela Rauch (stroke), Friederike (Ike) Wieser (match); Sr., Maria Sernetz; Under-22, Daniela Rauch; Under-19, Evelyn Zisser; Under-15, Katharina Peterskovsky.
AUSTRALIA—Am., Edwina Kennedy (match), Helen Greenwood (stroke); Jr., Mardi Lunn.
BERMUDA—Am., Joan Comisar (match), Janice Trott (stroke); Sr., Diana Diel; 4-Ball, Jeannette Spinucci and Judithanne Outerbridge; Mixed 4-somes, Robert and Toni Wiesner.
FRANCE—Am., Marie-Laure DeLorenz-Taya (match), Cecilia Mourge D'Algue (stroke); European Ladies, Martina Koch (W. Germany); Sr., O. Semelaigne; Jr., Esther Tamarit.
GERMANY—Am., Imma Bockelmann; Sr. Marietta Gutermann; Jr. Stephanie Lampert.
GR. BRITAIN—Am., Marnie McGuire (match), Claire Hourihane (stroke); Sr., P. Riddiford; Girls, Stefania Croce; English Women's, Jill Thornhill (match), Susan Shapcott (stroke); English Girls, Susan Shapcott; English Intermediate, Susan Moorcraft, English Under-23 and Under-21, Susan Shapcott; English Under-18, Susan Shapcott; English Over-50, Catharine Bailey; English Pub. Cses, Yvonne Barlow; Golf Foundation Under-15, Fiona McKay; Avida Watches 4-somes, Belle Robertson and Mary McKenna; East Anglian, Julie Walter; Sunningdale 4-somes, J. Turner and E. Morgan; Welsh Am., Vicki Thomas (match), Helen Wadsworth (stroke); Astor Salver, Caroline Pierce and Linda Bayman; Cotswold Gold Vase, Julia Hill; Helen Holm Tr., Belle Robertson; Mothers and Daughters, Mrs. P. Huntley and Miss S. Huntley; Northern Open 4-somes, Joanne Morley and Sarah Robinson; South-East Ch.,

WORLD GOLF

Susan Moorcraft; South-West Ch., Karen Nicholls; Wentworth Scratch Salver, Vicki Thomas; Critchley Salver, Patricia Johnson; Midland Ch., Janet Collingham; Hampshire Rose, Claire Hourihane; Gr. London, Amanda Stephenson; London Jr., Sophie Little.
INDIA—Queen Sirikit Cup, (team), Australia; (indiv.), Edwina Kennedy.
IRELAND—Am., Therese O'Reilly; Jr., Deirdre Mahon; Leitrim Cup, Claire Hourihane; Esso Ladies Scratch Cup, Claire Hourihane.
ITALY—Am., Caterina Quintarelli; Sr., Elena Guaglia; Jr. Stefania Croce.
JAPAN—Am., Aiko Hashimoto; Jr., Mayumi Hirase.
NETHERLANDS—Am., Mette Hageman; Sr., Margreet Henderson; Jr. Mette Hageman.
NEW ZEALAND—Am., Asako Kita (match), Brenda Ormsby (stroke).
SCOTLAND—Am., Belle Robertson; Girls, Kathryn Imrie (stroke); Bell's Jr. PGA, Alison Johns; St. Rule Tr., Tracey Hammond; Wm. Lawson's Cup, Beatrice Dameron and Luce N'Guyen (France). Coca-Cola Schoolgirls, C. Lambert.
SOUTH AFRICA—Am., Wendy Warrington (match), Gilly Whitfield (stroke); Western Province, Wendy Warrington (stroke), Gilly Whitfield (match).
SPAIN—Am., Mary Carmen Navarro; Sr., Josefina Diaz Caneja; Jr., Mary Carmen Navarro.
SWEDEN—Helen Alfredsson (match), Pia Nilsson (stroke); Sr., Barbro Montgomery; Jr., Eva Dahllof.
VENEZUELA—World Am. Team, Spain (Macarena Campomanes, Mary Carmen Navarro and Maria Orueta).

1986 CANADIAN CHAMPIONS

NATIONAL

Open—Bob Murphy (pro)
PGA—Dan Halldorson
Men's Amateur—Brent Franklin
Women's Amateur—Marilyn O'Connor
Senior Men—Bob Wylie
Senior Ladies—Ceil Maclaurin
Junior Boys—Todd Fanning
Juvenile Boys—Michael Weir
Junior Girls—Jackie Twamley

PROVINCE CHAMPIONS

ALBERTA

Open—Kelly Murray (pro)
Amateur—Alex Munro; Betty Cole
Left-handers—Graham Kemsley
Senior—Bill Tait; Shirley Bacon
Junior—Drew Hartt; Kathy Smeland

BRITISH COLUMBIA

Open—Sandy Harper (pro)
Amateur—Ed Beauchemin; Patty Grant
Senior—Doug Bajus; Billy Bartley
Left-handers—John Fram Jr.
Junior—Brent Franklin; Jennifer Wyatt

MANITOBA

Open—Dan Halldorson (pro)
Amateur—Todd Fanning; Cathy Burton
Public Links—Theresa Zelinski
Senior—William Meronek; Margaret Ford
Junior—Todd Fanning; Janet Cochrane

NEW BRUNSWICK

Amateur—Andrew (Andy) Dickinson; $EMMary Ellen Driscoll
Senior—Don Lewis; Grace Donald
Junior—John Moore; Lynn Philibert

NEWFOUNDLAND/LABRADOR

Amatuer—George Dolomount; Rebecca Stark
Senior—Eric Skanes; Edith Dean
Junior—Rick Sheppard; Jill Winsor

NOVA SCOTIA

Amateur—Kevin Dugas; Kathy Power
Senior—Donald MacMillan; Lillian Swanberg
Junior—Harvey Ellsworth; Kim Logue

ONTARIO

Amateur—Gary Cowan; Ann Lavis
Senior—Ken Doig; Shirley Wyldi
Junior—Mike Pero; Heather Kuzmich
Juvenile—Rob Cummings
Bantam—Jonathan Silvester

PRINCE EDWARD ISLAND

Open—John Irwin (pro); Lorie Kane (am)
Amateur—John Schurman; Lorie Kane
Senior—Joe Perron; Nettie MacLeod
Junior—Jamie Diamond; Kerry Callaghan

QUEBEC

Open—Daniel Talbot (pro)
Amateur—Graham Cooke; Diane Bourassa
Senior—Peter Zebchuck; Monique Langlais
Junior—Hugues Bergeron; Christine Poulin

SASKATCHEWAN

Open—Brian French (am)
Amateur—Rod Bulmer; Cath Burton
Senior—Ron Whiteside; Barb Danaher
Junior—Len Nielsen; Darlene Selander

WORLD GOLF

MAJOR CANADIAN TOURNAMENTS

CANADIAN OPEN

Year	Winner, runner-up, Site	Score
1904	J.H. Oke	156
	P.F. Barrett	158
	Royal Montreal G.C., Montreal, Que.	
1905	George Cumming	148
	P.F. Barrett	#
	Toronto G.C., Toronto, Ont.	
1906	Charles Murray	170
	George Cumming	171
	George Cumming	171
	T.B. Reith	171
	Alex Robertson	171
	Royal Ottawa G.C., Ottawa, Ont.	
1907	Percy Barrett	306
	George Cumming	#
	Lambton G.C., Toronto, Ont.	
1908	Albert Murray	300
	George Sargent	#
	Royal Montreal G.C., Montreal, Que.	
1909	Karl Keffer	309
	George Cumming	#
	Toronto G.C., Toronto, Ont.	
1910	Daniel Kenny	303
	†George S. Lyon	#
	Lambton G.C., Toronto, Ont.	
1911	Charles Murray	314
	D.L. Black	316
	Royal Ottawa G.C., Ottawa, Ont.	
1912	George Sargent	299
	J.M. Barnes	302
	Rosedale G.C., Toronto, Ont.	
1913	Albert Murray	295
	Nicol Thompson	301
	J. Burk	301
	Royal Montreal G.C., Montreal, Que.	
1914	Karl Keffer	300
	George Cumming	301
	Toronto G.C., Toronto, Ont.	
1915-18	No tournaments	
1919	J. Douglas Edgar	278
	†R.T. Jones	294
	Karl Keffer	294
	J.M. Barnes	294
	Hamilton G.C., Hamilton, Ont.	
1920	J. Douglas Edgar	298
	Charles Murray	#
	†Tommy Armour	#
	Rivermead G.C., Ottawa, Ont.	
1921	W.H. Trovinger	293
	Mike Brady	296
	Bob Macdonald	296
	Toronto, G.C., Toronto, Ont.	
1922	Al Watrous	303
	Tom Kerrigan	#
	Mount Bruno G.C., Montreal, Que.	
1923	C.W. Hackney	295
	Tom Kerrigan	#
	Lakeview G.C., Toronto, Ont.	
1924	Leo Diegel	285
	Gene Sarazen	287
	Mount Bruno G.C., Montreal, Que.	
1925	Leo Diegel	295
	Mike Brady	297
	Lambton G.C., Toronto, Ont.	
1926	Macdonald Smith	283
	Gene Sarazen	286
	Royal Montreal G.C., Montreal, Que.	
1927	Tommy Armour	288
	Macdonald Smith	#
	Toronto G.C., Toronto, Ont.	
1928	Leo Diegel	282
	Archie Compston	284
	Walter Hagen	284
	Macdonald Smith	284
	Rosedale G.C., Toronto, Ont.	
1929	Leo Diegel	274
	Tommy Armour	277
	Kanawaki G.C., Montreal, Que.	
1930	*Tommy Armour	277
	Leo Diegel	277
	Hamilton G.C., Hamilton, Ont.	
1931	*Walter Hagen	292
	Percy Allis	292
	Mississaugua G.C., Toronto, Ont.	
1932	Harry Cooper	290
	Al Watrous	#
	Ottawa Hunt Club Ottawa, Ont.	
1933	Joe Kirkwood	282
	Harry Cooper	290
	Lex Robson	290
	Royal York G.C., Toronto, Ont.	
1934	Tommy Armour	287
	Ky Laffoon	289
	Lakeview G.C., Toronto, Ont.	
1935	Gene Kunes	280
	Victor Ghezzi	282
	Summerlea G.C., Montreal, Que.	
1936	Lawson Little	271
	Jimmy Thomson	279
	St. Andrews G.C., Toronto, Ont.	
1937	Harry Cooper	285
	Ralph Guldahl	287
	St. Andrews G.C., Toronto, Ont.	
1938	*Sam Snead	277
	Harry Cooper	277
	Mississaugua G. & C.C., Toronto, Ont.	
1939	Harold McSpaden	282
	Ralph Guldahl	287
	Riverside G. & C.C., Saint John, N.B.	
1940	*Sam Snead	281
	Harold McSpaden	281
	Scarboro G. & C.C., Toronto, Ont.	
1941	Sam Snead	274
	R.T. Gray Jr.	276
	Lambton G. & C.C., Toronto, Ont.	

WORLD GOLF

1942	Craig Wood	275
	Mike Turnesa	279
	Mississauga G. & C.C., Toronto, Ont.	
1943-44	No tournaments	
1945	Byron Nelson	280
	Herman Barron	284
	Thornhill G.C., Toronto, Ont.	
1946	*George Fazio	278
	Dick Metz	278
	Beaconsfield G. & C.C., Montreal, Que.	
1947	Robert Locke	268
	Ed Oliver	270
	Scarboro G. & C.C., Toronto, Ont.	
1948	C.W. Congdon	280
	Dick Metz	283
	Vic Ghezzi	283
	Ky Laffoon	283
	Shaugnessy Hghts. G.C., Vancouver, B.C.	
1949	E.J. (Dutch) Harrison	271
	Jim Ferrier	275
	St. George's G. & C.C., Toronto, Ont.	
1950	Jim Ferrier	271
	Ted Kroll	274
	Royal Montreal G.C., Montreal, Que.	
1951	Jim Ferrier	273
	Fred Hawkins	275
	Ed Oliver	275
	Mississauga G. & C.C., Toronto, Ont.	
1952	John Palmer	263
	Dick Mayer	274
	Fred Haas Jr.	274
	St. Charles C.C., Winnipeg, Man.	
1953	Dave Douglas	273
	Wally Ulrich	274
	Scarboro G. & C.C., Toronto, Ont.	
1954	Pat Fletcher	280
	Gordon Brydson	284
	Bill Welch	284
	Point Grey G. & C.C., Vancouver, B.C.,	
1955	Arnold Palmer	265
	Jack Burke Jr.	269
	Weston G. & C.C., Toronto, Ont.	
1956	*Doug Sanders	273
	Dow Finsterwald	273
	Beaconsfield G.C., Montreal, Que.	
1957	George Bayer	271
	Bo Wininger	273
	Westmount G. & C.C., Kitchener, Ont.	
1958	Wesley Ellis Jr.	267
	Jay Hebert	268
	Mayfair G. & C.C., Edmonton, Alta.	
1959	Doug Ford	276
	Bo Wininger	278
	Dow Finsterwald	278
	Art Wall Jr.	278
	Islesmere G. & C.C., Montreal, Que.	
1960	Art Wall Jr.	269
	Jay Hebert	275
	Bob Goalby	275
	St. George's G. & C.C., Toronto, Ont.	
1961	Jacky Cupit	270
	Dow Finsterwald	275
	Buster Cupit	275
	Bobby Nichols	275
	Niakwa C.C., Winnipeg, Man.	
1962	Ted Kroll	278
	Charles Sifford	280
	Laval-sur-le-Lac Club Montreal, Que.	
1963	Doug Ford	280
	Al Geiberger	281
	Scarboro G. & C.C., Toronto, Ont.	
1964	Kel Nagle	277
	Arnold Palmer	279
	Pinegrove C.C., St. Luc, Que.	
1965	Gene Littler	273
	Jack Nicklaus	274
	Mississaugua G. & C.C., Toronto, Ont.	
1966	Don Massengale	280
	Chi Chi Rodriguez	283
	Shaugnessy G. & C.C., Vancouver, B.C.	
1967	*Billy Casper	279
	Art Wall Jr.	279
	Montreal Municipal G.C., Montreal, Que.	
1968	Bob Charles	274
	Jack Nicklaus	276
	St. George's G. & C.C., Toronto, Ont.	
1969	*Tommy Aaron	275
	Sam Snead	275
	Pinegrove C.C., St. Luc, Que.	
1970	Kermit Zarley	279
	Gibby Gilbert	282
	London Hunt & C.C., London, Ont.	
1971	*Lee Trevino	275
	Art Wall Jr.	275
	Richelieu Valley G.C., Ste.-Julie de Vercheres, Que.	
1972	Gay Brewer Jr.	275
	Sam Adams	276
	Dave Hill	276
	Cherry Hill Club	
	Ridgeway, Ont.	
1973	Tom Weiskopf	278
	Forrest Fezler	280
	Richelieu Valley G.C., Ste.-Julei de Vercheres, Que.	
1974	Bobby Nichols	270
	Larry Ziegler	274
	John Schlee	274
	Mississaugua G. & C.C.	
	Toronto, Ont.	
1975	*Tom Weiskopf	274
	Jack Nicklaus	274
	Royal Montreal G.C., Ile Bizard, Que.	
1976	Jerry Pate	267
	Jack Nicklaus	271
	Essex G. & C.C., Windsor, Ont.	
1977	Lee Trevino	280
	Peter Oosterhuis	284
	Glen Abbey G.C., Oakville, Ont.	
1978	Bruce Lietzke	283
	Pat McGowan	284
	Glen Abbey G.C., Oakville, Ont.	
1979	Lee Trevino	281
	Ben Crenshaw	284
	Glen Abbey G.C., Oakville, Ont.	
1980	Bob Gilder	274

WORLD GOLF

	Leonard Thompson	276
	Jerry Pate	276
	Royal Montreal G.C., Ile Bizard, Que.	
1981	Peter Oosterhuis	280
	Bruce Lietzke	281
	Andy North	281
	Jack Nicklaus	281
	Glen Abbey G.C., Oakville, Ont.	
1982	Bruce Lietzke	277
	Hal Sutton	279
	Glen Abbey G.C., Oakville, Ont.	
1983	*John Cook	277
	Johnny Miller	277
	Glen Abbey G.C., Oakville, Ont.	
1984	Greg Norman	278
	Jack Nicklaus	280
	Glen Abbey G.C., Oakville, Ont.	
1985	Curtis Strange	279
	Jack Nicklaus	281
	Greg Norman	281
	Glen Abbey G.C., Oakville, Ont.	
1986	Bob Murphy	280
	Greg Norman	283
	Glen Abbey G.C., Oakville, Ont.	

#Not recorded. †Denotes amateur.
*Won playoff.

CANADIAN AMATEUR

Year	Winner, runner-up, site	Score
1895	*T.H. Harley	#
	d. A. Simpson	#
	Royal Ottawa C.C., Ottawa, Ont.	
1896	Stewart Gillespie	
	d. W.A. Griffith	4 and 3
	Quebec G.C., Quebec, Que.	
1897	W.A.H. Kerr	
	d. R.T. Henderson	5 and 4
	Royal Montreal G.C., Montreal, Que.	
1898	George S. Lyon	
	d. G.H.F. Pattison	12 and 11
	Toronto G.C., Toronto, Ont.	
1899	Vere C. Brown	
	d. Stewart Gillespie	5 and 3
	Royal Ottawa G.C., Ottawa, Ont.	
1900	George S. Lyon	
	d. G.W. McDougall	38 holes
	Royal Montreal G.C., Montreal, Que.	
1901	W.A.H. Kerr	
	d. Percy Taylor	38 holes
	Toronto G.C., Toronto, Ont.	
1902	F.R. Martin	
	d. R.C.H. Cassels	36 holes
	Royal Montreal G.C., Montreal, Que.	
1903	George S. Lyon	
	d. M.C. Cameron	10 and 8
	Toronto G.C., Toronto, Ont.	
1904	Percy Taylor	
	d. George S. Lyon	3 and 1
	Royal Montreal G.C., Montreal, Que.	
1905	George S. Lyon	
	d. R.S. Strath	12 and 11
	Toronto G.C., Toronto, Ont.	
1906	George S. Lyon	
	d. Douglas Laird	5 and 4
	Royal Ottawa G.C., Ottawa, Ont.	
1907	George S. Lyon	
	d. Fritz Martin	3 and 2
	Lambton G.C., Toronto, Ont.	
1908	A. Wilson Jr.	
	d. Fritz Martin	1 up
	Royal Montreal G.C., Montreal, Que.	
1909	E. Legge	
	d. G.F. Moss	1 up
	Toronto G.C., Toronto, Ont.	
1910	Fritz Martin	
	d. George S. Lyon	37 holes
	Lambton G.C., Toronto, Ont.	
1911	G.H. Hutton	
	d. A.E. Austin	39 holes
	Royal Ottawa G.C., Ottawa, Ont.	
1912	George S. Lyon	
	d. A. Hutcheson	6 and 5
	Royal Montreal G.C., Montreal, Que.	
1913	G.H. Turpin	
	d. Gerald Lees	1 up
	Toronto G.C., Toronto, Ont.	
1914	George S. Lyon	
	d. Brice Evans	8 and 7
	Royal Ottawa G.C., Ottawa, Ont.	
1915-18—No championships		
1919	W. McLuckie	
	d. G.H. Turpin	6 and 4
	Lambton G.C., Toronto, Ont.	
1920	C.B. Grier	
	d. T. Gillespie	5 and 4
	Beaconsfield G.C., Montreal, Que.	
1921	Frank Thompson	
	d. C.W. Hague	38 holes
	Winnipeg G.C., Winnipeg, Man.	
1922	C.C. Fraser	
	d. Norman Scott	37 holes
	Hamilton G.C., Hamilton, Ont.	
1923	W.J. Thompson	
	d. Redvers Mackenzie	3 and 2
	Kanawaki G.C., Montreal, Que.	
1924	Frank Thompson	
	d. C. Ross Somerville	3 and 1
	Rosedale G.C., Toronto, Ont.	
1925	Donald D. Carrick	
	d. C. Ross Somerville	5 and 4
	Royal Ottawa G.C., Ottawa, Ont.	
1926	C. Ross Somerville	
	C.C. Fraser	4 and 3
	Toronto G.C., Toronto, Ont.	
1927	Donald D. Carrick	
	d. Frank Thompson	9 and 8
	Hamilton G.C., Hamilton, Ont.	
1928	C. Ross Somerville	
	d. W.K. Lanman	3 and 2
	Summerlea G.C., Montreal, Que.	
1929	Eddie Held	
	d. Gardiner White	3 and 2
	Jasper Park G.C., Jasper, Alta.	

WORLD GOLF

1930	C. Ross Somerville	
	d. J.W. Platt	11 and 10
	London Hunt Club, London, Ont.	
1931	C. Ross Somerville	
	d. Arthur Yates	3 and 2
	Royal Montreal G.C., Montreal, Que.	
1932	Gordon B. Taylor	
	d. J.A. Cameron	5 and 3
	Lambton G.C., Toronto, Ont.	
1933	Albert Campbell	
	d. Kenneth Black	3 and 2
	Shaughnessy Hgts. G.C., Vancouver, B.C.	
1934	Albert Campbell	
	d. C. Ross Somerville	1 up
	Laval sur-le-Lac Club, Montreal, Que.	
1935	C. Ross Somerville	
	d. Gordon Taylor Jr.	7 and 6
	Hamilton G. & C.C., Hamilton, Ont.	
1936	Fred Haas Jr.	
	d. Bobby Reith	8 and 7
	St. Charles C.C., Winnipeg, Man.	
1937	C. Ross Somerville	
	d. Phil Farley	2 and 1
	Ottawa Hunt Club, Ottawa, Ont.	
1938	Ted Adams	
	d. C. Ross Somerville	1 up on 39th
	London Hunt & C.C., London, Ont.	
1939	Ken Black	
	d. Henry Martell	8 and 6
	Mount Bruno C.C., Montreal, Que.	
1940-45	—No championships	
1946	Henry Martell	
	d. Ken Black	6 and 5
	Mayfair G. & C.C., Edmonton, Alta.	
1947	Frank Stranahan	
	d. Bill Ezinicki	6 and 5
	Royal Quebec G.C., Quebec, Que.	
1948	Frank Stranahan	
	d. C.J. Stoddard	9 and 7
	Hamilton G. & C.C., Hamilton, Ont.	
1949	R. D. Chapman	
	d. Phil Farley	38 holes
	Riverside G. & C.C., Saint John, N.B.	
1950	Bill Mawhinney	
	d. Nick K. Weslock	6 and 4
	Saskatoon G. & C.C., Saskatoon, Sask.	
1951	Walter McElroy	
	d. Phil Farley	2 and 1
	Royal Ottawa G.C., Hull, Que.	
1952	Larry Bouchey	
	d. Wm. C. Campbell	37 holes
	Capilano G. & C.C., Vancouver, B.C.	
1953	Don Cherry	
	d. Don Doe	1 up
	Kanawaki G.C., Montreal, Que.	
1954	Harvie Ward Jr.	
	d. Bill Campbell	5 and 4
	London Hunt & C.C., London, Ont.	
1955	Moe Norman	
	d. Lyle Crawford	39 holes
	Calgary G. & C.C., Calgary, Alta.	
1956	Moe Norman	
	d. Jerry Magee	5 and 4
	Edmundston G.C., Edmundston, N.B.	
1957	Nick Weslock	
	d. Ted Homenuik	9 and 8
	St. Charles C.C., Winnipeg, Man.	
1958	Bruce Castator	
	d. Eric Hanson	1 up
	Scarboro G. & C.C., Toronto, Ont.	
1959	John Johnston	
	d. Gary Cowan	1 up
	Marine Drive G.C., Vancouver, B.C.	
1960	R. Keith Alexander	
	d. Gary Cowan	4 and 3
	Ottawa Hunt & C.C., Ottawa, Ont.	
1961	Gary Cowan	
	d. Ted Homenuik	1 up
	Edmonton G.C., Edmonton, Alta.	
1962	Reg Taylor	
	d. Tom Draper	4 and 2
	Sunningdale C.C., London, Ont.	
1963	Nick Weslock	
	d. Bert Ticehurst	7 and 6
	Riverside G. & C.C., Saint John, N.B.	
1964	Nick Weslock	
	d. Gary Cowan	1 up
	Riverside C.C., Saskatoon, Sask.	
1965	George Henry	
	d. Bill Campbell	1 up
	Pine Ridge G.C., Winnipeg, Man.	
1966	Nick Weslock	
	d. William Brew	1 up
	Summerlea G. & C.C., Dorion, Que.	
1967	Stuart G. Jones	
	Ross Murray	3 and 2
	Royal Colwood G.&C.C., Victoria, B.C.	
1968	Jim Doyle	
	Gary Cowan	4 and 3
	Mayfair G. & C.C., Edmonton, Alta.	
1969	Wayne McDonald	284
	Richard Siderowf	285
	Leonard Thompson	285
	Westmount G. & C.C., Kitchener, Ont.	
1970	Allen Miller	274
	Stu Hamilton	284
	Bill Kratzert	284
	Richard Siderowf	284
	James Simons	284
	Ottawa Hunt & C.C., Ottawa, Ont.	
1971	*Richard Siderowf	293
	Doug Roxburgh	293
	Oakfield G.C., Grand Lake, N.S.	
1972	Doug Roxburgh	276
	Dave Barr	280
	Earl Grey C.C., Galgary, Alta.	
1973	George Burns III	284
	Daniel O'Neill	285
	Richard Ehrmanntrant	285
	Summit G. & C.C., Oak Ridge, Ont.	
1974	Doug Roxburgh	280
	Gary Cowan	284
	Niakwa C.C., Winnipeg, Man.	

WORLD GOLF

1975	Jim Nelford	280
	Doug Roxburgh	284
	Riverside C.C., Saint John, N.B.	
1976	*Jim Nelford	287
	Rafael Alarcon	287
	Royal Colwood G.&C.C., Victoria, B.C.	
1977	Rod Spittle	279
	Jim Nelford	281
	Hamilton G. & C.C., Ancaster, Ont.	
1978	Rod Spittle	276
	Bob Mase	286
	Gary Cowan	286
	Le Club Laval sur-le-Lac, Laval, Que.	
1979	Rafael Alarcon	282
	Graham Cooke	286
	Brantford G. & C.C., Brantford, Ont.	
1980	Greg Olson	290
	Steve Hayles	293
	Stu Hamilton	293
	Ashburn G.C., Halifax, N.S.	
1981	*Richard Zokol	271
	Blaine McCallister	271
	Calgary G. & C.C., Calgary, Alta.	
1982	*Doug Roxburgh	287
	Stu Hamilton	287
	Brian Christie Jr.	287
	Kanawaki G.C., Caughnawaga, Que.	
1983	Danny Mijovic	277
	Jay Sigel	284
	Capilano G.&C.C., W. Vancouver, B.C.	
1984	Bill Swartz	285
	Danny Mijovic	287
	Sunningdale G.C., London, Ont.	
1985	*Brent Franklin	283
	Stu Hamilton	283
	Riverside C.C., Saskatoon, Sask.	
1986	Brent Franklin	286
	Jack Kay, Jr.	287
	Mactaquac G.C., Fredricton, N.B.	

*Won playoff. # Not recorded.

CANADIAN SENIOR

Year	Winner, site
1962	George C. Hevenor Sr.
	St. Charles C.C.
1963	Wm. W. Martin
	Royal Quebec G.C.
1964	Geo. C. Hevenor Sr.
	Summerlea G. & C.C.
1965	Geo. C. Hevenor Sr.
	Capilano G. & C.C.
1966	Jack Littler
	Brantford G. & C.C.
1967	Dr. George B. Bigelow
	Ashburn G.C.
1968	Phil Farley
	Riverside C.C.
1969	Phil Farley
	Scarboro G. & C.C.
1970	Jack Nash
	St. Charles C.C.
1971	Henry Mitchell
	Kanawaki G.C.
1972	*Merle N. Noyes
	Uplands G.C.
1973	Nick Weslock
	Donalda Club
1974	Nick Weslock
	Moncton G. & C.C.
1975	John S. Poyen
	Calgary G. & C.C.
1976	Edward Ervasti
	Islesmere G.C. Inc.
1977	Herb Carnegie
	Glendale G. & C.C.
1978	Herb Carnegie
	Point Grey G. & C.C.
	Marine Drive G.C.
1979	Nick Weslock
	The Algonquin Hotel G.C.
1980	Nick Weslock
	Riverside C.C. & Saskatoon G. & C.C.
1981	Nick Weslock
	Elm Ridge C.C. &
	Royal Montreal G.C.
1982	Arnold Baker
	Mayfair G. & C.C. &
	Highlands G.C.
1983	Nick Weslock
	Bally Haly G. & C.C.
1984	Thomas Hunter
	Prince Edward Island
1985	Bob Wylie
	Gorge Vale
	Upland G. Cse.
1986	Bob Wylie
	Pine Ridge G. & C.C.
	Elmhurst, G. & C.C.

CANADIAN JUNIOR

Year	Winner, site
1938	James Hogan
	London Hunt & C.C.
1939	Howard Bennett
	Mount Bruno G.C.
1940-45	No championships
1946	Gerry Kesselring
	Mayfair G. & C.C.
1947	Gerry Kesselring
	Royal Quebec G.C.
1948	Bill Mawhinney
	Hamilton G. & C.C.
1949	Bob Hall
	Riverside G. & C.C.
1950	*Doug Silverberg
	Saskatoon G. & C.C.
1951	*Laurie Roland
	Royal Ottawa G.C.
1952	Lea Windsor
	Capilano G. & C.C.

WORLD GOLF

1953	Gordon MacKenzie Kanawaki G.C.	1984	Brent Franklin Moncton G. & C.C.
1954	Grant Dearnaley London Hunt & C.C.	1985	Todd Fanning Rossmere C.C.
1955	Geo. Knudson Calgary G. & C.C.	1986	Todd Fanning Windermere G. & C.C.
1956	Gary Cowan Edmundston G.C.	*Won playoff.	
1957	Bill Wakeham St. Charles C.C.		
1958	Bobby Panasiuk Scarboro G. & C.C.		

CANADIAN WOMEN'S AMATEUR

Year	Winner, site
1901	L. Young Royal Montreal G.C.
1902	M. Thompson Toronto G.C.
1903	F. Harvey Royal Montreal G.C.
1904	F. Harvey Toronto G.C.
1905	M. Thompson Royal Montreal G.C.
1906	M. Thompson Toronto, G.C.
1907	M. Thompson Royal Ottawa G.C.
1908	M. Thompson Lambton G.C.
1909	V.H. Anderson Royal Montreal G.C.
1910	Dorothy Campbell Toronto G.C.
1911	Dorothy Campbell Royal Ottawa G.C.
1912	Dorothy Campbell Rosedale G.C.
1913	M. Dodd Royal Montreal G.C.
1914-18	No championships
1919	Ada Mackenzie Beaconsfield G.C.
1920	Alexa Stirling Hamilton G.C.
1921	Cecil Leitch Rivermead G.C.
1922	Mrs. W.A. Gavin Toronto G.C.
1923	Glenna Collett Mt. Bruno C.C.
1924	Glenna Collett Hamilton G.C.
1925	Ada Mackenzie Royal Ottawa G.C.
1926	Ada Mackenzie Elmhurst G.C.
1927	Helen Payson Lambton G.C.
1928	Virginia Wilson Beaconsfield G.C.
1929	Helen Hicks Hamilton G.C.
1930	Maureen Orcutt Laval-sur-le-Lac Club

1959	Alan Kennedy Kanawaki G.C.
1960	Brian Wilcox Thornhill G.C.
1961	Terry Campbell Saskatoon G. & C.C.
1962	Norman Mogil Moncton G. & C.C.
1963	Wayne Vollmer Royal Colwood G.C.
1964	Jim Sced Belvedere G. & Winter C.
1965	Ian Thomas Brantford G. & C.C.
1966	Wayne McDonald Brandon G. & C.C.
1967	Jay Paukkunen Toronto G.C.
1968	Doug Stewart Ki-8-Eb C.C.
1969	Dale Tallon Kelowna G. & C.C.
1970	Doug Roxburgh Brightwood G. & C.C.
1971	*Kelly Roberts Windermere G. & C.C.
1972	Robbie Jackson Le Club Laval sur-le-Lac
1973	Robbie Jackson Fredericton G.C.
1974	Jim Harrison Sunningdale C.C.
1975	Jim Goddard Gorge Vale G.C.
1976	Andre Nols Rideau View G. & C.C.
1977	Jim Rutledge Cooke Municipal G.C.
1978	Danny Maue Lingan C.C.
1979	Rick Sepp Breezy Bend C.C.
1980	Keith Westover Red Deer G. & C.C.
1981	Kevin Dugas St. George's G. & C.C.
1982	Jack Kay C. de G. Beauce
1983	Brent Franklin Vancouver G.C.

WORLD GOLF

1931	Maureen Orcutt Rosedale G.C.	1963	Marlene Streit Royal Ottawa G.C.
1932	Margery Kirkham Kanawaki G.C.	1964	Margaret Masters Calgary G. & C.C.
1933	Ada Mackenzie Pine Ridge G.C.	1965	Jocelyne Bourassa Westmount G. & C.C.
1934	Mrs. W.G. Fraser Toronto G.C.	1966	Helene Gagnon Ashburn G.C.
1935	Ada Mackenzie Jericho C.C.	1967	B. Jackson Saskatoon C.C.
1936	Mrs. A.B. Darling Royal Montreal G.C.	1968	Marlene Streit Kanawaki C.C.
1937	Mrs. John Rogers St. Charles C.C.	1969	Marlene Streit New Brunswick C.C.
1938	Mrs. F.J. Mulqueen Royal Ottawa G.C.	1970	Mrs. G. Harvey Moore Downsview C.C.
1939-46	No championships	1971	Jocelyne Bourassa Capilano C.C.
1947	Grace Lenczyk Toronto G.C.	1972	Marlene Streit Niakwa C.C.
1948	Grace Lenczyk Riverside G. & C.C.	1973	Marlene Streit Belvedere C.C.
1949	Grace DeMoss Capilano G. & C.C.	1974	Debbie Massey Edmonton C.C.
1950	Dorothy Kielty St. Charles C.C.	1975	Debbie Massey Oakfield C.C.
1951	Marlene Stewart Le Club Laval-sur-le-Lac	1976	Debbie Massey Cooke Municipal G.C.
1952	Edean Anderson Mayfair G. & C.C.	1977	Cathy Sherk Hillsdale C.C.
1953	Barbara Romack London Hunt & C.C.	1978	Cathy Sherk Mactaquac Provincial Park G.C.
1954	Marlene Stewart Brightwood G. & C.C.	1979	Stacey West Bally Haly C.C.
1955	Marlene Stewart Royal Colwood G.C.	1980	Edwina Kennedy (Aust.) London Hunt & C.C.
1956	Marlene Stewart Niakwa C.C.	1981	Jane Lock Winnipeg C.C.
1957	Betty Stanhope The Royal Montreal G.C.	1982	Cindy Pleger Brudenell G.C.
1958	Marlene Streit The Saskatoon G. & C.C.	1983	Dawn Coe Victoria G.C.
1959	Marlene Streit St. George's G. & C.C.	1984	Kim Williams Willow Park G. & C.C.
1960	Judy Darling Riverside G. & C.C.	1985	Kim Williams New Ashburn G.C.
1961	Judy Darling Point Grey G. & C.C.	1986	Marilyn O'Connor Riverside C.C.
1962	Gayle Hitchens Glendale G. & C.C.		

CHAPTER 11

1986 STATE, CLUB CHAMPIONS

1986 State Champions   300
1986 Club Champions Recap   304
1986 Club Champions   305
1986 Miscellaneous Champions   325

STATE CHAMPIONS

ALABAMA
OPEN-Gordon Saunders (amateur).
MEN'S AMATEUR-Sam Farlow.
WOMEN'S AMATEUR- Chris Spivey.
SENIOR-Frank Campbell; Gloria Ellers.
JUNIOR-Jim Strong; Missy Tuck.

ALASKA
OPEN-John Godwin (pro).
MEN'S AMATEUR-Dale Mizer.
WOMEN'S AMATEUR-Myrna Rayburn.
SENIOR-Jim Curley; Millie Arnold.
JUNIOR-Craig Stout; Danielle Gramsbury.

ARIZONA
OPEN-Mike Morley (pro).
MEN'S AMATEUR-Dennis Saunders.
WOMEN'S AMATEUR-Jeri Cavanaugh (stroke); Linda Carter (match).
PUBLIC LINKS-Billy Mayfair.
SENIOR-Jim Brafford; Donna Cunning.
JUNIOR-Hub Goyen,III; Debbie Parks.

ARKANSAS
OPEN-Chuck Thorpe (pro).
MEN'S AMATEUR-Petey King (stroke); John Daley (match).
WOMEN'S AMATEUR-Stephanie Stephens (stroke); Ginger Brown (match).
SENIOR-Steve Creekmore,Jr.; Bonnie Streck.
JUNIOR-Mike Satterwhite.

CALIFORNIA
OPEN-Jim Woodward (pro).
MEN'S AMATEUR-Terrence Miskell.
WOMEN'S AMATEUR-Anne Sander.
PUBLIC LINKS-Michael Turner; Judy Greco.
SENIOR-Lyle Grey; Millie Stanley.
JUNIOR-Kevin Sutherland; Brandie Burton.

COLORADO
OPEN-Mark Wiebe (pro).
MEN'S AMATEUR-Kent Moore (stroke); Shawn Bellis (match).
WOMEN'S AMATEUR-Kris Hoos (stroke); Becky Whitworth (match).
PUBLIC LINKS-Randy Winn.
SENIOR-Larry Eaton (stroke); Tom Reed (match); Eleanore Pellegrini.
JUNIOR-Brett Dean (stroke); Charlie Whalen (match); Kathy Hodge (stroke); Shelley Mallett (match).

CONNECTICUT
OPEN-Mike Colandro (pro).
MEN'S AMATEUR-John Ruby.
WOMEN'S AMATEUR-Caroline Keggi.
SENIOR-William Olexovitch; Jan LeGrow.
JUNIOR-Richard Breed; Debby Doniger.

DELAWARE
OPEN-Pete Oakley (pro).
MEN'S AMATEUR-Blaise Giroso.
WOMEN'S AMATEUR-Sally Ratcliffe.
SENIOR-James Hohman; Charlotte Balick.
JUNIOR-Bernie Floriani; Julie Boswell.

DISTRICT OF COLUMBIA
MEN'S AMATEUR-Buddy Peoples.
WOMEN'S AMATEUR-Katherine Marren.
SENIOR-Hap Simpson; June Rosenthal.
JUNIOR-Jon Hurst; Kimberly Cayce.

FLORIDA
OPEN-Mitch Adcock (pro).
MEN'S AMATEUR-Barry Cheesman.
WOMEN'S AMATEUR-Pammy Bowman.
SENIOR-Bo Williams.
JUNIOR-Michael Sposa.

GEORGIA
OPEN-Gene Sauers (pro).
MEN'S AMATEUR-Hugh Royer, III.
WOMEN'S AMATEUR-Martha Kliouac.
SENIOR-Tom Forkner.
JUNIOR-Chan Reeves; Tonya Gill.

HAWAII
OPEN-Lance Suzuki (pro).
MEN'S AMATEUR-Les Uyehara (stroke); Brandan Kop (match).
WOMEN'S AMATEUR-Jan Shiroma (stroke); Lynne Winn (match).
PUBLIC LINKS-Wendell Tom.
SENIOR-Masato Yoshioka; Hope Yee.
JUNIOR-Dean Wilson; Kristll Kakugawa.

IDAHO
OPEN-Jim Blair (pro).
MEN'S AMATEUR-Joe Malay.
WOMEN'S AMATEUR-Sue Kushlan.
SENIOR-Doyle Dugger; Virginia Undihem.
JUNIOR-Bobby Howell; Ginger Lowe.

ILLINOIS
OPEN-Gary Pinns (pro).
MEN'S AMATEUR-Gary March.
WOMEN'S AMATEUR-Patricia Ehrhart.
SENIOR-Dean Lind; Marlene Miller.
JUNIOR-Tony Russo.

INDIANA
OPEN-Jeff Cook (pro).
MEN'S AMATEUR-Dan Olsen.
WOMEN'S AMATEUR-Robin Hood.
PUBLIC LINKS-Scott Munroe.
SENIOR-Bob Ludlow; Jo Anne Price.
JUNIOR-Chris Smith; Ann Kroot.

STATE CHAMPIONS

IOWA
OPEN-Mike Bender (pro).
MEN'S AMATEUR-Jerry Smith.
WOMEN'S AMATEUR-Betsy Bro
SENIOR-John McGuiness; Corky Nydel.
JUNIOR-Pete Lugowski; Terry Langen.

KANSAS
OPEN-Stan Utley (pro)
MEN'S AMATEUR-Gregg Towng.
WOMEN'S AMATEUR-Peggy McGreevy.
SENIOR-Odie Wilson.
JUNIOR-Charles Stevens; Adena Hagedorn.

KENTUCKY
OPEN-Rob McNamara (amateur).
MEN'S AMATEUR-Steve Flesch.
WOMEN'S AMATEUR-Sandy Byron.
SENIOR-John Owens; Flo Baldridge.
JUNIOR-Gunnell Rupert; Ann Hill.

LOUISIANA
OPEN-Doug Farr (pro).
MEN'S AMATEUR-Kelly Gibson.
WOMEN'S AMATEUR-Mary Slinkard.
SENIOR-Jim Mangum.
JUNIOR-Perry Moss; Cheryl Regal.

MAINE
OPEN-Mike Colandro.
MEN'S AMATEUR-Mark Plummer.
WOMEN'S AMATEUR-Mary Ouellette.
SENIOR-Barbara Blake.
JUNIOR-Troy Witham.

MARYLAND
OPEN-Martin West (amateur).
MEN'S AMATEUR-Buddy Peoples.
WOMEN'S AMATEUR-Sarah LeBrun.
SENIOR-Ed Ball; Nancy Chance.
JUNIOR-Alan Myers; Kimberly Cayce.

MASSACHUSETTS
OPEN-Kevin Johnson (amateur).
MEN'S AMATEUR-Francis Quinn, Jr.
WOMEN'S AMATEUR-Loren Milhench.
PUBLIC LINKS-Dave Curley.
SENIOR-Dick Crosby; Nancy Black.
JUNIOR-Paul Bastien; Tracy Welch.

MICHIGAN
OPEN-Tim Mathews (pro).
MEN'S AMATEUR-Peter Green.
WOMEN'S AMATEUR-Lisa Marino.
PUBLIC LINKS-John Jambor; Carol Trombly.
SENIOR-Glenn Johnson; Maurine Hannibal.
JUNIOR-Mike Anderson; Michelle Malkin.

MINNESOTA
OPEN-Jim Sorenson (amateur).
MEN'S AMATEUR-Jim Nordeen (stroke); John Paulson (match).
WOMEN'S AMATEUR-Dawn Ginnaty (stroke); Anne Zahn (match).
PUBLIC LINKS-Anton Maki; Dawn Ginnaty.
SENIOR-Dick Reimer; Bev Vanstrum.
JUNIOR-Tom Anderson; Jeannine Gibson.

MISSISSIPPI
OPEN-Joe Iupe, Jr.
MEN'S AMATEUR-Vance Veazey.
WOMEN'S AMATEUR-Sissy Meeks.
SENIOR-Sam Hall.
JUNIOR-Voyed Couey.

MISSOURI
OPEN-Jean Elliott (pro).
MEN'S AMATEUR-Don Bliss.
WOMEN'S AMATEUR-Elizabeth Smart.
SENIOR-Jim McKinney.
JUNIOR-Brent Pennington.

MONTANA
OPEN-Scott Geroux (pro).
MEN'S AMATEUR-Brad Forbis.
WOMEN'S AMATEUR-Judi Schneider.
SENIOR-Bud Manion; Eleanor Hayler.
JUNIOR-Clay Landay; Leslie Spaulding.

NEBRASKA
OPEN-Steve Gotsche (pro).
MEN'S AMATEUR-Frank Rose (stroke); David Walker (match).
WOMEN'S AMATEUR-Susan Marchese (stroke); Kari Mangan (match).
PUBLIC LINKS-Jeff Cottingham; Susan Roll; Kari Mangan.
SENIOR-Dick Patrick; Dottie Bowman.
JUNIOR-Jason Peterson; Angie Wilson.

NEVADA
OPEN-Rick Sprouse (pro).
MEN'S AMATEUR-Marc Gilmartin (stroke); Ed Travis (match).
WOMEN'S AMATEUR-Janet Usher.
PUBLIC LINKS-Darin Menante; Pam Whalen.
SENIOR-Earl Bowes.
JUNIOR-Todd Oliver.

NEW HAMPSHIRE
OPEN-Steve Jurgensen (pro).
MEN'S AMATEUR-Don Folsom.
WOMEN'S AMATEUR-Jan Bournival.
PUBLIC LINKS-Danny Arvanitis.
SENIOR-Lige Daley; Marlene Jones.
JUNIOR-Mike Lipnick.

STATE CHAMPIONS

NEW JERSEY
OPEN-David Glenz (pro).
MEN'S AMATEUR-Robert Housen.
WOMEN'S AMATEUR-Sybil Whitman.
SENIOR-Eddie Radlow; Fran Winans.
JUNIOR-David Woliner; Leslie Lynn Smith.

NEW MEXICO
OPEN-Steve Haskins (pro).
MEN'S AMATEUR-Kevin Sivage.
WOMEN'S AMATEUR-Bernadette Lucero.
SENIOR-Ernie Fresquez.
JUNIOR-John Sosa; Laura Spengeman.

NEW YORK
OPEN-Tom McGinnis (pro).
MEN'S AMATEUR-Jay Gunning.
WOMEN'S AMATEUR-Jamie DeWeese.
SENIOR-Jack Hoff; Francis Stearns.
JUNIOR-Todd Shearrer; Lisa Brandetsas.

NORTH CAROLINA
OPEN-Stuart Taylor (pro).
MEN'S AMATEUR-Jeff Lankford.
WOMEN'S AMATEUR-Margaret Will.
SENIOR-John Pottle.
JUNIOR-Todd Gleaton.

NORTH DAKOTA
OPEN-Jim Blair (pro).
MEN'S AMATEUR-Michael Podolak (stroke); Jeff Skinner (match).
WOMEN'S AMATEUR-Alecia MacMaster.
SENIOR-Roger Ludwig; Liz Hanson.
JUNIOR-Pat Moore; Sarah Evens.

OHIO
MEN'S AMATEUR-Randy Reifers.
WOMEN'S AMATEUR-Jodi Logan.
SENIOR-Jack Hesler.
JUNIOR-Steve Parker; Shirley Trier.

OKLAHOMA
OPEN-Lindy Miller (pro).
MEN'S AMATEUR-Mike Hughlett (stroke); Kyle Flinton (match).
WOMEN'S AMATEUR-Patty Coatney.
SENIOR-Rogert Little.
JUNIOR-Derrick Bandelier; Julie Reiger.

OREGON
OPEN-Doug Campbell (pro).
MEN'S AMATEUR-Ron Garland.
WOMEN'S AMATEUR-Marcia Fisher.
SENIOR-Spike Beeber; Joanne Browne
JUNIOR-Robert Rannow; Amanda Nealy.

PENNSYLVANIA
OPEN-Frank Fuhrer III (pro).
MEN'S AMATEUR-James M. Hagstrom.
WOMEN'S AMATEUR-Carol Semple Thompson.
SENIOR-Alan Sussel; Helen Sigel Wilson.
JUNIOR-Greg Lesher; Patrice Corace.

RHODE ISLAND
OPEN-Gary Marlowe (pro).
MEN'S AMATEUR-Paul Quigley.
WOMEN'S AMATEUR-Joann Walker.
SENIOR-Benny DeCaprio; Elizabeth McLoughlin.
JUNIOR-Brett Quigley; Kim Augusta.

SOUTH CAROLINA
OPEN-Vic Lipscomb (pro).
MEN'S AMATEUR-Marion Dantzler (stroke); Robbie Hrubala (match).
WOMEN'S AMATEUR-Karen Wolfe.
SENIOR-Ross Horton.
JUNIOR-Mark Steelman.

SOUTH DAKOTA
MEN'S AMATEUR-Ray Laird, III (stroke); Jim Entwisle (match).
WOMEN'S AMATEUR-Kris Tschetter.
PUBLIC LINKS-Susan Roll.
SENIOR-Marv Widness; Ila Michael.
JUNIOR-Kevin Zimmer; Jane Egan.

TENNESSEE
OPEN-Gibby Gilbert (pro).
MEN'S AMATEUR-David Apperson (stroke); Dan Schorsten (match).
WOMEN'S AMATEUR-Betty Probasco.
SENIOR-Ed Brantly; Rose Roberts.
JUNIOR-Doug Barron; Kris Meyer.

TEXAS
OPEN-Blaine McCallister (pro).
MEN'S AMATEUR-Randy Sonnier.
WOMEN'S AMATEUR-Debra Spain.
SENIOR-Don Addington; Beverly Baetge.
JUNIOR-Charlie Rudd; Barbara Blackwell.

UTAH
OPEN-Clark Burroughs (pro).
MEN'S AMATEUR-Brad Hansen.
WOMEN'S AMATEUR- Michelle Thornton.
PUBLIC LINKS-Steve Schneiter.
SENIOR-Jack Noble.
JUNIOR-Kury Reynolds; Starla Yamada.

VERMONT
OPEN-Dana Quigley (pro).
MEN'S AMATEUR-Shawn Baker.
WOMEN'S AMATEUR-Cindy Mah-Lyford.
SENIOR-Joseph Sasson; Mickey LaCroix.
JUNIOR-Hans Albertsson.

STATE CHAMPIONS

VIRGINIA
OPEN-Woody Fitzhugh (pro).
MEN'S AMATEUR-Brett West.
WOMEN'S AMATEUR-Donna Andrews.
SENIOR-Morris Beecroft; Mary Jane King.
JUNIOR-Brian Quackenbush; Susan Slaughter.

WASHINGTON
OPEN-Jeff Bloom (amateur).
MEN'S AMATEUR-Bill Bradley.
WOMEN'S AMATEUR-Mimi Racicot.
SENIOR-Jack Gould; Electra Koeniger.
JUNIOR-Scott Sullivan; Tracy Hanson.

WEST VIRGINIA
OPEN-Harold Payne (amateur).
MEN'S AMATEUR-Harold Payne.
WOMEN'S AMATEUR-Vickie Moran.

SENIOR-James Passero; Sally Wallace.
JUNIOR-John Yarian; Sarah Neville.

WISCONSIN
OPEN-Bill Brodell (pro).
MEN'S AMATEUR-John P. Hayes (stroke); Skip Kendall (match).
WOMEN'S AMATEUR-Sarah DeKraay (stroke & match).
PUBLIC LINKS-Paul Bartelak; Kelly Groddy.
SENIOR-Willard Wendt (stroke); Steve Caravello (match).
JUNIOR-Todd Schaap; Kristin Scott.

WYOMING
MEN'S AMATEUR-David Balling.
WOMEN'S AMATEUR-Kathy Ahern.
JUNIOR-Mark Shields; Erin Folley.

CLUB CHAMPIONS

Longevity prevails as champs repeat

Two women club champions added to impressive records in 1986. Delores Wilson won her 17th consecutive championship at the Flushing Valley Golf and Country Club, Flushing, Mich., while Elaine Bowdle, 63, won her 20th club title in 28 years at the Hidden Valley Country Club in Fort Douglas, Colo.

Peter Williams: Winner of the 1985 Club Champions Invitational.

To further show how long some golfers can retain their skills, Clarence Davenport, 71, in 1986 won the Westchester (N.Y.) Public title at the Maple Moor Golf Course in White Plains; exactly 31 years after he'd won the same title at the same course.

Then there's the golf professional's father, Dave Bingham, Sr., 59, who won the Cameron Park (Calif.) C.C. championship for the first time despite having broken his back in 1963. His son said the average age of our club champ is usually in the 30s.

Sharon and Bob Hughes, mother and son, won the women's and men's championship at Watertown (N.Y.) G.C. Brother and sister, Lowery Woodell and Nina Woodell-Hawkins, were champs at Riverside G. & C.C., Macon, Ga. And husband and wife, J. E. and Diane Rowe, were respective winners at Forest Heights C.C., Statesboro, Ga. for the second time in three years.

At Midland Hills C.C., St. Paul, Minn., Tom Dunwell and Sue Pepin won their respective championship for the fourth consecutive year.

Club Champions Invitational takes a year's hiatus

The tournament that pits club champion against club champion was not held in 1986, but is expected to return in the fall of 1987.

Past Winners
1984 Eddie Lyons, East Ridge C.C., La.
 Sr: James Kirk, Dornick Hills C.C., Okla.
 Site: Grand Cypress Resort, Fla.
1985 Peter Williams, Bay Hill C., Fla.
 Sr: Jim Kirk, Dornick Hills C.C., Okla.
 Site: Grand Cypress Resort, Fla.

Eddie Lyons: 1984 Club Champions Invitational winner.

CLUB CHAMPIONS

ALABAMA
Arrowhead G. & C.C.: Rae Jabour; Margie Taylor.
Buxahatchee C.C.: Dusty Ellison; Gale Blankenship.
Citronell Municipal G. Cse.: Price Mann; Sue Pelletier.
Club Yamasi: Mike Reilly; Ruby Atwell.
C.C. of Andalusia: Abner R. Powell IV.
Decatur C.C.: John Adams; Paula Oliver.
Enterprise C.C.: Ricky McLin; Gloria Ellers.
Eufaula C.C.: Bobby Bradley.
Green Valley C.C.: Lynn Farquhar; Mary Sue Fortner.
Greenville C.C.: Keith Taylor.
Huntsville C.C.: John Harvilla; Taffy Walker.
Montgomery C.C.: Scott Gilreath; Nell Stuart.
Saugahatchee C.C.: Robert Dumas; Winifred Hill Boyd.
Skyline C.C.: Steve McFarland.
Stoneybrook G. Cse: Rick Moersch; Linda Klimasewski.
Terri Pines C.C.: Johnny Plan; Glen Latham.
Terrapin Hills G.C.: Tom Jones Jr.; Audrey Lacy.
Twin Lakes G.C.: Guy Waldrop; Louise Raney.
Valleyhill C.C.: Flip Bradley; Gladys Stevens.
Vestauia C.C.: Jeff Kaufman; Ouida Cunningham.
Willowpoint C.C.: Cole McInnis; Edith Blankenship.

ARIZONA
Ahwatukee C.C.: Jim Case; Claudia Thompson.
Apache Wells C.C.: Tom Edwards, Myrt Doser.
Bella Vista C.C. : Clark Wilkerson; Bonnie Streck.
Bisbee Municipal G. Cse.: Mark Dominquez.
Desert Highlands G.C.: Mark Sollenberger; Pam Smith.
Fort Huachuca G. Cse.: Tim Strutzel.
Gainey Ranch G.C.: Bill Warner; Carolee Jenkins.
Haven G.C.: Wally R. Franks; Lorene Ward.
KIngman Municipal G. Cse.: Jim Shaw; Betty Hallum.
London Bridge G.C.: Butch Reimer, Candy Swinburnson.
Mesa C.C.: Mark Davis; Becky Buehl.
Moon Valley C.C.: Lyle Sandberg; Donna Cunning.
Palmbrook C.C.: John Braskich; Helen Oberlink.
Papago G. Cse.: Mark Haar; Tina Le Hew.
Pima G. Resort: Kenneth D. Parrish; Laina Bittner.
Pinnacle Peak C.C.: Henry Werner; Vicki Kelley.
Pueblo Del Sol G.C.: Bruce Barnard; Wanda Shinn.

ARKANSAS
Clarksville C.C.: Jimmy Dickerson.
Diamondhead C.C.: Claude De Beaux; Millie Grossman.
Eldorado G. & C.C.: John Unger; Mott Sellers.
Fayetteville C.C.: Doug Douglas; Peggy Stanton.
Fox Hills C.C.: Virgil Rodgers; Marla Nailling.
Longhills C.Cse: Barry Howard; Adelle Mattox.
Paragould C.C.: Bruce Dickey; Pat Austin.
Pine Bluff C.C.: J.R. Pierce; Kay Glasscock.
Red Apple Inn & C.C.: E.G. Van Train; Jo Shelton.
Rosswood C.C.: Mike Hale; Kim Coleman.
Settlers Bay C.C.: Rick Boyles; Nancy Sallee.
South Haven G.C.: Bobby Fischer.
Three Rivers C.C.: Calvin Jackson.

CALIFORNIA
Alisal Ranch G.C.: John Pate; Wee Woodward.
Almaden G. & C.C.: Bob Thornton; Alice Ney.
Anaheim Hills G.C.: Bob Lewis; Esther M. Peck.
Anaheim Municipal: Yosh Masuda.
Annandale G.C.: Charley Blalack; Pat Bowdish.
Baywood G. & C.C.: Bob Clark; Marian McLaughlin.
Bear Creek G.C.: Dan McAlister; Diane Wyatt.
Beau Pre G.C.; Tom Mattila; Donna Stephens.
Bethel Island G. Cse: Mike Dacus; Edna Jonke.
Blackberry Farm G. Cse.: Dean Heaton; Lea Urbani.
Blackhawk C.C.: Larry Wagner; Carol Lamb.
Bodega Harbour G. Links: Tom Farrell; June Helela.
Boulder Creek G. & C.C.: Bill Aragona.
Boundary Oak: James Wilson; Nancy Turner Jr.
Calimesa C.C.: George Brady; Mary Jo Ray.
Camarillo Springs G. Cse.: Jim Snyder; Lydia Cramer.
Cameron Park C.C.: David Bingham; Shelley Reader.
Candlewood C.C.: James Patti Jr.; Jody Kulp.
Canyon C.C.: Mario Posillico; June Leitgeb.
Canyon Crest C.C.: Joe McNamara; Candice Mash.
Carlton Oaks C.C.: Richard Carr; Jane Sheffield.
Cherry Hills G.C.: John Heilman; Mae Cathcart.
Contra Costa C.C.: Dave Bosley; Libby Manion.
Corral De Tierra C.C.: Marianne Belser.
Costa Mesa G. & C.C.: Chris Keyte; Juanita Stafford.
Crystal Springs G.C.: Dean Prince; Ann Cerruti.
Diablo C.C.: Jack Luceti; Gloria Hughes.
Diablo Hills G. Cse.: Stuart Roloson; Carmel Rankine.
El Caballero G.C.: Jeff Leonard; Helen Knight.
El Rancho Verde C.C.: Jim Bradbury.
El Rivino C.C.: David McMahon.
El Toro Marine Memorial G.C.: Dave Stephens; Virginia Vincent.
Eureka Municipal G. Cse.: Arne Arneson; Carolyn Corning.
Fairbanks Ranch C.C.: Jon Buchman; Dawn Leeds.
Fig Garden G. C.: Jim Lopes; Mary Mallett.
Forest Meadows G.C.: Karl Jensen; Kay Pye.
Fort Washington C.C: Mike Bakula; Nikki Gordon.
General Old G.C.: Rex Hinesley; Carolyn Cosgrove.
Gilroy G.C.: Mike Carabine; Virginia Alton.
Green River G.C.: J.D. Callies; Peggy Mura.
Haggin Oaks: Sandy Garrett.
Haggin Oaks Women's G.C.: Dorothy Muller.
Indian Palms C.C.: M.C. Wheeler Jr.; Anina Rohrer.
Indian Valley G.C.: Rob Manzoni; Virginia May.
Ironwood C.C.: Jim McKenzie; Bunny Casey.
John E. Clark: Hal Chilson.
Jurupa Hills C.C.: Thomas Grindstaff; Betty Plaice.
La Costa: David Johnson; Janet Kroh-Papajohn.
La Cumbre G. & C.C.: Joe Bush; Faye Podlesny.
Lake Arrowhead C.C.: Bud Elliott; Barb Stephan.
Lake Redding G. Cse.: Chuck Zink.
La Quinta Hotel G.C.: Alan Newman; Terry Jo Hanson.
La Rinconada G. & C.C.: Bill Helfrich; Rona Wells.
Las Positas G.C.: Matt Mailander; Betty Palmer.
Lawrence Links G. Cse.: Don Needham; Mary Thompson.
Los Alamitos C.C.: K. Manos; Ruth Thompson.
Los Altos G. & C.C.: Kim Staskus; Colleen Sulger.
Los Angeles C.C.: Lee Davis; Mary Callaghan.

CLUB CHAMPIONS

Mace Meadow G. & C.C.: Don Ehmsen; Judy Rule.
Madera G. & C.C.: Marco Ortiz; Lona Prosperi.
Marine Memorial G. Cse.: Rob Aguilar.
Marrakesh G. C.: Jom Cross; Sylvea Inman.
Mission Lakes C.C.: Jim Jackson; Collis De Vito.
Muroc Lake G.C.: Mike Miller.
Navy G. Cse.: Jim Steele; Haruko Adair.
North Kern G. Cse.: John Schraan; Katherine Bratcher.
North Ranch C.C.: Paul Ladin; Joann Moran.
Oakdale G. & C.C.: Roger Webster; Bev Prichard.
Old Ranch C.C.: Dennis Iden; Sue Ewart.
Palm Valley C.C.: Randy Reznicek; Sandy Parker.
Palo Alto Municipal G. Cse.: Javier Sanchez; Hazel Masters.
Palos Verdes G.C.: Todd DeAngelis; Ashie McAllister.
Pasatiempo G. Cse.: Bill Cross Jr.; Sandy Woodruff.
Paso Robles G. & C.C.: Tom Erskine; Lynda Giroux.
Peninsula G. & C.C.: Lloyd Barnblatt; Lee Saroni.
Pine Mountain C.: Robert Fonner; Bea Jungferman.
Pleasant Hill C.C.: Jim Greenwood; Virginia Allen.
Porter Valley C.C.: Patrick Boyd; Maggie Volz.
Oceanside G. Cse.: Frank Chapman; Denise Smith.
Rancho Canada G.C.: John Powers; Ann Chambless.
Red Hill C.C.: Jess Evans; Emily Borba.
Redlands C.C.: Ted Lyford; Sheila McCain.
Round Hill G. Shop: Bruce Moorstein; Bernice Glueck.
Sail Ho G. Cse.: Eddie Moton; Darlyn Singer.
San Clemente G. Cse.: Brian Weaver; Pat Chisam.
San Joaquin C.C.: Mike Barr; Wanda McNutt.
San Jose C.C.: Gary Vandeweghe; Barbara Vandeweghe.
San Juan Hills C.C.: Dana Couch; Dorothy La Fever.
Santa Ana C.C.: Bill Selman; Marianne Towersey.
Seabee G.C.: Paul Stankowski; Gladys Sigman.
Seacliff C.C. Ron Chamberlin; Bonnie Barker.
Sebastopol G. Cse.: John Rader; Penny Farris.
Shadowridge G.C.: Randy Reznicek; Key Musick.
Shandin Hills G.C.: Ray Vanyo; Linda Basham.
Sherwood Forest G.C.: Wayne Aalto.
Shoreline G. Cse.: Lucy Stack.
Sierra Sky Ranch G. Cse.: Joe Brickner; Diane Stavrum.
Silverado C.C.: Richard Ochsner; Tomi Dedier.
Silver Lakes C.C.: Gary Dennis; Barbara Rowland.
Simi Hills G. Cse.: Paul Holtby; Betty Bross.
Spring Valley Lake C.C.: Donald Severance; Marjorie Johnson.
Stockdale C.C.: Scott Underhill; Jeri Schwocho.
Stone Ridge C.C.: Jeffrey Anderson; Barbara Hoonan.
Sundale C.C.: Lowell Manzer; Debbie Williams.
Sunnyside C.C.: Mike Barr; Helen Kearney.
Sunnyvale Municipal G.C.: Keith Wheaton.
Sunrise C.C. Don Hickman; Jewel Mignacco.
Tamarisk C.C.: E.O. Lindquist; Frances Hirsh.
The C. at Morningside: Pete Collins; Sondra Ottenstein.
The O'Donnell G.C.: Roger Carger; Ann Baum.
The Valley Club of Montecito: Charles Fairbanks; Jane Kern.
The Vintage C.: Ray Knowles, Mick Humphreys; Marie Gray.
Valle Grande G. Cse.: Mike Benak; Nadine Hukill.
Valley Hi C.C.: Mike Ward; Eileen Browning.

Vandenberg G.C.: Rick Vigil; Carol Barron.
Via Verda C.C.: Ed Hummer; Marion Quigley.
Victoria C.: Bruce Tait; Veda Brown.
Wilshire C.C.: Christopher G. Gibbs; Millie Stanley.
Woodland Hills C.C.: Wallace Cawelti; Corbin Clark.
Wood Ranch G.C.: Mitch Voges; Bev Bounds.
Yolo Fliers C.C.: Doug Worl; Lenore Elston.

COLORADO

Bunker Hill C.C.: John Gotto; Judy Lipe.
Cherry Hills C.C.: Rich McClintock; Christie Austin.
Collindale G. Cse.: Mike Enright; Mary Pagel.
Colorado Springs C.C.: Kevin Shoemaker; Jo Ellen Mangone.
Columbine C.C.: Dan Dymerski; Mary Lee Browne.
C.C. of the Rockies: Carl Fawcett; Dennie Jagger.
Eisenhower G. Cse: Tom English; Jo Ellen Mangone.
Ft. Collins C.C.: Morgan Addis; Mary Alice Troxell.
Gleneagle C.C.: Rusty Wortham; Paula Smith.
Heather Gardens G.C.: Chris Hernandez; Carolyn Widmann.
Heather Ridge C.C.: Steve Smith; Lynn Larson.
Hillcrest: Ken Kirby; Cindy Bryniarski.
Indian Tree G. Cse.: Rick DeWitt; Ruby Stanley.
Inverness G. Cse.: Tom Ritchie; Lisa Stone.
Lakewood C.C.: Don Keffer; Barb Eder.
Overland Park G. Cse.: Bob Lowry; Norma Bisdorf.
Perry Park C.C.: George Fletcher; Becky Crisp.
Peterson G. Cse.: Gary Kephart; Ronnie Stirewalt.
Pinehurst C.C.: Jack Ruhs; Shirley Anderson.
Raccoon Creek G. Cse.: Steve Lynes; Robin Bartlett.
Rolling Hills C.C.: Scott Radcliffe; Laurie Riddle.
Shadow Hills G.C.: Mike Cowperthwaite; Judy Diggles.
Singletree G.C.: Penti Tofferi; Mary Ellison.
Sterling C.C.: Tom Pickard; Rick Bruce.
Tamarack G. Cse: Scott Nall; Wanna McCarthy.
The C.C. of Colorado: Burke Hawkins; Anne Malone.
The Denver C.C.: Reed Myer; Carol Canon.
The Meadows G.C.: Gary Cummings; Sue MaGuire.
Twin Peaks G. Cse.: Mike Grant; Betty Raymer.
Willow Springs C.C.: John Pauly; Bunny Jackson.

CONNECTICUT

Bel Compo G.C.: Tom Bergeron; Joan Raymont.
Blackledge C.C.: Doug Domain; Judy Staknis.
Brooklawn C.C.: John Lewis Jr.; Connie Lewis.
Brownson C.C.: Vincent Grabowski; Stella Bondos.
Burning Tree C.C.: Dean Coleman; Judith Beckwith.
Candlewood Lake C.: Chris Brown; Aurora Whalen.
Canton Public Golf: Richard Garrett; Joan Kidd.
Cedar Knob G. Cse.: David Sarrasin; Jean Chambers.
Chippanee: George Benoit; Stella Petroski.
Connecticut G. C.: William J. Decker.
Copper Hill C.C.: Rich Gibson; Nancy Payton.
C.C. of Farmington: C.O. Pickens; Marsha Davenson.
C.C. of Waterbury: Harry X. Cashin; Julie Keggi.
Elmridge G. C.: Don Norcross; Janice Ingham.
Fairview C.C.: Edward Pavelle; Carol Glickenhaus.
Farmington Woods C.C.: Peter Gill.
Farms C.C.: Morris Buck; Fran Moore.
George Hunter G.C.: Ron Victor Sr.; Carolee Riechelt.

CLUB CHAMPIONS

Glastonbury Hills: Tim Petrovic; Amy Wohltjen.
G.C. of Avon: Bob Jordan; Gretchen Kundahl.
Greenwich C.C.: Tom Hamilton; Tessa Lyons.
Green Woods C.C.: Robert Gage.
Heritage Village C.C.: Bert Boyce; Nancy Furey.
Hop Brook G.C.: Gordon Faulkner.
Hop Meadow C.C.: Duane Haley; Mary Moore.
Indian Hill C.C.: Rob Gai; Tracy Leiner.
Innis Arden G.C.: Russell Pruner; Carol Pitzer.
Laurel View C.C.: Stan Papa; Dot Victor.
Litchfield C.C.: Paul Stancs; Lee Cook.
Longshore C.C.: Matthew E. Panos; Dot Roe.
Lyman Meadow G.C.: Doug Linder; Joyce Wilcox.
Milbrook C.: Perrin Arturi; Jean Cunningham.
Mill River C.C.: John Ruby; Sue Gilbert.
New Haven C.C.: William L. Hadden III; Anita Sullivan.
New London C.C.: Jeff Hedden; Dale Salimeno.
Newton C.C.: Kip Bowers; Joy Panozzo.
Norfolk C.C.: Roderick J. Perkins; Petie Robinson.
Oak Hills C.C.: Glen Gaydorus; Monique Appleby.
Old Lyme C.C.: Roy Gregory III; Bobbie McPherson.
Orange Hills C.C.: Dave Butzman; Winnie Coyle.
Oronoque Village C.C.: Dean Foley; Doris Meadow.
Race Brook C.C.: Bill Ajello; Bobbi Abbott.
Raceway G.C.: Jack Kelly Sr.; Gale Gileau.
Ridgefield G.C.: Chip Reardon; Lena Marconi.
Ridgewood C.C.: John Stevenson; Marcia Dolan.
Rockledge C.C.: William Reklaitis; Tobey Shuman.
Rockrimmon C.C.: Ken Spiegel; Barbara Rubin.
Rolling Hills C.C.: Ed Lassow; Gail Kahn.
Shorehaven G.C.: Jerry Courville; Marybeth Berndt.
Shuttle Meadow C.C.: Lindsey Hansen II; Prudence Smart.
Silvermine G.C.: Tom Schilling; Helen Frank.
Silver Spring G.C.: Willis Mills; Nancy Vanard.
Skungamaug River G.C.: Jacob R. Bohr; Nancy Walker.
Stoneybrook G. Cse.: Donald Dennis; Sue Bredice.
Suffield G. Shop: Russ Meredith; Jackie Critton.
Tallwood C.C.: Stan Domian; Nicole Damarjian.
Tamarack C.C.: Bob Foehl; Pat Schutzman.
The Hartford G.C.: Alan W. Moutran; Sharon Naftzger.
The Patterson C: William J. Bonney Jr.; Kathy Marcinowski.
The Stanwich C.: John Wars; Ann Kalis.
Timberlin G.C.: Dave Stilson; Cindy Facey.
Tournament Players C. of Conn.: Wayne Walker; Terry Lynn Walker.
Tumble Brook C.C.: Jon Zieky; Linda Weintraub.
Wampanoag C.C.: Paul Novak; Sheila Vergith.
Washington C.C.: Dewitt Miles III; Pat Fowler.
Wethersfield C.C.: Richard Breed; Connie Watson.
Whitney Farms C.: Joe Polizzano; Rose Mary Matson.
Woodbridge C.C.: Ron Voloshin.
Woodway C.C.: David Bruce; Sheila Madigan.

DELAWARE

Cavaliers C.C.: Joe Maxwell; Dottie Farmer.
Hercules C.C.: Darrell Clayton; Billie Mosher.
Maple Dale C.C.: Bob Hudson; Judy Bennett.
Rehoboth Beach C.C.: Herb Shupard; Judy Bennett.
Rock Manor G.C.: Tom Borsello; Jenny Hanawalt.
Seaford G. & C.C.: Steve Larick; Karen Jefferson.
Shawnee C.C.: Brett Warren; Carol Ann Medd.
Sussex Pines C.C.: Pete Townsend; Hazel Pusey.
The DuPont C.C.: James L. Hohman; Betty Baird.
Three Little Bakers G.C.: Mark James; Karen Gamm.

FLORIDA

Avila G. & C.C.: Kim Schwencke; Cornelia Corbett.
Bear's Paw C.C.: Tom Divine; Susan Bye.
Bent Pine G.C.: Ronald C. Kutschinski; Stella McClintock.
Bent Tree C.C.: David Britigan; Nita Redfield.
Bloomingdale Golfers C: Gary Sticki.
Bobby Jones G.C.: Jack Milliken; Leslie Wright.
Boca Del Mar C.C.: Art Unger; Ann McDonough.
Boca Greens: Ray Lebel; Shirl Silvers.
Boca Grove Plantation: Don Whelan; Mira Reynolds.
Boca Lago C.C.: Melvin London; Joan Sanger.
Boca Woods C.C.: Jim Levix; Jane Olivadoti.
Bonaventure C.C.: Gerard Legault; Marcia Heller.
Boynton Beach Municipal: Jack Feinstein; Shirley Kaplan.
Broken Woods C.C.: Charles Park; Betty Rodick.
Buckhorn Springs G. & C.C.: Miles McConnell; Carlene Carlin.
Card Sound G.C.: Fred Tod Jr.; Pat Stearns.
Cocoa Beach Municipal G.C.: Scott Wilson; Kathy Schapiro.
Countryside C.C.: Pat Kaylor; Betty Mooney.
Crystal Lake C.C.: Al Metzler.
Cypresswood G. & C.C.: Georgina Wells.
Deep Creek G.C.: Ralph Fierle; Boots Cheeseman.
Deer Creek G. & Tennis C.: George Bardes; Toni Peters.
Del-Aire G.C.: Bob Ornitz; Florence Kramer.
Delray Dunes G.C.: Joe Olivella Jr.; Arlene Wheat.
Diamond Hill G.C.: Ted Gupton; Beth Glenn.
Eagle Creek C.C.: Jack Munal; Lee Ann Vogel.
Eaglewood C.C.: Howard McKee; Rollande Belin.
Eglin G.C.: Bryce Sundstrom; Maria Brotherton.
Ft. Walton Beach Men's Golf Association: Virgil Elmore.
Fountains C.C.: Howard Aal, Ed Lang; Hilda Liepper.
Frenchmen's Creek G.C.: Leonard Napoli; Diane Cappella.
Granada G.C.: Gene Sullivan; Mary Woodhams.
Harbour Ridge C.C.: Richard Brenner; Claudia Salce.
Holiday Springs G.C.: Irv Gersh; Annette St. Pierre.
Hunter's Creek G. Cse.: Tom Gavan; Katie Sorrentino.
Imperialakes C.C.: Mike Schroeder; Sisi Hedges.
Indian Creek C.C.: Manny Chiuchiolo; Alice Below.
Indian Hills C.C.: Bob Bater; Shirley Meyer.
Isla Del Sol: Max Walton; Betty Lee Lowman.
JDM C.C.: Bill Erwin; Terry Simione.
Jonathan's Landing G.C.: Bob Hornung; Ruth Pifer.
Kingsway C.C.: Clifford L. Ulrick; Marsha Moore.
Lacita G. & C.C.: Chris Maika, Jone Marcum.
Lehigh C.C.: Bill Spiccia; Ester Jennings.
Mariner Sands C.C.: Joe Konkus; Ann Walsh.
Mayacoo Lakes C.C.: Ron Sellers; Francine Wallisch.
Mission Valley C.C.: Charlie Johnson; Dottie Kuhlman.
Mount Dora G. Association: Mike Cobb; Beverly Bell.
Northdale G.C.: Chris Murman; Yvonne Kelly.
Oakland Hills C.C.: Gene Parvin; Carol Bubon.
Ocean Palm G.C.: Charlie Hawkins.

CLUB CHAMPIONS: Colorado-Florida

CLUB CHAMPIONS

Okeechobee: Matthew Koff; Charlene Svos.
Overoaks C.C.: Scott Stewart: Susie Reis.
Palatka G.C.: Walter Messer; Louise Hecht.
Palma Ceia G. & C.C.: Doug La Crosse; Ann Long.
Palm Beach Polo & C.C.: David Breen; Ginny Orthwein.
Pasadena Yacht & C.C.: Duke Clarke; Cathy Sykes.
Pelican C.C.: Dennis Monahan; Mary Clinton.
Pembroke Lakes: Tony Tarinelli; Shirley Needell.
Pensacola C.C.: Bill Woodbury; Mary Barrow.
Piper's Landing C.C.: John McKey; Peg Nikoden.
Port Charlotte G.C.: Harold Kindel; Mickey Dumas.
Quail Ridge C.C.: John Owens; Joan Dreyspool.
Riomar C.C.: Ralph King; Nancy Burnam.
River Greens G. Cse.: Wally Noll; Doris Yanai.
River Wilderness Yacht & C.C.: Jim Shondel; Alice Davis.
Riveria C.C.: Darrell Bryant; Joan Malone.
Rocky Bayou C.C.: John Sims; Jean Suchan.
Rolling Hills G. & C.C.: Jim Tylk; Goody Manzone.
Royal Palm C.C. of Naples: Larry Gatti; Dot Hedden.
Royal Palm Yacht & C.C.: John Penniman; Margaret Mowers.
St. Augustine Shores C.C.: Lou Snedigar; Grace Weitz.
St. Joseph's Bay C.C.: Kirk Parker; Margaret Shealy.
Sam Snead Exec. G. Cse.: Allene Regar.
Selva Marina C.C.: Nicky Martin; Evelyn Braid.
Seven Springs C.C.: Bert Crockford; Cam Miller.
Silver Lake C.C.: Jim Keedy; Doris Bleakley.
Six Lakes C.C.: Wes Allen; Catherine Riebling.
Spessard Holland G. Cse.: Scott A. Spicer; Marie Sisolak.
Sun City Center—Cypress Greens: Bill Stroh; Harriet Serger.
Sun City Center—Kings Point: Bob Henry; Harriet Serger.
Sun City Center—North, South: Jim Crampsey; Helen Fleishman.
Suntree C.C.: Glenn Kerres; Exie Ochier.
Tanglewood G. & C.C.: Billy Suggs; Dawn Tolbert.
The C.C. of Naples: Ralph Stayer; Madeline English.
The Meadows C.C.: Bob Redden; Sharon Buchanan.
The Moorings C.: Jack Sherry; Corky Dewitt.
The Plantation G. & C.C.: Scott Ittersagen; Pat Zahand.
Tournament Players C.: Mike Bodney.
TPC at Prestancia: Jerry Lewis; Fran James.
TPC Eagle Trace: N. Spike Smith; Margaret Cassidy.
Wedgewood C.C.: Keity Wightman; Jen DeReus.
Winter Park C.C.: Betty Gallagher.
Woodlands C.C.: Sidney Pachter; Linda Felshman.
Yacht & C.C.: Jim Frauenhoff; Jonnie Millas.
Zellwood Station: Ernie Yehling; Maxine Hickman.

GEORGIA

Arrowhead C.C.: Wes Garrison.
Athens C.C.: Jason Brown; Dody Jackson.
Big Sandy G.C.: Gary Steele; Dee Steele.
Brickyard Plantation G.C.: Larry Everett; Debra Clark.
California C.C.: Ken Conant; Jane Booth.
Callier Springs C.C.: Pres Mann; Rhoda Newman.
Canongate-on-Lanier: Greg Gravitt; Sybil Johnson.
Canterbury G.C.: Chris Hall; Robin Ihnot.
Canton G.C.: Ron Braddock; Jan Ling.

Capital City C.: Tom Kirtland; Barbara Murphey.
Chattahoochee G.C.: Doug Haynes; Terry Maginnis.
Cherokee Town & C.C.: Asa Candler III; Betty Geoghegan.
Circlestone C.C.: Jim Whidden.
Cumberland Creek C.C.: Charlie Adams: Deborah Mackey.
Dodge County G.C.: Mark Ethridge; Carolyn Mullis.
Druid Hills G.C.: Ben Raney; Millie Taylor.
Dunwoody C.C.: David Gallagher; Joann Noel.
East Lake C.C.: Brent Saylor; Brenda Willoughby.
Follow Me G. Cse.: Robert L. Coons Jr.; Sequel Wood.
Forest Heights C.C.: J.E. Rowe; Diane Rowe.
Green Island C.C.: Bud Dudley; Helen J. Olnick.
Hartwell G.C.: Tommy Brown; Nell Harbin.
Innsbruck G.C. of Helen: Greg Ash; Betsy Wilkins.
Kraftsmen's C.: John Honley.
Magnolia C.C.: Ray Roberts.
Marietta C.C.: Gordon Harrison; Harriet Kneen.
Monroe G. & C.C.: George Lazenby; Mae Grubbs.
Mystery Valley G.C.: John Bodin; Sally Starnes.
Nob North G. Cse.: John Johnson.
Peachtree G.C.: Danny Yates.
Pinetree C.C.: Leigh Mackay; Vickie Mackay.
Rivermont G. & C.C.: Chris Cupit; Belinda Marsh.
Riverside G. & C.C.: Lowery Woodell; Nina Woodell-Hawkins.
Springbrook C.C.: Rob McKelvey; Fran Waits.
The Standard C.: Tony Center; Christine Abrams.
Town Creek C.C.: Tim Wynne; Mary Hoy.
West Lake C.C.: Nick Evans Jr.; Nell Patterson.
West Pines G.C.: Kirk Beilke; Joyce Sullivan.
Willow Springs C.C.: Tom White; Judy Bardis.

HAWAII

Honolulu Int. C.C.: Kenneth Iboshi.
Mid-Pacific C.C.: John B. King; Carol Commeford.
Olomana G. Links: Philimena Haile.
USASCH G. Association: Steven Redlin; Debra Joyce.

IDAHO

American Falls G.C.: Tony Holden; Sandra Barnard.
Aspen Acres G.C.: Warren Hunt; Emma Atchley.
Big Wood G. Cse.: Carl Mullins; Jolene Northcott.
Broadmore C.C.: Bill Thompson; Louise Gingrich.
Bryden Canyon G.C.: Randy Korsch; Pat Foster.
Burley G.C.: Glenn Blakely; Sergene Sorenson.
Canyon Springs G.C.: Perry Hanchey; Bernice Howa.
Crane Creek C.C.: Conrad Stephens; Bev Mullins.
Grangeville G.C.: Walt Luman; Bev McDonald.
Hillcrest C.C.: Steve Beebe; Lita Nicks.
Idaho Falls C.C.: Rollie Leeper; Linda Martin.
Jefferson Hills G.C.: Ryan Jensen; Vicky Sauer.
Jerome C.C.: Tim Peterson; Sharon Peterson.
Lewiston C.C.: Mike Blankenship; Kate Cannon.
Pinecrest Municipal G. Cse.: Kent Romrell; Sharon Miller.
Plantation G.C.: Wally Lowe; Barbara Chandler.
Preston G. & C.C.: LaMont Doney; Arlene Porter.
Riverside G. Cse.: Bobby Howell; Patty Friedel.
Stoneridge G. Cse.: Charles Cantrell; Corna Ounicek.
Targhee Village G.C.: James Dettloff.
Twin Falls Municipal: Doyle Dugger; Virginia Undhjem.

CLUB CHAMPIONS

ILLINOIS
Arrowhead G.C.: Mark Post.
Aurora C.C.: Steve Riva, Annice Neally.
Barrington Hills C.C.: Scott Stahr; Sally Douglas.
Beverly C.C.: Rick Ten-Broeck; Ellen Champange.
Biltmore C.C.: Jerry Maatman Jr.; Diane Logan.
Briarwood C.C.: Harlan Chemers; Susan Mandel.
Bryn Mawr C.C.: Norm Libman; Beverly Cohen.
Buffalo Grove G.C.: Robert Trzupek; Carol Boylan.
Butler National G.C.: David Lind.
Calumet C.C.: Don Martin; Dee Penna.
Cary C.C.: Cliff Garcia; Cheryl Grelle.
Chapel Hill G. Cse.: Bill Fuiava; May Fuiava.
Chicago G.C.: William F. Shean, Jr.; Cynthia Carlen.
Chicago Park District: Roland Feti.
Cog Hill C.C.: E. Lockenvitz; M. Platte.
C.C. of Peoria: John Simpson; Bev Henderson.
Crab Orchard G.C.: Leroy Newton; Sarah Haas.
Cress Creek C.C.: Brad Springer; Joan Johnson.
Crestwicke C.C.: John Patton; Joey Lang.
Central Lake C.C.: Harry Reynolds; Karen Franz.
Crystal Woods G.C.: Bob Carroll; Pat Philpot.
Danville Elks C.C.: Mike Small; Phyliss Voss.
Deerpath G.C.: John Capozzi; Sue Johnson.
Dixon C.C.: Walt Clevenger; Carla Hill.
Edgewood C.C.: Ed Detweiler; Barb Bowen.
Edgewood Valley C.C.: Gerald Warner; Peg Butendorf.
Effingham C.C.: Mike Beck; Darlene Pillers.
Evanston G.C.: Tim Collins; Pat Koch.
Exmoor C.C.: Tom Austin; Marlene Miller.
Fairfield C.C.: Steve Dawkins; Lisa Meritt.
Forest Hills C.C.: Howard Weyburg; Joanie Hopp.
Fort Sheridan C.C.: Don Patchell; Judy Bloom.
Glencoe G.C.: Phil Jaffe.
Green Hills C.C.: Bob Graham; Yvonne Cross.
Harrison Park G.C.: Paul Dalbey; Faye Paxton.
Hillcrest G. Center: Don Manier.
Hilldale C.C.: Craig Hirsch; Jan Carino.
Hinsdale G.C.: Chip Travis; May Haarlow.
Hubbard Trail C.C.: Tom Hufford; Barb Rethelford.
Idlewild C.C.: Louis Wise; Maryann Nussbaum.
Illini C.C.: Bill Marriott; Barb Turnbull.
Indian Creek C.C.: Ron Dohman; Patty Duffy.
Jacksonville C.C.: Tom Gee; Lynn Cox.
Kankakee C.C.: Jim Kresh; Barbara Edwards.
Kemper Lakes G.C.: Tom McEnerny.
Kishwaukee C.C.: Drew Labarbera.
La Grange C.C.: Gil Stenholm; Jill Christiansen.
Lake Barrington Shores G.C.: Kenneth Katz; Eve Blake.
Lake Bluff G.C.: Vince Militante; Mary Jane Pope.
Lake Bracken C.C.: Jeff Chivell; Tede Verner.
Lake Shore C.C.: Martin Salzman; Mim Wien.
Lawrence Co. C.C.: Greg Dycus.
Lincolnshire Fields C.C.: Clayton Snyder; Doris Higgins.
Lockport G. & Recreation C.: Doug McCallum; Jeanette Bjorkman.
Macomb C.C.: John Owens; Phoebe Colliflower.
Mattoon G. & C.C.: Richard Merry; Marilyn Hoots.
Mauh-Nah-Tee-See C.C.: Gary Wright; Kay Rossmiller.
McHenry C.C.: Ed Buss; Carol Cooney.
Medinah C.C.: Anthony Petronis; Mary Ellen Martin.
Mid Iron C.: Jim Kennedy; Dana McNulty.
Midlothian C.C.: Dave Rundle; Elsie Ganzer.
Mission Hills C.C.: Tom Levinstein; Arlene Schroeder.
Morrison C.C.: Tim Slavin; Jan Snyder.
Mt. Hawley C.C.: Al Low; Linda Rennick.
Mt. Prospect G.C.: Gary March; Jean Rezny.
Naperville C.C.: Richard Keeler; Dorothy Jackson.
NAS Glenview G.C.: Tom Berger; Jan Ill.
Northmoor C.C.: David Marx Jr.; Jan Ratliff.
Oak Park C.C.: Andrew Gabelman; Ardith Wilkens.
Oakville C.C.: Mike Kendall; Bryclynn Hartman.
Oakwood C.C.: Chuck Fiser; Michelle Bailey.
Old Elm C.: James L. Garard Jr.
Oregon G.C.: Bob Johnson; Barb Hendee.
Ouilmette G.C.: John Nixon; Fran Veris.
Park Ridge C.C.: John Larson; Marge Rolston.
Pasfield G.C.: Hazel Heaton.
Pekin C.C.: Tim Saurs; Norma Saurs.
Perry County C.C.: Dave Sims; Virginia Beggs.
Pinecrest C.C.: Dick Schmidt; Cindy Kahl.
Pinnacle C.C.: Mark Walker; Sandy Cady.
Poplar Creek C.C.: Tom Hever; Ann Day.
Pottawatomie G. Cse.: Jon Walker; Lorrie Koppein.
Prestwick C.C.: Charles Tweed; Joyce Scaccianoce.
Quail Creek C.C.: Greg White; Betty Cunningham.
Quail Meadows C.C.: Brian Stemas; Theresa Birge.
Ridge C.C.: John Manning; Tess Smith.
Ridgemoor C.C.: Bob Goodman; Marie Grimelli.
River Forest G.C.: Bill Cameron; Joan Higgins.
Riverside G.C.: Dominick Teodori; Barbara Kubik.
Rockford C.C.: Richard Bachrodt; Nancy Switzer.
Rock River C.C.: Bill Simester; Marian Dennis.
Ruth Lake C.C.: Ed Westerdahl Jr.; Jackie Jones.
St. Andrews G.C.: Howard Swan.
St. Charles C.C.: Tony Garnero; Mary Jane Johnson.
St. Elmo G.C.: Tom Mills; Marilee Funneman.
Sandy Hollow G.C.: Kenneth Wahler; Carol Loucks.
Shady Lawn: Joe Gasik; Kathy Newman.
Shambolee C.C.: Roy Baker; LeAnn Connors.
Shawnee Hills C.C.: Bobby Parelonis; Linda Absher.
Shoreacres C.: Warren Rothwell; Nancy Victor.
Short Hills C.C.: David Holmes; Patti Lee.
Skokie C.C.: Robert Bruce; Marge Dollard.
South Shore G.C.: Randy Crews; Connie Marvel.
Springbrook G. Cse.: Terry Flynn; Lana Herbert.
Spring Creek G. Cse.: Jack Pyszka; Theresa Blanco.
Spring Lake C.C.: John Ernst; Karen Kiefer.
Sunset Ridge C.C.: Robert G. Walker Jr.; Dianne Weller.
Taylorville C.C.: David Ryan; Norma Bota.
The Links: Rick Smith; Sally Moss.
Tuckaway G.C.: Bill Zientara.
Turnberry C.C.: Michael Miller; Sue McDonald.
Twin Orchard C.C.: Steve Mora; Peggy Jacobs.
Urbana G. & C.C.: Steve Shanks; Betsy Kimpel.
Valley-Lo C.C.: Carl Schmitt; Dottie Sauer.
Vermilion Hills C.C.: Gary Steffen; Betty Pintar.
Village Greens of Woodbridge: James R. Nelson; Marge Dobro.
Village Links G.C.: Bob Card; Mook Sorensen.
Wee-Ma-Tuk C.C.: Del Kirk; Pat Johnson.
White Pines G. Cse.: Victor Tyson.
Woodstock C.C.: Jerry Lannoye; Mary Bishop.
Yorktown G.C.: Keith Gregory; Marty Brown.

CLUB CHAMPIONS

INDIANA
Arlington Park: Larry Snell; Cathy Seidel.
Augusta Hills G.C.: Greg McNeal.
Bent Oak G. Community: Alex Sharp; Mary Wilhelm.
Benton County C.C.: Ron Goetz; Jan Conner.
Big Pine G. Cse.: Elvin Weltzin; Fran Taylor.
Broadmoor C.C.: Jeff Madtson; Dale Friedlander.
Brockway G.C.: Tim Smart.
Cedar Creek G.C.: Fred Meeks; Kathy Sell.
Clearcrest C.C.: Alan Per; Edna Droste.
C. of Prestwick: Bruce McDonald; Dotti Blackwell.
Colonial Oaks G.C.: Craig Titus; Joyce Meyers.
Crestview G. Cse.: Mike Cravens; Melinda Sheffield.
Curtis Creek C.C.: Robert Messman; Karen Donnelly.
Dearborn C.C.: Ed James; Amanda James.
Delaware C.C.: Dick Falls; Kim Jones.
Elks Blue River C.C.: John R. Alexander; Carol Ware.
Elks C.C. (Richmond): Randy Bryant; June Bartlemay.
Elks C.C. (Seymour): Bob Krietenstein; Tracey Senn.
Etna Acres G.C.: Barry Christen, Ann Crawford.
Forest Hills C.C.: Scott Porter, Vicky Snyder.
Forest Park G. Cse.: Richard Dofka; Cynthia Sawyer.
Forest Park: Bobby Treash, Virginia Ireland.
Fort Harrison Elks C.C.: Tom Jones; Loretta Staats.
Ft. Wayne C.C.: Terry Kitch; Jennifer Guyer.
Ft. Wayne Elks C.C.: Sam Till Jr.; Pat Amstutz.
Fountain Head G. Cse.: Dave Combs; Alice Martin.
Friendswood G. Cse.: Paul England.
Greenhurst C.C.: Duane Tuttle; Betty Laurie.
Hamilton G. Cse.: Tony Hill; Bert Elpers.
Harbour Tree G. C.: Dave Witt; Margot Check.
Hart G.C.: Mark Resler; Debbie Minter.
Hickory Hills G.C.: Bob Klueh; Naomi Gambrel.
Hidden Valley G.C.: Dave Meiering; Marcia Lane.
Highland G. & C.C.: Dan Conner; Vicki Shelton.
Highland Lake G.C.: Darrell Perry; Betty Coleman.
Hillcrest C.C.: Jack Ebbeler Jr.; Marcia Gradison.
Hillcrest G. & C.C.: Dean E. Bidwell; Lynn Hirt.
Indian Hills G. Cse.: Jack Hensler; Joanne Baker.
Jeffersonville Elks C.C.: Tim Vissing; Rose Bowling.
Knollwood C.C.: John Hadley; Sid Kus.
Kokomo C.C.: Jerry Jackson; Kathy Klein.
Lafayette C.C.: T. Scott Peters, Nick Deets; Lisa Smith.
Lagrange C.C.: Patrick Conley; Julia Troyer.
Lakeside G.C.: John Knight.
Lakes of the Four Seasons: Bob Iorio; Flo Hughson.
Liberty C.C.: Skip Runnels; Betty Coleman.
Madison C.C.: Larry Calvin; Mary Lou Dunbar.
Maumee Valley G.C.: Tom Clark.
McMillen Park G.C.: Joel Piekarski.
Meridian Hills C.C.: Bill David; Polly Nicely.
Meshingomesia C.C.: Bill Lester; Phylis Stone.
Michigan City G.C.: Robert Peters Jr.; Sandy Wachowski.
Mill Creek G. Cse.: Tom Miller.
Mohawk Hills G.C.: Greg Farris; Annette Mayhen.
Morris Park C.C.: Bob Whitmer; Jan Starr.
Muncie Elks C.C.: Mike Mercer; Gloria Saunders.
Orchard Ridge C.C.: Gus Franklin; Mtzi Toepher.
Pebble Brook: Joe McDonald.
Pine Valley C.C.: Jay Frye; Julie Shumaker.
Phil Harris G.C.: Tom Jones; Karen Collisson.
Pleasant Run G.C.: Gerry Baril; Jean Ahrendts.
Plymouth C.C.: Mark Harmon; Sue Payne.
Pond-A-River G.C.: Kelly Mehart; Vi Yoder.
Quail Ridge G. & Tennis C.: William Day; Janet Black.
Rolling Hills C.C.: Scott Tillman; Janell Parnell.
Rozella Ford G.C.: Tom Heller; Valeria Gordon.
Sprig-O-Mint G.C.: Frank Anglin; Vicki Neher.
Stayton Meadows: Alan Dorch.
Sullivan Elks C.C.: David Andre; Patsy Wells.
The Hoosier Links: Steve Land; Phyllis Ramsey.
Tippecanoe C.C.: Joe Milligan; Elnora McDonald.
Tippecanoe Lake C.C.: Jeff Abrams; Kay Stine.
Ulen C.C.: Brad Mays; Joan Holowach.
Walnut Grove G.C.: Gordon Rees; Irma Arens.
Washington C.C.: Randy Stoll; Jan Smith.
Westwood G. Cse.: Buddy Pirtle; Judy Voyles.
Wooded View G.C.: Nick Barth; Delcie Weilage.
Woodland C.C.: Bob Loefgren; Diane Horsfield.
Woodmar C.C.: Dave Vlasic; Jan Reginer.
Woodstock C.: Russell Fortune III; Patti Wyckoff.
Yooche C.C.: Gerry Nagdeman; Nora Koedyker.

IOWA
Algona C.C.: Greg Winkel; Mary C. Smith.
All Vets G.C.: John DeVault; Jeanne Hugh.
Ankeny G. & C.C.: Mark Alexander; Penni Peters.
Aplington Recreational Complex: Kevin Schipper; Edie Cuvelier.
Boone G. & C.C.: Jim Currell; Jane Hanel.
Burlington G.C.: Mike Thompson; Anita Harsch.
Carroll C.C.: Larry Clark; Sharon Johnson.
Clinton C.C.: Steve Vorheis; Marce Iversen.
Countryside G. Cse.: Harold Craig; Cindy Mathiason.
Cresco C.C.: Dave Turvold; Dot Preston.
Crow Valley G.C.: Jeff Seitz; Mary Pohlmann.
Davenport C.C.: Jeff Parker; Sarah Britt.
Des Moines G. & C.C.: Jody Galloway; Pat McGuiness.
Dubuque G. & C.C.: Walt Hodge Jr.; Beth Marting.
Dysart Recreation, Inc.: Gary Hubler; Joyce Lorenzen.
Echo Valley C.C.: John Martin; Chris Cervetti Kiel.
Edmundson G. Cse.: Jerry Smith; Kathy Fortune.
Elks C.C.: Mike Gatens; Barb Jones.
Elmwood C.C.: Tony Giannetto; Jean Brennecke.
Emerald Hills G.C.: Tom Riley; Gale Van Der Sloot.
Fort Madison C.C.: Richard Fehseke III; Neva Briggs.
Greene County G. & C.C.: Bret Madson; Betty Lind.
Gruis Recreation Area: Marv Austin; Dawn Harrington.
Highland Park C.C.: Tony Bailey; Cindy Vanheel.
Hillcrest C.C.: Dean Frerichs; Bonnie Holmgaard.
Holstein Town & Country Golf: Bill Ericksen Jr.; Jane Else.
Hyperion Field C.: Jim Mitchell; Linda Moon.
Indian Creek C.C. (Marion): Mike McDonald; Renee Siders.
Indian Creek C.C. (Nevada): Mike Purcell; Pat Hopson.
Lakeshore C.C.: Bret Taylor; Kay Offerdahl.
Oakland C.C.: Joseph Finnegan; Robin Lockwood.
Quail Creek G.: Randy Clemens.
River Bend G. Cse.: Arlen Oakland; Erma Schaeffer.
Silvercrest G. & C.C.: Regi Tysland; Karla Soland.
Spencer G. & C.C.: Dick Vetter.
Sunnyside C.C.: Mark Weidner; Patti Sulentic.
Thunder Hills C.C.: Mike Felderman; Ann Vandermillen.

CLUB CHAMPIONS

Timberline G.C.: Mark Feltes; Jan McClean.
Urbandale G. & C.C.: Peter Dorn; Jane Carberry.
Woodlyn Hills G. Cse.: Irv Schnell.

KANSAS

Albilene C.C.: Dennis Biggs; Cathy Strowig.
Arrowhead Hills G.C.: Gary Beyer; Ann Piteo.
Brookridge C.C.: Larry Mueller; Kim Erickson.
Caney G.C.: Thad Hardin; Shelly Haughn.
Clay Center C.C.: Larry W. Wallace; Margaret Hammel.
Dubs Dread: Eric Lashbrook.
Echo Hill G.C.: Don Van Patten; Carolyn McGinn.
Forbes G. Cse.: Harry Reece; Donna Zerger.
Grove Park G.C.: Bob Robins; Paula Hamm.
Katy Parsons G.C.: David Smith; Jerrie Thrasher.
Lake Quivira: Charlie Viscek; Levon Devers.
Lawrence C.C.: Larry Maiorano; Betty George.
Lindsborg G.C.: Derek Hart.
Manhattan C.C.: John Hensley; Mickey Murray.
Milburn G. & C.C.: Doug Anderson; Vicki Smith.
Newton C.C.: Les Monroe; Sue Yarbrough.
Overland Park G.C.: Mark Addington; Sue Smith.
Prairie Dunes C.C.: Leonard Lebien; Linda Rayl.
Rolling Hills C.C.: Carlton Dienstbach; Marilyn Linn.
Scott City C.C.: Tom Perkins; Barbara Dickhut.
Shawnee C.C.: Jim Yadon; Ruth Howard.
Smoky Hill C.C.: Mike Dewerff; Debbie Guffey.
Somerset G. & C.C.: Lee Ramirez; Sandy Shofner.
Sunflower Hills G.C.: Jack Laurie.
Tallgrass C.: John Hansen; Debbie Walker.
Wamego C.C.: Brian Lange.
Wellington G. Cse.: Dan Moore.
Winfield C.C.: Bill Stephens; Virginia Jarvis.
Wolf Creek G.C.: Marty Sallaz.

KENTUCKY

A.J. Jolly G. Cse.: Bob Gray; Marg Klein.
Arlington: Selby Wiggins; Sandy Martin.
Audubon C.C.: Steve Stallings; Martha Fuchs.
Barren River State Park: Wesley Taylor; Valerie Stokes.
Bellefonte C.C.: Larry Fields; Carolyn Mullins.
Bobby Nichols G. Cse.: Joe Ray.
Bob O'Link: Steve Halvachs; Laurie Goodlett.
Boone County G.C.: Richard Poore.
Cherokee G. Cse.: Ron Acree; Sue Epperson.
Devou Fields G.C.: Kerry Chapman; Dixie McClurg.
Dix River C.C.: Chris Caldwell; Debbie Craddock.
Ft. Mitchell C.C.: Ken Kinman; Margaret Wilkerson.
Harmony Landing C.C.: Charlie Triplett; Louise Wilson.
Henderson C.C.: Brad Boyd; Patty Reed.
Hurstbourne C.C.: Joseph E. Lenahan; Flo Baldridge.
Juniper Hills G. Cse.: Carmello Benassi, Jr.; Pam Dickerson.
Lakeside G. Cse.: Bob Fannin Jr.; Dee Dee Hays.
Lakewood G. Cse.: John C. Phelps; Sally Garland.
Lexington C.C.: Jeff Quammen; Gail McIntosh.
Long Run G. Cse.: Lisa Loran.
Madisonville C.C.: Mike Thomas; Charla Evans.
Marion C.C.: Joe McDaniel; Angie Walker.
Owensboro C.C.: Corky Norcia; Sara Van Slyke.
Owl Creek C.C.: Kip Pritchett; Lavinia Zimmermann.

Paintsville C.C.: Mike Trimble; Janie Lemaster.
Paul R. Walker G. Cse.: David McHaney; Judy Perry.
Pendleton C.C.: David Mains; Lisa Houchen.
Spring Lake C.C.: Bill Bush; Jackie Hacker.
Seneca G. Cse.: Jay Spiller; Linda Gower.
Shelbyville C.C.: Doug Logan.
South Park C.C.: Ron Ubelhart; Nancy Aldridge.
Stearns G.C.: Jim Burgess Jr.; Serita Duncan.
Stoner Creek C.C.: Johnny Duvall; Betty Willmott.
Summit Hills C.C.: Steve Flesch; Valerie Dorning.
Winchester C.C.: Bob McCann; Mary Jane Warner.
World of Sports: Teddy Travis; Ann Green.

LOUISIANA

Acadian Hills C.C.: Wayne Patin; Kim Barbato.
Bayou Bend C.C.: Todd Perry; Sis Armentor.
Bayou de Siard C.C.: Van Lee Jr.; Debbie Rivers.
Beau Chene G. & Racquet C.: R.B. Calhoun, Tom Danos; Margaret Williams.
Briarwood C.C.: Harold Leone; Dianne Denis.
Chateau G. & C.C.: Chuck Hinig; Kathy Crouch.
Colonial G. & C.C.: Steve Valasek; Julie Carnahan.
Covington C.C.: Amos Cowart.
Eastwood Fairways: Tim Hollis; Wes Cragin.
Jennings G. & C.C.: Hugh Scarborough; Faye Spell.
Lakewood C.C.: Tom Wertz; Helen Moore.
Oakbourne C.C.: Ronnie Landry; Cindy Kirlin.
Panola Woods C.C.: Bill McMahon; Jane Huff.
Tchefuncta C.C.: Billy Walker; Carol Jahncke.
The C.C. of Louisiana: Lindsey Spiller.
Timberlane C.C.: Ed Malone; Rella Aldrich.
Willowdale C.C.: Dwayne Lorio; Amy Swint.

MAINE

Apple Valley G. Cse.: Scott Caron; Phyllis Greim.
Brunswick G.C.: Jack Harkins; Marilyn Blackburn.
Causeway C.: John E. Royal.
Cliff C.C.: Mark Elkhorn; Midge Danaher.
Dutch Elm G.C.: Guy Gagnon; Bernice Vadnais.
Goose River G. Cse.: John Gray.
Gorham C.C.: David Goyet; Robin Palmer.
Kebo Valley G.C.: John Royal; Anne Benson.
Old Orchard Beach C.C.: George Hogan Jr.
Lakeview G. Cse.: Phyllis Bradeen.
Meadowhill Athletic C.: Norm Bachelder; Beverly Davis.
Norway C.C.: Ed Butters; Jeanette Fournier.
Paris Hill C.C.: Dan Ladd; Cathy McDonald.
Penobscot Valley C.C.: Bob Girvan.
Pine Lake C.C.: Brad Hinkson; Betty Brafford.
Purpoodock C.: Ron Brown Jr.; Shirley Higby.
Rockland C.C.: Emery Howard Jr.; Madoline Fogarty.
St. Croix C.C.: Eric Haley; Madeline Campbell.
Waterville C.C.: Danny Proulx; Betty Rodriguez.
Wawenock C.C.: Forrest Hunt; Diana Sommers.
Webhannet G. C.: Gale Jameyson; Linda Stone.
Western View G.C.: Robert Stewart; Beverly Eaton.
Willowdale G.C.: Steve Bonney; Priscilla Sanborn.
York G. & Tennis C.: Thomas Bazydlo; Midge Danaher.

CLUB CHAMPIONS

MARYLAND

Bay Hills G.C.: Greg Picard; Essie McLane.
Beaver Creek C.C.: Greg Henry; Helen Cossard.
Bethesda C.C.: Jim Estes; Laura Miller.
Bonnie View C.C.: David Kaplan; Joanne Rinder.
Bowie G. & C.C.: Dirk Schulze; Carolyn Hudson.
Caroline C.C.: Phil Yost, Pete Townsend; Daisy Haglund.
Chantilly Manor C.C.: David Smith; Pat Kilby.
Chartwell C.C.: Art Smith; Carole Ratcliffe.
Chester River: David Landskroener; Magee Slader.
Chevy Chase C.: Bruce D. Bogart; Mary Bowman.
Columbia C.C.: Marty West III; Paula Brenneman.
Crofton C.C.: Buddy Peoples; Marty King.
Cumberland C.C.: George Young; Lucy Wyckoff.
Elkridge C.: John Cullen; Sally Ratcliffe.
Elks G.C.: David Startzel; Pat Bolte.
Enterprise G. Cse.: Hugh B. Robey.
Green Hill Yacht & C.C.: Lee Granger; Pat Hendrickson.
Heritage Harbour G.C.: Bill Davies; Connie Davies.
Hillandale C.C.: Frank Bart; Marie Hess.
Indian Spring C.C.: Masanori Suzuki; Bess Pearlman.
Kenwood G. & C.C.: Dick Schmidt; Lois Finley.
Laytonsville G.C.: James Warring Jr.; Mary Penrose.
Manor C.C.: Mike Ball; Pat Tyrrell.
Montgomery C.C.: Greg Thomson; Chris Tarasuk.
Norbeck C.C.: Chuck Freedman Jr.; Lillian Jew.
Patuxent Greens C.C.: Ed Brown; Bonnie Benedict.
Piney Branch G. & C.C.: Carol Gailey; Connie Henderson.
Poolesville G.C.: Dan Radice.
Rocky Point G. Cse.: Tom Seibel.
Rolling Road G.C.: Kevin Allis; Kanya Chintrisna.
Sparrows Point C.C.: Jim Pelisek, Tom Giampaolo; Cindy Peterka.
Suburban C.: Scott Pugatch; Joanne Smith.
Turf Valley C.C.: Bob Gillham; Joan Lins.
Wakefield Valley G.C.: Todd Eckenrade.

MASSACHUSETTS

Aburn G.C.: Paul Anger; Jane Vokes.
Amesbury G. & C.C.: Peter Fournier.
Amherst G.C.: Jay Morgan; Susan Howard.
Andover C.C.: Greg Gurry; Dot Cooper.
Bass River G.C.: Dave Attridge; Barbara Mayo.
Bass Rocks G.C.: Jeff Davis; Norma Tarr.
Bedford C.C.: Mark Lalonde; Pat Nargizian.
Belmont C.C.: Milton Yanofsky; Alberta Endlar.
Berkshire Hills C.C.: Dave Dansereau; Kelly Baumert.
Brook Meadow C.C.: Bill Shamon.
Cherry Hill G.Cse.: Russell Carew; Carrie Pratt.
Cohasset C.C.: Ken Corcoran; Nancy Black.
Concord C.C.: John Tew; Sally Fish.
C.C. of Greenfield: Jack Varner; Gail Ducharme.
C.C. of Pittsfield: Gary Scarafoni; Sue Knight.
C.C. of Wilbraham: David Luczek; Bonnie Watts.
Cranberry Valley G.C.: Tony Dagostino; Florence Willman.
Cranwell G. Cse.: David Hathaway; Nan Vanalstyne.
Crestview C.C.: John Isenburg; Ellen Shapiro.
Crumpin-Fox C.: Barry Simpter; Karen French.
Dedham C. & Polo C.: Dustin M. Burke; Betsy Perrott.
Demoulas G.C.: J. Meoff; Irma Sullivan.
Dunroamin C.C.: Larry M. Allard; Patricia A. Staiti.
Eastward Ho C.C.: Paul Mitteffernan; Robyn St. Clair.
Edgartown G.C.: Jack Mettler; Elizabeth Bowring.
Elmcrest C.C.: Bill Hoey; Mary Ann Livi.
Essex C.C.: David Wheeler; Regina Steinhardt.
Fall River C.C.: Daniel J. Salmon III; Helen Mullen.
Falmouth C.C.: Bill Davis.
George Wright G.C.: Larry Kelley Jr.; Mary McCarthy.
Green Harbor G.C.: Erik Nelson; Claire Perkins.
Hatherly C.C.: Gerry Chisholm; Laura Jean Yurkstas.
Hawthorne C.C.: Doug Turner.
Highland C.C.: Jack Head; Dee Parrillo.
Hillview C.C.: Tom O'Brien; Evelyn Cusato.
Hopedale C.C.: Tom Liberatore.
Hyannis Port C.: Greg Harden; Anne Pugh.
Kernwood G.C.: Peter Oppenheim; Jane Krasker.
Lexington G.C.: Dave Savage; Donna Brown.
Little Harbor C.C.: Bill Bunstein; Connie Dickson.
Marlborough C.C.: Frank Vana Jr.; Richard DeRuvo.
Marshfield C.C.: Dick Dahlquist; Penny Locke.
Mayward C.C.: Jack Richardson; Janet Brown.
Meadow Brook G.C.: Mark Delaney; Bernice Keane.
Middleton G. Cse.: Wayne Guyer; Nancy A. Nyman.
Milton Hoosic C.: Brain Callery; Suzanne Powell.
Monoosnock C.C.: James Gulliver; Grace Lonzo.
Myopia Hunt C.: James H. Wykoff; Emily Moody.
Norfolk G.C.: K. Paul Seddon; Cecile Fiola.
Northampton C.C.: Robert Dubiel; Susan McClellan.
Northfield G.C.: Ron Hebert.
Oak Ridge G.C.: Michael Oleksak; Susan A. Nilsen.
Ould Newbury G.C.: Jim Trainor; Roberta Trussell.
Pakachoag G.C.: Mike Harney.
Petersham C.C.: Glenn Hause; Kay Newcomb.
Pinecrest C.C.: Jon Fasick.
Pleasant Valley C.C.: William Cosgrove Jr.; Jessie Henderson.
Ponkapoag G. Cse.: Patrick Capello; Nancy Carlton.
Pontoosag Lake C.C.: Joseph Kellar; Beverly Lewis.
Saddle Hill C.C.: Bill Chisholm; Terry Harney.
Salem C.C.: John Gargalianos; Linda Camuso.
Spankaty Head G.C.: Ed Almeida; Donna Beasley.
Shaker Farms C.C.: Peter Jonaitis; Sheila Frisbie.
Springfield C.C.: John Ciborowski; Andrea Russo.
Springfield G.C.: Peter Hedstrom: Shelly Frantz.
Spring Valley C.C.: Larry Dress; Marlene Sherman.
Strawberry Valley: Richard Ahern Jr.; Ann Resendes.
Suspiro C.C.: Donald Wilson Jr.; Barbara Mathias.
Taconic G.C.: Jeff Polucci; Sara Clark.
Tedesco C.C.: Peter Dalton; Barbara Thorner.
The Country Club: R.D. Haskell Jr.; Ann Foster.
The C.C. of New Bedford: Jim Sullivan; Pat McKenna.
The Kittansett C.: Jessie Cunningham; Loren Milhench.
Thomson C.C.: Neil Frazer; Madeline Alford.
Trull Brook G.C.: Don MacLaren.
Twin Hills C.C.: Sonny Rickless; Marge Hambro.
Walpole C.C.: Jack Calf; Kathy Oleary.
Wampatuck C.C.: Peter Jepsen; Carey Doolan.
Waubeeka G. Links: Gary Wood; Nancy Barry.
Wellesley C.C.: Jeffrey Page; Lauren Sexeny.
Weston G.C.: Edson Forbes III; Carol Gibney.
Winchester C.C.: Steve Maskell; Jane Welch.

CLUB CHAMPIONS

Wianno C.: John Copeland; Belle Taylor.
Worcester C.C.: Daniel Sullivan; Donna Devlin.
Wyantenuck C.C.: Andy Congdon; Ingrid Watson.
Wyckoff C.C.: Mike Gallagher; Elaine Child.

MICHIGAN

Alpena C.C.: Phil Straley; Millie Maillatt.
Alpena G.C.: Leroy Schenk; Donna Cornelius.
Ann Arbor G. & Outing C.: Bill Wedemeyer; Edith Le Brasse.
Arbor Hills C.C.: Kurt Parker; Jan Poupard.
Atlas Valley C.C.: Kevin Troyer; Carole Trombley
Barton Hills C.C.: Doug Davis; Bethel Haner.
Bay City C.C.: Roy Schulteiss; Peggy Schiller.
Bay County G. Cse.: Pete Pafford; Claudia Klein.
Bay Pointe G.C.: Bob Brinkworth.
Bear Lake G.C.: Maynard Hoeh: Beverly Foster.
Berrien Hills C.C.: David Schultz; Gloria Vanderbeck.
Birmingham C.C.: Thomas Crews; Patricia Kuhn.
Bloomfield Hills C.C.: Jim Herman; Jane Darling.
Branson Bay G.C.: Bryce Kinnison; Carolyn Nodus.
Briar Hill G.C.: Jon Volz; Pat Forbes.
Brooklawe G.C.: Richard Chase.
Brookwood G.C.: Don Fleming; Helen Ozment.
Burr Oak G. Cse.: Ken Smith II; Laura Ankrom.
Cadillac C.C.: Richard Benson; Dee Meyer.
Calumet G.C.: Dennis Kargela; Cheryl Patrick.
Canadian Lakes C.C.: Wally Westenberg; Evonne Picard.
Cascade Hills C.C.: Craig Adams; Dorie Scripsema.
Chardell: Jack Kesling; Gert Kesling.
Charlotte C.C.: Freddie Newsome; Susan Berger.
Chisholm Hills C.C.: Dennis Korkoske; Joanne Clark.
Coldwater C.C.: Jeff Gilchrist; Marge Kinsey.
Corunna Hills C.C.: Patrick Thiede.
C.C. of Reese: Rod Bremer; Betty Bliss.
Detroit G.C.: Dick McClear; Arlene Grenier.
Edgewood C.C.: David Van Loozen; Vicki Conroy.
Fairway Estates G.C.: Gerald Velzon; Jan DeVries.
Farmington Hills C.C.: Jim Crist; Judy Jordan.
Faulkwood Shores G.C.: Mac Pearsall; Patti Sibal.
Flushing Valley G. & C.C.: David Kim; Delores Wilson.
Four Lakes C.C.: Bill Mitchell; Adeline Bucher.
Franklin Hills C.C.: Stig Aronsson; Julie Korotkin.
Genesee Hills C.C.: Elmo Fred Burgess.
Germania C.: Dan Dijak; Sam Massman.
Gowanie G.C.: John Briski; Carol Gneiser.
Grayling C.C.: Rudy Martinez.
Green Ridge C.C.: Kury Hassberger; Amy Thomasma.
Greenville C.C.: John Forton.
Hampshire C.C.: Ken Sheldon; Sharon Winters.
I.M.A. Brookwood G.C.: Roger Rester.
Kalamazoo C.C.: Dan Maudlin; Sue Campbell.
Kalamazoo Elks C.C.: Chris Nelson; Mary Kuziel.
Kent G.C.: F. Raymer Lovell Jr.; Dorie Scripsema.
Klinger Lake C.C.: Rex Vaughn; Pat Carter.
Knollwood C.C.: Barry Solomon; Roberta Madorsky.
Lake in the Woods G.C.: Dan Rudy; Linda Lhost-Catal.
Lakewood Shores G. & C.C.: Bruce Harris; Marg Bell.
Lenawee C.C.: Bruce Sapiro; Janet Keller.
Lincoln C.C.: Jim Kragt; Bonnie Kroon.
Lincoln G.C.: Mike Majeski; Karen Kueny.
Lincoln Hills G.C.: Gerald Ponko; Barbara Harrington.
Lost Lake Woods C.: Dick MacLeod; Arista Nolff.
Manistee G. & C.C.: Pat Welsh; Karen Klingenberg.
Meadowwood C.C.: Steve Stewart; Pat Collins.
Meceola C.C.: Brad Carter; Marilyn Keigley.
Midland C.C.: George Dillon; Martha Baker.
Morrison Lake C.C.: Doug Shields; Lona Hineline.
Muskegon C.C.: Carl Munson; Bea Rania.
Muskegon Elks: George Ruthkoski; Rita Rederstorf.
North Star G.: Jane Lamey.
Northwood G. Cse.: Bing Henley; Wendy St. Peter.
Oakland Hills C.C.: R. Hunter McDonald; Luanne Cherney.
Oceana C.C.: Scott Pranger; Ruth Fox.
Orchard Hills C.C.: Peter Smith; Sharon Flanagan.
Owosso C.C.: Tim Dutcher; Judy Helmker.
Pine Grove C.C.: Mike Horton; Susie Fox.
Plum Hillow G.C.: Mark Bortalotti; Betty Rex.
Raisin Valley G.C.: David Kern; Jenny McCarley.
Ramshorn C.C.: Mike Mikowski; Marcia Outwin.
Ridgeview G. Cse.: Jim Kahler; Ann Anderson.
River Bend G. Cse.: Don Bowers; Cynthia Hilliker.
Riverside C.C.: Dana Zorn; Katie Jones.
St. Clair G.C.: Todd Stevens; Astrid Bowling.
St. Ionace G. & C.C.: Mike Bishop; Nancy Brown.
Signal Point C.: Terry Decio; Trudy Childs.
Silver Lake C.C.: Jack LaFontaine; Darlene Topp.
Spring Lake C.C.: Matt Olds; Karen Baribeau.
Spring Meadows C.C.: Greg Reynolds; Marni Kishpaugh.
Sugar Springs C.C.: Robert Wright Sr.; Connie Wisniewski.
Traverse City G. & C.C.: Bill Enders; Jane Norcross.
Twin Beach C.C.: John Codere; Barb Hubbard.
Tyrone Hills G.C.: Ed Tokarsky; Julie Liscomb.
University Park G.C.: Joseph Frazine.
Warwick Hills G. & C.C.: Dick Elias; Mary Lou Damm.
Washtenaw C.C.: John Oberdick; Dottie Blue.
Wawonowin C.C.: Tom Hammar; Karen Clements.
West Shore G. & C.C.: Art Beyer; Lise Mahanti.
White Lake G.C.: Tom Cullen; Kris Cullen.
Wilderness Valley G.C.: Steven Wininger; Dolores Alsobrooks.
Willow Springs G. & C.C.: Dean Bedtelyon; Sue Moore.
Winding Creek G. Cse.: Terry Hook; Sherrie Janssen.
Woodlawn G.C.: John Francoeur, Bonnie Hampton.
Ye Olde C.C.: Mike Glover; Bette Stough.

MINNESOTA

Alexandria G.C.: Dave Harris; Nancy Syverson.
Bemidji Town & C.C.: Brian Israelson; Mary Lee Snively.
Birchwood G.C.: Mark Hagen; Gail Narveson.
Blackduck G.C.: Byron Proseus; Elynor Schue.
Brackett's Crossing C.C.: Bob Kieber; Alison Smith.
Buffalo Heights: Les Holland; Gerrie Huston.
Burl G.C.: Doug Cressy; Robin Benson.
Cannon G.C.: Ross Kvittem; Barb Peters.
Castle Highlands: Brad Castle; Priscilla Day.
Cokato Town & C.C.: David Hill; Claudette Nelson.
Coon Rapids-Bunker Hills G. Cse.: Bob Folkes; Nicki Reuterfeldt.

CLUB CHAMPIONS

Dahlgreen G.C.: Leo Stans; Lois Holmberg.
Dwan G. Cse.: Joe Sorenson; Lucy Giness.
Eastwood G.C.: Herb Howe; Cheryl Caulfield.
Elk River C.C.: Steve Johnson; Bonnie Thompson.
Eshquaguma C.C.: Lynn Brannen; Joyce Giblin.
Faribault G. & C.C.: John Boerboon; Paul Peroutka.
Fosston G.C.: Tim Mireault; Sue Rasmussen.
Fox Lake G.C.: Kevin Anderson; Carol Kiss.
Francis A. Gross G.C.: Tom Lee; Randi Glasmann.
Goodrich G.C.: Bob Casura; Millie Pellish.
Green Lea G. Cse.: Mark Bennett; Marion Thompson.
Green Valley G. Cse.: Dennis Ullrich; Connie Mattson.
Hawley G. & C.C.: Tim Rubis; Elizabeth Holen.
Hazeltine National G.C.: Rick Radder; Ann Zahn.
Headwaters C.C.: Trent R. Wilcox; Connie Brock.
Hillcrest C.C.: Shawn Mahady; Kathryn Kelly.
Hollydale G.: John Hargarten; Jan Nelson.
Howard's Barn & G. Center: Robert Patnode; Donna Blazer.
Indian Hills G.C.: Tom Robb; Ruth Clausen.
Interlachen C.C.: Dave Rovick; Bea Passolt.
Interlaken G.C.: Bob Manske; Jennifer Godfrey.
Ironman G. Cse.: Dean Hermanson; Jane Walters.
Jackson G.C.: Mark Kocak; Linda Handevidt.
Keller G. Cse.: Lee Shortridge; Phyllis Carlson.
Lafayette C.: Bill Taffe; Grace Farrington.
Lakeway G. Cse.: Jim Standish; Barb Purdon.
Little Crow C.C.: Mike Hegna; Lori Jacobson.
Long Prairie C.C.: Larry Schroeder; Kelly Schneekloth.
Loon Lake G. Cse.: Arnie Untiedt; Dorothy Boyles.
Lost Spur C.C.: Bill Casey, Dean Verdoes; Barb Ricker.
Ma Cal Grove C.C.: Mitch Mullins; Del Stadtler.
Meadowbrook G.C.: Jeff Teal; Pat Rogers.
Meadowlark C.C.: John Kociemba; Marge Harry.
Mendakota C.C.: Bob Okinow; Devra Westover.
Mesaba C.C.: Tom Vucetich; Paulette Perkovich.
Midland Hills C.C.: Tom Dunwell; Sue Pepin.
Mille Lacs C.C.: Gordon Henderson; Ruth Parvey.
Minikahda C.: John McMorrow; Adelaide Skoglund.
Minneapolis G.C.: Jon Lundgren; Susan Rettinger.
Minneopa G.C.: Chris Anderson; Vel Brunner.
Minnesota Valley C.: Gary Mertz; Liz Olson.
Minnetonka C.C.: Dennis Lingle; Sue Bonthius.
Minnewaska G.C.: Dennis DeBoer.
Moorehead C.C.: Craig Palmer; Sally Freeland.
Mora C.C.: David Klapmeier; Lana Regal.
Mt. Lake G.C.: Dan Steinle; Joann Tenkley.
New Ulm C.C.: Randy Herzog; Elaine Paa.
Northfield G.C.: Todd L. Petterson; Leann Hipoleson.
Oak Glen C.C.: Pete Mogren; Mary Stratford.
Oakwood G. Cse.: Duane Fraki; Stel Amundson.
Ortonville Municipal G. Cse.: Bill Hasslen; Mary Ross.
Olympic Hills G.C.: Dick Parssinen; Sally McConville.
Osakis C.C.: Earl Anderson; Janine Backes.
Owatonna C.C.: Mark Rodde; Carolyn Huff.
Parkview G.C.: Paul Diegnau; Sandi Casey.
Phalen Park G. Cse.: Jim Purcell; Barb Arrell.
Purple Hawk C.C.: Joe Washleski; Bonnie Athey.
Ramsey G.C.: Greg Denisen; Sue Nelson.
Rich Acres G.C.: Jack Blesener.
Rich Springs G.C.: Grady Anderson; Betty Larson.
Ridgeview C.C.: Tony Battistini; Paula Vallie.

Rochester G. & C.C.: Tom Murphy; Mary Leaf.
Rolling Green C.C.: Jeff Jessen; Leonore Feldman.
Rose Lake G.C.: Dane Goulson; Jenny Juergens.
Savanna: Bob Fetzek; Barb Fetzek.
Shamrock G. Cse.: Ted Franet; Shirley Peterson.
Somerset C.C.: Tom Garrett III; Barbata Telander.
Stillwater C.C.: Tim Giebler; Pat Giebler.
Sundance G.C.: Fred Gumphrey; Jan Nelson.
Terrace G.C.: Glen Hasselberg; Kyra Odden.
Terrace View: Eric Opsal; Wanda Nelson.
Theodore Wirth G. Cse.: William Ziegler; Mildred Lacy.
Tianna C.C.: Gary Stevenson; Barb Iverson.
Tipsinah Mounds G.C.: David Wilson; Joy Champ.
Town & C.C.: John Christopherson; Jan Calin.
Twin Pines G. Cse.: Scott Steinbach; Joanne Steindl.
Tyler Community G.C.: Laron Pinckney; Ruth Riley.
Valleywood G. Cse.: John W. Anderson.
Wadena C.C.: Scott Pettit; Carol Macklanburg.
Warren Riverside C.C.: Jeff Evin; Laurie Ulferts.
Waseca Lakeside C.: Dave Noble; Jacque Storby.
Watonwan C.C.: Steve Pitcher; Betty Dalen.
Westfield G.C.: Art Speltz; Barb Hultgren.
White Bear Yacht C.: Chas Hauser; Dort Sanborn.
Willmar C.C.: Greg Nelson; Cheryl Norlien.
Windom C.C.: Dave Eyberg; Linda Lee.
Winona C.C.: Dennis Cleveland; Julie Hennessy.
Woodhill C.C.: Judd Ringer; Susan Ringer.
Worthington C.C.: Greg Wulf; LaVonne Lillie.

MISSISSIPPI

Amory G.C.: Craig Jones; Kathy McShane.
Briarwood C.C.: Robert Sanford; Dale Bounds.
Cleveland C.C.: Billy Nowell.
Deerfield C.C.: Robert Willis; Carole Kennedy.
Diamondhead C.C.: Bill Stross; Flo Holt.
Dixie G.C.: Robert Sharp; Lilly Butler.
Hattiesburg C.C.: Bus Cook; Bonnie Drews.
Pine Island G.C.: George Stewart; Jane Reeves.
Simpson County C.C.: Joe McNair.
Tupelo C.C.: Mike Thompson; Ruth Touchstone.
Vicksburg C.C.: William Caldwell; Betty Aden.

MISSOURI

Blue Hills C.C.: Tom Lynn; Karin Cooper.
Bogey Hills C.C.: Dennis Osborne; Marge Story.
Cameron Memorial G.C.: Jay Graham.
Carrollton C.C.: Randy Webb; Helen Earp.
Columbia C.C.: Patrick Overton; Fern Carter.
C.C. of Blue Springs: Rusty Calfas; Patty Hazelrigg.
Cuba Lakes G. Cse.: Mark Deleo; Jean Crist.
Dogwood Hills G.C.: Randy Penland; Joyce Duffus.
Fayette G.C.: Corky Allen.
Glen Echo C.C.: Jack Powers; Abbie Looper.
Hickory Hills C.C.: Alan Rosen; Joyce Mahoney.
Hidden Valley G. Cse.: Kent Graham; JoAnn Sengl.
Hough Park Municipal: Jim Ford; Genny Kramel.
Indian Foothills: Doug Smith; Olive Malter.
Jefferson City C.C.: Ed Loeffler; Lou Fitzpatrick.
La Plata G.C.: Ladd Pash; Shirley Hays.
Macon C.C.: Al Abbadessa.
Malden C.C.: Bill Mays; Irene Winston.
Norwood Hills C.C.: Don Bliss; Jill Bertram.

CLUB CHAMPIONS

Oakwood C.C.: Bert Benjamin; Laura Sechrist.
Old Warson C.C.: Jerry Freeland; Sue Rapp.
Paradise Pointe G.C.: Larry R. Klein; Dorothy Jenkins.
Richland G. & C.C.: Leon Wall.
Rolling Hills C.C.: Kenny Hayden; Barbara Hall.
St. Joseph C.C.: Kyle Enright; Bobbi Fox.
St. Louis C.C.: Sam Davis Jr.; Ginny Orthwein.
Schifferdecker G. Cse.: Danny Endicott.
Toneycomo C.C.: Neil Harrison; Leona Newton.
Tri-way C.C.: Joe Nelson; Maurica Moreland.
Westwood C.C.: Ben Schulein; Mary Gail Dalton.
Whiteman AFB G. Cse.: Chip Jackson; Annette Boles.
Windbrook C.C.: Don E. Bell Jr.; Bea Barron.

MONTANA

Bill Roberts G. Cse.: Ale Hoang; Linda Schild.
Butte C.C.: Steve Daniel; Shirley Shea.
Crystal Lakes Resort: Dwight Field; Doedy Ryan.
Glacier View G.C.: Chuck Gosney; Jay McDowell.
Hilands G.C.: Tom Hammerel; Carol Brosovich.
Lake Hills G.C.: Scott Bloomenrader; Jean Gowdy.
Madison Meadows G. Cse.: Dan McDonald; Sue McCall.
Polson C.C.: Jerry Fisher; Donna Christofferson.
Sidney C.C.: Jay Frank; Kelly Frank.

NEBRASKA

Buffalo Ridge G. Cse.: Greg Daake; Inez Albrecht.
Capehart G. Cse.: Chris R. Commeford; Pat Ward; Duangta Lynd.
C.C. of Lincoln: Jon Weinberg; Jean Hyland.
Elks C.C.: Steve Slonecker; Virginia Curry.
Fontenelle Hills C.C.: Jim Lockhart; Francee Kopecky.
Happy Hollow C.: Dan Garver; Susan Marchese.
Hillcrest C.C.: Hap Pocras; Dorothy Schwartzkopf.
Hillside G. Cse.: Jack Peetz; Diane Merritt.
Kearney C.C.: Dan Bahensky; Dottie Bowman.
Norfolk C.C.: Tom Mullins; Julie Hall.
Ogallala C.C.: Bob Harris; Dena Acker.
Omaha C.C.: Tom Olson; Suzy Duff.
Riverside G.C.: Craig Moyer; Carolyn Ryder.
Riverview G. & C.C.: Irv Schuman; Lou Ann Herstead.
Scotts Bluff C.C.: Dick Bolin; Bev Mohr.
Seward C.C.: Mark Croghan; Terry Ramsey.
Wayne C.C.: Bob Reeg; Ann Barkley.
Wildwood G. Cse.: Jack McIntire; Jean Griepenstrom.

NEVADA

Black Mountain G. & C.C.: Butch Waddell; Faye Crunk.
Las Vegas C.C.: Ray Beallo; Geri Gilman.
Spring Creek G. Cse.: Tom Doe; Hazel Madden.
White Pine G. Cse.: John Chachas; Mary Woods.
Winnemucca G. Cse.: Lee Bosch; Dee Larragueta.

NEW HAMPSHIRE

Abenaqui C.C.: Bob Fitta; Dana Harrity.
Amherst C.C.: Craig Williamson; Jo Ann Coletti.
Angus Lea G. Cse.: Stephen Springer; Maureen Reed.
Beaver Meadows G.C.: Dave Dodge; Pat Upham.
Bethlehem C.C.: Fred Page; Joyce Thibodeau.
Buckmeadow G.C.: Bob Scott; Sue Young Checani.
Charmingfare Links: Jeff Lavoie; Jan Bourninal.
Concord C.C.: Bob Melcarz; Inge Thorpe.
C.C. of New Hampshire: Tom Donovan; Julie Woodger.
Dublin Lake C.: Edmond Kelly.
Eastman G. Links: Paul Kerrigan; Kathy Slattery.
Green Meadow G.C.: Scott B. McAfee; Bette Thompson.
Hooper C.C.: Philip Hicks; Anita Chickering.
Indian Mound C.C.: George Pihlkrantz; Lydia Burnett.
Manchester C.C.: Dick Tombs; Louise Billy.
Nashua C.C.: Jeff Lindquist; Barbara Dion.
Nippo Lake G.C.: Steve Rowell; Ellen Ceriello.
North Conway C.C.: Bobby McGraw; Julie Rivers.
Oak Hill G. Cse.: Leo Lachance Jr.; Patricia Lachance.
Pheasant Ridge C.C.: Chris Mahoney; Lucille Collins.
Pine Grove Springs C.C.: Jeff Lacoille; Marjory Smith.
Portsmouth C.C.: Tom Gentile; Spruill Kilgore.
Valley View C.C.: Kevin McGauley; Sally Morrissey.
Waukewan G.C.: Robert Morrill Jr.; Shirley Smith.
Wentworth By-the-Sea: Craig Steckowych; Gerry Eastler.
Wentwroth Resort G.C.: Ray Bailey; Faye Ferguson.
Whip-Poor-Will G.C.: Bruce Morrison; Jean Bonis.

NEW JERSEY

Alpine C.C.: Adam Kugler; Adele Russo.
Apple Mountain G. & C.C.: Drew Kiszonak; Alice Jacobsen.
Apple Ridge C.C.: Ken Harrison; Joan Procter.
Arcola C.C.: Jim Craffey; Meg Dulles.
Bamm Hollow C.C.: Alan Abramson; Audrey Goss.
Baltusrol G.C.: Rick Shea Jr.: Nancy Rogers.
Beacon Hill C.C.: Mark Ullmann; Coleen Luker.
Bey Lea Municipal: Michael Krasner; Ruth Klein.
Bowling Green G.C.: Bobby Fisher; Julie Shelby.
Brooklake C.C.: Craig Combs; Barbara Glucksman.
Cedar Hill C.C.: Stuart Greenberg; Sandy Abramson.
Crestmont C.C.: Ira Coleman; Honey Miller.
Deal G.C.: Gavin Gatta; Rita Campbell.
East Orange G. Cse.: Herb Lewis; Marge Toscano.
Echo Lake C.C.: Ralph Bennett; Katie Farley.
Edgewood C.C.: Burton S. Laden; Lee Berley.
Essex County C.C.: Thomas P. O'Neill; Mariko Bridgewater.
Farmstead G. & C.C.: Joseph Rafferty; Jan Smith.
Flanders Valley G.C.: Paul LeJune; Roma Cathcart.
Forest Hill Field C.: Kevin Purcell; Renee Halleran.
Forsgate C.C.: Brendan Davis.
Fox Hollow G.C.: John Anastario.
Galloping Hill G.C.: John Lay Jr.; Kathleen Hiotis.
Green Acres C.C.: Ward Bauman; Edie Gordon.
Green Tree C.C.: Chet Defelice.
Hackensack G.C.: Jim McGovern; Helen Nevmunz.
Harkers Hollow: Mark Schaare; Jamie Bennett.
Hominy Hill G.C.: Thomas Bell; Josephine Friebely.
Hopewell Valley G.C.: Kerry Mattern; Sarah E. Huneycutt.
Howell Park G. Cse.: Mark McCormick.
Linwood C.C.: Larry Harrison; Debbie Silverberg.
Manasquan River G.C.: Bob Housen; Carol Destephan.
Mays Landing C.C.: Herbert Ortlieb; Jean Grieshaber.
Medford Lakes C.C.: Mark Walker; Lenore Sochacki.
Medford Village C.C.: Sam Cancelliere; Lise Ronning.
Merchantville C.C.: Edward Purdy III: Betty Shuster.

CLUB CHAMPIONS

Millburn Municipal: Wade Pollard; Joan Cadmus.
Montammy G.C.: Jamie Kaufman; Michelle Levey.
Montclair G.C.: Robert Harmon; Diana Pinkham.
Mount Tabor C.C.: Ken Russell; Gen Mathesius.
NAEC Lakehurst G.C.: Bob Peterson; Pris Cunningham.
Navesink C.C.: William Charpek; Amy Lane.
Newton C.C.: Mike Franek; Judy Lynes.
North Jersey C.C.: Paul Samanchik; Nathalie Scarpa.
Oak Ridge G.C.: Bob Vislocky; Estelle Hiller.
Old Orchard C.C.: Jules Moura; Colleen Rafter.
Old Tappan G.C.: Tom Weisenbach; Ellie DiDonato.
Pennbrook C.C.: Mario Mortarulo.
Pike Brook C.C.: Cliff Nazzaro; Harlene Michaels.
Plainfield C.C.: Jim Kilduff; Mary Ring.
Preakness Hills C.C.: William D. Green; Nancy Gitkin.
Ramblewood C.C.: Jon Mabry; Susan Manari.
Raritan Valley C.C.: Ray Sharpe; Maura Walters.
Riverton C.C.: Mark Ledore; Joann Hendrickson.
Roselle G.C.: Sandy Langford; Pat Hatfield.
Rutgers G. Cse.: Raymond Kozak; Eleanor Ballantine.
Sands C.C.: Steve Peck; Pat Comly.
Shadow Lake Village: Val Gilpin; Helen Stanley.
Shark River G. Cse.: Bill Sherman; Mary Ann Kahn.
Sky View C.C.: Wally Sawka; Connie McGrath.
Springbrook C.C.: John Kilcullen Jr.; Kathleen Doyle.
Springdale G.C.: Donald Powell; Donna Young.
Spring Lake G.C.: Felix Santaniello; Mary Elchhorn.
Suburban G.C.: Frank Taranto; Roberta Potter.
Tamarack G. Cse.: Criss Cross; Jan Unger.
Tavistock C.C.: Leonard Fox Jr.; Jeanne Armstrong.
The Bedens Brook C.: Steve Shaffer; Sue Blair.
The Tuxedo Club: Thomas Dee; Sarah Abplanalp.
Twin Brooks C.C.: Kevin Gennarelli; Toby Prince.
Upper Montclair C.C.: Dave W. Sanok; Marilyn Hyman.
Wildwood G. & C.C.: Terry Smick; Marie Macatee.
Willow Brook C.C.: Bob Schoenhut.
Woodbury C.C.: Thomas Simpson; Diane Smith.
Woodlake C.C.: Bob Bossone; Carole Bedman.

NEW MEXICO

Albuquerque C.C.: S. Pete Hidalgo; Joan Greiner.
Arroyo del Oso G.C.: Tony Gray; Pat Zick.
Clovis Municipal G. Cse.: Jeff Fontanilla; Laurie Walker.
Gallup Municipal G. Cse.: Gabe Saucedo; Amy Myer.
Los Altos: Arlene Smith.
Paradise Hills G.C.: Greg Solether; Sue Terrell.
Rio Mimbres C.C.: Gary Jeffreys; Barbara Hardin.
Riverside C.C.: Lon Babbit; Kay Hall.

NEW YORK

Amsterdam Municipal G.C.: Joe Greco.
Arrowhead G. Cse.: Dennis Wisniewski; Betty Wisniewski.
Attica G.C.: Peter Van Valkenburg; Deborah Szemplenski.
Audubon G. Cse.: Jim Gallery; Barbara Taggart.
Bartlett C.C.: Dan Stetz; Patty Sweet.
Battenkill C.C.: Eric Lynch.
Bedford G. & Tennis C.: Bobby Duhon; Joanne Lauder.
Bellport C.C.: Chris Greco; Diane Bushfield.
Binghamton C.C.: Chris Lane; Robin Medd.
Bonnie Briar C.C.: George Imburgia; Laura Imburgia.
Brae Burn C.C.: Ron Springer; Mary Ann Springer.
Brentwood C.C.: Donald Persia.
Broadacres G.C.: Bob Alexander; Peggy Payne.
Brookhaven G.C.: Emmy Cowles; Ann Green.
Brookville C.C.: Peter Ventura; Gail Graham.
Canandaigua C.C.: Matt Clarke; G.G. Thompson.
Canasawacta C.C.: David Branham; Barbara Higley.
Catskill G.C.: Tom Yannone; Jan Vincent.
Cavalry C.: Mike Johns; Karen MacDougal.
Cedar Lake C.C.: Todd Manderson Jr.; Mary Hopsicker.
Cedar View G. Cse.: Carl White; Sheila Loran.
Cherry Valley C.: Joe Iamascia; Pat Papp.
Chili C.C.: Mike Lapp Jr.; Cindy Glitzer.
Clifton Springs C.C.: Ken Andrychull; Marge Martin.
Cold Spring C.C.: Author Rudolph; Marge Goldbaum.
Colonie C.C.: Peter Spitalny; Joyce Martin.
Columbia G. & C.C.: Scott Wood; Diana Schools.
Corning C.C.: Lee Kimball; Liz Sturges.
Cortland C.C.: Ric Manning; Jan Hart.
C.C. of Buffalo: H. Ward Wettlaufer; Louise Flickinger.
C.C. of Ithaca: Anthony Treadwell; Judy Dunning.
C.C. of Rochester: Terry Newell; Jean Trainor.
C.C. of Troy: Bill Boland, Sally Ronan.
Deerfield C.C.: Jim Cicon; Fran Antonacci.
Dinsmore G.C.: Tim Forman.
Drumlins East G.C.: Rick Jones; Gwen Wilbourn.
Dunwoodie G.C.: Robert Bochnak, Helen Driscoll.
Dutchess G. & C.C.: Robert Botsford; Frances Stearns.
Dutch Hollow: Al Impaglia; Pat Scheid.
East Aurora C.C.: Joe Girdlestone; Rae Rogerson.
Edison C.: Bill Frutchy; Sandy Wechter.
Elmira C.C.: Bruno Mazza; Gina Lupica.
Endwell Greens C.C.: Jim Zwierzynski; Betty Bills.
Ford Hill C.C.: Rick Kotula; Darlene Bianco.
Fox Hill G. & C.C.: Bob Boyle.
Gardiners Bay C.C.: Bruce Orr; Nancy Ivers.
Garrison G.C.: Ricky Boyle; Patty Hess.
Geneganslet G.C.: Chad Houseknecht; Mary Thomas.
Glen Falls C.C.: Andy Carusone; Barb Parsons.
Glen Head C.C.: Paul Kaplan; DeDee Lovell.
Glen Oaks: Adam Spring; Estelle Wolfson.
Green Hills G.C.: Paul Bonacchi; Linda Strebel.
Grossinger Hotel & C.C.: Radford Yaun; Susan Altbach.
Harbor Hills C.C.: Ray Peterson; Sue Wolf.
Harlem Valley G.C.: Bruno Mostachetti; Jane Judson.
Heritage Hills of Westchester C.C.: Victor Turchick; Marilyn Cleanthes.
Highland Park G.C.: Ed Krickovich; Jean Gauthier.
Hornell C.C.: Jim Lusk; Sandra Clark.
Huntington C.C.: Brian Darby; Judy Gilbert.
Huntington Crescent C.C.: Russ Amendola; Barbara Posillico.
I.B.M. C.C. (Poughkeepsie): Tom Bartush; Kathy Kaehler.
I.B.M. C.C. (Port Washington): E.R. Nodell; Kathy Kelley.
Indian Hills C.C.: Craig Hervey; Flo Perri.
Irondequoit C.C.: Larry Sand; Lee Buchman.
Island Hills G.C.: Miles Portman; Beatrice Hart.
Island's End G. & C.C.: Scott Harris; Doris Sherman.
Ives Hill C.C.: Butch Haley; Ellie Van Eenenaam.
Kanon Valley C.C.: Pete Burgess; Janet Ferris.
Knollwood C.C.: Jim Turnasa; Stella Oliver.

CLUB CHAMPIONS

Lafayette C.C.: Jim Ganotis; Joyce Goldberg.
Lakeover G. & C.C.: Peter Cirrioco; Diane Iozzo.
Lake Shore C.C.: Mike Leary; Sharon Antonacci.
Lakeview G.C.: Frank Rich.
Lawrence G.C.: Stuart Rudnick; Esther Feldman.
LeRoy C.C.: Brad Traster; Donna Ianello.
Livingston C.C.: David Thompson; Jeneane Adams.
Lockport Town & C.C.: Ray Korody; Linda Judge.
Mahopac G.C.: Stan Noble; Sally Nicol.
Maple Hill G.C.: Bill Hogan.
Marine Park G.C.: Joel Garyn.
McConnellsville G.C.: Jack Cooper; Betty Fort.
Meadow Brook; Bob Hall, Randy McCormack; Lynda Carvel.
Mechanicville G.C.: Frank Mastrianni III.
Middle Bay C.C.: Howard Aal; Vicki Schindler.
Midvale G. & C.C.: Garry Hurwitz; Elsa Boxall.
Mill River C.: Richard Stanley; Nickki Boverman.
Moon Brook C.C.: Walt Johnson; Emily O'Neill.
Monroe G.C.: John Kircher; Stacey Paridon.
Mt. Kisco C.C.: Peter Nicholson; Sally Newi.
Nassau C.C.: Tony Trombino; Sally Vuillet.
National G. Links of America: George McFadden.
Newark C.C.: George Evangelist; Marj Perez.
Niagara Frontier C.C.: Gary Lisowski; Nancy Riccio.
Northern Pines G.C.: Robert Gilkey; Wendy Wilkinson.
North Fork C.C.: Joseph Deerkoshi; Helen Munson.
North Hempstead C.C.: Richard Grimm; Nancy Ivers.
North Hills C.C.: Mal Galletta; Linda Felshman.
Old Oaks C.C.: Jerry Freundlich; Ellen Lederman.
Old Westbury G. & C.C.: Stu Potter; Claire Stern.
Onondaga G. & C.C.: John Ward; Judy McLean.
Ontario G.C.: Glenn French; Debbie Lawrence.
Onteora C.: John Davis; Day Murray.
Orchard Park C.C.: John Koelmel; Pat Valenti.
Oriskany Hills: Karen Mathis.
Otterkill G. & C.C.: Craig Detwiler; Linda Post.
Owasco C.C.: Rick Lesch; Lil Ellis.
Pine Hollow C.C.: Richard Rosenstock; Billie Straub.
Quaker Ridge G.C.: Peter Zurkow; Cathy Leedy.
Queensbury C.C.: James Davison Jr.; Betty Cornell.
Ridgeway C.C.: Laddie Weiss; Helene Britt.
Riverton G.C.: James W. DeMino.
Rockland C.C.: Bob Tozzoli; Joan Murphy.
Rockville Links C.: Frank Alagia Jr.; Lois Benzing.
Sands Point G.C.: Mark Zaremba; Jane Stein.
Saratoga G. & Polo C.: Frank Colby; Boo Armstrong.
Scarsdale G.C.: J.P. West; Johanna Smithers.
Schroon Lake Municipal; Dave Rowe Sr.; Jane White.
Schuyler Meadows C.: Harry Wood; Eli Reynolds.
Shaker Ridge C.C.: Bill Schollenberger; Linda Smythe.
Shepard Hills C.C.: Guy Gleockner; Sharon Volante.
Shinnecock Hills G.C.: Silas Anthony; Ann Enstine.
Silver Lake C.C.: Jim Witherel; Sybil Matteson.
Siwanoy C.C.: Bob Headhy; Francoise de Spirlet.
Six-S G.C.: Jack Allen; Doris Gallose.
Skaneateles C.C.: Donald W. Lemp Jr.; Susan Sims.
Sodus Bay Heights G.C.: Steve Carroll; Muriel Mooney.
South Fork C.C.: Patrick Bistrain; Ellen Cooper.
South Hills C.C.: Scott Johnson; Denise Woodard.
Southampton G.C.: Ron McFarland; Chris Nardy.
Spook Rock G.C.: Bob Grippo; Joyce Fried.

Spring Lake G.C.: Jay Standard.
Sunningdale C.C.: Jon Spitalny; Eileen Hesse.
Tanner Valley G.: John Marsh; Val Cook.
Tee-Bird C.C.: Chuck Connolly; Joan Moore.
The Apawamis C.: John Williams; Barbara McGhie.
The Creek: Stuart Titus; Susan Connors.
The Elms C.C.: Phil Tripoli; Jan Tripoli.
Thendara G.C.: Ted Russell; Pat McCormick.
The Skenandoa C.: Don Davidson; Joan Brady.
Towne Isle G. & C.C.: Gary Courtwright; Hilda Sokolosky.
Twin Hickory C.C.: David Jeffery: Theodora Ormsby.
Van Schaick Island C.C.: Larry Roche; Cheryl Haggerty.
Vassar G. Cse.: Lamar Smith; Elaine Diehl.
Waccabuc C.: W. Whitfield Wells; Lynn Brockelman.
Watertown G.C.: Bob Hughes; Sharon Hughes.
Westchester C.C.: Carl Alexander; Mary Cabriek.
Westhampton C.C.: Ken Hoefer; Ginger Cullen.
West Sayville C.C.: Bob Sheridon; Lorraine McDowell.
Whiteface Resort G. & C.C.: Leonard Wood; Jane Wood.
Wild Wood C.C.: Tom Haefner; Beverly Prutz.
Willows C.C.: Bob Cooper; Kimberly Ann Dwyer.
Winding Brook C.C.: Mark Fitzgerald; Helen Golden.
Winged Foot G.C.: Raymond Darmstadt; Jean Schneider.
Woodcrest C.: Ted Greenseid; Joan Hochberg.
Woodlawn G. Cse.: Mike Fluty; Cindy Zirnis.
Woodmere C.: Jerry Zipkin; Ann Cohen.
Woodstock G.: Carl Van Wagenen; Ruth Storyk.
Wykagyl C.C.: Greg Rohlf; Lisa Cordasco.
Yahnundasis G.C.: Tim Hoff; Sandra Walser.

NORTH CAROLINA

Benvenue G. Shop: Tom Bailey; Julia Manning.
Biltmore Forest C.C.: Marshall Fall; Betsy Biggers.
Boone G.C.: Jim Deal; Margaret McNeil.
Brierwood G.C.: Dana S. Scheetz; Ann H. Hierman.
Buccaneer C.C.: Frank Russell; Eliose Reade.
Cabarrus C.C.: Doug Clark; Marylyn Carroll.
Carmel C.C.: Johnny Elam; Mary Kay Greig.
Charlotte C.C.: James Grainger; Jean Carrington.
Cherryville C.C.: Bill Cease; Kay Helms.
Colonial C.C.: Larry Craven; Linda Hightower.
C.C. of Asheville: Peter Wallenborn; Gladys Koon.
C.C. of Sapphire Valley: Benny Price; Hope Pickett.
C.C. of North Carolina: Chuck Cordell; Kathy Schmidt.
Cowans Ford C.C.: J. Michael Rogers; Emily Erskine.
Echo Farms G. & C.C.: Bill James; Marlene Cely.
Etowah Valley G.C.: Brett Miller; Marie Allison.
Forsyth C.C.: Jim Patti; Rae Joan Burgess.
Gaston C.C.: Lewis Davis.
Glen Cannon G.C.: Ron Brewer.
Grandfather G. & C.C.: C.E. Cunningham; Aggie Mayer.
Green Hill C.C.: Billy Griffin; Connie Medders.
Greenville C.C.: Mike Aldridge; Harriette White.
Hendersonville C.C.: Tom Hadley; Buena Haile.
Highlands Falls C.C.: Hobart Manley; Jolene Niblack.
Jamestown Park G.C.: Ernie Newton; Lorene Hicks.
Keith Hills C.C.: John Crooks; Virginia Reaves.
Lake Toxaway C.C.: Bill Stasch; Pat Dougherty.
Linville G.C.: Robert H. Chapman III; Agnes Mayer.

CLUB CHAMPIONS

Linville Ridge C.C.: Don O'Keefe; Bobby Dutt.
Lochmere G.C.: Ernie York; Lynn Womble.
Maggie Valley C.C.: Evelyn C. Field.
Mimosa Hills G.C.: Matt Peterson; Brenda Cantrell.
Monroe C.C.: Gary Gaddy.
Mooresville G.C.: Bedo Culberson; Emily Erskine.
Mt. View G.C.: H. Jennings Rogers Jr.
Occoneechee G.C.: Frank Howard.
Pine Brook C.C.: Ken Weavil; Betty Poliuka.
Pine Burr G.: Bud Allen; Rosanne Burke.
Pinehurst C.C.: Norm Steingraber; Bobbie Burgess.
Pine Island C.C.: Bing Friday Jr.; Marge McGee.
Pine Lake C.C.: John Fritz; Loretta Mundy.
Plymouth C.C.: Hilton Reason; Hazel Hedgepeth.
Rutherfordton G.C.: David Wyscarver.
Sapphire Lakes C.C.: David Doumar; Rosalie Burton.
Seven Lakes C.C.: Archie Simmons; Evie Croteau.
Silver City C.C.: Faison Hester; Lorraine Hicks.
Starmount Forest C.C.: Larry Dempsey; Bobbi Forrest.
Roaring Gap C.: John D. Eller Jr.; Barbara Hauptfuhrer.
Tryon C.C.: Fred Edwards; Margaret Hannon.
Walnut Creek C.C.: Geoff Kokiko.
Whiteville C.C.: Lee Croom; Sally G. Marks.
Wildcat Cliffs C.C.: Curley Johnson; Gail Hollingsworth.
Willow Creek G.C.: Charles Lynch; Dollie Watson.

NORTH DAKOTA

Apple Creek C.C.: Todd Baumgartner; Eyonne Ellingson.
Fargo C.C.: Skip Madson; Janelle Schumacher.
Langdon C.C.: Kent Ferguson; Pat Lundeby.
Lincoln Park G.C.: Jerry Johnson; Nancy Koch.
Lisbon Bissell G.C.: Rick Neameyer; Lorraine Thompson.
Mayville G.C.: Terry Tabor; Vicki Soholt.
Minot Air Force Base G. Cse.: Steve Achee; Diane Bailey.
Minot C.C.: Dave Kuschel; Phyllis Kincheloe.
New Rockford G.C.: Richard Elkins; Rocky Moore.
Riverwood G. Cse.: Brad Jossart; Jeannie Danielson.
Sweetwater Creek G.C.: Tim Maher; Linda Arithson.
Valley City Town & C.C.: Mike Breshahan; Karen Kratz.

OHIO

Acacia: Doug Dorer; Sallie Miller.
Alliance C.C.: William Lavery; LaVern Haidet.
Arrowhead C.C.: Jeff Wilkof; Paula Bloom.
Avon Oaks C.C.: Fred Fifner; Ellie Colton.
Beckett Ridge C.C.: Brad Franks; Monica Hannah.
Beechmont C.C.: Dan Roeker; Sylvia Reitman.
Bellefontaine C.C.: Lee Woodruff; Margaret Hilliker.
Belmont C.C.: Dan Sugaski; Sue Cavalear.
Blue Ash G.C.: Mike Hauser.
Bluffton G.C.: Del Hall; Florence Weber.
Briar Hill G. Cse.: Abe Mast.
Bridgeview G.C.: Bob Townsend.
Brookside G. & C.C.: Dave Leggett; Lee Ann Igoe.
Brown's Run C.C.: Tal Selby; Janet Beardsley.
Bucyrus C.C.: Jeff Sheerer; Kathy Kirchberg.
Canton Brookside C.C.: Michael Tirmonia; Jeanne Skibbens.
Cassel Hills G.C.: Curt Lawson; Sue Seitz.
Cheerview G. & C.C.: Jeff Miles; Marguerite Pellegrene.
Chillicothe C.C.: Jim Taylor; Marian Cutcher.
Chippewa C.: Dan Williams; Sally Robinson.

Cincinnati C.C.: Carl Tuke Jr.; Louise Kepley.
Community C.C.: Carl Bidwell; Vivian Craven.
Congress Lake C.: Bill Maloy; Ruth Aucott.
C.C. of Ashland: Dan McAllister; Phyllis Smith.
Crest Hills C.C.: Steve Wolfson; Dottie Lerner.
Dayton C.C.: Skip Snow; Winnie Wheeler.
Fairlawn C.C.: Bill Bosshard; Lois Kannen.
Findlay C.C.: Bill Lundeen; Lil White.
Forest Hills C.C.: Jim Gibbs; Mary Dickerson.
Fox Den G. Cse.: John Dzurik; Sue Cook.
Franklin G.C.: Bobby Peters; Marlene Morrison.
Galion C.C.: Mike Goff; Vera Imhoff.
Grandview G.C.: Dan Bania; Muriel Minick.
Green Hills G.C.: Steve Birch; Carolyn Kauble.
Greenville C.C.: Jim Greendyke; Marilyn Runkle.
Hawthorne Hills G. Cse.: Jim Dufrane; Barb Vottero.
Hawthorne Valley C.C.: Alan Levine; Barbara Lebit.
Heather Downs C.C.: Steve Dufrane; Pat Ligman.
Hickory Hills G.C.: Ralph Walls; Sue Nianouris.
Hidden Valley G.C.: Clay Bryant; Eloise Davis.
Highland Meadows G.C.: Denny Spencer; Joyce Walters.
High Lands G.C.: Alan Hinson; Carole Smith.
Hocking Hills C.C.: John McAfee; Georgann Engle.
Hyde Park G. & C.C.: Ed Heimann; Kathy Homan.
Juli-Fe View C.C.: Tom Miller; Nancy Miller.
Kenwood C.C.: Larry Thacker; Lee Comisar.
Kettenring C.C.: Ken Burns; Phyl Mendenhall.
Kirtland C.C.: Tom Slater; Molly Slater.
Lake Forest C.C.: Rick Levinstein; Marble Meltzer.
Lakewood C.C.: Stu Hughes: L.W. Corrigan.
Lancaster C.C.: Jon Detweiler; Karen Swinehart.
Lee Win C.C.: Jack Morgan; Debbie Spitz.
Little Turtle C.C.: Bob Moock; Kathy Boyt.
Locust Hills G.C.: Dana Andrews; Pat Harris.
Madison C.C.: Larry Meyer; Margie Brichford.
Maplecrest C.C.: Larry Ankrom.
Marion C.C.: Dave Wigton; Norma Diehl.
Mayfield C.C.: Robert A. Bonebrake; Betty Trump.
Medina C.C.: Glen Apple; Jan Wodgik.
Memorial Park G. Cse.: Greg King; Evelyn Bishop.
Miami Shores G.C.: Todd Thomas; Lil Schnabel.
Miami Valley G.C.: Gene Monnette; Florris Fortune.
Miami View G.C.: Wally Gosser; Jane De Groff.
Mill Creek G.C.: Mike Richards; Judy Shumway.
Mohican Hills G.C.: Keith Dreibelbis.
Moraine C.C.: Mark Stone; Alice Eshelman.
Moundbuilders C.C.: Jeff Guest; Diane Cartnal.
Muirfield Village G.C.: Bob Hoag II.
NCR C.C.: Dave Novotny; Liz Molinsky.
Neumann G.C.: Harry Ahlstrom; Rainy Rohrmeier.
Northwood C.C.: Brain Garmon; Caroline Matthews.
Norwalk Elks C.C.: Curt Everman; Carolyn Spaar.
O'Bannon Creek G.C.: Joseph Clement; Jane C. Jones.
Oberlin G.C.: Neal Shannon; Mary Ann Landgraf.
Ohio State Univ. G.C.: Rod Spittle; Ellen Shewalter.
Orchard Hills C.C.: Bill Moore; Jane Miller.
Oxbow G.C.: Scott Bibbee; Helen Russell.
Pebble Creek G.C.: Dave Oswalt; Jo Rhoades.
Pine Hills C.C.: Dave Kriak; Bea Andrysco.
Pine Ridge C.C.: Steve Johnston; Susan Klug.
Piqua C.C.: Gene Bayman; Betty Kleinke.

CLUB CHAMPIONS

Pleasant Hill G.C.: Dan Hartenstein.
Pleasant View G.C.: Dale Sampson; Shirley Schmidt.
Possum Run G. & C.C.: Steve Semon; Nancy Jordan.
Rawiga C.C.: Rocky Robinson; Jeanne Pritchard.
Ridgewood G.C.: Don Preising; Carol McManamon.
Riverby Hills G.C.: Mike Katafiasz; Ramona Hock.
Rosemont C.C.: Jerry Sude; Jan Ostrov.
Running Fox G. Cse.: Rick Spires.
Salem G.C.: Daniel Sanor; Edie Welce.
Sebring C.C.: Tim McCabe; Floss Juhn.
Shaker Heights C.C.: Creighton Miller; Nancy Liber.
Sharon G.C.: Barry Terjesen.
Shawnee Lookout G.C.: Bill Blevins; Debbie Peters.
Sleepy Hollow C.C.: Roy Muniz; Margie Stroup.
Sleepy Hollow G.C.: Bill Houle; Janet Scagnetti.
Springfield C.C.: Charles Parsons; Carol Rader.
Spring Valley C.C.: Ken Allen; Joan Werner.
Steubenville C.C.: Howard Peterson; Julie Jack.
Sugar Creek G. Cse.: Ed Troknya; Dolores Clark.
Sugar Valley C.C.: Bo Schulte; Janet Beardsley.
Sycamore Creek C.C.: Terry Pryor; Ann Gregory.
Sylvania C.C.: Ned Barnes; Arlynne Gold.
Tanglewood C.C.: Rick Arredy; Kathy Hays.
The Camargo C.: R.F. Gerwin; Elinor S. Mosher.
The Country Club: George H. Belhobek Jr.; Susan Portmann.
Tippecanoe C.C.: Richard Marlowe; Kay Culichia.
Toledo C.C.: Peter Handwork; Luann Alleman.
Troy C.C.: Joe Goodall; Jane Adkins.
Trumbull C.C.: Charles Cline Jr.; Linda Sudimack.
Turkeyfoot Lake G. Links: Joe Hedrick; Judy Giovainni.
Twin Base G.C.: Bill Shively, Bob Schneider.
Twin Lakes G.C.: Joe Jerger Jr.; Marilyn Stevick Stafford.
Valley G.C.: Bob Perry; Mae Williams.
Valley View C.: Robbin Gardner.
Valleywood G.C.: Larry Leininger; Pat Hoffmann.
Walden G. & Tennis: Doug Havenstein; Liz Butler.
Walnut Grove C.C.: Fred Jefferson; Walter Nelson.
Westbrook C.C.: Jack Miller; Mary Deklyn.
Western Hills C.C.: Tim Diers; Donna Diers.
Wildwood C.C.: Cory Linden; Judy Hughes.
Willard C.C.: Mike Ankrim; Arlene King.
Wooster C.C.: Steve Landers; Cindy Mathis.
Worthington Hills C.C.: Kevin Harmon; Sharon Pecko-Austin.
Wyoming G.C.: Taylor Metcalfe; Susan Stewart.
Yankee Run G. Cse.: Peter A. Sirianni Jr.; Connie Marion.
York Temple C.C.: Chuck Smith; Elaine Greenhalge.

OKLAHOMA

Atoka G.C.: John Simon Jr.
Cedar Ridge C.C.: George Hixon; Carma Grigsby.
Cherokee Grove G.C.: John Bizik; Lenora Rinker.
Elk City G. & C.C.: Craig Martin; Joan Martin.
Elk's G. & C.C.: Marty Askins; Lindsey Barnes.
Fort Sill G.C.: Jeff Wishik; Ann Loftin.
Grants Pass G.C.: Ross Jesswein; Sylvia Voorhies.
Hillcrest C.C.: Dr. Tom Burrts; Mavis Smith.
Indian Springs C.C.: Terry Collier; Linda Morse.
Lake Hefner G. Cse.: Larry Martin; Margaret Howard.
Muskogee C.C.: Courtney Cox; Kay Barker.
Oak Hills C.C.: Jim Kemp; Mercy Lambert.
Oaks C.C.: Ken Albright; Diedra Bailey.
Ponca City C.C.: Chuck Coatney; Jean Morse.
Quail Creek G. & C.C.: Randy Robinson; Lucy Beeler.
Southern Hills C.C.: R. Michael Carter; Mary Lou Scharf.
Tulsa C.C.: Mike Hughett; Trudy McKenzie.
Weatherford G.C.: Maurice Morley.
Wentz Public Cse.: Greg Cartwright; Lucy Souligny.

OREGON

Agate Beach G. Cse.: Paul Patrick; Pearl Burntrager.
Arrowhead G.C.: Gary Logsdon; Mary Pratt.
Astoria G. & C.C.: Mike Graham; Barbara Brown.
Battlecreek G.C.: Chris Horn; Fran Pahl.
Bayou G.C.: Bruce Belt.
Charbonneau G. & C.C.: Toni Conte; Lois Shaff.
Columbia Edgewater C.C.: Randy Mahar; Charisse Spada.
Corvallis C.C.: Bob Peterson; Alice Reynolds.
Crooked River Ranch: Gary Hopson; Roberta Dyer.
Devils Lake G. & Racquet C.: Graham Brunes; Betty Mason.
Emerald Valley G. Cse.: John Bristow; Judy Swadener.
Eugene C.C.: Larry Giustina; Shirley Teutsch.
Forest Hills G.C.: Greg Snider; Marie Keys.
Glendoveer: George Walker.
Gresham G. Links: John M. Kawasoe; Janet M. Avedovech.
Hidden Valley G. Cse.: Alonzo Deross Kinkade; Gail Payette.
Hood River G.: Phil Cannell; Jeannette Bickford.
Lake Oswego G. Cse.: Walt Larson; Louise Hefenieder.
Marysville G.C.: Dennis Naylor; Charlotte Ortman.
Mt. View G.C.: David Coffin; Tana Sanchez.
Orenco Woods G. Cse.: Ken Ferguson; Merle Schumacher.
Oswego Lake C.C.: Rod Livesay; Patty Bethune.
Salem G.C.: Mike Hampton; Lea Frajola.
Summerfield G. & C.C.: Hal Parker; Evelyn Yardley.
Riverside G. & C.C.: Greg Stamatis; June Leitgeb.
Rogue Valley C.C.: Ed Godden; Sue Burnett.
Tokatee G.C.: Bob Brown; Berna Johnson.
Waverley C.C.: David Jacobsen; Dottie Johnson.
Wilson's Willow Run G. Cse.: Brian Hadley; Dennis Gronquist; Emma Docken.

PENNSYLVANIA

Allegheny C.C.: Todd Renner; Carol Semple-Thompson.
Allentown Municipal G.C.: Pete Emigh; Barbara Marchaindo.
Armitage G. Cse.: Steve Fritchey; Donna Zembower.
Aronimink G.C.: Jim Cleary; Pat Howse.
Ashbourne C.C.: Brian Rothaus; Laura Berkowitz.
Bala G.C.: Maurice Schwartz; Coreen McNutt.
Beaver Lakes C.C.: Allen Cegelski; Jodi Figley.
Berkleigh C.C.: Robert Thomas; Mary Beck.
Berkshire C.C.: Jeb Whitman; Susan Robitzer.
Bethlehem Municipal G. Cse. Richard Sabet; Anna Banks.
Blue Ridge C.C.: Andy Panko; Linda Schwab.

CLUB CHAMPIONS

Brackenridge Hts. C.C.: Roger K. Johnson; Mary Di Girolamo.
Broken Tee G.C.: Ron Vuono; Joy Mateleska.
Brookside C.C.: Rich Murphy; Hannie Gross.
Brookside C.C. of Allentown: Skip Taylor; Brennie Morgan.
Bucknell G.C.: Ben Cook; Laura Tyler.
Butler C.C.: George Bilowick; Sally Bilowick.
Carlisle C.C.: Scott Cole; Patti Howell.
Centre Hills C.C.: Don Mooty; Kay Christoffers.
Chartiers C.C.: Steve Foster; Nancy Cox.
Clinton C.C.: Rick Everett; Barb Belle.
Colonial C.C.: Bob Spangler; Beth Ward.
Conestoga C.C.: Dale Goodwin; Mary Beth Filling.
Conewango Valley C.C.: Matt Voigt; Barb Swanson.
Corry C.C.: Bob Cummings; Ann Chillock.
C.C. of Northampton County; Joseph Viechnicki; Midge Kocher.
C.C. of Scranton: John O'Brien Jr.; Lisa Dine.
C.C. of York: Terry Stewart; Connie Shorb.
Eagles Mere C.C.: Bill Albertini; Charlotte Dixon.
Edgewood C.C.: Mark Liggett; Carol Evashavik.
Elk County C.C.: Wayne Egger; Roslyn Gardner.
Erie G.C.: Bob Curry; Sue Lefaiver.
Green Acres G. Cse.: Terry Rochford; Joan Terrill.
Green Hills G. Cse.: Bruce Shollenberger.
Greensburg C.C.: Marie Paulone.
Green Valley C.C.: Robert Dubin; Janice Albert.
Greenville C.C.: Brad Benton; Kim Kocina.
Grove City C.C.: Jim Hagstrom; Lynn Neely.
Hannastown G.C.: John Aber Jr.
Heidelberg C.C.: John Guenther Jr.; Arlene Bausher.
Hershey C.C.: Doug Barton; Celia Jacobs.
Highland C.C.: Sandy Gullo; Diane Antolic.
Hollenback G.C.: Frank Brzycki.
Honey Run G. & C.C.: Eric Manges; Ruth Carazo.
Huntingdon C.C.: Jim Thompson; Jo Ann Oakman.
Huntingdon Valley C.C.: William Hyndman IV; Charlotte Neslie.
Immergrun G.C.: Richard Lipps.
Indian Hills G. & Tennis C.: John Labosky; Mary Ellen O'Brien.
Indian Valley C.C.: Eugene Whelan; Sue Byerly.
Iron Masters C.C.: Dick Diven; Patty Dodson.
Irwin C.C.: George Miller; Carroll Reed.
Jackson Valley C.C.: Dave Ostrander; Nancy Hillard.
Kimberton G.C.: Frank Magee; Dorothy Seitz.
Kittanning C.C.: Bill Noel; Patricia Lewis.
Lake Shore C.C.: Gary Pollock; Kay Mehalko.
Lake View C.C.: Dario Cipriani; Carol Maxwell.
Lancaster C.C.: Bill Grove; Rosa Eshelman.
Latrobe Elks G.C.: Tim Bryan; Donna Smith.
Lawrence Park G.C.: Brett Kieffer; Barb Van Dyke.
Lebanon C.C.: Pete Gebhard; Janet Schulte.
Lehigh C.C.: Bob Beck; Sandy Brokmeyer.
Lenape Heights: Robert K. Mervis; Hannah Cloak.
Ligonier C.C.: Mike Keating; Liz Collins.
Lincoln Hills C.C.: Jeff Hovanec.
Llanerch C.C.: James Robertson; Mary Jo McWilliams.
Longue Vue C.: Joe O'Donnell; Madeline Naser.
Lone Pine G.C.: Tom Lewis; Barbara Bastio.
Lords Valley C.C.: Irwin Rudin; Dolores King.
Lost Creek G.C.: Pete Kohan; Dorene Brackbill.
Manada G.C.: Mel Mahek.
Manufacturers G. & C.C.: George May; Lisa Dooling.
Mayfield G.C.: Dennis McLaughlin; Mickey Rinaldi.
Meadia Heights G.C.: K.J. Stutz; Linda Hevener.
Meadowink G.C.: Chip Swanson; Joyce Somers.
Meadowlands C.C.: Mike Hausmann; Shirley Kanoff.
Melrose C.C.: Frank Tuscano; Kay Neusidl.
Monroe Valley G. Cse.: Larry Lebo; Jan Conrad.
Montour Heights C.C.: Scott Arthur; Marvis Snyder.
Montrose C.: Sam W. Lewis; Donna K. Evans.
Moselem Springs G.C.: Craig H. Johnson; Nancy Codi.
North Hills C.C.: Chuck Dowds; Dot Reutemann.
Norvelt G.C.: Edward Smith.
Oakmont C.C.: Stephen Fuhrer; Caroline Seely.
Oak Terrace C.C.: Lance Eichert; Trish Graff.
Olde Masters G.C.: Bruce Thatcher.
Old York Road C.C.: Bud Seiple; Lynne Kirkpatrick.
Out Door C.C.: Pat Gallagher; Mary Lou Wonderly.
Overlook G.C.: Byron Sprock; Mickey Gockley.
Penn National G. Cse.: Carl Adams; Shirley Dill.
Penn Oaks C.C.: Tom Finn; Sue Thomas.
Pennhills C.: Fred Smith; Justien Frey.
Philipsburg C.C.: Mike Czap Sr.; Jody Harpster.
Philmont C.C.: Bob Levy; Bonnie George.
Pleasant Valley C.C.: Dominic Cesario; Judith Lynn-Craig.
Plymouth C.C.: Paul La Noce; Jean Coe.
Punxsutawney C.C.: John Benson; Helen Johnson.
Radley Run C.C.: Tom Humphrey; Nancy Gallagher.
Radnor Valley C.C.: Howard J. Casper; Judy Lazarus.
Range End C.C.: Kent Ruth; Toni Semanko.
Reading C.C.: John Franco; Jo Ann Heller.
River Forest C.C.: Ronald Pettruny.
Riverview G.C.: Ed Knoll; Shirley Shaffer.
Rolling Hills C.C.: Robert C. MacWhinnie; Marilyn Hamzavi.
Rolling Rock C.: Michael Vittone; Barbara Frazer.
Rydal C.C.: Richard Stern; Rosalie Goldstein.
St. Clair C.C.: Cliff McNary; Sue Laubach.
St. Davids C.C.: Stuart M. Burns; Barbara Schuette.
Sandy Run C.C.: Mike Lombardo, Carol Gallagher.
Saucon Valley C.C.: Robin McCool; Nancy Codi.
Scotch Valley C.C.: Ben DelBaggio; Jane Dillen.
Seven Oaks: Frank Harbist Sr., Iona Miles.
Sharon C.C.: Nick Dzurinda; Harriet Gurska.
Sheperd Hills G.C.: John Elek; Helen Buck.
South Hills G.C.: Francis Skipper; Bonnie Strine.
Spring-Ford C.C.: Kurt Choutka; Jill Cardamone.
State College Elks C.C.: Roy Reeve; Reba Harmon.
Sugarloaf G.C.: Gary Thomas; Kathy Laurenz.
Sunnehanna C.C.: Richard Parcinski; Molly McCann.
Sunnybrook G.C.: J. Kenneth Croney, Jr.; Maisie Barlow.
Susquehanna Valley C.C.: Bill James; Barbara Pagana.
Tanglewood Lakes C.C.: Daniel McKean; Margaret Schuman.
The Country Club: Fred Phillis; Patty Lang.
Towanda C.C.: Mike Davis; Alice Ann Saxe.
Union City C.C.: Barry Sheldon; Shirley Ludwig.
Uniontown C.C.: Jack Connor Jr.; Pat Thompson.
Valley Brook C.C.: Jack Benson; Isabelle Holzapfel.

CLUB CHAMPIONS

Valley Green G.C.: Jeff Van Etten; Millie Sprankle.
Venango Trail G.C.: Mike Metz; Marlene Lotzmann.
Washington C.C.: Emil Battistone; Marian Pirih.
Waynesboro G. Cse.: Faron Stoops.
Waynesborough C.C.: Neil Donovan; Judy Wolstenholme.
West Shore C.C.: R. Scott Christie; Irene Mardis.
White Deer G.C.: Dan Smith; Doris Kissinger.
White Manor C.C.: Don Donatoni; Sue Landy.
Wildwood G.C.: William Lupone Jr.; Karen Snyder.
Williamsport C.C.: W.J. Choate; Carolyn Hume.
Willow Brook G. Cse.: Paul Burda.
Willowbrook C.C.: Bill Shannon; Janet Whitlow.
Willow Hollow G. Cse.: William Katzaman; Wilma Holland.
Wyoming Valley C.C.: John Olszewski; Helen Sologovitch.
Yardley C.C.: Richard Stanford; Barbara Nini.
Yorktowne G.C.: Ray Knaub.

RHODE ISLAND

Alpine C.C.: Alan Santamaria; Denise Armstrong.
Coventry Pines G.C.: Brain Cummiskey; Pat Doyle.
Foster C.C.: Jay Young; Edna Robinson.
Laurel Lane G. Cse.: John Fitzpatrick; Holly Pond.
Metacomet C.C.: John Ritacco; Am Medeiros.
Montaup C.C.: Paul Harrington; Donna Doyle.
Newport C.C.: J. Alan O'Neil.
Pawtucket C.C.: Norman Lutz; Barbara Marceau.
Point Judith C.C.: Fred Schick; Mary Ann Rheinberger.
Quidnessett C.C.: Fran Okeefe Jr.; Claire Haneiwich.
Rhode Island C.C.: Paul Quigley; Nancy Chaffee.
Warwick C.C.: Greg MacIntosh; Betsy Poirier.

SOUTH CAROLINA

Anderson C.C.: Jackie Donnelly; Addie Chapman.
Carolina Shores G. & C.C.: Frank Paladino; Helen Morrison.
Carolina Springs G. & C.C.: Tim Wilson; Betty Shumate.
Cat Island G.C.: Rick Sagar.
Cheraw C.C.: Robby Bennett.
Cobb's Glen: Daniel Seawell; Margaret Dillard.
Coldstream C.C.: Keith Wright; Peggy Rutherford.
C.C. of Lexington: Butch Bledsoe; Mary Parnell.
C.C. of Spartanburg: Billy Hough; Mary Ann Sartor.
Fairfield C.C.: Ernie Hughes; Mary Ann Edenfield.
Green River C.C.: Joe Hendrick.
Kershaw C.C.: Harry Hicks.
Long Cove C.: Chuck Hastie; Mimi Baruch.
Mid Carolina C.: Harry Benenhaley; Lori Ane Perry.
Parris Island G.C.: Ray Broussard; Dea Linda Boren.
Pine Island C.C.: Young Webster; Pat Birkbeck.
Pocalla Springs C.C.: Jimmy Griffin; Betty Killgo.
Ponderosa C.C.: Scott Hendrix.
Sea Pines C.: Robert Mardfin; Jannie Tracy.
Smithfields C.C.: Wayne Rogers; Faye Merritt.
Spring Lake C.C.: Greg Burns; Mary Gover.
Spring Valley C.C.: Gus Sylvan III; Carolyn Braswell.
Star Fort National G.C.: Lewis Rollins; Wanda Rains.
Surf G. & Beach C.: Ray Sessions Jr.; Marie Whitaker.
The Wellman C.: James Guy; Doris Dennis.

Wexford G.C.: Albin Johnson; Barbara Kappler.
White Plains C.C.: Jon Rivers; Wanna McDaniel.

SOUTH DAKOTA

Arrowhead C.C.: Mike Brummer; Sara Bloememdaal.
Brookings C.C.: Dave Oshiem; Jonnie Einspahr.
Cactus Heights: Bruce Lundgren; Sue Peterson.
Central Valley G.C.: Jack Reeve; Mary T. Grogan.
Dell Rapids C.C.: Peter Schmidt; Mary Berge.
Hillcrest C.C.: Jim Binder Jr.
Lake Region G.C.: Dale Christopherson; Elaine Ivers.
Madison G. & C.C.: Don Ihler; Cindy Becker.
Minnehaha C.C.: Tony Butzer; Kyle Robar; Peggy Kirby.
Parkston C.C.: Chuck Zehnpfenning; May Dean Walz.
Scotland G. Cse.: Dean Rettedal; Linda West.
Spearfish Canyon C.C.: Nel Ivers.
Westward Ho C.C.: Steve Jansa; Sarah Egan.

TENNESSEE

Adamsville Recreation Area: Jim McDonough.
Belle Meade C.C.: David Ingram; Lissa Bradford.
Brentwood C.C.: J. Neal Crowe; Marge Shattuck.
Chattanooga G. & C.C.: Neil Spitalny; Nancy Dobbs.
Cleveland C.C.: Jim Scott; Maggie Scott.
Cookeville C.C.: David Draper; Katherine Brown.
Dayton G. & C.C.: Paul Riggs; Jackie Nabors.
Elizabethton G. Cse.: Mark Meredith; Pat Nave.
Farmington C.C.: Jerry E. Ishee II; Pam Reimann.
Fox Den C.C.: Charlie Long; Maggie Axford.
Gatlinburg C.C.: Ken Cheek.
Green Meadow C.C.: Wayne Moore; Margaret Murrin.
Hickory Valley C.C.: Charles Park.
Holston Hills C.C.: Jeff Golliher; Mickey Jackson.
Lawrenceburg G. & C.C.: Nicky Hartsfield; Sara Holt.
Link Hills C.C.: W.T. Daniels; Pam Horne.
Lookout Mountain G.C.: Braden Smyth; Myrna Robinson.
Memphis C.C.: Kirk Bailey.
Moccasin Bend G.C.: Jack Shook.
Morristown G. & C.C.: Dick Ballew.
Nashboro Village G. Cse.: Roger Wald; Martha Parsons.
Nashville G. & Athletic C.: Boyd Johnson.
Smithville G.C.: Bud Denman.
Stones River C.C.: Sam Suppa; Karen Rader.
Whitehaven C.C.: Ken Garland; Claudette Phillips.
Windyke C.C.: David Apperson; Patricia Homstad.
Woodmont C.C.: Mark Doyne.

TEXAS

Amarillo C.C.: Tom Doughtie; Adrienne Burruss.
Atascocita C.C.: Dennis Beverly; Sandy Berger.
Bear Creek G. World: Alan Hess; Loreca French.
Bentwood C.C.: Jim Mundell; Sherry Weatherby.
Bergstrom G.C.: Gary Moore; Edith Franklin.
Borger C.C.: Dale Ray; Judy Gurley.
Canyon Creek C.C.: Mike Hibbison; Pam Murray.
Columbia Lakes: Russ Guenther; Rosa Gernand.
Columbian C.C. of Dallas: Steve Schwartz; Veda Ofseyer.

CLUB CHAMPIONS

Dallas C.C.: Rick Jones; Nancy Swenson.
Dallas Athletic C.: Tim Gamso; Bootsie Robson.
de Cordova Bend C.C.: Jack Fallin; Betty Brock.
Diamond Oaks C.C.: Wayne Wright; Ann Lawson.
El Paso C.C.: Bob Bither; Sandy Aaronson.
Fair Oaks Ranch G. & C.C.: Dave Wagner; Allena Bell Aycock.
Fairway Oaks G. & Racquet C.: Jay Ledford; Jean Dawson.
Floydada C.C.: Jim Fullingim; Vicki Cates.
Friona C.C.: Ricky Roden; Barbara Sanborn.
Gleneagles C.C.: Lloyd Hughes; Barbara Lively.
Graham C.C.: Philip Karper; Peggy Bussey.
Great Hills G.C.: Ron Tallant; Cynthia Cavanaugh.
Hearthstone C.C.: Don Davis; Peggy Hunter.
Hillcrest C.C.: David Belew; Paula Lemons.
Houston C.C.: Bonham Magness; Mary Ann Morrison.
Hunsley Hills G.C.: Scott Smith; Patty Lovelady.
Kelly AFB G. Cse.: P.J. Redmon; Lupe Proctor.
Kingwood C.C.: Duaine Robertson; Ted Fontaine.
Lady Bird Johnson G. Cse.: Don Dittmar.
Lake Kiowa C.C.: Mark Lewis; Carolyn Harper.
Lakewood C.C.: Dan Decker; Gene Evans.
L.B. Houston G.C.: Jesse Rangel.
Los Rios C.C.: Gordon Hesdorffer; Donna Hendricks.
Lubbock C.C.: Steve Long; Marion Barker.
Lufkin C.C.: David McElveen; Judy Smith.
Luling Park G.C.: Domingo Maldonado.
Magnolia Ridge C.C.: Bruce Burnham; Debbie Haynie.
McAllen C.C.: Rhett Morrow; Alla Mae Westbrook.
McCamey C.C.: David Caudle; L'Jean Seilhant.
Mission C.C.: Mickey Jones; Linda Koontz.
Newport C.C.: Gary Leonard; Pat Clark.
Northcliffe C.C.: Gerald Oliver; Sue Nelson.
Northwood G. Shop: Jim Barragan; Alice Clifton.
Oak Grove C.C.: Bobby Leonard; Glenda Blair.
Odessa C.C.: Ron Jumper;.Carol Tidwell.
Pampa C.C.: Clint Deeds; Carol Bush.
Pecan Grove Plantation C.C.: Gene Debons; Ellen Starratt.
Pecan Valley G.C.: Lonnie Reiser; Maria Reyeno.
Plainview C.C.: Jack Williams; Helen McQueen.
Raveneaux C.C.: Dave Narveson; Wynn Bray.
Riverside C.C.: Bill Houston; Kay McKneely.
San Angelo C.C.: Randy Waterhouse; Lynda Hendley.
San Patricio G. Assoc.: Lee Martinez.
Spring Creek C.: Max Tenorio; Virginia Gillihan.
Sugar Creek C.C.: Tom Trigger; Linda Smith.
Tapatio Springs C.C.: Ron Botello, Bob Harding.
Tascosa C.C.: Marvin Dick Jr.; Dee Davidson.
The Dominion C.C.: Gary Verble; Marian Humes.
The Shores C.C.: Brad Gray; Tommie Brian.
The Woodlands C.C.: Mike Booker; Vicki Fullerton.
Trophy Club C.C.: Glenn Brown; Rhonda Glenn.
Underwood G.C.: Marlin Adams; Diann Kaerwer.
Willowisp C.C.: Win Holloway; Julie Smith.
Woodhaven C.C.: Richard Richardson; Muriel Richardson.
Woodlake C.C.: Steve Dunlap; Juanita Wewer.

UTAH

Alpine C.C.: Jeff Snow; Lorraine Acord.

Ben Lomond G. Cse.: Fred Ward; Mary Johnson; Connie LaRose.
Bountiful City G.C.: Win Young; Linda Minhondo.
Brigham City: Mike Stack; Pat Conlon.
Canyon Hills Park: Bruce Bailey; Carol Gee.
Dinaland G.C.: Craig Hart; Linda Floyd.
Golf City: Betty Scholtec.
Hobble Creek G. Cse.: Ron Hitchcock; Barbara Reeve.
Jeremy Ranch C.C.: Robert Logefeil.
Mountain View G.C.: Doug Hickman: Nell Allred.
Oakridge C.C.: Keith Barton; Dorie Davis.
Palisade G. Cse.: Bruce Lindsay; Phyllis Cox.
Park City: John Miller; Jamie Peters.
Pebblebrook: Robert L. Kurz.
Riverside C.C.: John Taylor; Alayne Jeffs.
Roosevelt City G. Cse.: Smiley Denver; Joan Samuels.
Spanish Oaks G. Cse.: Craig Gardner; Dickie Jane Sargent.
Tri-City G. Cse.: Dick Dixon; Debbie Naylor.
Wolf Creek C.C. & Resort: Scott Lindsay; Lajuana Adelt.

VERMONT

Copley C.C.: Mike Richardson; Fluff Reynolds.
Mt. Snow C.C.: Bob North.
Neshobe G.C.: Peter Breen.
Newport C.C.: Gary Girard; Dale Girard.
Orleans C.C.: Gary Girard; Linda Mandros.
Proctor Pittsford C.C.: Merle Schoenfeld; Marge Huntoon.
Rocky Ridge G.C.: Robert Maritano; Ethelyn Bartlett.
Rutland C.C.: John Esterbrook II; Janet Larson.
Sugarbush G.C.: Stuart Libby; Betty Hansen.
Woodstock C.C.: Norm Merrill; Kathy Ford.

VIRGINIA

Carper's Valley G.C.: Gary L. Adams; Grace Boettner.
Caverns C.C.: Ashby Downer; Murph Williams.
Chantilly National G. & C.C.: Tim Vigotsky; Gerry Stanley.
Confederate Hills G.C.: David Newland; Nita Wilkerson.
C.C. of Culpeper: Gary Fleming; Becky Bell.
Countryside G. Cse. Tim Chocklett; Marilyn Bussey.
Dahlgren G.C.: Bob Jerabek; Mary Lou Walsh.
Eagle Haven G.C.: Jack Barrett; Jane Brown.
Elizabeth Manor G. & C.C.: Chip Cutrone; Mary DeJohn.
Farmington C.C.: Larry Hund; Robbye Youel.
Fincastle C.C.: Todd Satterfield; Judy Honaker.
Fredericksburg C.C.: Bob Bradley; Joyce Perrin.
Glenwood G. Assoc.: Wallace Taylor; Beverly McGhee.
Great Oaks C.C.: Charles Creasy.
Herndon Centennial G. Cse.: Tim Hoover.
Hidden Creek C.C.: Dave Spannbauer; Beth MacLean.
Hidden Valley C.C.: Mike Gardner; Dot Bolling.
Holston Hills C.C.: Charles Love; Ginny Williams.
Hunting Hills C.C.: Barry Wirt; Mary Brady.
Indian Creek Yacht & C.C.: Bob Braun; Cindy Braun.
International C.C.: Barret Hubbard; Teddi Kurcaba.
James River C.C.: Robert F. Lanier; Mary Jane King.
Jefferson Lakeside C.: Tony Aguiar.
Lake of The Woods: John Rudy; Marvin Brocken.

CLUB CHAMPIONS

Loudoun G. & C.C.: Jeff Hall; Doris Whitman.
Mill Quarter Plantation: Steve Little; Evelyn Horton.
Millwood C.C.: Chris Levi; Charlotte Milleson.
Monte Vista G. Cse.: Greg Lasley.
Northhampton C.C.: Floyd Robbins; Thelma Hill.
Oakwood C.C.: Stewart Sigler; Joan Jaeger.
Ocean View G. Cse.: Joe Johnson.
Poplar Forest G.C.: Jim Jordan.
Princess Anne G.C.: Billy McClanan; Chris Epperly.
Red Wing Lake G.C.: Ken Reardon; Gwen Bonney.
Richmond C.C.: Steve Harmon; Margaret Balch.
Richwood G.C.: Bill Sheppard.
Roanoke C.C.: John Gregory; Penny Stallins.
Salisbury C.C.: Carl Filipowicz; Diane Carleton.
Saltville G.C.: Bill Woodward.
Spotswood C.C.: Paul Estep; Debbie Bevenour.
Suffolk G. Cse.: Craig Bradley; Helen Rawls.
The C.C. of Virginia: E.C. Darling II.
The Summit G.C.: Dudley Brown; Sue Carpenter.
Tuscarora C.C.: E.F. Jones Jr.; Glena Buchanan.
Williamsburg C.C.: Nelson West; Maggie Willoughby.
Willow Oaks C.C.: Mike Pratt; Genevieve Smith.
Winchester C.C.: Park Plumly; Pat Boyd.
Woodside C.C.: Michael Sheehan.

WASHINGTON

Atsugi G. Cse.: Steve Martin; Karen Lindwall.
Bellingham G. & C.C.: Rick Weihe; Pat O'Brien.
Broadmoor G.C.: Edean Ihlanfeldt.
Brookdale G. Cse.: Chuck Curtis; Renee Simon.
Canyon Lakes G.C.: Kim Brock; Loree Hayes.
Carnation G. Cse.: Phil Tom; Kathy Reasor.
Colfax G.C.: Steve Olson; Ber Brannan.
Ellensburg G. & G.C.: Lynn Jenison.
Esmeralda G.C.: Clay Littel; Mollie Sullivan.
Everett G. & C.C.: Herb Knudson Jr.; Dee Hanich.
Ft. Steilacoom G. Cse.: Dwain Wier; Ann Torrence.
Fircrest G.C.: Scott Shelton; Dana Heffernan.
Fort Lewis G. Cse.: Danny Parrett; Yuki Endo.
Glen Acres G.C.: Stan Strelau; Harriet Porter.
Glendale C.C.: Chris Frost; Joyce Birkland.
Grays Harbor G.C.: Don Scott; Doris McGuire.
Hi-Cedars G. Cse.: Ed Rushton; Shirley Muhich.
Lake Limerick C.C.: Bob Jacobs; Mary Lou Nault.
Lake Spanaway G. Cse.: Rich Hagen; Renee Simon.
Lake Wilderness G. & C.C.: Carl Juengst; Gail Kidd.
Liberty Lake: Randy Allen; Sandy McLaughlin.
Lower Valley G.C.: Del Rankin; Marlana Williams.
Manito G. & C.C.: Gary Floan; Dru Howell.
Meadow Springs G.C.: Dick Cartmell; Ethel Boothe.
Mint Valley G. Cse.: Jay Gurrad.
Northshore G.C.: Bart Turchin; Donna Zak.
Oakbrook G. & C.C.: Terry Spiegelberg; Jane Cook.
Oroville G.C.: Sam Sneve; Donna Winslow.
Othello G. & C.C.: Lew Johnson; Ruth Livezey.
Riverside G.C.: Russ Koch; Debbie Everly.
Royal Oaks C.C.: Ron Garland; Joan Forrester.
San Juan G. & C.C.: Burrell Osburn; Lottie Cain.
Seattle G.C.: Jack Lamey; Tooey Clifford.
Semiahmoo C.C.: Brian Bateman; Joan Bateman.
Similk G. Cse.: Doug Bryson; Lorraine Parent.
Snohomish G. Cse.: Paul Meyer; Jan Shepply.

Snoqualmie Falls G. Cse.: John Irvine; Laurine Law.
Sun Dance: Larry Rayburn; Helen Bean.
Sunland G. & C.C.: McCoy Smith; Pat Harrop-Schumacher.
Useless Bay G. & C.C.: Ralph Merris; Shirley Laws.
Walla Walla C.C.: Bill Fleenor; Jane Wilkins.
Wandermere G. C.: Steve Lucas; Eileen Hargrove.
Wayne G. Cse.: Travis Cox; Anna Porteous.

WEST VIRGINIA

Bluefield C.C.: Charles Bartley III; Phyllis Scales.
Bridgeport C.C.: Jim Goodwin; Cheryl Darden.
Buckhannon C.C.: Jerry Westfall; Jean Harris.
Cacapon State Park: Bob Vaughn.
Edgewood C.C.: Tom Mollencop; Susie Mollencop.
Green Hills C.C.: Bob Ramsey; Gloria Wilson.
Guyan G. & C.C.: Steve Fox; Becky LePanto.
Hidden Valley C.C.: Tim Kinsey; Julia Slone.
Parkersburg C.C.: Jim Fankhauser; Maxine Gilmore.
Pines C.C.: Jack Forbes; Lil Massinople.
Pleasant Valley C.C.: Ron Ard; Ann Clayton.
Pocahontas C.C.: Shawn Ervine.
Princeton Elks C.C.: Chris Woolwine; Marie Anderson.
Riverside G.C.: Patrick O'Brien; Diana Bookin.
Scarlet Oaks C.C.: Bob Lemley; Darlene Ball.
Wheeling C.C.: A.J. Gray Jr.; Nancy Boury.
White Oak C.C.: Scott Lancianese; Nancy Kinciad.
Williams C.C.: Howard Peterson; Mrs. George Fogleman.
Woodview G. Cse.: Dean Davis.
Worthington G.C.: Larry McCloy; Betty Rolfe.

WISCONSIN

American Legion G. Cse.: James Lombardo Jr.; Marcia Pekar.
Big Foot C.C.: Dick Pfeil Jr.; Jana Brinton.
Black Hawk C.C.: Mike Murphy; Tina Peterson.
Branch River C.C.: Gordy Weber; Kay Anhalt.
Brown County: John Allen; Karen Strand.
Brynwood C.C.: Jeff Wagner; Barbara Boxer.
Butte des Morts G.C.: Dave Benson; Betts Winsor.
Cherokee C.C.: Jeff Wolf; Carol Greig.
C.C. Beloit: Bob Partridge; Darlene Weaver.
Edelweiss Chalet C.C.: Stu Glover; Doris Jeglum.
Johnson Park G. Cse.: Mike Partl; Marge Anderson.
Lac La Belle C.C.: Scott Heuler; Mame Redman.
Lacrosse C.C.: Don Nontelle; Sylvia Yutuc.
Lake Beulah C.C.: Bill Pfeiffer; Betsy Norcia.
Lake Park C.C.: Robert Otto; Cathy Jo Johnson.
Lake Shore Municipal G. Cse.: Jerry Ratchman; Ellie McClone.
Lake Wisconsin C.C.: Steve Meyer; Phyllis Grotjahn.
Little River C.C.: Bob Koehn.
Luck G. Cse.: Chuck Cogswell; Julie Hallberg.
Marshfield C.C.: Tim Wilke; Anna Acker.
Mayville G.C.: Stu Strook; Julie Simonis.
Meadowbrook C.C.: Bill Dorece; Rosemary Dorece.
Mee-Kwon G.C.: David Bruce; Mary Jo Anzia.
Mellen C.C.: Troy Heglund; Joyce Pound.
Merrill Hills C.C.: Jeff Ausen; Judy Genrich.
Milwaukee C.C.: Michael Dailey; Lainie Marshall.
Monroe C.C.: Dave Rufenacht; Jane O'Neill.

CLUB CHAMPIONS

Mound View G.C.: Tom Beversdors; Barbara Morgan.
Muskego Lakes C.C.: Scott Meadows; Mary Fink.
Nagawaukee G. Cse.: Curt Culver.
Nakoma G.C.: Dave Spengler Jr.; Gert Royko.
Nemadji G. Cse.: Brad Larson; Ann Dodge.
New Berlin Hills G.C.: Phil Toussaint; Ruth Jacob.
New London C.C.: Ted Huber; Judy Schomisch.
Northbrook C.C.: John Haack; Flo Denessen.
North Hills C.C.: Tom Carroll; Katy Levenhagen.
North Shore C.C.: Mike Stolz; Carolyn Townsend.
North Shore G.C.: Jim Rudolf; Ruth Seager.
Old Hickory G.C.: Wayne Siegfried; Dawn Kaiser.
Oneida G. & Riding C.: Peter White; Tina Gnewuch.
Oshkosh C.C.: Dennis Pieper; Kay Zimmerman.
Ozaukee C.C.: Richard Sucher; Barbara Calvano.
Pine Valley G. Cse.: Mose Sparks; Annette Green.
Pinewood C.C.: Steve Johnson; Joan Walters.
Quit-Qui-Oc G.C.: Tom Weedman; Char Weaver.
Racine C.C.: Allen Christ; Chris Jacob.
Reedsburg C.C.: Mark Volk; Jan Nicolaisen.
Reid Municipal G. Cse.: Pete Benson.
Rhinelander C.C.: Charles Kovala; Bev Marko.
Richland C.C.: Rob Burnham; Yvonne Blanchard.
Ridgeway G. & C.C.: Dave Parker Jr.; Darcy Madden.
South Hills C.: Dave St. Peter; Laura Scheibach.
Stevens Point C.C.: Jeff Bisbee; Sue Schmidtke.
Stoughton C.C.: Tom Thies; Ginny Benson.
Tanglewood of Menomonie: Steve Dahlby.
Thal Acres C.C.: Bob Tadman; Pat Hilgendorf.
Timber Ridge C.C.: Don Teubel; Gloria Brauer.
Tripoli C.C.: Robert G. Weber; Diana Weber.
Tumblebrook C.C.: John Van Blarcum; Helen Ferdenban.
Turtleback G. & C.C.: Jim Ihm; Mary Hubler.
Utica G. C.: Rick Dowland; Jeanette Diakoff.
Ville du Parc C.C.: Allan Adzima; Mary Kittell.
Viroqua C.C.: Dewey Fortney; Cindy Hill.
Waupaca C.C.: Al Clark; Bonnie Hollnbacher.
Watertown C.C.: Jim Wade; Jeanne Hackbarth.
Wausau C.C.: John Laehn; Pat Wiasbinski.
West Bend C.C.: Peter Ketter; Marilou Chapman.
Yahara Hills G. Cse.: Jim Wahl; Nancy Anthony.

WYOMING

Buffalo G.C.: Jeff Rafferty; Sandy Poirot.
Cottonwood C.C.: Don Schmer; Helen Fitch.
Legion Town C.C.: Tom Sullivan Jr.; Alice Stump.
Olive Glenn C.C.: Dave Balling; Phyl Shaw.
Powell C.C.: Tom Case; Mary Rickert.
Sheridan C.C.: Frank Shaffer Jr.; Mary Amundson.

CANADA

Amherstview G.C.: Alex MacMillan; Cathy Bacon.
Assiniboine G. Cse.: Bill Browne; Willie Leckie.
Bayview C.C.: John Mealia; Stacey Mahoney.
Board of Trade C.C.: Marvin Glazier; Estelle Grosberg.
Burlington G. & C.C.: Alistair Orr; Jackie Rosart.
Canmore G.C.: Wally Bryson; Nancy Riva.
Carleton G.C.: Lyle Alexander; Linda Stephenson.
Cedarbrook G. & C.C.: Derek Schwartz; Carole Kerr.
Cherry Downs G. & C.C.: Ash Chinner; Sheila Spinks.
Club de Golf Alpine: Michel Thomassin; Anne Chouinard.
Club de Golf Islesmere: Alain Lanthier; Micheline Dundon.
Club de Golf L'Esterel: Nicole Montpetit.
Conestoga C.C.: Dave Hollinger; Shirley Straussberger.
Credit Valley G.C.: Paul Garbutt; Marilyn Rea.
Deer Park G.C.: Ivan Richards; Sylvia Gay.
Doon Valley G.C.: Rick Lamourga; Andrea Hellyer.
Dundee G. & C.C.: Kevin Dallien; Linda MacAskill.
Eden G. & C.C.: Bobby Neville; Eva Critchley.
Edmundston G.C.: Brian McAlary; Ghislaine Theriault.
Elks G. & C.C.: Dwight Sandquist; Marilyn O'Connor.
Fredericton G. & Curling C.: Ernie MacKinnon; Kathy Meagher.
Glendale G. & C.C.: David Wolch; Bev Margulius.
Greenhills C.C.: Aeneas Macrae; Susan Desmond.
Greenwood G. Cse.: Ted Ellis; Avril A.H. Moore.
Highland C.C.: Kevin Breivik; Cheryl Collister.
Hollinger G.C.: Mitch Beaulieu; Mary Solomon.
Humboldt G.C.: Dennis Klimosko; Myrna Ruthven.
Indian Creek G. & C.C.: Paul Canniff; Doreen Morris.
Ki-8-Eb C.C.: Stephane Pellerin; Debbie Morel.
Ken-Wo: Gerry Owen Elliott; Winnie Horton.
Le Club Laval-Sur-Le-Lac: Jean C. Leblanc Jr.; Carol Ann Pagotto.
Lorraine G.C.: Gaston Ladouceur; Manon Sicotte.
Lynn Meadows G. & C.C.: Fred Gammage; Jackie McGillivray.
Maple Downs G. & C.C.: Tom Meyer; Stella Pizel.
Mayfair G. & C.C.: Laurie Scott; Linda Smith.
Midland G. & C.C.: Jeff Bales; Linda Haig.
Mount Bruno C.C.: Robert Hope; Christine Hogan.
Murray G. Cse.: Kevin Fox; Vivian Holizki.
Nanticoke G. & C.C.: Rocki Smith; Virginia Martin.
Niagara-on-the-Lake: Mark Derbyshire; Carol Bahnuk.
Oakview G. & C.C.: Bryon Loeppky; Angela Martens.
Peace Portal G.C.: Grant Neidig; Doreen Riley.
Phantom Lake G.C.: Art O'Donnell; Judy Maitland.
Port Colborne C.C.: Bob Goss; Robin Wilson.
Prescott G.C.: Jim MacKay; Candy Alexander.
Prince George G. & Curling C.: Dave Gray; Kathy Mears.
Prince Rupert G.C.: Layne Young; Pam Hays.
Revelstoke G.C.: Bill Rudyk; Doreen Butterworth.
Richelieu Valley G.C.: Luc Distasio; Terrie Brecher.
Ridgetown G.C.: Don Moore.
Riverside C.C.: Phil McClure; Mary Ellen Driscoll.
Riviere du Loup: Adrien Chouinard; Nicole Reny.
Rosedale G.C.: Jamie Robertson; Colleen Carmichael.
Royal Ottawa G.C.: David Ferries; Margot Currie.
St. Catharines G. & C.C.: Dave Earley; Helen Chyplik.
Sarnia G. & Curling C.: Dan Houlihan; Shirley Wilson.
Seaforth G. Cse.: Kenneth L. Doig Sr.
Shaganappi G.C.: Bob Scott; Flo Ramsbottom.
Shaughnessy G. & C.C.: Dave Douglas; Brenda Wallace.
Shelburne G.C.: Rob Thackeray; Barbara Holmes.
Stark's G. Cse.: Glenn Ross; Juliet Vanleuvenhage.
Sutton G.C.: Guy Boisvert; Gilberte Gamache.
The C.C. of Montreal: Frances Graveline; Louise LaRochelle.

MISCELLANEOUS CHAMPIONS

The Hermitage C.: Gregor Angus; Patti Macauley.
The Royal Montreal C.C.: Harvey Jaster; Diane Drury.
The Vernon G.C.: Jean-Paul Duranleau; Jacqueline Little.
Twin Lakes G. & C.C.: Gerry Thurlow; Judy Jones.
Victoria G. Cse.: Roger Lundberg; Susan Lentle.
Victoria Park G.C.: Paul De Corso; Grace Steffler.
Westfield G. & C.C.: Greg Fanjoy; Cecelia Duncan.
Wildwood G.C.: Jeff Hoffort; Emily Matheson.
Wyldewood G. & C.C.: Kevin Paterson; Lynne Fraser.

FOREIGN

Berwind C.C.: Rafael Toro; Franchesca Piluso.
Clark G. Cse.: Greg Brown; Carmel Sniffen.
Heidelberg G.C.: Mark Malcolm; Dee Laughlin.
Luford Cay C.: Brendan Lynch; Frances Martin.

1986 MISCELLANEOUS CHAMPS PRO AND OPEN EVENTS
MEN

AL GIUSTI MEM.: Jeff Bloom (am.).
CAROLINAS OPEN: Rodney Morrow.
CAROLINAS PGA SR.: Hamp Auld.
CARSON CITY OPEN: Larry Babica.
CHRYSLER CUP: U.S. 68½, Int'l 31½.
DAIWA T of C: Wendell Tom (am.).
DODGE CHARITY CL.: Mike Burke Jr.
FLORIDA SR. OPEN: Jim King.
GR. ERIE CHARITY CL.: Lee Trevino.
IZOD INT'L: Jay Overton.
JERRY FORD INV.: Craig Stadler.
LAKE HAVASU OPEN: Bob Betley.
LONG ISLAND OPEN: Rick Vershure.
LONGSHOT WORLD: Eamonn Darcy.
MAUI OPEN: Clyde Rego.
METRO (N.Y.) OPEN: David Glenz.
LOWCOUNTRY OPEN: Ray Freeman.
MICHELOB CL.: Jamie Howell.
MID PAC OPEN: David Ishii.
NAT'L LONG DRIVING: Art Sellinger.
NEW ENGLAND OPEN: Andy Morse.
NISSAN CL.: David Glenz.
NW OPEN: John DeLong (am.).
OLDSMOBILE SCRAMBLE: (Pros) Dave Barr and Ivan Smith; (ams.) Tony Clark, Tom Watson, Ron Leady and Gene Hartley.
PEARL OPEN: Akiyoshi Ohmachi.
PGA ASS'TS: Robert Thompson.
PGA CLUB PROS: Bob Lendzion.
PGA CUP MATCH: U.S. 16, G.B.-Ire. 9.
PGA MATCH PLAY CH.: Bob Menne.
PGA QUARTER CENTURY: Gene Borek.
PGA SR.-JR.: Rollie Schroeder/Ray Freeman.
PGA SRS.: Jim King (overall). Other age groups: Paul O'Leary, Ray Montgomery, Monte Norcross; Walter Ambo (overall 70); Clarence Doser, Kenneth Milne and Harry Moffitt.
PGA WORLD HALL/FAME: Gibby Gilbert.

PGA STROKE PLAY CH.: Ed Dougherty.
PHILADELPHIA OPEN: Ed Dougherty.
QUEEN MARY OPEN: Jeff Wilson.
SAN BERNARDINO OPEN: Ted Carney.
RAINIER LILAC OPEN: Chris Mitchell.
SAM SNEAD CL.: Al Besselink, with Dick Siemens, Reg Miller and Abe Blumenfeld.
SIERRA-NEVADA OPEN: Randy Norvelle.
SKINS GAME: Fuzzy Zoeller ($370,000), Lee Trevino ($55,000), Arnold Palmer ($25,000), Jack Nicklaus ($0).
SOUTHERN CALIF. OPEN: Jim Woodward.
SOUTH FLORIDA OPEN: Richard Loy.
SOUTHERN UTAH SUN CL.: Bob Betley.
SPALDING INV.: Tim Norris.
SW KAN. PRO-AM: Bryan Norton.
UNIONMUTUAL SRS.: Arnold Palmer.
WESTCHESTER OPEN: Billy Britton.
WEST N.C. OPEN: Waddy Stokes.
WEST PALM BEACH INV.: Dana Quigley.
WILSON/PGA CLUB PRO: Ed Dougherty.
YAMAHA CL.: Gary Robinson.

WOMEN

CAROLINAS OPEN: Tammie Green
PLANTATION INN OPEN: Kim Bauer.
FLORIDA OPEN: Michelle Bell.

MEN AMATEURS
NATIONAL

ARMED FORCES: Steve Wimmer.
DU PONT WORLD HANDICAP: (Hdcp. 0-7) Bobby Crowley; (8-9) Larry Wireman; (10-11) Jerry Hiltunen; (12) Douglas Fox; (13) David Dameron; (14) Jim Corbin; (15-16) Randy Hoback; (17-18) Jerry Wisdom; (19-21) Bill Baker; (22-36) Kent Henshaw. Senior men: (0-11) Wynn Cannon; (12-15) Jack Collins; (16-19) Tom Portanova; (20-36) Fred Martinez.
GOLF ARCHITECTS: Ken Dye Jr.
GOLF SUPERINTENDENTS: David B. Oliver.
GOLF WRITERS: Steve Kelly, Springfield (Mass.) Union.
HALL OF FAME CL.: (Indiv.) Willie McCovey. (Team) Brooks Robinson, Michael White, Ray Peterson and Roy Evans.
MAZDA INT'L AM.: (Indiv.) Richard Eldridge. (Team) U.S.
NAT'L AMPUTEE: Corbin Cherry.
NAT'L LEFT-HANDERS: Al Jernigan; Sr. Div., Ken Weavil.
U.S. BLIND: Pat W. Brown Jr.

EAST

ANDERSON MEM.: J.P. O'Hara and Neil Christie
BALTUSROL INV.: Randy Sonnier and Bill Pelham
CRUMP CUP: Jay Sigel.
FRANCIS OUIMET MEM.: Jason Cook.

MISCELLANEOUS CHAMPIONS

HAVEMEYER INV.: Scott Hawkins
HORNBLOWER: Steve Tasho.
MASSACHUSETTES MID-AM.: Joe Keller
METRO (N.Y.) G.A.: George Zahringer III (match); John Baldwin (stroke)
METRO (N.Y.) FATHER-SON: Bob and Brian Soldon.
METRO (N.Y.) PUBLINX: Charles Cowell.
NEW ENGLAND AM.: Tim Petrovic
NEW HAMPSHIRE MID-AM: Danny Arvanitis.
NEW JERSEY MID-AM: Allan Small.
NEW JERSEY PUBLINX: Jeff Thomas.
NEW YORK MID-AM: Ken Andrychak.
RICHARDSON MEM.: Bill Hadden III.
WALTER J. TRAVIS INV.: Jim Kilduff.
WESTCHESTER AM.: Jon Doppelt.

SOUTH

ATLANTA AM.: Jon Hough.
ATPS: Bill McDonough (stroke); Greg Weber (Match).
CAROLINAS AM.: Art Roberson.
CAROLINAS 4-BALL: Bill Plyler and Jim Grainger.
CAROLINAS FATHER/SON: Steve Jr. and Steve Isley.
CAROLINAS MID-AM.: Bob Varn.
CROSBY: Jan Stenerud and Norm Johnson.
FLORIDA 4-BALL: Rick Sansing and Bill Geppert.
FLORIDA MID-AM.: David Smith
FLORIDA HANDICAP CH.: Bill Baxter.
GASPARILLA INV.: Peter Williams.
GEORGIA MID-AM.: Allen Doyle.
GREENSBORO CITY: Charles Smith.
HENRY HOMBERG: Colin Montgomerie.
KINGSMILL 4-BALL: Walter Hall and Lennie Younce.
LEFTY-RIGHTY: Buddy Hopkins and Doug London.
MID SOUTH AM.: Chris Dalrymple.
MID SOUTH/MID AM. 4-BALL: Jim Patti and Ray Newsome.
PALM BEACH CO. MID-AM.: Tom Knapp.
PALM BEACH CO. 2-MAN TM.: Bill McDonough and David Breen.
ROSE CITY AM.: Ron Tumlin.
SOCIETY OF MID-AMATEURS: John Paul Cain.
SOUTH CAROLINA 4-BALL: T.D. Todd and Walt Todd.
TOURNAMENT OF AMERICAS: (Indiv.) Jorge Coghlan, Mexico. (Team) Mexico.
VIRGINIA MID-AM.: Neff McClary.

MIDWEST

BOBBY JONES OPEN: Bob (Tyree) Jones.
CHICAGO DIST.: Paul Hindsley.
OHIO MID-AM: Bud Pipoly.
TRANS-MISS BEST BALL: Kent Richardson and Bud Ardell.
WISCONSIN MID-AM: Paul Loth.

WEST

N. CALIF. AM.: Kevin Sutherland.
N.CALIF. MASTERS: Marshall Gleason.
N. CALIF. PUBLINX: Terrence Miskell.
OREGON T of C: Jim Pliska.
S. CALIF. AM.: David Sheff.
S. CALIF. MID-AM.: Sandy Galbraith.

SUN BOWL ALL-AMER.: Bill Mayfair.
TEXAS MID-AM.: Mike Hoyle.

WOMEN AMATEURS
NATIONAL

ARMED FORCES: Paula Watai.
DU PONT WORLD HANDICAP: (Hdcp. 0-23) Stephanie Jenis; (24-40) Mari Somekawa.
MAZDA INT'L: (Indiv.) Emiko Miki. (Team) Indonesia.
NAT'L LADIES CLUB: Dede Hoffman.
PALM BEACH POLO 4-BALL: Renee and Diane Headings.

EAST

NEW ENGLAND AM.: Barbara Young.
WOMEN'S METRO (N.Y.) G.A.: Jean Bartholomew (match); Margaret Platt (stroke).
WOMEN'S METRO (N.Y.) NET TM.: Mary Marino and Mary Acerbo.

SOUTH

BROWARD AM.: Leslie Shannon.
CAROLINAS AM.: Dori Bryant.
CAROLINAS 4-BALL: Leslie Brown/Kelly Beck.
JUICE BOWL INV.: Paula Garzotta.
OCEAN STATE BANK BEACHES: Susie Snead.
PALM BEACH COUNTY: Pam McCloskey.
TRI-COUNTY: Taffy Brower.

WEST

JENNIE K. WILSON INV.: Sherrie Sue.

SENIORS
MEN

AMERICAN: Bob Rawlins.
AMER. BETTER-BALL: Allan Sussel and Jim Wilson.
BELLEAIR: Bud Chapman.
BREAKERS: Leonard Napoli.
CAROLINAS G.A.: Don Adderton.
CAROLINAS 4-BALL: John Pottle and George Pottle.
CURTIS PERSON: Jim Kirk.
EASTERN: Richard Remsen.
FLA. G.A. 4-BALL: Bo Williams/Fred Davis.
GIDDINGS CUP: Bill Henry/Leo Kubiak.
GREAT LAKES: Fred Zinn.
GUADALAJARA: John Kline.
HOLIDAY: Gene Fisher.
LEGENDARY: Lew Oehmig.
METRO (N.Y.) G.A.: Art Thomas.
N. CALIF. G.A.: Lyle Gray.
PACIFIC NORTHWEST: Dale Bennett.
PALM BEACH COUNTY: Bill Whitaker.
SR. MASTERS: Bob Rawlins.
SR. HALL OF FAME: Jim Frost.
SOCIETY OF SRS.: Ed Tutwiler.
SOCIETY OF SRS. 4-BALL: Dale Morey/Bob Rawlins.
S. CALIF. G.A.: John Richardson.

MISCELLANEOUS CHAMPIONS

S. CAROLINA G.A. BETTER-BALL: Bernard Jones/Ray Harris.
U.S. SR. CHALLENGE: Grandmasters, John Miller; team, Florida. Governors, Bob Rankin; team, Tenn.
WESTERN G.A.: Tom Forkner.
WILD DUNES: Bob Rawlins.
WORLD SR.: Hong Soo Kim; team, Taiwan.

WOMEN

BREAKERS: Gloria Hegeman.
CURTIS PERSON: Emily Borba.
INV'L MATCH: U.S. 8, Europe 4.
MAZDA INT'L: Els Wowor.
NORTH AND SOUTH: Ceil Maclaurin.
PACIFIC NORTHWEST: Edean Ihlanfeldt.
PALMETTO DUNES: Ceil Maclaurin.
USGA: Constance Guthrie.
WESTERN: Constance Guthrie.
WOMEN'S SOUTHERN: Nita McMaster.

JUNIORS

BOYS

ALL-AMER. PREP: Gene Beard.
*AMER. JR. CL.: Bryan Pemberton.
ATLANTIC INT'L: David Patterson (15-17); Anthony Mocklow (18-21); Timothy Tetlow (13-14); Duncan Zelkin (11-12); Craig Watner (10-under).
BIG "I": Chris Smith.
*BLUEGRASS: Jerry Hounchell
BOBBY BOWERS: David Patterson.
BOBBY GORIN: David Patterson.
BUBBA CONLEE: Doug Barron.
BUBBY WORSHAM: Jon Hurst.
CAROLINAS GA: Brian Craig.
CHAS. TURNER: Marc Carter.
CHICK EVANS: Matt Ewing.
DEWEY RICKETTS: Chris Travis.
DIFFENBAUGH T of C: Jon Hurst.
DON McNAB: Mark Dunn.
DONALD ROSS: Doug Stone.
DORAL: John Tighe.
DOUG SANDERS: Alan Tait, Europe.
*FAIRWAY OAKS: Craig Reed.
*FRENCH LICK: Tim Cruikshank.
FUTURE MASTERS: Andrew Purnell.
*GR. LAKES BUICK: Duke Donahue.
*HUDSON: Phil Mickelson.
ILL. T of C: Brett Packee.
INT'L JR. CL.: Hiroshi Matsuo.
INT'L JR. MASTERS: Chris Cain.
JC PENNY MIXED TM.: Steve O'Neil and Gia Kronske.
JOHN DROPPING: Patrick Brownfield.
JR. CITRUS: Eric Williams.
JR. MASTERS: Mike O'Connell Jr.
JR. RICE PLANTERS: Jamie Wilhelm.
KEYSTONE: John Lynch.
*LAKE TAHOE: Bob May.
*LA PALOMA: Phil Mickelson.
LEON SIKES FATHER/SON: Charlie and Brian Phillips.

LITTLE PEOPLES: Bill Hoefle (16-17). Other age groups: Mark Voeller, Brad Adamonis, Mayson Petty, Justin Keillor, Jason Hansen and Justin McKenney.
*MERIDIAN WESTERN: John Nyuli.
METRO (NY) GA: Adam Spring.
MET. (NY) PGA: Larry Tedesco.
MIDDLE ATLANTIC GA: Tom Iredell.
MID PINES: Larry Godwin (16-18); Jason Widener (13-15); Brian Brown (10-12); Seth Marshburn (9-under).
*MIDWESTERN: Duke Donahue.
*MISSION HILLS: Scott Frisch.
NAT'L JR. INV: Richard Clark.
NORTH & SOUTH: Francis Holroyd (16-17); Bobby Tracey (14-15); Nicholas Clinard (12-13); Brian Newton (10-11); Thomas Parker (9-under).
NORTH STATE: Steve Isley.
N. CALIF. GA: Mark Waller.
*NORTHERN: Kyle Jerome.
*OKLAHOMA: Robert Dugger.
OPTIMIST: Carito Villaroman (15-17); Warren Schutte (13-14); Chris Riley (11-12); Jaysen Manula (10-under).
*OYSTER REEF: William Lanier.
PACIFIC NW: Tim Cruikshank.
PALM BEACH: Erik Kauppinen.
PGA NAT'L: Brian Montgomery
*PINEHURST: Harry Rudolph.
SALISBURY: Thomas Bibb.
*SANDESTIN: Rob McKelvey.
*SAVANNAH: Kyle Jerome.
SOUTH ATLANTIC:
S. CALIF. GA: Kevin Eden.
SOUTHEASTERN: Jamie Burns.
SOUTHERN: Todd Sherman (17-18); Steve Metz (19-20); Shane Supple (15-16); Bobby Tracy (14-under).
*SOUTHWESTERN: Scott Frisch.
TARHEEL: Jeff Barth.
TEXAS-OKLA.: Randy Kirbo.
TOMASSELLO: Tom Richards.
*T OF C: Phil Mickelson.
*USF&G: Steve Runge.
WESTCHESTER: Louis Stein.
WESTERN: Jon Worrell.
WHISPER. PINES TALL PINES: Emlyn Aubrey. ('85)
WHISPER. PINES XMAS: Paul Garcia.
*WOODLANDS: Scott Frisch.
  *AJGA Tournaments.

GIRLS

ALL-AMER. PREP: Krista Tucek.
*AMER. JR. CL.: Stefania Croce.
ATLANTIC INT'L: Christine Decarie (18-21); M. Larivee (16-17); Alisa Hardy (13-14); Lisa Penske (11-12).
ARIZ. SILVER BELLE: Melanie Warmath (18-19); Marilyn Horne (20-24); Amy Fruhwirth (16-17); Brandie Burton (14-15); Heidi Voorhess (12-13); Maisie Knoell (10-11).
*BLUEGRASS: Vicki Goetz.
BOBBY BOWERS: Karen Jefferson

MISCELLANEOUS CHAMPIONS

BUBBA CONLEE: Anne Cain.
DON McNAB: Laura Brown.
DORAL: Lisa Nedoba.
*FAIRWAY OAKS: Kathy Highfill.
*FRENCH LICK: Lisa Jo Brandetsas.
*GR. LAKES BUICK: Kelly Robbins.
*HUDSON: Kristin Parker.
INT'L JR. CL.: Michelle McGann.
JR. CITRUS: Barbara Harrison.
JR. MASTERS: Cindi Watson.
KEYSTONE: Lynne Aubrey.
*LAKE TAHOE: Amy Fruhwirth.
*LA PALOMA: Tina Trimble.
LITTLE PEOPLES: LaRee Sugg (16-17). Other age groups: Rachel Bell, Shani Roth, Heather Hoffman, Katie Dunkelbarger, Katie Sowerwine and Ericka Hansen.
LEON SIKES FATHER/DAUGHTER: Robert and Lisa Nedoba.
*MERIDIAN WESTERN: Adele Moore.
MET. (NY) PGA: Michelle Robinson.
MID PINES: Sonja Simkins (16-18); Ray Bell (13-15).
*MIDWESTERN; Debbi Koyama.
*MISSION HILLS: Debbi Koyama.
MISSION INN: Susan Veasey.
NORTH & SOUTH: Shirley Trier (16-17); Ray Bell (14-15); Lauren Stivers (12-13); Heather Hoffman (11-under).

NORTH STATE: Kim Byham.
N. CALIF. GA.: Donna Lippstreau.
*NORTHERN: Kelly Robbins
*OKLAHOMA: Cynthia Mueller.
OPTIMIST: Michele Lyford (15-17); Brandie Burton (13-14); Leanne Wong (11-12); Jan Kotoshirodo (10-under).
*OYSTER REEF: Vicki Goetze.
PACIFIC NW: Sonja Simkins.
PALM BEACH: Michelle McGann.
PGA NAT'L: Adele Moore.
*PINEHURST: Kathy Highfill.
SALISBURY: Susan Slaughter.
*SANDESTIN: Krystal Kennedy.
*SAVANNAH: Vicki Goetz.
S. CALIF. GA: Lita Lindley.
*SOUTHWESTERN: Adele Moore.
TARHEEL: Donna Martz.
TEXAS-OKLA.: Cathy Moore.
TOMASSELLO: Carole Speer.
*T OF C: Amy Fruhwirth.
USF&G: Tina Trimble.
WESTERN: Adele Moore.
WHISP. PINES TALL PINES: Paula Brzostowski ('85).
WHISP. PINES XMAS: Barbara Koosa.
*WOODLANDS: Amy Fruhwirth.
   *AJGA Tournaments.

CHAPTER 12

BIOGRAPHIES OF TODAY'S LEADING PROFESSIONALS

Men Professionals	330
Senior Professionals	359
Women Professionals	372
PGA Hall of Fame	390
LPGA Hall of Fame	395
World Golf Hall of Fame	397

BIOGRAPHIES
MEN PROFESSIONALS

John Adams
Height: 6'3".
Weight: 200.
Birth: May 5, 1954; Altus, Okla.
Residence: Scottsdale, Ariz.
Family: Wife, Jane; Benjamin Craig (6/20/83), Kimberly Jill (10/23/85).
College: Arizona State Univ.
Turned professional: 1976.
Career earnings: $302,988.
Money (rank): 1978, $2,025 (196); 1979, $1,785 (224); 1980, $19,895 (123); 1981, $17,898 (138); 1982, $54,014 (85); 1983, $59,287 (87); 1984, $73,566 (80); 1985, $10,437; 1986, $64,905 (124).
Best 1986 finishes: 4, Deposit; 9, Tallahassee.
Other achievements: Winner, 1975 Arizona State Amateur.

George Archer
Height: 6' 5".
Weight: 195.
Birth: Oct. 1, 1939, San Francisco, Calif.
Residence: Gilroy, Calif.
Family: Wife, Donna Garmen; Elizabeth (10/15/63), Marilyn (12/30/65).
Turned professional: 1964.
Career earnings: $1,709,370.
Tour victories (total 13): 1965, Lucky International; 1967, Greensboro; 1968, Pensacola, New Orleans, National Team (with Bobby Nichols); 1969, Masters, Bing Crosby National; 1971, Williams-San Diego, Hartford; 1972, Campbell-Los Angeles, Greensboro; 1976, Del Webb Sahara Invitational; 1984 Bank of Boston.
Money (rank): 1964, $14,867 (51); 1965, $29,197 (31); 1966, $44,572 (19); 1967, $84,344 (8); 1968, $150,972 (4); 1969, $102,707 (11); 1970, $63,607 (28); 1971, $147,769 (4); 1972, $145,027 (3); 1973, $58,841 (50); 1974, $18,794 (111); 1975, $9,777 (127); 1976, $43,484 (63); 1977, $113,944 (20); 1978, $6,617 (163); 1979, $9,524 (156); 1980, $67,164 (60); 1981, $111,093 (31); 1982, $88,118 (47); 1983, $61,066 (85); 1984, $207,543 (28); 1985, $109,096 (75); 1986, $81,700 (104).
Best 1986 finishes: T2, Southern; T8, Hardee's.
Other achievements: Winner, 1963 Trans-Mississippi Amateur, Northern California Open. All-time Tour record, fewest putts one tournament, 94, 1980 Heritage Classic.

Paul Azinger
Height: 6' 2".
Weight: 170.
Birth: Jan. 6, 1960, Holyoke, Mass.
Residence: Sarasota, Fla.
College: Florida State.
Turned professional: 1981.
Career earnings: $373,674.
Money (rank): 1984, $27,821 (144); 1985, $81,179 (94); 1986, $254,019 (29).
Best 1986 finishes: 2, Hawaiian, Deposit; T3, Williams-San Diego, Davis-Hartford.

Seve Ballesteros
Height: 6'.
Weight: 175.
Birth: April 9, 1957, Santander, Spain.
Residence: Santander, Spain.
Family: Single.
Turned professional: 1974.
Tour victories (total 5): 1978, Greensboro; 1980, 1983, Masters, 1983 Westochester; 1985 USF & G.
Money (rank): Not a member of PGA Tour prior to 1984; 1983, $210,933 (18); 1984, $132,659 (52); 1985, $206,638 (26); 1986, $45,876 (141).
Best 1986 finish: 4, Masters.
Career earnings: $551,245.
Other achievements: Winner of 1979, 1984 British Open; 1976, Dutch Open, Lancome Trophy; 1977, French Open, Uniroyal International, Swiss Open, Japanese Open, Dunlp Phoenix (Japan), Otago Classic (New Zealand); 1978, Kenya Open, Martini International, German Open, Scandinavian Enterprise Open, Swiss Open, Japanese Open; 1979, English Golf Classic, 1980, Madrid Open, Martini International, Dutch Open; 1981, Scandinavian Enterprise Open, Benson & Hedges Spanish Open, Suntory World Match-Play Championship, Australian PGA Championship, Dunlop Phoenix (Japan); 1982, Cepsa Madrid Open, Paco Rabanne French Open, Suntory World Match-Play Championship; 1983, Lancome Trophy, Irish Open, British PGA Ch.; 1984, 1985 Suntory World Match-Play Championship; 1986 British Masters, Irish Open, Monte Carlo Open, French Open, Dutch Open, Spanish PGA.

BIOGRAPHIES

Dave Barr
Height: 6' 1".
Weight: 195.
Birth: March 1, 1952, Kelowna, British Columbia.
Residence: Richmond, B.C.
Family: Wife, Lu Ann; Brent Jason (10/11/80); Teryn Amber (4/13/83).
College: Oral Roberts Univ.
Turned professional: 1974.
Career earnings: $512,764.
Tour victories (total 1): 1981, Quad Cities Open.
Money (rank): 1978, $11,897 (133); 1979, $13,022, (142); 1980, $14,664 (141); 1981, $46,214 (90); 1982, $12,474 (166); 1983, $52,800 (96); 1984, $113,335 (62); 1985, $126,177 (66); 1986, $122,181 (70).
Best 1986 finishes: 2, Milwaukee; T7, USF&G.
Other achievements: Winner of five events on Canadian Tour. Winner 1977 Canadian Order of Merit. Member 1977, 1978, 1982, 1983 Canadian World Cup teams. Winner 1977 Washington State Open, 1985 Canadian PGA. Winner, 1985 World Cup with Dan Halldorson.

Andy Bean
Height: 6' 4".
Weight: 210.
Birth: March 13, 1953, Lafayette, Ga.
Residence: Lakeland, Fla.
Family: Wife, Debbie; Lauren Ashley (4/17/82); Lindsay Ann (6/10/84); Jordan Alisa (11/19/85).
College: Univ. of Florida.
Turned professional: 1975.
Career earnings: $2,484,032.
Tour victories (total 11): 1977, Doral-Eastern; 1978, Kemper, Memphis, Western; 1979, Atlanta; 1980, Hawaiian; 1981, Bay Hill; 1982, Doral-Eastern; 1984 Greensboro; 1986 Doral-Eastern, Nelson.
Money (rank): 1976, $10,761 (139); 1977, $127,312 (12); 1978, $268,241 (3); 1979, $208,253 (7); 1980, $269,033 (4); 1981, $105,755 (35); 1982, $208,627 (15); 1983, $181,246 (24); 1984, $422,995 (3); 1985, $190,871 (34); 1986. $491,937 (4).
Best 1986 finishes: 1, Doral, Nelson; 2, Greensboro; T2, Honda; T3, Canadian.
Other achievements: 1974 Eastern Amateur and Falstaff Amateur champion, 1975 Dixie Amateur and Western Amateur champion, semifinalist U.S. Amateur, All-American selection and captain of University of Florida golf team. Winner, 1978 Dunlop Phoenix, Japan; 1986 Kapalua.

Chip Beck
Height: 5' 10".
Weight: 170.
Birth: Sept. 12, 1956, Fayetteville, N.C.
Residence: Fayetteville, N.C.
Family: Wife, Terri; Charles (11/12/83).
College: Univ. of Georgia.
Turned professional: 1978.
Career earnings: $727,293.
Money (rank): 1979, $4,166 (194); 1980, $17,109 (131); 1981, $30,034 (110); 1982, $57,608 (76); 1983, $149,909 (33); 1984, $177,288 (34); 1985, $76,038 (98); 1986, $215,139 (39).
Best 1986 finishes: T2, U.S. Open, Heritage; T6, Greensboro.
Other achievements: Named Senior Athlete of Year at University of Georgia, 1978. Winner of six college tournaments, including Southern Intercollegiate three years and 1976 All-America Tournament. Three-time All-America. Twice winner Carolinas Junior title and Carolinas Amateur championship.

Ronnie Black
Height: 6' 2".
Weight: 170.
Birth: May 26, 1958, Hobbs, N.M.
Residence: Scottsdale, Ariz.
Family: Wife, Sandy.
College: Lamar Univ.
Turned professional: 1981.
Career earnings: $494,934.
Tour victories: 1983, Southern; 1984, Anheuser-Busch.
Money (rank): 1982, $6,329 (191); 1983, $87,524 (63); 1984, $172,635 (35); 1985, $61,684 (109); 1986, $166,761 (56).
Best 1986 finishes: T3, Vantage; T7, Phoenix, Milwaukee; 6, Southwest.
Other achievements: Winner, 1976, 1977 New Mexico State high school championships; 1981 Southland Conference championship.

Woody Blackburn
Height: 6'2".
Weight: 180.
Birth: July 26, 1951, Pikeville, Ky.
Residence: Orange Park, Fla.
Family: Wife, Brenda; Todd (1-7-80); Richard (7/28/83); Brian (7/28/83).
College: Univ. of Florida.
Turned professional: 1974.

MEN PROFESSIONALS: Adams-Blackburn

BIOGRAPHIES

Career earnings: $303,455.
Tour victory: 1976 Walt Disney World Ntl. Team (with Bill Kratzert); 1985 Isuzu-Andy Williams San Diego Open.
Money (rank): 1976, $1,859 (213); 1977, $7,600 (163); 1978. $5,172 (171); 1979, $1,837 (222); 1980, $9,319 (166); 1981, $24,167 (118); 1982, $54,165 (84); 1983, $18,105 (157); 1984, $29, 074 (141); 1985, $139,257 (58); 1986, $12,900 (193).
Best 1986 finishes: T28, Williams-San Diego.

Phil Blackmar
Height: 6'7".
Weight: 240.
Birth: Sept. 22, 1957, San Diego, Calif.
Residence: Corpus Christi, Tex.
Family: Carol; Kristin (3/21/84); Kelli Michelle (9/20/85).
College: Univ. of Texas.
Turned professional: 1980.
Career earnings: $389,765.
Tour victory: 1985 Canon Sammy Davis. Jr.-Gr. Hartford Open.
Money (rank): 1984, $3,374 (T209); 1985, $198,537 (29); 1986, $191,228 (43).
Best 1986 finishes: 3, Tourn. of Chs.; T23, Vantage; 4, Seiko-Tucson.

Charlie Bolling
Height: 5' 9".
Weight: 150.
Birth: Nov. 15, 1957, Rosemont, Pa.
Residence: Rosemont, Pa.
College: Duke Univ.
Turned professional: 1981.
Career earnings: $113,774.
Money (rank): 1984, $760 (269); 1983, $25,446 (150); 1986, $88,328 (96).
Best 1986 finish: T9, Houston Open; T10, Tallahassee Open.
Other achievements: Winner of two 1984 Tournament Players Series events. Everett (WA) Open and Victoria (BC) Open No. 1 money winner on TPS in 1984 with $79,506. Winner, South African Open.

Ken Brown
Height: 6' 0".
Weight: 155.
Birth: Jan. 9, 1957, Hertfordshire, England.
Residence: Harpenden, England.
Family: Wife, Dawn.
Turned professional: 1975.
Joined tour: 1983
Career earnings: $186,091.
Money (rank): 1984, $47,625 (112); 1985, $59,138 (114); 1986, $79,328 (110).
Best 1986 finish: T6, AT&T-Pebble Beach.
Other achievements: Member, European Ryder Cup Team, 1977, 1979, 1983, 1985; winner 1978 Irish Open, 1979 World Cup.

George Burns III
Height: 6' 2".
Weight: 195.
Birth: July 29, 1949, Brooklyn, N.Y.
Residence: Boynton Beach, Fla.
Family: Wife, Irene; Kelly Ann (4/2/76); Eileen (8/25/80).
College: Univ. of Maryland.
Turned professional: 1975.
Career earnings: $1,405,319.
Tour victories (total 3): 1979, Walt Disney World Team Championship (with Ben Crenshaw); 1980, Bing Crosby National Pro-Am; 1985, Boston.
Money (rank): 1976, $85,732 (30); 1977, $102,026 (25); 1978, $71,498 (38); 1979, $107,830 (33); 1980, $219,928 (7); 1981, $105,395 (37); 1982, $181,864 (18); 1983 $62,371 (83); 1984, $167,848 (37); 1985, $223,352 (21); 1986, $77,474 (112).
Best 1986 finishes: T10, Western; T15, Tourn. of Chs.
Other achievements: Winner 1973 Canadian Amateur and 1974 Porter Cup, North-South Amateur, and New York State Amateur. As professional, won 1975 Scandinavian Open and 1975 Kerrygold (Ireland). 1975 Walker Cup team and 1975 World Amateur Cup team.

Curt Byrum
Height: 6' 2".
Weight: 190.
Birth: Dec. 28, 1958, Onida, S.D.
Residence: Onida, S.D.
College: Univ. of New Mexico.
Turned professional: 1982.
Joined tour: 1983.
Career earnings: $145,005.
Money (rank): 1983, $30,772 (130); 1984, $27,836 (143); 1985, $6,943 (193); 1986, $79,454 (108).
Best 1986 finishes: 2, Hardees Golf Classic; 3, Bank of Boston Classic.
Other achievements: Named All-American in 1980. Winner, 1979 Pacific Coast Amateur. Winner South Dakota State Juniors, four times and South Dakota State Amateur five times.

BIOGRAPHIES

Tom Byrum
Height: 5' 10".
Weight: 170.
Birth: Sept. 28, 1960, Onida, S.D.
Residence: Onida, S.D.
College: New Mexico State.
Turned professional: 1984.
Joined tour: 1986.
Career earnings: $89,739.
Money (rank): 1986, $89,739 (93).
Best 1986 finishes: 2, Southwest Classic; T5, Deposit Guaranty Classic; T6, Pensacola Open; T10, Western Open.
Other achievements: Winner 1983 New Mexico State Intercollegiate tournament.

Mark Calcavecchia
Height: 6'.
Weight: 200.
Birth: June 12, 1960, Laurel, Neb.
Residence: No. Palm Beach, Fla.
College: Univ. of Florida.
Turned professional: 1981.
Career earnings: $242,410.
Tour victory: 1986 Southwest Golf Classic.
Money (rank): 1981, $404 (253); 1982, $25,064 (134); 1983 $16,313 (161); 1984, $29,660 (140); 1985, $15,957 (162); 1986, $155,012 (58).
Best 1986 finishes: 1, Southwest Cl.; T7, Boston; T8, Doral.
Other achievements: Winner, 1976 Florida State Junior, Orange Bowl Ch.

Antonio Cerda
Height: 5' 8".
Weight: 175.
Birth: April. 24, 1948, Buenos Aires, Argentina.
Residence: Mexico City, Mexico.
Wife, Maru; Martin (3/8/85).
College: LaSalle University, Mexico City.
Turned professional: 1970.
Joined tour: 1975.
Career earnings: $178,422.
Money (rank): 1975, $7,594 (142); 1976, $8,879 (148); 1977, $11,213 (140); 1978, $5,776 (169); 1979, $9,471 (158); 1980, $9,050 (170); 1981, $15,018 (150); 1982, $31,980 (117); 1983, $13,965 (169); 1984, $444 (285); 1986, $61,980 (126).
Best 1986 finishes: T6, Los Angeles Open; T9, Deposit Guaranty.
Other achievements: Winner of over 30 amateur tournaments, such as 1967 Costa Rica Amateur and 1968 Mexico Amateur. Also winner of 1972 Moncton Open. 1972 Prince Edward Island Open, 1974 Mexico Tournament of Champions. 1977 Prince Edwards Island Open, 1981 Mazatlan Open. Member 1982, Mexico World Cup team.

Tze-Chung Chen
Height: 5' 10".
Weight: 145.
Birth: June 24, 1958, Taipei, Taiwan.
Residence: Taipei, Taiwan.
Turned professional: 1980.
Joined tour: 1983.
Career earnings: $296,052.
Money (rank): 1983, $79,030 (68); 1984, $54,570 (100); 1985, $75,862 (99); 1986, $86,590 (97).
Best 1986 finishes: T6, Anheuser Busch; 12, Int'l.
Other achievements: Winner, 1981 Sapporo (Japan).

Brian Claar
Height: 5' 8".
Weight: 145.
Birth: July 29, 1959, Santa Monica, Calif.
Residence: Tampa, Fla.
College: University of Tampa.
Turned professional: 1981.
Joined tour: 1986.
Career earnings: $117,355.
Money (rank): 1986, $117,355 (75).
Best 1986 finishes: T6, Canadian Open; T9, Houston Open; Provident Classic, Buick Open.
Other achievements: Two-time All-American. Winner of seven mini-tour events. Named Rookie of Year for 1986 by Golf Digest.

Bobby Clampett
Height: 5' 10".
Weight: 146.
Birth: April 22, 1960, Monterey, Calif.
Residence: Cary, N.C.
Family: Wife, Ann.
College: Brigham Young.
Turned professional: 1980.
Career earnings: $686,212.
Tour victories (total 1): 1982, Southern.

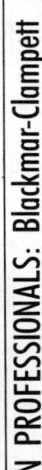

BIOGRAPHIES

Money (rank): 1980, $10,190 (163); 1981, $184,710 (14); 1982, $184,600 (17); 1983, $86,575 (64); 1984, $41,837 (117); 1985, $81,121 (95); 1986, $97,178 (87).
Best 1986 finishes: T3, Vantage; 15, Milwaukee.
Other achievements: Winner, 1978 California State Amateur; Winner, 1978 World Amateur medal. Three-time All-American, 1978 through 1980. Two-time winner Fred Haskins Award, presented to top collegiate player.

Lennie Clements
Birth: Jan. 20, 1957, Cherry Point, N.C.
Residence: San Diego, Calif.
Family: Wife, Jan; Elizabeth (11/19/83); Christopher (7/16/86).
College: San Diego State.
Turned professional: 1980.
Career earnings: $284,754.
Money (rank): 1981, $7,766 (178); 1982, $44,796 (97); 1983, $44,455 (110); 1984, $25,712 (146); 1985, $49,383 (121); 1986, $112,641 (79).
Best 1986 finishes: T9, Bob Hope, Houston, Seiko-Tucson.

Russ Cochran
Height: 6'.
Weight: 160.
Birth: Oct. 31, 1958, Paducah, Ky.
Residence: Paducah, Ky.
Family: Wife, Jackie; Ryan (9/4/83); Reed (9/28/85).
College: Univ. of Kentucky.
Turned professional: 1979.
Joined tour: 1982.
Career earnings: $318,458.
Money (rank): 1983, $7,968 (188); 1984, $133,342 (51); 1985, $87,331 (88); 1986, $89,817 (92).
Best 1986 finishes: 2, Tallahassee; T8, Hardees.
Other achievements: Leading Tournament Player Series player, 1983.

Jim Colbert
Height: 5' 9".
Weight: 165.
Birth: March 9, 1941, Elizabeth, N.J.
Residence: Las Vegas, Nev.
Family: Wife, Marcia; Debbie (9/25/59); Christy (11/24/61); Kelly (7/19/65).
College: Kansas State
Turned professional: 1965.
Career earnings: $1,537,194.
Tour victories (total 8): 1969, Monsanto; 1972, Milwaukee; 1973, Jacksonville; 1974, American Golf Classic; 1975, Walt Disney World Team Championship (with Dean Refram); 1980, Tucson; 1983, Colonial Ntl., Texas Open..
Money (rank): 1966, $1,897 (139); 1967, $25,425 (46); 1968, $12,171 (104); 1969, $43,693 (41); 1970, $49,212 (45); 1971, $42,743 (59); 1972, $85,302 (23); 1973, $68,891 (38); 1974, $96,734 (21); 1975, $50,111 (45); 1976, $52,722 (55); 1977, $20,102 (106); 1978, $46,260 (70); 1979, $91,139 (40); 1980, $150,411 (21); 1981, $100,847 (38); 1982, $80,804 (50); 1983, $223,810 (15); 1984, $110,875 (64); 1985, $86,214 (89); 1986, $109,517 (81).
Best 1986 finishes: T9, Seiko-Tucson; T10, Panasonic-Las Vegas.
Other achievements: 1974-76 and 1981-1983, member, PGA Tour Tournament Policy Board, Re-elected to Policy Board, Fall of 1983.

Bobby Cole
Height: 5' 10".
Weight: 150.
Birth: May 11, 1948, Springs, South Africa.
Residence: Palm Desert, Calif.
Turned professional: 1967.
Joined tour: 1968.
Career earnings: $483,769.
Tour victory: 1977 Buick Open.
Money (rank): 1968, $13,383 (90); 1969, $17,898 (90); 1970, $8,379 (140); 1971, $10,585 (122); 1972, $19,016 (102); 1973, $28,875 (89); 1974, $59,617 (43); 1975, $42,441 (61); 1976, $18,902 (107); 1977, $41,301 (68); 1978, $32,541 (83); 1979, $6,525 (175); 1980, $22,202 (119); 1981, $13,559 (156); 1982, 39,060 (104); 1983, $16,153 (162); 1984, none; 1985, $7,871 (187); 1986, $88,472 (95).
Best 1986 finishes: 3, NEC World Series of Golf; T9, Canadian Open.
Other achievements: Winner, 1966 British Amateur. Member of 1970, 1974, 1976 South Africa World Cup teams. Winner of World Cup individual championship in 1974 and joined with Dale Hayes to win team title in 1974. Winner. 1975, 1981 South African Open; 1986 South African PGA championship. Winner of 1985 Seattle/Everett Open on TPS.

BIOGRAPHIES

John Cook
Height: 6'.
Weight: 160.
Birth: Oct. 2, 1957, Toledo, Ohio.
Residence: Rancho Mirage, Calif.
Family: Wife, Jan; Kristin (7/20/81); Courtney (4/11/84); Jason (1/10/86).
College: Ohio State Univ.
Turned professional: 1979.
Career earnings: $829,684.
Tour victories (total 2): 1981, Bing Crosby National Pro-Am; 1983, Canadian.
Money (rank): 1980, $43,316 (78); 1981, $127,608 (25); 1982, $57,483 (77); 1983, $216,868 (16); 1984, $65,710 (89); 1985, $63,573 (107); 1986, $255,126 (27).
Best 1986 finishes: 2, Bob Hope; T2, Southern; T3, Kemper.
Other achievements: Winner, 1974 World Juniors; 1978 U.S. Amateur; 1977 and 1979 Sunnehanna; 1978 and 1979 Northeast Amateur. Member 1979 World Amateur Cup team. All-American 1977, 1978, 1979.

Fred Couples
Height: 5' 11".
Weight: 185.
Birth: Oct. 3, 1959, Seattle, Wash.
Residence: La Quinta, Calif.
Family: Wife, Deborah.
College: Univ. of Houston.
Turned professional: 1980.
Career earnings: $988,189.
Tour victories (total 2): 1983, Kemper; 1984, Tournament Players Ch.
Money (rank): 1981, $78,939 (53); 1982, $77,606 (53); 1983, $209,733 (19); 1984 $334,573 (7); 1985, $171,272; 1986, $116,065 (76).
Best 1986 finishes: T2, Western; T16, Panasonic-Las Vegas.
Other achievements: Led 1981 rookies in earnings ($78,939). Was All-American at Houston in 1978 and 1979. Won 1978 Washington State Open and Washington State Amateur.

Ben Crenshaw
Height: 5' 9".
Weight: 170.
Birth: Jan. 11, 1952, Austin, Tex.
Residence: Austin, Tex.
Family: Wife, Julie.
College: Univ. of Texas.
Turned professional: 1973.
Career earnings: $2,336,890.
Tour victories (total 12): 1973, San Antonio-Texas Open; 1976, Bing Crosby National Pro-Am, Hawaiian, Ohio Kings Island; 1977, Colonial Invitational; 1979, Phoenix, Walt Disney World Team Championship (with George Burns); 1980, Anheuser-Busch; 1983, Byron Nelson; 1984, Masters; 1986, Buick, Vantage.
Money (rank): 1973, $76,749 (34); 1974, $71,065 (31); 1975, $63,528 (32); 1976, $257,759 (2); 1977, $123,841 (16); 1978, $108,305 (21); 1979, $236,769 (5); 1980, $237,727 (5); 1981 $151,038 (20); 1982, $54,277 (83); 1983, $275,474 (7); 1984, $270,989 (16); 1985, $25,814 (150); 1986, $388,168 (8).
Best 1986 finishes: 1, Buick, Vantage; T6, U.S. Open; T8, Southwest.
Other achievements: 1971, 1972 and 1973 NCAA champion (was co-champion with Tom Kite in 1972). 1972 World Cup team. 1973 Western Amateur match and medal play champion. Winner 1976 Irish Open. Winner, 1980 Texas State Open. 1981, 1983 Ryder Cup team; 1985, U.S. vs. Japan team.

Jay Delsing
Height: 6' 5½".
Weight: 185.
Birth: Oct. 17, 1960, St. Louis, Mo.
Residence: St. Louis, Mo.
Family: Wife, Kathy.
College: UCLA.
Turned professional: 1984.
Joined tour: 1985.
Career earnings: $112,329.
Money (rank): 1985, $46,480 (125); 1986, $65,407 (123).
Best 1986 finishes: T4, Los Angeles Open; T9, Canadian Open.
Other achievements: Two-time All-American. Medalist in Missouri Amateur.

Andy Dillard
Height: 5' 9".
Weight: 195.
Birth: Aug. 31, 1961, Tyler, Tex.
Residence: Stillwater, Okla.
College: Oklahoma State.
Turned professional: 1984.
Joined tour: 1986.
Career earnings: $73,798.
Money (rank): 1986, $73,798 (116).
Best 1986 finishes: T5, Hawaiian Open; 9, The International.
Other achievements: Winner, 1977 Texas State Juniors and 1979 American Junior Golf Association championship. Member of Oklahoma State NCAA championship team in 1983. Runner-up in 1982 NCAA individual championship. All-America, 1982, 1983, 1984.

MEN PROFESSIONALS: Clements-Dillard

BIOGRAPHIES

Mike Donald
Height: 5' 11".
Weight: 180.
Birth: July 11, 1955, Grand Rapids, Mich.
Residence: Hollywood, Fla.
College: Georgia Southern Univ.
Turned professional: 1978.
Joined tour: 1979.
Career earnings: $522,323.
Money (rank): 1980, $12,365 (151); 1981, $50,665 (83); 1982, $39,967 (101); 1983, $72,343 (73); 1984. $146,324 (46); 1985, $91,888 (86); 1986, $108,771 (82).
Best 1986 finishes: T3, Canadian; T9, Canon-Hartford.
Other achievements: 1974 National Junior College champion.

Bob Eastwood
Height: 5' 10".
Weight: 175.
Birth: Feb. 9, 1946, Providence, R.I.
Residence: Stockton, Calif.
Family: Wife, Connie; Scott (8/19/71); Steven (12/29/73).
College: San Jose State.
Turned professional: 1969.
Career earnings: $953,957.
Tour victories: (total 3) 1984, USF&G, Memphis; 1985, Nelson.
Money (rank): 1972, $9,528; 1973 $14,918; 1974, $18,535 (114); 1975 $16,812 (110); 1976, $14,539 (123); 1977, $19,706 (107); 1978, $24,681 (100); 1979, $29,630 (110); 1980, $36,751 (90); 1981, $66,017 (67); 1982, $91,633 (44); 1983, $157,640 (30); 1984, $232,742 (24); 1985, $152,839 (52); 1986, $72,449 (117).
Best 1986 finishes: T6, AT&T Pebble Beach; T14, Vantage.
Other achievements: Winner 1973 mini-Kemper Open, 1976 Little Bing Crosby (both second Tour); 1965 Sacramento City Amateur, 1966 California State Amateur, 1968 West Coast Athletic Conference, 1981 Morocco Grand Prix. Medalist, Spring 1969 Qualifying School.

Danny Edwards
Height: 5' 11".
Weight: 155.
Birth: June 14, 1951, Ketchikan, Alaska.
Residence: Edmond, Okla.
College: Oklahoma State.
Turned professional: 1973.
Career earnings: $982,775.
Tour victories (total 5): 1977, Greensboro; 1980, Walt Disney World National Team Play (with David Edwards), 1982, Greensboro; 1983, Quad Cities; 1985, Pensacola.
Money (rank): 1975, $27,301 (80); 1976, $25,859 (85); 1977, $96,811 (28); 1978, $55,343 (60); 1979, $21,238 (120); 1980, $73,196 (57); 1981, $66,567 (66); 1982, $124,018 (29); 1983, $104,942 (54); 1984, $54,472 (102); 1985, $206,891 (25); 1986, $126,139 (67).
Best 1986 finishes: T4, Tourn. of Chs.; T9, Williams-San Diego, Heritage.
Other achievements: Collegiate All-American, 1972 and 1973. Winner 1972 North and South Amateur; member 1973 Walker Cup team. Low amateur 1973 British Open. Winner 1972 and 1973 Big Eight Conference; 1972 Southeastern Amateur; 1981 Toshiba Taiheiyo Masters.

David Edwards
Height: 5' 8".
Weight: 155.
Birth: April 18, 1956, Neosha, Mo.
Residence: Edmond, Okla.
Family: Wife, Jonnie; Rachel Leigh (12/21/85).
College: Oklahoma State.
Turned professional: 1978.
Career earnings: $692,056.
Tour victories (total 2): 1980, Walt Disney World National Team Championship (with Danny Edwards); 1984, Los Angeles.
Money (rank): 1979, $44,456 (88); 1980, $35,810 (93); 1981, $68,211 (65); 1982, $49,896 (91); 1983, $114,037 (48); 1984, $236,061 (23); 1985, $21,506 (158); 1986, $122,078 (71).
Best 1986 finish: T4, Houston; T5, Seiko-Tucson.
Other achievements: 1978 NCAA champion. Collegiate All-America, 1977, 1978. Winner, 1973 Oklahoma State Junior.

Brad Faxon
Height: 6' 1".
Weight: 170.
Birth: Aug. 1, 1961, Oceanport, N.J.
Residence: Orlando, Fla.
College: Furman Univ.
Turned professional: 1983.
Career earnings: $211,215.
Money (rank): 1984, $71,688 (82); 1985, $46,813 (125); 1986, $92,715 (90).
Tour victory: 1986 Provident.
Best 1986 finish: 1, Provident.
Other achievements: Member, 1983 Walker Cup team; All-American, 1982, 1983.

BIOGRAPHIES

Rich Fehr
Height: 5′ 11″.
Weight: 160.
Birth: Aug. 28, 1962, Seattle, Wash.
Residence: Seattle, Wash.
College: Brigham Young.
Turned professional: 1984.
Joined tour: 1985.
Career earnings: $191,263.
Tour victory: 1986, B.C. Open.
Money (rank): 1985, $40,101 (133); 1986, $151,162 (61).
Best 1986 finishes: 1, B.C. Open; T6, Anheuser-Busch, Pensacola Open; T9, Milwaukee Open.
Other achievements: Two-time All-American. Member 1983 Walker Cup team. Winner 1979 Washington State Junior and PGA National Junior championships; 1982 Western Amateur. Low Amateur in 1984 Master's Tournament and U.S. Open.

Ed Fiori
Height: 5′ 7″.
Weight: 190.
Birth: April 21, 1953, Lynwood, Calif.
Residence: Stafford, Tex.
Family: Wife, Debbie; Kelly Ann (1/29/82); Michael Ray (10/21/84).
College: Univ. of Houston.
Turned professional: 1977.
Career earnings: $764,901.
Tour victories (total 3): 1979, Southern; 1981, Western; 1982, Bob Hope.
Money (rank): 1978, $19,846 (109); 1979, $64,428 (65); 1980, $79,488 (52); 1981, $105,510 (36); 1982, $91,599 (45); 1983, $175,619 (26); 1984, $41,582 (119); 1985,$116,002 (72); 1986, $70,827 (119).
Best 1986 finishes: 4, Buick; T8, Doral-Eastern.
Other achievements: Medalist 1977 Fall Qualifying School. Member of Houston's NCAA championship team in 1977. All-American, 1977. Winner 1981 Southern California Open; 1984 Jerry Ford Inv.

Ray Floyd
Height: 6′ 1″.
Weight: 200.
Birth: Sept. 4, 1942, Fort Bragg, N.C.
Residence: Miami, Fla.
Family: Wife, Maria; Raymond Jr. (9/20/74); Robert Loran (1/23/76); Christina Loran (8/29/79).
College: Univ. of North Carolina.
Turned professional: 1961.
Career earnings: $3,249,459.
Tour victories (total 21): 1963, St. Petersburg; 1965, St. Paul; 1969, Jacksonville, American Golf Classic, PGA Championship; 1975, Kemper; 1976, Masters, World Open; 1977, Byron Nelson, Pleasant Valley; 1979, Greensboro; 1980, Doral-Eastern; 1981, Doral-Eastern Tournaments Players Championship, Westchester; 1982, Memorial Tournament, Memphis, PGA Championship; 1985, Houston; 1986, U.S. Open, Disney-Olds.
Money (rank): 1963, $10,529 (58); 1964, $21,407 (30); 1965, $36,692 (25); 1966, $29,712 (32); 1967, $25,254 (47); 1968, $63,002 (24); 1969, $109,957 (8); 1970, $47,632 (24); 1971, $70,607 (32); 1972, $35,624 (70); 1973, $39,646 (77); 1974, $119,385 (18); 1975, $103,627 (13); 1976, $178,318 (7); 1977, $163,261 (7); 1978, $77,595 (30); 1979, $122,872 (30); 1980, $192,993 (10); 1981, $359,360 (2); 1982, $386,809 (2); 1983, $208,353 (20); 1984, $102,813 (68); 1985, $367,506 (5); 1986, $380,508 (9).
Best 1986 finishes: 1, U.S. Open, Disney-Olds; T2, Bay Hill; T6, Heritage.
Other achievements: 1960 National Jaycees champion; 1969, 1975, 1977, 1981 and 1985 Ryder Cup teams. Player Director on Tournament Policy Board 1976-77. 1978 Brazilian Open. 1979 Costa Rica Cup. 1981 Canada PGA. Member 1982 PGA Tour vs. Japan Goldwin Cup team. Winner 1982 $1 Million Sun City Challenge (Southern Africa); 1983 Vardon Trophy.

Dan Forsman
Height: 6′ 4″.
Weight: 195.
Birth: July 15, 1958, Rhinelander, Wis.
Residence: Provo, Utah.
Family: Wife, Trudy; Ricky (1/18/85).
College: Arizona State.
Turned professional: 1982.
Career earnings: $409,789.
Tour victories: 1985, Quad Cities; 1986, Hertz Bay Hill.
Money (rank): 1983, $37,859 (118); 1984, $51,152 (105); 1985, $150,334 (54); 1986, $169,445 (54).
Best 1986 finishes: 1, Bay Hill; 4, Phoenix.

David Frost
Height: 5′ 11″.
Weigth: 172.
Birth: Sept. 11, 1959, Cape Town, South Africa.
Residence: Dallas, Tex.
Family: Wife, Linda.
Turned professional: 1981.
Career earnings: $306,480.
Money (rank): 1985, $118,537 (70); 1986, $187,944 (46).
Best 1986 finishes: T2, Western; 3, Milwaukee.

MEN PROFESSIONALS: Donald-Frost

BIOGRAPHIES

Jim Gallagher
Height: 6' 0".
Weight: 170.
Birth: March 24, 1961, Johnstown, Pa.
Residence: Marion, Ind.
College: Univ. of Tennessee.
Turned professional: 1984.
Career earnings: $121,276.
Money (rank): 1984, $22,249 (148); 1985, $19,061 (159); 1986, $79,966 (107).
Best 1986 finishes: T3, Tallahassee; T4, Los Angeles.
Other achievements: Leading money-winner, 1985 TPS tour.

Buddy Gardner 
Height: 5' 11".
Weight: 175.
Birth: Aug. 24, 1955, Montgomery, Ala.
Residence: Birmingham, Ala.
Family: Wife, Susan.
College: Auburn Univ.
Turned professional: 1977.
Career earnings: $518,149.
Money (rank): 1978, $5,637 (170); 1979, $71,468 (56); 1980 $30,907 (102); 1981, $14,635 (151); 1982, $6,214 (192); 1983, $56,529 (91); 1984, $118,945 (55); 1985, $121,809 (68); 1986, $92,006 (91).
Best 1986 finishes: T4, Milwaukee; T7, Kemper.
Other achievements: Winner, 1974, 1975 Alabama Amateur, 1976 Dixie Amateur; 1977 All-American.

Bob Gilder 
Height: 5' 9½".
Weight: 165.
Birth: Dec. 31, 1950, Corvallis, Ore.
Residence: Corvallis, Ore.
Family: Wife Peggy; Bryan (3/24/75); Cammy Lynn (6/10/77); Brent (3/31/81).
College: Arizona State.
Turned professional: 1973.
Career earnings: $1,189,624.
Tour victories (total 6): 1976, Phoenix; 1980, Canadian; 1982, Byron Nelson, Westchester, Bank of Boston; 1983, Phoenix.
Money (rank): 1976, $101,262 (24); 1977, $36,844 (72); 1978, $72,515 (36); 1979, $134,428 (22); 1980, $152,597 (19); 1981, $74,756 (59); 1982, $308,648 (6); 1983, $139,125 (39); 1984, $23,213 (147); 1985, $47,152 (124); 1986, $98,180 (85).
Best 1986 finishes: T6, Pensacola; T7, Kemper.
Other achievements: Winner 1974 New Zealand Open. Winner 1973 Western Athletic Conference title. Member 1982 PGA Tour vs. Japan Goldwin Cup team and U.S. World Cup team, 1983 Ryder Cup team.

Bill Glasson 
Height: 5'11".
Weight: 160.
Birth: April 29, 1960, Fresno, Calif.
Residence: San Diego, Calif.
Family: Wife, Courtney.
College: Oral Roberts Univ.
Turned professional: 1983.
Career earnings: $334,809.
Tour victory: 1985 Kemper Open.
Money (rank): 1984, $17,845 (162); 1985, $195,449 (30), 1986, $121,515 (72).
Best 1986 finishes: 4, Hardee's; T5, B.C.

Ernie Gonzalez 
Height: 5'8".
Weight: 210.
Birth: Feb. 19, 1961, San Diego, Calif.
Residence: San Diego, Calif.
Family: Wife, Judy.
College: United States International Univ.
Turned professional: 1983.
Joined tour: 1985.
Career earnings: $137,277.
Tour victory: 1986 Pensacola Open.
Money (rank): 1985, $12,729 (171); 1986, $124,548 (68).
Best 1986 finishes: 1, Pensacola Open; T3, Vantage Championship; T10, Bank of Boston Classic.
Other achievements: Winner, 1981, 1982 San Diego County Amateur Match Play Championship; 1983 San Diego County Open (as amateur).

David Graham 
Height: 5' 10".
Weight: 162.
Birth: May 23, 1946, Windsor, Australia.
Residence: Dallas, Tex.
Family: Wife, Maureen Burdett; Andrew (11/8/74); Michael (10/8/77).
Turned professional: 1962.
Career earnings: $1,661,958.

BIOGRAPHIES

Tour victories (total 8): 1972, Cleveland; 1976, Westchester, American Golf Classic; 1979, PGA Championship; 1980, Memorial; 1981, Phoenix, U.S. Open; 1983, Houston.
Money (rank): 1971, $10,062 (135); 1972, $57,827 (38); 1973, $43,062 (71); 1974, $61,625 (41); 1975, $51,642 (44); 1976, $176,174 (8); 1977, $72,086 (44); 1978, $66,909 (43); 1979, $177,683 (16); 1980, $137,819 (27); 1981, $188,286 (13); 1982, $103,616 (35); 1983, $244,924 (10); 1984, $116,627 (58); 1985, $72,802 (102); 1986, $95,109 (88).
Best 1986 finishes: T7, PGA; 8, Bob Hope.
Other achievements: Winner 1970 World Cup team championship (with Bruce Devlin) for Australia. Foreign victories include 1970 French Open, Thailand Open; 1971 Caracas Open, 1971 Japan Open. 1975 Wills Masters, 1976 Chunichi Crowns Invitational (Japan), Picadilly World Match Play; 1977 Australian Open South African PGA, 1978 Mexico Cup; 1979 West Lakes Classic (Australia), New Zealand Open; 1980 Mexican Open, Rolex Japan, Brazilian Classic. 1981-1982 Lancome (France).

Hubert Green
Height: 6' 1".
Weight: 175.
Birth: Dec. 28, 1946, Birmingham, Ala.
Residence: Birmingham, Ala.
Family: Wife, Karen; Hubert Myatt, Jr. (8/18/75); Patrick (10/17/78); J. T. (2/11/84).
College: Florida State Univ.
Turned professional: 1970.
Career earnings: $2,161,435.
Tour victories (total 19): 1971, Houston; 1973, Tallahassee, B.C.; 1974, Bob Hope, Jacksonville, Philadelphia, Disney; 1975, Southern; 1976, Doral- Eastern, Jacksonville, Sea Pines Heritage; 1977, U.S. Open; 1978, Hawaiian Sea Pines Heritage; 1979, Hawaiian, New Orleans; 1981, Hartford; 1984, Southern; 1985, PGA Ch.
Money (rank): 1970, $1,690 (218); 1971, $73,439 (29); 1972, $44,113 (58); 1973, $114,397 (11); 1974, $211,709 (3); 1975, $113,569 (12); 1976, $228,031 (4); 1977, $140,255 (9); 1978, $247,406 (5); 1979, $183,111 (13); 1980, $83,307 (50); 1981, $110,133 (32); 1982, $77,448 (54); 1983, $29,171 (135); 1984, $181,585 (33); 1985, $233,527 (16); 1986, $120,050 (73).
Best 1986 finishes: 2, Doral-Eastern; T5, Hawaiian.
Other achievements: 1971 Rookie of the Year. Winner 1975 Dunlop Phoenix (Japan). 1977, 1979 and 1985 Ryder Cup teams. Winner 1977 Irish Open. Winner of two Southern Amateurs. Player Director on PGA Tour Policy Board.

Ken Green
Height: 5' 10".
Weight: 165.
Birth: July 23, 1958, Danbury Conn.
Residence: Marbledale, Conn.
Turned professional: 1979.
College: Palm Beach Junior College.
Career earnings: $541,511.
Tour victories: 1985, Buick Open; 1986, International.
Money (rank): 1982, $11,899 (167); 1983, $40,263 (114); 1985, $151,355 (52); $20,160 (156); 1985, $151,355 (53); 1986, $317,384 (16).
Other achievements: Winner, 1985 Connecticut Open; 1986 King Hassan (Morocco).

Jay Haas
Height: 5' 10½".
Weight: 170.
Birth: Dec. 2, 1953, St. Louis, Mo.
Residence: Greenville, S.C.
Family: Wife, Janice; Jay Jr. (3/8/81); William Harlan (5/24/82); Haley (1/18/84).
College: Wake Forest Univ.
Turned professional: 1976.
Career earnings: $1,386,699.
Tour victories (total 5): 1978, San Diego; 1981, Milwaukee, B.C.; 1982, Hall of Fame Classic, Texas.
Money (rank): 1977, $32,326 (77); 1978, $77,176 (31); 1979, $102,515 (34); 1980, $114,102 (35); 1981, $181,894 (15); 1982, $229,746 (13); 1983, $191,735 (23); 1984, $146,514 (45); 1985, $121,488 (70); 1986, $189,203 (45).
Best 1986 finishes: T4, Houston; 5, Heritage.
Other achievements: Winner, 1975 NCAA, 1976 Southwestern Amateur and Missouri Open. Member 1975 Walker Cup team. 1975 and 1976 collegiate All-American. 1983 Ryder Cup team.

Gary Hallberg
Height: 5' 10".
Weight: 155.
Birth: May 31, 1958, Berwyn, Ill.
Residence: Barrington, Ill.
College: Wake Forest Univ.
Turned professional: 1980.
Joined tour: July, 1980.
Career earnings: $631,009.
Tour victories (total 1): 1983, San Diego.

BIOGRAPHIES

Money (rank): 1980, $64,244 (63); 1981, $45,793 (91); 1982, $36,192 (111); 1983, $120,140 (45); 1984, $187,260 (30); 1985, $108,872 (76); 1986, $68,479 (121).
Best 1986 finishes: T6, Williams-San Diego.
Other achievements: Only four-time first-team All-America choice in history. Winner 1979 NCAA Championship; 1978, 1979 North-and-South Open; 1977 Illinois Open; 1978, 1979 Illinois Amateur; 1981 Lillie Open (France); 1982 Chunichi Crowns Invitational (Japan); Member 1985 U.S. vs. Japan team.

Dan Halldorson
Height: 5' 10".
Weight: 180.
Birth: April 2, 1952, Winnipeg, Manitoba, Canada.
Residence: Cambridge, Ill.
Family: Wife, Pat.
Turned professional: 1971.
Career earnings: $593,893
Tour victories (total 2): 1980 Pensacola; 1986, Deposit Guaranty.
Money (rank): 1975, $619 (243); 1979, $24,559 (116); 1980, $111,553 (36); 1981, $90,064 (47); 1982, $93,705 (43); 1983, $21,458 (146); 1984, $55,215 (99); 1985, $112.102 (74); 1986, $83,875 (101).
Best 1986 finishes: 1, Deposit Guaranty; T8. Nelson.
Other achievements: Member Canada World Cup Team, 1978, 1979, 1980, 1982. Winner 1980 World Cup Team title with Jim Nelford, 1985 with Dave Barr. Winner, 1969 Manitoba Junior; 1971 Manitoba PGA; 1977, 1978, 1983, 1984 Manitoba Open; 1977 Saskatchewan Open; 1980 Quebec Open. 1981 and 1982 Canadian Playing Professional of year. 1982 Colorado Open.

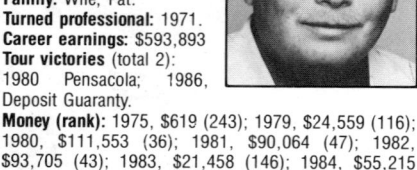

Donnie Hammond
Height: 5' 10".
Weight: 155.
Birth: April 1, 1957, Federick, Md.
Residence: Longwood, Fla.
Family: Wife, Kathy; Matthew William (10/22/86).
College: Jacksonville, Univ.
Turned professional: 1979.
Joined tour: 1983.
Career earnings: $466,915.
Tour victory: 1986 Bob Hope.
Money (rank): 1983, $41,336 (112); 1984, $67,874 (86); 1985, $102,719 (78); 1986, $254,986 (28).
Best 1986 finishes: 1, Bob Hope; T5, World Series.
Other achievements: Won 1982 Florida State Open; medalist in 1982 PGA Tour Qualifying School.

Morris Hatalsky
Height: 6'.
Weight: 165.
Birth: Nov. 10, 1951, San Diego, Calif.
Residence: Daytona Beach, Fla.
Family: Wife, Tracy; Daniel Kenneth (12/11/80); Laura Rose (2/26/83).
College: United States International Univ.
Turned professional: 1973.
Career earnings: $629,292.
Tour victories (total 2): 1981, Hall of Fame; 1983, Milwaukee.
Money (rank): 1976, $249 (288); 1977, $32,193 (79); 1978, $16,340 (114); 1979, $61,962 (69); 1980, $47,107 (74); 1981, $70,186 (63); 1982, $66,128 (65); 1983, $102,567 (56); 1984, $50,957 (107); 1985, $76,059 (97); 1986, $105,543 (83).
Best 1986 finishes: T3, Southwest; T5, Hardee's; T9, Milwaukee.
Other achievements: 1972 NAIA All-American. Captained 1972 U.S. International University team that won NAIA championship. Winner, 1968 Mexico National Junior championship.

Mark Hayes
Height: 5' 11".
Weight: 160.
Birth: July 12, 1949, Stillwater, Okla.
Residence: Edmond, Okla.
Family: Wife, Jana; Kelly (9/6/79); Ryan (3/25/83).
College: Oklahoma State.
Turned professional: 1973.
Career earnings: $1,133,031.
Tour victories (total 4): 1976, Byron Nelson, Pensacola; 1977, Tournament Players Championship; 1986, Tallahassee.
Money (rank): 1973, $8,637 (160); 1974, $40,620 (68); 1975, $49,297 (47); 1976, $151,699 (11); 1977, $115,749 (19); 1978, $146,456 (15); 1979, $130,878 (23); 1980, $66,535 (61); 1981, $91,624 (46); 1982, $47,777 (95); 1983, $63,431 (81); 1984, $42,207 (115); 1986, $61,988 (109); 1986, $117,837 (74).
Best 1986 finishes: 1, Tallahassee; T4, Nelson.
Other achievements: 1967 and 1971 Oklahoma State Amateur champion. 1970 and 1971 collegiate All-American. 1972 Sunnehanna Amateur champion. 1972 World Amateur Cup team. 1979 Ryder Cup team.

BIOGRAPHIES

Lon Hinkle
Height: 6' 2".
Weight: 220.
Birth: July 17, 1949, Flint, Mich.
Residence: Dallas Tex.
Family: Wife, Edith; Monique (8/10/78); Danielle (3/20/82); Jake (9/6/85).
College: San Diego State.
Turned professional: 1972.
Career earnings: $1,222,038.
Tour victories (total 3): 1978, New Orleans; 1979, Bing Crosby National Pro-Am, World Series of Golf.
Money (rank): 1972, $7,350 (145); 1973, $7,539 (164); 1974, $6,509 (162); 1975, $8,420 (136); 1976, $11,058 (138); 1977, $51,494 (60); 1978, $138,388 (16); 1979 $247,693 (3); 1980, $134,913 (29); 1981, $144,307 (22); 1982, $55,406 (81); 1983, $116,822 (47); 1984, $89,850 (27); 1985, $105,499 (77); 1986, $97,610 (86).
Best 1986 finishes: T2, Disney-Olds.
Other achievements: Co-champion 1972, Pacific Coast Athletic Conference. Runner-up 1975 German Open and Sanpo Classic in Japan. Winner, 1978 J.C. Penney Classic, with Pat Bradley. Runner-up 1980 European Open. 1981 National Long Drive Champion, 338 yds., 6 in.

Scott Hoch
Height: 5' 11".
Weight: 155.
Birth: Nov. 24, 1955, Raleigh, N.C.
Residence: Orlando, Fla.
Family: Wife, Sally; Cameron (5/1/84); Katie (5/16/86).
College: Wake Forest Univ.
Turned professional: September, 1979.
Career earnings: $1,066,114.
Tour victories (total 3): 1980, Quad Cities; 1982, USF&G; 1984, Quad Cities.
Money (rank): 1980, $45,600 (75); 1981, $49,606 (85); 1982, $193,862 (16); 1983, $144,605 (37); 1984, $224,345 (27); 1985, $186,020 (36); 1986 $222,076 (36).
Best 1986 finishes: 2, Provident; 3, Deposit Guaranty; T3, Atlanta, Canon-Hartford.
Other achievements: 1977 and 1978 ACC champion; runner-up 1978 U.S. Amateur and 1979 British Amateur; 1977 Northeast Amateur champion; member 1978 World Amateur Cup team and 1979 Walker Cup team; 1976 and 1979 North Carolina Amateur champion; All-America, 1977 and 1978; member of Wake Forest's 1975 NCAA championship team. Winner, 1982 Pacific Masters (Japan); 1986 Vardon Trophy, Casio World (Japan).

Mike Hulbert
Height: 5' 11".
Weight: 160.
Birth: April 14, 1958, Elmira, N.Y.
Residence: Orlando, Fla.
Family: Wife, Teresa.
College: East Tennessee State.
Turned professional: 1981.
Joined tour: 1985.
Career earnings: $295,055.
Tour victories: 1986 Federal Express-St. Jude Classic.
Money (rank): 1985, $18,368 (161); 1986, $276,687 (21).
Best 1986 finishes: 1, Federal-Express-St. Jude Classic; T2, Hertz Bay Hill Classic; T3, Shearson Lehman Brothers Andy Williams Open; T4, Pensacola Open; T7, PGA Championship.
Other achievements: Named All-American, 1980. Runner-up in New York State Junior championship, 1973, and in New York State Amateur in 1979.

Hale Irwin
Height: 6'.
Weight: 170.
Birth: June 3, 1945, Joplin, Mo.
Residence: Frontenac, Mo.
Family: Wife, Sally Stahlhuth; Becky (12/15/71); Steven Hale (8/6/74).
College: Univ. of Colorado.
Turned professional: 1968.
Career earnings: $2,811,033.
Tour victories (total 17): 1971, Heritage; 1973, Heritage; 1974, U.S. Open; 1975, Western, Atlanta; 1976, Los Angeles, Florida Citrus; 1977, Atlanta, Hall of Fame, San Antonio-Texas; 1979, U.S. Open; 1981, Hawaiian, Buick; 1982, Honda-Inverrary; 1983, Memorial; 1984, Crosby; 1985, Memorial.
Money (rank): 1968, $9,093 (117); 1969, $18,571 (88); 1970, $46,870 (49); 1971, $99,473 (13); 1972, $111,539 (13); 1973, $130,388 (7); 1974, $152,529 (7); 1975, $205,380 (4); 1976, $252,718 (3); 1977, $221,456 (4); 1978, $191,666 (7); 1979, $154,168 (19); 1980, $109,810 (38); 1981, $276,499 (7); 1982, $173,719 (19); 1983, $232,567 (13); 1984, $183,384 (31); 1985, $195,007 (32); 1986, $59,982 (128).
Best 1986 finishes: T10, Anheuser-Busch; T11, Tourn. of Chs.
Other achievements: 1967 NCAA Champion. 1974 and 1975 World Picadilly Match Play Champion. 1974 World Cup team. 1975, 1977, 1979 and 1981 Ryder Cup team. Winner, 1978 Australian PGA, 1979 South African PGA. Winner, 1979 World Cup Individual and Team. Winner, 1981 Bridgestone Classic (Japan), 1983, 1985 USA Team vs. Japan; 1986, Bahamas.

BIOGRAPHIES

Peter Jacobsen
Height: 6' 3".
Weight: 190.
Birth: March 4, 1954, Portland, Ore.
Residence: Portland, Ore.
Family: Wife, Jan; Amy (7/19/80); Kristen (2/23/82); Mickey Erling (10/12/84).
College: Univ. of Oregon.
Turned professional: 1976.
Career earnings: $1,247,965.
Tour victories (total 3): 1980, Buick; 1984, Colonial, Hartford.
Money (rank): 1977, $12,608 (129); 1978, $34,188 (82); 1979, $49,439 (78); 1980, $138,562 (26); 1981, $85,624 (50); 1982, $145,832 (25); 1983, $158,765 (29); 1984, $295,025 (10); 1985, $214,959 (23); 1986, $112,964 (78).
Best 1986 finishes: 3, PGA; T17, Memorial.
Other achievements: Winner, 1974 PAC-Eight Conference; 1976 Oregon Open and Northern California Open; 1979 Western Australia Open, Collegiate All-America 1974, 1975, 1976. Winner, 1981, 1982 Johnny Walker Cup (Madrid, Spain). Member 1984, 1985 USA Team vs. Japan; 1985 Ryder Cup team.

Barry Jaeckel
Height: 5' 10½".
Weight: 160.
Birth: Feb. 14, 1949, Los Angeles, Calif.
Residence: Palm Desert, Calif.
Family: Wife, Evelyn.
College: Santa Monica College.
Turned professional: 1971.
Career earnings: $636,799.
Tour victories (total 1): 1978, Tallahassee.
Money (rank): 1975, $8,883 (133); 1976, $36,888 (70); 1977, $19,504 (108); 1978, $72,421 (37); 1979, $46,541 (86); 1980, $25,501 (116); 1981, $87,931 (48); 1982, $62,940 (70); 1983, $64,473 (80); 1984, $49,308 (110); 1985, $81,765 (93); 1986, $80,645 (105).
Best 1986 finishes: 6, Honda; T6, Los Angeles.
Other achievements: Winner 1968 Southern California Amateur; 1972 French Open.

Tom Kite
Height: 5' 8½".
Weight: 155.
Birth: Dec. 9. 1949, McKinney, Tex.
Residence: Austin, Tex.
Family: Wife, Christy; Stephanie Lee (10/7/81); David Thomas and Paul Christopher (twins) (9/1/84).
College: Univ. of Texas.
Turned professional: 1972.
Career earnings: $2,919,491.
Tour victories (total 9): 1976, IVB-Bicentennial; 1978, B.C. Open; 1981, Inverrary Classic; 1982, Bay Hill; 1983, Bing Crosby; 1984, Doral, Atlanta; 1985, Tourn. of Chs.; 1986, Western.
Money (rank): 1972, $2,582 (233); 1973, $54,270 (56); 1974, $82,055 (26); 1975, $87,045 (18); 1976, $116,180 (21); 1977, $125,204 (14); 1978, $161,370 (11); 1979, $166,878 (17); 1980, $152,490 (20); 1981, $375,699 (1); 1982, $341,081 (3); 1983, $257,066 (9); 1984, $348,640 (5); 1985, $258,793 (14); 1986, $394,164 (7).
Best 1986 finishes: 1, Western; T2, Masters; T3, Doral-Eastern.
Other achievements: Winner 1981 PGA TOUR Arnold Palmer Award as leading money winner; 1981 GWAA Player of the Year Award; 1979 Bob Jones Award; 1973 Rookie of the Year Award. Member, 1980 World Amateur Cup team; 1971 Walker Cup team; 1979, '81, '83, '85 Ryder Cup; 1984, 1985 World Cup teams. 1972 NCAA co-champion with Ben Crenshaw. Player Director on Tour's Policy Board, 1980-1981. Winner 1981 Vardon Trophy, 1980 European Open. Member 1982, 1983 and 1984 PGA TOUR vs. Japan team.

Kenny Knox
Height: 5' 10".
Weight: 175.
Birth: Aug. 15, 1956, Columbus, Ga.
Residence: Tallahassee, Fla.
Family: Wife, Karen; Michelle (12/24/80).
College: Florida State Univ.
Turned professional: 1978.
Joined tour: 1981.
Career earnings: $372,550.
Tour victories: 1986 Honda Classic.
Money (rank): 1982, $6,919 (186); 1983, Did not play; 1984, $15,606 (168); 1985, $26,968 (146); 1986, $261,608 (24).
Best 1986 finishes: 1, Honda Classic; T4, Pensacola Open; T7, The International, Vantage Championship.
Other achievements: 1977 and 1978 All-American choice Winner, 1977 Southeastern Amateur.

BIOGRAPHIES

Gary Koch
Height: 5' 11".
Weight: 165.
Birth: Nov. 21, 1952, Baton Rouge, La.
Residence: Tampa, Fla.
Family: Wife, Donna; Patricia (4/1/81); Rachel (7/30/83).
College: Univ. of Florida.
Turned professional: 1975.
Career earnings: $1,030,588.
Tour victories (total 5): 1976, Tallahassee; 1978, Florida Citrus; 1983, Doral-Eastern; 1984, Andy Williams, Bay Hill.
Money (rank): 1976, $38,195 (69); 1977, $58,383 (52); 1978, $58,660 (54); 1979, $46,809 (84); 1980, $39,827 (82); 1981, $11,999 (162); 1982, $43,449 (98); 1983, $168,330 (27); 1984, $262,679 (17); 1985, $121,566 (69); 1986, $180,692 (50).
Best 1986 finish: T4, Disney-Olds; T5, Hope, Memphis.
Other achievements: Winner, 1968, 1969, 1970 Florida State Junior; 1970 U.S. Junior; 1969 Orange Bowl Junior; 1969 Florida State Open; 1973 Trans-Mississippi Amateur; 1973, 1974 Southeastern Conference. First-team All-American, 1972, 1973, 1974. Member 1973 NCAA Championship team at Florida. Winner of 10 collegiate events. Member 1973 and 1975 Walker Cup team, 1974 U.S. World Amateur Cup team.

Bernard Langer
Height: 5'9½".
Weight: 155.
Birth: Aug. 27, 1957, Anhausen, W. Germany.
Residence: Anhausen, West Germany, and Fort Pierce, Fla.
Family: Wife, Vikki; Jackie Carol (7/20/86).
Turned professional: 1972.
Career earnings: $733,308.
Tour victories: (Total 2); 1985 Masters, Heritage.
Money (rank): 1984, $85,465 (75); 1985, $271,044 (13); 1986, $379,799 (10).
Best 1986 finishes: 2, Williams-San Diego, International; T3, Hawaiian, Colonial.
Other achievements: Won 18 international events, inc. 1984 Irish Open, Dutch Open, French Open, Spanish Open; 1985 German Open, European Open; 1st 1981, 1984 European Tour Order of Merit.

Wayne Levi
Height: 5' 9".
Weight: 165.
Birth: Feb. 22, 1953, Little Falls, N.Y.
Residence: New Hartford, N.Y.
Family: Wife, Judy; Michelle (7/29/79); Lauren (1/20/83); Christine (12/30/84).
College: Oswego State.
Turned professional: 1973.
Career earnings: $1,460,164.
Tour victories (total 8): 1978, Walt Disney World National Team Play (with Bob Mann); 1979, Houston; 1980, Pleasant Valley; 1982, Hawaiian; Lajet; 1983, Buick; 1984, B.C.; 1985, Atlanta.
Money (rank): 1977, $8,136 (159); 1978, $25,039 (99); 1979, $141,612 (20); 1980, $120,145 (32); 1981, $62,177 (69); 1982, $280,681 (8); 1983, $193,252 (22); 1984, $252,921 (20); 1985, $221,425 (22); 1986, $154,776 (59).
Best 1986 finishes: 4, Bay Hill; T4, Boston.
Other achievements: Winner, 1970 New York State scholastic title; 1973 New Hampshire Open; Small College All-American, 1971 and 1972.

Bruce Lietzke
Height: 6' 2".
Weight: 185.
Birth: July 18, 1951, Kansas City, Kan.
Residence: Jay, Okla.
Family: Wife, Rosemarie; Stephen Taylor (10/5/83); Christine (10/11/86).
College: Univ. of Houston.
Turned professional: 1974.
Career earnings: $2,152,147.
Tour victories (total 10): 1977, Tucson, Hawaiian; 1978, Canadian Open; 1979, Tucson; 1980, Colonial National; 1981, Bob Hope, San Diego Open, Byron Nelson; 1982, Canadian Open; 1984, Honda.
Money (rank): 1975, $30,780 (74); 1976, $69,229 (39); 1977, $202,156 (5); 1978, $113,905 (18); 1979, 198,439 (8); 1980, $163,884 (16); 1981, $343,446 (4); 1982, $217,447 (14); 1983, $153,255 (32); 1984, $342,853 (6); 1985, $136,992 (60); 1986, $183,761 (47).
Best 1986 finishes: T4, Houston; T5, Western, PGA Ch..
Other achievements: 1971 Texas Amateur champion, 1981 Ryder Cup team, 1984 USA Team vs. Japan.

MEN PROFESSIONALS: Jacobsen-Lietzke

BIOGRAPHIES

Bob Lohr
Height: 6' 11".
Weight: 185.
Birth: Nov. 2, 1960, Cincinnati, Ohio.
Residence: Orlando, Fla.
Family: Wife, Marie.
College: Miami of Ohio.
Turned professional: 1983.
Career earnings: $179,599.
Money (rank): 1985, $93,651 (82); 1986, $85,948 (99).
Best 1986 finishes: T5, Hardee's; T8, Nelson.

Davis Love, III
Height: 6' 3".
Weight: 175.
Birth: April 13, 1964, Charlotte, N.C.
Residence: St. Simons Island, Ga.
Family: Wife, Robin.
College: Univ. of North Carolina.
Turned professional: 1985.
Joined tour: 1986.
Career earnings: $113,245.
Money (rank): 1986, $113,245 (77).
Best 1986 finishes: T3, Canadian Open; T5, Buick Open.
Other achievements: Three-time All-American. Member 1985 Walker Cup Team. Winner of eight collegiate events. Winner of 1981 Georgia State Juniors; 1984 North & South Amateur; 1984 ACC Championship.

Mark Lye
Height: 6' 2".
Weight: 170.
Birth: Nov. 13, 1952, Vallejo, Calif.
Residence: Ft. Myers, Fla.
Family: Wife, Kellie.
College: San Jose State.
Turned professional: 1975.
Career earnings: $843,381.
Tour victories (Total 1): 1983, Bank of Boston.
Money (rank): 1977, $22,034 (100); 1978, $13,648 (125); 1979, $51,184 (75); 1980, $109,454 (39); 1981, $76,044 (56); 1982, $67,460 (61); 1983, $164,506 (28); 1984, $152,356 (43); 1985, $112,735 (73); 1986, $78,960 (111).
Best 1986 finishes: T3, Williams-San Diego; T10, Los Angeles.
Other achievements: Winner 1976 Champion of Champions tournament in Australia. Winner 1977 Australian Order of Merit. Winner 1976 Rolex Trophy tournament in Switzerland. Collegiate All-America 1975.

Sandy Lyle
Height: 6' 1".
Weight: 187.
Birth: Feb. 9, 1958, Shrewsbury, Scotland.
Residence: Surrey, England.
Family: Wife, Christine; Stuart (7/19/83); James (1/9/86).
Turned professional: 1977.
Career earnings: $183,866.
Tour victory: 1986 Greensboro.
Money (rank): 1985, $40,452 (133); 1986, $143,414 (64).
Best 1986 finishes: 1, Greensboro; T13, Tourn. of Chs.
Other achievements: Won 1984 Kapalua Int'l.; leading money-winner on European Tour, 1979, 1980; Won British Open, 1985.

Andy Magee
Height: 6'.
Weight: 180.
Birth: May 22, 1962, Paris, France.
Residence: Oklahoma City, Okla.
College: Univ. of Oklahoma.
Turned professional: 1984.
Career earnings: $145,701.
Money (rank): 1984, $1,701 (237); 1985, $75,593 (100); 1986, $69,477 (120).
Best 1986 finish: T6, Westchester.
Other achievements: 1983 All-American.

John Mahaffey
Height: 5' 9".
Weight: 160.
Birth: May 9, 1948, Kerrville, Tex.
Residence: Houston, Tex.
Family: Wife, Susie.
College: Univ. of Houston.
Turned professional: 1971.
Career earnings: $2,217,256.
Tour victories (total 8): 1973, Sahara; 1978, PGA Championship, American Optical; 1979, Bob Hope; 1980, Kemper; 1981, Anheuser-Busch; 1984, Bob Hope; 1985, Texas; 1986, Tourn. Players Ch.
Money (rank): 1971, $2,010 (230); 1972, $57,779 (39); 1973, $112,536 (12); 1974, $122,189 (16); 1975, $141,471 (8); 1976, $77,843 (33); 1977, $9,847 (150);

344

BIOGRAPHIES

1978, $153,520 (12); 1979, $81,993 (45); 1980, $165,827 (15); 1981, $128,795 (24); 1982, $77,047 (56); 1983, $126,915 (44); 1984, $252,548 (21); 1985, $341,595 (9); 1986, $378,172 (11).
Best 1986 finishes: 1, TPC; T2, Honda; 4, World Series.
Other achievements: 1970 NCAA champion. 1978, 1979 World Cup teams, medalist in 1978. Member 1979 Ryder Cup team.

Roger Maltbie
Height: 5' 10".
Weight: 195.
Birth: June 30, 1951, Modesto, Calif.
Residence: Los Gatos, Calif.
Family: Wife, Donna.
College: San Jose State.
Turned professional: 1973.
Career earnings: $1,231,076.
Tour victories (total 5): 1975, Quad Cities, Pleasant Valley; 1976, Memorial; 1985, Westchester, World Series.
Money (rank): 1975, $81,035 (23); 1976, $117,736 (18); 1977, $51,727 (59); 1978, $12,440 (129); 1979, $9,796 (155); 1980, $38,626 (84); 1981, $75,009 (58); 1982, $77,067 (55); 1983, $75,751 (70); $118,128 (56); 1985, $360,554 (8); 1986, $213,206 (40).
Best 1986 finishes: 2, Canon-Hartford; T2, Heritage; T4, Milwaukee.
Other achievements: Winner 1972 and 1973 Northern California Amateur, 1974 California State Open, 1980 Magnolia Classic. Member of PGA Tour Policy Board.

Dick Mast
Height: 5' 11".
Weight: 175.
Birth: March 23, 1951, Bluffton, Ohio.
Residence: Orlando, Fla.
Family: Wife, Roberta; Richard (4/1/79); Josh (4/15/83); Caleb (6/22/86).
College: St. Petersburg Junior College.
Turned professional: 1972.
Joined tour: 1974.
Career earnings: $99,766.
Money (rank): 1974, $7,208 (156); 1975, $280 (276); 1977, $4,387 (182); 1979, $5,715 (180); 1985, $2,887 (T219); 1986, $79,389 (109).
Best 1986 finish: T5, Western Open; T7, USF&G Classic; T10, B.C. Open.
Other achievements: Set record score of 32-under-par 256 during 1985 Regional Qualifying Tournament on par 72 Palmaire course in Sarasota, FL. Winner of more than 25 mini-tour events.

Blaine McCallister
Height: 5' 9".
Weight: 165.
Birth: Oct. 17, 1958, Stockton, Tex.
Residence: Houston, Tex.
College: University of Houston.
Turned professional: 1981.
Joined tour: 1982.
Career earnings: $101,845.
Money (rank): 1982, $7,894 (180); 1983, $5,218 (201); 1986, $88,732 (94).
Best 1986 finish: 2, Bank of Boston Classic (playoff).
Other achievements: Three-time All-American. Winner, 1986 Texas State Open.

Mark McCumber
Height: 5' 8".
Weight: 170.
Birth: Sept. 7, 1951, Jacksonville, Fla.
Residence: Middleburg, Fla.
Family: Wife, Paddy; Addison (1/28/76); Megan (6/14/80).
Turned professional: 1974.
Career earnings: $881,799.
Tour victories (total 4): 1979, Doral-Eastern; 1983, Western, Pensacola; 1985 Doral-Eastern.
Money (rank): 1978, $6,948 (160); 1979, $67,886 (60); 1980, $36,985 (88); 1981, $33,363 (103); 1982, $31,684 (119); 1983, $268,294 (8); 1984, $133,445 (50); 1985, $192,752; 1986, $110,442 (80).
Best 1986 finishes: T8, U.S. Open; T11, Masters, Tourn of Chs.
Other achievements: Winner, 1967 National Pee Wee.

Pat McGowan
Height: 5' 11".
Weight: 170.
Birth: Nov. 27, 1954, Grand Forks, N.D.
Residence: Colusa, Calif.
Family: Wife, Bonnie.
College: Brigham Young Univ.
Turned professional: 1977.
Career earnings: $564,337.
Money (rank): 1978, $47,091 (67); 1979, $37,018 (104); 1980, $28,955 (106); 1981, $15,387 (147); 1982, $58,673 (75); 1983, $100,508 (57); 1984, $53,008 (104); 1985, $86,032 (90); 1986, $137,664 (65).
Best 1986 finishes: 2, USF&G; T4, Disney World.
Other achievements: Winner 1971 Mexican International

BIOGRAPHIES

Junior, 1976 Air Force Academy Invitational, 1977 Pacific Coast Intercollegiate. Winner, 1984 Sacramento Cl. (TPS).

Johnny Miller
Height: 6' 2".
Weight: 180.
Birth: April 29, 1947, San Francisco, Calif.
Residence: Salt Lake City, Utah.
Family: Wife, Linda Strouse; John S. (6/2/70); Kelly (12/26/72); Casi (7/30/74); Scott (5/12/76); Brent (2/3/78); Todd (1/22/80).
College: Brigham Young Univ.
Turned professional: 1969.
Career earnings: $2,267,778.
Tour victories (total 22): 1971, Southern; 1972, Heritage; 1973, U.S. Open; 1974, Bing Crosby Pro-Am, Phoenix, Tucson, Heritage, Tournament of Champions, Westchester, World Open and Kaiser International; 1975, Phoenix, Tucson, Bob Hope, Kaiser; 1976, Tucson, Bob Hope; 1980, Inverrary Classic; 1981, Tucson, Los Angeles; 1982, San Diego; 1983, Honda.
Money (rank): 1969, $8,364 (135); 1970, $52,391 (40); 1971, $91,081 (18); 1972, $99,348 (17); 1973, $127,833 (9); 1974, $353,021 (1); 1975, $226,118 (2); 1976, $135,887 (14); 1977, $61,025 (48); 1978, $17,440 (111); 1979, $49,265 (76); 1980, $127,117 (30); 1981, $193,167 (12); 1982, $169,065 (20); 1983, $230,186 (14); 1984, $139,422 (47); 1985, $126,616 (65); 1986, $71,444 (118).
Best 1986 finishes: T3, Memorial.
Other achievements: Winner, 1965 U.S. Junior, 1974 PGA Player of the Year. 1973 individual and team (with Jack Nicklaus) World Cup champion. Winner 1974 Dunlop Phoenix Open (Japan). 1975, World Cup team. 1975 and 1981 Ryder Cup teams. 1976 British Open champion. 1979 Lancome Trophy winner. Member, 1980 U.S. World Cup Team. Winner 1981 Sun City Million-Dollar Challenge (South Africa). Member 1983 USA Team vs Japan. Winner, 1983 Chrysler Team Invitational (with Jack Nicklaus).

Larry Mize
Height: 6'.
Weight: 160.
Birth: Sept. 23, 1958, Augusta, Ga.
Residence: Columbus, Ga.
Family: Wife, Bonnie; David (4/1/86).
College: Georgie Tech.
Turned professional: 1980.
Career earnings: $892,716.

Tour victories (total 1):
1983, Memphis.
Money (rank): 1982, $28,787 (124); 1983, $146,325 (35); 1984, $172,513 (36); 1985, $231,041 (17); 1986, $314,051 (17).
Best 1986 finishes: 2, TPC, B.C., Kemper.

Gil Morgan
Height: 5' 9".
Weight: 170.
Birth: Sept. 25, 1946, Wewoka, Okla.
Residence: Oak Tree G.C., Edmond, Okla.
Family: Wife, Jeanine; Molly (5/18/81); Maggie (8/10/82); Melanie (9/24/84).
College: East Central State College. Southern College of Optometry.
Turned professional: 1972.
Career earnings: $1,884,988.
Tour victories (total 6): 1977, B.C.; 1978, Los Angeles, World Series of Golf; 1979, Memphis; 1983, Tucson, Los Angeles.
Money (rank): 1973, $3,800 (204); 1974, $23,880 (94); 1975, $42,772 (60); 1976, $61,372 (42); 1977, $104,817 (24); 1978, $267,459 (2); 1979, $115,857 (29); 1980, $135,308 (28); 1981, $171,184 (18); 1982, $139,652 (26); 1983, $306,133 (5); 1984, $281,948 (13); 1985, $133,941 (63); 1986, $98,770 (84).
Best 1986 finishes: T3, Westchester; T7, Las Vegas.
Other achievements: 1967 Oklahoma collegiate champion. 1968 collegiate All-American. Winner 1978 Pacific Masters. 1979, 1983 Ryder Cup team. Named to NAIA Hall of Fame, 1982.

Jodie Mudd
Height: 5' 11".
Weight: 150.
Birth: April 23, 1960, Louisville, Ky.
Residence: Louisville, Ky.
College: Georgia Southern.
Turned professional: 1982.
Career earnings: $467,435.
Money (rank): 1982, $34,216 (114); 1983, $21,515 (145); 1984, $42,244 (114); 1985, $186,648 (35); 1986. $182.812 (48).
Best 1986 finishes: 2, Anheuser-Busch; T2, Honda; 3, Bob Hope.
Other achievements: Won 1980, 1981 U.S. Public Links; 1981 Sunnehanna; member, 1981 Walker Cup team. Three-time All-American at Georgia Southern.

BIOGRAPHIES

Bob Murphy 
Height: 5′ 10″.
Weight: 200;
Birth: Feb. 14, 1943, Brooklyn, N.Y.
Residence: Stuart, Fla.
College: Univ. of Florida.
Family: Wife, Gail; Kimberly (1/11/69).
Turned professional: 1967.
Career earnings: $1,554,876.
Tour victories: (total 5): 1968 Philadelphia, Thunderbird; 1970 Hartford; 1975 Gleason-Inverrary; 1986 Canadian Open.
Money (rank): 1968, $105,595 (10); 1969, $56,526 (32); 1970, $120,639 (9); 1971, $75,301 (27); 1972, $83,259 (26); 1973, $93,442 (22); 1974, $59,048 (44); 1975, $127,471 (11); 1976, $47,627 (60); 1977, $52,874 (58); 1978, $73,598 (34); 1979, $66,916 (62); 1980, $106,874 (41); 1981, $87,192 (49); 1982, $30,952 (121); 1983, $63,403); 1984, $35,344 (133); 1985, $99,031 (80); 1986, $182,673 (49).
Best 1986 finishes: 1, Canadian; T6, Pensacola.
Other achievements: Won 1965 U.S. Amateur, 1966 NCAA; member, 1967 Walker Cup team, 1975 Ryder Cup team; rookie of year, 1968.

Larry Nelson 
Height: 5′ 9″.
Weight: 155.
Birth: Sept. 10, 1947, Ft. Payne, Ala.
Residence: Marietta, Ga.
Family: Wife, Gayle; Drew (10/7/76); Josh (9/28/78).
College: Kennesaw Junior College.
Turned professional: 1971.
Career earnings: $1,672,371.
Tour victories (total 7): 1979, Inverrary, Western; 1980, Atlanta; 1981, Greensboro, PGA Championship; 1983, U.S. Open; 1984, Walt Disney.
Money (rank): 1974, $24,022 (93); 1975, $39,810 (66); 1976, $66,482 (41); 1977, $99,876 (26); 1978, $65,686 (45); 1979, $281,022 (2); 1980, $182,715 (11); 1981, $193,342 (10); 1982, $159,134 (21); 1983, $138,368 (40); 1984, $154,689 (42); 1985, $143,993 (55); 1986; $124,338 (69).
Best 1986 finishes: T3, Las Vegas; 4, Memphis.
Other achievements: 1979, 1981 Ryder Cup team, Player Director on PGA Tour Policy Board, 1979-1980.

Jack Nicklaus 
Height: 5′ 11″.
Weight: 180.
Birth: Jan. 21, 1940, Columbus, Ohio.
Residence: North Palm Beach, Fla. and Muirfield Village, Ohio.
Family: Wife, Barbara Bash; Jack II (9/23/61); Steven (4/11/63); Nancy Jean (5/5/65); Gary (1/15/69); Michael (7/24/73).
College: Ohio State Univ.
Turned professional: 1961, (Joined tour: 1962).
Career earnings: $4,912,294.
Tour victories (total 71): 1962, U.S. Open, Seattle World's Fair, Portland; 1963, Palm Springs, Masters, Tournament of Champions, PGA Championship, Sahara; 1964, Portland, Tournament of Champions, Phoenix, Whitemarsh; 1965, Portland, Masters, Memphis, Thunderbird Classic, Philadelphia; 1966, Masters, Sahara, National Team (with Arnold Palmer); 1967, U.S. Open, Sahara, Bing Crosby, Western, Westchester; 1968, Western, American Golf Classic; 1969, Sahara, Kaiser, San Diego; 1970, Byron Nelson, Four-Ball (with Arnold Palmer); 1971, PGA Championship, Tournament of Champions, Byron Nelson, National Team (with Arnold Palmer), Disney World; 1972, Bing Crosby, Doral-Eastern, Masters, U.S. Open, Westchester, Match Play, Disney; 1973, Bing Crosby, New Orleans, Tournament of Champions, Atlanta, PGA Championship, Ohio Kings Island, Walt Disney; 1974, Hawaii, Tournament Players Championship; 1975, Doral-Eastern, Heritage, Masters, PGA Championship, World; 1976, Tournament Players Championship, World Series of Golf; 1977, Inverrary, Tournament of Champions, Memorial; 1978, Inverrary, Tournament Players Championship, IVB-Philadelphia; 1980, U.S. Open, PGA Championship; 1982, Colonial National; 1984, Memorial; 1986 Masters.
Money (rank): 1962, $61,869 (3); 1963, $100,040 (2); 1964, $113,285 (1); 1965, $140,752 (1); 1966, $111,419 (2); 1967, $188,998 (1); 1968, $155,286 (2); 1969, $140,167 (3); 1970, $142,149 (4); 1971, $244,490 (1); 1972, $320,542 (1); 1973, $308,362 (1); 1974, $238,178 (2); 1975, $298,149 (1); 1976, $266,438 (1); 1977, $284,509 (2); 1978, $256,672 (4); 1979, $59,434 (71); 1980, $172,386 (13); 1981, $178,213 (16); 1982, $232,645 (12); 1983 $256,158 (10); 1984, $272,595 (15); 1985, $165,456 (44); 1986, $226,014 (34).
Best 1986 finishes: 1, Masters; T5, Memorial; T8, U.S. Open.
Other achievements: PGA Player of the Year five times (1967, 1972, 1973, 1975 and 1976); U.S. Amateur champion in 1959 and 1961. NCAA champion in 1961. Winner of British Open in 1966, 1970 and 1978. Six-time winner Australian Open (1964, 1968, 1971, 1975, 1976 and 1978). Member of six winning World Cup teams (1963, 1964, 1966, 1967, 1971 and 1973). Winner of World Series of Golf (old format) four times (1962, 1963, 1967 and 1970). Member of six Ryder Cup teams (1969

BIOGRAPHIES

through 1977, plus 1981). Ryder Cup team captain 1983. Has total of 18 international titles. Member World Golf Hall of Fame. Winner, 1983 Chrysler Team Invitational (with Johnny Miller).

Greg Norman
Height: 6' 1".
Weight: 185.
Birth: Feb. 10, 1955, Mt. Isa, Australia.
Residence: Bay Hill, Fla.
Family: Wife, Laura; Morgan Leigh (10/5/82); Gregory (9/19/85).
Turned professional: 1976.
Tour victories: 1984 Kemper, Canadian. 1986, Panasonic Las Vegas, Kemper.
Career earnings: $1,200,394.
Money (rank): Not a member of PGA tour prior to 1984; 1983, $71,411 (74); 1984, $310,230 (9); 1985, $165,458 (13); 1986, $653,295 (1).
Best 1986 finishes: 1, Las Vegas, Kemper; 2, PGA Ch., Canadian; T2, Heritage, Masters; T3, Atlanta.
Other achievements: Winner of 1976, West Lakes Classic (Australia); 1977, Kusaha Invitational (Japan), Martini International; 1978, South Seas Classic (Fiji), New South Wales Open (Australia); 1979, Martin International, Hong Kong Open; 1980, French Open, Scandinavian Enterprise Open, Suntory World Match-Play, Australia Open; 1981, Australian Masters, Martini International, Dunlop Masters; 1982, Dunlop Masters, State Express Classic, Benson & Hedges International; 1983, Australian Masters, Hong Kong Open, Suntory World-Play Match Championship. 1984, Victoria Open in Australia. Winner, 1986 British Open, European Open, 4 Australian tour events.

Andy North
Height: 6' 4".
Weight: 200.
Birth: March 9, 1950, Thorp, Wis.
Residence: Madison, Wisc.
Family: Wife, Susan; Nicole (11/30/74); Andrea (8/22/78).
College: Univ. of Florida.
Turned professional: 1972.
Career earnings: $1,138,429.
Tour victories: (Total 3) 1977, American Express Westchester Classic; 1978, 1985 U.S. Open.
Best 1986 finish: T7, Disney-Olds.
Money (rank): 1973, $48,672 (64); 1974; $58,409 (46); 1975, $44,729 (53); 1976, $71,267 (37); 1977, $116,794 (18); 1978, $150,398 (14); 1979, $73,873 (54); 1980, $55,212 (69); 1981, $111,401 (30); 1982, $82,698 (49); 1983, $52,416 (98); 1984, $22,131 (149); 1985, $212,268 (24); 1986, $41,651 (146).

Mac O'Grady
Height: 6'.
Weight: 165.
Birth: April 26, 1951, Minneapolis, Minn.
Residence: Palm Springs, Calif.
Family: Wife, Fumiko Aoyagi.
College: Santa Monica College
Turned professional: 1972.
Joined tour: 1983.
Career earnings: $571,673.
Tour victory: 1986 Canon-Hartford.
Money (rank): 1983, $50,379 (101); 1984, $41,143 (120); 1985, $223,808 (20); 1986, $256,343 (26).
Best 1986 finishes: 1, Hartford; T4, Anheuser-Busch.

David Ogrin
Height: 6' 0".
Weight: 200.
Birth: Dec. 31, 1957, Waukegan, Ill.
Residence: Waukegan, Ill.
Family: Wife, Sharon.
College: Texas A&M.
Turned professional: 1980.
Joined tour: 1983.
Career earnings: $233,003.
Money (rank): 1983, $136,003 (121); 1984, $45,461 (113); 1985, $76,294 (96); 1986, $75,245 (113).
Best 1986 finish: T5, Hawaiian.
Other achievements: Ranked No. 7 as an amateur in 1980 by Golf Digest. Winner, 1980 Illinois State Open.

Mark O'Meara
Height: 6'.
Weight: 175.
Birth: Jan. 13, 1957, Goldsboro, N.C.
Residence: Escondido, Calif.
Family: Wife, Alicia.
College: Long Beach State.
Turned professional: 1980.
Career earnings: $1,236,667.
Tour victories: 1984, Milwaukee; 1985, Crosby, Hawaii.
Money (rank): 1981, $76,063 (55); 1982, $31,711 (118); 1983, $69,354 (76); 1984, $465,872 (2); 1985, $340,840 (10); 1986, $252,826 (30).
Best 1986 finishes: 2, Tourn. of Chs.; T3, Atlanta, Hartford, Doral-Eastern, Memorial.
Other achievements: Winner 1979 United States Amateur, California State Amateur, Mexican Amateur. All-American at Long Beach State. 1981 Rookie of the Year, 1984 Most Improved Pro. Member 1984, 1985 Ryder Cup team; USA Team vs. Japan.

BIOGRAPHIES

Steve Pate
Height: 6'.
Weight: 165.
Birth: May 26, 1961, Ventura, Calif.
Residence: Los Angeles, Calif.
College: UCLA.
Family: Wife, Sheri.
Turned professional: 1983.
Career earnings: $265,458.
Money (rank): 1985, $89,358 (87); 1986, $176,100 (51).
Best 1986 finishes: T3, Las Vegas; T7, Buick.
Other achievements: 1983 All-American.

Corey Pavin
Height: 5' 9"
Weight: 140.
Birth: Nov. 16, 1959, Oxnard, Calif.
Residence: Los Angeles, Calif.
Family: Wife, Shannon Elizabeth; Ryan (5/29/86).
College: UCLA
Turned professional: 1981.
Joined tour: 1984.
Career earnings: $932,600.
Tour victories (total 4): 1984 Houston; 1985 Colonial; 1986 Hawaiian, Milwaukee.
Money (rank): 1984, $260,536 (18); 1985, $367,506 (6); 1986, $304,557 (19).
Best 1986 finishes: 1, Hawaiian, Milwaukee; T6, Los Angeles; T7, Bay Hill.
Other achievements: Won 1983 South African PGA, German Open member, 1981 Walker Cup team, 1985 U.S. vs. Japan teams.

Calvin Peete
Height: 5' 10".
Weight: 165.
Birth: July 18, 1943, Detroit, Mich.
Residence: Fort Myers, Fla.
Family: Wife, Christine; Calvin (8/9/68); Dennis (12/4/69); Rickie (12/13/69); Kalvanetta Kristina (5/3/75).
Turned professional: 1971.
Career earnings: $2,009,270.
Tour victories (total 12): 1979, Milwaukee; 1982, Milwaukee, Anheuser-Busch, B.C., Pensacola; 1983, Anheuser-Busch, Atlanta; 1984, Texas; 1985, Phoenix, Tourn. Players Ch; 1986, Tourn. of Champions, USF&G.
Money (rank): 1976, $22,966 (94); 1977, $20,525 (105); 1978, $20,459 (108); 1979, $122,481 (27); 1980, $105,716 (42); 1981, $93,243 (43); 1982, $318,470 (4); 1983, $313,845 (4); 1984, $232,124 (25); 1985, $384,489 (3); 1986, $374,953 (12).
Best 1986 finishes: 1, T of C, USF&G; 2, Houston; T2, Phoenix.
Other achievements: 1983, 1985 Ryder Cup teams 1982-83 USA Team vs. Japan; Winner, 1984 Vardon Trophy.

Chris Perry
Height: 6' 1".
Weight: 185.
Birth: Sept. 27, 1961, Edenton, N.C.
Residence: Columbus, Ohio.
Family: Wife, Katherine.
College: Ohio State.
Turned professional: 1984.
Career earnings: $136,013.
Money (rank): 1985, $60,801 (111); 1986, $75,212 (114).
Best 1986 finish: T10, Disney-Olds.
Other achievements: 1984 All-American.

Mark Pfeil
Height: 5' 11".
Weight: 175.
Birth: July 18, 1951, Chicago Heights, Ill.
Residence: La Quinta Hotel C.C., La Quinta, Calif.
Family: Wife, Diana; Kimberly Ann (9/19/80); Kathryn (8/23/84).
College: Univ. of Southern California.
Turned professional: 1974.
Career earnings: $496,497.
Tour victories (total 1): 1980, Tallahassee.
Money (rank): 1976, $439 (271); 1977, $9,924 (149); 1978, $13,943 (123); 1979, $18,963 (125); 1980, $52,704 (72); 1981, $28,951 (112); 1982, $62,633 (71); 1983, $85,477 (66); 1984, $101,878 (69); 1985, $54,098 (117); 1986, $67,487 (122).
Best 1986 finishes: T6, AT&T; T10, Western.
Other achievements: Won California Interscholastic Federation; 1973 Walker Cup team; All-American 1973, 1974. Winner Pacific Coast Amateur, 1972, 1974; Southern California Amateur, 1973; PAC-8, 1974. Winner, 1983 Anderson-Pacific (TPS).

Dan Pohl
Height: 5' 11".
Weight: 175.
Birth: April 1, 1955, Mt. Pleasant, Mich.
Residence: Mt. Pleasant, Mich.
Family: Wife, Mitzi; Michelle; (2/2/78); Joshua Daniel (9/10/84); Taylor Whitney (9/10/86).
College: Univ. of Arizona.

BIOGRAPHIES

Turned professional: 1977.
Career earnings: $1,270,904.
Tour victories: 1986 Colonial, NEC World Series.
Money (rank): 1978, $1,047 (224); 1979, $38,393 (100); 1980, $105,008 (44); 1981, $94,303 (42); 1982, $97,213 (39); 1983, $89,830 (62); 1984, $182,653 (32); 1985, $198,829 (28); 1986, $463,629 (5).
Best 1986 finishes: 1, Colonial, World Series; 2, Las Vegas; T5, Ball Hill.
Other achievements: Michigan State Amateur champion, 1975, 1977. Named 1986 Most Improved by Golf Digest.

Don Pooley
Height: 6' 2".
Weight: 185.
Birth: Aug. 27, 1951, Phoenix, Ariz.
Residence: Tucson, Ariz.
Family: Wife, Margaret; Lynn (1/19/80); Kerri (5/19/82)
College: Univ. of Arizona.
Turned professional: 1973.
Career earnings: $1,084,233.
Tour victories (total 1): 1980, B.C.
Money (rank): 1976, $2,139 (208); 1977, $24,507 (94); 1978, $31,945 (84); 1979, $6,932 (170); 1980, $157,973 (18); 1981, $75,730 (57); 1982, $87,962 (48); 1983, $145,979 (36); 1984, $120,699 (54); 1985, $162,094 (47); 1986, $268,274 (22).
Best 1986 finishes: 2, Memorial; T5, Seiko-Tucson; Las Vegas, Phoenix.
Other achievements: Winner, 1985 Vardon Trophy.

Nick Price
Height: 6'.
Weight: 175.
Birth: Jan. 28, 1957, Durban, South Africa.
Residence: Orlando, Fla.
Family: Single.
Turned professional: 1977.
Joined tour: 1983.
Career earnings: $480,356.
Tour victories (total 1): 1983, World Series.
Money (rank): 1983, $49,435 (103); 1984, $109,480 (66); $254,984; 1986, $225,373 (35).
Best 1986 finishes: T2, Western; 5, International, Masters.
Other achievements: 1980 Swiss Open winner, 1981 South African masters winner. Winner, 1985 Lancome.

Tom Purtzer
Height: 6'.
Weight: 180.
Birth: Dec. 5, 1951, Des Moines, Iowa.
Residence: Phoenix, Ariz.
Family: Wife, Jacqueline; Laura (7/3/80); Ashley (12/5/83); Eric (11/5/85).
College: Arizona State.
Turned professional: 1973.
Career earnings: $1,156,879.
Tour victories (total 2): 1977, Los Angeles; 1984, Phoenix.
Money (rank): 1975, $2,093 (194); 1976, $26,682 (82); 1977, $79,337 (37); 1978, $58,618 (55); 1979, $113,270 (30); 1980, $118,185 (34); 1981, $122,812 (27); 1982, $100,118 (36); 1983, $103,261 (55); 1984, $164,244 (39); 1985, $49,979 (120); 1986, $218,280 (37).
Best 1986 finish: T4, Milwaukee; T6, Greensboro; 7, Honda, Doral-Eastern.
Other achievements: Arizona State Amateur and Southwest Open champions, both 1972. Medalist, 1979 U.S.-Japan Team Matches. Winner, 1981 Jerry Ford Invitational.

Mike Reid
Height: 5' 11".
Weight: 150.
Birth: July 1, 1954, Bainbridge, Md.
Residence: Provo, Utah.
Family: Wife, Randolyn; Brendalyn (2/3/81); Lauren Michelle (8/14/83); Michael Daniel (10/2/86).
College: Brigham Young.
Turned professional: 1976.
Career earnings: $1,045,900.
Money (rank): 1977, $26,314 (90); 1978, $37,420 (79); 1979, $64,046 (66); 1980, $206,097 (9); 1981, $93,037 (44); 1982, $80,167 (51); 1983, $99,135 (58); 1984, $134,672 (49); 1985, $169,871 (41); 1986, $135,142 (66).
Best 1986 finishes: T3, Kemper; 5, Westchester.
Other achievements: 1976 Western Athletic Conference champion. Winner, 1976 Pacific Coast Amateur. Collegiate All-America 1974, 1975. Low Amateur, 1976 U.S. Open. 1980 Member, U.S. World Cup team. Winner, 1983 Shootout at Jeremy Ranch (with Bob Goalby—Senior PGA Tour event).

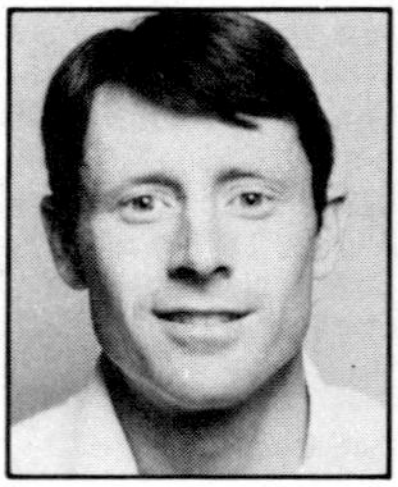

BIOGRAPHIES

Jack Renner
Height: 6'.
Weight: 150.
Birth: July 6, 1956, Palm Springs, Calif.
Residence: San Diego, Calif.
College: College of the Desert.
Turned professional: 1976.
Career earnings: $1,336,255.
Tour victories (total 3): 1979, Westchester; 1981, Pleasant Valley; 1984, Hawaiian.
Money (rank): 1977, $12,837 (128); 1978, $73,996 (33); 1979, $182,808 (14); 1980, $97,501 (45); 1981, $193,292 (11); 1982, $95,589 (41); 1983, $133,290 (41); 1984, $260,153 (19); 1985, $202,761 (27); 1986, $84,028 (100).
Best 1986 finishes: T4, Boston; T7, B.C.; T6, Southern.
Other achievements: Winner, 1972 World Junior. Winner, 1973 U.S. Junior.

Larry Rinker
Height: 5' 9".
Weight: 145.
Birth: July 20, 1957, Stuart, Fla.
Residence: Winter Park, Fla.
Family: Single.
College: Univ. of Florida.
Turned professional: 1979.
Joined tour: 1981.
Career earnings: $453,185.
Money (rank): 1981, $2,729 (211); 1982, $26,993 (132); 1983, $31,394 (128); 1984, $116,494 (60); 1985, $195,390 (31); 1986, $80,635 (106).
Best 1986 finishes: T6, San Diego; 9, Boston.
Other achievements: 1978 Southeastern Conference champion. Winner of six mini-tour events. Led Space Coast mini-tour in earnings in 1980.

Bill Rogers
Height: 6'.
Weight: 148.
Birth: Sept. 10, 1951, Waco, Tex.
Residence: San Antonio, Tex.
Family: Wife, Beth; Blair Elizabeth (6/6/83).
College: Univ. of Houston.
Turned professional: 1974.
Career earnings: $1,345,262.
Tour victories (total 5): 1978, Bob Hope; 1981, Heritage, World Series of Golf, Texas; 1983, USF&G.
Money (rank): 1975, $29,302 (78); 1976, $24,376 (88); 1977, $88,707 (29); 1978, $114,206 (17); 1979, $230,500 (6); 1980, $146,883 (23); 1981, $315,411 (5); 1982, $128,682 (27); 1983, $130,103 (42); 1984, $34,746 (134); 1985, $44,179 (129); 1986, $57,242 (131).
Best 1986 finish: T3, Colonial.
Other achievements: 1972 Southern Amateur winner. Member 1973 Walker Cup team. All-American in 1973. 1973 All-American Collegiate Tournament Winner. Won 1977 Pacific Masters. Won 1979 World Match Play Championship. Won 1980 and 1981 Suntory Open in Japan. Won 1981 British Open. 1981 Ryder Cup team. 1981 Player of Year. Named to University of Houston Hall of Honor, 1981. Winner 1981 New South Wales Open, Australia, and 1981 Australian Open.

Clarence Rose
Height: 5' 8".
Weight: 165.
Birth: Dec. 8, 1957, Goldsboro, N.C.
Residence: Goldsboro.
Family: Wife, Jan.
College: Clemson Univ.
Turned professional: 1981.
Career earnings: $472,586.
Money (rank): 1981, $965 (233); 1982, $41,075 (100); 1983, $45,271 (109); 1984, $62,278 (92); 1985, $133,610 (64); 1986, $189,387 (44).
Best 1986 finishes: 2, Los Angeles; T2, Honda; 3, Provident.
Other achievements: Winner 1979 North Carolina Amateur, was quarter-finalist in U.S. Amateur in 1980; All-American in 1980.

David Rummells
Height: 6'.
Weight: 150.
Birth: Jan. 26, 1958, Cedar Rapids, Iowa.
Residence: Orlando, Fla.
Family: Wife, Ira.
College: Univ. of Iowa.
Turned professional: 1981.
Joined tour: 1986.
Career earnings: $83,227.
Money (rank): 1986, $83,227 (103).
Best 1986 finishes: T9, Hawaiian Open; T10, Tournament Players Championship.

MEN PROFESSIONALS: Pooley-Rummells

BIOGRAPHIES

Gene Sauers
Height: 5' 8".
Weight: 150.
Birth: Aug. 22, 1962, Savannah, Ga.
Residence: Savannah.
College: Georgia Southern.
Turned professional: 1983.
Career earnings: $284,107.
Tour victory: 1986, Bank of Boston.
Money (rank): 1984, $36,537 (128); 1985, $48,526 (122); 1986, $199,044 (42).
Best 1986 finishes: 1, Boston; T4, Nelson; T6, Colonial.

Tom Sieckmann
Height: 6' 5"
Weight: 205.
Birth: Jan. 14, 1955, York, Neb.
Residence: Omaha, Neb.
College: Oklahoma State.
Turned professional: 1977.
Joined tour: 1985.
Career earnings: $93,447.
Money (rank): 1985, $30,052 (143); 1986, $63,395 (125).
Best 1986 finishes: T3, USF & G Classic, Tallahassee Open.
Other achievements: Winner, 1981 Phillippine Open, Thailand Open, Singapore Open, Brazilian Open, Winner of total of seven events overseas.

Tony Sills
Height: 5' 10"
Weight: 160.
Birth: Dec. 5, 1955, Los Angeles, Calif.
Residence: Los Angeles, Calif.
Family: Single.
College: Southern Cal.
Turned professional: 1980.
Joined tour: 1983.
Career earnings: $479,679.
Money (rank): 1983, $47,488 (104); 1984, $90,055 (72); 1985, $125,255 (67); 1986, $216,881 (38).
Best 1986 finishes: T2, Phoenix; T3, AT&T.
Other achievements: 1976 Southern California Amateur winner. 1981 Queen Mary Open winner. 1982 Coors Open winner.

Scott Simpson
Height: 6' 2".
Weight: 180.
Birth: Sept. 17, 1955, San Diego, Calif.
Residence: San Diego, Calif.
Family: Wife, Cheryl; Brea Yoshiko (10/10/82); Sean (10/14/86).
College: Univ. of Southern California.
Turned professional: 1977.
Career earnings: $1,216,324.
Tour victories (total 2); 1980, Western; 1984, Westchester.
Money (rank): 1979, $53,084 (74); 1980, $141,323 (24); 1981, $108,793 (34); 1982, $146,903 (24); 1980, 141,323 (24); 1983, $144,172 (38); 1984, $248,581 (22); 1985, $171,245 (40); 1986, $202,222 (41).
Best 1986 finishes: 2, Seiko-Tucson; T3, Westchester.
Other achievements: Winner 1976 and 1977 NCAA championships. Winner, 1976 Porter Cup. Winner 1975 and 1977 PAC-8 Championships. Member, 1977 Walker Cup Team. Collegiate All-American 1976 and 1977. Winner of California and San Diego junior titles. Winner, 1984 Chunichi Crowns and Dunlop Phoenix (both Japan).

Tim Simpson
Height: 5' 10½".
Weight: 175.
Birth: May 6, 1956, Atlanta, Ga.
Residence: Dunwoody, Ga.
Family: Wife, Kathy; Christopher (1/5/84); Katie (9/26/86).
College: Univ. of Georgia.
Turned professional: 1977.
Career earnings: $888,217.
Tour victory: 1985 Southern.
Money (rank): 1977, $2,778 (193); 1978, $38,714 (78); 1979, $36,223 (106); 1980, $27,172 (112); 1981, $63,063 (70); 1982, $62,153 (72); 1983, $96,419 (59); 1984, $157,082 (41); 1985, $164,702 (45); 1986, $240,911 (31).
Best 1986 finishes: T2, Southern; 3, TPC; T5, Seiko-Tucson, World Series.
Other achievements: 1976 Southern Amateur champion; All-Southeastern Conference and All-American at Georgia. Winner of Georgia and Atlanta junior titles; 1981 World Under-25 Championship (France).

BIOGRAPHIES

Joey Sindelar
Height: 5'10".
Weight: 200.
Birth: March 30, 1958, Ft. Knox, Ky.
Residence: Horseheads, N.Y.
Family: Wife, Suzanne Lee.
College: Ohio State Univ.
Turned professional: 1981.
Career earnings: $740,520.
Tour victories (total, 2): 1985, Greensboro Open, B.C. Open.
Money (rank): 1984, $116,528 (59); 1985, $282,762 (12); 1986, $341,230 (14).
Best 1986 finishes: 2, Memphis, Pensacola; 3, Anheuser-Busch.
Other achievements: 1980, 1981 All-American at Ohio State.

Jeff Sluman
Height: 5' 7".
Weight: 135.
Birth: Sept. 11, 1957, Rochester, N.Y.
Residence: Rochester, N.Y.
College: Florida State.
Turned professional: 1980.
Career earnings: $268,295.
Money (rank): 1983, $13,643 (171); 1984, $603 (281); 1985, $100,523 (79); 1986, $154,128 (60).
Best 1986 finishes: T6, Pensacola; T7, Vantage, Memphis.

J. C. Snead
Height: 6' 2".
Weight: 200.
Birth: Oct. 14, 1941, Hot Springs, Va.
Residence: Hot Springs, Va. and Ponte Vedra Beach, Fla.
Family: Wife, Sue Bryant; Jason (10/10/78).
College: East Tennessee State Univ.
Turned professional: 1964.
Joined tour: 1968.
Career earnings: $1,709,336.
Tour victories (total 7): 1971, Tucson, Doral-Eastern; 1972, Philadelphia; 1975, San Diego; 1976, San Diego, Kaiser; 1981, Southern.
Money (rank): 1968, $690 (280); 1969, $10,640 (121); 1970, $11,547 (122); 1971, $92,929 (17); 1972, $87,435 (22); 1973, $103,601 (14); 1974, $164,486 (6); 1975, $91,822 (17); 1976, $192,645 (6); 1977, $68,975 (46); 1978, $63,561 (47); 1979, $129,585 (24); 1980, $76,791 (54); 1981, $126,175 (26); 1982, $96,756 (40); 1983, $111,895 (51); 1984, $66,224 (88); 1985, $65,697 (105); 1986, $147,881 (63).

Best 1986 finishes: T2, Buick; T3, International.
Other achievements: 1971, 1973 and 1975 Ryder Cup team. 1973 Australian Open champion. Co-winner 1980 Jerry Ford Inv'l.

Craig Stadler
Height: 5' 10".
Weight: 200.
Birth: June 2, 1953, San Diego, Calif.
Residence: San Diego, Calif.
Family: Wife, Sue; Kevin (2/5/80); Christopher (11/23/82).
College: Univ. of Southern Calif.
Turned professional: 1975.
Career earnings: $2,060,850.
Tour victories (total 8): 1980, Bob Hope, Greensboro; 1981, Kemper; 1982, Tucson, Masters, Kemper, World Series of Golf; 1984, Byron Nelson.
Money (rank): 1976, $2,702 (196); 1977, $42,949 (66); 1978, $63,486 (48); 1979, $73,392 (55); 1980, $206,291 (8); 1981, $218,829 (8); 1982, $446,462 (1); 1983, $214,496 (17); 1984, $324,241 (8); 1985, $297,926 (11); 1986, $170,075 (53).
Best 1986 finishes: T3, Southwest; T4, Nelson.
Other achievements: Winner, 1971 World Junior. Winner, 1973 U.S. Amateur. Member, 1975 Walker Cup team. All-American 1974 and 1975. Winner, 1978 Magnolia Classic; 1985 European Masters. Member 1982 PGA Tour vs. Japan Goldwin Cup team. Winner, 1982 PGA Tour Arnold Palmer Award as leading money winner; 1983, 1985 Ryder Cup Teams.

Payne Stewart
Height: 6' 1".
Weight: 170.
Birth: Jan. 30, 1957; Springfield, Mo.
Residence: Lake Mary, Fla.
Family: Wife, Tracey Ferguson; Chelsea (11/13/85).
College: Southern Methodist Univ.
Turned professional: 1979.
Career earnings: $1,340,809.
Tour victories (total 2): 1982, Quad Cities; 1983, Disney.
Money (rank): 1981, $13,400 (157); 1982, $98,686 (38); 1983, $178,809 (25); 1984, $288,795 (11); 1985, $225,729 (19); 1986, $535,389 (3).
Best 1986 finishes: 2, AT&T, Colonial, Vantage; 3, Memphis.
Other achievements: Winner, 1982 Magnolia Classic. Co-champion, 1979 Southwest Conference; 1979 All-America. 1979 Missouri Amateur champion; 1981 Indian and Indonesian Open winner on Asian tour; third in Asian Order of Merit, 1981, Australian Order of Merit, 1982

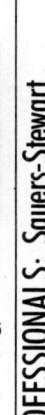

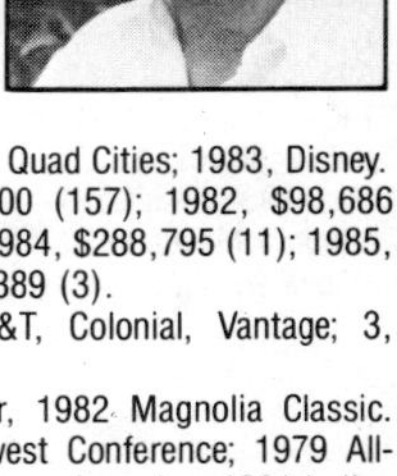

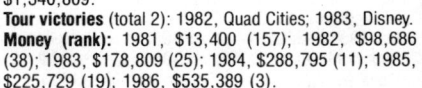

BIOGRAPHIES

Curtis Strange
Height: 5' 11".
Weight: 170.
Birth: Jan. 30, 1955, Norfolk, Va.
Residence: Kingsmill, Va.
Family: Wife, Sarah; Thomas Wright III (8/25/82); David Clark (4/2/85).
College: Wake Forest Univ.
Turned professional: 1976.
Career earnings: $2,189,547.
Tour victories (total 9): 1979, Pensacola; 1980, Houston, Westchester; 1983, Hartford; 1984, LaJet; 1985, Honda, Panasonic, Canadian; 1986, Houston.
Money (rank): 1977, $28,144 (87); 1978, $29,346 (88); 1979, $138,368 (21); 1980, $271,888 (3); 1981, $201,513 (9); 1982, $263,378 (10); 1983, $200,116 (21); 1984, $276,773 (14); 1985, $542,321 (1); 1986, $237,700 (32).
Best 1986 finishes: 1, Houston; T5, Bay Hill; 6, Kemper; T6, Canon-Hartford.
Other achievements: Winner of 1973 Southeastern Amateur, 1974 NCAA, 1974 Western Amateur, 1975 Eastern Amateur, 1975 and 1976 North and South Amateur. 1975 and 1976 Virginia State Amateur. Member 1974 World Amateur Cup team, 1975 Walker Cup team. 1974 College Player of Year. 1983, 1984 Ryder Cup teams; 1985 U.S. vs. Japan team. Winner, 1986 ABC (Japan).

Mike Sullivan
Height: 6' 2".
Weight: 200.
Birth: Jan. 1, 1955, Gary, Ind.
Residence: Ocala, Fla.
Family: Wife, Sandy; Rebecca (6/13/85).
College: Univ. of Florida.
Turned professional: 1975.
Career earnings: $771,802.
Tour victories (total 1): 1980, Southern.
Money (rank): 1977, $11,170 (142); 1978, $41,184 (74); 1979, $38,596 (97); 1980, $147,759 (22); 1981, $94,844 (41); 1982, $37,957 (108); 1983, $93,437 (60); 1984, $111,415 (63); 1985, $45,032 (127); 1986, $150,407 (62).
Best 1986 finishes: T2, Disney-Olds; T5, Doral-Eastern.
Other achievements: Winner, 1984 Shootout at Jeremy Ranch (with Don January-Senior PGA Tour event).

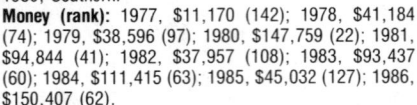

Hal Sutton
Height: 6' 1".
Weight: 185.
Birth: April 28, 1958, Shreveport, La.
Residence: Shreveport, La.
College: Centenary College.
Turned professional: 1981.
Career earnings: $1,682,825.
Tour victories (total 7): 1982, Walt Disney World Golf Classic; 1983, Tournament Players Championship, PGA Championship; 1985, Memphis, Southwest; 1986, Phoenix, Memorial.
Money (rank): 1982, $237,434 (11); 1983, $426,668 (1); 1984, $227,949 (26); 1985, $356,340 (7); 1986, $429,433 (6).
Best 1986 finishes: 1, Phoenix, Memorial; 2, Atlanta; T4, U.S. Open.
Other achievements: Winner, 1980 U.S. Amateur championship. 1980 Golf Magazine College Player of the Year. Collegiate All-American. Runner-up 1981 NCAA Champion. Winner 1974 Louisiana State Juniors. 1983, 1985 USA Team vs. Japan, 1985 Ryder Cup team.

Doug Tewell
Height: 5' 10".
Weight: 175.
Birth: Aug. 27, 1949, Baton Rouge, La.
Residence: Edmond, Okla.
Family: Wife, Pam. Kristi (9/24/69); Jay (3/31/75).
College: Oklahoma State.
Turned professional: 1971.
Joined tour: 1975).
Career earnings: $1,099,802.
Tour victories (total 3): 1980, Heritage, IVB-Philadelphia; 1986 Los Angeles.
Money (rank): 1975, $1,812 (201); 1976, $3,640 (185); 1977, $33,162 (76); 1978, $16,629 (113); 1979, $84,500 (43); 1980, $161,684 (17); 1981, $41,540 (94); 1982, $78,770 (52); 1983, $112,367 (49); 1117,988 (57); 1985, $137,426 (59); 1986, $310,285 (18).
Best 1986 finishes: 1, Los Angeles; T2, Buick; T3, USF&G.
Other achievements: Winner, Oklahoma State Junior and Scholastic titles, 1966. Winner 1978 South Central PGA, 1971 Tulsa Intercollegiate.

BIOGRAPHIES

Leonard Thompson 
Height: 6' 2".
Weight: 200.
Birth: Jan. 1, 1947, Laurinburg, N.C.
Residence: Myrtle Beach, S.C.
Family: Wife, Lesley; Martha Lea (6/7/67); Stephen (4/6/74).
College: Wake Forest Univ.
Turned professional: 1970.
Career earnings: $1,113,323.
Tour victories (total 2): 1974, Inverrary; 1977, Pensacola.
Money (rank): 1971, $6,556 (153); 1972, $39,882 (63); 1973, $91,158 (15); 1974, $122,349 (15); 1975, $48,748 (48); 1976, $26,566 (83); 1977, $107,293 (23); 1978, $52,231 (63); 1979, $90,465 (41); 1980, $138,826 (25); 1981, $95,517 (40); 1982, $60,998 (73); 1983, $76,326 (69); 1984, $36,920 (126); 1985, $48,395 (123); 1986, $83,419 (102).
Best 1986 finishes: 3, Pensacola; T3, Greensboro.
Other achievements: Winner 1975 Carolinas Open. Winner 1970 American Amateur Classic.

Jim Thorpe 
Height: 6'.
Weight: 200.
Birth: Feb., 1, 1949, Roxboro, N.C.
Residence: Buffalo, N.Y.
Family: Wife, Carol; Sheronne (3/6/77).
College: Morgan State.
Turned professional: 1972.
Career earnings: $1,153,240.
Tour victories (total 3): 1985, Milwaukee, Seiko-Tucson; 1986, Seiko-Tucson.
Money (rank): 1976, $2,000; 1979, $48,987 (80); 1980, $33,671 (99); 1981, $43,011 (93); 1982, $66,379 (63); 1983, $118,197 (46); 1984, $135,818 (48); 1985, $379,091 (4); 1986, $326,086 (15).
Best 1986 finishes: 1, Seiko-Tucson; T2, Southern; T4, TPC.
Other achievements: Winner 1982 Canadian PGA. Co-medalist in 1978 Tour Qualifying School.

Lee Trevino 
Height: 5' 7".
Weight: 180.
Birth: Dec. 1, 1939, Dallas, Tex.
Residence: Dallas, Tex.
Family: Wife, Claudia; Richard (11/21/62); Lesley Ann (6/30/65); Tony Lee (4/13/69); Troy (9/10/73).
Turned professional: 1960.
Joined tour: 1967).
Career earnings: $3,264,290.
Tour victories (total 27): 1968, U.S. Open, Hawaiian; 1969, Tucson; 1970, Tucson, National Airlines; 1971 Tallahassee, Memphis, U.S. Open, Canadian, Sahara; 1972, Memphis, Hartford, St. Louis; 1973, Inverrary, Doral-Eastern; 1974, New Orleans, PGA Championship; 1975, Florida Citrus; 1976, Colonial National, 1977, Canadian; 1978, Colonial National; .1979, Canadian; 1980, Tournament Players Championship, Memphis Classic, Texas; 1981, MONY Tournament of Champions; 1984 PGA Championship.
Money (rank): 1966, $600; 1967, $26,472 (45); 1968, $132,127 (6); 1969, $112,418 (7); 1970, $157,037 (1); 1971, $231,202 (2); 1972, $214,805 (2); 1973, $210,017 (4); 1974, $203,422 (4); 1975, $134,206 (9); 1976, $136,963 (13); 1977, $85,108 (33); 1978, $228,723 (6); 1979, $238,732 (4); 1980, $385,814 (2); 1981, $134,801 (23); 1982, $34,293 (113); 1983, $111,100 (52); 1984, $282,907 (12); 1985, $140,883 (57); 1986, $86,315 (98).
Best 1986 finishes: T4, U.S. Open; T9, Buick.
Other achievements: 1971 PGA Player of the Year. 1971 and 1972 British Open champion. Winner 1974 World Series of Golf and 1975 Mexican Open. 1968, 1969, 1970, 1971, and 1974 World Cup team. 1969, 1971, 1973, 1975, 1979 and 1981 Ryder Cup teams. Winner 1977 Morocco Grand Prix, 1978 Benson & Hedges and 1978 Lancome Trophy. 1979 Canadian PGA. 1970, 1971, 1972, 1974, 1980 Vardon Trophy winner. Member World Golf Hall of Fame. Winner, 1983 Canadian PGA. Member 1984 USA Team vs. Japan.

Bob Tway 
Height: 6' 4".
Weight: 180.
Birth: May 4, 1959, Oklahoma City, Okla.
Residence: Edmond, Okla.
Family: Wife, Tammie.
College: Oklahoma State.
Turned professional: 1981.
Career earnings: $816,803.
Tour victories (total 4): 1986, PGA Ch., Williams-San Diego, Westchester, Ga.-Pac. Atlanta.
Money (rank): 1983, $12,089 (174); 1984, $1,719 (236); 1986, $652,780 (2).
Best 1986 finishes: 1, PGA Ch., Williams-San Diego, Westchester, Atlanta.
Other achievements: 1981 All-American.

MEN PROFESSIONALS: Strange-Tway

BIOGRAPHIES

Howard Twitty
Height: 6'5".
Weight: 200.
Birth: Jan. 15, 1949, Phoenix, Ariz.
Residence: Paradise Valley, Ariz.
Family: Wife, Linda; Kevin Scott (10/2/76); Jocelyn Noel (11/20/80).
College: Arizona State.
Turned professional: 1974.
Career earnings: $991,697.
Tour victories (total 2): 1979, B.C.; 1980, Hartford.
Money (rank): 1975, $8,211 (139); 1976, $54,268 (51); 1977, $60,091 (49); 1978, $92,409 (25); 1979, $179,619 (15); 1980, $166,190 (14); 1981, $52,183 (79); 1982, $57,355 (78); 1983, $20,000 (150); 1984, $51,971 (106); 1985, $92,958 (83); 1986, $156,119 (57).
Best 1986 finish: 3, B.C.; 6, International.
Other achievements: Winner, 1970 Sunnehanna and 1970 Porter Cup. 1970 and 1972 collegiate All-American. Winner 1975 Thailand Open. Player Director on Tour Policy board, 1981-1982.

Brett Upper
Height: 5' 9".
Weight: 175.
Birth: July 11, 1958, Cincinnati, Ohio.
Residence: Dataw Island, S.C.
Family: Wife, Norma; Laura Ruth (5/17/82); Brett James (5/12/85).
Turned professional: 1977.
Joined tour: 1984.
Career earnings: $268,887.
Money (rank): 1984, $37,782 (125); 1985, $136,187 (62); 1986, $94,917 (89).
Best 1986 finishes: T4, TPC; T8, Westchester, Hardee's.
Other achievements: Winner, 1983 California State Open. Shot record-equaling 65 at Tournament Players Club, finishing second in 1983 PGA Qualifying School.

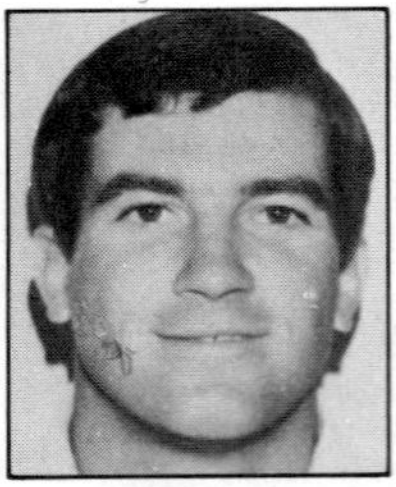

Scott Verplank
Height: 5' 9".
Weight: 160.
Birth: July 9, 1964, Dallas, Tex.
Residence: Dallas, Tex.
College: Oklahoma State.
Career earnings: $19,757.
Money (rank): 1986, $19,757 (177).
Tour victory: 1985 Western Open.

Best 1986 finishes: T4, Tourn. of Chs., T6, Tallahassee.
Other achievements: Winner 1984 United States Amateur, 1982, 1984, 1985 Texas State Amateur; 1982, 1983, 1984, 1985 LaJet Amateur Classic in Abilene, Tex.; 1984 Western Amateur (also medalist in 1984 and 1985); 1984, 1985 Sunnehanna Amateur; 1984 Big Eight Conference Member 1985 Walker Cup team. Two-time All-America choice 1985 Academic All-America team. Named 1982 American Junior Golf Association Player-of-Year; 1984, 1985 Amateur-of-Year by Golf Digest.

Bobby Wadkins
Height: 6' 1".
Weight: 185.
Birth: July 26, 1951, Richmond, Va.
Residence: Richmond, Va.
Family: Wife, Linda.
College: East Tennessee State.
Turned professional: 1973.
Career earnings: $919,298.
Money (rank): 1975, $23,330 (90); 1976, $23,510 (93); 1977, $20,867 (103); 1978, $70,426 (41); 1979, $121,373 (28); 1980, $56,728 (67); 1981, $58,346 (73); 1982, $69,400 (59); 1983, $56,363 (92); $108,335 (67); 1985, $84,542 (91); 1986, $226,078 (33).
Best 1986 finishes: 3, Nelson; 4, B.C.
Other achievements: Winner 1971 Virginia State Amateur, 1978 European Open. NCAA All-American, 1972, 1973. Winner, 1979 Dunlop Phoenix (Japan); 1981, 1982 Virginia State Open; 1986 Dunlop (Japan).

Lanny Wadkins
Height: 5' 9".
Weight: 160.
Birth: Dec. 5, 1949, Richmond, Va.
Residence: Dallas, Tex.
Family: Wife, Penelope; Dawn (10/14/73).
College: Wake Forest Univ.
Turned professional: 1971.
Career earnings: $2,589,263.
Tour victories (total 15): 1972, Sahara; 1973, Byron Nelson, USI Classic; 1977, PGA Championship, World Series of Golf; 1979, Los Angeles, Tournament Players Championship. 1982, Phoenix, MONY Tournament of Champions, Buick, 1983, Greensboro, MONY Tournament of Champions; 1985, Bob Hope, Los Angeles, Disney.
Money (rank): 1971, $15,291 (111); 1972, $116,616 (10); 1973, $200,455 (5); 1974, $51,124 (54); 1975, $23,582 (88); 1976, $42,849 (64); 1977, $244,882 (3); 1978, $53,811 (61); 1979, $195,710 (10); 1980, $67,778 (58); 1981, $51,704 (81); 1982, $306,827 (7);

BIOGRAPHIES

1983, $319,271 (3); 1984, $198,996 (29); 1985, $446,893 (2); 1986, $264,931 (23).
Best 1986 finishes: 2, World Series; T2, U.S. Open.
Other achievements: Winner, 1963 and 1964 National Pee Wee; 1970 U.S. Amateur; 1970 Western Amateur; 1968 and 1970 Southern Amateur; 1969 Eastern Amateur. Member of 1970 World Amateur Cup team, 1969 and 1971 Walker Cup team, 1977, '79, '83, '85 Ryder Cup teams, 1977, 1984, 1985 World Cup team. 1970 and 1971 Collegiate All-American. Winner 1978 Canadian PGA and 1978 Garden State PGA (Australia). Winner 1979 Bridgestone Open. Member 1982 PGA Tour vs. Japan Goldwin Cup team. 1982-83 USA Team vs. Japan. Winner, 1984 World Nissan (Japan).

Fred Wadsworth
Height: 6' 3".
Weight: 170.
Birth: July 17, 1962, Munich, Germany.
Residence: Columbus, Ga.
Family: Wife, Juli.
College: U. of South Carolina.
Turned professional: 1984.
Joined tour: 1986.
Career earnings: $75,092.
Tour victory: 1986, Southern Open.
Money (rank): 1986, $75,092 (115).
Best 1986 finishes: 1, Southern Open; T6, Pensacola Open.
Other achievements: 1984 All-American at South Carolina. Three minitour wins.

Denis Watson
Height: 6'.
Weight: 165.
Birth: Oct. 18, 1955, Salisbury, Zimbabwe.
Residence: Venice, Fla.
Family: Wife, Hilary; Kyle (9/22/86).
College: Rhodesia.
Turned professional: 1976.
Career earnings: $791,387.
Tour victories: (total 3): 1984, Buick, World Series, Las Vegas.
Money (rank): 1981, $49,153 (87); 1982, $59,090 (74); 1983, $59,284 (88); 1984, $408,562 (4); 1985, $155,845 (49); 1986, $59,452 (129).
Best 1986 finishes: T12, U.S. Open, Hartford.
Other achievements: Runner-up 1980 and 1981 South African PGA Order of Merit. Named 1975 Rhodesian Sportsman of Year. Winner 1975 World Amateur Team title with George Harvey. Twice represented South Africa in World Series of Golf, 1980, 1982.

Tom Watson
Height: 5' 9".
Weight: 160.
Birth: Sept. 4, 1949, Kansas City, Mo.
Residence: Mission Hills, Kan.
Family: Wife, Linda; Meg (9/13/79); Michael Barrett (12/15/82).
College: Stanford Univ.
Turned professional: 1971.
Career earnings: $4,085,278.
Tour victories (total 31): 1974, Western; 1975, Byron Nelson; 1977, Bing Crosby, San Diego, Masters, Western; 1978, Tucson, Bing Crosby National Pro-Am, Byron Nelson, Colgate Hall of Fame Classic, Anheuser-Busch; 1979, Heritage, Tournament of Champions, Byron Nelson, Memorial, Colgate Hall of Fame Classic; 1980, San Diego, Los Angeles, MONY-Tournament of Champions, New Orleans Open, Byron Nelson, World Series of Golf; 1981, Masters, New Orleans, Atlanta; 1982, Los Angeles, Heritage, U.S. Open; 1984, Seiko/Tucson, Tourn. of Chs., Western.
Money (rank): 1971, $2,185 (224); 1972, $31,081 (79); 1973, $74,973 (35); 1974, $135,474 (10); 1975, $153,795 (7); 1976, $138,202 (12); 1977, $310,653 (1); 1978, $362,429 (1); 1979, $462,636 (1); 1980, $530,808 (1); 1981, $347,660 (3); 1982, $316,483 (5); 1983, $237,519 (12); 1984, $476,259 (1); 1985, $226,778 (18); 1986, $278,337 (20).
Best 1986 finishes: 3, Houston; T3, AT&T, Colonial, Hawaiian.
Other achievements: 1975, 1977, 1980, 1982, 1983 British Open champion. Winner, 1975 World Series of Golf. Member, 1977, 1981, 1983 Ryder Cup team. 1977, 1978, 1979, 1980, 1982 and 1984 PGA Player of Year. 1977, 1978, 1979 Vardon Trophy Winner. Winner 1980 Dunlop Phoenix (Japan), Member 1982 and 1984 PGA Tour vs. Japan Cup team.

D. A. Weibring
Height: 6' 1".
Weight: 180.
Birth: May 25, 1953, Quincy, Ill.
Residence: Plano, Tex.
Family: Wife, Kristy; Matt (12/4/79); Katey (12/29/82).
College: Illinois State.
Turned professional: 1975.
Career earnings: $895,630.
Tour victories (total 1): 1979, Quad Cities.
Money (rank): 1977, $1,681 (215); 1978, $41,052 (75); 1979, $71,343 (57); 1980, $78,611 (53); 1981, $92,365 (45); 1982, $117,941 (31); 1983, $61,631 (84); 1984, $110,325 (65); 1985, $153,079 (51); 1986, $167,601 (55).
Best 1986 finishes: T3, Southwest; 4, PGA Ch.

BIOGRAPHIES

Mark Wiebe
Height: 6'2".
Weight: 210.
Birth: Sept. 13, 1957, Seaside, Ore.
Residence: Denver, Colo.
Family: Wife, Cathy; Taylor Lynn (9/9/86).
College: San Jose State.
Turned professional: 1980.
Career earnings: $458,331.
Tour victories: 1985 Anheuser-Busch Classic; 1986, Hardee's.
Money (rank): 1984, $16,257 (166); 1985, $181,894 (37); 1986, $260,179 (25).
Best 1986 finishes: 1, Hardee's; 2, Nelson; T3, AT&T.

Willie Wood
Height: 5' 7".
Weight: 140.
Birth: Oct. 1, 1960, Kingsville, Tex.
Residence: Oklahoma City, Okla.
Family: Wife, Holly.
College: Oklahoma State.
Turned professional: 1983.
Joined tour: 1984.
Career earnings: $442,075.
Money (rank): 1984, $115,741 (61); 1985, $153,706 (50); 1986, $172,629 (52).

Best 1986 finishes: 2, Westchester; 3, Los Angeles; T3, Atlanta.
Other achievements: All-American, 1982, 1983; won 1982 Fred Haskins Award (outstanding collegiate golfer).

Fuzzy Zoeller
Height: 5' 10".
Weight: 190.
Birth: Nov. 11, 1951, New Albany, Ind.
Residence: New Albany, Ind.
Family: Wife, Dianne; Sunnye Noel (5/5/79); Heidi Leigh (8/23/81); Gretchen Marie (3/29/84).
College: Edison Junior College and Univ. of Houston.
Turned professional: 1973.
Career earnings: $1,993,088.
Tour victories (total 10): 1979, San Diego Open, Masters; 1981 Colonial NIT; 1983, Heritage, Las Vegas; 1984, U.S. Open; 1985, Bay Hill; 1986, AT&T Pebble Beach, Heritage, Anheuser-Busch.
Money (rank): 1975, $7,318 (146); 1976, $52,557 (56); 1977, $76,417 (40); 1978, $109,055 (20); 1979, $196,951 (9); 1980, $95,531 (46); 1981, $151,571 (19); 1982, $126,512 (28); 1983, $417,597 (2); 1984, $157,460 (40); 1985, $224,003 (15); 1986, $358,115 (13).
Best 1986 finishes: 1, AT&T, Heritage, Anheuser-Busch; T7, Memphis.
Other achievements: Winner, 1973 Indiana State Amateur; 1972 Florida State Junior College, 1983, 1985 member of Ryder Cup Team. Winner, 1985, 1986 "Skins."

BIOGRAPHIES

SENIOR PROFESSIONALS
Includes exempt players most active on Senior Tour.

Butch Baird
Height: 5'9".
Weight: 160.
Birth: July 20, 1936, Chicago, Ill.
Residence: Miami, Fla.
Family: Wife, Jackie, 5 children.
College: Lamar Tech.
Turned professional: 1959.
Joined tour: 1959.
Joined senior tour: 1986.
Career earnings: $431,476 (36).
Tour victories (total 3): 1961 Waco Turner; 1965 Ntl. Team (with Gay Brewer); 1976 San Antonio Texas Open.
1986 Senior earnings: $101,686 (20).
Career Senior earnings: $101,686 (54).
Senior victory: 1986 Cuyahoga.
Best 1986 finishes: 1, Cuyahoga; 2, Shearson Lehman; T4, Pepsi.
Other achievements: Winner 6 Caribbean events, 1967-1969.

Al Balding
Height: 6' 2½".
Weight: 185.
Birth: April 29, 1924, Toronto, Ont.
Residence: Etobicoke, Ont.
Family: Wife, Moreen; Two children.
Turned professional: 1950.
Joined senior tour: 1981.
Career earnings: $377,492 (43).
PGA Tour victories: 1955, Mayfair Inn; 1957, Miami Beach, West Palm Beach, Havana.
1986 Senior earnings: $62,989 (28).
Career Senior earnings: $210,515 (32).
Best 1986 finishes: T6, Charley Pride.
Other achievements: Won 4 Canadian PGA Chs., 4 Canadian Match Play Chs.

Miller Barber
Height: 5' 11".
Weight: 210.
Birth: March 31, 1931, Shreveport, La.
Residence: Sherman, Tex.
Family: Wife Karen; Casey (8-24-62), Douglas (8-17-64), Brad (12-16-55), Larry (10-28-71), Richard (5-13-74).
College: Univ. of Arkansas.
Turned professional: 1959.
Joined tour: 1959.
Joined senior tour: 1981.
Career earnings: $2,769,378 (1).
PGA Tour victories (total 11): 1964, Cajun Classic; 1967, Oklahoma City Open; 1968, Byron Nelson Classic; 1969, Kaiser International; 1970, New Orleans Open; 1971, Phoenix Open; 1972, Tucson Open; 1973, World Open; 1974, Ohio Kings Island; 1977, Anheuser-Busch Classic; 1978, Phoenix Open.
1986 Senior earnings: $204,837 (9).
Career Senior earnings: $1,166,970 (2).
Senior victories (total 19): 1981, Peter Jackson Champions, Suntree Seniors Classic, PGA Seniors; 1982, USGA Senior Open, Suntree Seniors Classic, and T1 Hilton Head Seniors International (last two rounds rained out); plus unofficial 1981 World Series Invitational and 1982 Vintage Classic; 1983, Senior Tourn. Players Ch., Merrill Lynch/Golf Digest, United Virginia Bank, Hilton Head Int'l; 1984, Roy Clark, USGA Senior Open, Denver Post Champions, Syracuse; 1985, Sunrise, U.S. Senior Open, Shootout at Jeremy Ranch (with Ben Crenshaw), World Senior; 1986, Tourn. of Chs.
Best 1986 finishes: 1, Tourn. of Chs.; 2, Barnett; T2, Bank One; T3, Greenbrier.
Other achievements: member of Ryder Cup team in 1969 and 1971. Inducted into Arkansas Hall of Fame in 1977.

Julius Boros
Height: 6'.
Weight: 200.
Birth: March 3, 1920, Fairfield, Conn.
Residence: Fort Lauderdale, Fla.
Family: Wife Armen; Jay (9-7-51), Joy (3-3-56), Julius Jr. (5-25-57), Gary (5-1-60), Gay (2-6-62), Guy (9-4-64), Jody (8-15-66); two grandchildren.
College: Bridgeport Junior College.
Turned professional: 1950.
Joined tour: 1950.
Joined senior tour: 1980.
Career earnings: $1,143,464 (12).
PGA Tour victories (total 18): U.S. Open, World Championship; 1954, Ardmore, Carling; 1955, World Championship; 1958, Carling, Arlington; 1959, Dallas; 1960, Colonial; 1963, U.S. Open, Colonial, Buick; 1964, Greensboro; 1967, Phoenix, Florida Citrus, Buick; 1968, PGA Championship, Westchester.
1986 Senior earnings: $10,349 (64).
Career Senior earnings: $138,604 (49).
Senior victories: 1971 and 1977 PGA Seniors; 1979 Legends (with Roberto De Vicenzo).
Other achievements: Chosen PGA Player of the Year in 1952 and 1963. Member of Ryder Cup team in 1959, 1963, 1965 and 1967. Among top 60 money winners 1951-69 and 1971, leading in 1952 and 1955. Member of PGA Tournament Committee 1958-60. Won Canada Cup

SENIOR PROFESSIONALS: Baird-Boros

359

BIOGRAPHIES

1952 (with Jim Turnesa) and World Cup 1968 (with Lee Trevino). Inducted in PGA Hall of Fame 1974 and World Golf Hall of Fame 1982.

Gay Brewer
Height: 5' 11'
Weight: 185.
Birth: March 19, 1932, Middletown, Ohio.
Residence: Palm Springs, Calif.
Family: Wife, Carole Lee; Erin (7-15-60), Kelly (9-14-64).
College: Univ. of Kentucky.
Turned professional: 1956.
Joined tour: 1956.
Joined senior tour: 1982.
Career earnings: $1,375,638 (10).
PGA Tour victories (total 11): 1961, Carling, Mobile, West Palm Beach; 1963, Waco Turner; 1965, Seattle, Hawaii, National Team; 1966, Pensacola; 1967, Pensacola, Masters; 1972, Canadian.
1986 Senior earnings: $134,487 (13).
Senior career earnings: $574,675 (8).
Senior victories: 1984, Citizens Union.
Best 1986 finishes: T4, Cuyahoga; T5, Seiko-Tucson, Treasure Coast.
Other achievements: Won 1949 U.S. Junior championship. Won 1967 and 1968 Alcan in Great Britain, and 1972 Taiheiyo Masters in Japan. Member of Ryder Cup team in 1967 and 1971.

Bob Brue
Height: 5' 8'
Weight: 165.
Birth: Dec. 12, 1934, Milwaukee, Wis.
Residence: Milwaukee, Wis.
Family: Wife, Gretchen, 2 children.
Turned professional: 1960.
Joined tour: 1960.
Joined senior tour: 1986.
Career earnings: $101,732 (82).
1986 Senior earnings: $59,023 (31).
Career Senior earnings: $59,023 (64).
Best 1986 finishes: T5, Johnny Mathis; T9, Seiko-Tucson.
Other achievements: Five-time winner Wisconsin Open and Wisconsin PGA.

Billy Casper
Height: 5' 11".
Weight: 220.
Birth: June 24, 1931, San Diego, Calif.
Residence: Mapleton, Utah.
Family: Wife, Shirley Franklin; Linda (8-11-54); William (11-2-56); Robert (7-14-60); Byron (2-24-68); adopted twins, Jennifer (4-30-68); Judith (4-30-68); Charles (3-3-70); David (4-28-73); Julia (6-1-74); Sarah (5-3-75); Tommy (12-25-76); six grandchildren.
College: Univ of Notre Dame (one semester, 1950).
Turned professional: 1954.
Joined tour: 1955.
Joined senior tour: 1981.
Career earnings: $2,369,078 (4).
PGA Tour victories (total 51): 1956, Labatt; 1957, Phoenix, Kentucky Derby; 1958, Bing Crosby, New Orleans, Buick, Havana; 1959, U.S. Open, Portland, Lafayette, Mobile; 1960, Portland, Hesperia, Orange County, Bakersfield; 1961, Portland; 1962, Doral, ""500" Festival; 1963, Bing Crosby, Insurance City; 1964, Doral, Colonial, Seattle, Almaden; 1965, Bob Hope, Insurance City, Western, Sahara; 1966, U.S. Open, San Diego, ""500" Festival, Western; 1967, Canadian, Carling; 1968, Los Angeles, Greensboro, Colonial, ""500" Festival, Hartford, Lucky; 1969, Bob Hope, Western, Alcan; 1970, Los Angeles, Masters, IVB- Philadelphia, Avco; 1971, Kaiser; 1973, Western, Hartford; 1975, New Orleans.
1986 Senior earnings: $133,002 (14).
Career Senior earnings: $682,620 (6).
Senior victories: 1981, U.S. National Seniors (unofficial); 1982, Shootout at Jeremy Ranch, Merrill Lynch/Golf Digest Commemorative Pro-Am; 1983, U.S. Senior Open; 1984, Senior PGA Roundup.
Best 1986 finishes: T5, PGA Sr., Syracuse.
Other achievements: 1966 and 1970 PGA Player of the Year. Winner 1960, 1963, 1965, 1966, and 1968 Vardon Trophy. Winner 1974 Lancome Trophy (France) and 1975 Italian Open. 1961 through 1975 Ryder Cup team; 1977 Mexican Open. Captain, 1979 Ryder Cup team. Member PGA Hall of Fame and World Golf Hall of Fame.

Al Chandler
Height: 5' 9".
Weight: 170.
Birth: Aug. 7, 1935, New Orleans.
Residence: Chesterfield, Mo.
Family: Wife Mary Ann, six children.
Turned professional: 1962.
Joined tour: 1962.
Joined senior tour: 1985.

BIOGRAPHIES

Career earnings: $81,308 (92).
1986 Senior earnings: $58,555 (33)
Career Senior earnings: $77,646 (60).
Best 1986 finishes: T9, Johnny Mathis.

Bob Charles
Height: 6' 1½".
Weight: 165.
Birth: March 14, 1936, Carterton, New Zealand.
Residence: Oxford, New Zealand.
Family: Wife Verity; Beverely (1/22/66); David (8/28/68).
Turned professional: 1960.
Joined tour: 1962.
Joined senior tour: 1986.
Career earnings: $800,278 (20).
PGA Tour victories: (total 5): 1963, Houston; 1965, Tucson; 1967 Atlanta; 1968, Canadian; 1974, Greensboro.
1986 Senior earnings: $261,160 (7).
Career Senior earnings: $261,160 (23).
Best 1986 finishes: 2, Benson & Hedges, Seiko-Tucson; T2, United Hospitals.
Other achievements: Won 1963 British Open, 1954, 1966, 1970, 1973 and 1980 New Zealand Open; 1962, 1980 New Zealand PGA; 1962, 1974 Swiss Open; 1972 Dunlop Masters 1973 South African Open; 1969 Picadilly Match Play.

Bill Collins
Height: 6' 3½".
Weight: 220.
Birth: Sept. 23, 1928, Meyersdale, Pa.
Residence: Palm Beach Gardens, Fla.
Family: Wife Virginia; Patricia (7-2-54), Sandra (3-29-57); two grandchildren.
Turned professional: 1951.
Joined tour: 1958.
Joined senior tour: 1980.
Career earnings: $432,032 (35).
PGA Tour victories: (total 4): 1959, New Orleans Open; 1960, Hot Springs Open, Houston Open: 1962, Buick Open.
1986 Senior earnings: $22,027 (58).
Career Senior earnings: $242,702 (25).
Senior victories: 1982, Greater Syracuse Classic.
Best 1986 finishes: T23, Denver Post.
Other achievements: Won 1959 Barranquilla Open; member 1961 Ryder Cup team; won 1971 New York State PGA; won 1973 PGA Match Play Championship.

Bruce Crampton
Height: 5'11".
Weight: 185.
Birth: Sept. 28, 1935, Sydney, Australia.
Residence: Dallas, Tex.
Family: Wife, Joan; Jay (12-27-67); Roger (7-22-74).
Turned professional: 1953.
Joined senior tour: 1985.
Career earnings: $1,842,843 (7).
PGA Tour victories: (total 15): 1961, Milwaukee Open; 1962, Motor City Open; 1964, Texas Open; 1965, Crosby Ntl. Pro-Am, Colonial Ntl. Inv., '500' Festival Open; 1968, West End Classic; 1969, Hawaiian Open; 1970, Westchester Classic; 1971, Western Open; 1973, Phoenix Open, Tucson Open; Houston Open, American Golf Classic; 1975, Houston Open.
Career Senior earnings: $468,549 (11).
1986 Senior earnings: $454,299 (1).
Senior victories (Total 7): 1986 Benson & Hedges, Syracuse, GTE, World, Pepsi, Las Vegas, Shearson Lehman.
Best 1986 finishes: See above, plus 2, Senior TPC; 3, Seiko, Johnny Mathis; T3, Denver Post.
Other achievements: 1973, 1975 Vardon Trophy winner; won 1956 Australian Open.

Roberto De Vicenzo
Height: 6' 1".
Weight: 205.
Birth: April 14, 1923, Buenos Aires, Argentina.
Residence: Buenos Aires, Argentina.
Family: Wife Delia; Roberto Ricardo (2-5-47), Eduardo (1-6-49); two grandchildren.
Turned professional: 1938.
Joined tour: 1947.
Joined senior tour: 1980.
Career earnings: $424,044 (37).
PGA Tour victories (total 9): 1951, Palm Beach Round Robin, Inverness Four-Ball; 1953, Mexico City Open; 1957, Colonial National Invitational, All-American; 1965, Los Lagartos; 1966, Los Lagartos, Dallas Open; 1968, Houston Champions.
1986 Senior earnings: $58,809 (32).
Career Senior earnings: $235,752 (27).
Senior victories: 1974, PGA Seniors; 1980, USGA Senior Open; 1983, Doug Sanders Cl. (unofficial), Legends of Golf (with Rod Funseth); 1984 Merrill Lynch/Golf Digest.
Best 1986 finishes: 2, Denver Post; T2, Syracuse.
Other achievements: Won 1967 British Open and more than 100 other international titles, among more than 230 total career victories. Represented Argentina in World Cup 17 times, winning team title in 1953 with Antonio Cerda and individual title 1969 and 1972. Inducted in PGA Hall of Fame in 1979.

SENIOR PROFESSIONALS: Brewer-De Vicenzo

BIOGRAPHIES

Gardner Dickinson
Height: 5' 10¾".
Weight: 154.
Birth: Sept. 14, 1927, Dothan, Ala.
Residence: North Palm Beach, Fla.
Family: Wife Judy; Gardner IV (8-14-56), Randall (3-31-58), Sherry (10-9-60).
College: Louisiana State.
Turned professional: 1952.
Joined tour: 1953.
Joined senior tour: 1980.
Career earnings: $720,134 (23).
PGA Tour victories (total 7): 1956, Miami Beach Open; 1957, Insurance City Open; 1962, Haig Mixed Foursome; 1967, Cleveland Open, Doral Open; 1969, Colonial Invitation; 1971, Atlantic Classic.
1986 Senior earnings: $28,430 (50).
Career Senior earnings: $155,355 (19).
Senior victories: None.
Best 1986 finishes: T12, Grand Rapids; T13, United Hospitals.
Other achievements: Among top 60 money winners 1953-59, 1961-69, 1971. Best year, $73,354 for 16th place. Member Ryder Cup teams 1967 and 1971. Player Director of Tournament Policy Board in 1969. With Sam Snead as partner, won CBS Classic and Legends once each.

Dale Douglass
Height: 6' 2".
Weight: 190.
Birth: March 5, 1936, Wewoka, Okla.
Residence: Colorado Springs, Colo.
Family: Wife, Joyce.
College: University of Colorado.
Turned professional: 1960.
Joined tour: 1963.
Joined senior tour: 1986.
Career earnings: $879,952 (18).
PGA Tour victories (Total 3): 1969, Azalea Open, Kemper Open; 1967, Phoenix Open.
1986 Senior earnings: $309,760 (3).
Senior victories (Total 4): 1986, Vintage, Johnny Mathis, U.S. Sr. Open, Barnett Bank.
Best 1986 finishes: See 1986 above, plus 2, Las Vegas Sr. Roundup; T3, Benson & Hedges.
Other achievements: 1969 Ryder Cup team.

Lee Elder
Height: 5' 8".
Weight: 180.
Birth: July 24, 1934, Dallas, Tex.
Residence: Washington, D.C.
Family: Wife, Rose.
Turned professional: 1959.
Joined tour: 1967.
Joined senior tour: 1984.
Career earnings: $1,741,613 (8).
1986 Senior earnings: $283,645 (6).
Career Senior earnings: $720,164 (5).
PGA Tour victories (total 4): 1974, Monsanto; 1976, Houston; 1978, Milwaukee, Westchester Cl.
Senior victories: 1984, Suntree, Hilton Head; 1985, Denver Post, Merrill Lynch-Golf Digest, Digital, Citizens Union; 1986, Commemorative.
Best 1986 finishes: 1, Commemorative; 2, PGA Sr.; T2, Treasure Coast, United Hospitals, 5, World Senior; 3, Tourn. of Chs.; T3, Senior TPC, Greenbrier, Las Vegas.
Other achievements: Member, 1979 Ryder Cup team.

Jim Ferree
Height: 5' 9".
Weight: 165.
Birth: June 10, 1931, Pine Bluff, N.C.
Residence: Export, Pa., and Hilton Head Island, S.C.
College: Univ. of North Carolina.
Turned professional: 1956.
Joined tour: 1956.
Joined senior tour: 1981.
Career earnings: $651,886 (24).
PGA Tour victories (total 1): 1958, Vancouver Centennial.
1986 Senior earnings: $184,667 (11).
Career Senior earnings: $544,167 (9).
Senior victories: 1981 and 1982 Tri-State Senior PGA (unofficial); 1986 Grand Rapids.
Best 1986 finishes: 1, Grand Rapids; 2, Greenbrier; T3, Vintage, Shearson Lehman; 3, Pepsi.
Other achievements: Won 1961 Jamaica Open, 1962 Panama Open, 1963 Maracaibo Open.

Michael Fetchick
Height: 6'
Weight: 200.
Birth: Oct. 13, 1922, Yonkers, N.Y.
Residence: Dix Hills, N.Y.
Family: Wife Marie.
Turned professional: 1950.
Joined tour: 1952.
Joined senior tour: 1980.
Career earnings: $387,927 (41).

BIOGRAPHIES

PGA Tour victories (total 3): 1955, Imperial Valley Open; 1956, St. Petersburg Open, Western Open.
1986 Senior earnings: $68,329 (28).
Career Senior earnings: $309,943 (20).
Senior victories: 1977, New York State Seniors; 1982, Jupiter Hills Senior Pro-Am (two-day) (unofficial); 1985, Hilton Head.
Best 1986 finish: T5, Johnny Mathis.
Other achievements: Won 1956 Mayfair Open in Sanford, Fla. Won Long Island PGA titles in 1963, 1964 and 1982.

Dow Finsterwald
Height: 5' 11".
Weight: 160.
Birth: Sept. 6, 1929, Athens, Ohio.
Residence: Colorado Springs, Colo.
Family: Wife Linda; John (5-16-57), Jane (5-16-57), Dow (1-21-59), Russell (7-11-60).
Turned professional: 1951.
Joined tour: 1952.
Joined senior tour: 1980.
Career earnings: $544,814 (33).
PGA Tour victories (total 12): 1955, Fort Wayne Open, British Columbia Open; 1956, Carling Open; 1957, Tucson Open; 1958, PGA Championship, Utah Open; 1959, Greater Greensboro Open, Carling Open, Kansas City Open; 1960, Los Angeles Open, Greater New Orleans Open; 1963, "'500" Festival Open.
1986 Senior earnings: $28,248 (52).
Career Senior earnings: $114,465 (39).
Best 1986 finish: T19, Un. Va. Bank.
Other achievements: Won Vardon Trophy in 1957 and chosen Player of the Year in 1958. Member of Ryder Cup teams in 1957, 1959, 1961, 1963. Member of Tournament Committee 1957-59. PGA Vice President 1976-78. Nonplaying Ryder Cup captain in 1977. Served on USGA Rules of Golf Committee 1979-81.

Jack Fleck
Height: 6' 1".
Weight: 160.
Birth: Nov. 8, 1921, Bettendorf, Iowa.
Residence: Magazine, Ark.
Family: Wife Mariann; Craig, Gary, Eugene; four grandchildren.
Turned professional: 1939.
Joined tour: 1954.
Joined senior tour: 1980.
Career earnings: $382,299 (42).
PGA Tour victories (total 3): 1955, U.S. Open; 1960, Phoenix Open; 1961, Bakersfield Open.
1986 Senior earnings: $57,538 (34).
Career Senior earnings: $252,402 (24).
Senior victories: 1977, Southern California PGA Seniors; 1979, PGA Seniors (January event); 1979, World Seniors championship.

Best 1986 finishes: T10, U.S. Sr. Open; 11, Syracuse.
Other achievements: Chosen Los Angeles Times Golf Professional of the Year in 1955. Member of the Iowa Sports Hall of Fame. Served as co-chairman of PGA Tournament Committee for two years in late 1950s. Won 1965 Illinois Open and PGA championships.

Doug Ford
Height: 5' 11".
Weight: 180.
Birth: Aug. 6, 1922, West Haven, Conn.
Residence: Winter Park, Fla.
Family: Wife Marilyn; Doug Jr. (3-21-45), Mike (2-16-51), Pam (2-21-55); two grandchildren.
Turned professional: 1949.
Joined tour: 1950.
Joined senior tour: 1980.
Career earnings: $601,677 (26).
PGA Tour victories (Total 19): 1952, Jacksonville Open; 1953, Virginia Beach Open, Labatt Open, Miami Open; 1954, Greensboro Open, Fort Wayne Open; 1955, All-American Championship, PGA Championship, Carling Open; 1957, Los Angeles Open, Masters, Western Open; 1958, Pensacola Open; 1959, Canadian Open; 1960, "'500" Festival; 1961, "'500" Festival; 1962, Bing Crosby Pro-Am, Eastern Open; 1963, Canadian Open.
1986 Senior earnings: $27,518 (54).
Career Senior earnings: $187,014 (36).
Senior victories: 1981, Golf Digest Commemorative Pro-Am (unofficial that year).
Best 1986 finishes: T19, Syracuse.
Other achievements: Chosen PGA Player of the Year in 1955. Member of Ryder Cup team of 1955, 1957, 1959, 1961. Member of Tournament Committee, 1953-56, 1966-68.

Bob Goalby
Height: 6'.
Weight: 195.
Birth: March 14, 1929, Belleville, Ill.
Residence: Belleville, Ill.
Family: Wife Sarah; Kye (2-24-64), Kel (5-1-67), Kevin (1-8-70).
College: Univ. of Illinois; Southern Illinois Univ.
Turned professional: 1952.
Joined tour: 1957.
Joined senior tour: 1980.
Career earnings: $1,109,585 (13).
PGA Tour victories (total 11): 1958, Greensboro; 1960, Coral Gables; 1961, Los Angeles, St. Petersburg; 1962, Insurance City, Denver; 1967, San Diego; 1968, Masters; 1969, Robinson; 1970, Heritage; 1971, Bahamas.
1986 Senior earnings: $69,016 (25).

SENIOR PROFESSIONALS: Dickinson-Goalby

363

BIOGRAPHIES

Career Senior earnings: $395,555 (10).
Senior victories: 1981, Marlboro Classic; 1982, Peter Jackson Champions; 1983, Shootout at Jeremy Ranch (with Mike Reid).
Best 1986 finishes: T2, Bank One; T9, Commemorative.
Other achievements: Earned 11 high school letters and football scholarships to Univ. of Illinois, and received professional baseball offers. Eight birdies in row in 1961 St. Petersburg Open still a tour record (tied by Fuzzy Zoeller). Member of 1963 Ryder Cup team. Among top 60 money winners 1958-63 and 1965-73. Chairman of Senior Advisory Council since 1983.

Paul Harney
Height: 5' 11".
Weight: 165.
Birth: June 11, 1929, Worcester, Mass.
Residence: Falmouth, Mass.
Family: Wife Patti; Christopher (9-3-58), Erin (4-15-60), Anne Marie (9-5-61), Timothy (2-22-63), Helen (7-11-66), Michael (9-5-67).
College: Holy Cross.
Turned professional: 1954.
Joined tour: 1954.
Joined senior tour: 1981.
Career earnings: $594,409 (28).
PGA Tour victories (total 7): 1957, Carling Open, Labatt Open; 1958, Dorado Open; 1959, Pensacola Open; 1964, Los Angeles Open; 1965, Los Angeles Open; 1972, San Diego Open.
1986 Senior earnings: $28,795 (51).
Career Senior earnings: $232,525 (28).
Senior victories: None.
Best 1986 finish: T8, Treasure Coast.
Other achievements: Named tour's Most Improved Player by Golf Digest in 1957. Named 1974 PGA (club) Professional of the Year. Among top 60 money winners 1956-65, 1970 and 1972. Best year 1972, $51,507 for 48th.

Lionel Hebert
Height: 5' 8½".
Weight: 192.
Birth: Jan. 20, 1928, Lafayette, La.
Residence: Lafayette, La.
Family: Wife Clara Belle; Glen (11-20-49), Jacqueline (9-25-51), Mitzi (3-21-61); six grandchildren.
College: Southwestern Louisiana and Louisiana State.
Turned professional: 1950.

Joined tour: 1957.
Joined senior tour: 1980.
Career earnings: $552,194 (32).
PGA Tour victories (total 5): 1957, PGA Championship; 1958, Tucson Open; 1960, Cajun Classic; 1962, Memphis Classic; 1966, Florida Citrus Open.
1986 Senior earnings: $21,203 (59).
Career Senior earnings: $143,739 (46).
Senior victories: None.
Best 1986 finish: T28, Cuyahoga.
Other achievements: Member of Ryder Cup team in 1957. Among top 60 money winners 1957-66. Player Director on Tournament Policy Board 1972-74.

Harold Henning
Height: 6'.
Weight: 170.
Birth: Oct. 3, 1934, Johannesburg, South Africa.
Residence: Johannesburg, South Africa.
Family: Wife, Patricia; three children.
Turned professional: 1953.
Joined Senior tour: 1984.
Career earnings: $594,205 (29).
PGA Tour victories: 1966 Texas Open.
1986 Senior earnings: $173,034 (12).
Career Senior earnings: $377,158 (16).
Senior tour victory: 1985 Seiko-Tucson.
Best 1986 finishes: 3, U.S. Sr. Open; T4, Middlesex, Charley Pride.
Other achievements: Won 80 titles around the world.

Don January
Height: 6'.
Weight: 165.
Birth: Nov. 20, 1929, Plainview, Tex.
Residence: Dallas, Tex.
Family: Wife Patricia; Timothy (11-15-54), Cherie Lynn (7-8-58), Richard (9-25-61).
College: North Texas State
Turned professional: 1955.
Joined tour: 1956.
Joined senior tour: 1980.
Career earnings: $2,479,717 (3).
PGA Tour victories (total 12): 1956, Dallas Open, Apple Valley Clambake; 1959, Valencia Open; 1960, Tucson Open; 1961, St. Paul Open; 1963, Tucson Open, 1966, Philadelphia Classic; 1967, PGA Championship; 1968, Tournament of Champions; 1970, Jacksonville Open; 1975, San Antonio-Texas Open; 1976, MONY-Tournament of Champions.
1986 Senior earnings: $299,795 (4).
Career Senior earnings: $1,338,791 (1).

BIOGRAPHIES

Senior victories (total 24): 1979, PGA Seniors; 1980, Atlantic City Senior International; 1981, Michelob-Egypt Temple, Eureka Federal Savings; 1982, Michelob Classic, PGA Seniors, Legends (with Sam Snead, then unofficial event); 1983, Gatlin Bros., Peter Jackson, Marlboro, Denver Post, Citizens Union, Suntree; 1984, Vintage, du Maurier, Middlesex; 1985, Senior Roundup, Legends of Golf (with Gene Littler), Dominion, United Hospitals, Greenbrier; 1986, Senior Reunion, Greenbrier, Seiko-Tucson, Legends of Golf (with Gene Littler, unofficial).
Best 1986 finishes: See 1986 above, plus 2, Charley Pride, Un. Va. Bank; T2, Treasure Coast, GTE; T3, Senior TPC.
Other achievements: Won Vardon Trophy in 1976. Member of Ryder Cup team in 1965 and 1977. Served as Player Director on Tournament Policy Board in 1970-71. Won 1980 Australian Seniors. Among top 60 money winners 20 times in 1956-79.

Joe Jimenez
Height: 5' 8".
Weight: 168
Birth: June 10, 1926, Kerrville, Tex.
Residence: Jefferson City, Mo.
Family: Wife Lydia, one son, Bill
Turned professional: 1952.
Joined PGA tour: Did not play.
Joined senior tour: 1982.
Career earnings: $101,215 (83).
1986 Senior earnings: $92,459 (22).
Career Senior earnings: $101,215 (55).
Best 1986 finishes: 3, Cuyahoga; T5, Barnett Bank; T6, World Sr.
Other achievements: 1960 Puerto Rico Open winner.

Howie Johnson
Height: 6' 2½".
Weight: 215.
Birth: Sept. 8, 1925, St. Paul, Minn.
Residence: Rancho Mirage, Calif.
Family: Wife Connie; Bruce (10-31-55), George (4-15-60), Howie (10-18-62), John (10-4-68).
College: Univ. of Minnesota.
Turned professional: 1956.
Joined tour: 1956.
Joined senior tour: 1980.
Career earnings: $592,526 (30).
PGA tour victories (total 2): 1958, Azalea Open; 1959, Baton Rouge Open.
1986 Senior earnings: $67,175 (27).
Career Senior earnings: $311,629 (19).
Senior victories: 1980, Southern California Seniors, 1981 and 1982 U.S. National Seniors Spring Championship (all unofficial).
Best 1986 finishes: T6, Sr. TPC; T10, Vintage.
Other achievements: Won 1960 Mexico Open. Lost playoff in 1982 North Dakota Open at Fargo, to Jim Ahern.

Gordon Jones
Height: 6' 1".
Weight: 195.
Birth: Sept. 4, 1924, Sebring, Ohio.
Residence: Atlantis, Fla.
College Attended: North Texas State.
Turned professional: 1957.
Joined tour: 1957.
Joined senior tour: 1982.
Career earnings: $225,898 (61).
1986 Senior earnings: $49,958 (39).
Career Senior earnings: $166,364 (43).
Best 1986 finishes: T5, Barnett Cl.

Jim King
Height: 6' 2".
Weight: 200.
Birth: Sept. 6, 1934, Chicago, Ill.
Residence: Pompano Beach, Fla.
Family: 1 child.
Turned professional: 1961.
Joined tour: 1969.
Joined senior tour: 1984.
Career earnings: $109,218 (78)
1986 Senior earnings: $59,294 (30).
Career Senior earnings: $94,422.
Best 1986 finishes: T3, PGA Sr.; T6, Bank One.
Other acheivement: Winner, 1982 PGA Stroke Play Ch.

George Lanning
Height: 6' 1".
Weight: 190.
Birth: Dec. 12, 1932, Waynesville, N.C.
Residence: Tacoma, Wash.
Family: Wife, Eloise.
Turned professional: 1969.
Joined senior tour: 1984.
Career earnings: $219,075 (62).
1986 Senior earnings: $109,396 (17).
Career Senior earnings: $219,075 (31).
Best 1986 finishes: T2, GTE; T6, Charley Pride; T8, Pepsi.

BIOGRAPHIES

Gene Littler
Height: 5′ 9½″.
Weight: 160.
Birth: July 21, 1930, San Diego, Calif.
Residence: Rancho Sante Fe, Calif.
Family: Wife, Shirley Warren; Curt (3/11/54); Suzanne (10/16/57).
College: San Diego State
Turned professional: 1954.
Joined tour: 1954.
Joined senior tour: 1981.
Career earnings: $2,327,842 (5).
PGA Tour victories (total 29): 1954, San Diego (as an amateur); 1955, Los Angeles, Phoenix, Tournament of Champions, Labatt; 1956, Tournament of Champions, Texas, Palm Beach Round Robin; 1957, Tournament of Champions; 1959, Phoenix, Tucson, Arlington Hotel Open, , Insurance City, Miller Open; 1960, Oklahoma City, Eastern; 1961, U.S. Open; 1962, Lucky International, Thunderbird; 1965, Canadian Open; 1969, Phoenix, Greensboro; 1971, Monsanto, Colonial; 1973, St. Louis; 1975, Bing Crosby Pro-Am, Memphis, Westchester; 1977, Houston.
1986 Senior earnings: $189,465 (10).
Career Senior earnings: $749,216 (4).
Senior victories: 1980 and 1982, World Seniors Invitational; 1981, Vintage, Legends (latter with Bob Rosburg); 1983, Vintage; Grand Slam-Japan (all unofficial); 1983, Daytona Senior, Syracuse; 1984 Seiko-Tucson; 1985, 1986, Legends (with Don January); 1986 Bank One, Charley Pride.
Best 1986 finishes: 1, Legends, Bank One, Charley Pride; T2, Grand Rapids; 3, Commemorative.
Other achievements: Among top 60 money winners 25 times in 26 years, through 1979. Member of Ryder Cup team in 1961, 1963, 1965, 1967, 1969, 1971, 1975. Won 1953 U.S. Amateur, Australian Masters and 1974 and 1975 Taiheiyo (Japan) Masters. Selected for Bob Jones (USGA) and Ben Hogan (GWAA) awards in 1973. Inducted in PGA Hall of Fame 1982.

Billy Maxwell
Height: 5′ 7½″.
Weight: 175.
Birth: July 23, 1929, Abilene, Tex.
Residence: Jacksonville, Fla.
Family: Wife Mary Katherine; Melanie (11-12-57).
College: North Texas State.
Turned professional: 1954.
Joined tour: 1954.
Joined senior tour: 1980.
Career earnings: $566,581 (31).
PGA Tour victories (total 8): 1955, Azalea Open; 1956, Arlington Hotel Open; 1957, Hisperia Open; 1958, Memphis Open; 1961, Palm Springs Classic, Puerto Rico Open, Insurance City Open; 1962, Dallas Open.
1986 Senior earnings: $47,404 (40).
Career Senior earnings: $190,983 (35).
Senior victories: None.
Best 1986 finish: T7, PGA Sr.
Other achievements: 1951 U.S. Amateur champion. Member 1963 Ryder Cup team. Among top 60 money winners 1955-67. Best year 1962, $31,834 for 12th place.

Orville Moody
Height: 5′ 10″.
Weight: 190.
Birth: Dec. 9, 1933, Chicasha, Okla.
Residence: Plano, Tex.
Family: Wife, Beverly Meyers; Michelle (11-24-69), Sabreena (2-17-70), Kelley Rhea (9-14-73), Jason (4-16-75).
College: Univ. of Oklahoma.
Turned professional: 1967.
Joined tour: 1967.
Joined senior tour: 1984.
Career earnings: $837,234 (19).
PGA Tour victory: 1969, U.S. Open.
1986 Senior earnings: $128,755 (16).
Career Senior earnings: $447,319 (13).
Senior victories: 1984, Daytona Beach, MONY Tourn. of Chs., Viceroy Panama (unofficial).
Best 1986 finishes: T2, Syracuse; T6, Shearson Lehman.
Other achievements: Won 1958 All-Army, 1969 World Cup (with Lee Trevino), 1969 World Series (then unofficial).

Bobby Nichols
Height: 6′ 2″.
Weight: 190.
Birth: April 14, 1936, Louisville, Ky.
Residence: Fiddlesticks C.C., Ft. Myers, Fla.
Family: Wife, Nancy Marrilla, Craig (10/12/62), Ricky (10/27/64), Leslie (10/25/65).
College: Texas A&M (1958, Business).
Turned professional: 1959
Joined tour: 1960.
PGA Tour victories: 1962, St. Petersburg, Houston; 1963, Seattle; 1964, PGA Championship, Carling World Open; 1965, Houston; 1966, Minnesota; 1968, PGA Team (with George Archer); 1970, Dow Jones; 1973, Westchester Classic; 1974, Andy Williams-San Diego, Canadian Open.

BIOGRAPHIES

Joined senior tour: 1986.
Career earnings: $1,049,681 (14).
Career Senior earnings: $56,676 (66).
1986 Senior earnings: $56,676 (36).
Best 1986 finishes: T5, Barnett Bank; 10, Sr. Reunion.

Charles Owens
Height: 6' 3".
Weight: 210.
Birth: Feb. 22, 1930, Winter Haven, Fla.
Residence: Winter Haven, Fla.
Family: Wife, Judy; four children.
Joined senior tour: 1981.
Career earnings: $333,543 (49).
PGA Tour victory: 1971 Kemper-Ashville Open.
1986 Senior earnings: $207,813 (8).
Career Senior earnings: $318,081 (18).
Tour victories: 1986 Treasure Coast, Sr. Roundup.
Best 1986 finishes: See 1986 above, plus T3, PGA Sr.
Other achievements: Won 1974 Florida Open.

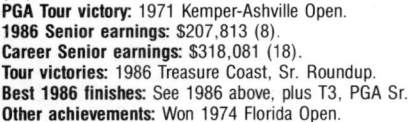

Arnold Palmer
Height: 5' 10 1/2".
Weight: 178.
Birth: Sept. 10, 1929, Latrobe, Pa.
Residence: Latrobe, Pa.
Family: Wife, Winifred Walzer; Margaret (2/26/56); Amy (8/4/58); two grandchildren.
College: Wake Forest Univ.
Turned professional: 1954.
Joined tour: 1955.
Joined senior tour: 1980.
Career earnings: $2,570,074 (2).
PGA Tour victories (total 61): 1955, Canadian; 1956, Insurance City, Eastern; 1957, Houston, Azalea, Rubber City, San Diego; 1958, St. Petersburg, Masters, Pepsi Golf; 1959, Thunderbird (Calif.), Oklahoma City, West Palm Beach; 1960, Insurance City, Masters, Palm Springs Classic, Baton Rouge, Pensacola, U.S. Open, Mobile Sertoma, Texas; 1961, San Diego, Texas, Baton Rouge, Phoenix, Western; 1962, Masters, Palm Springs Classic, Texas, Phoenix, Tournament of Champions, Colonial National, American Golf Classic; 1963, Thunderbird, Pensacola, Phoenix, Western, Los Angeles, Cleveland, Philadelphia; 1964, Oklahoma City, Masters; 1965, Tournament of Champions; 1966, Los Angeles, Tournament of Champions, Houston Champions International, PGA Team (with Jack Nicklaus); 1967, Los Angeles, Tucson, American Golf Classic, Thunderbird; 1968, Hope Desert Classic, Kemper; 1969, Heritage, Danny Thomas-Diplomat; 1970, Four-Fall (with Jack Nicklaus); 1971, Bob Hope; Citrus, Westchester, National Team (with Jack Nicklaus); 1973, Bob Hope Desert Classic.

1986 Senior earnings: $99,056 (21).
Career Senior earnings: $679,054 (7).
Senior victories (total 9): 1980, PGA Seniors; 1981, USGA Senior Open; 1982, Marlboro Classic, Denver Post Champions of Golf; 1983, Boca Grove Cl.; 1984, PGA Seniors (spring), Senior TPC, Quadel Seniors; 1985, Senior TPC.
Best 1986 finishes: 2, Tourn. of Chs.; T3, Sr. TPC.
Other achievements: 1954 U.S. Amateur champion. Member of Ryder Cup team in 1961, 1963, 1965, 1967, 1971, 1973, and nonplaying captain 1975. Member of World Cup team in 1960, 1962-67. Won British Open in 1961 and 1962, plus 17 other foreign titles through 1980 Canadian PGA.

Gary Player
Height: 5' 7".
Weight: 150.
Birth: Nov. 1, 1935, Johannesburg, South Africa.
Residence: Johannesburg, South Africa.
Family: Wife, Vivienne Verwey, Jennifer ('59); Mark (3/61); Wayne (4/62); Michelle (12/63); Theresa ('65); Amanda ('73).
Turned professional: 1953.
Joined tour: 1957.
Joined senior tour: Dec. 1985.
Career earnings: $2,227,183 (6).
Tour victories (total 21): 1958, Kentucky Derby; 1961, Lucky International, Sunshine, Masters, 1962, PGA Championship, 1963, San Diego, 1964, 500 Festival Pensacola, 1965, U.S. Open, 1969, Tournament of Champions, 1970, Greensboro, 1971, Jacksonville, National Airlines, 1972, New Orleans, PGA Championship, 1973, Southern, 1974, Masters, Memphis, 1978, Masters, Tournament of Champions, Houston.
Senior victories: 1985, Quadel; 1986, PGA Sr., United Hospitals, Denver Post.
1986 Senior earnings: $291,190 (5).
Best 1986 finishes: See 1986 above, plus 2, Vintage, U.S. Sr. Open, Denver Post, Middlesex; 3, Un. Va. Bank.
Other achievements: Winner of 128 tournaments around the world, including the 1959, 1968 and 1974 British Opens. Winner of South African Open 13 times since 1956. Seven-time winner Australian Open 13 times since 1956. Seven-time winner Australian Open and five-time winner Suntory World Match Play. Individual titleist in 1965 and 1977 World Cup. Winner of World Series of Golf (old format) in 1965, 1968 and 1972. Other victories include: 1957 Australian PGA, 1972 and 1974 Brazilian Open, and 1976 South African Dunlop Masters. Member World Golf Hall of Fame. Winner 1980 Chile Open, 1984 Johnnie Walker (Spain).

SENIOR PROFESSIONALS: Littler-Player

367

BIOGRAPHIES

Juan (Chi Chi) Rodriguez
Height: 5' 7½".
Weight: 132.
Birth: Oct. 23, 1935, Puerto Rico.
Residence: Dorado Beach, Puerto Rico.
Family: Wife, Iwalani; Donnette (4-6-62).
Turned professional: 1960.
Joined tour: 1960.
Joined senior tour: 1985.
Career earnings: $1,443,977 (9).
PGA Tour victories: (total 8): 1963 Denver Open; 1964 Lucky Int'l. Open, Western Open; 1967, Texas Open; 1968, Sahara Inv.; 1972, Byron Nelson Classic; 1973, Gr. Greensboro Open; 1979, Tallahassee Open.
Career Senior earnings: $406,872 (15).
1986 Senior earnings: $399,172 (2).
Senior victories: 1986 Senior Tourn. Players Ch., Middlesex, Un. Va. Bank.
Best 1986 finishes: See 1986 above, plus 2, Johnny Mathis, Sr. Reunion, Commemorative, Cuyahoga; T2, World Sr., Syracuse, Grand Rapids; 3, Barnett Bank; T3, Shearson Lehman, Vintage.
Other achievements: Member, 1973 Ryder Cup team; won 1976 Pepsi Mixed (with Jo Ann Washam); Winner, 1986 Byron Nelson Trophy.

Bob Rosburg
Height: 5' 11".
Weight: 180.
Birth: Oct. 21, 1926, San Francisco, Calif.
Residence: Rancho Mirage, Calif.
Family: Wife Eleanor; Robert (8-14-50), Deborah (8-7-51), Bruce (1-31-53); six grandchildren.
College: Stanford Univ.
Turned professional: 1953.
Joined tour: 1954.
Joined senior tour: 1980.
Career earnings: $517,159 (34).
PGA Tour victories: (total 7): 1954, Brawley Open, Miami Open; 1956, Motor City Open, San Diego Open; 1959, PGA Championship; 1961, Bing Crosby National Pro-Am; 1972, Bob Hope Desert Classic.
1986 Senior earnings: $12,396 (62).
Career Senior earnings: $80,714 (59).
Senior victories: 1981 Legends (with Gene Littler), then unofficial.
Best 1986 finish: T15, Sr. Roundup.
Other achievements: Won 1958 Vardon Trophy. Member of 1959 Ryder Cup team. Chairman of Players Committee 1959-60. Won 1969 PGA Club Pro championship. Among top 60 money winners 1954-63, 1971-72.

Doug Sanders
Height: 5' 11".
Weight: 160.
Birth: July 24, 1933, Cedartown, Ga.
Residence: Houston, Tex.
Family: Wife Scotty; Brad (12-7-57).
College: Univ. of Florida.
Turned professional: 1956.
Joined tour: 1956.
Joined senior tour: 1983.
Career earnings: $1,011,621 (15).
PGA Tour victories (total 20): 1956, Canadian (as amateur); 1958, Western; 1959, Coral Gables; 1961, New Orleans, Colonial, Hot Springs, Eastern, Cajun Classic; 1962, Pensacola, St. Paul, Oklahoma City; 1963, Greensboro; 1965, Pensacola, Doral; 1966, Bob Hope, Greensboro, Jacksonville; 1967, Doral; 1970, Bahama Islands; 1972, Kemper.
1986 Senior earnings: $84,498 (23).
Career Senior earnings: $238,627 (26).
Senior victories: 1983 World Senior Inv.
Best 1986 finishes: 3, Sr. Roundup; T3, Benson & Hedges.
Other achievements: Member of Ryder Cup team in 1967. Inducted in Georgia and Florida Halls of Fame in early 1970s. Among tour's top 60 money winners 13 times in 1958-72.

Charles Sifford
Height: 5' 8".
Weight: 185.
Birth: June 3, 1923, Charlotte, N.C.
Residence: Brecksville, Ohio.
Family: Wife Rose; Charles (12-7-47), Craig (8-28-66); one grandchild.
Turned professional: 1948.
Joined tour: 1960.
Joined senior tour: 1980.
Career earnings: $752,628 (21).
PGA Tour victories (total 2): 1967, Greater Hartford Open; 1969, Los Angeles Open.
1986 Senior earnings: $78,945 (24).
Career Senior earnings: $411,283 (14).
Senior victories: 1975 PGA Seniors (unofficial); 1980 Suntree.
Best 1986 finishes: 5, Bank One; 8, Charley Pride.
Other achievements: Among top 60 money winners 1960-69. Won Negro National Open six times, plus 1957 Long Beach Open, 1971 Sea Pines (Second Tour).

BIOGRAPHIES

Dan Sikes
Height: 6'1".
Weight: 200.
Birth: Dec. 7, 1929, Jacksonville, Fla.
Residence: Jacksonville, Fla.
Family: Wife Marie; Karen Ann (11-4-61).
College: Univ. of Florida.
Turned professional: 1960.
Joined tour: 1961.
Joined senior tour: 1980.
Career earnings: $1,306,570 (11).
PGA Tour victories (total 6): 1963, Doral Open; 1965, Cleveland Open; 1967, Jacksonville Open, Philadelphia Classic; 1968, Florida Citrus, Minnesota Open.
1986 Senior earnings: $22,028 (57).
Career Senior earnings: $486,970 (10).
Senior victories: 1982, Hilton Head Seniors International (tied with Miller Barber after two rounds: rest rained out); 1984, Gatlin Bros., United Virginia Bank.
Best 1986 finish: T8, Vintage.
Other achievements: Won 1957 U.S. Public Links championship. Among top 60 tour money winners 1962-71 and 1973. Member of Ryder Cup team in 1969. Former member of Tournament Policy Board. Served as chairman of Senior Advisory Council 1980-82.

Art Silvestrone
Height: 5' 9".
Weight: 195.
Birth: Aug. 30, 1931, Ofena, Italy.
Residence: Winter Park, Fla.
Turned professional: 1961.
Joined senior tour: 1982.
1986 Senior earnings: $57,109 (35).
Career Senior earnings: $184,540 (39).
Best 1986 finishes: T10, GTE.

Ben Smith
Height: 5' 8".
Weight: 175.
Birth: May 7, 1934.
Residence: Orlando, Florida.
Family: Wife Adele, 4 children.
Turned professional: 1982.
Joined tour: 1982.
Joined senior tour: 1984.
Career earnings: $185,641 (65).
1986 Senior earnings: $103,863 (18).
Career Senior earnings: $185,641 (38).
Best 1986 finishes: 4, Seiko-Tucson, Grand Rapids.

Sam Snead
Height: 5' 11".
Weight: 190.
Birth: May 27, 1912, Hot Springs, Va.
Residence: Hot Springs, Va.
Family: Wife, Audrey; Sam Jr. (6/30/44); Terrance (5/27/52); two grandchildren.
Turned professional: 1934
Joined tour: 1937.
Joined senior tour: 1980.
Career earnings: $726,700 (22).
PGA Tour victories (total: 84): 1936, Virginia Closed Professional; 1937, St. Paul, Nassau, Miami, Oakland; 1938, Greensboro, Inverness Four-Ball, Goodall Round Robin, Chicago, Canadian, Westchester 108 Hole, White Sulphur Springs, 1939, Miami, St. Petersburg, Miami-Biltmore Four-Ball, Ontario; 1940, Inverness Four-Ball, Canadian, Anthracite; 1941, Canadian, St. Petersburg, North and South, Rochester Times Union, Henry Hurst Inv; 1942, St. Petersburg, PGA Championship, Cordoba; 1944, Richmond, Portland; 1945, Los Angeles, Gulfport, Pensacola, Jacksonville, Dallas, Tulsa; 1946, Miami, Greensboro, Jacksonville, Virginia, World Championship; 1948, Texas; 1949, Greensboro, PGA Championship, Masters, Washington Star, Dapper Dan, Western; 1950, Texas, Miami, Greensboro, Inverness Four-Ball, North and South, Los Angeles, Western, Miami Beach, Colonial National Inv., Reading; 1951, Miami, PGA Championship; 1952, Inverness Four-Ball, Masters, Greenbrier Inv., All American, Eastern, Julius Boros; 1953, Texas, Greenbrier Inv., Baton Rouge; 1954, Masters, Palm Beach Round Robin; 1955, Miami, Greensboro, Palm Beach Round Robin, Insurance City; 1956, Greensboro; 1957, Dallas; 1958, Greenbrier Inv.; 1959, Sam Snead Festival; 1960, Greensboro, De Soto; 1961 Sam Snead Festival, Tournament of Champions; 1964, Haig and Haig Scotch Mixed Foursome Inv.; 1965, Greensboro Open.
1986 Senior earnings: $5,283 (77).
Career Senior earnings: $106,574 (53).
Senior victories: 1964, 1965, 1967, 1970, 1972, 1973 PGA Seniors; 1964, 1965, 1970, 1972, 1973 World Seniors (two-man playoff); 1980 Golf Digest Commemorative Pro-Am (then unofficial); 1982 Legends (unofficial with Don January).
Best 1986 finish: T34, Treasure Coast.
Other achievements: Member of Ryder Cup team eight times, plus nonplaying captain in 1969. Chosen PGA Player of the Year in 1949. Won Vardon Trophy in 1938, 1949, 1950, 1955. Won World Cup individual title in 1961. Member of PGA and World Golf Halls of Fame. Tour's leading money winner in 1938, 1949, 1950. Credited with 135 victories by independent record keepers.

SENIOR PROFESSIONALS: Rodriguez-Snead

BIOGRAPHIES

Mike Souchak
Height: 5' 11".
Weight: 205.
Birth: May 10, 1927, Berwick, Pa.
Residence: Largo, Fla.
Family: Wife Nancy; Michael J. (6-2-54), Patricia (3-15-57), Frank (12-23-59), Christopher (3-5-61).
College: Duke Univ.
Turned professional: 1952.
Joined tour: 1952.
Joined senior tour: 1980.
Career earnings: $399,204 (39).
PGA Tour victories (total 16): 1955, Texas Open, Houston Open, Havana Invitational; 1956, Caliente Open, Azalea Open, Colonial NIT, St. Paul Open; 1958, St. Paul Open; 1959, Tournament of Champions, Western Open, Motor City Open; 1960, San Diego Open, Buick Open; 1961, Greensboro Open; 1964, Houston Open, Memphis Open.
1986 Senior earnings: $31,149 (49).
Career Senior earnings: $112,328 (51).
Senior victories: None.
Best 1986 finish: 10, Greenbrier.
Other achievements: Member of Ryder Cup team in 1959 and 1961. Still holds tour 72-hole record of 257, 27 under par at Brackenridge Park G.C., San Antonio, in 1955 Texas Open. Also set nine-hole tour record of 27 (8 under) on back side of opening round in same tournament (record since tied) and tied existing tour record of 60 for 18 holes in same round (record since broken).

Ken Still
Height: 6' 1".
Weight: 170.
Birth: Feb. 12, 1935, Tacoma, Wash.
Residence: Tacoma, Wash.
Turned professional: 1954.
Joined senior tour: 1985.
Career earnings: $648,020 (25).
PGA Tour victories: 1969, Florida Citrus, Milwaukee; 1970, Kaiser.
1986 Senior earnings: $50,054 (38).
Career Senior earnings: $143,469 (47).
Best 1986 finish: 8, Denver Post.

Peter Thomson
Height: 5' 9½".
Weight: 170.
Birth: Aug. 23, 1929, Melbourne, Australia.
Residence: Melbourne, Australia.
Family: Wife, Mary; Deidre (5-15-54), Andrew (1-7-61), Peta Anne (12-19-62); Fiona (10-12-64).
Turned professional: 1950.
Joined tour: 1950.
Joined senior tour: 1982.
Career earnings: $903,476 (17).
PGA Tour victory: 1956, Dallas Centennial.
1986 Senior earnings: $131,723 (15).
Career Senior earnings: $838,535 (3).
Senior victories: 1984, World Seniors, PGA Seniors (Fall); 1985, Vintage, Carta Blanca, MONY T. of Ch., Champions Cl., Senior Reunion, MONY Syracuse, du Maurier, UVB, Barnett SunTree.
Best 1986 finishes: 4, Johnny Mathis, Sr. Reunion, World Sr.; T4, U.S. Sr. Open, Middlesex.
Other achievements: Won British Open five times in 12-year span, 1954-65 (tied for second behind Harry Vardon's six titles), and was runner-up in 1952, 1953 and 1957. Also won three Australian Opens, nine New Zealand Opens and championships of Germany, Netherlands, Spain, Italy, India, Hong Kong and Philippines. With Kel Nagle as partner, won World Cup in 1954 and 1959.

Bob Toski
Height: 5' 8".
Weight: 125.
Birth: Sept. 18, 1926, Haydenville, Mass.
Residence: Boca Raton, Fla.
Family: Wife, Lynn; 4 children
Turned professional: 1945.
Joined tour: 1948.
Joined senior tour: 1981.
Career earnings: $273,374 (54).
PGA Tour victories (total 7): 1953, Insurance City Open; 1954 Baton Rouge Open, Azalea Open, Eastern Open, World Ch.; 1958, Jamaica Open, Puerto Rico Open.
1986 Senior earnings: $53,544 (37).
Career Senior earnings: $172,121 (42).
Best 1986 finishes: T5, Grand Rapids; 8, Greenbrier.

BIOGRAPHIES

Art Wall
Height: 6'.
Weight: 165.
Birth: Nov. 25, 1923, Honesdale, Pa.
Residence: Sonoita, Ariz.
Family: Wife Jean; Gregory (6-10-51), Carolyn (7-2-54), Laurie (8-2-56), Valerie (10-3-58), Douglas (2-6-65); three grandchildren.
College: Duke Univ.
Turned professional: 1949.
Joined tour: 1949.
Joined senior tour: 1980.
Career earnings: $924,419 (16).
PGA Tour victories (total 14): 1953, Fort Wayne Open; 1954, Tournament of Champions; 1956, Fort Wayne Open; 1957, Pensacola Open; 1958, Rubber City Open, Eastern Open; 1959, Masters, Bing Crosby, Azalea Open, Buick Open; 1960, Canadian Open; 1964, San Diego Open; 1966, Insurance City Open; 1975, Milwaukee Open.
1986 Senior earnings: $860,456 (29).
Career Senior earnings: $285,602 (22).
Senior victories: 1978, U.S. National Senior Open; 1980, Legends of Golf (with Tommy Bolt; event then unofficial); 1982, Energy Capital Classic (all unofficial).
Best 1986 finishes: T4, Pepsi; T6, Bank One.

Walter Zembriski
Height: 5' 8".
Weight: 160.
Birth: May 24, 1935, Mahway, N.J.
Residence: Orlando, Fla.
Turned professional: 1965.
Joined tour: 1967.
Joined senior tour: 1985.
Career earnings: $150,574 (45).
1986 Senior earnings: $103,551 (19).
Career Senior earnings: $150,574 (71).
Best 1986 finishes: 3, Sr. Reunion; T4, Cuyahoga.

BIOGRAPHIES
WOMEN PROFESSIONALS

Lynn Adams
Height: 5'9".
Birth: Aug. 18, 1950, Kingsville, Tex.
Residence: Kingsville, Tex.
College: Texas A&I Univ.
Turned professional: 1978.
Career earnings: $248,221.
Tour victories: 1983, Orlando CL.
Best 1986 finishes: T5, MasterCard; T8, Ntl. Pro-Am.
Money (rank): 1978, $2,078 (106); 1979, $24,987 (46); 1980, $13,196 (72); 1981, $19,154 (63); 1982, $65,283 (22); 1983, $69,937 (22); 1984, $11,908 (112); 1985, $13,980 (103); 1986, $27,699 (74).

Amy Alcott
Height: 5'7".
Birth: Feb. 22, 1956, Kansas City, Mo.
Residence: Santa Monica, Calif.
Turned professional: 1975.
Career earnings: $1,806,648
Tour victories (total 26): 1975, Orange Blossom Classic; 1976, LPGA Classic, Colgate Far East Open; 1977, Houston Exchange Clubs Classic; 1978, American Defender Classic; 1979, Elizabeth Arden Classic, Peter Jackson Classic, United Virginia Bank Classic, Mizuno Japan Classic; 1980, American Defender/WRAL Classic, Mayflower Classic, U.S. Open, Inamori Classic; 1981, Bent Tree Ladies Classic, Lady Michelob; 1982, Women's Kemper Open; 1983, Nabisco-Shore; 1984, San Jose, Ping, Keystone, United Virginia; 1985, Circle K Tucson, Moss Creek, World Ch.; 1986, Hall of Fame, LPGA Ntl. Pro-Am.
Best 1986 finishes: 1, Hall of Fame, LPGA Ntl.; 2, Kemper; T2, San Jose; 3, McDonald's.
Money (rank): 1975, $26,798 (15); 1976, $71,122 (7); 1977, $47,637 (14); 1978, $75,516 (9); 1979, $144,838 (3); 1980, $219,887 (3); 1981, $149,089 (7); 1982, $169,581 (6); 1983, $153,721 (8); 1984, $220,412 (5); 1985, $283,111 (4); 1986, $244,410 (4).
Other achievements: 1973 USGA Junior.

Janet Anderson
Height: 5'6 ½".
Birth: March 10, 1956, West Sunbury, Pa.
Residence: Venice, Fla.
College: Slippery Rock Teacher's College.
Turned professional: 1978.
Career earnings: $401,217.
Tour victories: 1982 U.S. Open
Best 1986 finishes: T7, Chrysler-Plymouth; T8, Rail.
Money (rank): 1978, $11,959 (61); 1979, $10,048 (76); 1980, $47,613 (25); 1981, $66,662 (16); 1982, $86,607 (13); 1983, $40,534 (39); 1984, $41,368 (53); 1985, $69,690 (28); 1986, $26,734 (79).

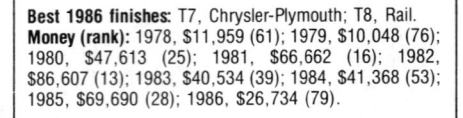

Kathy Baker
Height: 5'8".
Birth: March 20, 1961, Albany, N.Y.
Residence: Clover, S.C.
College: Tulsa Univ.
Turned professional: 1983.
Career earnings: $235,581.
Tour victory: 1985 U.S. Open.
Best 1986 finishes: T9, Mazda Japan; T13, Hall of Fame.
Money (rank): 1983, $1,456 (153); 1984 $54,418 (35); 1985, $132,643; 1986, $47,069 (54).

Betsy Barrett
Height: 5'5".
Birth: March. 12, 1959, Syracuse, N.Y.
Residence: Campbell, Calif.
College: Univ. of Miami.
Turned professional: 1983.
Career earnings: $34,286.
Best 1986 finishes: T11, Chrysler Plymouth; T13, Mayflower.
Money (rank): 1983, $4,530 (134); 1984-1985, did not play; 1986, $29,755 (70).

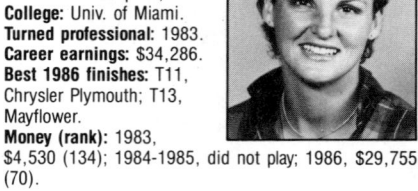

Laura Baugh
Height: 5' 4¼".
Birth: May 31, 1955, Gainesville, Fla.
Residence: Clearwater, Fla.
College: California State.
Turned professional: 1973.
Career earnings: $449,640.
Best 1986 finishes: T2, Uniden; 5, Rochester.
Money (rank): 1973, $14,657 (35); 1974, $35,563 (12); 1975, $16,902 (25); 1976, $26,654 (19); 1977, $46,373 (16); 1978, $37,469 (25); 1979, $44,361 (23); 1980, $21,379 (59); 1981, $21,304 (62); 1982, DNP; 1983, $34,029 (49); 1984, $47,232 (47); 1985, $49,301 (46); 1986, $50,412 (51).
Other achievements: 1971 U.S. Women's Amateur, 1970, '71 Southern Amateur, two-time winner California Junior, five-time winner Ntl. Pee Wee. 1982 Curtis Cup team.

BIOGRAPHIES

Amy Benz
Height: 5'8".
Birth: May 12, 1962, Rochester, N.Y.
Residence: Clearwater, Fla.
College: Southern Methodist Univ.
Turned professional: 1983.
Career earnings: $188,824.
Best 1986 finishes: 3, Hall of Fame; T5, Un. Va. Bank.
Money (rank): 1983, $13,143 (95); 1984, $41,014 (54); 1985, $62,260 (31); 1986, $72,407 (32).
Other achievements: 1981 Western Amateur; 1982 AIAW; 1982 All-American. Member, 1982 Curtis Cup, World Cup teams.

Missie Berteotti
Height: 5'10".
Birth: Jan. 30, 1950, Rafaela, Argentina.
Residence: Pompano Beach, Fla.
College: Univ. of Miami.
Turned professional: 1985.
Career earnings: $34,092.
Best 1986 finish: T5, Hall of Fame.
Money (rank): 1986, $34,092 (65).
Other achievements: Two-time Pennsylvania state championships.

Myra Blackwelder
Height: 5'4".
Birth: May 9, 1955, Fort Walton, Fla.
Residence: Indian Rocks, Fla.
College: Univ. of Kentucky.
Turned professional: 1979.
Family: Husband, Worth.
Career earnings: $323,810.
Best 1986 finishes: T3, Tucson; 7, LPGA Ch.; T8, Ntl. Pro-Am.
Money (rank): 1980, $41,396 (33); 1981, $48,314 (26); 1982, $44,474 (33); 1983, $46.633 (34); 1984, $30,736 (66); 1985, $56,333 (40); 1986, $55,648 (45).
Other achievements: 1969-71 Kentucky PGA Junior, 1975-76 Kentucky Women's Amateur.

Jane Blalock
Height: 5'6".
Birth: Sept. 19, 1945, Portsmouth, N.H.
Residence: Highland Beach, Fla.
College: Rollins College.
Turned professional: 1969.
Career earnings: $1,288,301.
Tour victories (total 29): 1970, Lady Carling; 1971, George Washington Classic,, XRLady Pepsi; 1972, Colgate-Dinah Shore Winners Circle, Suzuki International, Angelo's 4-Ball Championship, Dallas Civitan Open, Lady Errol Classic; 1973, Angelo's 4-Ball; 1974, Bing Crosby International, Birmingham Classic, Southgate Classic, Lady Errol Classic; 1975, Karsten-Ping Open; 1976, Wheeling Classic, Dallas Civitan Open; 1977, Greater Baltimore Classic, The Sarah Coventry; 1978, Orange Blossom Classic, Mayflower Classic, Wheeling Classic, Golden Lights Championship; 1979, Orange Blossom Classic, Florida Lady Citrus, Otey Crisman Classic, The Sarah Coventry; 1980, Elizabeth Arden Classic; 1985, Kemper Open, Mazda Japan.
Best 1986 finishes: T9, Rochester; T20, Boston.
Money (rank): 1969, $3,825 (37); 1970, $12,060 (13); 1971, $34,492 (3); 1972, $57,323 (2); 1973, $40,710 (9); 1974, $86,422 (2); 1975, $45,478 (6); 1976, $93,616 (4); 1977, $102,012 (4); 1978, $117,768 (3); 1979, $115,226 (7); 1980, $127,873 (8); 1981, $96,962 (12); 1982, $45,295 (35); 1983, $40,145 (40); 1984, $45,893 (50); 1985, $192,426 (7); 1986, $33,768 (66).
Other achievements: 1968 New England Amateur.

Marci Bozarth
Height: 5'7".
Birth: April 20, 1961, Lampasas, Tex.
Residence: Fort Worth, Tex.
College: Texas Christian.
Turned professional: 1984.
Career earnings: $58,853.
Money (rank): 1985, $20,938 (88); 1986, $37,914 (62).
Best 1986 finish: T3, Kemper.
Other achievements: 1982, 1983 All-American.

BIOGRAPHIES

Pat Bradley
Height: 5'8".
Birth: March 24, 1951, Westford, Mass.
Residence: Marco Island, Fla.
College: Florida International Univ.
Turned professional: 1974.
Career earnings: $2,286,218.
Tour victories (total 21): 1976, Girl Talk Classic, 1977, Bankers Trust Classic; 1978, Lady Keystone, Hoosier Classic, Rail Charity Classic; 1980; Greater Baltimore Classic, Peter Jackson Classic; 1981, Women's Kemper Open, U.S. Open; 1983, Mazda (Deer Creek), Chrysler-Plymouth, Columbia, Mazda (Japan); 1985, Rochester, du Maurier, Ntl. Pro-Am.; 1986 Nabisco-Dinah Shore, S&H, LPGA Ch., du Maurier, World Ch.
Best 1986 finishes: See 1986 above, plus 2, Inamori, Rochester; T2, Sarasota, Uniden, Corning, Ntl. Pro-Am; T3, Tucson, Boston Five.
Money (rank): 1974, $10,839 (39); 1975, $28,293 (14); 1976, $84,288 (6); 1977, $78,709 (8); 1978, $118,057 (2); 1979, $132,428 (4); 1980, $183,377 (6); 1981, $197,050 (3); 1982, $113,089 (11); 1983, $240,207 (3); 1984, $220,478 (4); 1985, $387,377 (2); 1986, $492,021 (1).
Other achievements: 1972-73 New England Woman's Amateur.

Jerilyn Britz
Height: 5'8".
Birth: Jan. 1, 1943, Minneapolis, Minn.
Residence: Casselberry, Fla.
College: Mankato State College
Turned professional: 1973.
Career earnings: $400,307.
Tour victories (total 2): 1979, U.S. Women's Open; 1980, Mary Kay Classic.
Best 1986 finishes: T3, Tucson; T7, Samaritan.
Money (rank): 1974, $5,757 (58); 1975, $6,322 (57); 1976, $12,837 (50); 1977, $18,382 (40); 1978, $39,397 (23); 1979, $68,151 (16); 1980, $68,069 (14); 1981, $41,869 (37); 1982, $24,010 (56); 1983, $11,815 (99); 1984, $20,223 (88); 1985, $35,537 (64); 1986, $43,953 (57).

Barb Bunkowsky
Height: 5'7".
Birth: Oct. 13, 1958, Toronto, Ontario, Canada.
Residence: Tallahassee, Fla.
College: Florida State Univ.
Turned professional: 1983.
Career earnings: $154,611.
Tour victory: 1984, Chrysler Plymouth.
Best 1986 finishes: T11, Tucson.
Money (rank): 1983, $28,747 (60); 1984, $71,682 (24); 1985, $28,887 (76); 1986, $25,295 (80).
Other achievements: Winner of 1981 Ontario Amateur and 1982 AIAW National.

Donna Caponi
Height: 5'5".
Birth: Jan. 29, 1945, Detroit, Mich.
Residence: Tampa, Fla.
Turned professional: 1965.
Career earnings: $1,339,445.
Tour victories (total 24): 1969, U.S. Open, Lincoln-Mercury Open; 1970, Bluegrass Invitational, U.S. Open; 1973, Bluegrass Invitational; 1975, Burdine's Invitational, Lady Tara Classic; 1976, Peter Jackson Classic, Portland Classic, The Carlton, Mizuno Japan Classic; 1978, The Sarah Coventry, Houston Classic; 1979, LPGA Championship; 1980, LPGA National Pro-Am, Colgate Dinah Shore Corning Classic, United Virginia Bank Classic, ERA Real Estate Classic; 1981, LPGA Desert Inn Pro-Am, American Defender/WRAL Classic, LPGA Championship, WUI Classic, Boston Five Classic.
Best 1986 finishes: T2, Sarasota; T11, MasterCard.
Money (rank): 1965, $6,556 (20); 1966, $9,130 (17); 1967, $7,188 (24); 1968, $14,563 (10); 1969, $30,067 (3); 1970, $19,369 (7); 1971, $23,069 (5); 1972, $10,077 (31); 1973, $26,241 (15); 1974, $38,075 (10); 1975, $43,291 (7); 1976, $106,553 (2); 1977, $48,804 (13); 1978, $95,993 (5); 1979, $125,493 (5); 1980, $220,619 (2); 1981, $193,916 (4); 1982, $81,811 (16); 1983, $85,408 (16); 1984, $68,675 (28); 1985, $48,229 (47); 1986, $37,975 (60).

BIOGRAPHIES

JoAnne Carner
Height: 5'7".
Birth: April 4, 1939, Kirkland, Wash.
Residence: Palm Beach, Fla.
College: Arizona State Univ.
Family: Husband, Don.
Turned professional: 1970.
Career earnings: $2,013,992.
Tour victories (total 42): 1970, Wendell West Open; 1971, U.S. Open, Bluegrass Invitational; 1974, Bluegrass Invitational, Hoosier Classic, Desert Inn Classic, St. Paul Open, Dallas Civitan, Portland Classic; 1975, American Defender Classic, All-American Sports Classic, Peter Jackson Classic; 1976, Orange Blossom Classic, Lady Tara Classic, Hoosier Classic, U.S. Open; 1977, Talk Tournament, Borden Classic, National Jewish Hospital Open, LPGA Team Championship (with Judy Rankin); 1978, Colgate Triple Crown, Peter Jackson Classic, Borden Classic; 1979, Honda Civic Classic, Women's Kemper Open, Colgate Triple Crown; 1980, Whirlpool Championship of Deer Creek Park, Bent Tree Ladies Classic, Sunstar '80, Honda Civic Classic, Lady Keystone Open; 1981, S&H Golf Classic, Lady Keystone Open, Columbia Savings LPGA Classic, Rail Charity Golf Classic; 1982, Elizabeth Arden Classic, McDonald's Classic, Chevrolet World Championship of Women's Golf, Henredon Classic, Rail Charity Golf Classic; 1983, Chevrolet World Championship of Women's Golf, Portland Ping; 1984, Corning; 1985, Safeco, Arden.
Best 1986 finishes: 2, Henredon; T3, Inamori; 5, Kemper.
Money (rank): 1970, $14,551 (11); 1971, $21,604 (6); 1972, $18,902 (15); 1973, $19,688 (25); 1974, $87,094 (1); 1975, $64,843 (2); 1976, $103,275 (3); 1977, $113,712 (2); 1978, $108,093 (4); 1979, $98,219 (9); 1980, $185,916 (5); 1981, $206,648 (2); 1982, $310,399 (1); 1983, $291,404 (1); 1984, $144,900 (9); 1985, $141,941 (10); 1986, $82,802 (26).
Other achievements: 1957-60-62-66-68 U.S. Amateur; 1969 LPGA Burdine's Invitational as an amateur; Member, World Golf & LPGA Halls of Fame.

Dawn Coe
Height: 5' 7".
Birth: Oct. 19, 1960, Campbell River, B.C.
Residence: Lake Cowichan, B.C.
College: Lamar Univ.
Turned professional: 1983.
Career earnings: $108,800.
Best 1986 finishes: T4, Chrysler-Plymouth; T9, Atlantic City, Safeco.

Money (rank): 1984, $19,603 (91); 1985, $34,864 (68); 1986, $54,332 (47).
Other achievements: 1983, Canadian Amateur champion; 1982-83, British Columbia Amateur champion.

Janet Coles
Height: 5' 6½".
Birth: Aug. 4, 1954, Carmel, Calif.
Residence: Carmel, Calif.
College: Univ. of California, Los Angeles.
Turned professional: 1977.
Career earnings: $489,192.
Tour victories (total 2): 1978, Lady Tara; 1983, Lady Michelob.
Best 1986 finishes: 2, S&H; T5, Hall of Fame.
Money (rank): 1977, $10,322 (59); 1978, $30,750 (35); 1979, $31,218 (35); 1980, $58,377 (17); 1981, $47,539 (29); 1982, $71,379 (21); 1983, $110,911 (12); 1984, $8,523 (127); 1985, $59,029 (34); 1986, $61,141 (40).

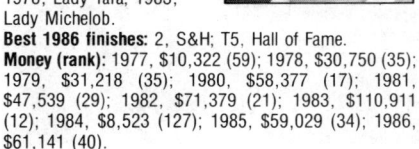

Jane Crafter
Height: 5'6".
Birth: Dec. 14, 1955, Perth, Australia.
Residence: Pinehurst, N.C.
College: South Australian Institute of Technology.
Turned professional: 1981.
Career earnings: $235,566.
Best 1986 finishes: 3, S&H; T4, Ping, Keystone.
Money (rank): 1981, $1,617 (135); 1982, $7,472 (108); 1983, $37,433 (43); 1984, $48,729 (46); 1985, $60,884 (32); 1986, $79,431 (28).
Other achievements: Winner, 1978 New Zealand Amateur, 1980 Belgian Amateur.

Beth Daniel
Height: 5'10".
Birth: Oct. 14, 1956, Charleston, S.C.
Residence: Seabrook Island, S.C.
College: Furman Univ.
Turned professional: 1979.
Career earnings: $1,301,111.
Best 1986 finishes: T2, Corning; T4, Eliz. Arden; T5, Inamori, Un. Va. Bank.

BIOGRAPHIES

Tour victories (total 14): 1979, Patty Berg Classic; 1980, Golden Lights Championship, Patty Berg Classic, Columbia Savings Classic, World Championship of Women's Golf; 1981, Florida Lady Citrus, World Championship of Women's Golf; 1982, Bent Tree Ladies Classic, American Express Sun City Classic, Birmingham Classic, Columbia LPGA Classic, WUI Classic; 1983, McDonalds; 1985, Inamori.
Money (rank): 1979, $97,027 (10); 1980, $231,000 (1); 1981, $206,977 (1); 1982, $223,634 (5); 1983, $167,403 (6); 1;984, $94,284 (16); 1985, $177,235 (8); 1986, $103,457 (21).
Other achievements: 1975 and '77 U.S. Amateur.

Judy Dickinson
Height: 5'6".
Birth: March 4, 1950, Akron, Ohio.
Residence: Jupiter, Fla.
Family: Husband, Gardner.
College: Glassboro State College.
Turned professional: 1977.
Career earnings: $670,749.
Tour victories (total 3): 1985 Boston Five; 1986 Safeco, Rochester.
Best 1986 finishes: 1, Safeco, Rochester; 3, Atlantic City.
Money (rank): 1978, $5,330 (83); 1979, $24,561 (83); 1980, $30,648 (46); 1981, $42,570 (36); 1982, $47,187 (29); 1983, $69,091 (23); 1984, $85,479 (18); 1985, $167,809 (9); 1986, $195,834 (10).

Mitzi Edge
Height: 5'8'
Birth: June 17, 1960, Albany, Ga.
Residence: Augusta, Ga.
Turned professional: 1985.
Best 1986 finish: T16, Konica.
Money (rank): 1985, $12,562 (106); 1986, $22,238 (86).
Other achievements: 4-time Georgia amateur champion.

Dale Eggeling
Height: 5'5".
Birth: April 21, 1954, Statesboro, Ga.
Residence: Tampa, Fla.
Family: Husband, Mike.
College: Univ. of South Florida.
Turned professional: 1976.
Career earnings: $384,838.
Tour victory: 1980 Boston Five Classic.
Best 1986 finishes: T9, Rochester; T11, MasterCard.
Money (rank): 1976, $321 (113); 1977, $5,859 (70); 1978, $9,690 (68); 1979, $21,333 (55); 1980, $45,335 (27); 1981, $50,594 (23); 1982, $57,691 (26); 1983, $52,967 (29); 1984, $53,355 (37); 1985, $34,894 (67); 1986, $52,684 (50).
Other achievements: 1974 National Junior College.

Heather Farr
Height: 5'1"
Birth: March 10, 1965, Phoenix, Ariz.
Residence: Phoenix, Ariz.
College: Arizona State Univ.
Turned professional: 1985.
Career earnings: $26,835.
Money (rank): 1986, $26,835 (78).
Other achievements: 1982 USGA Junior, plus 11 other junior events. Member 1984 Curtis Cup, World Amateur teams.

Stephanie Farwig
Height: 5'6".
Birth: June 30, 1959, Milwaukee, Wis.
Residence: Scottsdale, Ariz.
College: Houston Baptist.
Turned professional: 1982.
Career earnings: $163,450.
Best 1986 finishes: 4, Sarasota; T22, Inamori.
Money (rank): 1982, $11,801, (89); 1983, $80,627 (17); 1984, $4,560 (145); 1985, $39,568 (56); 1986, $26,893 (77).
Other achievements: Won 1980 Wisconsin State, 1977, 1979, 1980 Wisconsin Public Links.

Vicki Fergon
Height: 5'8".
Birth: Sept. 29, 1955, Palo Alto, Calif.
Residence: Delray Beach, Fla.
Turned professional: 1977.
Career earnings: $372,761.
Tour victory: 1979, Lady Stroh's.
Best 1986 finishes: 6, Tucson; T6, Ntl. Pro-Am; 7, Hall of Fame.
Money (rank): 1977, $4,113 (81); 1978, $11,794 (62); 1979, $57,205 (18); 1980, $34,541 (42); 1981, $30,817 (48); 1982, $22,415 (62); 1983, $68,955 (24); 1984, $55,111 (34); 1985, $37,483 (60); 1986, $50,324 (52).

BIOGRAPHIES

Marta Figueras-Dotti 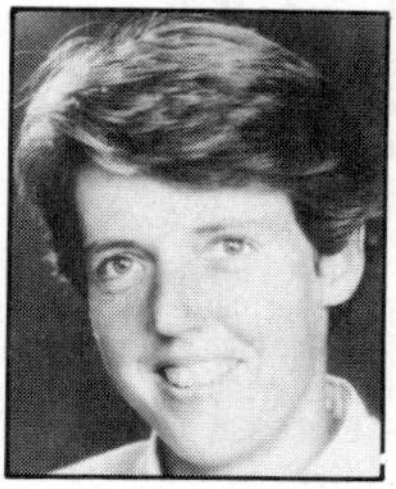
Height: 5'6".
Birth: Nov. 12, 1957, Madrid, Spain.
Residence: Madrid, Spain.
College: Univ. of Southern California.
Turned professional: 1983.
Career earnings: $217,830.
Best 1986 finishes: 4, Atlantic City; T5, Inamori; T6, Rochester.
Money (rank): 1984, $96,655 (15); 1985, $53,094 (43); 1986, $68,081 (34).
Other achievements: 1975, 1977 European Amateur, 1979 Spanish Junior, Spanish Amateur, French amateur; 1979, 1982 Italian Amateur; 1982 British Open. Member, 1978-1982 Spanish World Cup team. Named 1984 Rookie of the Year by Golf Digest.

Allison Finney 
Height: 5'7".
Birth: Nov. 17, 1958, Evanston, Ill.
Residence: Palm Desert, Calif.
College: Stanford Univ.
Turned professional: 1983.
Career earnings: $110,947.
Best 1986 finishes: T6, GNA; T11, Samaritan.
Money (rank): 1983, $161; (168) 1984, $11,879 (112); 1985, $60,559 (33); 1986, $38,348 (59).
Other achievements: 1979 Chicago District.

Marlene Floyd
Height: 5'3".
Birth: April 3, 1948, Fayetteville, N.C.
Residence: Fayetteville, N.C.
College: Fayetteville Business
Turned professional: 1976.
Career earnings: $235,686.
Best 1986 finishes: T16, Rail; T18, Eliz. Arden.
Career earnings: $235,686.
Money (rank): 1976. $6,130 (66); 1977, $19,414 (37); 1978, $16,825 (46); 1979, $43,976 (24); 1980, $30,858 (45); 1981, $50,190 (24); 1982, $18,358 (70); 1983, $11,919 (98); 1984, $5,012 (141); 1985, $11,772 (111); 1986, $21,237 (89).

Shirley Furlong 
Height: 5'5".
Birth: Dec. 5, 1959, San Antonio, Tex.
Residence: San Antonio, Tex.
College: Texas A & M.
Turned professional: 1985.
Career earnings: $51,144.
Best 1986 finish: T13, Mayflower.
Money (rank): 1985, $16,718 (98); 1986, $34,426 (64).

Lori Garbacz 
Height: 5'7".
Birth: Aug. 11, 1958, South Bend, Ind.
Residence: Boca Raton, Fla.
College: Univ. of Florida.
Turned professional: 1979.
Career earnings: $429,733.
Best 1986 finishes: 4, Hall of Fame; T4, Arden.
Money (rank): 1979, $32,457 (34); 1980, $61,120 (16); 1981, $24,016 (58); 1982, $28,255 (55); 1983, $40,552 (38); 1984, $55,540 (32); 1985, $126,631; 1986, $61,160 (39).
Other achievements: 1972 and '74 Indiana Junior, 1976 Indiana Amateur.

Jane Geddes 
Height: 5'5".
Birth: Feb. 5, 1960, Huntingdon, N.Y.
Residence: Summerville, S.C..
College: Florida State.
Turned professional: 1983.
Career earnings: $397,663.
Tour victories: 1986, U.S. Open, Boston Five.
Best 1986 finishes: 1, U.S. Open, Boston; 2, GNA.
Money (rank): 1983, $13,755 (94); 1984, $53,682 (36); 1985, $108,971 (17); 1986, $221,255 (5).
Other achievements: Named 1986 Most Improved Pro by Golf Digest.

WOMEN PROFESSIONALS: Dickinson-Geddes

BIOGRAPHIES

Penny Hammel
Height: 5'5"
Birth: March 24, 1962, Decatur, Ill.
Residence: Decatur, Ill.
College: Univ. of Miami.
Turned professional: 1984.
Career earnings: $133,327.
Tour victory: 1985 Jamie Farr Classic.
Best 1986 finishes: T6, Ntl. Pro-Am; T7, Chrysler-Plymouth.
Money (rank): 1985, $71,192 (25); 1986, $62,135 (38).
Other achievements: Won 1979 PGA Junior, USGA Junior; 1983, 1984. All-American at Univ. of Miami; 1985 Rookie of Year.

Atsuko Hikage
Height: 5'6".
Birth: April 23, 1954, Iwate, Japan.
Residence: Tokyo, Japan.
Turned professional: 1982.
Career earnings: $108,063.
Best 1986 finishes: T9, Inamori; T16, Tucson, Uniden.
Money (rank): 1982, $4,643 (117); 1983, $11,011 (102); 1984, $27,216 (73); 1985, $36,412 (62); 1986, $31,941 (68).
Other achievements: 1982 Japanese Open.

Carolyn Hill
Height: 5'6".
Birth: Feb. 1, 1959, Santa Monica, Calif.
Residence: Oldsmar, Fla.
College: Tulsa Univ.
Turned professional: 1979.
Career earnings: $151,530.
Best 1986 finish: T15, Mc Donald's.
Money (rank): 1980, $35,908 (41); 1981, $51,607 (21); 1982, $12,304 (86); 1983, $5,961 (126); 1984, $12,187 (109); 1986, $21,326 (87).
Other achievements: 1979 U.S. Amateur.

Cindy Hill
Height: 5'6".
Birth: Feb. 12, 1948, South Haven, Mich.
Residence: Miami, Fla.
College: Univ. of Miami.
Turned professional: 1979.
Career earnings: $304,434.
Tour victories: 1984, Rail.
Best 1986 finishes: T2, Keystone; T5, Boston; T6, Corning.
Money (rank): 1979, $6,739 (88); 1980, $24,037 (54); 1981, $45,377 (34); 1982, $34,799 (44); 1983, $28,667 (61); 1984, $52,443 (39); 1985, $50,394 (45); 1986, $63,715 (36).
Other achievements: 1974 U.S. Amateur.

Lauren Howe
Height: 5'6".
Birth: April 30, 1959, Provo, Utah.
Residence: San Jose, Calif.
College: Tulsa Univ.
Turned professional: 1978.
Career earnings: $217,230.
Tour victories: 1983, Mayflower Cl.
Best 1986 finishes: 2, Hall of Fame; 4, MasterCard; T5, Un. Va. Bank.
Money (rank): 1978, $1,965 (108); Did not play, 1979-1982; 1983, $75,015 (19); 1984, $14,411 (103); 1985, $35,367 (65); 1986, $86,951 (24).
Other achievements: Winner of 1975 Colorado Junior Girls, 1976 Western Junior, 1976 Mexican Amateur, 1976 Arizona Silver Belle, and 1977 Western Amateur.

Linda Hunt
Height: 5'7".
Birth: Dec. 5, 1956, Houston, Tex.
Residence: Austin, Tex.
College: Texas Tech Univ.
Turned professional: 1981.
Career earnings: $61,874.
Best 1986 finishes: T4, Corning; T6, GNA.
Money (rank): 1982, $3,602 (124); 1983, $7,186 (119); 1984, $12,059 (110); 1986, $27,587 (75).
Other achievements: 1980 Texas State Amateur; 1980, '81 Women's West Texas Amateur.

BIOGRAPHIES

Juli Inkster
Height: 5'7".
Birth: June 24, 1960, Santa Cruz, Calif.
Residence: Los Altos, Calif.
Family: Husband, Brian.
College: San Jose State Univ.
Turned professional: 1983.
Career earnings: $623,665.
Tour victories (total 8): 1983, Safeco Classic; 1984, Nabisco, du Maurier; 1985, Lady Keystone; 1986 Kemper, McDonald's, Lady Keystone, Atlantic City.
Best 1986 finishes: See 1986 above, plus T2, Sarasota; 3, GNA Cl.; T3, LPGA Ch.
Money (rank): 1983, $52,220 (30); 1984, $186,501 (6); 1985, $99,651 (16); 1986, $289,293 (3).
Other achievements: 1980, 1981 and 1982 U.S. Amateur Champion. 1982 Curtis Cup team member. 1980, 1982 Women's World Amateur team. Two-time collegiate All-America at San Jose State. Named 1983 Rookie of Year by Golf Digest.

Chris Johnson
Height: 5'10".
Birth: April 25, 1958, Arcata, Calif.
Residence: Tucson, Ariz.
College: Univ. of Arizona.
Turned professional: 1980.
Career earnings: $465,175.
Tour victories (total 3): 1984, Samaritan, Tucson; 1986 GNA.
Best 1986 finish: 1, GNA; T2, Mayflower; T3, Kemper; 3, Rochester.
Money (rank): 1980, $2,827 (123); 1981, $25,182 (55); 1982, $60,449 (24); 1983, $37,967 (42); 1984, $70,979 (25); 1985, $67,122 (29); 1986, $200,648 (8).
Other achievements: 1975 Northern California Junior Girls, 1977 and '78 University of Arizona Invitational, 1978 and '79 Stanford Invitational, 1980 Western Collegiate Athletic Association.

Cathy Johnston
Height: 5'6".
Birth: Dec. 16, 1963, High Point, N.C.
Residence: Wilmington, N.C.
College: Univ. of North Carolina.
Turned professional: 1985.
Career earnings: $23,969.
Best 1986 finishes: T2, MasterCard.
Money (rank): 1986, $23,969 (82).
Other achievements: 1981 PGA Ntl. Junior.

Rose Jones
Height: 5'7".
Birth: Nov. 13, 1959, Santa Ana, Calif.
Residence: Albuquerque, N.M.
College: Ohio State Univ.
Turned professional: 1981.
Career earnings: $287,322.
Best 1986 finishes: 7, duMaurier; T8, Tucson, Mayflower.
Money (rank): 1982, $2,869 (127); 1983, $64,955 (27);1984 $81,793 (19); 1985, $66,665 (30); 1986, $71,399 (33).
Other achievements: 1974-'76 New Mexico Junior, 1979 New Mexico State Amateur.

Betsy King
Height: 5'6".
Birth: Aug. 13, 1955, Reading, Pa.
Residence: Limekiln, Pa.
College: Furman Univ.
Turned professional: 1977
Career earnings: $1,098,219.
Tour victories (total 7): 1984 Kemper, Orlando, Columbia; 1986, Henredon, Rail Charity.
Best 1986 finishes: 1, Henredon, Rail; 2, Tucson; T2, Chrysler-Plymouth, World Ch., San Jose; T3, du Maurier.
Money (rank): 1977, $4,008 (83); 1978, $44,092 (20); 1979, $53,900 (19); 1980, $28,480 (50); 1981, $51,029 (22); 1982, $50,563 (28); 1983, $94,767 (14); 1984, $266,771 (1); 1985, $214,411 (6); 1986, $290,195 (2).
Other achievements: 1981 Genjiyama Charity Classic in Japan; 1985 Player of Year.

Cathy Kratzert
Height: 5' 4".
Birth: April 28, 1961, Ft. Wayne, Ind.
Residence: Ft. Wayne.
College: Ohio State Univ.
Turned professional: 1984.
Career earnings: $135,895.
Best 1986 finishes: T2, Samaritan, Rail, Mazda Japan.
Money (rank): 1985, $28,257 (77); 1986, $107,638 (77).
Other achievements: 1976-77, Indiana Junior State champion.

BIOGRAPHIES

Ok-Hee Ku
Height: 5'1".
Birth: Aug. 1, 1956, Korea.
Residence: Houston, Tex.
College: Kyung Hee Univ. (Seoul).
Turned professional: 1985 (U.S. tour).
Career earnings: $79,327.
Best 1986 finishes: T3, Boston; T4, McDonald's.
Money (rank): 1986, $79,327 (29).

Deedee Lasker
Height: 5'6".
Birth: Aug. 4, 1959, Chicago, Ill..
Residence: Palo Alto, Calif.
College: Tulsa Univ.
Turned professional: 1983.
Career earnings: $108,850.
Best 1986 finishes: T13, Corning.
Money (rank): 1983, $26,972 (65); 1984, $15,718 (99); 1985, $43.058 (53); 1986, $22,301 (85).
Other achievements: 1976, 1977 Illinois PGA Junior.

Bonnie Lauer
Height: 5'5".
Birth: Feb. 20, 1951, Detroit, Mich.
Residence: Palm Desert, Calif.
College: Michigan State.
Turned professional: 1975
Career earnings: $434,136.
Tour victories: 1977 Patty Berg Classic; 1985 Uniden.
Best 1986 finishes: T4, McDonald's; T5, Mayflower, Un. Va. Bank.
Money (rank): 1975, $4,641 (61); 1976, $17,365 (33); 1977, $28,548 (23); 1978, $14,612 (52); 1979, $22,075 (52); 1980, $44,307 (28); 1981, $23,560 (59); 1982, $37,396 (40); 1983, $16,033 (86); 1984, $51,348 (43); 1985, $110,829 (16); 1986, $62,135 (37).
Other achievements: 1973 National Collegiate Championship; 1974 Curtis Cup Team.

Sally Little
Height: 5'8".
Birth: Oct. 12, 1951, Cape Town, South Africa
Residence: Lakeland, Fla.
Turned professional: 1971
Career earnings: $1,056,108.
Tour victories (total 14): 1976, Women's International; 1978, Honda Civic Classic; 1979, Bent Tree Ladies Classic; Barth Classic, Columbia Savings Classic; 1980, LPGA Championship, WUI Classic; 1981, Elizabeth Arden Classic, Olympia Gold Classic, CPC Women's International; 1982, Olympia Gold Classic, Nabisco-Dinah Shore Invitational, United Virginia Bank Classic, Mayflower Classic.
Best 1986 finishes: 2, U.S. Open; T8, Hall of Fame; T9, Atlantic City.
Money (rank): 1971, $1,670 (51); 1972, $8,260 (33); 1973, $9,335 (45); 1974, $13,353 (25); 1975, $7,107 (50); 1976, $44,764 (13); 1977, $67,433 (10); 1978, $84,895 (8); 1979, $119,501 (6); 1980, $139,127 (7); 1981, $142,251 (8); 1982, $228,941 (3); 1983, $3,792; 1984, $75,561; 1985, $54,310 (42); 1986. $55.802 (44).
Other achievements: Low amateur 1971 World Amateur Team Champion; Winner, 1971 South African Amateur (match and stroke).

Nancy Lopez
Height: 5'7".
Birth: Jan. 6, 1957, Torrance, Calif.
Residence: Conroe, Tex.
Family: Husband, Ray Knight; Ashley Marie (11/7/83).
College: Tulsa Univ.
Turned professional: 1977.
Career earnings: $1,711,079.
Tour victories (total 34): 1978, Bent Tree Ladies Classic, Sunstar Classic, Greater Baltimore Classic, Coco-Cola Classic, Golden Lights Championship, LPGA Championship, Bankers Trust Classic, Colgate Europen Open, Colgate Far East Open; 1979, Sunstar Classic, Sahara National Pro-Am, Women's International, Coco-Cola Classic, Golden Lights Championship, Lady Keystone Open, Colgate European Open, Mary Kay Classic, 1980, Women's Kemper Open, Sara Coventry, Rail Charity Classic; 1981, Arizona Copper Classic, Colgate-Dinah Shore, Sara Coventry; 1982, J&B Scotch Pro-Am, Mazda Japan Classic; 1983, Elizabeth Arden, J&B Scotch Pro-Am; 1984, Uniden, World Championship; 1985, Chrysler-Plymouth, LPGA Ch., Hall of Fame, Henredon, Portland.
Best 1986 finishes: T2, World Ch.; Ping; T3, Henredon.
Money (rank): 1977, $23,138 (31); 1978, $189,813 (1); 1979, $197,488 (1); 1980, $209,078 (4); 1981,

BIOGRAPHIES

$165,679 (6); 1982, $166,474 (7); 1983, $91,477 (15); 1984, $183,756 (7); 1985, $416,472 (1); 1986, $67,700 (35).
Other achievements: Named 1977 Rookie, 1978 Most Improved by Golf Digest; Won 1972, 1973, 1974 U.S. Girls, Western Girls, 1976 National Collegiate.

Cindy Mackey
Height: 5'9".
Birth: April 2, 1961, Athens, Ga.
Residence: Athens, Ga.
College: Georgia.
Turned professional: 1983.
Career earnings: $109,425.
Tour victory: 1986, MasterCard.
Best 1986 finishes: 1, MasterCard; 6, LPGA Ch.
Money (rank): 1983, $842 (161); 1984, $22,260 (80); 1985, $29,381 (74); 1986, $56,581 (42).
Other achievements: 1, 1977, 1982 Georgia State, 1982 Canadian Amateur; 1982, 1983 All-American.

Missie McGeorge
Height: 5'7".
Birth: Aug. 20, 1959, Pueblo, Colo.
Residence: Richardson, Tex.
College: Southern Methodist Univ.
Turned professional: 1983.
Career earnings: $69,712.
Best 1986 finishes: T21, Rail, Ping.
Money (rank): 1983, $4,596 (133); 1984, $20,117 (89); 1985, $21,563 (87); 1986, $23,436 (83).
Other achievements: 1976 Texas State Junior.

Debbie Massey
Height: 5' 8".
Birth: Nov. 5, 1950, Grosse Pointe, Mich.
Residence: Hilton Head, S.C.
Turned professional: 1977.
Career earnings: $594,772.
Tour victories: 1977, Mizuno Japan; 1979, Wheeling.
Best 1986 finishes: T2, Un. Va. Bank, Keystone; 3, Eliz. Arden.
Money (rank): 1977, $45,962 (15); 1978, $70,211 (11); 1979, $57,778 (17); 1980, $65,390 (15); 1981, $48,777 (25); 1982, $15,310 (81); 1983, $67,920 (25);

1984, $41,914 (52); 1985, $58,162 (35); 1986, $122,495 (15).
Other achievements: 1974-76, Canadian Amateur champion.

Pat Meyers
Height: 5'4".
Birth: May 8, 1954, Beverly, Mass.
Residence: Ormond Beach, Fla.
College: Daytona Beach Community College
Turned professional: 1976.
Career earnings: $398,080.
Tour victory: 1979 Greater Baltimore Open.
Best 1986 finishes: T9, Inamori, Mazda Cl.
Money (rank): 1976, $754 (104); 1977, $32,818 (20); 1978, $43,639 (21); 1979, $38,234 (27); 1980, $55,625 (20); 1981, $41,291 (38); 1982, $18,117 (72); 1983, $33,485 (52); 1984, $55,438 (33); 1985, $48,025 (48); 1986, $30,058 (69).
Other achievements: 1975 Central Florida Amateur, 1976 South Atlantic, 1976 Florida State Women's Amateur.

Alice Miller
Height: 5'10".
Birth: May 15, 1956, Marysville, Calif.
Residence: Marysville, Calif.
College: Arizona State Univ.
Turned professional: 1978
Career earnings: $733,529.
Tour victories (total 7): 1983, 1984 West Virginia; 1984 Sarasota.
Best 1986 finishes: T11, Keystone.
Money (rank): 1978, $135 (122); 1979, $8,832 (81); 1980, $11,984 (76); 1981, $46,779 (31); 1982, $37,243 (41); 1983, $157,321 (7); 1984, $112,767 (11); 1985, $334,525 (3); 1986, $24,011 (81).

Mindy Moore
Height: 5'5".
Birth: May 1, 1953, West Palm Beach, Fla.
Residence: Boca Raton, Fla.
College: Univ. of North Carolina.
Turned professional: 1980.
Career earnings: $131,720.
Best 1986 finishes: 11, S & H; T15, LPGA Ch.

WOMEN PROFESSIONALS: Ku-Moore

BIOGRAPHIES

Money (rank): 1981, $8,814 (99); 1982, $10,642 (94); 1983, $24,840 (69); 1984, $18,864 (92); 1985, $36,509 (61); 1986, $32,049 (67).
Other achievements: 1978, '79 Florida Four-Ball.

Cathy Morse
Height: 5'8".
Birth: June 15, 1955, Rochester, N.Y.
Residence: Palm Beach Gardens, Fla.
College: Univ. of Miami.
Turned professional: 1977.
Career earnings: $414,909.
Tour victories: 1982, Chrysler-Plymouth Charity Classic.
Best 1986 finishes: T5, du Maurier; 6, Chrysler-Plymouth; T8, Boston.
Money (rank): 1978, $10,157 (67); 1979, $21,274 (56); 1980, $31,662 (44); 1981, $30,587 (49); 1982, $71,519 (20); 1983, $30,760 (56); 1984, $52,079 (40); 1985, $84,462 (25); 1986, $82,406 (27).

Martha Nause
Height: 5'5".
Birth: Sept. 10, 1954, Sheboygan, Wis.
Residence: Sheboygan, Wis.
College: St. Olaf College
Turned professional: 1978.
Career earnings: $219,870.
Best 1986 finishes: 7, Rail; T13, S & H.
Money (rank): 1978, $2,646 (99); 1979, $5,151 (97); 1980, $10,019 (82); 1981, $30,866 (47); 1982, $27,206 (57); 1983, $41,760 (37); 1984, $39,169 (55); 1985, $25,211 (79); 1986, $37,850 (63).
Other achievements: 1972 Wisconsin State Junior.

Ayako Okamoto
Height: 5'5".
Birth: April 2, 1951, Hiroshima, Japan.
Residence: Tokyo, Japan.
Turned professional: 1975.
Career earnings: $767,597.
Tour victories (total, 7): 1982, Arizona Copper Classic; 1983, Rochester Intl.; 1984, Hitachi, Mayflower, J&B; 1986 Eliz. Arden, Ping.
Best 1986 finishes: 1, Arden, Ping; 2, du Maurier; T2, San Diego; T3, U.S. Open, LPGA Ch.
Money (rank): 1981, $14,147 (76); 1982, $85,267 (14); 1983, $131,214 (10); 1984, $251,108 (3); 1985, $87,497 (23); 1986, $198,362 (9).
Other achievements: 1979 Japan LPGA.

Anne-Marie Palli
Height: 5'8".
Birth: April 18, 1955, Ciboure, France.
Residence: Scottsdale, Ariz.
Turned professional: 1979.
Career earnings: $190,798.
Tour victories: 1983, Samaritan Turquoise Classic.
Best 1986 finishes: 5, Ntl. Pro-Am; T15, LPGA Ch.
Money (rank): 1979, $596 (128); 1980, $7,855 (93); 1981, $2,927 (123); 1982, Did not play; 1983, $56,335 (28); 1984, $51,494 (42); 1985, $29,074 (75); 1986, $42,516 (58).
Other achievements: Won 26 various tournaments in Europe as an amateur.

Sandra Palmer
Height: 5' 1½".
Birth: March 10, 1941, Fort Worth, Tex.
Residence: Boca Raton, Fla.
College: North Texas State.
Turned professional: 1964.
Career earnings: $1,074,823.
Tour victories (total 21): 1971, Sealy Classic, Heritage Open; 1972, Titleholders Championship, Angelo's Four Ball; 1973, Pompano Beach Classic, St. Paul Open, National Jewish Hospital Open, Cameron Park Open, Angelo's Four-Ball; 1974, Burdine's Invitational, Cubic Corporation Classic; 1975, U.S. Open, Colgate-Dinah Shore Winner's Circle; 1976, Bloomington Classic, National Jewish Hospital Open, Jerry Lewis Muscular Dystrophy Classic; 1977, Kathryn Crosby-Honda Classic, Women's International; 1981, Whirlpool Championship of Deer Creek; 1982, Boston Five Classic; 1986 Mayflower.
Best 1986 finishes: 1, Mayflower; 2, Mazda Cl.; T5, Mazda Japan.
Money (rank): 1964, $1,580 (31); 1965, $4,384 (25); 1966, $4,976 (24); 1967, $7,265 (18); 1968, $16,906 (8); 1969, $18,319 (9); 1970, $18,424 (8); 1971, $34,035 (4); 1972, $36,715 (7); 1973, $55,439 (3); 1974, $54,873 (5); 1975, $76,374 (1); 1976, $88,417 (5); 1977, $82,919 (7); 1978, $44,498 (19); 1979, $50,892 (21); 1980, $73,598 (12); 1981, $63,596 (17); 1982, $73,993 (19); 1983, $33,523 (51); 1984, 46,655 (48); 1985, $39,013 (57); 1986, $148,422 (14).
Other achievements: 1963 Texas State Amateur.

BIOGRAPHIES

Becky Pearson
Height: 5'5".
Birth: Jan. 22, 1956, North Branch, Minn.
Residence: Delray Beach, Fla.
College: Florida International Univ.
Turned professional: 1980.
Career earnings: $328,664.
Tour victory: 1986 Chrysler-Plymouth.
Best 1986 finishes: 1, Chrysler-Plymouth; T2, Mazda Japan, T3, Mazda Cl.
Money (rank): 1980, $9,907 (87); 1981, $8,517 (102); 1982, $15,870 (78); 1983, $20,677 (75); 1984, $75,078 (22); 1985, $44,178 (51); 1986, $155,244 (13).
Other achievements: 1972, '73 Minnesota State Junior.

Lauri Peterson
Height: 5'6".
Birth: July 6, 1960, Waukesha, Wis.
Residence: Phoenix, Ariz.
College: Arizona State Univ.
Turned professional: 1983.
Career earnings: $246,415.
Tour victories (total 2), 1983, Rail; 1984 Toledo.
Best 1986 finishes: T5, Rail Ch.
Money (rank): 1983, $51,930 (31); 1984, $108,920 (13); 1985, $39,597 (55); 1986, $45,967 (55).
Other achievements: Winner of 1978 Arizona Junior Match Play, 1980 Arizona Women's Match Play. AIAW All-America.

Kathy Postlewait
Height: 5'8".
Birth: Nov. 11, 1949, Norfolk, Va.
Residence: Sylacauga, Ala.
College: East Carolina Univ.
Turned professional: 1972.
Career earnings: $557,154.
Tour victories: 1983 San Jose.
Best 1986 finishes: T5, Rail; T9, Atlantic City, Safeco.
Money (rank): 1974, $3,420 (66); 1975, $12,468 (35); 1976, $12,508 (52); 1977, $26,761 (25); 1978, $45,066 (17); 1979, $29,004 (36); 1980, $41,251 (36); 1981, $47,507 (30); 1982, $82,173 (15); 1983, $74,811 (20); 1984, $26,956 (74); 1985, $98,905 (20); 1986, $56,320 (43).

Penny Pulz
Height: 5'3".
Birth: Feb. 2, 1953, Melbourne, Australia.
Residence: Palm Springs, Calif.
Turned professional: 1973.
Career earnings: $487,770.
Tour victories: 1979 Corning Classic; 1986 Tucson Circle K.
Best 1986 finishes: 1, Tucson; T7, Atlantic City; 8, LPGA Ch.
Money (rank): 1974, $1,673 (80); 1975, $6,951 (52); 1976, $13,213 (49); 1977, $23,095 (32); 1978, $71,011 (10); 1979, $51,142 (20); 1980, $42,061 (32); 1981, $42,857 (35); 1982, $33,338 (45); 1983, $17,321 (83); 1984, $49,297 (45); 1985, $58,155 (36); 1986, $77 652 (30).

Sally Quinlan
Height: 5'8".
Birth: May 20, 1961, Framingham, Mass.
Residence: Dennis, Mass.
College: Univ. of Miami (Fla.).
Turned professional: 1983.
Career earnings: $117,000.
Tour victory: 1984, MasterCard.
Best 1986 finishes: T7, Chrysler-Plymouth; T15, Safeco, Corning.
Money (rank): 1984, $20,801 (21); 1985, $55,361 (41); 1986, $37,969 (61).
Other achievements: 1978, Massachusetts State Junior; 1977, 1978, 1979 Massachusetts State High School; 1979 Massachusetts State Amateur; 1982 New England Amateur.

Cindy Rarick
Height: 5'8".
Birth: Sept. 12, 1959, Glennwood, Minn.
Residence: Tucson, Ariz.
College: Univ. of Hawaii.
Turned professional: 1985.
Career earnings: $51,187.
Best 1986 finishes: T10, MasterCard; T16, Henredon.
Money (rank): 1985, $22,094 (86); 1986, $29,093 (72).
Other achievements: 1977 Arizona State Junior; 1978 Hawaii Women's Match Play Ch.

BIOGRAPHIES

Deb Richard
Height: 5'6".
Birth: June 3, 1963, Abbeville, La.
Residence: Abbeville, La.
College: Univ. of Florida.
Turned professional: 1985.
Career earnings: $98,451.
Best 1986 finishes: 2, Boston Five; T2, Chrysler-Plymouth; T5, Un. Va. Bank, Inamori.
Money (rank): 1986, $98,451 (22).
Other achievements: 1984 U.S. Women's Amateur, 1983, 1984, 1985 All-American.

Laurie Rinker
Height: 5'6".
Birth: Sept. 28, 1962, Stuart, Fla.
Residence: Stuart, Fla.
College: Univ. of Florida.
Turned professional: 1982.
Career earnings: $315,506.
Tour victories: 1984, Boston; 1986, Corning.
Best 1986 finish: 1, Corning; 7, Konica.
Money (rank): 1982, $1,035 (141); 1983, $35,310 (47); 1984, $111,057 (12); 1985, $56,348 (29); 1986, $111,756 (16).
Other achievements: 1980 USGA Junior, 1982 Doherty Challenge Cup.

Alice Ritzman
Height: 5'5".
Birth: March 1, 1952, Kalispell, Mont.
Residence: Phoenix, Ariz.
College: Eastern Montana.
Turned professional: 1978.
Career earnings: $345,625.
Best 1986 finishes: T2, Rail; T5, Standard Register, Uniden.
Money (rank): 1978, $2,504 (102); 1979, $24,467 (47); 1980, $38,024 (38); 1981, $44,664 (33); 1982, $31,406 (49); 1983, $39,285 (41); 1984, $33,604 (60); 1985, $47,046 (50); 1986, $84,443 (25).
Other achievements: Won Montana Amateur twice, Montana Junior three times.

Patti Rizzo
Height: 5' 7½".
Birth: June 19, 1960, Hollywood, Fla.
Residence: Fort Pierce, Fla.
College: Univ. of Miami.
Turned professional: 1981.
Career earnings: $370,187.
Tour victory: 1983 Boston Five.
Best 1986 finishes: 2, Atlantic City; T8, du Maurier; Nabisco-Shore.
Money (rank): 1982, $46,441 (31); 1983, $78,731 (18); 1984, $69,613 (27);1986, $88,936 (23).
Other achievements: 1980 Trans-National, World Amateur, Eastern Amateur and Mexican Amateur; 1981 North-South, South Atlantic and Harder Hall.

Jody Rosenthal
Height: 5' 6".
Birth: Oct. 18, 1962, Minneapolis, Minn.
Residence: Edina, Minn.
College: Tulsa Univ.
Turned professional: 1985.
Career earnings: $106,523.
Best 1986 finishes: T2, Un. Va. Bank, MasterCard.
Money (rank): 1986, $106,523 (18).
Other achievements: 1984 British Amateur champion. Named 1986 Rookie of the Year by Golf Digest.

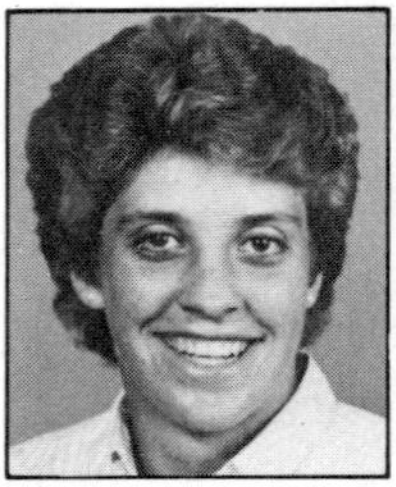

Nancy Rubin
Height: 5'7".
Birth: Jan. 6, 1959, New Kensington, Pa.
Residence: Lower Burrell, Pa.
College: Fla. Int'l.
Turned professional: 1980.
Career earnings: $97,974.
Best 1986 finishes: T8, Mayflower.
Money (rank): 1980, $3,162 (115); 1981, $15,249 (73); 1982, $18,756 (69); 1983, $18,295 (81); 1984, $5,927 (136); 1985, $15,814 (100); 1986, $20,769 (90).
Other achievements: 1980 Doherty, AIAW; 1976 PGA Ntl. Jr., Penn. State Jr.

BIOGRAPHIES

Nancy Scranton
Height: 5'9".
Birth: April 26, 1961, Centralia, Ill.
Residence: Centralia, Ill.
College: Univ. of Kentucky, Florida State.
Turned professional: 1985.
Career earnings: $62,884.
Best 1986 finishes: T3, du Maurier; T11, MasterCard.
Money (rank): 1985, $13,475 (105); 1986, $49,409 (53).
Other achievements: 1983 Illinois State Amateur, 3-time Southern Illinois champion.

Patty Sheehan
Height: 5'4".
Birth: Oct. 27, 1956, Middlebury, Vt.
Residence: Los Gatos, Calif.
College: San Jose State.
Turned professional: 1980.
Career earnings: $1,309,962.
Tour victories (total 17): 1981, Mazda Japan Classic; 1982, Orlando Lady Classic, Safeco Classic, Inamori Classic; 1983, Corning, LPGA Championship, Henredon, Inamori; 1984, Elizabeth Arden, LPGA Championship, McDonald's, Henredon; 1985, Sarasota, J & B; 1986, Sarasota, Inamori, San Jose.
Best 1986 finishes: See 1986 above, plus 2, LPGA Ch.
Money (rank): 1980, $17,139 (63); 1981, $118,463 (11); 1982, $225,022 (4); 1983, $250,399 (2); 1984, $255,185 (2); 1985, $227,908 (5); 1986, $214,281 (7).
Other achievements: 1975-78 Nevada State Amateur, 1978-79 California State Amateur, 1980 AIAW National.

Kim Shipman
Height: 5'10".
Birth: Aug. 19, 1962, Sayre, Pa.
Residence: Dallas, Tex.
College: Arizona State.
Turned professional: 1984.
Career earnings: $62,355.
Best 1986 finishes: T7, Keystone; T22, Rochester.
Money (rank): 1985, $33,390 (69); 1986, $28,455 (73).
Other achievements: Won 1980 Junior World, Future Legends.

Valerie Skinner
Height: 5'6"
Birth: Oct. 16, 1960, Hamilton, Mont.
Residence: North Platte, Neb.
College: Oklahoma State Univ.
Turned professional: 1983.
Career earnings: $350,056.
Tour victories: 1985, San Jose; 1986, Mazda Cl.
Best 1986 finishes: 1, Mazda Cl.; 2, Nabisco-Shore; T5, Inamori, Boston Five.
Money (rank): 1983, $29,486 (57); 1984, $23,021 (79); 1985, $132,307; 1986, $165,243 (11).
Other achievements: Winner of 1974 and 1978 Nebraska State Junior, 1980 Nebraska State Match Play. Member of 1981 and 1982 AIAW All Regional Team. 1982 NCAA All-American. 1980 and 1982 Big Eight Champion.

Beth Solomon
Height: 5'5".
Birth: Oct. 29, 1952, Middletown, Ind.
Residence: Middletown, Ind.
College: Furman Univ.
Turned professional: 1975.
Career earnings: $327,625.
Tour victories: 1980, Birmingham Classic.
Best 1986 finishes: 6, Atlantic City; T19, Corning.
Money (rank): 1975, $1,914 (76); 1976, $6,952 (65); 1977, $20,239 (35); 1978, $18,024 (44); 1979, $18,267 (58); 1980, $51,352 (22); 1981, $34,449 (44); 1982, $25,610 (60); 1983, $23,980 (71); 1984, $24,541 (78); 1985, $75,332 (26); 1986, $26,960 (76).
Other achievements: 1970 Indiana State Amateur.

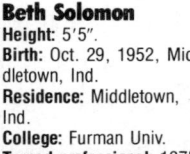

Muffin Spencer-Devlin
Height: 5'10".
Birth: Oct. 25, 1953, Piqua, Ohio.
Residence: Boynton Beach, Fla.
College: Rollins College.
Turned professional: 1977.
Career earnings: $388,416.
Tour victories: 1985, MasterCard; 1986, United Va. Bank.
Best 1986 finishes: 1, Un. Va. Bank; 2, Eliz. Arden; 5, LPGA Ch.
Money (rank): 1979, $2,527 (112); 1980, $7,904 (92); 1981, $13,501 (79); 1982, $26,066 (59); 1983,

BIOGRAPHIES

$27,686 (63); 1984, $73,324 (23); 1985, $133,372 (12); 1986, $104,434 (20).

Hollis Stacy
Height: 5'5".
Birth: March 16, 1954, Savannah, Ga.
Residence: Hilton Head, S.C.
College: Rollins College.
Turned professional: 1974.
Career earnings: $1,151,766.
Tour victories (total 17): 1977, Rail Charity, Lady Tara Classic, U.S. Women's Open; 1978, U.S. Women's Open, Birmingham Classic; 1979, Mayflower Classic; 1980, CPC International; 1981, West Virginia LPGA Classic, Inamori Classic; 1982, Whirlpool Championship of Deer Creek, S&H Golf Classic, West Virginia LPGA Classic; 1983, S&H, CPC, Peter Jackson; 1984, U.S. Open; 1985 Mazda Cl.
Best 1986 finishes: 2, Safeco; T3, Mazda Cl.; T4, Eliz. Arden.
Money (rank): 1974, $5,071 (60); 1975, $14,409 (33); 1976, $34,842 (16); 1977, $89,155 (5); 1978, $95,800 (6); 1979, $81,265 (11); 1980, $89,913 (11); 1981, $138,908 (9); 1982, $161,379 (8); 1983, $149,036 (9); 1984, $87,106 (17); 1985, $100,592; 1986, $104,286 (19).
Other achievements: 1969-71 USGA Junior Girls, 1970 North-South Amateur; 1984 Nichirei Cup.

Jan Stephenson
Height: 5'5".
Birth: Dec. 22, 1951, Sydney Australia.
Residence: Fort Worth, Tex.
Family: Husband, Eddie Vossler.
College: Hales Secretarial School.
Turned professional: 1973.
Career earnings: $1,265,443
Tour victories (total 13): 1976, Sarah Coventry-Naples Classic, Birmingham Classic; 1978, Women's International; 1980, Sun City Classic; 1981, Peter Jackson Classic, Mary Kay Classic, United Virginia Bank Classic; 1982, LPGA Championship, Lady Keystone; 1983, Tucson, Keystone, U.S. Open; 1985, GNA Classic.
Best 1986 finishes: T2, Mayflower; 3, Safeco.
Money (rank): 1974, $16,270 (28); 1975, $20,066 (21); 1976, $64,827 (8); 1977, $65,820 (11); 1978, $66,033 (13); 1979, $69,519 (15); 1980, $41,318 (34); 1981, $180,528 (5); 1982, $133,212 (10); 1983, $193,364 (4); 1984, $101,215 (14); 1985, $148,029 (10); 1986, $165,238 (12).
Other achievements: 1969-72 NSW Junior.

Denise Strebig
Height: 5'7".
Birth: June 15, 1960, San Bernardino, Calif.
Residence: San Bernardino, Calif.
College: Univ. of Southern California.
Turned professional: 1983.
Career earnings: $119,929.
Best 1986 finishes: 12, Ping; T18, McDonald's, S & H.
Money (rank): 1983, $10,411 (105); 1984, $32,822 (63); 1985, $47,277 (49); 1986, $29,418 (71).
Other achievements: 1977 Southern California Junior.

Barb Thomas
Height: 5'5".
Birth: Jan. 22, 1961, Sibley, Iowa.
Residence: Sibley, Iowa.
College: Tulsa Univ.
Turned professional: 1983.
Career earnings: $102,213.
Best 1986 finishes: T2, Un. Va. Bank; 5, Mazda Cl.
Money (rank): 1984, $19,689 (90); 1985, $38,285 (59); 1986, $44,239 (56).
Other achievements: 1978, 1979 Iowa State Junior; 1980 All-American.

Sherri Turner
Height: 5'8".
Birth: Oct. 4, 1956, Greenville, S.C.
Residence: Greenville, S.C.
College: Furman.
Turned professional: 1983.
Career earnings: $165,978.
Best 1986 finishes: T4, Keystone; T8, du Maurier; T9, Henredon.
Money (rank): 1984, $52,644 (38); 1985, $56,561 (38); 1986, $56,773 (41).

BIOGRAPHIES

Colleen Walker 
Height: 5'5".
Birth: Aug. 16, 1956, Jacksonville, Fla.
Residence: Hialeah, Fla.
College: Florida State Univ.
Turned professional: 1981.
Career earnings: $151,680.
Best 1986 finishes: T2, Ping; T8, Konica, Boston Five.
Money (rank): 1982, $5,393 (115); 1983, $6,708 (122); 1984, $22,265 (82); 1985, $43,999 (52); 1986, $73,314 (31).

Robin Walton 
Height: 5'7".
Birth: Jan. 7, 1956, Boise, Idaho.
Residence: Clarkson, Wash.
College: Univ. of Washington.
Turned professional: 1978.
Career earnings: $181,832.
Best 1986 finishes: T3, Henredon; T9, Corning.
Money (rank): 1979, $402 (129); 1980, $6,281 (102); 1981, $8,447 (104); 1982, $12,230 (87); 1983, $14,507 (92); 1984, $49,297 (44); 1985, $35,947 (63); 1986, $52,784 (49).

Jo Ann Washam 
Height: 5'3".
Birth: May 24, 1950, Auburn, Wash.
Residence: Deerfield Beach, Fla.
College: Washington State Univ.
Turned professional: 1973.
Career earnings: $613,896.
Tour victories (total 3): 1975, Patty Berg Classic, Portland Classic; 1979, Rail Charity Classic.
Best 1986 finishes: T11, Keystone; 12, Rail.
Money (rank): 1973, $5,579 (53); 1974, $14,191 (32); 1975, $30,950 (12); 1976, $15,648 (36); 1977, $26,082 (27); 1978, $45,407 (16); 1979, $77,303 (12); 1980, $107,063 (9); 1981, $33,900 (45); 1982, $58,460 (25); 1983, $71,284 (21); 1984, $69,987 (26); 1985, $35,312 (66); 1986, $22,716 (84).

Kathy Whitworth 
Height: 5'9".
Birth: Sept. 27, 1939, Monahans, Tex.
Residence: Roanoke, Tex.
Turned professional: 1958.
Career earnings: $1,666,762.
Tour victories (total 88): 1962, Phoenix Thunderbird Open, Kelly Girl Open; 1963, Carvel Open, Wolverine Open, Milwaukee JayCee Open, Ogden Open, Spokane Open, Hillside Open, San Antonio Civitan Open, Gulf Coast Invitational; 1964, San Antonio Civitan Open; 1965, St.Petersburg Invitational, Shreveport Kiwanis Club Invitational, Bluegrass Invitational, Midwest Open, Yankee Open, Buckeye Savings Invitational, Mickey Wright Invitational, Titleholders Championship; 1966, Tall City Open, Clayton Federal Invitational, Milwaukee Open, Supertest Invitational, Lady Carling (Sutton), Lady Carling (Baltimore), Las Cruces Open, Amarillo Open, Titleholders Championship; 1967, Venice Open, Raleigh Invitational, St. Louis Invitational, LPGA Championship, Lady Carling (Columbus), Western Open, Los Angeles Open, Alamo Open; 1968 Orange Blossom Classic, Dallas Civitan, Baltimore Lady Carling, Gino Paoli Open, Holiday Inn Classic, Kings River Classic, River Plantation Classic, Canyon Classic, Pensacola Invitational, Louise Suggs Invitational; 1969, Orange Blossom Classic, Port Charlotte Invitational, Port Malabar Invitational, Lady Carling (Atlanta), Patty Berg Classic, Wendell West Open, River Plantation Open; 1970, Orange Blossom Classic, Quality Chek'd Classic; 1971, Raleigh Classic, Suzuki Internationale, Lady Carling, Eve-LPGA Championship, *LPGA Four-Ball Championship; 1972, Alamo Open, Raleigh Classic, Knoxville Open, Southgate Open, Portland Open; 1973, Naples-Lely Classic, S&H Green Stamp Classic, Dallas Civitan, Southgate Open, Portland Open, Waco Tribune Herald Classic, Lady Errol Classic; 1974, Orange Blossom Classic; 1975, *Colgate Triple Crown, Baltimore Championship, Southgate Open; 1976, Bent Tree Classic, Patty Berg Classic; 1977, Colgate-Dinah Shore Winners Circle, American Defender Classic, Coca-Cola Classic; 1978, National Jewish Hospital Open, *Ping Classic; 1980, *Portland Ping Team Championship; 1981, Coca-Cola Classic, *Portland Ping Team Championship; 1982, CPC International, Lady Michelob; 1983, Kemper; 1984, Rochester, Safeco, Irish Open; 1985, UVB Cl. *Unofficial.
Best 1986 finishes: T5, Un. Va. Bank; T6, Henredon; 7, Mayflower.
Money (rank): 1959, $1,217; 1960, $4,901; 1961, $6,853; 1962, $17,044; 1963, $26,858 (2); 1964, $20,434 (3); 1965, $28,658 (1); 1966, $33,517 (1); 1967, $32,937 (1); 1968, $48,379 (1); 1969, $48,171 (2); 1970, $30,235 (1); 1971, $41,181 (1); 1972, $65,063 (1); 1973, $82,864 (1); 1974, $52,064 (6); 1975, $34,422 (9); 1976, $62,013 (9); 1977, $108,540 (3); 1978, $67,855 (12); 1979, $36,246 (30); 1980, $48,392 (24); 1981, $134,937 (10); 1982, $136,698 (9); 1983, $191,492 (5); 1984, $146,401 (8); 1985,

BIOGRAPHIES

$95,605 (21); 1986, $54,774 (46).

Lisa Young
Height: 5'6".
Birth: Jan. 9, 1960, Prince Rupert, B.C., Canada.
Residence: Prince Rupert, B.C.
College: Florida State.
Turned professional: 1983.
Career earnings: $123,059.
Best 1986 finishes: T4, Arden, Keystone; T8, Hall of Fame.
Money (rank): 1984, $37,568 (56); 1985, $32,080 (70); 1986, $53,411 (48).
Other achievements: 1977 British Columbia Junior; 1979, 1980, 1981 British Columbia Amateur. 1980, 1981 All-American.

Mary Beth Zimmerman
Height: 5'4".
Birth: Dec. 11, 1960, Mt. Vernon, Ill.
Residence: Hillsboro, Ill.
College: Florida International Univ.
Turned professional: 1983.
Career earnings: $347,705.
Tour victories: Standard Register Samaritan, Uniden Inv.
Best 1986 finishes: 1, Samaritan, Uniden; 2, McDonald's; T2, Mazda Japan; 3, Nabisco-Shore.
Money (rank): 1983, $3,239 (141); 1984, $34,306 (59); 1985, $89,088 (22); 1986, $221,072 (6).
Other achievements: 1980 Broadmoor; 1983 Florida State Collegiate; 1983 All-American.

BIOGRAPHIES

World Golf Hall of Fame, Pinehurst, N.C.

BIOGRAPHIES
PGA Hall of Fame

There are three major Halls of Fame in golf; those administered by the PGA of America, the Ladies PGA and the World Golf Hall of Fame. Members of these groups are herewith listed, along with the criteria for election to and the locations of the halls.

Location: Palm Beach Gardens, Florida and World Golf Hall of Fame, Pinehurst, N.C.

Eligibility: Overall contributions to golf, including non-players; at least age 50. Since 1981, nominees based on playing ability must have won at least two majors. Election by one-third or more vote of Selection Committee which is made up of officials of key golf associations, editors and Hall of Fame members. (Date in parentheses denotes year of election.)

Willie Anderson (1940)
1878-North Berwick, Scotland. Oct. 26, 1938, Scotland. Emigrant to the United States became the first to win four U.S. Open championships (1901, 1903, 1904, 1905.)

Tommy Armour (1940)
Sept. 24, 1896, Edinburgh, Scotland-Sept. 12, 1968, Larchmont, N.Y. Won 1927 U.S. Open, 1931 British Open, 1930 PGA Championship. Became highly respected teacher after tournament career came to an end.

Jim Barnes (1940)
April 8, 1886, Cornish, England-May 26, 1966. Won 1916, 1919 PGA Championship; 1921 U.S. Open, 1925 British Open.

Patty Berg (1978)
See LPGA Hall of Fame for details.

Julius Boros (1974)
March 3, 1920, Fairfield, Conn. Won 18 PGA Tour events, including 1952, 1963 U.S. Open, 1968 PGA Championship. Member, Ryder Cup team 1959, 1963, 1965, 1967. PGA Player of Year, 1952, 1963. Career PGA Tour earnings, $1,004,861.

Mike Brady (1960)
April 15, 1887 Brighton, Mass.-Dec. 3, 1972, Alunedia, Florida. Runner-up, 1911, 1919 U.S. Open.

Billy Burke (1966)
Dec. 14, 1902, Naugatuck, Conn.-April 19, 1972, Clearwater, Fla. Won 1931 U.S. Open, four other tour events. Member, Ryder Cup team 1931, 1933. PGA Championship semi-finalist once, quarter-finalist three times.

Jack Burke Jr. (1975)
Jan. 29, 1923, Fort Worth, Texas. Won 15 PGA Tour events, including 1956 Masters, PGA Championship. Member, Ryder Cup team 1951, 1953, 1955, 1957, 1959 (captain); non-playing captain, 1973. PGA Player of Year, 1956.

Billy Casper (1982)
See Senior Professionals for details.

Harry Cooper (1959)
Aug. 6, 1904, England. Won 1932, 1937 Canadian Open; runner-up, 1927, 1936 U.S. Open; 1936 Masters.

Bobby Cruickshank (1967)
Nov. 16, 1894, Grantown-on-Spey, Scotland-Aug. 27, 1975, Delray Beach, Florida. Won 20 tour events 1921-

Willie Anderson

Tommy Armour

Jim Barnes

Julius Boros

Bobby Cruickshank

Jimmy Demaret

Robert De Vicenzo

Leo Diegel

BIOGRAPHIES

1935. Semi-finalist in 1922, 1923 PGA Championship, second in 1923, 1932 U.S. Open; leading money-winner, 1927.

Jimmy Demaret (1960)
May 24, 1910, Houston, Tex.-Dec. 28, 1983, Houston, Tex. Won 31 PGA Tour events 1935-1957; first to win three Masters (1940, 1947, 1950). Member, Ryder Cup team, 1947, 1951. Leading money-winner, 1947 ($27,936).

Robert De Vicenzo (1979)
April 14, 1923, Buenos Aires, Argentina. Won 9 PGA Tour events, 1951-1968. Also won some 230 tournaments, around the world, including 1967 British Open. Career PGA Tour earnings, $188,292.

Leo Diegel (1955)
April 27, 1899, Detroit, Mich.-May 5, 1951 Detroit, Michigan. Won 11 events, 1928-1934, including 1928, 1929 PGA Championship. Member, Ryder Cup team, 1927, 1929, 1931.

Ed Dudley (1964)
Feb. 19, 1901, Brunswick, Ga.-Oct. 25, 1963, Philadelphia, Pa. Won 13 events 1929-1939. Member, Ryder Cup team, 1929, 1933, 1937; honorary captain, 1949. Seven times quarter finalist in PGA Championship.

Olin Dutra (1962)
Jan. 17, 1901, Monteray, Calif.-May 5, 1983, Newman, CA. Won 19 events, including 1934 U.S. Open, 1928-1940. Member, Ryder Cup team, 1933, 1935.

Chick Evans (1940)
July 18, 1890, Indianapolis, Ind.-Nov. 6, 1979, Chicago, Ill. Amateur. First to win U.S. Open, U.S. Amateur same year (1916); also won 1920 U.S. Amateur, runner-up in 1912, 1922, 1927 U.S. Amateur. Played in 50 consecutive U.S. Amateurs. Member, Walker Cup team, 1922, 1924, 1928.

Johnny Farrell (1961)
April 1, 1901, White Plains, N.Y. Won 22 events 1922-1936 (8 in 1927), including 1928 U.S. Open. Member, Ryder Cup team, 1927, 1929, 1931. PGA Championship finalist, 1929.

Doug Ford (1975)
Aug. 6, 1922, West Haven, Conn. Won 19 PGA Tour events 1952-1963, including 1955 PGA Championship, 1956 Masters. Member, Ryder Cup team, 1955, 1957, 1959, 1961. PGA Player of Year, 1955. Career PGA Tour earnings, $414,663.

Vic Ghezzi (1965)
Oct. 19, 1912, Rumson, N.J.-May 30, 1976, Miami. Won 15 events 1935-1948, including 1941 PGA Championship. Member, Ryder Cup team, 1939, 1941.

Mike Brady

Jack Burke Jr.

Billy Burke

Harry Cooper

Ed Dudley

Olin Dutra

Chick Evans

Johnny Farrell

PGA HALL OF FAME: Anderson-Ghezzi

BIOGRAPHIES

Ralph Guldahl (1963)
Nov. 22, 1911, Dallas, Texas. Won 14 events 1932-1941, including 1937, 1938 U.S. Open, 1939 Masters, 1936, 1937, 1938 Western Open. Member 1937 Ryder Cup team.

Walter Hagen (1940)
Dec. 21, 1892, Rochester, N.Y.-Oct. 6, 1969, Traverse City, Michigan. Won five PGA Championships, including four record consecutive (1921, then 1924, 1925, 1926, 1927); 1914, 1919 U.S. Open; 1922, 1924, 1928, 1929 British Open.

Chick Harbert (1968)
Feb. 20, 1915, Dayton, Ohio. Won 1954 PGA Championship, second in 1947, 1952 PGA; won total of 9 events 1941-1958. Member, Ryder Cup team, 1949, 1955 (captain).

Chandler Harper (1969)
March 10, 1914, Portsmouth, Va. Won 20 events, including 1950 PGA Championship and Virginia Open 10 times; also 1968 PGA Senior. Member, Ryder Cup team, 1955.

E.J. (Dutch) Harrison (1962)
March 29, 1910, Conway, Ark.-June 19, 1982, St. Louis, Mo. Won 15 events 1937-1958, including 1949 Canadian Open. Member, Ryder Cup team, 1947, 1949, 1951.

Ben Hogan (1953)
Aug. 13, 1912, Dublin, Tex. Won 62 PGA Tour events 1938-1951 (12 in 1946), including record-tieing four U.S. Opens (1948, 1950, 1951, 1953); 1946, 1948 PGA Championship; 1951-1953 Masters; and 1953 British Open. PGA Player of Year, 1948, 1950, 1951, 1953. Leading money-winner, 1940, 1941, 1942, 1946, 1948. Leading scorer (Vardon Trophy), 1940, 1941, 1948. Member, Ryder Cup team, 1947, 1949 (captain both years).

Jock Hutchison (1959)
June 6, 1884, St. Andrews, Scotland-Sept. 28, 1977, Chicago. Won 1920 PGA Championship, 1921 British Open; runner-up in 1916 PGA, 1920 U.S. Open.

Robert Tyre (Bobby) Jones (1940)
March 17, 1902, Atlanta, Ga.-Dec. 18, 1971, Atlanta, Ga. Amateur. Won 13 major U.S. championships, including record-tieing four U.S. Opens (1923, 1926, 1929, 1930); 1924, 1925, 1927, 1928, 1930 (a record 5) U.S. Amateur; 1926, 1927, 1930 British Open; 1930 British Amateur. In 1930 won the Grand Slam, the Open and Amateur championships of the U.S. and Great Britain, the first and only time this has been achieved. Member, Walker Cup team, 1922, 1923, 1924, 1926, 1928, 1930. Founded Masters Tournament in Augusta, Ga. 1934.

Lawson Little (1961)
June 23, 1910, Ft. Adams, Newport, R.I.-Feb. 1, 1968. As an amateur, won both the U.S. and British Amateurs in

BIOGRAPHIES

both 1934 and 1935, a feat unmatched in golf history. As a professional, won 8 events (1936-1948), including the 1936 Canadian Open and the 1940 U.S. Open.

Gene Littler (1982)
See Senior PGA Tour biographies for details.

Lloyd Magrum (1964)
Aug. 1, 1914, Trenton, Tex.-Nov. 17, 1973, Apple Valley, Calif. Won 34 PGA Tour events, 1940-1956, including 1946 U.S. Open. Leading money-winner 1951; scorer (Vardon Trophy), 1951, 1953. Member, 1943, 1947, 1949, 1953 Ryder Cup teams, non-playing captain 1955.

John McDermott (1940)
Aug. 12, 1891-Aug. 1, 1971, Yeardon, Pa. First American-born U.S. Open winner (1911); also won 1912 U.S. Open; runner-up in 1910 U.S. Open.

Fred McLeod (1960)
April 25, 1882, Scotland-May 5, 1976, United States. Won 1908 U.S. Open, runner-up in 1921 U.S. Open; runner-up, 1919 PGA Championship.

Cary Middlecoff (1974)
Jan. 6, 1921, Halls, Tenn. Won 37 PGA Tour events, 1947-1961 (6 in 1951), including 1949, 1956 U.S. Open, 1955 Masters. Member, Ryder Cup team, 1953, 1955, 1959.

Byron Nelson (1953)
Feb. 4, 1912, Fort Worth, Tex. Won 53 PGA Tour events 1935-1946, including 1939 U.S. Open; 1940, 1945 PGA Championship; 1937, 1942 Masters. Won record 19 events, including record 11 consecutive, in 1945. Leading money-winner, 1944, 1945; scorer (Vardon Trophy), 1939. Member, Ryder Cup team, 1937, 1947.

Francis Ouimet (1940)
May 8, 1893, Brookline, Mass.-Sept. 2, 1967, Amateur. Won 1913 U.S. Open; 1914, 1931 U.S. Amateur. Member, Walker Cup team, 1922, 1923, 1924, 1926, 1928, 1930, 1932, 1934; non-playing captain 1936-1938, 1947, 1949.

Arnold Palmer (1980)
See Senior PGA Tour biographies for details.

Henry Picard (1961)
Nov. 28, 1907, Plymouth, Mass. Won 32 events 1925-1941, including 1938 Masters, 1939 PGA Championship. Leading money-winner, 1939. Member, Ryder Cup teams, 1935, 1937, 1939, 1941.

BIOGRAPHIES

Johnny Revolta (1963)
April 5, 1911, St. Louis, Mo. Won 27 events, 1930-1947, including 1935 PGA Championship. Leading money-winner, 1935. Member, Ryder Cup team, 1935, 1937.

Paul Runyan (1959)
July 12, 1908, Hot Springs, Ark. Won 23 events, (15 official PGA Tour titles), 1929-1941, including 1933, 1938 PGA Championship. Leading money-winner, 1934. Member, Ryder Cup team, 1933, 1939, 1941. Low scorer ,1935.

Gene Sarazen (1940)
Feb. 27, 1902, Harrison, N.Y. Won 1922, 1932 U.S. Open; 1922, 1923, 1933 PGA Championship; 1932 British Open; 1935 Masters; 1954, 1958 PGA Seniors; 1936 Australian Open. Also won 15 other tournaments, 1922-1941. Leading money-winner, 1930. Member, Ryder Cup team, 1927, 1929, 1931, 1933, 1935, 1937.

Denny Shute (1957)
Oct. 25, 1904,-May 13, 1974, Akron, Ohio. Won 1936, 1937 PGA Championship, 1933 British Open; lost in playoff for 1939 U.S. Open. Member, Ryder Cup team, 1931, 1933, 1937.

Alex Smith (1940)
1880, Carnoustie, Scotland-April 20, 1931, Carnoustie, Scotland. Won 1906, 1910 U.S. Open, runner-up in 1898, 1901, 1905.

Horton Smith (1958)
May 22, 1908, Springfield, Mo. Oct. 15, 1963, Detroit, Mi. Won 31 events 1929-1940, including 1936 Masters. Leading money-winner, 1936. Member, Ryder Cup team, 1929, 1931, 1933, 1935, 1937, 1939, 1941, 1943.

Macdonald Smith (1954)
March 18, 1890-Nov. 3, 1949, Carnoustie, Scotland. Runner-up in 1910, 1930 U.S. Open, 1930 British Open, 1932. Won 1926 Canadian Open.

Sam Snead (1953)
May 27, 1912, Hot Springs, Va. Won 84 PGA Tour events, 1937-1965, including 1949, 1952, 1954 Masters, 1942, 1949, 1951 PGA Championship; also, 1946 British Open. Credited with 135 total victories, including regional events. Leading money-winner, 1938, 1949, 1950. Leading scorer (Vardon Trophy), 1938, 1949, 1950, 1955. Member, Ryder Cup team, 1937, 1947, 1949, 1951 (captain), 1953, 1955, 1959 (captain), 1969 (non-playing captain). PGA Player of Year, 1949. Career PGA Tour earnings, $620,125. Oldest Tour winner (52 at 1965 Greensboro Open); first Tour player to shoot age (at age 66 shot 67, 66 in 1979 Quad Cities Open).

Jerry Travers (1940)
May 19, 1887, Oyster Bay, L.I., N.Y.-March 30, 1951, East Hartford, Ct. Amateur. Won 1915 U.S. Open; 1907, 1908, 1912, 1913 U.S. Amateur.

Francis Ouimet

Henry Picard

Johnny Revolta

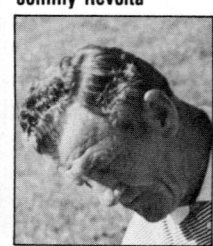

Paul Runyan

Macdonald Smith

Alex Smith

Jerry Travers

Walter Travis

BIOGRAPHIES

Walter Travis (1940)
1862, Victoria-Australia-1927, New York. Amateur. Won 1900, 1901, 1903 U.S. Amateur; semi-finalist five times; won 1904 British Amateur (first American winner).

Craig Wood (1956)
Nov. 18, 1901, Lake Placid, N.Y.-May 8, 1968, Palm Beach, FL. Won 1941 U.S. Open, 1941 Masters, 1942 Canadian Open. Runner-up in 1939, 1941 U.S. Open, 1933 British Open. Member, Ryder Cup team, 1931, 1933, 1935.

Babe Zaharias (1976)
See LPGA Hall of Fame for details.

LPGA Hall of Fame
Location: Sweetwater C.C., Sugar Land, Texas.
Eligibility: Member of LPGA for 10 consecutive years; must have won 30 official tour events including at least two majors*, or 35 events including one major, or 40 events. Dates in parentheses indicate year of election to Hall of Fame.
*U.S. Women's Open, LPGA Championship, du Maurier Classic (since 1979), Nabisco Dinah Shore (since 1983).

Patty Berg (1951)*
Feb. 13, 1918, Minneapolis, Minn. Won 1938 U.S. Women's Amateur. Turned professional in 1940. Won six events in 1948-1949 Women's PGA (LPGA's predecessor), also 1946 U.S. Women's Open. Won 41 LPGA events 1948-1961. Career earnings, $190,760.

JoAnne Carner (1982)
See LPGA biographies for details.

Sandra Haynie (1977)
June 4, 1943, Fort Worth, Texas. Won 1957, 1958 Texas Amateur, 1960 Trans-Miss. Turned professional in 1961. Won 42 LPGA events 1962-1982, including 1974 U.S. Women's Open, LPGA Championship, 1982 Peter Jackson (now du Maurier). Leading money-winner five times; career earnings, $990,970.

Betty Jameson (1951)*
May 19, 1919, Norman, Okla. Won 1939, 1940 U.S. Amateur. Turned professional in 1945. Won 10 LPGA events, 1947-1955, including 1947 U.S. Women's Open. Career earnings, $91,470.

Gene Sarazen

Denny Shute

Patty Berg

JoAnne Carner

Craig Wood

Horton Smith

Sandra Haynie

Betty Jameson

BIOGRAPHIES

Carol Mann (1977)
February 3, 1941, Buffalo, N.Y. Won 1958 Western and Chicago Juniors, 1960 Chicago Amateur. Won 38 LPGA events 1964-1975, including 1965 U.S. Women's Open. Career earnings, $506,666.

Betsy Rawls (1960)
May 4, 1928, Spartanburg, S.C. Won 1949, 1950 Texas Amateur, 1949 Trans National. Turned professional in 1951. Won 55 LPGA events 1951-1972, including 1951, 1953, 1957, 1960 U.S. Women's Open, 1959, 1969 LPGA Championship. Career earnings, $302,664.

Louise Suggs (1951)*
Sept. 7, 1923, Atlanta, Georgia. Won 1947 U.S. Women's Amateur, three North and South Amateurs, also Western Open (as amateur), Southern Amateur. Turned professional in 1949. Won 50 LPGA events 1949-1962, including 1949, 1952 U.S. Women's Open, 1957 LPGA Championship. Career earnings,$190, 475.

Kathy Whitworth (1975)
See LPGA profiles for details.

Mickey Wright (1964)
Feb. 14, 1935, San Diego, Calif. Won 1952 USGA Girls' Junior. Turned professional in 1956. Won 82 LPGA events 1956-1973, including 1958, 1959, 1961, 1964 U.S. Women's Open, 1958, 1960, 1961, 1963 LPGA Championship; won a record 13 tournaments in 1963; leading money-winner four times, leading tournament winner six times, leading scorer (Vare Trophy) five times. Career earnings, $368,770.

Babe Zaharias (1951)*
June 26, 1914, Port Arthur, Texas-September 27, 1956, Galveston, Texas. Won 1946, 1947 U.S. Women Amateur, also 17 amateur events in succession during those years. Turned professional in 1948. Won 31 LPGA events 1948-1955, including the 1948, 1950, 1954 U.S. Women's Open. Career earnings, $66,237.

*Berg, Jameson, Suggs and Zaharias were elected to Hall of Fame prior to current eligibility standards.

Carol Mann

Betsy Rawls

Louise Suggs

Kathy Whitworth

Mickey Wright

Babe Zaharias

BIOGRAPHIES

World Golf Hall of Fame

Location: Pinehurst, N.C.
Eligibility: Based on playing ability, service to golf; modern era nominees elected by vote of Golf Writers Association of America; pre-modern and distinguished service categories elected by vote of special committees. (Date in parentheses denotes year of election)

Willie Anderson (1975)
See PGA Hall of Fame for details.

Tommy Armour (1976)
See PGA Hall of Fame for details.

John Ball, Jr. (1977)
Dec. 24, 1861, Liverpool, England-1940, Wales. Amateur. Won 1890, 1899, 1907, 1910, 1912 British Open, 1888, 1890, 1892, 1894 British Amateur, 1893, 1894 Irish Open Amateur.

Patty Berg
See LPGA Hall of Fame for details.

Julius Boros (1982)
See PGA Hall of Fame for details.

James Braid (1976)
Feb. 6, 1870, Ellie, Scotland-Nov. 27, 1950, London, England. First to win five British Opens (1901, 1905, 1906, 1908, 1910); also won 1903, 1905, 1907, 1911 British PGA, 1910 French Open.

JoAnne Carner (1985)
See LPGA Hall of Fame for details.

Billy Casper (1978)
See Senior PGA Tour biographies for details.

Fred Corcoran (1975)
April 4, 1905, Cambridge, Mass.-Aug. 8, 1982. Long-time golf administrator; helped found Ladies PGA in 1950; managed Sam Snead, tour coordinator for PGA.

Thomas Henry Cotton (1980)
Jan. 26, 1907, Cheshire, England. Won 1934, 1937, 1948 British Open; 1930, 1934, 1938 Belgian Open; 1946, 1947 French Open; 1937, 1938, 1939 German Open; 1936 Italian Open; 1937, 1938 Czechoslovakian Open; 1932, 1940, 1946 British PGA. Member, Ryder Cup team, 1929, 1937, 1947 (captain), 1953 (non-playing captain).

Bing Crosby (1978)
May 2, 1904, Tacoma, Wash.-Oct. 14, 1977, Madrid, Spain. Renowned singer, movie and television personality; founded first prominent "Pro-Am," prototype of today's pro-ams on PGA Tour, the Bing Crosby National Pro-Am played first at Rancho Santa Fe, Calif., and later (until 1984) at Pebble Beach, Calif. Once a 2-handicap, Crosby qualified for the 1950 British Amateur.

Jimmy Demaret (1983)
See PGA Hall of Fame for details.

John Ball, Jr.

James Braid

Fred Corcoran

Thomas Henry Cotton

Bing Crosby

Joseph C. Dey, Jr.

Herb Graffis

Harold H. Hilton

397

BIOGRAPHIES

Joseph C. Dey, Jr. (1975)
Nov. 17, 1905, Norfolk, Va. Longtime executive director for the United States Golf Association, later PGA Tour Commisioner. Leading rules author and golf administrator.

Chick Evans (1975)
See PGA Hall of Fame for details.

Herb Graffis (1977)
May 31, 1893, Logansport, Ind. With his late brother, Joe Graffis, founded National Golf Foundation; respected golf author, editor, publisher.

Ralph Guldahl (1981)
See PGA Hall of Fame for details.

Walter Hagen (1974)
See PGA Hall of Fame for details.

Harold H. Hilton (1978)
Jan. 12, 1869, West Kirby, Cheshire, England-March 5, 1942. Amateur. Won 1892, 1897, British Open; 1900, 1901, 1911, 1913 British Amateur; 1911 U.S. Amateur.

Ben Hogan (1974)
See PGA Hall of Fame for details.

Bob Hope (1983)
May 29, 1903, Eltham, England. Radio, television, stage, movie entertainer/humorist. Longtime golf promoter, enthusiast, founder Bob Hope Desert Classic on PGA Tour in 1960.

Dorothy Campbell Hurd Howe (1978)
1883, Edinburgh, Scotland-1946, United States. Only woman to have won U.S., British and Canadian Amateurs; 1909, 1910, 1924 U.S.; 1909, 1911 British; 1910, 1911, 1912, Canadian. Also won 1905, 1906, 1903 Scottish Amateur.

Robert Tyre (Bobby) Jones (1974)
See PGA Hall of Fame for details.

Lawson Little Jr. (1980)
See PGA Hall of Fame for details.

Arthur D'Arcy (Bobby) Locke (1977)
Nov. 20, 1917, Germiston, Transvaal, South Africa. Won 1949, 1950, 1952, 1957 British Open; open championships in South Africa (8 times); New Zealand (1938), Canada (1947), French (1952, 1953), Germany (1954), Switzerland (1954), Egypt (1954); 11 events on PGA Tour, 5 in 1947), 1947-1950.

Cary Middlecoff (1986)
See PGA Hall of Fame for details.

Tom Morris Jr. (1975)
1851, St. Andrews, Scotland-Dec. 25, 1875, St. Andrews. Scotland. Won 1868, 1869, 1870, 1872 British Open.

Tom Morris Sr. (1976)
June 16, 1821, St. Andrews, Scotland-1908, St. Andrews, Scotland. Father of Tom Morris Jr. Played a prominent part in golf from 1850 to 1875, longtime

Bob Hope | Dorothy Howe | Arthur D'Arcy Locke | Tom Morris Jr.

Tom Morris Sr. | Gary Player | Clifford Roberts  | Donald Ross

BIOGRAPHIES

greenskeeper/professional/shop manager at Prestwick and St. Andrews. Won 1861, 1862, 1864, 1867 British Open.

Byron Nelson (1974)
See PGA Hall of Fame for details.

Jack Nicklaus (1974)
See PGA Tour biographies for details.

Francis Ouimet (1974)
See PGA Hall of Fame for details.

Arnold Palmer (1974)
See Senior PGA Tour biographies for details.

Gary Player (1974)
Nov. 1, 1935, Johannesburg, South Africa. Won 21 PGA Tour events 1958-1978, including 1965 U.S. Open; 1962, 1972 PGA Championship; 1959, 1968, 1974 British Open; 1961, 1974, 1978 Masters; also South African Open (12 times), Australian Open (7 times), South African Masters (10 times), World Match Play (5 times); 1968, 1979 South African PGA; 1972-1974 Brazilian Open; 1980 Chile Open. Third man in history to win modern all four majors (U.S. and British Opens, Masters, PGA).

Clifford Roberts (1978)
March 6, 1894, Louisa County, Iowa-Sept. 29, 1977, Augusta, Ga. New York financier, co-founder of the Masters in 1934 with Bobby Jones; chairman (1971-1976) after Jones' death.

Donald Ross (1977)
1873, Dornoch, Sutherland, Scotland-1948, Pinehurst, N.C. Golf course architect, designer of some 600 courses in the U.S., including Pinehurst No. 2, Seminole, Oak Hill and Inverness.

Gene Sarazen (1974)
See PGA Hall of Fame for details.

Sam Snead (1974)
See PGA Hall of Fame for details.

Louise Suggs (1979)
See LPGA Hall of Fame for details.

John Henry Taylor (1975)
March 19, 1871, North Devon, England-February, 1963, Devonshire, England. Won 1894, 1895, 1900, 1909, 1913 British Open; second or tied for second in five other British Opens. Also won 1904, 1908 British PGA 1907, 1909 French Open, 1912 German Open.

Jerome Travers (1976)
See PGA Hall of Fame for details.

Walter Travis (1979)
See PGA Hall of Fame for details.

Lee Trevino (1981)
See PGA Tour biographies for details.

Glenna Collett Vare (1975)
June 20, 1903, New Haven, Conn.—Won record 6 U.S. Women Amateurs (1922, 1925, 1928, 1929, 1930, 1935), runner-up in 1931, 1932; also won 1923, 1924 Canadian Ladies; North and South 6 times, Eastern Ladies 7 times. Member, Curtis Cup team, 1932, 1936, 1938, 1948 (captain), 1950 (non-playing captain.)

Harry Vardon (1974)
May 9, 1870, Grouville, Isle of Jersey—March 20, 1937, Totteridge, England. Won record 6 British Opens (1896, 1898, 1899, 1903, 1911, 1914); also won 1900 U.S. Open; second in 1913, 1920 U.S. Open.

Joyce Wethered (1975)
Nov. 17, 1901, Great Britain. Won 1922, 1924, 1925, 1929 British Ladies Amateur; 1920 through 1924 English Ladies Amateur. Now Lady Heathcoat Amory.

Kathy Whitworth (1982)
See LPGA Tour biographies for details.

Mickey Wright (1976)
See LPGA Hall of Fame for details.

Babe Zaharias (1974)
See LPGA Hall of Fame for details.

John Henry Taylor

Glenna Collett Vare

Harry Vardon

Joyce Wethered

WORLD GOLF HALL OF FAME: Dey-Zaharias

CHAPTER 13

AWARDS, RECORDS, RARITIES, ODDITIES

Awards: PGA, LPGA, NGF, USGA, GWAA, GCSA	402
Golf Digest Awards	405
National Long Driving Championship	408
Hole-In-One Records	410
1986 Hole-In-One Records by State	411
Double-Eagle Records	416
1986 Double-Eagles	417
Age Shooter Records	424
1986 Age Shooters	425
All-Time Records of All Kinds: Scoring, Birdies, Eagles, Putting, 4-Ball, Chip-Ins, Fastest, Marathon, Misc.	428
Rarities and Oddities	430

AWARDS

PGA PLAYER OF THE YEAR

1948	Ben Hogan	1968	No award
1949	Sam Snead	1969	Orville Moody
1950	Ben Hogan	1970	Billy Casper
1951	Ben Hogan	1971	Lee Trevino
1952	Julius Boros	1972	Jack Nicklaus
1953	Ben Hogan	1973	Jack Nicklaus
1954	Ed Furgol	1974	Johnny Miller
1955	Doug Ford	1975	Jack Nicklaus
1956	Jack Burke	1976	Jack Nicklaus
1957	Dick Mayer	1977	Tom Watson
1958	Dow Finsterwald	1978	Tom Watson
1959	Art Wall	1979	Tom Watson
1960	Arnold Palmer	1980	Tom Watson
1961	Jerry Barber	1981	Bill Rogers
1962	Arnold Palmer	1982	Tom Watson
1963	Julius Boros	1983	Hal Sutton
1964	Ken Venturi	1984	Tom Watson
1965	Dave Marr	1985	Lanny Wadkins
1966	Billy Casper	1986	Bob Tway
1967	Jack Nicklaus		

LPGA PLAYER OF THE YEAR

1966	Kathy Whitworth	1977	Judy Rankin
1967	Kathy Whitworth	1978	Nancy Lopez
1968	Kathy Whitworth	1979	Nancy Lopez
1969	Kathy Whitworth	1980	Beth Daniel
1970	Sandra Haynie	1981	JoAnne Carner
1971	Kathy Whitworth	1982	JoAnne Carner
1972	Kathy Whitworth	1983	Patty Sheehan
1973	Kathy Whitworth	1984	Betsy King
1974	JoAnne Carner	1985	Nancy Lopez
1975	Sandra Palmer	1986	Pat Bradley
1976	Judy Rankin		

GWAA PLAYER OF THE YEAR

(Awarded by Golf Writers Association of America.)

1968	Billy Casper	1979	Tom Watson
			Nancy Lopez
1969	Orville Moody	1980	Tom Watson
1970	Billy Casper		Beth Daniel
1971	Lee Trevino	1981	Tom Kite
1972	Jack Nicklaus		Donna Caponi
	Kathy Whitworth	1982	Tom Watson
1973	Tom Weiskopf		JoAnne Carner
	Kathy Whitworth	1983	Hal Sutton
1974	Johnny Miller		JoAnne Carner
	JoAnne Carner	1984	Tom Watson
1975	Jack Nicklaus		Patty Sheehan
	Sandra Palmer	1985	Curtis Strange
1976	Jack Nicklaus &		Nancy Lopez
	Jerry Pate	1986	Greg Norman
	Judy Rankin		Pat Bradley
1977	Tom Watson		Bruce Crampton
	Judy Rankin		
1978	Tom Watson		
	Nancy Lopez		

RICHARDSON AWARD

(Given annually by Golf Writers Association of America to individual who has made consistently outstanding contributions to golf.)

1948	Robert A. Hudson	1968	Charles Bartlett
1949	Scotty Fessenden	1969	Arnold Palmer
1950	Bing Crosby	1970	Roberto De Vicenzo
1951	Richard Tufts	1971	Lincoln Werden
1952	Chick Evans	1972	Leo Fraser
1953	Bob Hope	1973	Ben Hogan
1954	Babe Zaharias	1974	Byron Nelson
1955	Dwight Eisenhower	1975	Gary Player
1956	George S. May	1976	Herbert W. Wind
1957	Francis Ouimet	1977	Mark Cox
1958	Bob Jones	1978	Jack Nicklaus
1959	Patty Berg	1979	Jim Gaquin
1960	Fred Corcoran	1980	Jack Tuthill
1961	Joseph C. Dey	1981	Robert Trent Jones
1962	Walter Hagen	1982	Chi Chi Rodriguez
1963	Joe & Herb Graffis	1983	William C. Campbell
1964	Cliff Roberts	1984	Sam Snead
1965	Gene Sarazen	1985	Lee Trevino
1966	Robert E. Harlow	1986	Kathy Whitworth
1967	Max Elbin	1987	Frank Hannigan

BEN HOGAN AWARD

(Given annually by Golf Writers Association of America to individual who has continued to be active in golf despite a physical handicap.)

1954	Babe Zaharias	1971	Larry Hinson
1955	Ed Furgol	1972	Ruth Jessen
1956	Dwight Eisenhower	1973	Gene Littler
1957	Clint Russell	1974	Gay Brewer
1958	Dale Bourisseau	1975	Patty Berg
1959	Charlie Boswell	1976	Paul Hahn
1960	Skip Alexander	1977	Des Sullivan
1961	Horton Smith	1978	Dennis Walters
1962	Jimmy Nichols	1979	John Mahaffey
1963	Bobby Nichols	1980	Lee Trevino
1964	Bob Morgan	1981	Kathy Linney
1965	Ernest Jones	1982	Al Geiberger
1966	Ken Venturi	1983	Calvin Peete
1967	Warren Pease	1984	Jay Sigel
1968	Shirley Englehorn	1985	Rod Funseth
1969	Curtis Person	1986	Fuzzy Zoeller
1970	Joe Lazaro	1987	Charles Owen

CHARLIE BARTLETT AWARD

(Given annually by Golf Writers Association of America to a playing professional for unselfish contributions to the betterment of society.)

1971	Billy Casper	1979	No award
1972	Lee Trevino	1980	No award
1973	Gary Player	1981	No award
1974	Chi Chi Rodriguez	1982	Patty Berg
1975	Gene Littler	1983	Gene Sarazen
1976	Arnold Palmer	1984	No award
1977	Lee Elder	1985	No award
1978	Bert Yancey	1986	No award

AWARDS

JOE GRAFFIS AWARD

(Given by National Golf Foundation for contributions to golf education, with emphasis on juniors.)

1970 Ellen Griffin	1979 Conrad Rehling
1971 Barbara Rotvig	1980 Bob Toski
1972 Les Bolstad	1981 Peggy Kirk Bell
1973 No award	1982 Jim Flick
1974 Opal Hill	1983 Carol Johnson
1975 Patty Berg	1984 Paul Runyan
1976 Shirley Spork	1985 No award
1977 Bill Strausbaugh	1986 DeDe Owens
1978 Gary Wiren	

HERB GRAFFIS AWARD

(Given by National Golf Foundation for contributions to golf as a recreation, good fellowship and as a happy pastime.)

1977 Joe Jemsek	1983 Herb Graffis
1978 Arnold Palmer	1984 William H. Davis & Howard R. Gill Jr.
1979 Carol McCue	
1980 Bob Hope	1985 Howard Clark
1981 Patty Berg	1986 Joseph Dey
1982 Jack Nicklaus	

DONALD ROSS AWARD

(Given annually by the American Society of Golf Course Architects for achievements in architecture.)

1976 Robert T. Jones	1982 Geoffrey Cornish
1977 Herbert W. Wind	1983 Alexander M. Radko
1978 Herb/Joe Graffis	1984 Dinah Shore
1979 Joseph C. Dey	1985 Peter Dobereiner
1980 Gerald Micklem	1986 Deane Beman
1981 James Rhodes	1987 Charles Price

Charles Price, winner of 1987 Donald Ross Award.

Tom Watson, winner of 1987 Bob Jones Award.

BOB JONES AWARD

(Given annually by United States Golf Assocation for distinguished sportsmanship in golf.)

1955 Francis D. Ouimet	1971 Arnold Palmer
1956 Bill Campbell	1972 Michael Bonallack
1957 Babe Zaharias	1973 Gene Littler
1958 Margaret Curtis	1974 Byron Nelson
1959 Findlay S. Douglas	1975 Jack Nicklaus
1960 Charles Evans Jr.	1976 Ben Hogan
1961 Joe Carr	1977 Joseph C. Dey
1962 Horton Smith	1978 Hope & Crosby
1963 Patty Berg	1979 Tom Kite
1964 Charles Coe	1980 Charles R. Yates
1965 Mrs. Edwin Vare Jr.	1981 JoAnne Carner
1966 Gary Player	1982 Billy Joe Patton
1967 Richard S. Tufts	1983 Maureen Garrett
1968 Robert Dickson	1984 Jay Sigel
1969 Gerald Micklem	1985 Fuzzy Zoeller
1970 Roberto De Vicenzo	1986 Jess Sweetser
	1987 Tom Watson

LPGA TEACHER OF THE YEAR

1958 Helen Dettweiler	1973 Penny Zavichas
1959 Shirley Spork	1974 Mary Dagraedt
1960 Barbara Rotvig	1975 Carol Johnson
1961 Peggy Kirk Bell	1976 Marge Burns
1962 Ellen Griffin	1977 DeDe Owens
1963 Vonnie Colby	1978 Shirley Englehorn
1964 Sally Doyle	1979 Bobbie Ripley
1965 Goldie Bateson	1980 Betty Dodd
1966 Ann C. Johnstone	1981 Jane Read
1967 Jackie Pung	1982 Barbara Romack
1968 Gloria Fecht	1983 Rina Ritson
1969 JoAnne Winter	1984 Shirley Spork
1970 Gloria Armstrong	1985 Annette Thompson
1971 Jeanette Rector	1986 Barbra Crawford-O'Brien
1972 Lee Spencer	

AWARDS

LPGA GOLF PRO OF THE YEAR
(Given annually by LPGA honoring a woman professional who manages a total golf program.)
1980 Nancy Gammon
1981 Peggy K. Bell
1982 Nell Frewin
1983 Lorraine Klippel
1984 Mary Dagraedt
1985 Bobbie Stewart
1986 Margo Walden

OLD TOM MORRIS AWARD
(Given by the Golf Course Superintendents Association of America to an individual who has had a continuing lifetime commitment to the game of golf.)
1983 Arnold Palmer
1984 Bob Hope
1985 Gerald Ford
1986 Patty Berg
1987 Robert Trent Jones

FRED HASKINS AWARD
(Given by Fred Haskins Commission to outstanding collegiate golfer.)
1971 Ben Crenshaw
1972 Ben Crenshaw
1973 Ben Crenshaw
1974 Curtis Strange
1975 Jay Haas
1976 Phil Hancock
1977 Scott Simpson
1978 Lindy Miller
1979 Bobby Clampett
1980 Bobby Clampett
1981 Bob Tway
1982 Willie Wood
1983 Brad Faxon
1984 John Inman
1985 Sam Randolph
1986 Scott Verplank

Scott Verplank, winner of 1986 Fred Haskins Award.

HORTON SMITH TROPHY WINNERS
(Awarded by PGA to golf professionals who have made outstanding contributions to golf professional education.)
1965 Emil Beck
1966 Gene C. Mason
1967 Donald E. Fischesser
1968 R. William Clarke
1969 Paul Hahn
1970 Joe Walser
1971 Irv Schloss
1972 John Budd
1973 George Aulbach
1976 Jim Bailey
1977 Paul Runyan
1978 Andy Nusbaum
1979 Howard Smith
1980 Dale Mead
1981 Tom Addis III
1982 Kent Cayce
1983 Bill Strausbaugh
1984 Don Essig III
1974 Bill Hardy
1975 John Henrich
1985 Larry Startzel
1986 Mark Darnell

PGA CLUB PROFESSIONAL OF THE YEAR
1955 Bill Gordon
1956 Harry Shepard
1957 Dugan Aycock
1958 Harry Pezzullo
1959 Eddie Duino
1960 Warren Orlick
1961 Don Padgett
1962 Tom LoPresti
1963 Bruce Herd
1964 Lyle Wehrman
1965 Hubby Habjan
1966 Bill Strausbaugh Jr.
1967 Ernie Vossler
1968 Hardy Loudermilk
1969 Wally Mund &
     A. Hubert Smith
1970 Grady Shumate
1971 Ross T. Collins
1972 Howard Morrette
1973 Warren Smith
1974 Paul Harney
1975 Walker Inman
1976 Ron Letellier
1977 Don Soper
1978 Walter Lowell
1979 Gary Ellis
1980 Stan Thirsk
1981 John Gerring
1982 Bob Popp
1983 Ken Lindsay
1984 Jerry Mowlds
1985 Jerry Cozby
1986 David Ogilvie

MASTER PROFESSIONALS PGA OF AMERICA
This is the highest classification of membership with stiff requirements and years of dedicated effort, study and service. Only 32 professionals have earned this designation.

Professional	Year Elected
James D. Fogertey, Kirkwood, Mo.	1972
Thomas L. Weekes, South Sioux City, Neb.	1972
*Howard E. Morrette, Kent, Ohio	1972
Harold R. Calderwood, Searcy, Ark.	1972
Harry L. Moffitt, Toledo, Ohio	1972
Donald C. Perne, Toledo, Ohio	1973
Joe Davis, Spatanburg, S.C.	1973
Clarence I. Underwood, Norfolk, Va.	1973
Robert H. Hamrich, Concord, Ohio	1973
Joe A. Stolarick, Galesburg, Ill.	1973
Jack R. Slayton, Sr., Ocean City, Md.	1974
Frank Kiraly, Duncansville, Pa.	1976
John A. Gerring, Marietta, Ga.	1977
Robert E. Hickman, Wood Dale, Ill.	1978
Donald H. Dunkelberger, High Point, N.C.	1979
Bruce J. Sudderth, Gastonia, N.C.	1979
Donald A. Kotnik, Toledo, Ohio	1980
Gregory A. Fish, Toledo, Ohio	1983
Ken Lindsay, Jackson, Miss.	1983
John M. Spiroplaus, Olympia Fields, Ill.	1983
Joseph E. O'Rourke, Vero Beach, Fla.	1984
Michael Vucinich, Greensburg, Pa.	1984
Martin T. Kavanaugh II, Cincinnati, Ohio	1985
Michael Hebron, Smithtown, N.Y.	1986
Gary Wiren, Boca Raton, Fla.	1986
Tomas Wilcox, Northbrook, Ill.	1986
Robert Koschmann, Glencoe, Ill.	1986
Don Essig III, New Palestine, Ind.	1986
Gordon Fulp, Greenville, N.C.	1986
Anthony J. Clecak, Columbus, Ind.	1986
Robert S. Intrieri, University Park, Pa.	1986
Jack Tindale, Rochester, N.Y.	1986

*Deceased

AWARDS

GOLF DIGEST AWARDS

MOST IMPROVED MEN PROS
1953 Doug Ford	1970 Dick Lotz
1954 Bob Toski	1971 Jerry Heard
1955 Mike Souchak	1972 Jim Jamieson
1956 Dow Finterwald	1973 Tom Weiskopf
1957 Paul Harney	1974 Tom Watson
1958 Ernie Vossler	1975 Pat Fitzsimons
1959 Don Whitt	1976 Ben Crenshaw
1960 Don January	1977 Bruce Lietzke
1961 Gary Player	1978 Gil Morgan
1962 Bobby Nichols	1979 Larry Nelson
1963 Tony Lema	1980 Curtis Strange
1964 Ken Venturi	1981 Tom Kite
1965 Randy Glover	1982 Calvin Peete
1966 Gay Brewer	1983 Hal Sutton
1967 Dave Stockton	1984 Mark O'Meara
1968 Bob Lunn	1985 Jim Thorpe
1969 Dave Hill	1986 Dan Pohl

MOST IMPROVED WOMEN PROS
1954 Beverly Hanson	1971 Jane Blalock
1955 Fay Crocker	1972 Betty Burfeindt
1956 Marlene Hagge	1973 Mary Mills
1957 Mickey Wright	1974 JoAnne Carner
1958 Bonnie Randolph	1975 Jo Ann Washam
1959 Murie MacKenzie	1976 Pat Bradley
1960 Kathy Whitworth	1977 Debbie Austin
1961 Mary Lena Faulk	1978 Nancy Lopez
1962 Kathy Whitworth	1979 Jerilyn Britz
1963 Marilynn Smith	1980 Beth Daniel
1964 Judy Torluemke	1981 Jan Stephenson
1965 Carol Mann	1982 Patty Sheehan
1966 Gloria Ehret	1983 Alice Miller
1967 Susie Maxwell	1984 Betsy King
1968 Gerda Whalen	1985 Judy Dickinson
1969 Donna Caponi	1986 Jane Geddes
1970 Jane Blalock	

Dan Pohl, 1986 Most Improved PGA Player.

ROLEX ROOKIE OF THE YEAR—MEN
1957 Ken Venturi	1972 Lanny Wadkins
1958 Bob Goalby	1973 Tom Kite
1959 Joe Campbell	1974 Ben Crenshaw
1960 Mason Rudolph	1975 Roger Maltbie
1961 Jackie Cupit	1976 Jerry Pate
1962 Jack Nicklaus	1977 Graham Marsh
1963 Raymond Floyd	1978 Pat McGowan
1964 R.H. Sikes	1979 John Fought
1965 Homero Blancas	1980 Gary Hallberg
1966 John Schlee	1981 Mark O'Meara
1967 Lee Trevino	1982 Hal Sutton
1968 Bob Murphy	1983 Nick Price
1969 Grier Jones	1984 Corey Pavin
1970 Ted Hayes Jr.	1985 Phil Blackmar
1971 Hubert Green	1986 Brian Claar

ROLEX ROOKIE OF THE YEAR—WOMEN
1962 Mary Mills	1975 Amy Alcott
1963 Clifford Ann Creed	1976 Ai-Yu Tu
1964 Susie Maxwell	1977 Nancy Lopez
1965 Margie Masters	1978 Janet Anderson
1966 Jan Ferraris	1979 Beth Daniel
1967 Sharron Moran	1980 Myra Van Hoose
1968 Sandra Post	1981 Kyle O'Brien
1969 Jane Blalock	1982 Patti Rizzo
1970 JoAnne Carner	1983 Juli Inkster
1971 Sally Little	1984 Marta Figueras-Dotti
1972 Jocelyne Bourassa	1985 Penny Hammel
1973 Laura Baugh	1986 Jody Rosenthal
1974 Jan Stephenson	

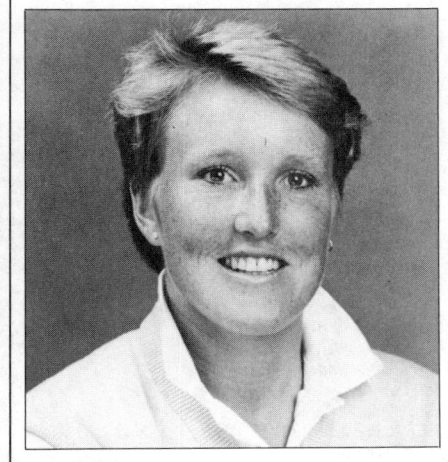

Jane Geddes, 1986 Most Improved LPGA Player.

AWARDS

BYRON NELSON AWARD
For most victories on PGA Tour

Year	Player	Wins	Year	Player	Wins
1955	Cary Middlecoff	5	1971	Lee Trevino	5
1956	Ted Kroll	3	1972	Jack Nicklaus	7
1957	Arnold Palmer	4	1973	Jack Nicklaus	7
1958	Ken Venturi	4	1974	Johnny Miller	8
1959	Gene Littler	5	1975	Jack Nicklaus	5
1960	Arnold Palmer	8	1976	Ben Crenshaw	3
1961	Arnold Palmer	5	1977	Tom Watson	4
1962	Arnold Palmer	7	1978	Tom Watson	5
1963	Arnold Palmer	7	1979	Tom Watson	5
1964	Jack Nicklaus	4	1980	Tom Watson	6
1965	Jack Nicklaus	5	1981	Tom Watson	3
1966	Billy Casper	4	1982	Craig Stadler	4
1967	Jack Nicklaus	5	1983	Lanny Wadkins	2
1968	Billy Casper	6	1984	Tom Watson	3
1969	Dave Hill	3	1985	Curtis Strange	3
1970	Billy Casper	4	1986	Bob Tway	4

MICKEY WRIGHT AWARD
For most victories on LPGA Tour

Year	Player	Wins	Year	Player	Wins
1955	Patty Berg	6	1971	Kathy Whitworth	4
1956	Marlene Hagge	8	1972	Kathy Whitworth	5
1957	Patty Berg	5	1973	Kathy Whitworth	7
1958	Mickey Wright	5	1974	JoAnne Carner	6
1959	Betsy Rawls	10	1975	Sandra Haynie	4
1960	Mickey Wright	6	1976	Judy Rankin	6
1961	Mickey Wright	10	1977	Judy Rankin	5
1962	Mickey Wright	10	1978	Nancy Lopez	9
1963	Mickey Wright	13	1979	Nancy Lopez	8
1964	Mickey Wright	11	1980	Donna Caponi	5
1965	Kathy Whitworth	8	1981	Donna Caponi	5
1966	Kathy Whitworth	9	1982	JoAnne Carner	5
1967	Kathy Whitworth	8	1983	Patty Sheehan	4
1968	Kathy Whitworth	10	1984	Amy Alcott	4
1969	Carol Mann	8	1985	Nancy Lopez	5
1970	Shirley Englehorn	4	1986	Pat Bradley	5

JACK NICKLAUS PERFORMANCE AVERAGE AWARD
Given annually by Golf Digest for a player's performance relative to other players in official events.

Year	Player	Avg
1954	Gene Littler	.696
1955	Cary Middlecoff	.659
1956	Ed Furgol	.550
1957	Dow Finsterwald	.643
1958	Billy Casper	.611
1959	Gene Littler	.603
1960	Arnold Palmer	.706
1961	Arnold Palmer	.725
1962	Jack Nicklaus	.601
1963	Gary Player	.864
1964	Jack Nicklaus	.875
1965	Jack Nicklaus	.828
1966	Billy Casper	.791
1967	Arnold Palmer	.739
1968	Billy Casper	.803
1969	Jack Nicklaus	.618
1970	Dave Hill	.673
1971	Arnold Palmer	.737
1972	Jack Nicklaus	.801
1973	Jack Nicklaus	.894
1974	Jack Nicklaus	.841
1975	Jack Nicklaus	.909
1976	Jack Nicklaus	.795
1977	Jack Nicklaus	.800
1978	Tom Watson	.758
1979	Tom Watson	.799
1980	Tom Watson	.868
1981	Tom Kite	.815
1982	Tom Kite	.514
1983	Tom Watson	.481
1984	Tom Watson	.634
1985	Lanny Wadkins	.598
1986	Greg Norman	.627

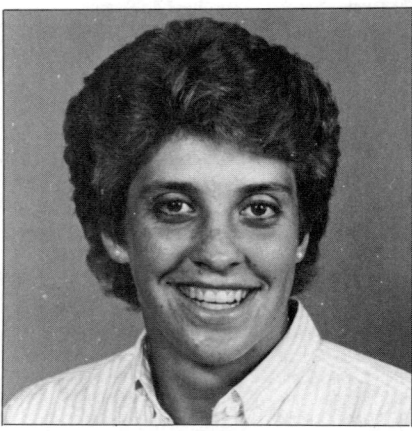

Jody Rosenthal, 1986 LPGA Rookie.

KATHY WHITWORTH PERFORMANCE AVERAGE AWARD
(Given annually by Golf Digest for a player's performance relative to other players in official events.)

Year	Player	Avg
1955	Patty Berg	.894
1956	Patty Berg	.882
1957	Patty Berg	.830
1958	Mickey Wright	.819
1959	Louise Suggs	.905
1960	Mickey Wright	.883
1961	Mickey Wright	.891
1962	Ruth Jensen	.798
1963	Mickey Wright	.907
1964	Mickey Wright	.838
1965	Kathy Whitworth	.862
1966	Mickey Wright	.900
1967	Sandra Haynie	.826
1968	Kathy Whitworth	.883
1969	Kathy Whitworth	.855
1970	Kathy Whitworth	.831

AWARDS

1971 Kathy Whitworth	.740
1972 Kathy Whitworth	.782
1973 Judy Rankin	.668
1974 Jane Blalock	.707
1975 Sandra Haynie	.751
1976 JoAnne Carner	.763
1977 Judy Rankin	.668
1978 Nancy Lopez	.748
1979 Nancy Lopez	.816
1980 Beth Daniel	.738
1981 Beth Daniel	.681
1982 JoAnne Carner	.602
1983 JoAnne Carner	.667
1984 Patty Sheehan	.662
1985 Nancy Lopez	.802
1986 Pat Bradley	.788

SENIOR PLAYER OF THE YEAR
1982 Miller Barber
1983 Don January and Miller Barber
1984 Don January and Miller Barber
1985 Peter Thomson
1986 Bruce Crampton

SENIOR PERFORMANCE AVERAGE

1983 Don January	.485
1984 Don January	.915
1985 Peter Thomson	.912
1986 Bruce Crampton	.897

COMEBACK PLAYER OF YEAR
1978 John Mahaffey
1979 Lou Graham
1980 Jack Nicklaus
1981 Kathy Whitworth
1982 Billy Casper
1984 Lee Trevino
1985 Roger Maltbie and Jane Blalock
1986 Bob Murphy and Sandra Palmer

Bob Murphy, 1986 Comeback Player of the Year.

FOUNDERS CUP
(Awarded by Golf Digest and LPGA for humanitarian contributions to society.)

1981 Patty Berg	1984 Vivian Brownlee
1982 Kathy Linney	1985 Patty Sheehan
1983 Marilyn Smith	1986 Amy Alcott

Amy Alcott, winner of 1986 Founders Cup Award.

JUNIOR DEVELOPMENT AWARDS
(Given by Golf Digest and the National Golf Foundation recognizing model junior programs and leaders.)
1984 Individual—Walter Keller
    Club—Maynard (Mass.) C.C.
    City—Portland, Ore.
    Association—Sandy Hollow G.A.
    Program—Speer, Tampa, Fla.
1985 Individual—Ron Salsig
    Club—Sodus Bay (N.Y.) G.C.
    City—Rockford, Ill.
    Association—Gr. Sarasota Jr. G.A.
    Program—Chi Chi Rodriguez Youth Foundation
1986 Individual—Elijah Walker
    Club—Hazeltine Ntl. G.C., Chaska, Minn.
    Municipality—Cincinnati
    Association—Sacramento Area Youth Golf
    Corporation—Nabisco Brands
1987—Individual—Mike Bencriscutto
    Club—Brookridge G. & C.C., Overland Park, Kansas
    Municipality—Tuscaloosa, Ala.
    Assocation—Greater Hartford Jaycees
    Corporation-Ryder Trucks

LONG DRIVING CHAMPIONSHIP
1986 NATIONAL LONG DRIVING CHAMPIONSHIP

DALLAS GOLFER WINNER OF WILD TURKEY NATIONAL LONG DRIVE CHAMPIONSHIP

Art Sellinger, a 21-year-old accountant from Dallas, Tex., won the Wild Turkey National Long Driving Championship at Perdido Bay Inn & Resort, Pensacola, Fla.

Sellinger's winning blast, 311 yards, 3 inches, bested a field of 6 finalists and earned him $15,000. Ron Waytula, a steel company executive from McHenry, Ill., was second with a drive of 310 years, 6 inches. An amateur, Waytula's prize money will be donated to the National Golf Foundation.

Bobby Wilson, a golf pro from Sherwood, Ark., was the top semifinal qualifier at 318 yards, 26 inches, but his longest drive in the finals was 309 yards, 24 inches, good enough for third place and $5,000.

Another amateur, Jeff Fick of Baltimore, Md., was fourth at 304 yards, 4 inches. PGA Tour player Phil Blackmar of Corpus Christi, Tex., who finished second in last year's Long Drive, was fifth with a drive of 303 yards, 6 inches.

Mike Gorton, a golf pro from Santa Barbara was the sixth finalist, but failed to hit a drive within the 40-yard boundary.

Sponsored by Golf Digest in conjunction with the PGA Tour and the PGA of America, over 9,000 entries were recorded in sectional and district events throughout the United States last summer to determine the 25 qualifiers who joined the past five long-dive champions in the national quarterfinals on Oct. 6.

The top eight quarterfinalists advanced to the semifinals the next day, where they competed against the top three finishers of 1985, including defending champion Dennis Paulson, the top five driving-distance leaders; Phil Blackmar, Greg Twiggs, Dan Forsman, Bill Glasson and Steve Jones from the PGA Tour and the NCAA long drive champion, Brad Clark of Clemson University. The top six long-drivers from the semifinal round qualified for the finals, also held Oct. 7.

1986 RESULTS-FINAL ROUND

First Place:	Art Sellinger	311 yards, 3 inches
Second Place:	Ron Waytula (am)	310 yards, 6 inches
Third Place:	Bobby Wilson	309 yards, 24 inches
Fourth Place:	Jeff Fick (am)	304 yards, 4 inches
Fifth Place:	Phil Blackmar	303 yards, 6 inches
Sixth Place:	Mike Gorton	Failed to qualify

SEMIFINAL ROUND

Seventh Place:	Terry Forcum	301 yards, 29 inches
Eighth Place:	Wedgy Winchester	301 yards, 10 inches
Ninth Place:	Greg Rohlf	292 yards, 27 inches
Tenth Place:	Brad Clark	290 yards
Eleventh Place:	Greg Twiggs	298 yards, 12 inches
Twelfth Place:	Dennis Paulson	286 yards, 12 inches
Thirteenth Place:	John McComish	284 yards, 24 inches
Fourteenth Place:	Dan Forsman	276 yards

LONG DRIVING CHAMPIONSHIP

DISTRICT QUALIFIERS

DISTRICT 1—Concord, Mass.
Victor Lahteine	329 yards
Bobby Blount, Jr.	326 yards

DISTRICT 2—Rye, N.Y.
Scott DeCandia	317 yards
Greg Rohlf	294 yards

DISTRICT 3—Memphis, Tenn.
David Dahon	306 yards

DISTRICT 4—Jamesville, N.Y.
Dale Loeslein	309 yards

DISTRICT 5—Groveport, Ohio
Dan Howard	307 yards
Gordon Smith	298 yards

DISTRICT 6—Elkhart, Ind.
Joe Hajeuch	328 yards
Ron Waytula	317 yards

DISTRICT 7—St. Louis, Mo.
Bobby Wilson	333 yards
Stew Kirkland	329 yards

DISTRICT 8—Hamel, Minn.
Mark Parmenter	311 yards

DISTRICT 9A—Tumwater, Wash.
Brad Sullivan	355 yards

DISTRICT 9B—Aurora, Colo.
Kurt Moore	369 yards

DISTRICT 10—Bethesda, Md.
Tom Mullinax	341 yards
Jeff Fick	340 yards
Tim Heffner	333 yards

DISTRICT 11—Reno, Nev.
Mike Gorton	337 yards
John Rubio	333 yards

DISTRICT 12A—Dallas, Tex.
Art Sellinger	338 yards
John Popken	333 yards

DISTRICT 12B—Albuquerque, N.M.
Brian Whitcomb	371 yards

DISTRICT 13—Orlando, Fla.
J.D. Thoms	315 yards
Buster Whitney	306 yards

FORMER WINNERS

NATIONAL LONG DRIVING CHAMPIONSHIP

Year	Winner	Site	Distance
1975	Jeoff Long (am)	Butler National GC	321 yards
1976	Evan Williams	Congressional GC	301 yards
1977	Evan Williams	Pebble Beach Golf Links	353 yards
1978	John McComish	Oakmont CC	330 yards
1979	Andy Franks (am)	Oakland Hills CC	314 yards
1980	Scott DeCandia	Oak Hill CC	295 yards, 18 inches
1981	Lon Hinkle	Atlanta Athletic Club	338 yards, 6 inches
1982	Andy Franks	Southern Hills CC	346 yards, 17 inches
1983	Terry Forcum	Riviera CC	307 yards
1984	Wedgy Winchester	Shoal Creek CC	319 yards, 14 inches
1985	Dennis Paulson (am)	Firestone CC	323 yards, 25 inches
1986	Art Sellinger	Perdido Bay Inn & Resort	311 yards, 3 inches

RECORDS
HOLE-IN-ONE CLEARING HOUSE BACKGROUND, OPERATION AND SWEEPSTAKES

GOLF DIGEST established the Hole-In-One Clearing House in 1952 and ever since has been registering all those reported each year. Only 1,421 were reported that first year, but the number has now grown to 42,048 in 1986.

The magazine started this program as a complimentary service to golfers and golf professionals, to see that ace shooters received all of the awards and prizes earned by their perfect shots. When the Hole-In-One Clearing House receives an ace form (available at most of the nation's golf shops), copies are forwarded to the appropriate firms that do make awards.

Since 1984 Johnnie Walker Red Scotch (imported by Somerset Importers) has been a co-sponsor of the Golf Digest Hole-In-One Clearing House program and established the Johnnie Walker International Hole-In-One Award. Johnnie Walker honors golfers scoring holes-in-one by presenting them with a bag tag and a personalized certificate and wallet card commemorating their feat. Johnnie Walker also acknowledges the golf professionals commitment to the program with the Johnnie Walker Hole-In-One Golf Professional Sweepstakes.

Also, each acer is entered in GOLF DIGEST'S Annual Sweepstakes; those whose names are drawn by chance from this list win additional prizes. Holes-In-One received by the end of December each year are eligible for that year's drawing.

We no longer list each hole-in-one in the Almanac, but now report hole-in-one activity by state, listing the oldest, youngest, and longest by male and female.

Arnold Palmer aced the 187-yard third hole two days in a row at the Tournament Players Club at Avenel in Potomac, Md., during pro-am rounds at the Senior PGA Tour's Chrysler Cup. Arnie used a 5-iron both times to make his 12th and 13th career holes-in-one.

ALL-TIME HOLES-IN-ONE
Most in career
  Amateur: 58, by Norman Manley, Long Beach, Calif.
  Professional: 47, by Mancil Davis, The Woodlands Inn and Country Club, Woodlands, Tex.
Longest on straightaway hole
  Man: 447 yards, by Robert Mitera, Omaha, on the 10th hole at the Miracle Hills Golf Club, Omaha, Neb. in 1965.
  Woman: 393 yards, by Marie Robie, Wollaston, Mass., on the first hole at the Furnace Brook Golf Club, Wollaston, in 1949.
Longest on dogleg
  480 yards, by Larry Bruce, Hope, Ark., on the fifth hole at the Hope Country Club in 1962.
Oldest
  Man: Otto Bucher, 99, Geneva, Switzerland, on the 130-yard 12th hole at the La Manga Club, Cartagena, Spain, Jan. 13, 1985.
  Woman: Ruth Needham, 87, Escanaba, Mich., on the 91-yard third hole at the Escanaba Country Club on July 11, 1983.
Youngest
  Boy: Tommy Moore, 6 (plus 1 month and 1 week), Hagerstown, Md., on the 145-yard, par-3 fourth hole at the Woodbrier Golf Course, Martinsburg, W. Va., on March 8, 1969.
  Girl: Lynne Radar, 7, Chuckey, Tenn., on the 135-yard, par-3 second hole at the Twin Creeks Golf Course, Chuckey, on June 18, 1968.
Most on one hole (career)
  12, by Joe Lucius, Tiffin, Ohio, on the 142-yard 15th hole at the Mohawk Golf Club, Tiffin, the most recent in 1983.
Most on one hole, one year
  Dan Wise, Anaheim, Calif., four on 197-yard 13th hole at the Anaheim Hills Country Club (actually in 35 days, each with a 5-wood), in 1980.
  Loren E. Terry, aced the 90-yard sixth hole at the Oakdale (Calif.) Golf and Country Club four times in 12 months and two days in 1970, 1971.
Most in one year
  11, by Dr. Joseph O. Boydstone, Bakersfield, Calif., in 1962.

RECORDS

1986 HOLE-IN-ONE RECORDS BY STATE

UNITED STATES

Legend: M = men;
F = women;
T = total holes-in-one.

ALASKA   M-8; F-1; T-9

Youngest male—Jeff Riddell, 33; Jerry Rollin, 33
Oldest male—Laurence Dahners, 76
Youngest female—Lea Ehrhart, 64
Oldest female—Lea Ehrhart, 64
Longest male—Jeff Riddell, 330 yds.
Longest female—Lea Ehrhart, 130 yds.

ALABAMA   M-363; F-39; T-402

Youngest male—Shane Dobbs, 12; Heath R. Dempsey, 12
Oldest male—Collin McCrary, 85
Youngest female—Karen A. Thomas, 16
Oldest female—Hazel M. Skinner, 77
Longest male—Danny Williams, 345 yds.
Longest female—Carol Sanderson, 180 yds.

ARIZONA   M-1,056; F-223; T-1,279

Youngest male—Chad Young, 10
Oldest male—LLoyd Blosser, 86; Erling German, 86
Youngest female—Josie Hoefner, 11
Oldest female—Marie Elliot, 77; Ina M. Dodt, 77; Helen E. Smith, 77
Longest male—Matthew A. Lapp, 353 yds.
Longest female—Naomi Rankin, 179 yds.

ARKANSAS   M-245; F-35; T-280

Youngest male—Jason Martin, 13
Oldest male—Joe Goodwin, 78
Youngest female—Kim Coleman, 29; Beth A. Noe, 29
Oldest female—Annette Miller, 72
Longest male—Richard Robertson, 306 yds.
Longest female—Julia Aitken, 162 yds.

CALIFORNIA   M-4,565; F-948; T-5,513

Youngest male—Jason Lowe, 11; Gerold Allen, 11; Nelson T. Corteway, 11
Oldest male—George Moore, 89
Youngest female—Patricia Freilinger, 9
Oldest female—Althea Lahn, 83
Longest male—Greg Patton, 320 yds.; Joseph J. Adamo, 320 yds.; Greg O'Malley, 320 yds.
Longest female—Madeline Ainza, 200 yds.

COLORADO   M-497; F-102; T-599

Youngest male—Jonathan Caldwell, 8
Oldest male—Ernie Borgman, 80
Youngest female—Brooke Zueck, 13
Oldest female—Evelyn Gestland, 72
Longest male—Ernie Fyrwald, 388 yds.
Longest female—Sharon Bush, 190 yds.

CONNECTICUT   M-572; F-72; T-644

Youngest male—Jon Breyan, 11
Oldest male—William Martin, 81
Youngest female—Alison Salad, 19; Mary Beth Berndt, 19
Oldest female—Grace V. Staples, 76
Longest male—Richard Elder, 303 yds.
Longest female—Betty Povilaitis, 177 yds.

DELAWARE   M-96; F-10; T-106

Youngest male—John McLaughlin, 15
Oldest male—Henry Wise, Jr., 77
Youngest female—Betsy Helm, 22
Oldest female—Marie Parker, 68
Longest male—Wayne Alphin, 292 yds.
Longest female—Betsy Helm, 147 yds.

DISTRICT OF COLUMBIA   M-31; F-2; T-33

Youngest male—Steve Pennacchio, 28
Oldest male—John F. Talley, 74
Youngest female—Olga E. Siwicky, 62; Elizabeth R. McNeal, 62
Oldest female—Olga E. Siwicky, 62; Elizabeth R. McNeal, 62
Longest male—Floyd Dawkins, Jr., 222 yds.
Longest female—Olga E. Siwicky, 146 yds.

FLORIDA   M-3,474; F-808; T-4,282

Youngest male—Mike Didadwick, 10
Oldest male—Roy W. Graf, 89
Youngest female—Lisa Ezick, 13
Oldest female—Mrs. Earl Ross, 95
Longest male—Leon Shaw, 351 yds.
Longest female—Lily Glasser, 195 yds.

GEORGIA   M-721; F-86; T-807

Youngest male—Tevis Upton, 10
Oldest male—Ellis P. Davis, 79; Jerome A. Connor, 79
Youngest female—Tonya Gill, 15
Oldest female—June McNeal, 67; Margaret G. Livingston, 67; Ann S. Fuller, 67; Sara Wheeler, 67
Longest male—Thomas E. Jones, Sr., 306 yds.
Longest female—Margaret Cole, 194 yds.

HAWAII   M-412; F-63; T-475

Youngest male—Kyle Watari, 10
Oldest male—Robert M. Milstead, 82
Youngest female—Sharon Goo, 19
Oldest female—Helena Hartwell, 77
Longest male—Thomas D. Andler, 290 yds.
Longest female—Charijean Watanabe, 179 yds.

IDAHO   M-206; F-37; T-243

Youngest male—Brent Wilson, 13
Oldest male—C.O. Youngstrom, 80
Youngest female—Deb Nowatzki, 28
Oldest female—Laurena Marshall, 72
Longest male—Charles J. Garrett, 297 yds.
Longest female—Barbara Carney, 170 yds.

RECORDS

ILLINOIS   M-1,493; F-266; T-1,759

Youngest male—Aaron Pieper, 11
Oldest male—Maurice J. Bass, 81; Fred Ecker, 81
Youngest female—Kari Georlett, 10
Oldest female—Sadie Fretz, 76
Longest male—Frank Dolven, 320 yds.
Longest female—Joyce L. Coon, 215 yds.

INDIANA   M-789; F-93; T-882

Youngest male—Bob Ekins, 13; Travis W. Hancock, 13; Brian Merrill, 13
Oldest male—Oscar K. Fine, 83
Youngest female—Laura Brandon, 15
Oldest female—Betty Jo Traylor, 70; Ruth Collins, 70
Longest male—Malcolm E. Klein, 310 yds.; Jack Joyce, 310 yds.
Longest female—Rhoda Leah Fish, 202 yds.

IOWA   M-511; F-94; T-605

Youngest male—Jeff Holton, 12
Oldest male—Michael W. Lawlor, 80
Youngest female—Tracy Lynn Voss, 12
Oldest female—Jane E. Spielman, 73
Longest male—Dick Williams, 317 yds.
Longest female—Arlene Murphy, 208 yds.

KANSAS   M-424; F-65; T-489

Youngest male—Matt Henry, 12; Mick Remondino, 12
Oldest male—Ed Holt, 82
Youngest female—Heidi Starks, 17
Oldest female—Marge Pankratz, 78
Longest male—Bruce Bertsch, 301 yds.
Longest female—Betty Callaghan, 170 yds.

KENTUCKY   M-347; F-41; T-388

Youngest male—Mickey L. Hardin, 11
Oldest male—Joseph J. Kaplan, 78
Youngest female—Debbie Runyon, 20
Oldest female—Lou Hancock, 75
Longest male—Terry W. Young, 315 yds.
Longest female—Libby Leach, 189 yds.

LOUISIANA   M-330; F-20; T-350

Youngest male—Brett Henry, 11
Oldest male—George Rolfs, 81
Youngest female—Dana Lea Romero, 21; Robyn Lynn Justin, 21
Oldest female—Anne Loo Hayes, 66
Longest male—Larry Steve Shiver, 320 yds.
Longest female—Barbara A. Ward, 176 yds.

MAINE   M-102; F-17; T-119

Youngest male—Andy Mallar, 14
Oldest male—Herbert W. Crockett, 78
Youngest female—Sue-Ellen McIntosh, 28
Oldest female—Lauretta LaPlante, 75
Longest male—Robert B. Smaha, 285 yds.
Longest female—Linda Stone, 187 yds.

MARYLAND   M-548; F-89; T-637

Youngest male—Brian Smith, 12; Cameron Murray, 12
Oldest male—Henry L. Miller, 84
Youngest female—Mary P. Thomas, 16
Oldest female—Dorothy Chapman, 72
Longest male—Brian Kilroy, 245 yds.
Longest female—Donna B. Amico, 189 yds.

MASSACHUSETTS   M-691; F-98; T-789

Youngest male—Tim Houghton, 13; Peter Quinn, 13; Steve J. Baldwin, 13; Ken Foraste, 13
Oldest male—Howard Corlis, 83
Youngest female—Lynn Barrett, 18
Oldest female—Myra A. Lyons, 75
Longest male—Howard Natenshon, 356 yds.
Longest female—Diane E. Harber, 203 yds.

MICHIGAN   M-1,391; F-217; T-1,608

Youngest male—Kevin Freng, 10
Oldest male—Carl Bates, 82
Youngest female—Michelle Costinni, 17
Oldest female—Lorraine E. Bush, 73
Longest male—William Burrell, 349 yds.
Longest female—Wilma Wood, 200 yds.

MINNESOTA   M-542; F-100; T-642

Youngest male—Joey Boonar, 12; Erik Splitt Stoesser, 12; Lyman Andrew Brink, Jr., 12; Ryan Reuter, 12
Oldest male—Walter J. Wheeler, 86
Youngest female—Margena Hartmann, 13
Oldest female—Maxine Knewston, 69; Charlotte F. Miller, 69; Judy St. Croix, 69; Louise Arvesen, 69
Longest male—Brian Patterson, 300 yds.
Longest female—Nancy Lakoduk, 184 yds.

MISSISSIPPI   M-220; F-25; T-245

Youngest male—Chance Coleman, 11
Oldest male—Dick Burney, 80
Youngest female—Cissye Meeks, 19
Oldest female—Mrs. Willie Heywood, 69
Longest male—Sonny Lancaster, 370 yds.
Longest female—Bethany Culley, 160 yds.

MISSOURI   M-490; F-74; T-564

Youngest male—Brian Ward, 11
Oldest male—Earle Wimberley, 80
Youngest female—Lisa Williamson, 16
Oldest female—Ann Patterson, 75
Longest male—Andrew L. Sansone, 335 yds.
Longest female—Linda Pyle, 175 yds.

MONTANA   M-128; F-18; T-146

Youngest male—James Russell Reger, 11; Scot M. Duffield, 11
Oldest male—John Morrison, 85
Youngest female—Karen Jacobs, 31; Deb H. Truman, 31
Oldest female—Mary Little, 68
Longest male—Tom Tillo, 397 yds.
Longest female—Pam Schultz, 159 yds.; Mary E. Greenway, 159 yds.

RECORDS

NEBRASKA M-237; F-39; T-276
Youngest male—Philip J. McGargill, 11
Oldest male—Harvey M. Jopling, 79
Youngest female—Jean Gilpin, 22
Oldest female—Evelyn Jacobson, 74
Longest male—Henry C. Frahm, 310 yds.
Longest female—Barbara J. Rybin, 165 yds.; Georgia Munderloh, 165 yds.

NEVADA M-204; F-25; T-229
Youngest male—Scott Roe, 15
Oldest male—Garwood Van, 75
Youngest female—Barbara Vincent, 29; Lorrayne C. Beeks, 29; Mary Smith, 29
Oldest female—Betty R. Azparren, 66
Longest male—Richard Freidhof, 242 yds.
Longest female—Gail Holm, 168 yds.

NEW HAMPSHIRE M-131; F-17; T-148
Youngest male—Eric Conner, 11
Oldest male—Harold J. Townsend, 77
Youngest female—Kelly Main, 15
Oldest female—Dorothy M. Clemons, 71
Longest male—John Cesere, 236 yds.
Longest female—Lori Molloy, 173 yds.

NEW JERSEY M-973; F-125; T-1,098
Youngest male—Brian Clark, 10
Oldest male—Dick Michelson, 82; Joseph Talese, 82
Youngest female—Kristy Cook, 15
Oldest female—Elizabeth Myers, 78
Longest male—Curtis Knazick, 363 yds.
Longest female—Betty Lange, 167 yds.; Wynn Riess, 167 yds.

NEW MEXICO M-209; F-35; T-244
Youngest male—Marc Byers, 10
Oldest male—Edward Millstein, 78
Youngest female—Cherry Warren, 11
Oldest female—Katherine C. Hamilton, 75
Longest male—Duane Hammack, 335 yds.
Longest female—Mickie Chang, 174 yds.; Mary Jo Cicmanec, 174 yds.

NEW YORK M-1,590; F-211; T-1,801
Youngest male—Brandon W. Himmel, 10; Gregory Haggerty, 10
Oldest male—Patrick B. Thompson, 85; Labori Krass, 85
Youngest female—Suzanna Walsh, 12
Oldest female—Louise Pfann, 73
Longest male—Joseph Caruso, 360 yds.
Longest female—Martha D. Bastin, 206 yds.

NORTH CAROLINA M-1,035; F-164; T-1,199
Youngest male—Ryan Joslin, 10
Oldest male—William W. Crymes, 80; Charles F. Veach, 80; George Campbell, 80
Youngest female—Barbara B. Durant, 26
Oldest female—Ruth Prettyman, 75; Lillian W. Laughorn, 75
Longest male—James David Hughes, 393 yds.
Longest female—Jackie S. Kent, 187 yds.

NORTH DAKOTA M-59; F-11; T-70
Youngest male—Dave Hall, 16
Oldest male—Adam Lipp, 77
Youngest female—Bridget Bernhoft, 15
Oldest female—Betty Mitzel, 60
Longest male—Paul P. Schable, 244 yds.
Longest female—Pamela K. Hayes, 167 yds.

OHIO M-1,886; F-240; T-2,126
Youngest male—Keith Ryan, 8
Oldest male—R. M. Harmony, 85
Youngest female—Suzanne Curless, 16
Oldest female—Helen Lesko, 73
Longest male—William Newdome, 350 yds.
Longest female—Helen F. Holt, 199 yds.

OKLAHOMA M-473; F-63; T-536
Youngest male—Danny Torluemke, 11
Oldest male—Forrest Armstron, 91
Youngest female—Lori Phillips, 18
Oldest female—Leah Jane Gilliam, 70
Longest male—John Dickson, 355 yds.
Longest female—Jerry Percival, 200 yds.

OREGON M-453; F-96; T-549
Youngest male—Travis Gelbrich, 12
Oldest male—William J. Remlinger, 86
Youngest female—Devri Reynolds, 28
Oldest female—Jean W. Potts, 78
Longest male—Amos Beaudion, 343 yds.
Longest female—Kay Worster, 215 yds.

PENNSYLVANIA M-1,866; F-221; T-2,087
Youngest male—John Dionne, 11
Oldest male—Carl Peduzzi, 82
Youngest female—Jennifer Hatt, 14
Oldest female—Alice V. Ritter, 82
Longest male—Sylvan L. Easler, Jr., 390 yds.
Longest female—Kay Carey, 194 yds.

RHODE ISLAND M-102; F-9; T-111
Youngest male—Brian Owens, 15; Mike Bernard, 15
Oldest male—Alexander Kokolski, 74
Youngest female—Monique M. LeMaire, 22
Oldest female—Steele S. Riley, 70; Alice B. Field, 70
Longest male—Mike Sholas, 233 yds.; Raymond Perry, 233 yds.
Longest female—Bettye Maynard, 169 yds.

SOUTH CAROLINA M-467; F-79; T-546
Youngest male—Wil Weldon, 12
Oldest male—Harvie S. Lybrand, 82
Youngest female—Doris Black, 30
Oldest female—Mrs. G.B. Miller, 75

RECORDS

Longest male—Dennis Campbell, 335 yds.
Longest female—Barbara Hudson, 176 yds.

SOUGH DAKOTA M-96; F-8; T-104

Youngest male—Troy Prohl, 12
Oldest male—H.A. "Art" Sullivan, 79
Youngest female—Laurie Benson, 29
Oldest female—Gertrude Van Wyk, 71
Longest male—Curt Anderson, 255 yds.
Longest female—Patty Laird, 159 yds.

TENNESSEE M-541; F-58; T-599

Youngest male—Jason Holly, 12
Oldest male—Abe J. Koblentz, 86
Youngest female—Liz Lovelace, 24
Oldest female—Kathlyn Long, 72
Longest male—Paul J. Acerra, 327 yds.
Longest female—Mrs. Leo J. Buchignani, 168 yds.

TEXAS M-1,939; F-263; T-2,202

Youngest male—Mark Kennon, 9
Oldest male—Roy W. Hale, 88
Youngest female—Stephaie L. Flower, 17; Ann E. Harrity, 17; Neisy Rodriguez, 17; Kim Spencer, 17
Oldest female—Flora King, 75
Longest male—Bill Humrichouse, 400 yds.
Longest female—Tiffany Carter, 200 yds.

UTAH M-226; F-38; T-264

Youngest male—Curtis Maxfield, 12
Oldest male—Jimmy Hodgson, 78
Youngest female—Jennifer Jex, 17; Mary Grace Estuesta, 17
Oldest female—Claire R. Boyd, 69
Longest male—Larry Wilde, 288 yds.
Longest female—Jennifer Jex, 190 yds.

VERMONT M-65; F-12; T-77

Youngest male—Robert Stevens, Jr., 24
Oldest male—John G. Karnedy, 80
Youngest female—Elinor C. Huntley, 44
Oldest female—Helen H. Fletcher, 71
Longest male—Frank Doyle, 226 yds.
Longest female—Ginny Swanson, 152 yds.

VIRGINIA M-741; F-87; T-828

Youngest male—Rocky Blesso, 11
Oldest male—William H. Cock, 81
Youngest female—Celia Bolt, 21; Cecilia D. Bellinger, 21
Oldest female—Mary Hitt, 76
Longest male—Stan Wilson, 346 yds.
Longest female—Denny Vickers, 180 yds.

WASHINGTON M-809; F-147; T-957

Youngest male—Jason Lund, 11
Oldest male—Les Peck, 88
Youngest female—Anne Huizinga, 14
Oldest female—Janice J. Odell, 76; Lillian Limes, 76

Longest male—Don Sullivan, 310 yds.
Longest female—Bette Moles, 180 yds.

WEST VIRGINIA M-168; F-20; T-188

Youngest male—Matthew Lester, 11
Oldest male—Dr. R.V. Drinkard, 76
Youngest female—Karen Pitchok, 26; Jill Scaggs, 26
Oldest female—Louise Sanders, 71
Longest male—Keith R. Joachim, 293 yds.
Longest female—Frances Davis, 215 yds.

WISCONSIN M-586; F-94; T-680

Youngest male—Eric Kabat, 7
Oldest male—Henry Vlietstra, 82; Frank Mayersak, 82; Arvin W. Kunze, 82
Youngest female—Jane Fritz, 15; Stephanie Samllwood, 15
Oldest female—Leila Hart, 75
Longest male—Earle E. Gettelman, 260 yds.
Longest female—Barbara Seiden, 176 yds.

WYOMING M-47; F-14; T-61

Youngest male—Shawn Strohman, 11
Oldest male—Paul Kragorich, 69
Youngest female—Erin Foley, 17
Oldest female—Anne W. Wills, 71
Longest male—Deal Hembree, 253 yds.
Longest female—Hazel Carr, 180 yds.

CANADA

ALBERTA M-145; F-28; T-173

Youngest male—David Filuk, 16
Oldest male—Leslie Hutt, 77
Youngest female—Debra Price, 31
Oldest female—Annie Palmatier, 78
Longest male—George Durocher, 230 yds.
Longest female—Marg Myruold, 190 yds.

BRITISH COLUMBIA M-113; F-30; T-143

Youngest male—Mike Elliott, 15
Oldest male—George Aylwin, 75
Youngest female—Jennifer Wyatt, 20
Oldest female—Mary Gordon, 79
Longest male—Marshall Chernichan, 297 yds.
Longest female—Marilou Mulleny, 162 yds.

MANITOBA M-16; F-4; T-20

Youngest male—Mike McLure, 16
Oldest male—Clifford Dickens, 76
Youngest female—Isobel Kay, 49
Oldest female—Thelma O'Brien, 68
Longest male—Jack Parsonage, 210 yds.
Longest female—Elizabeth Sharpe, 165 yds.

NEW BRUNSWICK M-15; F-2; T-17

Youngest male—Allan Rogers, 16; Todd Bailey, 16
Oldest male—Alfred Doucet, 79
Youngest female—Mary Gavin, 50
Oldest female—Betty Patterson, 64

RECORDS

Longest male—Michel Cormier, 218 yds.
Longest female—Mary Gavin, 137 yds.

NEW FOUNDLAND   M-3; F-0; T-3
Youngest male—Francis Clarke
Oldest male—Lewis Andrews, 75
Longest male—Lewis Andrews, 152 yds.

NORTHWEST TERRITORY   M-1; F-0; T-1
Youngest male—Charlie Casaway, 35
Oldest male—Charlie Casaway, 35
Longest male—Charile Casaway, 160 yds.

NOVA SCOTIA   M-41; F-2; T-43
Youngest male—Lorne Jennex, 14
Oldest male—Jim Collier, 71
Youngest female—Kaye Greenough, 53
Oldest female—Nora Tobin, 61
Longest male—Robert MacPherson, 203 yds.
Longest female—Kaye Greenough, 131 yds.

ONTARIO   M-412; F-80; T-492
Youngest male—Matthew Soulliere, 13; Mark Keyes, 13; Roman Hahko, 13
Oldest male—Andy White, 78; Dean Bregman, 78
Youngest female—Kim East, 15
Oldest female—Edna Bill, 79
Longest male—Frank Graves, 333 yds.
Longest female—Jackie Rosart, 232 yds.

PRINCE EDWARD ISLAND   M-36; F-2; T-38
Youngest male—Steven Gauthier, 12
Oldest male—John Squarebriggs, 74
Youngest female—Barbara MacAusland, 46
Oldest female—Barbara MacAusland, 46
Longest male—Eric Caron, 174 yds.
Longest female—Barbara MacAusland, 129 yds.

QUEBEC   M-99; F-18; T-117
Youngest male—Alain Gariepy, 17
Oldest male—Perey Brazer, 75
Youngest female—Bonneau Marie Andree, 18
Oldest female—Lucienne Herbert, 73
Longest male—Sylvain Germain, 217 yds.
Longest female—Annette LeBlanc, 163 yds.

SASKATCHEWAN   M-33; F-5; T-38
Youngest male—Arjay Hyno, 11
Oldest male—Baldy Peters, 67
Youngest female—Margot Kroeker, 22
Oldest female—Shirley Besse, 51
Longest male—Ken Theriault, 201 yds.
Longest female—Shirley Besse, 124 yds.

FOREIGN
PUERTO RICO   M-13; F-2; T-15
Youngest male—Bruce Fix, 37; Carl James, 37
Oldest male—Pedro Vazquez, 66
Youngest female—Yolanda Rivera, 38
Oldest female—Marilu Benitez, 42
Longest male—Bruce Fix, 199 yds.
Longest female—Marilu Benitez, 118 yds.

VIRGIN ISLANDS   M-2; F-0; T-2
Youngest male—Frank Quin, 51
Oldest male—Almeric Christian, 65
Longest male—Frank Quin, 129 yds.

RECORDS
THE RAREST OF GOLF'S BIRDS IS THE DOUBLE EAGLE

Even a seasoned follower of the PGA and LPGA Tours might be surprised to learn that there was only one double-eagle 2 made on a par 5 on either tour in all of 1986. Imagine, here are the best golfers in the world firing second shots that often reach the green. But only one got holed, and Mike Hulbert did it when he stuffed in a 1-iron on the 491-yard 10th hole at Cypress Point during the AT&T Pebble Beach National Pro-Am.

OK, now let's look at the general golfing populace. In the United States, about 17.5 million golfers play some 415 million rounds a year. Figuring an average of four par 5s a round, that's—uh, 1,660,000,000 opportunities to deuce a par 5 during the year. Note this is billions, as in national debt. In 1986, however, only 284 of these precious 2s were recorded.

To save readers any further mental anguish in these times when dreaded Internal Revenue Service returns are rapidly becoming due, here are the odds against making a 2 on a par 5:

On a single hole: 5,845,000 to 1.
In a single round: 1,461,000 to 1.

Shoot, that makes scoring a hole-in-one rather common. About 42,000 a year are reported to the Golf Digest Hole-in-One Clearing House. Figured against those 284 deuces, that makes it 147 to 1 more likely for a golfer to score an ace than a double eagle.

Golf Digest awards a pin and certificate to all those who scored 2s on par-5 holes of at least 471 yards. For women, 2s on par-5 of at least 401 yards qualify.

1986 DOUBLE EAGLE RECORDS
Only 2s on par 5s (not holes-in-one on par 4s)
Longest by man
590 yards, by Bob Vukovich, Poland, Ohio, on the fifth hole at the Rolling Hills Golf Club, Pulaski, Pa., on July 4.
Longest by woman
416 yards, by Ruby Gibson, Littleton, Colo., on the seventh hole at the South Suburban Golf Course, Littleton.
Oldest
Dick McGrath, Campbell, Calif., on the 519-yard first hole at the Seascape course, Aptos, Calif., April 12 and Abb N. Sneed, Oklahoma City, Okla., on the 489-yard 15th hole at the Lincoln Park (East) Golf Course, Oklahoma City, Sept. 19. Both are 68.
Youngest
Aaron Davis, 15, Kissimmee, Fla., on the 496-yard second hole at the Overoaks Country Club, Kissimmee, July 23.

Mike Hulbert had a double-eagle during the AT&T Pebble Beach National Pro-Am.

ALL-TIME DOUBLE EAGLE RECORDS
Only 2s on par 5s (not holes-in-one on par 4s).
Longest by man
647 yards, by Chief Petty Officer Kevin W. Murray on the second hole at the Guam Navy Golf Club in 1982. (This could be termed a triple eagle since USGA yardage guidelines designate holes of over 575 as par 6s.)
Longest by woman
474 yards, by Mickie Hespe at the 10th hole of the Norfolk (Neb.) Country Club in 1981.
Most in career
10, by Mancil Davis, professional at The Woodlands C.C. in suburban Houston.
Oldest
Luke Sewell, 74, Akron, Ohio, in 1975.
Youngest
All 13: Tommy Moore, Hagerstown, Md., in 1975; Robert Preston, Houston, in 1974; Kelly French, Timberville, Va. in 1978.
By playing partners on same hole
The only reported instance of golfers in the same group scoring double eagles on the same par-5 hole came in 1982, when Louis Smith and Manuel Land scored 2s on the 483-yard fifth hole at the Pecan Valley Golf Club, San Antonio, Tex.
Same hole twice in two rounds, same day
The only reported instance of a golfer double-eagling the same par-5 hole in two rounds on the same day occurred Sept. 4, 1983; Oscar McCash, Jr., scored two 2s on the 471-yard, par-5 eighth hole at the 9-hole Decatur (Tex.) Country Club. He holed an 8-iron second the first time, a wedge the second.

RECORDS

1986 DOUBLE EAGLES

Twos on par-5 holes (471 yards for men, 401 for women), reported in 1985 before December 1, 1986

Clay Allen, Amarillo, TX, 507-yd. 16th, Ross Rogers Golf Course, Amarillo, TX.
Michael J. Almaguer, Overland Park, KS., 471-yd. 4th, River Oaks, Grandview, MO.
Jim R. Artman, Norman, OK., 515-yd., 16th, Westwood Park, Norman, OK.
Fred Avant, Alexandria, IN., 472-yd. 16th, Palmetto Pines Golf Course, Parrish, Fl.
George Bailey III, Mt. Laurel, NJ., 526-yd. 10th, Golden Pheasant Golf Course, Medford, NJ.
Harvey R. Bailey, Mason City, IA., 488-yd. 15th, Highland Park, Mason City, IA.
James Lynn Barker, McKenzie, TN., 489-yd. 7th, Carroll Lake G.C., McKenzie, TN.
Bill Beach, Jr., Orange Park, FL., 495-yd. 2nd, Rosemont Golf & Country Club, Orlando, FL.
Bobbie Beattie, Pompano Beach, FL., 403-yd. 10th, Pompano Beach C.C., Pompano Beach, FL.
John Becker, Hayward, WI., 471-yd. 13th, Hayward Golf and Tennis Club, Hayward, WI.
Richard A. Bedard, Miamisburg, OH., 480-yd. 15th, River Bend G.C., Miamisburg, OH.
Edward Benkowski, Carthage, NC., 482-yd. 17th, Hyland Hills Golf Resort, Southern Pines, NC.
Richard Bergo, Minneapolis, MN., 505-yd. 6th, Crow River Country Club, Hutchinson, MN.
Jim Bice, Missoula, MT., 527-yd. 5th, Missoula Country Club, Missoula, MT.
Ed Bishop, Medford, OR., 479-yd. 16th, Rogue Valley C.C., Medford, OR.
Joe Blanton, Toledo, OH., 475-yd., 15th, Tamaron C.C., Toledo, OH.
Tim Bodnar, Gaithersburg, MD., 520-yd. 11th, Cacapon State Park, Berkeley Springs, WV.
Hugh Box, Lubbock, TX., 570-yd. 10th, Meadowbrook Golf Course, Lubbock, TX.
Jim Boyles, Charlotte, NC., 478-yd. 4th, Pine Lake Country Club, Charlotte, NC.
Rick Brandt, Yakima, WA., 535-yd. 14th, Suntides Golf Course, Yakima, WA.
Wade Breunig, Sauk City, WI., 519-yd. 2nd, Lake Wisconsin Country Club, Prairie du Sac, WI.
Dave Britton, Langley, WA., 484-yd. 8th, Useless Bay Golf & C.C., Langley, Wa.
Clark Bryant, Beavercreek, OH., 494-yd. 12th, Greene Country Club, Fairborn, OH.
Edmund T. Buckman, Washington, N.C., 494-yd. 3rd, Washington Yacht & C.C., Washington, NC.
Mike J. Burns, Livonia, MI., 504-yd. 9th, Tomac Woods, Albion, MI.
Skip Butkiewicz, El Paso, TX., 515-yd. 2nd, Cielo Vista Municipal G.C., El Paso, TX.
Benny Byrd, San Diego, CA., 497-yd. 7th, Bonita Golf Course, Bonita, CA.
Jack P. Byrd, Cleveland, TN., 485-yd. 14th, Cleveland Country Club, Cleveland, TN.
Chris Cascino, Johnstown, PA., 497-yd. 3rd, Berkley Hills, Johnstown, PA.

Fran A. Chiliak, Cedar Rapids, IA., 500-yd. 11th, Twin Pines Golf Course, Cedar Rapids, IA.
Tony L. Christian, Oklahoma City, OK., 489-yd. 15th, Lincoln Park G.C., Oklahoma City, OK.
Bob Cicora, Sarasota, Fl., 475-yd. 18th, Rolling Green, Sarasota, FL.
John Cobick, Amos, Quebec, Canada, 493-yd. 12th, Noranda Golf and Country Club, Noranda, Quebec.
Greg Collins, Leona Valley, CA., 496-yd. 9th, Antelope Valley C.C., Palmdale, CA.
John Cooper, Watsonville, CA., 523-yd. 17th, Spring Hills Golf Course, Watsonville, CA.
Joseph Cordera, Houston, TX., 490-yd. 17th, Memorial Park, Houston, TX.
Ronald Corrins, Swift Current Sask., Canada, 477-yd. 5th, San Marcos, Chandler, AZ.
Robert Cox, Laverne, TN., 475-yd. 5th, Ravenwood Club, Donelson, TN.
R.E. Craig, Missouri City, TX., 497-yd. 18th, Riverbend Country Club, Stafford, TX.
George M. Crescio, San Francisco, CA., 473-yd. 1st, Olympic Club, San Francisco, CA.
Jim Crocker, Idaho Falls, ID., 515-yd. 6th, Pinecrest, Idaho Falls, ID.
Greg Cross, Wilmington, NC., 490-yd. 10th, Topsail Greens, Hampstead, N.C.
Dennis Crouser, St. Joseph, MO., 502-yd. 17th, St. Joseph C.C., St. Joseph, MO.
Aaron Davis, Kissimmee, FL., 496-yd. 2nd, Overoaks Country Club, Kissimmee, FL.
S. James Davis, Vienna, WV., 494-yd. 18th, Riverside Golf Club, Mason, WV.
Kelly Delay, Universal City, TX., 550-yd. 5th, Woodlake C.C., San Antonio, TX.
Mark Demorest, Arnolds Park, IA., 517-yd. 4th, Emerald Hills Golf Course, Arnolds Park, IA.
Mike Derus, Appleton, WI., 477-yd. 16th, Appleton Reid Muni., Appleton, WI.
Bob Detour, Cameron Park, CA., 509-yd. 2nd, Cameron Park C.C., Cameron Park, CA.
Gene Dishner, Midlothian, VA., 496-yd. 4th, Brandermill C.C., Midlothian, VA.
Richard R. Dobson, Minot N.D., 495-yd. 9th, Minot Air Force Base G.C., Minot, ND.
Harry A. Dolske, Park Forest, IL., 491-yd. 14th, Lincolnshire C.C. (East Course), Crete, IL.
Robert B. Duncan, Salt Lake City, UT., 528-yd. 14th, Bonneville Golf Course, Salt Lake City, UT.
C. Larry Eavenson, Crossville, TN., 475-yd. 9th, Lake Tansi Village, Crossville, TN.
Dave Edlund, Sandy, UT., 520-yd. 7th, Bonneville Golf Course, Salt Lake City, UT.
Larry D. Elbert, Cedar Rapids, IA., 529-yd. 13th, Keystone Ranch Golf Course, Dillon, CO.
Cory Elison, Bella Vista, AR., 480-yd. 14th, Carthage Municipal, Carthage, MO.
Mark Ethridge, Eastman, GA., 520-yd. 14th, Dodge County Golf Club, Eastman, GA.
John Evans, Bettendorf, IA., 498-yd. 13th, Davenport Country Club, Pleasant Valley, IA.
Chuck Fagan, Duncansville, PA., 522-yd. 4th, Park Hills C.C., Altoona, PA.

RECORDS

James A. Farmer, Ft. Worth, TX., 476-yd., 13th, Meadowbrook Golf Course, Ft. Worth, TX.
Scott R. Ferguson, Gainesville, FL., 486-yd. 16th, University of Florida G.C., Gainesville, FL.
Jim Ferrin, Sacramento, CA., 480-yd. 8th, Dry Creek G.C., Galt, CA.
John E. Feverer, Philadelphia, PA., 542-yd. 3rd, Bensalem C.C., Bensalem, PA.
Stephen Fingeroos, Mt. Iron, MN., 483-yd. 1st, Virginia Municipal G.C., Virginia, MN.
Jerry Fisher, Salt Lake City, UT., 565-yd. 3rd, Willow Creek C.C., Salt Lake City, UT.
John J. Fleming, North Huntingdon, PA., 520-yd. 6th, Irwin Country Club, Irwin, PA.
Jack T. Floyd, Florissant, MO., 485-yd. 3rd, Rivers Edge Golf Club, Granite City, IL.
Chris Fogarty, Savannah, GA., 490-yd. 11th, La Vida Country Club, Savannah, GA.
David Fox, Pittsburgh, PA., 477-yd. 9th, Churchill Valley C.C., Penn Hills, PA.
Randy Fox, Framingham, MA., 500-yd. 14th, Franklin Country Club, Franklin, MA.
Ken Frank, So. St. Paul, MN., 496-yd. 15th, Valleywood G.C., Apple Valley, MN.
Robert C. Fretwell, Crownsville, MD., 475-yd. 7th, Eisenhower Golf Course, Crownsville, MD.
Lawrence Friedman, Louisville, KY., 472-yd. 2nd, Crescent Hill Golf Club, Louisville, KY.
Roger Fulton, Lewiston, ID., 494-yd. 6th, Lewiston Golf & C.C., Lewiston, ID.
Jim Gable, Oklahoma City, OK., 471-yd. 6th, Hefner South, Oklahoma City, OK.
Donald D. Gary, El Paso, TX., 500-yd. 9th, El Paso Country Club, El Paso, TX.
John C. Gauck, Grand Rapids, MI., 479-yd. 4th, Greenville Country Club, Greenville, MI.
Ruby J. Gibson, Littleton, CO., 416-yd. 7th, South Suburban Golf Course, Littleton, CO.
Charles Gilcrest, Mililani, HI., 476-yd. 12th, Kalakaua, Wahiawa, HI.
Jack Glatthaar, Holiday, FL., 525-yd. 6th, Forest Hills Golf & Country Club, Holiday, FL.
George E. Goodwin, Lynchburg, VA., 480-yd. 17th, Greenbrier Valley C.C., Lewisburg, WV.
Joseph Goss, Syracuse, NY., 488-yd. 16th, Camillus C.C., Camillus, NY.
David Gratton, Wahiawa, HI., 471-yd. 1st, Kalakaua Golf Course, Schofield Bks., HI.
Jack Griffin, Pascoag, RI., 512-yd. 13th, Raceway Golf Club, Thompson, CT.
Stephen W. Haas, Negaunee, MI., 500-yd. 3rd, Wawanowin Country Club, Ishpeming, MI.
Harry Haedt, Bettendorf, IA., 502-yd. 2nd, Palmer Hills, Bettendorf, IA.
Tracy Haley, Columbia, SC., 526-yd. 1st, Lexington C.C., Lexington, SC.
Wayne J. Hallenbeck, Jr., Belmont, CA., 490-yd. 13th, Pasatiempo G.C., Santa Cruz, CA.
Tommy Hamby, Lanett, AL., 568-yd. 6th, Riverside C.C., Lanett, AL.
Lonny Hammond, San Luis Obispo, CA., 479-yd. 6th, Chalk Mountain G.C., Atascadero, CA.
Loy Hampton, Portales, NM., 531-yd. 18th, Portales Country Club, Portales, NM.
Lou Weddington Hart, Meridian, MS., 412-yd. 8th, Briarwood C.C., Meridian, MS.
Bob Hayes, Sunrise, FL., 548-yd. 13th, Broken Woods C.C., Coral Springs, FL.
Alan J. Hedlund, Gaithersburg, MD., 490-yd. 6th, Lakewood C.C., Rockville, MD.
Tim Heffner, Wilmington, NC., 490-yd. 1st, Topsail Greens, Hampstead, NC.
Bob Hensel, Mobile, AL., 480-yd. 5th, Gulf Pines, Mobile, AL.
Jesse J. Henman, Jackson, MI., 480-yd. 9th, Lakeland Hills, Jackson, MI.
Greg Herman, Franklin, TN., 526-yd. 8th, Temple Hills Golf & C.C., Franklin, TN.
Gary Hess, Idaho Falls, ID., 476-yd. 3rd, Pinecrest, Idaho Falls, ID.
Andrew Hewitt, Claysville, PA., 565-yd. 8th, Butlers Golf Course, Elizabeth, PA.
Sam Hicks, Monterey, TN., 487-yd. 8th, Cumberland Cover G.C., Monterey, TN.
James E. Hingtgen, Ft. Collins, CO., 565-yd. 7th, City Park Nine, Ft. Collins, CO.
Daniel Hogan, Sedona, AZ., 573-yd. 3rd, Village of Oak Creek C.C., Sedona, AZ.
Robert Holcomb, Amarillo, TX., 525-yd. 8th (east), Ross Rogers Golf Course, Amarillo, TX.
Frank J. Holleran, Plainview, NY., 490-yd. 7th, IBM Country Club, Port Washington, NY.
Stephen C. Holmston, Ogden, UT., 520-yd. 6th, Ben Lomond Golf Course, Harrisville, UT.
J.R. Holt, Madisonville, KY., 475-yd. 1st, Madisonville City Park, Madisonville, KY.
Soo Hong, Williamsport, PA., 495-yd. 18th, Williamsport Country Club, Williamsport, PA.
Robert E. Horvath, South Bend, IN., 535-yd. 15th, Elbel Park G.C., South Bend, IN.
Bill Houchin, Lubbock, TX., 531-yd. 18th, Portales Country Club, Portales, NM.
Kenneth R. Hunt, East Longmeadow, MA., 517-yd. 8th, Hampden Country Club, Hampden, MA.
Eugene R. Iacona, Hauppauge, NY., 580-yd. 12th, Colonie Hill Golf Club, Hauppauge, NY.
B.R. Jackson, Red Springs, NC., 479-yd. 6th, Greensboro C.C., Greensboro, NC.
John Jackson, Overland Park, KS., 493-yd. 6th, Brookridge Country Club, Overland Park, KS.
A.J. James, LaPlace, LA., 521-yd. 15th, Belle Terre C.C., LaPlace, LA.
Tom Jefferson, Las Vegas, NV., 500-yd. 17th, John F. Kennedy, Denver, CO.
Dave Jones, Medford, OR., 479-yd. 2nd, Cedar Links, Medford, OR.
David A. Jones, Mauldin, SC., 475-yd. 2nd, Carolina Springs Golf & C.C., Fountain Inn, SC.
Kenneth Jones, Akron, OH., 492-yd. 13th, Pine Valley Golf Club, Wadsworth, OH.
Sid Kale, Sherrills Ford, NC., 505-yd. 16th, Mallard Head Country Club, Mooresville, NC.
Les Kamke, Minot, ND., 471-yd. 4th, Minot AFB Golf Course, Minot AFB, ND.

RECORDS

Brian Kamm, Sun City Center, FL., 493-yd. 16th, Bloomingdale Golfers Club, Valrico, FL.

Matt Kanarick, Chadron, NE., 535-yd. 4th, Ridgeview Country Club, Chadron, NE.

John Thomas Kaplinski, Kalamazoo, MI., 528-yd. 9th, Thornapple Creek, Kalamazoo, MI.

Robin N. Kemp, Pacific Palisades, CA., 502-yd. 5th, Ironwood C.C., Palm Desert, CA.

Thomas Kessler, Boonville, NY., 486-yd. 4th, Countryside G.C., Boonnville, NY.

Ron Kirsch, Gaylord, MI., 482-yd. 4th, Winthrop G.C., Winthrop, MI.

Eugene Knaus, Latrobe, PA., 500-yd. 12th, Norvelt Golf Club, Mt. Pleasant, PA.

Jim Knazek, Solon, OH., 475-yd. 7th, Grantwood Recreation Park, Solon, OH.

Nelson I. Korchak, Los Angeles, CA., 518-yd. 10th, Rancho La Costa-North, Carlsbad, CA.

Richard C. Kovacs, Easton, PA., 534-yd. 16th, Green Pond Country Club, Bethlehem, PA.

Brian Kovar, St. Mary's, KS., 473-yd. 6th, St. Marys Public G.C., St. Marys, KS.

Nick Kozinko, Greensburg, PA., 500-yd. 12th, Norvelt G.C., Mt. Pleasant, PA.

William B. Krause Sr., Hanover Park, IL., 502-yd. 15th, St. Andrews C.C., W. Chicago, IL.

Romeo Laberge, Portland, ME., 477-yd. 17th, Old Orchard Beach C.C., Old Orchard Beach, ME.

Ted Lacy, Lodi, CA., 483-yd. 11th, Elkhorn Country Club, Stockton, CA.

Edward Laders, Fanwood, NJ., 471-yd. 5th, Ash Brook Golf Club, Scotch Plains, NJ.

Ed LaMont Jr., Houston, TX., 535-yd. 18th, Hearthstone C.C., Houston, TX.

George LaPenna, Hewett Bay Park, NY., 485-yd. 9th, Dodger Pines C.C., Vero Beach, FL.

Christopher Shawn Lanzillo, Forth Worth, TX., 480-yd. 2nd, Hurricane Creek C.C., Anna, TX.

F.C. Lawrence, Duncan, OK., 532-yd. 2nd, Arizona Biltmore G.C., Phoenix, AZ.

Bud Likes, Sparks, NV., 521-yd. 15th, Tahoe Donner, Truckee, CA.

Steve Linnerson, Mesa, AZ., 500-yd. 18th, Broadmoor South, Colorado Springs, CO.

Edward P. Litecky, Cheyenne, WY., 524-yd. 5th, Cheyenne Country Club, Cheyenne, WY.

Jerry Little, Portland, OR., 483-yd. 6th, Riverside Golf & Country Club, Portland, OR.

George Lubanko, Yorba Linda, CA., 491-yd. 9th, Yorba Linda G.C., Yorba Linda, CA.

Kenneth M. Lusht, St. College, PA., 508-yd. 14th, Penn State Blue Course, University Park, PA.

Craig L. McBee, Mission Viejo, CA., 478-yd. 17th, San Juan Hills C.C., San Juan Capistrano, CA.

C. Ray McCulloch, New Brighton, MN., 472-yd. 18th, Indian Hills Golf Club, Stillwater, MN.

William McDonald, Marion, IA., 480-yd. 1st, Willow Run Country Club, Denver, IA.

Dick McGrath, Campbell, CA., 519-yd. 1st, Seascape, Aptos, CA.

George M. McLeod III, Chesterfield, VA., 478-yd. 12th, Stonehenge Golf & C.C., Midlothian, VA.

Dennis McLaughlin, Clairon, PA., 475-yd. 8th, The Pinecrest C.C., Brookville, PA.

Norman Manley, Long Beach, CA., 502-yd. 8th, Indian Hills Golf Course, Riverside, CA.

Dan Marino, Miami, FL., 518-yd. 2nd, Doral Park Silver Course, Miami, FL.

James W. Martin, Reading, PA., 525-yd. 4th, Exeter Golf Course, Reading, PA.

R.V. Martin III, Towanda, PA., 480-yd. 15th, Towanda Country Club, Towanda, PA.

Paul Masters, Elida, OH., 508-yd. 17th, Country Acres Golf Club, Ottawa, OH.

Kevin F. Matroni, Lancaster, PA., 502-yd. 15th, Overlook Golf Course, Lancaster, PA.

Gene Mattare, Va. Beach, VA., 483-yd. 8th, Princess Anne C.C., Va. Beach, VA.

Kristos V. Mavromatis, Spring Valley, CA., 510-yd. 4th, Bonita G.C., Bonita, CA.

Earl N. Maxey, Cincinnati, OH., 525-yd. 1st, Shaker Run, Lebanon, OH.

Thomas N. Mercer, Troy, OH., 471-yd. 15th, Miami Shores G.C., Troy, OH.

Stiles Meredith, Crystal Lake, IL., 535-yd. 2nd, Pinecrest Golf & C.C., Huntley, IL.

Bill Milne, Buena Park, CA., 504-yd. 13th, Los Coyotes, C.C., Buena Park, CA.

Terry A. Modlin, Ashville, NC., 475-yd. 2nd, Country Club of Asheville, Asheville, NC.

Craig Mohr, Oregon City, OR., 471-yd. 6th, Colwood, Portland, OR.

Gary Monfre, Waukesha, WI., 481-yd. 14th, Kettle Moraine G.C., Dousman, WI.

William Moorhouse, Glen Ellyn, IL., 479-yd. 5th, Country Lakes, Naperville, IL.

Steve Mores, Harlan, IA., 531-yd. 4th, Harlan Golf & C.C., Harlan, IA.

Tom Morgan, Aurora, IL., 498-yd. 1st, Phillips Park G.C., Aurora, IL.

Brian Morin, Sunnyside, WA., 485-yd. 10th, Lower Valley Golf Club, Sunnyside, WA.

Rob Mullin, Scottsbluff, NE., 519-yd. 9th, Scotts Bluff C.C., Scottsbluff, NE.

Bob Nelson, Winston-Salem, NC., 493-yd. 9th, Colonial Country Club, Thomasville, NC.

Frank E. Newsome, Anderson, IN., 514-yd. 16th, Yule, Alexander, IN.

Curtis Nichols, Lanton, UT., 495-yd. 8th, Davis Park, Fruit Heights, UT.

Timothy Nielsen, Portland, OR., 476-yd. 12th, Colwood National, Portland, OR.

Ken Nugent, Greenfield, IN., 482-yd. 16th, Greenfield Country Club, Greenfield, IN.

James Null, Lincoln, NE., 500-yd. 11th, Mahoney, Lincoln, NE.

Joseph Olson, Portland, OR., 488-yd. 15th, Glendover, Portland, OR.

M.G. Orender, Valrico, FL., 497-yd. 2nd, Diamond Hill, Valrico, FL.

Thomas M. Pace, Draper, UT., 520-yd. 7th, Bonneville, Salt Lake City, UT.

Edward V. Parese, West Caldwell, NJ., 522-yd. 12th, Glen Ridge C.C., Glen Ridge, NJ.

RECORDS

John Pate, Salvang, CA., 478-yd. 9th, LaCumbre Golf Course, Santa Barbara, CA.
Paul S. Patrick, Newport, OR., 474-yd. 9th, Agate Beach, Newport, OR.
David Patronik, Hamburg, NY., 491-yd. 5th, Cazenovia Golf Course, Buffalo, NY.
Dennis J. Patterson, West Bloomfield, MI., 502-yd, 3rd, Pontiac Country Club, Pontiac, MI.
Andrew Pavlik, Mt. Pleasant, PA., 495-yd. 2nd, Norvelt Golf Club, Mt. Pleasant, PA.
Ed Perales, Austin, TX., 479-yd. 11th, Bergstrom Golf Course, Austin, TX.
David T. Perkins, Yukon, OK., 512-yd. 7th, Westbury C.C., Yukon, OK.
Robert H. Perrea, Easthampton, MA., 485-yd. 12th, Southampton Country Club, Southampton, MA.
Joe N. Peters, Patterson, LA., 515-yd. 6th, Glendor Golf & C.C., Franklin, LA.
Nick Peters, Birmingham, AL., 506-yd., 2nd, Vestavia Country Club, Birmingham, AL.
John F. Piersol, Morrison, IL., 485-yd. 2nd, Morriston C.C., Morrison, IL.
Tim Poe, Warrensburg, MO., 478-yd. 1st, Keth Memorial Golf Course, Warrensburg, MO.
Robert F. Potter Jr., Mt. Laurel, NJ., 505-yd. 1st, Merchantville C.C., Cherry Hill, NJ.
Jean Paul Poulin, Schenectady, NY., 487-yd. 4th, Binghamton Country Club, Endwell, NY.
Mike Preiss, Fenton, MI., 492-yd. 13th, Tyrone Hills, Fenton, MI.
Ludvic Presto, Greenwich, CT., 484-yd. 17th, Westchester Hills G.C., White Plains, NY.
Steve Pugh, San Jose, CA., 502-yd. 12th, Poppy Hills G.C., Pebble Beach, CA.
Alex Rachunor, Hampstead, NC., 515-yd. 9th, Topsail Greens, Hampstead, NC.
Louis Rapalino, Parsons, KS., 537-yd. 17th, Parsons Country Club, Parsons, KS.
Steve Richard, Johnstown, PA., 548-yd. 8th, Windber C.C., Windber, PA.
Clem Richardson Jr., Salinas, CA., 482-yd. 16th, Corral de Tierra C.C., Salinas, CA.
Kelly Riffe, Midwest City, OK., 485-yd. 18th, Trosper Park Golf Course, Oklahoma City, OK.
Lawrence A. Riggio, Alamo, CA., 485-yd. 18th, Round Hill C.C., Alamo, CA.
W.H. Rightmyer Jr., Owensboro, KY., 474-yd. 3rd, Windridge Country Club, Owensboro, KY.
Carl Rodekohr, Cheyenne, WY., 528-yd. 12th, Cheyenne C.C., Cheyenne, WY.
Herm Rollin, East Tawas, MI., 496-yd. 15th, Lake Wood Shores, Oscoda, MI.
Rick Rosenberger, New Kensington, PA., 482-yd. 2nd, Cloverleaf, Delmont, PA.
James Rowles, Lancaster, CA., 490-yd. 18th, Antelope Valley C.C., Palmdale, CA.
John Rush, Florissant, MO., 480-yd. 1st, St. Charles G.C., St. Charles, MO.
Donald J. Sabia, Jacksonville Beach, FL., 550-yd. 10th, Marion Lake Club, Nebo, NC.
Steve Sabo, Worthington, OH., 472-yd. 9th, Worthington Hills C.C., Worthington, OH.

Terry P. Saltas, Bingham, UT., 515-yd. 5th, Mountain View, West Jordan, UT.
Scott Saunders, Oregon, OH., 481-yd. 6th, Valleywood Golf Club, Swanton, OH.
Basil Scanlan, Noranda, Quebec, 483-yd. 7th, Golf Noranda, Noranda, Quebec
Robert Schachner, Danville, IL., 493-yd. 7th, Danville C.C., Danville, IL.
Todd M. Schaefer, Grand Forks, ND., 547-yd. 17th, Grand Forks Country club, Grand Forks, ND.
Mark Schiffer, Scarsdale, NY., 508-yd. 14th, Quaker Ridge G.C., Scarsdale, NY.
Gary Schopf, Bothell, WA., 528-yd. 13th, Lake Padden, Bellingham, WA.
J.E. Schrader, Louisville, OH., 497-yd. 6th, Pleasant View, Paris, OH.
Walter F. Schroeder Jr., Ft. Wayne, IN., 473-yd. 9th, LaFontaine Golf Club, Huntington, IN.
Robert H. Schuh, Crofton, MD., 491-yd. 14th, Schuylkill Country Club, Orwigsburg, PA.
Robert E. Schwarz, Thompsontown, PA., 483-yd. 4th, Lost Creek G.C., Oakland Mills, PA.
James Norris Seal, Bean Station, TN., 520-yd. 6th, Clinchview G.&C.C., Bean Station, TN.
Luke Semmelrock, Pomfret Center, CT., 484-yd. 6th, Willimantic C.C., Willimantic, CT.
Brooke W. Shoffner, York, PA., 475-yd. 17th, Grandview Golf Course, York, PA.
Dan Simpson, South Roxana, IL., 475-yd. 8th, American Legion Post 199, Edwardsville, IL.
Hershel Smith, Amarillo, TX., 527-yd. 2nd, Ross Rogers, Amarillo, TX.
Howard L. Smith, Golden Valley, MN., 523-yd. 3rd, Dahlgren Golf, Chaska, MN.
Hugh Smith, Wayne, NJ., 519-yd. 7th, Americana Great Gorge G.C., McAfee, NJ.
Kurt Smith, Clinton, MO., 490-yd. 14th, Meadow Lake C.C., Clinton, MO.
Richard E. Smith, Bethlehem, PA., 486-yd. 10th, Wedgewood Golf Course, Coopersburg, PA.
Abb N. Sneed, Oklahoma City, OK., 489-yd. 15th, Lincoln Park Golf Course, Oklahoma City, OK.
David Snyder, Coraopolis, PA., 472-yd. 3rd, Montour Heights C.C., Coraopolis, PA.
Tom Sollars, Fort Thomas, AZ., 476-yd. 5th, Mt. Graham G.C., Safford, AZ.
Richard Sparks, High Point, NC., 482-yd. 2nd, Blair Park Golf Course, High Point, NC.
Roy Stafford, Naperville, IL., 514-yd. 5th, Springbrook Golf Course, Naperville, IL.
Andrew Stasko, Macungie, PA., 476-yd. 12th, Brookside C.C. of Allentown, Macungie, PA.
Tom Staugh, Ottawa Lake, MI., 485-yd. 18th, White Ford Valley G.C., Ottawa Lake, MI.
John T. Stefanik, Webster, MA., 512-yd. 13th, Raceway Golf Club, Thompson, CT.
Art Steinke, Grand Forks, ND., 500-yd. 14th, Grand Forks Country Club, Grand Forks, ND.
Erle Stephens, Etobicoke, Ontario., 477-yd. 9th, St. Georges Golf, Etobicoke, Ontario.
Wayne Stephenson, Calgary, Alberta, Canada, 555-yd. 16th, Bearspaw C.C., Calgary, Alberta, Canada.

RECORDS

Mark Stillings, Memphis, TN., 520-yd. 17th, Windyke C.C., Germantown, TN.
G. Mitchell Stockdale, Newark, OH., 520-yd. 11th, Granville G.C., Granville, OH.
David T. Stone, Fountain Valley, CA., 488-yd, 7th, Green River, Corona, CA.
Arthur Stoner, Brownsburg, IN., 476-yd. 6th, Community Golf Course, Pittsboro, IN.
Dennis Sujdovic, San Pedro, CA., 545-yd. 2nd, Riviera C.C., Pacific Palisades, CA.
Jack Sullivan, Mantua, NJ., 475-yd. 7th, Pitman Golf Club, Pitman, NJ.
Roger J. Swanson, Arvada, CO., 512-yd. 7th, Applewood Golf Course, Golden, CO.
Joel Sweet, Midlothian, VA., 495-yd. 5th, Brandermill C.C., Midlothian, VA.
Norm Tahan, Warner Robins, GA., 495-yd. 18th, W.R. International G.C., Warner Robins, GA.
Calvin P. Tatum, Atlanta, GA., 479-yd. 12th, Atlanta Athletic Club, Duluth, GA.
Jim Troutfetter, Minnetonka, MN., 532-yd. 6th, Souris Valley, Minot, ND.
Bill Turlington, Wasilla, Alaska, 506-yd. 8th, Settler's Bay Golf Course, Wasilla, Alaska
Louis Valdez, Westlake Village, CA., 488-yd. 12th, Los Robles Golf Course, Thousand Oaks, CA.
Russell K. Van Vleet, Salt Lake City, UT., 480-yd. 8th, Davis Park, Kaysville, UT.
William M. Ver Brugge, Foster City, CA., 520-yd. 5th, Cheyenne Country Club, Cheyenne, WY.
Perry Verdecchia, Windsor, Ontario, 502-yd 2nd, Roseland Golf & Curling Club, Windsor, Ont. Canada
Bob Vukovich, Poland, OH., 590-yd. 5th, Rolling Hills G.C., Pulaski, PA.
Fred Wagner, Bradenton, FL., 490-yd. 5th, The Meadows C.C., Sarasota, FL.
Elmer E. White, Hutchinson, MN., 490-yd. 17th, Timber Creek, Watertown, MN.
Steve White, Cullowhee, NC., 477-yd. 3rd, Roan Valley Golf Estates, Mountain City, TN.
Randy Whitley, Stanfield, NC., 471-yd. 4th, Pine Lake C.C., Charlotte, NC.
James E. Williams, Cookeville, TN., 480-yd. 5th, Belle Acres G.C., Cookeville, TN.
John R. Williams, Mesa, AZ., 496-yd. 1st, Golden Hills, Mesa, AZ.
Doug Winders, Bettendorf, IA., 500-yd. 11th, Highland Springs, Rock Island, IL.
Jack K. Wohlers, Pensacola, FL., 500-yd. 15th, A.C. Read, Pensacola, FL.
Dale Wolfrom, Mt. Holly, NJ., 471-yd. 9th, Golden Pheasant Golf Club, Medford, NJ.
Kim W. Wood, Mtn. Home AFB, ID., 499-yd. 10th, Nellis AFB Golf Course, Nellis AFB, NV.
Dick Woodall, Topeka, KS., 501-yd. 16th, Lake Shawnee G.C., Topeka, KS.
Rick Woody, Knoxville, TN., 515-yd. 3rd, Lakeside Golf Course, Kingston, TN.
Dean W. Wyatt, Clatskanie, OR., 505-yd. 5th, Three Rivers Golf Course, Kelso, WA.
Stephen J. Wydysh, Pittsford, NY., 482-yd. 10th, Shadow Lake Golf & Racquet Club, Penfield, NY.

Walter F. Yielding, Marine City, MI., 505-yd. 6th, Pine Brook G.C., Richmond, MI.
Rick York, Vernal, UT., 472-yd 2nd, Dinaland Golf Course, Vernal, UT.
Kenneth Carl Young, Cookeville, TN., 480-yd. 5th, Belle Acres Golf Course, Cookeville, TN.
Paul M. Zaido, Reading, MA., 473-yd. 11th, Salem Country Club, Peabody, MA.

1986 DOUBLE EAGLES/ACES ON PAR-4 HOLES
(251 yards or more for men; 211 for women)

Art Allen, Endwell, NY., 284-yd. 8th, Endwell Greens C.C., Endwell, NY.
Wayne Alphin, Middletown, DE., 292-yd. 8th, Arrowhead G.Cse., Douglassville, PA.
Curt Anderson, Alcester, SD., 255-yd. 5th, Alcester, G.C., Alcester, SD.
Thomas Andler, Honolulu, HI., 290-yd. 8th, Leilehua G.C., Wahiawa, HI.
Butch Bach, Morristown, TN., 289-yd. 4th, Clinch View G. & C.C., Bean Station, TN.
Bernard Barnes, RD 4, Slippery Rock, PA., 255-yd. 14th, Sham Rock, Slippery Rock, PA.
Barney Bedford, Fort Worth, TX., 270-yd. 1st, Carswell AFB G.C., Fort Worth, TX.
Otto Bejcek, Dallas, TX., 258-yd. 6th, Brookhaven C.C., Dallas, TX.
Steve Belk, Tupelo, MS., 300-yd. 4th, Okolona C.C., Okolona, MS.
Russell Blex, Auburn, NE., 266-yd. 3rd, Auburn C.C., Auburn, NE.
Randy Brannan, Knoxville, TN., 265-yd. 25th, Wallace Hills G.C., Maryville, TN.
Pete Brooks, Flint, MI., 305-yd. 16th, Torrey Pines C.C., Fenton, MI.
Stanley Bremen, Willoughby, OH., 330-yd. 1st, Parkview G.C., Mayfield Village, OH.
Steven Brown, Chandler, AZ., 340-yd. 14th, Arizona Biltmore C.C., Phoenix, AZ.
Dennis Campbell, Saluda, SC., 335-yd. 8th, Cedar Springs G.C., Greenwood, S.C.
Jakie Carter, Enfield, IL., 255-yd. 3rd, McLeansboro G.C., McLeansboro, IL.
Buz Cash, Hershey, PA., 300-yd. 2nd, Tree Top, Manheim, PA.
Jeff Chandler, Edgewater, MD., 307-yd. 16th, Bowie G. & C.C., Bowie, MD.
Calvin Clabaugh, Garrett, IN., 260-yd. 18th, Garrett C.C., Garrett, IN.
Scott Colville, Clare, MI., 295-yd. 6th, St. Ignace G.C., St. Ignace, MI.
Joe Courtney, Langhorne, PA., 320-yd. 7th, Bensalem C.C., Bensalem, PA.
John Cowan, Kansas City, MO., 279-yd. 11th, Riverside C.C., Trenton, MO.
Don Crandall, Monroe, NC., 320-yd. 11th, White Plains C.C., Pageland, SC.
J. Gage Cross, Greenwich, NJ., 255-yd. 3rd, Holly Hills, Alloway, N.J.

RECORDS

John Curtis, Elk River, NM., 288-yd. 13th, Mill Run, Eau Claire, WI.
John Dickson, Oklahoma City, OK., 355-yd. 3rd, Lincoln Park, Oklahoma City, OK.
David Dixon, Adrian, MI., 269-yd. 4th, Woodlawn G.C., Adrian, MI.
Frank Dolven, Crystal Lake, IL., 311-yd. 5th, Randall Oaks G.C., Dundee, IL.
Marty Donato, Hurst, TX., 285-yd. 8th, Timber View G.C., Ft. Worth, TX.
Joe Ahina Drive, Kailua, HI., 252-yd. 7th, Hawaii C.C., Wahiawa, HI.
Bud Dunaway, Akron, OH., 255-yd. 24th, Turkeyfoot G. Links, Akron, OH.
Sylvan Easler, Allison Park, PA., 390-yd. 12th, Hiland G.C., Butler, PA.
Wendy Ehrlich, West Hartford, CT., 207-yd. 10th, Manchester C.G., Manchester, CT.
Terrence Fahey, Indianapolis, IN., 298-yd. 9th, Pleasant Run G.C., Indianapolis, IN.
William Fallon, S. Boston, MA., 255-yd. 8th, Chatham Bars Inn, Chatham, MA.
Henry Frahm, Schuyler, NE., 310-yd. 9th, St. Marys Public, St. Marys, KS.
Larry Frye, Pittsburgh, PA., 271-yd. 1st, Venango Trail G.C., Warrendale, PA.
Charles Garrett, St. Maries, ID., 297-yd. 6th, St. Maries G.C., St. Maries, ID.
Terry Grawin, Mt. Prospect, IL., 285-yd. 2nd, Tam G.C., Niles, IL.
Alton Green, Temple, TX., 266-yd. 10th, Leon Valley, Belton, TX.
William Gautreau, Palmetto, FL., 300-yd. 12th, Palmetto Pines, Parrish, FL.
Duane Hammack, Farmington, NM., 335-yd. 16th, San Juan C.C., Farmington, NM.
Joe Heeter, Mission, KS., 269-yd. 5th, Tomahawk Hills G.C., Shawnee, KS.
Michael Hockenberry, Bloomington, IL., 275-yd. 15th, Highland Park, Bloomington, IL.
David Hoggard, Hernando, FL., 308-yd. 1st, Citrus Hills G.C., Hernando, FL.
Jay Hoover, Greensboro, NC., 300-yd. 9th, Blair Park, High Point, NC.
Gerald Howard, Florence, AL., 270-yd. 9th, Florence C.C., Florence, AL.
Joseph Hubbard, Calera, OK., 260-yd. 15th, Lake Texoma G.C., Kingston, OK.
James Hughes, Linville, N.C., 393-yd. 18th, Grandfather G.C., Linville, NC.
Reed Jacques, Wayne, PA., 255-yd. 1st, Meadowbrook G.C., Phoenixville, PA.
Dennis James, Murfreesboro, TN., 296-yd. 12th, Bent Creek, Gatlinburg, TN.
Russell Jameyson, Middleburg Hts., OH., 285-yd. 5th, Astorhurst C.C., Walton Hills, OH.
Keith Joachim, Parkersburg, WV., 293-yd. 10th, Worthington G.C., Parkersburg, WV.
Craig Johnson, Orange, CA., 270-yd. 4th, Santiago G.C., Orange, CA.
Gary Johnson, St. Peters, MO., 346-yd. 5th, St. Charles, St. Charles, MO.

Michael Johnson, Cameron, MO., 286-yd. 9th, Cameron Memorial G.C., Cameron, MO.
Jerry Johnston, Redmond, WA., 316-yd. 4th, Snoqualmie Falls, Fall City, WA.
Kenneth Jones, Mesa, AZ., 255-yd. 9th, Fiesta Lakes, Mesa, AZ.
George Kerdolff, Wichita, KS., 269-yd. 5th, Tomahawk Hills G.C., Shawnee Mission, KS.
Curtis Knazick, Ramsey, NJ., 363-yd. 8th, Apple Ridge C.C., Mahwah, NJ.
Michael Lansford, Beaumont, TX., 283-yd. 18th, Bayou Din G.C., Beaumont, TX.
Carl Lawrence, Oak Bluffs, MA., 310-yd. 13th, Farm Neck G.C., Oak Bluffs, MA.
John Ledford, San Antonio, TX., 337-yd. 7th, Willow Springs, San Antonio, TX.
Cornelious Lefloria, Cleveland, OH., 319-yd. 18th, Grantwood, Solon, OH.
William Lewis, Mt. Vernon, IN., 270-yd. 7th, I.F.B.C. Refinery G.C., Mt. Vernon, IN.
Frank Lumpkin, Richmond, VA., 321-yd. 18th, Glenwood G.C., Richmond, VA.
Scott McKay, Coronado, CA., 280-yd. 18th, Sea 'N Air, San Diego, CA.
Keith McMahon, Amagansett, NY., 252-yd. 2nd, South Fork C.C., Amagansett, NY.
Stephen Mandak, New Kensington, PA., 264-yd. 8th, Oak Lake G.C., Apollo, PA.
Brad Manders, Adrian, MI., 269-yd. 4th, Woodlawn G.C., Adrian, MI.
Milton Marks, Hartsdale, NY., 319-yd. 11th, Sprain Lake, Yonkers, NY.
Jody Meade, Bluefield, WV., 287-yd. 7th, Princeton Elks C.C., Princeton, WV.
Jack Moore, Muscle Shoal, AL., 270-yd. 9th, Florence C.C., Florence, AL.
Craig Morgan, Armed Forces/Germany, 291-yd. 1st, Hanau G.C., Hanau, Germany.
Louis Morrell, Marlton Lake, NJ., 269-yd. 1st, Karakung, Philadelphia, PA.
Ernest Mullis, Evansville, IN., 292-yd. 4th, Helfrich Hills, Evansville, IN.
Robert Namejko, Alexandria, VA., 256-yd. 10th, Woodlawn C.C., Alexandria, VA.
Rocky Napier, Charleston, SC., 266-yd. 7th, Wild Dunes Harbor, Isle of Palms, SC.
Len Nelson, Philadelphia, PA., 321-yd. 9th, Oak Terrace C.C., Ambler, PA.
Dirk Oberbeck, Amarillo, TX., 370-yd. 13th, Ross Rogers G.C., Amarillo, TX.
Bob O'Leary, Kansas City, MO., 257-yd. 18th, Victory Hills C.C., Kansas City, KS.
Thomas Ormsby, Lockport, IL., 301-yd. 3rd, Mid Iron C., Lemont, IL.
Dennis O'Roark, Columbus, OH., 310-yd. 14th, Pine Hill G.C., Carroll, OH.
Eugene Osborne, North Wilkesboro, NC., 297-yd. 15th, Rock Creek C.C., North Wilkesboro, NC.
Mike Patakowski, Grange, IN., 285-yd. 9th, Erskine Park, South Bend, IN.
Greg Patton, Fresno, CA., 301-yd. 9th, Fig Garden, Fresno, CA.

RECORDS

Delmas Petrea, Kannapolis, NC., 310-yd. 1st. Stanly County C.C., Badin, NC.
Thomas Poole, Garden City, NY., 257-yd. 2nd, National Golf Links, Southhampton, NY.
Sidney Richardson, Salem, VA., 300-yd. 1st, Salem G.C., Salem, VA.
Sam Rothe, Wichita, KS., 254-yd. 2nd, Clapp, Wichita, KS.
Scott Rowe, Jamestown, ND., 306-yd. 16th, Jamestown C.C., Jamestown, ND.
Jerry Schultz, Helena, MT., 322-yd. 14th, Bill Roberts G.C., Helena, MT.
Richard Seay, Nashville, TN., 255-yd. 3rd, Warner G.C., Nashville, TN.
Jeff Shield, Melfa, VA., 255-yd. 10th, Eastern Shore C.C., Melfa, VA.
Chip Smith, Matthews, NC., 292-yd. 8th, Oak Island C., Caswell Beach, NC.
Marty Smith, Lewisburg, WV., 283-yd. 3rd, Greenbrier Valley, Lewisburg, WV.
Walter Smith, Macon, GA., 295-yd. 14th, Bowden G.C., Macon, GA.
John Smoll, Quakertown, PA., 333-yd. 7th, Wedgewood G.C., Coopersburg, PA.
W. Davis Spainhower, Redding, CA., 260-yd. 18th, Lake Redding G.C., Redding, CA.
Roger Stafford, Binghamton, NY., 300-yd. 3rd, Ford Hill C.C., Whitney Point, NY.
William Stock, Evansville, IN., 278-yd. 17th, J.H. Fendrich G.C., Evansville, IN.
Tom Tillo, Helena, MT., 397-yd. 16th, Bill Roberts G.C., Helena, MT.
Stan Treskovich, Latrobe, PA., 275-yd. 16th, Ligonier C.C., Ligonier, PA.
Fred Wagner, New Philadelphia, OH., 337-yd. 17th, Green Valley G.C., New Philadelphia, OH.
Matthew Wagner, Rochester, NY., 310-yd. 6th, Twin Hills, Spencerport, NY.
Richard Whetstine, Redford, MI., 282-yd. 9th, Glenhurst, Detroit, MI.
Jimmy Whittenburg, Mosheim, TN., 290-yd. 2nd, Nolichuckey G.C., Greeneville, TN.
Larry Wiloe, Sandy, UT., 288-yd. 7th, Montpelier G.C., Montpelier, ID.
Danny Williams, Dothan, AL., 345-yd. 15th, Grandview C.C., Ozark, AL.
Gary Winslow, Dryden, MI., 301-yd. 17th, Rolling Hills, Lapeer, MI.
Don Young, Detroit, MI., 289-yd. 18th, Pontiac Municipal, Pontiac, MI.

RECORDS
1986 AGE SHOOTERS

Two prominent tournament professionals came up with unusual age rounds in 1986. Byron Nelson, 74, broke below his age for the first time when he shot a 72 at the Los Colinas Sport Club's 6,817-yard course in Irving, Tex. Senior PGA Tour competitor Jerry Barber matched his age of 70 in the United Hospitals event. Sam Snead and Fred Haas had done this in earlier years. But, of course, Sam does it every week.

Norman Manley of Long Beach, Calif. has held the world's lead for the number of career holes-in-one made on regulation courses (he currently has 58, one in 1986). Manley, 64, shot a 63 at the 6,099-yard Indian Hills Golf Club course in Riverside, Calif. on March 14 to become the youngest age shooter for the year.

GOLF DIGEST awards a personalized certificate suitable for framing, a tie clasp for men or pin for women and in imprinted "Golf Digest Age Shooter" golf ball for shooting one's age or better in 18 holes. Courses must be at least 6,000 yards for men and 5,250 yards for women. To secure awards, a copy of the scorecard must be included with an Age Shooter form signed by the golf professional or manager and sent to GOLF DIGEST.

Norman Manley shot 63 at Indian Hills Golf Club, Riverside, Calif., to become the youngest age shooter for 1986.

Senior PGA Tour professional, Jerry Barber, matched his age, 70, in 1986.

ALL-TIME AGE-SHOOTING RECORDS

The feat of matching or beating one's age on the golf course (minimum 6,000 yards for men, 5,250 for women).

Oldest man
Arthur Thompson, Victoria, British Columbia, Canada, was 100 when he shot 97 at the 6,215-yard Uplands Golf Club, Victoria, in 1959.

Youngest man
Bob Hamilton, professional, 59 when he scored 59 at the 6,223-yard Blue Course at Hamilton's Golf Club, Evansville, Ind., in 1975; Malcolm Miller, 59, Shawnee Mission, Kan., scored 59 at the 6,118-yard Minocqua (Wis.) Country Club in 1977, the youngest amateur age-shooter.

Most strokes under age
13, by Ed Kratzenstein, Brady, Neb., 83 when he scored 70 at the 6,028-yard Gothenburg (Neb.) Municipal Golf Course in 1977; also John H. Cherry, Bay City, Tex., 83 when he scored 70 at the 6,010-yard Bay City Country Club in 1974.

Longest course for age round
Professional Ben Hogan scored his age of 64 in 1977 on the 6,975-yard Shady Oaks Country Club, Fort Worth, Tex.

Age round, women
Joan Harrison, Clearwater, Fla., was 72 when she scored 72 at the 5,388-yard Hound Ears Lodge and Club, Blowing Rock, N.C., in 1972. Mabel Baze, 79, San Antonio, Tex., is the only other woman to have shot her age (in 1984).

Most times in career
2,623, by Frank Bailey, now 95, most of them at the 6,440-yard Maxwell Municipal course in Abilene, Tex. Bailey began matching his age at 71.

RECORDS

1986 Age Shooters
Through December 1, 1986

Name, home	Age	Score
Philip J. Aaronson, Camarillo, Calif.	77	77
O. Floyd Adams, Moultrie, Ga.	80	79
Walter C. Allen, Sun City, Ariz.	73	72
Art Allison, Charleston, S.C.	73	73
Rusty Anderson, Spokane, Wash.	69	67
Cliff Anthony, Sarasota, Fla.	70	70
Norm Arney, Hemet, Calif.	70	70
Charles B. Arthur, Carlisle, Mass.	74	70
Harold Ash, Marion, Ind.	72	72
Bert Baietto, Oceanside, Calif.	79	76
Harry Bailey, Lehigh, Fla.	76	74
Charles Baird, Lebanon, Tenn.	73	72
Charles G. Bartell, Moscow, Idaho	76	75
Ken Beardsley, Muskegon, Minn.	81	81
Felix Beatus, Memphis	83	79
M.J. Bellavigna, Hasbrouck Hts., N.J.	82	78
George "Chief" Bender, Lafayette, Ind.	72	72
Erwin J. Bentfield, Sun City, Ariz.	76	76
Lloyd Berret, St. George, Utah	78	76
Claude E. Blackwell, Ft. Worth	70	69
Ted Boardman, Blacksburg, Va.	78	75
Joe Boros, Spokane, Wash.	70	69
Robert L. Bowen, Ramona, Calif.	74	73
Olif Boyd, Albuquerque	70	69
Don B. Boyer, Atlanta	73	73
Pierce Bragg, Purcellville, Va.	71	69
Harlan E. Bram, Topeka, Kan.	72	72
John Braskich, Sun City, Ariz.	73	70
George K. Broadway, Jr., Winnsboro, La.	67	67
Hoyt M. Brock, Florence, Ala.	82	82
Leon E. Brooks, Manchester, N.H.	67	67
Harry D. Brown, Sun City, Ariz.	73	71
S.L. Brownlee, Sun City, Calif.	86	86
William G. Bruce, Ashtabula, Ohio	75	74
Frederick A. Bucher, Seal Beach, Calif.	80	79
Karl T. Busch, Canton, Ohio	70	70
Tom Caldwell, Hattiesburg, Miss.	73	72
William R. (Bill) Calwell, Bonner Springs, Kan.	77	77
Cecil Campbell, Pine Bluff, Ark.	78	78
Larry Canter, Bryan, Ohio	74	73
James L. Caponigno, Jamesburg, N.J.	75	75
LeRoy Card, Chehalis, Wash.	70	70
Fred G. Caswell, Greenville, Pa.	73	71
J.R. Christian, Martinez, Calif.	83	83
Wally Clark, Sun City, Ariz.	74	73
Bob Clements, Indianapolis	69	68
Olen Colburn, Galt, Calif.	74	73
John H. "Rusty" Coles, Sarasota, Fla.	81	81
Robert E. Colton, Gibsonia, Pa.	86	86
James E. Craven, Jr., New Orleans	77	77
John A. Crosby, Jackson, Mich.	68	68
Bill Cullinan, Cape Elizabeth, Me.	79	77
Hobert Currie, Daphne, Ala.	76	74
Wally Currin, Clarkston, Wash.	73	72
L.C. Dalman, Holland, Mich.	80	80
Ray O. Danielson, Hemet, Calif.	71	71
Abe Danziger, Helena, Ark.	80	80
Emmert E. Davis, Moscow, Idaho	77	76
Harry Davis, Orlando, Fla.	77	76
John V. Deetjen, St. Simons Is., Ga.	73	71
Jack DeFiore, Gallatin, Tenn.	68	68
Sigbert W. Dickson, Sarasota, Fla.	80	78
James D. Dobkins, Centralia, Kan.	69	67
Clifford Doughman, Odessa, Fla.	75	67
Jack Dowd, Phoenix	73	73
A.J. Doyal, Vidor, Tex.	81	78
Bob Duden, Portand, Ore.	65	64
David H. Dummer, Melbourne Beach, Fla.	70	68
Robert L. Early, Mesa, Ariz.	78	78
Earl Eastwood, Sun City, Ariz.	71	69
Randlett Edmonds, Oklahoma City	71	71
Bill Edwards, Fairmont, Minn.	77	75
John E. Edwards, Hopewell, Va.	73	73
Maynard Elmendorf, Clearwater, Fla.	76	76
Robert Englis, Tuscon	73	73
Leonard Engnell, Phoenix	78	78
G.P. (Jerry) Everton, Tallahassee, Fla.	77	77
Floyd Farley, Sedona, Ariz.	79	70
Walt Feddern, Franklin, N.C.	82	82
Irving Feigenbaum, Pembroke Pines, Fla.	76	76
Mark Flanagan, Ormond Beach, Fla.	75	74
Francis Fleming, Evansville, Ind.	76	73
Jake Forraht, Bridgman, Minn.	73	71
Herbert W. Frank, Memphis	74	74
Bob Friece, Wickenburg, Ariz.	70	68
Don Fuelscher, Sun City, Ariz.	84	82
Macon Gean, Deming, N.M.	78	76
Joseph Gefroh, Grand Forks, N.D.	70	69
Charles W. Gentz, Sun City, Ariz.	74	71
Robert M. George, Oakland, Calif.	70	70
Webb Gilbert, Overland Park, Kan.	79	79
Howard F. Godfrey, Fayetteville, N.C.	74	74
George Goneria, Sun City, Calif.	72	72
Vance Goodwin, Taft, Calif.	74	74
Kenneth T. Gordon, Sea Island, Ga.	70	70
Carl Gossman, Columbus, Ind.	69	69
Bill Got, San Jose, Calif.	72	71
Hampton D. Graham Sr., Kansas City, Mo.	76	74
Gene Gramins, Lehigh, Fla.	76	76
Henry T. Graves, Cartersville, Ga.	73	72
Tom Green, Tallahassee, Fla.	71	71
W.W. Greene, Marion, N.C.	73	71
Henry D. Griffin, Savannah, Ga.	73	72
Ken Griffin, Carlsbad, Calif.	74	74
Ray Griffith, Eugene, Ore.	76	76
Frank Guernsey, Houston	69	69
Harry B. Gurley, Vista, Calif.	75	74
Paul E. Hageman, Raytown, Mo.	73	69
Arnold Haglund, St. Louis Park, Minn.	69	69
Mike Hanlon, Memphis	70	69
Carl Hardner, Erie, Pa.	77	76
Fred Harvey, Fedhaven, Fla.	73	73
Nolan Hatcher, Florence, Ala.	78	76
Homer Hatfield, Neosho, Mo.	76	75
G. Phil Heckel, Carterville, Ill.	72	72
Jim Heller, Centre Hall, Pa.	78	77
Winfield Henderson, Ormond Beach, Fla.	74	73
David M. Henry, Glendale, Calif.	74	73
Cliff Henson, Aiken, S.C.	69	69
George A. Heymann, Whittier, Calif.	69	68

RECORDS

Name		
David C. Hill, Grants Pass, Ore.	72	70
Ace Hillmer, Overland Park, Kan.	80	80
Edwin P. Hobbs, Biloxi, Miss.	77	77
Richard V. Holahan, Huntington, N.Y.	76	76
Byron P. Hollett, Indianapolis	71	71
Jim Howard, Groves, Tex.	70	69
William Howell, Gulfport, Miss.	74	73
Robert Hunt, Coral Springs, Fla.	76	76
Homer Hussey, Sun City, Ariz.	80	80
George K. Jacobs, Springfield, Ohio	73	73
Herbert W. Jahn, Cedar Rapids, Iowa	78	78
George Johnson, Arlington Hts., Ill.	69	69
C.P. Jones, Durham, N.C.	77	75
Charles W. Jones, Sheboygan, Wis.	71	71
Doug Jones, Abilene, Tex.	70	70
Fred Jones, Greenville, Mich.	78	77
George Josinsky, Burlington, Vt.	72	72
Raymond W. Juricich, Richland, Wash.	72	72
Spec Justice, Muncie, Ind.	76	76
Jack Kayton, Savannah, Ga.	79	78
John R. Keeley, Libertyville, Ill.	73	73
T. Weatherly Kemp, Daly City, Calif.	78	78
Harry N. Kerr, Coral Gables, Fla.	74	74
Roy N. King, Durham, N.C.	73	73
M.C. Kleinschmidt, Oshkosh, Wis.	71	69
Lyle Klier, Rochester, N.Y.	68	67
Tony Kozub, Sun City, Ariz.	69	69
John Krull, Lancaster, Pa.	71	71
Chuck Kuhn, Tacoma, Wash.	79	78
John Kuli, Lancaster, Calif.	76	76
Bob LaBrant, Spencer, Iowa	76	75
Raymond J. Lacombe, Slidell, La.	71	70
Alden L. Lancaster, Abilene, Tex.	74	74
John J. LaPorte, New Orleans	80	79
Michael F. LaRocco, Hemet, Calif.	77	77
Robert Lasky, San Anselmo, Calif.	87	79
Anselmo "Linc" Laurenti, Kingston, Mass.	70	66
Bill Leas, Marion, Ind.	71	69
Neal-Dow Lenhart, Woodbine, N.J.	75	75
Donald B. Lenkerd, Temple Terrace, Fla.	76	73
Larry Liljestrand, Marinette, Wis.	71	71
Donald H. Lintz, Pinehurst, N.C.	76	76
Reuel Little, Madill, Okla.	84	83
Harley Loker, Neenah, Wis.	72	71
Roy Lopshire, Oklahoma City	73	73
John H. Loudon, Omaha, Neb.	76	76
Abe Luber, Pembroke Pines, Fla.	76	76
Walt Luman, Grangeville, Idaho	75	74
Ian MacPhail, Stuart, Fla.	83	83
H. Hoby McDowell, N. Myrtle Beach, S.C.	72	72
Richard S. McElroy, Albuquerque	69	69
W.D. (Bill) McMahon, Longview, Tex.	69	69
Kenneth McManus, Cheraw, S.C.	77	75
Harold "Mac" Machen, Reno, Nev.	72	70
R. "Cotton" Makin, Hobbs, N.M.	77	76
Herbert C. Malone, Arleta, Calif.	78	76
Odie Malone, Sumrall, Miss.	73	73
Bud Manion, Sun City West, Ariz.	77	76
Norman Manley, Long Beach, Calif.	64	63
Frank Mann, Richmond Hill, Ont., Canada	72	69
John (Jack) Marfiak, Chula Vista, Calif.	78	77
Edward Marselli, St. Louis	71	71
Robert E. Marsico, Bedford, Va.	77	76
Jack Martin, Ozark, Ala.	68	67
Oree Marsalis, Shreveport, La.	73	73
Joe Mauro, Palm Harbor, Fla.	74	70
Paul M. Maxwell, Martinsville, Ind.	74	73
William J. May, Spokane, Wash.	84	77
Paul Meadows, Lehigh, Fla.	77	77
Russell Mericle, Sarasota, Fla.	81	81
Marvin Mesch, Sun City West, Ariz.	68	68
Harold J. Meyers, New Haven, Ind.	73	73
Clarence F. Miller, Indiana, Pa.	69	68
Bill Mims, Arizona City, Ariz.	74	74
Burton Moore, Atlanta, Tex.	74	72
Everett J. Moore, Bowling Green, Ky.	79	76
Charles Morgan, Le Claire, Iowa	76	73
Rodger C. Nearhoff, Union, Wash.	71	69
Monte Nelson, Muncie, Ind.	77	77
Fred Newnham, Daytona Beach, Fla.	72	72
Delos Nissen, Oak Harbor, Ohio	83	83
Leonard North, Camdenton, Missouri	76	75
Len Oppenheim, San Jose, Calif.	78	77
Howard B. Parker, Nahcotta, Wash.	69	68
Monroe Parker, Oklahoma City	88	88
Cy Perkins, Hood River, Ore.	75	73
Dan Peterson, Boring, Ore.	81	81
Bill Phillips, Vista, Calif.	74	74
Ewing M. Pomeroy, Fairhope, Ala.	72	67
Richard A. Powell, Kenmore, N.Y.	69	69
Ernest W. Price, Rantoul, Ill.	74	74
Andy Purdo, Palm City, Fla.	72	72
Steve Quezada, Barstow, Calif.	70	70
Joseph J. Rak Sr., Chandler, Ariz.	67	67
Sherrill W. Raley, Ft. Worth, Tex.	76	72
Ralph Raymond Sr., Sarasota, Fla	73	72
George I. Redhair, Sun City, Ariz.	82	81
Meikle R. Reed, Niceville, Fla.	78	78
J.C. Reily, Moline, Ill.	79	79
Art Rey, Goleta, Calif.	84	75
Harvey Reynolds, Palatka, Fla.	72	69
Don Rice, San Jose, Calif.	78	76
Charles A. Rine, Titusville, Fla.	72	71
Frank Roberts, Mulberry, Fla.	71	70
Frank Rodia, Union, Wash.	82	79
George R. Rogge, Cocoa Beach, Fla.	78	77
Jim Rule, Housatonic, Mass.	84	84
Arthur W. Sauer, Melbourne Beach, Fla.	74	74
James J. Sampson, Oneonta, N.Y.	72	72
Julius J. Sas, Oklahoma City	71	70
Norman Schadt, Slatington, Pa.	68	64
George Schanck, Clark, S.D.	72	70
Phil Schaub, Independence, Kan.	68	68
Paul Schmidt, St. Joseph, Missouri	75	75
George Schneider, Kernersville, N.C.	70	68
W.C. Schoolfield, Dallas	78	78
Don Schwartz, Naples, Fla.	78	77
Sam Sell, Edina, Minn.	74	74
Don Shafer, San Jacinto, Calif.	70	70
Stephen W. Sharakey, Avon, Conn.	79	79
Lester T. Sharp, Pompano Beach, Fla.	72	72
W.B. "Bill" Shaw, Temple Terrace, Fla.	77	76
Ed H. Shelton, Sun City, Ariz.	81	79
Frank Shilling, Flint, Mich.	77	77

RECORDS

Verne Silver, Santa Maria, Calif.	72	72	Joseph Caparelli, Glens Falls, N.Y.	70	70
O.C. Skellie, Elkron, Va.	77	77	Louis Cato, Bayonet Pt. Fla.	78	77
Dean Smith, Savannah, Ga.	74	73	Thomas Cavanaugh, Chicago	83	83
Forrest D. Smith, Atlantis, Fla.	74	74	Maurice Colberg, Billings, Mont.	74	74
H.D. Smith, Canton, Tex.	78	78	Jim Constantine, Litchfield Park, Ariz.	69	69
M.K. Smith, Rancho Santa Fe, Calif.	77	75	Keith Creager, Raytown, Mo.	70	69
Maurice R. Smith, Linville, N.C.	92	88	J. Clyde Dameron, Sun City, Ariz.	80	80
Warren Smith, Englewood, Colo.	70	70	Dick Demartini, Los Gatos, Calif.	77	77
Lew Staples, Martinsburg, W. Va.	71	71	Forrest Drummond, Chillicothe, Ohio	69	66
Lawrence Stepenuck, Peabody, Mass.	71	71	William Dyer, Mortantown, W.Va.	72	70
Paul G. Sternberg, Perry, N.Y.	74	73	George Emody, Ojai, Calif.	74	71
Nicholas Stoma, Uniondale, N.Y.	71	71	Jim Ferrie, Fallbrook, Calif.	75	74
Malcolm E. Stone, Naples, Fla.	84	84	Matt Fiorito, Bristol, Conn.	69	69
Francis Storch, Manchester, N.H.	72	69	Walt Friel, Puyallup, Wash.	67	66
Verne Stratton, Gearhart, Ore.	84	83	Ray Goates, Downey, Calif.	70	64
William "Bill" Summers, Silver Spring, Md.	75	74	Harold Halliday, Indian Lake Estates, Fla.	79	79
Adolph A. Tabor, Sun City, Calif.	81	81	Willard Hamilton, Tempe, Ariz.	72	72
Bob Tomeoni, Friendship, Wis.	82	81	Glen Hanan, Denison, Tex.	75	72
L. Edson Tribble, Coldwater, Mich.	71	71	S.E. Haynes, Stone Mountain, Ga.	80	79
Bill Triplett, Wilsonville, Ore.	74	74	Jack Helvey, Santa Paul, Calif.	77	73
Edward W. Truscott, Spokane, Wash.	73	73	Pete Hesmer, Homestead, Fla.	79	79
A. "Zit" Turiano, New Rochelle, N.Y.	78	75	Sam Laird, Decatur, Ga.	74	74
Linus H. Tyer, Estes Park, Colo.	76	75	Douglas McAlpine, Surrey, B.C., Canada	66	65
Tony Valdez, Albuquerque	75	73	Leonard McEvoy, N. Hollywood, Calif.	82	81
Bill Van Merkestyn, Pensacola, Fla.	68	66	Robert McGregor, Hollidaysburg, Pa.	73	73
Leonard Vogel, Indian Lake Estate, Fla.	79	79	Steve Marish, Santee, S.C.	66	66
Toofie Wakin, Oneonta, N.Y.	73	73	Luke Melchionne, Las Vegas	78	78
Clifford G. Walker, Ortley Beach, N.J.	73	73	Ralph Metzger, Honolulu	75	75
Charley Wangenstein, North Port, Fla.	78	77	Laurence Moore, Myrtle Beach, S.C.	80	76
James O. Watts, Jr., Richmond, Va.	70	68	Francis Murray, Port Charlotte, Fla.	70	70
D.T. "Gus" Weatherby, Largo, Fla.	76	72	Sidney Naquin, Lafayette, La.	73	73
H.H. Wedeman, Brownwood, Tex.	73	73	O.W. Nelson, Lakewood, Colo.	74	74
Dwight S. Wells, Sun City, Ariz.	84	83	Arthur Newlands, St. Catharines, Ont., Canada	74	74
Owen Withrow, Kansas City, Missouri	69	68	Charles Nicolai, W. Palm Beach, Fla.	69	67
Sherburne Whipple Jr., Hilton Head, S.C.	76	75	Al Nicoletti, Los Gatos, Calif.	73	73
Larry White, York, Me.	69	69	Dushan Orlich, Des Moines, Iowa	73	73
Robert J. Whiteside Sr., Keokuk, Iowa	73	73	A.J. Oldenburg, Oak Harbor, Wash.	78	77
Floyd Whittle, Versailles, Missouri	84	84	A. Huntley Parker, Delray Beach, Fla.	75	75
Emmor Widdoes, Santa Rosa, Calif.	78	77	B.L. Philpot, Hogansville, Ga.	71	71
Louis M. Wilcox, Arapahoe, N.C.	78	77	Whitie Reed, Phoenix	70	70
George Clifford Wilkinson, New Smyrna, Fla.	77	77	Paul Schindo, Tamarac, Fla.	77	77
Elton R. Williams, Sarasota, Fla.	78	77	Julian Shoor, West Hartford, Conn.	73	73
Lou Williams, Topeka, Kan.	79	76	Henry Suico, San Leandro, Calif.	72	70
Wilson A. Willis, Bethany, Okla.	70	70	Lee Swanson, Phoenix	72	72
Herman Wimmer, Boca Raton, Fla.	71	70	Charles Swift, Universal City, Tex.	77	72
Ross Wix, Harrisburg, Pa.	75	75	Joe Sabel, Tigard, Ore.	73	73
Charles Wood, Portland, Ore.	73	72	August Tamburrino, Chicago	77	74
Henry Woodward, Vienna, Ga.	73	73	C.J. Temple, Sebring, Fla.	76	72
Jake Worster, Waycross, Ga.	77	73	C.E. Tonnancour, Sun City, Ariz.	87	86
Alexander Wynton, Seminole, Fla.	83	80	Glenn Trent, Dyer, Tenn.	74	74
			Patrick Tudor, Shell Knob, Mo.	68	68
			J. Carroll Weaver, Sinton, Tex.	76	69
			A.E. Wright, McGregor, Tex.	86	84
			W.P. Zeiss, San Jose, Calif.	79	79

1985 AGE SHOOTERS
NOT LISTED PREVIOUSLY

Name, home	Age	Score
Roy H. Anderson, Minneapolis	84	83
Harrison Baker, Sun City, Ariz.	68	68
Vernon Bowman, Ames, Iowa	75	70
A. Herbert Bruce, Plymouth, Mass.	82	77
Rocky Cambariere, Jupiter, Fla.	68	68

RECORDS
ALL TIME RECORDS
SCORING RECORDS (GROSS)
Low 18-hole score—men

57 (14 under par), by Bill Burke at the Normandie Golf Club (6,389 yards, par 71), St. Louis, in 1970.

57 (13 under par), by professional Tom Ward at the Searcy (Ark.) Country Club (6,098 yards, par 70), in 1981.

57 (13 under par), by professional Auggie Navarro at the Sim Park Golf Course (6,055 yards, par 70), Wichita, Kan., in 1982.

58 (14 under par), by Monte C. Money at the Las Vegas (Nev.) Municipal Golf Course (6,607 yards, par 72), in 1981.

58 (13 under par), by Douglas Beecher, 13, at the Pitman (N.J.) Country Club (6,180 yards, par 71), in 1976. Beecher is the youngest ever to have scored as low on a regulation course.

Low 9-hole score—men

25 (11 under par), by Bill Burke on the second nine at the Normandie Golf Club (3,175 yards, par 36), St. Louis, 1970.

25 (10 under par), by Douglas Beecher on the second nine at the Pitman (N.J.) Country Club (3,150 yards, par 35), in 1976.

Low 18-hole score—women

62 (11 under par), by professional Vicki Fergon at the Almaden Golf and Country Club (6,290 yards, par 73), San Jose, Calif., in 1984.

62 (9 under par), by professional Mickey Wright at the Hogan Park Golf Club (6,282 yards, par 71), Midland, Tex., in 1964.

Low 9-hole score—women

28 (8 under par), by professional Mary Beth Zimmerman at the Rail Golf Club, Springfield, Ill., in 1984; 28 (7 under par), by professional Pat Bradley at the Green Gables Country Club, Denver, Colo., in 1984.

Team scoring records (net)

Because there is a wide variety of competitive formats involving twosomes and foursomes (not many threesomes), there are any number of ways to post remarkable scores. Some that have been reported:

Best ball (men's foursome): 46 (26 under par), by John Christensen, Ron Nolte, Don Power and Charles Rawlins at the Lake Marion Golf Course (6,304 yards, par 72), Santee, S.C., in 1979.

Best ball (mixed foursome): 46 (26 under par), by Cathy Robinson, Nancy Ryan, Dave Semo and Bud DiMaggio at the Teugega Country Club (par 72), Rome, N.Y., in 1979. Men played course at 6,192 yards, women at 5,528.

Best ball (women's foursome): 47 (25 under par), by Pat Kerins, Roseanne Pellatt, Mary Ann McDonnell and Ruth Curran at the Madison (Conn.) Country Club (5,325 yards, par 72), in 1979.

Two-man scramble: 55 (16 under par), by Randy Sparks and Jimmy Patterson at the Hillandale Country Club (6,570 yards, par 71), Corinth, Miss., in 1980.

Best two of four balls (women's foursome): 112 (32 under par), by Jeanette Brearton, Lynn Blake, Mary Linvolle and Breta Male at the Edison Club (5,660 yards, par 72), Rexford, N.Y., in 1982. Note: A women's foursome from Twin Lakes Golf and Country Club, Federal Way, Wash., reported a 42 under par under this format in 1982, but the course was under the allowable minimum of 5,250 yards.

Best two fo four balls (men's record) 108 (32 under par), by Morley Alperstein, Walter Wallis, Ken Pearlman, Irwin Korzen at Mission Hills C.C. (6,153 yards, par 70) Northbrook, Illinois in 1981.

BIRDIES
Most consecutive

Professional: 10, by John Irwin at the St. Catharines Golf and Country Club, Ontario, Canada, in 1984.

Amateur: 9, by Jerry Hardy, Headland, Ala., in 1982; Jimmy Smith, Nashville, Tenn., in 1969; Tracy Sergeant, Richmond, Calif., in 1978; Eddie Burke Jr., Humble, Tex., in 1978; Rick Sigda, Greenfield, Mass., in 1979; also, Jim DeForest, Bismarck, N.D., in 1974, on sand greens.

Professional Roberto De Vicenzo scored six birdies in succession, an eagle, then three more birdies for a record consecutive under-par holes of 10 at the Villa Allende Golf Club, Prince of Cordoba, Argentina, in 1974.

Also, Pete Nilles, Huntington Beach, Calif., birdied eight consecutive holes, then eagled and made another birdie for 10 straight under-par holes at the Skylinks Golf Course, Long Beach, Calif., in 1984, but was playing winter rules.

Most in 18 holes

Man: 14, by Jim Clouette at the Longhills Golf Course, Benton, Ark., in 1973.

Woman: 11, by professional Vicki Fergon in 1984.

EAGLES
Most 3s on par 5s in one round

4, by Ken Harrington at the Silver Lake Country Club, Cuyahoga Falls, Ohio, in 1981.

Most consecutive

3, by six golfers on different par combinations of holes.

PUTTING
Fewest, 18 holes (man)

15, by Richard Stanwood, Caldwell, Idaho, at the Riverside Golf Club, Pocatello, Idaho, in 1976; Ed Drysdale, Cheraw, Colo., at the La Junta (Colo.) Golf Club, in 1985.

Fewest, 18 holes (woman)

17, by professional Joan Joyce, Stratford, Conn., at the Brookfield West Golf and Country Club, Roswell, Ga., in 1982.

Fewest, 9 holes (man)

5, by Ron Stutesman at the Orchard Hills Golf and Country Club, Washougal, Wash., in 1977; Phil Davidson at the Oaks Country Club, Tulsa, Okla., in 1972.

Fewest, 9 holes (woman)

7, by Mrs. Ina Caldwell, San Antonio, Tex., in 1973.

Fewest by foursome, 18 holes

109, by Henry Rochefort (26 putts), Louis Lepore (26), Charles O. Lewis (27) and Ott Warns (30) at the

RECORDS

Singing Hills Golf and Country Club (Oak Glen Course), El Cajon, Calif., in 1976.

Most consecutive one-putt greens.
18, by Rick Coverdale, Baltimore, Md., in 1958, and Johnny Pallot, Coral Gables, Fla., in 1981.

Longest
127 feet, by Floyd Slasor, on the 10th green at the Moon Valley Country Club, Phoenix, in 1971. (Putts on double greens or shots made with the putter from off the green not accepted.)

FOUR-BALL SCORES ON HOLE

Low total on par 5
10 (10 under par), by George Dana, Dick Bland, Bob Abrams and John Guy, with two eagles and two double eagles at York Golf Course, Elmhurst, Ill., in 1942.

Low total on par 4
9 (7 under par), by two different groups, one with a hole-in-one, an eagle and two birdies; the second with three eagles and a birdie.

Low total on par 3
7 (5 under par) by Don Cooper (hole-in-one), and Luther Duncan, Bob Counts and Frank Talbert, all birdies, on the 145-yard 16th hole at the Henderson (Ky.) Country Club in 1983. Also, Harold Hindsley and Tull Monsees with holes-in-one, Woody Haake (birdie) and Cush Bissell (par) on the 175-yard third hole at Skokie Country Club, Glencoe, Ill., in 1980. In 1984, Tom Moshier (hole-in-one), and Tim Loustalot, David Sutherland, John Erikson, all birdies, on the 129-yard sixth hole at the Sunnyside Country Club, Fresno, Calif. Joe Bartolacci (hole-in-one), and Joe Ticcony, Dick Chamberlain, John Schone, all birdies, on the 133-yard third hole at Charlotte (Mich.) C.C. in 1963; Bob Barnes (hole-in-one), and Fred Woltjen, Hal Messick, George Haig, all birdies, on the 130-yard 13th hole at Moundbuilders C.C., Newark, Ohio in 1980; Jim Harry (hole-in-one), and Oscar Harry, Connie Bailey, Ron Queen, all birdies, on the 145-yard 12th at Kings Mountain (N.C.) C.C. in 1982.

CHIP-INS

Most consecutive (men)
5, by Ron Stutesman, on holes four through eight at the Orchard Hills Golf and Country Club, Washougal, Wash., in 1977. Five chip-ins are also the most ever made in one round; others who have done this are Richard Stanwood, Caldwell, Idaho, in 1976; Bob Rogers, Morristown, N.J., in 1973; Jerry McCutcheon, Roscommon, Mich., in 1981, and Ed Drysdale, Cheraw, Colo., in 1985.

Most consecutive (women)
4, by Lucille Caldwell at the Vista Hills Country Club, El Paso, Tex., in 1976. Caldwell also chipped in on 13 for the record total of five in a round. Ann Jensen, Plainfield, Ill., in 1985, Peg Polony, Mission, Kan., in 1976, and Ella Smith, Alliance, Neb., in 1976, also holed out five chips in one round.

PLAYOFFS

Longest 4-ball playoff, sudden death
20 holes; Dr. Bob Watson and Dr. John Dixon defeated Roger Little and Clay Felts on the 38th hole (18 at match, then 20 more), in a club event at the Carmel Country Club, Charlotte, N.C., in 1970.

Longest singles playoff, sudden death
15 holes; William Barksdale Jr. defeated John Scurry on the 33rd hole (18 at match, then 15 more), in the semifinal round of the second flight of the club championship at Forest Lake Country Club, Columbia, S.C., in 1985.

FASTEST 18-HOLE ROUNDS

Men (afoot)
28 minutes, 9 seconds, by Gary Wright at the 6,039-yard Tewantin-Noosa Golf Club, Queensland, Australia, in 1980.

Women (afoot)
55 minutes, 54 seconds, by Dianne Taylor, at the 5,692-yard University Country Club, Jacksonville, Fla., in 1980.

Man (afoot, hit moving ball)
26 minutes, 21 seconds by Rick Baker at the 6,142-yard Metropolitan Golf Course, Melbourne, Australia, in 1981.

Man (automated, hit moving ball)
25 minutes, 16 seconds, by David Alexander, Tasmania, Australia, in 1972. (Alexander rode in an automobile between shots.)

Teams
There are two kinds of team speed records, in which a group of golfers (no limit on the number) "play" 18 holes; one in which one ball is played and the Rules of Golf are followed, the other in which a new ball is used on each tee and the ball may be "hockey-pucked" on the green.

One ball: 12 minutes, 14.5 seconds, by 83 golfers at the 6,421-yard Prince George Golf and Country Club, Prince George, British Columbia, 1973.

Multiple balls: 8 minutes, 53.8 seconds, by 42 golfers at the 6,161-yard Ridgemont Golf Club, Rochester, N.Y., in 1979.

Twosome (afoot): 52 minutes, by William Dixon and Harrison Clement on the 6,304-yard Gulph Mills Golf Club, King of Prussia, Pa., in 1974.

MARATHON

(Holes played in 24-hour period)

Most holes played afoot
Man: 364, by Dick Kimbrough at the 6,068-yard North Platte (Neb.) Country Club in 1972. James J. Johnston Jr., Fort Worth, played 363 holes in 1958.

Woman: 156, by Katherine Murphy at the San Luis Rey Resort, Bonsall, Calif., in 1967. Professional Jane Frost played 250 holes in 15 hours at the par-3 Middleton (Mass.) Golf Club in 1985.

Most holes by a foursome (automated)
333, by Gus Pick, Kyle Kramer, Lisa Bennett and Jim Kloiber at the 6,493-yard Merrill Hills C.C., Waukesha, Wis. in 1986.

Most holes by single (automated)
711, by Charles Stock at 6,095-yard Boston Hills

429

ODDITIES AND RARITIES

Country Club, Boston Heights, Ohio in 1986. Stock rode in a golf cart.

Most holes by two men (automated)
513, by Mike McCollum and Ray Cutright, both professionals, at the 6,700-yard Perry (Ga.) Country Club in 1985.

Most holes by two men afoot
182, by Steve Krause and Dean Hall at the 6,015-yard, par-71 Muskego Lakes Country Club, Hales Corner, Wis., in 1983.

Most holes by man/woman afoot
180, by Sue Riley and L.M. Pieffer, Akron, Ohio, in 1938.

Most holes by two women afoot
100, by Eloyce Landon and Virginia Bushnell, Tillamook, Ore., in 1981.

Most holes by two women (automated)
180, by Diane Kusch and Beth Selmo at the 6,015-yard, par 71 Muskego Lakes Country Club, Hales Corner, Wis., in 1983.

Most consecutive holes
Single: 1,530 holes, by Raymond Lasater, in 62 hours, 20 minutes at the 6,155-yard Hunter's Point Golf Course, Lebanon, Tenn., in 1973. Lasater rode in a golf cart.
Twosome: 1,062 holes, by John Seligman and Gary Kaplan in 70 hours at the 6,300-yard Hollywood Lakes Country Club, Hollywood, Fla., in 1972. This pair rode in golf carts.

MISCELLANEOUS

Most courses played in lifetime
3,625, by Ralph Kennedy, New York City, the most by anyone who kept specific records. Joe Kirkwood, the Australian professional, is said to have played "over" 5,000 courses but he kept no verifiable records.

Low score with one club
Tim Burklew, Williamston, N.C., scored 72 in 1986 World One-Club Golf Championship, at Lochmere Golf Club, Cary, N.C.

Ringer
A total of the lowest score made on each hole of one course during a golfer's career; also known as an eclectic score.
Professional record: 39 under par, by Jock McKinnon at the Capilano Golf and Country Club, Vancouver, British Columbia, a 33 on the par-72 course; also, by Fred Baker at the Maplewood (N.J.) Country Club, a 32 on the par-71 course.
Amateur record: 38 under par, by Mike Klack, at the Mimosa Ridge Country Club, Hope Mills, N.C., a 33 on the par-71 course.

Swing
The difference between the scores on two nines for a player whose total is under 100.
27, by Lawrence G. Knowles, with a 63-36—99 at the Agawam Hunt Country Club, East Providence, R.I., in 1935.

Most holes played, one year
9,757 by Ollie Bowers, Gaffney, S.C., 1969. That's 542 eighteen-hole rounds. Bowers played 318 more holes on par-3 courses.

Longest drives
In major competition: 430 yards, by Craig Wood on the fifth hole at St. Andrews in the 1933 British Open.
In other competition: 515 yards, by Mike Austin during the 1974 National Seniors Open in Las Vegas, Nev.
In National Long Driving Championships: 353 yards, 24 inches, by Evan Williams 1977, at Pebble Beach.

Most consecutive 4s
18, by George Sullivan, Oakhurst, N.J., and L.N. (Leck) Counce, Corinth, Miss.

Most consecutive 3s
10, by Chuck Alexander, professional, Rocky Mount, N.C. in 1959.

Most consecutive under-par holes
10, by professional Roberto De Vicenzo, with six birdies, an eagle, then three birdies, on holes one through 10 at the Villa Allende Club, Province of Cordoba, Argentina, in 1974.
10, by professional John Irwin, at his home course, St. Catharines Golf and Country Club, Ontario, on holes seven through 16 in 1984.

Most strokes under-par in four holes
10, by professional Tom Doty with a double eagle, two holes-in-one (one on a par-4) and an eagle on holes four through seven at the Brookwood Country Club, Wood Dale, Ill., in 1972.

GOLF ODDITIES OVER THE YEARS

SELF-STARTING BALL

Playing from the second tee at the Maynard (Mass.) Country Club, William O'Connor was at the top of his backswing when his golf ball left his field of vision. What had happened was that another golfer, playing to the first green, had overhit his approach and his ball rolled onto the second tee, striking O'Connor's ball. Under Rule 18-5, O'Connor was not penalized because his ball had been moved by another ball.

SAME GOLFER, DIFFERENT RESULTS

It often happens. A golfer hits his tee shot out-of-bounds on a par-3 hole, then sinks his second. That's a par 3. But this doesn't happen as frequently on a par 4, which is what Steve Snowden did on the par-4, 287-yard seventh hole at the Columbus (Tex.) Golf Club. He earned a birdie 3.

FIVE HITS AND ONE MISS

Col. Bernard J. Burkett, USAF (ret.), Dallas, has made six holes-in-one in his career, five during different decades. He began his skein on July 6, 1937, missed aceing in the 1940s, then scored again on March 1, 1950; June 22, 1958; July 9, 1961; July 3, 1971 and Nov. 2, 1980. The previous high "decade" ace mark was four.

ODDITIES AND RARITIES

A HELPING HAND

Charlie Gibbings dubbed his tee shot on the ninth hole at the Sunland Village executive course in Mesa, Ariz., then watched as playing partner Cas Treleaven drove his 200 yards down the center. Gibbings' second shot was a low, hard one. His ball hit Treleaven's on the fly—and gave it a 58-yard free ride toward the green.

THREE ROUNDS, THREE CONTINENTS

A foursome of airline executives decided to do "something crazy" in 1984, so they succeeded in playing three 18-hole rounds of golf on three continents within 24 hours. Alain Reisco, Sherl Folger, Marvin Fritz and Art Sues began their day at 5:10 a.m. at the Royal Mohammedia course near Casablanca, Morocco, got to the Torrequebrada Golf Course at Malaga, Spain, at 1:37 p.m., and finally teed off at the North Hills Country Club, Manhasset, N.Y., at 6:35 p.m. (local times). "We just wanted to do something never done before," said Fritz.

CHOO-CHOO, PLOP

Needing a 35-foot putt for a win at the 303-yard, par-4 11th hole at Genesee Valley Meadows Golf Course, Flint, Mich., Dave Landis stroked what he thought was a good putt. But the ball rolled up and stopped on the edge of the hole.

As Landis went to tap in for a bogey, the Grand Trunk Western Railroad freight train departed from the Flint station about one-eighth of a mile away. The ball started moving and dropped into the cup. Landis says the ground tremble made by the train helped him get his par.

GOLFER ON THE MOVE

Dave Mikkelson of Snoqualme, Wash., has reported playing 440 rounds of golf, or 7,920 holes, during a single year. The peripatetic Mikkelson missed playing on only 45 days in 1982. This is a splendid effort, but not a record. In 1969 Ollie Bowers of Gaffney, S.C., played 9,757 holes on regulation courses, plus 318 on par-3 layouts.

UNUSUAL SCORING

Two unusual, although not unique, scoring feats: A foursome playing the 160-yard, par-3 14th hole at the Rice Lake Country Club in Sumner, Iowa, all scored 2s with long birdie putts. Mark Troutman made his from 40 feet, Bill Gahan from 35, Dana Nelson from 30 and Dave Teeling from 25. On the par-4 11th at the Red Hill Country Club in Cucamonga, Calif., opponents Bob Wright and Buck Abbott holed out from 180 and 155 yards respectively for matching eagles.

NO DEVIATIONS HERE

Tom Smith of Marshalltown, Iowa, was remarkably consistent on the golf course during a vacation at The Greenbrier in White Sulphur Springs, W. Va. He scored four consecutive 53s in playing first the Greenbrier and then the Old White Course. "I'd rather be reporting four 35s instead, but . . ." he said.

A DEFINITE TERMINOLOGY PROBLEM

Golfing beginner Karen Knaresborough of North Huntingdon, Pa., dubbed her tee shot on the sixth hole at the Murrysville Golf Course, then smiled as she watched the ball go into the cup—on the nearby fifth green. Whereupon she asked her playing partner (and husband), Jamie Knaresborough, "Is that a hole-in-one or a mulligan?"

RANK HAS ITS PRIVILEGE

The 14th hole at the Old Course at St. Andrews is bounded on the right by a stone wall. A hole on the adjacent Eden Course runs in the opposite direction, and a bad slice on either hole will send the ball over the fence and out-of-bounds. Midway in the wall there is a gap marked by pillars on either side. One day, Lt. Gen. Bob Bazley of the U.S. Air Force faded his drive on the Eden hole; the ball hit one of those pillars and bounced back into play. The next day on the Old Course he sliced on the 14th; the ball hit the other pillar and rebounded into play. His playing companions promptly named the gap the "Flag Officer's Gate."

COURSE-TO-COURSE ACE

This happened many years ago, but Al Riccio of Wilmington, Del., remembers it as yesterday. Riccio was a caddie at the Apawamis Club in Rye, N.Y., and saw one Otis Guernsey shank his tee shot on nine. The ball was eventually found in the cup on the 11th green of the nearby Green Meadow course. The 11th ran parallel to Apawamis' ninth. Not only did Guernsey play from one course to another, he also went from one town to another. Green Meadow was in Harrison, N.Y. Incidentally, the latter course's name has since been changed to Willow Ridge.

ODDITIES AND RARITIES

DOUBLE TAKE

A novice golfer, Pat House, asked a friend, Bob Mertz, to accompany her on her first round, to be played at the Pinehurst Country Club in Denver. On the second hole, House was still short of the green after six or seven strokes. Mertz suggested a putter from there, and she hit an aggressively topped shot. The ball hit something—maybe a stone—on the way and became airborne, striking the stick flush and bouncing back about four inches. There was so much topspin still on the ball that it banged into the stick again and went into the cup. Not many of us have holed shots that hit the flagstick twice.

BOUNCING BALL RECORD SHATTERED

Mark Mooney, Hummelstown, Pa., set a record for bouncing a golf ball on the face of a club—1,764 times. Mooney used a pitching wedge and a wound ball to accomplish his feat.

Since Mooney's friends wouldn't sit still long enough to verify his record, Mooney sent a VHS tape to prove it. The tape verified he did it; we counted. The old record was 1,192 by Michael Drefs, Delavan, Wis.

DAMP, BUT NOT UNDAUNTED

Georgia Tech collegian Bob McDonnell made par in an unusual manner at the par-4, 13th hole at Doral Park's Silver Course in Miami. Playing in the University of Miami Collegiate Invitational, McDonnell's second shot faded and came to rest inside the hazard line along a lake.

Preparing to hit, McDonnell thought he was stepping on solid land, only to have it give way. You guessed it. McDonnell went into the lake up to his neck. Undaunted, McDonnell pulled himself out of the lake, hit a 6-iron to within 10 feet and made the putt.

WINNING AT ANY COST

Tim Vissing was leading in the last round of the Elks Club championship in Jeffersonville, Ind. On the 14th hole Vissing drove behind a tree. He got the ball back in play but on the follow-through his club broke as it hit the tree, and the loose piece gashed his cheek. Determined to play on, Vissing had the wound bandaged and eventually won. Later, it took eight stitches to close the wound. "It hurt," said Vissing, "but not as much as it would if I had lost."

A SMART THREESOME

Playing together in the 1985 Arizona State Phoenix Thunderbird Collegiate golf tournament, John Erickson of Fresno State, Arizona State's Tom Stankowski and Todd Franks of Texas completed the 536-yard, par-5, third hole on the Palm Course at McCormick Ranch Golf Club, Scottsdale, Ariz., with flying colors. For their second shots, Franks hit his 3-wood into the bunker and got up-and-down for a birdie, Erickson hit his 3-wood two feet from the cup and made an eagle and Stankowski executed a perfect 2-iron into the cup for a double eagle.

HIS PRIORITIES ARE IN ORDER

Anthony Bastak, 73, has proved that the older you get, the tougher you play. On the par-4 13th at West End Golf Club, Gainesville, Fla., Bastak tried to reach the green on his second shot through a four-foot opening between two trees. His ball bounced off one oak tree and hit him in the mouth, knocking out a front tooth and causing a gash on his lower lip. Undeterred, Bastak played his third shot to within 10 feet of the pin and sank the par putt. Then he finished his round before heading for the dentist and the emergency room, where it took 12 stitches to close the gash. Bastak came back and played the next day, too.

ODDITIES AND RARITIES

LION COUNTRY

Richard Blackman of Scarsdale, N.Y., and William Smithline of Riverdale, N.Y., were enjoying a round of golf at the Paradise Island course in Nassau, Bahamas, until they came to the 16th tee. At that point they spotted a lion—the kind usually found somewhere in Africa—and the golfers decided to terminate their game. "We ran like hell to our car and took off," said Blackman. Turns out the lion had escaped from a circus in the area, and later it was captured before it harmed anyone.

MAYBE THE TREE SCARED THE BALL

Buck Schaub found himself directly behind a dense fir tree at the Pine Ridge Golf Course in Baltimore. Trying to play a shot close to the tree, Schaub instead hit his yellow Maxfli golf ball directly into the obstacle. Out popped an orange Maxfli.

HE SHOULD BE GROOVED

Irvin Hemmle of Fort Worth, Tex., reports that he hit 48,265 practice balls in 1983. We've never known anyone who counted practice shots. Hemmle also played 220 rounds of golf—or 3,960 holes. The record is 9,757 holes, set in 1969 by Ollie Bowers of Gaffney, S.C., then 51. Hemmle is 75.

FIVESOME CHIPS IN

A fivesome playing at the Leavenworth (Wash.) Golf Course didn't have to putt at all on the 10th hole. R.H. Powell, Phil Clark, Jim Kraukora, Alex McGregor and Art Euwing all chipped in. Powell was the last chipper.

CAN HE MAKE IT SIX?

Albert Hager, 59, won the club championship at the Westbrook Country Club in Mansfield, Ohio, in five consecutive decades, starting in 1949 and including 1983.

EIGHT BIRDIES IN NINE HOLES

Shelly Laney, 20, of Charlotte, N.C., has set a women's nine-hole birdie record. Playing in the North Carolina State Amateur on June 17, 1986, Shelly toured the 5,518-yard Country Club of Asheville course in 39-30 for a 69, five under par. Shelly accomplished this feat with eight birdies and one par on the back nine. Unfortunately, her birdie barrage was not good enough to win; Shelly placed second in the championship.

THE 'MISSING BALL' CAPER

Andrew Buscanics saw his 110-yard 9-iron shot hit the pin on the par-5 third hole at Brookhaven Country Club in Dallas in December, but he didn't see the ball come down on the green. He found it after searching for a few minutes. It had fractured and lodged inside the pin's plastic ball marker used to indicate the pin position on the green. Buscanics had no chance of missing his putt. The rules explain he could replace his ball on the lip of the cup for a tap-in.

UNPLAYABLE LIES

Believe it or not: Richard Eastin of Eldon, Mo., tells us this story. Eastin drove his tee shot low on the 475-yard, par-5 seventh hole on his home course. Twenty yards off the tee, the ball struck the ball washer post on the front tee and deflected at a 90-degree angle. The ball then traveled another 15 yards and struck an outdoor "convenience building." The door was ajar and, as you can guess, the ball was found at the bottom of the porcelain facility.

At Wedgewood Golf and Country Club in Lakeland, Fla., Dave Funston had the distinction of hitting his tee shot into the ball washer.

S. A. Edmiston pulled his tee shot on the first tee at Spring Creek Country Club, Crockett, Tex., in October 1975. The ball can still be seen resting in the branches of a sweet gum tree.

Playing at Harbor Park in Los Angeles, Don Ogren, of Torrence, Calif., hooked his approach shot on the first hole toward the second tee where it bounced and struck the left hip of Ed Campbell, also of Torrance. After a vain search for the ball, Ogren declared it lost and pitched a new one to the green, holing out. Then, as Campbell stepped up to tee off, he pulled an orange ball out of his pocket. He doesn't play orange balls. it was Ogren's.

Attempting to cut the corner of a dogleg hole at the Pines Country Club in Morgantown, W.Va., Russell Paptick's tee shot flew into a hole made by a woodpecker in a tree. The hole was about 20 feet above ground and the ball remained lodged within.

PERFECT TIMING

After a round at the Brown Acres Golf Course in Chattanooga, Tenn., Roy Turner discovered that a watch he'd placed in his golf bag was missing. Turner, from Ooltewah, Tenn., figured the timepiece was gone forever when no one turned it in over the next two days. On the third day, Turner played another round at Brown Acres and on 18 hooked a shot into the rough. Not only did he find his golf ball but there, too, was his watch, undamaged, barely a foot away from the ball.

ODDITIES AND RARITIES

TIES CHIP-IN MARK

Harriett O'Brien Lee tied the record for the number of chip-ins in 18 holes when she holed out five shots from off the green in scoring 103 at the 5,652-yard Graeagle (Calif.) Meadows Golf Course. Six other golfers, including three women, have made as many chip-ins, but Lee, 68, is the oldest golfer to have done so.

CRO-O-OAK!

John Cipolla was surprised when his ball popped out of the hole after he sank a putt on the fifth green at Keshequa Golf Club, Sonyea, N.Y. Right behind the ball came a frog who appeared to be irritated at having his resting place disturbed.

SIX UNDER FOR THREE HOLES

John Kingora, a 1985 graduate and golf team member of Pennsylvania State University, didn't tire when he played the last three holes in a recent round at the par-70 White Course at the University. Kingora, of Masontown, Pa., scored a 2 on the par-3 16th, 3 on the par-5 17th and a hole-in-one/double eagle on the par-4 18th for a total score of 64. Six under for three holes, Kingora joins five others with his fantastic finish.

BIGGEST CLUB TOURNAMENT?

Probably the largest and longest country club tournament in the U.S. has been held for the last 14 years at Wykagyl Country Club, New Rochelle, New York. Called the Walter D. Peek Memorial Armageddon (battle to the last man) Championship, it involves 128 or more members in a blind draw playing one match a month April through October or November, using the handicap as of the day of the match. Instead of brackets, the club uses a four-foot diameter "wheel" with all of the original starters on the outer rim. The winner winds up at the hub. Surprisingly, out of 127 total matches, they only have a half dozen or so defaulted each year.

NEITHER RAIN NOR SICKNESS . . .

Thinking he had indigestion, Noel Eggleson of Radford, Va. finished his round of golf at Round Meadow Country Club in Christiansburg with the aid of an acid reliever and a rest in a golf cart after each golf shot. After the round, Eggleson stopped by the hospital emergency room and was surprised to hear the diagnosis—immediate removal of his appendix. Eggleston's round of 74 that day certainly proves he has lots of stamina.

And speaking of stamina, to celebrate his 90th birthday in 1985, Emanuel Bradley walked and played 90 holes in an exhibition in West Palm Beach, Fla. to help raise funds for the American Cancer Society. The feat took Bradley 10 hours. "I wanted to get in 180 holes," said Bradley, "But I lost time talking to TV reporters."

SHOO, FLY!

Mildred Thornhill needed to make a 40-foot putt for a par to win a hole from her opponent in a match play tournament, but was disappointed when her ball stopped on the edge of the cup. But not for long. A fly alighted on her golf ball, flew away and the ball dropped in the hole. Mildred went on to win her match at the Fairway Glenn Golf Course, Santa Clara, Calif.

NOT GOOD ENOUGH

No money was exchanged in this match. Bob DeVleming of Spokane, Wash. thought he had his friend, Don Gellner, buried after shooting a round of 76 recently. Both golfers are 14 handicappers and usually play their rounds together, but on this particular day they were in different foursomes and agreed to match cards at the end of 18 holes at Indian Canyon Golf Course in Spokane. Not only did they shoot the same score, they had the same score on each of the 18 holes.

A COMPATIBLE FOURSOME

We don't know the odds on all players in a foursome shooting the same score, but it is an oddity when it happens. Ray Haller, Pierson Helliwell and Al and Lou Lamontagne did just that recently: Four 87s at the 6,365-yard East Mountain Country Club, Westfield, Mass.

RECORD MARATHONS

On July 7, 1985, Charles Stock, professional at Acacia Country Club, Lyndhurst, Ohio, played a record 702 holes in 22 hours, 57 minutes while riding in a golf cart. Playing the 3,170-yard back nine twice at Boston Hills Country Club in Hudson, Ohio, Stock made six eagles, 98 birdies, 414 pars, 175 bogeys and 10 double bogeys.

CONSISTENT

A fivesome turned in a remarkable sequence of 18-hole scores during a recent round at the Buffalo Hill Golf Course in Kalispell, Mont. Tom Scroggs scored 39-39, Gene McGlenn and Larry Purdy 40-40, Jack Brown 42-42 and Bumps Winters 43-43.

ODDITIES AND RARITIES

23-YEAR-OLD RECORD BROKEN

Setting a new record for long playoffs, William Barksdale, Jr., defeated John Scurry in 15 holes of sudden death in the semifinal round of the club championship at Forest Lake Country Club, Columbia, S.C., on May 31. The old record: 13 holes when Al Leakey defeated Nile Holley at the Elks Country Club, Fort Wayne, Ind., in 1962. May 31 was also Barksdale's birthday—a pleasant one, as it turned out.

SUPER GRAND SLAMS

Jerry Kitchell and Dr. Wayne Wright recently finished their five-hole slams of par 3s. Kitchell aced the 156-yard 11th at Bacon Park Golf Course in Savannah, Ga. to complete his skein. His other aces: 1980, 178-yard ninth; 1982, 121-yard 14th; 1984, 158-yard 17th and 140-yard fourth. Wright's aces came at the Sequoyah Country Club in Oakland, Calif. and happened in this order: 1967, 168-yard 12th; 1975, 195-yard second; 1978, 210-yard 14th; 1983, 159-yard fifth and 1985, 205-yard 17th.

TWO "MIRACLES"

Marilyn Jones of Sharonville, Ohio, was short off the tee on the par-3 seventh hole at the Grove Park Inn course in Asheville, N.C. Her ball barely cleared a creek and became embedded in a muddy embankment. Determined to play the difficult shot, Jones put one foot in the water and swung away. Unfortunately, she whiffed but the clubhead dug into the mud—and unearthed an orange ball, which reached the green. Her own ball, which was white, remained in place. "You not only walked on water, Marilyn," said playing companion Jinny Renwick, "but you also changed the color of your ball."

GETTING DOWN IN ONE

Before he suffered a stroke in 1977 that has since prevented him from playing, J. Carl Plumlee of Little Rock, Ark. was a demon chipper. Plumlee kept records of his chipins, and from 1959 through June 26, 1977, turned in 417. His best year was 1970, when he sank 64 shots from off the green, the most for a single year ever reported to $SF4Golf Digest.

BOOMERANG

Lee Baron had an uphill second shot on the 13th hole at the Rainbow Canyon Resort course in Temecula, Calif., and was determined to give the ball a long ride. Baron took a big swing and hit behind the ball, which hopped about 10 feet into the air, came down and struck him on the back. Needless to say his playing companions—Art Peterson, Vern Schilawske and Jim Shelton—howled with laughter.

ONE THEY'D LIKE TO FORGET

A foursome competing in a company tournament at the Selman Park Golf Course in Monroe, La., turned in a team total of 681 strokes. Mike McCasland was the star with 130, Mark Henderson had 145, Bill Sierichs 202 and Rich Plotkin 204. It took the group almost eight hours to play. They lost count of the number of foursomes that played through. Incidentally, they all had played golf—or at least some form of it—before.

EVER TOGETHER

G.L. Hamilton, playing the sixth hole at the Live Oak Course of the Lakeway Inn and Golf Club at Austin, Tex., hit his second shot into a tree near the green. The ball didn't fall. Four weeks later Hamilton's wife hit a shot into the same tree. Hers fell, along with her husband's ball.

"AFTER ME, THE DELUGE"

Carroll Graham was delighted when he sank an approach shot on the fifth hole at the Selmer (Tenn.) Golf and Country Club for an eagle, but disappointed when a heavy rain at that point washed out his round. An hour later the rain let up and Graham made up another match, which he began with another eagle, this one on the first hole. But after five holes the rains came again and once more stopped play. Frustrated by having two eagles canceled by rain, Graham hung up his spikes and went fishing for two weeks.

GOLF'S AN INTIMATE GAME

Elvin K. Wilson had a tough shot. Playing from a lie atop lava rocks off the third hole at the Makena Golf Course, Maui, Hawaii, Wilson took a swing restricted by a nearby tree—and the ball seemed to disappear. "I asked my partners where it went," relates the sly Wilson, and when they admitted ignorance, he reached with his left hand under his right armpit, where the ball had lodged, and showed it to his surprised companions.

CHAPTER 14

1986 MOST IMPROVED CLUB PLAYERS

1986 MOST IMPROVED CLUB PLAYERS

How most improved golfers are determined

Each year Golf Digest recognizes the Most Improved amateur golfers at the nation's clubs and courses by sending each player so honored a certificate suitable for framing.

Courses and clubs may use any method to determine Most Improved players. Golf Digest, however, has some general guidelines and even a specific formula that can be used. The fact that it is easier to improve from, say, 35 to 25 than from 10 to 5 is considered in the formula.

Step one: multiply the player's handicap at the start of the season by two (figure X).

Step two: Multiply the player's new handicap by three (figure Y).

Step three: Subtract figure Y from figure X for the player's improvement rating.

Examples:

Player A was a 20-handicapper at the beginning of the season and improved to 15.

$2 \times 20 = 40$. $3 \times 15 = 45$.

$40 - 45 = -5$.

Player B was a 9-handicapper and improved to 1.

$2 \times 9 = 18$. $3 \times 6 = 18$.

$18 - 18 = 0$.

Player C was a 4-handicapper and improved to 1.

$2 \times 4 = 8$. $3 \times 1 = 3$.

$8 - 3 = 5$.

Conclusion: Player C, with a plus 5 improvement ratio, is the most improved golfer. Player B, with a 0 ratio, ranks second while Player A, at minus 5, is the least improved.

Following are **1986**'s Most Improved club players.

ALABAMA

Buxahatchee C.C.: Jr.: David Ellison.
C. Yanasi: Mike Harper; Manoka Lawrence. Jr.: Matt Totty.
Decatur C.C.: Gary Jones; Paula Oliver.
Enterprise C.C.: Jim Hatten; Gloria Ellers.
Eufaula C.C.: David Trawick. Jr.: Neil Boyce; Kristy Trawick.
Green Valley C.C.: Billy Williams; Lu Duce. Jr.: Kevin Halcomb.
Gulf State Park: John B. Thompson; Rosa Arnold.
Montgomery C.C.: Thomas Harris; Carolyn Lueck. Jr.: George Garzon.
North River Yacht C.: Martin Johnson; Pat Stephens. Jr.: Dan Mutert; Karen Spruill.
Saugahatchee C.C.: Stan Martin; Joy Beckum. Jr.: Will Blackmon; Wanda Dye.
Skyline C.C.: Mark Nix. Jr.: Dennis McLaughlin; Ashleigh Moree.
Terri Pines C.C.: Gerald Harris; Thelma Harris.
Willow Point C.C.: Jr.: Philip Jackson; Claudia Dozier.

ALASKA

Settlers Bay C.C.: Ralph Sallee; Nancy Sallee. Jr.: Ed Manning; Stacey Prudence.

ARIZONA

C.C. of Green Valley: Polly Robertson.
Desert Highlands G.C.: Kurt Kittleson; Jean Gollaher. Jr.: Bret Bender.
Gainey Ranch G.C.: Jr.: Les Keith; Heather Carlson.
Kingman Municipal: Eli Beale; Debra Lynn Stewart. Jr.: Shawn Joseph.
La Paloma C.C.: Dr. Jon Gibbs; Shari Davis. Jr.: Ben Fernadez; Amy & Heather Frederick.
London Bridge G.C.: Cis Williams. Jr.: Justin Henderson.
Mesa C.C.: Jr.: Michael Jones; Lisa Nicholas.
Moon Valley C.C.: Lyle Sandberg; Nancy Murphy. Jr.: Chris Leckey; Debbie Parks.
Palmbrook C.C.: William E. Haskell; Nancy Powers.
Pima G. Resort: Joe Fichera; Midge Wallace. Jr.: Brian Novotny; Alison Hubbard.

ARKANSAS

Eldorado G. & C.C.: Ellis Glover; Carolyn Unger.
Fayetteville C.C.: Jr.: Grant Lamacus; Michelle Cutright.
Longhills G. Cse.: Jr.: Jack O'Keefe.
Pine Bluff C.C.: Jr.: Stanley Payne.
Red Apple Inn & C.C.: Susan Hudson.
Rosswood C.C.: Earl Vick; Ann Cain. Jr.: Chris Yaney.
Three Rivers C.C.: Mike Everett; Cissie Stuckey. Jr.: Brad Williams; Jennifer Bankston.

CALIFORNIA

Almaden G. & C.C.: Bob Hall. Jr.: Jon Peterson.
Anaheim Hills G.C.: Yevette Dempsey.
Anaheim Municipal: Jan Merchant.
Annandale G.C.: Steve Winterbottom; Kathy Diehl. Jr.: Rob Biggar; Kathleen Shonahan.
Baywood G. & C.C.: Jr.: Jason Hight

1986 MOST IMPROVED CLUB PLAYERS

Beau Pre G.C.: Don Hutton; Martha Rankin. Jr.: Chad Foydl.
Bethel Island G. Cse.: Dave Stallings, Mary Gruessing.
Blackberry Farm G. Cse.: Robert D Schumacher; Ruth Kirk, Marjorie Knablein. Jr.: Ryan Craig.
Bodega Harbour G. Links: Alex Wright; June Helela. Jr.: Alex Wright.
Boulder Creek G. & C.C.: Doris Roth.
Boundary Oak: Barbara DeVincenzi. Jr.: Brent Bamberger.
Cameron Park C.C.: Jr.: Tom Brown.
Candlewood C.C.: Jr.: Ryan Rexer; Kimberly Rexer.
Canyon Crest C.C.: Jr.: Mark Andrews; Michelle Landers.
Canyon Lake C.C.: Laverne Cann.
Carlton Oaks: Gary Barnhill; Jennie Hinkle. Jr.: Sonny Cole; Kelly Kelso.
Cathedral Canyon C.C.: John Graham; Marilyn Addiscott.
Cherry Hills G.C.: E.E. Bryan; Pat Elliott.
Clark G. Cse.: Steve K. Moss; Kwi Mucha. Jr.: Robert White.
Contra Costa C.C.: Ed Sonnenberg; Charlotte Brunelle.
Corral de Tierra C.C: Jr.: Michael Rossi; Mardi Mills.
Deep Cliff Womens G.C.: Ginnie Currey.
Del Paso C.C.: Jr.: Stuart Wright; Ana Separovich.
Diablo Hills G.Cse.: Brian G. Jackson; Bonnie Phillipo. Jr.: Dave Maturo; Michelle Vaughan.
El Caballero C.C.: Henry Lurie; Beverly Beyer. Jr.: Lon Mintz; Natalia Barrett.
El Dorado Women's G.C.: Laurie Wark.
El Rivino C.C.: Ben Thompson.
El Toro Marine Memorial: Tom Gay; Susan Hansen. Jr.: Troy Bradbury; Julie Danford.
Fig Garden G.C.: Scott Bauer; Rene Van Fossen. Jr.: Jeff Morgenstern; Tracey Winstead.
Forest Meadows G.C.: Dave Hitchcock; Elva Lewis.
General Golf Cse.: Del Coggins; Barbara Logue; Jr.: Chip Cosgrove; Carrie Cosgrove.
Gilroy G.C.: David Navaroli. Jr.: Billy Ayer.
Green River G.C.: Dennis Graham; Ida Folker.
Haggin Oaks Women's G.C.: Dot Muller.
Hill Country Ladies G.: Vera Lico.
Imperial Womens G.C.: Phyllis Creighton.
Ironwood C.C.: Steve C. Henry; Sandra Knechtel.
John E. Clark: Robert Lyttle.
Jurupa Hills C.C.: Mike Sprolding; Betty Hopkins.
Lake Arrowhead C.C.: Dave Eib; Agnes Vanderdussen. Jr.: Dre deLeon; Julie Polley.
Lake Redding G. Cse.: Jr.: Donny Bainbridge.
La Rinconada C.C.: Ryan Fenchel.
Las Positas G.C.: Jr.: Mark Oldemeyer; Donna Lippstreu.
Lawrence Links G.C.: Chris Murawski.
Mace Meadow G.& C.C.: Ray Mace; Linda Smith. Jr.: John Ehmsen.
Meadowlark Womens G.C.: Sherry Ramage; Jenny Thompson.
Mile Square Ladies G.A.: Gayla O'Neil.
Mission Lakes C.C.: Betty Steiner.
Morro Bay: Jr.: Chad Lloyd.
Navy G. Cse. Mission Gorge: Randy Malone.
North Ranch C.C.: David Rulon; Corrie Lyle.
Oceanside G.Cse. Edward Thompson.
Palm Desert C.C.: Nancy Davis.
Palm Valley C.C.: Wes Pierce; Sandy Parker.
Palo Alto Municipal G.C.: Lucy Stark. Jr.: Michael Maguire; Nicole Winchester.
Pasatiempo G. Cse.: W. Nix; Millie Zelezie. Jr.: Nick Whitstone; Cherie Bowman.
Pine Mountain C.: Irv Porter; Betty Wallace.
Pleasant Hill C.C.: Bill Cain.
Porterville Municipal: Jr.: Nathan Phillips.
Sail Ho G.C.: Les Towers; Helen Foley.
San Jose C.C.: William K. McLain. Jr.: Pete Capozzi; Leigh Casey.
San Juan Hills C.C.: Sue Dokka.
Santa Ana C.C.: Liz David. Jr.: Peter Jackson.
Santa Clara Women's G.C.: Gloria Magee.
Seabee G.C.: Bruce Sawai; Marcie Rudich. Jr.: Paul Stankowski; Jill Kaopua.
Shoreline G.Cse.: Lucy Stack.
Sierra Sky Ranch G. Cse.: Don Kilpatrick; Vic Breit.
Silverado C.C. & Resort: Stewart E. Gardner. Jr.: Billy Keller.
Simi Hills G.Cse.: Paul Holtby.
Sky Links Womens G.C.: Barbara Hanssen.
Spring Valley Lake C.C.: Buzz Wergeland.
Stone Ridge C.C.: Ronald Kull; Roberta O'Brien.
Sunnyside C.C.: David Sprinkel; Darcy Maguo. Jr.: Andy Curry.
Sunnyvale Municipal G.C.: Frank Lopes; Bonnie Gardiner.
The C. at Morningside: Jack Froggatt; Cynthia Faulkner. Jr.: Darren Fraser.
The Vintage C.: James Otto; Nicole Ronald.
Vaca Valley Women's G.C.: Dolly Coleman
Valle Grande G.C.: George Jackson; Portia Angelo. Jr.: Zane Morohes.
Valley Hi C.C.: Jim Anderson; Barbara Hart. Jr.: Ray Anderson; Anna Bassett.
Vandenberg AFB G.Cse.: James B. Gibbs; Vera McGee.
Victoria C.: Ron Maggard; Sharri Essex. Jr.: Jason Gless.
Victorville C.C.: Jr.: Richard Zapata.
Wilshire C.C.: Gaeil Kim. Jr.: Kevin Hayes.
Wood Ranch G.C.: Rex Naumetz; Diane Wilson. Jr.: Kevin Tice; Niki Gill.

COLORADO

Cherry Hills C.C.: Bob Masten. Jr.: Brian Thomas.
Cold Springs C.C.: Doug Millhollin; Diana Schmidt, Heather Schmidt.
Collindale G.C: Dave Benshoof; Kathy Hodge. Jr.: Gary Thompson.
Colorado Springs C.C.: A. J. Paulk; Rosie Wooten.
Columbine C.C.: Jr.: Tom Rowe; Erin Keefe.
Eisenhower G. Cse.: G.E. Marchant; Carolyn Sylvester. Jr.: Scott Johnson.
Gleneagle C.C.: Rusty Wortham; Maureen Wortham.
Heather Ridge C.C. Mary Nachazel. Jr.: Jason Brook; Susie Wildfeuer
Hillcrest G.C.: Curt Beyer; Cindy Bryniarski. Jr.: Ken Carpenter.

1986 MOST IMPROVED CLUB PLAYERS

Indian Tree G.C.: Jr.: Scott Heeren; Jodi Zwemke.
Inverness G.Cse.: Dave Stacey. Wendy Leonard. Jr.: Rod Babb; Kelly O'Connor.
Lakewood C.C.: Chuck Humphrey; Sharon Shearman. Jr.: Bill Bradley; Simone Hackert.
Overland Park G. Cse.: Robert Blumenstein.
Perry Park C.C.: Bill Durr; Phyllis Callis. Jr.: Cory Robinette; Heather Hough.
Pinehurst C.C.: Gerald Harrison; Leann Payne.
Raccoon Creek G.C.: Chuck Cagle; Jeannie Hay, Betty Phillips.
Rolling Hills C.C.: Scott Radcliffe; Clairie Boatright. Jr.: Brad Geiger; Pam Drake.
Shadow Hills C.C.: Mel Fox; Marty Wilson, Mary Alice Emig. Jr.: Shawn Sutton; Lisa Rigirozzi.
Singletree G.C.: Don Ballengier; Marilyn Rosenthal. Jr.: Marvin Miller.
So. Suburban G.C.: Lois Burbridge.
Tamarack G.Cse.: Donna McCormick. Jr.: Gary Withington.
The C.C. of Colorado: Mark Gray; Charol Wilson. Jr.: Kelby Barton; Lanny Whiteside.
The Denver C.C.: Chuck Bonniwell; Claudia King. Jr.: Charlie Luther Jr.
Willow Springs C.C.: Larry Allen; Mary Jean Blair.

CONNECTICUT

Bel Compo G.C.: Ron Kleinman; Kathy Horne.
Blackledge C.C.: Bill Lurate; Marilyn Kaldy. Jr.: Bob Mayne.
Brooklawn C.C.: Phil Sweet; Debbie Schwob. Jr.: Chris Breyan.
Brownson C.C.: Dave Jelenik; Stella Bondos. Jr.: Marc Abbagnaro.
Burning Tree C.C.: Duke Mitchell; Hank Meyer-Wiersma.
Candlewood Lake C.: John Maxson; Mrs. Ann Ridlands. Jr.: Bobby Scalera; Nancy Rooney.
Canton Public C.C.: Roger Charity; Joan Kidd.
Chippanee G.C.: Les Julian; Carmel Musumano. Jr.: Brad Johnson; Samatha Huston.
Copper Hill C.C.: Jeff Welles; Mary Spillane.
C.C. of Farmington: Arthur Spada; Lucille Divrio. Jr.: Jeremy Vitkauskas; Kelly Tanner.
C.C. of Waterbury: Robert Caulfield Jr.; Leslie Leganza.
Elmridge G.C.: Steve Wells; Bonnie Telesky. Jr.: Matthew Zimbruski; Debbie Young.
Fairview C.C.: Robert Weisman; Carol Glickenhaus. Jr.: Peter Winston; Debbie Doniger.
Farmington Woods C.C.: Raymond Paradise.
George Hunter G.C.: Craig Schroeder; Lorraine Wilson. Jr.: David Papandred.
Glastonbury Hill: John Lord; Agnes Robert. Jr.: Paul Thompson.
G.C. of Avon: Len Green; Jo Miller. Jr.: Tommy Mason; Sally Smith.
Greenwich C.C.: Horst Senff; JoAnne Williams, Cornelia McGrath; Fritz Heidenreich.
Hartford G.C.: John Gibbons; Beth von Dohlen, Kathy Lang. Jr.: Steve Austin.
Hop-Brook G.C.: Jr.: Francis Hoxie.
Hop Meadow C.C.: Jr: Brendon Post; Laura Pieprzny.
Indian Hill C.C.: Chris Sala; Corky Balducci. Jr.: Gregg Hedstrom.
Innis Arden G.C.: Kenneth Pitzer; Penny Johnston. Jr.: Zac Berger.
Laurel View C.C.: Jr.: Bob O'Donnell.
Lyman Meadow G.C.: Dave Bike; Sheila Potter. Jr.: Ron Chudwick; Tricia Bierkan.
Milbrook C.: Jr.: Brian Zittel.
Mill River C.C: John Grich; Sue Gilbert. Jr.: Marc Jarvis; Amy Cavaliere.
New Haven C.C.: J. Becker; Carol O'Brien.
New London C.C.: Dave Conte; Veronica Snyder.
Newtown C.C.: Joseph Daone; Susan Schiavi. Jr.: Brian Gleason; Martha Haynos.
Oak Hills G.C.: Joe Lomazzo; Monique Appleby. Jr.: Mike Brzostek.
Old Lyme C.C.: Jamie Gourlay; Diane Gregory.
Orange Hills C.C.: Gene Torrenti; Dorothy Feld.
Oronoque Village C.C.: Steve Martinek Jr.; Terri Repaci.
Race Brook C.C.: Jr.: Chris Cherwock; Katy Lane.
Ridgefield G.C.: Jr.: Tom Reardon.
Ridgewood C.C.: Robert Carbone; Arlene Klein.
Shorehaven G.C.: Barney Carry; Roxana Howes.
Shuttle Meadow C.C.: Lindsey Hansen II; Grace Ingerson, Barbara Lee. Jr.: Mark Watson; Bridgett Stepeck.
Silvermine G.C.: Art Christman; Mary Warren.
Stonybrook G. Cse.: Donald Davis; Sue Bredice.
Suffield C.C.: Jr.: Mark Purrington; Kathy Horan.
Tamarack C.C.: Mike Fierstein; Diane Guertin, Joan Antonucci. Jr.: Mark Bianchi, Joel Pacelli.
The Connecticut G.C.: Jim Vanderslice.
The Farms C.C.: Arnold Pellegrini; Cheryl Horenbeir. Jr.: Todd Milligan.
The Patterson C.: Tim Zaino; Allison Lautenbach.
The Stanwich C.: Lewis Everly; Sis Glavin. Jr.: Mike Crabtree.
Tallwood C.C.: Jr.: Chanda McCreary.
Timberlin G.C.: Gavin Waycott; Ellen Merrill. Jr.: Lindsey Hansen II.
Tumble Brook C.C.: Glen Rapoport; Ruth Yellin. Jr.: Eric Federman.
Wampanoag C.C.: Mary Kay Sheeran. Jr.: Eric Smith.
Washington G.C.: Spencer Houldin; Colleen Newman.
Western Hills: Gaetano Tiso.
Wethersfield C.C.: Al Schmitz; Mary Ann Pizzanello. Jr.: Damon Devitt; Leslie Kask.
Whitney Farms: Greg Ryan.
Woodbridge C.C.: David Bailey.
Woodway C.C.: Peter Gross; Eleanor Bagley. Jr.: Joe Slavinsky.

DELAWARE

Cavaliers C.C.: John Bullen; Cheryl Kruegen.
Hercules C.C.: Darrell Clayton; Charlotte Copenhaver.
Maple Dale C.C.: Dick Quinn; Tina Potts. Jr.: Todd Schaefer; Heather Bowie.
Rehoboth Beach C.C.: Jerry Hagan; Peg Tappan. Jr.: Chris Travis.
Rock Manor G.C.: Richard Ringie; Linda Misetic, Jenny Hanawalt.

1986 MOST IMPROVED CLUB PLAYERS

Shawnee C.C.: John Desmond Jr.; Marion D. Faust. Jr.: Rustyn Stoops; Amy Lyn Coverdale.
Three Little Bakers G.C.: Harvey Swearer; Ellie Christ. Jr.: Jeff Price.

FLORIDA

Bent Pine G.C.: Orel Hershiser; Dorothy Harris.
Bloomingdale Golfers C.: Joe Tumlin; Melodie Johnson. Jr.: Brian Nye.
Boca Greens C.C.: Herbert Egbert; Bonnie Synder.
Bonaventure C.C.: Marcel Legault; Marcia Heller.
Boynton Beach Municipal: Harry Ryklewitz; Barb Garvey.
Broken Woods C.C.: Robbie Robertson; Betty Rodick. Jr.: Tom Christensen; Laurie Bowman.
Buckhorn Springs G. & C.C.: Jr.: Mike Smolen
Card Sound G.C.: Melville Heath; JoAnn Benton.
Crystal Lake C.C.: Gerry Baum.
Cypresswood G. & C.C.: Jr.: Joseph Silvers; Misty Wilbur.
Deep Creek G.C.: Norbert Gaertner; Mary Ellen Merkt.
Deer Creek G. & Tennis C.: Jr.: Dustin Phillips.
Delray Dunes G.C.: Joe Olivella Jr.; Charlotte Decker. Jr.: Troy Wheat.
Diamond Hill G.C.: Wayne Westbrook; Marilee McAuespie. Jr.: Brian Reed; Janet Wooten.
Eagle Creek C.C.: Michael Thieme; Norma Krampe.
Eaglewood C.C.: Elizabeth Manuele.
Ft. Walton Beach Men's G. A.: Paul Papantonis.
Granada G.C.: Hosmer Compton; Pat Saunders.
Hunter's Creek G. Cse.: Joe Esposito; Lollie Beach.
Imperialakes C.C.: Jim Hartney; Nita McMaster. Jr.: Tommy Richards.
Indian Hills C.C.: Dick Cargill; Jean Moore. Jr.: Shannon Brown.
Isla del Sol: Frank O'Reilly; Laurette Van Voorhis.
Jonathan's Landing G.C.: O. C. Underhill; Betty Heartfield.
Lacita G. & C.C.: Fred Waite; Carolyn Rossie. Jr.: Ryan Cooke.
Lehigh C.C.: Helen Tardi. Jr.: Brian Ewing.
Mariner Sands C.C.: Phillip Cobb; Betty Tewksbury.
Mayacco Lakes C.C.: Jamie Pressly; Triddy Peacock. Jr.: Bobby Collins.
Mission Valley: Dottie Kuhlman.
Mount Dora G. A.: Bob Vincent; Patsy Smith. Jr.: Mike DeHoog; Jennie Holloway.
North Port C.C.: Elsie Babij.
Okeechobee G. & C.C.: Jr.: Mathew Koff.
Palma Ceia G. & C.C.: Walter Baldwin; Judy Schine. Jr.: Clay Thomas.
Pelican C.C.: Ed Scully; Avy Barnes. Jr.: Andy Williams.
Pembroke Lakes: Larry Athens; Kathy Combest. Jr.: Ed Darcy; Jenni Barr.
Piper's Landing C.C.: Carl Nelson; Dorothy Ohlbach. Jr.: Matt Schuler.
Port Charlotte G.C.: Jr.: Bill Burkhart.
Quail Ridge C.C.: Betsy Wilkins.
River Greens G. Cse.: Robert Uzzell; Catherine Culp. Jr.: Jody Pelfrey.
River Wilderness Yacht & C.C.: Brent Cohenour; Annette Desportes. Jr.: Drew Long; Jennifer James.
Rocky Bayou C.C.: Slick Nathey; Judy Haugen. Jr.: Charles Jones II.
Royal Palm Yacht & C.C.: Lewis Davis; Margaret Cook.
Sam Snead Exec. G. Cse.: Clara Sorenson.
Sandpiper Bay: Helen Kincaid.
Seven Springs C.C.: Lou Dalberth; Barbara Allen. Jr.: Brent Johnson.
Silver Lake C.C.: John Whitt; Mary Lou Howell. Jr.: Phil Hilldale.
Spessard Holland G. Cse.: Jack Drudy; Celia Koether. Jr.: Jason Williams.
St. Joseph's Bay C.C.: Stacy Kirvin; Carol Mitchell. Jr.: Ryan Coles Davis.
The C.C. of Naples: James Mott; Mary Gittens.
The Meadows C.C.: Dale Burns; Lois Roberts. Jr.: Chris Krause; Lauren Tennant.
The Plantation G. & C.C.: Jact Street; Beverley White. Jr.: Mark Lofye; Kacie Myers.
Wedgewood C.C.: Jerry Gibson; Thad Batts.
Winter Park C.C.: Hettie DeVanna.
Yacht & C.C.: Mike Ferrer; Lois Braun.

GEORGIA

Athens C.C.: Jake Hutchins; Dody Jackson. Jr.: Greg Kennedy; Courtney Cuff.
Callier Springs C.C.: Tony Tyler; Julia McElhannon.
Chattahoochee G.C.: Vince Lockhart; Candy McLain. Jr.: Jimmy Wilkins Jr.
Cherokee Town C.: Barry Teague; Helen Dobbins. Jr.: Rustin Necessary; Katie Baillie.
Circlestone C.C.: George Lee; Cindy Parrish. Jr.: Harry Hansen III.
Coosa C.C.: Bruce Blalock; Marti Walstead. Jr.: Jeremy Roberts; Edith Yeargan.
Cumberland Creek C.C.: H. C. Rayburn; Kaye Spencer.
Dodge County G.C.: Russ Ragan; Carolyn Mullis.
Druid Hills G.C.: Jr.: Jeff Roberts; Wendi Patterson.
Dunwoody C.C.: Ken Johnson; Pat Swan. Jr.: David Lawrence.
East Lake C.C.: Ben Palmer; Mary Joan Moody.
Forest Heights C.C.: Howard Tucker; Sally Scearce. Jr.: Walt Garvin Jr.
Green Island C.C.: Parker Swift; Caroline McClintock. Jr.: Charlie Minter.
Innsbruck G.C. of Helen: Homer Taylor; Betsey Wilkins. Jr.: David Wilkins.
Kraftsmen's C: Lamar Fowler; Debbie Edwards. Jr.: Wade Trapp.
Magnolia C.C.: Daniel Smith. Jr.: Bill Knight.
Marietta C.C.: Richard Radebach; Alice Gambrel.
Mystery Valley G.C.: Rick Wigbels. Jr.: Mike Reynolds.
Nob North G. Cse.: Michael King.
Peachtree G.C.: Jarrett Davis; Gwyn Moran. Jr.: Randy Guyton.
Riverside G. & C.C.: Dickie Goulder; Quitine Ciaramello. Jr.: Steve Pierce.
Springbrook C.C.: Jack Windom Jr.; Zelda Smith Jr.: Brian Loftin
The Standard C.: Robert Blasbereg; Gail Rones. Jr.: Scott Greenwald; Layne Paller.

1986 MOST IMPROVED CLUB PLAYERS

Town Creek C.C.: Tommy White; Annie Ruth Williams. Jr.: Bert Way.
West Lake C.C.: Robert Johnson, Joe Hamilton; Jan Cross. Jr.: Trey Holroyd.
Willow Springs C.C.: Bob Belling; Ann Heerssen. Jr.: Mark Ecclestone; Sandi Ecclestone.

HAWAII

Hawaii State Women's G. Association: Debbie Joyce.
Mid-Pacific C.C.: Mary DiGiovani.
Olomana G. Links: George Nakamura; Darlene Chock.

IDAHO

American Falls G.C.: Kevin Morgan, Steve Johnson; Monica Bethke. Jr.: Cody Moldenhauer; Jennifer Michaelson.
Bigwood G. Cse.: Jolene Northcott.
Broadmore C.C.: John Bowen; Helen Sudmeter.
Bryden Canyon: Ed Moe; Betty Huntley.
Burley G.C.: Lonnie Johnson; Doris Ellingham. Jr.: Richard Davilla; Alyssa Gleed.
Canyon Springs G.C.: Earl Anderson; Bernice Howa. Jr.: Dan Ross.
Crane Creek C.C.: Bobbie Hocking.
Grangeville C.C.: Jr.: Mike Smith; Leslie Wilson.
Hillcrest C.C.: Joe Jemmett; Sheryl Scott.
Jefferson Hills G.C.: Sheldon Paul; Vicky Sauer.
Lewiston C.C.: Del Owens; Jan Johnson. Jr.: Duffy Davies; Shelly Laird.
Pinecrest Municipal G.C.: Tom Jenkins; Onda Smith. Jr.: David Gray; Cindy Southwick.
Plantation G.C.: Ken Beauchamp; Steve McIntyne;Chelle Selby. Jr.: Sam Zenovich; Tonya Fedrizzi.
Preston G. & C.C.: Jr.: Steven Kissinger; Marlene Garrett.
Riverside G. Cse.: Parry Jones; Phyllis Deeg. Jr.: Derek Ard.
Stoneridge G. Cse.: Don Clause; Sue Sedies. Jr.: Dawes Marlatt; Tracie Marlatt.
Twin Falls Muni: Jr.: Jason Hunzeker; Kelly Jones.

ILLINOIS

Aurora C.C.: Paul Herwick; Nancy Kopinski.
Barrington Hills C.C.: Byron Johnson; Marilyn Mindling. Jr.: Steve Clark; Megan Milligan.
Beverly C.C.: P. J. McCarthy; Mary Pollack.
Biltmore C.C.: Jerry Maatman Jr.; Sandy Grace.
Briarwood C.C.: Arnold Rissman; Rhoda Richards.
Bryn Mawr: Rich Robin; Patti Katz.
Butler National G.C.: Jr.: Brett O'Brien.
Calumet C.C.: Paul Nespeca; Mary Hennig. Jr.: Patrick McGushin; Aaron Clark.
Cary C.C.: Bill Hirn; Mary Jane Jelden.
Chapel Hill G.C.: John Michels; Mary Jo Michels. Jr.: Phil Webb; Jamie Donovan.
Chevie Chase C.C.: Jr.: Rusty Toms; Holly Alcola.
Chicago Park District: Ronald Reti.
Cog Hill C.C.: Sanford Keeshin; Pat Jemsek.
Crab Orchard G.C.: Steve Norris; Judy Crawford. Jr.: Steve Smith; Laura Heckel.
Cress Creek C.C.: Jr.: Jeff Lufkin; Kirby Freeman.
Crestwicke C.C.: Bill Gleason; Cheryl Gray.
Crystal Lake C.C.: Rick Smith; Fran Nergard, Claire Biel. Jr.: Kevin Manzel; Jodi Saville.
Crystal Woods G.C.: Jack Hayes; Terri Pender.
Danville Elks C.C.: Tom Hicks; Jan Bastian.
Deerpath G. Cse.: Craig Thiele; Shirl Hamm.
Dixon C.C.: Dennis Baylor; Donghi Cho.
Edgewood Valley C.C.: Bill Petrie; Lynn Yesutis.
Effingham C.C.: Craig Kabbes; Carol Bosma. Jr.: Jason Bredenkamp; Patti Nelson.
Elmwood C.C.: Jim Blackman.
Exmoor C.C.: Jonathan Raclin; Bevely Laurell. Jr.: Tim Skarecky; Tod Skarecky; Marcy Griem.
Fairfield C.C.: Jim Musgrave. Jr.: Jeremy New.
Forest Hills C.C.: Paul Kobussen; Barb Woodbury.
Fort Sheridan C.C.: Mike La Sorte; Pat Schlabowske. Jr.: Scott Ditienne; Barbara Benedetti.
Green Hills C.C.: Mac Hamilton; Natalie Woodrome. Jr.: Chris Wood; Julie Moore.
Harrison Park G.C.: Richie Nicholson; Eleanora Giacone.
Highland Woods: Steven Green; Mary Lou Deuchler. Jr.: Lorn Carcerino; Tracy Haracz.
Hilldale C.C.: Wanda Miller.
Hinsdale G.C.: Stanislaw Maliszewski; Sally Foster. Jr.: Emmett McCarthy.
Idlewild C.C.: Michael Banks; Elyse Bell. Jr.: Jason Bank; Tasha Korshak.
Illini C.C.: Steve Kwedar; Leslie Tillett. Jr.: Rich Kim; Kris Werner.
Indian Creek C.C.: Ivan Mowery; Mary Morris.
Indian Hill C.: Lon Ramsey; Cece Durbin. Jr.: Casry Magner; Cindy Bradbury.
Kankakee C.C.: Richard Regnier; Sue Purser.
Kemper Lakes G.C.: Pete Casati.
Kishwaukee C.C.: Jr.: Ken Vanko.
LaGrange C.C.: Michael Brandt; Molly Horstman. Jr.: Terry Mahoney.
Lake Barrington Shores: Joel Spangler; Marilyn Griffing. Jr.: Chris Klanchik; Amy Viiki.
Lake Bluff G.C.: Dennis Coppi; Judy Lenzini.
Lake Bracken C.C.: Andy Hendricks, Diane Copeland. Jr.: Tim Fritz; Jill Werder.
Lake Shore C.C.: Richard Walken; Mim Wien.
Lawrence County C.C.: Mike Schofield; Jan Wagner. Jr.: Ted Rynder; Jennifer Rice.
Lincolnshire Fields C.C.: Fred Reiter; Mary Slaughter. Jr.: Brettan Miller; Amanda Everette.
Macomb C.C.: Bill Clanin; Phyllis McDaniel. Jr.: Chris Myatt; Nicole Mortier.
Mattoon G. & C.C.: Jack Anderson; Helen Yelvington. Jr.: Doug Diedrich; Jennifer Hackman.
Mauh-Nah-Tee-See C.C.: Tom Crawford; Dorothy Slouka.
McHenry C.C.: Ed Buss; Sharon Hall.
Medinah C.C.: Phillip Locke; Regina Straley. Jr.: Eric Wildermuth.
Mid Iron C.: Bill McEnery; Devra McNulty. Jr.: Jerry Shallow; Stacy McNulty.
Midlothian C.C.: Mike Emmerick; Karen Collins. Jr.: Carson Sterling.
Mission Hills C.C.: Tom Levinstein; Marlyn Hamilton.

1986 MOST IMPROVED CLUB PLAYERS

Morrison C.C.: Tim Slavin; Jane Brady. Jr.: Matt Pickens.
Mt. Hawley C.C.: Joe O'Brien; Marion Miller.
Naperville C.C.: Jack Moore; Jo Ann Thurston. Jr.: Jeff King; Cindi Schaaf.
Northmoor C.C.: Mark Grusin; Shari Weil. Jr.: John Stracks.
Oakville C.C.: Percy Vesperman; Kathy Poffenberger.
Oakwood C.C.: Chuck Fiser; Donna Edwards.
Old Elm C.: H. Blair White.
Old Orchard C.C.: Joel Klein. Jr.: Mike Ryden.
Park Ridge C.C.: Gordon Williams; Betty Neff. Jr.: Doug McKann.
Pasfield G.C.: Robb Miller; Barb McCabe.
Pekin C.C.: Robert Cannaday; Reka Carey.
Perry County C.C.: Mike Emling; Donna Minton.
Pinecrest C.C.: Mike Zanardo; Jane Voltz. Jr.: Dave Wascher.
Pinnacle C.C.: Jr.: Scott Gillam; Sharon Jinks.
Quail Creek C.C.: Parker Meskimen; Julie Persinger.
Quail Meadows C.C.: Con Winter; Deni Snell. Jr.: Ryan Snell.
Ridge C.C.: E. P. Drumm; Liz Mawz.
Ridgemoor C.C.: Michael Truppa, Jan Anderson. Jr.: Mike Zielinski; Deia Lofendo.
River Forest G.C.: Dick Bechtold; Gerri Pabich.
Riverside G.C.: Charles Allen; Barbara Kubik.
Rock River C.C.: John Dawson; Alice Dietz. Jr.: Jeff Lowe.
Ruth Lake C.C.: Kay Fullerton.
St. Andrews G.C.: Phil Aromi, Mike Fairchild; Sally Peterson.
St. Charles C.C.: Ken Besch; Mona Cornehson. Jr.: Jon Hardison; Maura Hawkins.
Sandy Hollow: Elsie Miller.
Shambolee G.C.: Dennis Powell; Donna Noll.
Shawnee Hills G.C.: Jim Chapman.
Shoreacres: Larry Booth; Mrs. Robert Meers.
Short Hills C.C.: Cliff Peterson; Jean Ann Johnson. Jr.: Bill Marthens.
Silver Lake C.C.: Jr.: Don Draudt; Anne Engebrigtsen.
Skokie: W. A. Wiggins; Joyce Bendix. Jr.: Brad Christian; Dorian Zimmer.
Springbrook G. Cse.: Karl Todd; Tina Sullivan.
Spring Lake C.C.: Don Brown; Kitten Blickhan.
Sunset Ridge C.C.: Robert Henkel; Jean Moran. Jr.: Bobby Erickson; Christina Brew.
Taylorville C.C.: Jerry Quick; Ada Songer.
The Links: Jr: Bobby Sims.
Twin Orchard C.C.: Judd Malkin; Michelle Nachbar. Jr.: Danny Fishbein.
Valley-Lo C.C.: Jack Sauer; Edde Ericsson.
Vermilion Hills C.C.: Harley Sare; Irene Long. Jr.: Rocky Knight; Lia Biehl.
Village Links G.C.: Bob Card; Randi Nygaard. Jr.: Benji Bitner; Stacey Arnold.
Willow Pond G.C.: Phillip Ruiz.
Woodstock C.C.: Gib Kurtz; Dolly Kuetemeyer. Jr.: Rudy Stepan; Aubrey Hulka.

INDIANA

Arlington Park; Jr.: Mike McBride; Katie Wolfcale.

Broadmoor C.C.: Mark Winski; Marianne Koby. Jr.: Andy Moss; Jamie Goldstein.
Brockway G.C.: Bobby Fields. Jr.: Marcus Stephenson.
Clearcrest C.C.: Bill Beamon. Jr.: Amy Van Patton.
Crestview G. Cse.: Mac Smothers; Evelyn Tolliver. Jr.: Brad Foreman; Stacy Cravens.
Dearborn C.C.: John Uhlmansiek; Ruth Scudder. Jr.: Rob Robinson; Renne Vastine.
Delaware C.C.: Kim Jones.
Elk Blue River D.C.: Rick Gaudin; Pauline Eads. Jr.: Mark Williams; Kristin Michel.
Elks C.C. (Richmond): John Statzer; Mary Ann McKillip. Jr.: Mike May.
Elks C.C. (Seymour): Bode Hill; Kathy Krietenstein. Jr.: Scott Allman; Stephanie Cooper.
Etna Acres G.C.: Richard Bell; Ann Crawford. Jr.: Steven Coath; Jennifer Keifer.
Forest Hills C.C.: Scott Porter; June Caughlin. Jr.: Adam Carney.
Forest Park: Alan Buell; Mary Kay Banker. Jr.: Chris Kean.
Forest Park G. Cse.: Randy Kerns; Betty Seelig. Jr.; Jason Krieger; Lisa Gierse.
Ft. Wayne C.C.: Fritz Aichele.
Fountain Head: Jim Bergman; Sherrie Martin. Jr.: Troy Rippy.
Greenhurst C.C.: Brian Fox; Dortha King. Jr.: Brad Woodcox.
Hamilton G.C.: John Maynard; Peggy Overby. Jr.: Nick Inkenhaus.
Hart G.C.: Max Barton; Caroline Bennett.
Hidden Valley G.C.: Jr.: Ron Bisher.
Highland G.C.: Rex Steffey; Shirley Lewis. Jr.: David Roberts; Molly Williams.
Hillcrest G & C.C.: Dale Wenning; Nancy Butz.
Jeff Elks C.C.: Cliff York; Alice Garrett. Jr.: Darren Wilder; Sarah Lanum.
Kokomo C.C.: Bob Miller; Barbara Cassis, Grace Kingseed. Jr.: Nathan Cracraft; Crissy Klein.
Lakes of the Four Seasons: Bob Iorio; Flo Hughson.
Liberty C.C.: Neal Johnson; Dora Bennett.
Linton Municipal G.C.: Dale Kinnett; Juanita Waxler.
Madison C.C.: Jr.: Mike Kemper.
Maumee Valley G.C.: Jr.: Chris Neyman.
Meridian Hills C.C.: Dan Whipple; Kalen Koch. Jr.: David Rush; Julie Mathias.
Meshingomesia: Maurice Hundley; Phylis Stone.
Mohawk Hills G.C.: Ron Blue; Bonnie Miskol.
Morris Park C.C.: Bob Brickley; Phyllis Clouse.
Muncie Elks C.C.: Bill Rich; Tammy Richards.
Oak Knoll G.C.: Thomas Courtney; Gloria Filips. Jr.: Johnny Fought.
Orchard Ridge C.C.: Art Bolinger; Peggy Gant.
Pebblebrook: Clark Bonebrake.
Phil Harris C.C.: Jr.: Dusty Wilson.
Plymouth C.C.: Marc Hayden; Chris Posejpal. Jr.: Stuart Sickles; Sandy Johnson.
Rozella Ford G.C.: Dave Owens; Rose Harroff. Jr.: Beau Bricker.
Sprig-o-mint G.C.: Will Brown; Joan Fox.
Sullivan Elks C.C.: Bob Coffey; Doris Howard. Jr.: Shawn Drake.

1986 MOST IMPROVED CLUB PLAYERS

The Hoosier Links: Brian Hoffman; Mary French. Harriet Schamber.
Tippecanoe C.C.: Bob Blackwell; Joyce Kinsey. Jr.: John Anderson; Melissa Knochel.
Tippecanoe Lake C.C.: Lex Dalton; Lois Fleckenstein. Jr.: Bret Couch; Marci Struble.
Walnut Grove G.C.: Jr.: Sky McBeth.
Westwood G. Cse.: Tom Carter; Brenda Weir. Jr.: Justin Holland; Cheryl Adams.
Wooded View G.C.: Steve Mullen. Jr.: Pat Caufield; Kelli Tungate.
Woodmar C.C.: Russ Corcord; Liz Paulsen. Jr.: Mike Regnier; Sally Brennan.
Youche C.C.: Tom Frame; Debbie Wendt. Jr.: Pat Urich; Laura Miller.

IOWA

All Vets G.C.: Al Duea. Jr.: Steven Spratt.
Burlington G.C.: Rick Skerik; Sue Lemke, Carolyn Wheeler.
Carroll C.C.: Scott Hucka; Marilyn Spindler. Jr.: Troy Halbur; Kris Ausman.
Clinton C.C.: Larry Musel; Jan Shadduck. Jr.: Kevin Neill; Kathy Hinerichsen.
Countryside G. Cse.: Vern Fries; Anita Strong.
Crow Valley G.C.: Paul Keller; Mary Ann Longley. Cathy Whittlesey. Jr.: Lance Estevig.
Davenport C.C.: Dunc Brooke; Kelley Brooke.
Des Moines G. & C.C.: Chuck Ingersoll; Jill Foster.
Dubuque G. & C.C.: Rick Kunnert; Dawn Marting. Jr.: Jon Frommelt; Barb Chesterman.
Echo Valley C.C.: Jr.: Tyler Marsh; Kim Gustafson.
Elks C.C.: Jr.: Tom Dalton; Lisa Rittenmeyer.
Fort Madison C.C.: Pat Brzezniak; Mary Ann Rogers.
Highland Park G.C.: Joe Hutchinson; Becky Broderson. Jr.: Andy Dietz; Staci Stokesbary.
Hillcrest C.C.: Royce Anthony; Donna Richards. Jr.: Kolby Kester; Lori Ledvina.
Hyperion Field C.: Robert Johnson; Linda Moon.
Indian Creek C.C. (Marion): Steve Carron; Mike McDonald; Renee Siders.
Indian Creek C.C. (Nevada): Tom Kirkhart; Clare Frevert. Jr.: Troy Van Allen.
Lakeshore C.C.: Steve Nelson; Karen Capel.
South Hills G.C.; Bob Healey.
Sunnyside C.C.: Fred Debe; Sally Quillin. Jr.: Buddy Field; Stacy Schmit.
Thunder Hills C.C.: Brian Vincent; Kris Gallagher. Jr.: Don Mulligan; Ann Vandermillen.
Urbandale G. & C.C.: Gary Gain; Carole Slump. Jr.: Kirk Opdahl; Mary O'Connor.

KANSAS

Arrowhead Hills: Mike Hoch; Genie Schaller.
Caney G.C.: Bobby Gillham; Gloria White.
Clay Cente C.C.: Randy Carlson.
Dubs Dread: Len Bierman; Bette Schuetz.
Forbes G.Cse.: Chuck Van Hatan; Eileen Shaw. Jr.: Kyle Cooper, Chad Moreland; Jennifer Cozad.
Grove Park G.C.; Fred Nienke; Sondra Wise.
Katy G.C.: Don Kite.
Lake Quivira: John Cranford; Jody McCamish.
Manhattan C.C.: Hal McLaughlin; Diane Gross. Jr.: Jay Kennedy; Adena Hagedorn.
Milburn G. & C.C.: Teal Dakan; Pat Coburn. Jr.: Marc Striebinger.
Newton C.C.: Ralph Lowry.
Overland Park G.C.: Jerry McKillip; Nicki Barnett. Jr.: Chuck Lyon.
Prairie Dunes C.C.: Jr.: Mike Rouse; Stephanie Antoine.
Rolling Hills C.C.: Craig Robinson; Mary Lou Bledsoe. Jr.: Chris Michels; Erin White.
Smoky Hill C.C.: Randy Reynolds.
Somerset G. & C.C.: Richard Hickam.
Sunflower Hills G.C.: Rick Penle; Pat Schleicher. Jr.: Richard Larrey; Kelly Mahoney.
Wamego C.C.: Brian Lange; Katy Ford. Jr.: Eric Langvardt.
Wellington G. Cse.: Brent Washburn. Jr.: Craig Hamburg; Kathy Weber.
Wolf Creek G.C.: Victor Fontana. Jr.: Nate Feldmiller.

KENTUCKY

A.J. Jolly G.C.: Allen Pape; Jean Gerrein. Jr.: Billy Schuetz.
Arlington: Mitch Durham. Jr.: Bobby Creek.
Audubon C.C.: Tom Perryman; Sharon Reynolds. Jr.: Mike Hannon; Dede Boedeker.
Barren River State Park: Wesley Taylor. Jr.: Chris Deckard.
Bob O'Link: Mark Drury; Rebecca Sykes. Jr.: Bub Taylor; Laurie Goodlett.
Boone County C.C.: Tom Zwick. Jr.: Tony Johnson.
Cabin Brook: Ronnie Fields.
Calvert City C.C.: Karen Puckett.
Cherokee G. Cse.: Tom Mozee; Hazel Wilkerson.
Dix River C.C.: Joe Stogsdill; Debbie Craddock. Jr.: Kevin Smith; Karen Powell.
Hurstbourne C.C.: Garry Williams; Ethelyn Waters. Jr.: Chris Thomas; Leslie Hardy.
Juniper Hills: Jim Bierne; Janie McCord. Jr.: Russell Smoak; Karen Grasch.
Lexington C.C.: W. T. Setzer; Ellen Creech.
Long Run G. Cse.: Laverne Snyder.
Madisonville: Marlon Baggett; Charla Evans.
Marion C.C.: Robert M. Wheeler.
Owensboro C.C.: Jerry Richeson; Susan Lonowski.
Owl Creek C.C.: Alan Morel; Joanne MacDonald. Jr.: Andy Walker.
Paintsville C.C.: Paul Greiner; Marjie Hale. Jr.: L.G. Ward; Stacy Bland.
Paul R. Walker G. Cse.: Terry Abell; Pat Lane. Jr.: P.J. McDougel; Traci Janes.
Seneca G. Cse: Tim Berry. Jr.: Matt Johnson.
Shelbyville C.C.: Jr.: Scott Johnson
Spring Lake C.C.: Jim Rearns; Diana Gallagher. Jr.: Mathew McIntire; Catherine Dickinson.
Stearns G.C.; Pete Kragh.
Stoner Creek C.C.: John Vance; Penny Plymale.
Summit Hills C.C.: Jim Pleasents; Mary McCullough. Jr.: Bryan Moore; Jackie Robke.
Winchester C.C.: Tom Goebel; Mary Jane Warner, Sandy Williams.
World of Sports: Joe Roesell; Mary Pat Landrum.

1986 MOST IMPROVED CLUB PLAYERS

LOUISIANA

Bayou Bend C.C.: Huey Kirsch; Bonnie Weatherby. Jr.: Chris Popp.
Bayou de Siard C.C.: Melvin Shows; Susan Jackson. Jr.: Richard Suarez; Ashley Winn.
Beau Chene G & Racquet C.: Craig Robichaux. Jr.: Mike Terrell; Wendy Wyman.
Briarwood C.C.: Sammy Rowell; Pat Morgan. Jr.: Derek Sanders; Robin McCoy.
Briarwood G.C.: Bill Doherty; Becky Harger.
Chateau G. & C.C.: Dave Robinson; Diane Sibley. Jr.: Doug Peters; Rebeka Blake.
Colonial G. & C.C.: Lenny Fontenot; Carol Saari. Jr.: Mark Melancon; Wyndy Shelton.
Covington C.C.: Steve Ahrons; Ann Bailey.
Dehli C.C.: Tony Bailey.
Eastwood Fairways: Eddie Seabaugh; Maxine Harrison. Jr.: Lane Creech.
Lakeview G. Cse.: Beatrice Quirion.
Lakewood C.C.: Dennis Rosenberg; Fran Dunlop. Jr.: Douglas Koppell.
Panola Woods C.C.: Cical Brooking; Dorothy Ulmer.
Shenandoah C.C.: Jr.: Eric Mobley.
Tchefuncta C.C.: Jr.: Robbie Winston.
The C.C. of Louisiana: Ben Skillman; Doris McCoin. Jr.: Geoff Culbertson; Amy Hebert.
Timberlane C.C.: Mike Jones; Sheri Harvey. Jr.: Greg Nolan; Betty Kreuger.
Western View G.C.: Richard Rideout; Sue Dow.

MAINE

Apple Valley G. Cse.: Frank Edgecomb; Doris Martin. Jr.: James Knaffle.
Brunswick G.C.: Lionel Bourque; Linda Shortridge. Jr.: David Girardin; Kelly Plummer.
Causeway C.: Robert Davis.
Goose River G.C.: Barry Ames; Priscilla Harvey. Jr.: Andrew Lesmerises.
Gorham C.C.: Don Doane; Robin Palmer. Jr.: Jack Barnett.
Meadowhill Athletic C.: Bruce Heath; Barbara Scott.
Norway C.C.: Jr.: Dan Ladd; Julie Hussey.
Old Orchard Beach C.C.: Dave Hebert.
Paris Hill C.C.: Phil Meyer; Jan Curtis. Jr.: John Robinson; Paula Ayer.
Penobscot Valley C.C.: Dave Ames; Sara Giuffreda. Jr.: Dewey Gosselin Jr; Becky Sibley.
Purpoodock C.: Don Roderick; Joan Mavor. Jr.: Gary Lorfano Jr.; Lindsay Roberts.
Riverside G. Cse.: Lou Diphillippo; Anita Connellan.
Rockland G.C.: Emery Howard Jr.; Helen Plourd. Jr.: Sean Fogarty; Jennifer Gamage.
St. Croix C.C.: Bob Cousins; Marcia Rogers. Jr.: Darin Hill; Marcie Bell.
Sugarloaf G.C.: Jeff Rosenberg.
Waterville C.C.: Silas Lawry; Betty Tewksbury. Jr.: Steve Poulin; Jenny Potvin.
Wawenock C.C.: Jr.: Brandon Allen.
Webhannet G.C.: Patrick Wickham; Julia Crowley. Jr.: Frank Briggs.
Western View G.C.: Jr.: Steve Corbin.

MARYLAND

Bay Hills G.C.: Mike Shannon; Marilyn Smith. Jr.: Eric Bae; Laura Gareis.
Beaver Creek C.C.: Gerald Nye; Helen Gossard. Jr.: Kyle McNaney.
Bonnie View C.C.: Larry Layton; JoAnne Rinder.
Bowie G. & C.C.: Tim Donnelly; Carolyn Hudson. Jr.: Sean Powers; Geri Vartabedian.
Caroline C.C.: Phil Yost; Barbara Kelly. Jr.: Matt Evans.
Chantilly Manor C.C.: Brian Kilroy; Sue Kuehl. Jr.: Damon Drandakis.
Chartwell C.C.: Jr.: Steve Perrine; Sally Montgomery.
Chester River: Keith Kirby; Maggie Temple. Jr.: Jimmy Ward Jr.
Columbia C.C.: Brendan Quinn.
Cumberland C.C.: Jr.: B. J. Reuse; Darby Norris.
Elks G.C.: Bob Causey; Doris Brodie. Jr.: Brian Kellam.
Elkridge C: Stan Klinefelter; Sue Sherwood.
Enterprise G. C.: A. J. Simons.
Green Hill Yacht & C.C.: Jr.: David Gray
Heritage Harbour G.C.: Bob Waldrop; Claudia Russo.
Hillendale C.C.: Dave Patterson; Honey Bushman. Jr.: Joey Unitas; Julie Evans.
Indian Spring C.C.: Jr.: Mike Friedman.
Kenwood G. & C.C.: Lin Steinko; Julia McGovern. Jr.: Shane Doyle; Michelle Mayes.
Laytonsville G.C.: Mike Davis; Barbara Collins. Jr.; Buddy Nichols.
Manor C.C.: Nancy Ehringer, Nancy Burnett.
Montgomery C.C.: Frank Ota; Sidney Wilson. Jr.: David Tacchetti.
Patuxent Greens C.C.: Earl Evans; Pat Faddis. Jr.: Jason Slack.
Pine Ridge: Gerri Banach.
Piney Branch G. & C.C.: Jr.: Robby Schmid.
Poolesville G.C.: Jr.: Jeff Anderson.
Rolling Road G.C.: Kevin Allis; Sue Sosnowski. Jr.: Mike Faraone.
Sligo Creek G. Cse.: Morgan Naiman; Joan O'Brien.
Suburban C.: Mark Schapiro; Naomi Solomon.
Wakefield Valley G.C.: Mike Myers; Judith Funk. Jr.: Jeff Reck.

MASSACHUSETTS

Amesbury G. & C.C.: Kevin Lariviere.
Amherst G.C.: Jr.: Rocky Libucha; Shawn Chalmers.
Andover C.C.: John Snow. Jr.: Tim Butland.
Bass River G. Cse.: John Donovan; Donna Neves. Jr.: Jason Caron; Susannah Schott.
Bedford C.C.: Jack Holland; Pat Nargizian.
Belmont C.C.: Richard Seegel; Adele Barron.
Blue Rock G. Cse.: Jr.: Rob Hartley; Carri Wood.
Cherry Hill G. Cse.: Jack Scanlon.
Concord C.C.: Scott Van Houten; Betsy Julier. Jr.: Rob Johnston; Pam Clark.
C.C. of Greenfield: Ed. Williams; Jeanne McConnell.
C.C. of New Bedford: Tom Burke.
Cranberry Valley G.C.: Iver Freeman; Ruth Baker.
Crumpin-Fox C.: Phil Phillips; Merrilyn Siciak.
Dunroamin C.C.: Jr.: Harley Savage.
Elmcrest C.C.: Jr.: Alan Morin; Barbara Morace.
Essex C.C.: John Olson; Penny Lapham.

1986 MOST IMPROVED CLUB PLAYERS

Fall River C.C.: Ron Bouchard.
Far Corner G.C.: William Daly; Polly Kleinfelter. Jr.: Kevin Daly.
Fresh Pond G.C.: Jr.: Scott Oliver.
George Wright G.C.: Bob Ford; Rita Hickey. Jr.; Eric Haigh; Meaghan O'Shea.
Hatherly C.C.: Steve Felt; Priscilla Bumstead.
Hawthorne C.C.: John Barnes. Jr.: Marc Beauleiu.
Hickory Ridge: Ben Love; Melissa Ann Oman.
Hillview C.C.: Jr.: Brian Robinson; Theresa Baldassari.
Hopedale C.C.: Jr.: Ryan Bolick.
Hyannisport C.: Rich McCarthy; Meg Filoon.
Indian Ridge: Robert Harrington; Betty Cheevens.
Kernwood C.C.: Steve Slater; Dorothy Greenstein. Jr.: Douglas Fischer.
Little Harbor C.C.: Jr.: Brian Hathaway; Kim Carmicheal.
Marlboro C.C.: Oliver Bisson Jr.; Kathleen Fitzgerald. Jr.: Peter Barber Jr.
Meadow Brook G.C.: Edmund Kelley; Ann Doherty. Jr.: Richard Crosby Jr.; Toddette Gagnon.
Middleton G. Cse.: Jim Harris; Barry Wood; Gloria Bedard. Jr.: Ricky Anthony.
Milton Hossic C.: Jr.: Greg Digirolamo; Dee Elms.
Monoosnock C.C.: Michael Bourque; Grace Lonzo. Jr.: Jason Ruschioni; Jody Lombard.
Myopia Hunt C.: Ron Rossetti; Marcie Hunsaker. Jr.: Ben Marshall; Willoughby Britton.
Norfolk G.C.: Jeffrey Stokes; Marie McCarthy. Jr.: William O'Donnell.
Northampton C.C.: Henry Ryan; Elaine Tilbe. Jr.: Jeff O'Brien; Amy Walton.
Northfield G.C.: Merle Kingsley.
Ould Newbury G.C.: Chuck Holmes; Sharon Clark.
Pakachoag C.C.: Dick Elliott Sr.
Petersham C.C.: Don Hein; Betty McDonald. Jr.: Jason Adams.
Pleasant Valley C.C.: Richard Zolla; Linda Zolla. Jr.: Todd Dugan.
Ponkapoag G. Cse.: Thomas Rooney; Stella Caruelli. Jr.: Kevin Sheridan; Kathleen Caddell.
Salem C.C.: Jr.: Robert Cargill; Jennifer McCormack.
Shaker Farms C.C.: Jr.: Jay DiRico; Jennifer Lasky.
Springfield C.C.: Keith Rullman; Andrea Russo. Jr.: Kevin Corridan; Caroline Hartt.
Spring Valley: Jack Polsky; Sandy Jaffe. Jr.: Danny Fireman.
Strawberry Valley: Richard Ahern Jr.; Allura Duffy.
Suspiro C.C.: Carl Munroe; Lori St. Laurent. Jr.: Donald Wilson Jr.
Taconic G.C.: Ed Budz; Rita Windover.
Tedesco C.C.: Bill Brown. Jr.: John Barnes Jr.
The Country Club: David Hawkins; Cinnie Evans. Jr.: Peter O'Brien.
The Kittansett C.: Ron Donley; Ann Foster. Jr.: Steve Fletcher; Elke Milhench.
Thomson C.C.: Frank Costa. Jr.: Sean Klotz.
Trull Brook G.C.: John Corbett; Nancy Boyle. Jr.: Jim Waldron.
Twin Hills C.C.: Walter Wood; Sylvia Falk.
Wampatuck C.C.: Richard Holcomb; June Gibson.
Waubeeka G. Links: Mike Deep; Nancy Barry. Jr.: Trevor Gliwski.
Weston G.C.: Ron Hardy; Anne Schuknecht. Jr.: Jamie Neher; Justine Richards.
Winchester C.C.: Chris Raffi; Patty Sheehan. Jr.: Brendan Monahan; Tracy Welch.
Worcester C.C.: Phil Lahem, Jr.; Dorothy O'Connor. Jr.: Greg Pappanastos; Lisa Bafaro.
Wyantenuck C.C.: Jr.: Dick Whitehead; Mary Gilligan. Jr.: Chet Gerard.

MICHIGAN

Alpena C.C.: Mike Daleski; Aurelie Shipp. Jr.: Steven Boyer; Ashley Straley.
Alpena G.C.: Roger Dahl; Nancy Green. Jr.: Brent Idalski; Kristen Cadarette.
Ann Arbor G. & Outing: Art Hamilton; Pat King.
Arbor Hills C.C.: Phil Marston; Karen Lefflor. Jr.: Brian Richmond; Tricia Good.
Barton Hills C.C.: Robert Wendland; Boni Pauli. Jr.: Mark Quimet.
Bay County G. Cse.: Jr.: John Muir; Kristin Mau.
Berrien Hills C.C.: David Schultz; Gloria Vanderbeck. Jr.: Roccy De Fransesco Jr.; Karen Bannow.
Birmingham C.C.: Jim Sotiroff; Lyn Baumuller. Jr.: Charles Kipp; Laura Gromer.
Bloomfield Hills C.C.: John French; Rita Buschmann. Jr.: Brad Koch.
Branson Bay G.C.: Jr.: Tom Scavarda; Carolyn Nodus.
Brooklane G.C.: Jr.: Shawn Koch; Sean McFarland.
Brookwood G.C.: Gary Grobson; Natalie Kalina.
Cadillac C.C.: Tom Kangas; Dee Meyer. Jr.: Dave Monson Jr.; Danette McSwane.
Calumet G.C.: Donna Richards.
Cascade Hills C.C.: Tom Turrentine; Betty Clay. Jr.: Britt Leigh; Mary Anne Wisinski.
Cedar Creek G.C.: Dick Jankowski; Bea Archer.
Coldwater C.C.: Bob Collins; Marge Kinsey. Jr.: Scott Mitmesser.
C.C. of Reese: Jim Greenia; Joyce Spiekerman. Jr.: Lisa Marker.
Crystal G. Cse.: Dave Steere; Dolores Belt.
Edgewood C.C.: Bill Heath; Sharon Secaur. Jr.: Matt Eriksen; Tammy Nordeen.
Flushing Valley G. & C.C.: Galen Staffne; Linda Barkey.
Franklin Hills C.C.: Doug Hanburger; Gloria Siegel.
Garland G.C.: Larry Beauregard; Ann Bayer.
Germania C.: Gene Myers; Linda Bradford. Jr.: Aaron Longtain; Natalie Zorn.
Green Ridge C.C.: Steve Moerdyk; Marianne Weller.
Hampshire C.C.: Jim Bartosch; Ann Heiden. Jr.: Sean Winters.
Indianwood G. & C.C.: Jr.: Brandt Winder; Emily Duke.
Kalamazoo C.C.: Bert Cooper; Helen Park. Jr.: Nick Yetter; Lisa Stover.
Kalamazoo Elks G.C.: Don Pyne; Gail Durian. Jr.: Kevin Freng; Susan Rumble.
Kent C.C.: Tom Holmes; Lee Clark.
Knollwood C.C.: Stuart Rotenberg; Ellen Kirsch. Jr.: Ted Fentin; Andrea Madorsky.
Lake in the Woods G.C.: Dick Blagus; Sara Thomas.
Lincoln C.C.: Ray Shoemaker; Jan Ney. Jr.: Jason Vanderberg; Karen Prysby.

1986 MOST IMPROVED CLUB PLAYERS

Lincoln Hills G.C.: Paul Geil; Martha McKay.
Lost Lake Woods C.: Del Rick; Sally Jackson.
Meceola C.C.: Lee Gibson; Ardy Johnson. Jr.: A.G. Fath; Jenny Tacia.
Midlands C.C.: R.W. Long; Ruth Johnson.
Muskegon Elks: Tom Pruim; Sue Miskewicz. Jr.: John Barton.
Oakland Hills C.C.: James Graham; Susan Kluczynski. Jr.: David Mollicone; Jennifer Horonzy.
Oceana C.C.: Henry Lehman; Barb Burmeister.
Orchard Hills C.C.: Mike Moon; Peggy Fouts. Jr.: Todd Grennell; Carla Greco.
Owosso C.C.: Larry Kovich.
Pine Grove C.C.: Homer Elmblad; Linda Uren.
Pine Lake C.C.: Clare Shepard; Kim Kosak. Jr.: Michael Brenner; Ann Marie Motzenbecker.
Pine River C.C.: Jr.: Mike Roth; Jenni Moore.
Plum Hollow G.C.: Frank Morisette; Maureen Hunt. Jr.: Steve MacLeod.
Ramshorn C.C.: Ray Hoagland; Jane Fedelem
Ridgeview G. Cse.: Joe Schreuder; Rita Conway.
Rolling Hills G.C.: Mike Lysing; Connie Bishop. Jr.: Tony Asbury; Sheila Steiner.
Royal Scot G.C.: Ron Cook.
Spring Lake C.C.: Chris Kostecki; Kay Gibson.
Spring Meadow C.C.: Dave Grant; Cindy Ellis.
St. Clair G.C.: Dave Brierly; Diane Van Schayk.
St. Ignace G. & C.C.: Quentin Goodreau; Wilma Watley. Jr.: Jimbo Brown.
Sugar Springs C.C.: Lewis Profit; Elfrieda Rose. Jr.: Dustin Snell; Sean McCauley.
Traverse City G. & C.C.: Ed Rutkowski; Terie Birndorf. Jr.: Dave Rutkowski; Nicole Harris.
Twin Beach C.C.: Joe Mabilia; Judi Nicolazzi.
Tyrone Hills G.C.: Al Robinson; Marie Checkley. Jr.: Brandon Hall; Jenny Rieske.
University Park G.C.: Alan Biczak. Jr.: Derek Workman.
Warwick Hills G. & C.C.: Jim Lantz; Carol Harris. Jr.: Eric Berarducci.
Washtenaw C.C.: Gary Owen; Patrice Mlinek. Jr.: Steve Kenyon.
West Shore G. & C.C.: Bob Magiera; Carolyn Sims.
Winding Creek G. Cse.: Ken Van Nuil; Linda Eakley. Jr.: Greg Kalmink.
Woodlawn G.C.: Whitney Hames Jr.; Sarah Berthold.
Ye Old C.C.: Tony Pellerito; Barb Conte.

MINNESOTA

Bemidji Town & C.C.: Dan McGrath; Bette Howe.
Buffalo Heights G.C.: Jerry Lundeen; Lynda Rosdahl. Jr.: Brad Lucas; Lani Parker.
Burl G.C.: Russ Witham; Robin Benson. Jr.: Dan Simpson.
Cannon G.C.: Jeff Hilderbrandt; Kathie Johnson. Jr.: Chad Cylkowski; Tracie Clare.
Cokato Town & C.C.: Gerald Gilmer.
Coon Rapids-Bunker Hills G. Cse.: Dave Johnson. Jr.: Jason Tollette.
Dahlgreen G.C.: Ron Moore; Dianne Stark.
Dwan G. Cse.: Doug Nord.
Eastwood G.C.: Randy Johnsrud.
Fosston G.C.: Jr.: Darin Miller; Lisa Hanson.

Francis A. Gross G.C.: Pat Hart Sr. Jr.: Dave Perna.
Goodrich G.C.: Tom Keenan; Laura Clark.
Hazeltine National G.C.: Ed Griffin, Grant Farquhar; Ann Marie Cookson. Jr.: Matt Anderson; Monica Adams.
Hillcrest C.C.: Mark Epstein; Judy Belzer.
Indian Hills G.C.: Lloyd Morfitt; Ruth Clausen. Jr.: Al Josephs.
Interlaken G.C.: Bob Manske; Jennifer Godfrey.
Keller G. Cse.: Brad Kadrie; Jean Cochran.
Loon Lake G. Cse.: Jim Andersen; Dorothy Boyles.
Lost Spur C.C.: Dick Carbone.
Mewdowbrook G.C.: Lynn Lennox.
Mesaba C.C.: James McNamara III; Audrey Heck.
Midland Hills: Brad Martinson; Sue Pepin, Carol Dooley. Jr.: Heath Icarella; Kristina Robinson.
Minikanda C.: R. P. Thompson; Amy Corrigan. Jr.: Andrew Turner; Elizabeth Wright.
Minneapolis G.C.: Brian O'Neill; Jean Schwappach.
Minnesota Valley C.: Jr.: Benji Poehling; Chris Mattson.
Minnetonka C.C.: Brad Hoyt; Sue Bonthius. Jr.: Jeff Hume.
New Ulm C.C.: Dave Roberts; Rita Quandahl. Jr.: Darrin Bunkers; Amy Knopke.
Northfield G.C.: Walt Feldbrugge; Leann Hiddleson.
Olympic Hills G.C.: Paul Bjornlie; Marijo Ache.
Owantonna C.C.: Ron Baker; Rosemary Kalkman.
Parkview G.C.: Jr.: Charlie Wright; Michelle Peterson.
Ridgeview C.C.: Tim Anderson; Paula Vallie. Jr.: Danny Jacott.
Rolling Green C.C.: Robert Thompson. Jr.: Jack Flakne; Dana Gannott.
Savanna: Bill Perry; Barb Olson.
Springfield G.C.: Jr.: Daniel Schmitz; Laura DeLambert.
Stillwater C.C.: Dick Edstrom; Lorraine Miller. Jr.: Matt Huss; Marni Zoller.
Terrace G. Cse.: Jr.: Tim Penfield.
Terrace View G.C.: Jr.: Tim Robinson.
Theodore Wirth G. Cse.: David Dreitzler. Jr.: Eric Friederich.
Tianna C.C.: Jr.: Tyler Mayclin; Karin Worcester.
Twin Pines G. Cse.: John Peterson; Joanne Steindl. Jr.: Chad Bonik; Keiza Brustad.
Warren Riverside G.C.: Al Jevning. Jr.: Trevor Monroe; Angie Mattson.
Watonwan C.C.: Dennis Cargill; DeAnn Nelson. Jr.: John Price.
White Bear Yacht C.: Ray Grinde; Joyce Merry. Jr.: Tim Gunderson.

MISSISSIPPI

Amory G.C.: Keith Blaylock; Peggy Stevenson. Jr.: Jeff Stevenson; Vivian Pinkley,
Briarwood C.C.: David Covert; Nancy Covich. Jr.: Mark Newell.
Canton C.C.: Steve Hicks. Jr.: John Rings.
Cleveland C.C.: Mike Brister. Jr.: Brad Young, Darby Shook; Holly Paxman.
Deerfield C.C.: Roger Parris; Katherine Walker. Jr.: Lauren Davis.

1986 MOST IMPROVED CLUB PLAYERS

Diamondhead C.C.: Jr.: Brian Shaw.
Dixie G.C.: Paul Duff; Sandra Dechert.
Hattiesburg C.C.: Bill Powe; Bobby Towry. Jr.: Richard Taylor.
Indianola C.C.: Rodney Iverson; Katheryn Purcell.
Pine Island G.C.: Bob Sheffield; Donna Richards. Jr.: Jay Rubenstein.
Simpson County C.C.: Paul Cockrell; Ann Hart. Jr.: David McLendon.
Tupelo C.C.: Robert Goodwin; June Heinecke. Jr.: Curt Scoville.
Vicksburg C.C.: Graham Waring; Pauline Tatnall.

MISSOURI

Bogey Hills C.C.: Robert Miller; Lisa Minnihan.
Carrollton C.C.: J.D. Wheeler; Sandy Griffin. Jr.: Branden Ackerman; Missy Lock.
Columbia C.C.: Lew Kollias; Mary Webb. Jr.: Jason Lesure; Kristy Jackson.
C.C. of Blue Springs: Mac Horn; Jane Savage. Jr.: Bert Roney; Dana Evans.
Cuba Lake G. Cse.: Scott Cape; Mackie Stevson.
Dogwood Hills G.C.: Dick Ebling; Joey Moore. Jr.: Sean Kirksey.
Hickory Hills C.C.: Bill Miller; Trudy Watson. Jr.: Miles Thompson; Courtney Caudle.
Hidden Valley G. Cse.: Jr.: Mike Boeger; Brie Caton.
Indian Foothills: Rick Gochenour; Susie Griffith
Jefferson City C.C.: Dick Otke; Debie Otke.
Macon C.C.: Mike Baker; Norma Halterman.
Normandie Park G. Cse.: Dave Smith.
Oakwood C.C.: Jeff Fromm; Jo Ellen Leifer. Jr.: Mark Cohen; Allie Lubin.
Old Warson C.C.: John Pruellage; Sherrie Dunaway. Jr.: Mark Freeland.
Richland G. & C.C.: Rob Henson.
St. Louis C.C.: Sam Davis Jr.; Elizabeth Wood.
Stayton Meadows: Paul Lewis. Jr.: Pete Fitzgerald.
Taneycomo C.C.: Bert Wingfield; Sylvia Casey.
Westwood C.C.: Mel Barad; Doris Liberman. Jr.: Steve Putzal.
Windbrook C.C.: Jr.: Bobby Wallace; Katie Coulson.

MONTANA

Butte C.C.: George Plessinger; Jill Johnson. Jr.: Mark Ashby; Nichole Calcutt.
Glacier View G.C.: Roscoe Black; Teri McCoy. Jr.: Ryan O'Neil; Christy Curtis.
Hilands G.C.: Jim Pickens; Sue Lapito. Jr.: Clay Crippen; Leslie Spalding.
Lake Hills G.C.: Jim Welton; Jancie Duke. Jr.: Jason Flick.
Madison Meadows G. Cse.: John McCall; Ethelyn Hanni. Jr.: Trent Goetze.
Missoula C.C.: Brian Kekich; Marilyn Easter. Ginnie Horner. Jr.: Eric Driessen; Heidi Burns.
Polson G.C.: Tom Fox; Ginger Pitts. Jr.: Ilene Ferrell.
Sidney C.C.: Jodi Bieri; Terri Elletson. Jr.: Benji Berg; Serena McCartney.

NEBRASKA

Buffalo Ridge G. Cse.: Howard Dondlinger; Lori Collins. Jr.: Craig Sall.
C.C. of Lincoln: Jr.: Lincoln Blackman; Angie Wilson.
Elks C.C.: Stan Tafoya; Sandy Jochens.
Happy Hollow C.: S. Patrick Adley; Teri Farris.
Hillcrest C.C.: Hap Pocras; Jodie Mikelson. Jr.: Brent Isherwood; Kristine Hubka.
Hillside G. Cse.: Kent Haupt; Betty Anthony.
Norfolk C.C.: John Garden. Jr.: Lee Johnson; Sarah Stafford.
Omaha C.C.: John Allen; Suzy Duff. Jr.: Kevin Regan; Kelli Smith.
Riverside G.C.: Del Ryder; Carolyn Ryder.
Scotts Bluff C.C.: Lou Towater; Jan Van Newkirk. Jr.: Nate Green; Jackie Kramer.
Wayne C.C.: Virgil Kardell; Eileen Kloster. Jr.: Jed Reeg; Ann Perry.

NEVADA

Black Mtn. G. & C.C.: Tom Redfern; Faye Crunk. Jr.: Eric Eubanks.
Las Vegas C.C.: Hugo Paulson; Carol Oshins.
Spanish Trail C.C.: Lloyd Manning; Paula Dorney. Jr.: Barry Duncan; Heidi Kent.
Spring Creek G.C.: Delbert Tunino; Terri Hickson. Jr.: Joe Culley; Stacey Bitton.

NEW HAMPSHIRE

Abenaqui C.C.: Jim Kearney; Kama Tinios. Jr.: Neil Conti.
Amherst C.C.: Tom Fernacz; Toni Sprague.
Beaver Meadow: Dick Baxter; Evelyn Pendleton. Jr.: Matt Claflin.
Bethlehem C.C.: Peter Wright; Cathy Progin. Jr.: Trevor Howard.
Charmingfare Links: Dave Paprocki; Jan Bournivac.
Concord C.C.: Alton Woods; Carol Tilton. Jr.: Jeff Clafin; Amy Blake.
C.C. of New Hampshire: Jr.: Chip Martin.
Dublin Lake C.: Fletcher McLellan.
Green Meadow G.C.: John Bellavance; Ginny Corriveau. Jr.: John Wollen; Celeste Morin.
Hooper G.C.: Davies Stamm; Ellie Kimball. Jr.: John McCullough.
Manchester C.C.: Dan Sullivan; Claudette Gottsegan. Jr.: Jeff Legro.
Nashua C.C.: John Russa; Val Brackett. Jr.: Jon Horowitz.
North Conway C.C.: Tyler Palmer; Barbara Hogan. Jr.: Ron Goodwin; Jodi Washburn.
Oak Hill G. Cse.: Rab Gentes, Rolie Mumford; Shirley Grace.
Pike Grove Springs C.C.: Craig Sandstrum; Martha Hughes.
Valley View C.C.: Mike Ryan; Carol Landroche. Jr.: Hank Pokigo.
Waukewan G.C.: Don Chickering III; Lisa Hale.
Wentworth by the Sea G.C.: Milton Pappas; Dixie Pappas. Jr.: Greg Weeks.
Wentworth Resort G.C.: Alan Eastman; Sandy Hevston. Jr.: Justin Chandler.

1986 MOST IMPROVED CLUB PLAYERS

NEW JERSEY

Alpine C.C.: Gabriel Golan; Jean Seiden. Jr.: Michael Landou.
Apple Mountain: Gildanna Lima.
Apple Ridge C.C.: Tom Lynch; Alyce Peters.
Avalon G.C.: Michael Mulroy.
Baltusrol G.C.: Jeff Toia; Ruth Taylor. Jr.: Brian Buchert.
Beacon Hill C.C.: John Moynihan; Lori Mogan. Jr.: Jay Miller; Heather Miller.
Bey Lea Municipal: Don Bienkowski; Mary Lou Vogel.
Bowling Green G.C.: John Holmes; Evelyn Francis.
Deal G.C.: Ed Herr.
East Orange G. Cse.: Jerry Scios Jr.
Echo Lake C.C.: Roy Forsberg; Dorothy Sutman.
Edgewood C.C.: Nancy Coleman.
Forest Hill Field C.: Geroge Corsiglia; Judy Mizzone. Jr.: Roy Ritchie.
Galloping Hill G.C.: Kurt Schwindel; Theresa Gnoza.
Hackensack G.C.: Joe Golden; Sheila Melli. Jr.: Chris Hartigan; Nicole Gaudiano.
Hominy Hill G.C.: Robert Warendorf; Helene Megna.
Howell Park G. Cse.: Jules Moura; Rondelein Homan.
Manasquan River G.C.: Jr.: Rick Saporito; Kathleen Mulshine.
Mays Landing C.C.: Joseph Ailes; Lisa Imperatore.
Medford Village C.C.: Ron Pappas; Enid Stemmer. Jr.: Chris Miller.
Merchantville C.C.: William Gramigna; Betty Shuster.
Millburn Municipal : Jr.: John Bowman; Beck Pank.
Montclair G.C.: Paul Edwards; Helen Aitken. Jr.: Richard Morgan; Cory Rickenbach.
Montammy G. Cse.: Les Levin; Amy Fabrikant.
NAEC Lakehurst G.C.: Barry Newton; Lynn Dunn. Jr.: James Philp; Amy Dunn.
Navesink C.C.: George Rudolph; Karen Bonstein. Jr.: Andrew Spinelli; Allison Barnette.
Newton C.C.: Larry Weissman; Irlene Fitten.
North Jersey C.C.: Ron McIntyre; Peg Brady. Jr.: Robert Ferguson.
Oak Ridge G.C.: Mike Zizza; Juanita Trubilla. Jr.: Mike Kierner.
Old Tappan G.C.: Kenneth Younghans; Lenore Goldberg.
Pennbrook C.C.: Jr.: Bobby Leeks.
Pike Brook C.C.: Bob Becher; Peggy Pettingell. Jr.: Greg Michaels.
Plainfield C.C.: John MacDonald; Pam Dwyer. Jr.: Brian Gaffney; Allison Wojnas.
Preakness Hills C.C.: Robert Coven; Vera Chapman.
Raritan Valley C.C.: Tom Leach; Linda Lee. Jr.: Rob Stevenson; Terri Cringoli.
Riverton C.C.: Steve Voellinger Jr.; Carol Ehlinger.
Rutgers University G.C.: Joe Griggs; Pinky Manning.
Shadow Lake Village: Pete Rhoads; Grace McBride.
Shark River G. Cse.: Roy DiGiovanni; Barbara Schaaff.
Sky View C.C.: Ron Burzymowski; Connie McGrath. Jr.: Peter McGrath.
Springbrook C.C.: Al DeAngelis; Amy Hansen.
Spring Lake G.C.: Tom McKenna; Anne Murray.
Spring Meadow G. Cse.: Edmund Burke; Mary Lou Leidecker. Jr.: David Woliner.
Sunset Valley G.C.: Richard Whitmarsh; Jane Kuhfuss.
Tamarack G. Cse.: Frank Everly; Ellie Petley. Jr.: Tracy Brush.
Twin Brooks C.C.: Alan Lipsky; Linda Bernstein.
Upper Montclair C.C.: Carmen Maggio; Peg Brady. Jr.: Dave Schuster; Jamie Hollender.
Woodbury C.C.: Mike Tash.
Woodlake C.C.: Jerry Hill; Lucille Gartenburg. Jr.: Ron Kelleher. Jr.

NEW MEXICO

Albuquerque C.C.: John Binford; Sara Stevenson. Jr.: Keith Bandoni.
Arroyo del Oso G.C.: Larry Herera; JoAnne Berta. Jr.: Todd Kersting; Shelly Chilcoat.
Clovis Municipal G. Cse.: Manuel Quintana; Joan Boney. Jr.: Chad Norris; Cherry Warren.
Colonial Park C.C.: Debbie De Splinter.
Gallup Municipal G. Cse.: Robert Pulis; Mary Walker.
Los Altos: Pat Murzyn. Jr.: Kurtis Ward; Leslie Kienle.
Paradise Hills C.C.: Dave Hicks; Janet King. Jr.: Nick Gosiak; Lisa del Prete.
Rio Mimbres C.C.: Manny Grado.
Riverside C.C.: Jr.: Lane Martin; Katie Bradley.

NEW YORK

Attica G.C.: Thomas Embt; Terry Schmidt. Jr.: Jack Waggoner.
Audubon G. Cse.: Sibby Sisti.
Ausable G.C.: John Randolph; Courtney Ighehart. Jr.: Eric Lynch.
Bartlett C.C.: Dominic Colarusso; Carolyn Hannon.
Bedford G. & Tennis C.: Robert Ferguson; Landa Freman. Jr.: Dan O'Callaghan.
Bellport C.C.: Lee Stocker; Natalie Dressel. Jr.: Tim Edwards.
Binghamton C.C.: Larry Brooks; Linda Brooks. Jr.: Chris Geiger.
Bonnie Briar C.C.: Abe Zelmanowicz.
Brae Burn C.C.: Jr.: Mike Tarter.
Brentwood C.C.: Anthony Pace.
Broadacres G.C.: Dan O'Reilly; June Borrotto. Jr.: Brian Van Lieu.
Brookhaven G.C.: Art Merski; Maxine Fabian. Jr.: Steven Steele.
Canandaigua C.C.: Karl Hoppough; Peggy Church.
Catskill G.C.: Jack Ursprung; Christien Macarelli. Jr.: Scott Pouyat.
Cavalry C.: Jay Quinn.
Cedar Lake C.C.: Sal Farina; Evelyn Keller. Jr.: David Abraham; Moria Dunn.
Chili C.C.: Fritz Tytler; Shirley Zavaglia.
Cold Springs C.C.: Mike Resnick; Carolyn Brostoff.
Colonie C.C.: Jr.: Adam Hershberg.
Columbia: John Traver; Joan Collins. Jr.: Tom Akin; Kim Brewer.
Corning C.C.: W. Abel; Elizabeth Sturges. Jr.: Billie Goliber; Amy Snow.
Cortalnd C.C.: Jr.: Jason Badorian Tripoli; Martha Wells.
C.C. of Buffalo: Jr.: David Jureller; Caryn MacLeod.

1986 MOST IMPROVED CLUB PLAYERS

C.C. of Ithaca: Tony Treadwell; Anne Neifer.
C.C. of Rochester: Horace Gioia Jr.; Pauline Sutton. Jr.: Chris Eagle.
C.C. of Troy: Gary Jesmain. Jr.: Matthew Young.
Dinsmore G.C.: Jr.: Donald Miesfeldt.
Drumlins East G.C.: Al Naples; Bobbi Manheim.
Dunwoodie C.C.: Michael Pylypshyn; Myrna Mermer. Jr.: Anthony Urana; Deborah Wasilko.
East Aurora C.C.: Pete McBride; Jennifer Girdlestone. Jr.: Bill Haveron Jr.; Jennifer Girdlestone.
Elma Meadows: Dan Eich; Carol Smolarek.
Elmira C.C.: Ed Reidy; Gina Lupica. Jr.: Matt Cone.
Endwell Grens C.C.: Jr.: Tom Newlon.
Ford Hill C.C.: Victor David. Jr.; Tim Poyer.
Gardiners Bay C.C.: Jr.: Ricky Southwick; Marli O'Brien.
Garrison G.C.: Mike Clark; Molly Rader. Jr.: Kyle Dwyer.
Glen Head C.C.: Paul Kaplan; Rosalie Kaminsky. Jr.: Daniel Hyman.
Glen Oaks: Harold Bernstein; Diane Lederman. Jr.: Adam Srping.
Green Hills G.C.: Mike Thack; Teresa Abitabilo.
Grossinger Hotel & C.C.: Hugo Klein; Nancy Isseks.
Harbor Hills C.C.: Jerry Spiliotis; Marianne Hurley. Jr.: Marcus Besso.
Heritage Hills of Westchester: Dan Connolly; Irene Lewis. Jr.: Paul Disbury; Joelee Cedela.
Highland Park G.C.: Steve Maas; Linda Cahill. Jr.: Steve Chol.
Holiday G.C.: Richard Smith.
Hornell C.C.: Jay Rose; Jean Wesley. Jr.: Brian Wilkins; Julie Lusk.
Huntington C.C.: Robie Reilly; Jane Pettigrew. Jr.: Michael Reiss.
Huntington Crescent C.: Tom Jones Jr.; Whitney Posillico. Jr.: Sean Markey; Barbra Wallace.
Irondequoit C.C.: Larry Axelrod; Carolyn Steklof. Jr.: Mike Axelrod.
Island Hills G.C.: Ernie Engler; Arlene Shoiock.
Island;s End G. & C.C.: Pete Roache; Chris Pumillo. Jr.: Blaine Raffe.
Ives Hill C.C.: Nick Montana; Peg Brady. Jr.: Pat O'Leary; Jennifer Lupia.
Knollwood C.C.: Jr.: Cluade Badie; Jackie Thomson.
Lafayette C.C.: Neil Greeson.
Lakeover G. & C.C.: Salvator Riina; Izzie Costa. Jr.: Peter Bavaqua; Alison Varley.
Leewood C.C.: Jr.: Guy Speier; Christy Mullery.
Le Roy C.C.: Ron Hawkins; Janice Clements. Jr.: Tom Condidorio.
Lockport Town & C.C.: Jeff Eglin; Jean Murphy. Jr.: William Borges.
Mahopac G.C.: Gerard Petrocelli; Lydia Ragone. Jr.: Russel Lowell.
Marine Park G.C.: Sal Zarzana; Ricki Gerstenfeld.
Middle Bay C.C.: Jeff Schwartz; Doris Collins.
Mill River C.: Arthur Pendrick; Lisa Frank. Jr.: Gerald Flynn.
Monroe G.C.: Chuck Blackmow; Sally Fawcett.
Moon Brook C.C.: Shane Larson.
Mt. Kisko C.C.: Larre Barrett; Donna Wehner.

Nassau C.C.: Jr.: John Meyers Jr.
Newark C.C.: Fred Chandler; Jean Townsend. Jr.: Tommy Easton; Laurie Robinson.
North Fork C.C.: Patrick Higgins; Helen Munson.
North Hempstead C.C.: George Higgins; Joanne Maguire. Jr.: Brian Maguire.
North Hills C.C.: Mary Jo Prestiano.
Onondaga G. & C.C.: Bill Doolittle; Sheila Austin. Jr.: Jamie Hathaway.
Ontario G.C.: Jim Childs; Marilyn Merry. Jr.: John Bartell; Jenny Denk.
Onteora C.: Clark Smith; Jane Klein. Jr.: Chris Miller; Sophia Vandenbranden.
Orchard Park C.C.: Roland Lunser; Judy Heimlich. Jr.: Tom Michaels; Kim Woods.
Oriskany Hills: Vern French; Diana Myers. Jr.: Eric Wilk; Larua Kuchera.
Owasco C.C.: Henry Cook; Rory Salvage.
Quaker Ridge G.C.: Dick Menin; Gloria Zimmerman.
Queensbury C.C.: Ken Briggs.
Rainbow G.C.: Betty Chapman. Jr.: Tyson Birmann.
Riverton G.C.: John Radell; Joyce Miller.
Rockland C.C.: Jr.: Matt Ciganek; Michel Ninivaggi.
Sands Point G.C.: Robert English Jr.; Jean Thomson.
Saratoga G. & Polo C.: Bruce Clements; Betsy Stack. Jr.: Mark Gagnon.
Scarsdale G.C.: Jr.: David Bauer.
Sedgewood: C. Halsey; J. Gamong, G. Allen, T. Woods.
Shaker Ridge C.C.: Alvin De Siena; Jean O'Donnell. Jr.: Shane McMahon; Debbie Segal.
Shepard Hills C.C.: Thomas Danzl; Joann Kuchta, Rundi Riffle.
Shinnecock Hills G.C.: Anne Gregory.
Six-S G.C.: Ed Lundy; Caroline Dye. Jr.: Drew Brooks; Christelle Tucker.
Siwanoy C.C.: John Boylan; Julie Sumption. Jr.: Mike Mandala; Kelly Wichser.
Skaneateles: Jr.: Tom Scherrer; Dee Kelly.
Skenandoa C.C.: Jr.: Christopher Cushman; Claudia Moreno.
Soaring Eagles G. Cse.: Dawn Lamb.
Sodus Bay Heights G.C.: John Mann; Elsie Parsons. Jr.: Peter Brusso; Chasity Guyer.
Southampton G.C.: Barry Strauss; Evy Tuths.
Spook Rock: John Haines; Fran Katz. Jr.: Jack C. Watson II; Michele Picarelli.
Sunningdale: Jon Stern; Emily Watt.
Tee-Bird C.C.: Martie Novack.
The Creek: Arthur Fraser; Frances Walker. Jr.: Chris Holland; Mary Grace Canter.
The Elms G.C.: Dan Bumpus; Mary Sanderson.
Thendara G.C.: Jr.: James Ball.
The Tuxedo C.: Glenn Bourland; Kristine Szabo.
The Woodmere C.: Marc Usdan; Susan Hazan.
Twin Hickory G.C.: Michael Santacrose; Cynthia Schultz. Jr.: Pat Feeley; Amy Feeley.
Van Schaick Island C.C.: Jr.: Peter McGarvey.
Waccabuc: Richard Rizzuti; Margaret Burns.
Watertown G.C.: Jr.: Toby Draper.
Westchester C.C.: Bryan Fitzpatrick; Sally Coash. Jr.: Tom Pisano.

1986 MOST IMPROVED CLUB PLAYERS

Wild Wood C.C.: Jim Knittel. Jr.: Richard Lee.
Willows C.C.: Jr.: Mike Sampson; Heather Reid.
Winding Brook C.C.: Roger Gans; Joan Van Alstyne. Jr.: Al Austin; Jennifer Bodkin; Cindy Bodkin.
Winged Foot G.C.: Jr.: Tom Galvin; Meghan Fitzgerald.
Woodcrest C.: Barbara Jacobs.
Woodstock G.C.: Marty Cohen; Ann Kent. Jr.: Taylor Walsh.
Wykagyl C.C.: Dick Bernat; Charlotte Monsell. Jr.: Tom Christiani; Patti Gabriel.
Yahnundasi G.C.: Ken Slaby; Marion King, Kathy Heston.

NORTH CAROLINA

Boone G.C.: Herb Cook; Selma Hollar.
Brierwood G.C.: Harlee Bordeaux.
Cabarrus C.C.: Gordon Drye; Betty Graham.
Cape Fear C.C.: Jr.: Dean Smith.
Carmel C.C.: Peter Reynolds; Byrd Legrone, Patty Carbonara. Jr.: Sammy Hood; Tamara Williams.
Charlotte C.C.: Amos Bumgardner; Susan Lassiter.; Jr.: Charles Thrift.
Cleghorn Plantation G. & C.C.: Bill Page.
Colonial C.C.: Clayton Johnson; Beverly Ellington.
C.C. of Asheville: Steve Orr; Ann Marie Decker. Jr.: Kevin Lee.
C.C. of Sapphire Valley: John Pickerel, Benny Price; Marty Hoffman.
Cowans Ford C.C.: Melvin Miller; Martha Scruggs. Jr.: Bryan Phillips.
Cypress Lakes G. Cse.: Rodger Bain; Kathryn Ferguson. Jr.: Donald Keith Carter.
Deercroft C.C.: Terry Carlyle; Sherry McIlwain.
Forsyth C.C.: David Albertson; Judy Plonk.
Gaston C.C.: Jr.: Ritchie Horne.
Greenhill C.C.: Richard Bowers; Judith Edwards.
Greenville C.C.: Tate Holbrook; Pat Norris. Jr.: Brad Williams; Kathryn Barnhill.
Hendersonville C.C.: Jr.: Danny Painter.
Highlands Falls C.C.: John Atkinson; Gwen Scott. Jr.: Shann Montgomery.
Jamestown Park G.C.: Rick Lowe; Linda Tranchetti. Jr.: Andy Lackey; Janet Thompson.
Linville G.C.: Nell Lippitt.
Lochmere G.C.: Joe Walker; Sue McPherson. Jr.: Billy Caldwell; Lee Ann Walker.
Mimosa Hills G.C.: Miklos Treiber; Jamie Smith. Jr.: Thad Bergelin; Kristi Carriker.
Monroe C.C.: Al Roldan; Anne Wolfe. Jr.: Jay Mills; Ann Kennedy.
Mooresville G.C.: Tom Bridges; Pat McKnight.
Mt. View G.C.: Jesse Smathers.
Pinehurst C.C.: Jr.: Erik Geldbach.
Pine Island C.C.: Jim Bennett; Joyce Cloninger.
Pine Lake C.C.: Ralph Cochrane; Frances Phillips. Jr.: Ryan Puckett.
Rutherfordton G.C.: Dennis Hill.
Shamrock G.C.: Jr.: Will Walker.
Silver City C.C.: Jim Bob Hester.
Starmount Forest C.C.: Dave Marcone; Doris Long. Jr.: Rob Weber; Kristin Halloran.
Tryon C.C.: Joyce Arledge.

NORTH DAKOTA

Apple Creek C.C.: Todd Baumgarthner; Eyvonne Ellingson. Jr.: Doug Jacot.
Lincoln Park G.C.: Jerry Johnson; Michelle Powers. Jr.: Brian Westlund; Nicki Krile.
Minot AFB G. Cse.: Raymond Feltes; Gail Meakins.
Minot C.C.: Leo Ness; Bonnie Rolle. Jr.: Pat Moore; Laurae Knittel.
Sweetwater Creek G.C.: Terry Schaff; Susan Bergland.

OHIO

Acacia C.C.: Bruno Botti; Susan Bianco. Jr.: Jamie Occhionero; Jenny Ferenz.
Arrowhead C.C.: Alan Fishberg; Mildred Stein.
Avon Oaks C.C.: Tom Gagen; Kim Priest. Jr.: Mike Wynocker; Vikki Pateras.
Beechmont C.C.: Sylvia Reitman.
Belmont C.C.: Rob Johnston; Molly Boeschenstein. Jr.: Matt Robon; Ashley Taylor.
Bluffton G.C.: Mike Ruskaup. Jr.: Mike Badertscher.
Brookside G & C.C.: Stu Jones; Lynne Deal. Jr.: Jon Rieser.
Brown's Run C.C.: George Costa; Margie Farmer.
Bucyrus C.C.: Bill Rahm; Joyce Himler. Jr.: Todd Inscho; Kim Pigman.
Canton Brookside C.C.: Robert Smyth; Laura Tabacchi. Jr.: Brian Mahoney; Merideth Foster.
Cherokee Hills: Jr.: Andy Bixler.
Chillicothe C.C.: Frank Geyer; Jennifer Astley.
Cincinnati C.C.: O.H. Christensen; Lynn Sundermann. Jr.: John Bossert; Susanne Lipps.
Community C.C.: Tom Kenney; Cindy Burton.
C.C. of Ashland: Tom Castor; Liz Weiss. Jr.: Ernie Bahr; Deb Shilling.
Dayton C.C.: Gene Folkerth; Betsy Reynolds, Suzanne Finke. Jr.: Chad Kemper; Emily Wollpert.
Fairlawn C.C.: Mike Karder; Roberta Hiner. Jr.: Andy Brouse.
Findlay C.C.: Jr.: Dave Gordley.
Forest Hills C.C.: Jim Gibbs, Lloyd Larison; Eva Johnson.
Green Hills C.C.: Jim Abbott; Kay Glowacki. Jr.: Kevin Stallard; Heidi Prentice.
Greenville C.C.: Harry Kaufman; Jane Marker.
Hawthorne Hills C.C.: John Sarakaitis; Kathy Ward. Jr.: Mike Brinkman; Lora Sarakaitis.
Hawthorne Valley C.C.: Marvin Kelner; Tony Lowy.
Heather Downs C.C.: Gary Eversole; Carol Hipsher. Jr.: Nick Szymanski; Kristin Turski.
Henry Stambaugh G.C.: Al Rega.
Hickory Hills G.C.: Norm Tracy; Mary Winnestaffer. Jr.: Mike Wesley; Trisha McDaniel.
Hidden Valley G.C.: Norm Walters; Elsie Hack. Jr.: Tim Ailes; Gretchen Gnade.
Highland Meadows G.C.: Doug Spencer; Carol Driscoll.
Hocking Hills C.C.: Jay McDaniel; Norma Flores. Jr.: Stewart Vaughn; Rachel Flores.
Kenwood C.C.: Ed Fox; Robyn Dierking. Jr.: Joe Schlotman; Joy Rowe.
Kettenring C.C.: Don Fee; Bridgett Warner.
Lake Forest C.C.: Ron Barnett; Mary Ann Lubert.

1986 MOST IMPROVED CLUB PLAYERS

Lancaster C.C.: Jon Detwiller; Virginia Pickering. Jr.: Joey Ogilvie.
Little Turtle C.C.: Lamar Ross; Mary Ann Rucker. Jr.: Kirk Erickson.
Locust Hills G.C.: Glen Thompson; Sarah Allen.
Madison C.C.: Dave Kouche; Elaine Horton. Jr.: Shawn Walton; Tricia Webb.
Maplecrest C.C.: Jim Popio Sr. Jr.: Johnny Lambert.
Marion C.C.: Robert Finney; Marge Spear.
Mercer County Elks: Jr.: Matt Snavely.
Miami Shores G.C.: Greg Benedict; Betty Couch. Jr.: Dave Brown; Carrie Barhorst.
Miami Valley G.C.: Gene Monnette; Karen Kanaga.
Miami View G.C.: Peter Cardullias; Vivian Riestenberg.
Moraine C.C.: John Folkerth; Marci Likens.
Moundbuilders C.C.: Curt Dennis; Brenda Ables. Jr.: Chad Chesrown.
NCR C.C.: Michael Gipson; Nancy Neff.
Neumann C.C.: Willard Stormer; Rainy Rohrmeier.
Norwalk Elks C.C.: Don Benedict; Dorothy Widemann.
O'Bannon Creek G.C.: Bob Stone; Mary DeYoung.
Orchard Hills C.C.: Lyle Moog; Colleen Johnson. Jr.: Steve Hess; Abby Wirtz.
Oxbow G.C.: John Brant; Molly McFarland. Jr.: Todd Stephenson; Shannon Reeder.
Pine Hills C.C.: Dick Lovano; Bea Andrysco.
Pine Ridge C.C.: Mike Miller; Doreen Strader.
Pleasant Hill G.C.: Larry Spradlin.
Rawiga C.C.: Andy Graham; Carole Gaskill. Jr.: John Bernatovicz; Jill Leksan.
Rosemont C.C.: Ron Rosen, Harvey Winer; Pat Moorstein.
Running Fox G. Cse.: Lloyd Gray. Jr.: Lawrence Cox.
Salem G.C.: Leroy Sanor; Ann Baker, Regina Webb. Jr.: Jeff Nuckols.
Shaker Heights C.C.: Jr.: Todd Kipp.
Shawnee Lookout G.C.: Jerry Charls; Debbie Peters. Jr.: Rusty Alexander.
Sleepy Hollow C.C.: Dave Caruso; Sara Papley.
Sleepy Hollow G. Cse.: Terry Hansen Sr.; Evelyn Nighswander. Jr.: Mickey Kritzell.
Springfield C.C.: Pat Silliman.
Spring Valley C.C.: Ed McCoy; Happy Kang.
Steubenville C.C.: John Boich; Betty Bowers.
Sugar Creek G.C.: Don Damschroder; Florence Bach. Jr.: David Otte; Fran Olinger.
Sylvania C.C.: Anson Spohler; Janie Simon.
Tanglewood C.C.: Stan Orr; Pat Sloane.
The Camargo C.: Carter Randolph; Sally Christensen. Jr.: Mark Higgins, Christy Hassan.
The Estate C.: Lillian Weaver.
The Mayfield C.C.: John Burns; Carol Munson. Jr.: Kevin Malone.
Tippecanoe C.C.: John Clarke; Jean Scarsella.
Toledo C.C.: Ivan Trusler; Lura Lovell. Jr.: Jamie Mautler; Halie Diethelm.
Troy C.C.: Jack Peters; Bonnie Kahn. Jr.: Brian Cairns; Colleen Crawford.
Walden G. & Tennis C.: Bob Vincent; Vivian Charbonneau, Nancy Harwood. Jr.: Jason Schoaf.
Walnut Grove C.C.: George Luckenbill; Joyce Buerger.
Western Hills C.C.: Bob Lintz Sr.; Mary Jean Esselman. Jr.: Dan Ryan.
Wildwood C.C.: David Hart; Lucy Kollock.
Wooster C.C.: Jerry Hoffman; Jill Carmichael. Jr.: Jack Geis; Carolyn Welshhans.
Worthington Hills C.C.: Jr.: David Starr; Debbie Wilber.
Wyoming G.C.: Steve Nelson; Rita Metcalfe. Jr.: Kurt Marty.
York Temple C.C.: Harvey Norman. Jr.: Jeff Hayes.

OKLAHOMA

Cedar Ridge C.C.: Mike Love; Jr.: Casey Lamb.
Cherokee Grove G.C.: Terry Barrett; Marge Imbler. Jr.: Doug Carson.
Elk's G. & C.C.: Craig Barnes; Helen Sue Horner. Jr.: Brent Bostick; Angel Cole.
Hillcrest C.C.: John Freiburger; Jane Cherry. Jr.: Craig Cozby.
Lake Hefner G. Cse.: Wilson Willis; Jo Towe. Jr.: Ronnie Atchley.
Muskogee C.C.: Mike Littlefield; Karen Lauderdale. Jr.: Billy Fillman.
Oak Hills C.C.: Melvin Manuel; Jacquie Vest. Jr.: Charlie Vest; Ashley Stephenson.
Ponca City C.C.: Don Dunster; Sharon Holman.
Southern Hills C.C.: Chris Coyle; Mary Lou Scharf. Jr.: Chris Miller.
Weatherford G.C.: Pat Overton; Marie Fossett. Jr.: Doug Kaiser; Allyson Templeton.
Wentz Public: Lyles Trussell; Nikki Synder.

OREGON

Agate Beach G. Cse.: Truett Permenter; Marvel Humphrys.
Arrowhead G.C.: Bob Backstrom; Cheryl James. Jr.: Erick Miller.
Astoria G. & C.C.: Ernie Barrows; Jane Byerly.
Battlecreek G.C.: Jr.: Bryan Norris; Dawn Laree Baxter.
Bayou G.C.: Lee Rima. Jr.: Kevin Bakefelt.
Charbonneau G. & C.C.: Bob Miller; Marguerite Blake.
Columbia Edgewater C.C.: Glen Robins; Sally Robins. Jr.: Matt Pellicano; Allison Colyer.
Corvallis C.C.: Guy Reynolds; Jim Walton; Bob Wilson; Marilyn Clem. Jr.: Devon Vendetti; Jane Henny.
Crooked River Ranch: Bob Hartmann; Frank Ellis; Roberta Dyer.
Devils Lake G. Cse.: Ella Larson.
Emerald Valley G.C.: Steven Skelton; Donna Trusty.
Forest Hills G.C.: Dick Brady; Doris Thompson.
Glendoveer G.C.: Kirby Bolt. Jr.: Steve Fowell; Bobbie Stewart.
Gresham G. Links: John Kawasoe; Joy Strand.
Hidden Valley G.C.: Ted Baker; Caroline Mozrell.
Marysville G.C.: Dennis Naylor; Elaine Miller.
Mt. View G.C.: Rawley Burns; Evelyn Painter. Jr.: Scott Shields; Lisa Short.
Orenco Woods G. Cse.: Ken Ferguson; May Ezell.
Rock Creek C.C.: Terry Mattson.
Tokatee G.C.: Niel Willits; Arlyne Sullivan. Jr.: Shane Johnston; Wendy Shephard.
Waverly C.C.: Gerald Hulsman; Gail Grebe. Jr.: Spencer Greve; Kathleen Reilly.
Wilsons Willow Run: Dan Reed; Casey Frederickson. Jr.: Jason Michael.

1986 MOST IMPROVED CLUB PLAYERS

PENNSYLVANIA

Allegheny C.C.: Todd Renner; Marj Beuc. Jr.: Jamie McKibbin.
Allentown Municipal G. Cse.: John Jackson; Mimi McLennan. Jr.: T.K. Long; Lynn Percival.
Aronimink G.C.: Jim Elliott; Pat Howse. Jr.: Scott Shore.
Berkleigh C.C.: Larrie Sheftel; Peggy Rau.
Berkshire C.C.: Jane Aurandt. Jr.: Matt Bengtson; Vicki Gallen.
Brackenridge Heights C.C.: Don Lamparski; Mary DiGirolamo. Jr.: Don Lamparski Jr.
Bucknell G.C.: Jr.: Matt Guskey; Mollie Treese.
Butler C.C.: George Bilowick Jr.; Kate McNallen. Jr.: Jeff Dickson.
Bulter's G. Cse.: Carol Rudzinski.
Carlisle C.C.: Wayne Magga; Jaon Shryock. Jr.: Brian Connellan.
Cedarbrook C.C.: Jr.: Tim Herron.
Centre Hills C.C.: Fred Kissinger; Mary Falk. Jr.: Matt Weiner; Corrie Kindlin.
Chartiers C.C.: Jr.: Rick Bojalad; Lisa Sinatra.
Colonial C.C.: John Deitch; Sandy Shuey. Jr.: Matt Heidelbaugh; Staci Wilbert.
Conestoga C.C.: Jr.: Geoff Buckius; Jennifer Devery.
Conewango Valley C.C.: Dave Whipple; Mary Conarro. Jr.: Alan Sliter; Melissa Ammons.
Corry C.C.: Tom Roche.
C.C. of Northampton County: Thomas Goldsmith; Lorraine Egizio.
C.C. of Scranton: Randy Stauffer; Peg Crowley. Jr.: Paul Oven.
Culbertson Hills G.C.: Dave Meabon; Sherry Meabon.
Eagles Mere C.C.: Luther Leonard; Alice Gleockler.
Edgewood C.C.: William Neely III. Jr.: Lonnie Wright.
Elk County C.C.: Mike Harttoned. Jr.: Kevin Meals.
Greensburg C.C.: Bill Phillips; Ginny Byrns. Jr.: Richard Cole; Staci Aber.
Green Valley C.C.: Robert Dubin; Susan Krancer. Jr.: Scott Brucker; Dana Seshens.
Greenville C.C.: Brad Benton; Kimberlee Kocina.
Grove City C.C.: Jack Cline Jr.; Joyce Dye. Jr.: David Mowery.
Heidelberg C.C.: Bill Morgan; Carolyn Hatt. Jr.: Graham Young; Jennifer Hatt.
Hershey C.C.: Larry Casebeer; Mary Simmons. Jr.: David Sirolly.
Highland C.C.: Don Zeleznik; Grace Therriault. Jr.: Michael Glenn Jr.; Sheila Burke.
Hollenback C.C.: Don Crossin. Jr.: Thomas Stanski.
Immergrun G.C.: Ben James.
Indian Valley C.C.: Bill Curtis; Barbara Furman. Jr.: Cory Longaure; Debbie Lurtis.
Iron Masters C.C.: Ralph DeStefano; Jane Fagans.
Irwin C.C.: Jr.: Don Sarsfield.
Jackson Valley C.C.: Denny Fellows; Jenny Spicer.
Kimberton G.C.: Robert Faust; Marcia Norcini.
Kittanning C.C.: Randy Shriver; Amy Lentz.
Lake Shore C.C.: Jim Esper; Ruth Mann. Jr.: Chris Gehrlein; Anne Wittman.
Lancaster C.C.: R. Bradford Reynolds; Susan Grove. Jr.: Howie Livingston.
Lawrence Park C.C.: Joe La Guardia; Mitzi Banister. Jr.: Jason Longo; Gretchen Brown.
Lebanon C.C.: Larry Shuman; Ann Charles. Jr.: Chris Gebhard; JoAnn Guerrisi.
Lehigh C.C.: Frank Fischl; Maryann Etzweiler.
Lincoln Hills C.C.: Lou Silverhart.
Lone Pine G.C.: Robert Johnston; Gen Songer.
Longue Vue C.: Debbie Coyle.
Lords Valley C.C.: Ronald Dion; Susan Cohen. Jr.: Tim Coakley; Rose Ann Moska.
Lykens Valley G. Cse.: Pat Bracale; Dora Mattern.
Manufacturers G. & C.C.: Greg Hardin; Heidi Dollenberg.
Mayfield G.C.: Ed Smith; Peg Kline.
Meadia Heights G.C.: Jim Buch; Marjorie Gilles. Jr.: Chris Wolf.
Monroe Valley: Ben Dohner; Virginia Gerhart. Jr.: Troy Mauer.
Montour Heights C.C.: Bill Vernal; Mary Ann Scarfo. Jr.: David Falcione.
Montrose C.: Jerry Klim; Marie Barton. Jr.: John Robertson; Michelle Halesky.
Moselem Springs G.C.: Joseph Scornavacchi III; Jean Pugh.
Norvelt G.C.: Mike Panko.
Oakmont C.C.: Lester Gallagher. Jr.: Greg Countouris; Calay Jaynes.
Olde Masters G.C.: Brian Berryman; Tina Thatcher. Jr.: Buck Hrebiniak.
Out Door C.C.: Paul Cencil; Meejeom Green.
Pennhills C.: Jim Colosimo; Justine Frey.
Penn National G. Cse.: Robert O'Brien; Pat Sollenberger.
Penn Oaks G.C.: Louis Hurrelbrinck; Pat Petroll.
Philmont C.C.: Bob Levy; Victoria Jacobson.
Pleasant Valley C.C.: William Cameron; Judith Wrote.
Plymouth C.C.: Ken Winter.
Punxsutawney C.C.: Ben Levy; Shelby Godlewski. Jr.: Jeff Campbell.
Radley Run C.C.: Susan Parkinson; Jessica Hendrickson.
Radnor Valley C.C.: Jr.: Jeff Lazarus.
Range End C.C.: Robert Smith; Diane Coarley. Jr.: Marco Ceo.
Reading C.C.: Meme Filippini; Pat Julian. Jr.: Charles Kertell Jr.
River Forest C.C.: John Gladziszewski; Betty Santini.
Rolling Hills C.C.: Bob Kyle; Regina Evans. Jr.: Mike Evans.
Sandy Run C.C.: Francis Nixon Jr.; Taffy Greenway. Jr.: George McGowen.
Scotch Valley C.C.: Bill Good; Mary Jo Jubelirer.
Seven Oaks: Bob Donnelly; Iona Miles. Jr.: Jeff Meek.
Sheperd Hills G.C.: Jr.: Matthew Simpson.
South Hills G.C.: Jr.: Dave Tushingham; Kim Sterner.
Spring Ford C.C.: Frank Venezia; Adele LeBow.
Sunnehanna C.C.: William Kirwan; Janet Duncan. Jr.: Timmy Creeks; Molly McCann.
Sunnybrook G.C.: William Bast; Judee Von Seldneck.
Susquehanna Valley C.C.: Robert Scullin; Carol Slear. Jr.: Nick Popescu.
The Country Club: Jr.: John Owens; Adele Mercatoris.

1986 MOST IMPROVED CLUB PLAYERS

Union City C.C.: Joel Villanos; Marilyn Cheney. Jr.: Barry Drayer; Remlee Foltz.
Uniontown C.C.: Mort Opall; Mary Ann Carbonara. Jr.: Chris Hugh.
Valley Brook C.C.: Ted Nelson; Bonnie Alberts. Jr.: Jeff Ogden; Jill Dillner.
Valley Green G.C.: Alan Bolyard; Carol Shaw.
Waynesboro Municipal C.C.: Steve Cortis; Shirley Chichester. Jr.: Charles Bonner; Sarah Grove.
West Shore C.C.: Robert Mukalian; Betty Bachman.
White Deer G.C.: Mark Dylizzi; Nicolina Aloisio.
Wildwood G.C.: Rudolph Zupancic; Joann Weingard.
Willowbrook C.C.: Jim Anderson; Janet Whitlow. Jr.: Tom Robshaw.
Willow Hollow G.C.: Jr.: Kevin Kantner; Rebecca Green.
Wyoming Valley C.C.: Chad Rado; Karen Kempinski. Jr.: Chris Patton.
Yardley C.C.: Dick Sabourin.

RHODE ISLAND

Foster C.C.: Hans Kirchgaessner; Bev Brown.
Laurel Lane G. Cse.: Richard Ferreira; Norma Holdredge. Jr.: David Nuttall Jr.; Michele Pond.
Metacomet C.C.: Ken Ricci; Lois Garey.
Newport C.C.: Joe Macioci; Helen Kirby.
Pawtucket C.C.: Jr.: Dan Korich.
Point Judith C.C.: Joseph Sinclair; Mary Ann Rueinberger. Jr.: Joseph Mainelli; Susan Kaolicki.
Quidnessett C.C.: Mike Baker; Andrea Crump.
Rhode Island C.C.: Paul Treanor; Michael Goss; Laura Fogarty.
Warwick C.C.: J. Terrence Murray Jr.; Betsy Poirier.

SOUTH CAROLINA

Cat Island G.C.: Rodger Shedlock. Jr.: Jamie Waters.
Cheraw C.C.: Doug Long; Marilyn Lisenby. Jr.: Brent Stevens.
Coldstream C.C.: Willie Mathias; Debby Griffis. Jr.: Shipp Harris; Kathy Voyles.
C.C. of Lexington: Frank Leonard. Jr.: Raymond Scruggs Jr.
C.C. of Spartanburg: Steve Williams. Jr.: Perrin Powell; Mandy Gaines.
Kershaw C.C.: Tom Bass.
Linrick G. Cse.: John Summers. Jr.: Alan Wall II.
Mid Carolina C.: Mike Hollis; Cathy Rumfelt.
Parris Island G.C.: M. Craig McTeer; Sue Williams. Jr.: Ryan Fessler; Leigh Ann Kemp.
Pineland C.C.: Chris Webb; Patti Behan. Jr.: Michael Elliott; Dawn Turner.
Pocalla Spring C.C.: Levin Baines; Betty Killgo. Jr.: Joey Bradley.
Ponderosa C.C.: Barney Trotter; Martha Ouzts.
Spring Valley C.C.: Jr.: John Hillman.
The Wellman C.: Joe Campbell. Jr.: Tyson Chastain.
White Plains C.: Steve Crisp; Beverly Aldridge.

SOUTH DAKOTA

Arrowhead C.C.: Jack Bober; Sara Bloemendaal. Jr.: Greg Lein; Kate Wilson.
Brookings C.C.: Barry Keal; Lynette Iden. Jr.: Collin McCarty; Paula Brotsky.
Dell Rapids C.C.: Bryce Bettmeng; Barb Davis.
Hillcrest G. & C.C.: Craig Carlson; Susan Morrison Jr.: David Rodack.
Lake Region G.C.: Jr.: Dean Miller; Kim Steffensen.
Madison G. & C.C.: Dave Ewald; Gail Eikanger. Jr.: Derek Graff; Sheri Ellis.
Minnehaha C.C.: Ray Laird III; Pam Fisher. Jr.: Pat Sweetman; Pam Breit.
Parkston C.C.: Tim Kirby; May Dean Walz.
Scotland G.C.: Bob Moore; Nancy Firchau. Jr.: Brian Conrad; Missy Kelley.
Spearfish Canyon C.C.: Dennis Rentz; Judy Haivala. Jr.: Todd Moreford; Jill Freece.
Westward Ho C.C.: Jeff Gray; Anne Borgmann. Jr.: Matt Flaherty; Jane Egan.

TENNESSEE

Belle Meade C.C.: Mike Regan; Martha Templeton Jr.: Steve Mathews Jr.
Chattanooga G. & C.C.: Jr.: Daniel Scearce; Cara Lawson.
Cleveland C.C.: Frank Jones; Joann Higginbotham. Jr.: John Marchant.
Cookesville C.C.: Jr.: John Hooper.
Dayton G. & C.C.: Jack Duvall; Linda Boyer. Jr.: Daniel Lytle.
Elizabethton G. Cse.: Coy Taylor; Vera Addington.
Fox Den C.C.: Cliff Thomas; Maggie Axford. Jr.: Britton Spann.
Gatlinburg C.C.: James Sutton; Judy Catlett. Jr.: Tyler Huskey.
Hickory Valley G.C.: Herb Price.
Holston Hills C.C.: Gary Prosterman; Kathy Sedgley. Jr.: Patrick Parnell.
Link Hills C.C.: Jr.: Kandice Bewley.
Morristown G. & C.C.: David McGinnis. Jr.: Spencer Lewis.
Nashboro Village G. Cse.: Bill Farrar; Tracy Hoffman. Jr.: Greg Roach; Sean Wells.
Nashville G. & Athletic C.: Chip Young; Donna Synnott.
Skyview C.C.: Don Beard; Hattie Lou Lambert. Jr.: John McCord.
Smithville G.C.: Tony Ross; Teresa Bain. Jr.: Chris Tramel; Molly Cripps.
Stones River C.C.: Sam Suppa; Clara Todd. Jr.: Chad Haynes; Trese Carroll.
Woodmont C.C.: Gadi Gal; Helen Jones. Jr.: Andy Speller.

TEXAS

Amarillo C.C.: Susanne Smith.
Bentwood C.C.: Brian Richards; Barbara Bost. Jr.: Brent Morenz; Danya Huling.
Borger C.C.: Gary league; Rose Black. Jr.: Keith White.
Columbian C.C. of Dallas: Rick Fetterman; Veda Ofseyer. Jr.: Scott Cohen.
Dallas Athletic C.: Jr.: Dan Crump; Jennifer Vernon.
Dallas C.C.: Larry Newman; Mary Deaton.

1986 MOST IMPROVED CLUB PLAYERS

deCordova Bend C.C.: Jim Gallman. Jr.. Kevin Guerin; Ginger Johnson.
Diamond Oaks C.C.: Bob Wershay; Ann Lawson. Jr.: Jason Everett; Marti Murphy.
El Paso C.C.: Dan Brewer. Jr.: Todd Garrigan; Amy Johns.
Fair Oaks Ranch G. & C.C.: Jr.: Danny Phillips; Kim Spencer.
Hillcrest C.C.: Jr.: Brad Belew.
Houston C.C.: Frank McGuyer; Jackie Magill. Jr.: David Mitchell; Janis Leverinet.
Hunsley Hills G.C.: Jr.: B.C. Sternenberg.
L.B. Houston G.C.: George Elledge. Jr.: Jeff Christie.
Los Rios C.C.: Ike Fowler; Donna Hendricks. Jr.: Robbie Yarbrough; Hilde Heckman.
Lubbock C.C.: Jan Freiderich; Nancy Patton. Jr.: Karl Edwards.
Luling Park G.C.: Jay Crowell. Jr.: Clay Pivoda; Brittney Blackwell.
Magnolia Ridge C.C.: Carolyn Kuhn. Jr.: Kyle Jerome.
Mission C.C.: Bobby Woods; Linda Koontz. Jr.: Michael Cowan Jr.; Candy Morgan.
Northwood G. Shop: Greg Smith; Alice Clifton.
Odessa C.C.: John Favor; LeAnn Burk, Ann Doran. Jr.: Cris Lawson.
Pampa C.C.: Frank McCullough; Joan Terrell. Jr.: Mike Elliott; Brandi Chase.
Pecan Valley G.C.: Bert Williams; Nancy Biety. Jr.: Mike Henderson.
Raveneaux C.C.: Ron Henson, Craig Grant; Yolanda Marimon. Jr.: Craig McQumdy; Jennifer Kinored.
Riverside C.C.: Robert Miles; Fay Burke.
Ross Rogers G. Cse.: Mike Dunavin; Betty Hugus.
San Angelo C.C.: Jr.: Kirk Mankin.
San Patricio G. Association: V. Weldon Hesseltine.
Sleepy Hollow C.C.: David Castloo; Karen Coston.
Spring Creek C.: John Tate; Diann Campbell Gibbs. Jr.: Nathan Tomlinson; M.J. Gibbs.
Sugar Creek C.C.: Marty McVey; Margaret McVey. Jr.: Tony Denena; Matty McVey.
Tapatio Springs C.C.: Alex DeVage; Alice King.
Tascosa C.C.: Lewis Avery; Ruby Holmes. Jr.: Grant Russell; Stephanie Flower.
The Dominion: Jim Ingram; Neva Frey. Jr.: Shawn Guilley; Misty Blackburn.
The Shores C.C.: Harold Chenault; Sandee Coates. Jr.: Jason Hill; Lynn Hunt.
Trophy Club C.C.: Glenn Brown; Pam Bath.
Willowisp C.C.: Danny Lee; Mona Pizzatola.

UTAH

Bountiful City G.C.: Ron Marshall.
Brigham City G.C.: Duane Hereford; Karen Vanderhoof. Jr.: Jon Hadfield.
Canyon Hills Park G.C.: Bruce Christensen; Barbara Lunt. Jr.: Curtis Jones; Kina Pexton.
Dinaland G. Cse.: Lowell Aycock; Annette Hatch. Jr.: L. Hatch; Billie Gardner.
Jeremy Ranch C.C.: Alan Cohen.
Oakridge C.C.: Dorie Davis.
Palisade G. Cse.: Dirk Smith; Lysa Billins.
Park City G.C.: Steve Castoldi; Ellen Railton. Jr.: Jacob Doilney.
Riverside C.C.: Spence Cloward; Mary Hamilton. Jr.: Will Huish; Karen Orehoski.
Roosevelt City G. Cse.: Phil Fyke; Ledlie Szaraniec. Jr.: Justin Thomas.
Spanish Oaks G. Cse.: Richard Hales; Ardith Ruff. Jr.: Matthew Dame.
Tri-City G. Cse.: Steve Higginson; Vicki Altomare. Jr.: Steve Warnick; Gina Poulsen.

VERMONT

Copley C.C.: Tom Bjerkie; Charlotte Pacetti. Jr.: Steve Rossi; Holly Reynolds.
Mt. Snow C.C.: Bob North.
Newport C.C.: Bernard Burke; Janice Burda. Jr.: Andrew Forret; Alica McKenny.
Orleans C.C.: Dave Thompson; Robin Kipp.
Rocky Ridge G.C.: Michael Mahoney; Irma Dufresne. Jr.: John Donnelly III.
Rutland C.C.: John Esterbrook II; Janet Larson.
Williston G.C.: Grant Pealer; Dora Pealer.
Woodstock C.C.: Bob Sharpe; Jill Kurash. Jr.: Chris Riley.

VIRGINIA

Carper's Valley G.C.: Dave Toth; Katie Wolfe.
Confederate Hills G.C.: Don Goins; Margaret O'Keefe. Jr.: Christopher Gaulding.
C.C. of Culpepper: Rawley Coleman; Ann DuFrane. Jr.: Ricky James.
Countryside G. Cse.: Bill Reed; Joan Gardner. Jr.: John David Hudson Jr.; Amy Hardie.
Dahlgren G.C.: Wink Rollins; Joyce Lyles. Jr.: James Bryant Howard.
Farmington C.C.: Thomas Williams; Mary Elaine Bickers. Jr.: Thomas Cogan; Ellen Youel.
Fincastle C.C.: Maurice Fisher; Jean Griffin.
Glenwood G. Association: Gordon Brodrick; Beverly McGhee.
Hidden Valley C.C.: Eddie Riley; Cathi Caldwell. Jr.: Chris Owens.
Hunting Hills C.C.: Mike Jirka; Bonnie Longworth. Jr.: Ron Willard; Vickie Linkous.
Indian Creek Yacht & C.C.: Jr.: Robbie Roberts; Susan Swaffin.
International C.C.: Jr.: Carter Bogush; Lisa Helsel.
James River C.C.: L.B. Blackmon; Betty Snyder. Jr.: R.M. Baldwin III.
Jefferson Lakeside: Dave Constine Jr.; Roz Salken.
Massanutten Village G.C.: Jr.: Kike Morales, Chad Edwards.
Millwood C.C.: Jr.: Bruce Keenan.
Monte Vista G.C.: Leonard Hobbs; Diane Brooks.
Poplar Forest G.C.: Jr.: Brad Shaner.
Red Wing Lake G.C.: Ed Bonney; Biddy Barnes.
Richmond C.C.: Ronnie Vaughan; Sook Ja Park. Jr.: Corey Frey.
Richwood G.C.: Bill Sheppard; Mona Mitchell.
Salisbury C.C.: Bill Rech; Maggie Sandberg. Jr.: Steve McCann; Linda Hull.
Saltville G.C.: Kenny Carter. Jr.: Dwayne Barrett.

1986 MOST IMPROVED CLUB PLAYERS

Suffolk G. Cse.: Jr.: Bobby Kinsey.
The Summit G.C.: Doug Whitacre; Wanda George.
Willow Oaks C.C.: Eddie Eddins; Tish Deal. Jr.: Hank Klein.
Winchester C.C.: Jimmy Carroll; Ann Dunlap. Jr.: Tyler Mistr.

WASHINGTON

Bear Creek G. Cse.: Mike Bourn; Arlene Berry. Jr.: Kerby Court; Kimber Court.
Bellingham G. & C.C.: Jr.: John Schmitz; Paula Weihe.
Brookdale G. Cse.: Greg Eazor; Roberta Poppelreiter.
Canyon Lakes G.C.: Joe Keefe; Loree Hayes.
Carnation G. Cse.: Ed Priszner; Pat Rutledge. Jr.: Chad Tachell; Jamie Vitt.
Ellensburg G. & C.C.: Doug Keith; Heidi Dahl. Jr.: Mark Brashear; Heidi Dahl.
Esmeralda G. Cse.: Ron Barney; Mollie Sullivan.
Ft. Steilacoom: B.J. Elshaug; Nellie Jean Blackburn.
Glen Acres C.C.: Roy Wolf; Jeannie Smith. Jr.: David Roberts; Rachele Schafer.
Glendale C.C.: Don Esfeld; Karen Mauden. Jr.: Jamie Bland; Samantha Patch.
Grays Harbor C.C.: Arne Holm; Donna Morgan. Jr.: Cris Johnson.
Lake Spanaway: Doug Briehl; Audra Oberhansly. Jr.: Kurt Wiebe.
Liberty Lake G. Cse.: Brad De Merritt; Louise Newtson.
Lower Valley G.C.: Jr.: Peter Beaver; Amy Widdows.
Manito G. & C.C.: Jr.: Matt Williamson.
Meadow Springs C.C.: Mike Sissom; Bev Johnston; Barb Edens. Jr.: Scott Johnson; Stephanie Shields.
Mint Valley G. Cse.: Chuck Miller. Jr.: Scott McFadden.
Northshore G.C.: Wayne Jackson; Karen Ford, Jackie Martin. Jr.: Steve Hussey.
Oakbrook G. & C.C.: Dave Seiwerath. Jr.: Tyler Andrews; Anne Marie Huizinga.
Oroville G.: Mike Bourn; Virginia Walker. Jr.: Brian Thornton; Mary Sneve.
Othello G. & C.C.: Vern Lannell; Pat Mitzel. Jr.: Danny Deane.
Pasco Municipal G.C.: Janet McDuffie.
Ritzville G.C.: Wayne Odum. Jr.: Darin Danekas.
Riverside G.C.: Carl Noyes.
Seattle G.C.: John Baxter Jr. Jr.: Jeff Johnson.
Snohomish G.: John Fitzgerald.
Twin Lakes G. & C.C.: Cindy Ostrom.
Useless Bay G. & C.C.: Mike Berridge. Mary Johnson. Jr.: Scott Davis.
Walla Walla C.C.: Shirley Anderson.
Wandermere G.C.: Steve Sivert; Eileen Hargrove. Jr.: Darren McKowan; Kelli Gronnebek.
Washington G.C.: Jr.: Bret Bubalo; Karmen Shields.
Wayne G. Cse.: Bob McKeeman.

WEST VIRGINIA

Bluefield C.C.: Glen Buchanan; Cathy Muth. Jr.: Aaron Lasker.
Buckhannon C.C.: Tom Crabtree; Judy Lantz. Jr.: C.W. Canfield; Beth DeBarr.
Cacapon G.C.: Dick Redick; Jean Dick.
Greenhills C.C.: Carl Stone; Polly Hughes.
Guyan G. & C.C.: Ron Hooser; Betty Newman. Jr.: Brian Childers; Kate Wolfe.
Hidden Valley C.C.: Ed Cromley; Shirley Durfee. Jr.: Frank Capehart IV; Erin Northup.
Parkersburg C.C.: Joe Wilson; Carrie Roe. Jr.: Justin McCarter; Janie Kincheloe.
Pleasant Valley C.C.: Don Pitko.
Pocahontas C.C.: Harry McCloud; Julie MacQueen.
Riverside G.C.: Rex Roush; Mary Roush.
Wheeling C.C.: Marvin Franklin; Eleanor Peyton, Jean Whiting. Jr.: Bobby Hartong.
White Oak C.C.: Tom Booth; Lenore Peraldo.
Woodview G. Cse.: Terry Buchanan; Mishal Vandine. Jr.: Robbie Hillis.
Worthington G.C.: Joan Fletcher.

WISCONSIN

American Legion G.C.: Frank Schade; Gloria Szymanski. Jr.: Jeff Schultz; Lori Wegner.
Big Foot C.C.: Alice Joyce.
Black Hawk C.C.: Jr.: Brett Armstrong; Erica Narowetz.
Branch River C.C.: Greg Zastrow; Kay Anhalt. Jr.: Chris Bandt; Brigitte Jagemann.
Brown County G. Cse.: Rich Nelson.
Brynwood C.C.: Alan Lurie; Margo Winter.
Butte des Morts G.C.: Jim Rudolf; Sally Gustman. Jr.: Brad Bucahanan; Liz Rudolf.
C.C. of Beloit: Paul Pollock; Sandy Roths.
Lac La Belle: Kevin Lindner; Mary Winger. Jr.: Marc Holland.
Lake Park G.C.: Jr.: Laird Robinson.
Lake Shore Municipal G.C.: Jr.: Ron Wuensche.
Lake Windsor C.C.: Jr.: Eric Goldapske, Jeff Blake.
Lake Wisconsin C.C.: Harvey Winn; Laurie Roth.
Little River C.C.: Don Hutchins; Katie Harpt. Jr.: Tim Drees; Missy Walker.
Marshfield C.C.: Mike Zgairick; Pat Bloczynski. Jr.: David Meyer; Anna Acker.
Mee-Kwon G.C.: Jr.: Dan Hefle; Kristen Todd.
Mellen C.C.: David Reiten; Tina Wohlgemuth.
Merrill Hills C.C.: Jeff Ausen; Marilyn Olson. Jr.: Mike Delzer; Laurie Riebe.
Milwaukee C.C.: Jim Ladky; Cindy Wachs. Jr.: J.P. Driessen.
Mound View G.C.: Harold Smith; Betty Waller. Jr.: Matt Beversdorf.
Muskego Lakes C.C.: Miles Dake; Mary Fink.
Nakoma G.C.: Mark Duerst; Mary Lou Galvez. Jr.: Deek Grams; Linda Buchholz.
Nemadji G. Cse.: Mark Carlos; Pat Borg. Jr.: Pat Golat; Stacey Peterson.
New Berlin Hills G.C.: Hal Rathbun; Ruth Jacob.
Nippersink G.C.: Arnie Witt; Sue Sussman.
Northbrook C.C.: John Haack; Flo Denessen.
North Hills C.C.: Ted Koenigs; Betty Anderson. Jr.: Jim Rockelman; Sara Miley.
North Shore C.C.: Mike Stolz, Vicki Schober. Jr.: Rajesh Gandhi; Kristin Todd.
North Shore G.C.: Phil Latreille; Connie Goerich. Jr.: Greg Strand; Liz Rudolf.

1986 MOST IMPROVED CLUB PLAYERS

Oneida G. & Riding C.: Peter White; Tina Gnewuch. Jr.: Tom Floberg; Erica White.
Oshkosh C.C.: Terry Kalibert. Jr.: Ben Schneider, Jr.; Julie Zimmerman.
Ozaukee C.C.: Jr.: Sean Hart; Julie Dewulf.
Pinewood C.C.: Lee Frahm; Ann Larson. Jr.: Steve Johnson.
Poplar G. & Recreation Area: Stephen Wright; Melba Felker.
Quit-Qui-Oc G.C.: Jim Grau; M.K. Whyte. Jr.: Scott Chisholm; Anna Wiese.
Racine C.C.; Robert Becker; Pamela Kayon. Jr.: Tim Steimle; Caroline Steimle.
Reedsburg C.C.: Mike Hartje; Margaret Percy. Jr.: Jay Longley; Dana Riberich.
Rhinelander C.C.: George Baksic; Sue Vandervelde. Jr.: Joel Halminiak.
Ridgeway G. & C.C.: Jerry Ratchman; Renee Welhouse. Jr.: John Sams.
South Hills C.: Joe Bird; Kathy Blagoue. Jr.: David Twohig; Jill Fischer.
Stoughton C.C.: Mike Bibro; Ginny Benson. Jr.: Eric Sveum; Rachael Nelson.
Tanglewood of Menomonie: Steve Dahlby; Ruth Hendrikson.
Timber Ridge C.C.: Jim Krejci; Cindy Coolthurst. Jr.: Greg Kock.
Tripoli C.C.: Richard Fisher; Margaret Bliwas. Jr.: Rick Abraham.
Ville du Parc C.C.: Marty Forman; Beverly Mislove; Linda Weiss. Jr.: Jeff Golding; Beth Crivello.
Watertown C.C.: Ernie Niemann; Debbie Peters.
Wausau C.C.: Tom Schulz; Marcia Pekar. Jr.: Jason Mackeh; Kerri Zelich.
West Bend C.C.: Peter Ketter; Kelly Tenfel. Jr.: Rob Holton; Kristin Hemauer.
Yahara Hills G.Cse.: Steve Lauck. Jr.: David Hill.

WYOMING

Buffalo G.C.: Miles Rives; Evelyn Guthery.
Cottonwood C.C.: Marty McKee; Kay Gardner. Jr.: Cody Fullmer.
Legion Town C.C.: Justin Twitchell; Pat McClintok. Jr.: Matt West; Michelle West.
Olive Glenn C.C.: Rich Cook; Denise Snyder. Jr.: Neil Enright; Mary Ann Brewton.
Sheridan C.C.: Mike Strahan; Barbara Riedler.

CANADA

Bayview C.C.: Jonathan Rose; Marina Brown. Jr.: Peter Ranson; Adrienne Davis.
Carleton G. & Yacht: Richard Linnett; Lenore Todd.
Cedarbrook G. & C.C.: Michael Rabin; Freda Hirsch.
C. de Golf L'Esterel: Dorothy Auger.
Elks G. & C.C.: Jr.: Alex Hicks; Marnie Smith.
Glendale G. & C.C.: Gene Gogal. Jr.: Steven Kohn.
Greenwood G. Cse.: Ted Ellis; Avril Moore. Jr.: Derek Rannie; Kim East.
Highland C.C.: Tom Kelly; Marilyn Goodbody. Jr.: Stuart Eddy; Katherine Atkinson.
Hollinger G.C.: Gerry Boucher; Anne Marie Godin. Jr.: Troy Brouillard; Roxanne Bailey,

Islesmere G.C.: Gerald Trehblay; Suzanne Durocher. Jr.: Nicolas Parent; Annie Claude DePaoli.
Ki-8-Eb C.C.: Normand Bourbeau; Debbie Morel. Jr.: Claude Dessureault; Annie Bourbeau.
Lorraine G.C.: Daniel Menard; Dianne Guilbault. Jr.: Sean Taylor; Caroline Couillard.
Mayfair G. & C.C.: Jr.: Chris Graham; Carol Cathcart.
Midland G. & C.C.: Jr.: Chris Bales.
Murray G. Cse.: Noel Parisien; Barbara Lee Frank. Jr.: John McMullin.
Nanticoke G. & C.C.: Lou Saska; Winnie Thomas.
Niagara-on-the-Lake: Jr.: Richard Gretzinger; Lisa Simpson.
Peace Portal G.C.: John MacDonald; Elizabeth Fehr. Jr.: Lee Taggart.
Phantom Lake G.C.: Glen Petersen; Darlene Smalley. Jr.: Darren Grindle.
Port Colborne C.C.: Joe Apolcer; Nancy Wilson. Jr.: Chris Caldwell; Diane Stead.
Prince Rupert G.C.: Layne Young.
Revelstoke G.C.: Jr.; Jason Martens; Kyla Larose.
Riuiere du Loop: Richard Leuesque; Francine Cirard. Jr.: Freddie Saucier.
Royal Montreal G.C.: Laura Dobbs. Jr.: Fred Patry; Christine Crowley.
Royal Ottawa G.C.: Jr.: Matthew McCarthy; Sandra Wilson.
St. Catharines G. & C.C.: Greg Dick; Jane Fraser. Jr.: Mark Fair; Elizabeth Earley.
Seaforth G. & C.C.: Jerry Wright; Cathy Elliott. Jr.: Karston Carroll; Tammy Taylor.
Shaganappi G.C.: Martin Wouterse; Joan Nicholson.
Shaughnessy G. & C.C.: David Douglas; Paddy Rouse.
Stark's G. Cse.: Bob Sipley, John Hamm; Elaine Sipley.
Sutton G.C.: Jr.: Michael Breeze.
The Riverside C.C.: Jr.: Eddie Reevey; Carrie Vaughan.
The Vernon G.C.: Jr.: Mike Latta; Teri McCarron.
Twin Lakes G. & C.C.: Bob Anderson.
Wyldewood G. & C.C.: Jr.: Rick Borthwick; Alison Kidd.

FOREIGN

JAPAN

Atsuge G. Cse.: Bill Andress; Mary Makarwich.

PUERTO RICO

Berwind C.C.: Manolo Rivera; Teresita Rivera.

WEST GERMANY

Heidelberg G.C.: Bruce Carlton; Rosalinda Collins. Jr.: James Marshall, Jr.:

CHAPTER 15

1987 GOLF EQUIPMENT

1987 GOLF EQUIPMENT

MEN'S CLUBS FOR 1987

MODEL	CLUBHEAD MATERIAL	FEATURES	SHAFT MATERIAL	9 IRONS	SUGGESTED RETAIL PRICE 4 WOODS
ACCUFORM, 76 Fordhouse Blvd., Toronto, Ontario, M8Z 5X7					
☐★ Accuform PTM	IC/LM	Sweet spot in center of face/Tight tolerances.	ST	630	340
ALLIED, 4538 W. Fullerton Ave., Chicago, Ill. 60639					
★ Pro Design	IC/P,G	Traditional lines; perimeter weighted.	LS,G	360	200
Tour Model	IC/LM,IC	Classic design.	LS,G	360	200
★ H-Model	F/LM	Cavity backs; low center of gravity.	LS	200	160
Continuous Set	IC/IC	Perimeter weighted, hollow cores.	LS	250	360
TOMMY ARMOUR, 8350 N. Lehigh Ave., Morton Grove, Ill. 60053					
✔ Silver Scot	IC	Classic head shape, perimeter weighted.	ST		380
★ Silver Scot 986	F/P	Hand-ground/Two-piece insert.	ST	630	428
☐ T-Line	IC/IC	Stainless or beryllium copper/Special alignment feature.	LS,G	603	380
✔☐ Concept 2	IC/LM	Sole weighted.	ST	315	234
Emblem	IC/LM	Sole weighted/Adjustable weight chamber.	ST	603	380
Cameron	IC/P	Four-way cambered soles.	ST	571	388
AULD, P.O. Box 1607, Concord, N.C. 28025					
☐ Triax	IC/LM	Unique weighting system.	LS	450	320
☐ Troon	IC	Bounce soles.	ST	450	
☐ Classic II	IC/P	Traditional lines.	ST	418	340
B & M, 16 Church St., Kings Park, N.Y. 11754					
☐★ Proficiency I	IC/P,LM,IC	Perimeter weighted, offset/Phenolic inserts.	ST-G	315	400(P) 320(L) 200(IC)
☐★ Proficiency II	IC	Perimeter weighted.	ST-G	315	
JERRY BARBER, 707 S. Main St., Burbank, Calif. 91506					
Silver Bullet Metal Woods	IC	Traditional design with deep-faced driver.	ST-G		300
☐★ M-1 Goldentouch	IC	Antishank hosel, square toe.	ST,LS	440	
☐ M-5 Goldentouch	IC	Traditional, shankproof hosel.	ST,LS	440	
X-22 Goldentouch	IC	Square toe and longer blade.	ST,LS	450	

Legend:

General Features
☐ — Women's model available
★ — Left-handed model available
✔ — New for '87

Shaft Material
ST — Steel
LS — Lightweight steel
G — Graphite

Clubhead Material
F — Forged
IC — Investment cast
LM — Laminated
P — Persimmon
G — Graphite
C — Ceramic

1987 GOLF EQUIPMENT

MODEL	CLUBHEAD MATERIAL	FEATURES	SHAFT MATERIAL	SUGGESTED RETAIL PRICE 9 IRONS	4 WOODS
BEL AIR, 23777 Madison St., Torrance, Calif. 90505					
CPW-11D	IC	Simulated persimmon grain.	ST-G		420
☐ CPG-10D	IC	Adjustable lie and face angle.	ST-G		420
BRIDGESTONE, 3000 Northwoods Pkwy., Suite 105, Norcross, Ga. 30071					
☐ CD Original	IC,G	Continuous 11-club set with uniform increments in length, loft and head size.	LS,G	715	
✔ Rextar LT100/AC	F/P	Slight offset/Fiber inserts.	ST	511	360
☐★ Inceptor	IC/LM	Offset with four-way cambered soles/Pear-shaped blocks with brass backweights.	LS	326	135(3)
BRISTOL, P.O. Box 1177, Melrose Park, Ill. 60160					
Advisory Custom	IC/P	Perimeter weighted/Two-tone cycolac inserts.	LS	225	170
Competitor	IC/IC	Perimeter weighted/Classic design.	ST	225	160
BROWNING, Route 1, Morgan, Utah 84050					
★ Premier	IC/IC	Easy alignment.	ST	288	192
☐★ 440 Plus	IC/IC	Hollow core, offset/Perimeter weighted.	ST	594	384
Tour Class	F/P	Muscle-back design/Blocks bored through.	ST	594	440
BOB BURNS, 2600 North Richmond, Appleton, Wis. 54911					
☐★ Persimmon Classic	P	Pear-shaped with deep, medium and shallow drivers available.	ST-G		400
✔☐★ Graphite	G	Adjustable swingweight cavity.	ST-G		500
✔☐★ Metal Wood	IC	Offset or straight hosels.	ST-G		260
☐ Irons	IC	Wide cambered soles, beryllium copper available.	ST-G	395 450(BC)	
☐ Laminated	LM	Available in Nos. 1-15.	ST-G		200
CALLAWAY, 2345 Camino Vida Roble, Carlsbad, Calif. 92008					
Bobby Jones Commemorative	IC/P	Cavity-back design carries steel-core hickory shafts/ Classic head shapes.	LS	1,125	700
CLEVELAND CLASSICS, 7322 Madison St., Paramount, Calif. 90723					
☐★ TC15	P	Multicolor insert with graphite core. Shallow-face driver available.	ST,G		500
✔ AL44	P	Gamma-fire inserts.	ST,LS		535
Tour Edition 485	IC/P	Traditional blade with U-groove; beryllium copper available.	ST,LS	540 630(BC)	500
RC85	P	Pear-shaped blocks with white/black/white inserts.	ST,LS		500
RC75	P	Eye-O-Matic inserts.	ST,LS		500
✔ DG43	P	Black/white/black insert with red core.	ST,LS		500

1987 GOLF EQUIPMENT

MODEL	CLUBHEAD MATERIAL	FEATURES	SHAFT MATERIAL	SUGGESTED RETAIL PRICE 9 IRONS	SUGGESTED RETAIL PRICE 4 WOODS
RC 945 Driver Limited Edition	P	Sweep-back soleplate and paper fiber insert.	ST	.	250
☐ JC525	IC	Perimeter weighting.	ST,L,G		225(3)
☐ TC15	IC	Perimeter weighting.	ST,LS,G	540	630(BC)
COBRA, 4645 North Ave., Oceanside, Calif. 92056					
✓☐ Carbon Classics	G	46" "Long Tom" driver available. Fairway woods have Baffler soleplates.	G		635
☐★ Cobra Steel Classics	IC	Modified soleplates on fairway woods.	ST,G		335
✓★ Cobra Persimmon TLC Grind	C-F/P	Muscle-back design with deep profile/Oil infused.	ST,G	540	420
Cobra Traditional Baffler TRD	IC	Perimeter weighted.	ST,G	540	
★ Baffler	IC/LM	Perimeter weighting with graduated offset/Nos. 1-9, 11, 13 woods available.	ST,G	540	260
COUGAR, 2803 S. Yale, Santa Ana, Calif. 92704					
✓☐★ Precision 1	IC/P,LM,G,IC	Available with different lie angles.	ST-G	450	280
Turtleback	IC/IC	Perimeter weighting.	LS	450	210(3)
Precision Flow	IC/IC	Continuous flow 11-club hollow-core set.	LS		600
★ Cougar Series	IC/IC	Offset with radiused soles.	LS	340	180(3)
☐ Rhythm	IC/IC	Perimeter weighting/"T" alignment.	LS	315	120(3)
☐★ Classic	IC	Heel-toe weighting/Plastic composite with aluminum inserts.	ST	240	120(3)
CUSTOM, 10206 N.I.H. 35, Austin, Tex. 78753					
☐ Golfsmith Contour	IC	Perimeter weighted.	ST-G	225	
☐★ Woods	P,LM,IC	Made to order.	ST		158(P) 190(L) 142(IC)
DAIWA, 7421 Chapman Ave., Garden Grove, Calif. 92641					
☐★ Hi Trac	IC/G,IC	Heel-toe balance.	ST,G	783	653(G) 240(IC)
☐ Exceler	G/G	Low center of gravity, strong lofts.	G	1,296	840
Monodyne	F/P	Muscle-back design/Classic lines.	ST	522	467

Legend:

General Features
☐ — Women's model available
★ — Left-handed model available
✓ — New for '87

Shaft Material
ST — Steel
LS — Lightweight steel
G — Graphite

Clubhead Material
F — Forged
IC — Investment cast
LM — Laminated
P — Persimmon
G — Graphite
C — Ceramic

1987 GOLF EQUIPMENT

MODEL	CLUBHEAD MATERIAL	FEATURES	SHAFT MATERIAL	SUGGESTED RETAIL PRICE	
				9 IRONS	4 WOODS
Advisor	F/P	Compact blades, short hosels/ Graphite inserts.	ST,G	522	467
☐ Unipower	IC/IC	Low center of gravity.	ST	304	169
DUNLOP, 131 Falls St., Greenville, S.C. 29601					
Black Missile	G	Driver only, compression molded.	ST,G		85
☐★ Max 357	IC/LM,IC	Heel-toe weighting/Cycolac inserts.	ST	355	240
Maxfli Power Flange	IC/IC	Sole weighted.	ST	342	240
DYNACAST, 71 Maholm St., Newark, Ohio 43055					
✓★ Dynacast II	IC/LM	Cavity-backed castings available in stainless or beryllium copper/ Cycolac inserts.	ST,LS	585 720(BC)	360
★ Dynacast Persimmon	P	Classic shapes.	ST,LS		400
★ Dynacast Metal	IC	Conventional-tapered hosels.	ST,LS		320
EYE-DEAL, 160 E. Hawthorne Ave., Valley Stream, N.Y. 11580					
☐ Cyclops II	IC/P,LM	Perimeter weighted, contoured soles.	ST-G	540	360(L) 400(P)
☐ Cyclops	IC/P,LM	Cavity-back design/Pear shaped.	ST-G	495	360(L) 400(P)
☐ Tour Model	IC/LM,IC	Traditional shapes.	ST-G	360	300
FALCON, 24000 Woodward Ave., Pleasant Ridge, Mich. 48069					
☐★ Bench-Made	IC/P	Thin top lines/Adjustable weight.	ST	699	525
☐ Falcon II	IC/G	Wide, four-way roll soles.	ST	699	425
☐ Aerie	F/LM	Traditional with slight offset.	ST	699	465
☐★ Express	IC/G	Low-torque shafts.	G	1,550	625
FILA, 2255 Pleasant Valley Rd., Camarillo, Calif. 93010					
☐ Astroceramic	C/C	Compression-molded ceramic fibers.	ST-G	1,800	1,120
☐ Astrographite	G/G	Choice of 10°, 11°, 12° drivers.	ST-G	1,620	1,000
FOXBAT, 15105 Surveyor Blvd., Dallas, Tex. 75244					
✓☐ Magic	IC/IC	Perimeter weighting/Simulated persimmon look.	LS	450	340
✓ Magic II	IC/IC	Compact heads/Strong lofts.	LS	450	340
✓★ Texas Magic	IC/IC	Hollow cores.	LS	495	340
★ Tour Model	IC/P	Classic lines/Oil hardened.	ST	450	340
FX-15	IC/P	Cavity backed, swingweight: C-8.	LS	495	360
F-2000	IC/P	Radiused soles, swingweight: C-8.	LS	495	360
GOLFWORKS, 4151 Jacksontown Rd., Newark, Ohio 43055					
RM133 Woods	P	Walnut or black finish with red/white/red phenolic insert.	ST-G		404
RM880 Woods	P	Mahogany finish with brass bulls-eye insert.	ST-G		394

1987 GOLF EQUIPMENT

MODEL	CLUBHEAD MATERIAL	FEATURES	SHAFT MATERIAL	SUGGESTED RETAIL PRICE 9 IRONS	SUGGESTED RETAIL PRICE 4 WOODS
Bio Mech	IC	Hollow-core design with progressive offset and U-shape grooves.	ST,LS	522	
Golf Works Irons	IC	Classic design in satin or high polish.	ST,LS	495	
☐ L-Hero-A	LM	Zero degree face angle.	LS		228(3)
WALTER HAGEN, 2233 West St., River Grove, Ill. 60171					
✓ Haig Ultra	F/P	Ben Crenshaw Grind/Pear shaped.	ST	600	387
H&B POWERBILT, P.O. Box 35700, Louisville, Ky. 40232					
✓★ Citation	IC/LM	Heel-toe weighted, beryllium copper available/Phenolic inserts.	ST-G	585 891(BC)	360
✓★ Citation	F/P	Muscle-back design/Fiber inserts.	ST-G	585	428
✓ Citation Plus	P	Cured blocks.	ST		480
Scotch Blade	F	Traditional design with contoured soles.	ST	585	
✓☐★ Grand Slam	IC/LM, IC	Low center of gravity/Perimeter weighted.	ST	250	138(L) 111(IC) (3 woods)
BEN HOGAN, 2912 W. Pafford St., Fort Worth, Tex. 76110					
✓☐★ Radial	F/LM	Progressive offset and sole width/Compact blocks w/radiused soles.	LS	585	380
✓ Apex PC	F/P	Percussion center, new Apex Extra shaft/Rosewood or black with brass backweight.	LS	585	440
Magnum	IC/LM	Deep cavity backs, wide contoured soles/Toe weighting.	LS	585	400
Tour Woods	P	Classic lines with 10½° driver.	LS		440
Junior Radials	IC/IC	Perimeter-weighted driver has 14½° loft. Set includes 6 irons, 2 woods.	ST		240
MARTY IRVING, 3885 Miller Trunk Hwy., Duluth, Minn. 55811					
☐★ BVM	IC	Driver in 8°, 10° or 12° lofts.	ST-G		320
MI Forged	F	Mild steel.	ST-G	450	
☐★ MI II	IC	Perimeter weighted.	ST-G	450	
★ RWR	P	Regular and jumbo heads available.	ST-G		320
☐★ LMB	LM	Available in Nos. 1, 3, 4, 5, 7, 9.	ST-G		260
☐★ Custom	IC	Cavity-back design.	ST-G	360	

Legend:

General Features
☐ — Women's model available
★ — Left-handed model available
✓ — New for '87

Shaft Material
ST — Steel
LS — Lightweight steel
G — Graphite

Clubhead Material
F — Forged
IC — Investment cast
LM — Laminated
P — Persimmon
G — Graphite
C — Ceramic

1987 GOLF EQUIPMENT

MODEL	CLUBHEAD MATERIAL	FEATURES	SHAFT MATERIAL	SUGGESTED RETAIL PRICE 9 IRONS	4 WOODS
☐ MI Radial	IC	Polished finish, sole weighted.	ST-G	360	
☐ Custom-Lite	IC	Swingweight range: C-0/C-8.	ST-G	360	
KARSTEN, P.O. Box 9990, Phoenix, Ariz. 85068					
☐★ Ping Eye2	IC/LM	Color-coded irons. Swingweight range: C-8. Available in beryllium copper.	ST-G	585 765(BC)	400
✔☐★ Ping Eye2 E-Z-Lite	IC/LM	Improved design with swing-weight: C-0/Contoured soles, swingweight: C-5.	ST-G	585	400
KEPLER'S, 1050 Old Dixie Hwy., Lake Park, Fla. 33403					
☐★ Kepler Classic	P	2″ jumbo driver available.	ST-G		400
☐ Kepler K/C	F	Hand-ground to weight.	ST-G	450	
☐ Kepler E-Z-1	P	12½° loft on drivers, hooked faces.	ST-G		400
LION, P.O. Box 2573, Palm Springs, Calif. 92263					
✔☐ Lion King	IC/IC	Cavity back/Perimeter weighted.	ST,LS	360	240
✔☐ The Cat	IC/IC	Cavity back/Perimeter weighted.	ST	240(8)	120(3)
LOGISTICS, P.O. Box 272728, Concord, Calif. 94527					
☐ Logistics	IC/IC	Heel-toe balance/Skid ramp on sole.	ST,G	349	120(3)
LOUISVILLE, 2601 Grassland Dr., Louisville, Ky. 40299					
Wood Niblick	P,LM	Keel-like soles, low centers of gravity.	ST-G		280(L) 300(P)
Select	F/P	Ground to specific weights/Natural finish.	ST-G	517	500
★ Classic '50s	F/P	Classic '50s head shapes.	ST-G	517	500
Air Dried Classics	F/P	Air-dried persimmon.	ST-G	517	600
☐★ Personal Model	IC,F/P,LM	Cavity back (cast) or traditional (forged)/Persimmon has fiber insert, laminate has cycolac.	ST-G	360(F) 302(IC)	300(P) 260(L)
LYNX, 16017 E. Valley Blvd., City of Industry, Calif. 91749					
☐ Parallax	IC/IC	Perimeter weighted, beryllium copper available/Adjustable swingweight.	ST,G	540 900(BC)	320
☐ Liberty	IC/LM	Diagonal lines help in takeaway and alignment.	ST	387	232
☐ Silver Lynx	IC/G	Perimeter weighted/Compression molded.	ST,LS	540	270(3)
Classic Woods	P	Oil hardened with two-piece insert.	ST,G		315(3)
★ New USA Irons	IC	Cavity-back design, slightly offset.	ST,LS	495	
★ Super Predator	IC/IC	Longer blade/Perimeter weighted.	ST,LS	522	288
☐ Radius	IC/IC	Slight offset and radiused sole/Perimeter weighted.	ST,LS	522	300
MacGREGOR, 1601 S. Slappey Blvd., Albany, Ga. 31707					
✔★ Jack Nicklaus Muirfield 20th	F/P	Elongated muscle-back/Classic lines.	LS	600	450

1987 GOLF EQUIPMENT

MODEL	CLUBHEAD MATERIAL	FEATURES	SHAFT MATERIAL	9 IRONS	SUGGESTED RETAIL PRICE 4 WOODS
✔★ CG1800	IC/LM,IC	Cavity backed, perimeter weighted/ Drivers available 7.5°, 9.5°, or 11°.	LS,G	550	300
✔ Jack Nicklaus Classic	IC/IC	Cavity backed/Perimeter weighted.	ST	195	120
✔★ Jack Nicklaus Golden Bear	IC/LM,IC	Offset, rounded soles/Traditional.	ST	180	120
★ DX by Nicklaus	IC/P	Offset/Traditional.	ST	250	220
Tourney	IC/P	Heel-toe weight, offset/Traditional.	LS	290	225
MARIO'S, 511 N. Eureka St., Redlands, Calif. 92373					
☐ Dimple Wood	IC	Aerodynamic design.	ST		222(3)
☐ Irons	F	Classic design.	ST	328	
MATZIE, 112 Penn St., El Segundo, Calif. 90245					
✔☐★ E-Z Swinger	IC/P,LM	Composite shaft in three flexes.		630	400(L) 460(P)
☐★ Matzie Custom	P,LM	Dual swingweight system.	ST,G		220(L) 280(P)
☐ Matzie Custom Signature	IC	Progressive profile.	ST,G	405	
MIZUNO, 5805-B Peachtree Corners E., Norcross, Ga. 30092					
MS-7,MS-5	F/P	Classic design.	ST,G	585	400
☐ Black Turbo II	G/G	Ceramic and graphite combination in irons/11° or 12° lofted drivers.	G	1,520	1,000
☐ Turbo El	G	11° driver loft.	G	740	
MST	IC	9°, 11° and 13° drivers available.	LS,G		360
☐ Altron	IC/IC	Heel-toe weighting, flat and upright lies available.	LS	540	255(3)
Wings	IC/LM	Heel-toe weighting, low center of gravity/Traditional head shapes.	LS	225	110(3)
NASSAU, 160 E. Hawthorne Ave., Valley Stream, N.Y. 11580					
✔★ Custom Fit	IC/P,LM,IC	Cavity backed with heel-toe weighting and contoured soles. Available in beryllium copper.	ST-G	495 765(BC)	320(L) 360(P)
✔☐ Sightmaster T.A.S.	IC	Target alignment system.	ST-G	630	
☐★ Custom Fit Medallion	IC	Perimeter weighting.	ST-G	595	
Custom Fit II	IC/LM	Thin top-lines.	ST-G	595	360

Legend:

General Features
☐ — Women's model available
★ — Left-handed model available
✔ — New for '87

Shaft Material
ST — Steel
LS — Lightweight steel
G — Graphite

Clubhead Material
F — Forged
IC — Investment cast
LM — Laminated
P — Persimmon
G — Graphite
C — Ceramic

1987 GOLF EQUIPMENT

MODEL	CLUBHEAD MATERIAL	FEATURES	SHAFT MATERIAL	SUGGESTED RETAIL PRICE 9 IRONS	SUGGESTED RETAIL PRICE 4 WOODS
Tour Edition	IC/P,IC	Traditional, beveled leading edges.	ST,LS	595	440(P) 320(IC)
✓ Collectors Classic	IC/P	Muscle-back design/Fiber inserts.	ST,LS	595	480
Sightmaster	IC	Heel-toe weighting.	ST-G	540	
NICC Hollow	IC/IC	Slightly offset/Adjustable weighting.	ST-G	595	320
Weighted Design	IC	Cavity backed.	ST-G	450	
☐ Lite Weight System	IC	Reduced overall weight.	LS	450	

NATIONAL, 88 Post Rd. W., Westport, Conn. 06880

MODEL	CLUBHEAD MATERIAL	FEATURES	SHAFT MATERIAL	9 IRONS	4 WOODS
Guidestar	IC/P,IC	Matched in total swingweight, center of percussion.	ST	325	265(P) 245(M)

NORTHWESTERN, 4701 N. Ravenswood Ave., Chicago, Ill. 60640

MODEL	CLUBHEAD MATERIAL	FEATURES	SHAFT MATERIAL	9 IRONS	4 WOODS
✓ Tom Weiskopf 360CS	IC/IC	Deep cavity backs/Perimeter weighted.	ST	268(8)	186(3)
Blue Ash Woods		Traditional lines, graphite inserts.	ST		480
TW276 and 865	F/G	Forged stainless with satin finish or carbon steel with mirror finish/Injection molded.	ST,G	990(8)	459(3)
✓☐ Tom Weiskopf Status II	IC/G	Heel-toe weighted/Composite heads with traditional insert.	ST	210(8)	90(3)
✓☐ Tom Weiskopf Tour Master	F/IC	Classic lines/Perimeter weighted.	ST	196	120
✓☐ Jim Thorpe Pro Master	IC/G	Radiused soles.	ST	228 (8 irons, 3 woods)	
Roberto De Vicenzo 241 Tour Model	P	Oil hardened.	ST		154
965	IC/P	Classic design/Oil hardened.	ST	440(8)	419(3)
Thunderbird II	IC/IC	Offset.	ST	440(8)	238(3)
Weiskopf Dyna-Tour	IC/IC	Hollow core/Black finish.	ST	448(8)	216(3)
Gold Signature by Hubert Green	IC/LM	Low center of gravity/Contoured soles.	ST	328(8)	123(3)
✓☐ Hubert Green Tour II	IC/IC	Hollow cores/Perimeter weighting.	ST	292(8)	120(3)
☐★ Tom Weiskopf Pro Classic	IC/IC	Perimeter weighting.	ST	229(8)	120(3)
☐ J.C. Snead Turfmaster	IC/LM	Radiused soles.	ST	208(8)	112(3)
☐ J.C. Snead	IC/IC	Radiused soles/Cycolac insert.	ST	137 (8-piece set)	
Touring Pro Jr.				101 (6-piece set)	

OFER, 2559 Blake Ave., Canton, Ohio 44718

MODEL	CLUBHEAD MATERIAL	FEATURES	SHAFT MATERIAL	9 IRONS	4 WOODS
Swing Fit	IC	Hollow cores.	ST-G	320	

1987 GOLF EQUIPMENT

MODEL	CLUBHEAD MATERIAL	FEATURES	SHAFT MATERIAL	SUGGESTED RETAIL PRICE 9 IRONS	SUGGESTED RETAIL PRICE 4 WOODS
☐★ "3 in 1" Woods	LM	Extra length and loft.	ST-G		256
☐★ 551W	LM,P	Classic lines.	ST-G		320
ORIZABA, 5839 Mission Gorge Rd., San Diego, Calif. 92120					
★ Power Pod		Expanded sweet spot and rounded soles/12° loft on driver.	ST-G	450	300 (3 woods)
✓ Pro and Tour Pod		8° or 10° loft; less hook on driver.	ST-G		300(3)
✓ Ball-Buster		45° angle balance.	ST-G		300(3)
PAL JOEY, 99 S. Pine St., Newark, Ohio 43055					
✓ P602 Tour Model	P	Oil hardened, keyhole inserts.	ST-G		280
✓★ P610 Tour Model II	LM	Cycolac inserts.	ST-G		240
✓ P551 Copperhead		Cavity backs in beryllium copper.	ST-G	450	
✓★ P4018 Tour Model II	IC	Low centers of gravity.	ST-G	360	
✓☐ P4019 Theorem	IC	Visually angled to aid takeaway.	ST,LS	315	
✓ PSC-1 Scotch Classic	F	Traditional lines.	ST,LS	315	
✓ P-3024 TSJ-86	IC	Hand ground.	ST,LS	315	
★ P601 Tour Model	P	Oil hardened, two-color inset.	ST-G		300
P800, P801 Tour Model	G	Brass backweights.	ST-G		300
★ P101 Tour Model	IC	Gray finish, perimeter weighted.	ST-G		240
☐★ P455 Flag System	IC	Color flag system for lies.	ST,LS	315	
PALM SPRINGS, P.O. Box 2102, Palm Springs, Calif. 92263					
✓☐★ Diamond	IC/IC	Cavity-back design/Offset.	LS	432	300
✓☐ Tour Classic II	IC	Perimeter weighting, cavity backs.	ST	405	
✓☐★ Desert Classic	IC	Heel-toe weighted.	ST	405	
✓☐★ Palm Springs Metal	IC	Pear-shaped heads.	ST		300
✓☐★ "Power Eye" Alloy	IC	Adjustable weighting.	ST		360
✓☐★ Palm Springs Laminated	LM	Firing pin inserts.	ST		260
☐ GFS 1000	IC	11-piece continuous-flow set.	LS	600	
Forged	F	Traditional muscle-back design.	ST	540	

Legend:

General Features
☐ — Women's model available
★ — Left-handed model available
✓ — New for '87

Shaft Material
ST — Steel
LS — Lightweight steel
G — Graphite

Clubhead Material
F — Forged
IC — Investment cast
LM — Laminated
P — Persimmon
G — Graphite
C — Ceramic

1987 GOLF EQUIPMENT

MODEL	CLUBHEAD MATERIAL	FEATURES	SHAFT MATERIAL	SUGGESTED RETAIL PRICE 9 IRONS	4 WOODS
Gravity Balance	IC	Cavity backed.	ST	432	
★ Palm Springs	P	Pear-shaped blocks.	ST		360
PEDERSEN, 312 Howard Ave., Bridgeport, Conn. 06605					
☐ 86 Classic Wood	P,LM	Pear-shaped blocks.	ST-G		640
☐★ Forged Stainless or Carbon Steel	F	Traditional lines.	ST-G	810	
☐ Cast 100 Stainless	IC	Elongated blade.	ST-G	810	
DAVE PELZ, 17 Windmill Cir., Abilene, Tex. 79605					
★ Pelz Green	IC/P,LM,IC	Custom fit, U-grooves. Swingweight: C-8.	ST	900	600
★ Pelz Platinum	IC/P,LM,IC	Custom fit for seniors. Swingweight: C-0.	ST	900	600
★ Pelz Classics	F/P,LM,IC	Swingweight: D-2.	ST	900	600
★ Featherlite	IC/P,LM,IC	Ultra lightweight.	LS	900	600
PENNA GOLF, 400 Toney Penna Dr., Jupiter, Fla. 33458					
Innovator	F	Traditional lines, satin finish.	ST	478	
✓ TP 85	P	Two-color phenolic insert.	ST		536
✓ TP 80	IC/P	Rye neck/10° driver.	ST	567	600
✓ TP C.P.	IC	Classic lines, perimeter weighted.	ST,G		520
Limited Edition	P	Mahogany finish, graphite insert.	G		1,000
★ Toney Penna Original	F/P	Classic design/Driver loft 11°.	ST	525	432
Toney Penna Steelwoods	IC	Low center of gravity.	ST,G		312
JOE PHILLIPS, 479 Willis Ave., Williston Park, N.Y. 11596					
★ Model 774, 784 Tour	F/P	Hand ground.	ST-G	605	700
Classic Series	P	Pear-shaped blocks with fiber inserts.	ST-G		600
JP100-JP500	IC/P	Perimeter weighted/Different face depths.	ST-G	540	600
★ Model 91	IC/P	Large blades/Oil hardened.	ST-G	540	600
Balfour Classic	P	Limited edition woods.	ST-G		1,000
PINSEEKER, 3502 S. Susan St., Santa Ana, Calif. 92704					
☐ Rebound II	IC/IC	Hollow cores/Perimeter weighting.	ST,G	423	266
☐★ Bombshell	IC/IC	Heel-toe weighting.	ST,G	468	328
☐ Olympian	IC/P	Radiused soles.	ST,G	495	400
JOE POWELL, 3909 Clark Rd., Sarasota, Fla. 33583					
✓ DSP	P	Eye-O-Matic fiber insert, classic head shapes.	ST-G		560
✓ PGI	F	Muscle-back design.	ST-G	540	

1987 GOLF EQUIPMENT

MODEL	CLUBHEAD MATERIAL	FEATURES	SHAFT MATERIAL	SUGGESTED RETAIL PRICE 9 IRONS	SUGGESTED RETAIL PRICE 4 WOODS
★ PT1W	P	Fiber insert, aluminum firing pin.	ST-G		460
★ 693P	P	Pear-shaped heads.	ST-G		460
J-Matic	P	Red/white/red fiber insert.	ST-G		460
271W	P	Driver has 9° loft.	ST-G		460
☐ Glass-Trac	P	Laminate glass insert.	ST-G		460
Original	F	Rolled, contoured soles.	ST-G	540	
Sceptre	F	Longer blade.	ST-G	540	

PRGR, 2341 205th St., Torrance, Calif. 90501

MODEL	CLUBHEAD MATERIAL	FEATURES	SHAFT MATERIAL	9 IRONS	4 WOODS
☐ PRGR	IC/G	Hollow-core irons Nos. 1-7, traditional 8-SW, LH men's irons available/Compression-molded heads.	G	822-1,260	1,000-1,400

PRIMA, 5380 S. Valley View, Las Vegas, Nev. 89118

MODEL	CLUBHEAD MATERIAL	FEATURES	SHAFT MATERIAL	9 IRONS	4 WOODS
✓☐ Prima III	IC/P,IC	Perimeter weighted, beryllium copper available/Oil hardened with three-piece insert.	ST,G	504 810(BC)	440(P) 460(IC)
★ Prima I	IC/P,LM,IC	Heel-toe weighting/Adjustable weighting system.	ST	450	240(L) 360(P) 300(IC)

PRO GROUP, 99 Tremont St., Chattanooga, Tenn. 37405

MODEL	CLUBHEAD MATERIAL	FEATURES	SHAFT MATERIAL	9 IRONS	4 WOODS
☐★ Palmer The Axiom	IC/P,IC	Designed to visually assist in making inside-out swing/Impregnated-persimmon blocks.	LS	600	535(P) 333(IC)
Palmer Original Standard	F/P	Ground to swingweight/Gun-barrel boring.	ST	525	435
★ Palmer Peerless	IC/P	Ground to weight/Densitized persimmon.	ST	585	535
☐ Palmer OS99	IC/G	Wide soles with slight offset.	LS	467(8)	325(3)

RAINBOW, 22500 S. Vermont Ave., Torrance, Calif. 90502

MODEL	CLUBHEAD MATERIAL	FEATURES	SHAFT MATERIAL	9 IRONS	4 WOODS
Classic	IC/P	Neutralizer hosel.	ST	450	400
✓ Classic Radial	IC/P	Classic lines.	G	720	600
RS-100	IC/IC	Rounded toe, low center of gravity.	ST,LS	360	160
☐ Stallion	IC/G	Squarish blade.	ST-G	360	120

RAM, 2020 Indian Boundary Dr., Melrose Park, Ill. 60160

MODEL	CLUBHEAD MATERIAL	FEATURES	SHAFT MATERIAL	9 IRONS	4 WOODS
✓★ Golden Ram Laser X-2	IC/G	Heel-toe weighting, U-shaped grooves/Cambered sole.	LS	540	340
✓ Accucore	IC/IC	Hollow cores/Hi-Tech design.	LS	405	248

Legend:

General Features
☐ — Women's model available
★ — Left-handed model available
✓ — New for '87

Shaft Material
ST — Steel
LS — Lightweight steel
G — Graphite

Clubhead Material
F — Forged
IC — Investment cast
LM — Laminated
P — Persimmon
G — Graphite
C — Ceramic

1987 GOLF EQUIPMENT

MODEL	CLUBHEAD MATERIAL	FEATURES	SHAFT MATERIAL	SUGGESTED RETAIL PRICE 9 IRONS	4 WOODS
★ Golden Ram Tour Grind	F/P	U-shaped grooves/Multicolor inserts.	LS	585	360
Golden Ram Tour Grind Axial	F/P	Three lies offered, U-shaped grooves/Fiber inserts.	ST	585	360
★ Accubar	IC/LM, IC	Perimeter weighting/Traditional.	LS	351	168(L) 220(IC)
Golden Ram Tour Steel Woods	IC	Frequency matched.	LS		340
Golden Ram Custom 800	P	Classic shape with bore-thru sole design.	ST		400

JOHN RILEY, 585 Cannery Row, Monterey, Calif. 93940

MODEL	CLUBHEAD MATERIAL	FEATURES	SHAFT MATERIAL	9 IRONS	4 WOODS
★ Steel Insert	P, LM	Wide insert.	ST-G		360
★ Repeater	IC	Offset with high toe.	ST-G	450	
Matador	IC	Slightly offset with rounder profile.	ST-G	450	

ST. ANDREWS, 4813 Paradise Rd., Las Vegas, Nev. 89109

MODEL	CLUBHEAD MATERIAL	FEATURES	SHAFT MATERIAL	9 IRONS	4 WOODS
★ 500 S.E.	IC/IC	Cavity-back design/Perimeter weighting.	ST	495	320
Site-Line	IC/IC	Sole weighted.	ST	440	300

SEA ISLAND, 100 Retreat Ave., St. Simons Island, Ga. 31522

MODEL	CLUBHEAD MATERIAL	FEATURES	SHAFT MATERIAL	9 IRONS	4 WOODS
★ Model RC85	IC/P	Classic lines.	ST-G	495	500
Model RC29	IC/P	Pear-shaped, shallow-faced driver.	ST-G	495	500
★ Model RC69	F/P	Wider flange/Deep-faced driver.	ST-G	495	500
Special Edition	P	U-grain persimmon blocks with three-piece fiber inserts.	ST		700

SIDEKICK, 4000 N. 7th St., Phoenix, Ariz. 85014

MODEL	CLUBHEAD MATERIAL	FEATURES	SHAFT MATERIAL	9 IRONS	4 WOODS
Supra Overlength	P	Overlength drivers available.	G/S		500
★ Big Bronco	IC/P	Light overall weight, 12.0-12.4 ounces.	G/S	540	400
Sidekick	P	Traditional design.	G/S		400
Supra-Graphite	G	Injection-molded heads.	G/S		400
DA Branded	IC/IC	Toe weighted/7-wood available.	ST	225	160

SIGMA, 2501 W. 237th St., Torrance, Calif. 90505

MODEL	CLUBHEAD MATERIAL	FEATURES	SHAFT MATERIAL	9 IRONS	4 WOODS
Great White	IC/IC	Perimeter weighted and offset/Radiused soles.	ST, G	600	366
★ Tiger Shark	IC/LM	Sole weighted/Driver 41½ inches.	ST, G	570	343
Piranha	IC/IC	Hollow cores/Shallow faced with low center of gravity.	ST, G	570	257(3)

SLOTLINE, 5949 Engineer Dr., Huntington Beach, Calif. 92649

MODEL	CLUBHEAD MATERIAL	FEATURES	SHAFT MATERIAL	9 IRONS	4 WOODS
★ Inertial E-Max	IC/IC, P	Heel-toe weighting, radiused soles/Graphite inserts.	ST	711	600

KENNETH SMITH, 1801 Baltimore, Kansas City, Mo. 64108

MODEL	CLUBHEAD MATERIAL	FEATURES	SHAFT MATERIAL	9 IRONS	4 WOODS
★ Royal Signet	F/P, LM	Flat or cambered soles/Graphite inserts available.	ST-G	810	580

1987 GOLF EQUIPMENT

MODEL	CLUBHEAD MATERIAL	FEATURES	SHAFT MATERIAL	SUGGESTED RETAIL PRICE 9 IRONS	SUGGESTED RETAIL PRICE 4 WOODS
SOUNDER, 107 Research Dr., Milford, Conn. 06460					
✔ Triad	IC/IC	3 Lie System, progressive offset/Rocker soles.	LS	450	240
Tour Limited	F/P	Traditional blades/Pear shaped.	ST	540	368
☐★ Star	IC/IC	Longer heel to toe/Perimeter weighted, slightly offset.	LS	323	208
SPALDING, 425 Meadow St., Chicopee, Mass. 01021					
✔☐★ Executive XE	IC/LM,IC	Continuous flow set with natural progression from woods to irons.	ST	582(10)	216(3)
Tour Edition	F/P,LM	Classic lines with cambered soles/Brass backweights.	ST	521	267(L) 363(P)
☐★ Cannon	IC/LM,IC	Four-point weighting/Traditional.	ST	431	251(LM) 307(IC)
☐★ Executive	IC/LM,IC	Wide soles, low center of gravity/Traditional design.	ST	338	187(LM) 194(IC) (3 woods)
SQUARE TWO, 18 Gloria Ln., Fairfield, N.J. 07006					
✔★ PCX	IC/IC	Cavity-back design/Perimeter weighted.	LS	495	264
★ Sabre II	IC/LM	Offset with cambered soles/Brass backweights and fiber inserts.	ST-G	495	320
Forged	F/P	Classic lines/Aluminum inserts.	ST,LS	540	380
ARTHUR SWANSON, 9501 W. Devon Ave., Rosemont, Ill. 60018					
Mini-Turf	L	Low center of gravity, ball sole.	ST		280
Top-Liner	IC	Square top line for easy alignment.	ST	450	
TAYLOR MADE, 2440 Impala Dr., Carlsbad, Calif. 92008					
✔ Tour Preferred	IC/IC	Hollow-core long irons (1-4), traditional (5-SW) shorter clubs.	ST-G	630	420
☐★ Pittsburgh Persimmon	IC	Tri-dimension weighting with choice of driver lofts: 10°, 11.5° (1-wood) or 12° (Original One).	ST-G		368
Tour Cleek	IC	Power-runners on sole.	ST-G		368
☐ Iron Cleek	IC	Hollow cores throughout.	ST,LS	570	
STAN THOMPSON, 2707 S. Fairfax Ave., Culver City, Calif. 90230					
☐ Ginty	IC/LM,IC	Cavity-backed design/V-shaped soles.	LS	437	260(L) 300(IC)
☐ RC-20X	IC/LM	Cavity back/Traditional head shapes.	LS	437	260
☐★ Pro-Motion	IC/LM	Adjustable swingweight/Classic lines.	LS	437	260

Legend:

General Features
☐ — Women's model available
★ — Left-handed model available
✔ — New for '87

Shaft Material
ST — Steel
LS — Lightweight steel
G — Graphite

Clubhead Material
F — Forged
IC — Investment cast
LM — Laminated
P — Persimmon
G — Graphite
C — Ceramic

1987 GOLF EQUIPMENT

MODEL	CLUBHEAD MATERIAL	FEATURES	SHAFT MATERIAL	SUGGESTED RETAIL PRICE 9 IRONS	4 WOODS
TITLEIST, P.O. Box B965, New Bedford, Mass. 02741					
✔ Titleist DTR	IC/G, IC	Cavity-back design, U-groove/Perimeter weighting.	ST	540	210(IC) 260(G) (3 woods)
✔ Titleist Tour Model	F/P	Box blade design available/Pear-shaped blocks with walnut finish.	ST	570	400
☐ Pinnacle	IC/IC	Barbell weighting/Perimeter weighting.	ST	390	200(3)
Titleist Prescription	IC/IC	Continuous flow (7-piece) set with clubs identified by distance.	ST	400	
BOB TOSKI, 160 Essex St., Newark, Ohio 43055					
☐ Toski Swingprint	IC/IC	Perimeter weighting, customized for lie angle.	LS	261	220
☐ Toski Target Beryllium Copper	IC	Cavity-back design with offset, custom fit.	LS, G	675	
☐★ Toski Target	C, F/P	Slight offset, muscle-back design/Wide steel insert. Lightweight set available.	ST-G	630	500
☐ Toski Penetrator Plus	P	Stabilizer bar soleplate.	ST-G		500
☐★ Toski Perfect Match	C, F/P	Forged: Radial back design; Cast: Low center of gravity/Phenolic inserts. Lightweight set available.	ST-G	405	300
TRIUMPH GOLF, 7617 Narcoossee Rd., Orlando, Fla. 32812					
✔☐★ The Masters IV	IC/IC	Customized lie angles.	LS	495	320
☐★ The Masters I & II	IC/P	Cavity-back design/Cycolac insert.	LS	450	320
☐★ Triumph TC Pro	IC/P	Cavity backs/Adjustable weight.	LS	450	320
☐★ Tempo SS1000	IC/IC	Offset, heel-toe weighting.	ST	320(8)	150(3)
☐★ Triumph Radius	IC/IC	Low C of G/Radiused soles.	LS	495	320
☐★ Pro Masters	IC/IC	Offset.	ST	320(8)	150(3)
☐★ Masters Special Edition	IC/P	Avail. in Nos. 1½, 2½, 3½, 4½.	LS	495	400
☐★ Terrain Master	IC/P	Contoured soles/Oil hardened.	ST	400(8)	400
UNIQUE, P.O. Box 2102, Palm Springs, Calif. 92263					
✔☐★ Unique Gold	IC	Custom fit for lie angle, cavity-back design.	ST	432	
✔ Unique Gold Alloy	IC	Adjustable weighting.	ST		360
Unique Standard	IC	Custom-engraved back plate on irons.	LS	495	
WILSON, 2233 West St., River Grove, Ill. 60171					
✔☐★ 1200 Gear Effect	IC/LM, IC	Cavity-back design with custom-fit variables/System 45 facing.	LS	477	240(LM) 190(IC) (3 woods)
★ Staff	F/P, LM, IC	Drill-through hosels/Pear-shaped blocks with two-color insert.	ST	570	333(LM) 373(P) 288(IC)

1987 GOLF EQUIPMENT

	MODEL	CLUBHEAD MATERIAL	FEATURES	SHAFT MATERIAL	SUGGESTED RETAIL PRICE 9 IRONS	SUGGESTED RETAIL PRICE 4 WOODS
	'71 Dyna-Power Limited Edition	F/LM	Remakes of classic '71 Staff irons with case. Woods on special order only.	ST	750	400
☐★	X-31	IC/LM, IC	Perimeter weighted, offset/Cycolac inserts.	LS	304(8)	150(3)
	Turfrider	IC	Hollow-core design.	LS	540	
	1200 Jr.	IC	4 irons, 2 woods, putter and bag.	LS		150
	Dynapower II	IC, F/LM	Wide, radiused soles/System 45 facing.	ST	540	307
	1200LT	IC/LM	Perimeter weighted.	LS	280(8)	120(3)
★	Sam Snead Blue Ridge	IC/LM	Cavity-back design.	ST	167(8)	92(3)

YAMAHA, P.O. Box 6600, Buena Park, Calif. 90622

	MODEL	CLUBHEAD MATERIAL	FEATURES	SHAFT MATERIAL	9 IRONS	4 WOODS
✔☐	Accuracy X-200, 300	C-G	Combination ceramic-graphite heads with balloon weighting.	ST, G		400
	Spada X-400	G	Backweight system.	ST, G		400
	Metrix	IC	Perimeter weighted.	ST, G		165(3)
	Y-45	P	Three-color carbon insert.	ST		400
	AR-X	P	Graphite insert.	LS, G		200
✔☐	Secret	IC-G	Three-piece construction with compression-molded carbon core.	G	750	
	SX-25	F	Traditional, compact blade.	ST	495	
	ST-30 Gold	F	Aluminum-bronze alloy.	ST	375	
	EX-22	IC	Hollow core (3-7) irons; conventional (8-SW).	ST, G	253(8)	
☐	XAM-10 Metric	IC	Box-shaped grooves.	G	468	
	AR-1	IC	Low center of gravity.	ST	165(8)	

YONEX, 350 Maple Ave., Torrance, Calif. 90503

	MODEL	CLUBHEAD MATERIAL	FEATURES	SHAFT MATERIAL	9 IRONS	4 WOODS
✔	Boroniron/ Boronwood		Compression-molded, boron-graphite heads.		1,890	1,400
	Carbonex II	G	Compression-molded, graphite heads.	ST, G		900
	Carbonex 22	G	Compression-molded heads.	ST, G		700
	Carboniron	G	Compression-molded graphite heads with lower center of gravity.	ST, G	1,053	
	Tournament SP	F	Contoured soles.	ST	675	

Legend:

General Features
☐ — Women's model available
★ — Left-handed model available
✔ — New for '87

Shaft Material
ST — Steel
LS — Lightweight steel
G — Graphite

Clubhead Material
F — Forged
IC — Investment cast
LM — Laminated
P — Persimmon
G — Graphite
C — Ceramic

1987 GOLF EQUIPMENT

WOMEN'S CLUBS FOR 1987

MODEL	CLUBHEAD MATERIAL	FEATURES	SHAFT MATERIAL	9 IRONS	SUGGESTED RETAIL PRICE 4 WOODS
ALLIED, 4538 W. Fullerton Ave., Chicago, Ill. 60639					
Regal Lady	IC/IC	Cavity-back design/Offset with radiused soles.	LS	360	200
TOMMY ARMOUR, 8350 N. Lehigh Ave., Morton Grove, Ill. 60053					
Butterfly	IC/LM,IC	Lower centers of gravity.	LS	495	280(L) 348(IC)
✔ Concept 2	IC/LM	Sole weighted.	ST	315	234
JERRY BARBER, 707 S. Main St., Burbank, Calif. 91506					
✔★ Lucky Lady	IC/IC	Heel-toe weighting/Traditional.	ST-G	350	250
BROWNING, Route 1, Morgan, Utah 84050					
TLC	IC/LM,IC	Perimeter weighted/Cambered soles.	ST	288	192
COBRA, 4645 North Ave., Oceanside, Calif. 92056					
Cobra Steel Classics	IC	Modified soleplates on fairway woods.	ST,G		335
Lady Cobra	IC/IC	Perimeter weighted with graduated offset/Traditional lines.	ST,G	540	335
Baffler	IC	Perimeter weighting.	ST,G	540	
COUGAR, 2803 S. Yale, Santa Ana, Calif. 92704					
Lady Cougar	IC/IC	Increased lofts and flatter lies.	LS	280 (8 irons)	180 (3 woods)
DAIWA, 7421 Chapman Ave., Garden Grove, Calif. 92641					
Unipower	IC/IC	Heel-toe balance.	ST	304	169
DUNLOP, 131 Falls St., Greenville, S.C. 29601					
Jan Stephenson	IC/IC	Cavity-back design/Painted gray.	ST	240 (8 irons)	156 (3 woods)
FOXBAT, 15105 Surveyor Blvd., Dallas, Tex. 75244					
Fox Model	IC/P	Radiused soles/2° more loft.	LS	450	340
H&B/POWERBILT, P.O. Box 35700, Louisville, Ky. 40232					
Countess	IC/LM	Punch dot alignment/Blue finish with cycolac insert.	LS	495	260
BEN HOGAN, 2912 W. Pafford St., Fort Worth, Tex. 76110					
Princess	F/LM	Low center of gravity/Shallow heads.	ST	294 (8 irons)	232
Radial	F/LM	Progressive offset and sole width/Compact blocks.	LS	585	380

Legend:

General Features
- ☐ — Women's model available
- ★ — Left-handed model available
- ✔ — New for '87

Shaft Material
- ST — Steel
- LS — Lightweight steel
- G — Graphite

Clubhead Material
- F — Forged
- IC — Investment cast
- LM — Laminated
- P — Persimmon
- G — Graphite
- C — Ceramic

1987 GOLF EQUIPMENT

MODEL	CLUBHEAD MATERIAL	FEATURES	SHAFT MATERIAL	SUGGESTED RETAIL PRICE 9 IRONS	4 WOODS
LOUISVILLE, 2601 Grassland Dr., Louisville, Ky. 40299					
Personal Model	F/LM, IC	Muscle back/Laminate has bone cycolac insert.	LS	360	260(LM) 240(IC)
LYNX, 16017 E. Valley Blvd., City of Industry, Calif. 91749					
Parallax	IC/IC	Perimeter weighted, beryllium copper available/Adjustable swingweight.	ST,G	540 900(BC)	320
Tigress SP	IC/IC	Rocker soles/Perimeter weighted.	LS	333	220
Elegance	IC/IC	Traditional lines/Perimeter weighted, offset.	LS	378	240
Nouvelle	IC	Perimeter weighted and offset.	LS		288
MacGREGOR, 1601 S. Slappey Blvd., Albany, Ga. 31707					
✔ Lady Finesse	IC/LM, IC	Heel-toe weighting/Railed soles on fairway woods.	LS	325	230
✔ Lady MacGregor	IC/IC	Cambered soles/Rails on fairway woods.	LS	175	120
Lady Tourney	IC/IC	Heel-toe weighting.	LS	290	225
MIZUNO, 5805-B Peachtree Corners E., Norcross, Ga. 30092					
Quad	IC/IC	Hollow cores/Perimeter weighted.	LS	405	195 (3 woods)
Silver Cup	F/LM	Mild steel/Red russet finish.	LS	180	90 (3 woods)
NORTHWESTERN, 4701 N. Ravenswood Ave., Chicago, Ill. 60640					
Sandra Palmer Status II	IC/G	Heel-toe weighted/Composite heads with traditional insert.	ST,LS	210 (8 irons)	90 (3 woods)
Sandra Palmer Tour II	IC/IC	Hollow cores/Perimeter weighting.	ST,LS	292 (8 irons)	120 (3 woods)
Judy Rankin Pro Classic	IC/IC	Perimeter weighting.	ST,LS	229 (8 irons)	120 (3 woods)
Judy Rankin Tour Master	F/IC	Classic lines/Perimeter weighted.	ST,LS	196 (8 irons)	120 (3 woods)
Judy Rankin Pro Master	IC/G	Radiused soles/Composite heads.	ST,LS	228	(8 irons, 3 woods)
Marlene Hagge Turfmaster	IC/LM	Radiused soles.	ST,LS	208 (8 irons)	112 (3 woods)
Sandra Palmer Touring Pro Jr.	IC/IC	Radiused contour soles/ Cycolac insert.	ST,LS	101 (6-piece set)	
PAL JOEY, 99 S. Pine St., Newark, Ohio 43055					
Tour Lady	IC/IC	Cavity backs/Compact heads.	ST,LS	240	200
PALM SPRINGS, P.O. Box 2102, Palm Springs, Calif. 92263					
Desert Princess	IC	Sole-weighted, cavity-back design.	LS	405	
PEDERSEN, 312 Howard Ave., Bridgeport, Conn. 06605					
★ XL-46 Wood	P,LM	Generous face progression.	ST-G		640
★ Butchart Wood	P,LM	Shallow-face design.	ST-G		b40

1987 GOLF EQUIPMENT

MODEL	CLUBHEAD MATERIAL	FEATURES	SHAFT MATERIAL	SUGGESTED RETAIL PRICE 9 IRONS	4 WOODS
XL-7 Stainless	IC	Low center of gravity.	ST-G	810	
17-4 Stainless	IC	Large blade, progressive offset.	ST-G	810	
DAVE PELZ, 17 Windmill Cir., Abilene, Tex. 79605					
Ladies Blue	IC/P, IC	Swingweight: B-5 or C-4.	ST, LS	900	600
PENNA GOLF, 400 Toney Penna Dr., Jupiter, Fla. 33458					
Lady Omega	IC/IC	Heel-toe weighting.	ST	175	110 (3 woods)
JOE PHILLIPS, 479 Willis Ave., Williston Park, N.Y. 11596					
★ Noblique	IC/P	Perimeter weighting/Semi-pear-shaped heads w/phenolic inserts.	ST-G	540	600
Ladies Limited	F/P	Custom grinds/Classic lines.	ST-G	605	700
PRIMA, 5380 S. Valley View, Las Vegas, Nev. 89118					
Prima Sweetheart	IC/IC	Low-center weighting/Woods have 3° radiused sole.	LS	337	300
RAM, 2020 Indian Boundary Dr., Melrose Park, Ill. 60160					
✓ Lady Laser	IC/IC	Heel-toe weighting/Aerodynamic design, large driver head.	LS	351	248
Patty Sheehan Tour Grind	F/IC	Compact forgings/Perimeter weighted.	LS	585	280
★ Golden Girl	IC/LM	Perimeter weighting/Traditional.	LS	243	148
SEA ISLAND, 100 Retreat Ave., St. Simons Island, Ga. 31522					
Louise Suggs Signature	IC/P	Brass backweights.	ST-G	495	500
SQUARE TWO, 18 Gloria Ln., Fairfield, N.J. 07006					
✓★ LPGA PCX	IC/IC	Cavity-back design/Offset.	LS	450	264
★ LPGA II	IC/LM	Offset with cambered soles/Brass backweights.	ST-G	450	304
★ LPGA II Petite	IC/LM	For women 5'3" and under.	ST-G	450	304
TITLEIST, P.O. Box B965, New Bedford, Mass. 02741					
Titlette	IC/LM	Cavity-back design/Cherry finish, cycolac inserts.	ST	210 (7 irons)	120 (3 woods)
WILSON, 2233 West St., River Grove, Ill. 60171					
Tiara	IC/IC	Wide soles/Perimeter weighted.	LS	243 (8 irons)	153
Patty Berg Cup Defender	IC/LM	Perimeter weighted, offset.	LS	259 (3 woods, 8 irons) 166 (2 woods, 5 irons)	
1200 Gear Effect	IC/LM, IC	Cavity-back design with customized fit variables.	LS	477	240(LM) 190(C) (3 woods)
YAMAHA, P.O. Box 6600, Buena Park, Calif. 90622					
Image	IC	Ceramic-sprayed clubfaces.	ST	265 (7 irons)	
YONEX, 350 Maple Ave., Torrance, Calif. 90503					
Carbonex FL	G	Lighter weight for women.	G	1,278	800

CHAPTER 16

GOLF COURSES

America's 100 Greatest Golf Courses	480
Best Golf Courses in Each State	484
America's 75 Best Public Courses	487
United Kingdom's 50 Greatest Golf Courses	489
Continental Europe's 25 Greatest Golf Courses	491
Directory of Courses	492
Northeast	493
Southeast	497
West	509
Midwest	518
Canada	522
Mexico	523
Europe	523
Bermuda and Caribbean	526
Other Foreign	526

BEST GOLF COURSES

America's 100 Greatest Golf Courses

Golf Digest's 11th biennial listing of America's 100 Greatest Courses, made in 1985, is the product of an evaluation system developed from nearly two decades of experience. National and state panels consisting of 244 selectors were guided by this credo:

"A great course should test the skills of a scratch player from the championship tees, challenging him to play all types of shots. It should reward well-placed shots and call on the golfer to blend power and finesse. Each hole should be memorable. There should be a feeling of enticement and a sense of satisfaction in playing the course. The design should offer a balance in both length and configuration, and the course should be properly maintained."

To determine their selections, the panelists were asked to judge courses from one (poor) to 10 (outstanding) in each of seven criteria:

POINTS SCORING SYSTEM

1 to 2 Poor (Below standard)
3 to 4 Acceptable (Reasonable)
5 to 6 Good (Conforms to "100 Greatest norm)
7 to 8 Excellent (Above average)
9 to 10 Outstanding (Distinguished)

CRITERIA

1. Shot values.
How fairly does your course reward power, finesse, accuracy?

2. Resistance to scoring.
How difficult is your course for the scratch golfer?

3. Design balance.
How well do the holes vary in length and configuration?

4. Memorability.
How well do you remember each of the holes after you play the course?

5. Esthetics.
How would you rate your course on the beauty, enticement, and satisfaction derived?

6. Conditioning.
Is your course consistently maintained during the competitive season?

7. Tradition.
What impact has the course had on the history and lore of the game?

Thus for the first time courses are listed in explicit order, from one to 100, according to points awarded. The top course turned out to be the Pine Valley Golf Club, Clementon, N.J., given 64.04 points of a maximum of 75. Pine Valley has been in the Top 10 ever since the 100 Greatest was conceived in 1966.

Eight others retained their positions. The lone Top 10 newcomer was Muirfield Village Golf Club, Dublin, Ohio, designed by Jack Nicklaus. Opened in 1974, it is the only course built since World War II to make the Top 10. Pinehurst's No. 2 fell from the leading to the Third 10. The largest jump was made by the Long Cove Club, Hilton Head, S.C., a Pete Dye design that moved from the second 50 to the Second 10.

The entire listing of the 100 Greatest follows this page, along with the top courses in each state, also selected by the panelists using the same evaluation system, and 1984's ranking of America's Top 75 Public Courses (next revision due in 1988).

Honored Courses

In addition to selecting the nation's "100 Greatest Courses" and "75 Best Public Courses" biennially, GOLF DIGEST also annually recognizes the best new public, resort and private courses. All of these selections are made by a national panel consisting of leading golf officials, administrators and players.

Past Selections:

1983
Public: Sentry World Golf Course,
   Stevens Point, Wis.
Resort: Oyster Bay Golf Club,
   North Myrtle Beach, S.C.
(No private course selected)

1984
Public: Pole Creek Golf Club, Winter Park, Colo.
Resort: Eagle Ridge Golf Club and Resort,
   Galena, Ill.; Grand Cypress Golf Course,
   Orlando, Fla. (tie)
Private: The Honors Course, Ooltewah, Tenn.

1985
Public: The Captains Course, Brewster, Mass.
Resort: Stonehenge Golf Club, Fairfield, Tenn.
Private: Loxahatchee Club, Jupiter, Fla.

1986
Public: Pine Meadow Golf Club, Mundelein, Ill.
Resort: Applerock Course at Horseshoe Bay Country
   Club, Horseshoe Bay, Texas
Private: Troon Golf and Country Club, Scottsdale,
   Arizona

BEST GOLF COURSES

AMERICA'S 100 GREATEST GOLF COURSES — 1985
As ranked by Golf Digest

FIRST TEN

COURSE LOCATION ARCHITECT	YARDS/PAR YEAR
Pine Valley G.C. Clementon, N.J. George Crump/H.S. Colt	6,765/70 1922
Augusta National G.C. Augusta, Ga. Alister Mackenzie	7,040/72 1932
Cypress Point Club Pebble Beach, Calif. Alister Mackenzie	6,506/72 1928
Pebble Beach G. Links Pebble Beach, Calif. J. Nevelle/D. Grant	6,799/72 1919
Winged Foot G.C. (West) Mamaroneck, N.Y. A.W. Tillinghast	6,956/72 1923
Muirfield Village G.C. Dublin, Ohio J. Nicklaus/D. Muirhead	7,116/72 1974
Oakmont C.C. Oakmont, Pa. Henry Fownes/W. Fownes	6,938/72 1903
Seminole G.C. North Palm Beach, Fla. Donald Ross	6,898/72 1929
Merion G.C. (East) Ardmore, Pa. Hugh Wilson/William Flynn	6,498/72 1912
Olympic Club (Lake) San Francisco, Calif. W. Reid/S. Whiting	6,808/71 1917

SECOND TEN

COURSE LOCATION ARCHITECT	YARDS/PAR YEAR
Southern Hills C.C. Tulsa, Okla. Perry Maxwell	7,037/71 1935
Shinnecock Hills G.C. Southampton, N.Y. William Flynn	6,697/70 1931
Oakland Hills C.C. (South) Birmingham, Mich. Donald Ross	7,088/72 1917
Shoal Creek Shoal Creek, Ala. Jack Nicklaus	7,029/72 1977
Baltusrol G.C. (Lower) Springfield, N.J. A.W. Tillinghast/R.T. Jones	7,076/72 1922
Oak Tree G.C. Edmond, Okla. Pete Dye	7,015/71 1976
Oak Hill C.C. (East) Rochester, N.Y. D. Ross/T. Fazio	6,694/71 1926
Riviera C.C. Pacific Palisades, Calif. George Thomas	7,016/72 1926/1978
Long Cove Club Hilton Head Island, S.C. Pete Dye	6,760/71 1981
Los Angeles C.C. (North) Los Angeles, Calif. George Thomas	6,813/71 1921

THIRD TEN

COURSE LOCATION ARCHITECT	YARDS/PAR YEAR
San Francisco G.C. San Francisco, Calif. A.W. Tillinghast	6,623/71 1915
Colonial C.C. Fort Worth, Tex. J. Bredemus/P. Maxwell	7,142/70 1936/1940
Quaker Ridge G.C. Scarsdale, N.Y. A.W. Tillinghast	6,745/70 1926
Pinehurst C.C. (No. 2) Pinehurst, N.C. Donald Ross	7,051/72 1935
Tournament Players C. Sawgrass, Ponte Vedra Beach, Fla. P. Dye	6,857/72 1980
Medinah C.C. (No. 3) Medinah, Ill. T. Bendelow/H. Collis	7,102/71 1928/1932
Butler National G.C. Oak Brook, Ill. George Fazio/Tom Fazio	7,302/72 1974
Eugene C.C. Eugene, Ore. Robert Trent Jones	6,847/72 1967
Harbour Town G. Links Hilton Head Island, S.C. Pete Dye	6,850/71 1969
Scioto C.C. Columbus, Ohio D. Ross/D. Wilson	6,917/72 1916/1963

BEST GOLF COURSES

FOURTH TEN

COURSE LOCATION ARCHITECT	YARDS/PAR YEAR
Cherry Hills C.C. Englewood, Colo. W. Flynn/E. Seay	7,154/72 1923/1977
Wild Dunes B. & R.C. Isle of Palms, S.C. Tom Fazio	6,715/72 1980
Prairie Dunes C.C. Hutchinson, Kan. Perry Maxwell/Press Maxwell	6,522/70 1937/1957
Plainfield C.C. Plainfield, N.J. Donald Ross	6,859/72 1920
Kemper Lakes Hawthorne Woods, Ill. K. Killian/D. Nugent	7,092/72 1979
The Golf Club New Albany, Ohio Pete Dye	7,237/72 1967
Peachtree G.C. Atlanta, Ga. Robert Trent Jones	7,045/72 1948
Olympia Fields C.C. (N.) Olympia Fields, Ill. Willie Park Jr.	6,867/70 1922
Spyglass Hill G.C. Pebble Beach, Calif. Robert Trent Jones	6,810/72 1966
Chicago G.C. Wheaton, Ill. Seth Raynor	6,553/70 1923

FIFTH TEN

COURSE LOCATION ARCHITECT	YARDS/PAR YEAR
Saucon Valley C.C. (Grace) Bethlehem, Pa. William Gordon/David Gordon	7,044/72 1957
Jupiter Hills Club (Hills) Jupiter, Fla. George Fazio/Tom Fazio	7,249/72 1970
Winged Foot G.C. (East) Mamaroneck, N.Y. A.W. Tillinghast	6,664/72 1923
Concord G.C. Kiamesha Lake, N.Y. Joe Finger	7,205/72 1963
Interlachen C.C. Edina, Minn. Willie Watson/D. Ross	6,733/73 1911/1919
The Country Club (Open) Brookline, Mass. W. Campbell/W. Flynn	6,896/71 1895
Bellerive C.C. Creve Coeur, Mo. Robert Trent Jones	7,350/71 1959
Laurel Valley G.C. Ligonier, Pa. Dick Wilson	7,045/71 1960
Garden City G.C. Garden City, N.Y. D. Emmet/W. Travis	6,746/73 1899
Congressional C.C. Bethesda, Md. Robert Trent Jones	7,173/72 1961

SIXTH TEN

COURSE LOCATION ARCHITECT	YARDS/PAR YEAR
Firestone C.C. (South) Akron, Ohio Robert Trent Jones	7,173/70 1959
Canterbury G.C. Cleveland, Ohio Herbert Strong	6,852/71 1922
Maidstone G.C. East Hampton, N.Y. Willie Park/John Park	6,325/72 1899
Point O'Woods G.&C.C. Benton Harbour, Mich. Robert Trent Jones	6,884/71 1958
Inverness Club Toledo, Ohio Donald Ross/T. Fazio	6,982/71 1919/1978
National G. Links Southampton, N.Y. C.B. Macdonald	6,779/73 1911
Bay Hill Club Orlando, Fla. Dick Wilson	7,086/71 1961
Pine Tree G.C. Boynton Beach, Fla. Dick Wilson	7,123/72 1962
Sahalee C.C. (N.&S. Nines) Redmond, Wash. Ted Robinson	7,055/72 1969
Edgewood Tahoe G.C. Stateline, Nev. George Fazio	7,725/72 1968

SEVENTH TEN

COURSE LOCATION ARCHITECT	YARDS/PAR YEAR

Kittansett Club Marion, Mass. Fred Hood	6,545/71 1923
Cascades G.C. (Upper) Hot Springs, Va. William Flynn	6,566/71 1923
C.C. of N. Carolina (Dogwood) Pinehurst, N.C. Ellis Maples/W. Bird	6,973/72 1963
Crooked Stick G.C. Carmel, Ind. Pete Dye	7,086/72 1966
Charlotte C.C. Charlotte, N.C. F. Laxton/D. Ross	6,709/71 1912/1926
Wannamoisett C.C. Rumford, R.I. Donald Ross	6,631/69 1916
La Quinta Htl. G.C. (Mtn.) La Quinta, Calif. Pete Dye	6,834/72 1980
Aronimink G.C. Newtown Square, Pa. Donald Ross	6,974/70 1928
Salem C.C. Peabody, Mass. Donald Ross	6,787/72 1926
Pauma Valley C.C. Pauma Valley, Calif. Robert Trent Jones	7,003/71 1960

EIGHTH TEN

COURSE LOCATION ARCHITECT	YARDS/PAR YEAR
Desret Forest G.C. Carefree, Ariz. Red Lawrence	6,881/72 1962
Mayacoo Lakes C.C. W. Palm Beach, Fla. D. Muirfield/J. Nicklaus	6,822/71 1971
Atlanta A.C. (Highlands) Duluth, Ga. R.T. Jones; J. Finger/T. Fazio	6,976/72 1967
Coldstream C.C. Cincinnati, Ohio Dick Wilson	7,494/71 1960
Hazeltine National G.C. Chaska, Minn. Robert Trent Jones	7,134/72 1962
Somerset Hills C.C. Bernardsville, N.J. A.W. Tillinghast	6,524/71 1918
Doral C.C. (Blue) Miami, Fla. Dick Wilson	7,065/72 1962
Bob O'Link G.C. Highland Park, Ill. D. Ross/C.H. Alison	6,713/72 1916/1924
Atlanta C.C. Marietta, Ga. Joe Finger/Willard Byrd	7,018/72 1965
C.C. of Detroit Grosse Pointe Farms, Mich. Colt & Alison/R.T. Jones	6,897/72 1924/1951

NINTH TEN

COURSE LOCATION ARCHITECT	YARDS/PAR YEAR
Wilmington C.C. (South) Greenville, Del. Robert Trent Jones	6,900/71 1960
Meadow Brook Club Westbury, N.Y. Dick Wilson	7,101/72 1955
Old Warson C.C. Ladue, Mo. Robert Trent Jones	7,292/71 1955
La Costa C.C. Carlsbad, Calif. Dick Wilson	7,022/72 1964
Baltimore C.C. (5 Farms) Baltimore, Md. A.W. Tillinghast	6,675/70 1926
North Shore C.C. Glenview, Ill. C.H. Alison	7,024/72 1924
Mauna Kea B. Hotel G.C. Kamuela, Hawaii Robert Trent Jones	7,103/72 1964
Greenville C.C. Greenville, S.C. Robert Trent Jones	6,668/72 1970
Boyne Highlands (Orig.) Harbor Springs, Mich. Robert Trent Jones	7,131/72 1968

TENTH TEN

COURSE LOCATION ARCHITECT	YARDS/PAR YEAR
Sawgrass G.C. Ponte Vedra Beach, Fla. Ed Seay	7,072/72 1974
Princeville Makai G. Cse. Kauai, Hawaii Robert Trent Jones Jr.	6,764/72 1972
Champions G.C. (Cyp. Ck.) Houston, Tex. Ralph Plummer	7,147/71 1959

BEST GOLF COURSES

Cog Hill G.C. (No. 4) Lemont, Ill. Dick Wilson	6,894/72 1964	Maurice McCarthy	
		Lancaster C.C. Lancaster, Pa. W. Flynn/W. Gordon	6,455/70 1920/1953
Innisbrook G.&C.C. Tarpon Springs, Fla. E.L. Packard	7,031/71 1972		
		Goodyear G.&C.C. (Gold) Litchfield Park, Ariz. R.T. Jones	7,220/72 1965
Dunes G.&B.C. Myrtle Beach, S.C. Robert Trent Jones	7,008/72 1949		
		Cedar Ridge C.C. Broken Arrow, Okla. Joe Finger	7,136/71 1969
Hershey C.C. (West) Hershey, Pa.	6,928/73 1930		

BEST GOLF COURSES IN EACH STATE 1985
As evaluated by State Selectors using same criteria as for 100 Greatest

ALABAMA
*1. Shoal Creek
 2. Turtle Point Yacht & C.C., Killen
 3. Saugahatchee C.C., Opelika
 4. Montgomery C.C.
 5. Pine Tree C.C., Birmingham

ALASKA
 1. Elmendorf A.F.B. G.Cse., Anchorage
 2. Fairbanks G. & C.C.

ARIZONA
*1. Desert Forest G.C., Carefree
*2. Goodyear G. & C.C. (Gold) Litchfield Park
 3. Desert Highlands G.C., Scottsdale
 4. Los Caballeros G.C., Wickenburg
 5. Tucson C.C.

ARKANSAS
 1. Pleasant Valley C.C., Little Rock
 2. C.C. of Little Rock
 3. Hardscrabble C.C., Fort Smith
 4. Texarkana C.C.
 5. Rosswood C.C., Pine Bluff

CALIFORNIA
*1. Cypress Point Club, Pebble Beach
*2. Pebble Beach Golf Links
*3. Olympic Club (Lake), San Francisco
*4. Riviera C.C., Pacific Palisades
*5. Los Angeles C.C. (North)
*6. San Francisco G.C.
*7. Spyglass Hill G.C., Pebble Beach

*8. La Quinta Hotel G.C., (Mountain), La Quinta
*9. Pauma Valley C.C.
*10. La Costa C.C., Carlsbad

COLORADO
*1. Cherry Hills C.C., Englewood
 2. Castle Pines G.C., Castle Rock
 3. Broadmoor G.C. (East), Colorado Springs
 4. Denver C.C.
 5. Eisenhower G.C. (Blue), U.S. Air Force Academy

CONNECTICUT
 1. Stanwich Club, Greenwich
 2. Yale Univ. G.Cse., New Haven
 3. Wee Burn C.C., Darien
 4. New Haven C.C.
 5. C.C. of Waterbury

DELAWARE
*1. Wilmington C.C. (South)
 2. Wilmington C.C. (North)
 3. Garrisons Lake G.C., Smyrna
 4. Rehoboth Beach C.C.
 5. Hercules C.C., Wilmington

FLORIDA
*1. Seminole G.C., North Palm Beach
*2. Tournament Players Club at Sawgrass
*3. Jupiter Hills Club (Hills), Jupiter
*4. Bay Hill Club, Orlando
*5. Pine Tree G.C., Boynton Beach
*6. Mayacoo Lakes C.C., West Palm Beach
*7. Doral C.C. (Blue) Miami
*8. JDM C.C. (East), Palm Beach Gardens

*9. Sawgrass G.C., Ponte Vedra Beach$TR
*10. Innisbrook G. & C.C., (Copperhead 1 & 2), Tarpon Springs

GEORGIA
*1. Augusta National G.C.
*2. Peachtree G.C., Atlanta
*3. Atlanta Athletic Club (Highlands), Duluth
*4. Atlanta C.C., Marietta
 5. Sea Island G.C. (Seaside & Plantation), St. Simons Island

HAWAII
*1. Mauna Kea Beach Hotel G.C., Hawaii
*2. Princeville Makai G.Cse. (Ocean & Lake), Kauai
 3. Kapalua G.C. (Village), Maui
 4. Wailea G.C. (Blue), Maui
 5. Waialae C.C., Oahu

IDAHO
 1. Elkhorn G.C., Sun Valley
 2. Crane Creek C.C., Boise
 3. Hillcrest C.C., Boise
 4. Sun Valley G.C.
 5. Idaho Falls C.C.

ILLINOIS
*1. Medinah C.C. (No. 3)
*2. Butler National G.C., Oak Brook
*3. Kemper Lakes, Hawthorn Woods
*4. Olympia Fields C.C. (North)
*5. Chicago G.C., Wheaton
*6. Bob O'Link G.C., Highland Park
*7. North Shore C.C., Glenview

BEST GOLF COURSES

*8. Cog Hill G.C. (No. 4), Lemont
9. Knollwood Club, Lake Forest
10. Skokie C.C., Glencoe

INDIANA
*1. Crooked Stick G.C., Carmel
2. Otter Creek G.Cse., Colump$TC1bus
3. C.C. of Indianapolis
4. G.C. of Indiana, Lebanon
5. South Bend C.C.

IOWA
1. Wakonda Club, Des Moines
2. Des Moines G. & C.C., (Red), West Des Moines
3. Davenport C.C., Pleasant Valley
4. Cedar Rapids C.C.
5. Beaver Hills C.C., Cedar Falls

KANSAS
*1. Prairie Dunes C.C., Hutchinson
2. Wolf Creek G. Links, Olathe
3. Kansas City C.C., Shawnee Mission
4. Milburn G. & C.C., Overland Park
5. Indian Hills C.C., Prairie Village

KENTUCKY
1. Louisville C.C.
2. Idle Hour C.C., Lexington
3. C.C. of Paducah
4. Hurstbourne C.C., Louisville
5. Lexington C.C.

LOUISIANA
1. Beau Chene G. & Racquet C. (Oak), Mandeville
2. Baton Rouge C.C.
3. Bayou DeSiard C.C., Monroe
4. East Ridge C.C., Shreveport
5. Oakbourne C.C., Lafayette

MAINE
1. York G. & Tennis Club
2. Penobscot Valley C.C., Bangor
3. Portland C.C., Falmouth
4. Kebo Valley Club, Bar Harbor
5. Aroostook Valley C.C., Fort Fairfield

MARYLAND
*1. Congressional C.C. (Composite), Bethesda

*2. Baltimore C.C. (Five Farms)
3. Chevy Chase Club
4. Columbia C.C., Chevy Chase
5. Woodmont C.C. (North), Rockville

MASSACHUSETTS
*1. The Country Club (Composite), Brookline
*2. Kittansett Club, Marion
*3. Salem C.C., Peabody
4. Oyster Harbors Club, Osterville
5. C.C. of New Seabury (Blue), Wequoit

MICHIGAN
*1. Oakland Hills C.C., (South), Birmingham
*2. Point O'Woods G. & C.C., Benton Harbor
*3. C.C. of Detroit
*4. Boyne Highlands G.C., (Original), Harbor Springs
5. Crystal Downs C.C., Frankfort
6. Belvedere G.C., Charlevoix
7. Indianwood G. & C.C., Lake Orion
8. Detroit G.C. (North)
9. Warwick Hills G. & C.C., Grand Blanc
10. Travis Pointe C.C., Ann Arbor

MINNESOTA
*1. Interlachen C.C., Edina
*2. Hazeltine National G.C., Chaska
3. Northland C.C., Duluth
4. Somerset C.C., St. Paul
5. Wayzata C.C.

MISSISSIPPI
1. Annandale G.C., Madison
2. Laurel G.C.
3. Deerfield C.C., Madison
4. Hattiesburg C.C.
5. Diamondhead Yacht & C.C. (Pine), Bay t. Louis

MISSOURI
*1. Bellerive C.C., Creve Coeur
*2. Old Warson C.C., Ladue
3. St. Joseph C.C.
4. Westwood C.C., St. Louis
5. St. Louis C.C., Clayton

MONTANA
1. Yellowstone C.C., Billings
2. Meadowlark C.C., Great Falls
3. Laurel G. Cse.

4. Missoula C.C.
5. Riverside C.C., Bozeman

NEBRASKA
1. Happy Hollow Club, Omaha
2. Highland C.C., Omaha
3. C.C. of Lincoln
4. Omaha C.C.
5. Hillcrest C.C., Lincoln

NEVADA
*1. Edgewood Tahoe G.C., Stateline
2. Wildcreek G.C., Sparks
3. Desert Inn C.C., Las Vegas
4. Incline Village G.C.
5. Las Vegas C.C.

NEW HAMPSHIRE
1. Eastman G.C., Grantham
2. Portsmouth G. & C.C., 1Greenland
3. Manchester C.C.
4. Bretwood G. Cse., Keene
5. Concord C.C.

NEW JERSEY
*1. Pine Valley G.C., Clementon
*2. Baltusrol G.C. (Lower), Springfield
*3. Plainfield C.C.
*4. Somerset Hills C.C., Bernardsville
5. Ridgewood C.C.

NEW MEXICO
1. Inn of the Mountain Gods G.C., Mescalero
2. Univ. of New Mexico G.C. (South), Albuquerque
3. Picacho Hills C.C., Las Cruces
4. Rio Rancho G. & C.C., Albuquerque
5. Cochiti Lake G. Cse.

NEW YORK
*1. Winged Foot G.C. (West), Mamaroneck
*2. Shinnecock Hills G.C., Southampton
*3. Oak Hill C.C. (East), Rochester
*4. Quaker Ridge G.C., Scarsdale
*5. Winged Foot G.C. (East), Mamaroneck
*6. Concord G.C., Kiamesha Lake
*7. Garden City G.C.
*8. Maidstone G.C., East Hampton
*9. National G. Links of America, Southampton$TR
*10. Meadow Brook Club, Westbury

BEST GOLF COURSES

NORTH CAROLINA
*1. Pinehurst C.C. (No. 2)
*2. C.C. of North Carolina (Dogwood), Pinehurst
*3. Charlotte C.C.
*4. Oyster Bay G. Links, Sunset Beach
5. Grandfather G. & C.C., Linville

NORTH DAKOTA
1. Fargo C.C.
2. Minot C.C.
3. Oxbow C.C., Hickson
4. Edgewood G. Cse., Fargo
5. Grand Forks C.C.

OHIO
*1. Muirfield Village G.C., Dublin
*2. Scioto C.C., Columbus
*3. The Golf Club, New Albany
*4. Firestone C.C. (South), Akron
*5. Canterbury C.C., Cleveland
*6. Inverness Club, Toledo
*7. Coldstream C.C., Cincinnati
8. NCR C.C. (South), Dayton
9. Kirtland C.C., Willoughby
10. Sharon G.C., Sharon Center

OKLAHOMA
*1. Southern Hills C.C., Tulsa
*2. Oak Tree G.C., Edmond
*3. Cedar Ridge C.C., Broken Arrow
4. G.C. of Oklahoma, Broken Arrow
5. Twin Hills G. & C.C., Oklahoma City

OREGON
*1. Eugene C.C.
2. Columbia-Edgewater C.C., Portland
3. Portland G.C.
4. Riverside G. & C.C., Portland
5. Waverley C.C., Portland

PENNSYLVANIA
*1. Oakmont C.C.
*2. Merion G.C. (East), Ardmore
*3. Saucon Valley C.C. (Grace), Bethlehem
*4. Laurel Valley G.C., Ligonier
*5. Aronimink G.C., Newtown Square
*6. Hershey C.C. (West)
*7. Lancaster C.C.
8. Philadelphia Cricket Club
9. Pittsburgh Field Club
10. Moselem Springs G.C., Fleetwood

RHODE ISLAND
*1. Wannamoisett C.C., Rumford
2. Rhode Island C.C., Barrington
3. Newport C.C.
4. Pawtucket C.C.
5. Metacomet C.C., East Providence

SOUTH CAROLINA
*1. Long Cove Club, Hilton Head Island
*2. Harbour Town G. Links, Hilton Head Island
*3. Wild Dunes B. & R.C., Isle of Palms
*4. Greenville C.C. (Chanticleer)
*5. Dunes G. & B.C., Myrtle Beach

SOUTH DAKOTA
1. Meadowbrook G.Cse., Rapid City
2. Minnehaha C.C., Sioux Falls
3. Elmwood C.C., Sioux Falls
4. Westward Ho C.C., Sioux Falls
5. Arrowhead C.C., Rapid City

TENNESSEE
1. Belle Meade C.C., Nashville
2. Memphis C.C.
3. The Honors Cse., Ooltewah
4. Holston Hills C.C., Knoxville
5. Colonial C.C. (South), Memphis

TEXAS
*1. Colonial C.C., Fort Worth
*2. Champions C.C. (Cypress Creek), Houston
3. Crown Colony C.C., Lufkin
4. Hills of Lakeway Club, Austin
5. Brook Hollow C.C., Dallas
6. Waterwood National G.C., Huntsville
7. Lochinvar G.C., Houston
8. Kingwood C.C. (Island)
9. Champions G.C. (Jackrabbit)
10. Horseshoe Bay C.C. (Ram Rock), Marble Falls

UTAH
1. The Country Club, Salt Lake City
2. Jeremy Ranch G.C., Park City
3. Hidden Valley C.C., Salt Lake City
4. Willow Creek C.C., Sandy
5. Riverside C.C., Provo

VERMONT
1. Ekwanok C.C., Manchester
2. Quechee Club (Highland)
3. Stratton Mountain C.C.
4. Burlington C.C.
5. Rutland C.C.

VIRGINIA
*1. Cascades G.C. (Upper), Hot Springs
2. Golden Horseshoe G.C., Williamsburg
3. Farmington C.C., Charlottesville
4. C.C. of Virginia (James River), Richmond
5. Boonsboro C.C., Lynchburg

WASHINGTON
*1. Sahalee C.C. (North & South), Redmond
2. Seattle G.C.
3. Port Ludlow C.C.
4. Royal Oaks C.C., Vancouver
5. Meadow Springs C.C., Richland

WEST VIRGINIA
1. Greenbrier G.C. (Greenbrier), White Sulphur Springs
2. Greenbrier G.C. (Old White), White Sulphur Springs
3. Lakeview Inn & C.C., Morgantown
4. Williams C.C., Weirton
5. Cacapon State Park G.Cse., Berkeley Springs

WISCONSIN
1. SentryWorld G.C., Stevens Point
2. Milwaukee C.C.
3. Merrill Hills C.C., Waukesha
4. Lawsonia Links, Green Lake
5. Maple Bluff C.C., Madison

WYOMING
1. Cheyenne C.C.
2. Jackson Hole G. & Tennis Club
3. Kendrick G.Cse., Sheridan
4. Old Baldy Club, Saratoga
5. Olive Glenn G.Cse., Cody

*Courses listed in America's 100 Greatest.

BEST GOLF COURSES

AMERICA'S 75 BEST PUBLIC COURSES

As ranked by Golf Digest—1984

FIRST 25
(In alphabetical order)

CLUB NAME LOCATION ARCHITECT	YARDAGE/PAR YEAR OPENED GREEN FEES—DAY/WKND.
Bear Creek (East) Dallas, TX Ted Robinson	6,609/72 1980 $15/$20
Bethpage (Black) Farmingdale, NY Albert W. Tillinghast	6,783/71 1935 $7.50/$9
Bunker Hills Coon Rapids, MN David Gill	7,030/72 1968 $10/$11
Brown Deer Park Milwaukee, WI George Hansen	6,783/71 1929 $7.50/$8.50
Cog Hill Lemont, IL Dick Wilson	6,894/72 1964 $24/$24
Eagle Creek Indianapolis, ID Pete Dye	7,100/72 1972 $7/$7
Edgewood Tahoe Stateline, NV George Fazio	7,477/72 1968 $50/$50
Fall Creek Falls Pikeville, TN Joe Lee	6,716/72 1972 $8/$8
Hershey Parkview Hershey, PA Maurice McCarthy	6,146/71 1931 $10/$11.50
Hominy Hill Colts Neck, NJ Robert Trent Jones	7,100/72 1964 $16/$18
Industry Hills (Eisenhower) City of Industry, CA William F. Bell	7,213/72 1979 $17/$22
Indian Canyon Spokane, WA H. Chandler Egan	6,296/72 1934 $7.25/$7.25
Kemper Lakes Hawthorn Woods, IL Ken Killian/Dick Nugent	7,092/72 1979 $35/$35
Lawsonia Links Green Lake, WI William Langford/Theodore Moreau	6,830/72 1930 $13/$14
Oak Hollow High Point, NC Pete Dye	6,429/72 1972 $6/$8
Otter Creek Columbus, ID Robert Trent Jones	7,258 1964 $20/$20
Pasatiempo Santa Cruz, CA Alister MacKenzie	6,528/71 1929 $25/$30
Plumas Lake Marysville, CA Don McKee/Bob Baldock	6,180/71 1926/1962 $10/$12
Sentry World Stevens Point, WI Robert Trent Jones Jr.	6,911/72 1982 $25/$25
Stone Mountain Stone Mountain, GA Robert Trent Jones	6,885/72 1969 $10/$13
Tanglewood (West) Clemmons, NC Robert Trent Jones	7,050/70 1958 $11.50/$11.50
Tokatee Blue River, OR Ted Robinson	6,817/72 1966 $16/$16
Torrey Pines (South) LaJolla, CA William F. Bell	6,649/72 1957 $10/$12
Wailua Kauai, HI Toyo Shirai	7,020/72 1962 $10/$11
West Palm Beach West Palm Beach, FL Dick Wilson	6,789/72 1947 $15/$15

SECOND 25
(In alphabetical order)

CLUB NAME LOCATION ARCHITECT	YARDAGE/PAR YEAR OPENED GREEN FEES—DAY/WKND.
Alvamar Lawrence, KS Bob Dunning	7,209/72 1968 $10/$12.50
Arrowhead Littleton, CO Robert Trent Jones Jr.	6,682/70 1979 $12.50/$17.50

BEST GOLF COURSES

Avalon Lakes	6,909/71
Warren, OH	1968
Pete Dye/William Newcomb	$11/$11
Bear Creek Golf World (Masters)	7,095/72
Houston	1972
Jay Riviere	$20/$20
Blue Ash	6,643/72
Blue Ash, OH	1979
Mike Hurdzan/Jack Kidwell	$8/$9
Cranberry Valley	6,745/72
Harwich, MA	1974
G. Cornish/Bill Robinson	$15/$15
Eastwood	6,848/72
Fort Myers, FL	1977
Bruce Devlin/Robert Von Hagge	$9/$9
Flanders Valley (Blue-White)	6,818/72
Flanders, NJ	1963/1984
Hal Purdy/Rees Jones	$8/$14
Forest Preserve National	7,170
Oak Forest, IL	1982
Ken Killian/Dick Nugent	$11/$12
Hog Neck	7,059/72
Easton, MD	1976
Lindsay Ervin	$10/$10
Howell Park	6,900/72
Farmingdale, NJ	1972
Frank Duane	$14/$16
Hulman Links	7,215/72
Terre Haute, ID	1977
David Gill/Garrett Gill	$8/$10
Lagoon Park	6,773/72
Montgomery, AL	1978
Charles M. Graves	$7.50/$10
Majestic Oaks (Championship)	7,013/72
Anoka, MN	1972
Charles E. Maddox Sr.	$9/$11
Meadowbrook	7,054/72
Rapid City, SD	1977
David Gill/Garrett Gill	$9/$9
Montauk Downs	6,860/72
Montauk, NY	1969
Robert Trent Jones/Rees Jones	$7.50/$9
Papago	7,053/72
Phoenix	1963
William F. Bell	$10/$10
Pecan Valley	7,163/72
San Antonio	1963
Press Maxwell	$10/$15
Perdido Bay	7,154/72
Pensacola, FL	1962
Bill Amick	$14/$16
Pompano Beach (Pines)	6,918/72
Pompano Beach, FL	1967
Robert Von Hagge	$12/$12
Richter Park	6,723/72
Danbury, CT	1971
Edward Ryder	$14/$18
Spook Rock	7,032/72
Ramapo, NY	1970
Frank Duane	$12/$16
The Springs	6,804/72
Spring Green, WI	1974
Robert Trent Jones	$8.75/$10.75
Stow Acres (North)	6,907/72
Stow, MA	1965
Geoffrey Cornish	$12/$14
Wellshire Muncipal	6,800/72
Denver	1926
Donald Ross/Walter Hatch	$9/$9

THIRD 25
(In alphabetical order)

CLUB NAME	YARDAGE/PAR
LOCATION	YEAR OPENED
ARCHITECT	GREEN FEES—DAY/WKND.
Ancil Hoffman	6,700/72
Sacramento, CA	1965
William F. Bell	$6/$7
Arroyo del Oso	6,857/72
Albuquerque	1965
Arthur Jack Snyder	$6.50/$7.25
Bangor Municipal	6,674/70
Bangor, ME	1964
Geoffrey Cornish	$6.50/$7.50
Braemar	6,542/72
Edina, MN	1964
Dick Phelps	$10/$10
Bull Creek	6,840/72
Midland, GA	1971
Joe Lee	$6/$8
Cochiti Lake	6,451/72
Pena Blanca, NM	1981
Robert Trent Jones Jr.	$6.50/$7.50

BEST GOLF COURSES

Colony West (Championship) Tamarac, FL Robert Von Hagge/Bruce Devlin	6,648/70 1968 $30/$20	
Country Club of New Hampshire North Sutton, NH Wayne Stiles/William F. Mitchell	6,654/72 1930/1963 $12/$12	
Downing Erie, PA James G. Harrison/Ferdinand Garbin	7,175/72 1962 $6/$7	
Glenview Cincinnati Arthur Hills	6,718/72 1974 $7.75/$7.75	
Grand Haven Grand Haven, MI W. Bruce Matthews/Jerry Matthews	6,875/72 1965 $12/$14	
Grapevine Municipal Grapevine, TX Joe Finger/Byron Nelson	7,022/72 1979 $7/$8	
Heritage Hills McCook, NB Dick Phelps/Brad Benz	6,715/72 1980 $10/$12	
Kebo Valley Bar Harbor, ME H.C. Leeds/Andrew Liscombe	6,209/70 1918 $13/$13	
Key Biscayne Key Biscayne, FL Bruce Devlin/Robert Von Hagge	7,125/72 1971 $22/$22	
Oak Mountain Pelham, AL Earl Stone	6,911/72 1974 $8/$8	
Pine Ridge Timonium, MD C.A. Hook	6,820/72 1958 $9.50/$10	
Rancho Los Angeles Bill Johnson/William P. Bell	6,585/71 1949 $7.50/$11	
Salem Hills Northville, MI W. Bruce Matthews	6,966/72 1963 $9/$11	
Sandpiper Goleta, CA William F. Bell	7.053/72 1971 $15/$18	
Sleepy Hollow Brecksville, OH Stanley Thompson	6,285/71 1923 $9.50/$9.50	
Tumwater Valley Olympia, WA Roy Goss/Glen Proctor	7,162/72 1970 $7.50/$9	

Valencia Valencia, CA Robert Trent Jones	7,101/72 1967 $10/$18
Valley View Layton, UT Joe Williams	6,853/72 1976 $7/$7
Waveland Des Moines Tom Bendelow/Paul Coates	6,501/72 1901/1937 $6.50/$7

Green fees as of Nov. 1, 1984; subject to change.

50 GREATEST GOLF COURSES IN THE UNITED KINGDOM—1986

As ranked by Golf World, U.K., Nov. 1986
Listed alphabetically in groups of ten.

FIRST TEN

COURSE LOCATION ARCHITECT	YARDS/PAR
Ballybunion (Old) Ballybunion, Co. Kerry, Eire P. Murphy/M. Smyth	6,542/71
Muirfield Gullane, East Lothian, Scotland Old Tom Morris	6,941/71
Portmarnock Portmarnock, Dublin, Eire G. Ross/W.L. Pickeman	7,119/72
Royal Birkdale Southport, Merseyside, England George Lowe	6,968/71
Royal County Down Newcastle, Co. Down, Northern Ireland Old Tom Morris	6,968/71
Royal Dornoch Dornoch, Sutherland, Scotland Old Tom Morris	6,577/70
St. Andrews (Old) St. Andrews, Fife, Scotland Unknown	6,933/72
Sunningdale (Old) Sunningdale, Berkshire, England Willie Park, Jr.	6,341/70
Turnberry (Ailsa) Turnberry, Ayrshire, Scotland C.K. Hutchison/P.M. Ross	6,950/70
Woodhall Spa Woodhall Spa, Lincolnshire, England H. Vardon/S.V. Hotchkin	6,866/73

BEST GOLF COURSES

SECOND TEN

Berkshire (Red) Ascot, Berkshire, England H. Fowler/H. Colt/T. Simpson	6,356/72
Carnoustie Carnoustie, Angus, Scotland A. Robertson/T. Morris/W. Park, Jr.	6,809/72
Formby Formby, Merseyside, England Willie Park, Jr.	6,781/72
Ganton Ganton, Yorkshire, England T. Dunn/H. Vardon	6,903/72
Notts Hollinwell, Nottinghamshire, England Willie Park, Jr.	7,020/72
Royal Lytham & St. Annes Lytham St. Annes, Lancashire, England George Lowe	6,673/71
Royal St. George's Sandwich, Kent, England W. Laidlaw Purves	6,857/70
Royal Troon Troon, Ayrshire, Scotland C. Hunter/W. Fernie	7,067/72
Walton Heath (Old) Tadworth, Surrey, England Herbert Fowler	6,813/73
Wentworth (West) Virginia Water, Surrey, England H. Colt/C. Alison/J. Morrison	6,945/72

THIRD TEN

Gleneagles (King's) Auchterarder, Perthshire, Scotland James Braid	6,452/70
Hillside Southport, Merseyside, England Fred Hawtree	6,850/72
Lindrick Worksop, Yorkshire, England Tom Dunn	6,633/71
Little Aston Streetly, West Midlands, England Harry Vardon	6,724/72
Royal Aberdeen Bridge of Don, Aberdeen, Scotland Robert Simpson	6,372/70
Royal Liverpool Hoylake, Cheshire, England G. Morris/J. Braid/R. Chambers	6,737/72
Royal Porthcawl Porthcawl, West Glamorgan, Wales James Braid	6,605/72
Royal Portrush (Dunluce) Portrush, Co. Antrim, Northern Ireland Harry Colt	6,787/73
Saunton (East) Braunton, Devon, England Herbert Fowler	6,703/71
Swinley Forest Ascot, Berkshire, England Harry Colt	6,001/68

FOURTH TEN

Alwoodley Leeds, Yorkshire, England H. Colt/A. Mackenzie	6,672/70
Ballybunion (New) Ballybunion, Co. Kerry, Eire Robert Trent Jones	6,477/72
Blairgowrie (Rosemount) Blairgowrie, Perthshire, Scotland James Braid	6,581/72
Cruden Bay Cruden Bay, Aberdeenshire, Scotland H. Fowler/T. Simpson	6,373/70
Lahinch Lahinch, Co. Clare, Eire Old Tom Morris	6,861/72
Nairn Nairn, Nairnshire, Scotland Archie Simpson	6,483/71
Royal Ashdown Forest Forest Row, Sussex, England Unknown	6,406/72
Rye Camber, Rye, Sussex, England Harry Colt	6,301/68
Sunningdale (New) Sunningdale, Berkshire, England Harry Colt	6,676/70
West Sussex Pulborough, Sussex, England G. Campbell/S.V. Hotchkin/H. Hutchinson	6,235/68

FIFTH TEN

Addington Croydon, Surrey, England John Abercromby	6,242/71
Belfry (Brabazon) Sutton Coldfield, West Midlands, England P. Alliss/D. Thomas	6,975/73
Hunstanton Hunstanton, Norfolk, England George Fernie	6,670/72
Isle of Purbeck Studland, Dorset, England Harry Colt	6,248/70
Killarney (Mahony's Point) Killarney, Co. Kerry, Erie	6,752/72

BEST GOLF COURSES

W. Park, Sr./W. Park, Jr./G. Campbell

Course / Location / Architect	Yards/Par
Prestwick Prestwick, Ayrshire, Scotland Unknown	6,544/71
Royal Cinque Ports Deal, Kent, England Tom Dunn	6,409/72
Royal West Norfolk Brancaster, Norfolk, England Horace Hutchinson	6,216/70
Western Gailes Gailes, Irvine, Ayrshire, Scotland Willie Park, Jr.	6,833/71
Woburn (Duke's) Woburn, Buckinghamshire, England F. Pennink/C. Lawrie	6,883/72

25 GREATEST GOLF COURSES IN CONTINENTAL EUROPE

As ranked by Golf World, U.K., December 1986:
Listed in five groups of five by alphabetical order.

FIRST FIVE

COURSE LOCATION ARCHITECT	YARDS/PAR
Chantilly (Old) Chantilly, Nr. Paris, France Tom Simpson	7,214/71
Club zur Vahr Bremen, West Germany Bernard von Limburger	7,037/74
El Saler El Saler, Nr. Valencia, Spain Javier Arana	7,092/72
Falsterbo Falsterbo, Nr. Malmo, Sweden Gunnar Bauer	6,671/71
Sotogrande Sotogrande, Costa del Sol, Spain Robert Trent Jones	6,849/72

SECOND FIVE

Kennemer Kennemerweg, Zandvoort, Hooland H. Colt/J. Morrison	6,408/72
Las Brisas Nueva Andalucia, Costa del Sol, Spain Robert Trent Jones	6,778/72
Le Touquet (Mer) Le Touquet, France Harry Holt	6,741/72
Morfontaine Mortefontaine, Nr. Paris, France Tom Simpson	6,630/70
Quinta do Lago (B&C) Quinta do Lago, Algarve, Portugal William Mitchell	7,032/72

THIRD FIVE

Hamburger (Falkenstein) Hamburg, West Germany H. Colt/J. Morrison/C. Allison	6,480/71
Halmstad Halmstad, Sweden Frank Pennink	6,540/72
Noordwijk Noordwijk, Nr. Leiden, Holland Frank Pennink	6,463/72
Pevero Porto Cervo, Sardinia, Italy Robert Trent Jones	6,386/72
Puerta de Hierro Madrid, Spain H. Colt/C. Alison	6,941/72

FOURTH FIVE

Club de Campo Carretera Castilla, Madrid, Spain Javier Arana	6,691/72
El Prat Prat de Llobregat, Barcelona, Spain Javier Arana	6,452/72
Lausanne Lausanne, Switzerland Oscar Dollfus	6,742/72
Milano Monza, Nr. Milan, Italy John Blenford	6,799/72
Vilamoura (No. 1) Quarteria, Algarve, Portugal Frank Pennink	6,924/73

FIFTH FIVE

Olgiata Olgiata, Nr. Rome, Italy C. K. Cotton	6,995/73
Penina Portimao, Algarve, Portugal Henry Cotton	6,780/73
Royal Waterloo Waterloo, Nr. Brussels, Belgium Fred Hawtree	6,846/73
St. Nom-la-Bretêche (Rouge) St. Nom-la-Bretêche, Versailles, France Fred Hawtree	6,713/72
Villa d'Este Montorfano, Como, Italy Peter Gannon	6,294/69

GOLF COURSES
GOLF DIGEST'S DIRECTORY OF COURSES YOU CAN PLAY

In an uncertain world of capricious change, one of the most redeeming virtues of American leisure life is the imperishable lure of resort golf, which is flourishing as never before. First-class resorts are springing up on lands that have been reclaimed from swamp, forest or desert. And with them have come spectacular courses, designed by the finest golf architects in the country, to beckon the traveling golfer 12 months a year.

The grand old *doyens* such as the Greenbrier and the Homestead in the Virginias, Pinehurst in North Carolina, the Breakers and the Boca Raton Hotel in Florida, Camelback, the Biltmore and the Wigwam in Arizona and Pebble Beach in California have been joined by a wave of classy new golf facilities extending from coast to coast.

Places to Play is an up-to-date listing of more than 1,000 courses in the United States and other parts of the world. These listings are designed to provide golfers with introductory information about enjoyable places to stay and play.

Many courses listed offer accessible accommodations nearby and for the most part are open to the traveling golfer as qualified in the comments and legends symbols. The information is current, but can be subject to change. Reservations should be made and confirmed. It is suggested that you write ahead when planning to play a foreign course.

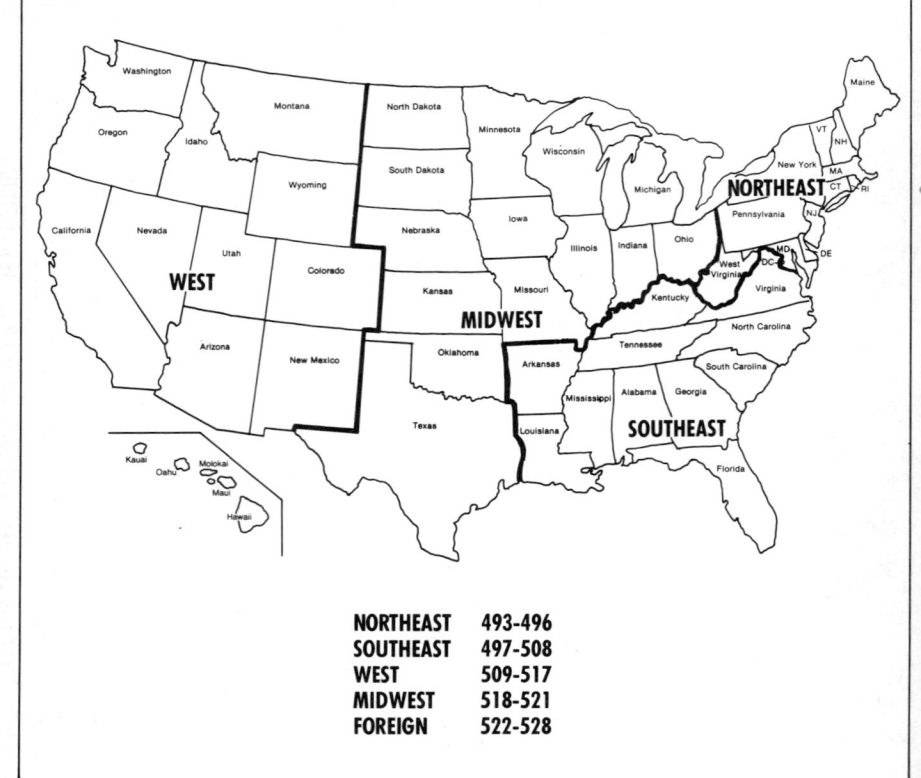

NORTHEAST	493-496
SOUTHEAST	497-508
WEST	509-517
MIDWEST	518-521
FOREIGN	522-528

GOLF COURSES

DELAWARE

Cripple Creek G. and C.C.   18/72
Bethany Beach—*—302-539-1446   6,065
   Challenging course overlooking Indian River Bay. Open to guests of members and limited tee times for members of other private clubs.

Garrisons Lake G.C.   18/72
Smyrna—PU—302-653-6349   6,595
   1963 Edmund Ault design with long, flat, tree-lined fairways. Major hotel and motel chains nearby.

MAINE

†Bangor Municipal G. Cse.   18/72
Bangor—PU—207-945-9226   6,500
   Geoffrey Cornish design. Large tees and greens. Good condition.

Bethel Inn G.C.   9/36
Bethel—R—207-824-2175   3,069
   Nine-hole layout in picturesque country. Full facilities.

†Kebo Valley G.C.   18/70
Bar Harbor—SP—207-288-3000   6,209
   Narrow, tree-lined course, small greens. Built in 1898. Big clubhouse, restaurant.

Mingo Springs   18/70
Rangeley—PU—207-864-5021   5,913
   Scenic, hilly course overlooking Saddleback Mountain. Places to stay nearby.

Poland Spring G.C.   18/71
Poland Spring—PU—207-998-2901   6,464
   Beautiful views. Oldest 18-hole resort course in U.S.

Province Lake C.C.   9/37
Parsonfield—R—207-793-9577   3,433
   Scenic golf course on 1,000-acre lake. Inn, full-service restaurant.

Sugarloaf G.C.   18/72
Carrabassett Valley—R—207-237-2000   6,902
   Runner-up in 1986 for Best New Resort Course named by Golf Digest. Challenging layout set in the mountains of western Maine.

MARYLAND

Dwight D. Eisenhower G.C.   18/71
Annapolis—PU—301-849-8341   6,320
   Many doglegs, much water. Gently rolling.

†Hog Neck G. Cse.   27/72-32
Easton—PU—301-822-6079   6,481-2,041
   Front 9 of 18-hole course wide open with water and sand; back 9 wooded and tight. Lindsey Ervin designs.

Martingham G.C.   18/70
St. Michaels—R—301-745-9066   5,918
   Pete Dye's front 9 wide, links-type checkered with traps, back 9 winds through woods. Small conference center with restaurant facility nearby.

Needwood G.C.   18/71
Rockville—PU—301-948-1075   6,400
   Rolling, 2 lake holes, trees, big greens. Executive course.

Northwest Park G.C.   27/72-34
Wheaton—PU—301-598-6100   6,732-2,589
   Rolling, narrow, wooded course has 68 bunkers.

Ocean Pines G. & C.C.   18/72
Ocean City—SP—301-641-8653   6,391
   Robert Trent Jones course open to members of other USGA courses or guests of members. Accuracy needed on this heavily wooded course.

†Pine Ridge G. Cse.   18/72
Lutherville—PU—301-252-1408   6,449
   Many doglegs, built around a lake. One of the finest public courses anywhere.

LEGEND

Each course is described by one of the following symbols:
- R—resort course
- SP—semiprivate
- PU—public
- ☐—One of America's 100 Greatest Courses as ranked by GOLF DIGEST.
- †—One of America's 75 Best Public Courses as ranked by GOLF DIGEST.

Yardage listed is usually from middle men's tees. Private courses are indicated with asterisks and guest policy is included. It is suggested that you write ahead when planning to play a foreign course.

COURSE   **HOLES/PAR**
LOCATION, TYPE, PHONE   **LENGTH**

NORTHEAST

CONNECTICUT

Heritage Village   27/72-35
Southbury—* 203-264-8081   6,430-3,107
   Short but challenging course. Open to guests of Harrison Inn.

Lyman Meadow G.C.   18/72
Middlefield—SP—203-349-8055   6,200
   Robert Trent Jones course. Front 9 fairly flat. Back partially wooded. Plenty of water.

Norwich G. Cse.   18/71
Norwich—PU—203-889-6973   6,133
   Challenging Donald Ross course. New clubhouse.

†Richter Memorial Park G. Cse.   18/72
Danbury—PU—203-792-2550   6,800
   Ed Ryder design, 16 of 18 holes have water. Scenic, rolling terrain.

Shennecossett C.C.   18/72
Groton—PU—203-445-0262   6,128
   One of Northeast's oldest courses, designed by Donald Ross. Motels nearby.

Tunxis Plantation C.C.   36/72-72
Farmington—PU—203-677-1367   6,511-6,101
   Scenic, gently rolling course. Motel nearby.

GOLF COURSES

MASSACHUSETTS

Sheraton Tara Hotel & Resort 18/72
Danvers—R—617-777-2500 6,536
   Robert Trent Jones layout. Front 9 flat, lots of water. Back 9 rolling, wooded.

†Stow Acres C.C. North: 18/72 6,907
Stow—PU—617-568-8106 South: 18/72 6,520
   Geoffrey Cornish designed both courses. Variety of holes. Excellent condition.

Trull Brook G.C. 18/72
Tewksbury—PU—617-851-6731 6,260
   Picturesque course bordered by river. Fine condition a trademark.

CAPE COD AREA

Bass River G.C. 18/72
South Yarmouth—PU—617-398-9079 5,793
   Front 9 wooded, back 9 open. First 6 holes border river. Second oldest course on Cape Cod.

Cape Cod C.C. 18/71
Hatchville—R—617-563-9842 6,507
   Pine tree-lined irrigated fairways, large lake, wind blows often.

Captains G. Cse. 18/72
Brewster—PU—617-896-5100 6,176
   Designed by Geoffrey Cornish and Brian Silva, this layout was designated Golf Digest's Best New Public Course in 1985.

C.C. of New Seabury Oceanfront: 18/72 6,909
Mashpee—SP—617-477-9110 Challenger: 18/70 5,930
   Oceanfront Course tougher than Challenger Course. Limited tee times for public. Resort and Conference Center.

†Cranberry Valley G. Cse. 18/72
Harwich—PU—617-432-6300 6,300
   1974 Cornish-Robinson creation. Large tees and greens.

Dennis Highlands G. Cse. 18/71
Dennis—PU—617-385-8347 6,071
   Designed by Mike Hurdzan and Jack Kidwell. Scottish influence with ornamental grasses and mounds.

Dennis Pines G. Cse. 18/72
Dennis—PU—617-385-8347 6,500
   Tight, challenging course with trees bordering every fairway. Four water holes.

Falmouth C.C. 18/72
East Falmouth—PU—617-548-3211 6,400
   Flat, open course. Five water holes on front 9. Par-3 4th surrounded by water and sand.

Farm Neck G.C. 18/72
Oak Bluffs—SP—617-693-3057 6,617
   Overlooks Nantucket Sound. Sporty, with breezes. Open May 1-Nov. 1.

Pocasset G.C. 18/72
Pocasset—SP—617-563-7171 6,540
   Hilly, especially back 9. Elevated greens on most holes.

NEW HAMPSHIRE

The Balsams Grand Resort & C.C. 18/72
Dixville Notch—R—603-255-4961 6,200
   800-255-0600
   Famous resort with Donald Ross mountaintop 18. Also has executive 9.

†C.C. of New Hampshire 18/72
N. Sutton—PU—603-927-4246 6,239
   Bill Mitchell design at the foothills of Mt. Kearsarge. Front 9 flat, back rolling.

Jack O'Lantern Resort 9/35
Woodstock—R—603-745-8121 3,065
   Flat valley course along river, recently built.

Lake Sunapee C.C. 18/70
New London—R—603-526-6440 6,348
   Rolling terrain. Motel and cabins. Restaurant. Donald Ross design.

Maplewood C.C. 18/72
Bethlehem—R—603-526-6440 6,209
   Well-groomed course; half flat and half rolling. Sixteenth is a par-6, 635-yard hole. Clubhouse was originally an 1895 casino.

Mountain View House & C.C. 9/35
Whitefield—R—603-837-2511 2,915
   Slightly hilly course. One of New England's finest resorts.

Mt. Washington Hotel & G.C. 18/71
Bretton Woods—R—603-278-1000 6,189
   Donald Ross layout enhanced by frequent slopes and swales.

Tory Pines 18/71
Francestown—PU—800-258-3634 6,004
   Holes patterned after world's finest. Hotel, restaurant, tennis, swimming. Tory Pines Resort.

Waumbek Inn & C.C. 18/72
Jefferson—R—603-586-4311 6,104
   One of New Hampshire's finest courses and a frequent tournament site. Sits at base of White Mountains.

Wentworth By The Sea 18/70
Portsmouth—R—603-431-5930 6,179
   Links on inlet of Atlantic designed by Geoffrey Cornish, 3 holes play over ocean. Also 9-hole par-3 course.

NEW JERSEY

Americana Great Gorge Resort & C.C. 27/71-35
McAfee—R—201-827-6000 6,250-3,068
   800-228-3278
   Spectacular George Fazio course in gently rolling mountain valley with dramatic quarry holes. Plush 700-room hotel.

Atlantis C.C. 18/72
Tuckerton—R—609-296-2444 6,575
   Long, narrow fairways, big greens, four water holes. Motel adjoins. Near Atlantic City.

†Flanders Valley G. Cse. Red/Gold: 18/72
Flanders—PU—201-584-8964 Red: 3,179
   Gold: 3,188
   White/Blue: 18/72
   White: 3,210
   Blue: 3,158
   Red Course is flat and Gold is hilly. White to Blue Course requires more accuracy. 75 Best Public Course. Hal Purdy designs.

Hillsborough G. Resort & C.C. 18/70
Neshanic Station—SP—201-369-3322 6,035
   Mountainside course with tree-lined, tight fairways. Also daily fee.

†Hominy Hill G. Cse. 18/72
Colts Neck—PU—201-462-9224 6,470
   Robert Trent Jones design set in rolling, horse country. Excellent condition.

†Howell Park G. Cse. 18/72
Farmingdale—PU—201-938-4771 6,339
   Narrow fairways, well trapped and tree lined; large greens, difficult course.

Marriott Seaview C.C. Resort Bay: 18/71 5,986
Absecon—R—609-652-1800 Pines: 18/71 6,417
   Bay Course designed by Donald Ross. Pines, more demanding than Bay. Both open to the public. First-rate resort facility.

NEW YORK

Bergen Point G.C. 18/71
W. Babylon—PU—516-661-8282 6,630
   Bill Mitchell course. Lodging facilities nearby.

GOLF COURSES

†Bethpage State Park 90 holes
Farmingdale, L.I.—PU—516-249-0701
Variety of state-owned courses. Black Course one of Golf Digest's 75 Best Public. Five 18-hole courses.

Dyker Beach G.C. 18/71
Brooklyn—PU—718-836-9722 6,260
Among most famous of New York's public course.

Leatherstocking G.C. 18/72
Cooperstown—R—607-547-9253 6,139
Open to Otesaga Hotel guests.

Loon Lake G.C. 18/70
Loon Lake—R—518-891-3249 5,600
Sporty course with resort accommodations in Adirondack Mts.

†Montauk Downs State Park 18/72
Montauk—PU—516-668-5000 6,860
True links-type course buffeted by wind. Designed by Robert Trent Jones.

Peek 'N Peak Resort G.C. 18/72
Clymer—R—716-355-4141 6,260
Inn on site. Front 9 wooded heavily, water on back. Full resort activities.

River Oaks C.C. 18/72
Grand Island—PU—716-773-3336 6,588
Desmond Muirhead course in resort complex. Hotel resort.

Riverton G.C. 9/36
Henrietta—PU—716-334-6196 3,510
Edmund Ault course opened 1974. Large greens and traps. Trees and lakes.

Sagamore G.C. 18/72
Bolton Landing—R—518-644-9400 6,400
Old, well-preserved resort on Lake George. Open for golf in summer only.

Saratoga Spa G.C. 18/72
Saratoga Springs—PU—518-584-2000 6,319
Fine test. Also features short 9-hole course.

†Spook Rock G. Cse. 18/72
Suffern—PU—914-357-6466 6,366
Frank Duane design tests the best player and the average player. Well conditioned, wooded setting.

Spring Lake G.C. 27/72-36
Middle Island—PU—516-924-5115 6,455-3,053
Open, playable fairways; traps placed for the long-ball hitter.

Swan Lake G.C. 18/72
Manorville—PU—516-369-1818 6,338
Excellent condition, little rough, forgiving course, large greens.

Thousand Islands Resort 18/72
Alexandria Bay—R—315-482-9454 6,433
Scottish-type course in St. Lawrence area. Atmosphere is relaxed.

Whiteface Resort G. & C.C. 18/72
Lake Placid—R—518-523-2551 6,293
Rolling, hilly course in Adirondacks. Tight, wooded fairways.

CATSKILL AREA

☐Concord Hotel ☐Championship: 18/72 7,206
Kiamesha Lake—R International: 18/71 6,600
800-431-3850 Challenger: 9/31 2,200
Championship Course one of world's finest, stretching to 7,600 yards. Fine entertainment.

Grossinger Hotel & G.C. 27/71-36
Grossinger—R—914-292-5000 6,780-3,186
Year-round mountain resort. Redone by Joe Finger with several great holes.

Kutsher's Hotel & C.C. 18/72
Monticello—R—914-794-6000 6,638
800-431-1271
Fairly narrow Bill Mitchell layout in rolling forest.

Lochmor G.C. 18/71
Loch Sheldrake—SP—914-434-9079 6,470
Well-conceived layout, beautiful scenery. Two holes are hilly.

Nevele Hotel & C.C. 18/70
Ellenville—R—914-647-6000 6,150
Pleasant resort course. 400-yard 18th hole built along lake. Course was redesigned by Tom Fazio.

Stevensville C.C. 18/71
Swan Lake—R—914-292-8000 6,470
Several water holes and many bunkers. Very scenic. Good test.

Tarry Brae G. Cse. 18/72
South Fallsburg—PU—914-434-9782 6,615
Tough course in pastureland and forest overlooking scenic Echo Lake.

PENNSYLVANIA

Americana Host Farm Resort 18/72
Lancaster—R—717-299-5500 6,960
800-233-0121
Gently rolling fairways, good water holes. Also very good 9-hole executive-length course.

Bedford Springs Hotel & G.C. 18/74
Bedford Springs—R—814-623-6121 6,753
Scenic layout in Allegheny Mountains. Also offers a pitch 'n putt course.

†Downing G. Cse. 18/72
Harborcreek—PU—814-899-5827 6,743
Large tees and greens; flat terrain, two water holes, strong par 3s.

Downington Inn G.C. 18/72
Downington—R—215-269-2000 6,555
Course beautifully conditioned. Some roll, good par 3s. Open to public.

Edgewood "In The Pines" G. Cse. 1872
Drums—PU—717-788-1101 6,218
Watered fairways, tees and greens. Scenic, 7 ponds.

Hawk Valley G.C. 18/72
Denver—PU—215-445-5445 6,258
Challenging, wooded course with a variety of holes. Watered fairways and greens. Hotel and motel within 5 miles.

☐Hershey C.C. East: 18/71 6,515
Hershey—PU—717-533-2360 ☐West: 18/73 6,696
Older West Course, rugged and beautiful. East Course a bear when stretched to 7,240 yards. Hershey Hotel guests and members only.

Hotel Hershey G.C. 9/34
Hershey—PU—717-533-2171 2,680
Pleasant, easy course next to hotel.

†Hershey Parkview G. Cse. 18/71
Hershey—PU—717-534-3450 5,810
Short, hilly, difficult course. Creek runs through. Excellent condition.

Mill Race G. & Camping Resort 18/70
Benton—R—717-925-2040 6,187
Unique camping, fishing, golfing facility. Cornish/Robinson-designed course has many water holes and wooded areas. Has 18 acres of lakes.

Mount Airy Lodge & G. Cse. 18/72
Mount Pocono—R—717-839-8811 6,426
Challenging course modeled after Sports Illustrated's 18 Best Holes in America.

Overlook G.C. 18/70
Lancaster—SP—717-569-9551 6,270
Fairly level, well-bunkered course with many beautiful old willow trees.

PLACES TO PLAY: Northeast

495

GOLF COURSES

Riverside C.C. 18/70
Cambridge Springs—SP—814-398-4692 6,104
   Lush, demanding course. Accommodations available nearby.

Seven Springs G.C. 18/71
Champion—R—800-452-2223 6,685
   Spectacular views, course cut out of woods in resort development. Clubhouse, lounge and pro shop.

Spring Creek G.C. 9/36
Hershey—SP—717-533-2847 2,316
   Spring Creek wanders through fairly flat course. Accent on short game.

Standing Stone G.C. 18/70
Huntington—SP—814-643-4800 6,698
   Designed by Geoffrey Cornish with a number of lakes. Accommodations nearby.

Toftrees Resort 18/73
State College—R—814-237-5311 6,818
800-252-3551 (Penn.), 800-458-3602
   Carved out of Pennsylvania's rolling woodland. Top condition.

STROUDSBURG AREA

Buck Hill G.C. 27/72-34
Buck Hill Falls—R—717-595-7730 6,650-3,000
   Pleasant, rolling layout amid trees and beautiful scenery.

Fernwood G.C. 27/72-29
Bushill—R—717-588-6661 6,308-1,000
   Elaborate year-round resort. Open to guests of hotel and the public.

Glenbrook C.C. 18/72
Stroudsburg—SP—717-421-3680 6,805
   Sporty course with small greens and some water. Scenic with amenities.

Mt. Manor Inn & G.C. 27/71-36
Marshall's Creek—R—717-223-8098 6,350-3,206
   Flat, wide-open course. Water on 7 holes. Newer 9 hilly. Also has two par-27, executive-length 9s.

Pocono Farms C.C. 18/72
Tobyhanna—R—717-894-8943 6,600
   Course designed by Art Wall, surrounds lake. Many accommodations nearby.

Hershey Pocono Resort 18/72
White Haven—R—717-443-8411 6,122
   Fine Geoffrey Cornish course. Eight water holes.

Pocono Manor Inn & G.C. East: 18/72 6,295
Pocono Manor—R West: 18/72 6,675
717-839-7111, 800-233-8150
   East Course very picturesque. West Course plays tougher.

Shadowbrook C.C. 18/71
Tunkhannock—R—717-836-2151 5,672
   Motel accommodations. Situated along creek in Endless Mountains.

Shawnee Inn & C.C. Red: 9/36 3,250
Shawnee-on-Delaware—R White: 9/36 3,120
717-421-1500 Blue: 9/36 3,295
   Pleasant golf spa and conference center amid mountain scenery.

Skytop Lodge 18/71
Skytop—R—717-595-7401 6,370
   Sporty, with lovely view. Strictly for members and lodge guests.

Tamiment Resort & C.C. 18/72
Tamiment—R—717-588-6652 6,738
   Rolling, challenging Robert Trent Jones layout. Stretches to 7,110 yards. Splendid hotel.

Wilkes Barre G.C. 18/72
Wilkes Barre—PU—717-472-3590 7,040
   Geoffrey Cornish-designed championship course on gently rolling terrain. Lodging nearby.

RHODE ISLAND

Exeter C.C. 18/72
Exeter—SP—401-295-1178 6,900
   This Geoffrey Cornish design has a covered bridge on the course.

Triggs Memorial G. Cse. 18/72
Providence—PU—401-331-7011 6,582
   A Donald Ross course that was the site of a former professional tournament.

VERMONT

Basin Harbor C. 18/72
Vergennes—R—802-475-2311 6,407
   Broad, rolling fairways bordered by woodland and Lake Champlain. Traditional New England resort. 3,200-foot landing strip. Course recently renovated.

Crown Point C.C. 18/72
Springfield—PU—802-885-2703 6,218
   Hilly, pretty course open to guests.

Equinox C.C. 18/72
Manchester—SP—802-362-3223 6,558
   Rolling, superbly groomed. Open May 15-Oct. 15.

Lake Morey Inn & C.C. 18/70
Fairlee—R—802-333-4311 5,600
   Site of annual Vermont Open. Lakeside layout, rolling.

Manchester C.C. 18/72
Manchester Center—* 802-362-2233 6,500
   Attractive Geoffrey Cornish layout. Private club open to guests at several local "member" hotels and lodges.

Mount Snow C.C. 18/72
West Dover—R—802-464-3333 6,482
800-451-4211
   Very rolling course at 2,000 feet. Operated by famous ski area. Site of numerous New England championships.

Queechee C. Highlands: 18/72 6,600
Queechee—*—802-295-6245 Lakelands: 18/71 6,100
   Geoffrey Cornish-designed courses open to residents of Queechee properties.

Sitzmark G. Cse. 18/54
Wilmington—PU—802-464-3384 2,000
   Par-3 executive "irons" course, with water hazards and sand traps. Lodge, tennis, swimming.

Stowe C.C. 18/71
Stowe—PU—802-253-4269 5,829
   Large, well-trapped greens. Meandering stream on 9 holes. Golf shop, motorized carts, instruction, restaurant lounge.

Stratton Mountain C.C. Lake: 9/36
Stratton Mountain—* 802-297-1880 3,066
   Mountain: 9/36
   3,041
   Forest: 9/36
   2,978
   Pretty test, designed by Geoffrey Cornish. Stratton Mtn. Inn nearby. Open May 15-Oct. 15. Only members and guests of the Stratton lodging facilities may play.

Sugarbush C.C. 18/71
Warren—R—800-451-4320 6,048
   Robert Trent Jones course in dramatic mountain setting, replete with water and forests. Front 9 dotted with water. Resort facilities.

West Bolton G.C. 18/69
Jericho—PU—802-434-4321 5,400
   Challenging, short course using natural elements.

Williston G.C. 18/69
Williston—PU—802-878-3747 5,465
   Well-kept, tricky, short course.

GOLF COURSES

Woodstock C.C. 18/69
Woodstock—SP—802-457-2112 6,043
Robert Trent Jones course. In beautiful valley with wandering brook near Woodstock Inn.

WEST VIRGINIA

Cacapon State Park G. Cse. 18/72
Berkeley Springs—R—304-258-1022 6,410
Robert Trent Jones course carved from heavily-wooded valley. Par-3 4th and 8th play to same 100-yard-wide green.

Canaan Valley State Park G.C. 18/72
Davis—R—304-866-4121 6,436
State-owned, privately operated golf and ski resort in highlands. Cabins, camping and lodge.

Glade Springs Resort & G.C. 18/72
Daniels—R—304-763-2000 6,176
Condo villas and wooded homesites surround rolling George Cobb creation.

The Greenbrier Old White: 18/70 6,424
White Sulphur Springs—R Greenbrier: 18/72 6,300
304-536-1110 Lakeside: 18/70 6,048
Three scenic courses at stately, plush resort.

Oglebay Park Speidel G. Cse. 18/71
Wheeling—PU—800-624-6988 7,000
304-242-3000
Robert Trent Jones toughie. Hilly with flat landing area.

Pipestem State Park G. Cse. 18/72
Pipestem—R—304-466-1800 6,131
Scenic course amid lakes, hills and valleys. State park resort with lodge. Also has 9-hole par-3 layout.

Sheraton Lakeview Inn & C.C. 18/72
Morgantown—R—304-594-1111 6,065
Tough course cut through trees. Front 9 hilly, back 9 fairly flat.

Twin Falls State Park G. Cse. 18/72
Mullens—PU—304-294-4000 5,978
Front 9 holes by Geoffrey Cornish. Second 9 by George Cobb. Accommodations available.

SOUTHEAST

ALABAMA

Alpine Bay C.C. 18/71 6,227
Alpine—R—205-268-9411 18/72 6,945
Tree-lined Robert Trent Jones course opened in 1972. Reopened in 1979.

Azalea City G. Cse. at Langan Park 18/72
Mobile—PU—205-342-4221 6,513
Fine public course. Opening 9 level, second hilly. Three water holes.

Gulf State Park G. Cse. 18/72
Gulf Shores—PU—205-968-7544 6,465
Earl Stone course. Wide fairways, 4 lakes make 6 water holes. Greens well trapped.

Jetport G. Cse. 18/72
Huntsville—PU—205-772-9872 6,498
Adjoins Skycenter Hotel at Air Terminal. Practice range, pool. Lots of trees.

†Lagoon Park G. Cse. 18/72
Montgomery—PU—205-271-7000 6,413
Driver's course, requires accuracy from the tee. Well-bunkered, elevated greens; elevated tees.

Lake Forest C.C. 18/72
Daphne—R—205-626-9324 6,700
Hilly test. Tight; no parallel fairways.

Lakepoint Resort G. Cse. 18/72
Eufaula—R—205-687-6676 6,555
Tom Nicol course in resort development. Water hazards. State park area. Campsites and beach. Hotel. Course open to public.

Marriott Grand Hotel Azalea: 18/72 6,292
Point Clear—R Dogwood: 18/71 6,331
205-928-9201
800-228-9290
36 holes of championship golf with majestic oak and pine tree-lined fairways. Superb resort.

McFarland Park G. Cse. 18/72
Florence—PU—205-766-8433 6,175
Tree-lined fairways, 11 lakes, elevated greens. Designed by Earl Stone.

†Oak Mountain State Park 18/72
Pelham—PU—205-663-6731 6,423
Wide fairways, elevated greens, 4 lakes, creek on backside.

Olympia Spa G. & C.C. 18/72
Dothan—R—205-677-3321 6,400
Rolling fairways, several water holes on this resort course. Motel.

Pin Oaks G.C. 18/72
Auburn—SP—205-821-0893 6,018
Six miles from Auburn University on 160 acres with seven-acre lake. State park and convention center nearby.

Point Mallard G.C. 18/72
Decatur—PU—205-350-3005 6,790
Carved from woodland in 750-acre family recreation complex. Ten water holes, 175 campsites.

Still Waters Resort 18/72
Dadeville—R—205-825-7887 6,500
800-633-4954
George Cobb-designed course with streams and lakes in play.

Terrapin Hills G. Estates 18/71
Ft. Payne—PU—205-845-4624 6,133
Bent-grass greens. Well-maintained course.

ARKANSAS

Bella Vista Village 81 holes
Bella Vista—*501-855-3776
Residential community with several courses. Must own land or be guest of owner to play.

Belvedere C.C. 18/72
Hot Springs—SP—501-624-4488 6,750
Rolling, interesting course, recently renovated.

Burns G. Cse. 27/71-35
North Little Rock—PU—501-753-0063 6,250-2,941
Site of the Arkansas Open. Hilly with tight fairways. Lots of water.

Cherokee Village G.C. South: 18/72 6,547
Cherokee Village, Hardy—R North: 18/72 6,087
501-257-2555 (South)
501-257-3430 (North)
Interesting courses in Ozark retirement village. North Course for members and guests.

Dawn Hill G. & Racquet C. 18/72
Siloam Springs—R—501-524-9321 6,513
Enjoyable, fairly flat; runs through valley in Ozarks; creek, many trees.

DeGray State Park G. Cse. 18/72
Bismarck—PU—501-865-3711 6,836
Hilly course with elevated greens and elongated tees. Front 9 open, back tight. DeGray State Park Lodge on site.

Diamond Hills G. and C.C. 18/72
Diamond City—SP—501-422-7613 6,500
Gentle, rolling hills, 7 ponds, set in beautiful Ozark country.

GOLF COURSES

Hot Springs G. & C.C.   South: 18/72   6,598
Hot Springs—R   Arlington: 18/72   6,527
501-624-2661   Pineview: 9/34   2,929
     Famous health spa. Arlington Hotel adjoins.

Hot Springs Village C.C.   Cortez: 18/71   6,182
Hot Springs—R   DeSoto: 18/72   6,216
501-922-0001
     Edmund Ault course. Six water holes framed by pines, white sand bunkers.

Indian Hills C.C.   18/72
Fairfield Bay—SP—501-884-3333   6,437
     Beautiful course cut through the rolling hills of Arkansas. Fairfield Bay Resort.

Mountain Ranch C.C.   18/72
Fairfield Bay—SP—501-884-3333   6,753
     One of Arkansas' finest tests. Fairfield Bay Resort.

Paradise Athletic G.C.   18/71
Fayetteville—SP—501-521-5841   6,093
     Wooded, rolling course with 11 water holes. Several motels nearby.

Red Apple Inn & C.C.   18/72
Heber Springs—R—800-482-8900 (Ark.)   6,431
800-255-8900
     Rolling, forested course in mountains. Azaleas, dogwood, magnolias.

FLORIDA

CENTRAL FLORIDA

☐Bay Hill C. & Lodge   18/71
Orlando— *305-876-2429   7,119
     Outstanding Dick Wilson design with Palmer revisions. Playing privileges for guests at the lodge.

Cocoa Beach G.C.   18/72
Cocoa Beach—PU—305-783-4911   6,700
     Minutes from beaches. Surrounded by Banana River.

Daytona Beach G. & C.C.   North: 18/72   6,080
Daytona Beach—PU   South: 18/71   5,960
904-255-4517
     Interesting and tricky course with moderate-size greens, some water and woods.

Deltona Hills G. & C.C.   18/72
Deltona—R—904-789-3911   6,433
     One of region's finest tests, this David Wallace design winds through hills and pines. Phone for tee times in advance.

Disney World G. Resort   Palm: 18/72   6,917
Lake Buena Vista—R   Magnolia: 18/72   7,150
305-824-2270   Lake Buena Vista: 18/72   6,655
     Joe Lee designed Magnolia (open) and Palm (tighter). Lake Buena Vista is newest (wooded).

Dodger Pines C.C.   18/73
Vero Beach—R—305-569-4400   6,692
     Winter home of L.A. Dodgers. Course winds through pine woods. Water in play on 8 holes.

Errol Estate G. & C.C.   18/72
Apopka—R—305-886-5000   6,500
     Joe Lee course with big bunkers, oak, pine and orange groves on rolling terrain. Plus 9-hole course. Golf villas with course and lake views.

Golden Ocala G. & C.C.   18/72
Ocala—R—904-622-0198   6,247
     Ron Garl design on heavily wooded terrain featuring 8 holes based on famous holes. Open to public.

Golf Hammock G.C.   18/72
Sebring—SP—813-382-2151   6,607
     Course designed by Ron Garl. Many trees and some water.

Grand Cypress G. Cse.   North: 9/36   3,521
Orlando—R—800-837-7377   South: 9/36   3,503
305-239-4700   East: 9/36   3,434
     Jack Nicklaus design with Scottish elements on flat terrain. Open to guests of Hyatt Regency Grand Cypress, Grand Cypress Resort and golf villas. Golf Digest's Best New Resort Course of 1984.

Grenelefe Resort   East: 18/72   6,802
Grenelefe—R—800-237-9549   West: 18/72   7,325
800-282-7875 (Fla.)   South: 18/71   6,869
813-422-7511
     950 Fairway Villas amid stately oaks, tall pines and gently rolling hills of Central Florida. Only 30 minutes from Walt Disney World. West Course has won many awards.

Hunter's Creek G.C.   18/72
Orlando—PU—305-851-0400   6,521
     Challenging Lloyd Clifton design located next to Orlando Airport.

Indigo Lakes Resort & C.C.   18/72
Daytona Beach—SP—904-254-3807   7,117
800-874-9918
     Lloyd Clifton designed course. Heavily contoured with 5 lakes, lagoons, woods.

John's Island C.   South: 18/72   6,101
Vero Beach—R—305-231-1700   North: 18/72   6,096
     Two Pete Dye courses are tough, beautiful. Condominiums, homesites, rentals.

Mayfair C.C.   18/72
Sanford—SP—305-322-2531   6,480
     Good parkland layout formerly owned by N.Y. Giants. Holiday Inn nearby. Front 9 wooded.

Marriott's Orlando World Center G. Cse.   18/72
Orlando—PU—305-239-4200   6,420
     Joe Lee design with 14 lakes. Course surrounds 1500-room hotel. Eleven holes currently open.

Mission Inn G. & Tennis Resort   18/72
Howey-in-the-Hills—R—904-324-3101   6,858
800-874-9053
     Beautifully conditioned, hilly course winds among 5 lakes. Award-winning Spanish-style inn, restaurant and convention center.

The Moorings C.   18/64
Vero Beach—*305-231-1004   4,593
     Pete Dye-designed course with front 9 surrounded by river. Residential development.

Pelican Bay G. & C.C.   18/72
Daytona Beach—PU—904-756-0039   6,100
     Thinking man's course. Designed by William Amick. Private course also in complex.

Placid Lakes Inn & C.C.   18/72
Lake Placid—R—813-465-4333   6,314
     Boating, fishing, swimming pool. Lodging, dining, entertainment.

Poinciana G. & Racquet C.   18/72
Kissimmee—SP—305-933-5300   6,162
     Devlin-Von Hagge course built in and around a cypress hammock. Trees and water.

Port Malabar C.C.   18/71
Palm Bay—SP—305-729-6533   6,720
     Tree-lined fairways, numerous water hazards, bunkers and elevated greens. A true test of golf.

Prairie Oaks   9/36
Sebring—SP—813-382-3500   3,400
     Ron Garl design. Scottish links type course. Rental villas available.

Riviera G. & C.C.   18/71
Ormond Beach—PU—904-677-2464   6,306
     Flat, tight course with some water. Site of the Riviera Open on the Florida PGA winter tour.

Rolling Hills G. & C.C.   18/72
Wildwood—SP—904-748-9146   6,043
     Gently rolling, wide open front 9 and wooded back 9.

GOLF COURSES

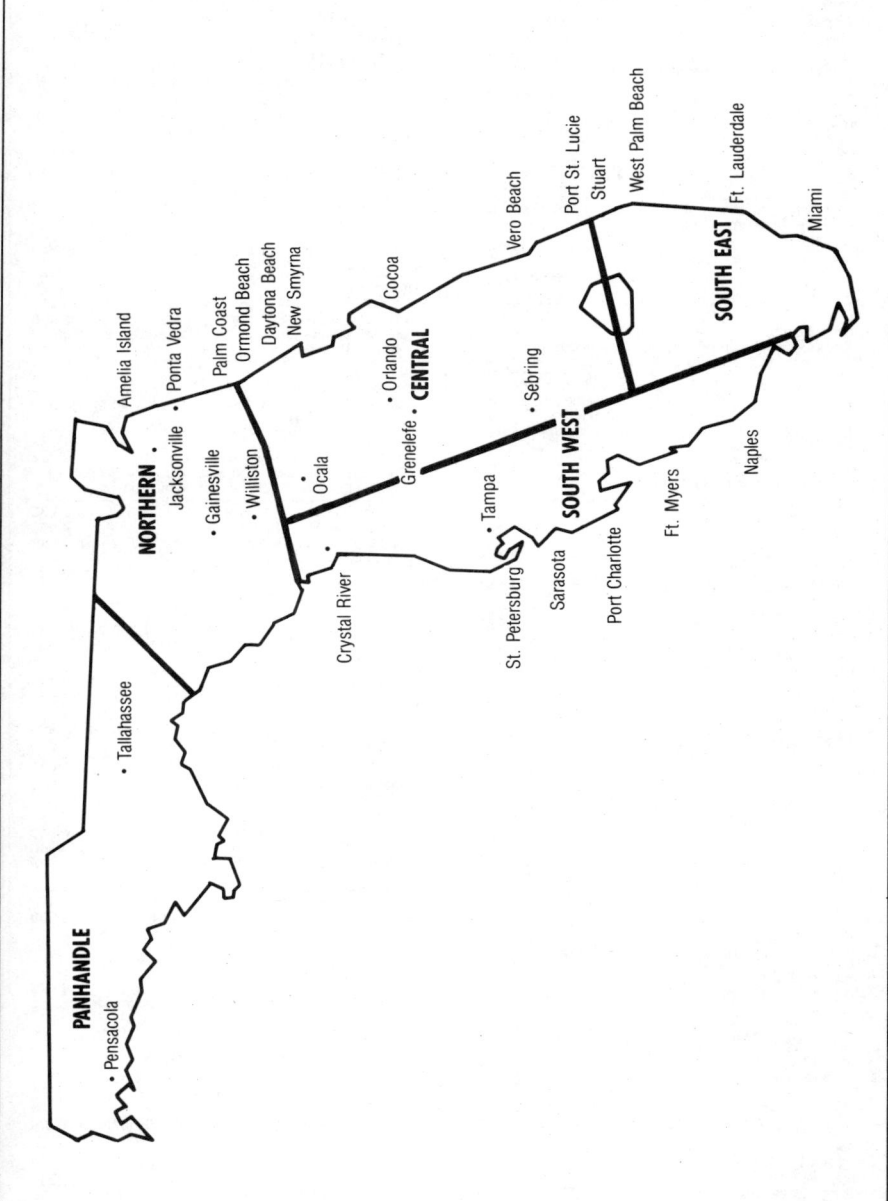

PLACES TO PLAY: Southeast

GOLF COURSES

Rosemont G. & C.C.   18/72
Orlando—R—305-298-1230   6,671
    Lloyd Clifton-designed course with water in play on every hole. Flat, wooded with doglegs on 11 holes.

Royal Oak C.C. Resort   18/71
Titusville—R—305-269-4500   6,504
    Challenging vacation course near Cape Canaveral. Deluxe lodge, condominiums adjoin.

Sandpiper Bay   Saints: 18/72   6,146
Port St. Lucie—R   Sinners: 18/72   6,577
305-335-4400   Wilderness: 9/36   3,257
    Trees and water make all 3 courses interesting. Also short 9-hole par 3.

Silver Springs Shores G. & C.C.   18/72
Ocala—R—904-687-2135   6,200
    There are 80 acres of lakes on this rolling Muirhead creation. Panorama Inn adjoins.

Spring Lake G. & C.C.   18/72
Sebring—SP—813-655-1276   6,641
    Wide fairways, 3 water holes. Retirement recreational community.

Spruce Creek G. & Racquet C.   18/72
Daytona Beach—R—904-767-2241   6,350
    A 4,000-foot airstrip sits on property. Condos and single family homes. Designed by William Amick.

Sugar Mill C.C. & Estates   Blue: 9/36   3,345
New Smyrna—R—904-428-9011   White: 9/36   3,392
    Red: 9/36   3,355
    Joe Lee course in rolling sand-pine country. Heavily wooded. Water on 15 holes.

Sun 'n Lake   18/63
Lake Placid—R—813-465-2366   4,586
    Executive-length course. Water on several holes. Fairly narrow fairways. Furnished lakeside villas.

Sun 'n Lake   18/72
Sebring—R—813-365-2581   6,469
800-237-2165
    Smaller deluxe resort. Championship golf and tennis available.

Zellwood Station   18/72
Zellwood—SP—305-886-3303   6,400
    Semi-private course in residential development. Hilly with wide fairways. Water on 6 holes.

FLORIDA PANHANDLE

Bay Point Yacht & C.C.   Lagoon Legend: 18/72
Panama City Beach—R—   6,079
904-234-3307   Club Meadows: 18/72
800-874-7105   6,398
    Willard Byrd design. Devlin-Von Hagge course opened August 1986. Villa accommodations.

Bluewater Bay   Bay: 9/36   3,005
Niceville—R—904-897-3613   Lake: 9/36   3,137
800-874-2128   Marsh: 9/36   3,137
    Tom Fazio-Jerry Pate designed Bay and Lake nines, Fazio did Marsh. Well-conditioned, rolling fairways; heavily wooded. Marsh nine has large, sloping greens.

Killearn G. & C.C.   South: 9/36   3,180
Tallahassee—SP—904-893-2186   East: 9/36   3,232
    North: 9/36   3,130
    Play by invitation of member or as guest of hotel. Site of Tallahassee Open. Designed by William Amick.

†Perdido Bay Resort   18/72
Pensacola—R—904-492-1212   6,782
800-874-5355
    William Amick course near gulf in resort community with inn, homes and homesites. Open to public.

Sandestin   Links: 18/72   6,655
Destin—SP—904-837-2121   Baytowne: 18/72   6,156
800-874-3950
    Both courses designed by Tom Jackson. Play restricted to homeowners and their guests.

Seascape Resort   18/72
Destin—SP—904-837-9181   6,455
800-874-9141
    Compact seaside course with water on 11 holes. Garden villas, lofts and townhomes.

Tiger Point G. and C.C.   West: 18/71   6,195
Gulf Breeze—SP—904-932-1330   East: 18/72   6,118
    East Course designed by Ron Garl and Jerry Pate with amphitheaters and island green. West Course has view of the Intracoastal Waterway.

NORTHERN FLORIDA

Amelia Island Plantation   Oakmarsh: 9/36   2,942
Amelia Island—R   Oysterbay: 9/35   2,772
800-874-6878   Oceanside: 9/35   2,572
800-342-6841
904-261-6161
    Pete Dye course. Beach and all resort facilities plus homesites, condominiums.

Matanzas Woods G.C.   18/72
Palm Coast—R—904-455-1903   6,514
    Palmer-Seay design with tight holes, well-bunkered greens, hilly terrain, water hazards and an island green at the 18th hole.

Oak Bridge G.C.   18/70
Ponte Vedra Beach—R—800-874-7547   6,156
    William Amick course renovated by Ed Seay. Open to Sawgrass guests.

Palm Harbor G.C.   18/72
Palm Coast—SP—904-445-3431   6,022
    Tree-lined fairways demand accuracy. Water runs parallel to many holes. William Amick design.

Pine Lakes C.C.   18/72
Palm Coast—SP—904-445-2686   7,066
    Challenging Arnold Palmer course with ample water and bunkers.

Ponce de Leon Lodge & C.C.   18/71
St. Augustine—R—904-824-2821   6,746
800-228-2821 (Fla.)
    Tight greens, well-trapped holes. Hotel with convention facilities adjoins. Located on inland waterway. Donald Ross designed course.

Ponte Vedra C.   Ocean: 18/72   6,323
Ponte Vedra Beach—R   Lagoon: 18/70   5,500
904-285-6911
    Lush oceanside course laced with lagoons. Ponte Vedra Inn guests only.

Ravines Resort   18/72
Middleburg—R—904-282-1111   6,825
800-874-9980
800-342-0671 (Fla.)
    Built on the banks of the Black Creek, the course winds over, under and through a series of ravines. Called Florida's mountain course and ranked as one of Florida's "10 finest."

☐Sawgrass G.C.   18/72
Ponte Vedra Beach—R—904-285-2261   6,859
    No. 4 has small green atop 30-foot sand dune. No. 16 plays across two islands. Rental villas.

Williston Highlands G. & C.C.   18/72
Williston—SP—904-528-2520   6,446
    Wide fairways. Rolls through oaks and pines in housing development. Many doglegs.

SOUTHEAST FLORIDA

Arrowhead C.C.   18/71
Ft. Lauderdale—SP—305-475-8200   6,540
    Seasonal rentals flank fairways. Par 5s and par 3s are testing.

Atlantis C.C.   18/72
Atlantis—SP—305-965-7700   6,540
    Scenic tree-lined course with accommodations at Atlantis Inn.

GOLF COURSES

Bayshore G.C.   18/72
Miami Beach—PU—305-532-3350   6,168
    Good public course with lots of water in play and well trapped. Designed by Von Hagge and Devlin.

Biltmore G. Cse.   18/71
Coral Gables—PU—305-442-6485   6,173
    Picturesque course in lush surroundings; some tricky water holes.

Boca Raton Hotel & C.   18/71
Boca Raton—R—305-395-3000   6,252
    Well trapped throughout, 3 water holes. Also, 750 hotel rooms, beach, marina, tennis, meeting facilities.

Boca Raton Municipal G. Cse.   18/72
Boca Raton—PU—305-483-6100   6,367
    Beautifully conditioned course with 44 traps and 18 lakes. Nine-hole executive.

Boca Teeca G. & C.C.   South: 9/35   2,815
Boca Raton—R—305-994-9823   North: 9/37   3,288
                                                        East: 9/36   2,892
    South Course straight and open; North Course hazardous and long; East Course rolling, hilly and tricky.

Boca West   First: 18/72   6,400
Boca Raton—R   Second: 18/72   6,215
305-483-9200   Third: 18/72   6,169
800-327-0137   Fourth: 18/72   6,578
800-432-0184 (Fla.)
    First and Second Courses by Desmond Muirhead are open with water. Third by Von Hagge and Devlin and Fourth by Joe Lee have pines, water and are well trapped. Large resort community affiliated with Boca Raton Hotel.

Bonaventure C.C.   East: 18/72   6,912
Ft. Lauderdale—R   West: 18/70   6,329
305-389-8000
    Joe Lee-designed East Course features par 3 over waterfall. Condominiums, patio homes, single-family dwellings.

Breakers Ocean G.C.   18/70
Palm Beach—R—305-659-8470   6,008
    Short but tough older course for members and guests at Breakers Hotel only.

Breakers West G.C.   18/71
West Palm Beach—SP—305-659-8401   6,388
    Willard Byrd-designed course for Breakers Hotel. Water on 14 holes.

Clubs at Martin Downs   Crane Creek: 18/72   6,878
Stuart—* 305-286-6900   Tower: 18/72   6,825
    Crane Creek "North Carolina" mold; Tower heavily bunkered, gently rolling.

†Colony West C.C.   18/70   6,650
Talmarac—SP—305-721-7710   18/68   4,197
    Wooded with water on 6 holes. Good challenge, designed by Von Hagge-Devlin.

Costa del Sol G. & Racquet   18/72
Miami—R—305-592-9210   6,500
    Challenging but not frustrating. Thirteen lakes come into play.

C.C. of Miami   East: 18/72   6,434
Miami—* 305-821-0111   South: 18/72   6,266
                                             West: 18/72   6,425
    Private club with reciprocity with other private clubs.

Crystal Lake C.C.   18/72
Pompano Beach—SP—305-943-3700   6,460
    Lodge adjoins. Four housing developments surround course remodeled by Rees Jones.

Cypress Creek C.C.   18/72
Boynton Beach—SP—305-732-4202   6,369
    Interesting layout. Open, small greens.

Cypress Links G.C.   18/72
Jupiter/Tequesta—SP—305-747-4211   6,600
    27 acres of spring-fed waterways. Restaurant. Homesites.

Deer Creek G. & C.C.   18/72
Deerfield Beach—SP—305-421-5550   6,709
    Unusually wooded and hilly for southern Florida. Designed by Billy Watts.

Delray Beach C.C.   18/72
Delray Beach—PU—305-278-5161   6,497
    Course suits both long and short hitters.

Diplomat Resort & C.C.   Diplomat: 18/72   6,334
Hollywood-by-the-Sea—R   Presidential: 18/72   6,406
305-457-8111
    Championship courses. Flat with water and bunkers.

☐Doral Hotel & C.C.   Red: 18/70   5,820
Miami—PU—305-327-6334   White: 18/72   5,913
              305-592-2000   ☐Blue: 18/72   6,597
                                                Gold: 18/72   6,060
                                               Silver: 18/72   6,016
    Outstanding resort. Additional par-3 9 holer. Blue "monster" a great one. Home of Jimmy Ballard Golf Workshop.

Fontainebleau Park G. Cse.   18/72   7,200
Miami—R—305-221-5181   18/72   7,100
    Mark Mahannah courses feature 7 lakes, rolling fairways.

Harbour Ridge C.C.   18/72
Stuart—R—305-336-0400   6,297
    Playing privileges to those staying in rental units. Joe Lee course open. Pete Dye design under construction.

Hollywood Lakes C.C.   West: 18/72   5,915
Hollywood—R—305-625-0084   East: 18/72   6,007
    East Course more open. West has doglegs and lakes.

Hunters Run G. & Racquet C.   South: 18/72   7,005
Boynton Beach—*   North: 18/72   6,807
305-734-5000   East: 18/70   6,469
    South is showcase of three Von Hagge/Devlin courses. Deluxe lodge has 22 rooms.

Indian River Plantation   18/61
Stuart—R—305-225-3700   4,000
    Executive course with water on 17 holes. Many bunkers.

Inverrary C.C.   54/71-72-59
Ft. Lauderdale—*305-733-7550   6,311-6,667-3,458
    Robert Trent Jones design site of 13 PGA Tour events. Open to guests of Hilton Inn at Inverrary.

Jacaranda C.C.   West: 18/72   6,215
Plantation—R—305-472-5855   East: 18/72   6,790
    Two Mark Mahannah courses in a prestigious residential setting.

†Key Biscayne G.C.   18/71
Key Biscayne—PU—305-361-9129   6,212
    Unique Robert Von Hagge course laid out amid mangrove flats. Beautiful, eerie and tough test.

The Key West Resort   18/70
Key West—PU—305-294-5232   6,112
    Beautiful, championship-quality Rees Jones course offers ocean views.

Miami Lakes Inn & C.C.   36/72-54
Miami—R—305-821-1150   6,508-2,080
    Challenging courses with elevated tees and greens, wandering streams and lakes. Wooded.

Normandy Shores G.C.   18/71
Miami Beach—PU—305-868-6502   6,055
    On Isle of Normandy in Biscayne Bay. Water everywhere.

Ocean Village   9/27
Hutchison Island—R—800-338-3381   1,250
                                   305-465-5900
    Challenging course with 7 lakes. Condo rentals.

Palm Beach Lakes G.C.   18/68
West Palm Beach—PU—305-683-2700   5,505
    Tight course designed around 2 lakes. Ramada Inn adjacent.

PLACES TO PLAY: Southeast

GOLF COURSES

Palm Beach Polo & C.C. North: 18/72 6,326
West Palm Beach—R South: 18/72 6,566
305-793-1113
A 1,650-acre resort community. Eleven polo fields. North Course designed by George and Tom Fazio. South Course designed by Ron Garl and Jerry Pate.

PGA National G.C. Haig: 18/72 6,973
Palm Beach Gardens—R Squire: 18/71 6,550
305-627-1800 Champion: 18/72 7,137
 General: 18/72 6,860
PGA Sheraton Resort surrounded by 4 courses. National headquarters of PGA. PGA schools available.

†Pompano Beach G. Cse. Palms: 18/71 6,050
Pompano Beach—PU †Pines: 18/72 6,573
305-786-4141
Pines Course long and narrow. Palms Course more open.

Redland G. & C.C. 18/72
Homestead—SP—305-247-8503 6,302
Flat, tree-lined fairways and 6 water holes.

Royal Palm Beach G. & C.C. 18/72
Royal Palm Beach—R—305-793-0875 6,500
Mark Mahannah course with large greens, well trapped. Royal Palm Beach Inn.

Royce Resort at Rolling Hills 18/72
Ft. Lauderdale—R—305-475-0400 6,306
Rolling terrain with water, bunkers and trees. Royce Hotel on premises.

Sandalfoot C.C. 18/72
Boca Raton—SP—305-426-0888 6,282
Woods, water and sand. Homes and homesites. Also executive 9.

Turnberry Isle Yacht & C.C. North: 18/70 6,367
North Miami Beach—R South: 18/72 6,932
305-931-1165
Robert Trent Jones designed courses in lush tropical setting. Hotel. Huge, triple green.

†West Palm Beach C.C. 18/72
West Palm Beach—PU—305-582-2019 6,523
Excellent public course, steep bunkers, good greens, rolling fairways.

World of Palm Aire Pines: 18/72 6,279
Pompano Beach—R Palms: 18/71 6,371
305-972-3500 Oaks: 18/72 6,075
800-327-4960 Cypress: 18/72 6,147
 Sabals: 18/60 3,401
Cypress Course makes 90 holes at this huge resort development. All activities, including health spa. Corporate conference center.

SOUTHWEST FLORIDA

Cape Coral G. & Racquet C. 18/72
Cape Coral—R—813-542-3191 6,861
Some 122 bunkers, much water on good Dick Wilson course. Hotel adjoins.

†Eastwood G. Cse. 18/72
Ft. Myers—PU—813-275-4848 6,480
Von Hagge-Devlin design, rolling terrain, well bunkered, water, good condition.

Fiddlesticks G.C. Long Mean: 18/72 6,625
Ft. Myers—*—813-768-4121 Wee Friendly: 18/71 6,110
Ron Garl design. Home of Calvin Peete Pro-Am. Renters can use course.

Lehigh Acres C.C. 18/71
Lehigh Acres—R—813-369-2121 6,154
Scenic, wooded, sporty course amidst large development area.

Lochmor C.C. 18/72
N. Fort Myers—SP—813-995-0501 6,425
Bill Mitchell course opened in 1972. Pines, palms.

Marco Shores C.C. Shores: 18/72 6,387
Marco Island—R—813-394-3191
Complete resort facilities at huge Marriott Hotel.

Naples Beach Hotel & G.C. 18/72
Naples—R—813-261-2222 6,500
Course completely remodeled by Ron Garl. Well bunkered; many water holes. Home of Florida Seniors PGA.

North Port C.C. 18/72
North Port—SP—813-426-2712 6,266
Contoured fairways. Lots of water.

Oxbow G.C. 18/72
Port LaBelle—SP—813-675-0846 6,587
800-282-3375 (Fla.)
Wooded, hilly course has water in abundance. Accommodations on site.

Palm River C.C. 18/72
N. Naples—R—813-597-3554 6,426
Challenging and enjoyable course built in 1961. Tee times available 48 hours in advance.

Pelican's Nest G.C. 18/72
Naples—PU—800-225-3763 6,453
Tom Fazio design with classic finishing hole. Nominated by Golf Digest for Best New Public Course of 1986.

Plantation G. & C.C. 18/72
Venice—R—813-493-2000 6,937
Ron Garl design. Rolling, links-style course.

Port Charlotte C.C. 18/72
Port Charlotte—SP—813-625-4109 6,335
Established course with tall trees everywhere. Doglegs rampant.

Port La Belle C.C. 18/72
Port La Belle—R—813-675-4411 6,688
Course surrounds Port La Belle Inn and overlooks Intracoastal Waterway.

River's Edge Yacht and C.C. 18/72
Ft. Myers—R—800-247-6612 6,317
813-433-4211
Typical links course design by Ron Garl with water and dunes.

South Seas Plantation 9/36
Captiva Island—R—800-282-3402 (Fla.) 3,106
800-237-3102
Six holes on Gulf, 3 on Island in Bay. A total of 59 traps. Scenic. Water on 8 holes.

Spanish Wells G. & C.C. 18/72
Bonita Springs—*813-992-5100 6,295
Tight course, elevated greens, water, excellent condition. Limited golf packages available.

Tampa/Sarasota

Bardmoor C.C. North: 18/72 6,950
Largo—R—813-393-5461 South: 18/70 6,450
Real "19th hole" for special events. Homesites and condominiums. South open to public. Home of JC Penney Mixed Team Championship.

Belleview-Biltmore Hotel & C.C. West: 18/71 6,338
Clearwater—R—800-237-8947 East: 18/71 6,350
813-442-6171 Pelican: 18/72 6,350
East and West Courses set atop bluff. Top condition. Hotel open Jan. to late April only. Grand resort hotel.

Bloomingdale Golfers Club 18/72
Valrico—SP—813-685-4105 6,780
Ron Garl design set in natural marsh preserve. Water on 13 holes, fast greens, excellent condition.

Dunedin C.C. 18/72
Dunedin—SP—813-733-2484 6,292
Former PGA National Course designed by Donald Ross. Four water holes. Visitors from outside city limits may play.

East Lake Woodlands North: 18/72 6,800
Palm Harbor—*—813-784-7270 South: 18/72 6,680
North Course, a Von Hagge-Devlin design set in a wildlife sanctuary complements the less-demanding South Course. Renters have golf privileges.

GOLF COURSES

☐Innisbrook Resort & G.C.   Island: 18/72   6,570
Tarpon Springs—R   Sandpiper: 18/70   5,724
813-937-3124   ☐Copperhead: 9/36   3,307
800-282-9813   9/35   3,133
   9/36   3,127
   Island heavily wooded, hilly and a great test. Sandpiper is a tough short course. Copperhead is a tough tournament course. Three 9s. Twenty-four lodges scattered throughout 1,000 acres, all located on courses.

Longboat Key C.   Harbourside: 18/72   6,580
Longboat Key—R   Islandside: 18/72   6,158
813-383-8821
800-237-8821
800-282-0113 (Fla.)
   Harbourside fascinating test through tropical vegetation. Complete resort facilities.

The Meadows C.C.   Meadows G. Links: 18/72   6,150
Sarasota—R—813-371-1100   Highlands G. Links: 18/72   6,103
   Picturesque courses in 1,300-acre resort community. Numerous water hazards. Villa rentals.

Palm Aire C.C.   Lakes: 18/72   6,443
Sarasota—*—813-355-9733   Champions: 18/72   6,300
   Courses open to members and rental guests. Champions designed by Dick Wilson. Lakes designed by Joe Lee.

The Palm Club   18/63
Palmetto—PU—813-729-6833   4,500
   Multitiered greens, water hazards, excellent condition. Part of Palms of Terra Ceia Bay development. Long- and short-term rentals.

Pasadena G.C.   18/72
St. Petersburg—SP—813-345-9329   6,208
   Water on 14 holes, large greens, many sand traps, flat.

Plantation G. Resort   27/72-34
Crystal River—R—800-632-6282   6,320-2,423
800-342-0640 (Fla.)
   No parallel holes on Mark Mahannah course; long tees, water. Apartments, condos, villas to rent or buy.

Rocky Point G.C.   18/71
Tampa—SP—813-884-5141   6,562
   Fairways lined by out-of-bounds everywhere. Trees, water, some sand.

Saddlebrook   Saddlebrook: 18/71
Wesley Chapel—R—813-973-1111   6,214
800-237-7519   Palmer: 18/71   6,044
   New Palmer-designed course cut from orange grove. Saddlebrook course flatter of the two. Condo rentals available.

Seven Springs C.C.   18/72
Seven Springs—SP—813-376-0035   6,147
   Country club community. Front open, back tougher. Good condition.

Sun City Center South G. Cse.   18/72
Sun City Center—SP—813-634-1224   6,115
   Twelve lakes and 76 traps on this Mark Mahannah course.

Tarpon Springs G.C.   18/72
Tarpon Springs—SP—813-937-6906   6,211
   Hilly, wooded course with parallel water hazards on 5 holes.

Timber Pines G. Cse.   18/60
Spring Hill—*—904-683-8439   3,689
   Ron Garl executive course in retirement community.

Whispering Oaks C.C.   18/71
Ridge Manor—SP—904-583-2100   6,200
   Challenging course with a variety of holes. Back 9 has 4 water holes.

GEORGIA

Brunswick C.C.   18/72
Brunswick—* 912-264-4377   6,515
   Flat, coastal course built around 5 small lakes. Play only as member of another private club.

†Bull Creek G. Cse.   18/72
Columbus—PU—404-561-1614   6,540
   Joe Lee championship course, 6 severe water holes, 72 traps.

Callaway Gardens   Mountain View: 18/72   6,605
Pine Mountain—R   Garden View: 18/72   6,096
800-282-8181   Lake View: 18/70   6,009
   Sky View: 9/31   1,822
   Outstanding resort with complete facilities. Callaway Inn, cottages on premises.

Fairfield Plantation G. Cse.   18/72
Carrollton—SP—800-241-0792   6,569
   Home of West Georgia Open, this course is hilly, tight and rolling with plenty of bunkers.

Francis Lake G.C.   18/72
Lake Park—R—912-559-7961   6,168
   Willard Byrd course in 350-acre resort development. Lodging on site.

Hard Labor Creek G.C.   18/72
Rutledge—PU—404-557-2143   6,308
   Well-equipped state park with cottages, camping. Enjoyable course with 4 water holes.

Jekyll Island G.C.   Oleander: 18/72   6,476
Jekyll Island—PU   Pine Lakes: 18/72   6,932
912-635-2368   Oceanside: 9/36   3,289
   Indian Mound: 18/72   6,261
   Fine courses, inexpensive. Daily fee or package at nearby motels. Formerly millionaires' hideaway.

Jones Creek G.C.   18/72
Evans—PU—404-860-4288   6,557
   Rees Jones championship design near Augusta.

Lake Arrowhead Yacht & C.C.   18/71
Waleska—R—404-681-2230   6,340
   Scenic course on 540-acre lake. Condo rentals.

St. Simons Island C.   18/72
St. Simons Island—SP—912-638-3691   6,214
   Fine Joe Lee course. Opened in '74. Great par 5s, well wooded. Operated by Cloister Hotel in conjunction with Sea Island courses.

Sea Island G.C.   Plantation: 9/36   3,166
St. Simons Island—R   Seaside: 9/36   3,244
912-638-3611   Marshside: 9/36   3,045
800-342-6874 (Ga.)   Retreat: 9/36   3,267
800-841-3223
   Spectacular site on old plantation; accommodations at Cloister Hotel. Superb links at one of America's great resorts.

Sea Palms G. & Racquet C.   18/72
St. Simons Island—R—800-282-1226 (Ga.)   6,829
800-841-6268
   Very scenic, water holes, beautiful oaks, tall pines. Villas and condominiums plus 9-hole course.

Sconti G. Cse. at Big Canoe   18/72
Big Canoe—R—404-268-3333   6,043
   Scenic course surrounding Lake Sconti at the foothills of the Blue Ridge Mountains. Joe Lee design.

Sheraton Savannah Resort & C.C.   18/72
Wilmington Island—R—912-897-1612   6,500
800-325-3535
   Donald Ross design.

Sky Valley G. Cse. Resort   18/72
Dillard—R—800-242-0131 (Ga.)   6,723
800-241-6941
   Well-maintained, challenging course with lakes, streams, wooded areas and many traps.

†Stone Mountain Park G.C.   18/72
Stone Mountain—PU—404-498-5800   6,885
   Tough Robert Trent Jones mountainside layout in 3,200-acre memorial park. Rolling with small greens, narrow fairways. Ranked among 25 Best Public Courses by Golf Digest.

GOLF COURSES

Stouffer PineIsle Resort 18/72
Buford—R—404-945-8921 6,119
800-468-3571
Small greens put emphasis on accuracy at this course designed by Ron Kirby and associates along with Gary Player. Only 45 miles from Atlanta.

KENTUCKY

Boots Randolph G. Cse. 18/72
Lake Barkley Park—R—502-924-1171 6,405
Long and wide open. A meandering brook affects play on several holes.

General Burnside State Park 18/71
Burnside—R—606-561-4104 5,905
Island resort course. Gently rolling with small greens.

Griffin Gate G.C. 18/72
Lexington—R—606-254-4101 6,845
Marriott Hotel course by Rees Jones in Kentucky bluegrass country.

Hawes Park G. Cse. 18/71
Owensboro—R—502-685-2011 6,200
An open 18 with several good holes. Also par-3 course.

Juniper Hills G. Cse. 18/71
Frankfort—PU—502-875-8559 6,188
Each hole commemorates a Kentucky governor. Hilly, small greens.

Kentucky Dam Village 18/72
Gilbertsville—R—502-362-4271 6,944
Pines course most demanding in the state park system.

Lincoln Homestead 18/71
Springfield—PU—606-336-7461 6,600
Park course in rustic setting. Two good water holes.

Tate's Creek G. Cse. 18/72
Lexington—PU—606-272-3328 6,590
Tight fairways place premium on accuracy off the tee. Reserved tee times.

LOUISIANA

Andrew Querbes Park G. Cse. 18/71
Shreveport—PU—318-865-2367 6,195
Narrow with elevated greens.

Chennault Park G. Cse. 18/72
Monroe—PU—318-329-2454 7,044
Good length, numerous trees. Four lakes.

Eden Isle G.C. 18/72
Slidell—SP—504-643-7627 6,477
Tight, well-conditioned course with lots of canals and lakes.

Huntington Park G. Cse. 18/72
Shreveport—PU—318-686-8001 6,852
Fairly open course with water on 6 holes. New bunkers added.

Mallard Cove Municipal G. Cse. 18/72
Lake Charles—PU—318-436-8116 6,896
Water, sand, trees.

Royal G.C. 18/72
Slidell—R—504-643-3000 6,469
No sand traps. Rolling terrain and water on several holes.

Toro Hills Resort 27/72-36
Many—R—800-551-8536 6,307-3,298
800-282-8560 (La.)
Hilly course with tight fairways. Wooded.

Webb Memorial G. Cse. 18/72
Baton Rouge—PU—504-383-4919 6,679
Rolling municipal course.

MISSISSIPPI

Deerfield C.C. 18/72
Madison—R—601-856-6911 6,560
Gentle rolling terrain. Open fairways with some woods.

BILOXI AREA

Biloxi Hilton Rainbow Bay G. Cse. 18/72
Biloxi—R—601-388-9670 6,365
Some water, not tough.

Broadwater Beach G.C. Sun: 18/72 6,560
Biloxi—R—800-647-3964 Sea: 18/71 6,001
800-221-2816 (Miss.)
Sea Course flat, tight, wooded. Sun Course open, but a tough test. Also 9-hole lighted par-3 course.

Diamondhead C.C. Pine: 18/72 6,421
Bay St. Louis—R Cardinal: 18/72 6,153
601-255-3910
800-221-2423
36 holes of golf one hour from New Orleans. Rolling terrain with no parallel fairways.

Hickory Hills C.C. 18/72
Gautier—SP—601-497-1902 6,517
Water, including 2 large lakes, dominates 4 holes on this rolling Earl Stone course.

Pine Island G. Cse. 18/71
Ocean Springs—SP—601-875-1674 6,449
Lots of marshes, wildlife.

Royal Gulf Hills Resort & C.C. 18/72
Ocean Springs—R—601-875-4211 6,294
800-647-3962
Beautiful woodland setting. Gently rolling fairways. Rooms available.

St. Andrews on Gulf 18/72
Ocean Springs—SP—601-875-7730 6,449
Part of residential development. Condominiums available with complete resort facilities.

Sunkist C.C. 18/72
N. Biloxi—SP—601-388-3961 6,121
Delightful, rolling test with level fairways and smallish greens.

The following resort facilities offer golf packages at one or more of the above courses. Area code at all courses is 601.
    Best Western Biloxi Inn—388-1000
    Best Western Gulfport Inn—864-4650
    Biloxi Beach Motor Inn—388-3310
    Biloxi Hilton Hotel & Condominiums—388-7000
    Biloxi Howard Johnson's—388-6310
        800-654-2000
    Biloxi Ramada Inn—388-5512
        800-228-2828
    Biloxi TraveLodge—388-5531
    Broadwater Beach Hotel—388-2211
    Buena Vista Hotel—432-5511
    Chateau de la Mer Beach Resort,
      Gulfport—896-1703
        800-257-5551
    Diamondhead, Bay St. Louis—255-1421
    Fairchild's Motel, Gulfport—896-7515
    Holiday Inn of Biloxi—388-3551
    Holiday Inn of Gulfport—864-4310
    LaFont Inn, Pascagoula—762-7111
    Royal D'Iberville Hotel—388-6610
    Sheraton Gulfport Inn—864-0050
    Sun-n-Sand Rodeway Inn—388-5111
    Tivoli Hotel, Biloxi—374-3740

NORTH CAROLINA

Bald Head Island G.C. 18/72
Southport—* 919-457-6763 7,040
George Cobb course that winds through dunes and forest. Water on 16 holes. Call in advance. Located 3½ miles in the Atlantic Ocean. Access by passenger ferry.

GOLF COURSES

Beech Mountain G.C. 18/72
Banner Elk—R—704-387-2372 6,102
   Chalet rentals, 3 mountaintop inns. Course hilly with narrow fairways, small greens.

Belvedere Plantation G. Cse. 18/72
Hampstead—R—800-334-8126 6,500
   Narrow fairways, excellent condition, elevated greens, water hazards, located on Intracoastal Waterway. Shuttle boat to beach.

Black Mountain G.C. 18/71
Black Mountain—PU—704-669-2710 6,087
   No. 17 is world's longest hole at 745 yards, par-6. Open year round.

Blowing Rock C.C. 18/71
Blowing Rock—R—704-295-3171 6,800
   Tricky, windy mountain course with small greens, narrow fairways. Green Park Inn guests have golf privileges.

Boone G.C. 18/71
Boone—PU—704-264-8760 6,388
   Open April-Nov. Level fairways with 2 exceptions. Creek comes into play on several holes.

The Cape G. & Racquet C. 18/72
Carolina Beach—R—919-791-9224 6,220
   Challenging, 15 water holes, holes 15 and 17 share green.

Carolina Pines C.C. 18/72
New Bern—PU—919-447-7121 6,436
   Tree-lined fairways, water on 6 holes, 15 green overlooks Neuse River.

Carolina Trace C.C. Lake Course: 18/72 6,988
Sanford—SP— Creek Course: 18/72 6,820
919-499-5121 Carolina Lakes: 18/72 6,248
   Wooded layout in Sandhills section. Play by invitation or golf package.

Cleghorn Plantation G. & C.C. 18/72
Rutherfordton—PU—704-287-2091 6,309
   Large, elevated bent-grass greens, rolling Bermuda fairways.

Connestee Falls C.C. 18/72
Brevard—* 704-885-2001 6,559
   Tight, George Cobb designed course. Front level, back 9 hilly. Private club with reciprocity with other private clubs through golf professionals.

Duck Woods G.C. 18/72
Kitty Hawk—SP—919-261-2609 6,210
   Ellis Maples course on Outer Banks amid lagoons and lakes.

Elk River Club 18/72
Banner Elk—R—704-898-9777 6,800
   Great mountain setting. Challenging Nicklaus course.

Etowah Valley G. Cse. 18/72
Etowah—SP—704-891-7022 7,108
   Challenging with large greens. Bent grass throughout.

Fairfield Harbour G. Cse. 18/72
& Harbour Pointe G. Cse. 6,704
New Bern—PU—919-638-8951 9/36
800-334-5739 3,392
800-682-8140 (N.C.)
   Well trapped with narrow fairways. Four large lakes make this a challenging test. New nine is Rees Jones design.

Fairfield Mountains G. Cses. Bald Mountain: 18/72
Lake Lure—* 704-625-9111 6,800
Apple Valley: 18/72 6,726
   Water and woods make Bald Mountain a challenging test. Apple Valley is a Dan Maples design with majestic mountain scenery. Must stay on property or be a member to play.

Fairfield Sapphire Valley- 18/70
Holly Forest G. Cse. 6,219
Sapphire—SP—704-743-3441
800-438-3421
800-222-1057 (N.C.)
   A beautiful and challenging course. Many other amenities on site.

Fox Squirrel C.C. 18/72
Boiling Spring Lake—PU—919-845-2625 6,208
   Difficult course, front 9 has wide fairways, back 9 tighter.

Great Smokies Hilton Inn & C.C. 18/70
Asheville—R—704-254-3211 5,159
800-446-3811 (N.C.)
   Tight, tree-lined fairways. Winding stream in play on 9 holes.

Grove Park Inn & C.C. 18/71
Asheville—R—800-438-5800 6,171
800-222-9793 (N.C.)
   Scenic Blue Ridge mountain course. Fabulous lodge.

Hanging Rock G. & C.C. 18/71
at Seven Devils 5,686
Boone—R—704-963-6565
   Hilly mountaintop course running through woods.

High Hampton Inn & G.C. 18/71
Cashiers—R—704-743-2411 5,904
   Gently rolling with beautiful mountain views. A pleasure to play. Open April 1—Nov. 1.

High Meadows G.C. 18/72
Roaring Gap—R—919-363-2445 6,487
   Rolling terrain and lakes characterize this mountain layout.

Hound Ears Lodge C.C. 18/72
Blowing Rock—R—704-963-4321 6,015
   Fine scenic resort course with streams, lakes and a few hills.

Keith Hills C.C. 18/72
Buies Creek—R—919-893-5051 6,735
   Hilly Ellis Maples design. Wooded.

Linville G.C. 18/72
Linville—R—704-733-4363 6,260
   Fine course high in mountains. Eseeola Lodge adjoins course.

Linville Ridge C.C. 18/72
Linville—* 704-898-9741 6,204
   Highest course east of the Mississippi. Home pro needs to call or write.

Maggie Valley C.C. 18/71
Maggie Valley—R—704-926-1616 6,087
800-438-3861
   A 75-unit motor lodge and fairway villas offering year-round golf package in Great Smokies.

Mt. Mitchell G. Cse. 18/72
Burnsville—PU—704-675-5454 6,475
   Beautifully conditioned course that runs along the Pisgah National Forest with bent-grass greens and tees. Accessible to residents of Alpine Village.

Morehead City C.C. 18/72
Morehead City—* 919-726-4917 6,060
   Short, tight in spots. Bermuda greens. Hotels and motels nearby. Close to Atlantic Beach.

†Oak Hollow G. Cse. 18/72
High Point—PU—919-869-4014 5,927
   Pete Dye design. Tight with lake in play on 7 holes.

Oak Island G. & Beach C. 18/72
Southport—SP—919-278-5275 6,135
   Lovely, seaside course. Open year round. Lodging nearby.

Old Point G. & C.C. 18/72
Hampstead—SP—919-270-2403 6,880
   Scenic, gently rolling terrain with large bent-grass greens and water on 14 holes.

River Bend G. & C.C. 18/71
New Bern—SP—919-638-2819 6,019
   Good test, water on front 9. Rental possibilities nearby.

Sapphire Lakes C.C. 18/72
Sapphire—* 704-966-9202 6,805
   Mountain views, streams and waterfalls. Reciprocity with established clubs.

GOLF COURSES

Sea Scape G. Cse. 18/71
Kitty Hawk—SP—919-261-2158 6,000
A true links built on dunes overlooking Atlantic Ocean, and a pure delight to play.

Springdale C.C. 18/72
Canton—R—704-235-8451 6,418
A creek wanders through this course coming into play several times. Front 9 hilly, back 9 flat. Cottages on property.

Star Hill G. & C.C. 27/71-36
Cape Carteret—SP—919-393-8111 6,427-3,015
Part of residential resort community.

†Tanglewood Park G.C. †West: 18/70 6,325
Clemmons—R East: 18/72 6,085
919-766-9150
Also has 18-hole par-3 lighted course. Lodge is in a park-like setting. West course site of 1974 PGA.

Waynesville C.C. Inn 18/71
Waynesville—R—704-452-2258 6,015
Front 9 flat with lake. Back 9 hilly, also with lake.

Wolf Laurel Resort 18/72
Wolf Laurel—R—704-689-4111 6,250
Year-round vacation/residential resort. Mountain course with elevations to 4,875 feet. Challenging course with beautiful views.

PINEHURST/SO. PINES AREA

Foxfire G. & C.C. 18/71 6,170
Pinehurst—R—800-672-9507 (N.C.) 18/72 6,280
800-334-9540
Lush, rolling courses adjoining Foxfire Inn.

Hyland Hills G. & C.C. 18/72
Southern Pines—R—919-692-3752 6,015
Tom Jackson course associated with lodge. Thirteen-mile skyline view.

Midland C.C. 9/35
Pinehurst—SP—919-295-3241 2,868
Rolling fairways wind through residential development. Two sets of tees.

Mid Pines Resort, A Quality Royale 18/72
Southern Pines—R—919-692-2114 6,515
Donald Ross-designed layout.

☐Pinehurst C.C. No. 1: 18/70 5,852
Pinehurst—R—800-334-9553 ☐No. 2: 18/72 6,401
800-672-4644 (N.C.) No. 3: 18/71 5,756
No. 4: 18/72 6,385
No. 5: 18/72 6,369
No. 6: 18/72 6,314
No. 7: 18/72 6,783
Outstanding golf complex. No. 2 one of the best in U.S.

Pine Needles Lodges & C.C. 18/71
Southern Pines—R—919-692-7111 6,626
Rolling, Donald Ross course at complete resort. Tight, tree-lined fairways. Cozy accommodations.

The Pines G. & Resort C. 18/72
Pinebluff—PU—919-281-3165 6,605
Rolling hills, lakes and wooded terrain.

The Pit G. Links 18/71
Pinehurst—PU—919-944-1600 6,079
Dan Maples design set in commercial sandpit. 30-acre lake. Golf packages with all local hotels and motels including Pine Crest Inn.

Seven Lakes C.C. 18/72
West End—R—919-673-1092 6,155
Blend of traditional and modern design by Peter Tufts on rolling sand hills. Located 10 miles west of Pinehurst in resort community.

Southern Pines C.C. 18/71
Southern Pines—SP—919-692-6551 6,426
Relatively hilly, interesting doglegs, water on 4 holes.

Whispering Pines G.C. 18/72 7,138
Whispering Pines—SP 18/71 6,172
919-949-3777 18/71 6,363

800-334-9536 (outside N.C.)
On 3,000-acre community development.

Woodlake C.C. 18/72
Vass—SP—919-245-4686 7,003
Ellis Maples design, opened in 1972 and built around 1,100-acre lake in the middle of the sandhills resort area. Nine holes under construction.

SOUTH CAROLINA

Fairfield Ocean Ridge Resort 18/71
Edisto Island—R—800-845-8500 6,434
800-922-3330 (S.C.)
Tom Jackson layout winds through tropical forest. Challenging and beautiful.

Fripp Island Ocean Point G. Links 18/72
Fripp Island—R—800-845-4100 6,478
803-838-2411
Challenging oceanside course designed by George Cobb has lagoons and many trees. Voted one of best in South Carolina. Located on private resort island.

Hickory Knob State Resort G. Cse. 18/72
McCormick—PU—803-443-2151 5,951
Rolling, challenging course, water comes into play on 9 holes, bent-grass greens.

Keowee Key C.C. 18/72
Salem—R—803-944-2222 6,540
George Cobb design at foothills of Blue Ridge Mountains. Rolling terrain.

Kiawah Island Resort Marsh Point: 18/71 6,250
Charleston—R Turtle Point: 18/72 6,889
800-6-KIAWAH
Marsh Point has 13 water hazards and marshland vistas. Turtle Point has 3 sensational oceanside holes. Third course under construction.

Lake Marion G.C. 18/72
Santee—R—803-854-2233 6,223
Overlooks huge Lake Marion. Part of Santee-Cooper Resort.

Royal Pines C.C. Marsh: 18/72 5,896
Beaufort—R—803-524-8373 Pines: 18/72 6,728
Picturesque, well-treed, some water. Rental condominiums available.

Seabrook Island Ocean C. 18/72 6,125
Charleston—R—803-768-2529 18/72 6,322
Willard Byrd-designed oceanside course tight; Robert Trent Jones course has wider fairways.

☐Wild Dunes ☐Links: 18/72 6,715
Isle of Palms—R—800-845-8880 Harbor: 18/72 6,709
803-886-2000
Fazio-designed courses in duneland setting. Original Links Course ranked 32nd in U.S. by Golf Digest. Finishing holes on Atlantic Ocean. Harbor Course runs along Intracoastal Waterway.

HILTON HEAD ISLAND AREA

C.C. of Callawassie 18/72
Hilton Head—SP—803-842-4955 6,350
803-785-PUTT
Challenging Tom Fazio design with Scottish elements. Enjoyable for players of all skill levels.

C.C. of Hilton Head 18/72
Hilton Head Plantation—PU—803-681-GOLF 6,215
Variation of terrain and design in Rees Jones layout.

Hilton Head Dolphin Head: 18/72 6,654
Plantation Oyster Reef: 18/72 6,934
Hilton Head—R—803-681-7717
Dolphin Head by Kirby and Player, Oyster Reef course by Rees Jones. Call for starting times.

GOLF COURSES

Moss Creek Plantation
Hilton Head—* 803-785-4488
    Devil's Elbow
    North: 18/72 6,655
    South: 18/72 6,583
    Tom Fazio South Course with front 9 in pine and oak trees. Back 9 primarily on marshfront. North Course heavily contoured, with grass bunkers, water, sand. Need letter from home pro requesting tee times.

Palmetto Dunes Resort
Hilton Head—R—803-785-7300
    800-845-6130
    Jones: 18/72 6,131
    Fazio: 18/70 6,547
    Hills: 18/72 6,122
    Challenging Jones Course. Fazio Course is tremendous. Hills Course newest addition. Preferential times to plantation guests.

Port Royal Plantation
Hilton Head—R
803-681-3671
    Planter's Row: 18/72 6,520
    Barony: 18/72 6,530
    Robber's Row: 18/72 6,711
    George Cobb and Willard Byrd designs. Narrow, well-trapped, undulating greens. Sea Pines Vacation Resorts.

Rose Hill G.C.
Hilton Head—PU—803-757-2160
    27 holes
    9,958
    Tree-lined, challenging Gene Hamm layout with lagoons winding through course.

☐ Sea Pines Plantation
Hilton Head—R
800-845-6131
800-922-7042 (S.C.)
    Ocean: 18/72 6,600
    ☐ Harbour Town: 18/71 6,652
    Sea Marsh: 18/72 6,372
    Harbour Town Links site of Heritage Classic. Hilton Head Inn, villas and rental homes. Sea Pines Vacation Resorts.

Shipyard Plantation
Hilton Head—R—803-785-2402
    Brigantine: 9/36 3,352
    Galleon: 9/36 3,364
    Clipper: 9/36 3,466
    George Cobb and Willard Bryd designs. Villa accommodations. Sea Pines Vacation Resorts.

The following resort facilities, all located on Hilton Head Island, offer golf packages at one or more of the above courses. The area code for all numbers is 803.
- Adventure Inn—785-5151, 800-845-6131
- Hilton Head Inn—785-5111, 800-845-6131
- Holiday Inn—785-5126, 800-HOLIDAY
- Hyatt on Hilton Head—785-1234, 800-228-9000
- Mariner's Inn—842-8000, 800-845-8001
- Marriott Hotel—842-2400, 800-228-9290
- Palmetto Dunes Resort—785-1161, 800-845-6130
- Sea Side Villas—785-7061, 800-845-7013
- Sea Crest Motel—785-2121, 800-845-7014
- Sea Pines Resort—785-3333, 800-845-6131

MYRTLE BEACH AREA

Arcadian Shores G.C.
Arcadian Shores—R—803-449-5217
    18/72
    7,009
    Rees Jones course features trees, seashore, sandhills. Hilton Hotel complex.

Azalea Sands G.C.
North Myrtle Beach—PU—803-272-6191
    18/72
    6,410
    Gene Hamm course on Highway 17 in city limits. Two blocks from ocean. Five lakes. Lodging facilities nearby.

Bay Tree G. Plantation
North Myrtle Beach—R
800-845-6191
    Gold: 18/72 6,527
    Green: 18/72 6,426
    Silver: 18/72 6,280
    Three courses designed by George Fazio and Russell Breeden. Accommodates beginner to expert. Complete facilities.

Beachwood G.C.
North Myrtle Beach—R—803-272-6168
    18/72
    6,202
    High handicapper's delight. Not demanding, fun. Double-dogleg 14th unique. Play as guest of local hotels.

Burning Ridge C.C.
Myrtle Beach—R—803-448-3141
    East: 18/72 6,216
    West: 18/72 6,237
    Water-braced Gene Hamm designs with several tricky holes.

Carolina Shores G. & C.C.
Calabash—SP—803-448-2657
    18/72
    6,757

T. Jackson course intertwines resort development. Opened spring '75.

Deer Track G.C.
Deerfield Plantation—
South Myrtle Beach—R—803-651-2146
    North: 18/72 6,575
    South: 18/72 6,375
    J. P. Gibson design. Bent-grass greens. Lots of water. Guests of member hotels may play.

☐ Dunes G. & Beach C.
Myrtle Beach—R—803-449-5236
    18/72
    6,450
    Many elevated greens. You'll love dogleg 13th. Designed by Robert Trent Jones.

Eagle Nest G.C.
North Myrtle Beach—SP—803-249-1449
    18/72
    6,900
    Open to guests of member hotels. No. 16 doglegs across beautiful lake.

Gator Hole G.C.
North Myrtle Beach—R—803-249-3543
    18/70
    6,015
    Rolling Rees Jones course built around lakes.

Heritage Plantation G.C.
Pawley's Island—R—803-249-3449
    18/71
    6,100
    Dan Maples design set in rice plantation on Waccamaw River.

Indian Wells G.C.
Garden City—R—803-651-1505
    18/72
    6,231
    Accuracy off tee required. Tight with water.

Island Green G.C.
Myrtle Beach—R
803-651-2186
    Tall Oaks: 9/36 3,301
    Dogwood: 9/35 3,274
    Holly: 9/36 3,230
    As their names indicate, these 27 holes are framed by many trees.

Litchfield C.C.
Litchfield Beach—R—803-237-3411
    18/72
    6,210
    Opened in 1965, the tree-lined course is open to member and non-member play.

Marsh Harbour G. Links
Calabash—R—803-249-3449
    18/71
    6,300
    Six holes overlook salt marsh, 2 holes overlook yacht basin, 1 hole on Calabash River. Lots of trees.

Myrtle Beach National G.C.
Myrtle Beach—R—803-448-2308
    North: 18/72 6,040
    West: 18/72 6,138
    South: 18/71 5,925
    Duane-Palmer courses on sand pine ridge with lakes. North Course tight with much water.

Myrtlewood G. Cse.
Myrtle Beach—SP
803-449-5121
    Pines: 18/72 6,068
    Palmetto: 18/72 6,495
    Left-to-right doglegs abound. Trees serve as special obstacles. Tennis.

Oyster Bay G. C.
Sunset Beach—R—803-272-6399
    18/70
    6,800
    Dan Maples design, championship quality course with 15 holes on water. Bent-grass greens and finely manicured. Golf Digest's Best New Resort Course in 1983.

Pine Lakes International C.C.
Myrtle Beach—SP—803-449-6459
    18/71
    6,176
    Narrow pine-lined fairways, small greens. Open to guests of member hotels.

Possum Trot G.C.
Crescent Beach—R—803-272-5341
    18/72
    6,400
    Not overly difficult, but enjoyable. Water guards 4 greens.

Quail Creek G.C.
Myrtle Beach—SP—803-347-3166
    18/72
    6,373
    Big, flat greens invite good scores. Several water hazards. Cut through pines.

Raccoon Run G.C.
Myrtle Beach—PU—803-651-2644
    18/71
    6,799
    Wide, rolling fairways and large greens. Long and well trapped.

GOLF COURSES

River C. 18/72
Litchfield Beach—PU—803-237-4913 6,283
 Challenging course with many water hazards. Accommodations at Waccamaw House or in villas on golf course.

Robber's Roost G.C. 18/72
North Myrtle Beach—PU—803-249-2085 6,369
 Challenging design. Water a constant threat. Lengthy par 5s make it tough.

Sea Gull G.C. 18/72
Pawley's Island—R—803-237-4285 6,295
 Back 9 rolls with lake crossing two fairways. 12th has two greens.

Surf G.C. 18/72
Ocean Drive Beach—R—803-249-1524 6,372
 Most greens permit run-up approaches. Interesting. Par-3 18th outstanding.

Wachesaw Plantation C. 18/72
Murrells Inlet—*—803-357-1500 6,342
 Championship Tom Fazio design set in low country rice plantation on the Intracoastal Waterway.

Waterway Hills at Skyway Oaks: 9/36 3,070
Myrtle Beach—PU Lakes: 9/36 3,015
803-449-6488 Ravine: 9/36 3,005
 Robert Trent Jones-designed course on rolling terrain. Well bunkered with undulating bent-grass greens.

Wedgefield Plantation C.C. 18/72
Georgetown—R—803-448-2124 6,199
 J. Porter Gibson course on Black River. Wooded, well trapped and plenty of water.

The following resort facilities offer golf packages at one or more of the above courses. The area code for all numbers is 803 unless otherwise stated.
 A Place at the Beach—513-424-6850
 The Breakers—800-845-0688
 The Brigantine—449-7431
 Cabana Terrace Motor Inn—249-1421
 Captain's Quarters—448-1404
 The Caravell Resort Motel—449-3331
 Caribbean Motel & Villas—448-7181
 Chesterfield Inn—448-3177
 Condotels—800-845-0631
 Holiday Inn Downtown—448-4481
 Holiday Inn Surfside—238-5601
 Holiday Sands Ocean Front—448-8477
 The Internationale Inn—249-3591
 The Landmark Resort—448-9441
 Montego Inn—448-8551
 Myrtle Beach Hilton—449-7461
 Myrtle Beach Resort—800-845-0671
 Ocean Dunes—449-7441
 Ocean Resorts—272-3511
 The Patricia—448-1791
 Polynesian Beach & G. Resort—272-3511

TENNESSEE

Brainerd G. Cse. 18/72
Chattanooga—PU—615-894-8085 6,453
 Moderately wooded, small greens. Front 9 flat, back 9 rolling. No water. Tough par 4s.

Fairfield Glade Druid Hills: 18/72 6,329
Fairfield Glade—R Dorchester: 18/72 6,406
800-262-6702 (Tenn.) Stonehenge: 18/72 6,549
800-251-6783
 Three courses at this resort, 1 by Sam Snead, a second by Bobby Greenwood, and the latest, a Joe Lee gem, named Best Resort Course of 1985 by Golf Digest.

†Fall Creek Falls State Park G. Cse. 18/72
Pikeville—PU—615-881-3706 6,378
 Scenic Joe Lee course cut in virgin forest atop Cumberland Mountains. Fall Creek Inn on site.

Gatlinburg G. Cse. 18/72
Gatlinburg—PU—615-453-3912 6,235
 At foot of Great Smoky Mountains. Hilly terrain with big greens.

Graysburg Hills G. Cse. 18/72
Chuckey—PU—615-234-8061 6,744
 Scenic Rees Jones course in valley. Many elevated tees.

Henry Horton State Park 18/72
Chapel Hill—PU—615-364-2319 6,525
 Huge greens and bunkers. Wide fairways. Elevated tees. Horton Inn nearby.

Ironwood G.C. 18/72
Cookeville—PU—615-528-2331 6,105
 Lodging facilities nearby.

McCabe Field G. Cse. 9/35 3,040
Nashville—PU—615-297-9138 9/35 3,060
  9/36 3,370
 Flat with open fairways.

Moccasin Bend G.C. 18/72
Chattanooga—PU—615-267-3585 6,300
 Scenic, rolling course, partially open. Water hazards, bunkers.

Nashboro Village G. Cse. 18/72
Nashville—PU—615-367-2311 6,350
 Heavily wooded. Combination of rolling hills and flat terrain.

Rhodes Municipal G. Cse. 9/36
Nashville—PU—615-242-2336 3,159
 In city within a city, Metro Center. Plans underway for another 9.

Temple Hills C.C. 27/72-36
Nashville—* 615-646-4785 6,400-3,200
 Elevated tees, rolling terrain, 5 lakes. Private club with reciprocity with other private clubs.

VIRGINIA

Bow Creek Municipal G. Cse. 18/70
Virginia Beach—PU—804-486-6960 5,858
 Tight, well bunkered. Flat, wooded.

Bryce Resort 18/71
Basye—R—703-856-2040 6,175
 Edmond Ault course in all-season resort, condos and rentals. 2,500-foot landing strip.

Caverns C.C. 18/72
Luray—R—703-743-7111 6,317
 Gently rolling hills, huge greens. Some holes tight, some open.

The Crossings 18/72
Richmond—PU—804-266-2254 6,241
 Accuracy demanded by this Joe Lee-designed course.

Golden Horseshoe G. Cse. 18/71
Williamsburg—R—804-229-1000 6,340
 Challenging Robert Trent Jones test in picturesque surroundings. Also sports a 9-hole course. Williamsburg Inn adjoins. Open to public.

Hell's Point 18/72
Virginia Beach—PU—804-721-3400 6,715
 Rees Jones design for a championship-quality course.

☐The Homestead Homestead: 18/71 5,957
Hot Springs—R ☐Upper Cascades: 18/70 6,282
800-542-5734 (Va.) Lower Cascades: 18/72 6,381
800-336-5771
 Three great courses of varying difficulty. Upper Cascades a gem. One of America's great resorts.

Kempsville G.C. 18/72
Virginia Beach—SP—804-495-1889 6,013
 Wooded, with interesting holes, fine greens. Recently renovated.

Kingsmill G.C. River: 18/71 6,000
Williamsburg—R—804-253-3906 Plantation: 18/72 6,109
 River Course by Pete Dye. Home of Anheuser-Busch Classic. Arnold Palmer course opened spring 1986. Condos, pools, beach, restaurant. Located overlooking James River adjacent to Busch Gardens.

GOLF COURSES

Lake Wright G.C.   18/70
Norfolk—R—804-461-6251   6,131
    800-228-5151
    Fairly straight course built around Lake Wright. Motel adjoins.

Olde Mill G.C.   18/72
Groundhog Mt./Laurel Fork—PU   6,266
703-398-2211
    Total of 52 acres of lakes, streams wind through this challenging course. Open March-Nov.

Old Monterey G.C.   18/71
Roanoke—SP—703-563-0400   6,287
    Front 9 hilly, back level. Motels nearby.

Red Wing Lake G. Cse.   18/72
Virginia Beach—PU—804-425-6300   6,438
    George Cobb course with large greens. Water on 10 holes. Motels nearby.

The Shenvalee   18/70
New Market—R—703-740-3181   6,337
    Weekend player's course. Many trees added. Small hotel, motel adjoin.

Shannon Green G. Cse.   18/72
Fredericksburg—R—703-786-8321   6,533
    Ed Ault-designed course in Virginia's Piedmont country. Site of the Sheraton Fredericksburg Resort and Conference Center.

The Tides Inn   Golden Eagle: 18/72
Irvington—R—804-438-5000   6,523
    800-843-3746
    800-552-3461 (Va.)
    George Cobb designed this course with several holes playing over lake. Guests of Tides Inn can also play Tides Lodge Tartan course.

The Tides Lodge   Tartan: 18/72
Irvington—R—804-438-6000   6,563
    800-446-5660
    800—24TIDES (Va.)
    Tree-lined, narrow fairways, with many twists, turns and dips. Water on 11 holes. Guests can also play Tides Inn's Golden Eagle Course.

Wintergreen   Devil's Knob: 18/70
Wintergreen—R—800-325-2200   6,576
    Spectacular Blue Ridge mountaintop course. Condos, restaurants and inn. Tennis, skiing, horseback riding, swimming.

WEST

ALASKA

Eagle Glen G. Cse.   18/72
Anchorage—PU—907-552-1110   6,024
    Robert Trent Jones Jr. design at Elmendorf AFB. Fine course. Par 3s are the strong point. Military personnel have priority.

Moose Run G. Cse.   18/71
Ft. Richardson—PU—907-428-0056   6,417
    Front 9 gently rolling hills, back 9 wide open. Wilderness setting with moose and bear roaming the course.

ARIZONA

Antelope Hills G.C.   18/72
Prescott—PU—602-445-0583   6,750
    L. Hughes course is at 5,000 feet. Fairly flat. Lodging nearby.

Desert Hills Municipal G.C.   18/72
Yuma—PU—602-344-4653   6,815
    Gently rolling course opened '73. Large greens. Lots of water. Lodging nearby.

Fairfield Continental C.C. Estates   18/71
Flagstaff—R—602-526-3232, 800-352-5777   5,795
    An exciting challenge in scenic mountains. Private course adjoins.

Kino Springs G.C.   18/72
Nogales—R—602-287-8701   6,200
    Front 9 in rolling meadowland, back 9 rough and hilly in 6,000-acre home development.

London Bridge G.C.   36/71-70
Lake Havasu—PU—602-855-2719   6,618-6,166
    Many doglegs, hilly. Part of resort community.

Nautical Inn   18/60
Lake Havasu—R—602-855-2141   4,022
    Desert, resort course.

Pinetop C.C.   18/71
Pinetop—* 602-369-2461   6,193
    Challenging second home development course in White Mountains near Show Low. No reciprocal play Memorial Day—Labor Day.

Rancho de los Caballeros   18/72
Wickenburg—R—602-684-5484   7,025
    Set on rolling hills. Water surrounds green on seventh. Challenging play.

PHOENIX/SCOTTSDALE AREA

Ahwatukee C.C.   18/72   6,652
Phoenix—SP—602-893-1161   18/60   4,044
    Championship quality course against a mountain setting. Fine executive course within 1/2 mile.

Anasizi G. Cse.   18/71
Phoenix—SP—602-953-9110   6,900
    Links type course designed by Pete Dye. Site of pro mini-series.

Apache Wells C.C.   18/71
Mesa—PU—602-830-4725   6,077
    Well-groomed desert course amid housing development. Public May 1-Nov. 1.

Arizona Biltmore G.C.   Adobe: 18/72   6,783
Phoenix—R—602-955-9655   Links: 18/71   6,397
    Mountain and desert setting for fine courses. Adobe flat. Links hilly with several lakes.

Arizona City C.C.   18/72
Arizona City—SP—602-466-5327   6,501
    Desert course with narrow fairways and water on 6 holes.

Arizona G. Resort and Conference Center   18/71
Mesa—R—602-832-3202, 800-528-8282   6,641
    Accommodations on course; green fees complimentary. Extra large greens. Three water holes. Well maintained.

Arrowhead C.C.   18/72
Glendale—SP—602-561-0150   6,302
    Wide, fun Arnold Palmer design set in mature citrus ranch. Open to the public at this time.

The Boulders C.   27/72-36
Carefree—R—602-488-9009   6,851-3,471
    Challenging course 20 miles north of Scottsdale. Large saguaro cactus and boulders come into play. Resort facilities.

Dobson Ranch Municipal G. Cse.   18/71
Mesa—PU—602-834-2291   6,600
    One of the finest public facilities in the state.

Encanto G. Cse.   18/70
Phoenix—PU—602-253-3963   6,245
    Good test. Near downtown area. Also includes a 1,730-yard par-30 layout.

Fountain Hills G.C.   18/71
Fountain Hills—PU—602-837-1173   5,600
    Laid out along bottom of series of ravines and gullies. Tight, narrow fairways.

GOLF COURSES

The Gainey Ranch Arroyo: 9/36 3,173
Scottsdale—* 602-951-0022 Lake: 9/36 3,089
 Dunes: 9/36 2,949
  Private club with playing privileges for Hyatt Regency Scottsdale guests. Lush, varied terrain. Benz/Poellot design.

Gold Canyon Ranch C.C. 18/71
Apache Junction—R—602-982-9449 6,004
  Located in foothills of Superstition Mountains. Lush, oasis condition.

Hillcrest G.C. 18/72
Sun City West—PU—602-975-1000 6,960
  Championship quality course. Site of a Senior PGA Tour tournament.

Marriott's Camelback Inn Resort & G.C.
Scottsdale—R—800-228-9290 Padre: 18/71 6,078
 Indian Bend: 18/72 6,500
  Padre: lush, elevated greens. Indian Bend: links-type course with scenic mountain views. Open to public on space available basis.

Maryvale G. Cse. 18/72
Phoenix—PU—602-846-4022 6,223
  Popular city course. Front 9 includes many water hazards.

McCormick Ranch G.C. Pine: 18/72 7,020
Scottsdale—R—602-948-0260 Palm: 18/72 7,021
  Mountain, lake views in resort residential community.

Moon Valley C.C. 18/72
Phoenix—* 602-942-1278 6,400
  Private club with limited guest privileges. Contact club in advance.

Mountain Shadows C.C. 18/56
Scottsdale—R—602-948-7111 2,868
  Executive course run by Mountain Shadows Resort.

Orange Tree C.C. 18/72
Scottsdale—SP—602-948-6100 6,421
  Excellent course. Very challenging.

†Papago Park G. Cse. 18/72
Phoenix—PU—602-275-8428 7,053
  Wide fairways. Large greens. Site of 1971 U.S. Public Links event.

Pima Inn C.C. 18/72
Scottsdale—SP—602-948-3370 7,010
  Championship course on Indian reservation. Desert-mountain vistas.

Pueblo El Mirage G. Cse. 18/72
El Mirage—R—602-583-0877 6,125
  Desert and mountain views from this Fuzzy Zoeller course.

Rio Verde C.C. Quail Run: 18/72 6,300
Rio Verde—SP White Wing: 18/71 6,057
602-837-9420
  Beautiful, rolling hill courses with water on 9 holes. Rental vacation homes available.

San Marcos Resort & C.C. 18/72
Chandler—R—602-963-3358 7,215
  Plush resort course, bordered by tall tamarack trees.

Scottsdale C.C. North: 9/35 3,021
Scottsdale—SP—602-948-6911 South: 9/35 3,064
 East: 9/35 3,201
  Course redesigned by Palmer/Seay. Has 13 water holes and creeks. Good for golfers of all abilities.

Sierra Estrella G. Cse. 18/71
Goodyear—PU—602-932-3714 6,670
  Good course with practice area and eating facilities. Moderately hilly.

Thunderbird C.C. 18/71
Phoenix—SP—602-243-1262 6,375
  Rolling desert course built in foothills of South Mountain.

TPC at Scottsdale 18/71
N. Scottsdale—PU—602-585-3600 6,508
  Tom Weiskopf-Jay Moorish course is site of Phoenix Open. Second course scheduled to open July 1987.

☐Wigwam-Goodyear G. & C.C. ☐Gold: 18/72 6,469
Litchfield Park—R Blue: 18/70 6,107
602-935-3811 West: 18/70 6,861
  R. T. Jones' Gold Course very difficult. Blue Course short. West by Robert Lawrence. For club members and Wigwam guests.

TUCSON AREA

El Rio G.C.—602-791-4229 18/70 6,013
Randolph South G.C.—602-791-4161 18/70 5,872
Randolph North G.C.—602-791-4161 18/72 6,518
Tucson—PU
  Three public courses available to visitors.

Fred Enke G. Cse. 18/72
Tucson—PU—602-791-2539 6,363
  Desert terrain demands shot placement. Excellent course.

Fairfield Canoa Hills G. Cse. 18/72
Green Valley—PU—602-648-1880 6,077
  Tight desert course with rolling hills and desert landscape. Good condition. Mountain view. Only 20 miles south of Tucson.

The Forty-Niners G.C. 18/72
Tucson—* 602-749-4212 6,228
  Private desert course open to members of USGA private clubs.

La Paloma C.C. Hill: 9/36 3,463
Tucson—R—602-299-1500 Ridge: 9/36 3,554
 Canyon: 9/36 3,567
  Three challenging Jack Nicklaus 9's in excellent condition. Open to guests of Westin La Paloma Hotel only.

Sheraton Tucson El Conquistador 18/72 7,064
G. & Tennis Resort 9/35 3,029
Tucson—R—800-325-3535
  Difficult with undulating terrain unlike most desert courses.

The Resort Spa at Tucson National G.C. 27/73-32
Tucson—R—602-297-2271 6,549 3,027
800-528-4856
  Devlin/Von Hagge redesigned course. Gently rolling terrain. Exquisite mountain views.

Silverbell G. Cse. 18/72
Tucson—PU—602-791-5235 6,284
  Three of the par 3s require shots over water. Well bunkered with many trees.

Ventana Canyon G. & Racquet C. 18/72
Tucson—*602-299-7896 6,385
  Tom Fazio design at the base of the Catalina Mountains. Guests at clubdominiums and at the Loews Ventana Canyon Resort have playing privileges.

CALIFORNIA

Alisal G. Cse. 18/72
Solvang—R—800-223-1588 5,919
  Billy Bell design that meanders along seasonal creek. Excellent ranch-hotel facility.

†Ancil Hoffman G. Cse. 18/72
Carmichael—PU—916-482-5660 6,352
  Billy Bell design with subtle architectural details. Play requires strategy and a variety of shots.

Apple Valley C.C. 18/71
Apple Valley—* 619-242-3653 6,765
  Sprawling course, open year round. Guests of Apple Valley Inn have playing privileges.

Bear Creek G.C. 18/72
Murrieta—*714-677-8621 6,451
  Jack Nicklaus design located in a natural amphitheater surrounded by mountains. Site of 1985 Skins game. Privileges extended to renters.

GOLF COURSES

Hesperia G. & C.C.   18/72
Hesperia—SP—619-244-9301   7,016
    Course lies between 2 mesas. Country club open all year.

Horse Thief G. & C.C.   18/72
Tehachapi—SP—805-822-5581, 800-367-0470   6,339
    Hilly course, no fairway bunkers. Many trees. Part of Stallion Springs coummunity.

Lake Shastina G. Resort   18/72
Weed—PU—916-938-3201, 800-938-3201   6,950
800-358-GOLF (Calif.), 800-882-GOLF
    Partly open, partly wooded. Robert Trent Jones Jr. course opened in 1973.

Northstar at Tahoe   18/72
Truckee—R—800-824-8516   6,890
800-822-5987 (Calif.), 916-562-1010
    Scenic Robert Muir Graves course. Open May through October.

†Pasatiempo G.C.   18/71
Santa Cruz—SP—408-426-3622   6,281
    Fine, old Alister Mackenzie layout overlooking Monterey Bay. Site of 1986 USGA Women's Amateur.

†Plumas Lake G. & C.C.   18/71
Marysville—PU—916-742-3201   6,180
    Drainage ditch runs through course, comes into play on 14 holes, fast greens, tree-lined.

Rancho Murieta C.C.   North: 18/72   6,997
Rancho Murieta—R   South: 18/72   6,886
916-985-7200, 800-852-GOLF (N. Calif.)
    Located in foothills 23 miles east of Sacramento. Lakes, traps. Resort facilities.

Rio Bravo Resort   18/72
Bakersfield—R—805-872-5000   6,965
    Course set in the Sierra Nevada Hills with a variety of holes necessitating all types of shots.

†Sandpiper G. Cse.   18/72
Santa Barbara—PU—805-968-1541   7,066
    Billy Bell seaside course with sweeping fairways and spacious greens reminiscent of Scotland. Lodging nearby.

San Luis Bay Inn & G.C.   18/71
Avila Beach—R—805-595-2333   6,341
    Golf, tennis, fishing, swimming, sailing. Open all year.

Spring Valley Lake C.C.   18/72
Victorville—* 619-245-7921   6,488
    Several lakes come into play. Narrow fairways. Private club. Play as member of another private club.

LOS ANGELES AREA

Alondra G. Cse.   18/72
Lawndale—PU—213-327-5699   6,415
    Course by Billy Bell near Los Angeles. Also has 18-hole par-3 course.

Anaheim Hills Public G. Cse.   18/71
Anaheim—PU—714-637-7311   5,939
    Richard Bigler course near Disneyland. Hilly, very challenging.

Brookside G. Cse.   36/72-70
Pasadena—PU—818-796-0177   6,611-5,786
    Flat and features gently rolling hills. Lots of trees. North of Rose Bowl.

Camarillo Springs G. Cse.   18/71
Camarillo—PU—805-484-1075   6,284
    Partly flat, partly hilly; water comes into play on front 9.

Catalina Island G.C.   9/32
Avalon—PU—213-510-0530   2,167
    Wooded with narrow fairways.

Costa Mesa G.C.   Los Lagos: 18/71   6,233
Costa Mesa—PU   Mesa Linda: 18/70   5,660
714-754-3125
    Lush club and facilities. Huge practice area.

Elkins Ranch G. Cse.   18/71
Fillmore—PU—805-524-1121   6,400
    Scenic course on slightly hilly terrain. Six lakes come into play.

Green River G.C.   36/71-71
Corona—PU—714-970-8411   6,400-6,400
    River runs through picturesque course set among mountains. Easy to walk.

Harding Municipal G.C.   18/71
Los Angeles—PU—213-663-2555   6,610
    Located in Griffith Park.

†Industry Hills G.C.   †Eisenhower: 18/72   7,213
City of Industry—PU   Zaharias: 18/72   6,800
818-965-0861
    Two championship courses.

The Links at Monarch Beach   18/70
Laguna Niguel—PU—714-240-8247   6,100
    Robert Trent Jones Jr. design situated on Pacific Ocean. Accessible to guests of Ritz-Carleton Hotel.

Los Robles Greens G.C.   18/70
Thousand Oaks—PU—805-495-6421   6,381
    Oak-studded course. Tough holes. Wind challenges afternoon players.

Malibu G. Cse.   18/70
Malibu—PU—818-889-6680   6,665
    Serene, distinctive, well-conditioned Billy Bell design with narrow fairways and excellent greens.

Ojai Valley Inn & C.C.   18/70
Ojai—R—805-646-5511   6,103
    Surrounded by mountains, course circles Ojai Inn. Picturesque and tough. Complete resort facilities.

†Rancho Park G.C.   18/71
Los Angeles—PU—213-838-7373   6,600
    Busy, beautiful tournament course in heart of L.A.

Recreation Park G.C.   18/72
Long Beach—PU—213-494-4424   6,457
    Also has 9-hole course and driving range.

Soule Park G. Cse.   18/72
Ojai—PU—805-646-5633   6,350
    Outstanding tournament-rated course.

†Valencia G.C.   18/72
Valencia—PU—805-255-4666   7,171
    Rugged Robert Trent Jones layout with 12 doglegs, 8 water holes.

Western Avenue G.C.   18/70
Los Angeles—PU—213-779-2803   6,084
    Course has driving range.

Wilson Municipal G.C.   18/72
Los Angeles—PU—213-633-2555   6,945
    Located in Griffith Park.

MONTEREY PENINSULA

Carmel Valley G. & C.C.   18/71
Carmel—* 408-624-1581   6,175
    Flat, beautifully maintained Robert Muir Graves course. Lots of water. Private club with reciprocity with other private clubs. Available to guests of Quail Lodge.

Carmel Valley Ranch G. C.   18/70
Carmel—*408-625-1010   6,515
    Pete Dye design. Front 9 runs along Carmel River. Back 9 has change of elevation of 600 feet.

Laguna Seca G.C.   18/71
Monterey—R—408-373-3701   6,200
    Robert Trent Jones course has many bunkers, 2 lakes.

Old Del Monte G.C.   18/72
Monterey—PU—408-373-2436   6,154
    Near Del Monte Hyatt House. Oldest of the Peninsular seacoast courses.

Pajaro Valley G.C.   18/72
Watsonville—PU—408-724-3851   6,321
    Beautiful, cypress-lined fairways. Water hazards.

PLACES TO PLAY: West

GOLF COURSES

☐Pebble Beach G. Links 18/72
Pebble Beach—R—408-624-3811 6,357
  Borders ocean, one of world's best. Site of '72 and '82 Opens, '77 PGA and annual AT&T Pebble Beach National Pro-Am.

Poppy Hills G. Cse. 18/72
Pebble Beach—SP—408-625-2035 6,510
  Championship course designed by Robert Trent Jones Jr. owned by the Northern California Golf Association.

Rancho Canada G.C. 36/72-71
Carmel Valley—PU—408-624-0111 6,613-6,400
  East course nation's 10,000th. Gently rolling terrain on Carmel River. Pebble Beach sand. Lakes.

Ridgemark G. Cse. 18/72
Hollister—SP—408-637-8161 6,500
  R. Bigler course on 500-acre resort development. Rolling hills, large greens. Public fees.

Salinas Fairways G. Cse. 18/72
Salinas—PU—408-758-7300 6,347
  Located adjacent to Salinas Municipal Airport. Fairly flat. One of the best public courses in Calif.

☐Spyglass Hill G.C. 18/72
Pebble Beach—SP—408-624-1184 6,810
  Very tough Robert Trent Jones course. Site of AT&T Pebble Beach National Pro-Am.

PALM SPRINGS AREA

Avondale G.C. 18/72
Palm Desert—* 619-345-2727 6,462
  Private course with reciprocity with other private clubs. Condo rentals available.

Canyon Hotel G. Cse. 18/71
Palm Springs—R—619-323-5656 6,400
  Challenging layout amid palms and olive trees.

Cathedral Canyon C.C. 18/72
Palm Springs—* 619-328-6571 6,450
  David Rainville-Billy Casper course. Private club open to outside play. Advance starting times are suggested.

Desert Princess C.C. & Resort 18/72
Palm Springs—R—619-322-2280 6,700
  Desert course around condominiums, beautiful mountain view.

Indian Springs C.C. 18/72
Indio—SP—619-347-0651 6,260
  Public welcome at this established desert course. Little waiting.

Indian Wells C.C. 27/72-36
Indian Wells—* 619-345-2561 6,732-3,540
  Fine course; co-site of Hope Classic. Private club with reciprocity with other private clubs.

Indian Wells G. Resort at Grand Champions
Indian Wells—R—619-346-GOLF East: 18/72 6,700
West: 18/72 6,500
  Two excellent new resort courses, affiliated with just-opened Grand Champions Hotel.

The Lakes C.C. 18/72
Palm Desert—* 619-568-4321 6,500
  Ted Robinson design. Scenic with 16 lakes. Open to members of other private clubs. Condo development with rental program.

☐La Quinta Hotel G & Tennis Resort 54/72
La Quinta—R—619-345-2549 Dunes: 6,307
☐Mountain: 6,402
Citrus: 6,699
  Distinctive Pete Dye courses framed by stark rock of Santa Rosa Mountains. Dunes and Citrus open to resort guests.

Marriott's Desert Springs Resort and Spa 18/72
Palm Desert—R—619-341-2211 6,761
  Brand new Ted Robinson course open to resort guests and some outside play.

Marriott's Rancho Las Palmas C.C. North: 9/36 3,004
Rancho Mirage—R South: 9/35 3,015
619-568-2727 West: 9/34 2,554
  Lots of water, doglegs and sand traps. North Course particularly hilly.

Mesquite C.C. 18/72
Palm Springs—PU-619-323-1502 6,200
  Plush, well-maintained course with water. Driving range.

Mission Lakes C.C. 18/71
Desert Hot Springs—SP—619-329-6481 6,382
  Limited public play. Condominium rentals. Motel facilities.

Mission Hills Resort G.C. New: 18/72 6,800
Rancho Mirage—R—619-321-8484 Mission Hills 18/70
Resort: 6,800
  New Course open to condo renters. Mission Hills Resort Course scheduled to open early 1987. Open to condo renters, guests of Leeds Hotel and public.

Monterey C.C. South: 9/36 3,039
Palm Desert—* 619-346-1115 West: 9/36 3,094
East: 9/36 3,002
  Ted Robinson design, panoramic views of the snow-covered Santa Rosa Mountains. Bermuda greens and fairways—accuracy counts. Reciprocal guest policy.

Palm Desert C.C. 18/72
Palm Desert—R—619-345-2525 6,602
  Several lagoons. Excellent greens. In housing project. Also executive 9.

Palm Desert Resort and C.C. 18/72
Palm Desert—R—619-345-2791 6,300
  Well-trapped and maintained course with wide fairways and 6 lakes.

Palm Springs Municipal G. Cse. 18/72
Palm Springs—PU—619-328-1956 6,500
  Outstanding city course. Good test. Open to public.

Palm Valley C.C. 18/72
Palm Desert—* 619-345-2737 6,545
  Rolling terrain. Demanding course. Open to members of other private clubs. Condo development with rental program.

PGA West Stadium Cse. 18/72
La Quinta-SP-619-564-7429 6,821
  Pete Dye stadium concept of course architecture. Palmer course opened 1986. Call ahead for availability of tee times.

San Bernardino G.C. 18/69
San Bernardino—PU—714-885-2414 5,714
  Relatively short but interesting course. Well-groomed.

Seven Hills G.C. 18/72
Hemet—PU—714-925-2538 6,431
  Sporty, well-trapped course. Trees, lakes and undulating greens.

Soboba Springs C.C. 18/72
San Jacinto—SP—714-654-9354 6,726
  Desmond Muirhead creation is flat but challenging with huge rolling greens and 9 water holes.

Woodhaven C.C. 18/70
Palm Desert—R—619-345-7515 5,800
  Uniquely designed course laid out around condo development. Rentals available.

SAN DIEGO AREA

Carlton Oaks C.C. and Lodge 18/72
Santee—PU—619-448-4242 6,426
  Twelve holes affected by water. Greens more undulating than most in area.

Circle R G. Resort 18/72
Escondido—R—619-749-2877 6,385
  Well-manicured, gently rolling. Lake and trees.

GOLF COURSES

Cottonwood C.C.   Ivanhoe: 18/72   6,905
El Cajon—PU   Monte Vista: 18/72   6,118
619-442-9891
    Large acreage with 4,000 trees, 5 lakes.

De Anza Desert C.C.   18/72
Borrego Springs—* 619-767-5105   6,518
    Nicely manicured oasis. Flat. Private club.

Fallbrook G. & C.C.   18/72
Fallbrook—SP—619-728-8334   6,205
    Well-trapped. Flat. Lake on both 9s, trees abound on back 9.

☐La Costa C.C.   North: 18/72   6,596
Carlsbad—R—619-438-9111   South: 18/72   6,534
    800-854-6564
    800-542-6200 (Calif.)
    Dick Wilson/Joe Lee designs. Fine resort hotel and spa.

Lake San Marcos C.C.   18/72
Lake San Marcos—*619-744-0120   6,497
    Narrow, winding course north of San Diego. Open to guests of Quails Inn Motel. Also executive course.

Navajo Canyon C.C.   18/70
San Diego—PU—619-460-5400   6,014
    Overlooking Lake Murray. Slightly hilly. Water comes into play on 10 holes.

Pala Mesa Resort   18/72
Fallbrook—R—619-728-6600   6,014
    Championship course; distinctly different 9s, 1 hilly, the other wooded.

Rainbow Canyon G. Resort   18/72
Temecula—R—714-676-5631   6,789
    619-728-9100
    Well-groomed. Front 9 flat. Back 9 hilly. Open to public.

Rams Hill C.C.   18/72
Borrego Springs—R—619-767-5006   6,328
    Ted Robinson championship layout. 7 lakes come into play, severe bunkers, well-guarded greens. Limited accommodations.

Rancho Bernardo Inn & C.C.   18/71
San Diego—R—800-854-1065   6,388
    Course in long, winding valley near 236-room resort inn with 12 tennis courts.

San Vicente C.C.   18/72
Ramona—R—619-789-3477   6,159
    New resort-home community with Ted Robinson course in rolling meadowland.

Shadowridge   18/72
Vista—PU—619-727-7706   6,829
    Course is first phase of 1,000-acre planned community to be built.

Singing Hills C.C.   Willow Glen: 18/72   6,573
El Cajon—R   Oak Glen: 18/71   6,100
619-442-0363   Pine Glen: 18/54   2,503
    Resort courses for guests of Singing Hills Lodge. Must reserve tee time in advance.

Stardust C.C.   18/72
San Diego—* 619-298-0511   6,712
    Flat and well-bunkered. Four teaching professionals. On Hotel Circle. Plus 9-hole course. Open to Master Hosts Inn guests and members of other private clubs.

†Torrey Pines Inn & G.C.   North: 18/72   6,317
La Jolla—R—619-453-0380   †South: 18/72   6,649
    Choice of 2 challenging Billy Bell courses. Site of Shearson Lehman Bros.-Andy Williams Open.

Warner Springs Ranch   18/71
Warner Springs—SP—619-782-3555   6,740
    Championship course. Beautiful terrain. Many bunkers.

Lawrence Welk Resort Village
Escondido—R—619-749-3225
    A par-3 course and executive course are open to the public.

Whispering Palms Lodge & C.C.   South: 9/36   3,235
Rancho Santa Fe—R   North: 9/36   2,953
619-756-2471   East: 9/35   3,049
    Excellent greens. Level lies.

SAN FRANCISCO AREA

Alameda Municipal G. Cse.   36/71-72
Alameda—PU—415-522-4321   5,716-5,697
    Completely renovated North Course; 5 artificial lake hazards.

Bodega Harbour G. Links   9/35
Bodega Bay—PU—707-875-3538   3,126
    Seaside golf links currently playing with 2 sets of tees. New Robert Trent Jones Jr. 9 to open September 1987.

Boundary Oaks G.C.   18/72
Walnut Creek—PU—415-934-6211   6,737
    Long course has driving range with 6 PGA professionals.

Fountain Grove C.C.   18/72
Santa Rosa—PU—707-544-5100   6,380
    Ted Robinson design set in the hills outside Santa Rosa.

Half Moon Bay G. Links   18/72
Half Moon Bay—R—415-726-4438   6,476
    Palmer/Duane course. Very scenic. Contoured greens.

Harding Park G. Cse.   27/72-31
San Francisco—PU—415-664-4690   6,651-2,400
    Outstanding municipal course. Narrow, treelined. Irrigation system.

Lake Chabot G. Cse.   18/72
Oakland—PU—415-351-5812   6,180
    Hilly, tree-lined fairways. Panoramic view of Golden Gate and San Francisco bridges. Also 9-hole, par-3 course.

Las Positas G.C.   18/72
Livermore—PU—415-443-3122   6,466
    Good test; fairly long back 9; rolling front 9. Water hazards.

Lew F. Galbraith G.C.   18/72
Oakland—PU—415-569-9411   6,312
    Well-laid-out course on rolling, tree-lined fairways.

Palo Alto Municipal G. Cse.   18/72
Palo Alto—PU—415-856-0881   6,525
    Redesigned by Robert Trent Jones.

Peacock Gap G. & C.C.   18/71
San Rafael—SP—415-453-4940   5,999
    Not too tough, but interesting. All facilities. Public welcome.

San Jose Municipal G.C.   18/72
San Jose—PU—408-287-5100   6,915
    Well-equipped municipal course.

Silverado C.C.   North: 18/72   6,103
Napa—R—707-257-0200   South: 18/72   6,164
    Tough championship courses. Open to guests staying on premises.

Sunnyvale Municipal G.C.   18/70
Sunnyvale—PU—408-738-3666   6,310
    Municipal course west of San Jose.

Sunol Valley G.C.   36/72-72
Sunol—PU—415-862-2404   6,671-6,341
    One 18 completely surrounds the other.

COLORADO

†Arrowhead G.C.   18/70
Littleton—PU—303-973-9614   6,249
    Robert Trent Jones Jr. design set in mountain terrain with red sandstone winding through course.

Aspen G. Cse.   18/71
Aspen—PU—303-925-2145   7,215
    Long, tough Frank Hummel course on floor of valley. Beautiful views.

Beaver Creek   18/70
Vail—R—303-949-7123   6,430
    Rolling, tree-lined Robert Trent Jones Jr. course. Open May 10 through Oct. 20.

GOLF COURSES

Breckenridge G.C. 18/72
Breckenridge—PU—303-453-9104 6,576
Jack Nicklaus design scheduled to reopen summer 1987.

Broadmoor G.C. East: 18/72 6,550
Colorado Springs—R West: 18/72 6,109
303-634-7711 South: 18/72 6,277
All courses of Broadmoor Hotel resort are fine tests. All are hilly with water coming into play.

Cimarron Hills G.C. 18/72
Colorado Springs—PU—303-597-2637 7,072
Press Maxwell course with 55 traps and 5 lakes. Opened in 1974. Many hotels in resort area.

Copper Creek G. Cse. 18/70
Copper Mountain—R—303-968-2882 6,129
Resort mountain course at 9,600-foot elevation.

C.C. of the Rockies 18/72
Vail—* 303-476-1950 7,340
Jack Nicklaus signature course. Scottish elements in mountain terrain. Four holes play over Eagle River. Private except to residents of Arrowhead at Vail.

Eagle-Vail C.C. 18/72
Vail—R—303-949-5257 6,142
Von Hagge-Devlin 1974 course 6 miles west of Vail. Eleven holes have natural water hazards. Six tees elevated more than 50 feet.

Eagles Nest G.C. 18/72
Silverthorne—PU—303-468-0681 6,605
Dick Phelps design with dramatic elevation changes.

Fairfield Pagosa-Pagosa Pines G. Cse. 18/71
Pagosa Springs—PU—303-731-4141 6,886
A scenic, tight J. Bulla course in top condition.

Inverness G.C. 18/70
Englewood—* 303-799-9660 6,406
J. P. Maxwell course opened '74. Private club with arrangements for guests.

Keystone Ranch G. Cse. 18/72
Keystone—R—303-468-2316 6,521
Challenging course designed by Robert Trent Jones Jr. demands accuracy and strategy.

Pole Creek G.C. 18/72
Winter Park—PU—303-726-9225 6,882
Player-Kirby course in Rockies. Creek runs through course. Wide variety of holes. Golf Digest's Best Public Course in 1984.

Riverdale G. Cse. Knolls: 18/71 6,418
Brighton—PU—303-659-6700 Dunes: 18/72 6,522
Pete Dye-designed Dunes Course, runner-up for Best New Public Course in 1986 by Golf Digest.

Singletree G.C. 18/71
Edwards—PU—303-926-3533 7,024
Scenic course built by Jack Nicklaus company, Golforce, Inc.

Skyland Resort and C.C. 18/72
Crested Butte—R—303-349-6131 6,635
Championship course by Robert Trent Jones Jr.

Snowmass Club G. Links 18/72
Snowmass—SP—303-923-5600 6,800
800-525-0710
Scenic Ed Seay course surrounded by mountain peaks.

Steamboat Village C.C. 18/72
Steamboat Springs—R—303-879-2220 6,280
Excellent Robert Trent Jones Jr. course at major resort with all facilities. Some great water holes, excellent scenery.

Tamarron 18/72
Durango—R—303-247-8801 6,380
Arthur Hills course 7,000 feet above sea level. Condominium resort by same group that built Innisbrook. Lodge.

Vail G.C. 18/71
Vail—PU—303-476-1330 6,750
800-332-3666
Set at foot of mountains. River crosses course twice.

†Wellshire G. Cse. 18/72
Denver—PU—303-757-1352 6,620
Short, tight, tree-lined, well-bunkered, small greens.

HAWAII

ISLAND OF HAWAII

Hilo Municipal G.C. 18/72
Hilo—PU—808-959-7711 6,584
Large greens, flat, wide fairways, no bunkers.

Kona C.C. 27/72-36
Kona at Keauhou—R—808-322-3431 6,329-3,082
Black lava rough makes it tough. Rolling and scenic, 27 holes. Open to public.

Mauna Lani Resort 18/72
Kohala Coast—R—808-885-6655 6,259
Spectacular course winding through lava beds. Scenic views.

Seamountain G. Cse. 18/72
Pahala—R—808-928-6222 6,106
J. Snyder course, ocean and mountain views, monkey pod trees. Opened '74.

Volcano G.C. 18/72
29 miles south of Hilo—PU—808-967-7331 5,936
On slopes of Mauna Loa Mt. Beautiful scenery, lush fairways.

Waikoloa Beach G.C. 18/71
Waikoloa—R—808-885-6060 6,645
Seaside course by Robert Trent Jones Jr.

Waikoloa Village G. Cse. 18/72
Waikoloa—SP—808-883-9621 6,316
Robert Trent Jones Jr. course in resort community. Open, rolling fairways. Open to daily fee players.

☐Westin Mauna Kea 18/72
Kohala Coast—R—800-238-2000 6,600
800-882-7222
One of world's toughest oceanside courses, built by Robert Trent Jones on rugged lava flow. Lush fairways, greens and fabulous views.

KAUAI

Kiahuna Plantation 18/70
Kauai—SP—808-742-9595 6,380
Robert Trent Jones, Jr. course with mountain and ocean holes. Free drop allowed from archeological remnants.

Kukuiolono G. Cse. 9/36
Kalaheo—SP—808-332-9151 2,981
Scenic course with ocean and mountain views.

☐Princeville Makai G.C. 27/72-36
Hanalei—R—808-826-9666 6,530-3,260
Challenging Robert Trent Jones Jr. layout on beautiful site overlooking ocean.

†Wailua G. Cse. 18/72
4 miles north of Lihue—PU—808-245-2163 6,631
Sporty oceanside course, tight greens, trees. Elevated tees, rolling fairways.

Westin Kauai
Kalapaki Beach near Lihue—R—213-337-0189
Jack Nicklaus design scheduled to open September 1987.

MAUI

Kapalua G.C. 18/72 6,150
North of Lahaina—R—808-669-8044 18/71 6,240
Two courses designed by Arnold Palmer. Hilly, with ocean view on every hole. Prevailing breeze makes ocean holes testy. Home of Kapalua International Championship.

GOLF COURSES

Makena G. Cse. 18/72
Maui—R—808-879-3344 6,798
  Robert Trent Jones Jr. design built on volcanic cinder with ocean-front holes, narrow fairways and fast greens.

Royal Kaanapali G.C. North: 18/72 6,305
Kaanapali Beach South: 18/72 6,250
at Lahaina—R—808-661-3691
  Fairways lined with palm trees, challenging water holes. Water and mountain views on both championship courses.

Waiehu Municipal G. Cse. 18/72
Waiehu near Kahului—PU—808-244-5433 6,565
  Nine on ocean and 9 on hills. Sporty and fun.

Wailea G.C. Orange: 18/72 6,405
Wailea—R—808-877-2966 Blue: 18/72 6,300
  Little wind on this resort community test. Beautiful setting. Hotels on site.

MOLOKAI

Sheraton Molokai at Kalua Koi 18/72
West Molokai—R—808-552-2739 6,200
  Ted Robinson-designed course. Spectacular ocean frontage.

OAHU

Makaha Valley C.C. 18/71
Makaha—PU—808-695-9578 6,530
  Scenic, sporty, well-conditioned course in resort area. Great par 3s and tough finishing holes.

Sheraton Makaha Resort & C.C. West: 18/72 6,398
Makaha—R—808-695-9544
  Billy Bell course. West has 64 traps, 6 ponds.

Turtle Bay Hilton and C.C. 18/72
Kahuku—R—808-293-8811 6,400
  Course with ocean view. Two holes play over lagoon.

HONOLULU AREA

Ala Wai G. Cse. 18/71
Honolulu—PU—808-737-2414 6,281
  Flat course with water coming into play.

Barber's Point G. Cse. 18/72
Barber's Point—* 808-684-7123 6,455
  Good greens, few traps. Play as guest of military.

Hawaii C.C. 18/71
Kunia—SP—808-621-5654 5,664
  Sporty with rolling terrain, trees. Short but tricky.

Hawaii-Kai G.C. 18/72
Kalama Valley—SP—808-395-2358 6,562
  Meanders across gently sloping terrain and offers mountain and ocean views. Also executive 18.

Mid-Pacific C.C. 18/72
Lanikai—* 808-261-9765 6,576
  Course in top condition. Trees, water hazards, rolling terrain. Private club with limited visitor privileges.

Mililani G.C. 18/72
Mililani Town—PU—808-623-2254 6,369
  Bob Baldock course 19 miles from Waikiki in residential community.

Olomana G. Links 18/71
North of Waimanalo—PU—808-259-7926 6,003
  Scenic Bob Baldock course 18 miles from Diamond Head.

Pali G. Cse. 18/72
At foot of Pali Lookout—PU—808-261-9784 6,493
  Best of Oahu's municipal courses, 20 minutes from Waikiki.

Pearl C.C. 18/72
Aiea—PU—808-487-3802 6,491
  Spectacular view overlooking Pearl Harbor.

Ted Makalena G.C. 18/71
Waipahu—PU—808-671-6488 6,026
  Flat but tricky Bob Baldock course has 9 water holes; 9 out-of-bounds.

IDAHO

Avondale-on-Hayden G.C. 18/72
Hayden Lake—SP—208-772-8281 6,321
  Good course on lovely lake. Picturesque.

Elkhorn G.C. 18/72
Sun Valley—R—208-622-4511 6,575
  Robert Trent Jones designed course in complete recreation community.

Highlands G.C. 18/72
Pocatello—PU—208-634-7200 6,612
  Long course with practice area, nice golf shop.

McCall Municipal G. Cse. 18/71
McCall—PU—208-634-7200 6,399
  Nine holes in mountain meadow; 9 cut through forest.

Pinecrest Municipal G.C. 18/70
Idaho Falls—PU—208-529-1485 6,430
  Municipal course has trees, medium-size greens.

Purple Sage G.C. 18/71
Caldwell—PU—208-459-2223 6,564
  Course has large greens, wide fairways.

Sun Valley Resort 18/71
Sun Valley—R—208-726-3660 6,399
  800-635-8261
  Ski mecca has 18-hole course for May to Oct. season. Sporty alpine course set on wooded, rolling hills.

MONTANA

Big Sky 18/72
Big Sky—R—406-995-4211 6,121
  Frank Duane course rests in mountain meadow. Opened mid-1974. Black Otter Lodge.

Buffalo Hill G. Cse. 18/72
Kalispell—PU—406-755-5902 6,350
  Scenic, tight Robert Muir Graves design.

Crystal Lakes Resort 9/36
Fortine—R—406-882-4455 3,225
  Bill Robinson design. Additional 9 to open summer 1987. 5,200 foot airstrip.

Eagle Bend G.C. 9/36
Big Fork—SP—406-837-5421 3,225
  Bill Hull design set at north end of Flathead Lake. Resort area. Hotels, motels, homesites, villas and townhouses available.

Glacier View C.C. 18/68
West Glacier—PU—406-888-5471 5,150
  Players may move ball without penalty to avoid elk tracks. Mostly flat with water on 4 holes

Polson C.C. 9/35
Polson—PU—406-883-2440 2,950
  Course set in rolling terrain surrounded by mountains.

Red Lodge Resort and G.C. 18/72
Red Lodge—R—406-446-3344 6,738
  Course meanders through creeks and ponds. Spectacular views.

Whitefish Lake G.C. 27/72-35
Whitefish—PU—406-862-4000 6,545-3,014
  Picturesque course in tourist area. Lodging nearby. Near West Glacier Park.

Yellowstone C.C. 18/72
Billings—*—406-656-1701 6,600
  Established Robert Trent Jones design. Reciprocity with USGA member clubs.

PLACES TO PLAY: West

515

GOLF COURSES

NEVADA

Spring Creek C.C.	18/71
Elko—R—702-753-6331	6,230

Many natural hazards, doglegs. Open to public.

LAS VEGAS AREA

Black Mountain G. & C.C.	18/72
Henderson—SP—702-565-7933	6,397

Rolling, open fairways. Large greens. Only 15 miles from Las Vegas. Open to public.

Craig Ranch G. Cse.	18/70
Las Vegas—PU—702-642-9700	6,001

Short, flat. Small greens. Some 7,000 trees.

Desert Inn C.C. & Spa	18/72
Las Vegas—R—702-733-4444	7,018
800-634-6809	

Excellent driving course, undulating greens.

Desert Rose G.C.	18/71
Las Vegas—PU—702-438-GOLF	6,427

Good hybrid Bermuda greens. County course.

Dunes Hotel & C.C.	18/72
Las Vegas—R—702-737-4746	6,564

Long (7,240 yards) from back tees. Long par 5s and par 3s. Many traps.

Las Vegas C.C.	18/72
Las Vegas—* 702-734-1122	6,730

Fine desert course. Home of Panasonic Las Vegas Invitational. Member must play with guests.

Las Vegas G.C.	18/72
Las Vegas—PU—702-646-3003	6,647

Good test on back side. Greens remodeled.

Sahara C.C.	18/71
Las Vegas—R—702-796-0013	6,400

Tough driving course with some water. Recently remodeled.

Showboat C.C.	18/72
Las Vegas—SP—702-451-2106	7,045

Good tournament course with country club feel. Site of U.S. National Senior Open.

Tropicana Hotel & C.C.	18/70
Las Vegas—R—702-739-2222	6,481

More character than usual in a desert course. Hilly, with numerous traps and many trees.

RENO-TAHOE AREA

Brookside G.C.	9/36
Reno—PU—703-322-6009	2,800

Flat with large greens. Some water.

□†Edgewood-Tahoe G.C.	18/72
Stateline—R—702-588-3566	7,422

Stiff challenge designed by George Fazio on south shore of Lake Tahoe.

Incline Village G.C.	36/72-58
Incline Village—PU—702-832-1144	7,138-3,500

Magnificent setting on shores of Lake Tahoe. Robert Trent Jones layout in resort development. Also has executive course.

Lake Ridge G.C.	18/72
Reno—SP—702-825-2200	6,352

Water and sand on rolling Robert Trent Jones layout. Front 9 rolling. Back 9 hilly. Numerous water hazards and bunkers.

Sierra Sage G. Cse.	18/71
Reno—PU—702-972-1564	6,250

Good greens, some water, north of Reno.

Washoe County G.Cse.	18/72
Reno—PU—702-785-4286	6,600

Easy to walk. Tree-lined with 3 lakes. Located 1 mile west of Reno airport.

Wildcreek G.C.	18/72
Sparks—R—702-673-3100	7,100

Site of Senior PGA Tour event. Hilly fairways, undulating greens. Par-3 course available. Public welcome.

NEW MEXICO

Angel Fire C.C.	18/72
Angel Fire—R—505-377-2301	6,765
800-528-1378	

Near Taos. Water comes into play on 11 holes. Private airstrip. Sits at 8,500-foot elevation.

†Arroyo del Oso G. Cse.	18/72
Albuquerque—PU—505-884-7505	6,892

Hard par 3s; well-bunkered, small greens.

†Cochiti Lake G. Cse.	18/72
Pena Blanca—PU—505-465-2239	5,996

Scenic mountain course located on Cochiti Pueblo Indian Reservation.

Inn of the Mountain Gods	18/72
Mescalero—R—505-257-5141, 800-545-9011	6,416

Ted Robinson-designed course on 130-acre lake. Rolling with 51 sand traps.

New Mexico State Univ. G. Cse.	18/72
Las Cruces—PU—505-646-3219	6,506

All 18 holes can be seen from clubhouse. Site of 1968 NCAA. Lodging nearby.

Paradise Hills C.C. & Lodge	18/72
Albuquerque—* 505-898-0960	7,200

Level resort development course by Red Lawrence. Lake and 80 traps. 18 guest rooms available. Private club open to holders of The Golf Card and guests staying in guest house.

Picacho Hills C.C.	18/72
Las Cruces—R—505-523-2556	6,957

Rolling Joe Finger course with 9 lakes and bluegrass fairways. Call pro in advance.

Rio Rancho G. & C.C.	18/72
Rio Rancho—PU—505-892-8440	6,600

Desmond Muirhead course loops across sandy hillside.

Univ. of New Mexico G. Cse.	18/72
Albuquerque—PU—505-277-4546	6,882

Rugged test in desert terrain; driving range. Open to public. Motel nearby. Also has 9-hole course.

OREGON

Alderbrook G. Cse.	18/69
Tillamook—PU—503-842-6413	5,474

Course set in natural surroundings. Flat except for "fabulous 15th."

Battle Creek G. Cse.	18/71
Salem—PU—503-585-1402	6,006

Course 5 miles south of Salem. Fairly flat with many creeks and 2 lakes.

Black Butte Ranch	Big Meadow: 18/72	6,456
G. Cse.	Glaze Meadow: 18/72	6,266
Black Butte—R—503-595-6689		

Near town of Sisters amid stands of Ponderosa pine. Partly flat, rest is wooded hills.

Gearhart G. Links	18/72
Gearhart—R—503-738-8331	6,148

Flat seaside links built in 1890s. Condos adjoin; beaches nearby.

Kah-Nee-Tah Vacation Resort	18/70
Warm Springs—R—503-553-1112	6,370

Flat with water on several holes.

McNary G. Cse.	18/72
Salem—PU—503-393-4653	6,350

Huge, smooth greens. Luxurious facilities.

GOLF COURSES

Oakway G. Cse. 18/61
Eugene—PU—503-484-1927 3,529
    Well-maintained course near city.

Salem G.C. 18/72
Salem—PU—503-363-6652 6,183
    Outstanding course with interesting holes.

Salishan G. Links & Lodge 18/72
Gleneden Beach—R—503-764-3632 6,439
    Course overlooks Pacific Ocean. Scottish style golf links. Features a 150-room lodge.

Santiam G.C. 18/72
Stayton—PU—503-769-3485 6,220
    Public course with lake and 2 creeks.

Sunriver G.C. 36/72-72
Sunriver—R—503-593-1221 6,823-6,940
    800-547-3922, 800-452-6874 (Ore.)
    Large resort complex. Lodge. Private paved, lighted airstrip. Marina. Near Bend. North course designed by Robert Trent Jones Jr.

†Tokatee G.C. 18/72
Blue River—PU—503-822-3220 6,327
    800-452-6376 (Ore.)
    Ranges from flat to gently rolling hills. Wooded with some water in play.

PORTLAND AREA

Broadmoor G. Cse. 18/72
Portland—PU—503-281-1337 6,368
    Lush, sporty course in beautiful natural setting. Four water hazards. Year-round play.

Colwood National G. Cse. 18/72
Portland—PU—503-254-5515 6,432-6,422
    Water and trees add interest. Toughest starting hole in state.

Eastmoreland G.C. 18/72
Portland—PU—503-775-2900 6,142
    Fairly exacting public course; front 9 flat and tree-lined. Back known as "Ball-Hawk Monster"— water hazards on 6 holes.

Forest Hills G. Cse. 18/72
Cornelius—SP—503-648-8559 6,134
    One of most beautiful in Northwest. Somewhat hilly. Many traps and trees.

Glendoveer G. Cse. 36/74-72
Portland—PU—503-253-7507 6,368-6,066
    Outstanding scenic views. Towering fir trees make it extra tough.

Pleasant Valley G.C. 18/72
Clackamas—* 503-658-3101 6,500
    View of Mt. Hood from all holes. Private club, it has reciprocal privileges with other private clubs.

Progress Downs G.C. 18/71
Beaverton—PU—503-646-5166 6,149
    Fairly open course near Portland. Rolling hills, tree-lined, 2 lakes. Lighted driving range.

Rippling River Resort 9/36 3,341
Welches—R—503-224-7158 9/36 3,053
    800-547-8054 (W. States) 9/34 2,665
    800-452-4612 (Ore.)
    Beautiful, hilly year-round golf and ski resort at foot of Mt. Hood.

Rock Creek C.C. 18/72
Portland—* 503-645-1115 6,432
    Pleasant country atmosphere. Private club with reciprocal privileges with other private clubs.

Rose City G.C. 18/72
Portland—PU—503-253-4744 6,376
    Centrally located course with many trees. Long par 4s. Very picturesque. Year-round play.

West Delta Park G.C. 18/72
Portland—PU—503-289-1818 6,400
    Robert Trent Jr. course designed for international competition. Water hazards threaten half of course. Eight-four traps.

UTAH

Davis Park G. Cse. 18/72
Kaysville—PU—801-546-4154 6,029
    Good test. Moderately hilly. Between Ogden and Salt Lake City.

Glendale Park Mun. G. Cse. 18/72
Salt Lake City—PU—801-972-5690 6,432
    Billy Bell course. Flat with great views of Salt Lake City and mountains.

Logan G. & C.C. 18/71
Logan—SP—801-753-6050 6,000
    Short but interesting course. Beautiful scenery.

Mount Ogden G. Cse. 18/71
Ogden—PU—801-399-8700 6,508
    Tight and challenging. Beautiful view of Ogden Valley. Only 30 minutes from Salt Lake City.

Park City Resort G.C. 18/72
Park City—R—801-521-2135 6,708
    Course recently remodeled at base of mountain ski area. Condos and homes.

Park Meadows C.C. 18/72
Park City—SP—801-649-8080 7,400
    Jack Nicklaus design reminiscent of Scottish courses, with pot bunkers, double greens, absence of trees. Longest course in Utah.

Timpanogos Mun. G. Cse. 18/72
Provo—PU—801-373-0111 6,573
    Municipal course closed in winter. Elevated tees and greens. Also features executive 9.

Tri-City G.C. 18/72
American Fork—PU—801-756-3594 6,752
    Demanding Joe Williams course is wooded with 5 lakes.

†Valley View G. Cse. 18/72
Layton—PU—801-546-1630 6,853
    Scenic mountain course, hilly terrain, undulating greens.

Wasatch Mountain State Park G.C. 27/72-36
Heber City—PU—801-654-1901 6,765-3,525
    Seven lakes, 2 streams on three 9's set between 2 mountains. Lodging on site and nearby.

Wolf Creek C.C. & Resort 18/72
Eden—R—801-745-3737 7,100
    One of Utah's finest courses. Site of many state championships. Front 9, open; back 9, tree lined.

WASHINGTON

Alderbrook G. & Yacht C. 18/73
Union—R—206-898-2560 6,376
    Wooded course with view of Olympic Mts. All fairways separate.

Cedarcrest G. Cse. 18/71
Marysville—PU—206-659-3566 5,390
    Rolling hills with bent-grass greens and tees. Very sporty.

†Indian Canyon G. Cse. 18/72
Spokane—PU—206-747-5353 6,265
    One of three city-owned layouts. Fairways pitch uphill, downhill, sidehill. Very picturesque.

Meadow Park G.C. 27/72-30
Tacoma—PU—206-591-5343 5,893-1,700
    Tree-lined, narrow. Extra 9 is short, sporty.

Ocean Shores Municipal G.C. 18/71
Ocean Shores—PU—206-289-3357 6,021
    Year-round coastal course with accommodations.

PLACES TO PLAY: West

GOLF COURSES

Port Ludlow G.C. 18/72
Port Ludlow—R—206-437-2222 6,262
800-732-1239 (Wash.)
Robert Muir Graves course overlooks harbor, Hood Canal. Wooded, rugged terrain. Beautiful and enjoyable to play.

☐Sahalee C.C. ☐North: 9/36 3,193
Redmond—* 206-885-3318 East: 9/36 3,157
☐South: 9/36 3,218
Cut from forest. Year-round private golf complex. Play as guest of member or member of club outside western Washington.

Semiahmoo G. & C.C. 18/72
Blaine—R—206-371-7005 6,435
Championship Arnold Palmer design overlooking Drayton Harbor. Complete resort facilities.

†Tumwater Valley G.C. 18/72
Olympia—PU—206-943-9500 6,531
Two extra par 3s in new recreational complex.

Veterans Memorial G. Cse. 18/72
Walla Walla—PU—206-527-4507 6,242
Year-round course on edge of town. Rolling contour, great variety. Renowned for conditioning.

WYOMING

Jackson Hole G. & Tennis C. 18/71
Jackson—R—307-733-2811 6,600
Robert Trent Jones course backed by majestic Grand Teton range. Lots of water.

Teton Pines G.C. 18/72
Jackson Hole—SP—307-733-1005 6,545
Arnold Palmer design with beautiful views of the Teton Range. Scheduled to open June 1987.

MIDWEST

ILLINOIS

Carson Inn/Nordic Hills Resort 18/71
Itasca—R—312-773-3510 6,114
Hilly and wooded.

Chicago
The Chicago-Cook County area contains more semi-private courses available to golfers on a green-fee basis than any major city in the U.S.

†☐Cog Hill G. & C.C. No. 1: 18/71 6,192
Lemont—PU—312-257-5872 No. 2: 18/72 6,026
No. 3: 18/72 6,298
☐†No. 4: 18/72 6,894
All 4 courses wooded. Tough No. 4 is ranked by Golf Digest as one of America's 75 Best Public Courses and 100 Greatest Golf Courses.

Eagle Ridge G.C. & Resort 36/72-72
Galena—R—815-777-2500 6,527-6,361
Hilly course built through woods in 6,500-acre forest area. Water, wildlife. Inn and rental homes. Golf Digest's Best New Resort Course in 1984.

†Forest Preserve Natl. G. Cse. 18/72
Oak Forest—PU—312-429-6886 6,175
Beautiful course, tough but fair. Features 8 lakes, 63 sand traps. One of Golf Digest's 75 Best Public Courses.

†☐Kemper Lakes G. Cse. 18/72
Hawthorn Woods—PU—312-540-3450 6,630
Ken Killian and Dick Nugent design. Long course with many lakes. Site of 1989 PGA.

Macktown G.C. 18/71
Rockton—R—815-624-9931 6,000
Wagon Wheel Lodge adjoins. Excellent food, rustic atmosphere.

Marriott's Lincolnshire 18/70
Lincolnshire—R—312-634-0100 6,296
Fazio course. Tight fairways, lots of water, undulating greens.

Pheasant Run Resort 18/69
St. Charles—R—312-584-6300 6,043
Resort serves as convention center. Has own shops, entertainment.

Pine Meadow G.C. 18/72
Mundelein—PU—312-566-GOLF 6,759
Joe Lee and Rocky Roquemore design. Designated as Best New Public Course in 1986 by Golf Digest.

INDIANA

Christmas Lake G. & Tennis C. 18/72
Santa Claus—SP—812-544-2271 6,500
Testing Edmund Ault layout on Christmas Lake. Watered fairways. Play extends year-round.

†Eagle Creek G. Cse. 27/36
Indianapolis—PU—317-297-3366 Middle: 3,436
East: 3,458
West: 3,205
Difficult, hilly tree-lined, Pete Dye design. Site of 1982 USGA Public Links.

French Lick Springs C.C.: 18/70 6,630
G. & Tennis Resort Valley: 18/71 6,041
French Lick—R—800-457-4042, 800-742-4095 (Ind.)
C.C. outstanding Donald Ross course; Valley Course more open, less difficult.

†Hulman Links G. Cse. 18/72
Terre Haute—PU—812-877-2096 6,440
Championship David Gill design with 130 bunkers, 8 lakes, tight fairways, elevated greens.

†Otter Creek G. Cse. 18/72
Columbus—PU—812-579-6585 6,897
Long, well-trapped Robert Trent Jones course. Site of major championships.

IOWA

Okoboji Vu G. Cse. 18/70
Spirit Lake—PU—712-337-3372 6,051
Has par-3 19th hole for playoffs. In Iowa chain of lakes area.

Pheasant Ridge G. Cse. 18/72
Cedar Falls—PU—319-266-9040 6,560
Near Waterloo. Undulating greens, rough and trees highlight the course. Newly landscaped.

†Waveland G. Cse. 18/72
Des Moines—PU—515-271-4705 6,501
Scenic, hilly course with elevated greens and mature oaks. Second oldest municipal course in America.

KANSAS

†Alvamar G. Cse. 18/72
Lawrence—PU—913-842-1907 6,398
Bob Dunning design with slick, well-bunkered greens; challenging; tree-lined fairways.

MICHIGAN

A-Ga-Ming G. Cse. 18/72
Kewadin—PU—616-264-5081 6,640
Beautiful view overlooking Torch Lake. Very hilly, orchards and hardwoods.

GOLF COURSES

Antrim Dells 18/72
Atwood—PU—616-599-2679 6,606
   Located on Northern Michigan Gold Coast. Scenic, rolling hills, water, well bunkered, very challenging.

Bay Valley Inn G. & Tennis Resort 18/71
Bay City—R—517-686-5400 6,800
   800-292-5028
   Desmond Muirhead links course. Sculptured terrain, long, curved tees, much water.

☐Boyne Highlands Heather: 18/72 7,221
Harbor Springs—R Moor: 18/71 7,189
616-526-2171
   Robert Trent Jones did first course, W. Newcombe, second. Heavily wooded, rolling, water. 100 Greatest Course is a composite.

Boyne Mountain Lodge Alpine: 18/72 7,109
Boyne Falls—R—616-549-2441 Monument: 18/72 7,190
   Located on Northern Michigan Gold Coast. Both courses start at a 1,300-foot elevation and wind down a wooded mountain.

Crystal Mountain Resort 18/72
Thompsonville—R—616-378-2911 6,873
   Located on Northern Michigan Gold Coast. Hardwoods, pines, water on 10 holes.

Garland G.C. 36/72
Lewiston—PU—517-786-2274 6,734-6,885
   Two courses, wooded, water holes, large greens, excellent condition. Challenging.

†Grand Haven G. Cse. 18/72
Grand Haven—PU—616-842-4040 6,179
   Bruce Matthews design cut into hardwood and pine forest in the sub-dunes of Lake Michigan. Challenging, rolling and tight.

Grand Traverse Resort Village Bear: 18/72 6,440
Traverse City—R—616-938-2100 Resort: 18/72 6,295
   800-253-7350
   Gateway to Northern Michigan Gold Coast. The Nicklaus-designed Bear has Scottish elements, woods, orchards and rolling greens. Private beach and condos.

Hidden Valley G. C. 18/71
Gaylord—R—517-732-5181 6,305
   Beautiful setting overlooking Sturgeon River Valley. Rolling land, hardwoods, well maintained.

McGuire's Resort 18/72 6,600
Cadillac—R—616-775-9949 9/36 2,792
   Located on southern edge of Northern Michigan Gold Coast. Pines and hardwoods surround these delightful resort courses.

Michaywe Hills G.C. 18/72
Gaylord—R—517-939-8911 6,909
   Heavily-bunkered, tree-lined, bent-grass tees, fairways and greens.

†Salem Hills G. C. 18/72
Northville—PU—313-437-2152 6,497
   Front 9 more open, back 9 narrower; trees, water highlight this Bruce Matthews design.

Shanty Creek/Schuss Mountain Legend: 18/72
Bellaire—R—616-533-8621 6,269
   616-587-9162 Schuss Mt.: 18/72
6,922
Deskin: 18/72
6,197
   Located in heart of Northern Michigan Gold Coast. Legend designed by Arnold Palmer nominated as one of Best New Resort Courses of 1986 by Golf Digest.

SugarLoaf Resort 18/72
Cedar—R—616-228-5461 6,215
   Wooded course with views of Lake Michigan. Full resort facilities.

Sylvan Resort Treetops: 18/71
Gaylord—R—517-732-6711 6,399
   Robert Trent Jones course opening May 1987. Located on the Northern Michigan Gold Coast. Tree-lined mountains, challenging and beautiful.

Wilderness Valley 18/71
Gaylord—R—616-585-7090 6,900
   Heavily wooded, scenic and quiet.

MINNESOTA

Bemidji Town & C.C. 18/72
Bemidji—SP—218-751-9215 6,278
   Hilly, wooded. All out-of-town guests may play.

Breezy Point Resort 27/68-36
Breezy Point—R—218-562-7811 5,192-3,031
   Scenic, well-maintained, challenging courses. Complete resort facilities.

Enger Park G.C. 18/72
Duluth—PU—218-722-5044 6,077
   Pine-surrounded, hilly course. Many accommodations nearby. Open May-Nov. 1

Madden Inn & G.C. East: 18/72 5,920
Brainerd—R—218-829-2811 West: 18/67 5,028
   Rolling terrain. On Gull Lake. Open April-Oct. Wooded with birch, pine, oak trees.

Maple Valley G. & C.C. 18/71
Rochester—SP—507-285-9100 5,974
   Scenic, challenging course in Root River Valley. Hotel and motel facilities nearby.

MINNEAPOLIS/ST. PAUL AREA

†Braemar G. Cse. 18/71
Edina—PU—612-941-2072 6,281
   Open, flat, well-maintained course with water on 8 holes. Remodeling changes now in progress.

†Bunker Hills G. Cse. 18/72
Coon Rapids—PU—612-755-4140 6,700
   Three lagoons affect 7 holes. Tree-lined fairways, rolling terrain, elevated greens. Site of '76 USGA Public Links. Also offers 9-hole executive course.

Gross G. Cse. 18/71
Minneapolis—PU—612-789-2542 6,554
   Tree lined. 1964 USGA Public Links held here. New clubhouse on premises.

Keller G.C. 18/72
St. Paul—PU—612-484-3011 6,557
   Twice site of PGA Championship. Well trapped with long par-4 holes.

†Majestic Oaks G. Cse. 18/72
Anoka—PU—612-755-2142 6,337
   Many greenside and fairway traps, water hazards, large greens.

Meadowbrook G. Cse. 18/72
Hopkins—PU—612-929-2077 6,351
   Creek runs through this rolling course.

Sundance G. & Supper C. 18/71
Osseo—PU—612-420-4800 6,489
   Gently rolling course with 12 lakes and ponds.

MISSOURI

Best Western Dogwood Hills G. C. 18/71
Osage Beach—R—314-348-3153 6,200
   Near Tan-Tar-A resort in Ozarks. Lighted driving range and resort. Golf packages available.

Chapel Woods G.C. 18/72
Lee's Summit—PU—816-795-8870 6,306
   Outside of Kansas City. One 9 each side of road that bisects course. One rolling 9, other hilly. Water holes.

Lake Valley G. & C.C. 18/72
Camdenton—SP—314-346-7213 6,430
   On Lake of the Ozarks. Many resorts. Open to public.

GOLF COURSES

Lodge of the Four Seasons G.C.   18/71
Lake Ozark—R—314-365-3001   6,205
    Robert Trent Jones course. Variety of holes; valley ridges, lake comes into play. Also has extra 9. Complete resort facilities.

Shamrock Hills G.C.   18/71
Lee's Summit—PU—816-537-6556   6,100
    Open course with excellent greens. Fun to play. Lodging facilities nearby.

Tan-Tar-A G. & Tennis Resort   27/71-35
Lake of Ozarks—R—314-348-3131   6,463-3,015
    Hilly with several lakes, narrow fairways, large greens.

NEBRASKA

†Heritage Hills G. Cse.   18/72
McCook—PU—308-345-5032   6,715
    Links style, Scottish design, rough terrain, 59 bunkers, undulating greens.

NORTH DAKOTA

Edgewood Municipal G. Cse.   18/71
Fargo—PU—701-232-2824   6,900
    This Robert Bruce Harris design is traditionally in the top 5 in the state.

OHIO

Atwood Lake Lodge Resort   18/70
Dellroy—R—216-735-2211   6,100,
    800-362-6406 (Ohio)
    Lighted par-3 course and driving range.

†Avalon Lakes G. Cse.   36/71-72
Warren—R—216-856-4329   6,102-6,468
    Tree-lined courses. Well trapped, 8 water hazards. Avalon Inn adjoins.

†Blue Ash G. Cse.   18/72
Cincinnati—PU—513-745-8577   6,211
    Creeks, lakes, sand traps, narrow fairways make this a demanding test.

Granville G. Cse.   18/71
Granville—SP—614-587-0843   6,417
    Fine, rolling Donald Ross course.

†Glenview G. Cse.   18/72
Cincinnati—PU—513-771-1747   6,043
    Front 9 flat, back 9 hilly on this well-conditioned Arthur Hills design.

Hueston Woods State Park G.C.   18/72
Oxford—R—513-523-8081   7,373
    About 30 miles northeast of Cincinnati. Features inn and cabins. Wooded and watered.

Jack Nicklaus G. Center   18/71
Kings Island-Cincinnati—R—513-241-5200   6,869
    Nicklaus course, part of Kings Island theme park. Also features executive course.

Oxbow G.&C.C.   18/71
Belpre—SP—614-423-6771   6,413
    Rolling fairways, huge sand traps, large greens, many trees and lots of water.

Sawmill Creek G.C.   18/70
Huron—SP—419-433-3789   6,351
    Located on Lake Erie. Well trapped with water and marsh areas. 247 rooms on site.

†Sleepy Hollow G. Cse.   18/71
Brecksville—PU—216-526-3865   6,285
    Stanley Thompson designed this mature course.

Whetstone G.C.   18/72
Caledonia—PU—614-389-4343   6,420
    Lodging facilities and golf packages. Convention facilities.

OKLAHOMA

Shangri-la G.C.   36/72-70
Afton—R—918-257-4204   6,435-5,612
    800-722-4903 (Okla.)
    800-331-4060
    Tree-lined, hilly courses adjoining lake in picturesque resort.

SOUTH DAKOTA

†Meadowbrook G. Cse.   18/72
Rapid City—PU—605-394-4191   6,520
    Difficult; tree-lined fairways; well-trapped, demanding greens.

TEXAS

April Sound G.C.   18/71
Conroe—SP—409-588-1101   6,100
    Short, hilly and well trapped. Executive course, par 32, 2,036 yards.

†Bear Creek G. & Racquet C.   36/72
Dallas—PU—214-453-0140   East: 6,609
    West: 6,670
    Ted Robinson designs lined with oak and cottonwood trees. Well trapped. AmFac Hotel and Resort 4 miles from course.

†Bear Creek G. World   Presidents: 18/72   6,115
Houston—PU—713-859-8188   Masters: 18/72   6,553
    Courses by J. Riviere and Bruce Littell give variety. Twenty miles from Houston. Executive course par 66, 4,907 yards.

Corpus Christi C.C.   18/72
Corpus Christi—PU—512-991-2811   6,574
    Fairly flat with elevated greens.

Fairway Farms G. & Hunt Resort   18/71
San Augustine—R—409-275-2334   6,740
    Visitors and club members may play. A brutal 7,573 yards from back tees.

†Grapevine Municipal G. Cse.   18/72
Grapevine—PU—817-481-0421   6,502
    Byron Nelson-Joe Finger design with water, trees, traps and creek winding through course.

Hilltop Lakes Resort   18/72
Hilltop Lakes—R—409-855-2222   6,065
    Old West flavor at this resort, located between Houston and Dallas.

Horseshoe Bay Resort & C.C.   Ram Rock: 18./71
Marble Falls—R—512-598-6561   6,408
    800-252-9363   Applerock: 18/72
    (Tex.) 800-531-5105   6,536
    Slick Rock: 18/72
    6,835
    Three Robert Trent Jones Jr. tests in hill country of central Texas. Condos, tennis and pool. Applerock Course selected as Golf Digest's Best New Resort Course of 1986.

Kingwood C.C.   Island: 18/72   6,802
Houston—* 713-358-2171   Lake: 18/72   6,289
    Joe Finger courses part of development on 14,000 acres. Reciprocal privileges with USGA clubs.

Lake Travis World of Resorts Inn & C.C.
near Austin—R—512-267-1131
    512-267-1179   Lago Vista C.C.: 18/72   6,300
    512-267-1685   Highland Lakes C.C.: 18/72   6,331
    Bar-K G. Cse: 9/27   1,387
    Hilly courses. Condos, pool and tennis.

Lakeway Inn & G.C.   Live Oak: 18/72   6,228
Austin—R—800-LAKEWAY   Yaupon: 18/72   5,988
    512-261-6600   The Hills of Lakeway: 18/72   5,870
    Water, woods overlooking beautiful lake. All resort facilities. One course is a Jack Nicklaus design.

GOLF COURSES

Las Colinas Sports Club TPC: 18/70 6,397
Irving—*—214-258-7777 Cottonwood 18/71 Valley: 6,367
TPC Course open to guests of members and visitors at Mandalay Four Seasons and Las Colinas Inn and Conference Center. TPC site of Byron Nelson Classic. Spa facilities available.

Memorial Park G. Cse. 18/72 6,775
Houston—PU—713-862-4033
Wooded course has 5 water hazards.

Mill Creek G.C. 18/71 6,486
Salado—* 817-947-5698
Heavily-trapped Robert Trent Jones Jr. course on Salado Creek.

Monte Cristo C.C. 18/72 6,700
Edinburg—R—512-381-6621
Well bunkered, 11 water holes.

Padre Isles C.C. 18/72 6,654
Corpus Christi—R—512-949-8006
Water comes into play on 14 holes on this seaside course.

†Pecan Valley G.C. 18/72 7,138
San Antonio—SP—512-333-7121
Always open. Challenging, wooded layout. Site of 1968 PGA Championship, 3 Texas Opens.

Plano Municipal G. Cse. 18/72 6,550
Plano—PU—214-423-5444
Rather flat course with creek running throughout. Wooded and demanding.

Rancho Viejo Resort El Angel: 18/70 6,647
Brownsville—R El Diablo: 18/70 6,899
800-292-7263 (Tex.), 800-531-7400, 512-350-4000
Testing courses cut out of Rio Grande Valley citrus grove. Inn and fairway villas.

Rayburn C.C. 27/72-36 6,754-3,358
Jasper—R—409-698-2444
Hilly, wooded course with 9s designed by Rees Jones, J. Riviere and Von Hagge/Devlin. Located on Lake Sam Rayburn.

Riverhill C. 18/72 6,337
Kerrville—R—512-896-1400
A 1,200-acre resort development. Joe Finger and Byron Nelson design. Opened in 1974.

Tanglewood Inn & C.C. 18/72 7,047
Pottsboro—R—214-786-2968
Pleasant, open course with scenic views of Lake Texoma.

Tapatio Springs C.C. 18/72 6,666
Boerne—R—512-537-4611
Bill Johnston design nestled in the beautiful Texas hill country.

Tenison Park Memorial G.C. East: 18/72 6,645
Dallas—PU—214-823-5350 West: 18/71 6,592
Difficult municipal courses. Site of 1968 U.S. Public Links.

Valley Inn & G.C. 18/70 6,355
Brownsville—R—512-546-5331
Interesting and tight, with water on 13 holes. Also has 9-hole par-3 course. Fairway cottages and Inn. Southernmost course in continental U.S.

Walden on Lake Conroe 18/72 6,797
Montgomery—R—409-582-6241
800-392-2069 (Tex.)
Testing Von Hagge/Devlin course on 22,000-acre lake.

Waterwood National C.C. & Resort 18/71 6,872
Huntsville—R—409-891-5211
Pete Dye course with narrow fairways, natural rough, deep bunkers, small greens. The 14th has 220-yard carry over water to peninsula green.

Woodland Hills G. Cse. 18/72 6,178
Nacogdoches—PU—409-564-2762
Don January, Bill Martindale course carved out of pine hills of east Texas. Natural hazards, tree-lined fairways. Accommodations nearby.

Woodlands Inn & C.C. West: 18/72 6,967
Woodlands, Houston—R TPC: 18/72 7,045
713-367-1100 North: 18/72 6,881
West designed by Joe Lee. East and North by Von Hagge/Devlin. East now called Woodlands TPC and is site of Houston Open.

GALVESTON AREA

Columbia Lakes 18/72 7,236
West Columbia—R—409-345-5151
Residential-recreational development includes stylish clubhouse. Many trees, lagoons. Conference center and resort.

Galveston C.C. 18/72 6,291
Galveston—R—409-737-2776
Straight fairways. Palms and oleanders. Open to guests of Galveston hotels.

The Pirates G. Cse 18/72 6,255
Galveston—PU 409-744-2366
Flat with water on right of each hole on back 9.

WISCONSIN

Abbey Springs G.C. 18/72 6,413
Fontana-On-Lake Geneva—R
414-275-6111
Course has undulating fairways in secluded setting. Resort-condo community. April-Oct.

Alpine Resort & G. Cse. Red: 9/35 2,777
Egg Harbor—R—414-868-3000 White: 9/35 3,136
  Blue: 9/36 3,035
Well-maintained course with many trees. Elevated greens. Open to public.

Americana Lake Geneva Resort & C.C. 36/71-72 6,300-6,800
Lake Geneva—R—414-248-8811
Robert Bruce Harris and Pete Dye courses.

†Brown Deer G.C. 18/71 7,021
Milwaukee—PU—414-352-8080
One of the nation's best public courses. Site of three USGA Public Links events.

Lake Lawn G.C. 18/71 6,130
Delavan—R—414-728-5511
Rolling course, good greens. Also has many nearby accommodations.

†Lawsonia G.C. 27/72-36 6,542-3,198
Green Lake—PU—800-558-8898
414-294-3320
Fine test run by Green Lake Conference Center. Homes, cabins and camping. Public welcome.

Maxwelton Braes C.C. 18/71 6,100
Bailey's Harbor—R—414-839-2321
Well-manicured course with open fairways, 68 bunkers. Resort accommodations.

Olympia Resort & Spa 18/72 6,464
Oconomowoc—R—414-567-0311
Water on 10 holes of this resort course. A lot of variety. Health spa.

Peninsula State Park G.C. 18/71 6,356
Ephraim—PU—414-854-9921
Scenic, hilly, wooded course.

†SentryWorld 18/72 6,911
Stevens Point—PU—715-345-1600
Outstanding Robert Trent Jones Jr. design. Named 1983 Best New Public Course by Golf Digest.

†The Springs G. Cse. 18/72 6,052
Spring Green—PU—608-588-7707
Robert Trent Jones design in excellent condition.

PLACES TO PLAY: Midwest

521

GOLF COURSES

CANADA

ALBERTA

Banff Springs Hotel & G.C.	18/71
Banff—R—403-762-2211	6,643

Breathtakingly beautiful Stanley Thompson course, almost a mile above sea level with spectacular mountain backdrop. Open May 1 through Thanksgiving weekend.

Jasper Park Lodge G.C.	18/71
Jasper—R—403-852-3301	6,590

Hewn from slopes of Rockies. Manicured greens and fairways are aligned with separate mountain peaks. 200 miles northwest of Calgary.

Waterton Park G.C.	18/71
Waterton Park—PU—403-859-2383	6,103

Rolling course with Rockies in background. Campsites.

BRITISH COLUMBIA

Fairmont Hot Springs G.C.	18/72
Fairmont Hot Springs—R—604-345-6514	6,510

Surrounded by mountain grandeur and vistas of the Columbia Lake and Valley.

Uplands G.C.	18/70
Victoria—SP—604-592-7313	6,228

Site of 1972 Canadian Senior Championship. Wind always a factor.

Victoria G.C.	18/70
Victoria—* 604-598-4321	5,871

British Columbia's oldest course, established in 1893. Five water hazards, 104 bunkers. Open to members of other private clubs.

MANITOBA

Clear Lake G. Cse.	18/72
Riding Mountain National Park—PU	6,272
204-848-7445	

Located some 175 miles northwest of Winnipeg. One of Manitoba's most testing layouts.

Falcon Beach G.C.	18/72
Whiteshell Provincial Park—R—204-349-2554	6,760

Creek runs through course, coming into play on 4 holes. Accommodations and campsites.

NEW BRUNSWICK

Algonquin G.C.	27/72-31
St. Andrews—R—506-529-3062	6,314-2,225

Rolling seaside courses.

Edmundston G.C.	18/73
Edmundston—PU—506-735-7266	6,666

Plays long with one par-3 hole over railway line. Also includes a 5-hole, par-3 junior course.

NEWFOUNDLAND

Bally Haly G. & C.C.	18/69
St. John's—*709-753-6090	5,600

Hilly course with tight fairways, good turf.

NOVA SCOTIA

Cape Breton Highlands G. Links	18/72
Cape Breton Highlands National Park—R	6,475
902-285-2270	

Course spreads over 6 miles amid valleys and mountains.

Oakfield C.C.	18/73
Grand Lake—SP—902-861-2777	6,781

Site of 1971 Canadian Amateur Championship. Lakeside setting insures breeze at all times.

The Pines Hotel & G.C.	18/71
Digby—R—902-245-5020	6,204
902-245-2511	

Two water holes situated on rolling terrain.

ONTARIO

Don Valley G.C.	18/71
Toronto—PU—416-225-6821	6,298

Difficult municipal course 10 miles from downtown Toronto. Don River traverses course and comes into play on 11 holes.

Glen Lawrence G. & C.C.	18/71
Kingston—SP—613-544-4762	6,584

Fine test of golf with water coming into play on 7 holes. Front 9 flat, back 9 rolling.

Upper Canada G.C.	18/72
Crysler Farm Battlefield Park—R	6,908
613-543-2003	

Rolling fairways, large greens yield a picturesque setting. Complete facilities operated by St. Lawrence Parks Commission.

Whirlpool G. Cse.	18/72
Niagra Falls—PU—416-356-1140	6,945

Scenic layout opposite famous whirlpool with view of gorge. Rolling terrain, well treed, many traps.

PRINCE EDWARD ISLAND

Belvedere G. and Winter C.	18/72
Charlottetown—SP—902-894-5542	6,372

Flat, well-bunkered course laid out in triangular system so you are never far from clubhouse.

Brudenell G. & C.C.	18/72
Brudenell Resort, Cardigan—R	5,000
902-652-2332	

Situated on banks of Brudenell River, in rural setting. Nine water holes.

Green Gables G.C.	18/72
Cavendish—PU—902-963-2756	6,331

Seaside links. Tight, windswept. Accommodations nearby.

QUEBEC

Carling Lake G.C.	18/72
Lachute, Laurentian Foothills—514-562-5228	6,650

Challenging Howard Watson course with many tricky holes.

Gray Rocks Inn & G.C.	18/72
Ste. Jovite—R—819-425-2771	6,445

Hilly, wooded course in the Laurentians.

Le Chanticler G.C.	18/70
Ste. Adele—PU—514-229-3555	6,060

Panoramic views of the Laurentians with many scenic holes.

GOLF COURSES

Le Chateau Montebello 18/70
Montebello—PU—819-423-6341 6,110
   Near Laurentian Mountains; ravines and valleys provide natural hazards. Secluded by a dense border of pine and spruce woods.

Manoir Richelieu G.C. 18/70
Point-au-Pic—R—418-665-3703 5,870
   Overlooks St. Lawrence. Elevators on some holes for access to tees.

SASKATCHEWAN

Murray Municipal G.C. 18/72
Regina—PU—306-569-7739 6,390
   Hilly with full, watered greens and fairways. Located 15 miles northeast of downtown Regina.

Waseksiu Lake G.C. 18/70
Prince Albert National Park—PU 6,059
306-663-5301
   Rolling course cut out of wooded terrain. Well-trapped. Located 225 miles north of Regina.

MEXICO

Acapulco G.C. 18/70
Acapulco 5,134
   In center of town.

Bosques de San Isidro G.C. 18/72
Guadalajara—R 6,819
   Fine rolling Larry Hughes course in resort community north of city. Villas to rent.

Chapala C.C. 18/72
Guadalajara 6,369
   Designed by Harry Offutt, the resident professional. Built through an American colony-development.

Chula Vista C.C. 9/31
Guadalajara 1,842
   Cute 9-holer on a hill; development. Motel adjoining.

Club Atlas G.C. 18/72
Guadalajara—SP 6,804
   Good test by Joe Finger. Affiliated with some Guadalajara hotels.

Club Santiago 9/36
Manzanillo 3,321
   Opened December, 1975. Level, all Bermuda grass. Architect Larry Hughes. Rental villas.

El Cid G. & C.C. 18/72
Mazatlan 6,712
   Fairly level, all Bermuda grass, many elevated tees and greens. Motel.

Guadalajara C.C. 18/72
Guadalajara—* 6,400
   Oldest, best-conditioned course in area. Need introduction to play.

Palma Real G.C. 18/72
Zihuatanejo—R 6,408
   Robert Trent Jones course on bluff overlooking Ixtapa Bay. Dramatic back 9. Has a 450-room hotel.

Pierre Marques G.C. 18/72
Acapulco—R 6,334
   Lush, palm-bordered, Percy Clifford course in pretty setting. Part of Princess Hotel complex.

Princess G.C. 18/72
Acapulco—R 6,400
   Sporty Ted Robinson layout situated next to huge Princess Hotel. Fairly tight with palms, 8 water holes.

Las Hadas 18/72
Manzanillo—R 6,980
   Unusual ocean resort with one of Roy Dye's finest courses.

Santa Anita C.C. 18/72
Guadalajara—* 6,617
   In residential development. Guests of some hotels may play. Southwest of city.

EUROPE

BELGIUM

Royal Zoute G.C. 18/72
Knokke-Le Zoute 6,300
   Links-type course in delightful resort town. Windy, many bunkers, but fair test.

ENGLAND

Berkshire G.C. 18/72
Ascot—SP 6,379
   Rolling, tree-lined inland course. Par-yards Red course. Also Blue course (72-6,244). Lunch only. Hotels nearby.

Burnham & Barrow G.C. 18/71
Burnham-On-Sea—SP 6,624
   Seaside links, gently undulating. Lunch only.

Denham G.C. 18/70
Denham—SP 6,357
   Varied, secluded setting. Pleasant clubhouse. Lunch only.

Formby G.C. 18/73
Freshfield—SP 6,803
   Seaside links, good greens, thick forests. Resort area.

Ganton G.C. 18/72
Scarborough—SP 6,823
   Inland, with gorse and heather. Great condition.

Lindrick G.C. 18/71
Worksop—SP 6,541
   Good moorland golf. Great condition. Curtis and Ryder Cup sites. Restaurant.

Little Aston G.C. 18/72
Streetly—SP 6,689
   Sand and gravel, subsoil, weaves through trees. No women Saturdays. Restaurant.

Littlestone G.C. 18/72
Littlestone—SP 6,346
   Good place for family outing. Seaside. Lunch only but good hotels nearby.

Manor House Hotel G.C. 18/69
Moretonhampstead—R 6,245
   Pleasant resort course. Manor House Hotel adjoins.

Moortown G.C. 18/69
Leeds—SP 6,604
   On peaty moorlands, with plenty of gorse, heather, streams, trees. Many courses nearby.

Prince's G.C. 18/73
Sandwich—SP 6,681
   Good seaside test. Restaurant. Hotels nearby.

Royal Birkdale G.C. 18/72
Southport—SP 6,844
   Sandy, rough, willow scrubs offer tough obstacles. Resort area.

Royal Cinque Ports G.C. 18/70
Deal—SP 6,689
   Dune runs clear across seaside course. Restaurant.

Royal Liverpool G.C. 18/72
Hoylake—* 6,940
   Rugged, seaside championship test. Founded in 1869. Private club, letter required.

GOLF COURSES

Royal Lytham & St. Annes G.C. 18/71
St. Annes-On-The-Sea—SP 6,635
    Sea not visible but dunes affect play. Has 200 sand traps. Hotels nearby.

Royal N. Devon C. (Westward Ho!) 18/71
Devon—SP 6,532
    Famous seaside course, founded in 1864. Home of J. H. Taylor. Restaurant.

Royal St. George's G.C. 18/70
Sandwich—* 6,633
    Great summer golf on links terrain. Lunch only. Hotels nearby. Private club, letter required.

Rye G.C. 18/67
Rye—* 6,483
    Best course in Sussex. Links character. Good "winter" course. Restaurant. Hotels nearby. Private club, you'll need member introduction.

St. Enodoc G.C. 18/69
Rock—SP 6,605
    Natural, seaside golf, giant sand hills. Restaurant on site.

Southport & Ainsdale G.C. 18/72
Southport—SP 6,625
    Seaside golf, gentle rolls, towering sandhills. Resort area.

Sunningdale G.C. Old: 18/70 6,490
Sunningdale—* New: 18/73 6,487
    Superb inland course; heather, gorse, pines. Scenic. Restaurant. Private club, you'll need member introduction.

Walton Heath G.C. Old: 18/73 6,735
Tadsworth—SP New: 18/73 6,516
    Championship caliber, sand-based, almost seaside golf.

Wentworth C. West: 18/73 6,936
Virginia Water—* East: 18/72 6,209
    Stiff challenge on sandy sub-soil, with heather, gorse. Lunch only. Hotels nearby. Private club, letter required.

Woodhall Spa G.C. 18/73
Woodhall Spa—SP 6,822
    Sand-based, but inland. Heather, gorse.

GREECE

Corfu G.C. 18/72
Corfu—R 6,768
    Greek island course has lakes and stream in play on 13 holes.

Glyfada G.C. 18/72
Glyfada—R 6,715
    Built amid groves of mature evergreen. Playable year-round.

IRELAND

Ballybunion G.C. 18/72
Ballybunion, Co. Kerry 6,417
    A tremendous golfing challenge, set in picturesque range of sand dunes. Special distinction among Irish golf courses. Second championship course designed by Robert Trent Jones open.

Baltray G.C. 18/72
Drogheda, Co. Louth 6,693
    A favorite course of Irish golfers, offering golf amid breathtaking seascapes.

Carlow G.C. 18/70
Carlow 6,279
    Regarded by many as Ireland's finest inland course. Moorland turf, new clubhouse.

Co. Siligo G.C. 18/71
Rosse's Point 6,435
    Natural hazards demand powerful hitting. Modern conveniences and facilities. Dogleg holes frequent.

Killarney G.C. Mahoney's Point: 18/72 6,677
Killarney Killeen: 18/72 6,798
    A memorable experience. Lakeside golf.

Lahinch G.C. 18/72
Lahinch 6,434
    Rugged in character, beautiful in scenic layout. Sandhills, sandpits, rough hills provide fierce challenge. Extra large greens and tees.

Portmarnock G.C. 18/72
Dublin Bay—R 7,093
    One of the world's best. Towering sandhills and many demanding par-4s. Cozy clubhouse.

Royal Co. Down G.C. 18/71
Newcastle 6,647
    Stern test. Sandhills, ridges and valleys mean trouble.

Royal Dublin 18/72
Bull Island, Dublin City 6,657
    Spacious fairways, diversified holes, fierce rough. One of finest clubhouses in Ireland.

Royal Portrush G.C. 18/73
Portrush 6,809
    Strong challenge for the best of golfers. Narrow curving fairways and great sandhills.

Waterville G. Links 18/72
Waterville—R 7,116
    Great golf on challenging links course at Waterville Lakes Hotel. All resort facilities and activities. Modern clubhouse. Great trout and salmon fishing.

Woodbrook G.C. 18/73
Emerald Isle 6,700
    Views of sea and mountains from every hole, lush new clubhouse.

ITALY

Olgiata G.C. 27/72-34
Rome—SP 6,833-3,092
    Course winds over undulating countryside. Large, well-bunkered greens.

Villa d'Este G.C. 18/70
Montofano—Como 6,070
    Narrow, wooded course in Italy's beautiful Lake Como region. Hotel 8 miles away.

PORTUGAL

Estoril G.C. 18/69
Estoril—R 5,689
    Championship course winds through rolling hills and fragrant pine forests. Vistas of ocean and mountains.

Oporto G.C. 18/71
Silvalde—R 6,800
    Seaside course. Sand dunes, undulating terrain and stiff sea breezes add to difficulty.

Palmares G.C. 18/73
Near Lagos, Algarve Near 7,000
    Five dune holes along ocean prime feature. Part of housing development. By Frank Pennink. Private club.

Penina G.C. 27/73-36
Near Portimao, Algarve—R 6,800-3,200
    Designed by Henry Cotton. Very long championship course. Golf hotel and complete facilities.

Quinta do Lago 18/72
Almancil, Algarve—R 6,950
    Bill Mitchell course considered by many the best in the Algarve.

Vale do Lobo G.C. 18/72
Amancil, Algarve—R 6,610
    Spectacular holes wind along rugged oceanside terrain. Henry Cotton design. Villas available nearby.

GOLF COURSES

Vilamoura G.C.   18/73
Albufeira, Algarve—R   6,500
   Rolling fairways and greens. Magnificent clubhouse, apartments and hotels.

SARDINIA

Is Molas G.C.   18/73
Near Cagliari   6,400
   Clever use of strategic mounds and depressions.

Pevero G.C.   18/72
Costa Smeralda   6,874
   Robert Trent Jones course in White Mountains overlooks bay on rocky coast.

SCOTLAND

Blairgowrie G.C.   18/72
Rosemount—SP   6,490
   Pines, birches line inland course's fairways. Good turf. Each hole secluded. Restaurant.

Carnoustie G.C.   18/72
Carnoustie—PU   7,103
   Famous seaside course where Ben Hogan won '53 British Open. Water, wind and sand. Hotel at course. Burnside course nearby.

Gleneagles   18/70
Perthshire—R   6,597
   Beautiful moorland golf with pines, streams. Par-yards is King's course. Also 2 others (Queen's 6,102; Princess, 4,678). Gleneagles Hotel one of world's finest.

Gullane G.C.   18/71
Gullane —SP   6,461
   Seaside golf. Course winds around hills. Par- yards is No. 1. Also 2 others (No. 2, 6,090; No. 3, 5,000). Restaurant. Hotels nearby.

Hon. Co. of Edinburgh Golfers   18/71
Muirfield— *   6,806
   "Club" moved to Muirfield in 1891. Great seaside golf, slender fairways. British Open, Amateur site. Hotels nearby. Private club, need member introduction.

Montrose G.C.   36/71-66
Montrose—PU   6,396-4,863
   Splendid links in ancient setting. Course goes back to 17th century. Hotels nearby.

Nairn G.C.   18/72
Nairn—PU   6,384
   Seaside course with gorse, heather. Sea always in view. Restaurant.

North Berwick G.C.   18/71
North Berwick—SP   6,335
   Sea, sand and wind, a true links. Two other courses plus 9-holer in area. Restaurant. Two resort hotels nearby.

Prestwick G.C.   18/71
Ayrshire—R   6,571
   British Open started here in 1860. Founded in 1851. Seaside links. Lunch available. Private.

Royal Aberdeen G.C.   18/70
Aberdeen— *   6384
   Opened in 1780. Rolling fairways wind through dunes. Restaurant. 20 municipal putting courses in city. Private club, letter required.

Royal & Ancient G.C.   72 holes
St. Andrews—PU
   Old course at 6,960 yards, par 72, is "home" of the game, golf in its most natural state. Also, New Course, 6,542 yards; Eden, 6,250 yards; Jubilee, 6,005 yards. Golf museum, restaurant. Many hotels nearby.

Royal Dornoch G.C.   18/70
Dornoch—SP   6,485
   Classic Scottish seaside course, set amid dunes. Restaurant. No Sunday play. Resort hotel nearby.

Royal Troon G.C.   18/70
Troon— *   6,533
   Championship, seaside links. Founded in 1878. Restaurant. Second course nearby. Private club, need letter of introduction.

Turnberry G.C.   18/70
Turnberry—R   6,835
   Good seaside golf. Par-yards is Ailsa course. Arran course adjoining, 6,653 yards. Turnberry Hotel at course.

Western Gailes G.C.   18/71
Gailes— *   6,580
   Sand dunes, heather spice play. Lunch, tea only. Men only. Private.

SPAIN

Aloha G.C.   18/72
Marbella   6,515
   Handsome rolling test. Clubhouse, good restaurant.

Campo de Golf de Malaga   18/72
Malaga—R   6,442
   Oldest course on Southern Coast. Excellent hotel adjacent to course.

Club Atalya Park   18/72
Estepona—R   6,935
   Long and wide with lovely view of nearby Sierra Bermeja Mountains. Complete facilities, impressive clubhouse.

Club de Golf Campamento   9/36
San Roque   2,977
   Ordinary 9-holer located on road from Gibraltar to San Roque.

Club de Golf El Candado   9/35
El Palo—PU   2,296
   Simple, but good short-iron practice.

Club de Golf Villa Martin   18/72
Torrevieja—R   6,700
   Rolling fairways lined with pines, olive trees.

Costa Brava G.C.   18/71
Santa Cristina de Aro—R   5,850
   Part of large recreation-estates development on coast near Gerona. Designed by Hamilton Stutt.

El Paraiso G.C.   18/72
Estepona—R   6,460
   Course designed by Ron Kirby and Gary Player slopes from foothills to beach.

El Prat   18/72
Prat de Liobregat—R   6,215
   Flat, challenging oceanside course cut uniquely through umbrella-pine forest.

El Saler   18/72
Valencia—R   6,600
   Government-operated course. Designed by Javier Arana.

Golf Club Guadalmina   18/72
Marbella—R   6,824
   Long-established Costa del Sol course alongside hotel and ocean. Also short course.

G.C. of Pals   18/73
Playa de Pals—SP   6,490
   Laid out over sand dunes by Fred Hawtree. 90 miles from Barcelona. Hotels nearby.

Golf Club Son Vida   18/68
Mallorca   6,077
   Only 18 holes in Balearic Islands.

G.C. of Terramar   18/70
Sitges—R   6,080
   Seaside resort with hotel about 25 miles from Barcelona.

Jaizkibel   18/73
San Sebastian   6,075
   Situated in spectacular mountain scenery. Private club.

GOLF COURSES

La Herreria	18/73
El Escorial	6,615

Lovely scenery backed by mountains and San Lorenzo Monastery, a must for tourists.

La Manga Campo de Golf	36/71-72
Near Cartagena	6,455-6,855

Palms line fairways, ravines, lakes. By Robert Dean Putnam. Site of Spanish Open.

Nueva Andalucia Golf Club	36
Marbella—R	holes

Tough Robert Trent Jones course flanked by mountains and the sea. Second course opened '74. Small golf hotel at course. Andalucia Plaza Hotel and other hotels nearby.

Pineda de Sevilla	9/35
Seville	3,125

Nice change of pace when visiting historic city. Private club.

Pueblo Cortes de Golf	18/72
Marbella—R	6,450

Course by Gary Player combines natural beauty with tree-lined fairways and lush, rolling greens.

Real Cerdana G.C.	18/71
Cerdana-Puigcerda—R	6,440

Hotels and golf chalets adjoin course.

Real Club de Campo	18/72
Madrid	6,725

Scene of 1965 Canada Cup and 1970 Women's World Amateur team matches. Also 9-hole course. Private club.

Real Club Puerta de Hierro	36/72-72
Madrid	6,860-5,900

Oldest club on Spanish mainland (1904). Long and hilly. Site of 1970 Eisenhower Matches. Private club.

Real Pedrena G.C.	18/70
Santander—SP	6,160

On a peninsula in the middle of the bay. Designed by Colt, Alison. Club has accommodations.

Rio Real G.C.	18/72
Marbella—R	6,706

Pretty course with narrow fairways. Marvelous clubhouse. Hotel Los Monteros nearby.

Sotogrande	36/72-72
Guadiaro—R	6,596-6,800

Magnificent Robert Trent Jones layout set amid cork forests and lakes. Villas adjacent to lovely clubhouse. Also has a 9-hole par-3 course.

SWITZERLAND

Golf Club Bad Ragaz	18/70
Bad Ragaz	6,200

Beautiful, rolling course in excellent condition. Hotels nearby.

Crans G.C.	27/73-34
Crans sur Sierre	7,135-2,715

Alpine links course situated above Sierre; Rhone Valley. 5,000 feet above sea level. Open May to October.

Davos G.C.	18/69
Davos-Dorf	5,717

Open June to October. Many hotels nearby.

Engadine G.C.	18/70
St. Moritz	6,289

Alpine course open June to September in famed resort town. Beautiful views. Good test.

Golf Club de Geneve	18/72
Geneva	6,689

Open March to December. Practice area available. Restaurant and bar on site. Accommodations nearby.

Golf Club Interlaken	18/73
Interlaken	6,453

Flat course at the foot of the Bernese-Oberland Alps. Many hotels nearby.

Lucerne G.C.	18/71
Lake Lucerne	5,625

Course surrounded by majestic Swiss Alps. Gently rising slopes; very scenic. Hotels nearby. Open April to October.

OTHER

ISRAEL

Caesarea G. & C.C.	18/72
Caesarea—R	6,500

Course built on undulating dunes overlooking the Mediterranean Sea. Also 9-hole putting green and driving range.

MOROCCO

Marrakech G.C.	18/72
Marrakech—SP	6,233

Flat layout wanders through orange groves. Good greens. Hotels in Marrakech.

Royal Golf Rabat G.C.	18/73
Dar-Es-Salem Rabat—R	6,986

Robert Trent Jones course, exceptionally long and difficult in improbable locale.

Royal Mohammedia G.C.	18/73
Mohammedia—R	6,370

Established, interesting seaside links. Always windy. Casablanca hotels.

TAHITI

Golf D'Atimaono	18/72
Papeete	6,946

Designed by Bob Baldock. This basically flat course is a challenge amid beautiful flowers, trees and water.

VENEZUELA

Caracas C.C.	18/71
Caracas	6,552

Pleasant, sporty course situated in the heart of the city.

Valle Arriba G.C.	18/70
Caracas	6,163

Enjoyable, short and fairly hilly course is in a good residential area.

ISLANDS

BAHAMAS
GRAND BAHAMA ISLAND

Bahama Princess Resort	Ruby: 18/72 6,450
and Casino	Emerald: 18/72 6,420
Freeport—R—809-352-6721	

Both layouts feature wide fairways, big greens and many pines.

GOLF COURSES

Bahama Reef C.C. 18/72
Freeport—R—809-373-1056 6,788
 Located in hotel, beach resort area, lighted driving range, par 3.

Fortune Hills G. Cse. 9/36
Freeport—R—809-373-4500 3,250
 Joe Lee course. Rolling terrain. Second 9 being built.

Jack Tar Village
West End—R—809-346-6211 Blue: 9/36 3,357
 800-527-9299 White: 9/36 3,309
 Red: 9/36 3,080
 Several holes play by the ocean. Pine-bordered fairways.

Lucayan G. and C.C. 18/72
Freeport—R—809-373-1066 6,824
 Dick Wilson design with pine-lined fairways, dense tropical growth and well-bunkered greens.

Note: Guests at Atlantik Beach 800-622-6770, Lucayan Beach 800-327-0787, Holiday Inn 800-HOLIDAY, Coral Beach Hotels may obtain guest privileges at Lucaya G. & C.C., Bahama Reef C.C. and other courses in the area.

ABACO

Treasure Cay Beach Hotel & G.C. 18/72
Abaco—R—305-361-2561 6,932
 809-367-2847
 Big greens, plenty of sand, undulating fairways, 4 miles of private beach.

NEW PROVIDENCE

Cable Beach Hotel G. Cse. 18/72
Nassau—R—800-822-4200 6,534
 809-327-8231
 Course open to guests of Cable Beach Hotel and Wyndham Ambassador.

Resorts International/Paradise Island G.C. 18/72
Paradise Island—R 6,545
 800-321-3000
 809-325-7131
 Outstanding Dick Wilson design. Hilly, wooded.

South Ocean Beach G.C. 18/72
Nassau—R—809-325-7431 6,568
 Joe Lee course on ocean. May be island's best. Excellent second 9.

ELEUTHERA

Cotton Bay C. 18/72
Rock Sound—R—809-334-2101 6,594
 Fine test perched atop bluff. Designed by Robert Trent Jones. Palm-lined fairways and 129 traps.

BARBADOS

Sandy Lane G.C. 18/72
Barbados—R—809-432-1311 6,554
 Inland at Sandy Lane estate. Magnificent views of the Caribbean.

BERMUDA

Belmont Hotel G. & Beach C. 18/70
Warwick—R—809-296-1301 5,547
 Interesting course, though short. Well bunkered. Fun to play.

Castle Harbour G.C. 18/71
Tucker's Town—R—809-293-8161 5,990
 Rolling, spectacular course at newly-remodeled Marriott Castle Harbour Hotel and Club.

Loews Bermuda Beach G.C. 9/27
St. Georges—R—809-297-8222 1,201
 Par-3 course with vistas. Overlooks Fort St. Catherine.

Mid-Ocean C. 18/71
Tucker's Town— *809-293-0330 6,097
 Site of many tournaments. Three sets of tees. On ocean. Fine course. Private club.

Ocean View G.C. 9/35
Devonshire—PU—809-292-6758 2,736
 Hilly with tree-lined fairways.

Port Royal G. Cse. 18/71
Southampton—PU—809-294-0974 5,939
 Fine Robert Trent Jones course on ocean along cliff. Water, wind, sand. Good test.

Riddell's Bay G. & C.C. 18/68
Warwick West— *809-298-1060 5,476
 Skirts ocean. Many trees. Private club, open by appointment. Dogleg eighth a beauty.

Southampton Princess G.C. 18/54
Southampton—R—809-298-0446 2,660
 Par-3 course gives accuracy a fair test. Affiliated with Princess Hotel.

CAYMAN ISLANDS

Britannia Golf Resort 18/72
Grand Cayman Island—R—809-949-7440 3,157
 800-527-7882
 Nicklaus-designed course for Cayman golf ball. Also can be played as regulation nine-hole course or 18-hole executive course. Golfers can stay at Hyatt Regency-Grand Cayman.

COSTA RICA

Cariari Hotel & C.C. 18/71
San Jose—R—39-00-22 6,563
 George Fazio course set on rolling terrain. Tight fairways, lots of trees. Three miles from downtown San Jose.

DOMINICAN REPUBLIC

Casa de Campo Hotel & C.C. 36/72-71
La Romana—R—809-682-2111 6,750-6,198
 Superb Pete Dye courses. Teeth of the Dog, a classic. Links embodies Scottish design.

Puerto Plata G.C. 18/72
Puerto Plata—R—809-586-2271 6,990
 Robert Trent Jones seaside course. Jack Tar Village Hotel.

GUADALOUPE

St. Francois G.C. 18/71
St. Francois, Grand Terre—R 6,755
 Robert Trent Jones course located across from Meridian Hotel.

JAMAICA

Caymanas G.C. 18/72
Spanish Town—SP 6,515
 Wide-ranging course. Fine clubhouse. Six miles from Kingston.

GOLF COURSES

Constant Spring G.C.   18/70
Kingston—SP   5,474
    Short but cute. First 9 inland; second 9 has sea view. Greens are hard and fast.

Half Moon-Rose Hall C.C.   18/72
Montego Bay—R   7,130
    Manicured course near Half Moon Hotel. Wind often a factor.

Ironshore G. & C.C.   18/72
Montego Bay—R   6,615
    Course by Canadian Bob Moote. Small greens with emphasis on strategy.

Rose Hall G.C.   18/72
Montego Bay—R   6,900
    Adjacent to 510-room Hotel Rose Hall/Wyndham opened July '74. Course plays around natural waterfall.

Runaway Bay G.C.   18/72
Runaway Bay—R   6,684
    Designed in 2 circles. Open to hotel guests of Runaway Bay/Jack Tar. Also 9-hole, par-3 course.

Tryall G. & Beach C.   18/71
Sandy Bay—SP   6,324
    Nine seaside holes, 9 inland. In beautiful setting.

Upton G. & C.C.   18/71
Ocho Rios—SP   6,819
    Rolling, inland, close to Ocho Rios complex. Tree-lined fairways. Chiseled from mountainside.

PUERTO RICO

Hyatt Cerromar Beach Hotel   36/72-72
Dorado Beach—R—809-796-1010   6,298-6,249
    Robert Trent Jones brought lots of water into play on these 2 courses.

Hyatt Dorado Beach Hotel C.   36/72-72
Dorado Beach—R—809-796-1600   6,431-6,430
    Two fine Robert Trent Jones courses near ocean; carved out of tropical jungle.

Rio Mar   18/72
Luquillo—SP—809-887-2025   6,145
    Winds through rain forest and off beach.

Palmas del Mar   18/72
Humacao—R—809-852-6000   6,600
    Ron Kirby-Gary Player course winds through coconut groves and cane fields.

ST. KITTS

Jack Tar Village Course   18/72
St. Kitts—R—800-527-9299   6,918
    Tropical course that runs alongside Atlantic and Caribbean.

ST. MAARTEN

Mullet Bay G.C.   18/70
St. Maarten—R   5,514
    Beautiful Joe Lee layout at hotel. Tight course with 11 water holes.

TRINIDAD-TOBAGO

St. Andrew's G.C.   18/67
Trinidad—R—809-62-25446   5,564
    Picturesque H. S. Colt layout in Maravel Valley. Club founded in 1870.

Mount Irvine Bay G.C.   18/72
Tobago—R—809-639-8871   6,856
    Scenic John Harris course for guests of Mount Irvine Bay Hotel.

VIRGIN ISLANDS

Buccaneer Beach Hotel   18/71
Christiansted, St. Croix—R—809-773-2100   6,023
    Gently rolling course with excellent views of the sea. Water comes into play on more than half the 18 holes. Many traps. Visitors welcome.

Carambola Beach Resort and G.C.   18/72
St. Croix—PU—809-778-0747   6,909
    Course opened in 1966. Many tropical trees, 7 water holes. Carambola Resort villas and hotel.

Mahogany Run   18/70
St. Thomas—PU—809-775-5000   6,600
    A hilly George and Tom Fazio design. No. 14 sits atop cliff overlooking ocean. Recently reopened.

CHAPTER 17

1987 USGA RULES OF GOLF

Etiquette	Section I	530
Definitions	Section II	531
The Rules of Play	Section III	538
The Game	Rule 1-3	538
Clubs and The Ball	Rule 4-5	540
Player's Responsibilities	Rule 6-9	544
Order of Play	Rule 10	549
Teeing Ground	Rule 11	550
Playing the Ball	Rule 12-15	551
The Putting Green	Rule 16-17	556
The Flagstick		558
Ball Moved, Deflected, Stopped	Rule 18-19	559
Relief Situations and Procedure	Rule 20-28	563
Other Forms of Play	Rule 29-32	576
Administration	Rule 33-34	582
Local Rules, Appendix I		585
Design of Clubs, Appendix II		591
The Ball, Appendix III		593
Miscellaneous, Appendix IV		594
Rules of Amateur Status		598
Changes Since 1984		606

RULES OF GOLF

as approved by
THE UNITED STATES GOLF ASSOCIATION®
and
THE ROYAL AND ANCIENT GOLF CLUB
OF ST. ANDREWS, SCOTLAND

Effective January 1, 1984

Copyright 1983 By THE UNITED STATES GOLF ASSOCIATION and THE ROYAL AND ANCIENT GOLF CLUB OF ST. ANDREWS, SCOTLAND

All Rights Reserved

Section I
ETIQUETTE

Courtesy on the Course

Consideration for Other Players

The player who has the honor should be allowed to play before his opponent or fellow-competitor tees his ball.

No one should move, talk or stand close to or directly behind the ball or the hole when a player is addressing the ball or making a stroke.

In the interest of all, players should play without delay.

No player should play until the players in front are out of range.

Players searching for a ball should signal the players behind them to pass as soon as it becomes apparent that the ball will not easily be found. They should not search for five minutes before doing so. They should not continue play until the players following them have passed and are out of range.

When the play of a hole has been completed, players should immediately leave the putting green.

Priority on the Course

In the absence of special rules, two-ball matches should have precedence over and be entitled to pass any three- or four-ball match.

A single player has no standing and should give way to a match of any kind.

Any match playing a whole round is entitled to pass a match playing a shorter round.

If a match fails to keep its place on the course and loses more than one clear hole on the players in front, it should allow the match following to pass.

RULES OF GOLF

Care of the Course

Holes in Bunkers

Before leaving a bunker, a player should carefully fill up and smooth over all holes and footprints made by him.

Replace Divots; Repair Ball-Marks and Damage by Spikes

Through the green, a player should ensure that any turf cut or displaced by him is replaced at once and pressed down and that any damage to the putting green made by a ball is carefully repaired. Damage to the putting green caused by golf shoe spikes should be repaired *on completion of the hole*.

Damage to Greens — Flagsticks, Bags, etc.

Players should ensure that, when putting down bags or the flagstick, no damage is done to the putting green and that neither they nor their caddies damage the hole by standing close to it, in handling the flagstick or in removing the ball from the hole. The flagstick should be properly replaced in the hole before the players leave the putting green. Players should not damage the putting green by leaning on their putters, particularly when removing the ball from the hole.

Golf Carts

Local notices regulating the movement of golf carts should be strictly observed.

Damage Through Practice Swings

In taking practice swings, players should avoid causing damage to the course, particularly the tees, by removing divots.

Section II
DEFINITIONS

Addressing the Ball

A player has "addressed the ball" when he has taken his stance and has also grounded his club, except that in a hazard a player has addressed the ball when he has taken his stance.

Advice

"Advice" is any counsel or suggestion which could influence a player in determining his play, the choice of a club or the method of making a stroke.

Information on the Rules or on matters of public information, such as the position of hazards or the flagstick on the putting green, is not advice.

Ball Deemed to Move

See "Move or Moved."

RULES OF GOLF

Ball Holed
See "Holed."

Ball Lost
See "Lost Ball."

Ball in Play
A ball is "in play" as soon as the player has made a stroke on the teeing ground. It remains in play until holed out, except when it is out of bounds, lost or lifted, or another ball has been substituted under an applicable Rule; a ball so substituted becomes the ball in play.

Bunker
A "bunker" is a hazard consisting of a prepared area of ground, often a hollow, from which turf or soil has been removed and replaced with sand or the like. Grass-covered ground bordering or within a bunker is not part of the bunker.

Caddie
A "caddie" is one who carries or handles a player's clubs during play and otherwise assists him in accordance with the Rules.

When one caddie is employed by more than one player, he is always deemed to be the caddie of the player whose ball is involved, and equipment carried by him is deemed to be that player's equipment, except when the caddie acts upon specific directions of another player, in which case he is considered to be that other player's caddie.

Casual Water
"Casual water" is any temporary accumulation of water on the course which is visible before or after the player takes his stance and is not in a water hazard. Snow and ice are either casual water or loose impediments, at the option of the player. Dew is not casual water.

Committee
The "Committee" is the committee in charge of the competition or, if the matter does not arise in a competition, the committee in charge of the course.

Competitor
A "competitor" is a player in a stroke competition. A "fellow-competitor" is any person with whom the competitor plays. Neither is partner of the other.

In stroke play foursome and four-ball competitions, where the context so admits, the word "competitor" or "fellow-competitor" shall be held to include his partner.

Course
The "course" is the whole area within which play is permitted. See Rule 33-2.

RULES OF GOLF

Equipment

"Equipment" is anything used, worn or carried by or for the player except any ball he has played and any small object, such as a coin or a tee, when used to mark the position of a ball or the extent of an area in which a ball is to be dropped. Equipment includes a golf cart, whether or not motorized. If such a cart is shared by more than one player, its status under the Rules is the same as that of a caddie employed by more than one player. See "Caddie."

Fellow-Competitor

See "Competitor."

Flagstick

The "flagstick" is a movable straight indicator, with or without bunting or other material attached, centered in the hole to show its position. It shall be circular in cross-section.

Forecaddie

A "forecaddie" is one who is employed by the Committee to indicate to players the position of balls on the course, and is an outside agency.

Ground Under Repair

"Ground under repair" is any portion of the course so marked by order of the Committee or so declared by its authorized representative. It includes material piled for removal and a hole made by a greenkeeper, even if not so marked. Stakes and lines defining ground under repair are in such ground.

Note 1: Grass cuttings and other material left on the course which have been abandoned and are not intended to be removed are not ground under repair unless so marked.

Note 2: The Committee may make a Local Rule prohibiting play from ground under repair.

Hazards

A "hazard" is any bunker or water hazard.

Hole

The "hole" shall be 4¼ inches (108mm) in diameter and at least 4 inches (100mm) deep. If a lining is used, it shall be sunk at least 1 inch (25mm) below the putting green surface unless the nature of the soil makes it impracticable to do so; its outer diameter shall not exceed 4¼ inches (108mm).

Holed

A ball is "holed" when it is at rest within the circumference of the hole and all of it is below the level of the

RULES OF GOLF

lip of the hole.

Honor

The side entitled to play first from the teeing ground is said to have the "honor."

Lateral Water Hazard

A "lateral water hazard" is a water hazard or that part of a water hazard so situated that it is not possible or is deemed by the Committee to be impracticable to drop a ball behind the water hazard and keep the spot at which the ball last crossed the margin of the water hazard between the player and the hole.

That part of a water hazard to be played as a lateral water hazard should be distinctively marked.

Note: Lateral water hazards should be defined by red stakes or lines.

Loose Impediments

"Loose impediments" are natural objects such as stones, leaves, twigs, branches and the like, dung, worms and insects and casts or heaps made by them, provided they are not fixed or growing, are not solidly embedded and do not adhere to the ball.

Sand and loose soil are loose impediments on the putting green, but not elsewhere.

Snow and ice are either casual water or loose impediments, at the option of the player.

Dew is not a loose impediment.

Lost Ball

A ball is "lost" if:

    a. It is not found or identified as his by the player within five minutes after the player's side or his or their caddies have begun to search for it; or

    b. The player has put another ball into play under the Rules, even though he may not have searched for the original ball; or

    c. The player has played any stroke with a provisional ball from the place where the original ball is likely to be or from a point nearer the hole than that place, whereupon the provisional ball becomes the ball in play.

Time spent in playing a wrong ball is not counted in the five-minute period allowed for search.

Marker

A "marker" is one who is appointed by the Committee to record a competitor's score in stroke play. He may be a fellow-competitor. He is not a referee.

RULES OF GOLF

A marker should not lift a ball or mark its position unless authorized to do so by the competitor and, unless he is a fellow-competitor, should not attend the flagstick or stand at the hole or mark its position.

Matches
See "Sides and Matches."

Move or Moved
A ball is deemed to have "moved" if it leaves its position and comes to rest in any other place.

Observer
An "observer" is one who is appointed by the Committee to assist a referee to decide questions of fact and to report to him any breach of a Rule. An observer should not attend the flagstick, stand at or mark the position of the hole, or lift the ball or mark its position.

Obstructions
An "obstruction" is anything artificial, including the artificial surfaces and sides of roads and paths, except:

    a. Objects defining out of bounds, such as walls, fences, stakes and railings;

    b. Any part of an immovable artificial object which is out of bounds; and

    c. Any construction declared by the Committee to be an integral part of the course.

Out of Bounds
"Out of bounds" is ground on which play is prohibited.

When out of bounds is defined by reference to stakes or a fence or as being beyond stakes or a fence, the out of bounds line is determined by the nearest inside points of the stakes or fence posts at ground level excluding angled supports.

When out of bounds is defined by a line on the ground, the line itself is out of bounds.

The out of bounds line is deemed to extend vertically upwards and downwards.

A ball is out of bounds when all of it lies out of bounds.

A player may stand out of bounds to play a ball lying within bounds.

Outside Agency
An "outside agency" is any agency not part of the match or, in stroke play, not part of a competitor's side, and includes a referee, a marker, an observer or a forecaddie. Neither wind nor water is an outside agency.

Partner
A "partner" is a player associated with another player

RULES OF GOLF

on the same side.

In a threesome, foursome or a four-ball match where the context so admits, the word "player" shall be held to include his partner.

Penalty Stroke

A "penalty stroke" is one added to the score of a player or side under certain Rules. In a threesome or foursome, penalty strokes do not affect the order of play.

Provisional Ball

A "provisional ball" is a ball played under Rule 27-2 for a ball which may be lost outside a water hazard or may be out of bounds. It ceases to be a provisional ball when the Rule provides either that the player continue play with it as the ball in play or that it be abandoned.

Putting Green

The "putting green" is all ground of the hole being played which is specially prepared for putting or otherwise defined as such by the Committee. A ball is on the putting green when any part of it touches the putting green.

Referee

A "referee" is one who is appointed by the Committee to accompany players to decide questions of fact and apply the Rules of Golf. He shall act on any breach of a Rule which he observes or is reported to him.

A referee should not attend the flagstick, stand at or mark the position of the hole, or lift the ball or mark its position.

Rub of the Green

A "rub of the green" occurs when a ball in motion is accidentally deflected or stopped by any outside agency (see Rule 19-1).

Rule

The term "Rule" includes Local Rules made by the Committee under Rule 33-8a.

Sides and Matches

Side: A player, or two or more players who are partners.
Single: A match in which one plays against another.

Threesome: A match in which one plays against two, and each side plays one ball.

Foursome: A match in which two play against two, and each side plays one ball.

Three-Ball: A match in which three play against one another, each playing his own ball.

Best-Ball: A match in which one plays against the better ball of two or the best ball of three players.

RULES OF GOLF

Four-Ball: A match in which two play their better ball against the better ball of two other players.

Stance

Taking the "stance" consists in a player placing his feet in position for and preparatory to making a stroke.

Stipulated Round

The "stipulated round" consists of playing the holes of the course in their correct sequence unless otherwise authorized by the Committee. The number of holes in a stipulated round is 18 unless a smaller number is authorized by the Committee. As to extension of stipulated round in match play, see Rule 2-4.

Stroke

A "stroke" is the forward movement of the club made with the intention of fairly striking at and moving the ball.

Teeing Ground

The "teeing ground" is the starting place for the hole to be played. It is a rectangular area two club-lengths in depth, the front and the sides of which are defined by the outside limits of two tee-markers. A ball is outside the teeing ground when all of it lies outside the teeing ground.

Through the Green

"Through the green" is the whole area of the course except:
    a. The teeing ground and putting green of the hole being played; and
    b. All hazards on the course.

Water Hazard

A "water hazard" is any sea, lake, pond, river, ditch, surface drainage ditch or other open water course (whether or not containing water) and anything of a similar nature.

All ground or water within the margin of a water hazard is part of the water hazard. The margin of a water hazard is deemed to extend vertically upwards. Stakes and lines defining the margins of water hazards are in the hazards.

Note: Water hazards (other than lateral water hazards) should be defined by yellow stakes or lines.

Wrong Ball

A "wrong ball" is any ball other than:
    a. The ball in play,
    b. A provisional ball or
    c. In stroke play, a second ball played under Rule 3-3 or Rule 20-7b.

RULES OF GOLF

Section III
THE RULES OF PLAY

THE GAME
Rule 1. The Game

1-1. General

The Game of Golf consists in playing a ball from the teeing ground into the hole by a stroke or successive strokes in accordance with the Rules.

PENALTY FOR BREACH OF RULE 1-1:
Match play — Loss of hole; Stroke play — Disqualification.

1-2. Exerting Influence on Ball

No player or caddie shall take any action to influence the position or the movement of a ball except in accordance with the Rules.

PENALTY FOR BREACH OF RULE 1-2:
Match play — Loss of hole; Stroke play — Two strokes.

Note: In the case of a serious breach of Rule 1-2, the Committee may impose a penalty of disqualification.

1-3. Agreement to Waive Rules

Players shall not agree to exclude the operation of any Rule or to waive any penalty incurred.

PENALTY FOR BREACH OF RULE 1-3:
Match play — Disqualification of both sides; Stroke play — Disqualification of competitors concerned.

1-4. Points Not Covered by Rules

If any point in dispute is not covered by the Rules, the decision shall be made in accordance with equity.

Rule 2. Match Play

2-1. Winner of Hole

In match play the game is played by holes.

Except as otherwise provided in the Rules, a hole is won by the side which holes its ball in the fewer strokes. In a handicap match the lower net score wins the hole.

2-2. Halved Hole

A hole is halved if each side holes out in the same number of strokes.

When a player has holed out and his opponent has been left with a stroke for the half, if the player thereafter incurs a penalty, the hole is halved.

2-3. Reckoning of Holes

The reckoning of holes is kept by the terms: so many "holes up" or "all square," and so many "to play."

RULES OF GOLF

A side is "dormie" when it is as many holes up as there are holes remaining to be played.

2-4. Winner of Match

A match (which consists of a stipulated round, unless otherwise decreed by the Committee) is won by the side which is leading by a number of holes greater than the number of holes remaining to be played.

A side may concede a match at any time prior to the conclusion of the match.

The Committee may, for the purpose of settling a tie, extend the stipulated round to as many holes as are required for a match to be won.

2-5. Claims

In match play, if a doubt or dispute arises between the players and no duly authorized representative of the Committee is available within a reasonable time, the players shall continue the match without delay. Any claim, if it is to be considered by the Committee, must be made before any player in the match plays from the next teeing ground or, in the case of the last hole of the match, before all players in the match leave the putting green.

No later claim shall be considered unless it is based on facts previously unknown to the player making the claim and the player making the claim had been given wrong information (Rules 6-2a and 9) by an opponent. In any case, no later claim shall be considered after the result of the match has been officially announced, unless the Committee is satisfied that the opponent knew he was giving wrong information.

2-6. General Penalty

The penalty for a breach of a Rule in match play is loss of hole except when otherwise provided.

Rule 3. Stroke Play

3-1. Winner

The competitor who plays the stipulated round or rounds in the fewest strokes is the winner.

3-2. Failure to Hole Out

If a competitor fails to hole out at any hole before he has played a stroke from the next teeing ground or, in the case of the last hole of the round, before he has left the putting green, *he shall be disqualified.*

3-3. Doubt as to Procedure

In stroke play only, when during play of a hole a competitor is doubtful of his rights or procedure, he may, without penalty, play a second ball. After the doubtful situation has arisen and before taking further action, he

RULES OF GOLF

should announce to his marker his decision to proceed under this Rule and which ball he will score with if the Rules permit.

On completing the round, the competitor shall report the facts immediately to the Committee; if he fails to do so, *he shall be disqualified*. If the Rules allow the procedure selected in advance by the competitor, the score with the ball selected shall be his score for the hole. If the competitor fails to announce in advance his procedure or selection, the ball with the higher score shall count if the Rules allow the procedure adopted for such ball.

Note: A second ball played under Rule 3-3 is not a provisional ball under Rule 27-2.

3-4. Refusal to Comply with a Rule

If a competitor refuses to comply with a Rule affecting the rights of another competitor, *he shall be disqualified*.

3-5. General Penalty

The penalty for a breach of a Rule in stroke play is two strokes except when otherwise provided.

CLUBS AND THE BALL

The United States Golf Association and the Royal and Ancient Golf Club of St. Andrews reserve the right to change the Rules and make and change the interpretations relating to clubs, balls and other implements at any time.

Rule 4. Clubs

If a manufacturer is in doubt as to whether a club which he proposes to manufacture conforms with Rule 4 and Appendix II, he should submit a sample to the United States Golf Association for a ruling, such sample to become its property for reference purposes.

A player in doubt as to the conformity of a club should consult the United States Golf Association.

4-1. Form and Make of Clubs

A club is an implement designed to be used for striking the ball.

A putter is a club designed primarily for use on the putting green.

The player's clubs shall conform with the provisions of this Rule and with the specifications and interpretations set forth in Appendix II.

a. GENERAL

The club shall be composed of a shaft and a head. All parts of the club shall be fixed so that the club is one unit.

RULES OF GOLF

The club shall not be designed to be adjustable except for weight. The club shall not be substantially different from the traditional and customary form and make.

b. SHAFT

The shaft shall be generally straight, with the same bending and twisting properties in any direction, and shall be attached to the clubhead at the heel either directly or through a single plain neck or socket. A putter shaft may be attached to any point in the head.

c. GRIP

The grip consists of that part of the shaft designed to be held by the player and any material added to it for the purpose of obtaining a firm hold. The grip shall be substantially straight and plain in form and shall not be molded for any part of the hands.

d. CLUBHEAD

The length of the clubhead, from heel to toe, shall be greater than the breadth from face to back. The clubhead shall be generally plain in shape.

The clubhead shall have only one face designed for striking the ball, except that a putter may have two such faces if the loft of each is substantially the same and does not exceed ten degrees.

e. CLUB FACE

The face shall not have any degree of concavity and, in relation to the ball, shall be hard and rigid. It shall be generally smooth except for such markings as are permitted by Appendix II. If the basic structural material of the head and face of a club, other than a putter, is metal, no inset or attachment is permitted.

f. WEAR

A club which conforms to Rule 4-1 when new is deemed to conform after wear through normal use. Any part of a club which has been purposely altered is regarded as new and must conform, in the altered state, to the Rules.

g. DAMAGE

A club which ceases to conform to Rule 4-1 because of damage sustained in the normal course of play may be used in its damaged state, but only for the remainder of the <u>stipulated round</u> during which such damage was sustained. A club which ceases to conform because of damage sustained other than in the normal course of play shall not be used unless it is repaired so as to conform to Rule 4-1.

4-2. Playing Characteristics Not to Be Changed

During a stipulated round, the playing characteristics of a club shall not be purposely changed, except that

RULES OF GOLF

damage occurring during such round may be repaired, provided play is not unduly delayed. Damage which occurred prior to the round may be repaired, provided the playing characteristics are not changed.

4-3. Foreign Material

No foreign material shall be applied to the club face for the purpose of influencing the movement of the ball.

>PENALTY FOR BREACH OF RULE 4-1, -2 or -3:
>*Disqualification.*

4-4. Maximum of Fourteen Clubs

a. SELECTION AND REPLACEMENT OF CLUBS

The player shall start a <u>stipulated round</u> with not more than fourteen clubs. He is limited to the clubs thus selected for that round except that, without unduly delaying play, he may:

(i) if he started with fewer than fourteen, add as many as will bring his total to that number; and

(ii) replace, with any club, a club which becomes unfit for play in the normal course of play.

The addition or replacement of a club or clubs may not be made by borrowing from any other person playing on the course.

b. PARTNERS MAY SHARE CLUBS

Partners may share clubs, provided that the total number of clubs carried by the partners so sharing does not exceed fourteen.

>PENALTY FOR BREACH OF RULE 4-4a or b,
>REGARDLESS OF NUMBER OF EXCESS CLUBS CARRIED:

Match play — *At the conclusion of the hole at which the breach is discovered, the state of the match shall be adjusted by deducting one hole for each hole at which a breach occurred. Maximum deduction per round: two holes.*

Stroke play — *Two strokes for each hole at which any breach occurred; maximum penalty per round: four strokes.*

Bogey and par competitions — *Penalties as in match play.*

Stableford competitions — *See Rule 32-1b.*

c. EXCESS CLUB DECLARED OUT OF PLAY

Any club carried or used in breach of this Rule shall be declared out of play by the player immediately upon discovery that a breach has occurred and thereafter shall not be used by the player during the round *under penalty of disqualification.*

RULES OF GOLF

Rule 5. The Ball

5-1. General

The ball the player uses shall conform to specifications set forth in Appendix III on maximum weight, minimum size, spherical symmetry, initial velocity and overall distance when tested under specified conditions.

5-2. Foreign Material Prohibited

No foreign material shall be applied to a ball for the purpose of changing its playing characteristics.

>PENALTY FOR BREACH OF RULE 5-1 or 5-2:
>*Disqualification.*

5-3. Ball Unfit for Play

A ball is unfit for play if it is visibly cut or out of shape or so cracked, pierced or otherwise damaged as to interfere with its true flight or true roll or its normal behavior when struck. A ball is not unfit for play solely because mud or other materials adhere to it, its surface is scratched or its paint is damaged or discolored.

If a player has reason to believe his ball has become unfit for play during play of the hole being played, he may during the play of such hole lift his ball without penalty to determine whether it is unfit, provided he announces his intention in advance to his opponent in match play or his marker or a fellow-competitor in stroke play and gives his opponent, marker or fellow-competitor an opportunity to examine the ball. If he lifts the ball without announcing his intention in advance or giving his opponent, marker or fellow-competitor an opportunity to examine the ball, *he shall incur a penalty of one stroke.*

If it is determined that the ball has become unfit for play during play of the hole being played, the player may substitute another ball, placing it on the spot where the original ball lay. Otherwise, the original ball shall be replaced.

If a ball breaks into pieces as a result of a stroke, the stroke shall be replayed without penalty (see Rule 20-5).

>*PENALTY FOR BREACH OF RULE 5-3:
>*Match play — Loss of hole; Stroke play — Two strokes.*

*If a player incurs the general penalty for breach of Rule 5-3, no additional penalty under the Rule shall be applied.

Note 1: The ball may not be cleaned to determine whether it is unfit for play — see Rule 21.

Note 2: If the opponent, marker or fellow-competitor wishes to dispute a claim of unfitness, he must do so before the player plays another ball.

RULES OF GOLF

PLAYER'S RESPONSIBILITIES
Rule 6. The Player

Definition

A "marker" is one who is appointed by the Committee to record a competitor's score in stroke play. He may be a fellow-competitor. He is not a referee.

A marker should not lift a ball or mark its position unless authorized to do so by the competitor and, unless he is a fellow-competitor, should not attend the flagstick or stand at the hole or mark its position.

6-1. Conditions of Competition

The player is responsible for knowing the conditions under which the competition is to be played (Rule 33-1).

6-2. Handicap

a. MATCH PLAY

Before starting a match in a handicap competition, the player shall declare to his opponent the handicap to which he is entitled under the conditions of the competition. If a player declares and begins the match with a higher handicap which would affect the number of strokes given or received, *he shall be disqualified*; otherwise, the player shall play off the declared handicap.

b. STROKE PLAY

In any round of a handicap competition, the competitor shall ensure that the handicap to which he is entitled under the conditions of the competition is recorded on his score card before it is returned to the Committee. If no handicap is recorded on his score card before it is returned, or if the recorded handicap is higher than that to which he is entitled and this affects the number of strokes received, *he shall be disqualified* from that round of the handicap competition; otherwise, the score shall stand.

Note: It is the player's responsibility to know the holes at which handicap strokes are to be given or received.

6-3. Time of Starting and Groups

a. TIME OF STARTING

The player shall start at the time laid down by the Committee.

b. GROUPS

In stroke play, the competitor shall remain throughout the round in the group arranged by the Committee unless the Committee authorizes or ratifies a change.

PENALTY FOR BREACH OF RULE 6-3: *Disqualification.*

(Best-ball and four-ball play — see Rules 30-3a and 31-2.)

RULES OF GOLF

Note: The Committee may provide in the conditions of a competition (Rule 33-1) that, in the absence of circumstances which warrant waiving the penalty of disqualification as provided in Rule 33-7, if the player arrives at his starting point, ready to play, within five minutes of his starting time, the penalty for failure to start on time is *loss of the first hole to be played in match play or two strokes in stroke play* instead of disqualification.

6-4. Caddie

The player may have only one caddie at any one time, *under penalty of disqualification.*

For any breach of a Rule by his caddie, the player incurs the relative penalty.

6-5. Ball

The responsibility for playing the proper ball rests with the player. Each player should put an identification mark on his ball.

6-6. Scoring in Stroke Play

a. RECORDING SCORES

After each hole the marker should check the score with the competitor. On completion of the round the marker shall sign the card and hand it to the competitor; if more than one marker records the scores, each shall sign for the part for which he is responsible.

b. CHECKING SCORES

The competitor shall check his score for each hole, settle any doubtful points with the Committee, ensure that the marker has signed the card, countersign the card himself and return it to the Committee as soon as possible. The competitor is responsible for the correctness of the score recorded for each hole.

PENALTY FOR BREACH OF RULE 6-6b: *Disqualification.*

Note: As to the Committee's responsibility to add the scores and apply the recorded handicap, see Rule 33-5.

c. NO ALTERATION OF SCORES

No alteration may be made on a card after the competitor has returned it to the Committee.

If the competitor returns a score for any hole lower than actually taken, *he shall be disqualified.* If he returns a score for any hole higher than actually taken, the score as returned shall stand.

Note: In four-ball stroke play, see also Rule 31-4 and -7a.

RULES OF GOLF

6-7. Undue Delay

The player shall play without undue delay. Between completion of a hole and playing from the next teeing ground, the player shall not unduly delay play.

PENALTY FOR BREACH OF RULE 6-7:
Match play — Loss of hole; Stroke play — Two strokes. For repeated offense — Disqualification.

If the player unduly delays play between holes, he is delaying the play of the next hole and the penalty applies to that hole.

6-8. Discontinuance of Play

a. WHEN PERMITTED

The player shall not discontinue play unless:
   (i) the Committee has suspended play;
   (ii) he believes there is danger from lightning;
   (iii) he is seeking a decision from the Committee on a doubtful or disputed point (see Rules 2-5 and 34-3); or
   (iv) there is some other good reason such as sudden illness.

Bad weather is not of itself a good reason for discontinuing play.

If the player discontinues play without specific permission from the Committee, he shall report to the Committee as soon as practicable. If he does so and the Committee considers his reason satisfactory, the player incurs no penalty. Otherwise, *the player shall be disqualified.*

Exception in match play: Players discontinuing match play by agreement are not subject to disqualification unless by so doing the competition is delayed.

Note: Leaving the course does not of itself constitute discontinuance of play.

b. PROCEDURE

When play is discontinued in accordance with the Rules, it should, if feasible, be discontinued after the completion of the play of a hole. If this is not feasible, the player should lift his ball. The ball may be cleaned when so lifted. If a ball has been so lifted, the player shall, when play is resumed, place a ball on the spot from which the original ball was lifted.

PENALTY FOR BREACH OF RULE 6-8b:
Match play — Loss of hole; Stroke play — Two strokes

Rule 7. Practice

7-1. Before or Between Rounds

a. MATCH PLAY

On any day of a match play competition, a player may

practice on the competition <u>course</u> before a round.

b. STROKE PLAY

On any day of a stroke competition or play-off, a competitor shall not practice on the competition <u>course</u> or test the surface of any putting green on the course before a round or play-off. When two or more rounds of a stroke competition are to be played over consecutive days, practice between those rounds on any competition course remaining to be played is prohibited.

Exception: Practice putting or chipping on or near the first <u>teeing ground</u> before starting a round or play-off is permitted.

PENALTY FOR BREACH OF RULE 7-1b: *Disqualification.*

Note: The Committee may in the conditions of a competition (Rule 33-1) prohibit practice on the competition course on any day of a match play competition or permit practice on the competition course or part of the course (Rule 33-2c) on any day of or between rounds of a stroke competition.

7-2. During Round

A player shall not play a practice <u>stroke</u> either during the play of a hole or between the play of two holes except that, between the play of two holes, the player may practice putting or chipping on or near the <u>putting green</u> of the hole last played, any practice putting green or the <u>teeing ground</u> of the next hole to be played in the round, provided such practice stroke is not played from a hazard and does not unduly delay play (Rule 6-7).

Exception: When play has been suspended by the Committee, a player may, prior to resumption of play, practice (a) as provided in this Rule, (b) anywhere other than on the competition course and (c) as otherwise permitted by the Committee.

PENALTY FOR BREACH OF RULE 7-2:

Match play — Loss of hole; *Stroke play —* Two strokes.

In the event of a breach between the play of two holes, the penalty applies to the next hole.

Note 1: A practice swing is not a practice <u>stroke</u> and may be taken at any place, provided the player does not breach the Rules.

Note 2: The Committee may prohibit practice on or near the <u>putting green</u> of the hole last played.

Rule 8. Advice; Indicating Line of Play

Definition

"Advice" is any counsel or suggestion which could influence a player in determining his play, the choice of a

RULES OF GOLF

club or the method of making a stroke.

Information on the Rules or on matters of public information, such as the position of hazards or the flagstick on the putting green, is not advice.

8-1. Advice

Except as provided in Rule 8-2, a player may give advice to, or ask for advice from, only his partner or either of their caddies.

Note: In a team competition without concurrent individual competition, the Committee may in the conditions of the competition (Rule 33-1) permit each team to appoint one person, *e.g.*, team captain or coach, who may give advice to members of that team. Such person shall be identified to the Committee prior to the start of the competition.

8-2. Indicating Line of Play

a. OTHER THAN ON PUTTING GREEN

Except on the putting green, a player may have the line of play indicated to him by anyone, but no one shall stand on or close to the line while the stroke is being played. Any mark placed during the play of a hole by the player or with his knowledge to indicate the line shall be removed before the stroke is played.

Exception: Flagstick attended or held up — Rule 17-1.

b. ON THE PUTTING GREEN

When the player's ball is on the putting green, the player's caddie, his partner or his partner's caddie may, before the stroke is played, point out a line for putting, but in so doing the putting green shall not be touched in front of, to the side of, or behind the hole. No mark shall be placed anywhere on the putting green to indicate a line for putting.

PENALTY FOR BREACH OF RULE:
Match play — Loss of hole; Stroke play — Two strokes.

Rule 9. Information as to Strokes Taken

9-1. General

The number of strokes a player has taken shall include any penalty strokes incurred.

9-2. Match Play

A player who has incurred a penalty shall inform his opponent as soon as practicable. If he fails to do so, he shall be deemed to have given wrong information, even though he was not aware that he had incurred a penalty.

An opponent is entitled to ascertain from the player, during the play of a hole, the number of strokes he has

RULES OF GOLF

taken and, after play of a hole, the number of strokes taken on the hole just completed.

If during the play of a hole the player gives or is deemed to give wrong information as to the number of strokes taken, he shall incur no penalty if he corrects the mistake before his opponent has played his next stroke. If after play of a hole the player gives or is deemed to give wrong information as to the number of strokes taken on the hole just completed, he shall incur no penalty if he corrects his mistake before any player plays from the next <u>teeing ground</u> or, in the case of the last hole of the match, before all players leave the <u>putting green</u>. If the player fails so to correct the wrong information, *he shall lose the hole.*

9-3. Stroke Play

A competitor who has incurred a penalty should inform his marker as soon as practicable.

ORDER OF PLAY
Rule 10. Order of Play

10-1. Match Play

a. TEEING GROUND

The side entitled to play first from the <u>teeing ground</u> is said to have the "honor."

The side which shall have the honor at the first teeing ground shall be determined by the order of the draw. In the absence of a draw, the honor should be decided by lot.

The side which wins a hole shall take the honor at the next teeing ground. If a hole has been halved, the side which had the honor at the previous teeing ground shall retain it.

b. OTHER THAN ON TEEING GROUND

When the balls are in play, the ball farther from the hole shall be played first. If the balls are equidistant from the hole, the ball to be played first should be decided by lot.

Exception: Rule 30-3c (best-ball and four-ball match play).

c. PLAYING OUT OF TURN

If a player plays when his opponent should have played, the opponent may immediately require the player to abandon the ball so played and, without penalty, play a ball in correct order (see Rule 20-5).

10-2. Stroke Play

a. TEEING GROUND

The competitor entitled to play first from the <u>teeing</u>

RULES OF GOLF

ground is said to have the "honor."

The competitor who shall have the honor at the first teeing ground shall be determined by the order of the draw. In the absence of a draw, the honor should be decided by lot.

The competitor with the lowest score at a hole shall take the honor at the next teeing ground. The competitor with the second lowest score shall play next and so on. If two or more competitors have the same score at a hole, they shall play from the next teeing ground in the same order as at the previous teeing ground.

b. OTHER THAN ON TEEING GROUND

When the balls are in play, the ball farthest from the hole shall be played first. If two or more balls are equidistant from the hole, the ball to be played first should be decided by lot.

Exceptions: Rules 22 (ball interfering with or assisting play) and 31-5 (four-ball stroke play).

c. PLAYING OUT OF TURN

If a competitor plays out of turn, no penalty shall be incurred and the ball shall be played as it lies. If, however, the Committee determines that competitors have agreed to play in an order other than that set forth in Clauses 2a and 2b of this Rule to give one of them an advantage, *they shall be disqualified.*

(Incorrect order of play in threesomes and foursomes stroke play — see Rule 29-3.)

10-3. Provisional Ball or Second Ball from Teeing Ground

If a player plays a provisional ball or a second ball from a teeing ground, he should do so after his opponent or fellow-competitor has played his first stroke. If a player plays a provisional ball or a second ball out of turn, Clauses 1c and 2c of this Rule shall apply.

10-4. Ball Moved in Measuring

If a ball is moved in measuring to determine which ball is farther from the hole, no penalty is incurred and the ball shall be replaced.

TEEING GROUND
Rule 11. Teeing Ground

Definition

The "teeing ground" is the starting place for the hole to be played. It is a rectangular area two club-lengths in depth, the front and the sides of which are defined by the

RULES OF GOLF

outside limits of two tee-markers. A ball is outside the teeing ground when all of it lies outside the teeing ground.

11-1. Teeing

In teeing, the ball may be placed on the ground, on an irregularity of surface created by the player on the ground or on a tee, sand or other substance in order to raise it off the ground.

A player may stand outside the teeing ground to play a ball within it.

When the first stroke with any ball (including a provisional ball) is played from the teeing ground, the tee-markers are immovable obstructions (see Rule 24-2).

11-2. Ball Falling Off Tee

If a ball, when not in play, falls off a tee or is knocked off a tee by the player in addressing it, it may be re-teed without penalty, but if a stroke is made at the ball in these circumstances, whether the ball is moving or not, the stroke shall be counted but no penalty shall be incurred.

11-3. Playing Outside Teeing Ground

a. MATCH PLAY

If a player, when starting a hole, plays a ball from outside the teeing ground, the opponent may immediately require the player to replay the stroke from within the teeing ground, without penalty.

b. STROKE PLAY

If a competitor, when starting a hole, plays a ball from outside the teeing ground, *he shall be penalized two strokes* and shall then play a ball from within the teeing ground. Strokes played by a competitor from outside the teeing ground do not count in his score. If the competitor fails to rectify his mistake before making a stroke on the next teeing ground or, in the case of the last hole of the round, before leaving the putting green, *he shall be disqualified.*

PLAYING THE BALL

Rule 12. Searching for and Identifying Ball

Definitions

A "hazard" is any bunker or water hazard.

A "bunker" is a hazard consisting of a prepared area of ground, often a hollow, from which turf or soil has been removed and replaced with sand or the like. Grass-covered ground bordering or within a bunker is not part of the bunker.

A "water hazard" is any sea, lake, pond, river, ditch, surface drainage ditch or other open water course (whether

RULES OF GOLF

or not containing water) and anything of a similar nature.

All ground or water within the margin of a water hazard is part of the water hazard. The margin of a water hazard is deemed to extend vertically upwards. Stakes and lines defining the margins of water hazards are in the hazards.

12-1. Searching for Ball; Seeing Ball

If a ball lies in long grass, rushes, bushes, whins, heather or the like, only so much thereof may be touched as will enable the player to find and identify his ball, except that nothing shall be done which improves its lie, the area of his intended swing or his line of play.

A player is not necessarily entitled to see his ball when playing a stroke.

In a hazard, if the ball is covered by loose impediments or sand, the player may remove only as much thereof as will enable him to see a part of the ball. If the ball is moved in such removal, no penalty is incurred and the ball shall be replaced. As to removal of loose impediments outside a hazard, see Rule 23.

If a ball lying in casual water, ground under repair or a hole, cast or runway made by a burrowing animal, a reptile or a bird is accidentally moved during search, no penalty is incurred; the ball shall be replaced, unless the player elects to proceed under Rule 25-1b.

If a ball is believed to be lying in water in a water hazard, the player may probe for it with a club or otherwise. If the ball is moved in so doing, no penalty shall be incurred; the ball shall be replaced, unless the player elects to proceed under Rule 26-1.

PENALTY FOR BREACH OF RULE 12-1:
Match play — Loss of hole; Stroke play — Two strokes.

12-2. Identifying Ball

The responsibility for playing the proper ball rests with the player. Each player should put an identification mark on his ball.

Except in a hazard, the player may, without penalty, lift a ball he believes to be his own for the purpose of identification and clean it to the extent necessary for identification. If the ball is the player's ball, he shall replace it on the spot from which it was lifted. Before the player lifts the ball, he shall announce his intention to his opponent in match play or his marker or a fellow-competitor in stroke play and give his opponent, marker or fellow-competitor an opportunity to observe the lifting and replacement. If he lifts the ball without announcing his intention in advance or giving his opponent, marker or fellow-competitor an opportunity to observe, or if he lifts his ball for identification in a hazard, *he shall incur a penalty of one stroke*

RULES OF GOLF

and the ball shall be replaced.

If a player who is required to replace a ball fails to do so, *he shall incur the penalty* for a breach of Rule 20-3a, but no additional penalty under Rule 12-2 shall be applied.

Rule 13. Ball Played as It Lies; Lie, Area of Intended Swing and Line of Play; Stance

Definitions

A "hazard" is any <u>bunker</u> or <u>water hazard</u>.

A "bunker" is a <u>hazard</u> consisting of a prepared area of ground, often a hollow, from which turf or soil has been removed and replaced with sand or the like. Grass-covered ground bordering or within a bunker is not part of the bunker.

A "water hazard" is any sea, lake, pond, river, ditch, surface drainage ditch or other open water course (whether or not containing water) and anything of a similar nature.

All ground or water within the margin of a water hazard is part of the water hazard. The margin of a water hazard is deemed to extend vertically upwards. Stakes and lines defining the margins of water hazards are in the hazards.

13-1. Ball Played as It Lies

The ball shall be played as it lies, except as otherwise provided in the Rules.

(Ball at rest moved — Rule 18.)

13-2. Improving Lie, Area of Intended Swing or Line of Play

Except as provided in the Rules, a player shall not improve or allow to be improved:

the position or lie of his ball,
the area of his intended swing or
his line of play

by any of the following actions:

moving, bending or breaking anything growing or fixed (including objects defining <u>out of bounds</u>) or

removing or pressing down sand, loose soil, replaced divots, other cut turf placed in position or other irregularities of surface

except as follows:

as may occur in fairly taking his <u>stance</u>,
in making a <u>stroke</u> or the backward movement of his club for a stroke,
on the <u>teeing ground</u> in creating or eliminating irregularities of surface, or
on the <u>putting green</u> in removing sand and loose soil as provided in Rule 16-1a or in repairing damage as provided in Rule 16-1c.

The club may be grounded only lightly and shall not be pressed on the ground.

Exception: Ball lying in or touching hazard — Rule 13-4.

RULES OF GOLF

13-3. Building Stance
A player is entitled to place his feet firmly in taking his stance, but he shall not build a stance.

13-4. Ball Lying in or Touching Hazard
Except as provided in the Rules, before making a stroke at a ball which lies in or touches a hazard (whether a bunker or a water hazard), the player shall not:

    a. Test the condition of the hazard or any similar hazard,

    b. Touch the ground in the hazard or water in the water hazard with a club or otherwise, or

    c. Touch or move a loose impediment lying in or touching the hazard.

Exceptions:

1. At address or in the backward movement for the stroke, the club may touch any obstruction or any grass, bush, tree or other growing thing.

2. The player may place his clubs in a hazard, provided nothing is done which may constitute testing the soil or improving the lie of the ball.

3. The player after playing the stroke, or his caddie at any time without the authority of the player, may smooth sand or soil in the hazard, provided that, if the ball still lies in the hazard, nothing is done which improves the lie of the ball or assists the player in his subsequent play of the hole.

PENALTY FOR BREACH OF RULE:
Match play — Loss of hole; Stroke play — Two strokes.
(Searching for ball — Rule 12-1.)

Rule 14. Striking the Ball

Definition
A "stroke" is the forward movement of the club made with the intention of fairly striking at and moving the ball.

14-1. Ball to Be Fairly Struck At
The ball shall be fairly struck at with the head of the club and must not be pushed, scraped or spooned.

14-2. Assistance
In making a stroke, a player shall not accept physical assistance or protection from the elements.

PENALTY FOR BREACH OF RULE 14-1 OR -2:
Match play — Loss of hole; Stroke play — Two strokes.

14-3. Artificial Devices and Unusual Equipment
Except as provided in the Rules, during a stipulated round the player shall not use any artificial device or unusual equipment:

    a. For the purpose of gauging or measuring distance or conditions which might affect his play; or

RULES OF GOLF

b. Which might assist him in gripping the club, in making a stroke or in his play, except that plain gloves may be worn, resin, tape or gauze may be applied to the grip (provided such application does not render the grip non-conforming under Rule 4-1c) and a towel or handkerchief may be wrapped around the grip.

PENALTY FOR BREACH OF RULE 14-3: *Disqualification.*

14-4. Striking the Ball More than Once

If a player's club strikes the ball more than once in the course of a stroke, the player shall count the stroke and *add a penalty stroke,* making two strokes in all.

14-5. Playing Moving Ball

A player shall not play while his ball is moving.

> *Exceptions:*
> Ball falling off tee — Rule 11-2.
> Striking the ball more than once — Rule 14-4.
> Ball moving in water — Rule 14-6.

When the ball begins to move only after the player has begun the stroke or the backward movement of his club for the stroke, he shall incur no penalty under this Rule for playing a moving ball, but he is not exempt from any penalty incurred under the following Rules:
Ball at rest moved by player — Rule 18-2a.
Ball at rest moving after address — Rule 18-2b.
Ball at rest moving after loose impediment touched — Rule 18-2c.

14-6. Ball Moving in Water

When a ball is moving in water in a water hazard, the player may, without penalty, make a stroke, but he must not delay making his stroke in order to allow the wind or current to improve the position of the ball. A ball moving in water in a water hazard may be lifted if the player elects to invoke Rule 26.

PENALTY FOR BREACH OF RULE 14-5 or -6:
Match play — Loss of hole; Stroke play — Two strokes.

Rule 15. Playing a Wrong Ball

Definition

A "wrong ball" is any ball other than:
 a. The ball in play,
 b. A provisional ball or
 c. In stroke play, a second ball played under Rule 3-3 or Rule 20-7b.

15-1. General

A player must hole out with the ball played from the

RULES OF GOLF

teeing ground unless a Rule permits him to substitute another ball.

15-2. Match Play

If a player plays a stroke with a wrong ball except in a hazard, *he shall lose the hole.*

If a player plays any strokes in a hazard with a wrong ball, there is no penalty. Strokes played in a hazard with a wrong ball do not count in the player's score.

If the player and opponent exchange balls during the play of a hole, the first to play the wrong ball other than from a hazard shall lose the hole; when this cannot be determined, the hole shall be played out with the balls exchanged.

15-3. Stroke Play

If a competitor plays a stroke with a wrong ball except in a hazard, *he shall add two penalty strokes to his score* and shall then play the correct ball.

If a competitor plays any strokes in a hazard with a wrong ball, there is no penalty.

Strokes played with a wrong ball do not count in a competitor's score.

If a competitor holes out with a wrong ball, but has not made a stroke on the next teeing ground or, in the case of the last hole of the round, has not left the putting green, he may rectify his mistake by playing the correct ball, subject to the prescribed penalty. *The competitor shall be disqualified* if he does not so rectify his mistake.

Note: For procedure to be followed by owner of wrong ball, see Rule 18-1.

THE PUTTING GREEN
Rule 16. The Putting Green

Definitions

The "putting green" is all ground of the hole being played which is specially prepared for putting or otherwise defined as such by the Committee. A ball is on the putting green when any part of it touches the putting green.

A ball is "holed" when it is at rest within the circumference of the hole and all of it is below the level of the lip of the hole.

16-1. General

a. TOUCHING LINE OF PUTT

The line of putt must not be touched except:

(i) the player may move sand, loose soil and other loose impediments by picking them up or by brushing them aside with his hand or a club without pressing anything down;

RULES OF GOLF

(ii) in addressing the ball, the player may place the club in front of the ball without pressing anything down;
(iii) in measuring — Rule 10-4;
(iv) in lifting the ball — Rule 16-1b;
(v) in repairing old hole plugs or ball marks — Rule 16-1c; and
(vi) in removing movable obstructions — Rule 24-1.

(Indicating line for putting on putting green — Rule 8-2b.)

b. LIFTING BALL
A ball on the putting green may be lifted and, if desired, cleaned. A ball so lifted shall be replaced on the spot from which it was lifted.

c. REPAIR OF HOLE PLUGS AND BALL MARKS
The player may repair an old hole plug or damage to the putting green caused by the impact of a ball, whether or not the player's ball lies on the putting green. If the ball is moved in the process of such repair, it shall be replaced, without penalty.

d. TESTING SURFACE
During the play of a hole, a player shall not test the surface of the putting green by rolling a ball or roughening or scraping the surface.

e. STANDING ASTRIDE OR ON LINE OF PUTT
The player shall not make a stroke on the putting green from a stance astride, or with either foot touching, the line of the putt or an extension of that line behind the ball. For the purpose of this Clause only, the line of putt does not extend beyond the hole.

f. POSITION OF CADDIE OR PARTNER
While making the stroke, the player shall not allow his caddie, his partner or his partner's caddie to position himself on or close to an extension of the line of putt behind the ball.

g. OTHER BALL TO BE AT REST
A player shall not play a stroke or touch his ball in play while another ball is in motion after a stroke on the putting green.

h. BALL OVERHANGING HOLE
When any part of the ball overhangs the edge of the hole, the player is allowed enough time to reach the hole without unreasonable delay and an additional 10 seconds to determine whether the ball is at rest. If by then the ball has not fallen into the hole, it is deemed to be at rest.

PENALTY FOR BREACH OF RULE 16-1:
Match play — Loss of hole; *Stroke play* — Two strokes.

RULES OF GOLF

16-2. Conceding Opponent's Next Stroke

When the opponent's ball is at rest or is deemed to be at rest, the player may concede the opponent to have holed out with his next stroke and the ball may be removed by either side with a club or otherwise.

Rule 17. The Flagstick

17-1. Flagstick Attended, Removed or Held Up

Before and during the <u>stroke</u>, the player may have the flagstick attended, removed or held up to indicate the position of the hole. This may be done only on the authority of the player before he plays his stroke.

If the flagstick is attended or removed by an opponent, a fellow-competitor or the caddie of either with the player's knowledge and no objection is made, the player shall be deemed to have authorized it. If a player or a caddie attends or removes the flagstick or stands near the hole while a stroke is being played, he shall be deemed to attend the flagstick until the ball comes to rest.

If the flagstick is not attended before the stroke is played, it shall not be attended or removed while the ball is in motion.

17-2. Unauthorized Attendance

a. MATCH PLAY

In match play, an opponent or his caddie shall not attend or remove the flagstick without the player's knowledge or authority.

b. STROKE PLAY

In stroke play, if a fellow-competitor or his caddie attends or removes the flagstick without the competitor's knowledge or authority while the competitor is making a stroke or his ball is in motion, *the fellow-competitor shall incur the penalty* for breach of this Rule. In such circumstances, if the competitor's ball strikes the flagstick or the person attending it, the competitor incurs no penalty and the ball shall be played as it lies, except that, if the stroke was played from the putting green, the stroke shall be replayed.

PENALTY FOR BREACH OF RULE 17-1 or -2:
Match play — Loss of hole; Stroke play — Two strokes.

17-3. Ball Striking Flagstick or Attendant

The player's ball shall not strike:

a. The flagstick when attended or removed by the player, his partner or either of their caddies, or by another person with the player's knowledge or authority; or

b. The player's caddie, his partner or his partner's

RULES OF GOLF

caddie when attending the flagstick, or another person attending the flagstick with the player's knowledge or authority, or <u>equipment</u> carried by any such person; or

 c. The flagstick in the hole, unattended, when the ball has been played from the <u>putting green</u>.

 Penalty for Breach of Rule 17-3:
Match play — Loss of hole; Stroke play — Two strokes, and the ball shall be played as it lies.

17-4. Ball Resting Against Flagstick

If the ball rests against the flagstick when it is in the hole, the player or someone authorized by him may move or remove the flagstick and if the ball falls into the hole, the player shall be deemed to have holed out at his last stroke; otherwise, the ball, if <u>moved</u>, shall be placed on the lip of the hole, without penalty.

BALL MOVED, DEFLECTED OR STOPPED
Rule 18. Ball at Rest Moved

Definitions

A ball is deemed to have "moved" if it leaves its position and comes to rest in any other place.

An "outside agency" is any agency not part of the match or, in stroke play, not part of a competitor's side, and includes a referee, a marker, an observer or a forecaddie. Neither wind nor water is an outside agency.

"Equipment" is anything used, worn or carried by or for the player except any ball he has played and any small object, such as a coin or a tee, when used to mark the position of a ball or the extent of an area in which a ball is to be dropped. Equipment includes a golf cart, whether or not motorized. If such a cart is shared by more than one player, its status under the Rules is the same as that of a caddie employed by more than one player. See "Caddie."

A player has "addressed the ball" when he has taken his <u>stance</u> and has also grounded his club, except that in a <u>hazard</u> a player has addressed the ball when he has taken his stance.

Taking the "stance" consists in a player placing his feet in position for and preparatory to making a <u>stroke</u>.

18-1. By Outside Agency

If a ball at rest is moved by an <u>outside agency</u>, the player shall incur no penalty and the ball shall be replaced before the player plays another <u>stroke</u>. If the ball moved is not immediately recoverable, another ball may be substituted.

(Player's ball at rest moved by another ball — see Rule 18-5.)

RULES OF GOLF

18-2. By Player, Partner, Caddie or Equipment

a. GENERAL

When a player's ball is in play, if:

(i) the player, his partner or either of their caddies lifts or moves it, touches it purposely (except with a club in the act of addressing it) or causes it to move except as permitted by a Rule, or

(ii) equipment of the player or his partner causes the ball to move,

the player shall incur a penalty stroke. The ball shall be replaced unless the movement of the ball occurs after the player has begun his swing and he does not discontinue his swing.

Under the Rules no penalty is incurred if a player accidentally causes his ball to move in the following circumstances:

In measuring to determine which ball farther from hole — Rule 10-4

In searching for covered ball in hazard or for ball in casual water, ground under repair, etc. — Rule 12-1

In the process of repairing hole plug or ball mark — Rule 16-1c

In the process of removing loose impediment on putting green — Rule 18-2c

In the process of lifting ball under a Rule — Rule 20-1

In the process of placing or replacing ball under a Rule — Rule 20-3a

In complying with Rule 22 relating to lifting ball interfering with or assisting play

In removal of movable obstruction — Rule 24-1.

b. BALL MOVING AFTER ADDRESS

If a ball in play moves after the player has addressed it other than as a result of a stroke, he shall be deemed to have moved the ball and *shall incur a penalty stroke*, and the ball shall be played as it lies.

c. BALL MOVING AFTER LOOSE IMPEDIMENT TOUCHED

Through the green, if the ball moves after any loose impediment lying within a club-length of it has been touched by the player, his partner or either of their caddies and before the player has addressed it, the player shall be deemed to have moved the ball and *shall incur a penalty stroke*. The player shall replace the ball unless the movement of the ball occurs after he has begun his swing and he does not discontinue his swing.

On the putting green, if the ball moves in the process of removing any loose impediment, it shall be replaced without penalty.

RULES OF GOLF

18-3. By Opponent, Caddie or Equipment in Match Play

a. DURING SEARCH

If, during search for a player's ball, it is moved by an opponent, his caddie or his equipment, no penalty is incurred and the player shall replace the ball.

b. OTHER THAN DURING SEARCH

If, other than during search for a ball, the ball is touched or moved by an opponent, his caddie or his equipment, except as otherwise provided in the Rules, *the opponent shall incur a penalty stroke*. The player shall replace the ball.

(Ball moved in measuring to determine which ball farther from the hole — Rule 10-4.)

(Playing a wrong ball — Rule 15-2.)

(Ball moved in complying with Rule 22 relating to lifting ball interfering with or assisting play.)

18-4. By Fellow-Competitor, Caddie or Equipment in Stroke Play

If a competitor's ball is moved by a fellow-competitor, his caddie or his equipment, no penalty is incurred. The competitor shall replace his ball.

(Playing a wrong ball — Rule 15-3.)

18-5. By Another Ball

If a player's ball at rest is moved by another ball, the player's ball shall be replaced.

*PENALTY FOR BREACH OF RULE:

Match play — Loss of hole; Stroke play — Two strokes.

*If a player who is required to replace a ball fails to do so, he shall incur the general penalty for breach of Rule 18 but no additional penalty under Rule 18 shall be applied.

Note: If it is impossible to determine the spot on which a ball is to be placed, see Rule 20-3c.

Rule 19. Ball in Motion Deflected or Stopped

Definitions

An "outside agency" is any agency not part of the match or, in stroke play, not part of a competitor's side, and includes a referee, a marker, an observer or a forecaddie. Neither wind nor water is an outside agency.

"Equipment" is anything used, worn or carried by or for the player except any ball he has played and any small object, such as a coin or a tee, when used to mark the position of a ball or the extent of an area in which a ball is to be dropped. Equipment includes a golf cart, whether or not motorized. If such a cart is shared by more than one player, its status under the Rules is the same as that of a

RULES OF GOLF

caddie employed by more than one player. See "Caddie."

19-1. By Outside Agency

If a ball in motion is accidentally deflected or stopped by any <u>outside agency,</u> it is a <u>rub of the green,</u> no penalty is incurred and the ball shall be played as it lies except:

    a. If a ball in motion after a <u>stroke</u> other than on the <u>putting green</u> comes to rest in or on any moving or animate outside agency, the player shall, <u>through the green</u> or in a <u>hazard,</u> drop the ball, or on the putting green place the ball, as near as possible to the spot where the outside agency was when the ball came to rest in or on it, and

    b. If a ball in motion after a stroke on the putting green is deflected or stopped by, or comes to rest in or on, any moving or animate outside agency, the stroke shall be cancelled and the ball shall be replaced.

If the ball is not immediately recoverable, another ball may be substituted.

(Player's ball deflected or stopped by another ball at rest — see Rule 19-5.)

Note: If the referee or the Committee determines that a ball has been deliberately deflected or stopped by an <u>outside agency</u>, including a fellow-competitor or his caddie, further procedure should be prescribed in equity under Rule 1-4.

19-2. By Player, Partner, Caddie or Equipment

    a. MATCH PLAY

If a player's ball is deflected or stopped by himself, his partner or either of their caddies or <u>equipment,</u> *he shall lose the hole.*

    b. STROKE PLAY

If a competitor's ball is deflected or stopped by himself, his partner or either of their caddies or <u>equipment,</u> *the competitor shall incur a penalty of two strokes.* The ball shall be played as it lies, except when it comes to rest in or on the competitor's, his partner's or either of their caddies' clothes or equipment, in which case the competitor shall <u>through the green</u> or in a <u>hazard</u> drop the ball, or on the <u>putting green</u> place the ball, as near as possible to where the article was when the ball came to rest in or on it.

Exception: Dropped ball — see Rule 20-2a.

19-3. By Opponent, Caddie or Equipment in Match Play

    a. PURPOSELY

If a player's ball is purposely deflected or stopped by an opponent, his caddie or his <u>equipment,</u> *the opponent shall lose the hole.*

RULES OF GOLF

Note: In the case of a serious breach of Rule 19-3a, the Committee may impose a penalty of disqualification.

b. ACCIDENTALLY

If a player's ball is accidentally deflected or stopped by an opponent, his caddie or his <u>equipment,</u> no penalty is incurred. The player may play the ball as it lies or, before another <u>stroke</u> is played by either side, cancel the stroke and replay the stroke (see Rule 20-5). If the ball has come to rest in or on the opponent's or his caddie's clothes or equipment, the player may <u>through the green</u> or in a <u>hazard</u> drop the ball, or on the <u>putting green</u> place the ball, as near as possible to where the article was when the ball came to rest in or on it.

Exception: Ball striking person attending flagstick — Rule 17-3b.

19-4. By Fellow-Competitor, Caddie or Equipment in Stroke Play

See Rule 19-1 regarding ball deflected by outside agency.

19-5. By a Ball at Rest

If a player's ball in motion is deflected or stopped by a ball at rest, the player shall play his ball as it lies. In stroke play, if both balls lay on the <u>putting green</u> prior to the stroke, *the player incurs a penalty of two strokes.* Otherwise, no penalty is incurred.

PENALTY FOR BREACH OF RULE:
Match play — Loss of hole; Stroke play — Two strokes.

RELIEF SITUATIONS AND PROCEDURE
Rule 20. Lifting, Dropping and Placing; Playing from Wrong Place

20-1. Lifting

A ball to be lifted under the Rules may be lifted by the player, his partner or another person authorized by the player. In any such case, the player shall be responsible for any breach of the Rules.

The position of the ball shall be marked before it is lifted under a Rule which requires it to be replaced. If it is not marked, the player *shall incur a penalty of one stroke* and the ball shall be replaced. If it is not replaced, *the player shall incur the general penalty* for breach of this Rule but no additional penalty under Rule 20-1 shall be applied.

If a ball is accidentally moved in the process of lifting it under a Rule, no penalty shall be incurred and the ball shall be replaced.

RULES OF GOLF

Note: The position of a lifted ball should be marked, if feasible, by placing a ball-marker or other small object immediately behind the ball. If the ball-marker interferes with the play, stance or stroke of another player, it should be placed one or more clubhead-lengths to one side.

20-2. Dropping and Re-dropping

a. BY WHOM AND HOW

A ball to be dropped under the Rules shall be dropped by the player himself. He shall stand erect, hold the ball at shoulder height and arm's length and drop it. If a ball is dropped by any other person or in any other manner and the error is not corrected as provided in Rule 20-6, *the player shall incur a penalty stroke.*

If the ball touches the player, his partner, either of their caddies or their equipment before or after it strikes the ground, the ball shall be re-dropped, without penalty.

(Taking action to influence position or movement of ball — Rule 1-2.)

b. WHERE TO DROP

When a ball is to be dropped, it shall be dropped as near as possible to the spot where the ball lay, but not nearer the hole, except when a Rule permits it to be dropped elsewhere. If a ball is to be dropped in a hazard, the ball shall be dropped in and come to rest in that hazard.

c. WHEN TO RE-DROP

A dropped ball shall be re-dropped without penalty if it:
    (i) rolls into a hazard;
    (ii) rolls out of a hazard;
    (iii) rolls onto a putting green;
    (iv) rolls out of bounds;
    (v) rolls back into the condition from which relief was taken under Rule 24-2 (immovable obstruction) or Rule 25 (abnormal ground conditions and wrong putting green);
    (vi) rolls and comes to rest more than two club-lengths from where it first struck the ground; or
    (vii) rolls and comes to rest nearer the hole than is permitted by the Rules.

If the ball again rolls into such position, it shall be placed as near as possible to the spot where it first struck the ground when re-dropped.

20-3. Placing and Replacing

a. BY WHOM AND WHERE

A ball to be placed under the Rules shall be placed by the player or his partner. A ball to be replaced shall be replaced by the player, his partner or the person who lifted

RULES OF GOLF

or moved it on the spot where the ball lay. In any such case, the player shall be responsible for any breach of the Rules.

If a ball is accidentally moved in the process of placing or replacing it under a Rule, no penalty shall be incurred and the ball shall be replaced.

b. LIE OF BALL TO BE PLACED OR REPLACED ALTERED

Except in a bunker, if the original lie of a ball to be placed or replaced has been altered, the ball shall be placed in the nearest lie most similar to that which it originally occupied, not more than one club-length from the original lie and not nearer the hole. In a bunker, the original lie shall be recreated as nearly as possible and the ball shall be placed in that lie.

c. SPOT NOT DETERMINABLE

If it is impossible to determine the spot where the ball is to be placed, the ball shall through the green or in a hazard be dropped, or on the putting green be placed, as near as possible to the place where it lay but not nearer the hole.

d. BALL FAILS TO REMAIN ON SPOT

If a ball when placed fails to remain on the spot on which it was placed, it shall be replaced without penalty. If it still fails to remain on that spot, it shall be placed at the nearest spot not nearer the hole where it can be placed at rest.

PENALTY FOR BREACH OF RULE 20-1, -2 or -3:
Match play — Loss of hole; Stroke play — Two strokes.

20-4. Ball in Play When Dropped or Placed

A ball dropped or placed under a Rule governing the particular case is in play.

20-5. Playing Next Stroke from Where Previous Stroke Played

When, under the Rules, a player elects or is required to play his next stroke from where a previous stroke was played, he shall proceed as follows: If the stroke is to be played from the teeing ground, the ball to be played shall be played from anywhere within the teeing ground and may be teed; if the stroke is to be played from through the green or a hazard, it shall be dropped; if the stroke is to be played on the putting green, it shall be placed.

PENALTY FOR BREACH OF RULE 20-5:
Match play — Loss of hole; Stroke play — Two strokes.

20-6. Lifting Ball Wrongly Dropped or Placed

A ball dropped or placed in a wrong place or otherwise not in accordance with the Rules but not played may be lifted, without penalty, and the player shall then proceed

RULES OF GOLF

correctly.

In match play, if, before the opponent plays his next stroke, the player fails to inform him that the ball has been lifted, *the player shall lose the hole.*

20-7. Playing from Wrong Place

For a ball played outside teeing ground, see Rule 11-3.

a. MATCH PLAY

If a player plays a stroke with a ball which has been dropped or placed under an applicable Rule but in a wrong place, *he shall lose the hole.*

b. STROKE PLAY

If a competitor plays a stroke with a ball which has been (i) dropped or placed under an applicable Rule but in a wrong place or (ii) moved and not replaced in a case where the Rules require replacement, *he shall incur the penalty prescribed by the relevant Rule* and play out the hole with the ball. If a serious breach of the relevant Rule is involved, *the competitor shall be disqualified,* unless the breach has been rectified as provided in the next paragraph.

If a serious breach may be involved and the competitor has not made a stroke on the next teeing ground or, in the case of the last hole of the round, has not left the putting green, the competitor may rectify any such serious breach by *adding two penalty strokes to his score,* dropping or placing a second ball in accordance with the Rules and playing out the hole. The competitor should play out the hole with both balls. On completion of the round the competitor shall report the facts immediately to the Committee; if he fails to do so, *he shall be disqualified.* The Committee shall determine whether a serious breach of the Rule was involved and, accordingly, whether the score with the second ball shall count.

Note: Penalty strokes incurred by playing the ball ruled not to count and strokes subsequently taken with that ball shall be disregarded.

Rule 21. Cleaning Ball

A ball may be cleaned when lifted as follows:
> Upon suspension of play in accordance with Rule 6-8b;
> For identification under Rule 12-2, but the ball may be cleaned only to the extent necessary for identification;
> On the putting green under Rule 16-1b;
> For relief from an obstruction under Rule 24-1b or -2b;
> For relief from abnormal ground conditions or wrong putting green under Rules 25-1b, -2 and -3;
> For relief from a water hazard under Rule 26;

RULES OF GOLF

For relief for an unplayable ball under Rule 28; or
Under a Local Rule permitting cleaning the ball.

If the player cleans his ball during the play of a hole except as permitted under this Rule, *he shall incur a penalty of one stroke* and the ball, if lifted, shall be replaced.

If a player who is required to replace a ball fails to do so, *he shall incur the penalty* for breach of Rule 20-3a, but no additional penalty under Rule 21 shall be applied.

Rule 22. Ball Interfering with or Assisting Play

Any player may:
    a. Lift his ball if he considers that it might assist any other player or
    b. Have any other ball lifted if he considers that it might interfere with his play or assist the play of any other player,

but this may not be done while another ball is in motion. In stroke play, a player required to lift his ball may play first rather than lift. A ball lifted under this Rule shall be replaced.

If a ball is accidentally moved in complying with this Rule, no penalty is incurred and the ball shall be replaced.

PENALTY FOR BREACH OF RULE:
Match play — Loss of hole; Stroke play — Two strokes.

Rule 23. Loose Impediments

Definition

"Loose impediments" are natural objects such as stones, leaves, twigs, branches and the like, dung, worms and insects and casts or heaps made by them, provided they are not fixed or growing, are not solidly embedded and do not adhere to the ball.

Sand and loose soil are loose impediments on the putting green but not elsewhere.

Snow and ice are either casual water or loose impediments, at the option of the player.

Dew is not a loose impediment.

23-1. Relief

Except when both the loose impediment and the ball lie in or touch a hazard, any loose impediment may be removed without penalty. If the ball moves, see Rule 18-2c.

When a player's ball is in motion, a loose impediment on his line of play shall not be removed.

PENALTY FOR BREACH OF RULE:
Match play — Loss of hole; Stroke play — Two strokes.

RULES OF GOLF

(Searching for ball in hazard — Rule 12-1.)
(Touching line of putt — Rule 16-1a.)

Rule 24. Obstructions

Definition

An "obstruction" is anything artificial, including the artificial surfaces and sides of roads and paths, except:

    a. Objects defining out of bounds, such as walls, fences, stakes and railings;

    b. Any part of an immovable artificial object which is out of bounds; and

    c. Any construction declared by the Committee to be an integral part of the course.

24-1. Movable Obstruction

A player may obtain relief from a movable obstruction as follows:

    a. If the ball does not lie in or on the obstruction, the obstruction may be removed; if the ball moves, no penalty is incurred and the ball shall be replaced.

    b. If the ball lies in or on the obstruction, the ball may be lifted, without penalty, and the obstruction removed. The ball shall through the green or in a hazard be dropped, or on the putting green be placed, as near as possible to the spot directly under the place where the ball lay in or on the obstruction, but not nearer the hole.

The ball may be cleaned when lifted for relief under Rule 24-1b.

When a ball is in motion, an obstruction on the player's line of play other than an attended flagstick and equipment of the players shall not be removed.

24-2. Immovable Obstruction

    a. INTERFERENCE

Interference by an immovable obstruction occurs when a ball lies in or on the obstruction, or so close to the obstruction that the obstruction interferes with the player's stance or the area of his intended swing. If the player's ball lies on the putting green, interference also occurs if an immovable obstruction on the putting green intervenes on his line of putt. Otherwise, intervention on the line of play is not, of itself, interference under this Rule.

    b. RELIEF

Except when the ball lies in or touches a water hazard or a lateral water hazard, a player may obtain relief from interference by an immovable obstruction, without penalty, as follows:

RULES OF GOLF

(i) *Through the Green:* If the ball lies through the green, the point on the course nearest to where the ball lies shall be determined (without crossing over, through or under the obstruction) which (a) is not nearer the hole, (b) avoids interference (as defined) and (c) is not in a hazard or on a putting green. The player shall lift the ball and drop it within one club-length of the point thus determined on ground which fulfils (a), (b) and (c) above.

Note: The prohibition against crossing over, through or under the obstruction does not apply to the artificial surfaces and sides of roads and paths or when the ball lies in or on the obstruction.

(ii) *In a Bunker:* If the ball lies in or touches a bunker, the player shall lift and drop the ball in accordance with Clause (i) above, except that the ball must be dropped in the bunker.

(iii) *On the Putting Green:* If the ball lies on the putting green, the player shall lift the ball and place it in the nearest position to where it lay which affords relief from interference, but not nearer the hole nor in a hazard.

The ball may be cleaned when lifted for relief under Rule 24-2b.

(Ball rolling back into condition from which relief taken — see Rule 20-2c(v).)

Exception: A player may not obtain relief under Rule 24-2b if (a) it is clearly unreasonable for him to play a stroke because of interference by anything other than an immovable obstruction or (b) interference by an immovable obstruction would occur only through use of an unnecessarily abnormal stance, swing or direction of play.

Note: If a ball lies in or touches a water hazard (including a lateral water hazard), the player is not entitled to relief without penalty from interference by an immovable obstruction. The player shall play the ball as it lies or proceed under Rule 26-1.

PENALTY FOR BREACH OF RULE:
Match play — *Loss of hole; Stroke play* — *Two strokes.*

Rule 25. Abnormal Ground Conditions and Wrong Putting Green

Definitions

"Casual water" is any temporary accumulation of water on the course which is visible before or after the player takes his stance and is not in a water hazard. Snow and ice are either casual water or loose impediments, at the

RULES OF GOLF

option of the player. Dew is not casual water.

"Ground under repair" is any portion of the <u>course</u> so marked by order of the Committee or so declared by its authorized representative. It includes material piled for removal and a hole made by a greenkeeper, even if not so marked. Stakes and lines defining ground under repair are in such ground.

Note 1: Grass cuttings and other material left on the course which have been abandoned and are not intended to be removed are not ground under repair unless so marked.

Note 2: The Committee may make a Local Rule prohibiting play from ground under repair.

25-1. Casual Water, Ground Under Repair and Certain Damage to Course

a. INTERFERENCE

Interference by <u>casual water</u>, <u>ground under repair</u> or a hole, cast or runway made by a burrowing animal, a reptile or a bird occurs when a ball lies in or touches any of these conditions or when the condition interferes with the player's <u>stance</u> or the area of his intended swing.

If the player's ball lies on the <u>putting green,</u> interference also occurs if such condition on the putting green intervenes on his line of putt.

If interference exists, the player may either play the ball as it lies (unless prohibited by Local Rule) or take relief as provided in Clause b.

b. RELIEF

If the player elects to take relief, he shall proceed as follows:

(i) *Through the Green:* If the ball lies <u>through the green,</u> the point on the <u>course</u> nearest to where the ball lies shall be determined which (a) is not nearer the hole, (b) avoids interference by the condition, and (c) is not in a <u>hazard</u> or on a <u>putting green</u>. The player shall lift the ball and drop it without penalty within one club-length of the point thus determined on ground which fulfils (a), (b) and (c) above.

(ii) *In a Hazard:* If the ball lies in or touches a <u>hazard,</u> the player shall lift and drop the ball either:

(a) Without penalty, in the hazard, as near as possible to the spot where the ball lay, but not nearer the hole, on ground which affords maximum available relief from the condition;

or

(b) *Under penalty of one stroke,* outside the hazard, keeping the spot where the ball lay directly between himself and the hole.

RULES OF GOLF

Exception: If a ball lies in or touches a water hazard (including a lateral water hazard), the player is not entitled to relief without penalty from a hole, cast or runway made by a burrowing animal, a reptile or a bird. The player shall play the ball as it lies or proceed under Rule 26-1.

(iii) *On the Putting Green:* If the ball lies on the putting green, the player shall lift the ball and place it without penalty in the nearest position to where it lay which affords maximum available relief from the condition, but not nearer the hole nor in a hazard.

The ball may be cleaned when lifted under Rule 25-1b.

(Ball rolling back into condition from which relief taken — see Rule 20-2c(v).)

Exception: A player may not obtain relief under Rule 25-1b if (a) it is clearly unreasonable for him to play a stroke because of interference by anything other than a condition covered by Rule 25-1a or (b) interference by such a condition would occur only through use of an unnecessarily abnormal stance, swing or direction of play.

c. BALL LOST UNDER CONDITION COVERED BY RULE 25-1

It is a question of fact whether a ball lost after having been struck toward a condition covered by Rule 25-1 is lost under such condition. In order to treat the ball as lost under such condition, there must be reasonable evidence to that effect. In the absence of such evidence, the ball must be treated as a lost ball and Rule 27 applies.

(i) *Outside a Hazard* — If a ball is lost outside a hazard under a condition covered by Rule 25-1, the player may take relief as follows: the point on the course nearest to where the ball last crossed the margin of the area shall be determined which (a) is not nearer the hole than where the ball last crossed the margin, (b) avoids interference by the condition and (c) is not in a hazard or on a putting green. He shall drop a ball without penalty within one club-length of the point thus determined on ground which fulfils (a), (b) and (c) above.

(ii) *In a Hazard* — If a ball is lost in a hazard under a condition covered by Rule 25-1, the player may drop a ball either:

(a) Without penalty, in the hazard, as near as possible to the point at which the ball last crossed the margin of the area, but not nearer the hole, on ground which affords maximum available relief from the condition

or

(b) *Under penalty of one stroke*, outside the hazard, keeping the spot at which the ball last crossed the margin of the hazard directly between himself and the hole.

Exception: If a ball lies in a water hazard (including a lateral water hazard), the player is not entitled to relief without penalty for a ball lost in a hole, cast or runway made by a burrowing animal, a reptile or a bird. The player shall proceed under Rule 26-1.

25-2. Embedded Ball

A ball embedded in its own pitch-mark in any closely mown area through the green may be lifted, cleaned and dropped, without penalty, as near as possible to the spot where it lay but not nearer the hole. "Closely mown area" means any area of the course, including paths through the rough, cut to fairway height or less.

25-3. Wrong Putting Green

If a ball lies on a putting green other than that of the hole being played, the point on the course nearest to where the ball lies shall be determined which (a) is not nearer the hole and (b) is not in a hazard or on a putting green. The player shall lift the ball and drop it without penalty within one club-length of the point thus determined on ground which fulfils (a) and (b) above. The ball may be cleaned when so lifted.

Note: Unless otherwise prescribed by the Committee, the term "a putting green other than that of the hole being played" includes a practice putting green or pitching green on the course.

PENALTY FOR BREACH OF RULE:
Match play — Loss of hole; Stroke play — Two strokes.

Rule 26. Water Hazards (Including Lateral Water Hazards)

Definitions

A "water hazard" is any sea, lake, pond, river, ditch, surface drainage ditch or other open water course (whether or not containing water) and anything of a similar nature.

All ground or water within the margin of a water hazard is part of the water hazard. The margin of a water hazard is deemed to extend vertically upwards. Stakes and lines defining the margins of water hazards are in the hazards.

Note: Water hazards (other than lateral water hazards) should be defined by yellow stakes or lines.

A "lateral water hazard" is a water hazard or that part of a water hazard so situated that it is not possible or is deemed by the Committee to be impracticable to drop a

RULES OF GOLF

ball behind the water hazard and keep the spot at which the ball last crossed the margin of the water hazard between the player and the hole.

That part of a water hazard to be played as a lateral water hazard should be distinctively marked.

Note: Lateral water hazards should be defined by red stakes or lines.

26-1. Ball in Water Hazard

It is a question of fact whether a ball lost after having been struck toward a <u>water hazard</u> is lost inside or outside the hazard. In order to treat the ball as lost in the hazard, there must be reasonable evidence that the ball lodged therein. In the absence of such evidence, the ball must be treated as a lost ball and Rule 27 applies.

If a ball lies in, touches or is lost in a water hazard (whether the ball lies in water or not), the player may *under penalty of one stroke:*

    a. Play his next stroke as nearly as possible at the spot from which the original ball was last played or moved by him (see Rule 20-5);

or

    b. Drop a ball behind the water hazard, keeping the point at which the original ball last crossed the margin of the water hazard directly between himself and the hole, with no limit to how far behind the water hazard the ball may be dropped;

or

    c. *As additional options available only if the ball lies or is lost in a lateral water hazard,* drop a ball outside the water hazard within two club-lengths of (i) the point where the original ball last crossed the margin of the water hazard or (ii) a point on the opposite margin of the water hazard equidistant from the hole. The ball must be dropped and come to rest not nearer the hole than the point where the original ball last crossed the margin of the water hazard.

The ball may be cleaned when lifted under this Rule.

26-2. Ball Played Within Water Hazard

    a. BALL REMAINS IN HAZARD

If a ball played from within a water hazard has not crossed any margin of the hazard, the player may:

    (i) proceed under Rule 26-1; or

    (ii) *under penalty of one stroke,* play his next stroke as nearly as possible at the spot from which the last stroke from outside the hazard was played (see Rule 20-5).

    b. BALL LOST OR UNPLAYABLE OUTSIDE HAZARD
       OR OUT OF BOUNDS

RULES OF GOLF

If a ball played from within a water hazard is lost or declared unplayable outside the hazard or is out of bounds, the player, after taking a stroke-and-distance penalty under Rule 27-1 or 28a, may:

(i) play a ball as nearly as possible at the spot from which the original ball was last played by him (see Rule 20-5); or

(ii) under the penalty prescribed therein, proceed under Rule 26-1b or, as additional options in the case of a lateral water hazard, under Rule 26-1c, using as the reference point the point where the ball last crossed the margin of the hazard before it came to rest in the hazard; or

(iii) *under penalty of one stroke*, play his next stroke as nearly as possible at the spot from which the last stroke from outside the hazard was played (see Rule 20-5).

PENALTY FOR BREACH OF RULE:
Match play — Loss of hole; Stroke play — Two strokes.

Rule 27. Ball Lost or Out of Bounds; Provisional Ball

If the original ball is lost under a condition covered by Rule 25-1 (casual water, ground under repair and certain damage to the course), the player may proceed under that Rule. If the original ball is lost in a water hazard, the player shall proceed under Rule 26.

Such Rules may not be used unless there is reasonable evidence that the ball is lost under a condition covered by Rule 25-1 or in a water hazard.

Definitions

A ball is "lost" if:

a. It is not found or identified as his by the player within five minutes after the player's side or his or their caddies have begun to search for it; or

b. The player has put another ball into play under the Rules, even though he may not have searched for the original ball; or

c. The player has played any stroke with a provisional ball from the place where the original ball is likely to be or from a point nearer the hole than that place, whereupon the provisional ball becomes the ball in play.

Time spent in playing a wrong ball is not counted in the five-minute period allowed for search.

"Out of bounds" is ground on which play is prohibited. When out of bounds is defined by reference to stakes or

RULES OF GOLF

a fence, or as being beyond stakes or a fence, the out of bounds line is determined by the nearest inside points of the stakes or fence posts at ground level excluding angled supports.

When out of bounds is defined by a line on the ground, the line itself is out of bounds.

The out of bounds line is deemed to extend vertically upwards and downwards.

A ball is out of bounds when all of it lies out of bounds.

A player may stand out of bounds to play a ball lying within bounds.

A "provisional ball" is a ball played under Rule 27-2 for a ball which may be lost outside a water hazard or may be out of bounds. It ceases to be a provisional ball when the Rule provides either that the player continue play with it as the ball in play or that it be abandoned.

27-1. Ball Lost or Out of Bounds

If a ball is lost outside a water hazard or is out of bounds, the player shall play a ball, *under penalty of one stroke,* as nearly as possible at the spot from which the original ball was last played or moved by him (see Rule 20-5).

27-2. Provisional Ball

a. PROCEDURE

If a ball may be lost outside a water hazard or may be out of bounds, to save time the player may play another ball provisionally as nearly as possible at the spot from which the original ball was played (see Rule 20-5). The player shall inform his opponent in match play or his marker or a fellow-competitor in stroke play that he intends to play a provisional ball, and he shall play it before he or his partner goes forward to search for the original ball. If he fails to do so and plays another ball, such ball is not a provisional ball and becomes the ball in play under *penalty of stroke and distance* (Rule 27-1); the original ball is deemed to be lost.

b. WHEN PROVISIONAL BALL BECOMES BALL IN PLAY

The player may play a provisional ball until he reaches the place where the original ball is likely to be. If he plays a stroke with the provisional ball from the place where the original ball is likely to be or from a point nearer the hole than that place, the original ball is deemed to be lost and the provisional ball becomes the ball in play *under penalty of stroke and distance* (Rule 27-1).

If the original ball is lost outside a water hazard or is out of bounds, the provisional ball becomes the ball in play, *under penalty of stroke and distance* (Rule 27-1).

c. WHEN PROVISIONAL BALL TO BE ABANDONED

If the original ball is neither lost outside a water hazard

RULES OF GOLF

nor out of bounds, the player shall abandon the provisional ball and continue play with the original ball. If he fails to do so, any further strokes played with the provisional ball shall constitute playing a <u>wrong ball</u> and the provisions of Rule 15 shall apply.

Note: If the original ball lies in a water hazard, the player shall play the ball as it lies or proceed under Rule 26. If it is lost in a water hazard or unplayable, the player shall proceed under Rule 26 or 28, whichever is applicable.

PENALTY FOR BREACH OF RULE:
Match play — Loss of hole; Stroke play — Two strokes.

Rule 28. Ball Unplayable

At any place on the course except in a <u>water hazard</u> a player may declare his ball unplayable. The player is the sole judge as to whether his ball is unplayable.

If the player deems his ball to be unplayable, he shall, *under penalty of one stroke:*

    a. Play his next stroke as nearly as possible at the spot from which the original ball was last played or moved by him (see Rule 20-5);

              or

    b. Drop a ball within two club-lengths of the spot where the ball lay, but not nearer the hole;

              or

    c. Drop a ball behind the spot where the ball lay, keeping that spot directly between himself and the hole, with no limit to how far behind that spot the ball may be dropped.

If the unplayable ball lies in a <u>bunker</u> and the player elects to proceed under Clause b or c, a ball must be dropped in the bunker.

The ball may be cleaned when lifted under this Rule.

PENALTY FOR BREACH OF RULE:
Match play — Loss of hole; Stroke play — Two strokes.

OTHER FORMS OF PLAY
Rule 29. Threesomes and Foursomes

Definitions

Threesome: A match in which one plays against two, and each side plays one ball.

Foursome: A match in which two play against two, and each side plays one ball.

29-1. General

In a threesome or a foursome, during any <u>stipulated round</u> the partners shall play alternately from the teeing grounds and alternately during the play of each hole.

Penalty strokes do not affect the order of play.

29-2. Match Play
If a player plays when his partner should have played, *his side shall lose the hole.*

29-3. Stroke Play
If the partners play a stroke or strokes in incorrect order, such stroke or strokes shall be cancelled and *the side shall be penalized two strokes.* A ball shall then be put in play as nearly as possible at the spot from which the side first played in incorrect order (see Rule 20-5) before a stroke has been played from the next teeing ground or, in the case of the last hole of the round, before the side has left the putting green. If this is not done, *the side shall be disqualified.*

Rule 30. Three-Ball, Best-Ball and Four-Ball Match Play

30-1. Rules of Golf Apply
The Rules of Golf, so far as they are not at variance with the following special Rules, shall apply to three-ball, best-ball and four-ball matches.

30-2. Three-Ball Match Play
In a three-ball match, each player is playing two distinct matches.

a. BALL AT REST MOVED BY AN OPPONENT

Except as otherwise provided in the Rules, if the player's ball is touched or moved by an opponent, his caddie or equipment other than during search, Rule 18-3b applies. *That opponent shall incur a penalty stroke in his match with the player,* but not in his match with the other opponent.

b. BALL DEFLECTED OR STOPPED BY AN OPPONENT ACCIDENTALLY

If a player's ball is accidentally deflected or stopped by an opponent, his caddie or equipment, no penalty shall be incurred. In his match with that opponent the player may play the ball as it lies or, before another stroke is played by either side, he may cancel the stroke and replay the stroke (see Rule 20-5). In his match with the other opponent, the occurrence shall be treated as a rub of the green and the hole shall be played out with the original ball.

Exception: Ball striking person attending flagstick — Rule 17-3b.

(Ball purposely deflected or stopped by opponent — Rule 19-3a.)

RULES OF GOLF

30-3. Best-Ball and Four-Ball Match Play

a. REPRESENTATION OF SIDE

A side may be represented by one partner for all or any part of a match; all partners need not be present. An absent partner may join a match between holes, but not during play of a hole.

b. MAXIMUM OF FOURTEEN CLUBS

The side shall be penalized for a breach of Rule 4-4 by any partner.

c. ORDER OF PLAY

Balls belonging to the same side may be played in the order the side considers best.

d. WRONG BALL

If a player plays a stroke with a <u>wrong ball</u> except in a <u>hazard</u>, *he shall be disqualified for that hole,* but his partner incurs no penalty even if the wrong ball belongs to him. The owner of the ball shall replace it on the spot from which it was played, without penalty. If the ball is not immediately recoverable, another ball may be substituted.

e. DISQUALIFICATION OF SIDE

(i) *A side shall be disqualified* for a breach of any of the following by any partner:

　　Rule 1-3 — Agreement to Waive Rules.
　　Rule 4-1, -2 or -3 — Clubs.
　　Rule 5 — The Ball.
　　Rule 6-2a — Handicap (playing off higher handicap).
　　Rule 6-4 — Caddie.
　　Rule 6-7 — Undue Delay (repeated offense).
　　Rule 14-3 — Artificial Devices and Unusual Equipment.

(ii) *A side shall be disqualified* for a breach of any of the following by all partners:

　　Rule 6-3 — Time of Starting and Groups.
　　Rule 6-8 — Discontinuance of Play.

f. EFFECT OF OTHER PENALTIES

If a player's breach of a Rule assists his partner's play or adversely affects an opponent's play, *the partner incurs the relative penalty in addition to any penalty incurred by the player.*

In all other cases where a player incurs a penalty for breach of a Rule, the penalty shall not apply to his partner. Where the penalty is stated to be loss of hole, the effect shall be to disqualify the player for that hole.

g. ANOTHER FORM OF MATCH PLAYED CONCURRENTLY

In a best-ball or four-ball match when another form of

match is played concurrently, the above special Rules shall apply.

Rule 31. Four-Ball Stroke Play

In four-ball stroke play two competitors play as partners, each playing his own ball. The lower score of the partners is the score for the hole. If one partner fails to complete the play of a hole, there is no penalty.

31-1. Rules of Golf Apply

The Rules of Golf, so far as they are not at variance with the following special Rules, shall apply to four-ball stroke play.

31-2. Representation of Side

A side may be represented by either partner for all or any part of a stipulated round; both partners need not be present. An absent competitor may join his partner between holes, but not during play of a hole.

31-3. Maximum of Fourteen Clubs

The side shall be penalized for a breach of Rule 4-4 by either partner.

31-4. Scoring

The marker is required to record for each hole only the gross score of whichever partner's score is to count. The gross scores to count must be individually identifiable; otherwise *the side shall be disqualified*. Only one of the partners need be responsible for complying with Rule 6-6a and b.

(Wrong score — Rule 31-7a.)

31-5. Order of Play

Balls belonging to the same side may be played in the order the side considers best.

31-6. Wrong Ball

If a competitor plays a stroke with a wrong ball except in a hazard, *he shall add two penalty strokes to his score for the hole* and shall then play the correct ball. His partner incurs no penalty even if the wrong ball belongs to him.

The owner of the ball shall replace it on the spot from which it was played, without penalty. If the ball is not immediately recoverable, another ball may be substituted.

31-7. Disqualification Penalties

a. BREACH BY ONE PARTNER

A side shall be disqualified from the competition for a breach of any of the following by either partner:

Rule 1-3 — Agreement to Waive Rules.

RULES OF GOLF

Rule 3-4 — Refusal to Comply with Rule.
Rule 4-1, -2 or -3 — Clubs.
Rule 5 — The Ball.
Rule 6-2b — Handicap (playing off higher handicap; failure to record handicap).
Rule 6-4 — Caddie.
Rule 6-6b — Checking Scores.
Rule 6-6c — No Alteration of Scores, *i.e.*, when the recorded lower score of the partners is lower than actually played. If the recorded lower score of the partners is higher than actually played, it must stand as returned.
Rule 6-7 — Undue Delay (repeated offense).
Rule 7-1 — Practice Before or Between Rounds.
Rule 14-3 — Artificial Devices and Unusual Equipment.
Rule 31-4 — Gross Scores to Count Not Individually Identifiable.

b. BREACH BY BOTH PARTNERS

A side shall be disqualified for a breach of any of the following by both partners:
Rule 6-3 — Time of Starting and Groups.
Rule 6-8 — Discontinuance of Play.
At the same hole, of a Rule or Rules, the penalty for which is disqualification either from the competition or for a hole.

c. FOR THE HOLE ONLY

In all other cases where a breach of a Rule would entail disqualification, *the competitor shall be disqualified only for the hole at which the breach occurred.*

31-8. Effect of Other Penalties

If a competitor's breach of a Rule assists his partner's play, *the partner incurs the relative penalty in addition to any penalty incurred by the competitor.*

In all other cases where a competitor incurs a penalty for breach of a Rule, the penalty shall not apply to his partner.

Rule 32. Bogey, Par and Stableford Competitions

32-1. Conditions

Bogey, par and Stableford competitions are forms of stroke competition in which play is against a fixed score at each hole. The Rules for stroke play, so far as they are not at variance with the following special Rules, apply.

a. BOGEY AND PAR COMPETITIONS

The reckoning for bogey and par competitions is made

RULES OF GOLF

as in match play. Any hole for which a competitor makes no return shall be regarded as a loss. The winner is the competitor who is most successful in the aggregate of holes.

The marker is responsible for marking only the gross number of strokes for each hole where the competitor makes a net score equal to or less than the fixed score.

Note: Maximum of 14 clubs — Penalties as in match play — see Rule 4-4.

b. STABLEFORD COMPETITIONS

The reckoning in Stableford competitions is made by points awarded in relation to a fixed score at each hole as follows:

Hole Played In	Points
More than one over fixed score	0
One over fixed score	1
Fixed score	2
One under fixed score	3
Two under fixed score	4
Three under fixed score	5

The winner is the competitor who scores the highest number of points.

The marker shall be responsible for marking only the gross number of strokes at each hole where the competitor's net score earns one or more points.

Note: Maximum of 14 clubs (Rule 4-4) — Penalties applied as follows: From total points scored for the round, deduction of two points for each hole at which any breach occurred; maximum deduction per round: four points.

32-2. Disqualification Penalties

a. FROM THE COMPETITION

A competitor shall be disqualified from the competition for a breach of any of the following:

    Rule 1-3 — Agreement to Waive Rules.
    Rule 3-4 — Refusal to Comply with Rule.
    Rule 4-1, -2 or -3 — Clubs.
    Rule 5 — The Ball.
    Rule 6-2b — Handicap (playing off higher handicap; failure to record handicap).
    Rule 6-3 — Time of Starting and Groups.
    Rule 6-4 — Caddie.
    Rule 6-6b — Checking Scores.
    Rule 6-6c — No alteration of scores, except that the competitor shall not be disqualified when a breach of this Rule does not affect the result of the hole.

RULES OF GOLF

Rule 6-7 — Undue Delay (repeated offense).
Rule 6-8 — Discontinuance of Play.
Rule 7-1 — Practice Before or Between Rounds.
Rule 14-3 — Artificial Devices and Unusual Equipment.

b. For a Hole

In all other cases where a breach of a Rule would entail disqualification, *the competitor shall be disqualified only for the hole at which the breach occurred.*

ADMINISTRATION
Rule 33. The Committee

33-1. Conditions

The Committee shall lay down the conditions under which a competition is to be played.

Certain special rules governing stroke play are so substantially different from those governing match play that combining the two forms of play is not practicable and is not permitted. The results of matches played and the scores returned in these circumstances shall not be accepted.

In stroke play the Committee may limit a referee's duties.

33-2. The Course

a. Defining Bounds and Margins

The Committee shall define accurately:
(i) the <u>course</u> and <u>out of bounds,</u>
(ii) the margins of <u>water hazards</u> and <u>lateral water hazards,</u>
(iii) <u>ground under repair,</u> and
(iv) <u>obstructions</u> and integral parts of the course.

b. New Holes

New holes should be made on the day on which a stroke competition begins and at such other times as the Committee considers necessary, provided all competitors in a single round play with each hole cut in the same position.

Exception: When it is impossible for a damaged hole to be repaired so that it conforms with the Definition, the Committee may make a new hole in a nearby similar position.

c. Practice Ground

Where there is no practice ground available outside the area of a competition <u>course,</u> the Committee should lay down the area on which players may practice on any day of a competition, if it is practicable to do so. On any day of a stroke competition, the Committee should not normally permit practice on or to a <u>putting green</u> or from a <u>hazard</u> of the competition course.

    d. Course Unplayable

If the Committee or its authorized representative considers that for any reason the course is not in a playable condition or that there are circumstances which render the proper playing of the game impossible, it may, in match play or stroke play, order a temporary suspension of play or, in stroke play, declare play null and void and cancel all scores for the round in question. When play has been temporarily suspended, it shall be resumed from where it was discontinued, even though resumption occurs on a subsequent day. When a round is cancelled, all penalties incurred in that round are cancelled.

(Procedure in discontinuing play — Rule 6-8.)

33-3. Times of Starting and Groups

The Committee shall lay down the times of starting and, in stroke play, arrange the groups in which competitors shall play.

When a match play competition is played over an extended period, the Committee shall lay down the limit of time within which each round shall be completed. When players are allowed to arrange the date of their match within these limits, the Committee should announce that the match must be played at a stated time on the last day of the period unless the players agree to a prior date.

33-4. Handicap Stroke Table

The Committee shall publish a table indicating the order of holes at which handicap strokes are to be given or received.

33-5. Score Card

In stroke play, the Committee shall issue for each competitor a score card containing the date and the competitor's name.

The Committee is responsible for the addition of scores and application of the handicap recorded on the card.

In four-ball stroke play, the Committee is responsible for recording the better ball score for each hole, the addition and the application of the handicaps recorded on the card.

33-6. Decision of Ties

The Committee shall announce the manner, day and time for the decision of a halved match or of a tie, whether played on level terms or under handicap.

A halved match shall not be decided by stroke play. A tie in stroke play shall not be decided by a match.

33-7. Modification of Penalty

The Committee has no power to waive a Rule of Golf.

RULES OF GOLF

A penalty of disqualification, however, may, in exceptional individual cases, be waived or be modified or be imposed if the Committee considers such action warranted.

33-8. Local Rules

a. POLICY

The Committee may make and publish Local Rules for abnormal conditions if they are consistent with the policy of the Governing Authority for the country concerned as set forth in Appendix I to these Rules.

b. WAIVING PENALTY

A penalty imposed by a Rule of Golf shall not be waived by a Local Rule.

Rule 34. Disputes and Decisions

34-1. Claims and Penalties

a. MATCH PLAY

In match play if a claim is lodged with the Committee under Rule 2-5, a decision should be given as soon as possible so that the state of the match may, if necessary, be adjusted.

If a claim is not made within the time limit provided by Rule 2-5, it shall not be considered unless it is based on facts previously unknown to the player making the claim and the player making the claim had been given wrong information (Rules 6-2a and 9) by an opponent. In any case, no later claim shall be considered after the result of the match has been officially announced, unless the Committee is satisfied that the opponent knew he was giving wrong information.

b. STROKE PLAY

No penalty shall be imposed after the competition is closed unless the Committee is satisfied that the competitor has knowingly returned a score for any hole lower than actually taken (Rule 6-6c); no penalty shall be rescinded after the competition is closed. A competition is deemed to have closed when the result of the competition is officially announced or, in stroke play qualifying followed by match play, when the player has teed off in his first match.

34-2. Referee's Decision

If a referee has been appointed by the Committee, his decision shall be final.

34-3. Committee's Decision

In the absence of a referee, the players shall refer any dispute to the Committee, whose decision shall be final.

If the Committee cannot come to a decision, it shall refer the dispute to the Rules of Golf Committee of the

RULES OF GOLF

United States Golf Association, whose decision shall be final.

If the point in doubt or dispute has not been referred to the Rules of Golf Committee, the player or players have the right to refer an agreed statement through the Secretary of the Club to the Rules of Golf Committee for an opinion as to the correctness of the decision given. The reply will be sent to the Secretary of the Club or Clubs concerned.

If play is conducted other than in accordance with the Rules of Golf, the Rules of Golf Committee will not give a decision on any question.

Appendix I
LOCAL RULES

Rule 33-8 provides:

"The Committee may make and publish Local Rules for abnormal conditions if they are consistent with the policy of the Governing Authority for the country concerned as set forth in Appendix I to these Rules.

"A penalty imposed by a Rule of Golf shall not be waived by a Local Rule."

Among the matters for which Local Rules may be advisable are the following:

1. Obstructions

Clarifying the status of objects which may be obstructions (Rule 24).

Declaring any construction to be an integral part of the course and, accordingly, not an obstruction, *e.g.*, built-up sides and surfaces of teeing grounds, putting greens and bunkers (Rules 24 and 33-2a).

2. Roads and Paths

Providing relief of the type afforded under Rule 24-2b from roads and paths not having artificial surfaces and sides if they could unfairly affect play.

3. Preservation of Course

Preservation of the course by defining areas, including turf nurseries and other parts of the course under cultivation, as ground under repair from which play is prohibited.

4. Unusual Damage to the Course

(other than as covered in Rule 25)

5. Water Hazards

Lateral Water Hazards. Clarifying the status of sections of water hazards which may be lateral water hazards (Rule 26).

RULES OF GOLF

Provisional Ball. Permitting play of a provisional ball for a ball which may be in a water hazard of such character that it would be impracticable to determine whether the ball is in the hazard or to do so would unduly delay play. In such case, if a provisional ball is played and the original ball is in a water hazard, the player may play the original ball as it lies or continue the provisional ball in play, but he may not proceed under Rule 26-1.

6. Defining Bounds and Margins

Specifying means used to define out of bounds, hazards, water hazards, lateral water hazards and ground under repair.

7. Ball Drops

Establishment of special areas on which balls may be dropped when it is not feasible to proceed exactly in conformity with Rule 24-2b (immovable obstructions), Rule 26-1 (water hazards and lateral water hazards) and Rule 28 (ball unplayable).

8. Temporary Conditions — Mud, Extreme Wetness

Temporary conditions which might interfere with proper playing of the game, including mud and extreme wetness warranting lifting an embedded ball anywhere through the green (see detailed recommendation below) or removal of mud from a ball through the green.

Lifting an Embedded Ball

Rule 25-2 provides relief without penalty for a ball embedded in its own pitch-mark in any closely mown area through the green.

On the putting green, a ball may be lifted and damage caused by the impact of a ball may be repaired (Rules 16-1b and c).

When permission to lift an embedded ball anywhere through the green would be warranted, the following Local Rule is suggested:

> Anywhere "through the green," a ball which is embedded in its own pitch-mark in ground other than sand may be lifted without penalty, cleaned and dropped as near as possible to the spot where it lay but not nearer the hole. (See Rule 20.)

("Through the green" is the whole area of the course except:
   a. Teeing ground and putting green of the hole being played;
   b. All hazards on the course.)

Practice at Putting Green of Hole Played

When it is desired to prohibit practice on or near a

putting green of a hole already played, the following Local Rule is recommended:

A player during a round shall not play any practice stroke on or near the putting green of any hole he has played in the round. (For other practice, see Rules 7 and 33-2c.)

PENALTY FOR BREACH OF LOCAL RULE:
Match play — Loss of hole; Stroke play — Two strokes.

Marking Position of Lifted Ball

When it is desired to require a specific means of marking the position of a lifted ball on the putting green, the following Local Rule is recommended:

Before a ball on the putting green is lifted, its position shall be marked by placing an object, such as a small coin, immediately behind the ball; if the object interferes with another player, it should be moved one or more putterhead-lengths to one side. If the player fails so to mark the position of the ball, *the player shall incur a penalty of one stroke* and the ball shall be replaced. (This modifies Rule 20-1.)

PENALTY FOR BREACH OF LOCAL RULE:
Match play — Loss of hole; Stroke play — Two strokes.

Prohibition Against Touching Line of Putt with Club

When it is desired to prohibit touching the line of putt with a club in moving loose impediments, the following Local Rule is recommended:

The line of putt shall not be touched with a club for any purpose except to repair old hole plugs or ball marks or during address. (This modifies Rule 16-1a.)

PENALTY FOR BREACH OF LOCAL RULE:
Match play — Loss of hole; Stroke play — Two strokes.

Temporary Obstructions

When temporary obstructions are installed for a competition, the following Local Rule is recommended:

1. Definition

Temporary immovable obstructions include tents, scoreboards, grandstands, refreshment stands, lavatories and, provided it is not mobile or otherwise readily movable, any piece of equipment for photography, press, radio, television and scoring services.

Excluded are temporary power lines and cables (from which relief is provided in Clause 5) and mobile or otherwise readily movable equipment for photography, press, etc. (from which relief is obtainable under Rule 24-1).

RULES OF GOLF

2. Interference

Interference by a temporary immovable obstruction occurs when (a) the ball lies in or on the obstruction or so close to the obstruction that the obstruction interferes with the player's stance or the area of his intended swing or (b) the obstruction intervenes between the player's ball and the hole or the ball lies within one club-length of a spot where such intervention would exist.

3. Relief

A player may obtain relief from interference by a temporary immovable obstruction as follows:

a. THROUGH THE GREEN

Through the green, the point on the course nearest to where the ball lies shall be determined which (a) is not nearer the hole, (b) avoids interference as defined in Clause 2 of this Local Rule and (c) is not in a hazard or on a putting green. He shall lift the ball and drop it without penalty within one club-length of the point thus determined on ground which fulfils (a), (b) and (c) above. The ball may be cleaned when so lifted.

b. IN A HAZARD

If the ball lies in a hazard, the player shall lift and drop the ball either:

(i) in the hazard, without penalty, on the nearest ground affording complete relief within the limits specified in Clause 3a above or, if complete relief is impossible, on ground within the hazard affording maximum relief, or

(ii) outside the hazard, *under penalty of one stroke*, as follows: The player shall determine the point on the course nearest to where the ball lies which (a) is not nearer the hole, (b) avoids interference as defined in Clause 2 of this Local Rule and (c) is not in a hazard. He shall drop the ball within one club-length of the point thus determined on ground which fulfils (a), (b) and (c) above.

The ball may be cleaned when so lifted.

Exception: A player may not obtain relief under Clause 3a or 3b if (a) it is clearly unreasonable for him to play a stroke, or in the case of intervention to play a stroke toward the hole, because of interference by anything other than a temporary immovable obstruction or (b) interference by a temporary immovable obstruction would occur only through use of an unnecessarily abnormal stance, swing or direction of play.

4. Ball Lost in Temporary Immovable Obstruction

If there is reasonable evidence that a ball is lost within the confines of a temporary immovable obstruction, the player

RULES OF GOLF

may take relief without penalty as prescribed in Rule 25-1c.

5. Temporary Power Lines and Cables

The above Clauses do not apply to temporary power lines or cables or mats covering such lines or cables. If such lines or cables or mats covering them are readily movable, the player may obtain relief under Rule 24-1. If they are not readily movable, the player may, if the ball lies through the green, obtain relief as provided in Rule 24-2b(i). If the ball lies in a bunker or a water hazard, the player may obtain relief under Rule 24-2b(i), except that the ball must be dropped in the bunker or water hazard.

Note: The prohibition in Rule 24-2b(i) against crossing over, through or under the obstruction does not apply.

If a ball strikes an elevated power line or cable, it must be replayed, without penalty (see Rule 20-5). If the ball is not immediately recoverable, another ball may be substituted.

Exception: Ball striking elevated junction section of cable rising from the ground shall not be replayed.

6. Re-Dropping

If a dropped ball rolls into a position covered by this Local Rule, or nearer the hole than its original position, it shall be re-dropped without penalty. If it again rolls into such a position, it shall be placed where it first struck the ground when re-dropped.

PENALTY FOR BREACH OF LOCAL RULE:
Match play — Loss of hole; Stroke play — Two strokes.

"Preferred Lies" and "Winter Rules"

The USGA does not endorse "preferred lies" and "winter rules" and recommends that the Rules of Golf be observed uniformly. Ground under repair is provided for in Rule 25. Occasional abnormal conditions which might interfere with fair play and are not widespread should be defined accurately as ground under repair.

However, adverse conditions are sometimes so general throughout a course that the Committee believes "preferred lies" or "winter rules" would promote fair play or help protect the course. Heavy snows, spring thaws, prolonged rains or extreme heat can make fairways unsatisfactory and sometimes prevent use of heavy mowing equipment.

When a Committee adopts a Local Rule for "preferred lies" or "winter rules," it should be in detail and should be interpreted by the Committee, as there is no established code for "winter rules." Without a detailed Local Rule, it is meaningless for a Committee to post a notice merely saying "Winter Rules Today."

The following Local Rule would seem appropriate for the

RULES OF GOLF

conditions in question, but the USGA will not interpret it:

A ball lying on a "fairway" may be lifted and cleaned, without penalty, and placed within six inches of where it originally lay, not nearer the hole, and so as to preserve as nearly as possible the stance required to play from the original lie. After the ball has been so placed, it is in play, and if it moves after the player has addressed it, *the penalty shall be one stroke* — see Rule 18-2b.

If the adverse conditions extend onto the putting green, the above Local Rule may be altered by adding the words "or the putting green" after the word "fairway."

The above Local Rule does not require a player to move his ball if he does not want to do so. If it is desired to *protect* the course, the above Local Rule should be reworded to make it mandatory rather than permissive to move the ball from certain areas.

Before a Committee adopts a Local Rule permitting "preferred lies" or "winter rules," the following facts should be considered:

1. Such a Local Rule conflicts with the Rules of Golf and the fundamental principle of playing the ball as it lies.

2. "Winter rules" are sometimes adopted under the guise of protecting the course when, in fact, the practical effect is just the opposite — they permit moving the ball to the best turf, from which divots are then taken to injure the course further.

3. "Preferred lies" or "winter rules" tend generally to lower scores and handicaps, thus penalizing the players in competition with players whose scores for handicaps are made under the Rules of Golf.

4. Extended use or indiscriminate use of "preferred lies" or "winter rules" will place players at a disadvantage when competing at a course where the ball must be played as it lies.

Handicapping and "Preferred Lies"

Scores made under a Local Rule for "preferred lies" or "winter rules" may be accepted for handicapping if the Committee considers that conditions warrant.

When such a Local Rule is adopted, the Committee should ensure that the course's normal scoring difficulty is maintained as nearly as possible through adjustment of tee-markers and related methods. However, if extreme conditions cause extended use of "preferred lies" or "winter rules" and the course management cannot adjust scoring difficulty properly, the club should obtain a Temporary Course Rating from its district golf association.

Appendices II and III

Any design in a club or ball which is not covered by

RULES OF GOLF

Rules 4 and 5 and Appendices II and III, or which might significantly change the nature of the game, will be ruled on by the United States Golf Association and the Royal and Ancient Golf Club of St. Andrews.

Note: Equipment approved for use or marketed prior to January 1, 1984 which conformed to the Rules in effect in 1983 but does not conform to the 1984 Rules may be used until December 31, 1989; thereafter all equipment must conform to the current Rules.

Appendix II
DESIGN OF CLUBS

Rule 4-1 prescribes general regulations for the design of clubs. The following paragraphs provide some detailed specifications and clarify how Rule 4-1 is interpreted.

4-1b. Shaft

GENERALLY STRAIGHT

The shaft must be straight from the top of the grip to a point not more than 5 inches (127mm) above the sole, measured along the axis of the shaft and the neck or socket.

BENDING AND TWISTING PROPERTIES

The shaft must be so designed and manufactured that at any point along its length:

(i) it bends in such a way that the deflection is the same regardless of how the shaft is rotated about its longitudinal axis; and

(ii) it twists the same amount in both directions.

ATTACHMENT TO CLUBHEAD

The neck or socket must not be more than 5 inches (127mm) in length, measured from the top of the neck or socket to the sole along its axis. The shaft and the neck or socket must remain in line with the heel, or with a point to the right or left of the heel, when the club is viewed in the address position. The distance between the axis of the shaft or the neck or socket and the back of the heel must not exceed 0.625 inches (16mm).

Exception for Putters: The shaft or neck or socket of a putter may be fixed at any point in the head and need not remain in line with the heel. The axis of the shaft from the top to a point not more than 5 inches (127mm) above the sole must diverge from the vertical in the toe-heel plane by at least 10 degrees in relation to the horizontal line determining length of head under Appendix II, Clubhead.

4-1c. Grip

(i) For clubs other than putters, the grip must be generally circular in cross-section, except that a continuous, straight, slightly raised rib may be incorporated along the full length of the grip.

RULES OF GOLF

(ii) A putter grip may have a non-circular cross-section, provided the cross-section has no concavity and remains generally similar throughout the length of the grip.

(iii) The grip may be tapered but must not have any bulge or waist.

(iv) The axis of the grip must coincide with the axis of the shaft except for a putter.

4-1d. Clubhead

DIMENSIONS

The length and the breadth of a clubhead are measured on horizontal lines between the vertical projections of the extremities when the clubhead is soled in its normal address position. If the heel extremity is not clearly defined, it is deemed to be 0.625 inches (16mm) above the sole.

PLAIN IN SHAPE

Features such as fins or holes are not permitted, but certain exceptions may be made for putters. Any furrows or runners shall not extend into the face. Windows, holes or transparencies for the purpose of aiding the player in positioning himself are not permitted.

4-1e. Club Face

HARDNESS AND RIGIDITY

The club face must not be designed and manufactured to have the effect at impact of a spring which would unduly influence the movement of the ball.

MARKINGS

Except for specified markings, the surface roughness must not exceed that of decorative sandblasting. Markings must not have sharp edges or raised lips, as determined by a finger test. Markings within the area where impact is intended (the "impact area") are governed by the following:

(i) *Grooves.* A series of straight grooves with diverging sides and a symmetrical cross-section may be used. (See diagram.) The width of grooves must be generally consistent and not exceed 0.035 inches (0.9mm) along their length. The distance between edges of adjacent grooves must not be less than three times the width of a groove, and not less than 0.075 inches (1.9mm). The depth of a groove must not exceed 0.020 inches (0.5mm).

(ii) *Punch Marks.* Punch marks may be used. The area of any such mark must not exceed 0.0044 square inches (2.8 sq. mm). A mark must not be closer to an adjacent mark than 0.168 inches (4.3mm), measured from center to center. The depth of a punch mark must not exceed 0.040 inches (1.0mm). If punch marks are used in combination with grooves, a punch mark may not be closer to a groove than 0.168 inches (4.3mm), measured from center to center.

DECORATIVE MARKINGS

The center of the impact area may be indicated by a design within the boundary of a square whose sides are 0.375 inches (9.5mm) in length. Such a design must not unduly influence the movement of the ball. Markings outside the impact area must not be greater than 0.040 inches (1.0mm) in depth and width.

NON-METALLIC CLUB FACE MARKINGS

The above specifications for markings do not apply to non-metallic clubs with loft angles less than 24 degrees, but markings which could unduly influence the movement of the ball are prohibited. Non-metallic clubs with a loft or face angle exceeding 24 degrees may have grooves of maximum width 0.040 inches (1.0mm) and maximum depth 1½ times the groove width, but must otherwise conform to the markings specifications above.

Appendix III
THE BALL

a. WEIGHT

The weight of the ball shall not be greater than 1.620 ounces avoirdupois (45.93gm).

b. SIZE

The diameter of the ball shall be not less than 1.680 inches (42.67mm). This specification will be satisfied if, under its own weight, a ball falls through a 1.680 inches diameter ring gauge in fewer than 25 out of 100 randomly selected positions, the test being carried out at a temperature of 23±1°C.

c. SPHERICAL SYMMETRY

The ball shall be designed and manufactured to perform in general as if it were spherically symmetrical.

As outlined in procedures on file at the United States Golf Association, differences in peak angle of trajectory, carry and time of flight will be measured when 40 balls of the same type are launched, spinning 20 about one axis and 20 about another axis.

These tests will be performed using apparatus approved by the United States Golf Association. If in two successive tests differences in the same two or more measurements are statistically significant at the 5% level of significance and exceed the limits set forth below, the ball type will not conform to the symmetry specification.

RULES OF GOLF

MEASUREMENT	MAXIMUM ABSOLUTE DIFFERENCE OF THE MEANS
Peak angle of trajectory	0.9 grid units (approx. 0.4 degrees)
Carry distance	2.5 yards
Flight time	0.16 seconds

Note: Methods of determining whether a ball performs as if it were generally spherically symmetrical may be subject to change as instrumentation becomes available to measure other properties accurately, such as the aerodynamic coefficient of lift, coefficient of drag and moment of inertia.

d. INITIAL VELOCITY

The velocity of the ball shall not be greater than 250 feet (76.2m) per second when measured on apparatus approved by the United States Golf Association. A maximum tolerance of 2% will be allowed. The temperature of the ball when tested shall be 23±1°C.

e. OVERALL DISTANCE STANDARD

A brand of golf ball, when tested on apparatus approved by the USGA on the outdoor range at the USGA Headquarters under the conditions set forth in the Overall Distance Standard for golf balls on file with the USGA, shall not cover an average distance in carry and roll exceeding 280 yards plus a tolerance of 8%. *Note:* The 8% tolerance will be reduced to a minimum of 4% as test techniques are improved.

Exception: In international team competitions, the size of the ball shall not be less than 1.620 inches (41.15 mm) in diameter and the Overall Distance Standard shall not apply.

Note: The Rules of the Royal and Ancient Golf Club of St. Andrews provide for the same specifications as those set forth above except that the size of the ball must not be less than 1.620 inches (41.15 mm) in diameter and there is no Overall Distance Standard.

Appendix IV
MISCELLANEOUS
How to Decide Ties in Handicap Events

Rule 33-6 empowers the Committee to determine how and when a halved match or a stroke play tie shall be decided. The decision should be published in advance.

The USGA recommends:

1. Match Play

A handicap match which ends all square should be

RULES OF GOLF

played off hole by hole until one side wins a hole. The play-off should start on the hole where the match began. Strokes should be allowed as in the prescribed round.

2. Stroke Play

A handicap stroke competition which ends in a tie should be played off at 18 holes, with handicaps. If a shorter play-off is necessary, the percentage of 18 holes to be played shall be applied to the players' handicaps to determine their play-off handicaps. It is advisable to arrange for a percentage of holes that will result in whole numbers in handicaps; if this is not feasible, handicap stroke fractions of one-half or more shall count as a full stroke, and any lesser fractions shall be disregarded. *Example:* In an individual competition, A's handicap is 10 and B's is 8. It would be appropriate to conduct a nine-hole play-off (50% of 18 holes) with A receiving 5 strokes and B 4 strokes.

Pairings for Match Play

General Numerical Draw

For purposes of determining places in the draw, ties in qualifying rounds other than those for the last qualifying place shall be decided by the order in which scores are returned, the first score to be returned receiving the lowest available number, etc. If it is impossible to determine the order in which scores are returned, ties shall be determined by a blind draw.

UPPER HALF	LOWER HALF	UPPER HALF	LOWER HALF
64 QUALIFIERS		32 QUALIFIERS	
1 vs. 64	2 vs. 63	1 vs. 32	2 vs. 31
32 vs. 33	31 vs. 34	16 vs. 17	15 vs. 18
16 vs. 49	15 vs. 50	8 vs. 25	7 vs. 26
17 vs. 48	18 vs. 47	9 vs. 24	10 vs. 23
8 vs. 57	7 vs. 58	4 vs. 29	3 vs. 30
25 vs. 40	26 vs. 39	13 vs. 20	14 vs. 19
9 vs. 56	10 vs. 55	5 vs. 28	6 vs. 27
24 vs. 41	23 vs. 42	12 vs. 21	11 vs. 22
4 vs. 61	3 vs. 62	16 QUALIFIERS	
29 vs. 36	30 vs. 35	1 vs. 16	2 vs. 15
13 vs. 52	14 vs. 51	8 vs. 9	7 vs. 10
20 vs. 45	19 vs. 46	4 vs. 13	3 vs. 14
5 vs. 60	6 vs. 59	5 vs. 12	6 vs. 11
28 vs. 37	27 vs. 38	8 QUALIFIERS	
12 vs. 53	11 vs. 54	1 vs. 8	2 vs. 7
21 vs. 44	22 vs. 43	4 vs. 5	3 vs. 6

Par Computation

"Par" is the score that an expert golfer would be expected

RULES OF GOLF

to make for a given hole. Par means errorless play without flukes and under ordinary weather conditions, allowing two strokes on the putting green.

Yardages for guidance in computing par are given below. They should not be applied arbitrarily; allowance should be made for the configuration of the ground, any difficult or unusual conditions and the severity of the hazards.

Each hole should be measured horizontally from the middle of the tee area to be used to the center of the green, following the line of play planned by the architect in laying out the hole. Thus, in a hole with a bend, the line at the elbow point should be centered in the fairway in accordance with the architect's intention.

Yardages for Guidance

Par	Men	Women
3	up to 250	up to 210
4	251 to 470	211 to 400
5	471 and over	401 to 575
6		576 and over

Handicapping

Par as computed above should not be confused with Course Rating as described in the USGA Golf Handicap System. USGA Handicaps must be based on Course Rating rather than par. See the booklet "USGA Golf Handicap System and Golf Committee Manual."

Flagstick Dimensions

The USGA recommends that the flagstick be at least seven feet in height and that its diameter be not greater than three-quarters of an inch from a point three inches above the ground to the bottom of the hole.

Protection of Persons Against Lightning

As there have been many deaths and injuries from lightning on golf courses, all players, caddies and sponsors of golf are urged to take every precaution for the protection of persons against lightning.

The National Bureau of Standards points out:

"If golf clubs could be impressed with the necessity of calling off matches *before the storm is near enough to be hazardous,* the cases of multiple injury or death among players and spectators could be eliminated."

Raising golf clubs or umbrellas above the head adds to the element of personal hazard during electrical storms.

Metal spikes on golf shoes do little to increase the hazard, according to the Bureau.

RULES OF GOLF

Taking Shelter

The following rules for personal safety during thunderstorms are based on material in the Lightning Protection Code, NFPA No. 78-1977; ANSI C5. 1-1975 available from the National Fire Protection Association, Batterymarch Park, Quincy, Mass. 02269, and the American National Standards Institute, 1430 Broadway, New York, N.Y. 10018:

a. TYPES OF SHELTER

Do not go out of doors or remain out during thunderstorms unless it is necessary. Seek shelter inside buildings, vehicles, or other structures or locations which offer protection from lightning, such as:
1. Dwellings or other buildings protected against lightning.
2. Large metal-frame buildings.
3. Large unprotected buildings.
4. Automobiles with metal tops and bodies.
5. Trailers with metal bodies.
6. City streets shielded by nearby buildings.

When it is not possible to choose a location that offers better protection, seek shelter in:
1. Dense woods — avoid isolated trees.
2. Depressed areas — avoid hilltops and high places.
3. Small unprotected buildings, tents and shelters in *low* areas — avoid unprotected buildings and shelters in *high* areas.

b. WHAT TO AVOID

Certain locations are extremely hazardous during thunderstorms and should be avoided if at all possible. Approaching thunderstorms should be anticipated and the following locations avoided when storms are in the immediate vicinity:
1. Open fields.
2. Athletic fields.
3. Golf courses.
4. Swimming pools, lakes and seashores.
5. Near wire fences, clotheslines, overhead wires and railroad tracks.
6. Isolated trees.
7. Hilltops and wide open spaces.

In the above locations, it is especially hazardous to be riding in or on any of the following during lightning storms:
1. Tractors and other farm machinery operated on the golf course for maintenance of same.
2. Golf carts, scooters, motorcycles, bicycles.

Discontinuing Play During Lightning

Attention is called to Rules 6-8 and 33-2d.

RULES OF GOLF

The USGA especially suggests that players be informed that they have the right to stop play if they think lightning threatens them, even though the Committee may not have specifically authorized it by signal.

The USGA generally uses the following signals and recommends that all local committees do similarly:

Discontinue Play: Three consecutive notes of siren, repeated.

Resume Play: One prolonged note of siren, repeated.

Lightning Protection for Shelters

Shelters on golf courses may best be protected by standard lightning protection systems. Details on the installation of conductors, air terminals and maintenance requirements are included in the Lightning Protection Code. An alternative method of protection of such shelters is through what is known as providing a "cone of protection" with grounded rods or masts and overhead conductors as described in Section 31 of the Lightning Protection Code. Such a system is feasible for small structures, but probably would be more expensive than a standard lightning rod system.

Down conductors should be shielded with non-conductive material, resistant to impact and climatic conditions to a height of approximately 8 feet to protect persons from contact with down conductors. Shelters with earthen floors which are provided with lightning protection systems should have any approved grounding electrodes interconnected by an encircling buried, bare conductor of a type suitable for such service, or such electrodes should be provided with radial conductors run out to a distance of at least 10 feet from the electrode, away from the shelter.

It is recommended that several notices similar to this be posted at every course. Copies of this notice in poster form may be obtained from the USGA.

RULES OF AMATEUR STATUS

Any person who considers that any action he is proposing to take might endanger his amateur status should submit particulars to the United States Golf Association for consideration.

Definition of an Amateur Golfer

An amateur golfer is one who plays the game as a non-remunerative or non-profit-making sport.

Rule 1. Forfeiture of Amateur Status at Any Age

The following are examples of acts at any age which

RULES OF GOLF

violate the Definition of an Amateur Golfer and cause forfeiture of amateur status:

1. Professionalism

a. Receiving payment or compensation for serving as a professional golfer or identifying oneself as a professional golfer.

b. Taking any action for the purpose of becoming a professional golfer.

Note: Such actions include applying for a professional's position; filing application to a school or competition conducted to qualify persons to play as professionals in tournaments; receiving services from or entering into an agreement, written or oral, with a sponsor or professional agent; agreement to accept payment or compensation for allowing one's name or likeness as a skilled golfer to be used for any commercial purpose; and holding or retaining membership in any organization of professional golfers.

2. Playing for Prize Money

Playing for prize money or its equivalent in a match, tournament or exhibition.

Note: A player may participate in an event in which prize money or its equivalent is offered, provided that prior to participation he irrevocably waives his right to accept prize money in that event. (See USGA Policy on Gambling for definition of prize money.)

3. Instruction

Receiving payment or compensation for giving instruction in playing golf, either orally, in writing, by pictures or by other demonstrations, to either individuals or groups.

Exceptions:

1. Golf instruction may be given by an employee of an educational institution or system to students of the institution or system and by camp counselors to those in their charge, provided that the total time devoted to golf instruction during a year comprises less than 50 percent of the time spent during the year in the performance of all duties as such employee or counselor.

2. Payment or compensation may be accepted for instruction in writing, provided one's ability or reputation as a golfer was not a major factor in his employment or in the commission or sale of his work.

4. Prizes, Testimonials and Gifts

a. Acceptance of a prize or testimonial of the following character (this applies to total prizes received for any event or series of events in any one tournament or exhibition, including hole-in-one or other events in which golf skill

RULES OF GOLF

is a factor):
   (i) Of retail value exceeding $350; or
   (ii) Of a nature which is the equivalent of money or makes it readily convertible into money.

   Exceptions:
   1. Prizes of only symbolic value (such as metal trophies).
   2. More than one testimonial award may be accepted from different donors even though their total retail value exceeds $350, provided they are not presented so as to evade the $350 value limit for a single award. (Testimonial awards relate to notable performances or contributions to golf, as distinguished from tournament prizes.)

   b. Conversion of a prize into money.

   c. Accepting expenses in any amount as a prize.

   d. Because of golf skill or golf reputation, accepting in connection with any golfing event:
      (i) Money, or
      (ii) Anything else, other than merchandise of nominal value provided to all players.

5. Lending Name or Likeness
Because of golf skill or golf reputation, receiving or contracting to receive payment, compensation or personal benefit, directly or indirectly, for allowing one's name or likeness as a golfer to be used in any way for the advertisement or sale of anything, whether or not used in or appertaining to golf, except as a golf author or broadcaster as permitted by Rule 1-7.

6. Personal Appearance
Because of golf skill or golf reputation, receiving payment or compensation, directly or indirectly, for a personal appearance, except that reasonable expenses actually incurred may be received if no golf competition or exhibition is involved.

7. Broadcasting and Writing
Because of golf skill or golf reputation, receiving payment or compensation, directly or indirectly, for broadcasting concerning golf, a golf event or golf events, writing golf articles or books, or allowing one's name to be advertised or published as the author of golf articles or books of which he is not actually the author.

   Exceptions:
   1. Broadcasting or writing as part of one's primary occupation or career, provided instruction in playing golf is not included except as permitted in Rule 1-3.
   2. Part-time broadcasting or writing, provided (a) the player is actually the author of the commentary, articles or books, (b) instruction in playing golf is not included

RULES OF GOLF

except as permitted in Rule 1-3 and (c) the payment or compensation does not have the purpose or effect, directly or indirectly, of financing participation in a golf competition or golf competitions.

8. Golf Equipment

Because of golf skill or golf reputation, accepting golf balls, clubs, golf merchandise, golf clothing or golf shoes, directly or indirectly, from anyone manufacturing such merchandise without payment of current market price.

9. Membership and Privileges

Because of golf skill or golf reputation, accepting membership or privileges in a club or at a golf course without full payment for the class of membership or privileges involved unless such membership or privileges have been awarded (1) as purely and deservedly honorary, (2) in recognition of an outstanding performance or contribution to golf and (3) without a time limit.

10. Expenses

Accepting expenses, in money or otherwise, from any source other than from a member of the player's family or legal guardian to engage in a golf competition or exhibition, or to improve golf skill.

Exceptions: A player may receive a reasonable amount of expenses as follows:

1. JUNIOR COMPETITIONS

As a player in a golf competition or exhibition limited exclusively to players who have not reached their 18th birthday.

2. INTERNATIONAL TEAMS

As a representative of a recognized golf association in an international team match between or among golf associations when such expenses are paid by one or more of the golf associations involved or, subject to the approval of the USGA, as a representative in an international team match conducted by some other athletic organization.

3. USGA PUBLIC LINKS CHAMPIONSHIPS

As a qualified contestant in the USGA Amateur Public Links Championships proper, but only within limits fixed by the USGA.

4. SCHOOL, COLLEGE, MILITARY TEAMS

As a representative of a recognized educational institution or of a military service in (1) team events or (2) other events which are limited to representatives of recognized educational institutions or of military services, respectively. In each case, expenses may be accepted from only an educational or military authority.

RULES OF GOLF

5. INDUSTRIAL OR BUSINESS TEAMS

As a representative of an industrial or business golf team in industrial or business golf team competitions, respectively, but only within limits fixed by the USGA. (A statement of such limits may be obtained on request from the USGA.)

6. INVITATION UNRELATED TO GOLF SKILL

As a player invited for reasons unrelated to golf skill, e.g., a celebrity, a business associate or customer, a guest in a club-sponsored competition, etc., to take part in a golfing event.

Note 1: Except as otherwise provided in Exception 6 to Rule 1-10, acceptance of expenses from an employer, a partner or other vocational source is not permissible.

Note 2: Business Expenses — It is permissible to play in a golf competition while on a business trip with expenses paid provided that the golf part of the expenses is borne personally and is not charged to business. Further, the business involved must be actual and substantial, and not merely a subterfuge for legitimizing expenses when the primary purpose is golf competition.

Note 3: Private Transport — Acceptance of private transport furnished or arranged for by a tournament sponsor, directly or indirectly, as an inducement for a player to engage in a golf competition or exhibition shall be considered accepting expenses under Rule 1-10.

11. Scholarships

Because of golf skill or golf reputation, accepting the benefits of a scholarship or grant-in-aid other than in accord with the regulation of the National Collegiate Athletic Association, the Association of Intercollegiate Athletics for Women, or the National Association for Intercollegiate Athletics.

12. Conduct Detrimental to Golf

Any conduct, including activities in connection with golf gambling, which is considered detrimental to the best interests of the game.

Rule 2. Advisory Opinions, Enforcement and Reinstatement

1. Advisory Opinions

Any person who considers that any action he is proposing to take might endanger his amateur status may submit particulars to the staff of the United States Golf Association for advice. If dissatisfied with the staff's advice, he may request that the matter be referred to the Amateur Status and Conduct Committee for decision. If dissatisfied with the Amateur Status and Conduct Committee's decision, he may, by written notice to the staff within 30 days after being notified of the decision, appeal to the Executive Committee, in which case he shall be given reasonable notice of the next meeting of the Executive Committee at which the matter may be heard and shall be entitled to present his case in person or in writing. The decision of the Executive Committee shall be final.

2. Enforcement

Whenever information of a possible violation of the Definition of an Amateur Golfer by a player claiming to be an amateur shall come to the attention of the United States Golf Association, the staff shall notify the player of the possible violation, invite the player to submit such information as the player deems relevant and make such other investigation as seems appropriate under the circumstances. The staff shall submit to the Amateur Status and Conduct Committee all information provided by the player, their findings and their recommendation, and the Amateur Status and Conduct Committee shall decide whether a violation has occurred. If dissatisfied with the Amateur Status and Conduct Committee's decision, the player may, by written notice to the staff within 30 days after being notified of the decision, appeal to the Executive Committee, in which case the player shall be given reasonable notice of the next meeting of the Executive Committee at which the matter may be heard and shall be entitled to present his case in person or in writing. The decision of the Executive Committee shall be final.

Upon a final decision of the Amateur Status and Conduct Committee or the Executive Committee that a player has violated the Definition of an Amateur Golfer, such Committee may require the player to refrain or desist from specified actions as a condition of retaining his amateur status or declare the amateur status of the player forfeited. Such Committee shall notify the player, if possible, and may notify any interested golf association of any action taken under this paragraph.

3. Reinstatement

a. AUTHORITY AND PRINCIPLES

Either the Executive Committee or its Amateur Status and Conduct Committee may reinstate a player to amateur status and prescribe the probationary period necessary for reinstatement or deny reinstatement. In addition, the Amateur Status and Conduct Committee may authorize the staff of the USGA to reinstate a player to amateur status and prescribe the probationary period necessary for reinstatement in situations where the violations are covered by ample precedent.

Each application for reinstatement shall be decided on

RULES OF GOLF

its merits with consideration normally being given to the following principles:

(i) P<small>ROBATION</small>

The professional holds an advantage over the amateur by reason of having devoted himself to the game as his profession; other persons violating the Rules of Amateur Status also obtain advantages not available to the amateur. They do not necessarily lose such advantage merely by deciding to cease violating the Rules.

Therefore, an applicant for reinstatement to amateur status shall undergo probation as prescribed.

Probation shall start from the date of the player's last violation of the Definition of an Amateur Golfer unless it is decided that it shall start from the date of the player's last known violation.

(ii) P<small>ROBATIONARY</small> P<small>ERIOD</small>

A probationary period of two years normally will be required. However, that period may be *extended or shortened*. Longer periods normally will be required when applicants have played extensively for prize money or have been previously reinstated; shorter periods often will be permitted when applicants have been in violation of the Rules one year or less. A probationary period of one year normally will be required when an applicant's only violation was to accept a prize of retail value exceeding $350 but less than $10,000.

(iii) P<small>LAYERS OF</small> N<small>ATIONAL</small> P<small>ROMINENCE</small>

Players of national prominence who have been in violation for more than five years normally will not be eligible for reinstatement.

(iv) S<small>TATUS</small> D<small>URING</small> P<small>ROBATION</small>

During probation an applicant for reinstatement shall conform with the Definition of an Amateur Golfer.

He shall not be eligible to enter competitions limited to amateurs except that he may enter competitions solely among members of a club of which he is a member, subject to the approval of the club. He may also, without prejudicing his application, enter, as an applicant for reinstatement, competitions which are not limited to amateurs but shall not accept any prize reserved for an amateur.

b. F<small>ORM OF</small> A<small>PPLICATION</small>

Each application for reinstatement shall be prepared, in duplicate, on forms provided by the USGA.

The application must be filed through a recognized amateur golf association in whose district the applicant resides. The association's recommendation, if any, will be considered. If the applicant is unknown to the association,

RULES OF GOLF

this should be noted and the application forwarded to the USGA, without prejudice.

c. Objection by Applicant

If dissatisfied with the decision with respect to his application for reinstatement, the applicant may, by written notice to the staff within 30 days after being notified of the decision, appeal to the Executive Committee, in which case he shall be given reasonable notice of the next meeting of the Executive Committee at which the matter may be heard and shall be entitled to present his case in person or in writing. The decision of the Executive Committee shall be final.

USGA Policy on Gambling

The Definition of an Amateur Golfer provides that an amateur golfer is one who plays the game as a non-remunerative or non-profit-making sport. When gambling motives are introduced, problems can arise which threaten the integrity of the game.

The USGA does not object to participation in wagering among individual golfers or teams of golfers when participation in the wagering is limited to the players, the players may only wager on themselves or their teams, the sole source of all money won by players is advanced by the players and the primary purpose is the playing of the game for enjoyment.

The distinction between playing for prize money and gambling is essential to the validity of the Rules of Amateur Status. The following constitute golf wagering and not playing for prize money:

1. Participation in wagering among individual golfers.
2. Participation in wagering among teams.

Organized amateur events open to the general golfing public and designed and promoted to create cash prizes are not approved by the USGA. Golfers participating in such events without irrevocably waiving their right to cash prizes are deemed by the USGA to be playing for prize money.

The USGA is opposed to and urges its Member Clubs, all golf associations and all other sponsors of golf competitions to prohibit types of gambling such as: (1) Calcuttas, (2) other auction pools, (3) pari-mutuels and (4) any other forms of gambling organized for general participation or permitting participants to bet on someone other than themselves or their teams.

The Association may deny amateur status, entry in USGA Championships and membership on USGA teams for international competitions to players whose activities in connection with golf gambling, whether organized or

RULES OF GOLF

individual, are considered by the USGA to be contrary to the best interests of golf.

CHANGES SINCE 1984

Appendix I
LOCAL RULES

Temporary Obstructions

(1) New paragraph 4 gives relief without penalty for a ball lost within a temporary immovable obstruction.

(2) Paragraph 5 (as renumbered) dealing with temporary power lines or cables has been amended as follows:

  (a) the first paragraph now (i) deals with mats covering such lines or cables, (ii) provides relief from interference by an immovable line or cable if the ball lies in a water hazard and (iii) permits crossing over an immovable line or cable in determining the nearest point of relief.

  (b) the second paragraph now provides that if a ball strikes an elevated power line or cable, it must be replayed in accordance with the procedures prescribed by Rule 20-5. Previously it simply provided that the ball was to be replaced and replayed.

Appendix IV
MISCELLANEOUS

General Numerical Draw

In the first round of match play, the player with the lowest qualifying score will play the player with the highest qualifying score, the player with the second-lowest qualifying score will play the player with the second-highest qualifying score, and so on.

RULES OF AMATEUR STATUS

2-3. Reinstatement: Authority and Principles

The Amateur Status and Conduct Committee may authorize the USGA staff to reinstate a player to amateur status and prescribe the probationary period necessary for reinstatement in situations where the violations are covered by ample precedent.

USGA GOLF HANDICAPPING SYSTEM
USGA Golf Handicap System

Part I
PURPOSES, REQUIREMENTS,
and
DEFINITIONS

SECTION I
PURPOSES AND REQUIREMENTS

1. Essence of USGA System

Handicapping, based on Course Rating, is the great equalizer among golfers of differing abilities. The national system of handicapping must meet two main requirements:

    a. Simple enough for operation by the small, modestly-equipped club as well as the large club.

    b. Thorough enough to produce fair, uniform handicapping the country over.

The United States Golf Association presents its Golf Handicap System, which uses the best 10 scores out of the player's last 20 rounds compared with the USGA Course Rating, in the conviction that, when faithfully operated, it results in equitable handicaps no matter where golfers live and play.

The System is based on the assumption that every player will endeavor to make the best score he can at each hole in every round he plays and that he will report every eligible round for handicap purposes, regardless of where the round is played.

It is a requirement of the USGA Handicap System that each golf club or golf association have a designated Handicap Committee which will maintain the integrity of the USGA Handicaps issued by the club or association.

2. Handicap Name and Certification Requirements

The terms "USGA Handicap," "USGA System," and "USGA Handicap System" are trademarks and service marks of the United States Golf Association.

Only a golf club or golf association *(see Section 2)* which computes and maintains a handicap in accordance with the USGA Handicap System as described herein may term the handicap so computed and maintained as a USGA Handicap and identify it on a card or elsewhere as a "USGA Handicap."

A golf association computing USGA Handicaps for its member clubs must obtain written authorization from the USGA.

If a golf club or golf association does not follow all the procedures of the USGA Handicap System, it loses its right to refer to any handicap as a "USGA Handicap" or to a handicap authorized or approved by the USGA and loses any right to use any

USGA GOLF HANDICAPPING SYSTEM

part of the System, including the USGA Handicap Formula and the assigned USGA Course Rating, for any purpose.

3. **Purposes**

   Among the purposes of the USGA System are to:

   a. Provide fair handicaps for all players, regardless of ability.

   b. Reflect the player's potential ability as well as his recent scoring trends.

   c. Automatically adjust a player's handicap down or up as his game changes, while providing a period of stability.

   d. Disregard freak high scores that bear little relation to the player's normal ability.

   e. Make it difficult for the player to obtain an unfairly large handicap increase at any revision period.

   f. Make a handicap continuous from one playing season or year to the next.

   g. Establish handicaps useful for all golf, from championship eligibility to informal games.

   h. Make handicap work as easy as possible for the Handicap Committee.

4. **Championship Eligibility**

   Handicaps required of entrants for USGA Championships must be USGA Handicaps.

   It is recommended that USGA Handicaps be required for eligibility for events of other golf associations.

SECTION 2

DEFINITIONS

1. **Adjusted Gross Score**

   "Adjusted gross score" is a player's gross score minus any adjustment under Equitable Stroke Control (*Section 4-2*). It shall be used for handicap purposes only.

2. **Equitable Stroke Control**

   "Equitable Stroke Control" (ESC) is the downward adjustment for handicap purposes of unusually high scores on individual holes under a prescribed formula. *(See Section 4-2.)*

3. **Golf Association**

   A Golf Association is an organization of golf clubs (which may include

USGA GOLF HANDICAPPING SYSTEM

individual golfers) governed by amateur golfers and formed for the purpose of conducting competitions for amateur golfers and otherwise promoting and conserving in a district, region or state the best interests and true spirit of the game of golf.

4. Golf Club

A Golf Club is an organization of individual members with committees appointed to supervise golf activities and maintain the integrity of the USGA Golf Handicap System. Its members must have a reasonable and regular opportunity to play golf with each other and be able personally to return scores or scorecards for posting. An organization of amateur golfers at a public golf course is considered a golf club, provided it satisfies the conditions stated above.

5. Gross Score

"Gross score" is a player's actual score before it is adjusted by his handicap.

6. Handicap

a. A "handicap" is the number of artificial strokes a player *receives* to adjust his scoring ability to the common level of scratch or zero-handicap golf.

b. A "plus handicap" is the number of artificial strokes a player *gives* to adjust his scoring ability to the common level.

7. Handicap Allowance

A "handicap allowance" is the portion of the handicap usable in a given form of play.

8. Handicap Committee

A Handicap Committee is the committee of a club appointed to administer the USGA Golf Handicap System. A majority of the Handicap Committee shall be members of the club; club employees may serve on the Handicap Committee.

9. Handicap Controls

"Handicap controls" are checks and balances in the System to offset abnormal scoring.

10. Handicap Differential

A "handicap differential" is the difference between a player's adjusted gross score and the USGA Course Rating of the course on which the score was made. Handicap Differentials are expressed in strokes and decimal fractions of a stroke.

11. Handicap Stroke Hole

A "handicap stroke hole" is a hole on which a player applies a handicap stroke to his gross score.

USGA GOLF HANDICAPPING SYSTEM

The numerical order in which handicap strokes are allocated to the holes of the course (Handicap Stroke Table) should be shown on the score card. *(See Section 9.)*

12. Net Score

A "net score" is a player's score after his gross score has been adjusted by his handicap.

13. Par

"Par" is the score that an expert golfer would be expected to make for a given hole. Par means errorless play without flukes and under ordinary weather conditions, allowing two strokes on the putting green. See Section 11 of the Golf Committee Manual for guidance in establishing par.

14. "Preferred Lies" and "Winter Rules"

"Preferred lies" and "winter rules" are Local Rules which permit improving the lie of the ball in a specified way, without penalty.

15. Rating

a. "Yardage rating" is the evaluation of the playing difficulty of a course based on yardage only.

b. "Course rating" is the evaluation of the playing difficulty of a course compared with other rated courses. It is expressed in strokes and decimal fractions of a stroke, and is based on yardage and other obstacles to the extent that they affect the scoring ability of a scratch player. *(See Section 16.)*

16. Tournament Score

A "tournament score" is a score made in formal competition supervised by a golf club, golf association or other agency. Prizes are generally awarded to the best performers. A "T" should be inserted beside an adjusted tournament score when it is posted for handicap purposes to distinguish it from other scores.

17. Yardage Marker

A "yardage marker" is a permanent indicator which shall be installed at the point on each tee from which the length of each hole is measured.

Part II
HANDICAPPING

SECTION 3
ELEMENTS OF USGA SYSTEM

1. The use of the term "USGA Handicap" requires the complete and faithful

USGA GOLF HANDICAPPING SYSTEM

application of the USGA Golf Handicap System.

2. The maximum USGA Handicap for men is 36 strokes; the maximum USGA Handicap for women is 40 strokes. A handicap may be computed above these limits but it shall be used only for intra-club play. Such a handicap shall be identified as a local handicap whenever it is used by the letter "L" following the handicap on a handicap card.

SECTION 4
SCORES ACCEPTABLE

1. Scores to Be Used; Rules of Golf

Only scores made in 18-hole rounds, or by combining the scores of two consecutive nine-hole rounds, shall be used. Scores must be made under the Rules of Golf. Any Local Rules must conform with the spirit of the Rules of Golf and USGA policy. *(For possible exception concerning "preferred lies" and "winter rules," see Section 12.)*

Scores in both match play and stroke play shall be used.

2. Equitable Stroke Control; Incompleted Holes

a. A score for any hole is reduced to a specified number of strokes over par for handicap purposes only, as follows:

Handicap	Limitation on Hole Score
Plus or scratch	Limit of one over par on any hole.
1 through 18	Limit of two over par on number of holes equal to handicap. Limit of one over par on balance of holes.
19 through 36	Limit of three over par on as many holes as the handicap exceeds 18 strokes. Limit of two over par on balance of holes.
37 through 40	Limit of four over par on as many holes as the handicap exceeds 36 strokes. Limit of three over par on balance of holes.

b. Reduction of hole scores for handicap purposes only in accordance with the formula in Section 4-2a is called "Equitable Stroke Control." *(See Definition 2.)* Each player is responsible for adjusting his score in accordance with the "ESC" formula before it is returned for handicap purposes. This is done by adding the number of strokes taken in excess of the formula on any hole or holes and deducting the total from the gross score. A handicap computed from scores to which the "ESC" provision has not been applied may not be termed a "USGA Handicap."

c. If a player starts but fails to complete a hole, he shall, for handicap purposes

USGA GOLF HANDICAPPING SYSTEM

only, record a score for the hole in accordance with the formula in Section 4-2a. Scores for such incompleted holes should be preceded by an "X" to indicate what they are, such as X-5, X-6 or X-7. There is no limit on the number of incompleted holes in a round provided incompletion is not for the purpose of controlling the handicap.

It is not contemplated that a player will discontinue play on a hole when there is a reasonable chance that he will play the hole in less strokes than the score allowable under "ESC."

d. When a putt is conceded, the score for handicap purposes shall be the number of strokes taken plus one for the concession, except that the "ESC" formula shall apply when this total exceeds the total allowed by the formula.

e. Under no circumstances shall this Section be used to control handicaps artificially. If it should be used for such purposes, the player's handicap may be adjusted arbitrarily under Section 8-3d.

f. Equitable Stroke Control is not related to the allocation of handicap strokes to the holes of a course.

g. A player without an established USGA Handicap shall use, for ESC purposes, the maximum of 36 strokes (40 for women) until he has sufficient scores to establish a USGA Handicap.

3. Scores on All Courses

Adjusted gross scores on all courses, at home and away, shall be reported by the player, along with the USGA Course Ratings. *(For scores on unrated courses, see Section 17-5.)* The Handicap Committee shall ensure that all acceptable scores are reported for handicap purposes.

4. Scores Not Acceptable

Scores made under the following conditions are not acceptable for handicap purposes and may not be entered in any form in the player's scoring record:

a. When less than an 18-hole round is played, except that consecutive nine-hole scores shall be used.

b. When the types of clubs are limited (as in a competition in which only iron clubs are allowed).

c. When the majority of holes on a course are par-3s.

d. Scores made prior to the current playing season (or calendar year) and the two immediately preceding playing seasons (or calendar years).

e. When, in multi-ball events in which players are requested to pick-up when out of contention, the Committee has declared that scores shall not be used for handicap purposes.

f. During an inactive season established by the golf association having jurisdiction in the district. *(See Section 7-6b.)*

USGA GOLF HANDICAPPING SYSTEM

5. Net Disqualification Not Affecting Gross

If a competitor in stroke play is disqualified for playing with a higher handicap than that to which he is entitled under the conditions of the competition, his adjusted gross score shall nevertheless be recorded for handicap purposes.

SECTION 5
HANDICAP DIFFERENTIALS

1. How to Determine Differentials

A handicap differential is the difference between a player's adjusted gross score and the USGA Course Rating of the course on which the score was made *(Definition 10)*. Handicap differentials are expressed in strokes and decimal fractions of a stroke.

    a. PLUS DIFFERENTIAL

When the adjusted gross score is *higher* than the Course Rating, the differential is a *plus* figure, as follows:

Adjusted gross score	95
Course rating	71.5
Handicap differential	23.5

    b. MINUS DIFFERENTIAL

When the adjusted gross score is *lower* than the Course Rating, the differential is a *minus* figure as follows:

Adjusted gross score	69
Course rating	71.5
Handicap differential	-2.5

    c. SCORES AWAY FROM HOME

A mechanical computation method geared to a single fixed differential for a home course may not accept varying differentials in decimals for scores away from home. In such case, equitable minor adjustment shall be made in scores or differentials away from home.

2. Use of Differentials

Handicap differentials must be used to determine a USGA Handicap. The following methods may be used by a golf club or golf association to make the handicap computations:

    a. USGA Handicap Differential Chart—*Section 6*.

    b. USGA Slide Rule Handicapper—*Section 6-3*.

    c. Electronic Computers—*Section 8-2*.

USGA GOLF HANDICAPPING SYSTEM

SECTION 6

USGA Handicap Formula

1. Lowest 10 of the Last 20 Differentials

After making adjustment for Equitable Stroke Control *(see Section 4-2)*, the USGA Handicap Formula is as follows: Average the lowest 10 handicap differentials of the last 20 acceptable scores, multiply by 96 percent and then round off to the nearest whole number.

Alternatively, the computation can be made as follows:

a. Total the lowest 10 differentials.

b. Apply the total to the USGA Handicap Differential Chart.

c. Locate the group within which the total falls.

d. The player's handicap is opposite this group in the handicap column at the right. *(Note: This USGA Handicap Formula may be used only in conjunction with the USGA Handicap System.)*

USGA Handicap Differential Chart

Total of Lowest 10 Handicap Differentials		Handi-cap	Total of Lowest 10 Handicap Differentials		Handi-cap
From	To		From	To	
—36.4	—26.1	+3	192.8	203.1	19
—26.0	—15.7	+2	203.2	213.5	20
—15.6	— 5.3	+1	213.6	223.9	21
— 5.2	+ 5.2	0	224.0	234.3	22
+ 5.3	+15.6	1	234.4	244.7	23
15.7	26.0	2	244.8	255.2	24
26.1	36.4	3	255.3	265.6	25
36.5	46.8	4	265.7	276.0	26
46.9	57.2	5	276.1	286.4	27
57.3	67.7	6	286.5	296.8	28
67.8	78.1	7	296.9	307.2	29
78.2	88.5	8	307.3	317.7	30
88.6	98.9	9	317.8	328.1	31
99.0	109.3	10	328.2	338.5	32
109.4	119.7	11	338.6	348.9	33
119.8	130.2	12	349.0	359.3	34
130.3	140.6	13	359.4	369.7	35
140.7	151.0	14	369.8	380.2	36*

USGA GOLF HANDICAPPING SYSTEM

151.1	161.4	15	380.3	390.6	37
161.5	171.8	16	390.7	401.0	38
171.9	182.2	17	401.1	411.4	39
182.3	192.7	18	411.5	and over	40 **

*Maximum Handicap for Men
**Maximum Handicap for Women

2. Fewer than 20 Differentials Available

a. FEWER THAN 5 SCORES: NO HANDICAP

A USGA Handicap shall not be issued to a player who has returned fewer than five acceptable scores. *(See Section 7-6a.)*

b. 5 to 19 DIFFERENTIALS

When at least 5 but fewer than 20 acceptable differentials are available, the formula used to determine a USGA Handicap is as follows:

(1) Determine the number of differentials to be used from the following table:

Column I		Column II
DIFFERENTIALS AVAILABLE		DIFFERENTIALS TO BE USED
1984	*1985 and Beyond*	
5	5 or 6	Lowest 1
6	7 or 8	Lowest 2
7	9 or 10	Lowest 3
8 or 9	11 or 12	Lowest 4
10 or 11	13 or 14	Lowest 5
12 or 13	15 or 16	Lowest 6
14 or 15	17	Lowest 7
16 or 17	18	Lowest 8
18 or 19	19	Lowest 9

(2) Average the lowest differentials to be used (Column II). If this results in a decimal in the thousandths, round off to the nearest hundredth. *(Example:* If the average differential is 8.834, round off to 8.83; if the average differential is 8.835, round off to 8.84.)

(3) Multiply the average of the differentials to be used by 10.

(4) Locate the group within which the result falls.

(5) The player's handicap is opposite this group in the handicap column at the right.

Example: 9 differentials available (Column I)

Total of lowest 4 differentials (Column II) 103.5

USGA SLOPE SYSTEM

Average (103.5 divided by 4) 25.875
Convert average to.. 25.88
Multiply converted average by 10 .... 258.8
258.8 applied to Chart gives handicap of 25

(NOTE: Example based on table in effect in 1984.)

3. Slide Rule Handicapper

Handicaps may be determined quickly and simply by use of the USGA Slide Rule Handicapper (available from the USGA, Golf House, Far Hills, N.J. 07931). It may be used for any number of differentials from 5 up. It eliminates the need of referring to the USGA Handicap Differential Chart.

USGA SLOPE SYSTEM

(Reprinted with permission of the United States Golf Association.)

INTRODUCTION

Many golfers view their USGA handicaps with perplexity. Most players, however, are indifferent to the method that the USGA uses for calculating their handicaps—so long as they and their playing companions own one.

WHAT IS A USGA HANDICAP?

Your handicap is a number. That number is the measure of your ability to play golf; when correctly used, it assures equitable competition between players of varying abilities.

Sadly, nothing is ever as uncomplicated as it may seem. For example, your USGA handicap would be ideal if you always played the same golf course and if your partners and opponents always played the same course as you. But we are a mobile people, and our country's golfers are no exceptions. We move from one city to another, from one state to another; we play golf on vacations far from home; and we compete against players from different home courses.

And that is the central truth—and problem—in our quest for the perfect handicap: no two golf courses are identical. Your own experience doubtlessly has shown you what that means; you may play golf with someone from a different course than yours, and while your handicaps are identical, you are clearly the better—or worse—player.

We call this need to equalize USGA handicaps established at different golf courses "the portability problem"—that is, the problem of supplying you with a USGA handicap that you may carry to a course of greater or lesser difficulty than your own (hence "portability"), and adapting your USGA handicap to this different course.

USGA COURSE RATINGS AND OTHER DILEMMAS

There was little quarrel among members of the USGA Handicap Research Team (hereafter HRT) about the method of calculating your handicap. Moreover, there was agreement that a 15-handicap player whose home course was Pebble Beach would usually beat the 15-handicap player from Open Flats Golf Club, and by as many as 12 strokes.

Yet, if this was so, something was clearly wrong. The explanation was simple: America's courses are rated for the scratch golfer, who is much less susceptible to course difficulties, whether length or obstacles.

The HRT then set out to design a course-rating procedure in which distance was a major factor, but which also defined other specific obstacles, their importance, and their placement. This procedure would standardize USGA course ratings and guarantee

USGA SLOPE SYSTEM

that when America's golf associations applied these standards in rating their courses, uniformity would prevail.

Next, the HRT tackled the problem of equalizing those 15-handicap players from Pebble Beach and Open Flats, analyzing hundreds of thousands of scores recorded by golfers of varying abilities playing at different courses. To understand the findings, it is useful to describe three mythical golf courses.

Panther Mountain Golf Club—This is your fictitious Pebble Beach or Pine Valley, a testing course with many obstacles, fast and undulating greens, and water, water, everywhere.

Perfect Valley Golf Club—This is the average, or standard golf course, representing perhaps 40 percent of America's courses.

Open Flats Golf Club—This is the duffer's dream—as flat as a desktop, cursed with few bunkers and no water hazards, and blessed with large, slow greens.

By analyzing the welter of scores, the HRT discovered that a team of Perfect Valley golfers could play Panther Mountain and Open Flats with the following results, shown in graph form:

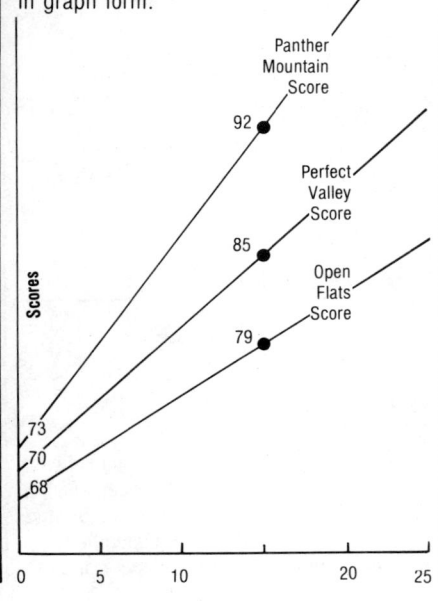

USGA HANDICAP OF PERFECT VALLEY TEAM

As you can see, the scratch player matched the USGA course rating in each case—68, 70, and 73. This was to be expected; courses are rated for scratch players.

The 15-handicap player was another matter—and he is far more representative of the great mass of American golfers. His scores were 79, 85, and 92, meaning he needed 19 strokes at Panther Mountain, but only 11 on Open Flats. Perfect Valley was a perfect match for his 15 handicap.

The HRT quickly realized that the problem is real, and it was learned that an error of as much as 12 strokes occurs at the 20-handicap level.

MEET THE USGA SLOPE SYSTEM

These handicap disparities were easy to understand: deep bunkers, thick rough, and water extending outward from the tee area for 180 to 200 yards won't ruffle the scratch player, but they strike terror in the hearts of 20-handicap players and, to a lesser degree, even the 10-handicap golfers. Handicap players score much better when these obstacles are missing.

The HRT next developed a procedure not only to rate courses for scratch players, but also for those at varying levels of ability by taking into account placement and severity of the obstacles. Indeed, the HRT was able to arrive mathematically at a degree-of-difficulty factor—and chart it.

The procedure has a name: The USGA Slope System. It has nothing to do with hills and valleys; Slope alludes to the graph line that may be drawn to show expected scores vs. USGA handicap at different courses. These straight ascending lines on the graph reflect different slopes for different courses; the tougher the course, the steeper the slope.

Now it was possible to predict how the Perfect Valley golfers would fare on any course that had been rated with the USGA Obstacle and Slope System.

Alas, not every golfer develops his USGA

USGA SLOPE SYSTEM

handicap on an average course such as Perfect Valley. So, it meant working out a way to convert those Panther Mountain and Open Flats scores to Perfect Valley scores. It followed that the conversion would have to be based on the Slope (degree of difficulty) of Panther Mountain and Open Flats.

Once again, a graph came to the rescue—this one reflecting differentials vs. USGA handicap. A differential is the player's score minus the scratch course rating. If you shot 85 at Perfect Valley, with its course rating of 70, your differential would be 15.

Plotting differentials vs. USGA handicap, based on the USGA Obstacle Course Rating and the Slope, the graph looks like this:

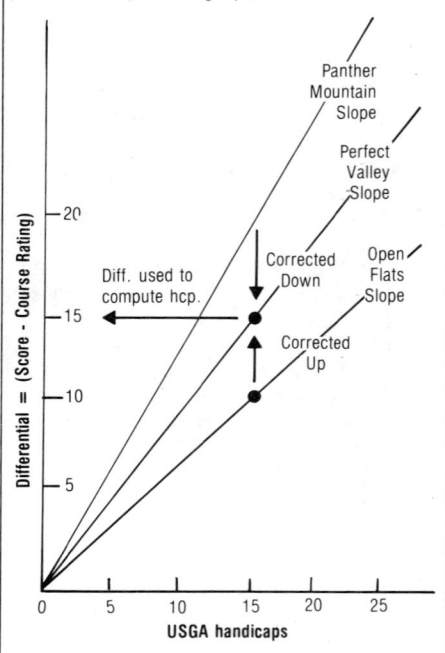

USGA HANDICAPS

This graph converts differentials down from Panther Mountain (the tougher course) and up from Open Flats. Voila! Now we have developed a Perfect Valley USGA handicap and taken a major step forward in creating true equity, regardless of the venue. This procedure has now been tried and tested, and it works.

Application of this procedure produces the odd but accurate situation of the Pebble Beach (or Panther Mountain) golfer who scores 20 strokes above the scratch course rating, but holds a 15-handicap, while the Open Flats golfer scores 11 strokes over the scratch course rating, but also is a 15-handicapper. This seeming vagary is explained easily, however, by the comparative difficulties between the courses. This critical factor is now accounted for under the new system.

So, all golfers would now appear to be on equal footing, and they should be able to compete, in equity, on any course. Well, not quite—and the following graph helps to show why.

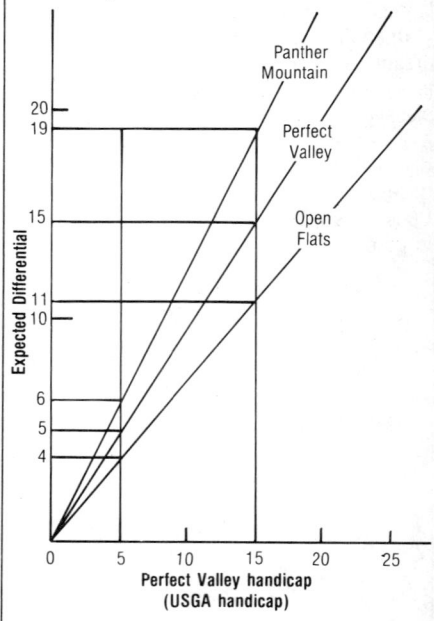

PERFECT VALLEY HANDICAP (USGA HANDICAP)

Under the USGA Slope System, every golfer has a Perfect Valley handicap. As you can see on the graph, however, a 5-handicapper (Perfect Valley) is expected to have a differential of 4 at Open Flats and a differen-

USGA SLOPE SYSTEM

tial of 6 at Panther Mountain, based on the degree-of-difficulty factor at each course. With us this far? Now look at the 15-handicapper: he is expected to have a differential of 19 at Panther Mountain and 11 at Open Flats.

Let us suppose these two players, the 5-handicapper and the 15-handicapper, are to play three matches, one at each of the three courses. At Perfect Valley, the 5-handicapper gives the 15-handicapper 10 strokes. But at Panther Mountain, the 15-handicapper has an expected differential of 19, and the 5-handicapper an expected differential of 6. The margin is now 13 strokes, a difference caused by Panther Mountain's greater difficulty. At Open Flats, however, the expected differentials dip to 11 and 4, for a difference of 7 strokes.

Now, true equity is realized, complete, fulfilled.

Well and good, you say, but how in the world are we supposed to know how many strokes each handicap level receives at the various courses?

The HRT thought of that, too. In fact, it will be relatively easy for golfers. Keep in mind that no matter where a golfer played, his scores were adjusted to give him a Perfect Valley Handicap. So, when he readies to play another course, whether it is a Pebble Beach or Pinehurst No. 2, he consults the USGA handicap/Strokes-Received Table conspicuously displayed at the course. This table, developed for each course that is rated by the USGA Slope System, will look like one of the samples on page 8.

At Perfect Valley, you receive the same number of strokes as your USGA handicap; an estimated 40 percent of American courses would fall into this category. On the more extreme courses, either long and fraught with obstacles, for example, or short and open, strokes received may vary considerably from your USGA handicap.

LOOKING BACKWARD—AND AHEAD

Inequities that have been inherent in our existing USGA handicap system should become little more than history when the

USGA Slope System
Handicap vs. Strokes Received Tables

Panther Mountain USGA handicap vs. Strokes Received	
Handicap	Strokes
0	0
↓	↓
5	6
↓	↓
10	
↓	↓
15	19
↓	↓
20	
↓	↓
etc.	etc.

Open Flats USGA handicap vs. Strokes Received	
Handicap	Strokes
0	0
↓	↓
5	4
↓	↓
10	
↓	↓
15	11
↓	↓
20	
↓	↓
etc.	etc..

Perfect Valley USGA handicap vs. Strokes Received	
Handicap	Strokes
0	0
5	5
10	10
15	15
20	20
etc.	etc.

new system is fully implemented. Other benefits are built into the new system. Golf courses that were considered too short to allow their players to develop USGA handicaps may become part of the system; golfers from the Panther Mountain-style courses, by having their handicaps adjusted downward when they play at Open Flats, may not win as often, but should be spared the previous allegations of sandbagging.

All in all, the system will be more fair.

For golfers in associations adopting the Slope System, what may they expect to happen to their handicaps, both on a long-term and short-term basis?

Teething problems are inevitable during

USGA SLOPE SYSTEM

the transition period. Initially, participating associations must rate their courses, using the USGA Slope System; and charts, tables, and educational material must be prepared and distributed to let all of you know exactly what is happening.

Keys to the success of the new system are the associations themselves, and the many handicap chairmen, who are the main links to the golfers. Even though the golfer's responsibility is limited chiefly to posting all his scores accurately, he needs to be aware that a change for the better is taking place.

At the outset, your USGA handicap will be the same as it was at the end of the previous season. In some cases, your handicap may be adjusted up or down, depending on your home course. As the season moves along, your scores will be adjusted as they are played, and by season's end you should have a clean, well-defined scoring record.

The HRT will be standing by to help work out any hitches, but through education and cooperation, this game of ours should have a truly equitable handicap system. There should be no mysteries about it; above all, it will be fair.

CHAPTER 18

HISTORY AND GROWTH OF GOLF

Brief History of the Game	622
Chronology of Major Happenings	626
Growth of U.S. Facilities	628
Growth of U.S. Golfers	630
Census of World Golf	631

HISTORY AND GROWTH OF GOLF

Early History

Although games similar to golf may have been played more than 500 years ago, its first written mention dates from March, 1457. At that time, King James II of Scotland issued a decree stating that "the futeball and golfe be utterly cryed downe and not to be used." In 1491 James IV renewed that ban, adding that the games were contrary to "the common good of the Realme and defense thereof."

In those years, Scotland and England were engaged in bitter warfare, and obviously the Scottish royalty felt that the pursuit of "golfe" somehow interfered with military discipline.

James IV, indeed, is the first golfer mentioned by name. In 1502, accounts of the Lord High Treasurer mentions picking up some "clubs" for the monarch, and even a golfing date with the Erle of Bothuile.

For those who think the king was violating his own edict by playing golf, well, only a week or so earlier all that nonsense had been scuttled when the English king, Henry VII, had signed a peace treaty with Scotland. On February 22nd, James ratified the treaty and did his best to make it "perpetual" by marrying Princess Margaret, Henry's daughter, on August 8, 1503.

A Scottish artist depicts a scene that could have happened a few centuries ago, when golf was not accepted by everyone as a proper pursuit. Here a pair of linksmen are spied by the reverend, at right, and an obviously shocked parishioner. All we'd wonder about is whether or not the golfer who is putting was able to negotiate the stymie laid on him by the fellow in the striped outfit.

HISTORY AND GROWTH OF GOLF

James V, the next Scottish king, is known to have played the game frequently and his daughter, the beautiful Mary Queen of Scots, became the first woman golfer mentioned. Historians noted that she was seen "playing golf and pall-mall in the fields beside Seton "a few days after the murder of her husband, Lord Darnley, in 1567.

Taken in 1888, this is a photograph of the United States' first golf course, the Saint Andrews Golf Club in Yonkers, N.Y. John Reid, the first president of Saint Andrews and generally known as the "father of American golf," is at the far right.

Golf received only fleeting mention for the next 250 or so years. However, an incident in the late 17th century left a physical remnant that may be still seen at Leith in Edinburgh, Scotland. It was there that in 1682 Scotland's young Duke of York got into an argument with two English noblemen about the origin of golf. A match between the duke and the Englishmen was proposed to somehow settle the issue, and the Scotsman was to choose his own partner.

That was John Patersone, a poor shoemaker in Leith, and the Scotsmen were victorious. No doubt Patersone had quite a bit to do with the outcome, for he was given enough of a share of the wager made to buy a house in the Canongate of Edinburgh. On the wall the duke had mounted a shield bearing the Patersone family coat of arms which showed a hand grasping a golf club and the motto, "Far and Sure." The house still stands.

Most historians dismiss the claims of the Belgian game of "chole" and the Dutch game of "Kolven" as predecessors of golf. A club and ball were used, but the similarities appear only incidental. Also, the well-known paintings showing people playing these games were done in the 17th century, 150 years after James II banned the game in Scotland.

HISTORY AND GROWTH OF GOLF

In 1687 the first specific written mention of how golf clubs were made appeared in a book written by Thomas Kincaid entitled "Thoughts on Golve." Kincaid wrote that the shafts should be hazel, long and supple, and that the head be at an obtuse angle to shaft.

At first there were no golf courses per se. Apparently a serf or two went outside the castle wall, dug a few holes in the ground and the royalty came out and played. Courses came into existence, and the first golf club officially organized was the Honourable Company of Edinburgh Golfers, on March 7, 1744. On May 14, 1754, 22 "noblemen and gentlemen" at St. Andrews, Scotland, took the first steps in forming what became the Royal and Ancient Golf Club, from which practically all of golf's blessings (worldwide rules, tournaments, etc.) eventually flowed.

Early Equipment

Early clubs were made with hazel or ash shafts. 1825 hickory, imported from America, became the standard and retained that position for about 100 years, when steel took over. Irons did not make much of a mark until the mid-19th century and then were used only in desperate situations, when a ball in a depression could not be reached with the larger wood clubhead.

Balls used in golf were made of wood until early in the 17th century, when "featheries" were introduced. These were leather spheres stuffed tight with feathers. British ball-makers discovered gutta-percha in 1848. This is a resinous gum from Malaysia and balls made from it proved cheaper and more durable than featheries. The "guttie" was universally used until 1900, when the rubber-cored ball was developed by Coburn Haskell, an American engineer. Walter Travis used the new ball to win the 1901 U.S. Amateur, and when Sandy Herd did likewise in the 1902 British Open, the gutties never came back.

First Tournaments

Golf's oldest tournament is the British Open (golfers in Great Britain call it merely "The Open Championship"), inaugurated at the Prestwick Club in Scotland in 1860. There were eight entrants that year, and Willie Park of Mussleburgh won. The tournament has been played annually ever since, except for cancellations caused by various wars.

No doubt a form of golf was played in the United States in the late 18th century. Newspapers in Charleston, S.C. (in

HISTORY AND GROWTH OF GOLF

1786) and Savannah, Ga. (in 1796) mention golf clubs, but we don't know about golf courses. In 1873, Canada's Royal Montreal Golf Club was formed, an authentic course and the first in North America.

Two amateur golfers who helped shape golf in the United States were Bobby Jones (left), four-time winner of the U.S. Open and a total of 13 major championships, shaking hands with Chick Evans, the first to win both the U.S. Open and U.S. Amateur in a single year (1916).

U.S. Golf Courses

The first "course" in the States came about on Feb. 22, 1888, when three holes were laid out in the cowpasture of John Reid of Yonkers, N.Y. Reid, a native of Scotland, presided over a meeting on November 14, 1888, that formed the first permanent U.S. golf club, called the St. Andrews Golf Club. The club was subsequently moved and is now located at nearby Hastings-on-Hudson, N.Y.

More courses were soon built, and in 1894 members of the

HISTORY AND GROWTH OF GOLF

Newport (R.I.) Golf Club invited the best golfers to compete for national amateur and professional championships. It did not receive widespread support, and golfers who did attend decided that such championships should be administered by an organized association. Thus the United States Golf Association was formed in December, 1894, at St. Andrews with members from Newport (founded in 1890), Shinnecock Hills, Southhampton, N.Y. (1891), The Country Club, Brookline, Mass. (1892) and the Chicago Golf Club (1892) and the host club in attendance. Theodore Havemeyer, a wealthy businessman, was elected the first president, and in 1895 the first championships were held at Newport.

From that meager beginning golf in the United States has grown until today there are 14,500,000 golfers playing 445 million rounds per year on 13,181 courses (11,424 regulation, the balance short layouts). These figures have been provided by the National Golf Foundation.

Sam Snead, who never won the U.S. Open but who leads all men professionals with a total of 84 career victories, playfully tries to wrest the Open trophy from the 1953 winner, Ben Hogan. Hogan is one of only three golfers to have won the Open four times.

Golf Chronology

1457 Golf in Scotland banned by King James II in the interest of military discipline; first surviving mention of golf in history.

1567 Mary Queen of Scots noted playing golf in the fields of Seton House soon after her husband, Lord Darnley, was murdered.

HISTORY AND GROWTH OF GOLF

1618 Introduction of the featherly ball (approximate)

1681 First international golf match; Scotland's Duke of York and a shoemaker, John Patersone, defeat two English noblemen at Leith, Scotland.

1744 Honourable Company of Edinburgh Golfers formed in Scotland, the first golf club.

1754 St. Andrews Golf Club (later the Royal and Ancient Golf Club) formed in Scotland.

1786 First mention of golf in the United States, in a newspaper at Charleston, S.C.

1834 King William IV, Scotland, confers the title of Royal and Ancient on the Golf Club at St. Andrews.

1848 Introduction of the gutta percha ball.

1860 First British Open, at Scotland's Prestwick Club, won by Willie Park.

1870 "Young Tom" Morris, 19, wins the British Open for the third consecutive year, thus assuming personal ownership of the championship Belt.

1872 After a lapse of one year, the British Open starts again with a new trophy, which Morris wins for his fourth British title in succession.

1873 Royal Montreal Golf Club in Canada formed, the first golf club in North America.

1888 St. Andrews Golf Club, Yonkers, N.Y., formed the first permanent U.S. golf club.

1894 United States Golf Association formed.

1905 Willie Anderson becomes the first to win four U.S. Opens.

1913 Former caddie Francis J. Ouimet defeats the famous British professionals, Harry Vardon and Ted Ray, in a playoff for the U.S. Open championship; first amateur to win the Open.

1914 Harry Vardon wins British Open a record sixth time.

1922 Walter Hagen becomes the first American-born player to win the British Open.

1930 Bobby Jones becomes the first and only golfer to win the Grand Slam in one year, with victories in the U.S. and British Opens, and the U.S. and British Amateurs.

1953 Ben Hogan wins the British Open and U.S. Opens, the latter for a record-tying fourth time.

1980 Jack Nicklaus wins the U.S. Open for a record-tying fourth time.

1986 Jack Nicklaus wins the Masters for a record sixth time.

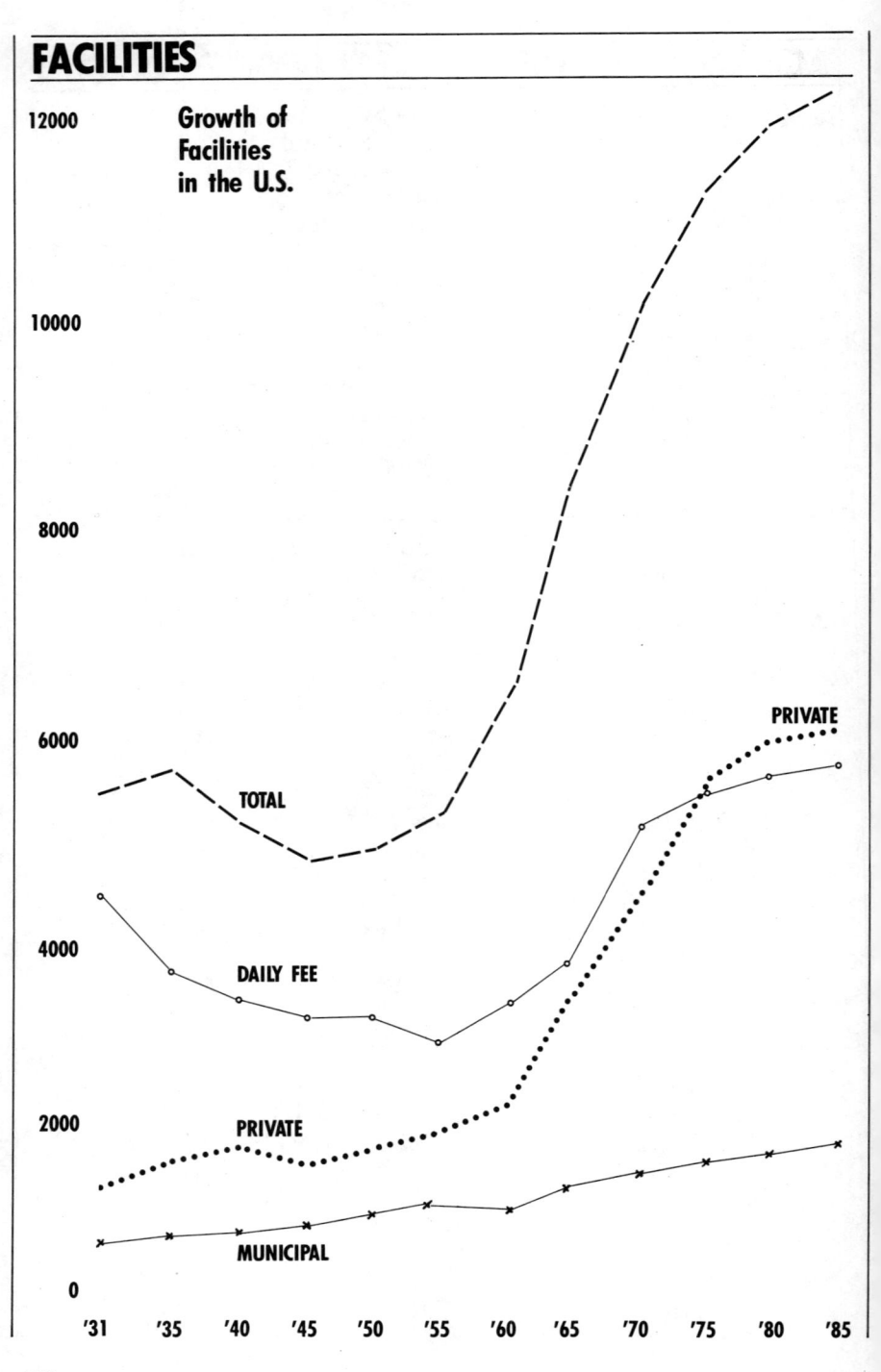

FACILITIES

Growth of Facilities in the U.S.

Year	Total	Daily Fee	Private	Municipal
'31				
'35				
'40				
'45				
'50				
'55				
'60				
'65				
'70				
'75				
'80				
'85				

FACILITIES

Number of Facilities by type in the U.S.

Year*	Facility Total	Private	Daily Fee	Municipal
1931	5,691	4,448	700	543
1934	5,727	4,155	1,006	566
1937	5,196	3,489	1,070	637
1939	5,303	3,405	1,199	699
1941	5,209	3,288	1,210	711
1946	4,817	3,018	1,076	723
1947	4,870	3,073	1,061	736
1948	4,901	3,090	1,076	735
1949	4,926	3,068	1,108	750
1950	4,931	3,049	1,141	741
1951	4,970	2,996	1,214	760
1952	5,026	3,029	1,246	751
1953	5,056	2,970	1,321	765
1954	5,076	2,878	1,392	806
1955	5,218	2,807	1,534	877
1956	5,358	2,801	1,692	865
1957	5,553	2,887	1,832	834
1958	5,745	2,986	1,904	855
1959	5,991	3,097	2,023	871
1960	6,385	3,236	2,254	895
1961	6,623	3,348	2,363	912
1962	7,070	3,503	2,636	931
1963	7,477	3,615	2,868	994
1964	7,893	3,764	3,114	1,015
1965	8,323	3,887	3,368	1,068
1966	8,672	4,016	3,483	1,173
1967	9,336	4,166	3,960	1,210
1968	9,615	4,269	4,110	1,236
1969	9,926	4,459	4,192	1,275
1970	10,188	4,619	4,248	1,321
1971	10,494	4,720	4,404	1,370
1972	10,665	4,787	4,484	1,394
1973	10,896	4,720	4,710	1,466
1974	11,134	4,715	4,878	1,541
1975	11,370	4,770	5,014	1,586
1976	11,562	4,791	5,121	1,650
1977	11,745	4,847	5,203	1,695
1978	11,885	4,872	5,271	1,742
1979	11,966	4,848	5,340	1,778
1980	12,005	4,839	5,372	1,794
1981	12,035	4,789	5,428	1,818
1982	12,140	4,798	5,494	1,848
1983	12,197	4,809	5,528	1,860
1984	12,278	4,831	5,566	1,881
1985	12,346	4,861	5,573	1,912

*1931 is the earliest year for which golf facility statistics are available. Includes regulation, executive and par-3 facilities.

GROWTH OF GOLF: Courses in the U.S.

GOLFERS
Growth of Golfers in U.S.

(Golfer defined as anyone over the age of five having played at least one round in the past 12 months)

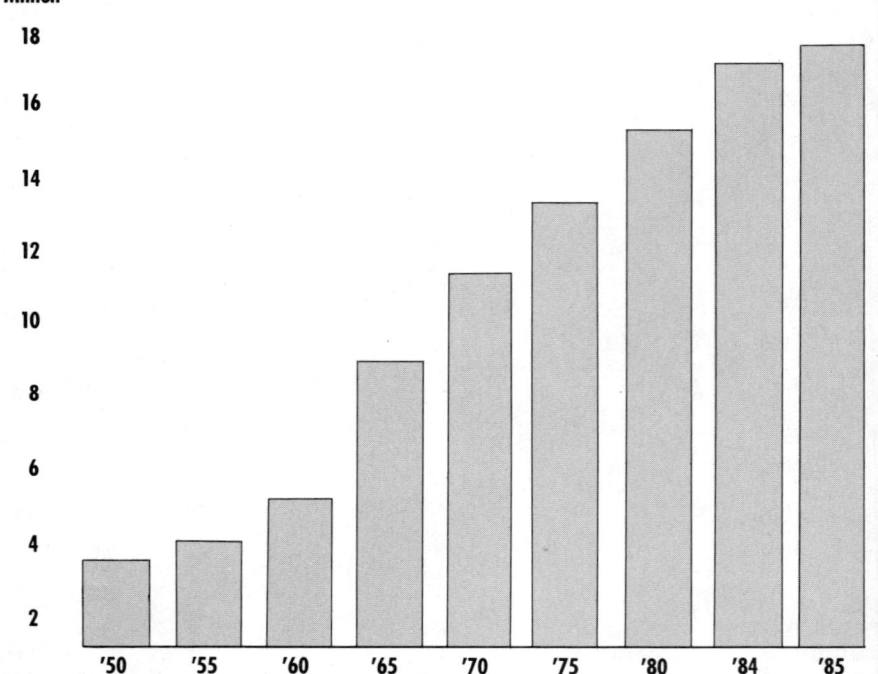

Million

Year	Golfers (Million)
'50	3.5
'55	4
'60	5.2
'65	8.9
'70	11.4
'75	13.3
'80	15.3
'84	17.1
'85	17.7

Estimated Total of Rounds Played and Golf Expenditures

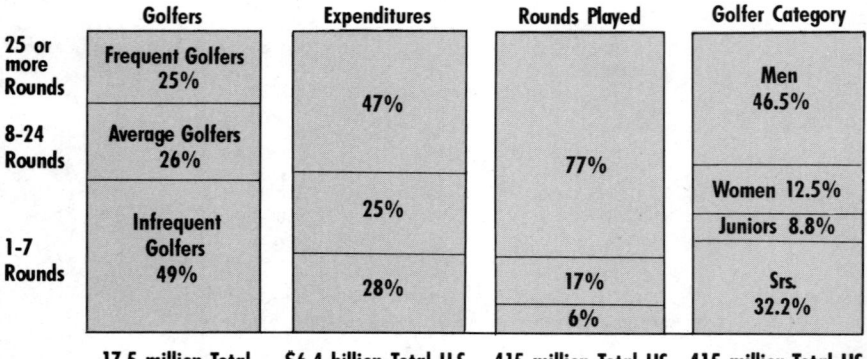

	Golfers	Expenditures	Rounds Played	Golfer Category
25 or more Rounds	Frequent Golfers 25%	47%	77%	Men 46.5%
8-24 Rounds	Average Golfers 26%	25%		Women 12.5%
				Juniors 8.8%
1-7 Rounds	Infrequent Golfers 49%	28%	17%	Srs. 32.2%
			6%	
	17.5 million Total U.S. Golfers	$6.4 billion Total U.S. Golf Expenditures	415 million Total US Rounds Played	415 million Total US Rounds Played

GOLFERS

CENSUS OF WORLD GOLF

Based on figures by national organizations and best estimates. Many are 9-hole courses. Golfers are those who play one or more times per year.

Country	Golfers	Facilities
AFRICA		
Botswana	750	6
Egypt	1,100	5
Kenya	2,000	25
Malawi	600	10
Morocco	2,000	4
South Africa	82,000	391
Zaire	500	4
Zambia	3,900	19
Zimbabwe	6,300	78
TOTAL	**99,150**	**542**
ASIA		
China (Peoples)	500	1
China (Taiwan)	200,000	33
Hong Kong	4,500	7
India	16,000	150
Indonesia	11,600	70
Japan	9,900,000	1,441
Korea	355,000	40
Malaysia	7,000	47
Pakistan	2,000	22
Philippines	18,500	61
Singapore	9,100	11
Sri Lanka	700	2
Thailand	10,300	19
TOTAL	**10,535,200**	**1,904**
AUSTRALIA NEW ZEALAND AND PACIFIC ISLANDS		
Australia	800,000	1,406
Fiji	700	9
Guam	2,000	4
New Zealand	110,000	411
Tahiti	100	1
TOTAL	**912,800**	**1,831**
EUROPE		
Austria	6,000	25
Belgium	10,000	24
Czechoslovakia	1,300	7
Denmark	29,000	60
Finland	8,900	18
France	77,000	161
Germany	76,000	210
Greece	750	5
Iceland	3,500	28
Israel	400	1
Italy	20,500	69
Luxembourg	800	1
Netherlands	18,000	32
Norway	6,500	9
Portugal	3,000	19
Spain	30,000	84
Sweden	123,000	156
Switzerland	13,000	34
Yugoslavia	150	2
TOTAL	**427,800**	**945**
NORTH AMERICA		
Canada	1,500,000	1,224
Mexico	17,600	124
United States	18,000,000	12,278
TOTAL	**19,517,600**	**13,626**
SOUTH AND CENTRAL AMERICA		
Argentina	23,000	207
Brazil	10,000	37
Chile	5,000	31
Colombia	8,300	35
Costa Rica	500	1
Panama	1,200	6
Paraguay	400	3
Peru	3,800	16
Uruguay	500	4
Venezuela	4,000	23
TOTAL	**56,700**	**363**
UNITED KINGDOM		
England	595,000	1,300
Ireland	94,000	259
Scotland	285,000	481
Wales	37,700	116
TOTAL	**1,011,700**	**2,156**
WEST INDIES AND ATLANTIC		
Antigua	100	1
Bahamas	1,100	26
Barbados	200	1
Bermuda	3,000	8
Cayman	100	1
Dominican Republic	700	4
Guadaloupe	200	1
Jamaica	1,600	12
Puerto Rico	2,000	7
St. Martin	200	1
Trinidad & Tobago	3,100	10
Virgin Islands	500	4
TOTAL	**12,800**	**76**
GRAND	**32,573,750**	**21,443**

CHAPTER 19

ASSOCIATIONS/ TOURNAMENTS/ PLAYER'S AGENT LIST

ASSOCIATIONS/TOURNAMENTS/AGENTS
GOLF ASSOCIATIONS
Addresses for the nation's golf associations and leading tournaments

NATIONAL GOLF ASSOCIATIONS

**Ladies Professional
Golf Association**
4675 Sweetwater Blvd.
Sugar Land, Tex. 77479
Tel.: 713/980-5742
(Conducts women's professional tour.)

**Professional Golfers'
Association of America**
100 Avenue of the Champions
P.O. Box 12458
Palm Beach Gardens, Fla. 33410
Tel.: 305/626-3600
(Organization for club professionals.)

PGA Tour
Sawgrass
Ponte Vedra Beach, Fla. 32082
Tel.: 904/285-3700
(Conducts PGA Tour,
Senior PGA Tour,
Tournament Players Series.)

Professional Putters Association
P.O. Box 35237
Fayetteville, N.C. 28303
Tel.: 919/485-7131

United States Golf Association
Golf House
Far Hills, N.J. 07931
Tel.: 201/234-2300.
(Golf's administrative body; devises rules, handicapping and course-rating procedures; conducts 14 national championships.)

SERVICE GOLF ASSOCIATIONS

American Golf Sponsors, Inc.
P.O. Box 41
Golf, Ill. 60029
Tel.: 312/724-4600

**American Society of Golf
Course Architects**
221 North LaSalle St.
Chicago, Ill. 60601
Tel.: 312/372-7090

**Club Manager's Association
of America**
7615 Winterberry Place
Bethesda, Md. 20817
Tel.: 301/229-3600

**Golf Writers Association
of America**
P.O. Box 37324
Cincinnati, Ohio 45222
Tel.: 513/631-4400

**Golf Course Superintendents
Association of America**
1617 St. Andrews Dr.
Lawrence, Kan. 66044
Tel.: 913/841-2240

National Club Association
1625 Eye St. N.W.
Washington, D.C. 20006
Tel.: 202/466-8424

National Golf Foundation
1150 South U.S. Hwy. 1
Jupiter, Fla. 33477
Tel.: 305/744-6006

SPECIALIZED GROUP GOLF ASSOCIATIONS

National Amputee Golf Association
c/o Bob Wilson
Box 1228
Amherst, N.H. 03031
Tel.: 603/673-1135

National Blind Golfers Association
c/o Pat W. Browne Jr.
300 Carondelet St.
New Orleans, La. 70130
Tel: 504/522-3203

**National Disabled Golfers
Association**
c/o Bob Nichols
1150 South U.S. #1, Suite 102
Jupiter, Fla. 33477
Tel.: 305/744-1995

**National Left-Handers
Golf Association**
Ken Ahrens
10149 Hammerly, #714
Houston, Tex. 77080
Tel.: 713/464-8683

MAJOR INTERNATIONAL, FOREIGN GOLF ASSOCIATIONS

Asia Golf Circuit
Skip Guinto
Philippine Golf Association
209 Administration Bldg.
Rizal Memorial Sports Complex
Vito Cruz St.
Manila, Philippines

Australia Golf Union
Colin Phillips
9th Floor, 3 Bowen Crescent
Melbourne, Victoria 3004
Australia

**Canadian Professional
Golfers' Association**
59 Berkley St.
Toronto, Ontario M5A 2W5
Canada

ASSOCIATIONS/TOURNAMENTS/AGENTS

European Golf Association
Neil S. Hotchkin
69 Avenue Victor Hugo 75783
Paris 16, France
Tel.: (33) 1.500 8261

Federation Mexicana de Golf
Apartado Postal 59
Mexico 1, D.F.
Tel.: 011-52-5-563-9194

International Golf Association
(World Cup)
The Lincoln Bldg., Room 746
New York, N.Y. 10165
Tel.: 212/687-1875

Israel Golf Union
Elliott Lapinsky, Hon. Sec.
P.O. Box 10
OR Okiva, Israel

Japan Golf Association
Palace Bldg. 606
Marunouchi 1-1-1
Chyoda-Ku, Tokyo
Japan
03-215-0003

PGA European Tour
Wentworth Club
Wentworth Drive
Virginia Water,
Surrey GU254LS
England
Tel.: Wentworth (099 04)2921

Professional Golfers' Association of Australia
P.G.A. House
102 Alexander St.
Crows Nest, N.S.W. 2065
Australia

Republic of China Golf Association
Gen. C. C. Chang, Ret.
71 Lane, 369 Tunhua S. Rd.
Taipei, Taiwan
Republic of China

Royal and Ancient Golf Club of St. Andrews
Fife KY16 9JD
Scotland
Tel.: St. Andrews 72112
(STD Code 0334)

Royal Canadian Golf Association
Golf House
R.R. 2
Oakville, Ontario L6J 4Z3
Canada
Tel.: 416/844-1800

South American Golf Federation
E. Anchordoqui
Guipuzcoa 486-P7
Montevideo, Uruguay

LEADING MEN AMATEUR ASSOCIATIONS/TOURNAMENTS

American Amateur Classic
Jerry Stephens
Pensacola Sports Association
P.O. Box 12463
Pensacola, Fla. 32582
Tel.: 904/434-2800

Amateur Golfers' Assn. of America
2843 Pembroke Rd.
Hollywood, Fla. 33020
Tel.: 305/921-0881

Azalea Amateur
Frank C. Ford III
C.C. of Charleston
1 Country Club Dr.
Charleston, S.C. 29412
Tel.: 803/768-1057

Broadmoor Invitational
Dallas Thomas
P.O. Box 1439
Broadmoor Golf Club
Colorado Springs, Colo. 80901
Tel.: 303/634-7711 (Ext. 5600)

Cardinal Amateur
Frank Ryan
5304 Ashbey Ln.
Summerfield, N.C. 27358
Tel.: 919/643-3418 or 643-4790

Cotton States
John Pruitt
3501 Forsythe Ave.
Monroe, La. 71203
Tel.: 318/322-2127

Dixie Amateur
Frank Perpich
10640 SW 51st Court
Ft. Lauderdale, Fla. 33328
Tel.: 305/434-2591

Dorado Beach Amateur
Tommy Card
Dorado Beach Hotel
Dorado Beach, Puerto Rico
Tel.: 809/796-1600 (Ext. 3236)

Eastern Amateur
Richard F. Wood
Elizabeth Manor G. & C.C.
Box 3343
Portsmouth, Va. 23701
Tel.: 804/488-4534

Florida International Four-Ball
John McKey
4571 Thistle Terr.
Palm City, Fla. 33490
Tel.: 305/286-1980

Francis Quimet Memorial
Richard F. Connolly Jr.
190 Park Road
Weston, Mass. 02193
Tel.: 617/891-6400

LaJet-Pelz Amateur Classic
Steve Threlkeld
P.O. Box 5198
Abilene, Tex. 79608
Tel.: 915/692-8290

Middle Atlantic Amateur
Ralph M. Bogart
7315 Wisconsin Ave.
Suite 600 N.
Bethesda, Md. 20814
Tel.: 301/645-2277

NCAA Championships
Dennis Poppe
P.O. Box 1906
Mission, Kan. 66201
Tel.: 913/384-3220

Northeast Amateur
Gene Voll
Wannamoisett Country Club
96 Hoyt Ave.
Rumford, R.I. 02916
Tel.: 401/434-1200

Northern Amateur
Merritt Cook
6792 N. Jean St.
Chicago, Ill. 60646
Tel.: 312/763-5859

ASSOCIATIONS/TOURNAMENTS/AGENTS

North and South Amateur
Lisa Brooks
Pinehurst Country Club
P.O. Box 4000
Pinehurst, N.C. 28374
Tel.: 919/295-6811

Pacific Coast Amateur
Newell Pinch
Southern California Golf Assoc.
3740 Cahuenga Blvd.
North Hollywood, Calif. 91609
Tel.: 818/980-3630

Pacific Northwest G.A. Amateur
Robert R. Walters
10303 Meridian No. Suite 101
Seattle, Wash. 98133
Tel.: 206/526-1238

Porter Cup
Dr. William McMahon
515 Third St.
Niagara Falls., N.Y. 14301
Tel.: 716/284-5046

Rice Planters Amateur
Dick Horne
800 Highway 17 Bypass
Mt. Pleasant, S.C. 29464
Tel.: 803/881-1171

Southern Amateur
Joe King
P.O. Box 76147
Birmingham, Ala. 35253
Tel.: 205/871-7678

Southeastern Amateur
Charlie Harper
Box 1046
Columbus, Ga. 31902
Tel.: 404/322-6869

Southwestern Amateur
Dave Askins
Colorado Golf Association
1805 S. Bellair—S. 100
Denver, Colo. 80222
Tel.: 303/759-9502

Sunnehanna Amateur
c/o William Price
Sunnehanna Country Club
Johnstown, Pa. 15905
Tel.: 814/255-4121

Trans-Mississippi Amateur
Ralph Turtinen
212 Justice Bldg.
240 Minnetonka Ave. So.
Wayzata, Minn. 55391
Tel.: 612/473-3722

Western Golf Association
(Western Amateur)
Marshall Dann
Golf, Ill. 60029
Tel.: 312/724-4600

Worsham Memorial
Bob Riley
8012 Colorado Springs Dr.
Springfield, Va. 22153
Tel.: 703/569-6311

LEADING WOMEN AMATEUR ASSOCIATIONS/TOURNAMENTS

Amateur Golfers' Assn. of America
2843 Pembroke Rd.
Hollywood, Fla. 33020
Tel.: 305/921-0881

Arizona Silver Belle
Mrs. Bill Wetherby
8102 E. Virginia
Scottsdale, Ariz. 85257
Tel.: 602/947-5039

Broadmoor Invitational
Judy Bell
Broadmoor Golf Club
P.O. Box 1439
Colorado Springs, Colo. 80901
Tel.: 303/634-7711 (Ext. 5432)

Canadian Ladies' Amateur
Canadian Ladies' Golf Association
333 River Road
Ottawa, Ontario K1L 8H9
Canada
Tel.: 613/746-5564

Doherty Challenge Cup
Fiona MacDonald
Coral Ridge C.C.
P.O. Box 24099
Ft. Lauderdale, Fla. 33307
Tel.: 305/564-1271

Eastern Amateur
Mrs. Herbert Balick
1903 Brookside Lane
Wilmington, Del. 19803
Tel.: 302/478-7530

Harder Hall Invitational
Felicia Cooper
400 Entrada Dr.
Hollywood, Fla. 33021
Tel.: 305/921-3415

International Four-Ball
John McKay Jr.
P.O. Box 71
Palm Beach, Fla. 33480
Tel.: 305/278-1890

NCAA Championship
Pat Wall
NCAA
P.O. Box 1906
Mission, Kan. 66201
Tel.: 913/384-3220

North and South Amateur
Ken Schroeder
Pinehurst Country Club
P.O. Box 4000
Pinehurst, N.C. 28374
Tel.: 919/295-6811

South Atlantic Amateur
Kit Martin, Chairman
1514 N. Halifax
Daytona Beach, Fla. 32018
Tel.: 904/252-8060

Southern Amateur
Mrs. Jack Stocker
3117 Colyar Dr.
Chattanooga, Tenn. 37404
Tel.: 615/629-4958

Trans National
Mrs. Robert Eirich
2875 Ardell Dr.
Merced, Calif. 95340
Tel.: 209/722-1617

Western Amateur
Women's Western Golf Association
Mrs. H. Charles Becker
326 Jeffrey Lane
Northfield, Ill. 60093
Tel.: 312/446-3761
(Also Senior and Junior.)

ASSOCIATIONS/TOURNAMENTS/AGENTS

LEADING JUNIOR GOLF ASSOCIATIONS/TOURNAMENTS

*American Junior Golf Association
2451 Steeplechase Lane
Roswell, Ga. 30076
Tel.: 404/998-4653
(Conducts a series of events.)

*All-American Prep Golf
Carey McDonald
Executive Director
NHSACA
3423 E. Silver Springs Blvd.
Ocala, Fla. 32670
Tel.: 904/622-3660

Doug Sanders International Junior
Al Earnest
8100 Washington Ave., Suite 115
Houston, Tex. 77007
Tel.: 713/864-3684

Future Masters
Buddy Davis. Professional
Dothan Country Club
200 S. Cherokee St.
Dothan, Ala. 36301
Tel.: 205/792-6650

*Hudson Junior Invitational
Howard Cassell
Hudson Country Club
P.O. Box 533
Hudson, Ohio 44236
Tel.: 216/686-1622

*Insurance Youth Classic
Dennis Young
P.O. Box 1835
Texarkana, Ark. 75504
Tel.: 501/774-3669

International Junior Masters
Tony Smith
570 Elk St.
Buffalo, N.Y. 14210
Tel.: 716/823-1504

*International Pee Wee
P.O. Box 2047
Orlando, Fla. 32802
Tel.: 305/896-0474

*Keystone Junior Invitational
Tom Aubrey
RD #2, Box 226
Mohnton, Pa. 19540
Tel.: 215/777-4277

Little People's
Nan Ryan
Box 808
Quincy, Ill. 62306
Tel.: 217/222-8000

*National Junior Invitational
Jim Brunner, Owner
Lakeland Golf Club
3770 Country Rd. 23
Fostoria, Ohio 44830
Tel.: 419/894-6440

*New England Junior Open
Jack Neville
Ponkapoag Golf Course
2167 Washington St.
Canton, Mass. 02021
Tel.: 617/828-5828

*North and South Junior
(also Donald Ross Junior)
Ken Schroeder
Pinehurst Country Club
P.O. Box 4000
Pinehurst, N.C. 28374
Tel.: 919/296-6811

*Orange Bowl International Junior
Robbie DiPietro
2603 Ponce de Leon Blvd.
Coral Gables, Fla. 33134
Tel.: 305/444-3283

*Optimist Junior World
San Diego Jack Murphy Stadium
9449 Friars Rd.
San Diego, Calif. 92108
Tel.: 619/280-8505

Penn State Univ. Golf Championship
Bob Intrieri
Golf Professional

Penn State Univ.
276 Recreation Bldg.
University Park, Pa. 16802
Tel.: 814/863-0254

*Pensacola Southern Juniors
Kandy Bellanova
P.O. Box 4337
Pensacola, Fla. 32507
Tel.: 904/456-7661

*PGA National Junior
Don Smith, Tournament Coordinator
PGA of America
100 Avenue of Champions
P.O. Box 12458
Palm Beach Gardens, Fla. 33410
Tel.: 305/626-3600

*River Plantation Junior
Mrs. Joan Maclaurin
106 Brandon Rd.
Conroe, Tex. 77302
Tel.: 409/273-1200

Southern G.A. Junior
Joe King
P.O. Box 76147
Birmingham, Ala. 35253
Tel.: 205/871-7678

Texas-Oklahoma Junior
Weeks Park Men's G.A.
P.O. Box 343
Wichita Falls, Tex. 76307
Tel.: 817/767-6107

U.S. Junior Amateur
Larry Adamson
U.S. Golf Association
Far Hills, N.J. 07931
Tel.: 201/234-2300

Western Junior
Western Golf Association
Golf, Ill. 60029
Tel.: 312/724-4600

*Boys and girls; others boys only.

LEADING SENIOR GOLF ASSOCIATIONS/TOURNAMENTS

American Seniors Golf Association
P.O. Box 6645
Clearwater, Fla. 33518
Tel.: 813-799-3105

Belleair Invitational Seniors
Jim Knauff, General Manager
The Belleview Biltmore
25 Belleview Blvd.
Belleair, Fla. 33516
Tel.: 813/442-6171

Curtis Person Senior Invitational
Larry Walker
2158 Union Ave.
Memphis, Tenn. 38104
Tel.: 901/225-6400

ASSOCIATIONS/TOURNAMENTS/AGENTS

Eastern Seniors
Marie Lillich, Sec.
Eastern Seniors Golf Association
243 Overbrook Rd.
Rochester, N.Y. 14618
Tel.: 716/586-4401

International Seniors Amateur Golf Association
William McCarthy
1775 Broadway
New York, N.Y. 10019
Tel.: 212/265-7800
(Conducts several events.)

Legendary Amateur Classic
Judy Carlisle, Chairman
P.O. Box 4426
Birmingham, Ala. 35206
Tel.: 205/836-1688

National Senior Sports Association
Lloyd Wright, Exec. Director
317 Cameron St.
Alexandria, Va. 22314
Tel.: 703/549-6711

North and South Senior Invitational
Pinehurst Country Club
P.O. Box 4000
Pinehurst, N.C. 28374
Tel.: 919/295-6811

Palmetto Dunes Senior Women's Invitational
P.O. Box 4729
Hilton Head Island, S.C. 29938

Senior Masters
Jude E. Poynter
1806 Port Hemley Circle
Newport Beach, Calif. 92660

Society of Seniors
Dick Slay
Executive Secretary
5523 Lincoln St.
Bethesda, Md. 20817
Tel.: 301/530-4315

Southern Senior Golf Association
P.O. Box 2085
Apopka, Fla. 32704
Tel.: 305/880-0446

United States Senior Challenge Association
John Morrell, Chairman
5 Holy Berry Woods
Lake Wylie, S.C. 29710
Tel.: 803/831-7414

United States Senior Golf Association
125 Spencer Place
Mamaroneck, N.Y. 10543
Tel.: 914/698-0390

United States Senior Women's Golf Association
c/o Mid Pines Resort
1010 Midland Rd.
Southern Pines, N.C. 28387
Tel.: 919/692-2114

United States National Senior Open Golf Association
P.O. Box 657
La Quinta, Calif. 92253
Tel.: 619/564-4554

Western Senior Amateur Association
John B. Olson
25115 Kirby, Sp. 335
Hemet, Calif. 92343
Tel.: 714/658-8081

Western Seniors Golf Association
4335 Black Oak Dr.
Indianapolis, Ind. 46208
Tel.: 317/299-4762

Wild Dunes Senior Invitational
Reid Nelson
P.O. Box 388
Isle of Palms, S.C. 29451
Tel.: 800/845-8880
   800/922-5650 (S.C.)

Willow Creek Senior Hall of Fame Ch.
Willow Creek Golf Club
High Point, N.C. 27261
Tel.: 919/869-2416

Women's Western Senior
Mrs. H. Charles Becker
326 Jeffery Ln.
Northfield, Ill. 60093
Tel.: 312/446-3766

World Senior
Dallas D. Thomas
Broadmoor Golf Club
P.O. Box 1439
Colorado Springs, Colo. 80901
Tel.: 303/634-7711 (Ext. 5600)

LEADING MINI TOURS (Professional)

Florida Tour
Box 876
Tarpon Springs, Fla. 34286
Tel.: 813/937-9259

*Futures Golf Tour
P.O. Box 1719
Sebring, Fla. 33870
Tel.: 813/385-3320

National Golf Association (NGA)
8440 N. Delta Way
Tucson, Ariz. 85741
1-800-824-2777 or 602/744-3166

Space Coast Golf Tour
P.O. Box 2125
Plant City, Fla. 34289
Tel.: 813/996-2361

*Women's Professional Golf Tour
Group Fore
1137 San Antonio Rd.
Suite E
Palo Alto, Calif. 94303
Tel.: 415/967-1305

Tournament Players Assn.
8380 Miramar Rd.
Suite 200
San Diego, Calif. 92126
Tel.: 619/271-6884

*Women

ASSOCIATIONS/TOURNAMENTS/AGENTS

PLAYER'S AGENT LIST
(As of Nov. 1986)

Partial list of agents representing tour stars. Agents of pros not listed can be obtained from:
Men: PGA Tour, Sawgrass, Ponte Vedra, Fla. 32082
Telephone (904) 285-3700
Women: LPGA, 4675 Sweetwater Blvd., Sugar Land, Tx. 77479
Telephone (713) 980-5742

IMG (Intl. Mgmt. Group)
1 Erieview Plaza, Suite 1300
Cleveland, OH 44114
(216) 522-1200

Tommy Aaron	Bernhard Langer
Isao Aoki	Sandy Lyle
Andy Bean	Bruce Lietzke
Chip Beck	Dave Marr
Bob Byman	Tommy Nakajima
Bob Charles	Greg Norman
Bobby Clampett	Mark O'Meara
Bobby Cole	Arnold Palmer
Nick Faldo	Jerry Pate
Brad Faxon	Corey Pavin
Keith Fergus	Gary Player
Ray Floyd	Nick Price
David Graham	Jack Renner
Gary Hallberg	Bill Rogers
Donnie Hammond	Bob Rosburg
Phil Hancock	Curtis Strange
Vance Heafner	Denis Watson
Hale Irwin	D.A. Weibring
Peter Jacobsen	
Kathy Baker	Ayako Okamoto
Laura Baugh	Cathy Reynolds
Heather Farr	Laurie Rinker
Lori Garbacz	Jody Rosenthal
Cathy Gerring	Jan Stephenson
Betsy King	Barb Thomas
Nancy Lopez	Donna White

Advantage International
7124 East First Street
Suite 2
Scottsdale, AZ 85251
(602) 990-0550 (202) 333-3839

Ronnie Black	Jim Nelford
Ken Brown	Dan Pohl
Fred Couples	Tom Purtzer
Danny Edwards	Jim Simons
Dan Forsman	Joey Sindelar
Wayne Grady	Howard Twitty
Jay Haas	Tommy Valentine
Tom Jenkins	Willie Wood
John Lynch	
Penny Hammel	Anne-Marie Palli

Pros, Inc.
100 Shockoe Slip
P.O. Box 673
Richmond, VA 23206
(804) 643-7600

Woody Blackburn	Steve Pate
Ben Crenshaw	Billy Pierot
Bruce Devlin	Mike Sullivan
Joe Inman	Bobby Wadkins
Tom Kite	Lanny Wadkins
Gary Koch	Mike West
Davis Love, III	Robert Wrenn
Beth Daniel	Muffin Spencer-Devlin
Sally Little	Cathy Morse

Chris Robbins & Associates
1866 Tudor Road
North Palm Beach, FL 33408
(305) 622-0809

Butch Baird	Bobby Nichols
Rex Caldwell	Mark Pfeil
Mike Holland	Charles Sifford
Wayne Levi	Ron Streck
Lyn Lott	Jim Thorpe
Charlotte Montgomery	Robin Walton
Martha Nause	

ProServ, Inc.
888 Seventeenth Street, N.W.
Washington, D.C. 20006
(202) 457-8800   (800) 424-9821

Rex Caldwell	Scott Simpson
Bill Glasson	Payne Stewart
Steve Melnyk	

UMI
Uni-Managers International
10880 Wilshire Blvd., Suite 1800
Los Angeles, CA 90024
(213) 470-6000

Lou Graham	John Schroeder
Dave Hill	Sam Snead
Victor Regalado	

ASSOCIATIONS/TOURNAMENTS/AGENTS

Richard E. Madigan & Associates
311 Claremont Avenue
Montclair, NJ 07042
(201) 746-8381

George Burns	Tom Sieckmann
Scott Hoch	Tim Simpson

Cornerstone Sports, Inc.
Chateau Plaza, Suite 940
2515 McKinney Ave., Lock Box 10
Dallas, TX 75201
(214) 855-5150

Phil Blackmar	Lon Hinkle
Bruce Crampton	Larry Mize
David Edwards	Larry Nelson
David Frost	Doug Tewell
Bob Gilder	Bob Tway

Adele Lukken

Eddie Elias Enterprises
1720 Merriman Road
P.O. Box 5118
Akron, OH 44313
(216) 867-4388
NYC. (212) 245-1710

Hubert Green	Don Pooley
Bill Kratzert	Chi Chi Rodriguez
John Mahaffey	Ken Venturi
Chris Perry	Fuzzy Zoeller

Future Stars, Ltd.
P.O. Box 3986
Victoria, TX 77903
(512) 573-6670   (512) 576-0204

Mitzi Edge	Sherri Turner
Barbara Pendergast	Margaret Ward
Susan Sanders	Nancy White
Sherrin Smyers	

Sportsell
2222 E. Cliff Dr., Suite 6B
Santa Cruz, CA 95062
(408) 476-1221

Jane Geddes	Pia Nilsson
Debbie Hall	Patty Sheehan
Juli Inkster	Val Skinner